海南海华高技术工程实业公司

英国议会议长 Mr.Howard Flight
与徐总亲切会谈

徐总与埃及经济部长合影

徐总访问英国 GFH 投资银行总部时合影

徐总与中东官员们合影

威 武 之 师

1993年4月15日上午，中共中央总书记、国家主席、中央军委主席江泽民视察武警海南总队并亲切接见总队团以上干部。

武警海南总队大力加强基层正规化建设，部队各项基础工程有了长足的发展。图为昔日的草棚支队变成了今日现代化营房。

1998年11月22日下午，中央军委委员政治部主任余永波上将视察武警海南总队并亲切接见总队团以上干部。（图为余永波主任在总队长张宝光大校（左一）政委吴国瑞大校（右一）陪同下视察总队）。

文明之师

——中国人民武装警察部队海南总队

武警海南总队认真落实江主席“五句话”总要求，从严治警，大力加强正规化建设，部队全面建设一年迈上一个新台阶。

武警海南总队认真贯彻江主席“科技强军”的思想，加强训练中的科技含量，努力提高官兵的综合素质。

武警海南总队配合公安机关处置不同规模突发事件千余起，有力地促进了海面特区的社会稳定。

武警海南总队广大官兵认真履行职责、依法执勤、文明执勤，树立了武警“威武之师、文明之师”的良好形象。

武警海南总队从难从严，苦练精兵。

武警海南总队官兵大力支持地方建设

桃李满天下

——中国热带农业科学院、华南热带农业大学

周恩来总理1960年2月到"两院"视察

江泽民总书记1990年5月到"两院"视察与师生亲切交谈

"两院"1982年毕业生，现为北大副校长陈章良教授，是国内外著名的生物学专家

"两院"原院长、著名橡胶专家黄宗道研究员是我省第一个中国工程院院士

"两院"从国内11省市招生，在校生达4000人

桃李满天下

——中国热带农业科学院、华南热带农业大学

中国热带农业科学院、华南热带农业大学（简称“两院”）隶属农业部和海南省双重领导，紧密结合在一起，一套领导班子，机关合署办公，实行教学、科研、生产推广相结合的管理体制。

“两院”位于海南省儋州市风景秀丽的云月湖畔，毗邻著名的洋浦经济开发区。本部占地面积150公顷，实习试验基地4000公顷，图书馆藏书量40余万册。现有教科人员1500余人，其中高级技术职务人员350多名，中级500多名。目前在校大学生4000人。

科学院设有12个研究所，1个国家重点实验室，2个农业部重点实验室和3个农业部属检测中心。大学设有农学院、工学院、经济贸易学院、文法学部和成人教育学院。办学层次齐全，已形成本、专科教育，研究生教育和继续教育三个层次结构的高等农业教育体系。有博士、硕士、学士学位授予权，还有博士后流动站。

“两院”与广大热带垦区职工共同努力，取得天然橡胶北移成功，该成果荣获国家发明一等奖

“两院”引种成功的高级饮料作物可可

荟集世界20多个国家1400多种珍稀热带植物的“两院”植物园

40多年来，学校为国家培养出热带农业方面的研究生、本、专科毕业生一万余人；他们不少已经成为出色的科学家、企业家、经济学家和领导干部。世界知名科学家、1991年联合国教科文“贾乌德•侯赛因青年科学家奖”获得者、现任北京大学副校长、年青的生物学家陈章良教授，是学校1982届的毕业生。

“两院”每年承担国家攻关课题、自然科学基金课题和农业部、海南省重点科技项目200余项。到目前为止，已取得科研成果800多项，有200多项成果获得国家、省部级奖励，为填补我国热带科教空白作出了巨大贡献，为发展我国热带作物生产创造出了显著的社会效益和经济效益。

在国际交往方面，“两院”代表国家参加了国际橡胶研究与发展委员会，与美国夏威夷大学、泰国农业学、香港科技大学等建立了长期合作关系，并与20多个大国家、地区的有关学术机构建立了联系，每年有引智项目30多个，这对提高“两院”的科教水平，促进科教专家培养，起到了很大的推动作用，同时大大提高了“两院”在国际上的知名度和影响力。

海口保税区

江泽民总书记在海口保税区开关运行剪彩仪式上

海口保税区管委会主任曲大利（左四）向来宾介绍海口保税区发展情况

保税区门景

管理委员会

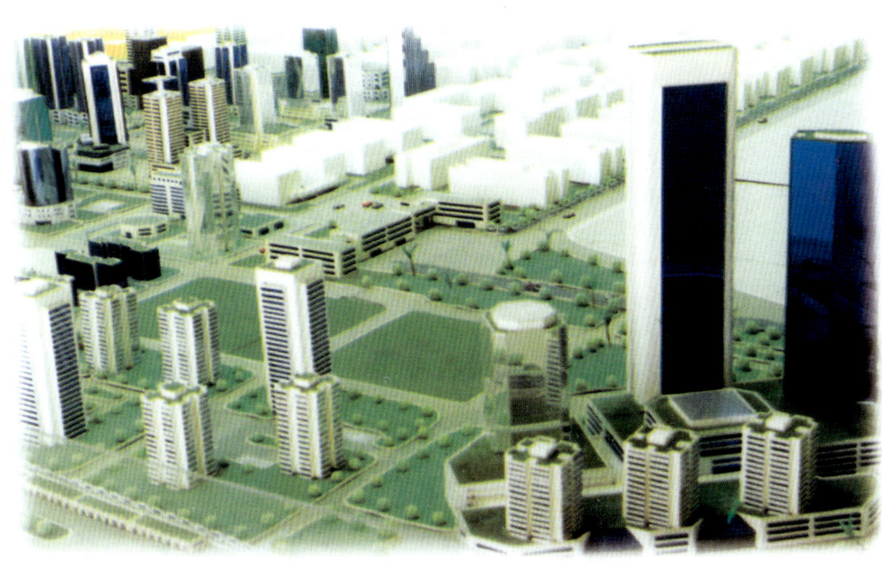

海口保税区规划模型

海口保税区简介

海口保税区于1992年10月21日经国务院批准设立。1993年4月13日，中共中央总书记、国家主席、中央军委主席江泽民等党和国家领导人亲临海口保税区，参加了隆重的开关运行典礼。

海口保税区位于全国最大的经济特区——海南省省会海口市的中心区，由海关监管，实行全封闭式管理，是我国开放程度最大、政策最优惠、手续最便捷的自由贸易区之一。

海口保税区由加工区、金融贸易区、保税仓储区、港区（保税仓储、专用码头）四个功能小区组成。

海口保税区发展宗旨是：按照自由贸易区模式，实行更优惠的政策，创造优美完善的投资环境，“立足海口、辐射海南、面向全国、走向世界”的发展思路，发展加工业、国际贸易、保税仓储、商品展示、金融保险、信息咨询等业务，将保税区建设成一个按照国际惯例办事，与国际市场接轨，实现货物、资金、人员进出自由和投资经营自由的、高度开放的、综合性的自由贸易区。

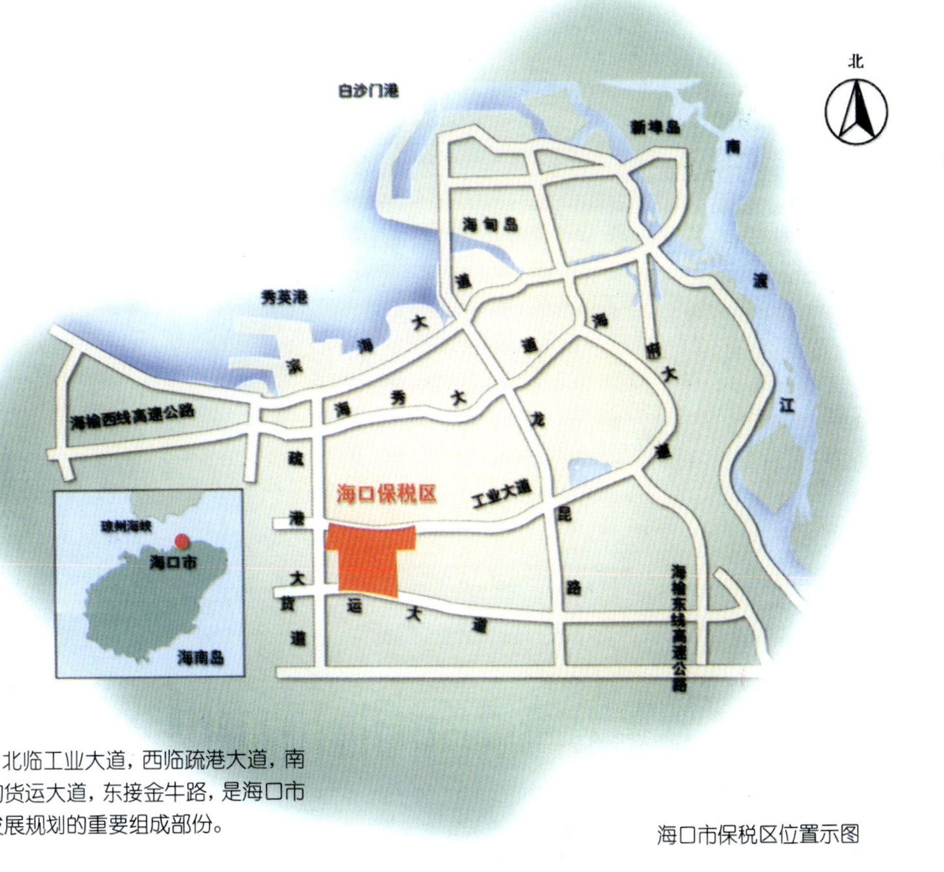

3～4公里，北临工业大道，西临疏港大道，南靠规划在建中的货运大道，东接金牛路，是海口市中心组团南部发展规划的重要组成部份。

海口市保税区位置示图

海南大学

海南大学－新一届领导前中（校长）许祥源

迈向二十一世纪（海南大学学生在上电脑课）

河南大学——教学主楼

海南大学简介

海南大学是海南省属综合性大学，创建于1983年5月。校址在海口市海甸岛人民大道，校园占地面积近3千亩，环境优雅。建筑面积近20万平方米，教学科研基础设施齐全，并建有35亩的校内水产养殖实验场、752亩的校外实习农场和26个稳定的校外实习基地，拥有使用率较高的计算机校园网，图书馆藏书42万册。学校下设理工、信息科学技术、农学、经济、法学、文学、艺术、成人教育七个学院和社科部、体育部、大学英语部、计算中心四个公共教学单位，举办化学工程与工艺、电子信息工程、水产养殖学、国际经济与贸易、法学、汉语言文学、音乐表演等17个本科专业和旅游管理等5个专科专业，开设近千门课程。全校教职工893人，其中专任教师373人，具有高级职称人员195人，具有研究生学历198人，教师中有博士26人，荣获“三优专家”称号人员60人。学校每年招收普教生1000人，其中向内地10个省份招生近300人；在校全日制普教生3600多人，成教生3400多人；建校至今已向海南社会输送毕业生近2万多人。学校建有信息科学技术研究院、社会科学研究中心、生物技术研究所等16个科研机构，出版《海南大学学报》自然科学版和社会科学版，1991年以来共开展科研课题413项，其中国家级资助课题26项，省级187项，为促进海南科技进步做出了积极的贡献。

海南大学－邵逸夫学术中心

海南大学——图书馆

海南省国

省委领导汪啸风、刘学斌与省国税局领导亲切交谈

荣获省国税系统廉政考试第一、二、三名的琼山市国税局、屯昌县国税局、临高县国税局的代表在领奖台上

省国税局局长孙利军在海甸办税服务厅检查工作

位于海口市海甸岛的国税大厦高耸入云

家税务局

海南省国家税务局于1994年8月15日挂牌成立，国家税务总局派出机构，局长孙利军。现有在编人110人，内设办公室、政策法规处、流转所得税处、外税处、征管处、计财处、人事处、教育处、监察、机关党委、稽查局、进出口税收管理分局、机关务中心等13个处室和直属机构，下设19个市县及洋开发区国家税务局。负责中央税、共享税及国家指税种、基金及其它项目的征收管理，国税队伍的业建设和精神文明建设，贯彻执行国家税收工作的方、政策及有关的税收法律、法规。

几年来，海南省国税系统全体干部职工在国家税总局和省委、省政府的正确领导下，紧紧围绕组织入、征管改革、队伍建设三个重点，扎实工作，开进取，各项工作都取得了显著的成绩。

省国税局不断加强业务学习，提高干部的现代化管理水平。

省国税局职工参加省直属机关第二届职工运动会

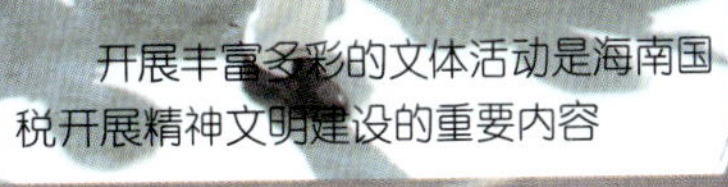

开展丰富多彩的文体活动是海南国税开展精神文明建设的重要内容

海南省地

省委副书记、常务副省长王厚宏在全省地税工作会议上要求广大地税工作者做"清明、精明、严明、开明"的"四明"税官

省地税局主持工作的副局长吴亚荣在税收宣传咨询点接受海南电视台记者采访

省地税局领导在研究税收工作（中：吴亚荣，右：冯大安，左：陈谟林）

全国税务系统最佳办税服务厅

方税务局

海南地税在改革开放中突飞猛进

海南省地方税务局于1994年8月24日正式挂牌成立，经过四年的艰苦创业，取得较好的成绩：地方税收稳步增长；税务机构精简高效；税收征管手段趋向现代化，征管水平不断提高；干部队伍素质提高，善打硬仗，地税声誉逐步提高。

1988年，海南省一诞生就率先实行了"小政府，大社会"的管理体制，实行财、税合一，成立了海南省财政税务厅。随着税收管理体制改革和深化的需要，1994年8月，成立了归口省财政税务厅管理的海南省地方税务局（副厅级）；1998年7月，海南省地方税务局升格为正厅级的省政府直属机构，内设办公室、计划财务处、人事教育处、监察处、政策法规处、征收管理处、所得税管理处、税政管理处、农业税管理处、信息处等10个职能处室和一个处级下属机构（稽查局）。主要职能是：贯彻执行党和国家有关税收工作方针、政策和法规，依法拟定并组织实施本省地方税收工作的政策、法规和发展计划、规划，按权限审批和报批免税事项；制定本省地方税征收管理制度；编制和分配税收计划，负责税收会计、统计工作；负责发票的管理，指导、监督税务登记工作，制定税收检查的规程和标准，开展税收日常检查、专项检查和重点检查，受理税务行政复议案件，组织税收宣传，按有关规定管理市、县地方税务局的正副局长，对市县和乡、镇地方税务机构实行省级重点管理。实践证明，改革后的税务机构，更符合经济发展和改革开放的需要，确保了税务机关职能的发挥，独立执法得到了保证，确保了税收工作的顺利开展。1998年全省地方税收收入达到23.3亿元，比建省前的1987年增长6.8倍，有力地促进了我省各项事业的发展。

海南地税充满挑战，也充满机遇，相信在新一届领导班子的正确领导下，经过全省地税系统广大工作者的共同努力，海南地税的明天将会更加辉煌。

省局领导吴亚荣（后右三）、陈谟林（后右六）下基层检查工作

在省地税局'99迎春联欢晚会上税官们齐声歌唱

省地税局税收宣传车队行进在海府大道上

厅领导陪同国家领导人参观海交会展馆

海南省商贸

厅领导与外商洽谈

中国政府援柬波雷烈内农业中学项目开工典礼

海南省商贸经济合作厅是1998年5月29日经海南省人民代表大会常务委员会批准，在撤销原海南省商贸厅、海南省经济合作厅的基础上合并成立的省政府主管商品流通、对外贸易与经济合作工作的职能部门。其主要职责是：综合管理商业贸易经济合作工作，编报商贸经济合作规划，拟定地方性政策、法规，实施对商贸经济合作工作的宏观调控、行业管理、信息引导、协调服务和监督检查。目前机构设置暂为15个处级职能机构和1个处级挂靠机构，人员编制暂为164人。

建省11年来，在省委、省政府的正确领导下，我省经贸工作以改革为动力，开拓进取，努力拼搏，在调整中稳步发展，取得了较好的成绩。至1998年，全省进出口总额累计达197亿美元，其中出口达81亿美元。实际利用外资累计达81.2亿美元，社会商品零售总额累计达884亿元。目前省内多种经济成份并存、平等竞争的“大经贸、大流通、内外贸一体化”格局已基本形成，经贸领域的社会主义市场经济体制也基本形成。

（一）社会商品流通规模不断扩大，流通主体呈现多元化，初步形成了各种批发、零售、集贸、拍卖、旧货市场组成的纵横交错的商品市场体系，国有、集体、个体等多种经济成份并存、平等竞争的大商业、大流通格局基本形成。1998年全省社

98 海南省级外引内联重大项目业主座谈会

经济合作厅

会消费品零售总额达144.73亿元，是1987年的5.6倍，年均增长17.85%。

（二）外贸市场多元化取得突破性进展。在保持和巩固传统市场（港澳、日本、北美）的同时，积极开拓西欧、独联体、非洲、南美、大洋洲等市场，目前我省贸易伙伴已遍布世界六大洲近130个国家和地区；港澳市场占我省出口贸易的比重由1987年的90%降至1998年的30%左右。

（三）11年来外引内联成就巨大。从1988年至1998年，我省累计设立外商投资企业8308家。内地投资企业累计注册19000余家。

（四）国际经济技术合作全面启动，势头良好。

（五）商贸企业改革不断深化。

今后一段时期，我省将紧紧围绕中央提出的"扩大内需，千方百计扩大出口，更好更多地利用外资"的方针，大力发展外向型经济，以开拓国内国外两大市场和提高对外开放水平为中心，加大招商引资力度，加快发展国内贸易，全面拓展国际技术经济合作业务，进一步改善投资软环境，努力提高全省经贸队伍的综合素质。在中央和省委省政府的正确领导下，在全省经贸界同仁的共同努力下，海南的经贸事业必将不断发展状大。

1998 年海南经济贸易洽谈会及海南建省办经济特区十周年成就展开幕仪式

1998 年海洽会商贸展馆

海南海华高技术

海华公司与英国英佛朗士顿公司合作兴建海南海华炼油总厂项目签字仪式

董事长兼总裁徐本祺在英国（1998.9）

中国海南海华高科技技术工程实业公司系海南省政府批准，省工商局登记注册，具有一级法人地位，集技、工、贸于一体的实业型公司。公司创办11年来，连续8年被省、市工商局评为“重合同守信用”企业。其主要成员由原电子工业部和中国科学院的一批高级专家和专家组成，拥有雄厚的技术实力。

公司与国外公司合作成立的“海南海华炼油有限公司”在海南儋州峨蔓镇，投资22亿美元，年处理原油1000万吨的海华炼油总厂项目正在筹建中，

地址：中国海南省海口市龙昆北路2号龙珠大厦八层C座
电话：0898-6760878,6717887,6703792
传真：0898-6775607
邮编：570125

海华炼油总厂峨蔓联络处

1998年11月24日刘剑峰（民航总局局长）与徐总合影

工程实业公司

徐总向汪啸风省长汇报工作

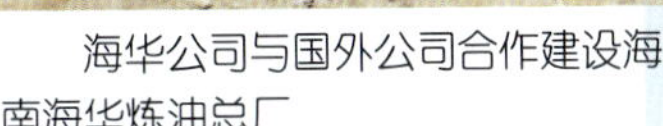

海华公司与国外公司合作建设海南海华炼油总厂

徐总陪同外商考察炼油厂厂址

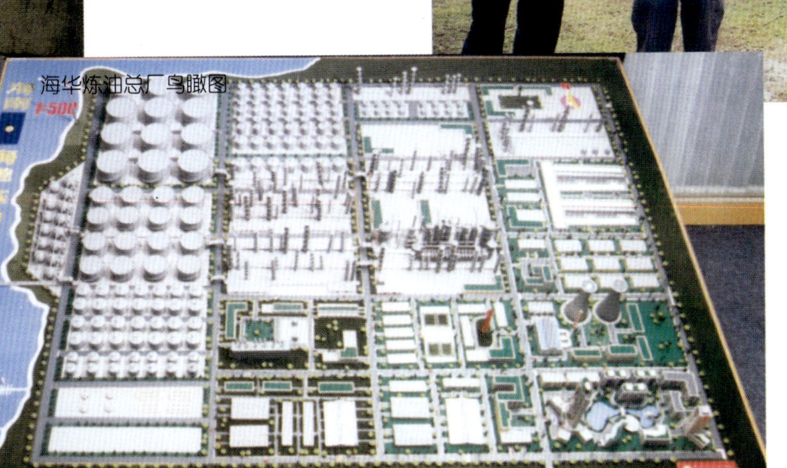

海华炼油总厂鸟瞰图

海南省供销合作联社拥有19个市、县供销社、1个洋埔开发区合作社、287个基层社、115个专业公司，共有417个独立核算单位。改革开放以来，各级供销社始终以扭亏增盈为中心，不断深化供销合作社改革，建立适应社会主义市场经济管理机制，组建农资、果菜运销配送、对外经贸“三大”集团公司，积极参与农业产业化经营，大力开拓农村市场，有效遏止经营亏损。1998年，全系统从1997年亏损2365万元转变为实现纯利润172万元，上缴国家税费1265万元，实现社会贡献总额9469万元。省供销社始终坚持为农服务办社宗旨，充分利用供销合作社在全国的组织网络优势，协助省政府成功主办’97海南首届果菜产销洽谈会和’98（海口）全国冬季农副产品交易会。1997年全系统运销果菜22.2万吨，超额完成省政府下达20万吨运销反季节瓜菜任务。’98(海口)冬交会又获瓜菜订单82万吨，占交易会整

主任：谢宗林

海南省果蔬食品配送中心综合大楼

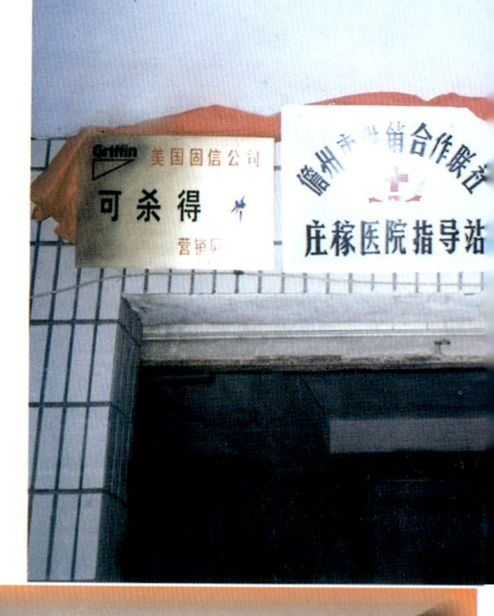

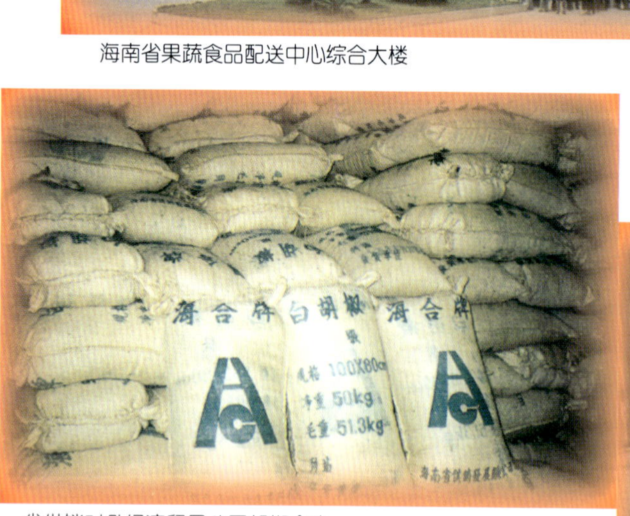

省供销对外经济贸易公司胡椒仓库

省生产资料公司化肥仓库

个瓜菜订单的63.5%。同时，各级供销合作社坚持信誉第一，积极为农民购买化肥、农药、种籽提供系列化服务，为助农增收和加快发展海南热带高效农业充分发挥供销合作社主渠道作用。省供销社兴办的海南果蔬食品配送中心，集加工、冷藏、配送为一体，产销信誉不断扩大。保亭县供销社创办的保利泡沫箱加工厂，为我省农副产品包装、加工、保鲜提供配套服务。中化全国供销合作总社海口培训中心由省供销社直接管理，不仅积极开展系统职工教育培训，还创办了农业科技种植示范基地，把教育培训和推广农业科技融为一体，有效提高供销社员工素质和促进供销社各项工作的发展。

海南省供销合作联社法定代表人：谢宗林
办公地址：海口市海甸三东路8号
联系电话：6257536
传真：6257884

省供销社领导

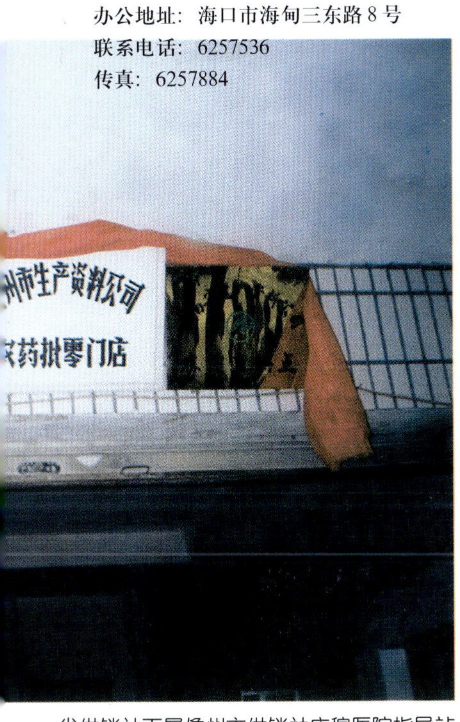

省供销社下属儋州市供销社庄稼医院指导站及儋州市生产资料公司农药批零门店开业运营

省供销社领导亲临基层社主任轮训考试考场

省供销社领导在省供销系统庄稼医师培训班结业典礼上

海南省人事

▲ 1999年2月21日，中共中央政治局常委全国人大常委会委员长李鹏在省、市各级领导的陪同下到海口金鹿花园下岗职工谢华芳家慰问，并祝贺新春。

▼ 1998年12月21日，劳动和社会保障部部长张左己（右二）在省人事劳动保障厅厅长林明江（右一）、海口市市长王法仁（右三）陪同下，调查海口市国有企业下岗职工基本生活保障和再就业工作，并与海口市电子厂的领导和职工代表进行座谈。

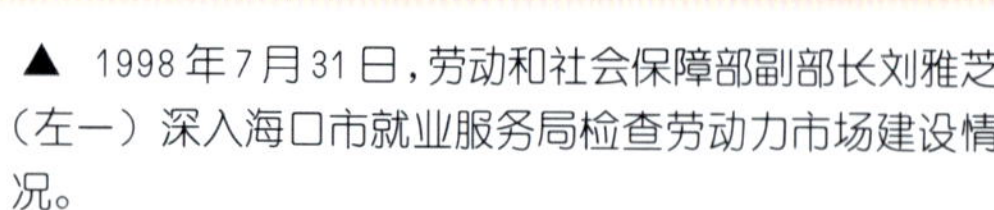

▲ 1998年7月31日，劳动和社会保障部副部长刘雅芝（左一）深入海口市就业服务局检查劳动力市场建设情况。

▲ 省委书记、省人大常委会主任杜青林对我省人才交流、劳动就业工作十分重视。图为杜书记在视察省职业介绍服务中心时，认真听取原省人事劳动厅厅长罗席珍和省职介中心主任符亚强的工作汇报。

劳动保障厅

▲ 1998年9月25日，省人大常委会副主任陈苏厚（左一）、副省长吴昌元（右二）为我省第一所国家重点技工学校——省技校揭牌。

▼ 1999年3月4日，国家劳动和社会保障部在海口市召开贯彻国务院医改决定工作会议。

▼图为海南省人事劳动保障厅领导班子正在研究工作。

▲ 近年来，省职业介绍服务中心投入一定的资金，改建培训教室和购置培训设备，图为下岗人员报名培训的场面。

◀ 1998年8月20日，11个社会保险行业统筹移交地管理签字仪式在北京举行。图为林明江厅长正在移交书上签字。

海南省人事劳动保障厅
厅长：林明江
地址：海府路省府六楼
电话：5338120

科教兴琼

——海南省教育厅

全国人大常委会委员长许嘉璐（右）1996年视察海南时与省教育厅厅长符鸿合（左）亲切交谈

省教育厅现任领导班子成员：厅长符鸿合（右三）、副厅长黄国泰（左三）、副厅长谢峰（右二）、副厅长徐金龙（左二）、副厅长林北平（右一）、党组成员、省考试局局长符史深（左一）在研究工作

建設社會主義特區大學
培養德智体全面发展
的合格人才
江澤民
一九九三年四月十四日

中共中央总书记、国家主席、中央军委主席江泽民为海南大学题词

建省办特区10年来，海南发生了历史性的巨变，在全省各级党政的正确领导下，在全体教育工作者的共同努力和社会各界的关心支持下，作为经济社会发展基础性工程的教育事业取得了长足发展。

省委、省政府对教育事业高度重视，确立了“科教兴琼”的战略方针，把教育事业作为关系大特区建设全局的战略重点；教育优先发展的战略地位逐步得到落实，教育事业取得辉煌成就。初步形成了党政一把手抓教育、全社会重教的崭新局面；同时，以财政投入为主、多渠道筹措教育经费的格局已经形成。10年来，我省财政预算内教育经费总投入69.68亿元，社会集资8.34亿元，教育费附加征收3.98亿元。1988至1997年，全省多渠道筹措用于校舍危房改造和新建校舍资金15亿多元，使中、小学校舍总面积从1988年的380.03万平方米增加到689.69万平方米，钢筋水泥结构校舍占校舍总面积的比例由1988年的35%增加到76.9%，校舍危房率从1988年的30.7%降至3.7%，有一大批学校的校容校貌建设上档次上水平，成为本地精神文明建设的“窗口”。办学体制改革、教育管理体制改革、学校内部管理体制改革、招生就业制度改革、教育教学领域改革等全面推进。各项教育事业有了很大发展。经评估验收，至1997年底，以县（市、区）为单位，累计已有9个县（市、区）、100个农场（单位）基本实现“普九”，累计人口409.18万人，1998年以来，全省在校小学生由90.35万人增加到目前的109.08人，在校初中生由24.3万人增加到32.31万人，高中阶段在校生9.01万人，其中中等职业技术学校在校生4.57万人，成人初、中等学校和成人技术培训学校在校生31万人。建省以来共扫除青壮年文盲近18万人，1997年底已实现基本扫除青壮年文盲的宏伟目标。高等教育取得显著成绩，全省现有普通高校5所，在校生从1988年的9133人增加到1.28万人，成人高校4所，在校生从1988年的0.35万人增加到1.07万人。教师待遇明显改善，城镇中小学校和高校教师的家庭人均住房面积已分别达到10.4和13.5平方米，均高于全国的平均水平；民办教师问题也正在得到稳步解决。教育对外交流合作也已初步打开了局面，通过合作办学、校际交流、聘请外国文教专家、互派留学生、组团互访等多种形式，与10多个国家、地区开展了交流与合作，有力地促进了我省教育事业的发展。

目前，我省广大教育工作者正在党的十五大精神指引下，认真分析海南教育发展面临的新形势和任务，研究海南教育迈向新一轮发展的计划和措施，努力开创海南教育发展的新局面。

海南省考试局

局长：符史深

海南省考试局（原海南省考试管理中心）于1988年7月经省政府办公厅批准成立，负责全省普通高考、成人高考、研究生招考、计算机等级考试和其他社会考试工作。

近10年来，省考试局在省委、省政府的高度重视、支持下，在国家教委、省教育厅直接领导及社会各界的配合下，工作人员的政治素质和业务素质不断提高，机构逐渐建立健全，管理机制日趋完善，管理工作走上了科学化、规范化的运行轨道。该局已购置现代化设备资产上百万元，从考生报名到准考号编排、阅卷、登分，再到分数转换、成绩打印、录取投档等，均实现了“一条龙”现代化科学管理。该局工作取得了实绩：一是圆满完成了国家和省里下达的普通高等学校招生计划；二是研究生录取工作初见成效；三是做好了成人招生录取工作；四是自学考试工作取得了一定成果；五是会考工作不断进展；六是帮助完成各级各类的社会考试。

省考试局还接受了国家一批改革试验项目，如普通高中毕业生会考，新高考科目设置，高考标准分转换等，都是在海南取得经验后再向全国推广的。全国各省（市）曾派人到海南学习会考管理经验。该局1994年被国家教委考试中心评为“普通高等、中专学校招生全国统一考试质量达标单位”；1990年至1997年间两届被评为“全国标准化考试创新奖”二等奖。

目前，省考试局领导班子成员团结一致，继往开来，围绕“转变机关职能、增创特区优势”的宗旨，不断加强勤政廉政建设和各项考试管理，为实现海南“九五”规划和2010年远景目标努力奋斗。

环境优美的局办公地

海南省盲聋学校

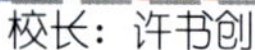

校长：许书创

只要人人都献出一点爱，世界将变成美好的人间。

海南省盲聋学校是海南省目前唯一的一所实行九年制教育的听、视力残疾特殊教育学校，面向全省招收盲、聋儿童。学校座落在海南省琼山市府城镇郊区，占地面积39534平方米，建筑面积12889.7平方米。聋教育二十四个教学班，盲教育九个教学班，学生达到450人。学校现任校长许书创。

学校自办学以来，始终贯彻“把学生培养成为德、智、体、美、劳发展的有一技之长的残而有为的劳动者”的办学方针，坚持以课堂教学与课外活动相结合，基础教育与职业教育相结合的办法，全体教职工团结、求实、奉献、创新，教学质量不断提高，学校1997年代表海南省参加全国残疾人“汇洋杯”文艺（录像）汇演比赛获舞蹈优秀奖和优秀导演奖，1997年学校被评为“省未成年人保护工作”先进集体。

发展中的海南省盲聋学校将努力办成集教学、康复、科研、特殊教育师资培训于一体的全省示范型特殊教育学校。

“只要人人都献出一点爱，世界将变成美好的人间”，愿全社会都关心和支技残疾人教育事业。

地址：海南省琼山市府城镇城南（国兴中学旁）

电话：(0898)5873085　　5875064

校长：许书创

海南省农业学校

汪啸风省长一行视察学校

学校简介

海南省农业学校创办于1946年，是省部级重点普通中等农业学校。现校址位于海口市城西路41号，校本部占地面积105亩，校实习农场500亩。校园内绿树成荫，花草繁茂，雄伟的教学大楼巍然屹立，宽敞明亮的教室、舒适的套间宿舍、宽阔的运动场等基础设施构成了美丽、幽静的教学环境，是青年学生读书成才的良好场所。

学校现设有农业技术推广、畜牧兽医、热带园艺、农业经济管理、水产养殖、热带作物、果树与蔬菜、多种经营、特种养殖、水利工程（农田水利和土木建筑方面）、农产品营销与加工等11个专业，还设有种植和养殖两个小康扶贫班。今秋招生后将达到37个教学班，1500余名在校生。学校教职工140人，专任教师82人，其中高级讲师18人，讲师（含农艺师）36人，有硕士毕业生3人。

学校有化学、物理、电子计算机、畜牧、兽医、土肥、植物、植保、遗传育种、土地测量、农业气象、微生物、水产、农机、组织培等18间实验室，有微电脑68部。还有图书馆、阅览室、电化教室、演播室、多媒体电化阶梯教室等教学和辅助设施。全校有各教室联的闭路电视系统，藏书总量4.8万册。校园内建有气象站、兽医站、花圃、苗圃、养鸽场、养鳖场、养猪场、无土栽培、无公害蔬菜网、水稻杂交育种网室、中草药圃、热带水果繁育园等小型教学实践基地。学校校舍建筑面积近3万平方米，固定资产2000万元，仪器设180万元。1997年底经省教育厅复查评估，被评为办学水平“优秀”等级学校，办学总水平为90分。1998年春被省政府确定为省级重中专学校。

现在，全校师生员工正团结一致、同心同德，进一步解放思想、更新观念、开拓进取、励精图治，加大改革力度，艰苦创业，为争取现在2006年进入国家级重点中专学校而努力奋斗。

新落成的教学大楼

海口市第九小学

党支部书记，校长：吴素秋

海口第九小学是海南经济大特区的一所窗口示范学校目前共有30个教学班。2328名学生，教职工107名，其中特级教师1名，小学高级教师46名。学校创建于1945年，她的前身为海口私立国基小学，1952年改为公办并更为现名，学校占地面积8365平方米(12.5亩)建筑面积11093.76平方米，学校环境十分幽雅。

多年来，海口九小认真贯彻党的教育方针，坚持正确的办学方向，无论是在校风建设，还是在办学机制教学改革等方面，无论是在校风建设，还是在办学机制教学改革方面，均取得丰硕成果，学校的文化教育，思想教育和注重学生身体健康方面均名列全省前茅。学校现已形成“廉洁勤政、秉公办事、团结高效、开拓创新”的领导作风。

1994年以来，学校曾获得全国基层先进党支部等33项国家级奖励，海南省精神文明建设先进单位等58项省市级奖励，被国家教育部命名为“全国现代教育技术实验学校”，被海南省教育厅评为海南省电化教育示范学校。原校长、党支部书记、特级教师韩玉玲被评为“全国十大女杰”、“全国侨界十杰”“全国劳动模范”，是国务院授予享受特殊津贴的专家，党的十五大代表。现任校长、党支部书记吴素秋是海南省和海口市优秀教师，海口市教研先进个人，海口市十大杰出青年，海口市专业技术拔尖人才，海南省有突出贡献的优秀专家。

走向辉煌的市一级学校

海口市十一中学

十一中被授于“市一级学校”

学校领导班子在研究工作（左三为校长林红）

正在上音乐课的学生们

同学们在物理实验课上

海口市十一中学始建于1970年，学校现有教学班18个，学生达1090人，教职工93人，其中高级教师3人，中级教师27人，一级教师多名，教学设备齐全、先进，设有先进的物理、化学、生物仪器室、实验室、电教室、语音室、电脑室、音像图书室等教学设施，还实现了电脑联网、闭路电视联网。

长期以来，学校坚持全面贯彻教育方针，坚定培养德智体全面发展的社会主义建设者和接班人，不断加强精神文明建设，加强教育教学研究，大力推行素质教育，以“勤奋、文明、尊师、守纪”的规范勉励学生发奋图强，使教学教育质量不断得到提高。在市政府和市、区教育局的领导关怀下和全体师生的努力下，十一中在前进中不断取得辉煌的成绩：从1987年起连续十年夺得全市中学生田径运动会普通中学团体第一，在市少年儿童艺术节中连续保持少年组普通中学第一……此外学校学生在全国、全省、全市各学科竞赛中频频获奖。

由于办学成绩突出，十一中1994-1997年度连续被市教育局评为教研先进单位，1997年被评为区精神文明建设先进单位，校党支部、校共青团分别被评为市区两级先进单位，1997年5月省教育厅组织实验教学评估验收，十一中获被检中学最高分，同年在区政府办学水平等级评估中达到省一级中学标准，今年被授予市一级学校荣誉称号。

琼山市育才学校

琼山市育才学校是经琼山市教育局批准报省教育厅备案的一所九年制私立学校（办学许可证琼教社字044号），校址设在灵山墟，占地14亩。有一幢五层、幢二层共42间教室的新建的综合大楼。它南临灵桂公路，西濒灵山市区。交通方便，环境优美，是青少年读书学习的理想场所。学校于95年秋季招生开学，现有班级14个，学生600多人，教职员工70人。我校系社会力量办学性质，直属市教育局统一领导和管理。办学经费自筹，人员自聘，校舍自建，办学经费自负盈亏。学制、学籍、学号、学历，招生由市教育局统一管理，享有与公办学校同等待遇。

从1999年春季起，经琼山市教育局同意将育才学校由股东制改为由张健夫同志个人办学。改变办学形式后，学校将更认真落实“以校为家，爱生如子，优质服务，以信誉求生存，以特色求发展”办学初衷，坚持“向管理要（社会）效益，向科研要质量，以质量求生存，以特色求发展”的思路，努力营造“人无我有，人有我优和人优我特”的竞争态势，让育才学校以新的面貌迎接新世纪，为琼山市实现教育强市，做出应有的贡献！

校长：张健夫
地址：琼山灵山墟
电话：0898－5722706　5722705　邮编：571126

省人大主任潘琼雄在全省老干部老有所为现场会上与学校创办人校长张这健夫合影，育才学校是这次会议参观点之一。

育才学校占地12.2亩，新建的两幢教学楼座落校园，省教育厅苻鸿合厅长为学校题学校名

学校领导班子正在研究教改工作

三亚市第二中学

三亚市二中创建于1966年，现有教学班36个，其中高中10个，初中26个，有在校生近1700人，教职工145人，其中高级教师12人，一级教师38人。拥有规模较大，设备齐全的科学馆，内设多媒体教室、电脑室、语音室、美术室、音乐舞蹈室、多功能阶梯电教室及现代化电脑打字室、速印室各一间，实验室6间（物理、化学、生物各两间），仪器室6间（物理、化学、生物各两间），备有齐全的实验设备及药剂。

狠抓第二课堂教学，强化素质教育，不断提高教学质量，在各类学艺竞赛中，1996年以来先后有25人次获国家级一、二、三等奖；32人次获省一、二、三等奖，43人次获市级一、二、三等奖。在体育比赛中，1997、1998、年连续两年荣获市中级学生田径运动会总分第二名，1997年获全市中小学广播操比赛第一名，雷小玲同学在全国少年游泳比赛中荣获两项第二名。

地址：解放路2号
电话：8273578

雄伟的学校大门

创建一流企业

公司董事长兼总经理詹树强先生

公司领导成员

戒毒新药十复生胶囊

造福人类社会

——海南华普制药有限公司

公司员工办公情景

公司员工办公情景

海南华普制药有限公司是1994年8月经海南省卫生厅琼卫防（1994）47号文批准，在海南省工商行政管理局登记注册成立的。本部设在海口，享有海南经济特区的各项优惠政策。公司组建初期主要生产消毒药系列产品，该产品曾获'94海南国际医疗设备、药品、保健品博览会金奖。1996年转向研制、申报戒毒药十复生胶囊，成为生产新特药、戒毒药的专业公司。十复生胶囊的研制、申报工作凝结了公司全体员工的一片心血。为使十复生胶囊尽快推向市场，造福社会，我公司1996年正式立项申报。并于1998年5月获得了国家卫生部的临床试验批件，使该药推进到了临床试验阶段。一期临床已于1998年底完成，二期临床也于1999年1月开始进行。该项工作抓得很紧，预计五月份即可完成，力争年内通过国家专家级评审，获得国家医药监督管理局颁发的新药证书和试生产批文。

公司致力于创建一流企业，把“一流的人才，一流的技术、一流的管理、一流的质量、一流的服务、一流的信誉、一流的效益”作为宗旨，坚持以人为本，以效益为中心，以质量为生命，突出新产品的开发，积极引进现代管理方法和手段，强化企业管理，使自己努力跻身现代化企业行列，实现“高科技成果产品化，高科技产品国际化”的目标。

公司员工生产情景

公司员工生产情景

海南省人民政府信息化办公室

办党组书记、主任李唯实高级工程师

李唯实主任组织各处处长开会研究工作

与信息企业签订优质服务协议书，省委副书记、常务副省长王厚宏出席了签字仪式

为协调海南信息化建设，加快信息产业发展，把海南建成“信息智能岛”，省委、省政府1997年10月22日决定组建海南省人民政府信息化办公室，主管全省信息化工作，负责全省信息行业管理。其主要职能是：贯彻执行党和国家有关信息化工作的方针、政策和法律、法规，协调全省信息化工作，负责组织协调全省信息资源开发，会同有关部门对全省信息传输系统和规划、收费和资源进行监督管理，负责全省民用无线电资源的监督管理工作等。省信息化办系正厅级政府办事机构，内设综合处、技术规划处、信息管理处和技术交流处四个处，行政编制30人。现任党组书记、主任：李唯实，党组成员：韩勇、王静。

联系地址：海南省海口市海府大道四十九号省委大院第六办公楼

邮编：570204

电子邮件(Email):hnito@public. hk. hi. cn

URL. 网址：http://www. hito.gov.cn

联系电话:(0898)5355654　　传真(0898)5355654

现代化的办公条件、良好的机关工作作风

海南省人民政府信息化办公室于1997年10月22日经省政府批准成立

海口海事法院

公正廉明，严肃执法，为特区经济建设保驾护航

准备扣押外籍船舶

面向社会，为市场经济服务

深入渔村，进行法律咨询

在新加坡最高法院进行学术交流与考察活动

中华人民共和国海口海事法院于1990年3月正式成立，对全省沿海港口和1800多公里的海岸线、以及200多万平方公里海域内发生的海事海商案件行使海事司法专属管辖权。

在上级常委、人大、政府和上级法院的领导、监督和支持下，海口海事法院坚持审判工作为社会主义市场经济建设服务的宗旨，依法处理各类海事海商纠纷，及时化解社会经济矛盾，为促进全省外向型经济和海洋产业的发展，并为海南特区的改革开放和经济建设保驾护航作出了积极贡献。

海口海事法院建院以来，受案数量大幅递增，共审理涉及海上客货运输、海上保险、海洋开发、船舶抵押借贷、船舶合作经营、船舶修造和买卖、船舶碰撞、海运欺诈、油污损害、船员劳务纠纷等各类海事海商案件1400多件，总标的额达30亿元人民币，其中涉外和涉 港、澳、台案件占案件总数的1/4，涉案当事人遍布全球五大洲的40多个国家和地区。海口海事法院已成为对外展示我国公正执法形象和法制建设成就的一个重要窗口。

海口海事法院注重解放思想，更新观念，树立 牢固的服务意识和积极的参与意识，并严格依照我国法律、法规和有关国际公约及国际惯例裁判各类纠纷，形成了公正、廉洁、高效、文明的院风，深得中外当事人的好评。

海口海事法院十分重视队伍建设，审判人员全部受过高等教育，不少人具有法律、航运、英语等多种专业知识和丰富的审判实践经验，共发表各类文稿百余篇，出版学术著作4部。

在审判工作不断取得进展的同时，海口海事法院的基础设施建设也取得了突出成绩：300m²办公审判大楼、1000m²派出法庭、4000m²干警宿舍均已竣工投入使用，交通、通讯设施已基本上能满足审判工作的需要，电脑、图书资料等软、硬件建设日趋完善，创造了一流的审判工作环境。

"雄关漫道真如铁，而今迈步从头越。"全院干警决心乘着改革开放的强劲东风，开拓进取，锐意创新，深化改革，缩小差距，继续创造出一流的工作业绩，为海南特区社会主义市场经济的繁荣发展和社会安定而努力奋斗。

1997年落成的办公大楼

海南省气象局

海南省气象局领导在研究工作

飞速发展的海南现代化气象事业

海南气象事业伴随着共和国成长的步伐，走过了50年的艰难创业的发展道路，尤其是海南省建省11年来，省气象局克服起点低、任务重的重重困难，致力于气象现代化建设，取得跨跃式的发展，成绩令人瞩目。

初步建立起具有本省特色的比较现代化的业务体系和一批高新技术服务项目，形成了一支拥有气象、卫星遥感等多专业的高科技骨干队伍。气象服务领域大大拓宽，社会经济效益十分显著。1998年，经省政府批准立项，利用气象综合信息系统和9210工程的资源，建成全省三防农业信息网络，对我省防灾减灾、发展热带高效农业具有重要作用，已在今年冬季瓜菜生产中发挥了积极作用。该项目建设，走在全国同行前列。

省气象局积极探索气象高科技与经济建设相结合的新路子。积极开发应用卫星遥感资料，开展地热水开发、森林保护、土地利用、港口水下地形勘查、土地沙化勘测等遥感监测服务项目，取得多项成果。一些成果被省政府应用于政府决策等工作。卓有成效地为美兰机场选址、环岛高速公路等重点工程建设和低纬火箭发射试验、热气球飘渡海峡、椰子节等重要社会和科研活动开展了一系列的气象服务，均取得显著的社会经济效益。

新世纪在向我们招手，我省气象工作者信心百倍，决心团结奋进，共同努力把充满生机的大特区气象事业带入21世纪。

1997年5月9日，中国气象局名誉局长邹竞蒙、省领导阮崇武等出席海南气象综合信息工程演示汇报会的代表参观省局气象现代化建设项目

省气象台天气预报人员在预报工作平台上调取资料进行综合分析

VSAT卫星小站天线

海南省气象局开发研制的办公自动化系统

海南省水产加工厂

海南水产加工厂始建于1958年，是海南省生产鱼肝油系列产品的专业化国有企业。

十一届三中全会以后，特别是海南建省办特区以来，在厂长、书记林正善同志的领导下，大胆转换经营机制，调整产业结构，长期坚持一手抓经济，一手抓精神文明建设；以市场为导向狠抓产品质量；严格管理，向管理要效益；形成了一个班子团结，作风民主，强有凝聚力和战斗力的坚强集体。

至1994年，工业总产值猛增到2869万元，实现利润144万元，比1980年分别增长21倍和50倍，1994年被国务院发展研究中心和国家统计局工业交通统计司评为“海南省100家最大工业企业”和“海南省100家最佳经济效益工业企业”，1995年获农业部优质QC小组证书，1996年被海南省水产局评为“国有水产企业先进单位”，1996、1997年连续两年被省局和省委。评为“先进党支部”和“全省精神文明单位”。

法人代表：林正善

地　　址：海口市海秀路169号

电　　话：8660005

认真履行监狱职能
努力维护社会稳定

——海南省监狱管理局

省司法厅副厅长、监狱管理局党委书记、局长刘锡图

朱常委、司法厅钟玉瑜厅长、监狱管理局刘锡图局长研究工作

监狱是国家的的刑罚执行机关，承担惩罚和改造罪犯的职能。海南监狱工作起始于1951年。1950年5月海南解放后，人民法院接收了旧监狱。1951年7月海南行署公安局成立劳改科，并在接管旧监狱基础上建立了监狱、劳改队，依法收押改造罪犯。1983年7月，劳改科和监狱、劳改队整建制移交行署司法局领导。1988年4月海南建省，是年5月宣布成立海南省劳改工作管理局，归口省司法厅领导。监狱法颁布实施后，劳改工作管理局更名为监狱管理局，劳改队更名为监狱。海南省现有7个监狱(所)。

海南解放以来，监狱机关坚持将罪犯改造成为守法公民为目的，实行惩罚和改造相结合，教育和劳动相结合的原则，依法、严格、科学、文明管理，监管水平和改造质量不断提高，为巩固国家政权，维护社会稳定，保障改革开放和现代化建设作出了应有的贡献。特别是1998年，监管工作取得建省以来最好成绩。目前，海南监狱系统正以创建现代化文明监狱为总体奋斗目标而努力工作。

组织罪犯升国旗

罪犯在阅览室

监狱荔枝园

海口市出入境边防检查站

海口出入境边防检查站驻守在"琼州门户"海口港，担负着入出境船舶、旅客的边防检查任务。成立于1955年11月8日，如今，已走过了40多年的光辉历程。

该站组建40多年来，领导体制先后演变了8次。1998年，随着边检体制实施重大改革，该站由原来的武警现役部队改制为职业化的公安机关，人员由军人转为人民警察，改制后属公安部出入境管理局、海口出入境边防检查总站垂直领导。尽管领导体制经历了多次变更，而该站始终在党的领导下，担负着国家的对出入境中外籍船舶和旅客的监护、管理和查验证件工作，圆满完成边防检查工作任务。每年检查船舶三千余艘次，查验入出境旅客、服务员工近二十万人次，为地方政府旅游创汇，经济发展作出不可估量的贡献。

40多年来，该站干警严守国门，既为海南政治稳定，经济建设倾心尽力，也为社会主义精神文明大厦添砖加瓦。多次被省、市、口岸有关部门评为拥政爱民先进单位和精神文明建设先进单位。1997年被公安部出入境管理局、公安部边防局评为开展"树新风"活动先进单位。省、市领导和部、局领导多次亲临该站检查工作，对该站干警面对"酒绿灯红"和市场经济大潮的冲击保持清醒头脑，为海南特区社会稳定、经济繁荣和精神文明建设做出巨大贡献深表赞许，他们不愧为饮誉中外的大特区"第一门"。

边检站政委邱沛东

边检站站长何坤柱

部、局领导莅临我站检查工作

边检站领导深入检查现场

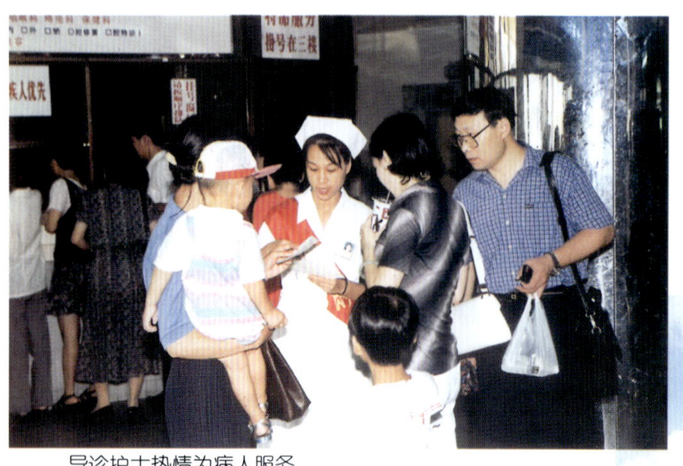

导诊护士热情为病人服务

医疗康复中心外景

为每位出院病人送上“健康服务联系卡”提供健康指导

海南省人民医院位于海南省会——海口市。全院占地面积360亩，总建筑面积17.44万m^2，医院专业分科设置齐全，下辖康复中心和省肿瘤专科医院、4个门诊部、46个临床医技科室、10个医疗中心、13个研究室和5个实验室。全院开放病床1113张，年门诊量逾百万人次，年住院病人逾2万多人次。1991年被评为全国卫生系统先进集体，1994年通过严格评审验收，成为海南省首家三级甲等医院。全院现有正式职工1862人，现任院长、法人代表郑万川是我省著名呼吸内科专家，国家“五·一”劳动奖章获得者。医院拥有一支技术过硬、医德医风良好的业务骨干队伍，这支队伍中正高职称67人，副高职称181人，中级职称466人，博士10名，硕士47名。其中享受国家特贴一档专家有郑万川、卢传新、周德华3人，特贴二档专家有陈绮龄等6人。医院在大力加强技术队伍建设的同时，还采取多种形式筹集资金购置先进医疗设备。医院还充分发挥人才力量和业务技术优势，几年来，承担了国家、卫生部、省自然科学基金等课题60多项。共获省科技进步奖28项，其中《HBMG和PBMG的研制及其应用》获得海南省十大科技成就荣誉奖。1990-1997年在国内外刊物发表学术论文1400篇。为全面贯彻“以病人为中心”的服务宗旨，海南省人民医院不断深化管理改革，加强内涵建设，树立良好服务形象，推出便民措施，部分服务项目实行承诺制，优化服务环境。展望未来，新世纪的脚步越来越近。海南省人民医院的领导和全体员工决心以求实精神、创新勇气和肝胆相照、爱院敬业的凝聚力共同创造新的辉煌，为海南省的医疗卫生事业作出更大的贡献。

海南省人民医院地址：海口市秀英区先烈路19号

法人代表：郑万川　　　联系电话：8663702

医院门诊大楼

迈向新世纪海南省妇幼保健院

法人代表：赵庆宪

海南省妇幼保健院位于美丽的滨海之城——海口市。前身为广东省行政区妇幼保健院，成立于1978年10月。随着海南建省办经济特区，该院于1988年6月改称为海南省妇幼保健院，隶属省卫生厅，是全省妇幼卫生技术指导中心。

建省10年，特区的繁荣与发展，给海南省妇幼保健院带来了蓬勃发展的气息。工作用房面积增加到1万多平方米；职工宿舍从无到有；增添了一批先进的医疗设备；专业队伍发展壮大，业务技术人员占97%，业务收入逐年跨大步增长。历届院领导以改革为动力，不断开拓进取，强化科学管理，内抓自身建设，外扩大服务范围。1993年新门诊大楼建成投入使用；新建成的“爱婴大楼”为向海南建省经济特区10周年献礼项目，1995年被授以“爱婴医院”称号。建省以来有二项科研成果获省科技进步奖，一项获卫生部科研成果奖。现在主要开展的业务有全省妇幼卫生技术指导信息管理，项目工作、爱婴行动、妇女儿童常见病、疑难病的诊治；女性不孕症、皮肤性病的治疗；妇女病普查普治、计划生育、儿童保健、营养分析、智力测评、优生优育、计划免疫、设有温馨病房等。雄关漫道真如铁，而今迈步从头越。回顾过去，信心百倍，展望未来，踌躇满志。目前，院领导班子正在进一步加强人才培养和引进，并树立起从改革中要效率、求发展的改革意识，坚持妇幼卫生工作方针，以创建三级甲等妇幼保健院为近期奋斗目标，走锐意改革、科学管理、优质服务、高质量、高起点、超常规发展的道路。

伴随着海南大特区10年的辉煌，在这世纪之交，一座现代化的、一流水准的妇幼保健院将以崭新的面貌屹立在大特区的土地上，继续为海南卫生事业的发展做出新的贡献。

儿童优先，母亲安全是我们的服务宗旨。

法人：赵庆宪

地址：海口市龙昆南路　电话：6789460、6796737

宽敞明亮的服务大厅

SRF608型胎儿脐血流检测仪

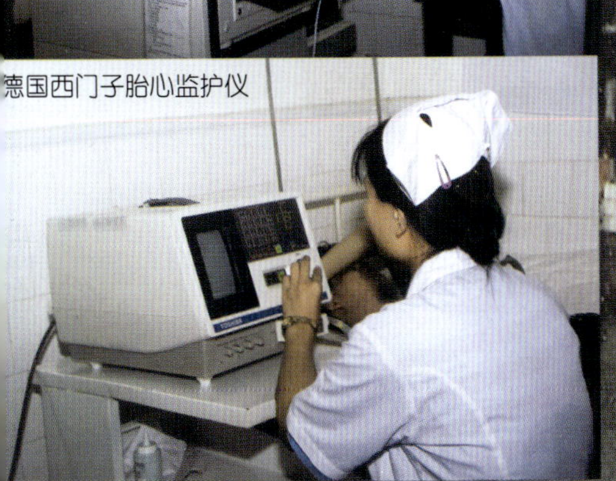

德国西门子胎心监护仪

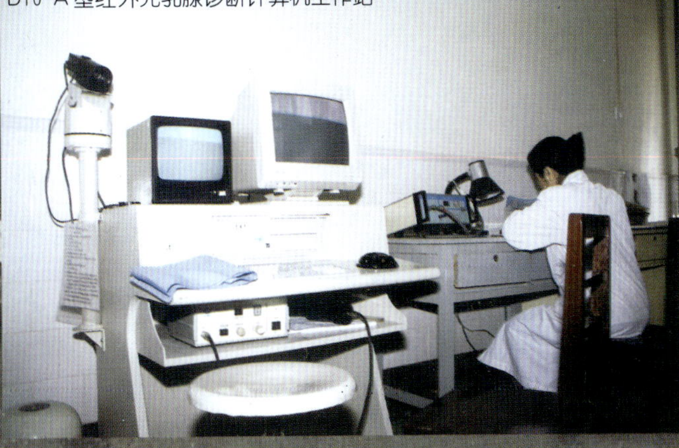

D10-A型红外光乳腺诊断计算机工作站

救 死

医院党委书记、院长、神经外科主任医师史克珊先生

按三星级宾馆标准装修的保健中心

医院绿化面积达40%，被誉为“花园式医院”图为优美的住院区一角

扶 伤

——海口市人民医院

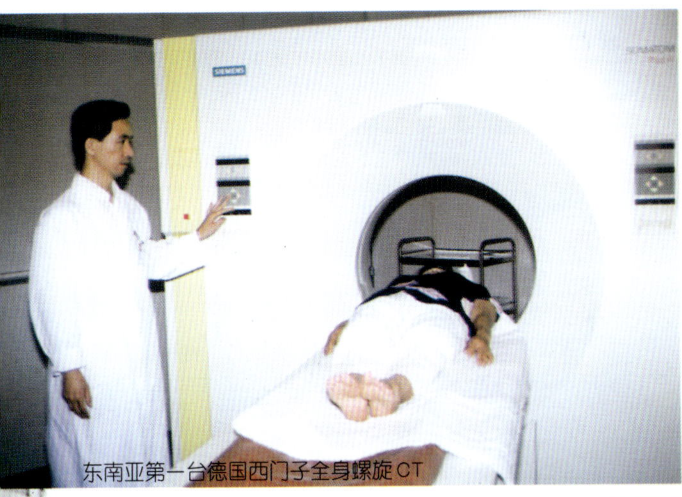

东南亚第一台德国西门子全身螺旋 CT

海口市人民医院始建于1903年，其前身为法国天主教会设立的中法诊所，1910 年扩建为中法医院，地处老城区得胜沙路，为海南历史最早的医院之一。1993年，医院迁址风景如画的海口市海甸岛，现设床位500张，是海口市属最大的综合性医院，也是我省目前仅有的5家“三级甲等医院”之一。医院占地面积13公顷，总建筑面积为88279平方米，绿化面积达40%，环境优美，病房整洁，无臭味，被誉为“花园式医院”。

医院、医疗技术力量雄厚，集全国各地知名专家一起，形成雄厚的技术队伍，现在正式职工998人，拥有高级职称93人，中级职称200人，其中博士生导师1人，硕士生导师3人，博士生1人，硕士生13人。

医疗设备省内最先进，医院拥有一大批全省乃至全国一流的医疗设备，10万元以上设备共有90台。其中有东南亚第一台德国西门子全身彩色CT、德国西门子1.0磁共振、美国1250mA双C臂血管数字减影系统、美国贝克曼CX-5全自动生化分析仪、乳腺机、彩色B超、远程心电监护系统等。全院每张病床平均设备投入达16万元。多年来，医院采取“确定优势学科，带动全院各学科全面发展”的策略，形成了自己的优势和特色。医院始终坚持“科技兴院”的办院方针，科研成绩显著，1995－1998年，医院共有15项科研成果通过专家鉴定，其中获省级科技进步奖7项，市级科技进步奖13项，出版图书5部，先后有493篇论文入选国际性、全国性和地方性学术杂志及会议。“以优质的服务，换来病人的安康，是我们最大的心愿”。医院本着一切以病人为中心，全心全意为病人服务的宗旨，强化规范化管理，狠抓医疗质量和医德医风建设，竭诚为海内外各界人士提供优质的医疗保健服务。

法人代表：史克珊（院长、党委书记）

地址：海南省海口市人民大道43号

邮编：570208

电话：（0898）6251000

传真：（0898）6251000

德国西门子1.0磁共振系统

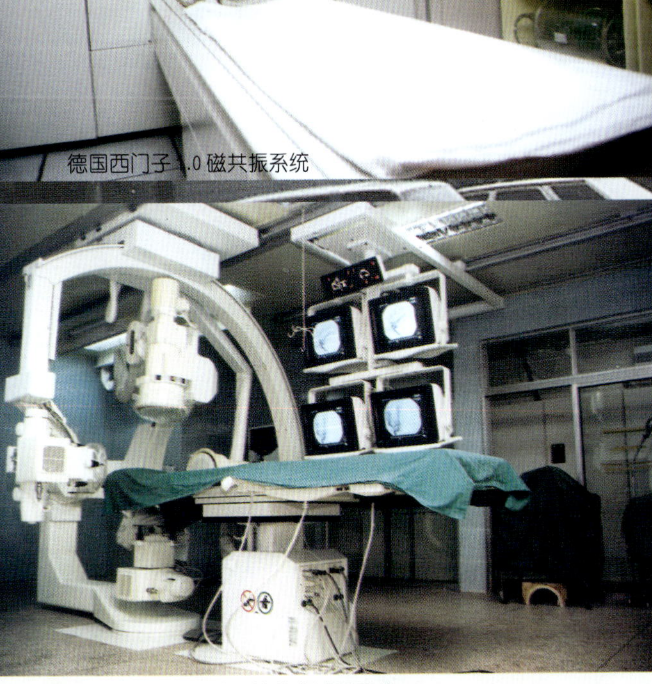

美国1250mA双c臂血管数字减影系统

前进中的海南医学院附属医院

院党委书记、院长焦解歌教授

海南医学院附属医院简称海医附院，位于海南省省会海口市中心带，始建于1975年。随着海南大特区经济建设和社会发展步伐的不加快，如今的海医附院已发展成为一所设备先进、技术力量雄厚，具巨大发展潜力的集医疗、教学、科研、预防、保健、社会健康服务等一体的综合性三级甲等医院，也是海南省首家爱婴医院。

医院环境宜人，新建门诊大楼雄伟壮观，编制病床513张，现有工800多名，其中副高以上的专家125人，中级职称的196人，博士硕士研究生及出国留学生30多人，享有国家特殊津贴、省优专家10人国家突出贡献专家1人。医院各科室设置齐全，设备先进，现有14个床科室、17个医技科室、2个实验室、6个科研诊治中心。医院拥有身CT仪、C臂9600X光机和数字减影系统、眼科准分子激光治疗仪白内障超声乳化治疗仪、全自动生化分析仪、心脏彩超、心电图活动板运动系统、动态心电图、经颅多普勒、腹腔镜、高档麻醉机、体外环系统、血透机、泌尿系内窥镜、成人小儿高压氧舱、ICU和CCU护系统，ECT诊疗仪等现代化医疗设备。

医院服务范围广泛，病员辐射到全国13个省市及8个国家和地区年门诊量达到28万人次，年住院病人愈万人次。

医院在省内率先开展人类体外受精与胚胎移植技术(俗称试管儿)、准分子激光治疗近视眼、白内障超声乳化治疗、脑立体定向手术心脏迷宫手术、脊柱前后三维立体框架结构内固定术治疗脊椎恶性瘤、人工颈椎置换术、肾移植手术、心钠素水平测定、超高倍多媒体微疾病诊断及免疫组化标记病理诊断等新技术、新项目，部分填补了省的空白，有些达到了国内先进水平。医院还是中国医学基金会国际学中国互联网络海南唯一的指定远程会诊保健中心。

医院十分重视科学管理和医德医风建设，先后荣获“全国妇幼卫工作先进单位”、“全国青年文明号”、“全省卫生宣传先进单位”和“省环境十佳医院”等殊荣。

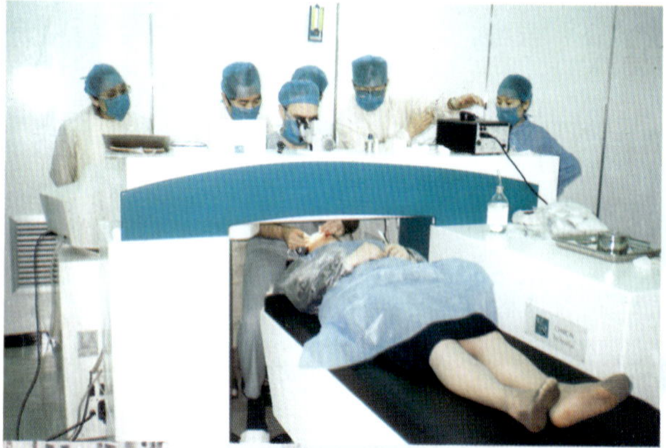

准分子激光治疗近视眼

医院全貌

试管婴儿研究处于国内先进水平

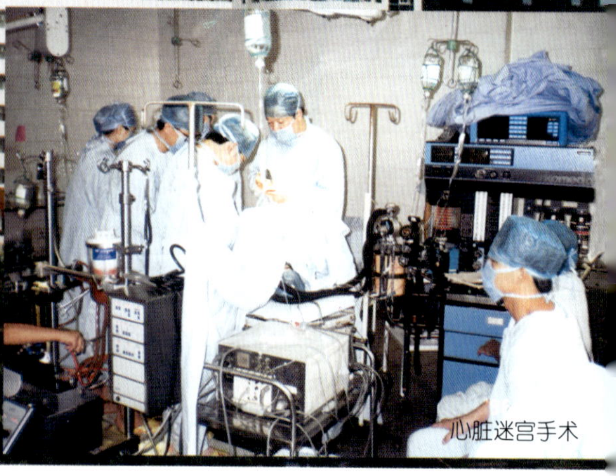

心脏迷宫手术

病人至上　质量第一

——海南省中医院

院长：林天东

副省长于迅在简梁盛厅长陪同下视察中医院

省中医院大门

无偿献血　人人有责

——海南省血液中心

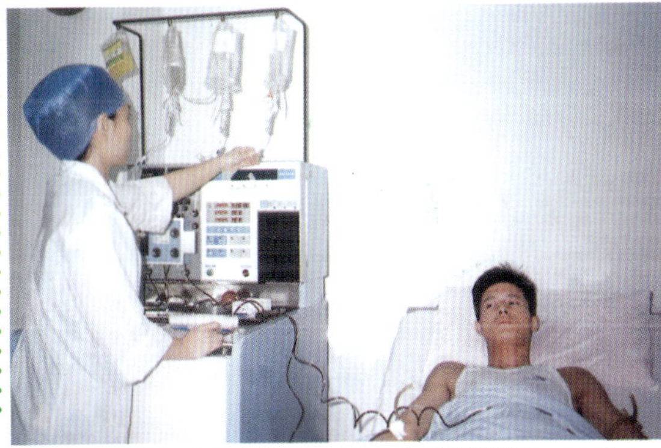

血液中心引进两台美国 Baxter 公司生产的 Cs-3000pius 血细胞分离机，开展血细胞成份采集和血液治疗，推动我省输血事业上了一个新的台阶

省血液中心主任杨向萍上任三年献血六次，累计献血量 1200 毫升

海南省血液中心工作人员向社会大力宣传无偿献血

海口市计划生育局

海口市计划生育局是海口市人民政府主管计划生育工作的职能部门。该局设有办公室、宣传教育科、法规监察科、规划统计科、流动人口管理科、科学技术科6个科室，下辖市计划生育服务站，现有干部职工44人。

海口市计划生育局在市委、市政府的正确领导和省计划生育局的直接指导下，紧紧围绕贯彻落实中央计划生育工作座谈会精神，加强对计划生育工作的领导，积极发挥职能部门的作用，当好市委、市政府的参谋，认真抓紧抓好计划生育工作，使计划生育工作取得了长足的进步。据市统计局人口变动情况抽样调查，1998年末全市总人口为63.22万人，比上年末净增1.49万人。全年人口出生率为12.10‰，比上年下降1.4个千分点，自然增长率为9.19‰，比上年下降1.1个千分点，完成省下达的人口计划。海口市已连续7年完成省下达的人口计划及计划生育工作的各项任务，实现了既定的人口控制目标，受到省委、省政府的表彰，为控制人口过快增长做出了贡献。

▲ 原国家计生委主任彭佩云在海口市考察计生工作

▶ 原国家计生委副主任蒋正华在考察我市计生工作时与农村基层干部进行交流

▲ 市政府吴毓俊副市长、市计生局陈运乾局长等领导深入到农村检查指导计划生育工作，并慰问农村二女计划生育户

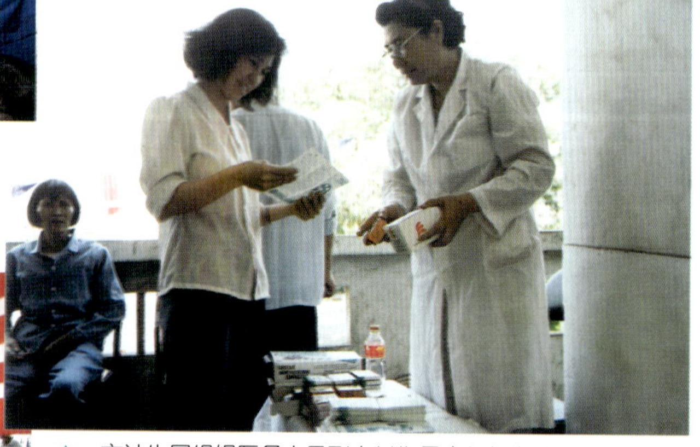

▲ 市计生局组织医务人员到农村指导育龄妇女使用避孕药具

◀ 我市计生工作始终突出宣传教育为主图为宣传队伍在闹市区进行宣传服务活动

局办公地址：海口市龙昆北路19号市政府6楼

局党组书记、局长：陈运乾

办公电话：6756947

海南50年

1949—1999

海南省统计局编

中国统计出版社

（京）新登字041号

图书在版编目（CIP）数据

海南50年:1949—1999/ 海南省统计局编，—北京：中国统计出版社，1999
ISBN 7---5037----3043-----9

Ⅰ.海---
Ⅱ.海---
Ⅲ.社会主义建设—成就—海南—1949～1999
Ⅳ.D619.66

中国版本图书馆CIP数据核字（1999）第32325 号

中国统计出版社出版
（北京西城区三里河月坛南街75号　邮政编码100826）
新华书店经销

787×1092毫米　16开本　100万字
1999年7月第1版　1999年7月河南第1次印刷
印数：1----2000本
定价：200元

《海南50年》编委会和编辑部人员

一、编委会

名誉主任：王厚宏（海南省委副书记、海南省常务副省长）

主　　任：阿思奇

副 主 任：王绎频

编　　委：符国宣　冯月花　吴地兴（以下按姓氏笔划排列）

王海燕　王　渊　刘琛宝　邢　炜　李仕均　孙华峦

邱小扬　陈运兴　陈统柱　杜金成　赵海英　翁文姬

唐海川　盛锦川　符史武　程少林　魏思明

二、编辑部：

总　编　辑：王绎频

副总编辑：陈运兴　程少林　盛锦川　王爱军

编辑部主任：陈运兴

编辑部副主任：程少林　盛锦川　王爱军

编辑人员：王敬业　詹尊东　曾德立　邱育任　陈翠青

《海南50年》编委会特邀人员

特邀 主 任：王富玉（以下按姓氏笔划排列）

马文金 邓昌松 左会金 白在林 朱玉芳 朱选成
朱清敏 刘 琦 刘仁伍 刘和忠 许详源 许晓明
孙利军 李贤忠 肖若海 余让水 张立夫 张枝林
张宝光 陈东威 林明江 林诗銮 柯向渔 钟玉瑜
黄少文 黄良胜 符乃雄 符鸿合 简梁盛 詹益雄
潘孝平

特邀副主任：冯锦民 吕黔生 朱万顺 伍 群 刘锡图 江泽林
李开群 李长河 李家福 吴 发 林天东 林鸿号
周太平 谢宗林 蔡仁杰

前　言

1999年，是中华人民共和国成立50周年。为了全面宣传建国50年来海南从一个落后的边陲地区发展成为初步繁荣的经济特区的辉煌历程，特编辑出版《海南50年》一书以飨读者。

本书是在省政府的领导下，根据国家统计局统一制订的编写大纲由海南省统计局组织人员编写的，省委副书记、省政府常务副省长王厚宏担任本书名誉主任，对本书的编写给予指导和支持。全书内容分为四部分三十七章。第一部分，综合篇，共八章，反映全省经济和社会发展成就；第二部分，行业篇，共七章，反映各行各业发展变化情况；第三部分，地区篇，共二十二章，反映各市、县、西南中沙群岛、洋浦开发区、农垦等地区和系统50年来取得的成绩；第四部分，资料篇，收集50年来社会经济发展主要统计指标数据。为了全面反映海南的情况，本书在国家统计局统一制订的提纲基础上，增加了“第一章 祖国的宝岛——海南”、“第三章 海南50年几次创业高潮”、“第七章 政法工作”、“第八章 海南建设群英谱”等四章。

本书中有两个时间需要加以说明。一是海南解放时间为1950年5月1日，即海南解放距今只有49年，书中大多数对比资料都是1950年或后期的资料，但为了与全国系列丛书一致，书名仍称为《海南50年》；二是海南建省时间为1988年4月13日，之前海南行政区属广东省管辖，所以海南50年包括建省前后两阶段。

本书在编辑出版过程中，得到了省有关部门、各市、县、西南中沙群岛办事处、洋浦管理局、农垦总局以及部分行政、企事业单位的大力支持和帮助，特此表示衷心感谢！由于我们水平有限，经验不足，加之时间仓促，书中难免有错误和疏漏之处，敬请广大读者批评指正。

《海南50年》编辑委员会

1999年7月

序

海南省委副书记、省政府常务副省长 王厚宏

中华人民共和国已经走过了50年的光辉历程。50年来，海南从一个比较落后的边陲地区发展成为初步繁荣昌盛的经济特区，特别是建省办经济特区以来，海南人民高举邓小平理论伟大旗帜，解放思想，实事求是，抓住机遇，开拓进取，国民经济实力显著增强，各项社会事业长足进步。

以1988年4月建省为分界线，海南经济发展大体分为两个阶段。第一阶段为1950年至1987年，即建省前阶段。1950年5月海南解放后，经济得以迅速恢复和逐步发展，但由于特定的历史条件，海南岛一直处于国防前哨，国家投资较少，除了橡胶、铁矿、制糖和盐业等少数产业发展较快外，从总体上看，产业结构单一，工业基础薄弱、基础设施建设滞后，再加上受“大跃进”运动和“文化大革命”的影响，经济发展较为缓慢。1952—1987年工农业总产值年均递增7.8%。第二阶段为1988年至今，即建省后阶段。1988年4月海南建省以来，突出发展热带高效农业，加快发展海岛旅游业，抓住机遇发展技术含量高的新兴工业，初步奠定了坚实的产业发展基础，基础设施建设取得长足发展，全方位对外开放格局已经基本形成，各项社会事业不断发展，人民生活水平不断提高。这个期间工农业总产值年均增长13.5%，比建省前提高5.7个百分点。1998年全省国内生产总值438.92亿元，比1978年增长7.72倍，年均增长11.4%，比全国同期高1.7个百分点。

正值中华人民共和国成立50周年之际，由海南省统计局编

辑出版的《海南50年》与广大读者见面了。本书具有较高的实用价值，它总结过去，面向未来，有益当代，惠及后人。它的出版发行是一项很有意义的工作。它为人们了解和研究海南的历史和现状，提供了较为可靠的依据。特别是在面临世纪之交的时候，它对海南广大干部群众和青少年进行省情教育和爱国主义教育，坚定走有中国特色社会主义道路的信念，增强建设现代化的信心，都将大有裨益。

目　录

第一部分 综合篇

第二部分 行业篇

第三部分 地区篇

第四部分　资料篇

附　录　部分单位概况

第一部分　综合篇

第一章 祖国的宝岛——海南

一、地理位置

海南省简称琼，位于中国的最南端。北以琼州海峡与广东省划界，西临北部湾与越南相对，东濒南海与台湾省相望，东南和南边在南海中跟菲律宾、文莱和马来西亚为邻。

海南省的行政区域包括海南岛和西沙群岛、南沙群岛、中沙群岛的岛礁及其海域，是中国陆地面积最小、海域面积最大的省份。

海南岛因地处大海之南，孤悬海中，故称之为海南岛。海南岛是海南省陆地的主体，岛形似一个呈东北至西南向的椭圆形的大雪梨。从琼东北的景心角至琼西南的莺歌海长约286公里，从琼西北的神尖角至琼东南的大花角宽约180公里，总面积（不包括卫星岛）3.39万平方公里，是中国仅次于台湾岛的第二大岛。环岛海岸线长1528公里，周围负5米至负10米的等深地区达2330.55平方公里，相当于陆地面积的6.8%，近岸滩滁面积宽广，开发利用潜力较大。

海南岛四周低平，中间高耸，呈一穹隆山地，以中部的五指山和鹦哥岭为隆起核心、向外围逐步递减、由山地、丘陵、台地、阶地和平原构成环形层状地貌，梯级结构明显。高耸的穹隆山体受北东向的断裂作用造成红毛番阳断裂谷地，谷地之北为黎母岭鹦哥岭猴猕岭诸山，谷地之南为五指山青春岭马咀岭诸山。两列山岭，地势高耸，两山之间，地势深陷，构成了琼北通往琼南的天然通道。在海南岛地貌结构中，山地占全岛面积的25.4%；丘陵占13.3%；在山地和丘陵周围，广泛分布着宽窄不一的台地和阶地，分别占全岛总面积的32.6%和16.9%；沿海多为滨海平原，占全岛总面积的11.2%；人工地貌（包括盐田、水库）占0.6%。

海南岛与广东雷州半岛相隔的琼州海峡宽约18海里，是海南岛与大陆之间的“海上走廊”，也是北部湾与南海之间的海上通道。从岛北的海口市至越南的海防市约220海里，从岛南的榆林港至菲律宾的马尼拉航程约650海里。海南岛控制中国南部沿海的交通，扼两广的咽喉，是中国南部海疆的要塞。

西、南、中沙群岛地势较低平，一般在海拔4–5米之间，西沙群岛的石岛最高，海拔约14米。西沙群岛和中沙群岛在海南岛东南约300多公里的南海海面上。中沙群岛大部分淹没在水下，仅黄岩岛露出水面。西沙群岛有岛屿22座，陆地面积8平方公里，其中永兴岛面积最大，约1.8平方公里。南沙群岛位于南海的南部、是分布最广，暗礁、暗沙、暗滩最多的一组群岛，陆地面积仅2平方公里，其中曾母暗沙是中国最南的领土。南海群岛是太平洋与印度洋之间交通的必经之地，在国际海运航线上具有重要的战略地位。

海南岛的山脉多数在500—800米之间，海拔超过1000米的山峰有81座。其中海拔超过1500米的山峰有五指山（1867.1米）、鹦哥岭（1811.6米）、鹅鬃岭（1588米）、猴猕岭（1655米）、雅加大岭（1519.1米）、吊罗山（1519米）等。海南岛的山脉大体上分为三大山脉：五指山山脉、鹦哥岭山脉和雅加大岭山脉。

五指山山脉位于海南岛的中部，包括向东北方向延伸的白石岭、黎看岭、白马岭、母瑞山；向东南方向延伸的吊罗山、牛上岭、分界岭；向西南方向延伸的阿陀岭、好梧岭、哥分岭以及七指岭、驳白岭、昂日岭、马嘴岭、通打岭等。

鹦哥岭山脉位于五指山的西北，包括向东北方向延伸的三里林岭、黎母岭；向西南方向延伸的马或岭、猴猕岭、尖峰岭等。

雅加大岭山脉位于海南岛的西部，与其相连的有仙婆岭、七差大岭和峨贤岭等。

流经境内的主要河流有：南渡江、昌化江和万泉河。多由中部山区发源，穿过崇山峻岭，顺着中高周低的地势，奔流出海。

南渡江发源于白沙县南峰山，斜贯本岛北部，流经白沙、琼中、儋州、澄迈、屯昌、定安、琼山至海口市入海，全长311公里，流域面积7176.5平方公里，流域面积在100平方公里以上的支流19条。

昌化江发源于五指山西北麓，横贯本岛西部。流经琼中、保亭、乐东、东方至昌化港入海，全长230公里，流城面积5070平方公里，流域面积在100平方公里以上支流10条。水力资源丰富，蕴藏量达29万千瓦，为三大河流之冠。

万泉河流域面积3683平方公里，主流全长163公里，上游分南北两支，分别发源于琼中县五指山和风门岭。两支流经琼中、万宁、屯昌至琼海龙江合口咀合流，经加积至卜敖港入海。流域面积在100平方公里以上支流8条。流域内为海南岛多雨地区，下游经济较为发达。

海南省的土壤类型有：砖红壤、赤红壤、黄壤、山地灌丛草甸土、燥红土、滨海砂土、水稻土。砖红壤是热带雨林季雨林下形成的热带性土壤，分布在海拔20米以上的阶地、台地和丘陵，宜种植热带作物；赤红壤分布在海拔4001000米之间的低山和中山地区，黄壤分布在海拔750米或1100米以上的中山地区，山地灌丛草甸土分布于山脊，燥红土分布在海南岛西南部10米和20米两级阶地上，滨海砂土分布于海拔10米以下的滨海地区，以上5种土壤均以种植林木、保持水土为主；水稻土集中分布于沿海河流出口的三角洲、海成阶地、山间平原和台地，宜种植粮食作物。

二、气候特征

海南省地处热带、亚热带，属热带季风气候区域，是中国最具热带气候特色的地方。全年暖热，雨量充沛，干湿季节明显，常风较大，热带风暴、台风频繁，气候资源多样。

海南岛纬度较低，太阳投射角大，冬至日在海口达4633，在三亚达4819。全岛辐射热量大，全年约5193兆焦耳/平方米，其中中部山区4600兆焦耳/平方米，西部沿海5800兆焦耳/平方米，南部沿海5700兆焦耳/平方米。光照时间长，年日照时数约2500小时。日照时数按地区分，西部沿海最多，中部山区最少。全年气温高，各地年平均温度在2325C之间，中部山区气温较低，西南部较高。12月为最冷月，平均温度大部分地区在17C左右，南部沿海的三亚、陵水等市县高达20C左右。历年平均极端低温，大部分在5C以上，海南省是全国冬温最高的地区。78月为气温最高月份，平均温度为2529C。海南岛虽然气候炎热，但极端最高温度为40C，比全国很多省份都要低。而且，这种高温不是出现在盛夏时节，而是出现在春天45月份，所以暑气不酷。在盛夏时节，除了中午很短一段时间外，早晚有海风调节，使人感觉气候凉爽舒适。西、南、中沙群岛属于热带海洋气候，夏长无冬，全年平均气温26.5C，8月份气温最高、平均温度为29.5C、2月份气温最低、平均温度为22.9C。

海南岛大部分地区雨量充沛，全岛平均降雨量为1500—2000毫米。海南岛东湿西干明显，降雨中心在中部偏东的山区，年降雨量约2000—2400毫米，最高的达3000毫米左右；西南部沿海为干热区，雨量较少，年降雨量约1000—1200毫米。降雨季节分配不均，形成干湿季节分明，冬春两季雨量稀少，往往造成部分地区干旱。旱季从11月至竖年4月，长达6—7个月，不少地区旱季总降雨量仅为100—200毫米，仅占全年总降雨量的10—20%。旱季长的年份达8个月，最长的达9个月。夏秋两季是雨季，56月为夏季季风雨降雨高峰期，7—10月为台风雨降雨高峰期，两个高峰期的雨量达1500毫米左右，占全年总降雨量的70—90%。

广阔的南海和西太平洋，是海南岛重要的水汽来源。每年下半年，南海和西太平洋面上的大量水汽随东南风吹到海南岛上空，由于各种条件，形成地形雨、锋面雨、热雷雨、台风雨等，其中台风雨约占全岛年降雨量的三分之一。

海南岛全年湿度大，年平均水汽压约23百帕（琼中）至26百帕（三亚），即中部山区较小，南部沿海较大。中部和东部沿海为湿润区，西南部沿海为半干燥区，其他地区为半湿润区。

海南岛的风分为季风、台风和龙卷风3种。季风表现为两种形式，一是每年10月以后，从西伯利亚、蒙古高原吹来的冷空气不断出现，到海南岛是以偏北风形式，其中又以东北风为多数；二是每年4月开始，海南岛转而以热带太平洋上来的东南风为主，其次是从印度洋来的西南风。季风环流规律正常，则风调雨顺；如果季风环流反常，则不涝即旱。

海南岛是个多台风地区。影响海南岛的台风多数发生于太平洋西部，即北纬520的热带海面上，也就是加罗林群岛、菲律宾东部海面及南海中部海面。海南岛的台风次数多，每年在海南岛登陆的台风89次，最多可达11次。台风季节长，从5至11月份，都有台风登陆的记载，其中以8至9月份登陆次数最多，风力最大。台风多数从本岛东部、东北部和东南沿海一带登陆，然后进入北部湾，风力多在7—12级以上，对农业生产影响很大，但做好台风的预报和预防工作，也能化害为利。

龙卷风是海南岛上一种不常见的、规模不大的强烈大气涡旋，出现次数不多，破坏范围小。

雷暴在海南岛一年四季皆可出现，初雷出现在3月，终雷出现在10月，5—9月是雷暴活动最频繁的季节，南部沿海雷暴日数有60—85天，其他地区在100天以上，最多的澄迈达132.5天，居全国之冠。雷暴对人民的生产生活也会带来一定的危害。

三、自然资源

1. 土地资源

海南岛是中国最大的热带地区，土地面积339.08万公顷，占全国热带土地面积的42.5%。由于光、热、水等条件优越，植物生长繁殖速度大大快于全国其他地区，农田多年可以耕种，不少作物每年可收获23次。

海南岛的土地资源按适宜性划分，可分为7类：宜农地101.59万公顷，占30%；宜胶地68.01万公顷，占20%；宜热带作物地13.13万公顷，占3.9%；宜林地92.50万公顷，占27.3%；宜牧地（草山草地）31.10万公顷，占9.2%；水面（河、渠、水库等占地）13.69万公顷，占4%；其他地（居民点、特用地、道路等）19.05万公顷，占5.6%；

2. 水资源

海南省有独流入海的河流共154条，其中集水面积在100平方公里以上的有38条。集水面积大于3000平方公里的有南渡江、昌化江、万泉河。这三大河流的流域面积占全岛面积的47%。集水面积在1000—2000平方公里之间的河流有陵水河、珠碧江及宁远河。集水面积在500—1000平方公里之间的河流有望楼河、文澜江、北门河、太阳河、藤桥河、春江及文教河。全岛年降水总量为596亿方，产生水资源总量297亿方，丰水年475亿方，枯水年143亿方，差别较大。在全岛水资源总量中，河川水154亿方，可蓄水量79亿方；地下水天然资源143亿方，可采资源47亿方。海南省淡水资源在近期能满足工农业生产和人民生活的要求。

3. 作物资源

粮食作物是海南种植业中面积最大、分布最广的作物，主要有水稻，其次是蕃薯；经济作物主要有糖蔗、花生、茶叶；水果种类繁多，栽培和野生水果类29种、53属，栽培形成商品的水果主要有菠萝、荔枝、龙眼、香蕉、柑桔、杨桃、人心果、菠萝蜜等；瓜菜有120多种，主要有西瓜、蜜瓜、冬瓜、苦瓜、青瓜、节瓜、丝瓜、豆角、洋葱、萝卜、白菜、青菜、芹菜、芥菜、包心菜、空心菜等。在海南省农业生产中，反季节瓜菜具有很大的发展潜力。海南省还是中国最大的南繁育种基地。

海南省热带作物资源丰富，是中国主要的热带作物产区。目前栽培面积较大、经济价值较高的热带作物主要有橡胶、椰子、槟榔、胡椒、咖啡、剑麻、香茅、腰果、可可等。海南热带作物在全国占有重要地位。

4. 植物和南药资源

海南的植物生长快，植物繁多，是热带雨林、热带季雨林的原生地。据考察，海南岛的维管束植物4000余种，约占全国总数的七分之一，其中630多种为海南所特有。世界热带的80个科显花植物属、种最多的第一类17科，海南全有。在4000多种植物资源中，药用植物2500余种；乔灌木2000余种，其中有800余种经济价值较高；列为国家重点保护的特产与珍稀树木有20多种；果类植物142种（包括野生76种）；茅香植物70多种；热带观赏花卉及园林绿化美化树木200多种；纤维植物100多种；各种油料、胶料、染料植物等89种；糖料及饮料植物10余种；牧草及饲料植物200多种；工艺用藤类、葵叶等10多种。

植物资源的最大储量在热带森林植物群落类型中，热带森林植被类型复杂，森林植被垂直分布明显，且具有混交、多层、异龄、常绿、干高、冠宽等特点。热带森林主要分布于五指山、尖峰岭、坝王岭、吊罗山、黎母山等林区。热带森林以生产珍贵的热带木材而闻名全国，在1400多种针阔叶树种中，乔木达800多种，其中458种被列为国家的商品材，属于特类木材的有花梨、坡垒、子京、荔枝、母生等5种，一类材34种，二类材48种，三类材119种，适于造船和制造名贵家俱的高级木材有85种，珍稀树种45种。1997年海南岛森林覆盖率达51.5%。海南岛药材资源丰富，有“天然宝库”之称。在4000多种植物中，可入药的2500多种，占全国的40%，药典收载的有500多种，经过筛选的抗癌植物有137种，南药30多种，最著名的4大南药是槟榔、益智、砂仁、巴戟。

5. 动物资源

海南陆生脊椎动物有500多种，其中两栖类37种（11种仅见于海南，8种列为国家特产动物）；爬行类104种；鸟类344种；哺乳类82种（21种为海南特有）。世界上罕见的珍贵动物有：世界四大类人猿之一的黑冠长臂猿和坡鹿。其他珍贵动物有水鹿、猕猴、黑熊、云豹等。

6. 水产资源

海南省的海洋水产资源具有海洋渔场广、品种多、生长快和渔讯期长等特点，是中国发展热带海洋渔业的理想之地。海南岛有水深200米以内的大陆架渔场面积6.56万平方海里，西、南、中沙群岛渔场面积2.24万平方海里。海洋水产有800多种，鱼类就有600多种，其中经济价值较高的40余种，主要有蓝园参、鲐鱼、小公鱼、青干金枪鱼、扁舵鲣、中华青鳞鱼、弓头燕鳐鱼、乌鲳鱼、康氏马鲛、宝刀鱼、红鳍笛鲷、金线鱼、马六甲鲱鲤、黄带鲱鲤、印度白姑鱼、二长棘鲷、五棘银鲈、海鳗、大黄鱼、带鱼、灰星鲨、石斑鱼、鲫鱼等。海洋软体动物主要有墨鱼、鱿鱼、海参、沙虫等。目前有20多种经济价值较高的鱼、虾、贝、藻类海特产品种已在浅海养殖，主要品种有石斑鱼、鲍鱼、斑节对虾、墨吉对虾、刀额新对虾、中国龙虾、白蝶贝、马代珍珠贝、近海牡蛎、翡翠贻贝、泥蚶、石花、麒麟菜、江蓠菜、沙菜等。

淡水鱼类有15科57属72种，主要有鲩、鲢、鳙、鲤、鳊、鲫、鲶、黑鱼、青鱼、权端鱼、河鳗、生鱼等。特种淡水养殖资源有龟、鳖、青蛙、水獭、水貂、娃娃鱼、泥鳅、黄鳝、乌鳢、头鲈等。

7. 矿产资源

海南省矿产资源丰富，目前已发现的各类矿产有90种，占全国已发现矿产种类的55%。在全国已探明储量的148种矿产中，海南省已探明67种，其中已列入全国储量统计的41种。海南省矿产资源中，能源矿产有天然气、石油、油页岩、褐煤、铀等；金属矿产有铁、钛、锆英石、铝土矿、金、钴、铜、钼、独居石、铝、锌、银、钨、锡、铬、镍、铌、钽、镓、镉等；非金属矿产有蓝宝石、红锆宝石、水晶、石英砂、石灰岩、白云岩、石英岩、硅石、硫铁矿、磷、沸石、膨润土、硅藻土、萤石、白云母、花岗岩、闪长岩、辉长岩、大理岩、玄武岩、耐火粘土、火山灰、火山渣、泥炭、页岩等；地下水有饮用水、矿泉水等。

石油、天然气有较好的开发前景。已圈定的北部湾、莺歌海、琼东南3个大型新生代沉积盆地，总面积约12万平方公里，其中对油气勘探有利的远景面积约6万平方公里。据初步探测，生油量约有145亿吨，聚集量约912亿吨。莺歌海盆地岩13-1天然气田，已探明含气构造面积为55平方公里，储量为1040亿立方米，可采量为700亿立方米；位于岛北部的福山凹陷构造，有11.5亿吨的石油储量；南沙群岛海域石油和天然气储量丰富。

海南石碌铁矿是全国八大露天铁矿之一，也是亚洲最大的富铁矿场，储量约3亿吨，约占全国富铁矿储量的71%，矿石平均品位为51.2%、最高品位达68%.

海南钛矿、钴矿、宝石、锆英石、石英砂等储量在全国也占有重要位置。

8. 海盐资源

海南岛西南沿海是中国华南地区发展海盐业的最佳地段。这里海滩平坦，终年炎热，阳光充足，风力较大，降雨量少，蒸发量大，晒盐条件好。目前，已建有莺歌海、东方、榆林等大型盐场，其中莺歌海盐场是中国南方最大的盐场。

9. 旅游资源

海南岛气候宜人，四季常青，具有迷人的热带、亚热带景观和独具特色的海岛风情，发展旅游业的潜力很大。据普查，全岛可利用的自然景观和人文景观等风景资源共有11类、241处，其中滨海沙滩38处，主要有亚龙湾、大东海、天涯海角、芝兰湾、香水湾、高隆湾、石梅湾等；山岳28处，主要有五指山、尖峰岭、七指岭、东山岭、铜鼓岭等；奇石异洞18处，主要有毛公山、济公山、皇帝洞、落笔洞等；河湖19处，主要有万泉河、松涛水库、南丽湖等；瀑布11处，主要有百花岭瀑布、太平山瀑布等；温泉38处，主要有兴隆温泉、官塘温泉、南田温泉、蓝洋温泉、半岭矿温泉、七仙岭温泉等；野生动植物观光资源18处，主要有大田坡鹿、坝王岭黑冠长臂猿、南湾猴岛、东寨港红树林、东郊椰林等；游览海岛13处，主要有吴歧洲岛、大洲岛、野猪岛等；生产观光资源11处，主要有华南热作两院、石碌铁矿、枫木鹿场等；古建筑25处，主要有五公祠、琼台书院、东坡书院、万安书院、苏公祠、崖州古城、韦氏祠堂、汉马伏波井、文昌阁、文城文庙、美郎双石塔、定安古城墙、秀英村古炮台等；古墓葬8处，主要有海瑞墓、丘浚墓、张岳崧墓、赵鼎衣冠冢等；近现代胜迹主要有宋氏祖居、冯白驹故居、琼崖纵队司令部旧址等；革命烈士纪念碑主要有海南革命烈士纪念碑、红色娘子军纪念雕像、冯白驹将军雕像暨纪念亭、李硕勋烈士墓、金牛岭烈士陵园、白沙起义纪念馆等；社会风情8处，主要有黎族盛会三月三、番加风情、黎苗民族歌舞等。

四、行政区划

海南岛，过去曾称珠崖。早在西汉元封初年（约公元110年），汉武帝平定南越后，在海南设立珠崖、儋耳两郡；三国时期，吴置珠崖郡；晋代，珠崖入合浦；南北朝时，梁置崖州及珠崖郡；隋初郡废，后又复置珠崖及儋耳、临振3郡，并增置琼州治琼山县，后改琼山郡，复为琼州；五代十国至宋代仍为琼州；元朝时改为琼州路；明洪武初设琼州府；清代沿袭明代旧制；民国初年改为广东琼崖道，后废道划为特别行政区。

1949年12月，毛泽东主席发出解放海南岛的命令，在琼崖纵队的配合下，野战军渡海作战，海南岛于1950年5月1日全境解放，并成立海南军政委员会。1951年4月22日，成立海南行政区公署，驻在海口市。下辖1市16县：海口市、琼山、文昌、琼东、乐会、万宁、定安、新民、澄迈、临高、儋县、陵水、崖县、昌感、白沙、保亭、乐东县，92个区镇，1104个乡。

1952年，改新民县为屯昌县，新置东方、琼中两县。同年7月1日，成立海南黎族苗族自治区人民政府，驻在乐东县抱由镇。下辖5县：白沙、乐东、东方、琼中、保亭。1953年6月，又将崖县、陵水两县划归自治区管辖。1955年10月17日，海南黎族苗族自治区改为海南黎族苗族自治州。1957年5月新置那大县。其时，海南行政区公署下辖1州1市19县。

1959年3月，海南行政区作重大变动。自治州人民政府搬来海口市同海南行政区公署合署办公；撤销琼山县，划归海口市；撤销琼东、乐会、万宁3个县，合并为琼海县；撤销定安、屯昌2县，合并为定昌县；撤销那大县，划归儋县；撤销临高县，划归澄迈县；撤销昌感县，划归东方县；撤销白沙县，分别划归东方、琼中2县；撤销陵水、保亭2县，与万宁兴隆农场和崖县合并设立崖县大县；成立西、南、中沙群岛办事处；另外保留文昌县和乐东县的建制。海南行政区公署共辖1市9县1个办事处。

1960年9月，恢复琼山、万宁、保亭3个县，全区共有1市12县1个办事处。

1961年5月，行政区再次作重大变动，全区由原有的12县划分为17县，将崖县分设为崖县和陵水县，将定昌县分设为定安县和屯昌县，将澄迈县分设为澄迈县和临高县，将东方县分设为东方、白沙、昌江3县，保亭、琼中、乐东县域也相应作了局部调整。

1962年2月，恢复海南黎族苗族自治州行政机构，州政府搬到通什镇。自治州共辖8个县：崖县、陵水、乐东、东方、昌江、白沙、琼中、保亭。

1968年4月5日，海南行政公署停止行使职权，成立海南行政区革命委员会，实行“一元化”领导，自治州人民政府也被革命委员会取代。直至1980年1月，撤销海南行政区革命委员会，成立广东省海南行政区公署，随之成立海南黎族苗族自治州人民政府。

1984年5月，第六届全国人民代表大会第二次会议审议，并通过国务院关于成立海南行政区人民政府的议案，撤消海南行政区公署，成立海南行政区人民政府（一级地方国家政权机关）。崖县改建为三亚市（县级）。全区共辖1州2市16县1个办事处，291个区，22个区级镇，2207个乡镇，6个街道办事处，61个镇管区，166个居委会，1.87万个村委会。

1986年5月31日，海口市升级为地级市。同年6月12日，设立通什市（县级）。

1987年9月，六届全国人大常委会第二十二次会议通过了“关于国务院提请审议设立海南省的议案的决定”。同年12月，撤销海南黎族苗族自治州，三亚市升级为地级市。

1988年4月13日，第七届全国人民代表大会第一次会议通过《关于设立海南省的决定》和《关于建立海南经济特区的决定》的两项议案。海南省人民政府于4月26日正式挂牌成立。省会设在海口市。海南省的行政区域包括海南岛和西沙群岛、南沙群岛、中沙群岛的岛礁及其海域。海南省实行省直接管理市、县的行政管理体制，下辖两个地级市，即海口市、三亚市；1个县级市，即通什市；16个县，即琼山县、文昌县、琼海县、万宁县、定安县、屯昌县、澄迈县、临高县、儋州县、东方黎族自治县、乐东黎族自治县、陵水黎族自治县、白沙黎族自治县、昌江黎族自治县、琼中黎族苗族自治县、保亭黎族苗族自治县；1个办事处，即西沙、南沙、中沙群岛办事处。1989年共有100个乡，204个镇，6个市区，17个街道办事处，350个居委会，2307个村委会。

1992年12月，琼海撤县设市；1993年3月，撤销儋县，设立儋州市；1994年1月，琼山撤县设市；1995年11月，文昌撤县设市；1996年8月，万宁撤县设市；1997年3月，东方撤县设市。

截止至1998年底，海南省共辖2个地级市，即海口市、三亚市；7个县级市，即通什市、琼山市、文昌市、琼海市、万宁市、儋州市、东方市；4个县，即定安县、屯昌县、澄迈县、临高县；6个民族自治县，即乐东黎族自治县、陵水黎族自治县、白沙黎族自治县、昌江黎族自治县、琼中黎族苗族自治县、保亭黎族苗族自治县；5个市辖区，即海口市振东区、新华区、秀英区、三亚市河东区、河西区；1个办事处（县级），即西沙、南沙、中沙群岛办事处。基层设置203个镇，105个乡，18个街道办事处，2597个村委会，323个居委会。

五、领导机构

中国共产党海南省委员会

第一届(1988.9—1993.7)

书 记：许士杰(1990.7免) 邓鸿勋(1990.7—1993.1) 阮崇武(1993.1任)

副书记：梁 湘(1989.9撤) 刘剑锋(1993.1免) 杜青林(1992.2任) 汪啸风(1993.1任) 姚文绪

常 委：许士杰(1990.7免) 邓鸿勋(1990.7—1993.1) 阮崇武(1993.1任) 梁 湘(1989.9撤) 刘剑锋(1993.1免) 杜青林(1992.2任) 汪啸风(1993.1任) 姚文绪 鲍克明 缪恩禄 王越丰(黎族) 刘桂楠(1989.4免) 韦泽芳 李志民 庞为强(1989.4—1990.8) 肖旭初(1990.8任) 王厚宏(1991.4任) 董范园(女 1991.5任) 刘学斌(1992.1任) 陈玉益(1992.3任) 蔡长松(1992.7任)

第二届(1993.7—1998.2)

书 记：阮崇武

副书记：杜青林 汪啸风 陈玉益(1997.1免) 蔡长松(1996.1任)

常 委：阮崇武 杜青林 汪啸风 陈玉益(1997.1免) 肖旭初 王厚宏 董范园(女) 刘学斌 蔡长松 王学萍(黎族) 钟 文 张德春(女 1996.1任) 周传统(1997.11任)

第三届(1998.2)

书 记：杜青林

副书记：汪啸风 王广宪(1999.1任) 蔡长松 王厚宏

常 委：杜青林 汪啸风 王广宪(1999.1任) 蔡长松 王厚宏 刘学斌 钟 文 张德春(女) 周传统 朱明国(黎族) 王富玉(回族)

中国共产党海南省纪律检查委员会

第一届(1988.9—1993.7)

书 记：董范园(女)

副书记：符致光 肖立河 吴振钧(1993.5任)

第二届(1993.7—1998.2)

书 记：董范园(女 1997.8免) 刘学斌(1997.8任)

副书记：吴振钧 符致光 曹百霖

第三届(1998.2)

书 记：刘学斌

副书记：吴振钧 赵若鸿(女) 张海国

海南省人民代表大会常务委员会

海南省人民代表会议(1988.8—1993.2)

主　任：许士杰(1991.7病逝)　邓鸿勋(1992.4任)

副主任：潘琼雄　曹文华　郑　章　杨文贵(黎族)　林　英　黄宗道　吴葵光

第一届(1993.2—1998.4)

主　任：杜青林

副主任：潘琼雄　韦泽芳(1996.11撤)　杨文贵(黎族)　王信田　吴葵光　辛业江(1994.3—1996.12撤)　陈苏厚(1997.1任)　毛志君(1997.1任)

第二届(1998.4　)

主　任：杜青林

副主任：王信田　吴葵光　陈苏厚　毛志君　董范园(女)　王学萍(黎族)　林明玉　曾浩荣

海南省人民政府

海南省人民代表会议(1988.8—1993.2)

省　长：梁 湘(1989.9撤)　刘剑锋(1989.9任)

副省长：鲍克明　孟庆平　王越丰(黎族1991.5免)　辛业江　邹尔康(1990.2免)　陈苏厚(1990.2任)　毛志君(1991.5任)　王学萍(黎族 1991.5任)

第一届(1993.2—1998.4)

省　长：阮崇武

副省长：汪啸风　王学萍(黎族)　陈苏厚(1997.1免)　毛志君(1997.1免)　刘名启　吴昌元(1996.12任)　韩至中(1996.12任)　王厚宏(1997.3任)

第二届(1998.4　)

省　长：汪啸风

副省长：王厚宏　吴昌元　韩至中　李东生　朱明国(黎族)　于　迅

中国人民政治协商会议海南省委员会

第一届(1988.8—1993.2)

主　席：姚文绪

副主席：陈克攻　章锦涛　周　铮(1991.8病逝)　胡　楷(女)　周　松　李明天(苗族)　林鸿藻　陈　宏　邹尔康(1990.4任)　王越丰(黎族 1991.5任)　王辉丰(1992.4任)

第二届(1993.2—1998.4)

主 席：姚文绪(1996.2免) 陈玉益(1996.2任)

副主席：王越丰(黎族 1996.2免) 周 松 李明天(苗族) 林明玉 胡 楷(女) 林鸿藻 陈 宏 王辉丰 王家贤(黎族 1996.2任)

第三届(1998.4)

主 席：陈玉益

副主席：周 松 肖策能 李明天(苗族) 王辉丰 林安彬(回族) 伉铁保 符气浩 林栖凤(女) 陈家锐

六、人口分布

1998年底，海南省户籍总人口733.31万人。在全国31个省、直辖市、自治区中居第28位，仅比西藏、青海、宁夏多。全省19个市县中，户籍总人口超过50万人的市县有5个：儋州市人口最多，为77.71万人,琼山市65.38万人、万宁市54.20万人,海口市52.79万人、文昌市52.76万人;总人口在40-50万人之间的市县有4个:乐东县46.48万人、澄迈县45.57万人、三亚市44.60万人、琼海市44.08万人;总人口在30-40万人之间的市县有4个:临高县39.34万人、东方市34.96万人、陵水县31.53万人、定安县30.33万人;其余6个市县总人口都在30万人以下:屯昌县24.91万人、昌江县22.28万人、琼中县19.62万人、白沙县17.35万人、保亭县15.44万人,通什市10.56万人。另外，受省政府直接领导的西、南、中沙群岛办事处260人，洋浦经济开发区34265人。

1998年海南省人口密度为216人/平方公里。在全国31个省、直辖市、自治区中居第16位。比1997年全国人口密度多87人/平方公里，高40.3%。

从省内各市县人口分布情况看，有11个市县人口密度高于全省平均水平，有16个市县人口密度高于全国平均水平。海口市人口密度最高，为2572人/平方公里；人口密度在300—2000人/平方公里之间的市县有2个：琼山市322人/平方公里，临高县304人/平方公里；人口密度在200—300人/平方公里之间的市县较多，共有9个：陵水县280人/平方公里，万宁市273人/平方公里，琼海市263人/平方公里，定安县255人/平方公里，儋州市238人/平方公里，三亚市234人/平方公里，澄迈县222人/平方公里，文昌市221人/平方公里，屯昌县201人/平方公里；人口密度在100–200人/平方公里之间的市县有4个：乐东县170人/平方公里，东方市156人/平方公里，昌江县141人/平方公里，保亭县136人/平方公里；人口密度在100人/平方公里以下的市县有3个：通什市90人/平方公里，白沙县82人/平方公里，琼中县76人/平方公里。中部山区人口较为稀疏，四周海岸人口较为稠密，呈现出越接近海岸人口密度越大，越靠近中部内陆山区人口密度越小的趋势。以人口密度最低的中部内陆山区县琼中县为起点，分别向东（琼中琼海或万宁）、南（琼中通什保亭三亚）、西（琼中白沙昌江东方）、北（琼中屯昌定安琼山海口）等四个方向延伸，人口密度呈上升的趋势。

从人口的南北分布情况来看，南部9个市县（三亚、通什、东方、乐东、琼中、保亭、陵水、白沙、昌江）土地面积占全省的49%，而总人口仅占全省的33%，人口密度为146人/平方公里；北部10个市县（海口、琼山、文昌、琼海、万宁、定安、屯昌、澄迈、临高、儋州）土地面积占全省的51%，而总人口占全省的67%，人口密度为284人/平方公里，北部人口密度大约是南部的2倍。

从人口的东部、中部、西部分布情况来看，东部7个市县（海口、琼山、文昌、琼海、万宁、陵水、三亚）土地面积占全省的33.2%，总人口占全省的47%，人口密度为306人/平方公里；中部6个市县（定安、屯昌、琼中、白沙、通什、保亭）土地面积占全省的27.9%，而总人口仅占全省的16%，人口密度为125人/平方公里；西部6个市县（澄迈、临高、儋州、昌江、东方、乐东）土地面积占全省的38.9%，总人口占全省的37%，人口密度为204人/平方公里。东部人口密度比全省高42%，中部人口密度比全省低42%，西部人口密度与全省水平相近。

七、民族风情

海南是一个多民族的地区。据1990年人口普查，海南省有汉族、黎族、苗族、壮族、回族、瑶族、土家族、满族、侗族、畲族、京族、傣族、布依族、蒙古族、朝鲜族、仫佬族、藏族、高山族、白族、彝族、水族、毛南族、土族、哈尼族、哈萨克族、羌族、锡伯族、维吾尔族、纳西族、达斡尔族、傈僳族、佤族、赫哲族、布朗族、仡佬族、撒拉族、俄罗斯族、塔塔尔族、塔吉克族等39个民族。其中汉族、黎族、苗族、回族是世居民族，其他35个民族是1949年后迁入的干部、职工和其他移民，分散于全省各地。

黎族是海南岛上最早的居民。早在三千多年前的旧石器时代，古百越族的一支从两广大陆多次横渡琼州海峡到达海南岛，早先居住在海南岛的北部，然后向全岛扩散。黎族服装艳丽多彩，黎锦做工精细，美观实用，具有民族特色。宋朝时，中国民间女纺织家黄道婆曾在海南三亚水南村用了40年时间向黎族同胞学习黎锦等的纺织方法，然后传播到中原大陆，为中华民族的纺织事业作出了杰出的贡献。黎族竹筒饭，芳香可口，远近闻名。黎族节日有年节（春节）、小年（元宵）、三月三、牛节、禾节等。其中“三月三”是黎族民间纪念祖先、庆贺新生的传统佳节，最为隆重。每逢农历三月初三，黎族男女盛装，欢跳民间舞蹈，敬酒对歌，通宵达旦。黎族的宗教信仰属于原始宗教信仰，以祖先崇拜为主，其次是自然崇拜。平日禁忌念祖先的名字，唯恐触怒祖先而招致病魔。

全国黎族人口主要分布在海南省。根据1990年全国人口普查，全国共有黎族人口111.25万人，其中海南黎族人口102.05万人，占全国黎族人口的91.7%。海南黎族人口也是全国19个人口超过100万人的民族之一，在全国56个民族中，按人口数排列，黎族人口排第17位。

苗族迁入海南岛源于明代嘉靖或万历年间，当时朝廷从广西凌云县和恩思州调防来海南的军队中有一部分苗族士兵，后来他们及其子孙留在海南岛上，成为海南苗族的来源。海南苗族主要聚居在中部山区。苗族服饰以青蓝黑红色为主，男子上衣圆领长袖，下身宽筒长裤，女子对襟无领蓝色上衣，下身穿蓝色花裙。苗族的三色饭是待客的佳品。苗族民间盛行男女青年相互“拧捻投情”、“歌恋求婚”、“招郎入赘”的婚娶习俗。苗族特别崇拜祖先，敬奉盘古皇为始祖，同时信仰墓主仙公、墓主仙婆。“三月三”也是他们的传统节日。

回族迁入海南岛有两种说法，一种认为在宋、元时代之间，回族先民从今越南占城因避乱驾舟而来；另一种说法认为是古代波斯人与中国经商，在取道来华途中散落在三亚附近，成为岛上居民。海南回族是全省少数民族中最擅长经商的民族，生活比较富裕。海南回族以椰乳糯米粽和牛肉馅饼为节日佳品。海南回族择偶一般只能在穆斯林族内，族外通婚必须誓言信奉伊斯兰教，并按礼俗举行结婚仪式。海南回族现有伊斯兰教徒5000余人，拥有清真寺6座，教徒朝拜时穿白衣戴白帽，教徒每天做5次礼拜，日出前举行“晨礼”，日中后举行“晌礼”，日落前举行“哺礼”，日落后举行“昏礼”，睡前举行“宵礼”。

1998年末，海南省户籍人口733.31万人，其中汉族人口605.50万人、占82.57%，少数民族人口127.81万人，占17.43%。少数民族人口中、黎族117.28万人，占91.76%；苗族6.00万人，占4.69%；壮族2.90万人，占2.27%；回族0.73万人，占0.57%。

海南居民语言种类多、除普通话外、地方方言主要有10种。海南话是主要的地方方言，属汉藏语系汉语闽南方言，是海南使用最广泛、使用人数最多的方言，全省有500多万居民通用。在不同地区，海南话语言和声调有所不同，一般以文昌人的语音为标准口音；黎话属汉藏语系壮侗语族黎语系，有本地，美孚、加茂等5个方言，黎话使用人数仅次于海南话，全省有100多万黎族人民使用；临高话属汉藏语系壮侗语族壮傣语支，比较接近壮语，是临高人的通用语言，全省约会50万居民使用；儋州话属汉藏语系汉语粤语方言系统，又叫那大话，是“儋州人”广泛使用的语言，全省约40多万人使用；军话属汉藏语系汉语北方方言西南官话系统，是古代从大陆充军来海南的士兵和仕宦留下的语言，全省有10多万人使用；苗话属汉藏语系苗瑶语族苗语支，全省约5万多苗族居民使用。村话属汉藏语系壮侗语，只有东方市和昌江县昌化江下游两岸一带6万多居民使用。回辉话属于南岛语系，是从外国迁来的居民使用而流传下来的语言，岛上世居的回族居民使用这种方言；迈话属粤语方言系统，较接近广州话，只有三亚市郊崖城和水南一带的居民使用；蛋家话属粤语方言，仅有三亚港附近的居民使用。此外，三亚市、陵水县等沿海渔民使用船上话，港口、铁路、矿山、国营农场职工和家属使用白话、客家话、潮州话、浙江话、云南话、福建话等，但使用人数较少。　（海南省统计局 程少林）

第二章 半个世纪的辉煌成就

1950年5月1日，海南岛全境解放，海南的历史掀开了新的一页。近半个世纪以来，在中国共产党的领导下，海南人民不断开拓进取、艰苦创业，经济建设和社会各项事业取得了举世瞩目的巨大成就，特别是1978年党的十一届三中全会和1988年4月海南建省办经济特区以来，海南的开发建设进入了新的发展时期，走上了一条富岛强省之路，从一个经济比较落后的边陲地区发展成为初步繁荣昌盛的经济特区，政治、经济、社会面貌发生了翻天覆地的变化。综合经济实力显著增强，经济结构调整取得重大进展，初步奠定了坚实的产业发展基础；能源、交通运输、邮电通信等基础产业、基础设施取得长足发展；全方位对外开放总体格局已经形成；社会主义精神文明建设成效显著，科技、文化、教育、卫生、环保等各项社会事业不断发展；城乡市场繁荣活跃，人民生活水平明显提高。近50年来所取得的巨大成就，是海南历史上任何一个时代都无法比拟的，为实现海南跨世纪的经济发展目标奠定了坚实的物质技术基础。

一、经济建设

（一）国民经济迅速发展，综合经济实力显著增强

由于历史上经济落后，加之日本侵略者的掠夺和国民党溃退前的破坏，海南岛解放前夕已陷于百业萧条、民不聊生的境地。从1950年5月海南岛解放，到1978年的28年中，由于特殊的政治军事形势和特定的历史条件，海南岛一直处于国防前哨，在“加强国防，准备打仗”的思想指导下，国家在海南经济建设上，除了对橡胶、铁矿、制糖、原木和盐业等少数产业作了一些投资外，其他行业投入的资金和人力很少，产业结构单一，工业基础薄弱，基础设施严重不足，使得原本就边远落后的海南与内地的差距更加拉大。1978年改革开放以来，海南迎来了加快开发建设的历史机遇，特别是1988年4月海南建省办经济特区后，海南人民以邓小平理论为指导，坚持改革开放，运用中央赋予的特殊政策、灵活措施，大胆探索，勇于实践，不断深化改革和扩大对外开放，抓住机遇，开拓进取，使海南进入快速发展的新阶段，综合经济实力显著增强。1998年全省工农业总产值达502.25亿元，按可比价格计算，比1952年增长59.64倍，年均递增9.3 %；1998年全省国内生产总值达到438.92亿元，按可比价计算（下同）比1978年增长7.72倍，年均递增11.4%，快于同期全国平均水平1.7个百分点。其中第一产业增加值164.00亿元，增长4.43倍，年均递增8.

8%；第二产业增加值90.63亿元，增长9.34倍，年均递增12.4%，其中工业增加值55.70亿元，增长6.67倍，年均递增长10.7%；第三产业增加值184.29亿元，增长13.28倍，年均递增14.2%。全省人均国内生产总值由1979年的327元增加到1998年的6022元，按可比价格计算，比1978年增长6.81倍，年均递增10.8%。经济规模的迅速扩大，大大提高了海南省财政实力。全省地方财政收入由1952年的0.13亿元增加到1998年的36.49亿元（不含国税）；全省人均地方财政收入由1952年的5元增加到1998年498元。

(二)经济结构调整取得重大进展，初步奠定了坚实的产业发展基础

解放初期，海南产业结构单一，以农业为主体，工业基础薄弱，产业层次较低。解放后很长一段时间，由于特殊的政治军事形势和特定的历史条件，海南岛作为国防前哨，国家对海南投入的资金和人力很少，经济发展较为缓慢，经济结构调整未能取得突破性进展，直至1992年产业结构仍然是以农业为主体的传统经济格局，产业层次较低。经济结构调整取得重大进展是建省办经济特区以后，随着经济的快速发展，经济结构不断得到调整，以1992年的“房地产热”为显著标志，促使经济呈现跳跃性发展，使经济结构出现了新的变化，第三产业在国民经济中的比重超过第一产业成为最大的产业。尤其是1993年以来，省委、省政府审时度势，将产业结构调整作为促进经济发展的一项重大决策，明确提出了三次产业发展方向，即立足本省资源优势，着力培育三次产业中的优势产业，“以农业为基础，稳定提高第一产业；以工业为主导，加快发展第二产业；以旅游业为龙头，超前发展第三产业”。经过经济结构调整，产业结构进一步优化，热带高效农业、海岛旅游业、新兴工业迅速崛起，逐步实现三次产业的协调发展，初步奠定了坚实的产业发展基础。三次产业的比例结构由1987年的50.05：19.01：30.94演变为1992年的29.79：21.10：49.11，再演变为1998年的37.36：20.65：41.99，产业结构由1987年的“一、三、二”演变为1998年的“三、一、二”。

热带高效农业发展迅速，逐步向产业化和外向型方向发展，成为海南农村经济持续增长的重要支柱。1950年解放到1988年建省以前，海南农业生产单一，技术落后，农产品主要以粮食、橡胶为主，农业多种经营发展不够，海南省特有的热带资源优势没有得到相应的发挥，农业生产长期处于较低的发展水平。改革开放以来，海南农村积极推行家庭联产承包责任制，完善统分结合的双层经营机制，推动了农业的较快发展，特别是建省办经济特区以来，海南省充分发挥特有的热带资源优势，通过制度创新、优化资源配置方式，大力发展热带高效农业，并逐步向产业化和外向型方向发展，促进了农业生产快速发展，走出了一条现代农业、特色农业、创汇农业、高效农业的新路。1988年农业总产值253.67亿元，按可比价格计算，比1952年增长22.83倍，年均递增7.1%；粮食总产量230.12万吨，

比1952年增长3.04倍，年均递增3.1%。水产养殖、热带水果、热带作物、冬季瓜菜等热带高效农业快速发展，已成为海南省农村经济持续快速增长的重要支柱。1998年全省水产品产量59.77万吨，比1952年增长18.53倍，年均递增6.7%；水果产量56.63万吨，比1978年增长29.78倍，年均递增18.7%；橡胶产量28.04万吨，比1952年增长657.14倍，年均递增15.2%。1998年瓜菜产量257.6万吨，比1980年增长15.02倍，年均递增16.7%。农村个体、联营、股份合作制等多种经营组织形式迅速发展，以加工运销为中心的农村市场流通服务体系逐步完善，农村资源配置效率迅速提高；乡镇企业不断发展，呈现农工贸等齐发展的新局面。至1998年底，全省乡镇企业共有3.36万个，企业总产值达116.89亿元。

工业生产规模迅速扩大，多种经济类型竞相发展，工业化进程不断加快。建国初期，海南省工业基础非常薄弱，结构畸形，即十几家小型企业和一些手工作坊，直到1952年全省也只有35个小工厂，工业总产值4200万元（1970年不变价）。从1950年至1987年间，海南工业在近代工业有所发展的基础上建立了一些拥有现代技术设备的新企业，但由于规模小，基础薄弱，企业组织程度低，结构上具有初级的并依附于农业的性质特征。海南工业得到迅速发展是建省办经济特区后，通过吸引投资和技术引进、技术改造，逐步发展成为生产门类较为齐全、综合配套能力较强的地方工业体系。1998年全省完成工业总产值248.58亿元，剔除价格因素，比1952年增长285.27倍，平均每年增长13.1%。轻工业已打破了以农产品为原料进行粗加工的格局，重工业已改变以采掘业为主、输出初级产品的状况。工业所有制结构变化较大，形成了多种经济成份竞相发展的格局。非国有工业在全部工业中所占的比重由1987年的24.1%上升到1998年的75.4%，国有工业产值占全部工业的比重由1987年的75.9%下降到1998年的24.6%。不同类型产品竞相发展，势头较猛。食品饮料和轻纺工业迅速增长，电力工业超常规发展，基础扎实的冶金工业方兴未艾，医药、汽车、摩托车等新兴资金技术密集型工业日益壮大，石油化工和天然气开采工业形成了蓄势待发的态势；天然饮料、罐头食品、化学纤维、摩托车、新药品等一批拳头产品在国内市场占有率不断提高，部分已打入国际市场。随着工业的快速发展，促进了工业化进程的不断加快。工业增加值占工农业增加值的比重由1987年的21.1%上升到1998年的25.4%。

旅游业迅速崛起，已成为海南省具有深远发展潜力和前景的优势产业。海南岛地理、气候条件得天独厚，旅游资源非常丰富，且旅游业作为永久性的“朝阳产业”，已成为世界经济发展中的“第一大产业”，在海南也具有极为广阔的发展前景。自1988年建省以来，海南省比以往更为重视发展旅游业对促进经济社会发展的作用，把海岛旅游业作为第三产业的“龙头”来大力发展，旅游基础设施不断完善、服务质量明显提高，一大批新的景区、景点相继建成，已初步形成了热带海滨、黎苗风情、温泉康乐、热带植物、南中国海潜水、热带田园、海南美食、海南文化古迹 、商务会议考察游等十个方面的系列旅游。1998年全省接待旅游人数达855.97万人次，其中涉外宾馆接待旅游过夜人数达596.05万人次，比1987年增长6.94倍，年均递增20.7%；1998年旅游者消费58.97亿元，其中国际旅游者消费0.96亿美元，比1987年增长7.73倍，年均递增21.3%。

此外，金融保险业、房地产业等第三产业也得到蓬勃发展。50年来，特别是建省办经济特区来，海南的金融体制已发展成为以人民银行为主导，专业银行为主体、多种机构并存、合作和竞相发展的金融体制。1998年海南金融机构各项存款余额772.71亿元，比1987年增长16.45倍，年均递增29.7%。保险业迅速发展。1998年全省人民保险公司保费收入62672万元，比1987年增长12.4倍，年均递增27.4%。房地产业已初步发展成为包括开发、建设、经营、交易和物业管理等多层次的、相互配套的产业。

（三）固定资产投资规模不断扩大，经济发展的后劲不断增强

全社会固定资产投资总额由1952年的0.17亿元扩大到1998年的183.34亿元，1952-1998年累计全社会固定资产投资1478.52亿元。其中1952至1987年建省之前，海南省固定资产投资较少，35年间累计完成投资额只有117.68亿元。海南固定资产投资规模迅速扩大是在建省办经济特区以后，1988-1998年累计全社会固定资产投资达1360.84亿元，是建省前38年投资总额的11.56倍。

大规模的固定资产投资，进一步加强了基础产业、基础设施的建设，对国民经济发展的“瓶颈”制约明显缓解，支撑经济增长能力大大增强。建省以前，全省基础产业、基础设施非常落后，严重制约国民经济的发展。建省办经济特区以后，实施了“基础设施先行”的发展方针，大力加强了全省基础设施建设，取得了显著成效。1988年以来累计完成的能源、运输、邮电业固定资产投资达285.2亿元，占国有单位投资总额的23.4%。

先后建设了大广坝等多个水库，确保了海南经济发展对水资源的需求；电力建设超常规发展。长期以来海南是一个缺电省份，经过11年的努力，至1998年底全省电力装机总容量达156.05万千瓦，跨入全国富电省份。

港口建设成效显著，万吨级泊位由1987年的3个增至1998年的10个，港口吞吐能力大大增强。

公路建设有新的突破，“三纵四横”的公路网络贯穿全岛、高速公路从无到有。环岛东线海口至三亚、西线海口至洋浦、三亚至九所高速公路已经开通。西线洋浦至九所高速公路正在加紧建设之中，公路密度居全国先进行列。

航空事业得到超常规发展，按国际4E级建成了三亚凤凰机场、海口美兰国际机场，按股份制组建的海南省民用航空公司已成为我国民航中一支新生力量，经营管理水平居全国

前列。海南省通往外地民用航空航线由1987年的5条增加到189条。

邮电通信业迅速发展，已形成包括数字微波、光纤通信、卫星通信、程控电话、移动电话、无线寻呼、分级交换等现代通信技术手段的完整的通信体系。电信网已经完成由人工网向自动网的过渡，基本实现了模拟技术向数字技术的转变。全省程控电话交换机总容量从1987年的1.67万门增加到1998年的66.79万门，移动电话从无到有发展到19.49万门。全省电话已全部实现程控化，1998年电话普及率为9.7部/百人，已处于全国先进行列。

（四）城乡市场日益繁荣兴旺，市场流通体制不断完善

解放后直到1978年，海南省城乡市场处于高度计划经济阶段，实行的是由国营商业独家经营的封闭式、低效益的流通体制。1978年后，海南商业在改革开放中搞活，商品流通体制基本实现了由计划管理模式向市场调节机制转变，商业发展格局由单一性向多元化方向转变。随着经济的快速发展和流通体制改革的不断深化，消费品市场呈现供给充裕、繁荣活跃的局面。全省社会消费品零售总额从1952年的1.43亿元增加到1998年的144.73亿元。市场供给品种丰富，质量、档次大大提高。流通领域呈现多种经济成份竞相发展的新格局，非国有经济发展迅速，比重不断上升。1978年非国有经济在市场销售中所占比重为46.0%，1998年上升到81.4%。

市场流通体制改革不断深化，统一、开放、竞争、有序的商品市场流通体系逐渐形成。全省市场建设快速发展。省会海口市建成了乐普生、生生百货、望海商城、DC城、第一百货等一批大商场，县城中心市场、乡镇集贸市场建设得到较快发展，构成了多渠道、少环节和城乡一体化的流通网络。此外，还呈出现一些新的商业组织形式，如仓储式商店、连锁经营店等。集市贸易市场建设成效显著。至1998年底，全省共有各类集市贸易市场542个，成交额达100.51亿元，比1987年增长10.23倍，年均递增24.6%。

二、改革开放

（一）各项体制改革取得突破性进展，率先建立起社会主义市场经济体制的基本框架

1978年以来，特别是海南建省办经济特区后，海南省以邓小平理论为指导，按照建立社会主义市场经济体制的要求和国际惯例，积极推进各项体制改革，取得了突破性进展，率先建立起社会主义市场经济体制的基本框架。具体体现在：

实行“小政府、大社会”的新体制，坚持依法行政。1988年建省后，按照“小政府，

大社会”的改革思想，省政府直属机关设置精干，只设工作部门26个；建立了省直接领导市县的地方行政体制；理顺了农垦及其他企业的隶属关系。1993年9月，成立海南总商会，承担了越来越多的原由政府包办的社会事务和管理事务，在沟通政府与企业界的联系等方面发挥越来越重要的作用，也使非公有制经济有了长足的发展，成为海南开发建设中的重要力量。1993年4月和9月，先后实施《海南经济特区企业法人登记管理办法》和《海南经济特区企业法人登记管理条例》，在全国率先确立企业法人直接登记制度，按照国际通行的做法，把申办企业由审批登记制改为直接登记制。从1993年开始，海南省首先在海口市试行税收征管制度改革，1994年在全省推开。此项改革取消了税务专管员制度，参照国际通常做法，建立纳税人主动申报纳税、社会中介机构代理办税、电脑照章计税、各级征税中心统一征税、税务部门强化管税查税、司法部门依法办理违法逃税案件的现代化、社会化、法制化的税收监管新体制。从1994年1月起取消了一切公路收费路卡，实行“四费合一”的改革，将原由多部门分别征收的公路养路费、道路通行费、过桥费和运输管理费等四项规费合并为燃油附加费，在售油时一并征收，然后再用于公路建设、维护和管理。从1994年起，海南积极探索和推行法院审判方式改革，在民事、经济和行政审判中，强调落实合议庭职权，强调当事人举证责任，当庭举证、质证、认证；积极试行主审法官负责制，合议庭当庭宣判，改变层层审批，权力高度集中和“暗箱操作”的不合理现象；同时强化监督机制，建立错案责任追究制度，进一步改革和完善律师管理制度。

积极推进企业股份制改革，加快建立现代企业制度。以1988年建省办特区为显著标志，海南把股份制改革作为改造国有企业的主要措施之一。到1991年底海南选择了新能源、珠江、民源等5家企业进行试点，随后通过了《海南股份制企业内部股票试行办法》和《海南省全民所有制企业股份制试点暂行办法》等。之后股份制继续向纵深发展，以建立现代企业制度为目标，加快了企业经营机制的转换和产权流动重组，营造企业平等竞争、优胜劣汰的环境，使各类企业成为市场竞争的主体。1992年和1993年分别出台了《海南经济特区股份有限公司条例》和《海南经济特区有限责任公司条例》。1994年颁发了《海南经济特区产权交易市场管理办法》，其他相关法规也相应出台，从不同侧面对产权交易进行了规范。这一改革在完善市场经济体制、建立现代企业制度方面迈出了重要一步。1998年全省工业企业中有53家股份制企业，完成工业总产值57.20亿元，占全部国有及年销售收入500以上非国有工业企业总产值的30.5%。

大胆推进粮食价格改革，率先实行粮食购销同价。粮食价格的改革与国计民生关系重大。从1991年5月开始，海南在全国率先实行粮食购销同价改革，并在1992年10月放开粮价。改革后粮价平稳，粮食市场供应充足，财政负担减轻，取得了比较好的效果。

加快建立健全市场体系。从1990年开始，海南加快了市场体系建立的步伐，把培育和发展大市场体系放在改革的重要位置上。1991年拟就了《关于建立和完善海南经济特区市场体系的意见》，建立和完善了粮食市场、瓜菜批发市场、热带水果市场、胡椒市场、生产资料市场、资金市场、技术市场、劳务市场、房地产市场等要素市场的实施方案的市场，促进了商品、资金、技术、人才、信息的合理流动和组合。

金融改革进展顺利。建省以后，海南不断深化以市场机制为取向的金融体制改革，积极发展金融机构，初步形成了多元化、多功能、多层次的金融组织体系。1996年1月，海南率先在全国开发和启用可跨行使用的统一标准的金融IC卡。政策性银行与商业银行的分离已初步形成，专业银行向商业银行的转变步伐加快。

积极推进社会保障制度改革。从1989年开始，海南进行了社会保障制度的综合试点改革工作。1992年1月，海南开始实施养老、待业、工伤、医疗等各项社会保险制度的改革方案。改革继续向纵深发展，城镇从业人员已初步建立起统一的养老、工伤、失业和医疗保障制度，覆盖面迅速扩大。1998年参加社会保险单位1.33万个，占应参保单位95.4%，参保人数184.17万人。

(二)对外开放迅速扩大，全方位开放格局已基本形成

1978年之前，海南基本上处于封闭的状态，与外界交流很少，利用外资处于空白状态。1978年实行改革开放以来，特别是建省办经济特区以后，海南积极参与国际交往和合作，逐步由过去的封闭、半封闭经济向外向型经济转变，对外开放迅速扩大，地区上由沿海向内地拓展，产业上由农业、加工工业为主向基础产业、基础设施和金融、保险、商业等领域延伸，形成了全方位、多层次的对外开放格局，与世界经济联系日益加强，有效地利用两种资源和打开两个市场，促进了对外经济的快速发展。开发区建设成效显著。洋浦经济开发区、海口保税区和三亚亚龙湾国家旅游度假区的开发建设已取得较大发展；国际科技工业园、清澜、八所、桂林洋及海口市金盘、海甸岛东部等重点开发区已逐步铺开，初具规模。随着对外开放的迅速扩大，利用外资从无到有迅猛增长，1988-1998年全省累计实际利用外资87.38亿美元，其中外商直接投资62.21亿美元，对外借款24.97亿美元。来琼投资的国家和地区1998年达到20多个，大财团、大企业来琼投资的势头日益增大。对外开放的迅速扩大和国民经济的快速增长，极大促进了对外贸易的发展。1998年全省出口总值达88463万美元，比1952年的42万美元增长2105.26倍，年均递增18.1%。国际技术交流合作日趋活跃，不断向纵深扩展。在境外办企业也日益增多，投资领域涉及能源、贸易、工程承包、运输等多种行业。

三、城市化进程

解放初期，海南基本上处于农村社会状态，城市化水平很低。1952年市镇人口占全省总人口的比重仅为8.0%；1987年建省办经济特区之前，海南城市化进程仍然缓慢。1988年海南建省办经济特区后，随着海南经济快速发展，海南的城市化进程揭开了新篇章，城市化进程处于快速发展阶段。这一时期，市镇人口占总人口的比重由1987年的16.6%上升到1998年的26.6%，增加了10.0个百分点。由于城市化发展不断加快，以中心城市带动周围农村，城市以广大的农村为腹地，城乡互相取长补短，点面结合，协调发展，城市在全省经济开发建设中的基地和先导作用进一步增强。海口市已从一个边远小城发展成为一个初步现代化的省会城市，进入了“全国城市综合经济实力50强”和“投资硬环境40优”行列，以海口、琼山两市为中心带动了北部经济区发展，并辐射全省；以文昌、琼海、万宁等市形成的城市群，带动了东部经济区的发展；以三亚、通什两市为中心带动了中南部少数民族经济区的发展；以儋州、东方两市为中心带动了西部经济区的发展等等。这些城市是一支生机勃勃的新生力量，随着经济的不断发展，将充分发挥中心城市经济聚集效益和扩散效应。

四、各项社会事业

解放后，特别是建省办经济特区后，海南省全面实施科教兴省战略，科技事业蓬勃发展，科技成果丰硕。1988-1998年全省共实施国家级“火炬计划”项目 59项、“星火计划”项目47 项；获国家科委立项支持的地方攻关项目247项，获国家自然科学基金扶助项目96项。教育事业发展迅速。小学、普通中学在校生由1952年的27.48万人增加到1998年145.72万人；普通高等学校在校生由158人增加到13532人；中等技术、中等师范在校生由3790人增加到31056人。卫生事业不断发展。1998年全省共有各类医疗机构2545个，比1950年增加2530个；专业卫生技术人员3.22万人，比1950年增加3.08万人。环保事业坚持经济建设与环境资源保护协调发展的基本方针。在加快建立新兴工业省的同时，紧紧抓住可持续发展这个主旋律，避免了“先污染，后治理”的老路。全省森林覆盖率由1987年的38.7% 上升到1998年的51.5 %。全省主要城市大气环境质量保持在全国前列，固体废物得到合理利用和有效处理。体育、广播、电视以及文化、新闻、出版等事业都有较大发展。

五、人民生活质量明显提高

1978年之前，海南省居民收入增长缓慢，生活水平较低。1978年实行改革开放以来，特别是1988年建省后，随着改革的深入和经济快速发展，城镇居民就业多元化，收入渠道不断拓宽，收入成倍增加，经济上得到的实惠多，生活水平迅速提高。1998年全省城镇居民可支配收入达4853元，比1987年增长3.92倍，年均递增15.6%；全省职工平均工资由1987年1233元提高到1998年的6248元。在农村，随着党的各项农村经济政策的落实，特别是改革开放后家庭联产承包责任制的推行、热带高效农业的快速发展、农副产品价格的逐步放开以及乡镇企业的迅速发展，使农民收入有了显著提高。1998年农村居民人均纯收入2575元，比1987年增长5.13倍，年均递增16.0%。全省城乡绝大部分居民家庭收支相抵后有了较多的积存，全省城乡居民储蓄存款额由1987年的52.25亿元增加到1998年的385.52亿元。

随着收入的不断增加，城乡居民的生活水平大幅度提高，生活质量明显提高。居民消费水平从1987年的587元增加到1998年的2562元，其中城镇居民人均消费水平由832元增加到4555元；农村居民人均消费水平由528增加到1890元。在消费水平大幅度提高的同时，消费结构也发生了根本性的变化，向“吃讲营养、穿讲漂亮、用讲高档”转变。城镇居民恩格尔系数由1987年的59.9%降低到1998年的55.0%，下降了4.9个百分点。耐用消费品拥有量从自行车、缝纫机、手表、收音机等为特征的旧“四大件”过渡为以电视机、电冰箱、洗衣机、音响等为特征的新“四大件”，电话、空调、家用电脑、轿车等新的耐用消费品也逐渐进入部分居民家庭。生活质量的大幅度提高，居民居住条件显著改善。1998年全省城镇居民人均住房面积14.31平方米，比1987年增加6.91平方米；农村居民人均住房面积达21.17平方米，比1987年增加2.83平方米。全省人民安居乐业，贫困人口进一步减少，精神生活更加丰富，文化素质进一步提高，正在向小康生活水平迈进。

新中国成立50年来，海南走过了光辉的历程。展望未来的发展前景，海南人民充满信心和希望、1988年，国务院对海南省提出经济发展的战略目标要求，即“争取在三、五年内赶上全国平均经济水平，到本世纪末达到国内发达地区的水平。”海南省在1992年已经实现了第一步战略目标，全省人均国内生产总值赶上了全国的平均水平。海南省将继续实现第二步和第三步战略目标，基本实现现代化，即：到2000年人均国内生产总值比1990年翻两番，人均经济总量和整体经济素质达到国内发达地区水平，基本消除贫困现象，人民生活提前达到小康水平，建立起较为完善的社会主义市场经济体制；到2010年，实现国内生产总值比2000年翻两番，人均国内生产总值接近或达到中等发达国家和地区的水平，国民经济整体素质明显提高，人民的小康生活更加富裕，生活质量明显提高，社会主义市场经济体制进一步完善。届时，海南将成为基本实现现代化、经济发达、科技先进、人民富裕、政治民主、法制完备、社会文明的省份。

（海南省统计局 陈运兴 曾德立）

第三章 海南50年来几次重要的创业高潮

1949年以前的海南，孤悬海外，与世隔绝，是一座专供流放和发配的孤岛；1999年的海南，商贾云集，游人毕至，波音客机连接五大洲，已是共和国最大的经济特区。其间50年，在历史的长河中只不过是弹指一瞬间，但赋予海南的变化，真正称得上是从地狱走进天堂。在举国庆祝中华民族发展史上这波澜壮阔的50年、总结海南50年来取得的伟大成就及取得这些成就的原因时，人们深切地感到，建立一个代表人民利益的政党，确立一种保护和促进生产力发展的生产关系，推行一套顺历史潮流而动的政策，对于社会的进步和人民的幸福是何等的重要。正是由于在上述三大因素的作用下，50年来，海南经历了史无前例的四次创业高潮，每一次都程度不同地推动和促进了经济繁荣和社会进步，缩短了与现代文明的距离，以致最后建成了今日万人瞩目的全国最大经济特区。这四次创业高潮是：

一、50、60年代：军垦，中国橡胶事业的开创阶段

翻开海南50年来国民经济发展史册，可以清楚地看到，橡胶和橡胶种植业在较长时期内一直是拳头产品和主导产业。如果再拿海南的橡胶产量与全国同类产品的总产量作占有率比较，海南是全国最大的天然胶生产基地。

作为我国位于热带主要的一片疆土，海南具有种植橡胶的天然优势，但在新中国成立之前，这里的橡胶种植属于私营性质，且七零八落，规模很小，据海南垦殖分局（海南农垦局的前身）1952年的调查，此前整个海南岛的橡胶种植面积只有3.63万亩，且散落在12个县域。而最早见诸文字记载的橡胶种植始于鸦片战争后，清咸丰八年（1858年），由于帝国主义列强的入侵，琼州（今海口市）沦为帝国主义殖民地式的门户开放地区，海禁大开，海南封建自然经济逐步解体，农业商品化加深，热带经济作物进一步发展，在这种形势下，一些侨居国外或出国谋生的华侨华人，利用回乡探亲的机会，引进一些热作新品种，其中巴西橡胶树是海南华侨何麟书于1906年从马来西亚引种到乐会县琼安胶园（现琼海市境内的国营东太农场）的，此后又有多位华侨多次引种，到1936年前后开始利用自产种子进行繁殖，海南的橡胶种植才开始进入规模发展阶段。

1950年海南解放后，国家根据经济建设和国防建设的双重需要，立即着手研究在广东和广西等省区发展国营橡胶事业问题，与此同时，新成立的海南军政委员会根据中央人民政府和广东省人民政府的指示精神，开始把发展橡胶业列为海南建设事业最重要的一个任

务和海南农业的首要任务，确定对橡胶事业实行“大力恢复，大量发展，以国营为领导，扶助民营为主，有计划地稳步前进”的方针。为此，海南军政委员会在所属农林处内设置橡胶科，1951年橡胶科升格为橡胶垦殖处，1951年4月改名为海南行政公署橡胶垦殖处，其主要任务是，摸清已有胶园情况，组织恢复生产，依法没收敌伪和官僚资本家的橡胶园归国家所有，给农民发放橡胶育苗贷款以及筹建地方国营橡胶垦殖场等。1951年8月31日，中央人民政府政务院作出了《关于扩大培植橡胶树的决定》，副总理陈云和中共华南分局第一书记叶剑英于同年9月在广州主持召开华南垦殖局筹建工作会议，决定以原海南行政区公署橡胶垦殖处为基础组建华南垦殖局海南分局。1952年1月1日，海南垦殖分局正式成立，海南行政区公署主任冯白驹兼任局长，局机关设在海口市，具体领导全岛的国营橡胶垦殖工作。1952年，根据政务院和中央军事委员会的决定，原驻广西宾阳地区的中国人民解放军152师机关和直属分队，奉命挥师海南，与海南军区独立第26团、27团、28团合并，组成中国人民解放军林业工程第一师（简称林一师），投入以橡胶种植为主的海南垦殖建设。同年10月，林一师与海南垦殖分局合编。至此，军地结合共同开垦橡胶事业的格局正式形成，有计划、有组织、大规模发展海南橡胶种植业的高潮由此兴起，建立全国最大天然胶生产基地的工作拉开了序幕。

1952、1953年的最初两年中，海南是把种植和发展橡胶当作政治任务来完成的，由于人力、资金和机械设备得到保证，两年时间共开荒90余万亩，种植橡胶近37万亩，一下子比1952年时的面积扩大十倍多。但由于在短时间内摊子铺得过大，物资、运输、技术等组织工作跟不上，特别是由于缺乏经验，在未经过改造的草原地开荒种胶，以致生产受挫。1953年下半年，中央和华南垦殖局对海南的橡胶生产作出了“大转弯”的指示，要求紧缩计划，减少任务。根据这一指示精神，海南1953年底的橡胶保留面积为35万亩，保存率为94.2%。

1954年，海南垦殖部门根据在实践中总结得出的橡胶树具有依山靠林的生态习性，开始把橡胶种植重点从平原移到山区，从草原地区移向森林地区，在草原地区则大量营造防护林进行环境改造。同时还总结出等高开垦、修筑梯田、消灭茅草、种植覆盖作物等保持橡胶生态环境的技术措施，并开始选种育种和引进良种，开展大田芽接。1954年至1958年，在巩固前一阶段已种植的胶园基础上，又新种橡胶33万亩。

1959—1960年，根据中央关于加速开发海南岛的决定，垦区再次掀起了橡胶大开荒大种植的高潮，两年共开荒种植橡胶88.7万亩。从1961年开始，垦区认真贯彻中央提出的“调整、巩固、充实、提高”的八字方针，明确提出橡胶生产的主要任务是“填平补齐、巩固发展”。这一时期在加强胶园抚育管理和林段基本建设补课以及抓好割胶的前提下，还新种橡胶62.5万亩。由于发展规模与速度适度，坚持质量第一，这批胶树基本保存下来。这一时期，在橡胶栽培上，总结出“四化、五提前”的经验，即林网化、梯田化、覆盖化、良种化和提前造林、提前育苗、提前开荒、提前种植覆盖物、提前定植。在割胶生产方面，开展割胶技术大练兵和割胶“神刀手”比试活动，在总结割胶生产经验的基础上，推行“五三、六清”的割胶技术操作方法；在制胶上，总结了“清洁、准确、及时、一致”的经验，并且从手工作业全部过渡到机械化工厂生产。至此，垦区橡胶生产技术从开荒、抚管、割胶到制胶等方面都比较成熟起来。

60年代，海南农垦建设得到大规模的发展。60年代末，海南农垦共成立了89个农场，橡胶面积达到了155.90万亩，比50年代末增长88.2%，亩产干胶32公斤，是五十年代末的2.5倍。60年代共产橡胶11.72万吨，占全国垦区75.6 %，是50年代产胶的50倍。50年代末期至60年代初，全垦区共调集了10万退伍兵（及其家属）和2万多当地农村劳力转制，又增办了35个橡胶热作农场。1965年后橡胶产量超过万吨并逐年提高。海南农垦在发展橡胶的同时，从50年代后期已逐步实行“一业为主，多种经营”政策，一改50年代初期单一经营橡胶的经济格局，做到“多种经营、协调发展”。开始生产高价值的热带地区特有的香料（香枫茅）、纤维料（剑番麻）、油料（油棕、腰果）等商品性经济作物。60年代后增加了粮食、食油、肉、菜、果等自给性主副食品生产和出口饮料生产等任务。同时，以防风林为主的林业也相应发展，茶叶、糖蔗成为垦区生产规模仅次于橡胶的种植业。多种经营基本满足了农垦人口日益增长的需要，对稳定社会和发展农垦经济起了重要作用。60年代工业、建筑业、交通运输业、文教卫生事业等也得到不同程度的发展，垦区职工生活水平逐步提高。由于坚持“以胶为主、向农倾斜”，又抓好“多种经营”，一改往年的亏损经营，1964年起海南农垦开始向国家上缴经营利润。

兴起于50年代的海南橡胶种植热，历经近50年的发展历程，至今仍在海南的国民经济建设中起着举足轻重的作用。近50年的发展，不仅把海南建成了全国最大的天然橡胶生产基地，基本满足了国内橡胶制品行业对原料的需求，同时也对海南乃至全国的国民经济建设作出了重要贡献。至1998年，海南农垦天然橡胶产量累计达321.15万吨，占全国同期天然橡胶产量的 53.5%。从80年代开始，海南农垦的天然橡胶年产量就已经可以满足全国年消费量的25%。在全国各大垦区中，海南垦区是唯一已全部收回国家投资的垦区。更值一提的是，在以种植橡胶为主的创业过程中，海南农垦先后为国家安置了近80万名部队转业官兵、归国华侨、外国难民、垦殖民工及他们的子女，取得了显著的经济效益、社会效益和生态效益。70年代和80年代海南农垦在50年代和60年代艰苦创业基础上继续得到发展，但进入90年代以来随着国际国内经济大环境的改变，海南农垦面临着诸多的挑战和困难，面对这些挑战和困难，海南农垦及时提出进行“第二次创业”，“调整经济结构”的转轨战略，迎接新的世纪，海南农垦将以新的姿态创造新的业绩。

（海南省统计局 王敬业 陈翠青）

二、70年代：地方工业的大发展

新中国成立后，共产党领导全国人民开始了大规模的经济建设，除了迅速恢复国民党时期留下的工业，还根据国民经济建设的需要新办了相当一批现代工业企业，海南也不例外。这一时期，海南新办的工业是与农业合作化运动同时起步的，这一部份工业是以支援农业生产为目的创办起来的。1956年中央提出了20年实现农业机械化的口号，在这一精神的鼓舞下，海南几乎县县都建起了农机修造厂，主要生产小型柴油机、饲料粉碎机、碾米机、榨油机、人力打谷机、铁制小农具等。在轻工业方面，相继兴办了一些农产品加工业，如1955年开办的琼山龙塘糖厂和澄迈白莲糖厂，1956年建立的儋县长坡糖厂、海口罐头厂、海口酿酒厂、澄迈永灵糖厂、崖县藤桥糖厂，1957年建立的陵水糖厂等。到1957年第一个五年计划完成时，海南的全民所有制企业达到241家，工业总产值1.3亿元，为1952年的12.8倍。第二个五年计划时期，海南的工业企业发展到911家，主要是办起了608家集体所有制工业企业，全民所有制企业只增加了62家，工业总产值没有多少增长。但这一时期兴办了一些重要的工业门类，如1958年以后先后建立的轮胎、胶鞋、运输带等橡胶制品工业及医药工业的海南制药厂，还有1960年投产的海口氧气厂等。这些工业门类的诞生，为海南以后向橡胶资源、南药资源开发利用的广度和深度进军，为海南现代化学工业的发展，迈出了重要的一步。在往后的两个五年内，海南工业的发展情况是，到1965年，全岛工业企业总数为815户，工业总产值2.5亿元，比1962年增长106%；到1970年，工业企业总数873户，工业总产值3.9亿元，比1965年增长57.2%。

需要指出的是，新中国成立以后的20余年，海南的工业虽然较解放前有很大的发展，但与内地省份的发展相比，无论在规模和速度上都是相对落后的，究其原因，一方面是由于地理条件上长期以来的交通闭塞阻碍了工业的快速发展，另一方面的主要原因是，由于地处祖国边陲，海南在很长一段时期内，一直是作为海防前哨和军事要塞加以建设的，有限的经济实力在一定程度上制约了工业的发展。

70年代是海南工业快速发展的时期，在这个十年里，海南的工业尤其是地方工业，以前所未有的规模和速度向前推进，有力地振兴和繁荣了海南地方经济。统计数据显示，1975年，全岛工业企业总数达到1044户，比1970年增加171户，工业总产值6.8亿元，比1970年增长74.1%；到1980年，全岛工业企业总数扩展为1215户，工业总产值规模虽然历经1978年全国范围内的经济调整而出现过滑坡，但仍达到与1975年持平的水平，其间的1977年，工业总值达到创记录的8.2亿元。

海南地方工业70年代出现较大发展，主要体现在兴办了一批骨干冶金企业以及大批中小型建材企业、中小型水力发电企业、食品加工企业和化肥生产企业。冶金方面的龙头企业海南钢铁厂就始建于70年代，同一时期上马的冶金企业还有文昌氧化铝厂和谭口冶炼厂，使全岛冶金行业的生产能力得到了显著提高。建材行业方面主要是水泥生产企业，1973年，海南自筹资金、自行设计、自行施工建起的回转窑，是海南水泥工业发展史上的重大成就，也极大地促进了全岛以水泥为主体的建筑材料生产的发展，从60年代后期到1980年，海南水泥生产企业由此前的一个叉河水泥厂发展到22个，总生产能力由不足10万吨猛增至45万吨。从1976年开始，海南的电力工业进入迅速发展时期，其特征是中小型水电站如雨后春笋般发展壮大，从这一年开始上马的装机总容量在500千瓦以上的水电站主要有牛路岭水电站、跃进水电站、和庆水电站、和舍水电站、洋通水电站、加来水电站、加悦水电站、兰马水电站等。在水电迅速发展的同时，输变电工程建设进展速度也很快，如屯昌——牛路岭110千伏输电线路、牛路岭——万宁110千伏输电线路、万宁——陵水110千伏输电线路、牛路岭——琼海——文昌——海口110千伏输电线路、苍英——秀英35千伏输电线路、海口——秀英35千伏输电线路、屯昌110千伏变电站、文昌110千伏变电站、晋江110千伏变电站、琼海110千伏变电站、万宁110千伏变电站、陵水110千伏变电站、八所110千伏变电站、大致坡35千伏变电站、海口列车35千伏变电站等，至此，海南电网得到进一步的扩大和完善，供电能力大大提高。进入70年代，由于资本主义国家对我国进口化肥进行刁难，全国在“横着一条心自己干”的呼声下，出现了大办小化肥的热潮，海南也先后建立了儋县、叉河、琼山、屯昌、澄迈、文昌、临高、东方、海南农垦等14家合成氨厂，总生产能力达到36000吨。70年代正值第四个五年计划和第五个五年计划时期，在这一时期里，海南轻工业中的食品加工业发展很快，其中食糖加工业成倍增长，罐头加工业到1975年突破了万吨大关，产量达到10308万吨，且出口形势很好，出口交货量达4945万吨，出口率为48%。从1976年到1980年，海南以食品加工为主体的轻工业持续快速发展，企业总数增加到104家，行业发展到16个，到1980年底，轻工业总产值达到16718万元，比1975年增长62%，年平均增长10.2%。为了充分有效地支持地方工业的发展，70年代末，海南还筹备创办了海南轻工机械厂和海南卷烟厂，在较大程度上增强了海南的地方经济实力。

应当指出，说70年代是海南地方工业大发展的时期，只是相对在此之前的各个年代而言，进入80年代后至今，海南又经历了建省办经济特区、设立洋浦经济开发区等重要的历史发展阶段，在这几个阶段，包括工业在内的国民经济各部门、各行业、各产业都以前所未有的速度、规模发展和扩大，地方工业的发展也是如此，与70年代发展的规模和速度不可同日而语。进入80、90年代，海南的工业，包括地方工业，得到了更大、更快的发展。（王敬业）

三、80年代：建省及创办全国最大的经济特区

1988年4月13日，第七届全国人民代表大会在北京召开第一次会议，通过了《关于设立海南省的决定》和《关于建立海南经济特区的决议》，至此，我国最年轻的省份海南省暨全国最大的经济特区海南经济特区正式宣告成立。

进入80年代，党中央、国务院即着手研究进一步加快海南的开发建设问题，在深圳、珠海、厦门、汕头四个经济特区相继成立之后，海南岛的改革开放问题也被提到了重要议事日程。1980年6月30日至7月11日，国务院在北京召开了海南岛问题座谈会，会议指出，鉴于海南岛特有的自然条件和突出的经济优势，应以加速发展橡胶等热带作物为重点，逐渐建立适应海南特色的新的生态平衡和农业结构，使国营企业和农村社队共同富裕起来。7月22日，国务院批转了《海南岛问题座谈会纪要》，决定加速海南岛的建设。1983年3月，国务院再次召开海南岛开发建设问题讨论会，4月1日，中共中央、国务院批转了《加快海南岛开发建设问题讨论会纪要》，文中指出，海南岛的战略地位十分重要，中央决定加快海南的开发建设，在政策上放宽，给予较多的自主权，中央各有关部门要从人、财、物上积极给予必要的直接支持。中央还特别决定，海南在对外活动中可以参照深圳、珠海的做法，实行优惠政策，以多种方式吸引外资，引进先进技术设备，发展旅游业。邓小平同志非常关注海南的改革开放，1984年2月，他邀请几位中央负责同志一起座谈特区建设等问题时，提出了用20年时间把海南岛的经济发展到台湾水平的设想，他说：“我们还要开发海南岛，如果能把海南岛的经济迅速发展起来，那就是很大的胜利。”他这番讲话在当时引起了很大反响，尤其是极大地增强了海南人民进行改革开放的紧迫感和责任感。随后，国务院作出决定，进一步开放14个沿海港口城市和海南岛，实行经济特区的某些优惠

政策。1986年8月，国务院发出通知，同意海南行政区在国家计划中单列户头，赋予海南行政区以相当省一级的经济管理权限。这一决定对加快海南改革开放的步伐起到了重要作用。在此基础上，中央开始考虑建立海南经济特区。1987年6月，邓小平同志在会见外宾时首次公开提出了中央关于建立海南经济特区的构想，他在谈话中提出："我们正在搞一个更大的特区，这就是海南岛经济特区。海南岛和台湾的面积差不多，那里有许多资源，有富铁矿，有石油天然气，还有橡胶和别的热带亚热带作物。海南岛好好发展起来，是很了不起的。"根据这一构想精神，在海南建省筹备组做了大量的准备工作之后，第七届全国人民代表大会第一次会议于1988年4月13日通过了前述决定和决议。与此同时，国务院发布了《关于鼓励投资开发建设海南岛的规定》，赋予海南更多的优惠政策，为海南经济特区的建设和发展奠定了基础、开辟了航道。

与其它几个经济特区起步时的情况相比，海南经济特区基础差、起点高、目标大、困难多。作为广东省原来的一个行政区，海南自解放以来的几十年，一直是作为海防前哨和军事要塞进行建设的，闭塞的交通条件、有限的自然资源及相对狭窄的消费市场，也在较大程度上制约了国民经济和社会事业的发展。而党中央、国务院明确要求，海南经济特区从建立时起，要用3-5年的时间赶上全国平均经济水平，然后用5-7的时间赶上我国发达地区国民生产总值的人均水平，再用10年左右的时间达到台湾80年代初期的人均国民生产总值水平。因此，建省办经济特区对于海南来说，既是巨大的发展机遇，也是前所未有的压力。1988年9月，新组建的中共海南省委在海口召开了第一次代表大会，首任省委书记许士杰代表省委向大会作了题为《放胆发展生产力，开创海南特区建设的新局面》的工作报告，报告提出了建设海南经济特区、发展特区生产力的基本策略：（1）在进一步解放思想的前提下，创造性地用好中央赋予海南经济特区的各项政策，敞开胸怀、诚心诚意地欢迎一切投资者参与海南的开发建设；(2)实行更加开放的经济政策，大力吸引境内外投资者，把海南自然资源优势转化为商品优势；(3)以更大的决心推进经济和政治体制改革，积极推进"小政府、大社会"的新体制。省长梁湘在此前召开的海南省人民代表会议第一次会议上，则提出了海南经济特区经济发展战略的总目标及实现这个目标的措施和步骤，总目标是：坚持以改革开放促开发的方针，用市场调节经济，努力发展生产力，在大力引进外资、引进技术和加快工业化的基础上，最终建成以工业为主导，工农贸旅并举，三大产业协调发展，商品经济高度发达，科学文化比较先进，人民生活比较富裕，以发展外向型经济为主的综合型经济特区，力争用20年或稍长一点时间，使海南人均国民生产总值达到2000美元以上，进入东南亚经济比较发达国家和地区的行列。具体步骤分三步走：第一步，近期目标，以1987年为起点，用3-5年的时间，赶上全国经济的平均水平，解决全省的温饱问题，大致到1990年或1992年，全省年国民生产总值增加到约100亿元，人均1500左右，即三、五年翻一番；第二步，中期目标，在实现近期目标的基础上，再用五至七年的时间，赶上全国经济比较发达地区的水平，提前达到“小康”水平的标准，争取使年国民生产总值达到约200亿元，人均3000元左右，即十年翻两番；第三步，长期目标，在完成中期目标的基础上，再用十年或稍长一点时间，使海南进入东南亚经济比较发达国家和地区的行列，年国民生产总值达到约660亿元，人均8400元左右，即第二个十年再翻一番半。

在省委、省政府上述行动纲领的牵引下，自筹备建省阶段开始至以后的实践中，海南经济特区先后推出并实施了以下几项重大的改革措施：(1)建立“小政府、大社会”的新体制。建省后，海南严格按照中央的要求，坚持“小政府、大社会”的改革思想，坚持党政分开、政企分开，精简机构，注重政府机构的精干高效，撤销了海南黎族苗族自治州，建立了省直接领导市县的地方行政体制，理顺了农垦及其它企业的隶属关系，省直属机关设置精干。“小政府、大社会”的改革在实践中显示出一定的活力，得到了中央领导同志的肯定。(2)大胆推进粮食价格改革。粮食价格的改革与国计民生关系重大，是价格改革中非常敏感的一项。从1991年5月开始，海南在全国率先实行粮食购销同价改革，并在1992年10月彻底放开了粮价。改革后粮价平稳，粮食市场丰富，财政负担减轻，取得了比较好的效果。这项改革锻炼了群众对重大改革措施的心理承受能力，也对全国的粮食价格改革提供了借鉴经验。(3)建立健全市场体系。从1990年下半年开始，海南加快了市场体系建立的步伐，于1991年上半年拟就了《关于建立和完善海南经济特区市场体系的意见》，建立和完善了粮食市场、早瓜菜批发市场、热带水果市场、胡椒市场、生产资料市场、资金市场、技术市场、劳务市场、房地产市场等九个要素市场的实施方案。在市场建设中，海南遵循公平竞争、反对垄断、全面放开的原则，通过制定优惠政策，加强市场基础设施建设等措施，促进了海南市场体系的建立和市场机制的形成。(4)积极推行企业股份制改革。建省之后，海南把股份制改革作为改造国有企业的主要措施之一，1991年3月，省政府成立了股份制试点领导小组，到年底，就有5家企业完成了股份制改革。随后，《海南省股份制企业内部发行股票试行办法》及《海南省全民所有制企业股份制试点暂行办法》相继出台，为企业股份制改革提供了法律保障，也进一步推动了此项工作向纵深发展。(5)创建农业综合开发试验区。1990年2月，海南创建了农业综合开发试验区，实行“贸工农一体化、产供销一条龙”，大胆探索现代化商品农业发展的新路子。开发区在产业开发和市场建设上与农民结合，组成经济利益共同体，使生产要素得到优化组合，发挥了较好的经济效益，成为海南“绿色革命”的摇篮。(6)实行成片开发，设立洋浦经济开发区。建省初期，海南首先设立了金盘、港澳、金贸、海甸岛东部、桂林洋、清澜、老城等开发区，探索成片开发的路子。同时，海南还根据实际情况，参考国际通行的商业惯例，提出了按照“统一规划、引进外资、成片开发、分期实施、综合补偿”的原则开发洋浦、创建洋浦经济开发区的设想，即把位于儋州境内面积为三十平方公里的洋浦地区以租赁的方式提供给外商长期开发。这一设想在实施过程中遭到了国内一些人的指责，引发了一场举世瞻目的“洋浦风波”。这场风波在党中央及邓小平等同志的干预下得以平息。1989年4月28日，邓小平同志在中共海南省委关于设立洋浦经济开发区的汇报材料上批示：“我最近了解情况后，认为海南省委的决策是正确的，机会难得，不宜拖延，但须向党外人士说清楚。手续要迅速周全。”尽管洋浦开发的各项准备工作遇到极大困难，但海南省委、省政府始终根据邓小平同志的指示精神，抓紧开展各项工作。1992年3月，国务院审议批准了海南省关于设立洋浦经济开发区的请示，洋浦经济开发区宣告正式诞生。这是当时我国规模最大的成片开发区，也是海南经济特区自成立以来吸收外资规模最大的一个项目，标志着海南的改革开放迈出了极为重要的一步。(7)开展社会保障制度改革。建省之后，根据国务院的部署和自身发展的需要，海南开展了养老、失业、公伤、医疗等项社会保障制度的综合改革试点工作，到1992年初，经过试点摸索制定的各项改革方案在全省陆续开始实施，其改革经验得到了国家有关部门的肯定并在全国范围内推广。

在后来的实践中，海南经济特区还进行了一系列旨在加速建立社会主义市场经济体制、与国际惯例接轨运行的改革。这些改革主要包括：(1)现代企业制度的改革。围绕这一改革，海南先后推出了《海南经济特区股份有限公司条例》、《海南经济特区有限责任公司条例》、《海南经济特区基础设施投资综合补偿条例》和《海南经济特区产权交易市场管理办法》等法律法规，力图从建立现代企业制度入手为企业营造平等竞争、公平交易、优胜劣汰的经营环境，使各类企业成为市场竞争的主体。(2)农业和农垦的改革。农业改革从调整农业结构和农村产业结构两方面入手，旨在确立以运销加工为中心，推动热带高效农业向产业化方向发展，大力发展高产优质高效农业，使全省逐步形成与资源特点相适应的区域化经济格局。农垦改革的重点是推行股份制改造，成立全省农垦橡胶产品销售中心，形成全垦区统一、开放、有序的橡胶产品销售市场。(3)金融和旅游业的改革。金融改革以市场机制为取向，积极发展非银行经营机构，以形成多元化、多功能、多层次的金融组织体系。通过这种改革，海南诞生了全国第一家股份制商业银行，在全国率先开发和启用可跨行使用、标准统一的金融IC卡。对旅游业的改革，则是通过颁布《海南省旅游管理条例》、正式给予境外、国外来琼旅游者以“国民待遇”加以实现的。这一改革措施实施后，在国际社会产生了较大反响，不仅促进了海南旅游业的发展，而且进一步树立了海南经济特区改革开放的良好形象。(4)在依法行政的原则下转变政府职能。围绕此项改革采取了许多具体措施，主要有：1.成立省总商会，承担相当一部份原来由政府部门包办的管理事务和社会事务，加强政府与企业界的联系。2.推行企业法人直接登记制度。按照国际通行的做法，海南在全国率先确立了企业法人直接登记制度，把申办企业由过去的审批登记制改为直接登记制，企业法人登记注册，不再需要为“盖章”而来回奔波，直接到工商部门登记即可，且先登记公司，后申办项目。这项改革措施还以地方立法的形式予以固定，省人大常委会先后颁布实施了《海南经济特区企业法人登记管理办法》和《海南经济特区企业法人登记管理条例》；3.实行税收征管制度改革，取得税务专管员管户制度，建立纳税人主动申报纳税、社会中介机构代理办税、电脑照章计税、各级征税中心统一征税、税务部门强化管税查税、司法部门依法办理违法逃税案件的税收征管新体制；4.实行交通规费“四费合一”改革，将原来由多部门分别征收的公路养路费、道路通行费、过桥费和运输管理费等四项规费合并为燃油附加费，在售油时一并征收，收上来后再用于公路建设、维护和管理。5.推行法院审判方式改革，在民事、经济和行政审判中，强调落实合议庭职权，强调当事人举证责任，当庭举证、质证、认证，在主审法官负责制下，合议庭当庭宣判，改变了层层审批、权力高度集中和“暗箱操作”等不合理现象。与此同时，还强化监督机制，建立错案责任追究制度，进一步改革和完善律师管理制度。

海南经济特区的建立以及与此配套的社会主义市场机制的确立和完善，象磁石一样吸引了众多的境外投资者，海南的国民经济和社会事业从此进入了一个全面高速、翻天覆地发展的伟大历史时期。建省当年，就出现了“十万人才过海峡”、投身开发建设海南的中国历史上最大的人才迁陡壮举，来自国内外的开发建设投资也如暴雨般倾泻到这片三万来平方公里的热土上，海南从此的变化真可谓“士别三日，当刮目相看”。据统计，1990年，海南全省全社会固定资产投资达到35.6亿元，比建省前的1987年的16亿元翻了一番多，建省后3年累计投资84.5亿元，比建国后至建省前的38年的总和还多。在1990年的全社会固定资产资产投资中，实际利用外资4.24亿元，商品房建设投资4.14亿元，用于基本建设的投资22.1亿元，都是历史上不曾有过的记录。1990年，全省国内生产总值达到95亿元，国民收入达到77亿元，工农业生产总值达到58.8亿元，其中工业总产值达到28.9亿元。1990年全省地方财政收入实现7.39亿元，比1987年猛增4.43亿元，建省后三年累计实现地方财政收入18.46亿元，超过了建省前38年的总和。1990年，全省城镇居民年人均收入1704元，比1987年的1049元增加655元；全省农村抽样调查居民户年人均收入778元，比1987年的502元增加276元，二者的增长幅度无疑都是史无记录的。

（海南省统计局 王敬业）

四、90年代：热带高效农业、海岛旅游业、现代工业的大发展

80年代末期海南建省办经济特区，开创了海南国民经济和社会事业全面高速发展的新时期。但1988年下半年开始的全国范围内的“治理整顿”以及发生在1989年的政治风波，给刚刚起步的海南经济特区的改革开放事业造成了很大的困难，设立洋浦经济开发区的设想也因“洋浦风波”的泛起而被搁置起来，海南经济特区的开发建设实际上在迈出一大步后又开始了缓慢的爬坡。有人将此形容为海南经济特区“生不逢时、命运多舛”。1992年年初，邓小平巡视南方并发表被后来称之为“南巡讲话”的重要讲话之后，全国范围内的“治理整顿”结束，全国出现了新一轮经济建设高潮，海南建省办经济特区的时期效应直到这个时候才真正得到凸现，一个既顺从和保护投资者的投资热情、又符合海南资源和地域优势的“一省两地”（新兴工业省、热带高效农业基地、度假休闲旅游胜地地）的产业发展战略才真正得以实施，海南的热带高效农业、海岛旅游业、现代工业以及房地产开发业才获得了真正意义上的大发展。

进入90年代，海南省委和省政府领导班子经历了三次交替更换，但每一届领导班子都始终注意从海南的资源和地域优势出发，狠抓以热带高效农业为重点的农业生产，除在地方财政支出中不断增加对农业的投入、适时制定各项优惠政策吸收并引导外资对海南农业开发的投入，还建立专门的农业开发区供投资者进行农业开发经营，以保证他们的投资能获得丰厚的回报。在建立农业开发区方面，除了建立省农业综合开发试验区外，各个市县都根据本地的地理特点和资源优势建立了不同类型、适合种植各种不同热带高效作物品种的农业开发区。为了最大限度满足投资开发经营者的需要，各地还敞开山门、放开手脚，让投资者灵活选择适合自身经营特点和经营方式的开发模式，如投资者租赁土地、人财物和产供销全由自身负责的纯公司模式，投资者出资金出技术、当地农民以土地和人力入股经营的公司加农民的模式，投资者先租下土地、进行各种基础和配套设施建设后再承包给当地农民经营的反包模式，等等。海南与台湾地理位置相同，气候条件相同，耕作方式和种植习惯接近，在台湾工业化进程日趋加快、可耕作土地日渐减少的情况下，不少台商产生了来海南开发经营农业项目的浓厚兴趣，海南的决策者们及时把握这一形势，适时作出了加强琼台农业合作的战略决策，并相应制定了一系列鼓励台商来琼投资开发农业的优惠政策，同时还采取各种有力措施确保台商的经营利益和经营安全。如今，琼台农业合作已

成气候，来琼投资开发农业项目的台商已达数百家，其中大部份项目已开始赢利，不但对合作双方都产生良好的经济效益，同时也推动和密切了海峡两岸同胞的相互交流，社会效益也是巨大的。海南无霜期长、日照充沛，即使在冬季也可以种植各类瓜菜，这一特点吸引了不少境外经营者，他们纷纷来海南安营扎寨、租赁或承包土地，种植冬季瓜菜（因与内地种植季节不同，又称反季节瓜菜），或组成反季节瓜菜营销队伍，从海南运到内地省市销售，从而开辟了一条闻名全国的“绿色通道”。如今，种植反季节瓜菜、种植热带水果及养殖海产品已成为海南农业开发的热门话题和农村经济的重要增长点。如果说在80年代建省后的几年里海南的农业也获得了长足的发展，那么进入90年代后随着大力发展热带高效农业产业战略的确立，海南的农业才进入了一个既快速发展又高效增长的良性循环期。据统计，1998年，海南全省农业增加值达到 164 亿元，比1987年增长238.7%，比1990年增长204.3%。

在诸多资源优势中，海南最具特色的是旅游资源优势，海水、椰林、阳光、沙滩，无冬的气候，不退的绿色，构成了现代旅游最壮丽的画卷，不但被人们交相称赞和传颂，也一直受到中央和地方政府的关注和重视。但在交通闭塞、资金匮乏、以国防建设为重点的年代，作为旅游圣地的海南，山高水远无人识，养在深闺人不知，旅游业在海南只具有象征意义。在1983年以前，海南尚无一家旅游饭店。建省办特区后使海南旅游业得到了空前的机遇，当年来琼旅游的客人一跃达到118.5万人次，仅比1987年就增长57.9%，其中接待国外游客19.8万人次，旅游创汇4094万美元。这是海南旅游业有史以来的第一个高峰期。1988年至1991年，在经过1989年政治风波旅游接待人数骤减之后，1991年海南旅游业又上新台阶，接待国内外游客人数进入第二个高峰期，达到140.6万人次，其中国外游客27.7万人，旅游创汇6384万美元，各项主要旅游指标都超额完成了当年计划，并创历史最高记录，当年底全省旅游饭店也达到了空前的65家。1992年，海南省旅游局审时度势组织制定了《海南省旅游发展规划大纲》并通过了省政府的审定，纲要明确了热带海滨度假休闲游这一海南旅游业发展的主题，并提出了“全社会共办大旅游”的旅游发展方针，在这一方针的指引下，投资开发海南旅游业形成热点和高潮。1995年，海南省人民代表大会审议颁布了我国第一部地方旅游法规《海南省旅游管理条例》，使海南旅游业从此步入了法制化和规范化轨道。与此同时省旅游主管部门还通过主办或承办一系列国际国内的重大旅游活动，加强海南旅游的对外宣传和促销工作，提高海南旅游在国内外的知名度。在1996、1997年香港国际旅游交易会上，海南连续两年获得“最有希望的新的旅游目的地”和“最佳休闲产品奖”。到1998年，海南各类旅行社发展到205家，其中国际旅行社39家；星级饭店和旅游定点饭店发展到264家，拥有客房32000间；旅游度假区、景区和参观点不仅数量多达80多处，而且在规模和档次上都有很大的提高，体现出海南旅游的鲜明特色。1998年全省共接待游客856万人次，旅游总收入66.9亿元，旅游服务业（不含交通）上交营业税约占地方工商税收的14%。

建设新兴工业省是海南“一省两地”产业战略结构的重要基础，虽然在正式提出这一战略之前，建省办特区的强大磁力就已吸纳了国内外大量资金投资开发海南的工业，但在大开发的浪潮中，由于缺乏明确的投资方向引导，产业发展结构呈盲目、无序状态，反过来也在一定程度上影响了投资者的信心，从而影响到投资总量的增加。适逢邓小平南巡讲话发表、全国国民经济掀起新一轮发展热潮之际，海南省的决策者们正式提出了“一省两地”的产业发展战略，对其中的“新兴工业省”也赋予了具体而明确的实质含义，省工业主管部门根据这一战略相应提出了将西南部沿海市县建设成“工业走廊”的工业发展规划。与此同时，国务院正式批准同意海南省设立洋浦经济开发区，区内重点发展高科技新兴工业项目。这一系列产业政策和产业规划的实施，将海南的工业推向了一个全面振兴、快速发展、合理有效的新阶段。（海南省统计局 王敬业）

第四章 改革与开放

一、经济体制改革

1978年12月中国共产党十一届三中全会胜利召开，实现了党和国家工作重点的转移，工作重点转移到以经济建设为中心，海南和全国一样进入改革和全面建设社会主义的新时期。海南，在经历了近30年的艰难而缓慢的发展历程之后，终于迎来了新的历史机遇，从此，海南的改革开放事业正式拉开序幕。

建省伊始，海南特区百业待举，目标高，起点低，跨越快，反差大，困难多，优势独特。面对种种困难和问题，海南从自己的实际出发，及时确立了“用政策、打基础、抓落实、求效益”即“在打基础中前进”的指导方针，并在这一方针的指导下做了大量扎扎实实的工作，着力于投资软硬环境的改善，推出了如下重大改革措施：

（一）企业制度改革

企业是市场活动的主体，海南要实行社会主义市场经济的新体制，要促使海南经济特区大规模开发建设的迅速起步，就必须对传统的企业管理体制实行根本性变革。

1. 企业所有制结构转变

实行多元化的所有制结构是企业所有制改革的基本精神。1988年8月1日，海南省政府发布了《关于贯彻国务院[1988]26号文件加快海南经济特区开发建设的若干规定》，即“三十条”中明确规定鼓励境内外的投资者来海南兴办各种类型的企业，还鼓励承包、租赁和购买一些全民、集体企业。个体、私营企业是社会主义初级阶段发展中一支不可缺少的力量，尤其在海南，由于生产力发展水平比较低，更应该发挥作用，因此规定凡兴办个体、私营企业的，直接由所在市县工商行政管理机关审核登记，无须再由政府审批。

2. 企业股份制改革

建省后，省委、省政府从海南多年企业改革的实践中认识到，放权让利和承包改革无法解决企业与政府行政机构的附属关系，因而不能实现政企分开，因此也就不能将国有企业全面推向市场，将其塑造为适应市场经济需要的市场主体，只有推行股份制，企业资产股份化，产权关系明晰化，股份的社会化和价值化，使企业出资人的资产所有权和企业实物资产的法人所有权实现有效分离，才能实现政企分开，建立起独立的企业法人制度，把企业推向市场成为真正的市场主体。根据中央要求，从改革的实际出发，海南把股份制作为企业改革的重点，1991年开始了企业股份制改革试点。1992年省委、省政府正式提出，海南企业改革的目标模式是建立以股份制为主体的现代企业制度。为了规范地推进股份制改革的进程，1992年8月和1993年10月，省人大先后颁布了《海南经济特区股份有限公司条例》和《海南经济特区有限责任公司条例》，在全国率先对股份制改革进行地方性立法。为了加快国有企业公司制改建步伐，1995年底省政府又以行政规章形式出台了《海南经济特区国有企业公司制改建规定》。通过立法，推动了企业制度创新改革，促进了海南省股份制企业的迅速发展。据统计，截止1997年，全省登记注册的股份制企业（含股份有限公司和有限责任公司）11169家，注册资金4281397万元。其中经批准设立的股份有限公司127户，募集股本总额201.7亿元。其中，个人股上市公司11户，总资产91.17亿元，净资产为2.14亿元，资产增值率114%。法人股上市公司12家。

3. 企业登记制度改革

1993年4月6日，省政府颁布《海南省企业法人登记管理办法》；9月，省人大常委会颁布《海南经济特区企业法人登记管理条例》。按照“宽审批、严管理”的原则，海南在全国率先把申办企业法人由审批登记制改为直接核准登记制；简化企业法人登记的条件和程序，把过去登记注册提供9种文件和证件减少为2种，进一步放宽企业的经营方式和经营范围，实行专项审批和许可证管理的项目和行业由原来的120多种减少为24种；打破各种经济成份经营条件的界线，把国有、集体、私营和外商投资企业等各类资产类型的企业置于同一起跑线上，创造了一个平等竞争的经济环境。新的企业法人登记管理制度的实施，大大增强了海南招商引资的吸引力，促进了特区多种经济成份的快速发展。

1994年，海南又出台《海南经济特区企业法人登记管理条例实施细则》，把贯彻施行《公司法》、《公司登记管理条例》和《海南经济特区企业法人登记管理条例》等法规有机地衔接起来，进一步规范企业登记注册。改革以所有制关系划分企业性质的传统制度。从1994年7月1日起，凡在海南特区申请设立企业，不再按所有制登记，而按《海南经济特区股份有限公司条例》和《海南经济特区有限责任公司条例》的规定登记；同时取消企业主管部门和挂靠部门。改革企业法人年检制度，改定期集中年检为按企业登记注册每满1年后1个月内办理年检和换发1年期限的营业执照副本。

4. 企业产权制度改革

1994年4月，省政府颁布《海南经济特区产权交易市场管理办法》，对海南特区从事产权交易活动的法人、自然人和其他组织的交易行为作出规范性规定。其主要特点是：出让企业从行业看，主要是工业和商贸企业，从经营状况看，主要是已停产或半停产企业，发展受到限制或竞争力不强有可能由盈变亏的企业；从产权转让和资本重组形式看，主要采取产权整体出让或部分出让，企业兼并，重组企业产权，组建有限责任公司，合作经营；从产权受让主体看，有国有企业法人、股份经济企业法人、私人等，以股份制经济企业法人为主；债务处理，以全部资产带全部债务为主；职工安置，主要采取受让方接收原企业全部职工并全部安排就业，或受让方全部接收原企业职工，但部分安排就业，部分提前退休、部分发放遣散安置费自谋职业。

5．建立国有资产管理、运营新体制

1995年5月，省人大常委会颁布《海南经济特区企业国有资产条例》，10月，省政府颁布《海南经济特区企业国有资产条例实施细则》。国有资产管理和运营新体制的基本内容：第一、企业国有资产由省、市、县（区）政府国有资产管理部门代表本级政府统一管理。第二、实行企业国有资产委托运营，即国有资产管理部门将公司制企业中的国有资产通过合同方式委托给其他企业运营，并由受托企业承担保值增值责任。受托运营国有资产的企业必须对委托目标提供财产抵押，或是第三人担保，或者交纳保证金。受托企业有权要求依照合同约定支付报酬。受托企业代表委托方对所持股份企业按照出资比例行使双方约定的股东权利。第三、对非公司制企业的国有资产以及不宜采取或尚未采取委托方式运营的公司制企业的国有资产，由国有资产管理部门授权有关机构管理，同时授予相应权利，由国有资产管理部门与被授权机构订立授权资产管理责任书，明确管理责任。第四、受托企业和被授权机构须按委托合同或授权管理责任书的规定上缴企业国有资产收益。第五、强化对国有资产的监督。省、市、县（区）人民代表大会对同级政府国有资产管理工作实施监督；各级国有资产管理部门代表同级政府对所管辖企业国有资产的委托运营、担保、授权管理、收益、资产处分实施监督，各级政府的审计部门在其职能范围内依法对企业国有资产的管理、运营经营实施审计监督。

《条例》得到国家有关部门的肯定和较高评价。国家国有资产管理局负责人认为，《条例》有改革新意，贴近市场，符合海南实际。首先，国有资产实行委托运营，就是在不改变国有资产所有权性质的条件下，实行国有资产运营市场化，其核心是把运营国有资产的责任同运营者的利益栓在一起，使运营者真正“心疼”国有企业。其次，《条例》设计的国有资产运营管理体制采用竞争方式把企业的国有资产委托给有相应实力、经营管理有方、信誉良好的企业运营，从而使政企分开得到保证。

到1995年底，全省清产核资工作基本完成，国有资产家底已摸清，同时，加强对评估市场管理，建立了海南省资产评估协会，当年审核批准评估立项30项，审查确认40项。

6．国有企业公司制改建

随着国家颁布了《中华人民共和国公司法》，海南省也先后颁布《海南经济特区股份有限公司条例》、《海南经济特区有限责任公司条例》、《海南经济特区企业国有资产条例》，这为海南建立现代企业制度奠定了法律基础。但是，由于上述法律法规对国有企业公司制改建的操作程序、改建的组织实施、改建中原企业的资产和债务处理等一系列问题没有明确规定，加上原有体制多头管理、权责不清的问题尚未解决，国有企业改制工作进展缓慢。为了加快国有企业改革步伐，1995年底省政府常务会议通过《海南经济特区国有企业公司制改建规定》，明确了国有企业改制的操作程序。其主要思路是：第一、国有企业公司制改建采取授权或委托企业行业主管部门负责的方法，同时规定了被授权改建的机构、行业主管部门、国有资产管理部门在公司制改建中的权利和责任。第二、国有企业公司制改建可采取增量资产扩股，存量资产折股，先分立后改制，合并改制，让渡企业部门存量资产改制，企业相互交换等额资本改制，上下游企业、工贸企业环状交叉持股改制，以资产为纽带发展企业集团改制以及吸收职工投资参股改制等多种形式，改建为投资主体多元化的公司制企业。第三、规定了国有企业公司制改建时资产和债务问题的处理办法。按照《规定》，省工业厅、商贸厅等部门和市县分别对所属范围的国有企业公司制改建工作作出实施计划。

7. 现代企业制度试点改革

1994年底，海口罐头厂被列入全国100户现代企业制度试点企业。1995年底，省政府和国家经贸委联合批复海口罐头厂试点实施方案，同意该企业改制为有限责任公司的特殊公司国有独资公司，命名为椰树集团有限公司。年内挂牌运作。其改制的基本思路是：第一、明确椰树集团有限公司作为授权范围内的国有资产投资主体，行使国有资产所有权，依法经营授权范围内的国有资产，与政府签订资产经营责任书，对授权范围内的国有资产进行管理。第二、建立母子公司体制。母公司对子公司和参股、控股企业享有资产收益、重大决策、选择管理者和产权转让等权利，对授权范围内的国有资产承担保值增值责任；授权范围内的国有资产收益全部留给公司，增加国家资本金，用于公司生产结构调整、改组、技术改造和发展生产。子公司和参股、控股企业享有独立法人财产权，依法自主经营，独立核算，自负盈亏，对经营的法人财产负保值增值责任。第三、按照《公司法》，根据决策机构、执行机构、监督机构相互独立产生权利制衡的原理，建立集团公司及下属企业的法人治理结构。

（二）市场体制改革

建立并逐步完善的市场机制和市场体系是海南经济特区深化经济体制改革，建立社会主义市场经济新体制的重要内容。对此，海南在这方面也实现了重大突破。

1. 建立平等竞争机制

平等竞争是市场经济正常运转的基本原则。随着海南投资热潮的兴起，各种类型的企业争先恐后地涌入特区市场。为了给各类企业创造一个平等竞争的市场环境，尽快建立起新型市场经济的正常秩序，省政府在《关于加快海南经济特区开发建设若干规定》中作出一系列规定，例如：所有企业的税收一律平等，其中所得税均按15%的税率征收；所有企业都可以自主经营进出口业务；对一些国家限制进口的商品配额采取公开招标分配的方式，招标收入上缴省财政；允许外资企业经营商业，与国内商业平等竞争；允许省内各专业银行经营外汇业务，也允许外资银行经营人民币等等。建立起平等竞争的市场机制，使海南经济特区吸收了大量省外、境外资金，加快了海南开发建设的速度。

2．加快建立健全市场体系

从1990年下半年开始，海南加快了市场体系建立的步伐，于1991年上半年拟就了《关于建立和完善海南经济特区市场体系的意见》，建立和完善了粮食市场、早瓜菜批发市场、热带水果市场、胡椒市场、生产资料市场、资金市场、劳务市场、房地产市场等9个生产要素市场的实施方案。在市场建设中，海南遵循公平竞争、反对垄断、全开放的原则，通过制定优惠政策，加强市场基础设施建设等措施，促进了海南市场体系的建立和市场机制的形成。

3．积极大胆地推行价格改革

首先是粮食价格改革，粮食价格改革与国计民生关系重大，是价格改革中非常敏感的一项。1991年5月，海南率先在全国实行粮食购销同价改革，1992年10月，国务院又批准了海南省实行粮食议购议销的改革方案，在购销同价基础上有10%的粮食价格浮动权，至此，海南粮食价格全面开放。改革后的粮食价格平稳，粮食市场丰富，财政负担减轻，取得了较好的效果。这项改革锻炼了群众对重大改革措施的心理承受能力，也对全国的粮食价格改革提供了借鉴经验。其次是生产资料价格改革。1992年，海南省实行将18种主要生产资料由计划价格向市场调节价格并轨的改革。2月1日起，钢材、水泥、焦炭、钢、铝、铅、锌、硫酸、烧碱、纯碱、橡胶、铜材、铝材、生铁等16种生产资料价格并轨；11月1日起，煤炭和成品油价格并轨。至此，除化肥外、海南省生产资料价格和生活消费品价格全部实现市场调节，基本上建立起由市场决定价格的价格调节机制。年内，省政府先后颁布了《关于十六种主要生产资料价格并轨的通知》、《关于十六种主要生产资料市场价格管理暂行规定》、《海南省十六种生产资料专项基金管理暂行办法》、《海南省煤炭价格并轨实施办法》、《海南省成品油价格并轨实施办法》，对放开和管理生产资料市场作出具体规定。1994年3月海南对地产化肥、橡胶等商品的价格由直接管理改为动态管理，扩大企业自主权。从3月25日起，本省地方生产的多种化肥和硫酸产品，由国家定价改为国家指导价，实行生产成本利润率管理。生产成本利润率为：磷肥、复合肥、硫酸8%。生产企业在规定的成本利润率幅度内自定产品出厂价，同时实行提价备案制度。其次调整了琼洲海峡客（货）运收费、电话初装费、医疗收费、进口药品价、省电网电价、宾馆客房收费、中小学教材印刷价等182种商品（服务）的价格，制止乱涨价、乱收费行为。省地方港口收费改为按中央港口收费标准执行。调整地方机构建设附加费，以支持地方基础设施建设。

（三）财税体制、金融体制改革

1．财税体制改革

首先是财税机构改革。为保证国家统一部署的分税制财政体制实施，并结合海南的实际情况，省1994年7月颁发《海南省人民政府关于海南省财税机构改革的决定》。决定设置国家税、地方税两套税务机构和征税中心。国家税务机构设置按照国家税务总局批复方案执行。地税机构设置：省级实行财税合一的管理体制；省财税厅是省政府主管财政税务工作的职能部门，省财税厅内设地方税务局，负责指导全省地方税收的管理和直接办理海口地区省市两级税收的经营工作（海口市不另设地方税务局）；各市县税务局机关中主管地方税业务的人员合到财政局，成立财政税务局（同时挂地方税务局牌子）；各乡镇财政所与税务所合并成立财政税务所。征税中心不以盈利为目的、具有独立法人资格的事业机构；主要职能是统一负责征税。征税中心一套系统，中央、省、市（县）三级共用；实行“一家代理，三家分税”（即一个计算系统同时为三级税务局服务，并按中央和地方财权划分的税种收入自动划分，分收入库）。各级税务机关重点进行监督、稽查、评税、宣传、管理工作，不直接办理征税业务。其次是税收征管制度改革。1993年，在海口市进行了税收征管制度改革，取消税务专管员管户制度，从过去税务登记、纳税鉴定、纳税申报到税款入库都由税务专管员包办，改为对企业纳税全面使用计算机管理，由纳税人直接缴纳或通过社会中介机构代理办税；同时，强化税收稽查工作，设立税务法庭，初步建立起纳税人主动申报纳税、社会中介机构代理办税、电脑系统照章计税、司法机关依法办案的税收征管新制度。

2．金融改革

海南不断深入以市场机制为取向的体制改革，积极发展金融机构，特别是非银行经营机构，初步形成了多元化、多功能、多层次的金融组织体系。特别是金融电子化步伐显著加快，为提高现代金融的社会化和电子化服务水平，建立与海南特区市场经济相适应的现代化支付系统，1996年1月起，海南在全国率先开发和启用可跨行使用的统一标准的金融片卡海南银行IC卡。海南银行IC卡是工行牡丹IC卡、农行金穗IC卡、建行龙卡IC卡、海南交行 IC卡的统称，具有电子钱包、电子存折和电子信用等功能。海南银行IC卡的推广和应用，遵循“统一管理，统一规范，统一标准，统一布置”的原则。人行海口支行是海南银行IC卡活动的主管机关，省工商行政管理部门负责对读卡器作用单位违反规定的行为实施处罚，海南国际金融网络有限公司为海南银行IC卡系统的信息转换中心。海南银行IC卡还具有社会保险等特殊社会应用功能。省政府常务会议决定：海南医疗个人帐户率先强制推广使用IC卡，凡办理医疗保险个人帐户必须持有银行发放的IC卡，发卡银行不再对办理医疗保险加收其他费用。在税费征收、燃油附加费管理等方面也要逐步强制推广使用IC卡。IC卡是海南金融电子化、信息化的起步工程，它的发行使用，标志着海南金融电子化走在全国的前列，是海南改革和社会进步的一项重大举措。

（四）外贸和旅游管理体制改革

1. 外贸体制改革

全方位放开进出口业务是海南外贸体制改革的重大标志。1994年3月，省商贸厅组建省进出口商会，属非政府机构的事业单位。省商贸厅逐步将出口配额指标、对外展销促销、对外贸易协调等一些属行业管理范畴的职能转交给省进出口商会。省进出口商会对7种较敏感的商品主要配额实行招标分配。全方位放开出口业务，凡在岛内注册的工商企业均可经营进出口业务，实行登记备案制度，即在省商贸厅登记备案取得确认书，便可到海关办理报关登记注册，取消经省审批报国家外经贸部备案的292家进出口企业岛外出口报关权终身制，实行动态调整，对未出口创汇的企业将撤消其进出口经营权，由其他企业递补。

2. 旅游管理体制改革

首先，通过立法、改革旅游投资管理体制，多渠道筹措建设资金，全社会共办“大旅游”。香港霍英东集团、法国地中海集团已投资海南旅游业开发。国家、省对旅游项目建设拨款742万元人民币，贷款1020万美元和1250万人民币。同时走群众集资开发旅游项目的路子，琼海市温泉镇政府引导和发动农民用征地补偿款集资，镇里补助一部分，共投资1300万元建起直通该市白石岭旅游景点的柏油公路，还投资建成省内第一条空中观光缆车索道。其次，对海外旅游者实行“国民待遇”，在住宿、餐饮、购物、乘坐飞机轮船、缴纳机场建设费、购买旅游景点门票等方面，享受与国内旅游者相同的待遇，同类同价。

（五）投资和公路交通体制改革

1. 投资体制改革

首先是投资项目审批手续简化。海南对中心型投资项目的审批，由过去的审批项目建议书、可行性研究报告和开工报告3道程序改为只审批项目建议书（或列入年度基建计划）1道程序。其次是调整投资结构。安排省财政预算内基本建设投资计划时，大幅度减少经营性项目投资，增加基础产业、基础设施和公益事业项目投资，对投资基础设施建设的企业给予优惠补偿。1994年5月31日，省人大常委会颁布《海南经济特区基础设施投资综合补偿条例》，对投资海南经济特区公路网骨架及干线公路、铁路、公用港口码头、民用机场和大型水利工程等基础设施建设的投资者，从土地、税收、项目审批、经营范围等方面给予优惠补偿。投资建设码头项目因建港池、航道、水上防浪和导航设施等占用海域，免缴海域使用费。允许港口码头建设投资者利用邻近滩涂或水域填造地；造地范围符合行政主管部门审定的港口总体布局规划，造得的土地免缴海域使用费和征地费，其增值收入用于港口建设综合补偿。经省有关行政主管部门同意，投资者可以自采石、砂、土、地表水等资源用于基础设施项目建设，免缴资源补偿费。公路建设项目从投入营运后第二年起，由省交通行政主管部门从公路交通规费中逐年给予其投资者补偿，使其投资的回收期不超过20年，补偿时投资利息按银行长期建设贷款利息计算，投资全部回收后省政府按补偿期间的年平均补偿额再补偿5年，作为投资回报。经批准，投资者在其投资建设项目的经营中，可以在本特区范围内实行特殊的运价、水价、电价、飞机起降费、机场建设费和供水水源建设补偿收费标准，以加快投资回收。省政府还为投资者提供5种补偿，由投资者自主经营以实现投资回报。第一、根据投资者所确定的综合开发项目的实际需要，政府按照分类基准土地使用权出让价的70%出让给投资者一定数量的土地，供其开发经营；第二、允许投资者利用交通项目的地利，依法进行与投资项目相关联的多种经营，包括在公路沿线经营加油站、洗车场、维修厂（站）开展运输服务，出租沿线地下营线；经营水路客货运输业务；在铁路车站、货场、火车轮渡口、港口港区、机场候机楼等地经营为旅客和社会服务的第三产业；第三、允许投资者在不防碍水工程安全和效能的前提下，利用水工程的水面及周边划分的保护范围内的土地，依法开展多种经营；第四、优先支持投资者以经营基础设施的企业为核心建立规范化的股份制企业；第五、允许投资者依法自行组织工程建设。

2．公路交通规费经营制度改革

在1993年改革探索的基础上，从1994年1月1日起实施《海南经济特区机动车辆燃油附加费征收管理办法》。撤除一切路卡实行“四费合一”即把分别征收公路养路费、过桥费、过路费和公路运输管理费统一为征收机动车辆燃油附加费，通过燃油附加费销售渠道征税；设置省交通规费征稽局，统一履行交通规费征收稽查工作；实行燃油销售经营许可证制度；设立燃油附加费收入专户，实行燃油附加费统一安排使用制度。新制度在实施中出现一些问题，为减轻农民负担，防止不法分子走私燃油、偷漏征费，进一步完善这一制度，5月1日，省政府又颁布《海南经济特区机动车辆燃油附加费征收，管理办法和补充规定》。其主要内容：进一步明确柴油机动车辆燃油附加费征收适用范围为领有牌照或者上路行驶的车辆；采取按车定额办法征收柴油机动车辆燃油附加费；具体规定柴油机动车辆燃油附加费；具体规定柴油机动车辆燃油附加费征收标准中按月、按旬、按日征费标准；实行汽油运输登记管理制度；实行柴油机动车辆燃油附加费年审签证制，未按规定缴纳规费的车辆，不得通过车辆燃油附加费年审和车辆年检。

（六）农村与农垦改革

1．农村改革

党的十一届三中全会以后，作为农业体制的第一个改革步骤，海南在农村中逐步实行了联产承包责任制，开始引导农民向商品化的方向发展，海南农村大部分地区出现了生产发展、社会财富增加、农民生活水平逐步改善和市场开始繁荣的新局面。在进一步稳定和完善联产承包责任制的同时，海南又在如下几方面实行了重大改革：第一、进一步完善农村集体土地使用制度。1995年8月，省政府作出《关于进一步深化土地使用制度改革，加强土地管理的决定》规定：农村集体所有的土地，在不改变集体所有性质、切实保护基本农田、保证国家建设征地需要的前提下，可以因地制宜开发利用，以促进农村经济发展；集体所有土地的使用权可以有偿出让、转让和出租，经办理有关手续，也可以用以自办企业或与他人举办联营企业、股制企业。1996年海南实行第二轮土地承包，进一步明确发包权，稳定承包权，放活经营权。第二轮承包中注重承包土地的集中连片，允许农户相互调换过于分散的土地，也允许农户转租、转包土地。这样，有效的促进了撂荒土地的复耕，促进了农业生产要素的优化配置和农村剩余劳动向二、三产业转移。第二、发展农村股份合作经济，加快农村经济组织制度的创新。海南省农村股份合作制发展主要有两大类型：社区型和企业型。社区型其股权是由社区的集体经济组织将集体原有的资产折股量化构成的，并在此基础上吸收社区成员入股；企业型是乡镇农村中的企业，以股份合作的形式，实行资金和其他生产要素的联合，并按股份合作制的机制实施管理。海南省农村股份合作经济产权组合和经营方式形式多样，具体形式大致有7种：农民集资合股兴办企业；以技术设备、资金、劳力等生产要素投入为主的合股经营；集体与农民合股经营；原乡村集体企业改造成的股份合作企业；乡镇募股集资兴建乡镇企业开发区；进行基础设施建设和招商引资；农民以土地入股与外来投资者联营组建股份合作企业；集体企业与外商合股经营。海南省农村股份合作经济虽然起步较晚，但是表现出旺盛的生命力。从其所涉及的范围和领域看，已相当广泛，既有热带种植、养殖、海洋、捕捞方面的股份合作制，也有以土地折股发展起来的股份合作制和以热带农副产品加工、流通为主的股份合作制，还有以城市为依托，为城市服务的第三产业方面的股份制等等。第三、多形式、多层次培育各类市场，加快农村市场体系的形成。首先，发展各类专业批发市场。分别在乐东、东方、澄迈、儋州、三亚、陵水、琼山、琼海、海口等市县建立起了热带水果，反季节瓜菜、粮食、“三鸟”、日用工业品、建材等10个专业市场。其次，发动社会力量加快集贸市场建设。市场建设朝着上规模、上档次、大辐附加方向迈进。第四、创建农业综合开发试验区，推进贸工农一体化。海南大胆探索现代化商品农业发展的新路子，创建农业综合开发试验区，走“贸工农一体化，产供销一条龙”的新路，确定大力发展立足于本地农产品的深加工和精加工、进行土地成片综合开发以及与大企业联合的乡镇企业。农企结合，组成经济利益共同体，使生产要素得到优化组合，发挥较好的经济效益。澄迈县美亭乡以土地折股形式与中国科学院、民源现代农业股份有限公司合股办企业，成功地走出一农企合一的路子。第五、农村金融体制改革。按照《国务院关于农村金融体制改革的决定》精神，结合海南实际，1996年海南重点从三个方面推进农村金融体制改革：首先，积极稳妥地开展市县农村信用社与农业银行脱钩工作。搞好市县农村信用社与农业银行之间人员、财产的的划转工作。其次，做好增设农业发展银行省分行分支机构工作。再次，在琼海市开展市县农村合作银行试点，不断提高农村金融服务水平，促进农村经济发展。

2. 农垦改革

1997年，海南省农垦总局出台了加快垦区改革步伐的总体方案和具体步骤。第一、农垦转轨企业集团的改革有较大进展。完成《海南农垦集团化改革方案》的编写、论证工作，此项改革拟分两步到位：1998年创立集团，1999年完善提高，进入国家企业集团试点序列。第二、场级企业改革加快。西联农场和黄岭农场被列入国家农业部建立现代企业制度试点单位。制定《海口市农垦工业企业优化资本结构试点方案》，4家严重亏损的企业兼并、破产试点工作完成，其中，农垦华利家具厂被西联农场兼并，农垦橡胶厂和农垦报社印刷厂被三叶制药厂兼并，农垦海云胶鞋厂依法宣布破产后，通过拍买被农垦工业开发建设总公司收购。这一系列举措共盘活资产1亿多元。第三、推进基层生产队一级改革。修订《海南农垦股份合作制企业暂行规定》。到1997年底，全垦区有95个基层生产经营单位改制为各类股份合作制公司。改制后的公司均实现生产发展，职工增收的目标。第四、推进配套改革。主要在企业内部人事、劳动、分配方面深化改革，完善职工养老保险，推行住房、医疗等制度改革，企业减员增效、职工下岗分流和再就业工程起步。

（海南省统计局 邱育任）

二、对外开放

海南经济体制的超前改革，为扩大对外开放奠定了体制基础，是海南吸引外来投资的最大优势。特别是建省办特区以来，海南围绕实施“大经贸，大流通，内外贸易一体化”战略，在对外经济贸易、旅游业、成片开发、对外交流与合作等方面采取一系列改革措施，初步形成全方位对外开放格局，开放的层次和水平不断提高。

（一）外引内联成绩斐然

海南长期以来作为对外防御的前沿阵地，加上诸多历史原因，岛内的农业、工业基础薄弱，资金的自我积累能力十分有限，要想在“低起点”上实现“高目标”，唯有扩大对外开放，大举吸引国内外资金。为此，海南省政府及各市县在外引内联方面做了大量努力，制定、利用优惠政策和海南的丰富资源优势，鼓励和引导岛外、国外资金参与海南开发建设。至1997年止，全省累计批准注册外商投资企业8141家，合同外资金额122亿美元，实际利用外资75亿美元，其中外商直接投资54亿美元；对外借款21.1亿美元，其他投资0.11亿美元。来琼投资的国家和地区也不断增加，由建省前的3个增加到1997年的20多个。1997年海南的实际利用外资居全国第10位、人均利用外资仅次于上海，排第2位，是全国平均水平的3倍。内联工作也取得显著成绩。至1997年止，外省在琼注册企业累计约1.9万家，实际投入400多亿元人民币，岛外与国外资金占海南1988至1997年全社会固定资产投资的50%以上。

（二）对外贸易发展迅速

改革外贸体制，使外贸管理与国际贯例接轨，是海南对外贸易得以迅速发展的关键所在。海南采取的主要措施是：组建海南省进出口商会、负责外贸经营活动中的报关协调指导，咨询服务、组织反倾销应诉、出口商品配额招标等方面的行业管理，实现政企分开；改革口岸管理制度，简化人员、货物进出手续；改革进出口经营权管理体制，打破所有制界限，鼓励和支持企业发展进出口业务。全省进出口总值从建省前1987年的2.92亿美元增加到1997年的19.49亿美元，增长5.7倍，年均递增20.9%，其中出口总额增长6.7倍。出口商品品种从161个品种增加到990个品种；工业制成品出口比重从37.0%上升到67.3%；海南本岛产品出口额占出口总额的比重从36.1%上升到57.2%；出口商品市场不断扩大，远洋贸易逐年增加，贸易伙伴发展到五大洲的104个国家和地区；有进出口经营权的企业从30余家增加到300多家。

（三）旅游业蒸蒸日上

旅游业是海南的支柱产业之一，也是海南对外开放的重要窗口。海南在制定了许多优惠政策吸引外资开发旅游的基础上，于1995年8月颁布《海南旅游管理条例》，给境外、国外来琼旅游者在住宿、餐饮、购物、乘坐飞机轮船等方面以“国民待遇”；并对与我国有外交关系的或官方贸易往来的国家和地区的外国人来琼停留不超过15天者，实行“落地签证”制度。这些措施的出台对开拓国际旅游市场起到了积极作用，境外游客不断增加。1997年全省接待境外旅游者41.28万人次，比建省前1987年增长1.38倍，年均递增9.1%；旅游外汇收入超过1亿美元，年均递增24.1%。

（四）国际交往日益频繁，海南的国际知名度迅速提高

海南的外事工作坚持以为中央总体外交服务、为海南的开放和发展服务、为树立海南良好的国际形象服务为宗旨，积极为经济建设牵线搭桥，拓展国际经贸交往渠道，逐渐形成了多渠道吸引国外资金、技术和人才的格局。充分利用省领导出访机会进行经贸招商；开展国际公关和对外宣传，扩大海南的国际影响。据不完全统计，到1997年止，我省派出公务团组1.35万批，计4.63万人次，出访近70个国家和地区，接待来自70多个国家和地区的客人1864批，计1.38万人次，其中国家元首和政府首脑级团组35批，部长级团组100多批，国外和港澳记者227批980人次，派出培训人员6029人次，聘请各类国外专家500多人次；先后与日本兵库县、美国夏威夷州、韩国济州道、乌克兰克里米亚自治共和国、菲律宾宿务省建立友好省县（州、道）关系。

（五）经济开发区建设已初具规模

海南建省办经济特区后，经国务院和省政府批准设立了工业、农业、金融、贸易、旅游、乡镇企业、高新科技等各类开发区25个。其中有全国第一个由外商承包成片开发的国家级经济开发区洋浦经济开发区、海口保税区、三亚亚龙湾国家旅游度假区，国家级高新技术产业开发区海南国际科技工业园。洋浦经济开发区是1992年创办的第一个由外商承包成片开发的经济开发区，实行“一线放开，二线隔离”的管理办法。熊谷组香港有限公司已投资36亿港币进行基础设施建设，其中包括完成31.55万千瓦电厂一期工程、两套油码头及输电网工程、平整土地18万平方公里，铺设水泥路面43公里，建成11.4公里隔离网及邮电通讯一期工程，基本上具备了大规模引进工业项目的能力。海口保税区于1993年4月封关运作，至1997年基础设施建设累计投资4.08亿元，道路、水电、通讯、供排水、厂房等设施初具规模，已基本满足需要。进入保税区的企业累计282家，其中外资企业73家，项目建设累计投资8.6亿元。亚龙湾国家旅游度假区首期开发面积6.2平方米公里，已完成项目建设投资12.28亿元，建成亚龙湾中心广场，亚龙湾蝴蝶谷、凯莱酒店等11个主要项目，在国内已有很高知名度。海南国际科技工业园是国家级高新技术开发区，拟分3期开发。一期开发基本完成，开发土地667公顷，基础设施建设投资3.4亿元，竣工建筑面积10

万平方米。批准入园项目62个，完成投资3.2亿元，其中14个已建成，多属国内领先或达到国际先进水平的生物工程、电子信息、新材料、新能源等高新技术项目。

20年的经济体制改革和对外开放，使海南经济实力大为增强，极大地改善和提高海南人民的生活质量，使海南人民获得最大的实惠，全面推动海南的社会发展和全面进步。

碧海连天远，琼崖尽是春。在邓小平理论和党的基本路线指引下，海南改革与开放的大潮将一如继往，奔腾不息。踏遍青山人未老，宝岛春潮独好。

（海南省统计局 邱育任）

三、行政管理体制

海南建省时，中央就指出“海南建省后，各级机构的设置和人员编制的确定要符合经济体制和政治体制改革的要求，坚持党政分开、政企分开。机构要小，要多搞经济实体。机构的设置，要突破其他省、市、自治区现在的模式，也要比现在的经济特区的机构更精干、有效一些，使海南省成为全国省一级机构全面改革的试点单位”。海南省就是按照中央这个精神，为适应建立社会主义市场经济的要求，对海南省的行政管理体制进行改革，以缩小政府的统制功能，扩大社会的自治功能为基本思路，勾画和设计新型的行政管理体制，这个新型的行政管理体制通常被称为“小政府、大社会”。

（一）小政府

小政府，其机构建设的目标是规模小，管理范围小，精干、高效、廉洁，能对海南省社会主义市场经济的建立和运行实施有效的宏观管理。

1. 机构规模小

1988年，成立海南省，其政府机构的设置就突破了其他省、市、自治区传统的机构模式，仅设工作部门26个（即办公厅、人事劳动厅、外事办公室、侨务办公室、民政厅、民族宗教事务委员会、教育厅、卫生厅、文化体育厅、监察厅、公安厅、安全厅、司法厅、法制厅、财政税务厅、经济监督厅、中国人民银行海南省分行、贸易工业厅、交通运输厅、农业厅、科技厅、建设厅、环境资源管理厅、经济合作厅、经济计划厅、口岸管理办公室）和直属事业单位一个（省政府社会发展研究中心），这在各省、市、自治区中是最精干的了，但还觉改革力度不够，特别是市（县），乡（镇）政府机构设置尚嫌臃肿复杂，从1993年起，乘着中央进行机构改革的统一部署，对全省的机构和编制进一步精简、压缩，除了保留一个双拥活动办公室外，取消了所有100多个非常设机构（领导小组），收回了38个临时机构编制，取消了所有的委员会，减少了管理层次和中间环节。

经过这次精简后，全省各级行政编制共27985人，比精简前44518人减少16533人，精简幅度达37.14%。

省级党政机构设置39个，比精简前42个减少了3个，精简7.1%；行政编制（不含政法系统编制）3850人，比精简前4557人减少707人，精简15.5%。

海口、三亚两地级市党政机构平均设置42个，比精简前45个减少3个，精简6.7%；行政编制平均2000人，比精简前2302人减少302人，精简13.1%。

17个市（县）党政机构平均设置25个，比精简前59个减少34个，平均精简57.6%；行政编制平均550人，比精简前991人减少441人，平均精简44.5%。

乡（镇）一级，党政机构设置一类5个，二类4个，三类实行助理员分工制，不设工作机构；行政编制共10135人，比精简前18643人减少8508人，精简45.6%。

2. 管理范围小

机构规模小不过是新型行政管理体制的外在标志，海南省行政管理体制改革的核心是转变职能，把政府作为传统计划经济体制的承担者转变为社会主义市场经济体制的建立和维护者，或者简单地说，变多管事为少管事。

在计划经济体制下，政府必须对所有的经济、社会事务实行高度集中的、全方位的管理，即企业的产供销、人财物要由政府决定，社会成员的生老病死要由政府负责，一切社会组织都被置于行政权力之中，一切社会关系都具有了行政内部的上下级关系，一句话，事无巨细，全由政府包办。

行政管理体制改革后，把大量的社会组织和事务推向市场，对市场自身调节可以解决的问题，海南省政府都不横加干预，例如过去需要审批、需要指标、需要核准的环节绝大多数放开，如改企业审批制为登记制，一下子砍掉了100多个审批环节，单单这一项，政府就少管了许多事情。

政府做些什么呢？或说政府行使那些职能呢？政府只需依法行使一些为数不多，但是非常重要的职能，理论工作者把这些职能归纳为四类，即“服务、保障、调节、参与”，或者一言以蔽之，政府的职能就是“大服务”，政府只需集中精力做好下列事情：

（1）负责具有社会效益，但经济效益并不高的重大工程项目，如市政工程建设，大型水库水坝等公共工程建设，学校、医院、图书馆等公益事业，环境保护、污染治理等，搞好公共服务。

（2）加强对稀有资源，或不可再生资源的管理。

（3）加强宏观调控，组织协调全社会的经济发展，要搞好经济规划和预测、信息统计和发布、产业政策的制定和实施等工作，促进产业结构的转换升级，并可通过财政投资、发放政府债券等手段，影响经济发展的速度，保持宏观经济的稳定。

（4）要防止垄断，保护竞争。要建立和完善各项市场规则，维护市场秩序，规范市场运行准则，鼓励公开交易、公平竞争，反对垄断及一切有碍竞争的消极因素，使每个经济当事人都能在公平的秩序和裁判下，开展经济活动。

（5）抓好社会治安管理，维护正常的社会秩序，创造良好的社会环境，使企业和劳动者安居乐业。

（6）解决好收入再分配问题。政府要抓好税收征管工作，建立健全社会保障体系，维护社会公正和稳定。

（7）大力发展教育和科技事业，加快人才培养和人力资源开发，以增强海南的竞争力。要大力抓好卫生、医疗保健工作，控制人口增长，提高人民的生活质量。要抓好精神文明建设，注意引导人民树立民主意识、法制意识、平等意识、竞争意识、责任风险意识等，创造一个良好的社会风气和社会环境。

（8）要反腐倡廉，不仅要依法办案，严格查违法乱纪案件，更重要的是堵漏洞、抹墙缝，减少犯罪。

3. 建立起省直接管理市县的行政管理体制，减少了中间环节，提高了办事效率

建省初期，海南省撤销了海南行政区和自治州两个地区级机构，建立起由省直接管理市县的行政管理体制，减少了中间环节，提高了办事效率。

（二）大社会

“政府”和“社会”是两个既相互关联又相互区别的范畴。政府只是社会大系统中的一个子系统，如果把社会大系统只划分为二部分，那么，当政府这一块变小（机构规模小，编制小，行使的职能小），剩下的另一块自然就变大，这一大块包含着很多单位，很多社会组织，很多劳动者，这一大块自主、自治、自我管理，这就是所谓“大社会”，简言之，“大社会”指的是社会扩大，社会自治。

1. 社会扩大

政府不再对企事业单位及许多社会事务进行直接管理，把原来由政府主办的大量社会组织及社会事务交还给社会中的个人、企事业单位及其他社会组织，例如：

（1）省委、省政府明确规定，各级党政机关与原属企业脱钩。

（2）省政府18个政企合一的专业经济管理部门，区别不同情况，进行政企分开，摘掉了纺织工业局、冶金工业局、电子工业局、一轻工业局、二轻工业局、机械工业局、燃料化学局、建筑工业局、物资局等9个单位的行政局牌子，将其转变为经济实体，其行政职能划归省政府有关部门，实行一体化管理，形成所谓“大”经济，例如，各类工业行业管理一体化，叫“大工业”，农、林、牧、渔管理一体化，叫“大农业”等等。林业局、水利局、乡镇企业管理局、水产局、粮食局、电力工业局等6个单位政企彻底分开，各司其职，恢复供销社集体所有制合作经济组织性质。

（3）减少党政机关对事业单位的直接管理，向事业单位下放人财物管理权。各级党政机关只负责所属事业单位领导班子的任免，并对其进行监督和考核。

（4）将省工会、共青团、妇联、科协、工商联、侨联、台联等7个群众团体改为事业单位，不再列入党政机关序列，不再使用国家行政机关的编制。

2. 社会自治

社会自治是在政府的宏观调控下，在法律的约束下，各种社会组织独立自主地发挥各自的作用，自我组织、自我管理、自我服务，最大限度地调动社会各方面的积极性，促进社会生产力的发展和社会进步。

（1）企事业单位

企业单位，即经济组织，是“大社会”中的重要成员，政企分开后，它已没有行政主管，独立自主经营，搞好自治的主要思路是采取各种措施，加强现代化企业制度的建立，例如，将竞争机制引入企业领导班子，取消了企业经理（厂长）的行政级别，对国有企业和国家控股的股份制企业的经理（厂长）由过去的委任制改为聘任制等等。

事业单位，可以自行决定对中层干部的聘任，解聘和管理，各种学校毕业生的就业、员工的流动、职称的评聘等，可直接报省委或省政府有关职能部门办理手续，不需经过主管部门。

（2）社会中介组织

在“大社会”中，企事业单位的社会定位比较清楚，对大部分事务已形成一套比较可行的自我管理办法，但除此之外，伴随着海南省经济的迅速发展和市场经济体制的确立，还有许许多多错综复杂的社会层面和领域，这部份如何自治，总不能让它们处于放任无序的状态，总而言之，政府机构精简，职能转换后，就面临一个提高社会组织化程度和扩大社会自我管理能力的问题，也就是面临一个提高社会自治功能的问题，海南省政府采取的一条重要措施是大力发展社会中介组织。

社会中介组织是一种介于党政机构、企事业单位与个人之间的组织，是一个政府与社会、组织与组织、组织与个人、个人与个人之间的沟通渠道和联结形式，它协助政府协调管理社会，但它又不占用政府行政编制，不需要政府财政负担。

海南省政府采取倾斜政策，鼓励发展社会中介组织，据不完全统计，目前仅省级社会中介组织就有近200个，例如会计师事务所、审计师事务所、律师事务所、公证仲裁机构、计量和质量检验和认证机构、职业介绍机构、资产和资信评估机构、信息咨询机构等等。

社会中介组织的成立和有效运作，为转变政府职能、为社会自治、为促进市场的形成和发育起到了积极的作用。例如，原来审计厅负责对一般的企业和事业单位直接审计，疲于应付，顾此失彼，忽视了对重大经济活动的审计监督，工作较为被动，1993年机构改革后，该厅下放了部分权限，减少了对一般企事业单位的直接审计，逐步推行了企事业单位由社会审计机构审签，政府审计机关抽签的制度，变被动为主动，收到了较好的效果，加强了对重大经济活动的审计力度，提高了审计的权威性和有效性；再如，1993年3月成立的海南省职业介绍服务中心，是一家实行劳动就业和人才交流一体化的机构，它积极为用人单位和求职者提供信息咨询、求职登记、职业介绍、档案托管、办理社会保险、劳动合同签证、职业培训等一条龙服务，取得了很好的社会效益。目前，职业介绍网络已覆盖全省，这对打破身份、地域界限，形成全省范围内统一的劳动力市场起到了积极的作用。

以上就是海南省行政管理体制的基本线条，它和传统的政府行政管理体制形成鲜明的对照，克服了传统体制机构臃肿、规模庞大、效率低下、官僚主义等弊端，在大特区内形成一个自主、自治、自我管理的宽松的政治环境，给大特区注入了生机和活力，为实现海南社会和经济的超常规发展奠定了基础，在运行中收到的成效是显著的。但是，也要看到，由于新体制是根植于旧体制的土壤之中，旧的陈规陋习或多或少浸蚀着新的机体；另一方面，要理顺各方面的关系也要有一个过程，因此，这项改革遇到的阻力比较大，但无论如何，海南省实施“小政府、大社会”的方向是正确的，因为在实践上它适应社会主义市场经济的要求，海南省“小政府、大社会”的行政管理体制，将克服各种困难，逐步走向完善。（海南省统计局 詹尊东）

四、海南经济特区的特色政策

经济特区，特在经济，这里介绍海南建省办经济特区以来，对海南省经济的迅速发展起重要作用，而相对于计划经济时代，相对于全国其他地区而言，又比较有特色的一些政策。

1988年4月，七届全国人大第一次会议通过决议，确定海南岛（海南省的主要部分）

为经济特区，为加速海南岛的开发建设，建省前后国家发布了二个文件：土壤

即“国务院关于海南岛进一步对外开发加快经济开发建设的座谈会纪要”（1987年12月11日）和“国务院关于鼓励投资开发海南岛的规定”（1988年5月4日发布）

在这二个文件中，国家给予海南经济特区一系列的优惠政策，包括税收、进出口、金融、土地、投资、人员出入境等许多方面，其主要内容是：

1. 国家对海南经济特区实行更加灵活开放的经济政策，授予海南省人民政府更大的自主权。

2. 海南省的经济建设，应积极引进外资，尤其要加大吸收港澳资金，并积极发展与内地横向经济联合，国家鼓励境内外的企业、其他经济组织或者个人投资开发海南，兴办各项经济和社会事业，对前来海南投资的外商提供更多的优惠政策和出入境方便。

3. 海南从建省开始，就要按照政治体制改革的要求，坚持党政分开、政企分开，精简机构、多搞经济实体。政府机构的设置，要突破其他省、自治区现在的机构模式。注重精干、高效、实现“小政府、大社会”。

4．海南省的改革可以有更大的灵活性，要在国家宏观计划指导下，建立有利于商品经济发展，主要是市场调节的新体制框架。

5. 海南岛国家所有的土地实行有偿使用，海南省人民政策可依法将国家所有的土地的使用权有偿出让给投资者，土地使用权一次签约的期限根据不同行业和项目的具体情况确定，最长期限为70年，期满后需要继续使用的，经批准期限可以延长。

6．在海南岛举办的企业（国家银行和保险公司除外），从事生产、经营所得和其他所得，均按百分之十五的税率征收企业所得税，另按应纳税额附征百分之十的地方所得税。

7. 根据经济发展的需要，经中国人民银行批准，可以在海南岛设立外资银行、中外合资银行或者其他金融机构。

8. 支持海南发展旅游事业，授予海南省旅游外联权和签证通知权。海南可以采取中外合资等多种形式开发旅游资源。

1992年3月，经国务院批准，又在海南经济特区内建设洋浦经济开发区（面积30平方公里）和海口保税区（面积1.93平方公里）。

洋浦经济开发区的主要政策是：

1.向投资开发的外商一次性出让洋浦地区土地使用权（使用期70年）。土地开发可由一家外商单独投资或多家外商联合投资，也可以中外合资，并依法成立从事土地开发经营的开发企业。洋浦经济开发区的建设，应从技术先进工业为主导，大力发展第三产业，建立外向型工业区。

2.洋浦经济开发区的建设项目审批权限，按国务院批转《关于海南岛进一步对外开放加速经济开发建设的座谈会经要》的有关规定执行。开发区内外商投资项目，凡资金、能源、原材料和产品销售市场都不依靠国内的，由海南省政府审批，其中限额以上项目的项目建议书，应先征得国家计委同意后再审批。区内按规划建设的基础设施项目可以由省政府组织审批。

3.对洋浦经济开发区实行封闭式的隔离管理。经济开发区的进出口的管理，以及进出口关税和代征产品税或增值税的征免管理，除区内进口供应市场的消费类物资外，实行保税区的政策。开发区的其它各项税收政策，按国家规定的海南经济特区的各项税收政策执行。属于中央管理的税收，其减免税政策的调整，报经财政部和国家税务局批准；属于地方管理的税收，是否减免，由海南省政府根据不同产业的实际情况决定。

4.在开发区内建立行政管理机构，行使统一的行政管理和监督职能。

洋浦经济开发区是海南经济特区中的特区，目的是让它的经济提前崛起，然后幅射全岛，牵动全岛的经济发展。海口保税区，在保税区，许多进口货物和出口产品可以免税，希望通过保税区的运作，进一步发展海南经济特区的外向型经济，引进资金和先进技术，发展出口工业，积极扩大对外贸易服务，拓展转口贸易、过境贸易和加工出口服务。

七届全国人大还授予海南省地方特别立法权，1993年2月，省委常委会议指出“海南真正的优势不是在于现时拥有比别的省区灵活的政策措施，更重要的是在于拥有全国人大授予的地方立法权”。

为实现建立适应特区社会主义市场经济的地方法规体系这一目标，海南省利用地方立法权建立了一个适应特区社会主义市场经济的地方法规体系。省政府于1994年11月制定印发了《海南经济特区社会主义市场经济法规体系框架》，设定项目总数为373个，共分十类。根据轻重缓急，各种法规先后陆续出台（据统计，1988年建省至1997年12月共出台了96个），其中有一部分在建立社会主义市场经济过程中的作用比较显著，得到社会的普遍关注，例如：《海南经济特区企业法人登记管理办法》、《海南经济特区企业法人登记管理条例》、《海南经济特区口岸管理条例》、《海南经济特区机动车辆燃油附加费征收管理办法》、《海南经济特区企业国有资产条例》、《海南经济特区产权交易市场管理办法》、《海南经济特区有限责任公司条例》、《海南经济特区股份有限公司条例》、《海南省行政事业性收费收支管理办法》、《海南省旅游管理条例》等等。

海南的改革在全方位进行，行政管理制度、劳动人事制度、分配制度、税收制度、社会保障制度、住房制度等都在加速改革，所采用的办法也都有值得一提之处，例如税收要按照“公平、轻税、简便”的原则，建立起统一的不区别所有制的税收制度；人事方面的

“引入竞争机制”；金融方面的“开发和启用可跨行使用的统一标准的金融IC卡”；社会保障方面的“强制实施养老、失业、工伤等社会保险”；信息方面的“建立全省统一的公共信息网”；分配方面的“注重效率、兼顾公平”等等。

时代在前进，改革在深化，新的问题不断出现，新的政策、法规也在不断创立，不断出台，海南省会充分利用中央给予海南经济特区更加灵活开放的经济政策，使海南经济特区继续保持生机和活力。使海南经济特区继续保持繁荣和稳定。（海南省统计局 詹尊东）

第五章 社会发展与文化建设

一、教育事业

解放前，海南岛的教育基础极为薄弱。解放后，为了提高海南人民的科学和文化水平，从城市到农村陆续发展了不同层次的教育事业。经过50年的努力，海南省教育事业初步形成了一个多形式、多层次、多渠道、多学科、专业门类比较齐全的教育体系。坚持贯彻“科教兴琼”战略，切实把教育放在优先发展的战略地位，通过改革教育体制和调整教育结构，调动了各方面办学的积极性，贯彻《中国教育改革和发展纲要》，扎扎实实地实施九年义务教育和扫除青壮年文盲等工作，为海南的经济建设培养了一大批各类专业人才，适应了社会主义市场经济和海南建省办大特区的需要，促进了海南的社会主义精神文明和物质文明建设。

（一）贯彻实施《教育法》，逐步落实九年义务教育

过去的几十年，海南在教育事业方面，逐步形成依法治教的法制观念。进入九十年代以来，海南省把教育摆在优先发展的战略地位，在全社会进行广泛宣传、学习《教育法》，全面推进依法治教。通过广泛开展《教育法》的宣传活动，在全社会宣传依法治教的观念，使《教育法》深入人心。先后出台了《关于贯彻实施<中华人民共和国教育法>的意见》等文件，促进了海南省依法治教工作。全省已初步形成了从幼儿园教育到高等教育，从学校教育到社会教育的新格局。

海南省始终把普及九年义务教育作为教育工作的重点，几十年来，经过各级党委、政府及有关部门的共同努力，到1996年已基本完成了普及九年义务教育第一阶段规划目标。1998年是海南省普及九年义务教育任务较为繁重的一年。海南省根据实施普及九年义务教育过程中的实际情况，及时调整普及九年义务教育规划，强调普及九年义务教育是各级政府应尽的职责，并组织有关部门加强对乡镇进行指导、督促、检查。深入乡镇、学校对普及九年义务教育的各项指标进行逐项摸底调查和指导，分析研究所存在的主要问题，提出意见和建议，到目前为止，普及九年义务教育第二阶段规划目标已完成过半。

(二)国民接受教育程度逐年增强，教育质量逐步提高

海南省教育事业经过几十年的稳步发展，国民接受教育程度逐年增强，教育质量逐步提高。1998年海南省普通中小学在校生人数为145.72万人，比1950年增加128.16万人，增

长72.9倍，平均每年以4.32 %的速度增长；1998年每万人口拥有中学生511.8人，小学生1422.6 人，而1950年每万人口拥有中学生、小学生仅为46.9人和630.2人；1998年小学学龄儿童入学率为99.13%，初中学龄人口入学率达88.2%。全省普通中、小学女性人口比例有所增加，1998年为45.3%，学龄女性人口接受教育机会增加。适龄儿童入学人数及小学毕业顺利进入中学接受教育的人数稳步增长，普及义务教育取得了较大的进展。同时，中小学辍学率明显下降，1998年全省小学学生辍学率为1.93%，初中学生辍学率为4.83%。中小学教育质量已明显提高，1998年全省小学毕业生升学率为83.5%，普通初中毕业生升学率为39.38%，教学质量稳步提高。

(三)调整高等教育结构，提高教育质量

过去，海南教学结构较为单一。党的十一届三中全会后，海南教育事业在深化改革中出现了多种办学形式，适应了社会各方面对人才的需要。1998年，海南省有普通高等学校5所，比1950年增加3所。高等学校教职工3456人，其中教师为1362人。本校部专职教师在教职工中的比重已经增加到1998年的49.5%。1998年在校学生13532人；毕业生3504人，比1950年增长60.8 倍。平均每万人口拥有在校大学生18人，教学规模不断扩大。

积极推动高等教育各项改革，合理配置资源，优化学校布局和专业结构，开展多种形式的合作办学。高等教育经过调整，布局结构更趋合理，普通高等学校现设有本科专业32个，专科专业61个，初步形成了包括理、工、农、医、师、文、财、法、艺等多学科多门类的高等教育体系。根据海南经济和社会发展需要，充分利用教育资源，对学校布局进行了调整。如将通什师专与教师进修学校合并建立琼州大学，将海南师范学院与海南教育学院合并；全省高等院校立足于为地方培养实用人才和高级专门人才，注重重点学科、重点课程、重点实验室建设。在高等院校进行结构调整的同时，着重考虑高新技术产业化需要，以海南大学为依托，创建了“两院一园”（海大信息技术学院、信息技术研究院、信息技术产业园），以华南热带农业大为依托，与农业部共建“热带农业高科技产业示范区”，使高等院校的科研成果逐步走向社会。

过去，计算机基础教学和大学英语教学是高校教学中的两个较薄弱环节。为了克服这些薄弱环节，各高等院校相应成立了计算机基础教学和大学英语教学工作委员会，以提高教学质量为中心，积极开展高校计算机基础教学工作和普通高校大学英语教学工作，经过多年的努力，计算机基础教学和普通高校大学英语教学工作取得了较好的成绩，教育质量不断提高。

研究生教育取得突破性进展。研究生课程进修班队伍不断壮大，在职人员以同等学力申请硕士学位空前踊跃，企业管理人员在职攻读工商管理硕士(MBA)学位入学考试工作也

已顺利完成。尤其值得一提的是，经国务院学位委员会批准，海南大学获得诉讼法学硕士学位授予权，从而实现了省直属高校硕士点零的突破。另外，华南热带农业大学硕士点也由原来的6个增加到7个，研究生教育又向前迈进了一步。

(四)普通中等专业学校教育逐步发展

50年来，海南省普通中等专业学校从小到大，逐步发展包括工、农、师等较为完整的中等专业教育。近年来，根据海南社会经济发展对人材多样化的需求，积极调整中等教育结构，大力发展专业技术教育。1998年全省中等专业学校33所，比1950年增加20所，教职工3407人，其中教师1729人，在校学生为26757 人，分别比1950年增长8.4倍、6.9倍和12.6倍；1998年毕业生为3504人，当年招生10398人。海南在发展普通中等专业教育的同时，不断深化普通中专教育各项改革，提出了对普通中专学校布局结构进行调整的方案。海南省推行新的普通中专学校招生方法，在1998年秋季普通中等专业学校全面实行并轨招生。在全省普通中等专业学校内进行管理体制改革，实行普通中等专业学校校长负责制、教职工全员聘任制、岗位责任制、结构工资待遇制以及后勤服务社会化等；组织编写中专学校微机教材，举办中专、职中微机教学任课教师的培训。研究制订了“海南省普通中专对口扶持职业中学实施方案”，初步确定了14对扶持对子。

(五)职业教育和成人教育稳步发展

海南省全面贯彻落实《职业教育法》和《海南省<职业教育法>实施办法》，稳步实施《海南省职业教育发展“九五”计划和2010年远景规划》，建立示范性职业学校。1998年，海南省职业高中27所，在校学生7558人，职业高中在校学生占普通高中在校学生的17.03%；在教学中，注重理论联系实际，积极推动海口旅游职校与各大企业宾馆联合办学，由企业宾馆提供实习基地，海口旅职校面向企业宾馆培养职业技术人才，大大增强了旅游职业学校的办学活力。

海南省技工教育从无到有，办学规模逐步扩大。到1998年全省技工学校已达14所，教职工人数为712人，其中教师人数为367人，学校办学规模逐年扩大，特别是海南建省后。技工学校有了快较的发展，已成为我省培养实用型人才的主要渠道。

海南省积极鼓励发展民办职业教育，制定了《海南省社会力量办学以学历教育为主要培养目标的中等职校审批意见》，加强管理，引导民办职业学校朝着健康的方向发展。

海南省十分重视扫除青壮年文盲工作，把扫除青壮年文盲工作做为提高全民文化素质的重要环节来抓，经过多年的努力，扫除青壮年文盲工作已基本实现国家规定目标，1998年 6月上旬通过了国家教育部扫盲工作检查组的抽查评估。加强农村成人文化教育阵地建设，在巩固提高扫盲成果的同时，切实加强了对农民文化技术学校的建设、下发了《建设乡

(镇)、村示范性农民文化技术学校的通知》,要求每个市县认真落实，并重点建设好3个乡(镇)、9个村委会的示范性农民文化技术学校。目前，全省已办起57个乡(镇)及173个村级示范性农民文化技术学校，对巩固全省扫盲成果，开展大规模的农民科技文化教育，打下了良好的基础。

积极开展成人高等职业教育试点工作，积极引导成人高校结合省情和校情，申报成人高等职业教育专业，目前全省已试点开设应用型成人高职专业8个。

(六)采用多渠道筹措教育经费的格局基本形成

过去几十年，教育经费均是单一由国家财政从财政部门下拨，随着改革开放的不断深入，教育经费的筹措也形成了多元化。从财政部门资料看，1998年海南省地方财政用于教育部门事业费为77429万元 。解放后，国家财政教育事业费支出累计达601886万元；虽然近年来，由于财力所限，用于教育的财政支出占全省地方财政支出的比重有所下降，但自省政府颁布《海南省义务教育经费筹措使用管理办法》、《关于加强农村教育事业费附加征收管理的决定》后，全省各级政府结合本地情况，先后出台了相应的办法或规定，还有少数乡镇制定了教育集资的乡规民约，以法规的形式拓宽了教育经费的来源。就近几年，社会捐资办学、企业办学不断增加，多渠道筹措教育经费的格局基本形成。从省教育厅教委口径教育经费统计资料看，1998年我省教育经费来源中：国家财政性教育经费为119460万元，占地方财政支出的21%，社会捐、集资办学经费为1287万元，学生个人交的学杂费为2922万元。这些筹措经费的形式和办法在一定程度上缓解了教育经费不足的矛盾，改善了各级各类学校的办学条件，保证了教育事业的进一步发展。

(七)努力加大教育投入，不断改善办学条件，促进教学现代化

1998年海南省继续坚持以政府投入为主、多渠道筹措教育经费的教育投入政策，在我省各级财政十分紧张的情况下，海南省各级政府的教育拨款实现《教育法》规定的“三个增长”，即“①各级政府教育财政拨款的增长要高于同级财政经常性的增长”；“②在校学生人均教育经费逐步增长”；“③教师工资和学生人均公用经费逐步增长”，保证了政府教育投入的主渠道作用。

重点加强了教育费附加尤其是农村教育事业费附加的征收工作，把征收农村教育事业费附加作为增加农村义务教育投入、解决“普九”经费短缺的主要渠道。海南省政府召开了全省农村教育事业费附加征收管理工作会议，贯彻落实《海南省人民政府关于加强农村教育事业费附加征收管理的决定》，在全省开展征收工作。据初步统计，1998年全省共征收农村教育事业费附加5000多万元，比去年增加3000余万元。

为了解决贫困地区义务教育工作，海南省实施了“国家贫困地区义务教育工程”。该

工程总投资8499万元，新建、改建、扩建校舍13.98万平方米，购置教仪设备291.8万元、图书39万册、课桌凳34225套；认真抓好世行贷款第四个贫困地区基础教育项目的执行工作。目前，全省已有42所项目学校土建工程竣工，面积2.32万平方米，在建工程学校36所，面积1.96万平方米；抓好第十一批邵逸夫捐款项目学校各项目的执行和竣工检查以及第十二批捐款项目的各项准备工作。以上项目的实施，极大地促进了我省贫困地区普及九年义务教育的进程，改善了办学条件，提高了办学水平和效益。

海南省积极开展勤工俭学，大力发展校园经济，增强学校造血功能。制定并落实《海南省1997－2000年勤工俭学发展规划》，逐步建立高校校办产业管理体系，使全省勤工俭学工作取得持续、稳定的发展。1998年全省开展勤工俭学活动的中初等学校有4670所，占全省中初等学校总数的95.5%；按照教学大纲要求安排劳动课，对学生进行劳动教育和生产技能教育的学校有4200所，占中小学校总数的85%；接纳学生参加劳动的基地有4596个，参加劳动的学生人数达112万人次。全省全年勤工俭学总产值及营业额达1.45亿元，总收益6000万元，分别比去年增长了7.6%和11.6%；全省勤工俭学创收用以补助教育的经费达4350万元，占总收益的72%，比上年增加595万元，增长15.84%。

实验教学和电化教育工作取得显著成效。多渠道筹措教学仪器设备和实验设施资金创历史新高，中小学达3000万元，增长15.4%，高校、中师达1920万元，增长近50%。加大普及实验室教学与普及九年义务教育同步推进、同步验收力度，定安、乐东等8个市县和38个乡镇普及实验室教学达标。全省中、小学实验教学开设率分别达到85%和73%，均超过全国平均值。各级各类学校实践基地、实验室以及现代教育技术环境建设取得空前发展，高校基础学科实验室合格率为95%，中师的实践场地和教育技术系统室建设全部达到国家标准化、规范化、科学化要求，全省中小学新建实验教学校舍3.5万平方米，增长62.7%。目前，全省已有7所中小学被教育部确定为国家级现代教育技术实验学校，有23所省级电教示范学校的电教使用率达到80%，已有326所学校开展了计算机教学。电教教材建设有新发展，编制、收集、发行的多媒体教材分别为323部（套）、3003课时、4780小时。深入开展电教科研活动，承担中央电教研究课题8个，有效地促进了现代教育技术理论与实践的结合。举办各种业务技术培训，提高了实验教学技术人员素质。

(八)加强教师队伍建设，不断提高教师待遇

为了加强教师队伍的建设，提高教师素质，省教育部门采取了强有力措施，在投入上向师范院校适度倾斜，加强了师范教育，提高师范院校的培养能力，扩大培养规模，在招生中采取措施优化高等师范生生源结构，中等师范学校标准化建设水平有了较大程度的提高，强化学校管理，使管理水平、校容校貌、教学质量都上了新台阶。不断健全师资培训

体系，狠抓在职教师的培训提高工作，特别是加大了高校学科、学术带头人与中青年骨干教师和中小学特级教师、高级教师、优秀青年教师的培养力度。1998年普通中小学教职工人数为85963人，比1950年增加79449人，增长12.2倍,其中专任教师人数为71838人，比1950年增加66049人，增长11.4倍；1998年普通高中和初中的专任教师达到国家学历标准的为59.01%和83.69%；小学专任教师合格率96.79%；1998年普通中学专任教师获得高级教师职称的有1352人，分别占教师的6.15%；一级、二级、三级教师分别为5341、8436、2277人，占教师总数的24.31%、38.39%和10.36 %。在抓好教师培训工作的同时，在教职工中广泛开展社会主义精神文明建设，弘扬爱岗敬业、无私奉献的精神。各级党委、政府和教育部门，始终把提高教师待遇作为稳定教师队伍、提高教育质量的一项重要工作来抓，在我省财政较为困难的情况下，加强对教师工资按时足额发放的督查力度，不断提高教师的工资水平；努力搞好教职工的住房建设。省政府颁发了《关于加快教职工住房建设的决定》，极大地促进了教职工住房建设的步伐。据初步统计，1998年我省高校教职工住房竣工面积达9000多平方米，投入850万元；新建中小学教职工住房近15万平方米，投入8888万元。全省城镇中小学教职工家庭人均居住面积已达10.4平方米，成套率为62%，高校教职工家庭人均居住面积已达13.5平方米,成套率79.5%;为了解决合格民办教师转正问题，省政府还批准了省教育厅等四个单位《关于选招公办教师的请示》，从1996年起每年安排2000名民办教师转为公办教师指标，力争在2000年底前全部解决合格民办教师转正问题，确实解决了广大民办教师的后顾之忧。

海南省委、省政府十分重视如期发放教师工资工作，督促各市县建立保障教师工资按时发放机制，促进拖欠教师工资问题的解决。多次组织有关部门对全省教师工资发放情况进行检查，进一步提出解决拖欠教师工资问题的意见，加大督查力度，取得明显效果。全省基本上消除新的拖欠教师工资现象，有些市县对过去拖欠的教师工资也作出了兑现的计划。与此同时，以陵水为试点，积极推行教师队伍管理体制改革，加强对教师队伍的管理。（海南省统计局 蔡展能）

二、科技事业

科学技术是第一生产力，是经济和社会发展的首要推动力量，是国家强盛的决定性因素。新中国成立初期，海南的生产力水平很低，科学技术事业落后，1952年，整个海南岛只有农业试验站一个科研机构，工业和医疗卫生的科研处于空白状态。农业生产处于刀耕火种、粗放经营的状态，工业生产几乎都是依靠手工操作，缺乏机械化的技术设备，没有形成深度加工和精细加工的能力，整个科学技术水平比先进地区落后30年左右。

海南科学技术事业，可以说是解放后才逐步发展起来的，从50年代开始，为了推广先进的农业技术，各县着手培训农业技术员，并陆继办起农业种子站和农科所。为了开发以橡胶为主的热带作物资源，农垦系统建立了橡胶育种站，1958年华南亚热带科学研究所从广州迁往海南，对海南科技事业和热作事业的发展起了重大的促进作用。在医疗卫生方面，为了防治疟疾，1953年，中国医学科学院成立了海南疟疾研究所，推进了海南山区的防治疟疾工作，此后，工农医等各种门类的科研机构相继成立。

十一届三中全会以来，特别是海南建省办特区以来，海南省的科技事业在稳步发展中取得了一系列辉煌的成就。省委、省政府领导认真贯彻《中共中央、国务院关于加速科学技术进步的决定》，并提出了推进科技进步的对策，主要是：1.外引内联，引进先进技术和适用技术，并加以消化、吸收、创新。2.重视技术改造。3.积极实施星火计划，推广培育良种，提高农耕技术。4.建立与完善技术市场。5.组织力量进行联合攻关。6.积极发展科研队伍。7.在海口、三亚各建一个科学园，采取优惠措施吸引国内外科研机构和科学家来琼工作。8.注意发展软科学技术，为海南开发提供科学论证依据。1989年围绕海南经济发展中要解决的技术问题，编制了海南省“八五”科技发展规划、“八五”星火计划，“八五”火炬计划。1991年5月，海南省人民代表会议第五次会议通过了“科技兴琼”的方针，并在《海南省国民经济和社会发展“八五”计划和十年规划》中明确提出“把科技兴琼放在发展战略首位”。同时，海南省紧密结合经济社会发展的重点问题，组织实施科教兴琼战略和可持续发展战略，通过制定科技发展战略，加强科技立法，深化科技体制改革，建立科技市场，大力推广应用先进适用技术，发展高新技术及其产业，加强科技攻关和基础研究，加强与外界科技合作和交流，使科学技术取得了较大的发展，科研机构日益增多，科技队伍不断壮大，在实施火炬计划、星火计划、基础研究、技术攻关、成果推广和新产品试制等方面取得了一定的成绩，初步形成了以热带农林牧渔业为主体，具有海南地方特色的科技研究和推广应用体系。

（一）不断深化改革，建立具有海南特色的科技管理体制

建省初期，海南省科技管理工作抓了三个转变，从以投资支持为主转变到以政策支持为主，从指令性计划为主转变到以指导性计划为主，从以行政方法为主转变到以经济方法为主。此后，主要作了九个方面的工作：1.培育和发展“经科教”结合机制，逐步把经济建设真正转移到依靠科技进步和提高劳动者素质的轨道上来。经科教结合，即是“开教育之渠，引科技之水，灌经济之田”。2.调整科技开发和应用研究机构的设置、方向、任

务，促进科技与经济的紧密结合。3.完善“五自”机制，推动民办科技开发企业发展。五自机制即自筹资金、自主经营、自由组合、自负盈亏、自我约束的运行机制。4.强化利益分享风险共担机制，推动科技开发企业的发展。5.培育和发展技术市场，促进科技和人才向经济建设领域转移。6.在农村试行股份制，促进农村商品经济的发展。7.完善科技支撑体系，实现组织网络化，功能社会化，服务产业化，促进科技、社会、经济协调发展。8.提高企业自身技术开发的能力和主观能动性，建立起新型的企业科技进步机制。9.深化科技管理体制改革，抓好科委职能转变，使科委的工作重点向宏观或中观调控转移。

为配合科技体制改革，海南省自1988年起修改、制定了《海南省人民政府并于鼓励投资发展海南科技事业若干问题的规定》、《海南省科学技术发展基金管理办法》、《海南省科技进步奖励范围和评审标准的规定》、《海南省人民政府关于放活科学技术人员的若干规定》、《海南省人民政府关于依靠科技进步振兴农业的决定》、《海南省技术市场管理办法》、《海南省科学技术项目招标投标管理办法》，《海南省技术市场管理办法》、《海南省科学技术进出口管理办法》、《海南省高新技术开发试验区若干问题的规定》、《中共海南省委海南省人民政府关于科技兴琼的决定》、《海南省人民政府关于海南民办科技开发企业管理办法》、《海南省人民政府关于外商投资发展海南科技事业若干政策规定》、《海南省人民政府关于海南国际科技工业园管理的若干规定》、《海南省委、省人民政府关于贯彻实施〈中共中央、国务院关于加速科学技术进步的决定〉》等多个有利于海南科技发展的法令和规章，有利地促进了海南科技体制的改革。同时，针对海南省科研院所存在的研究开发能力不足、自我发展能力较差、运行机制难以适应市场等问题，在1997年年初召开的海南省科技工作会议上，总结了建省以来我省科技体制改革的主要成效和存在问题，提出了进一步深化改革的主要任务和重要措施，主要有：（1）鼓励科研院所从社会上争取课题或承接企业委托的技术开发任务，创办经济实体，建立科研中试基地，兴办科技产业，从事技术服务等多种经营活动。（2）根据海南省经济和社会发展的需要，调整今后的科研方向和任务，重新设置内部科研机构的管理体制，集中主要科研力量研究解决海南省经济和社会发展中面临的关键技术问题。同时，把富余人员安排到经济实体中从事多种 经营活动，提高经济创收能力。（3）深化内部管理制度的改革，引入竞争激励机制，充分调动广大科技人员的积极性。（4）鼓励和支持大型企业通过建立健全自己的技术开发机构，增加企业的技术创新能力，使企业成为技术创新的主体。（5）鼓励和支持发展多种形式的民营科技研究开发机构，民营科技研究开发机构在申请贷款、申报项目、评定科技成果和专业技术职务、参与国际合作等方面，与国有企业享有同等待遇。通过这次科技体制改革，海南省的大部分科研院所转变了思想观念，意识到只有改革，才有出路，并由被动改革转向了主动改革，增加了科研院所的研究开发能力和自我发展能力，从单纯科研型转变为科研生产经营型。并促进了民营科研机构的发展，使其成为海南研究开发的一支生力军。如海南华康生物制品研究所是由海南康大药业公司投资创办的民营科技研究开发机构，该所拥有总值600多万元的先进仪器设备，有各类研究人员36人，其中高级以上技术职务7人，研究开发的《重级人粒细胞、巨噬细胞集落刺激因子》被卫生部评为一类新药，荣获海南科技进步一等奖。

（二）科研机构和专业技术人员

海南建省以后，科研机构、人员不断增多，人员素质逐步增强。1998年，海南省企业、事业单位共有专业技术人员120344人，科研机构124家，其中科学研究与技术开发机构82个，科技情报与文献机构6个，全日制普通高校办的科研机构有20个，大中型工业企业办的科研机构有13个，在这些科研机构中，有6810人从事科技活动，其中科学家与工程师3901人。随着不断的改革开放，民营科研院所和民营科技企业也得到了进一步的加强，1998年，海南省共有358家民营科研院所和民营科技企业，注册资金21.8亿元，专业技术人员1.2万人，其中中高级职称5386人，研究开发投入1.2亿元，取得科研成果210项。

（三）大力推广应用先进适用技术，发展高新技术及其产业，抓好科技攻关和基础研究。

海南建省以来，通过实施星火计划、攻关计划、科技成果推广计划、丰收计划、燎原计划等，共组织推广农业先进适用技术500多项，通过推广应用这些新技术、新成果，使海南的农业生产发生了巨大的变化。通过推广杂交水稻新品种、水稻旱育稀植技术和抛秧技术等，推动了全省各市县、乡镇广泛建立各种形式的水稻高产示范田、示范点，激发了当地农民学科学、用科学的热情，提高了传统农业的生产水平，促进了海南省农业结构的合理调整，逐步形成了一批新兴产业，如水产养殖业、冬季瓜菜、热带香料（香草兰）、热带花卉、热带水果等，并促进了海南省农业生产基地化、规模化经营的形成，如昌江的芒果生产基地、澄迈的香蕉生产基地、万宁的海水养殖基地等等，目前这些基地已成为当地经济的主要支柱，在发展地方经济中发挥着重要的作用。

海南由于历史原因，工业基础差、底子薄，为了加快经济发展，海南省始终坚持“高起点、高目标和一步到位”的原则，通过大力引进应用高新技术，推动技术创新，发展高新技术产业和新兴工业，目前海南省的高新技术产业已初具规模，并显示出良好的发展前景。如通过利用先进的生物技术，开发了国家新药“红宝”、“果糖二磷酸纳”、“海脉冲”和食品“椰果粗纤维”等30多个产品：在新材料方面，海南先后开发了“天然橡胶工业新产品”，“超细氧化锆粉末”等多个新产品；在微电子方面，开发出了“模糊控制器”、“智能电表”等；在能源与环保领域，海南不仅利用丰富的太阳能资源和风力资源发电，建立了风力发电厂，还利用海南丰富的天然气为原料建起了具有国际先进水平的南山电厂、富岛天然气化肥厂，所生产的大颗粒尿素产品填补了国内空白；信息产业是最近几年发展比较快的产业，已初步形成了由通讯基础设施、交互式信息共享平台、社会经济发展各专业应用系统、信息产业经营和政府信息服务系统等构成的信息产业总体框架，成为海南经济建设的重要产业之一。

在大量引进推广高新技术、先进适用技术的同时，海南省结合实际，按照“有所为、有所不为”的原则，抓好科技攻关和基础研究，取得了一批新成果。在科技攻关方面，1995年在吸收了消化国外先进技术的基础上，通过自主创新，开发具有当今世界先进技术，疗效显著的治癌新药“紫杉醇注射液”，填补了国内空白；针对中国子午线轮胎橡胶历来依赖进口的状况，充分利用海南盛产橡胶的有利条件，引进国外先进技术，经过吸收、组合、创新，开发出了子午线轮胎专用橡胶，各项技术指标均达到国际先进水平，从而结束了我国子午线轮胎用胶受制于人的历史，为国家节省了大量的外汇。在基础研究方面，海南省科技厅完成了“橡胶、热作种质资源鉴定评价的研制”，对橡胶树的野生种质和木薯、腰果、咖啡、胡椒、油梨、芒果、椰子等7种热带作物的3056个新种质进行了鉴定评价，并选取出了218个优异新种质，为橡胶、热作选育种和生物技术研究应用提供了极其宝贵的种质资源库。

星火计划和火炬计划

星火计划是我国第一个依靠科技振兴农村经济的指导性科技开发计划，它的使命是把先进适用的科学技术及时地向农村推广，指导亿万农民依靠科技发展农业，引导乡镇企业的科技进步，提高劳动生产率，促进农村经济的发展。建省以来，海南省坚持星火计划宗旨，共实施了星火计划 272项，其中国家级 69项，省级74 项，市县级129 项，累计投入资金19240万元。开展了以传统产业的改造提高、农副产品加工增值、新的资源开发和提高劳动者科技水平为主要内容的工作，使星火计划在海南省的科技和经济中发挥了巨大的作用，取得了良好的成效。通过这些项目的实施，推广应用了一大批科技成果，据不完全统计，实施星火项目以来，已推广应用了110多项科技成果，如大珠母贝育苗，插核育珠、橡胶速生丰产栽培综合技术等。星火计划已成为海南推广应用农业科技成果的重要措施和载体，并有效地提高了农副产品的附加值，引进和开发了一大批有可能形成新产业的项目，提高了广大农民群众的科技意识，普及农村实用科技知识，直接吸收了十几万人就业，为解决农村剩余劳动力的就业提供了门路；通过星火计划的实施，增强了海南省市县科技工作的活力，并拓宽了科技投资渠道，增加了科技投入。

火炬计划是一项发展中国高新技术产业的指导性计划，于1988年8月经国务院批准，由国家科委组织实施，火炬计划的宗旨是：实施“科教兴国”战略，贯彻执行改革开放的方针政策，发挥我国科技力量的优势和潜力，以市场为导向，促进高新技术成果商品化，高新技术商品产业化和高新技术商品国际化。在国家科委的指导和省委、省政府的领导下，海南省的火炬计划实施取得了显著成绩，建省以来至1999年3月，全省共组织实施124项火炬项目，其中国家级项目67项，重点国家级火炬计划1项，省级项目57项，计划投资447，632万元。截止1998年底，海南省火炬计划跟踪管理的33个项目累计投入资金75，833万元，有27个项目累计创产值87，454万元，产品销售收入74，386万元，利税15，715万元。火炬计划的实施全面带动了海南高新技术产业的发展。

（四）积极开展科技招商活动，发展专利和技术市场。

为了深入贯彻落实党的十五大精神，加快实施科教兴琼战略，海南省政府于1999年1月11日至15日在海口市举办了海南省第一次大规模的科技招商周活动，此次活动旨在通过科技招商，帮助企业找成果、帮助成果找资金，为资金找项目，从而推动科研院所与企业的结合，促进科技成果的转换，加速科技经济一体化，提高海南经济的整体素质，迎接知识经济的挑战。这次活动取得了显著的成效，获得了圆满成功，共有中央和全国26个省、自治区、直辖市、计划单列城市及6个国家和地区的代表1000多人前来参加，192个参展单位，3000项参展项目，据不完全统计，在此次活动的科技成果展示洽谈会上，有184个技术项目签订了转让合同或协议，项目总投资42.3亿元，签约金额31.6亿元。此外，还有一大批项目达成了合作或转让意向。

技术市场和专利

1998年，海南省共签订技术合同382 项，成交额4153260万元人民币，其中技术开发合同51项，技术转让合同27项，技术咨询合同22项，技术服务合同282项，合同金额分别为17236万元、17701万元、18万元和657760万。

1998年，海南全年申请专利达468项，发明、实用新型、外观设计分别比上年增长117%、20%、10%，涉及的行业主要有具有热带特色的食品饮料加工业，轻工电子机械、化工生活用品、农牧渔业的生产方法等。获得授权的有239项。

（五）积极开展国际科技合作与交流

结合海南经济社会发展的需要，近年来，海南省主要是加强与东南亚国家和地区的合作，并逐步向欧美、拉美和非洲国家发展。

在与东南亚周边国家的科技合作方面，海南逐步从单项、短期项目的合作方式向综合性、长期性的合作项目发展，由单项技术交流向经济技术一体化迈进，取得了明显的成效。在与欧美、非洲、拉美国家的科技合作方面，也取得了可喜的进展，如与美国有关方面就芦荟种植、加工、销售等方面达成了协议等，为推动海南的扩大对外开放，促进科技进步和产业升级做出了贡献。

（六）科技成果

科技成果与科技进步有着密不可分的关系。海南作为一个边远地区，原来的科技水平和经济基础比较差。1988年建省以后，根据1984年颁布的《中华人民共和国科学技术进步奖励条例》、1998年颁布的《国家科技成果推广项目奖励暂行规定》，海南省制定了《海南省科学技术进步奖励办法》、《海南省科学技术厅关于省级科技进步奖和星火奖奖金发放的若干规定》、《关于提高海南省科技进步奖和星火奖奖金额度的说明》、《海南省进步奖科技著作评审工作暂行规定》、《海南省科技成果推广类奖励暂行办法》，使科技工作取得了很大的发展。至1998年底，已取得了各类科技成果一千多项，其中16项获国家科技进步奖，7项获国家星火奖，获取海南省科技进步奖和海南星火奖的有455项，共有563个单位和1764名科研人员获海南省科技进步奖，41个单位和110名科研人员获海南省星火奖，这些获奖项目覆盖了农业、工业、交通、高新技术、资源开发、环境保护等经济和社会发展的各个领域，代表了海南省科学技术发展的最新成就，显示出海南省相关领域科技发展水平，在国内和省内都产生了较大的影响。其中“天然椰子汁饮料的研制及技术开发”属原海口罐头厂（现海口椰树集团）的自选科研项目，这项发明已获中国专利局和英国、菲律宾等国家专利机构授予的专利权，以此成果生产的“椰树牌”天然椰子汁畅销全国，并出口美国、加拿大、日本等多个国家和地区，取得了显著的社会和经济效益，“椰树牌”天然椰子汁、矿泉水还是国宴指定饮料。

建国50年来，特别是建省以来，海南的科技事业取得了一系列可喜的成就，经济建设转向了依靠科技进步的轨道上来，以第一生产力推动海南的经济建设和社会各项事业以崭新的面貌迈向21世纪。

（海南省统计局 罗玲）

三、文化与艺术

（一）学术研究

建国50年来，海南的文化事业有其辉煌的一页。在日益蓬勃发展的海南文化事业的带动下，学术研究也日趋活跃。

1951年海南行署文教处发起成立海南戏曲研究会，开始了海南戏曲的研究工作，特别是在抢救挖掘和研究琼剧传统艺术方面取得了显著的成绩。至1965年止，挖掘琼剧传统剧目1000多个，曲牌、锣鼓谱200多首，人物脸谱100多种，表演程式140多套，特技30多套。海南人民广播电台播发《琼剧唱腔介绍》文章，先后编印了《琼剧简史》、《琼剧过场音乐》、《琼剧唢呐曲牌》、《琼剧板腔介绍》等出版物(油印本)。“文化大革命”期间，艺术研究工作中断。1978年后，海南行政区文化局组织戏曲工作者深入调查研究，于1980年写成《琼剧唱腔音乐研究》一书(约10多万字)，写成有关戏曲研究文章30多篇，分别发表于广东省和地方的报刊上。1987年12月海南行政区文化局举办海南区1985年至1987年戏剧评论作品评选，从50篇戏剧学术论文中评选出一等奖论文3篇，二、三等奖11篇。编印《琼剧综合锣鼓》、《琼剧音韵·唱腔汇编》等书，海南日报“戏剧随笔”专栏发表琼剧研究文章30多篇。

1952年，海南黎族苗族自治区(1955年改为自治州)成立后，文化主管部门重视少数民族文化艺术的挖掘和研究工作，挖掘出一大批黎、苗族的舞蹈、民歌、民间故事、黎族织锦等，撰写了大量的艺术研究文章，出版的专著有《黎族民间文学研究》、《黎族民间文学概论》等。至1987年止，各类报刊发表研究少数民族的歌舞、民间故事、歌谣、服饰论文100万字以上。

1988年海南建省后，进一步加强了艺术研究工作。1990年海南省委宣传部召开海府地区琼剧工作者座谈会，省委书记许士杰到会作指示，要求“加强琼剧艺术研究，努力繁荣琼剧事业”。自此以后，海南省文化广播体育厅每年召开一至二次艺术创作会议和作品讨论会。海口市老艺人成立“老人琼剧研究会”，并出版《琼剧研究资料》。海南省琼剧院、海南省艺术研究所多次召开有关琼剧艺术研究座谈会。省文联和省戏剧家协会于1993年12月在海口举行陈华、林道修舞台生活50周年艺术研讨会。省戏剧家协会于1997年11月在海口举行琼剧音乐唱腔研讨会。主编出版《海南戏剧家丛书》、《海南话音韵》、《海南唢呐吹奏法》、《海南音乐曲集》。海南电视台专门开辟了《琼剧唱腔讲座》。特别值得一提的是，被列为国家艺术科研重点项目的《中国歌谣集成·海南卷》、《中国戏曲志·海南卷》，由海南省文化广播体育厅组织有关专家经过十多年的努力，终于在1998年完成编纂任务，并由文化部、国家民族事务委员会、中国文联在北京出版。《中国民间故事·海南卷》、《中国谚语集成·海南卷》业已通过终审，即将出版。

(二)艺术

中华人民共和国成立50年来，海南省的艺术工作出现欣欣向荣的新局面。

艺术表演团体经过不断的整顿和改革，布局趋向合理，组织更为巩固，艺术水平逐步提高。1950年5月1日，海南岛解放，海南军政委员会于同年11月2日，发布《关于戏剧团体登记暂行办法》，到本年底，海南仅有民营戏曲团体升平班、歧彩班、聚友班、琼华班、华丽班、海南青年琼剧团6个。从1953年起，对艺术表演团体全面开展“改戏、改人、改制”工作，整顿组建起21个集体所有制性质的专业戏曲团体，1个国营性质的歌舞团体(海南歌舞团)。之后，随着形势的需要，艺术表演团体时增时减，时兴时衰，很不稳定。1988年建省后，海南贯彻文化部关于艺术表演团体体制改革的精神，进行体制改革，从而布局趋向合理。到1998年底，全省有专业戏曲团体12个，其中省直属琼剧院演出团3个，市县剧团9个(7个分布在汉族地区，2个分布在少数民族地区)；专业歌舞团6个，其中省直属歌舞团2个，市县歌舞团4个(1个分布在汉族地区，3个分布在少数民族地区)。由于艺术表演团体大多数实行院团长全面目标责任制，演员实行聘任制，报酬与演出收入挂钩，调动了演职员的积极性，组织更为巩固，艺术水平不断提高。海南省琼剧院、海口市琼剧团、海南省歌舞团、定安琼剧团等多次被邀到马来西亚、新加坡、泰国等国家和香港、澳门、台湾等地区演出，获得好评。

艺术创作日益活跃，精品不断涌现。中华人民共和国成立以来，在“百花齐放，百家争鸣”的方针指引下，海南创作队伍不断壮大，创作上演的戏曲剧本100多个，改编和移植上演的剧本700多个，创作演出的舞蹈100多个，挖掘和改编的舞蹈200多个，创作发表的歌曲500多首，采录整理的民间歌曲1000多首。许多作品在国内外都享有盛誉。如经整理演出的传统剧目《张文秀》、《卖胭脂》、《狗衔金钗》于1957年晋京演出，毛泽东、刘少奇、周恩来等党和国家领导人出台席观看并接见全体演员。周总理勉励说：“你们演得好，有一定教育意义。”经重新整理演出的传统琼剧《红叶题诗》，1960年周总理指定调进京城为第二届全国人民代表大会演出，尔后经田汉润色拍成电影，成为琼剧第一部电影艺术片，饮誉国内外。创作剧本《海花》、《闹钟爷爷》、《青梅记》、《莲花仙子》等分别于1981、1991、1992年晋京演出，获得好评。《红色娘子军》、《招工记》、《丘浚变奏》等7个剧本获广东省奖励；《春梅记》、《高林学馆》分别获1991、1994年海南省优秀精神产品奖；创作的舞蹈《草笠舞》获1962年世界青年联欢节金奖；歌舞《五指山上抓飞贼》获1960年全国少数民族民间艺术观摩演出“优秀节目奖”；《椰壳舞》获1986年全国民间音乐舞蹈比赛二等奖；《长寿舞》获1990年全国少数民族舞蹈比赛三等奖；《椰乡童趣》获1994年海南省优秀精神产品奖；《钱腰索》获1996年全国群星奖铜牌奖和1996年海南省优秀精神产品奖；创作歌曲《椰林青青》、《故乡的槟榔树》、《山歌献给边防军》、《我的桶裙漂亮吗》、《九月太阳》等7首获得全国性比赛的奖励；《我为老师唱支歌》等8首创作歌曲分别获1993年至1997年海南省优秀精神产品奖。琼剧和人偶剧是海南两大地方剧种。为了认真贯彻党的十四大和十五大精神，通过艺术改革和创新进一步繁荣发展琼剧和人偶剧。从1996年起，在国家文化部的支持帮助下，成功地创作和演出了省重点剧目新编历史琼剧《苏东坡在海南》和新编海南人偶剧《鹿回头》，并在庆祝建国五十周年时晋京献礼演出。

艺术人才茁壮成长。通过引进人才和就地培养人才的办法，造就出一大批各类艺术人才。1960年，海南创办起海南艺术学校(现改名为海南省文化艺术学校)，设有琼剧表演、舞蹈、声乐、器乐、群众文化、公关礼仪、美术等专业，建校以来，已培养中等专业艺术人才600多人。各艺术表演团体还采取办班、师傅带徒弟、派骨干到院校深造、向全国招聘等各种措施，充实和培养艺术人才。全省现有专业从艺、从教人员1000多人，其中有高级职称的70多人，涌现出在国内外都有较大影响的郑长和、韩文华、林道修、王黄文、陈华、红梅、王英蓉、陈育明、黄庆萍、吴多东、陈素珍、陈翘、符其贤、郭颂等一大批表演艺术家。

(三)艺术表演团体

1950年5月1日海南解放，海南军政委员会一成立，在抓政权建设、恢复经济的同时，就重视抓艺术表演团体的组建工作。1950年11月2日，海南军政委员会发布《关于戏剧团体登记暂行办法》。到本年底，海南民营职业戏曲团体有升平班、歧影班、聚友班、琼华班、华丽班、海南青年琼剧团6个。1953年7月创建国营性质的海南歌舞团。1955年全面开展民营职业剧团登记挂钩工作。这时的职业剧团21个，其中琼剧团19个、粤剧团1个、京剧团1个，从艺人数千余人。除集新剧团由海南区直接管理、海南京剧团由海南军区管理外，其余各团分别划归各市县人民政府领导和管理，定为集体所有制事业单位，经济上实行差额补贴。1956年，经广东省政府批准“集新剧团”改为“广东琼剧团”。该团1957年晋京演出《张文秀》、《卖胭脂》、《狗衔金钗》等剧目，毛泽东、刘少奇、周恩来等党和国家领导人出席观看并接见全体演员。1959年1月成立全民所有制性质的广东琼剧院。“文化大革命”期间，所有剧团被撤销，人员下放劳动或遣散回农村，各市县只有少数人组成文艺轻骑队。粉碎“四人帮”后，各市县剧团逐年恢复。1988年海南建省后，根据国家有关精神，对艺术表演团体体制进行了改革。到1998年底，全省有海南省琼剧院等戏曲表演团体12个，有海南省歌舞团、海南省民族歌舞团等歌舞表演团体6个。

海南省琼剧院　前身为1959年1月创建的广东琼剧院，1988年海南建省后改为今名。海南省琼剧院设三个演出团。该院集琼剧名流于一家，融剧种艺术人才为一体，既拥有郑长和、韩文华、王凤梅、王黄文、林道修、陈华、红梅、王英蓉等誉满琼岛的著名艺术家和一批鼎足艺坛的优秀中青年表演人才，又有一批编、民、乐手、舞美设计与理论研究的人员。建院以来，该院不断致力于琼剧艺术遗产的发掘整理、继承革新工作。40年来共挖掘整理传统剧目《搜书院》、《张文秀》、《红叶题诗》、《卖胭脂》等和改编移植古装剧目《梁祝》、《秦香莲》等205个；创作、改编现代戏剧目《红色娘子军》、《金菊花》、《红树湾》、《朝阳沟》等108个；新编历史剧和古装剧目《海瑞回朝》、《青梅记》、《苏东坡在海南》等17个。该院分别于1960年、1975年、1991年，三次晋京汇报演出《红叶题诗》、《常青指路》、《青梅记》等剧目，受到党和国家领导人、首都文艺界的赞赏。该院演出团多次出访新加坡、泰国、马来亚西等国，对促进中外文化交流做出了积极的贡献。

海南省歌舞团　前身为1953年7月创建的海南歌舞团，后多次易名，“文化大革命”期间改为海南文工团歌舞队，1980年改为广东民族歌舞团，1991年重新整编后改现名。1957年，舞蹈作品《三月三》、《半边裙子》参加世界青年联欢节文艺演出。1962年，《草笠舞》在芬兰赫尔辛基世界青年联欢节上演出，荣获金质奖章。该团1960年被评为全国先进单位，并参加全国群英会受到毛泽东、刘少奇、朱德、邓小平等党和国家领导人的接见。70年代，舞蹈《喜送粮》、《开山歌》、《胶园晨曲》，器乐曲《流水欢歌》、《黎家代表上北京》等作品参加广东省专业艺术表演团体汇演获得很高评价。80年代的代表作有舞蹈《摸螺》、器乐曲《相会在山兰园》等。从50年代至80年代，该团所创作的上述歌舞节目大部分在国内外舞台上久演不衰。

海南省民族歌舞团　前身为1959年创建的崖县民族歌舞团，1964年整编为海南黎族苗族自治州歌舞团，1989年改为海南省民族文化艺术工作团，1992年起改现名。创作演出的主要歌、舞、舞剧、器乐节目有《甘工鸟》、《黎苗一家亲》、《山高水长》、《从天山到五指山》、《醉槟榔》、《咧咧与叮咚》等100多个，其中，舞剧《甘工鸟》1980年参加全国少数民族文艺汇演获得好评，歌舞《醉槟榔》获1984年广东省文艺调演三等奖，器乐曲《咧咧与叮咚》获1991年全国少数民族艺术博览会民族艺术特色奖。该团1996年调整班子，实行改革后，向全国招聘演员，极大地增强了艺术生产的活力。1996年至1998年，连续三年每年下乡演出100多场，该团团长孙凯被评为省“三下乡”先进个人。1998年底在海南省纪念党的十一届三中全会和改革开放20周年系列文艺展演月中，该团在30天的时间内，环岛演出27场，被评为省先进单位。

（四）艺术创作

建国以来，海南认真贯彻“为人民服务，为社会主义服务”的方向和“百花齐放，百家争鸣”的方针，努力繁荣创作，涌现出一大批好的作品。创作演出的戏曲剧本100多个，改编和移植上演的剧本700多个，创作演出的舞蹈100多个，挖掘和改编演出的舞蹈200多个，创作发表的歌曲500多首，采录整理的民间歌曲1000多首。许多作品在国内外都享有盛誉。如经整理演出的传统剧目《张文秀》、《卖胭脂》、《狗衔金钗》于1957年晋京演出，毛泽东、刘少奇、周恩来等党和国家领导人出席观看并接见全体演员，周总理勉励说：“你们演得好，有一定教育意义”。经重新整理演出的传统琼剧《红叶题诗》，1960年周总理指定调进京城为第二届全国人民代表大会演出，尔后经田汉润色拍成电影，成为琼剧第一部电影艺术片，饮誉国内外。创作剧本《海花》、《闹钟爷爷》、《青梅记》、《莲花仙子》等分别于1981、1991、1992年晋京演出，获得好评。《红色娘子军》、《招工记》、《丘浚变奏》等7个剧本获广东省奖励；《青梅记》、《高林学馆》分别获1991、1994年海南省优秀产品奖；创作的舞蹈《草笠舞》获1962年世界青年联欢节金奖；歌舞《五指山上抓飞贼》获1960年全国少数民族民间艺术观摩演出“优秀节目奖”；《椰壳舞》获1986年全国民间音乐舞蹈比赛二等奖；《长寿舞》获1990年全国少数民族舞蹈比赛三等奖；舞蹈《椰乡童趣》获1994年海南省优秀精神产品奖；舞蹈《钱腰索》获1996年全国群星奖铜牌奖和1996年海南省优秀精神产品奖，创作歌曲《椰林青青》、《故乡的槟榔树》、《山歌献给边防军》、《我的桶裙漂亮吗》、《九月太阳》等7首获得全国性比赛的奖励；《我为老师唱支歌》等8首创作歌曲分别获1993年至1997年海南省优秀精神产品奖。

（五）对外文化交流

海南建省前对外文化交流很少。从1950年到建省前的1987年，海南对外文化交流项目仅有7个，312人次。其中，出访的琼剧团5个，306人次；出访考察团组1个，5人次；来访1个，1人次。交流的国家与地区仅限于新加坡、泰国和香港。海南建省后，省委、省政府和社会有关方面，对对外文化交流工作十分重视，把其作为对外开放的重要内容，加强了对外文化交流工作，使全省对外文化交流工作取得了长足发展，并呈现出良好的发展态势。据统计，1988年至1998年，全省交流项目达到245个，2751人次。其中，出访的艺术表演团组70个，1466人次；出国考察团组97个，313人次；来访团组78个，972人次。海南省对外文化交流工作呈现出如下几个特点：

一是交流的范围扩展至五大洲。海南建省前对外文化交流范围很窄，建省后交流范围日益扩大，截止到1998年底，已与美国、英国、法国、俄罗斯、奥地利、印度、斯里兰卡、日本、韩国、哥伦比亚、南非、埃塞俄比亚、突尼斯、留尼汪、澳大利亚等国进行了交流。

二是开辟了友好省州、友好城市间的文化交流。海南省开辟了与日本兵库县、韩国济洲道、美国夏威夷州，海口市与英国珀斯市、澳大利亚达尔文市之间的文化交流。三是进一步密切了与新加坡、泰国、马来西亚等琼籍华人聚居国的交流。1992年和1993年，海南省与新加坡的琼剧艺术双向交流项目就有11个，250人次。四是实现歌舞艺术飘洋过海。自1995年以来，海南省的歌舞艺术团先后赴新加坡、韩国、泰国、印度、斯里兰卡、留尼汪、日本访问演出。五是交流向规模大、规格高、质量好方面发展。1993年，新加坡教育部政务部长施迪先生率新兴港琼南剧社琼剧团一行53人来琼访演。1995年，海南省文化体育厅厅长杨志杰同志率省歌舞团一行40人赴韩国参加济洲道举办的第34届“汉孥”文化节演出。1997年，俄罗斯马戏团一行63人来海口演出3场。

（六）文化市场

建省办经济特区以来，海南文化市场从无到有，从小到大，迅速发展。截止到1998年底，全省已有歌舞厅和卡拉OK厅769家，投影录像厅272家，无奖电子游戏厅454家，书报刊和音像零售点1465家，台球、保龄球馆363家，体育健身房48家，艺术品销售拍卖行40家，社会办文艺团体68个，可提供艺术表演的场所507家，初步形成了一个功能齐全、种类繁多、繁荣活跃、健康有序的文化市场的喜人局面，不断丰富了特区人民群众的文化生活。

1. 坚持“引导、培育、发展”方针，文化市场呈现新格局

建省以来，海南省坚持“引导、培育、发展”的方针，千方百计吸引国内外客商投资海南文化娱乐项目，大力培育和发展文化市场，使海南文化市场呈现出多元化、多门类、多层次、高品位的新格局。全省形成了国家、集体、个体以及境外企业兴办文化娱乐项目的新热潮，集体和个体经营文化娱乐项目已在文化市场中占有重要份额，成为发展文化市场的主力军。海南省一方面注意发展我国传统的优秀文化娱乐项目，另一方面又大力扶持和鼓励有选择地引进国外的文化娱乐项目，吸收国外文明、健康、科学的娱乐方式，积极发展新兴的娱乐项目。文化市场始终坚持“两为”方向，摆正大众消费和豪华消费的关系、雅文化和俗文化的关系，积极引进高雅艺术，不断提高娱乐场所的艺术品位，国外一大批著名的艺术表演团体和演艺员曾应邀来海南省各歌舞厅演出，既丰富了歌舞厅的活动内容，又提高了歌舞厅的艺术、品位。李鹏、钱其琛等中央及省有关领导在中国城国际俱乐部观看具有浓郁民族和地方色彩的歌舞节目后，对海南高雅的歌舞厅文化给予了很高的评价。海南省文化行政主管部门及时在该俱乐部举行“特区歌舞厅文化研讨会”，认真总结加以推广。同时，海南省还鼓励大力发展适合广大群众消费水平的大众娱乐经营活动，不断提高通俗文化的质量和品位。

2. 加大执法力度，促进文化市场健康发展

1992年以来，随着《海南省文化市场管理暂行规定》及相关10多个规范性管理文件的出台实施，海南省以法管理文化市场工作向前迈出了一大步，特别是1998年6月海南省人大颁布实施《海南省文化市场管理条例》之后，海南省文化市场管理真正纳入了法制化的轨道。1995年，省里拨出20个编制，由省财政拨给专项经费成立了海南省文化市场稽查总队，各市县文化部门也相应建立了稽查队伍，使全省形成了省、市、县三级文化市场稽查网络。到1998年底，全省有专职稽查队员102人，兼职队员67人。在历次的“扫黄打非”行动和日常管理及专项治理中，文化市场稽查队伍发挥了重要的作用，逐步成为文化市场执法管理中一支“特别能战斗”的队伍。据不完全统计，建省以来，海南省在不断强化日常管理的同时，开展了声势浩大的“扫黄打非”及音像、演出、书报刊、娱乐市场等多项集中治理整顿，端掉一批复制、销售非法出版物窝点，查处200多个违法经营单位，共收缴非法出版制品100多万件，取缔有奖游戏场所500多家，关闭镭射放映厅213家，查处了一批“黄”、“赌”案件。此外，还按照中央的要求，及时查处了海南安美镭射厂非法加工生产淫秽光盘以及印刷违禁书、印刷淫秽书报3个大案。在全国音像市场集中治理中，海南省音像市场在全国率先通过达标检查验收，并在全国文化市场管理工作会议上交流了经验；海南省“扫黄”办被评为全国“扫黄打非”先进单位；安美案“侦破小组”受到全国“扫黄”办的表彰；海南省演出市场集中治理取得较好成绩，受到文化部的好评。

3. 坚持“两手”抓，不断繁荣活跃文化市场

建省以来，海南省始终坚持“两手”抓，做到整顿与繁荣并举。一方面通过立法、执法来不断规范和净化文化市场；另一方面坚持以优质的文化产品去占领社会主义文化阵地，繁荣文化市场，并取得了较好的效果。海南省每年都举办多次书市和音像制品展销活动，不断扩大正版音像制品和精品图书在市场上的占有量。采取国办与民办相结合，加快发展演出单位，鼓励国办团与民办团同台唱戏，平等竞争，不断提高演出水平。国办团与民办团共同组团出国，扩大对外交流。鼓励演出团体下乡演出，主动为外来艺术团体找场地、找观众，大大调动了艺术团体为群众演戏、演好戏的积极性。此外，各级文体部门从1993年开始每年都组织大规模的“戏剧歌舞下乡”、“电影下乡”、“图书报刊下乡”活动。据不完全统计，近5年来，全省送戏下乡3500多场，电影下乡4200多场，图书下乡1800万册。文化下乡带动了乡村文化活动的开展，培育和促进了全省农村文化市场的发展。（海南省文体厅）

四、新闻出版

海南省新闻出版事业是乘着改革开放的东风，伴着建省办经济特区的步伐迅速发展起来的。建省前的1987年，海南只有1家图书出版社，5家全国发行的期刊社和1家报社。建省以来，海南省出版社(含音像)已从1家发展到5家，期刊从5家发展到40家，报社从1家发展到19家。新闻出版队伍迅速成长壮大，到1998年底，从事图书、期刊、报纸编辑出版工作的人员，已从建省前的不足200人增加到1400多人;全省有新闻出版系列高级职称的220人、中级职称的375人。出版规模不断扩大、1997年新出图书515种，总印数3014.53万册、总印张181578.33千印张，总码洋25245.68万元，分别是1989年的3倍、2.8倍、3.6倍和9倍。全省共出版图书6000多种，有100多种图书在省级以上各类评奖中获奖，其中《黑眼睛》丛书、《中小学普法教育画册》分别获1994年、1995年全国“五个一工程”奖。报刊出版方面，1997年，报纸出版19种，平均期印数72.9万份，总印数10675万份，总印张186480千张，分别是1989年的19倍、6.6倍、2.7倍和4.6倍；期刊出版35种，平均期印数37.15万份，总印数339.64万册，总印张14450.46千印张，分别是1987年的7倍、2.1倍、1.8倍和2倍。先后有10多种报刊在省级以上评优中获奖。

作为图书发行主渠道的新华书店，始终坚持把社会效益放在首位，不断扩大图书发行网点的覆盖面，积极开展送书下乡活动，取得了显著的成绩。海南省新华书店系统1997年的发行总量为8874万册，发行码洋37209万元，分别是1989年的2.5倍和10.4倍。在告别铅与火、凸印转胶印的发展过程中，海南省印刷业跟上了全国快速的发展步伐，印刷产品的质量逐年提高。负责全省中小学课本印刷和全省印刷检测的有关企业为保证课前到书和课本质量，做了大量工作。全省新闻出版管理工作也逐步走上规模化、法制化的轨道，以提高图书、报刊质量为中心的各项改革，正在实践过程中不断地加以完善，管理力度逐步加强。

（一）报纸

建省前，海南报刊事业的规模很小。海南原是广东省的一个行政区。海南解放初期，出版的主要报纸是中共广东省海南区委员会机关报《新海南报》，1958年8月1日起改名为《海南日报》。国家主席刘少奇1959年到海南视察，应海南区党委请求，题写了《海南日报》报头。1950年至1956年，海南军区先后出版《建军报》和《海南前线报》；海南农垦系统先后办有《海南垦殖报》、《海南农垦报》、《通什农垦报》等；海南黎族苗族自治州办有短期的《五指山报》。1956年至1966年，海南普遍兴办市、县报。此外，企业部门还办有《海矿报》、《海南港口报》、《八所港报》等企业报；各大专院校办有校报。“文化大革命”期间，《海南日报》同全国其他报刊一样，受到冲击和破坏。1978年12月恢复出版发行。建省后，海南报刊事业有了飞跃发展。1988年4月20日《海南日报》启用邓小平题写的新报名，并升格为省委机关报。后来，中共海口市委创办了机关报《海口晚报》，三亚市委创办了机关报《三亚晨报》，琼海市委创办了机关报《琼海市报》，儋州市委创办了机关报《儋州报》。各部门、各行业根据特区建设的需要创办了一批企业报、行业报、专业报。初步形成了以党报为主，政治、经济、文化、科教等多门类、多层次的报业格局。到1998年底，全省经国家新闻出版署批准公开发行的报纸有19家，即：《海南日报》、《海口晚报》、《三亚晨报》、《海南经济报》、《海南声屏报》、《海南特区报》、《特区时报》、《考试报》、《海南农垦报》、《海外时报》、《海南侨报》、《海南新闻报》、《特区证券报》、《海南特区科技报》、《特区文摘报》、《商旅报》、《琼海市报》、《儋州报》、《海南特区法制报》。新闻队伍迅速发展壮大，据不完全统计，全省19家公开发行的报纸从业人员870多人，新闻专业采编人员497人，具有高级职称79人、中级职称193人、初级职称162人。截止1998年底，海南省新闻作品获得中国新闻奖15件、海南省新闻奖523件。海南日报1994年以来两次被评为“全国百家优秀报刊”，1997年1月被中宣部等4家单位定为全国新闻系统“精神文明示范单位”;海南日报、海口晚报1998年被评为“全国百家地方报社管理先进单位”；海口晚报1994年曾被评为“全国受欢迎的20家晚报”之一；海南农垦报曾三次获得“全国20家优秀企业”称号。

（二）期刊

党的十一届三中全会之后，尤其是海南建省办特区以来，海南的期刊业发展较快，目前已形成以党刊为主的政治、经济、文化、教育、科技等多层次、多门类的期刊业格局。办刊质量不断提高。

1. 起步晚发展快，从小到大不断发展

解放后至建省办特区前，海南期刊数量很少。1972年创办的《海南文艺》(1980年改名《天涯》)是当时较有影响的刊物之一，此外还有《热带作物译丛》(现名《世界农业信息》)、《热带作物学报》、《海南大学学报》、《数学学习》等刊物。1988年海南建省办特区，海南的期刊业充分运用特区的优势，不断地发展起来。1988年上半年，国家新闻出版署批准创办《海南风》，同年7月、10月又陆续批办《大特区》、《海南纪实》等一批期刊，加上农业部在海南办的期刊，到1988年底全省共有期刊23家，其中社会科学类期刊9家，侨刊3家，自然科学11家。随着特区改革开放和两个文明建设的不断深入发展，海南的期刊业也日益发展壮大。到1999年上半年止，全省已有公开发行期刊40种，其中社会

科学期刊25种，自然科学技术期刊15种，此外有侨刊2种。

2. 求质量创特色，优秀作品和期刊不断涌现

海南省的期刊多数是在1988年海南建省办特区后创办的，他们从创办之日起，就按照市场经济方式进行运作，并充分利用海南特区的优惠政策自筹资金、自我滚动、自我发展。海南省期刊业认清优胜劣汰这一市场经济规律，同时十分清醒地看到本省发展期刊的一些制约因素，如市场小、稿源少、资金缺乏、印刷成本高、运输不便利等，海南的期刊要在竞争激烈的国内期刊市场中争得一席之地，就必须走内涵发展的路子，着眼于提高质量办出特色来。为此，十余年来，海南的期刊在抓质量、创特区上下了不少功夫，特别是1994年国家新闻出版署提出新闻出版工作“阶段性转移战略”(从规模数量增长向优质高效阶段转移)以后，出精品、创名牌已成为海南期刊的实际行动，并取得明显效果。一是有些刊物刊发的文章被转载率高。如《海南大学学报》社科版，注重地方特色，有30%的文章被转载。又如《海南师院学报》仅1990年第一期就有11篇文章被《新华文摘》、《哲学动态》、《教育与文摘》、《全国高校文科报文摘》、《中国人民大学报刊复印资料》等报刊转载、摘登，占本期所发文章的45%。据统计，该刊1990年被转摘文章占全年发稿率的35%左右。二是有些刊物在各级各类评比中获奖。如《热带作物学报》1990年参加中国农学会优秀热带作物科技报刊评选，获优秀热作科技期刊一等奖，1992年获国家科委授予优秀科技期刊三奖，1994年获国家教委授予“全国高校自然科学优秀学报”三等奖，1996年获中国农学会“全国农口学会第二届优秀期刊”。《海南大学学报》自然科学版1989年、1995年在参加全国高等学校自然科学学报评比中两次获三等奖。《特区展望》自1993年起，连续6年被评为全国宣传部门优秀部刊。《服饰文化》获1996年全国服饰优秀期刊奖和第二届全国服装质评会优秀书刊奖。《新世纪》获首届全国重点社科期刊提名奖。海南省先后于1994年、1997年开展了两届优秀期刊评比，共有10种期刊获奖。第一届获奖的期刊是:《新世纪》、《环球市场》、《海南师院学报》、《热带作物学报》。第二届获奖的是:《新世纪》、《环球市场》、《海南师院学报》、《海南年鉴》、《海南医学院学报》、《热带作物科技》。此外，《海南大学学报》、《新东方》刊发的《论邓小平关于创办经济特区战略思想和伟大实践》、《论社会主义精神文明的礼仪制度建设》分别获得1996年、1997年全国“五个一工程”好文章奖。三是参加各种期刊展览会受到读者的关注和好评。如1993年在北京举办的全国期刊博览会上，前来海南展厅参观的读者络绎不绝。

海南建省办特区，在全国率先进行市场经济运作，在许多领域率先进行改革，为全国创造了有益的经验。海南的期刊除了积极配合宣传，起推动作用外，刊社本身也进行改革和创新。一是在人事制度上进行改革。率先实行聘任制，在劳动分配制度上将个人工作实绩与报酬挂钩打破铁交椅、铁饭碗，把竞争机制引入内部管理中，极大地调动了期刊从业人员的劳动积极性。二是刊物从内容到形式进行革新，力争做到人无我有，人有我优。如《海南年鉴》从1993年起一改过去的单本式为套装分册式，即分册编辑，集成出版，使内容更加充实，形式也更加美观。1993年参加中国年鉴研究会组织的首届地方年鉴评奖，获中国地方年鉴(综合奖)一等奖，同时获得框架设计、条目编写二个单项一等奖和美术装帧特等奖。又如《天涯》杂志打破人们对纯文学的既定思维模式，竖起“大文学”的旗帜，设计了五大栏目，其中有把作家引向社会现实的“作家立场”，也有把普通大众引向文学的“民间语文”，有培养本地新人为主的“新人工作间”。《天涯》的办刊方向令人耳目一新，吸引了许多名家投稿，引起整个文坛注目，刊登的作品经常被《新华文摘》、《小说选刊》、《读者》等转载。1996年底，上海《新民晚报》评选国内文坛十件大事，《天涯》的异军突起被列为第二件大事。在刊物形式上，该刊请深圳著名的设计师韩家英做整体包装，采用进口牛皮纸做封皮，封面中央印有篆刻的甲骨文，使封面充满古典庄重的人文气息。1998年5月中央电视台的《文化视点》栏目隆重介绍该刊的办刊方法。欧美的一些学者、著名杂志主编、汉学家也专程慕名而来进行文化交流。

（三）图书音像

1998年海南建省后，图书音像出版业得到较快的发展。经国家新闻出版署批准，海南成立了三环出版社(作为海南人民出版社的副牌)、南海出版公司、海南摄影美术出版社3家图书出版单位，结束了建省前只有1家出版社的历史。

特区优惠的经济政策和发展壮大的出版阵地，吸引了全国各地大批出版人才，并由此给海南出版业带来了新的生机和活力。在海南图书市场小、印刷发行力量弱、出版资金奇缺的艰难条件下，广大出版工作人员齐心协力，艰苦创业，开创了海南出版业的新局面。到1990年，由建省前1家出版社出书不足百种，发展到4家出版社(含副牌)年出新书400余种、总印数1000多万册、总金额6000多万元；出版了《中国现代文学序跋》丛书、《开放改革与现代化》丛书、《世界经济纵横》丛书、《开发建设海南》丛书、《龙文化大系》丛书、《人数文化学》丛书、《双向式英语》、《中国文化大博览》、《第三帝国的崩溃》、《马克思主义思想宝库》等一批好书。1991年9月，省新闻出版局成立后，根据海南的实际情况，确立了出版事业必须在改革开放中发展，改革与发展同步，开放与管理同步的指导思想。1992年邓小平同志南巡谈话之后，海南出版业一系列改革举措应运而生并得到推广:打破部门分工，实行编辑、印刷、发行“一条龙”生产；扩大业务范围，单位和编辑部办公司，多种经营，“以副养主”；拓宽选题思路，出版社、编辑部出书范围部分交叉；放开发行折扣，鼓励到岛外去发展业务、开拓市场；下放工资奖金分配权和部分资金使用权，工资、奖金、福利与劳动贡献直接挂钩等等，开始了出版业由生产型向生产经营型的转变。相对灵活的生产经营方式和有效的竞争激励机制，极大地调动了出版人的积极性，使海南的出版业在没有国家投入一分钱的情况下，走上了一条白手起家、自筹资金、自我滚动、自谋发展的生产经营之路，保证了海南出版业的迅速发展。1991年至1993年，全省4家图书出版单位年出新书约800种、重印图书160多种、总金额近亿元；出版了《中华姓氏通书》、《中国通史连环画》、《海南建设》丛书、《书外书》丛书、《国民党在台湾(1945—1988)》、《两情人》、《美国国会史》、《剑桥中华人民共和国史》、《老舍幽默诗文集》、《中华儒学通典》、《海南县情辑要》、《海南作家》丛书、《中华集称文化辞典》、《张大千画语录》、《黎族风情》、《国际惯例书库》、《中国出了个毛泽东》、《桂冠散文系列》丛书等一大批深受读者喜爱的图书。1994年中宣部和国家新闻出版署提出新闻出版工作向优质高效转移的要求。海南出版业以抓管理、促质量、增效益为工作重心。1995年3月海南省委、省政府办公批转了省新闻出版局《关于海南省出版事业深化改革强化管理的几点意见》。为了提高出版物质量，海南出版社与湖南少儿出版社共同策划出版幼儿文学画库《黑眼睛》丛书；海南国际新闻出版中心(现南方出版社)与企业合作，吸收社会资金出版2.5亿字的大型古籍整理丛书《传纪藏书》；南海出版公司集中力量出版《中小学生普法教育画册》、《民族大家族》等等，一批高质量的优秀图书纷纷面世。同时，进一步加强了出版物的审读，聘请数名专家、教授担任审读员，对海南出版的图书进行经常性的内容审读和编校质量检查，评选“海南省优秀精神产品”。并坚持抓培训工作，从1992年开始，每年举办一次出版干部培训班，提高干部和编辑人员的政治、业务素质。

图书质量的提高带来了良好的社会效益和经济效益。从1994年起连续3年新书的出版品种每年都在500种左右，总金额逐年增长，1996年达到1.4亿元。从《黑眼睛》丛书实现零的突破起，连续3年都有图书获中宣部“五个一工程”奖。海南出版社出版的《我爱你祖国》、《我爱你海南》发行120多万册。《数字化生存》一书不仅在国内引起强烈反响，而且带来很好的经济效益。海南出版公司获“五个一工程”奖的图书《中小学生普法教育画册》连续发行已逾400万册，成为公司的“拳头产品”。全省每年都有200多种这样深受欢迎的图书重印，给出版业带来较为可观的经济效益。

1997年海南省出版业进一步深化改革。在经营管理体制上，改变过去各编辑部办公司分散经营的做法，印刷发行的财务经营由出版社统一操作，大大加强了出版社的整体实力，海南出版业进入稳步发展的良性循环。出书总量适度，结构趋向合理，尤其是文教类图书品种大幅下降，科技、经济类图书增多，开始形成自己的出书特色。如海南出版社的高新科技类引进版图书出版已成规模，《网络为王》、《新闻与正义》、《2.0版:数字化时代的生活设计》成为引领浪潮的热门书；继首获“中国图书奖”的《教育管理辞典》(修订本)出版后，又出版和即将推出一批很有价值的图书:《中华人民共和国重要教育文献》、《海南热带高效农业实用技术》丛书、《南海资料索引》、《中国海洋百科》、《日汉双解21世纪辞林》、《故宫藏珍本》丛书。南海出版公司的文学类图书也开始在图书市场崭露头角，《活着》、《许三观卖血记》、《蝴蝶是怎样变成标本的》、《卑微的神灵》等图书成为1998年小说市场上的抢手书。无论选题质量、编校质量，还是装帧设计、印刷质理，海南版图书都提高了很大一个档次。

海南音像出版业打破过去一直缓慢发展的格局，大胆改革，走向市场，出版适销对路的流行音乐作品、有海南地方特色的琼剧；引进出版国外电影VCD和DVD；与其他影视单位合作出版影视作品，一批受欢迎的音像制品面世，取得较好的社会效益和经济效益，使海南的音像出版业开始走出低谷。1997年3月，海南省出版协会成立，组织评选第一届“海南省优秀图书”，其中《中国南海诸岛》等31种图书获奖。改革开放后的20年，海南出版业从无到有，发展壮大，到1998年底，已有图书、音像、电子出版物出版社6家，出版从业人员200多人，其中具有高级职称40余人、中级职称近百人。

（四）版权

海南省版权工作起步较晚。为了适应海南新闻出版事业的需要，1992年5月成立海南省版权局。省版权局成立后，海南省版权管理工作逐步开展起来，并取得了一定的成效。(1)开展著作权合同审核登记、版权贸易和其他行政管理工作。几年来,审核登记了出版外国图书133部，版权咨询68人次，调解版权纠纷63起，作品自愿登记16部；鉴定光盘286种、图书212种、期刊116种，其中认定为非法光盘235种，违规、非法图书108种，侵权图书42种，违规、非法期刊38种；审批内部资料性出版物近110种，对已经出版的资料样本及时进行检查，实行跟踪管理。(2)积极开展普法工作，增强了新闻出版人员的法制观念。1998年11月至1999年2月，海南省版权局组织对海南各出版社、报社、期刊社和定点印刷厂的近300名编辑进行了“三五”普法考试，所有参加考试人员的成绩均达到优良以上。(3)打击侵权盗版活动，净化出版物市场。1995年以来，海南省版权局和海南省文化市场稽查总队先后出动执法人员20485人次，检查经营单位2279家，查处非法经营单位663家，没收非法音像制品350568盒(张)、走私电影8部、电脑光盘108103张、书报刊47372册。(4)建立版权管理人员制度，促进了版权管理工作规范化。在1994年开始实行的“版权管理兼管员”的基础上，1998年3月海南省版权局在海南新闻出版、广播影视等44个单位建立了版权管理人员制度。(5)制定与著作权有关的行政规章，加强了版权法规建设。1993年制定

出台了《海南省出版事业管理暂行规定》；1994年3月公布施行了《海南省涉外版权制品版权审核办法》。（海南省文体厅）

五、电视广播

（一）电视

1979年10月1日，海南电视转播台在海口建成并正式播出，海南电视事业开始起步。经过20年来的建设，海南的电视事业有了长足的发展。

1.基本设施建设初具规模，基本形成了无线和有线、微波和卫星相结合的省、地、县(市)三级电视覆盖网络

1982年8月，海南电视台成立，1984年底正式播出。1986年至1991年，成立海口、三亚两个地级电视台和儋州(县级)电视台。1994年后，各市县相继建立了电视台和有线电视台。全省拥有电视台和有线电视台达20座。建立了一大批省、地、县级大、中、小型电视发射台、转播台和节目传送网络。1982年后，特别是海南建省以来，各级政府加大资金投入，先后建立金鸡岭、阿陀岭和海口三座省级大功率骨干电视发射台；各市、县、国营农场也纷纷建立电视转播台。全省共拥有大、中、小型电视发射台、转播台68座，发射总功率达68.68千瓦。1983年8月，中央批准从广州到三亚建设粤西微波电路。1987年4月，总投资1200万元的粤西微波电视海南段——岛西微波电路正式开通，连接琼山、海口、定安、临高、儋州、乌兰盖、石碌、尖峰、八所、感城、阿陀岭、通什、田头岭、三亚等14个微波站，总长512公里，向海南西南部大部分市县传送多套广播电视节目信号，为扩大这些地区的电视节目覆盖，发挥了重要作用。到1998年底，全省电视人口综合覆盖率达88%以上，达到全国平均水平。

有线电视1991年开始起步，并得到迅速发展。先后建成了海口、三亚两个地级市和17个市县级城市行政区域性有线电视网络，全省90%的乡镇、国营农场及部分行政村也建立了行政区域性的有线电视网络，建立卫星地面接收站890多座，有线电视入户终端达34万多户，传送中央、省台及各省市卫视台节目达15-20多套。

省广播电视中心建成投入使用。1988年，海南建省办经济大特区，为加快海南广播电视事业发展步伐，省委省政府决定兴建广播电视中心。该项目于1989年列入省15个重点建设项目之一。占地180亩，建设总规模4万平方米，1989年开始兴建。省广播电视中心建设共投入资金1.7亿元，其中政府投入资金9450万元，省电视台自筹资金7433万元。1997年底全部建成并投入使用。从而大大提高了省电视台节目制作能力。

卫星地球站建设项目投入兴建。该项目由省政府批准立项，于1998年开始兴建，1999年将全部建成并投入使用，届时海南卫视节目上星传送。

2.电视节目制作、生产能力和节目质量取得了新的突破

海南电视事业自初创以来，特别是海南建省之后，为提高电视节目制作和生产能力，先后投入3000多万元，购置节目生产、制作和播控设备，加上多功能现代化广播电视中心投入使用，使海南电视节目的制作和生产能力进一步提高。海南电视台在开办一套无线节目的基础上，增设了一套有线电视节目和一套图文电视节目，无线节目每天自办节目时间达4个小时，三套节目每天播出40多小时。海口、三亚、琼海、琼山、儋州等分别自办有一套无线和一套有线电视节目。各市县无线和有线电视节目的制作和生产能力也大幅度提高。

电视节目质量明显提高。为提高电视节目质量，全省各级电视台多年来坚持实施精品战略，特别是从1997年以来，紧紧把握海南卫视即将上星传播契机，制定规划，抓好节目、栏目的改革、改版和调整。通过以节目质量竞争时段和创优评优等手段，努力提高电视节目质量。制作了一批具有海南地方特色的精品节目，创办了一批精品栏目。实现了播一批好新闻、出一批好专题、创一批精品栏目、制作一批电视剧的目标。海南电视新闻、专题等节目在中央各台播出量逐年增加，年播出量最多时达到450条(组)。

创作生产了一批优秀电视节目。海南电视节目在参加全国电视节目创优评优活动中，共有80多件作品获国家级奖，10多个专题获国家级大奖。海南电视剧制作部门共创作生产电视剧67部共334集，涌现了一批质量较佳的精品电视剧。6集电视剧《太阳河》、10集电视剧《叶剑英》分别获第三届“五个一工程”和第五届“五个一工程”入选作品奖；6集电视剧《椰林湾》获第四届“五个一工程”提名奖；电视剧《东坡劝学》、《河这边河那边的孩子》分别获第十七届全国电视剧“飞天奖”三等奖。

对外宣传和交流进一步加强。海南电视台及海口、三亚电视台制作的宣传海南的外宣节目，在中央台国际频道和美国斯科拉电视网、美国黄河台、新加坡华语电视台、韩国济州道电视台等海外台播出量逐年增加，扩大了海南在海内外的影响，进一步提高了海南在海内外的知名度。1996年，海南电视台和新加坡电视机构合作，拍摄反映海南建省并取得新成就的15集专题系列片，在新加坡电视台反复播出270分钟，引起新马两地华侨的关注，中国驻新加坡大使馆对这次宣传活动给予充分肯定。海南电视台《中国有个海南岛》外宣节目，从1997年起，定期向美国斯科拉电视网输送外宣节目，该电视网共播出《中国有个海南岛》外宣节目200期。

3. 电视队伍日益壮大，素质不断提高

1982年，海南电视台建台初期，共有职工40人，自办少量新闻和文艺节目。随着电视事业的发展，从业人员不断增加。1988年海南建省后，为适应事业发展需要，各级广播电视部门抓住机遇，重视电视各类人才的引进，电视队伍不断壮大。到1998年底，全省电视从业人员达1500多人。各级电视部门在引进人才的同时，注重抓好电视队伍的培训和教育，电视队伍的政治素质和业务水平不断提高，培养了一大批电视管理、采编播及专业技术人才。电视队伍知识结构日趋合理，各类专业具有高、中级职称人数占从业人数的13%，为海南电视事业跨世纪发展准备了丰富的人才资源。

（二）广播

1951年8月，经广东省委和中央广播事业管理局批准，海南人民广播电台在海口市创建，1952年11月建成试播，1953年3月正式播出，发射功率100瓦，覆盖半径16公里。建国以来，在各级党委、政府的重视和支持下，海南广播事业取得了长足发展。改革开放之后，特别是海南建省办经济特区以来，海南广播事业实现了快速发展，为海南特区的两个文明建设发挥了重要作用。

1. 广播人口综合覆盖率大幅度提高

党的十一届三中全会以后，海南坚定不移地贯彻执行“四级办广播，四级混合覆盖”的方针，全省2个地级市17个县(市)相继建立了广播电台，巩固乡镇广播站，办好村级广播室。全省拥有省、地、县三级广播电台20座，共播出22套广播节目。

海南建省以来，为扩大广播节目覆盖面，提高广播人口综合覆盖率，各级政府加大广播事业建设资金投入，改造府城中波发射台、通什中波转播台，新建了金鸡岭调频广播发射台、阿陀岭调频广播转播台、海口调频广播发射台和儋州中波转播台4座省级广播发射转播台。全省2个地级市和17个县(市)也先后建立了19座广播发射台、85座调频广播“补点”转播台。全省拥有中波和调频广播发射台110座，发射和转播中央、省台2至3套广播节目，发射总功率达225千瓦，基本实现了广播节目四级混合覆盖的目标。全省广播人口综合覆盖率由建省前的27%提高到88%以上，达到全国平均水平。

农村广播网初具规模，基本建成以县(市)广播电台为中心，以乡镇广播站和村广播室为基础，有线和无线传输相结合，大音箱入村，小喇叭入户的农村广播网，喇叭入户率达到60%。

2. 广播节目制作能力不断增强

为提高广播节目的制作生产能力，海南建省以来，各级政府拨款和各级广播电台积极筹措资金共1100多万元，购置、更新改造广播节目制作设备和播控设备，广播节目制作生产能力逐年增强。海南人民广播电台坚持进行节目改革，形成了各类节目制作的完整体系，在原有一套综合节目的基础上，还开办了经济频道和交通音乐频道2套节目，全台3套节目每天制作播出时间达到54小时。该台1998年购置一套CD刻录系统，实现了广播节目光盘制作“零”的突破。海口人民广播电台从1996年开始，在全省率先实行广播节目全天候24小时播出。全省22套广播节目，每日制作播出时间达225小时。

全省各级广播电台制作的广播节目，除新闻节目外，大量增设各类专题节目、文艺节目、教育节目、科技节目、交通和信息等服务性节目，开辟众多小版块小栏目，丰富了人民群众的文化生活，开拓了广大听众的视野，增长了听众的知识，为广大听众提供可靠的政治、经济、科技方面的信息。

3．广播节目质量明显提高

以创办名牌栏目为目标，创办了一批深受听众喜爱的精品栏目。海南人民广播电台《百草园》、《琼乡春雨》、《听众点播》、《琼苑大观》等版块节目，抓住群众普遍关心的问题和海南地方特色，增强受众参与意识，加上主持人以通俗的口语化播音，节目形式生动活泼，节目内容丰富且贴近群众、贴近生活、贴近实际，深受广大听众的喜爱。各市县广播电台紧紧抓住面向广大农村听众的特点，开设专题和栏目。开辟的《对农广播》、《市场信息》、《科学致富》、《农科天地》和《地方文艺》等栏目，越来越受到广大农村听众的喜爱，渐渐成为广大农村听众必不可缺的精品栏目。

实施精品战略，创作生产一批优秀广播新闻、专题和文艺节目。广播节目在中央各台播出量逐年增多，最多时年播出量达141条(组)。海南人民广播电台《海南与世界》外宣节目，1998年向中国国际电台《中国之窗》发稿16组，160分钟，采用率达100%。多年来，在全省创优评优活动中，广播优秀节目逐年增多。参加全国的各类优秀节目的评选，其中有50多件作品获国家级奖。广播剧创作水平明显提高，共创作8部广播剧，其中《南方的树》荣获1992年度全国广播剧二等奖，实现了“零”的突破。

4．广播队伍结构日趋优化

海南广播事业创建初期，由于规模小，广播从业人员仅有47人。随着事业的发展，规模不断扩大，广播队伍也日益壮大，特别是海南建省办经济特区后，为适应形势发展和事业的需求，大量引进采、编、播人才和专业技术管理人才，到1998年底，全省广播事业从业人员达1500多人。随着大批人才的引进和各类专业院校毕业生的充实，广播队伍整体业务素质进一步得到提高，各类专业人员的知识结构日趋合理，具有高、中级职称的人数已占广播队伍总人数的13%。（海南省文体厅）

六、民族工作

海南是一个多民族聚居的省份。除汉族外，共有38个少数民族，人口127.81万人，占全省总人口17.43%。其中黎族人口最多，其次是苗族、壮族和回族。少数民族人口主要聚居在琼中、保亭、白沙、昌江、乐东、陵水6个民族自治县和享受民族自治地方政策待遇的三亚、通什、东方3市，其余散居在万宁、琼海、屯昌、儋州等市县的民族乡镇。

半个世纪以来，特别是党的十一届三中全会以来，在中国共产党的领导下，海南民族工作坚持以邓小平理论为指导，坚持改革开放，勇于探索，为民族事业的发展，构筑了前所未有的辉煌。1997年，民族地区国内生产总值为85.53亿元，与1992年30.26亿元相比，年均增长了9.3%。其中，第一产业年均增长9.4%，第二产业年均增长8.8%，第三产业年均增长9.3%。地方财政收入逐年增长。1953年，民族地区的地方财政收入仅442万元，1984年达到了8610万元，年平均增长10.1%。1997年，民族地区的地方财政收入增加到了5.266亿元，比1992年的2.141亿元增加了1.46倍，年平均增长19.7%。

（一）建立和完善民族区域自治政权

建立和完善民族区域自治政权，是实现民族区域自治的保证。1948年，五指山地区获得解放后，为了实现民族区域自治，琼崖区党委便根据党中央的有关指示，于1949年3月成立了“琼崖少数民族行政委员会”，实现了黎、苗族同胞当家做主管理本民族本地区内部事务的夙愿。1952年4月20日，中共海南黎族苗族自治区委员会成立（专区级），赵光炬（汉族）任第一书记。1952年7月1日，海南黎族苗族自治区第一届人民代表大会在乐东县抱由镇召开，会议通过了《广东省海南黎族苗族自治区人民政府组织条例》，选举产生了自治区政府领导机关，区政府主席由王国兴（黎族）担任，陈斯德（苗族）、赵光炬为副主席。1955年，海南黎族苗族自治区改为海南黎族苗族自治州。1987年底，根据海南建省办经济特区的需要，进一步发挥自治地方的自治权力，便于自治地方更加灵活地运用党和国家的方针、政策，中共中央、国务院决定撤销海南黎族苗族自治州，设立琼中、保亭2个黎族苗族自治县，白沙、陵水、昌江、乐东、东方（现已改为东方市并享受民族自治地方各项优惠政策）5个黎族自治县，三亚市和通什市继续享受民族自治地方的各项优惠政策。此外，在少数民族散居的其它市县，还设立了12个民族乡（镇），较好地保障了民族散居区行使民族自治的权利。

（二）基础设施日臻完善

解放前，海南民族地区基础设施十分落后，缺水没电，出村就爬山，过寨要涉水，全区仅有一条破烂不堪从海口径串陵水、崖县的“海崖公路”，遇到紧急事情，黎、苗族人民只能用鸣枪、吹牛角、敲锣击鼓等方法传讯报警。解放后，在党和政府的帮助下，少数民族群众开展了基础设施的全面建设。到1985年，民族地区就建成海榆东、中、西线公路以及县通县、乡连乡的大小公路43条，修建桥梁690座，通车里程共计4720公里；建成了八所、榆林、三亚等港口，开辟国内航程1100海里，其中三亚港建成拥有年通过能力为78.5万吨的两个5000吨级泊位码头，并开设通往香港的班轮；修复了石碌至八所、黄流至三亚的两段铁路，新建了一条岭头至八所的铁路；建立了9个邮电局，143个邮电支局、所，6个邮电代办所；修建自来水工程340多宗、普通大口水井1000余宗，铺水管近5万米。党的十一届三中全会特别是海南建省办经济特区以后，各级政府积极采取了多渠道、多形式的投资、集资和融资方式，进一步加快民族地区的基础设施建设。据统计，仅1988年至1997年，固定资产投资共完成251.12亿元，相继建成了三亚凤凰国际机场、万宁兴隆至三亚、三亚至九所段的高速公路、大广坝水电站、八所风能发电站、环岛光缆等一批重大基础设施，实现了乡乡通公路，省管公路柏油化，通往国内外的交通“立体化”；通讯设备日趋现代化，城镇和主要开发区的电话程控化，长途传输数字化；水电充足，基本满足城乡人民的生产、生活需求，初步具备了大规模开发建设的条件。

（三）工业有了较大发展

解放前，海南民族地区几乎没有工业生产，就连最简单的犁铧、锄头、镰刀、砍刀等铁制小农具和各种生活用品，都要靠外地输入。解放后，党和各级政府对民族地区的工业发展非常关心，从1952年起，先后建起了电力、冶金、机械、电子、化学、建材、建筑、食品等20多个行业，工业产品达2000多种。党的十一届三中全会以后，民族地区先后建成投产了一大批科技含量高、具有现代化大工业特点的国家和省的“八五”计划重点项目。如被誉为开发海南金钥匙之一的大广坝水电站、全国重点工程崖13——1天然气田、海南天然气化肥厂、昌江水泥厂等等，推动了民族地区工业的发展，形成了新的经济增长点。1997年，海南民族地区工业总产值达32.2亿元，比海南建省前的1987年多25.97亿元，按可比价计算，1997年比1987年平均年递增10.4%。

（四）农业经济谱新篇

解放以前，海南民族地区的农业生产发展非常缓慢，生产条件差，生产方式落后，农民生活水平低下。新中国成立后，在党和政府的领导下，海南少数民族奋发图强，艰苦创业，不断改善生产条件，改革耕作制度，提高生产技术，使农业生产得到迅速发展。为改善农田的灌溉条件，少数民族群众掀起了大建水利的高潮。到1984年，民族地区就兴建大中小型蓄水工程713宗，蓄水总库容量达13.62亿立方，有效灌溉面积从1952年的13.68万亩提高到116万亩。目前，民族地区的水利建设基本上保证了农田的灌溉需要。三中全会以后，海南少数民族地区的各级政府坚持把农业放在国民经济发展的首位，坚持科技兴农的发展战略，大胆调整生产结构和布局，大力发展热带高效经济作物，使民族地区的农业生产向着规模化、基地化、专业化方向快速发展，初步形成了政府抓龙头，龙头带基地，基地连农户的农业开发新格局。1997年，民族地区的热带高效经济作物已发展到8万公顷，反季节瓜菜基地4万公顷，热带水果4万公顷，成为了农村经济的主要支柱。据统计，该年民族地区的农、林、牧、渔总产值为56.56亿元，剔除价格因素，与1978年相比，增长了6.9倍，年平均递增10.9%，其中，粮、油、瓜类、蔬菜等农作物产量分别达到76.55万吨、3.57万吨、17.13万吨和58.76万吨，分别是1978年的1.96倍、10.8倍、10.7倍和23.5倍，猪牛羊肉、水产品产量也分别比1980年增长7.2倍和9.6倍。

（五）外引内联取得成效

改革开放以前，由于海南岛处于“南海前哨的战略位置”，一切工作以备战为主，再加上“左”的思想影响，把自力更生曲解为闭关自守、孤立奋斗，使经济建设的步伐受到了极大的约束。党的十一届三中全会以后，改革开放犹如一股春风吹绿了海南岛，外引内联就象雨后的春笋迅速发展，有效促进了海南的经济发展。仅1980年至1983年，民族地区在利用外资和引进先进技术方面就签订了25宗合同书，引入外资1046.9万美元，成立和实施的合资企业或项目有南华珍珠养殖公司、三利进口汽车出租公司、琼中服装来料加工等10个。到1984年，民族地区与国内23个地、市、县的企业单位达成50项内联协议，并以合资经营、联合生产、补偿贸易和成果转让、技术服务等形式，共同发展电子、机械、纺织、建材、医疗、塑料、电池、食品、服装等项目，总投资额为3140.75万美元，极大地推动了民族地区的经济建设。据统计，在1987、1990、1992以及1995至1997年的期间，民族地区利用外资签约合同341宗，协议规定外商投资额为10.07亿美元，实际利用外资8.68亿美元，外贸出口总值为2.50亿美元，合作伙伴有来自亚州、欧州、北美州共10个国家和地区的外商。

（六）人民生活显著提高

“一间茅房三石灶，一根竹杆挂家当。一把钩刀砍大山，一碗谷种养全家。”这首民谣是黎族苗族农民解放前贫困生活的真实写照。解放后，在党的领导下，海南少数民族群众生活有了翻天覆地的变化，人民生活水平不断提高。

1. 农民人均收入逐年增加。据统计，1987年民族地区农民人均收入仅430元，1993年升至840元，年递增11.8%；到1997年，民族地区农民人均收入已升至1459元，与1993年相比，年递增14.8%。

2. 城乡市场繁荣，商品供应充足。目前，海南民族地区已建立集贸市场193个，成交额由建省前的1987年2.5亿元增加到1997年的20.7亿元，年均递增23.5%；社会消费品零售总额也由1987年的7.85亿元增长到1997年的25.85亿元，年均递增了12.7%，基本由卖方市场转变为买方市场，各类商品供应充足。

3. 少数民族群众住房条件有了很大的改善。党的十一届三中全会、特别是海南建省办特区以后，省委、省政府和有关部门在大力发展民族地区经济，增加少数民族群众收入的同时，采取多种有效措施，帮助少数民族群众改善居住条件。从1992年至1998年底，省政府共投入民房改造资金1.1亿元人民币，建成砖瓦房或平顶房12万户，使65万少数民族同胞告别了祖祖辈辈居住的茅草房，住瓦房率从1992年的31%上升到1998年的82%。

（七）民族教育蓬勃发展

海南民族地区的教育在党和政府的关怀下，从小到大，蓬勃发展。首先是基础教育稳步发展。截至1997年底，全省共建有寄宿制民族班93个，学生4217人。民族地区各市县先后创办11所民族中学，中小学网点覆盖率达99%以上，其中，小学1342所，在校学生37.2万人，少数民族学生16.6万人，占44.6%；普通中学207所，在校学生11.4万人，少数民族学生5.1万人，占44.7%。适龄儿童和适龄少年入学率分别达到99.2%和73.6%，基本普及初等教育。其次是各种办学形式不断完善。据统计，1997年民族地区职业高中发展为13所，在校学生2112人；中等技术学校5所，在校学生3775人；中等师范学校3所，在校学生3320人；此外，各市县还办有成人中专、农民初等学校126所（含夜校），教学班（点）921个。1998年6月，经国家教委扫盲工作检查组对海南省抽查验收评估，认定民族地区青壮年非文盲率：农村达到95%以上，城镇企事业单位达到98%。

（八）文化体育成绩喜人

1. 文化。截至1997年，海南民族地区共有电影放影队450个，影剧院50座，图书馆9个，文化馆（含群众艺术馆）9个，博物馆6个，广播电台9座，广播发射台9座，电视台1座，电视发射差转台45座，广播讯号覆盖率达90%以上，电视讯号覆盖率达80%以上。通什、陵水等5个民族市县还建成了千里环岛文化长廊示范点12个，达标单位18个，总设施面积达8.5万平方米。

2. 体育。自1964年海南黎族苗族自治州首次组队参加省（广东）运动会获得7枚金牌，结束黎、苗族同胞不能过海比赛的历史之后，出自海南民族地区的运动员在国内外的体育比赛中共获得了395枚奖牌。其中，全省比赛254枚，全国比赛120枚，国际比赛21枚（金牌14枚，银牌4枚，铜牌3枚）。共有30人破省39项纪录，6人创全国102次纪录，2人超4项世界纪录。

（九）科技卫生长足进步

解放50年来，海南民族地区的科技卫生有了很大的发展。据统计，至1997年底，民族地区共设有科普小组2300个，农业技术协会19个，专业协会70个，有123个乡镇建立了科普协会，有80%的村委会成立了科普分会，50%的自然村成立了科普小组，基本形成了市县、乡镇、村委会、村民小组四级科普网络；在各种科研机构中，共配有各类专业技术人员120543人；在海南建省十年中（1988年至1998年），有179项科技成果在全省范围推广；仅1995年至1997年，民族地区就举办反季节瓜菜高产技术、糖蔗高产技术、橡胶种植、家禽养殖、农机使用与维修等各类实用科技培训班10114期（次），参加培训农民人数达44.4万人次。目前，民族地区共有各类医疗卫生机构929个，病床位数6694张，配有专业卫生技术人员10946人，改水改厕工作也有了很大的进展，基本达到初级卫生保健合格标准。

（十）民族旅游独具特色

海南民族地区的旅游资源极为丰富，集阳光、空气、海水、沙滩、山河、森林、动植物、名胜古迹、民族风情等为一体，形成独特的自然、人文景观。民族地区各级政府充分利用特有资源，大力优化旅游环境，强化突出热带特色、海洋特色和民族风情特色，不断开发和推出高品位、高水准的旅游景区和项目。至1997年底，三亚市南山文化旅游区、亚龙湾旅游度假区、七仙岭国家热带森林公园、五指山国际度假寨、通什民族文化村等一大批旅游景点先后建成开放，展示了民族地区山青水秀、风光旖旎、夏日海滩、热带雨林以及民俗淳朴、乡土情浓、回归自然的风土人情，吸引了众多的国内外游客。

（十一）民族干部茁壮成长

大量培养和选拔少数民族干部，是实行民族区域自治的关键。从建立海南黎族苗族自治州开始，各级党组织遵照中央关于大胆大量提拔少数民族干部的指示精神，加强了对少数民族干部的培养选拔工作。仅1952年至1954年的两年时间，海南自治州就选送了175人到中南民族学院或中央民族学院学习，抽调了1100多名基层骨干到州干部学校进行短期业务轮训。1958年，少数民族干部由1952年的376人猛增至2119人，平均每年增加290人。海南建省后，省委、省政府把培养和选拔少数民族干部的工作摆在非常重要的位置，并使其形成规范化、制度化。11年来，各有关部门有计划、有针对性地培养和造就了一支忠实执行党的路线、方针、政策，具有较高的领导能力和处理国家事务能力及相关专业知识，密切联系群众，年富力强，结构合理的民族干部队伍。据统计，目前在少数民族干部队伍中，在企业单位工作的占11.2%，在事业单位工作的占63.02%，在党政机关单位工作的占25.78%，其中在省、地、县、乡（镇）的四级机关中都有一定数量的少数民族干部。1998年，民族干部人数已达19961人，占全省干部总数10.2%，比1984年增加了10596人。值得骄人的是，在少数民族干部队伍中，各类专业技术人才已发展为11474人，分别占少数民族干部总人数和全省各类专业技术人才总数的57.48%和9.4%，彻底改变了过去少数民族缺少专业技术人才的状况，为民族经济发展注入了活力。（海南省民族宗教事务厅 王 践）

七、文物保护事业

（一）概述

新中国成立后，海南文博事业受到了党和政府的高度重视。建国初期，在祖国各行各业百废待兴，国家经济建设国防建设任务十分繁重的情况下，海南行政区及所属各市县人民政府遵照中央人民政府和广东省机构设置要求，分别设置文化局（文教科）负责管理各地的文博事业，积极开展文物调查、加强文物保护管理、博物馆建设、考古研究成为社会主义文化事业的重要组成部分。

搞好海南文物调查、文物保护和管理是海南文物事业发展的基础。随着国家经济建设工作的全面铺开，海南的文物调查、文物保护工作逐步得到加强。1951年广东省人民政府民族事务处、海南行政区人民政府文化局在文昌县昌洒镇凤鸣村开展了新石器时代文化遗迹的调查工作。这是海南解放以来开展的第一次文物调查。此后，海南的文物保护工作全面开展。1957年4月、5月，广东省文物巡回展览会的随团人员在通什发现新石器时代和唐宋时期的文化遗址5处，同年7月到8月，广东省文化局文物工作队与中山大学历史系组成文物普查团，对海南进行文物普查，发现原始文物遗址135处（点）。1960、1963、1973年广东省博物馆、海南行政区文化局发现了一批窑址、古建筑、古遗址。1974、1975年，广东省博物馆、海南行政区文化局在西沙群岛开展文物调查，先后两次调查了西沙群岛22处岛礁；1996年、1998年，国家文物局、中国历史博物馆、海南省文化广播体育厅、海南省文物保护管理办公室、海南省博物馆、海南省文物考古研究所、广东省考古研究所联合组队，再次对西沙群岛及其周边海域进行了文物普查，对西沙群岛及其周围海域的四次文物调查，在岛礁上和海底下共发现各类文物和文物出土点47处，获得南朝以来各时期文物4600余件，钢钱近20万枚，1984-1986年，全岛开展文物普查工作，参加普查人员近400名，调查时间约两年，调查面积达5000平方公里，发现地面文物约600处，征集文物3000

多件。1992年中山大学海南文博干部文博专业证书班和海南省文物保护管理办公室在儋州、三亚、陵水三市县开展文物调查，发现新石器时代以来的古遗址、古墓葬近60处。1995-1999年为编辑《中国文物地图集·海南分册》，海南省文体厅、海南省博物馆与海南省19个市县文体局在海南岛开展文物复查、补查，参加人员约430人，调查面积约6000平方公里，复查文物930处，重新核定古文化遗址135处，发现新石器时代以来文物234处，征集文物200多件。

各级人民政府极为重视文物保护工作。早在1955年，海口市五公祠（也称海南第一楼）就被广东省人民委员会列为省级重点文物保护单位。海口五公祠是海南被列为省级重点文物保护单位第一例。1962年海南第一楼成为广东省人民政府正式公布的广东省第一批省级重点文物保护单位。此后，又有陵水大港村遗址、海口解放海南纪念碑、陵水县苏维埃政府旧址和西沙群岛甘泉岛唐宋遗址等4处文物被公布为广东省第一批（重新审定名单）、第二批省级重点文物保护单位。海南建省后，又有一大批文物被省、市县确定为文物保护单位。到1999年，全省共有市县级文物保护单位276处，省级文物保护单位42处，澄迈美榔双塔，琼山丘浚故居，海口海瑞墓、丘浚墓，儋州东坡书院1996年11月被国务院公布为全国重点文物保护单位。它们也是海南建省后第一批确定的国家重点文物保护单位。

为了将文物保护工作纳入法制管理的轨道，依据中华人民共和国文物保护法，1994年2月25日，海南省人民政府颁发了《海南省文物保护管理办法》，海南省人民政府办公厅还分别颁发了《关于加强文物市场管理的通知》、《关于在基本建设中加强文物保护的通知》两个重要文件。全省所有全国重点文物保护单位和省重点文物保护单位都明确了保护范围，树立保护标志，部分有条件的市县如海口、澄迈、琼海、文昌、儋州、三亚、万宁等还专设了文物保护管理机构。

在开展文物调查，加强文物保护、制定文物法规的同时，海南文物维修和保养工作也取得了引人注目的成绩。80年代以来，随着国家经济实力的增强，中央和地方各级政府投入了大量资金，用于文物的维修，特别是建省以后，文物维修工作有了明显的加强。先后投入1000多万元对三亚崖城学馆、文昌学宫、临高文庙、海口五公祠、陵水苏维埃农民协会旧址（顺德会馆）、丘浚故居、宋庆龄祖居、美榔双塔、东坡书院等古代和近现代重要建筑进行了保养和维修，对海瑞墓纪念园、秀英炮台等一批重要文物保护单位进行了开发和维修。

建设博物馆，完善博物馆设施，发挥博物馆征集、收藏文物，宣传教育群众，培养文博专业人员，开展科学研究是文物事业发展的目标。1950年7、8月间海口市解放不久，由海南军政委员会文教处管理的五公祠即恢复对外开放。1957年4月到5月，广东省文化局组织的广东省文物巡回展览在海口、文昌、陵水、儋州、临高、屯昌、定安、琼中、通什、白沙、乐东、东方、保亭等17个县市进行巡回展出，这是海南解放以来第一次全岛范围的文物宣传展览活动，参观人数近百万人，为在海南开展文物调查，文物保护作了一次极好的宣传工作，也为在海南建设博物馆打下了良好的基础。1980年海南第一个市县级博物馆海口市博物馆成立，它标志着海南博物馆建设进入一个新的发展阶段。1981年海南黎族苗族自治州博物馆在通什成立，1986年馆舍建成并对外开放。1984年8月，海南博物馆筹建办公室在海口成立。随后又有陵水、定安、临高、琼山、昌江、琼海等6县相继成立博物馆，1988年海南建省后，原海南黎族苗族自治州博物馆更名为海南省民族博物馆。三亚、白沙、东方、保亭、儋州、屯昌、万宁等7县市也分别成立了博物馆或文物管理所。截止到1998年，全省共有博物馆15个，文物管理所1个，文物保护管理处、文物陈列馆、革命纪念馆14个。这些博物馆、纪念馆中，具备对外开放条件并已开放的有海南省民族博物馆、海口市博物馆、定安县博物馆、琼山市博物馆（丘浚故居）、昌江县博物馆、三亚市博物馆、陵水县博物馆、保亭县博物馆、儋州东坡书院和文昌文庙、冯平纪念馆、宋庆龄纪念馆、崖州学宫、周士第将军纪念馆、琼海革命历史陈列馆、李振三纪念馆、庄田纪念馆、万宁革命斗争史陈列馆、秀英炮台、海瑞墓纪念园、李硕勋烈士纪念亭等。年均接待观众近100万人次，年均门票收入约200万元。全省各类博物馆、纪念馆和其它文物管理部门共有藏品约50000件，其中三级以上文物约600件。三亚落笔洞的旧石器人类牙齿化石，乐东出土的汉代朱庐执圭银印，儋州洛基出土的立兽四耳青铜釜，陵水、昌江、临高出土的铜鼓，白沙细水出土的大石铲，昌江、乐东出土的青铜斧，西沙群岛及附近海域海底打捞的宋代越窑莲辨大碗，元代龙泉窑梅子青釉菊花大盘，明代石雕像、石雕建筑构件，明清青花海水云龙纹大碗等，都具有极高的欣赏价值和研究价值。

开展田野调查，配合基本建设，搞好抢救发掘工作，提高考古研究水平，是海南文物事业发展水平的具体体现。海南使用现代考古方法进行田野考古工作起步较早，1951年广东省人民政府民族事务处等单位在文昌凤鸣村新石器文化遗址开展文物调查时，对该遗址进行了田野考古试掘工作；1957年4月到5月，广东省文物巡回展览团的部分成员在通什试掘了5处新石器时代，唐、宋时期的古代文化遗址，采集石器、陶瓷片约300件；同年7月到8月，广东省文化局、中山大学等单位在海南进行原始文化遗址的普查中，对定安佳龙坡、琼中荒堂坡、通什1-4号地点、屯昌吉安等4县的7处原始文化遗址进行探掘，普查和发掘共获得石器约500件，确认了海南岛的原始文化遗址与广东大陆、东南沿海地区同属一个文化系统，其绝对年代为四、五千年，其相对年代约相当于中原的商周到汉代；1963

年8月广东省博物馆在陵水发掘大港村新石器遗址；1964年5月，广东省博物馆在澄迈对山口公社的5处元代窑址进行了勘探；1978年8月和11月，广东省博物馆、海南行政区文化局、陵水县文化馆在陵水军屯坡发掘清理了东汉到宋代的墓葬40余座；1992年海南省文物管理委员会办公室和中山大学联合发掘了陵水石贡遗址。1983年、1992年、1993年广东省博物馆、海南省博物馆、三亚市文体局等单位发现并发掘了三亚落笔洞洞穴遗址，出土“三亚人”牙齿化石和打制石器，其文化内涵年代属于更新世中、晚期（即距今5万年到1万年）；1993年海南省文物保护管理办公室和东方市文物管理所对大广坝库区内的古文化遗址进行了抢救性发掘。1995年、1999年中国社会科学院考古研究所、海南省文物保护管理办公公室、海南省博物馆、海南省文物考古研究所、琼山市文体局、琼山博物馆先后3次对琼山龙塘博抚村的汉唐城址进行了勘探和发掘，弄清了城址形状、城墙构造、城门及城址年代。1998年海南省文物保护管理办公室、海南省博物馆、海南省文物考古研究所和东方市文物管理所联合发掘了东方付龙园遗址。

在开展陆地田野考古的同时，也适时地对海南岛周边海域进行了水下考古。除了1974年、1975年、1996年、1999年有关单位四次在西沙群岛岛礁及其周围海域进行了水下考古外，1990年中国历史博物馆水下考古研究所与海南省文物管理委员会办公室对文昌龙楼宝陵港南面的明代沉船遗迹进行了水下考查，打捞一批铜器、铁器和瓷器。

海南的文物事业经过50年不断发展，已经基本具备了向更高水平发展的条件，文物工作为社会主义经济建设服务的作用将越来越大。随着我国改革开放的进一步深入，我国经济实力的逐步加强，用于文物保护与研究的经费也会逐步增加，海南的文物事业必将有更为光明的前景。

（二）考古

1957年广东省文物管理委员会与中山大学历史系合作对海南岛进行文物普查。1984年各县市在广东省文物管理委员会指导下再次开展文物普查，两次文物普查发现新石器时代遗址和石器地点达200余处，收集了一批文物。

海南建省后，考古工作有了很大的发展，做了许多工作。1990年中国历史博物馆水下考古学研究室与海南省文物管理委员会办公室对文昌县龙楼镇宝陵港南明时期沉船遗迹进行调查，采集到一批铜锣、铜锅、铜首饰、铜线、铁器及骨器、瓷器等一批遗物。

1992年海南省文物管理委员会办公室组织中山大学代培生对三亚市、儋县两地进行重点调查，发现遗址遗物点约50多处。初步发掘了陵水县新村镇石贡遗址。12月由海南省文物管理委员会办公室负责，组成以中国科学院古脊椎动物与古人类研究所、海南省博物馆和三亚市博物馆有关业务人员参加的考古队，对三亚落笔洞遗址进行发掘。出土人牙化石、石制器、骨器及丰富的动物遗骸，还发现许多灰烬及残骨、烧石等。经中国社会科学院考古研究所进行的碳14年代测定，三亚落笔洞人生活在距今一万年左右。11月海南省博物馆抢救清理位于海口市龙舌坡的一座石棺墓，发现一批器物。

1993年考古调查工作主要是为配合大型基本建设工程和开发区的建设而开展。3月海南省文物管理委员会和陵水县博物馆对陵水县福湾开发区用地进行调查，发现伊斯兰教徒墓葬一处、唐宋珊瑚石棺墓1处，新石器遗址一处，汉代瓮棺葬群1处及日军侵华碉堡和中国人民解放军50年代修筑的海防军事设施。8月海南省文物管理委员会办公室、海南省博物馆和东方县文管所对大广坝电站水淹区进行考古调查，发现4处古文化遗址，采集到一批陶片，石器和动物骨骼。4月海南省文物管理委员会办公室，海南省博物馆和琼山县博物馆对琼山县灵山镇西游记游乐城工地1座明代券顶单室砖墓进行挽救性发掘。出土了陶俑、镇墓兽和珠饰等一批随葬品，采集到一块明代砖质墓志。10月海南省文物管理委员会办公室、中国科学院古脊椎动物与古人类研究所、海南省博物馆和三亚市博物馆组成联合考古发掘队，对三亚市落笔洞遗址进行第二次发掘，出土人牙化石2枚，石器、骨器60多件，脊椎动物化石500多件及大量无脊椎动物残骸，以及一批灰烬和烧石。

1994年海南省文物管理委员会和东方县文管所对大广坝库区内II号遗址进行抢救发掘，发现灰坑，杜洞等遗迹，出土文物有陶瓷片、骨器、石制器、铜器残片及猪、牛、鹿等动物残骨碎片。3月海南省文物管理委员会办公室和琼山市博物馆对位于琼山市美兰机场西部地区进行文物调查，发现有价值的明代石冢墓6座，遗存埋藏地点4处。

1995年7月海南省文物管理委员会办公室和陵水县博物馆对位于陵水县福湾开发区内的赤岭港工地进行文物勘察和调查，清理2座唐代珊瑚石棺墓和3座汉代瓮棺墓。9月和12月海南省文物管理委员会办公室、海南省博物馆、琼山市文体局和琼山市博物馆2次对琼山市龙塘镇博抚村的一处古城址进行考古调查。采集到汉砖、布纹瓦、陶片和近似印纹陶类的陶片等一批文物标本，11月海南省民族文物保护研讨班部分学员在通什市毛道乡进行考古实习时，在通什河边台地上发现新石器时遗址和地点2处，采集一批夹砂陶片和磨制石器。受国家文物局委托，海南省文体厅牵头，文管办、省博物馆、中国历史博物馆水下考古学研究室、广东省考古研究所等单位22人组成普查队，于1996年4月27日至5月24日对西沙群岛岛礁及其海域进行文物普查，此次普查对西沙22个岛屿和沙洲、4个环礁进行调查，共采集到唐代以来的文物标本1800多件，发现水下遗物点8处，再次发掘甘泉岛唐宋遗址。并树立海南省甘泉岛唐宋遗址文物保护单位标志碑。采集的文物标本主要是唐、宋、元、明、清各时期的陶瓷器，器型有罐、瓶、壶、钵、盆、盘、碗、杯、碟等，水下打捞的文物除瓷陶品外，还有石建筑构件、石雕像和石器等，1月海南省文物管理委员会办公室、海南省博物馆、琼山市博物馆联合对海口美兰国际机场动土区内的大明孙宅慈母林大娘碑墓进行抢救性发掘，6月文昌市新桥镇石良村出土一罐窖藏铜钱，内装有3000余枚铜钱。7月琼海市潭门镇“琼海00316”号渔船在西沙群岛北礁附近海域捕鱼作业时发现大量铜钱和铜锭。11月海南省文物管理委员会办公室、海南省博物馆、儋州市博物馆业务人员对儋州市光村镇泊潮新村和新隆村的2座已遭破坏的珊瑚石石棺墓进行发掘。

海南省考古工作起步虽然晚，但是考古工作已逐步走上正轨。

（三）文物

1. 海南地方文物法规

为了加强海南省文物管理保护工作，适应海南经济特区的开发、建设，海南省政府除了认真贯彻执行国务院颁发的各种文物法令外，省政府办公厅还于1990年2月3日颁发了《关于加强文物市场管理的通知》；1991年5月22日颁发了《关于在基本建设中加强文物保护的通知》。1994年2月25日，海南省人民政府颁发了《海南省文物保护管理办法》，共有49条款的规定。这些地方文物法规的颁布，使海南省文物保护管理工作有法可依，有章可循，走上正常的轨道。

2. 文物普查与征集

在海南隶属广东省作为一行政区域时，1957年，海南区文博部门积极支持和配合广东省文物管理委员会及文物工作队，在海南地区开展文物普查工作；1984年，在广东省文物管理委员会的指导下，海南各市、县文博工作者再次开展文物普查工作。两次的文物普查，在海南地区发现和登记了一大批自新石器时代以来各个历史时期的遗址、遗迹和遗物等文物史迹。其中比较重要的有建于宋代的琼山古城，建于明代的儋县古城、琼山府衙门，琼山明代的石塔，琼山明代的进士及学士尚书石碑坊，崖县、万宁唐宋年间的摩崖石刻，海口宋代宣和元年宋微宗撰并书的“神霄玉清万寿宫诏”碑等珍贵文物。

海南建省后，海南省政府更加重视全省的文物普查工作，省文管办首先组织开展对全省各重点文物保护单位的调查、复查工作。1996年4月，由海南省文体厅牵头，国家文物局、中国历史博物馆、广东省考古研究所等单位联合组队，海南省有关单位紧密配合，对西沙群岛22个岛屿和沙洲、4个环礁进行了地上和水下的全面普查，采集到唐宋以来的文物标本1800多件，发现水下遗物点8处，取得了丰硕的成果，从而进一步证明了中国对南海诸岛拥有不可争议的主权，这是海南建省后所进行的一次重大文物普查。6月，国家文物局和海南省政府在北京召开“中国南海诸岛考古项目—96西沙群岛文物普查成果汇报会”，与会人员对普查工作给予高度评价，中央电视台、新华社等多个媒体都作了报导。

从1990年起，海南省文物工作重点逐步转移到文物征集上来。各市、县文博部门根据自身的条件和发展，征集了一大批珍贵的文物藏品。其中，海南省博物馆1990年开展了革命文物调查和征集，从全省各地征集新民主主义革命时期革命文化史料183件；1995年征集了唐代陶俑和宋元陶瓷器114件。此外还征集了一批珍贵的民族文物、西沙文物、清代铁炮以及反映“海南23年红旗不倒”的革命文物图片等。海南省民族博物馆先后完成了五指山地区摩崖石刻、古迹碑文的拓片、拍照和文字资料记录作业；海南西部地区大广坝水电站库区黎族文化遗产的抢救征集工作；海南南部地区文化遗址的调查和三亚回族文物的征集工作。1997年又征集了203件黎苗族文物藏品。

3. 文物保护与维修

海南建省前，文物保护工作就已经开展起来，原先广东省政府已将海南一批重要的文物公布为省级文物保护单位。海南建省后，文物保护工作更加完善和发展，全省各市、县先后陆续将新发现的重要文物公布为文物保护单位。目前全省共有省级文物保护单位42处，市、县级文物保护单位276处，其中美榔双塔（姊 妹塔）、丘浚故居、丘浚墓、海瑞墓和东坡书院4处5个点于1996年11月被国务院公布为全国重点文物保护单位，成为海南省第一批国家重点文物保护单位。

与此同时，海南省政府加强文物保护力度，坚决打击偷盗、走私国家文物等非法活动。1991年海南省公安厅、省文体厅和文昌县公安局联合在文昌破获一起倒卖文物案，逮捕无法分子4人；1998年海南省武警边防总队琼海边防局查没了一批重要的西沙文物。此外，为了更好地、全面准确了解、掌握全省各文物点的情况，以便有效地加强文物保护管理工作，由海南省博物馆负责编辑的《中国文物地图集·海南分册》工作正在加紧进行中。

海南建省后，政府十分重视文物的保养和维修，投入大量资金，保养与维修了三亚崖城学宫（崖城文庙）、陵水苏维埃农民协会旧址（顺德会馆）、文昌学宫、海口五公祠、临高文庙、丘浚故居、宋庆龄祖居、美榔双塔、东坡书院等一批重要的古代建筑、历史纪念馆和革命纪念建筑等文物。开发和维修了海瑞墓纪念园、秀英炮台等一批重要的文物保护单位。

4. 文博人员岗位培训

1982年，海南区选派一批文博干部参加广东省文物普查训练班学习。1990年海南省文体厅委托中山大学举办“文博专业证书班”，选派20多名文博干部参加学习；1991年海南省文体管会选派文博干部参加全省各类短期培训班学习；1995年海南省文体厅举办全省民族文物保护研讨班，16个市县35名学员参加学习，系统地掌握了文物法规和政策、民族文物保护、文物调查和考古发掘、文物建筑保护和博物馆藏品保护等知识。此外，海南省文管会每年都选派干部参加全国性各类文物培训班学习。通过一系列的培训学习活动，提高了海南省文博队伍工作人员的总体素质，培养一大批文博工作战线上的业务骨干。

（四）博物馆

海南省现有博物馆21个，其中省级馆2个，市县级馆8个，各类纪念馆9个，文物管理所2个。全省馆藏文物46000件，其中三级以上文物560件，干部职工160人，大专以上学历42人，中级技术职称以上25人，全省馆舍面积约10万平方米，陈列展览面积3万平方米。馆舍功能齐全，具备陈列展览条件，对外正常开放的有省民族博物馆、三亚市博物馆、海口市博物馆、定安县博物馆、昌江县博物馆、陵水县博物馆以及一些纪念馆等。每年平均接待观众55万人次。平均门票收入119.5万元。政府每年平均增拨经费36万元。

海南省各类博物馆、纪念馆，主要是1988年建省后逐渐建立发展起来的。特别是省市级馆和一些经济基础较好的市县级馆，博物馆事业得到较快的发展，形成了一定的规模，具备了收藏、陈列展览、研究的职能。在大特区文化宣传教育方面起到较大作用。全省文博队伍建设中注重培养引进专业人才，以提高干部素质和业务能力。1990年在中山大学举办委陪文博专业班，学员20人次。1993年在定安举办了全省博物馆藏品保管培训班，学员60人次。同时引进了其他省市专业人才20人，为缓解全省文博专业干部短缺，提高业务素质起到了积极作用。经过培训的人员基本都各馆业务活动骨干。业务队伍的壮大，促进了各馆业务水平的提高。完成了一系列业务和课题研究，取得了可喜成绩。省民族博物馆有陈列厅8个，展出面积2000平方米，藏品突破3万件，其中珍贵文物1751件。年接待观众超过15万人次，收入30万元。同时完成了五指山地区摩崖石刻、古迹碑文的调查、大广坝水电站库区古文化遗址的抢救保护、《海南黎族通史》的编撰及全岛南部地区文物普查和文物征集等一系列工作，海南省博物馆在继续力争建馆的同时，专业干部积极从事课题研究工作，完成了三亚落笔洞遗址的发掘，出版了《三亚落笔洞遗址》的研究专著，参与进行了西沙海底水下考古，发掘文物1500件，收集水下文物500件，钱币300公斤，探明了海底文化基本内涵。发表各类研究文章10篇。组织编辑《中国文物地图册.海南分册》。海口市博物馆，在原有馆舍的基础上，新投资1500万元新建陈列展览厅2000平方米，购进先进的安全防护设备，完成扩建海瑞纪念馆工程，举办了“海南民族民间工艺精品展”，“河北满汉墓金玉衣文物精品”等专题展览28次，藏品已达1万件，年接待观众40万人次，门票收入120万元，是海南博物馆参观人数最多的市级博物馆，取得了较好的社会效益的经济效益。定安县博物馆，新建展厅560平方米，藏品已近8000件，是藏品最多的县级馆，另外，陵水县博物馆、昌江县博物馆，虽然受馆舍条件限制，但仍能坚持常年开放，是当地进行爱国主义教育的好教堂。

全省各馆藏品保管中，已全部清库、登记建档，建立了科学的管理制度，新建或维修了文物库房，增添了防护设备，藏品保护管理基本规范，连续多年实现了全省馆藏文物安全年。

全省文物法规建设中，为了适应经济特区环境，加强文物保护，制定了《关于加强文物市场管理的通知》和《海南省实施<中华人民共和国文物保护法>办法》两个地方文物法规，各地博物馆为实施文物法规，积极开展了多种宣传活动，取得了较好的社会效果。

海南省博物馆事业，虽然底子薄、起步晚、客观条件差，经过建国50年的发展，特别是改革开放与建省办经济特区11年来，博物馆事业从无到有，从一点一滴到日积月累，已经初具基础博物馆体系，馆舍的扩大，藏品量的增加，业务成果的再现，都表明全省博物馆事业已有了大的发展，取得了一定的成效。 （海南省博物馆）

八、医疗卫生事业

建国50年，是海南卫生事业逢勃发展的50年，是海南人民健康水平不断提高的50年。

50年来，海南的卫生事业全面贯彻卫生工作方针，深化卫生改革，突出以农村卫生、预防保健和中医药工作为三大战略重点，切实加强卫生机构网络建设，全面实施初级卫生保健，引进和培养医疗卫生技术人才，海南卫生事业有了长足的发展。医疗卫生机构不断增加，医疗网点布局日趋合理，医疗卫生技术队伍不断壮大，医疗保健仪器设备不断充实更新，城乡卫生面貌逐步改善，广大人民群众的健康水平有了明显提高。人均期望寿命从解放初期的35岁提高到1998年的73.33岁。海南已从“瘴疠之地”变成了“长寿岛”。取得了举世瞩目的成绩。

（一）医疗机构遍布城乡

1950年海南解放时，海南仅有15所设备简陋的公立、教会医院，而且这些医院都集中于海口市和沿海地区县城镇，广大农村特别是少数民族边远山区，除了一些个体开业医生和草医外，几乎没有任何医疗设施，缺医少药现象十分严重。解放后，特别是改革开放、海南建省后，实行多渠道办医，初步形成了以公办医疗机构为主体，集体和个人办医为补充的多种所有制办医格局，医疗机构遍布城乡，缺医少药的问题基本得到解决，医疗技术水平不断提高，海南人民实现了大病不出岛的愿望。1998年，全省卫生机构674个，比1950年增长40倍；床位数21480张，比1950年增长33倍；卫生技术人员32155人，比1950年增长23倍；平均每千人口拥有床位和医生分别为2.85张和1.77名，均高于全国平均水平。

（二）预防保健成绩显著

解放前，海南人民生活十分贫困，医疗卫生条件很差，加上海南地处湿热带，各类传染病易于发生与流行，疟疾流行猖獗，鼠疫、霍乱、天花、麻风、结核等传染病时常流行，不知夺去了多少人的生命，是历史上有名的瘴疠之地，有“一去一万里，千之千不还；崖州在何处，生度鬼门关”的史料记载。解放后，党和政府非常关心人民的疾苦，认真贯彻“预防为主”的方针，建立健全各级卫生防疫防治机构，充实防疫保健队伍，大力加强传染病防治工作，医疗卫生条件不断改善。1998年，全省各级各类卫生防疫防治机构已发展到90个，乡镇卫生院防保组307个，各类卫生防疫防治人员3677人，比1950年增长了36倍，形成了较为健全的卫生防疫体系。经过长期的艰苦奋斗，全省分别实现以省、县（市）、乡镇为单位“四苗”接种率达到85%的目标，法定报告传染病总发病率从1987年的1950.29/10万(是全国平均水平的3倍)下降到1998年的245.10/10万(低于全国平均水平)。先后消灭了天花和鼠疫，基本消灭了丝虫病和麻风病，有效控制了疟疾、霍乱、登革热、白喉、脊髓灰质炎、乙脑和结核病。

（三）农村卫生工作不断上台阶

解放前，海南农村卫生设施简陋，卫生人员匮乏，卫生条件极差，人民群众的基本医疗得不够保障，人民群众因病致贫现象十分突出。解放后，党和政府把农村卫生作为卫生发展战略重点来抓，加强农村医疗、预防、保健机构建设，加速农村卫生人才培养，加强农村卫生“三项建设”，形成了农村卫生三级网络，农村卫生条件明显改善，基本解决农村缺医少药的问题。1998年，全省乡镇卫生院发展到310所，农村卫生站2179个，农村卫生人员4307人。全省已有18个市县达到初保合格或基本合格标准，占全省总市县总数的94.7%，位居全国的前列。全省已有555个村委会、56万农村人口参加农村合作医疗。仅建省以来，全省共投入“三项建设”经费1.45亿元，其中投入房屋建设1.28亿元，完成建筑面积18.35万平方米；投入设备经费1380万元，添置必要的常用设备共6072件，投入人才培训经费331.2万元，培训农村卫生人员6785人次，农村卫生条件明显改善。

（四）妇幼保健蓬勃发展

解放前，海南妇幼保健事业十分落后，海南只有海口市设有妇幼保健机构，全省从事妇幼保健工作的卫生人员不足100人。解放后，党和政府十分重视妇女的作用和儿童的健康成长。妇幼保健成为我国社会主义卫生事业的一个重要组成部分。进一步健全城乡妇幼保健组织和机构，积极开展防治妇科病和儿童保健活动，海南逐步改变了妇幼保健的落后状况。1998年，全省妇幼保健机构22个，专业技术人员586人，农村还有2467名接生员。大力开展创建爱婴医院活动，全省已创建爱婴医院41所、爱婴卫生院55所。婴儿死亡率从解放初期的244‰下降到1997年的40.38‰；孕产妇死亡率从解放初期的1670/10万下降到1997年的41.20/10万。

（五）中医事业开创了新的局面

解放前，海南没有建立中医医院，中医绝大部分是个体开业，没有仪器设备，诊疗技术水平低。解放后，特别是海南建省办经济特区后，省委、省政府对中医工作十分重视，把发展中医事业做为卫生工作重点来抓。1988年，省政府召开了第一次全省中医工作会议，制订了《1988至2000年中医事业发展战略规划》，并认真组织实施。海南中医机构建设才得到较快的发展。1998年全省中医机构发展到17家，比解放初期增加了15家；中医药从业人员2362人，比解放初期增加了1688人；中医机构病床发展到990张。全省中医医疗机构坚持中医特色的办院方针，同时积极引进现代科技成果和西医学的诊疗技术，以中医中药为主，西医西药为辅为人民群众提供医疗服务，并承担一定的预防保健、康复及社区服务，中医已成为海南卫生事业的重要组成部分。

（六）爱国卫生运动广泛深入地开展

爱国卫生运动起源于抗美援朝反对美帝国主义细菌战，是建国后党和政府组织领导，旨在移风易俗，改善卫生条件，提高人民健康水平的群众性运动。建国以来，海南积极响应党中央，特别是1952年毛泽东主席发出的“动员起来，讲究卫生，减少疾病，提高健康水平，粉碎敌人的细菌战争”的号召，全岛建立了各级群众性卫生组织，开展以整治城乡环境卫生“脏乱差”、除四害、农村改水改厕、创建卫生城市、卫生城镇、卫生先进单位、健康教育为主要内容的群众性爱国卫生运动。对改善除害防病，城乡卫生面貌、卫生条件，美化、绿化、净化生活环境，提高全省人民卫生素质，促进两个文明建设起到了很大的作用。1998年，海口、儋州市被评为全国卫生城市；三亚、通什、琼海市被评为“全省卫生城市”；海口市城区灭鼠、灭蟑通过全国爱卫会验收被命名为灭鼠、灭蟑先进城区；全省有504个单位被评为“海南省卫生先进单位”。全省有96%农村人口饮用卫生水，其中44.15%的农村人口饮用自来水。全省农村有28.68%的农户使用了卫生户厕。1998年，省人大常委会审议通过了《海南省爱国卫生管理条例》，使海南爱国卫生运动走上经常化、制度化、规范化和科学化发展轨道。

（七）医学教育和医学科研迅速发展

解放前，海南仅有2所医科学校，规模很小，师资力量薄弱，教学设备很简陋。解放后，随着社会经济的发展，人民群众的医疗卫生需求日益增强，医学教育迅速发展。1998年，全省高中等医学院校发展到16所，教职员工986人，年毕业生1600多人。实施海南医学人才培养工程，多渠道培养各类卫生人员，整体提高了全省医疗卫生人员的素质。解放前，海南没有独立的科研机构，没有专项科研经费，卫生科研人员较少，全省医疗卫生科技水平低。1998年，全省医学科研机构发展到4个，从事医学科研人员77人。认真实施海南医药科技发展规划，成果喜人，仅建省以来，共获得省级以上科技奖励114项，多项科研成果达到国内国际水平。

（八）药品监督管理日益加强和医药企业迅速发展

解放前，海南没有专门的药政管理机构，解放后，党和政府十分重视药政管理工作，逐步建立健全药品监督管理卫生网络。1998年，全省药品检验机构发展到14个，从事药品检验人员131人，药品监督员145人。解放前，海南药品生产十分薄弱，建省前，药品生产企业发展也缓慢。建省后，由于海南实行特区优惠政策，积极招商引资，大力发展医药企业。1998年，全省医药企业发展到81家，产值近20亿元，成为海南八大支柱产业之一。(海南省卫生厅 陈少仕)

九、体育事业

新中国成立后，毛泽东主席发出“发展体育运动、增强人民体质”的号召。海南各级各届政府把发展体育运动作为增进人民健康、丰富群众文化生活、促进青少年全面发展的大事来抓，创造了一个良好的发展局面。党的十一届三中全会以后，特别是建省办经济特区以来，海南体育工作取得了可喜的成绩。

群众体育蓬勃发展，全民健身方兴未艾。《全民健身计划纲要》颁布实施以来，海南省的群众体育进入了一个面向社会、全民参与、蓬勃发展的新时期。全省经常参加体育锻炼的人数逐年递增，已达190万人，占人口总数的28%；全省青少年的体质明显改善，达到《国家体育锻炼标准》的人数80万，占适龄人数的92.63%。群众体育工作逐步建立起与新时期要求相适应的运行机制。全省形成了点、线、面相结合的群体工作网络。行业、部门、社区、乡镇的体育活动广泛开展，丰富多彩，出现了季季有大赛、月月有小赛、周周有活动的新局面。群众性体育活动正朝着经济化、规范化、科学化方面发展。

逐步完善训练体系，积极探索竞赛改革，竞技体育呈现出持续、协调发展的新局面。海南建省后，提出了“缩短战线、重点发展、发挥优势”，以“灵、小、轻、水”竞技项目为重点的竞技体育发展战略，初步形成了布局合理、系统训练、相互衔接的竞技体育训练体系，竞技水平和竞技能力大有提高。建省以来，全省优秀运动队有8个项目的50名运动员取得了全国及亚洲以上比赛的奖励名次181个。其中，取得全国性比赛第一名15个，第二名16个，第三名20个，第四至第八名121个；取得亚洲及世界性比赛第一名3个，第二名3个，第四至第八名4个。1993年、1997年先后组团参加第七届、第八届全国运动会，获奖牌数和总分一届好于一届，圆满完成了既定目标。1998年，海南省帆板运动员莫泽海代表国家参加第十三届亚洲运动会，取得了第四名的好成绩，这是海南有史以来第一位自己培养的亚运选手。

体育投入日益增多，投资主体逐步走向多元化。在地方财政按比例投入逐步提高的同时，体育部门积极探索"以体养体"、挖掘内涵、自我积累的路子，争取社会各方面对体育事业的投入。通过开发体育多种经营、开拓体育市场、发行体育彩票、争取社会赞助等方式，建立和完善体育事业自我积累机制，加大体育投入，加快体育建设。

体育队伍素质不断提高，体育管理水平有所改善。体育科研从无到有，从基础的科学选材逐步向科学训练、运动监测等较深层次发展，初步形成了有建制、有人员、有实验仪器的科研条件。由于认真贯彻《中华人民共和国体育法》，体育法制建设不断得到加强。

（一）体育设施

建国之后，特别是建省以来，海南各级政府及有关方面十分重视体育设施建设，把其作为精神文明建设的重要组成部分，投资兴建了一大批体育场所和设施设备。据统计，50年来，全省建有田径场60个、游泳池9个、跳水台2个、排球场1860个、篮球场1508个、有看台的灯光球场20个、训练馆5个、专项训练房10间。建省后，海南省对体育设施的投入逐年增加，一批多功能多用途的现代化体育设施相继建成使用。如海口体育馆、三亚国家跳水训练基地、海口帆船帆板训练基地等的落成，为发展海南体育事业提供了必要的基础条件。座落在海口市下洋村，占地300多亩的省体育中心已完成了征地、总体规划工作。其中总建筑面积7029平方米，三层框架结构、多功能多用途的综合训练馆于1997年被省计划厅批准立项，计划2000年建成。

海口体育馆，1991年动工兴建，1993年峻工，占地42000平方米，建筑面积15020平方米，属多功能、具有现代化设施设备的体育馆。馆内设有3408个座席，木质地板、电脑屏幕、中央空调。该馆自建成交付使用以来，历届海南椰子节开幕式都在这里举行。还举办过四国女篮、四国女排以及1996-1997全国女排联赛、全国技巧冠军赛等赛事活动。

三亚市国家跳水训练基地，1992年2月破土动工，1992年5月31日投入使用。该基地设有10米标准跳台和游泳池，具有占地15亩、1200米陆上训练馆一座及水处理、气垫保护设施。目前主要供三亚市跳水学校及国家跳水队集训之用。

海口帆船帆板训练基地，1994年开始投资，1996年建成，占地面积337.85亩，建筑面积10898平方米。设有运动员宿舍楼、船库、船道等设施。自1994年以来，每年都接待国家及各省市帆船帆板队不少于15支约200人进行冬训，每年都承办全国帆船帆板锦标赛和优秀选手赛。此外每年还接待游客约30万人次。

海口海滨游泳场。始建于1962年，建设初期仅有建筑面积300平方米，进入80年代后，与海口帆船帆板基地合并，一个单位两块牌子。

海南大学联谊馆(即体育馆)，1990年开始兴建，1992年初建成，是多功能多用途的综合体育馆。占地7000平方米，有2000个座位，设有中央空调，大型电子屏幕，木质地板。建成后，该馆先后接待过中央交响乐团、中央广播交响乐团、中央巴蕾舞交响乐团的演出，以及我国和美国、古巴、日本等国女排的训练，还承办过大型集会。

海南中学体育馆，1992年4月兴建，1995年2月建成，占地2700平方米，建筑面积3655平方米。集训练、比赛、教学为一体的场馆，设有1200个座位。建成后曾承办过全国青年技巧锦标赛和省中专篮球赛。

海南大学金桥木球场，是我国第一个木球场。始建于1996年，占地面积6500平方米。

（二）体育训练

海南解放初期，体育训练主要以各学校进行的课余训练为主。1955年各学校普遍围绕国家颁发的劳卫制标准进行课余训练。

为了培养优秀运动员，1958年海南行政区成立了青少年业余体校，有近百名学生在此校进行田径、体操、篮球等项目的训练，并成立了男子篮球专业队。同年，海口市也办起业余体校。到1988年建省前，海南共有业余体校11所，进行篮球、排球、足球、乒乓球、羽毛球、田径、游泳、射击、举重、体操、航模、海模12个项目的训练。另有9所学校纳入广东省和海南行政区体育传统学校，训练项目有篮球、排球和田径。

1984年，海南成立了男、女蓝球，男、女排球4支专业队，上述训练单位共向广东省体校、体工队和国家队输送了150名运动员，这些运动员在参加国际比赛中共为祖国获得35枚金牌。他们的突出代表有云中生(国家级航模教练、获中华人民共和国体育荣誉奖章)，韩星元(破世界航程纪录，获中华人民共和国体育荣誉奖章)，韦海英(获1996年第二十六届奥运会女足亚军，1990年第十一届亚运会女足冠军)，邢芬(国际健将，多次获女子举重46公斤级世界冠军，获中华人民共和国体育荣誉奖章)，黄晓喻(第一、二、三届世界女子举重锦标赛冠军，多次打破世界纪录)，伍海青(获第四届世界举重锦标赛女子56公斤级抓举、挺举、总成绩三项冠军并打破三项世界纪录)，王崇升(获1991年世界大学生运动会体操全能第一，1988年汉城奥运会团体第4、全能第六、单项第4)，吉泽标(获1985年亚洲田径锦标赛、世界杯田径赛撑杆跳高冠军)，姚芬(获第十届、第十二届世界杯羽毛球赛女双冠军，第十一届亚运会羽毛球女子团体第一名)，胡富芬(获1983年第四届世界杯技巧赛男子双人3个项目全部冠军)。

海南建省后，在省政府关心下，于1989年12月正式成立了集体育训练、教学、科研为一体的多功能的中等专业学校——海南省高级体育运动技术学校。内设优秀运动队、业余训练班、体育中专班，运动项目有帆板、田径、举重、沙滩排球、羽毛球、国际象棋等。共有教练17人(其中高级教练3人，中级教练7人)，省优秀运动队员51人、集训队80人、业余训练班197人。1992年8月，海口市政府正式批准成立海口市体工队，现有举重、柔道两大项，举重教练1人、男运动员12人、女运动员4人，柔道教练1人、男运动员24人。各市、县都办起业余体校，设有田径、举重、游泳、羽毛球、乒乓球、篮球、排球、沙滩排球、足球、射击等项目，共有教练98人，在训学生1500人。在此基础上，海南省于1993年首次参加全运会(第七届)，获得1块金牌、1块铜牌、总分25.5分。1997年参加第八届全运会，获2枚铜牌、总分89分，奖牌在47个参赛代表团中居33位，总分居29位。

参加全国少年田径、举重、游泳、羽毛球、技巧等项目比赛，共获金牌185枚，银牌165枚，铜161枚。

（三）体育竞赛

建国50年来，海南体育竞赛活动一直十分活跃，方兴未艾，在各个时期均体现出不同的时代特色。早在50、60年代，以小型多样的本地区单项竞赛活动为主；到70、80年代，海南行政区先后举办六届运动会，并承办多项次的全国性单项比赛；海南建省后，多次承办规模和影响较大的国际性比赛。

1983年中共中央关于加快开发建设海南的决定下发之后，随着海南经济形势的迅速好转，体育事业有了较快的发展，其中体育竞赛活动十分频繁，承办全国性的竞赛活动增多。1983年3月12日至29日举办了全国九届篮球协作赛，参加比赛的单位有云南、贵州、四川、广东、福建、浙江、江西、甘肃、新疆、广西省、区和武汉、成都、重庆、广州市共28支男女篮球队，这是海南较早承办较大规模的体育赛事。1983年10月1日至10日举办广东男子排球邀请赛，有10支全国排球劲旅参加了角逐。1983年9月2日，在世界乒坛上享有盛誉的日本国家乒乓球队到海南进行为期五天的访问，并和广东队进行了两场表演赛，这是建国以来海南岛第一次接待外国体育队伍来访比赛。1984年6月和11月举办了“南宝杯”、“海乐杯”全国女排邀请赛。这些赛事的成功举办，提高了海南岛在体育界的知名度。最有轰动效应的体育活动是，1984年11月荣获世界排坛“三连冠”的中国女子排球队，在美国洛杉矶奥运会夺冠后，在袁伟民的带领下直接从洛杉矶飞抵海南访问献技，并于1984年11月19日、21日、23日晚分别在海南灯光球场、通什灯光球场进行了精彩的表演，场场观众暴满。海南电视台首次进行了实况转播。

海南建省后，除每年举办7至10项次全省青少年比赛和承办全国赛事外，还举办了多项国际大赛。1989年举办的“海口丸红国际马拉松赛”，有6个国家和地区的100多名运动员参加比赛。1994年4月举办了世界一流水平的海口“黄山杯”四国女排争霸赛，中国、古巴、日本、美国女排参加角逐。1994年11月举办了三亚亚洲铁人三项系列赛第八站暨全国铁人三项锦标赛。1996年举办了有中国、古巴、韩国、美国队参加的世界女篮请赛。

1996年海南成功地承办了全国技巧冠军赛、全国青少年技巧锦标赛、全国沙滩排球巡回赛、全国帆板帆船冠军赛和优秀选手赛后，被国家体委评为“全国体育竞赛优秀赛区”，并得到表彰。此外，海南在承办1996至1997年全国女排联赛八一女排主场时，被评为这一赛季全国唯一的女排联赛最佳赛区，并得到表彰奖励。上述竞赛的成功举办，扩大了海南省在全国体坛中的影响，奠定了海南省组织全国和国际性赛事的基础。

（四）群众体育

建国50年来，在毛泽东主席“发展体育运动、增强人民体质”光辉题词和中共中央“关于进一步发展体育运动的通知”精神指引下，海南的体育工作始终把发展群众体育放在重要的位置上，并坚持“业余、自愿、小型、多样、因地、因时、因人制宜”的原则，开展群众体育，参加体育锻炼人口达190万人，占总人口的28%，群众体育正向社会化、多样化、制度化方向发展。

学校体育基础良好。学校是输送体育人才的摇篮。海南各类学校不断加强体育工作，体育设施不断增加。1954年开始推行“劳卫制”，70年代推行《国家体育锻炼标准条例》和《学生体育合格标准》，逐步形成了“两课、两操、两活动”。据1998年统计，全省各类学校共有4773所，其中施行锻炼标准的学校有3280所，施行面达68.32%；应参加锻炼的学生总数108万人，实际参加锻炼人数86万人，及格率以上的达80万人，及格率为92.63%；办运动队学校554所，在训学生11040人。1991年海南省授予体育传统项目学校31所。海南中学、海口一中、文昌中学被评为全国先进体育传统项目学校。文昌中学男子排球队自1989年以来曾四次蝉联全国中学生“振兴中华杯”排球赛冠军，琼山中学男队曾获一次亚军。海南省1990年组队参加全国中学生田径运动会，男子获团体总分第四名。1991年全国中学生田径运动会在海南中学举行，海南省夺得6枚金牌、3枚银牌、2枚铜牌，男子获团体总分第4名，女子获团体总分第12名。1991年7月，海南农垦中学学生李卫国参加世界中学生田径赛，分别获得三级跳远金牌和标枪银牌。1995年，海南中学学生陈约琴参加国际中学生田径赛，获女子200米和跳远两枚金牌。建省前，海南行政区、海南黎族苗族自治州每年分别举行中小学生田径运动会。建省后，全省共举行三届小学生田径运动会，参赛学生总计900多人次；举办八届中学生田径运动会，参加学生总计2000多人次。海南每年都举行全省体育传统项目学校中学生排球赛。1998年全国中学生男子排球赛在文昌举行，海南省队获亚军。

职工体育相当活跃。海南行业、企业领导十分重视职工体育工作，积极组织职工开展体育活动。1985年海南共有44万人坚持长跑活动，1988年成千上万人参加百万职工冬季长跑，1990年发动职工参加“百日锻炼迎亚运”活动，一个利用工余、节日开展职工体育活动的高潮已初步形成。建省前，海南行政区曾举行两届工人运动会。建省后，1992年至1997年，海口市每年都举行万人长跑活动。海南省直属机关工委于1994年、1998年先后举办两届职工运动会，每届都有5000多人参加。海南省工业系统于1995年举行首届工人运动会，1500多人参加。从1996年起省直机关恢复工间操活动，早晚练点遍及各市县，项目有拳、剑、功、舞等。1996年海南省组团参加第三届全国工人运动会八个项目的比赛，获一项第六、二项第七、三项第八名的成绩。1997年海南举行迎八运会火炬传递活动，历时7天，经过三亚、陵水、万宁、琼海、定安、琼山、海口等市县，全程300公里，参加活动人数达2万多人。1993年在第七届全国运动会期间获全国群体先进单位45个，1997年在第八届全国运动会期间获全国群体先进单位42个。海口市海甸街道办事处于1998年获全国城市体育先进社区称号。

农村体育逐步发展。各市县利用节假日、农闲空余时间举办小型多样、丰富多彩的群众体育活动。文昌、琼山、定安、琼海、澄迈、临高、乐东等市县农村开展九人排球活动。文昌市排球活动很普及，闻名国内外，被誉为“排球之乡”。1990年全国开展“亿万农民健身活动”，海南省各市县积极响应并组织开展乡镇体育活动，全省有14个乡镇获全国“亿万农民健身活动”先进乡镇。琼海市1998年被评为全国体育先进县。海南省1988年组团参加全国首届农民运动会；1992年组团参第二届全国农民运动会，并获得男子100米银牌；1996年组团参加第三届全国农运会，获女子团体总分第八名，女子游泳摸拟救生铜牌、男子三项全能第四名、女子50米蛙泳第七名。少数民族体育在保护整理中得到发展。每年三月三节都普遍举行民族体育比赛表演。1986年由海南黎族苗族自治州选拔运动员代表广东省参加第三届全国民运会，黎族跳竹竿被评为优秀项目。1990年在通什市举行全省首届民族体育运动会，有13个市县参加，项目有射弩、秋千、打陀螺，拉乌龟，攀藤摘花等。1991年海南组团参加第四届全国少数民族传统体育运动会，获男子龙舟冠军、女子秋千第七名、跳竹竿一等奖、铁铃双刀三等奖。1995年在第五届全国民运会上，获男子龙舟第六名、跳竹竿一等奖。保亭县加茂镇、昌江县叉河镇、琼海市会山苗族乡被评为全国少数民族体育先进乡镇。

老年人体育热火朝天。海南老年人体育很活跃。全省老年门球队100多个，门球场88个。全省有1万多人经常参加门球、太极拳(剑)、气功、元极功、迪斯科、健身操等活动。1989年、1993年和1996年先后举办三届老年人运动会，每届都有1000多人参加。1990年中南六省市老年人门球赛在海口举行，海南一队、二队和海口市队分获二、三、四名。1991年海南省农垦女队获全国第二届老年人地掷球赛第四名。

残疾人体育正在兴起。海南残疾人体育开展较晚。1990年在琼中县举行全省首届残疾人田径比赛。同年首次组队参加全国残疾人田径赛，获两项第五名和两项第六名。1992年和1995年分别组团参加第三、四届全国残疾人运动会，在第四届全国残运会上，海南省获3枚银牌、两项第四名、一项第五、两项第六名。（海南省文体厅）

十、社会保障

社会保障制度作为社会和经济发展的“稳定器”，其发展是和社会、经济的发展密不可分的。海南的社会保障事业，从新中国成立以后建立的传统型的社会保险制度发展到今天，由养老、工伤、失业、医疗等四大社会保险构成的现代社会保障体系，风雨兼程走过了50年的艰苦创业历程，并取得了辉煌的业绩。特别是从1988年海南建省、1989年国务院确定海南为全国社会保障制度综合改革试点以来，经过几年的改革实践和探索，一个具有海南特色的、与社会主义市场经济相适应的新型社会保障体系已初步建立起来，被誉为“海南模式”，并在特区经济建设、社会稳定和提高人民生活水平等方面发挥出日益突出的作用，已成为社会主义市场经济发展不可或缺的减震器和安全网。

（一）传统的社会保险制度（1949—1983年）

传统的社会保险制度在“文化大革命”以前，表现为国有企业之间的互济互助，管理社会保险事业的机构是企业的工会组织（管理企业社会保险）、国家内务部（管理国家机关人员社会保险）。文革中，我国社会保险制度遭到严重破坏，统一的社会保险制度变成为由企业全包的“企业保险”，即由企业承担职工的养老、工伤、医疗、生育费用等，当时没有失业保险，这是由当时我国的经济制度还没有引进失业机制决定的，与当时我国的计划经济制度紧密相连并与之相适应。同全国一样，海南传统社会保险制度施行30多年，逐步发展、修改、完善，对促进生产、保障职工基本生活和维护社会安定起了重要作用。

1978年党的十一届三中全会召开，中国的经济从此走上了改革开放的道路。随着政企分开、落实企业生产经营自主权，企业逐步成为自主经营、自负盈亏、自我约束、自我发展的经济实体，此时，企业的工资分配制度改革、劳动用人制度改革以及企业参与市场竞争，都受到了原有由企业包下来的保险制度的掣肘，“企业保险”成为阻碍经济发展的因素，革旧布新，变“企业保险”为“社会统筹”已成为社会保险制度改革的焦点。

（二）社会保险制度的初步形成（1984—1990年）

80年代前期开始，改革“企业保险”，实行“地方社会保险”逐渐在全国范围内展开。至1985年底，广东省在上百个市、县实行老年社会保险地方统筹。1983年海南行政区作为广东省所辖的一个地区，被列作全国的改革开放试验区，海南行政区成为改革开放的前沿，经济得到了较快速的增长；1984年成立了以企业职工养老保险为重点的海南行政区社会劳动保险公司（1988年建省后改称海南省社会劳动保险公司），并开始推行全民单位合同制工人的社会保险制度。

1986年7月，国务院发布改革劳动制度四个规定，即《国营企业实行劳动合同暂行规定》、《国营企业招用工人暂行规定》、《国营企业辞退违纪职工暂行规定》、《国营企业职工待业保险暂行规定》，其中《待业保险暂行规定》规定给国营企业职工办理待业保险，并规定了在四种情况下可享受待业保险待遇。至此，由养老保险和待业保险组成的海南社会保险制度初步形成。

随着改革的深入，特别是1988年海南建省办特区，成为全国最大的特区省份后，各种经济成份蓬勃发展、就业人数猛增、产业结构调整速度加大，整个经济模式向市场经济迈进，与之适应的提高效率、扩大公平竞争要求社会保障制度的配套。而原有的社会保险制度日显力不从心，因此，改革原有的社会保险制度、扩大保险覆盖面，已成不可逆转之势。

（三）建立新型社会保障制度的初步努力（1990—1993年）

1989年，国务院确定海南为全国社会保障制度综合改革的试点省，由此，海南经济特区城镇从业人员社会保险制度改革拉开了序幕。同年底，省委、省政府成立了社会保障制度改革领导小组，1991年初拿出了海南省职工养老、工伤、失业、和医疗保险四个方案，并邀请国际社会保障官员及专家学者进行评议、论证。1991年7月，组建省社会保障委员会，统一组织全省社会保障制度改革，12月正式成立海南省社会保障局，行政上归属于省人事劳动厅，业务上实行独立管理。原社会保险事业管理局同时撤销，各市县劳动部门所属社会保险机构一律更名为社会保障局。

1991年10月25日，省政府第64次常务会议通过了省职工养老、工伤、待业和医疗等四项社会保险暂行规定及公费医疗暂行办法。1992年1月1日，四项社会保险暂行规定以省政府令形式发布实施。

此次改革，集中针对传统社会保险制度的主要弊病。其突出特点是：

1.将社会保险的范围和对象从过去主要是国营企业和部分集体企业的职工扩大到各类企业各种身份的职工，并施行固定工与其它身份劳动者统一的个人缴费制，以利于劳动力的合理流动和各类企业的平等竞争。

2.统一了社会保险费率，所有企业一律按照职工工资总额的一定比例缴纳保险费，解决了不同所有制和新老程度不同的企业保险负担不均的问题。

3.加强了社会保险基金的共济能力，实行了部分积累式的资金筹集模式，从过去国家和企业统包统揽，改为国家、企业、个人三者合理负担。

4．建立了新的社会保险管理体制。

改革成效明显，到1992年底，养老保险参保单位从1991的4630个增加到7289个，增长了57%；工伤保险参保单位从1991年的4630个增加到7251个，增长了57%；参加失业保险单位5592个；养老保险参保人数从1991年的647419人增加到719436人，增长了11%；工伤保险参保人数从1991年的54869人增加到257636人，增长了3.7倍，失业保险人数从1991年的6594人增加到315617人，增长了46倍。

（四）社会保障制度的进一步完善和法制化管理（1994—1998年）

海南养老、工伤、待业等项保险暂行条例发布实施后，三项保险的推进很快。但是不同经济成分的企业，在参加社会保险方面也呈现不平衡。海南地方所属全民、集体单位的参保率最高，许多市县都达到了95%以上，而外省驻琼企业、外商投资企业及私营企业的参保率，则不尽如意。

海南社会保险暂行规定虽然在目标上体现了市场经济发展的客观要求，但在实现目标的手段上仍然没有根本性的突破，主要还是利用传统的政治动员和行政性手段来推进社会保险制度改革，因而未能很好地解决市场经济条件下社会保险强制性如何实现的问题。

为深化改革，完善社会保险制度，1992年底，省政府组织力量着手研究对社会保险四项暂行规章的修改问题。1993年底，省政府向省人大提交了海南经济特区城镇从业人员养老、工伤、失业保险三项条例草案；1993年12月31日省人大常委会审议通过并颁布了养老、工伤、失业保险三项条例，自1994年1月1日起实施。1994年8月17日省政府以政府规章形式颁布了养老、工伤、失业保险三项条例实施细则。从此，海南社会保障制度的改革迈上了法制化的轨道。

这次以三项社会保险条例实施为标志的社会保障制度的改革具有鲜明特点：

1.扩大了社会保险的覆盖面，将全省党和国家机关、事业单位、社会团体、企业及个体经济组织的所有社会从业人员都纳为社会保险对象，实行统一的养老、工伤、失业保险制度，充分体现了社会化、一体化的社会保险原则。

2.强化了社会保险依法行事的程序和手段。强化和明确了社会保险参与者（包括社会保险对象、行政管理部门、业务管理部门）的法律权利和义务。

3.加强了对社会保险基金的监督。成立社会保险基金监事会，负责对社会保险基金的征缴、管理和支付进行监督，并向全社会定期公布基金的年度预、决算，增加基金管理的透明度，保证基金正常安全运行。

4.对养老、工伤、失业保险待遇计发办法进行了改革，待遇标准较暂行规定均略有提高，在突出了缴费义务与享受权利相挂钩的同时，更好地体现了社会保险的福利性原则。

5.进一步理顺了社会保障管理体制。确定省人事劳动厅为全省社会保险的行政主管部门，取消了虚设的社会保障委员会。

海南医疗保险制度的改革在前三项条例实施的同时稳步进行。从1992年开始，海南医疗保险暂行规定在部分地区试点，公费医疗暂行办法在全省实施，为医疗保险制度改革积累了一定的经验，也为下一步的改革打下良好的基础。

1993年国家劳动部制定了《关于职工医疗保险制度改革试点意见的通知》，1994年4月，国务院批准国家体改委、财政部、劳动部、卫生部《关于职工医疗保险制度改革的试点意见》下发后，给海南省继续推进和完善医疗保险制度改革以巨大鼓舞，1994年6月省政府成立了医疗保险制度改革方案起草小组，12月省政府常务会议审议通过《海南经济特区城镇从业人员医疗保险条例（草案）》；1995年2月26日，海南省第一届人民代表大会常务委员会第15次会议通过了《海南经济特区城镇从业人员医疗保险条例》，并于7月1日公布实施。6月省政府常务会议通过了医疗保险条例实施细则，并于1995年7月4日颁布实施。

海南省医疗保险条例主要特点及对若干问题的处理：

1.实现医疗保险范围社会化及制度一体化。条例规定,海南经济特区内城镇所有用人单位（包括企业、机关、事业单位和社会团体、个体经济组织）的全部从业人员（现役军人、外籍及港澳台地区人员除外），均应参加医疗保险,体现了社会保险的社会化原则。消除了各类人员在社会保险待遇方面的身份差别，有利于统一劳动力市场的形成，有利于全体从业人员医疗保险政策的统一性、协调性，有利于提高管理效率，抑制医疗费用迅猛上涨，保障广大劳动者的基本医疗。

2.合理确定医疗费的征缴基数和费率。确定医疗保险费率为从业人员月工资总额的11%，其中用人单位缴纳10%、从业人员本人缴纳1%、离退休人员不缴费。这一规定实现了新老企业之间，机关事业单位与企业之间的社会共济，增强了医疗保险基金的负担能力。

3.建立个人医疗帐户与社会共济医疗帐户相结合、分别独立运作的基金管理模式。个人帐户的记入是根据从业人员不同年龄段，按个人缴费工资（退休人员按养老金）的4%、5%、6%、8%不同比例记入。

4.运用先进的技术手段管理个人帐户，确保个人帐户的定向消费。采用银行IC卡（智能卡）来管理个人帐户，个人帐户资金用于门诊医疗和支付紧急抢救住院期间按规定应自负的医疗费。不得提取现金，不得透支，超支不补、节余滚存使用、并可以继承。

5.实行医疗保险病种、药品、服务项目准入制度，实行基本医疗服务项目及药品的统一定价制度。由政府直接控制医疗服务的范围及水平，从而有效地遏止了医疗服务的高消费。

针对医疗保险条例实施1年多遇到的一些问题，海南省于1996年12月出台了《关于完善我省医疗保险实施办法的意见》，及时完善医疗保险实施办法。主要措施有：一是适当减轻个人医疗费负担；二是增补共济帐户支付病种和药品目录，简化审批办法、进一步方便患者就医用药；三是改革共济帐户医疗费结算办法，实行定额预算管理；四是调整医疗服务收费标准，适当提高了医疗技术（劳务）收费标准、控制了高新仪器的收费。

医疗保险制度改革出台，养老、工伤、医疗、失业四项社会保险基本构成了海南省一整套社会保障制度体系（生育费用的报销也暂时纳入医疗保险的渠道解决）。社会保障制度法制化是海南社会保障制度的一大特点，建立起更加强有力的监督约束机制，为经济发展和社会稳定提供了坚定的后盾。

1997年国务院下发了《关于建立统一的企业职工基本养老保险制度的决定》，根据决定精神，海南省从1998年元月开始，进行养老保险统一制度的测算和方案的起草工作，海南省养老保险条例修正案预计于1999年5月由省人大常委会颁布。1998年12月14日，国务院下发了《国务院关于建立城镇职工基本医疗保险制度的决定》，根据国务院的医改决定，从12月底开始，对《海南经济特区城镇从业人员医疗保险条例》及其《实施细则》进行修订，并对调整后的有关数据进行初步的测算，条例修正案预计于1999年底颁布实施。

（五）逐步完善的社会保障制度改革日见成效

海南社会保障制度综合改革，从1992年起，经过几年来的探索，在实践中不断完善。事实上证明，海南社会保障体系在大特区的经济发展和社会进步等方面都直到了积极的推动作用，在各方面工作中取得了可喜的成绩。特别是医疗保险改革，从方案酝酿起草到实施过程中，国务院及有关部委始终给予关注与支持，并对我省所取得的成效给予了充分的肯定。海南新型的社会保障体系被誉为“海南模式”。

1.参加社会保险的单位、人员、基金稳步增长

截止1998年底，全省参加社会保险的单位1.33万个；参保在职人员80.78万人，比上年同期增加6011人；参保的离退休人员27.71万人，比上年同期增加2.26万人；养老、工伤、医疗三项社会保险基金收入10.20亿元，其中养老保险基金收入8.91亿元，医疗保险基金收入1.12亿元，工伤保险基金收入0.17亿元；支出三项保险基金10.89亿元，其中养老保险基金支出9.45亿元，医疗保险基金支出1.39亿元，工伤保险基金支出0.06亿元；社会保障功能日益增强，有效保障了全省近28万离退休人员的基本生活，基金的共济能力明显提高，全省受益单位2276个，占参保单位的17%；受益单位在职职工35.78万人，占参保职工的44.3%；受益离退休人员19.35万人，占参保离退休人员的69.8%；受益金额2.27亿元。

2.建立起了一套比较科学规范的基金管理监督制度

一是以立法形式明确了社会保障机构负责基金管理运营、哪级政府及其部门、社保机构违规挪用要负相应的行政和法律责任；二是建立了由政府、用人单位、从业人员三方代表组成的监事会、审定社会保险基金年度预、决算、负责对社保基金的征、管、用进行监督；三是实行了财政、审计部门的定期检查、审计制度；四是建立了人大、政协代表对社保机构不定期的视察、质询制度；五是社会保障局内稽查审计部门对下级社保机构的审计、监督。

通过以上措施、全省建成了从内到外、从上到下、从政府到社会的有效的社会保险基金管理监督体系、防止了基金的流失和挪用、保证了各项社会保险待遇的支付。

3. 社会保障机构队伍不断壮大，服务水平进一步提高

截止1998年底、海南省社会保障管理机构共有职工638人、保障机构职工队伍的充实、壮大、保证了社会保障制度改革的顺利实施；全省保障系统已有计算机159台、省局基本实现了计算机自动化管理、工作效率成倍增长、服务社会的能力进一步得到加强。（海南省社会保障局 王蓓佳）

十一、劳动就业

建国50年来，一方面严格执行计划生育的基本国策，控制人口增长，缓解就业压力；另一方面，以社会主义现代化建设为中心，致力于经济改革和经济建设，为全省城乡创造了大量就业机会，使海南省的就业形势基本稳定，劳动就业水平有了很大提高。

（一）从业人员不断增加

从业人员指在劳动年龄内，具有劳动能力，参加社会劳动取得劳动报酬或经济收入的人口。海南建省以前，海南岛一直被当成我国海防前哨，经济建设的投入严重不足，加上本岛体制上的条块分割和海岛地理上的封闭，实际上形成了“闭关锁岛”的状态，经济发展缓慢。从业人员队伍规模不大，到1962年，城乡从业人员也只有150.34万人，主要分布在农业生产部门。改革开放以来，随着经济建设的不断发展，就业规模不断扩大，尤其是建省办特区后，劳动力得到了充分利用。1987年，海南的国内生产总值只有57.3亿元，到1998达到438.9亿元，增长6.6倍多。而从业人员则由1987年的280.7万人增加到1998年的326.70万人，增长16.4%。海南省是率先实行市场经济的地区之一，较早实施“在国家统筹规划和指导下，劳动部门介绍就业、自愿组织起来就业和自谋职业就业相结合”的三结合的就业方针，推出了劳动服务公司这一新型的社会劳动力管理组织。这一方针的提出，突破了国家“统包统配”单渠道安置就业的局面，广开了就业门路，从而逐步形成了就业渠道多元化的新格局。

（二）劳动用工制度改革见成效

随着管理体制的转变，统一调配劳动力的管理制度和以固定工为主的用工制度已不能适应形势要求。从1983年起，海南做为原广东省的一个行政区，被列为全国的改革开放试验区，围绕着从计划经济体制向社会主义市场经济体制过渡，在各项劳动用工制度中引入竞争机制，转换政府部门的职能和企业经营机制，将直接行政管理为主的劳动管理制度转变为以经济手段和宏观调控为主的管理制度，将用工自主权和分配自主权放给企业。企业通过劳动力市场和信息渠道与应招人员直接洽谈，双向选择。在用工制度上，根据国务院发布的改革劳动制度的规定，率先实行了劳动合同制试点，进而全面铺开，改变了计划经济时期的用工的“铁饭碗”制度。与此同时，企业试行优化劳动组合，择优上岗，设法安置离岗富余职工。随着经济体制改革的逐步深化，劳动力配置方式日益市场化，其他经济单位和私营经济的用工已基本实现了市场调节。国有企业和集体企业通过建立现代企业制度，扩大企业用工自主权，初步形成了企业和劳动者之间相互选择的市场机制。到1997年末，在企业中实行劳动合同制的职工人数已达49.58万人，占全部职工的59.5%。按照市场经济发展的需要来改革用工制度将是今后用工制度发展的方向，因为劳动合同制度用工制度的方面规范了社会主义市场经济条件下劳动主体双方的权利和义务关系，促进劳动力市场体系的形成和发展，同时对海南省的经济发展将起到积极的推动作用。

（三）就业结构趋向合理

解放初期，由于历史的原因，海南的产业结构以农业为主，国家投资于第二、第三产业的比重较少，这种状况制约着海南经济的发展，也影响劳动力的合理配置。十一届三中全会以后，国民经济贯彻实行“调整、改革、整顿、提高”八字方针，对生产资料所有进行适当调整。1987年末，全民所有制、城镇集体所有制和个体劳动者之间的就业结构为：33.9%：2.8%：0.2%，经过二十年的发展，到1998年末全省城镇就业结构调整为：国有经济单位占35.2%，城镇集体经济单位占1.5%，其他各种经济单位占2.4%，城镇私营企业占3.7%，城镇个体占5.6%，形成了多种经济成份并存，共同发展的局面。

通过优化经济结构，合理调整各产业在国民经济中的比例关系，产业结构日趋合理，作为经济发展要素之一的劳动力配置也日趋合理。全社会从业人员按三次产业分所占比重由1987年的79.5%、6.9%、13.1%发展到1998年的60.6%、10.1%、29.3%。

（四）实施"再就业工程”

海南建省后，岛外和本地农村的大量劳动力涌入城镇劳动市场，占据了许多就业岗位，给本省城镇人员就业增加了一定难度。省政府根据中央的“三结合”就业方针，进一步开放劳动力市场，在大力促进就业服务和社会保障的发展方面取得了一定成效。进入90年代初，改革进入攻坚阶段，同时伴以大力度的产业结构调整，大批职工下岗，失业率上升。为了促进海南省经济结构的调整，深化企业和劳动制度改革，维护社会稳定，于1993年5月在原省劳动服务公司的基础上，成立了海南省职业介绍服务中心，以及公办分支机构28家，民办机构9家。并建立了与此项工作相联系的电脑管理系统，逐步形成了职业介绍、就业培训、失业保险、生产自救的劳动服务体系，并以第三产业作为安置下岗职工的主要渠道。1998年末，已有2.56万人进入职业介绍中心进行转岗培训，有9.31万人通过职业介绍机构介绍到城镇各类经济单位就业。形成了一种有国家政策指导下培训与就业相结合、企业用人自主、个人择业自主、市场调节需求、社会提供服务的就业新格局。

（五）择业观念逐步转变

随着社会主义市场经济体制的建立和完善，人们择业观念在悄然发生着变化。在计划经济体系下，人们的择业观念单一，以进入国有单位作为自己的目标，其次才到其他所有制单位。现在，国有单位不再是人们的首选目标，从一而终的就业观念逐渐被取代，人们不再看重单位的性质，而是看能否发挥自己的特长和获得较多的收入或更能实现自身的价值。在市场信息和就业服务机构的引导下，很多就业者自觉流向私营、个体和外资企业。1998年末，在其他经济单位从业的人员为7.86万人，在城镇私营企业中从业的人员为12.08万人，在城镇个体经济中从业的人员为18.35万人，分别占全省城镇从业人员的6.8%、10.5%和15.9%，比1991年增加了4.9、7.9和8.1个百分点，人们对劳动体制改革的心理承受能力逐步增强。因此，鼓励和引导个体、私营和外资企业健康发展，对于满足人们职业选择多样化的需要，增加就业岗位，促进国民经济的发展有着重要的作用。

（六）社会保障体系逐步建立并趋于完善

1951年，中央发布实施《中华人民共和国劳动保险条例》，传统的职工社会保险制度实施了四十多年，这对于发展经济，保障职工权益，促进社会安定起了重要作用。但是，随着社会主义市场经济的建立，原有的职工保障制度已不适应形势发展的要求。

社会保障体系作为社会主义市场经济体系的巨大支柱之一，其作用与地位已越来越被人们重视。根据国务院1986年发布的改革劳动力制度的四个规定，海南迅速建立起本省的社会保险制度。1990年成立了“海南社会保障事业管理局”，各市县社会保障机构也相继成立，社会救济、社会福利、优抚安置等工作稳步发展，这些社会保障机构及工作部门，以其较大的调剂和保障功能，促进了经济体制改革和发展，维护了社会的稳定。

根据国务院国发（1989）24号文，海南作为全国社会保障制度综合改革的试点省，于1991年完成了海南省养老、工伤、待业、医疗等四个社会保险行政规章。1994年发布了由省人代会议审议的海南经济特区城镇从业人员养老、工伤、失业三个社会保险条例和实施细则。将全省企事业机关和城镇个体劳动者做为保险对象，建立了一体化的城镇从业人员保险体系。把原先只以合同制职工做为投保对象进而扩大到全体城镇从业人员范围，部分农村区域的公民以及城镇区域的公民也参加了各种形式的社会保险，使海南的社会保障事业走在全国的前列。

养老保险和医疗保险制度的实施，减轻了部分企业的负担，使各类企业大体处在同一起跑线上平等竞争，共同发展。各级保障机构执行保险基金统一费率，统一支付项目，统一管理使用，统一调剂划拨的政策，体现了养老保险、医疗保险费用由国家、企业、个人共同负担的缴纳办法，建立了医疗费用个人帐户卡。截止1998年末，全省已参加社会保险单位13266户，参保人数80.8万人，参加统筹的离退休人数27.7万人。自1991年以来，全省共筹集各项社会保险基金累计52.2亿元，支出46.9亿元。几年来，全省参加养老保险受益单位（离退休费用大于缴纳养老金）年均1656个，受益离退休人员93.8万人，受益金额累计10.7亿元。

社会保障制度的建立和不断完善，保证了企业离退休人员的基本生活，减轻了企业负担，充分体现了其作为社会“安全阀”和“减震器”的功能，对于稳定社会，促进全省国民经济的发展，起到了积极作用。

（七）分配制度改革见成效，职工工资水平有所提高

1998年，海南省职工平均工资6248元，比1978年增长11倍多，职工生活水平逐年提

高。十一届三中全会以来，中央提出以经济建设为中心，促进扩大企业自主权，增强企业活力，鼓励多种所有制并存，出现了多种分配形式。在生产发展的基础上，省委和省政府采取多种形式和措施，积极提高在职职工的生活水平。

80年代，企业实行企业工资总额与经济效益挂钩，进而实行了承包责任制，解决了国家与企业的初级分配问题。在实行“工效挂钩”改革以前，企业对职工的收入基本上没有自主权，改革以后逐步把企业内部的分配权交给企业。企业内部打破了平均主义，改变了单一的等级工资制，按劳动条件的优劣、责任轻重、技能高低等确定工资，极大地调动了职工的积极性。1998年从业人员的平均工资为6248元，比1990年增长3倍，8年中人均年工资增加了4268元。

机关事业单位也进行了工资改革，按职务标准，建立新的工资制度，初步理顺工资关系，贯彻按劳分配原则，使机关事业工作人员的工资普遍有所增加，工资同本人的级别，职务等密切联系起来，促进了人才的合理流动。而1993年10月1日起实施的增资制度，是深化人事制度改革和推行国家公务员制度的重要组成部分，对调动机关事业单位从业人员积极性、理顺工资关系、扭转多年来脑体倒挂的局面和加快社会主义现代化建设具有重要的意义。经过工资制度的改革，使机关事业从业人员的工资水平有较大幅度的提高，为国家公务员工资的顺利过渡奠定了基础。

（八）劳动就业发展前景及发展战略

海南建省办特区以来，经济建设成就显著，初步形成比较合理的产业结构。但是，随着经济体制的深入改革、产业结构的调整、优化和现代化企业制度的建立、完善，企业富余人员逐步增加，下岗失业人员的数量也将逐渐加大，据劳动部门统计，1998年，全省企业下岗职工总数达8.3万人。可见，城镇劳动就业的压力仍很大。随着政府职能的转变和办公自动化程度的提高，党政机关、事业单位不仅对社会就业的吸纳数量进一步降低，而且还要从现有岗位上分流出来一部分人员。在农村，由于劳动年龄人口逐年增加，耕地面积减少，导致每个劳动力平均占有耕地相对减少，人地矛盾日益激化。加之80年代初实行农村经济体制改革，农民生产积极性空前高涨，劳动生产率大大提高，使隐性的农业剩余劳动力迅速显性化。这些剩余劳动力依托乡镇企业的发展，以“离土不离乡”的形式就地转移，主要流向以工业为主体的第二产业，解决了很多就业岗位。但自80年代后期，由于市场竞争环境变化，乡镇企业也面临着调整结构上水平的任务，吸纳剩余劳动力的能力减弱。迫使农村剩余劳动力进入了异地转移、跨区域流动的阶段，主要流向以城市为载体的工业和第三产业。虽然这样，农业剩余劳动力大量存在仍是一个严峻的问题，也是全省劳动就业的最大压力源。

劳动就业不仅是重大的社会和经济问题，而且更是一个重大的政治问题，它直接关系到广大人民群众的切身利益和社会的安定团结以及经济的持续健康发展。就目前这种劳动力供大于求的格局在未来很长一段时期不变的情况下，增加就业，减少失业，扩大劳动力总需求始终是劳动就业工作的重点所在。要想增加就业，减少失业，首先得将开发就业岗位和调整产业结构结合起来，优先发展一些就业容量大的劳动密集型产业，缓解就业压力；其次，大力发展非公有制经济，未来一段时期内，城镇私营和个体就业等将成为新增劳动力的好去处，对此，政府应从政策导向上积极加以扶持和鼓励。再次，积极发展旅游业，以旅游为龙头发展第三产业。国内外经验表明，随着经济的发展，第三产业将是吸纳就业的重要渠道。目前，全省第三产业所占比重还很低，因此，吸纳劳动力就业的潜力和空间还很大。最后，加快社会保障制度的改革是关系全局的重要问题，社会保障面越大，解决减人增效和就业问题的力度也就更大，社会保障水平越高，对保持在改革进程中社会稳定性作用就会更强。（海南省统计局 柯景华、黄丹慧）

十二、气象事业

伴着椰风蕉雨，海南气象事业与新中国一同走过了风风雨雨的50年。50年春秋寒暑，50年艰苦创业，海南气象部门发生了历史性巨变。500多名气象工作者在省委、省政府和中国气象局的领导和支持下，以保护人民和为社会主义建设服务为宗旨，提高气象服务经济效益为中心，团结一致，抓住机遇,开拓进取，为特区经济建设和防灾减灾作出了巨大的贡献。

1950年5月海南解放，海南军区接管原由广州市气象台管理的榆林气象台，改称海口气象台，属军队建制和领导。根据毛泽东主席、周恩来总理于1953年8月1日签发的《关于各级气象机构转换建制领导关系的决定》，从1954年1月起，海口气象台转为实行上级业务部门与当地政府双重领导体制。海口气象台的预报资料主要来自抄收中央气象台编发的点绘图和分析预报，自填自绘一张东亚地面天气图。通信完全依靠莫尔斯方式传输。预报内容主要是航空、航海及军事需要的项目。随着业务发展，相继建成了琼海、西沙、文昌、万宁等18个国家基本站和航危报站以及三亚、西沙、海口、东方4个探空、测风站。

1962年3月，海南黎族苗族自治州气象台建立，开始自填自绘少量天气图，负责发布全州的天气预报。各级气象台站也先后开展旬、月天气预报业务以及半年的天气趋势预报。但从60年代中期起，天气预报推行“大、中、小结合，以小为主；长、中、短结合，以中为主；图、资、群结合，以群为主”的技术政策，此后全国开展文化大革命，把天气图作为崇洋媚外进行批判，预报人员被下放接受再教育，预报工作处于停滞不前的状态。

随着党的十一届三中全会召开，改革的春风吹遍神州大地，海南于1988年建省办经济特区。同年7月9日，海南省气象局组建。尽管建省初期,由于受过去历史条件的限制,海南气象业务建设基础薄弱,设备简陋,人才匮乏，与兄弟省相比差距甚远,与海南特区经济发展极不相适应，但在海南省人民政府和中国气象局的正确领导下,在全省气象工作者的奋力开拓下,海南气象事业的发展揭开了崭新的一页。建省以来，是海南气象事业发展最快、效益最好、成就最大的时期。海南省原省长阮崇武称赞:“海南气象事业取得了跨跃式发展”。

（一）气象现代化建设日新月异

海南省气象部门依靠科技进步，以社会经济发展需求为导向,以提高气象灾害监测、预报能力为目标,奋力推进气象现代化建设。

自1978年至建省前,海南各级气象台站致力改变通信等方面的落后状况,先后配备了袖珍型微电脑、高频专用电话和气象传真接收机,气象业务手段得到一定的改善，但仍远远不能满足日益发展的海南经济社会的需求。1988年建省前仅有一台IBM／XT计算机。

建省后,随着海南经济建设的发展,气象事业现代化建设加快了步伐,从总体规模、技术装备水平到业务技术手段等各方面都发生了带根本性的变化，实现跨跃式发展。初步建成具有本省特色的现代化业务体系和一批高新科技服务项目，达到全国中上水平，有些方面进入领先行列，其发展速度居全国同行前茅。

1．计算机通信网络建设取得重大进展

海南省气象局实行“引进、消化、开发、创新”的正确技术路线，以高起点、高标准设置框架，以“搭积木”的方式分步实施，坚持边建设边使用的效益原则，建成全省气象综合信息系统网络。气象通信迅猛发展，11年跨出两大步，实现两次跨跃。1995年率先采用公用分组交换网方式，建成以省气象局为中心，上联全国气象信息广域网、下联各市县气象局的的计算机广域网,在全国处于领先水平。“八五”不但完成中国气象局统一部署的现代化建设任务，还完成了“七五”全国布局的7个省级业务系统建设的补课任务，气象现代化建设实现跨跃式发展，阶段性地实现省委提出的超常规发展的战略目标。1998年建成气象卫星综合业务应用系统分系统，加入全国气象高速卫星通信主干网。海南已拥有10兆比特／秒的省级局域网以及省——市县9600比特／秒速率的广域网组成的先进的计算机通信网络，气象信息的传输动力和信息共享水平显著提高。1998年经省政府批准，省局

利用气象综合信息系统建设的海南三防农业信息网络系统当年建成并投入使用，在全国同行处于领先行列。该系统技术先进，运行稳定，覆盖省和各市县三防、农业部门。它的建成对发挥现代化气象业务系统的资源效益尤其对海南防灾减灾和热带高效农业的发展具有重要意义，并已在防灾、农业信息传输中发挥了作用。此外，办公自动化也取得显著进展。采用最新INTERNET技术，建立全省气象部门网上办公系统,形成部门办公自动化体系和较高的业务化程度,在气象管理工作中得到了广泛应用。目前该项目在全国气象部门处于领先水平。

2. 大气探测体系建设取得进展

新建了基准气候站、珊瑚岛自动气象站、洋浦观测站等8个观测站点，建立和更新海口卫星云图接收处理系统和海口、三亚天气雷达数字化处理系统,并通过广域网实现雷达探测资料共享。至此，我省已拥有22个地面观测站、1个地面自动站、3个高空探测站、3个日射观测站、3个天气雷达站、2个气象卫星资料接收站、6个农业气象观测站、2个酸雨观测站，形成多层次、多功能、多要素的大气综合探测体系。

3. 气象服务手段明显改善

各市县气象局已完成了气象预警系统工程建设。省气象台建立了电视天气预报节目制作系统,其天气预报节目先后在海南电视台、海口电视台开播,并连续两次荣获“全国气象系统天气预报无主持人节目二等奖”。1999年2月1日海南天气预报主持人在海南电视台亮相荧屏。中央两台也播放了海口、三亚、西沙、南沙4地的天气预报,1998年海口“121□”天气自动答询系统开通。使气象服务手段由过去单一的广播形式向多样化拓展，增强了公众服务效果。

4. 科研教育逐步发展

省局先后建立海南省气象科技“短平快”项目、气象科技进步奖，立项开展了国家等各级科研课题60多项,其中承担了4个国家级科研攻关项目和2□个国家自然科学基金科研项目,有两项获省部级科技进步奖。业务和新技术培训日益活跃,全省气象部门近2000□多人次参训，大大提高了队伍的业务素质。

5. 气象科技队伍迅速成长壮大

气象队伍综合素质发生显著变化。认真做好人才培养、吸收和引进工作，经过现代化建设锻炼和新技术培训学习,我省气象队伍的知识结构、知识水平有了较大的提高和改善。形成一支适应现代化发展,包括气象专业以及计算机软件、网络建设、卫星遥感应用等高新技术的科技骨干队伍。除拥有国务院特殊津贴专家2人、省级优秀专家4人外,高级工程师由3人增加到19人,较建省前增长5倍多;工程师由99人增加到123人,增长24%;本科生由19人增加到122人,增长4倍多;研究生由原来没有增加到6人。

（二）气象服务效益显著

多年来，海南各级气象部门充分利用现代化建设成果,紧紧围绕海南特区经济建设的需要,以农业和减灾为重点,把决策服务放在首位，为社会公众、各级领导和国民经济各部门提供了及时有效服务,取得显著的社会经济效益。

1．始终把台风等灾害性天气预报服务列为气象服务的“重中之重”,为特区经济建设保驾护航。1988至1998年,海南共受71个热带气旋影响,仅1989年10月的20天内,就有4个强台风登陆。全省各级气象台站都能提前1至3天制作和发布预报和警报,为各地及时组织防范争得了主动权和时间，最大限度地减少了损失。1989年10月13日,通什市受台风影响、出现百年不遇的特大洪灾。通什市气象台对这场洪灾事先作出准确预报,□使市政府及时采取紧急措施,组织群众迅速撤离,转移重要物资,受到省、□市领导高度赞扬。省气象台连年受到国家防汛总指挥部、中国气象局和省政府的表彰□,三亚、通什、保亭、万宁、临高等市县气象局被评为市县防风抗灾先进集体。

2．充分发挥气象科技优势,□适时向省政府提出建议,成功开展高炮人工增雨抗旱。建省后，先后共6年在42个市县（次）开展高炮人工增雨抗旱作业,□增雨有效率达95%以上、共引发大雨以上降水229次,较快地解除或明显缓解了作业地区的严重干旱。据不完全统计，共解救受旱农作物20.12万公顷,抢种农作物5.25万公顷,水库增加蓄水10448.9万立方米。灾区干部、群众赞扬道:“这是下金、下银、下粮食,感谢党和政府的关怀”。

3．多次成功开展水稻改制推广试验。不仅为农业生产开展产前、产中、产后综合性系列化服务，而且积极开展水稻改制推广试验。其中1991、1992年,在6□市县成功试种杂交水稻831亩。经当地农业部门实地验收,平均亩产分别为□493和443公斤,最高亩产分别为631和611公斤,□平均每亩分别比同田洋未改制水稻增产117%和94%,较好地发挥了气象科技示范作用。

4．引进开发高科技,专业专项气象服务领域进一步拓宽。省局积极探索气象高科技与经济建设相结合的新路子,开展地热水开发、森林保护、土地利用、港口水下地形勘查、□土地沙化勘测等卫星遥感监测服务项目,取得多项成果。编制了我省第一套遥感湿地解释图。为区域开发、高速公路建设、美兰机场选址等一系列重点项目开展气候分析论证服务、取得较好的社会经济效益。自1997年起，连续两年邀请省内外气象专家，召开冬春冷暖趋势预测研讨会，为指挥冬种生产，打开瓜菜北运绿色通道提供了准确的依据，使我省冬季瓜菜产销两旺。据统计，97年冬至98年春，我省冬种瓜菜128万亩，总产量170万吨，产值达到43亿元，成为海南重要产业之一。为低纬火箭发射试验、□热气球飘渡海峡、椰子节、海交会、国际旅游年开幕式等重要社会和科研活动开展气象服务,受到了社会各界和有关部门的好评。

5．积极开展风能、太阳能资源、山区气候资源和海岛气候资源等调查分析工作,取得可喜的成果。从1987年开始,为建立海南立体农业、振兴山区经济，我省气象部门在五指山区4个坡面、不同高度建立气象观测点,□坚持27个月的气象和物候观测,探索山区农业气候资源合理开发利用的途径。从1989□年开始,积极参加海岛调查,完成了《海南岛东南海域海岛气候资源及其合理利用》的课题研究。编写出版了《海南岛气候》一书,荣获1990年海南科学技术进步三等奖。

（三）精神文明建设卓有成效

为适应改革开放的形势,保证气象事业沿着健康的发展方向前进,海南各级气象部门始终重视抓好精神文明建设,广泛开展群众性创建文明行业、文明机关、文明台站活动，取得可喜成效。

在1989年春夏之交的政治风波中，全省气象人员旗帜鲜明地反对资产阶级自由化,一如既往坚守岗位，坚持做好气象服务，准确预报出登陆我省的5个台风，被陈苏厚副省长称赞为：“海南气象工作者是一支既能经受自然风浪考验，又能经受政治风浪考验的队伍”。

根据新时期的特点和部门的实际,全省气象部门把思想教育、学赶先进与兴办实事、活跃文体生活有机地紧密结合起来,大力推进社会主义精神文明建设,收到了良好效果。

1．经常组织开展思想政治教育和思想理论学习,□干部职工的思想理论水平和政治素质有了较大提高,涌现出许许多多无私奉献的感人事迹。当台风来临时，局长、台长、高工们二十四小时坚守在预报值班室，常常连续几天几夜都未能合眼，当台风结束时，最早赶赴灾区调查的仍是他们不倦的身影，等灾情调查报告一写完，一些老同志因体力不支而累倒在病床上．．．．．．在气象现代化建设过程中，一批年轻的技术骨干昼夜奋战在计算机前，埋头钻研，不计得失，从不喊一声苦，叫一声累．．．．．．还有更多勤勤恳恳努力工作的同志，他们不为名，不为利，数十载如一日，默默地贡献着光和热．．．．建省以来,□全省气象部门共有53个单位(次)、370人(次)受到上级的表彰奖励，省气象台、陵水县气象局被分别评为海南省文明单位标兵和文明单位，琼山、文昌市气象局分别被评为市文明单位。

2．**千方百计为基层和群众办实事，不断增强内部凝聚力。**省局把办实事摆上重要议事日程，每年为职工兴办一批实事，解决了不少实际问题。建省以来，建设了省局综合业务楼和琼海等5个市县局的业务楼，全省新建、改建和扩建各类用房共30798平方米，同时努力绿化、美化工作和生活环境，1997年全省气象部门植草绿化1.5万平方米。建省以来，省局为40多名职工子女和家属解决了就业问题。

3．**文体活动蓬勃兴起，活跃了群众文化生活，陶冶了职工思想情操。**省局组织开展了全省性的卡拉OK和朗诵比赛，并组织文艺宣传队赴西沙慰问演出。省局“职工之家”开展活动有声有色，被省直工会、省总工会分别授予“先进职工之家”和“模范职工之家”荣誉称号。近年来，许多基层台站克服困难，建设了一批文体活动场所和场地，使群众性精神文化生活的覆盖面大大扩大。（海南省气象局 简政）

第六章　人口、环境与可持续发展

一、人口发展与计划生育

人口与社会经济发展之间存在着紧密的联系，它们既相互促进又相互制约。在一定的社会条件下，经济的发展会促进人口的发展，而人口发展过程中产生的人口问题则会反过来成为社会和经济发展的桎梏。新中国建立以前，海南人口的发展受到落后的社会经济环境的制约，走过漫长而迟缓的发展历史，解放前人口总量徘徊在200万人左右。建国50年来，新的生产关系极大地解放和促进了生产力，使得社会进步和经济发展产生了质的飞跃，人口的发展也随之进入了一个新的发展时期。从无政府的生育状态到有计划地控制人口增长，从“高出生、低死亡、高增长”的人口再生产类型到“低出生、低死亡、低自然增长 ”类型的转变，人口素质迅速提高。

（一）人口发展的基本状况

1.人口总量变动情况

解放初期的1950年海南人口总数为228.12万人。1953年全国第一次人口普查时达到269.69万人，3 年增加41.57万人，每年平均增加13.86万人，年均增长率5.7%。1964年第二次人口普查时总人口为347.04万人，比第一次人口普查增加77.35万人，每年平均增加7.03万人，年均增长率2.30%。1982年第三次人口普查时总人口达到566.77万人，比解放初期的1950年总人口翻了一番多,与1964年相比18年间人口增加了219.73万人，18年间每年平均增加12.21万，年均增长率2.80%。到了1990年第四次人口普查时总人口为655.81万人，比1982年增加了89.04万人，每年平均增加11.13万人，年均增长率为1.84%。1998年全省常住总人口达到752.82万人，比1990年增加97.01万人，每年平均增加12.13万，年均增长率1.70%。

海南人口增长除主要以自然增长之外，人口的机械增长也占一定比例。建国后，由于海南开发建设的需要，有几次大的人口迁移：第一次是建国初期,从祖国大陆各省、地区抽调一批干部支援海南土改和地方政权建设；第二次是为了开发建设海南，建立我国独立自主的橡胶及热带作物生产基地，50年代初大力创办起农、林、牧、茶场，从部队转业一批官兵支援海南农垦国营农场建设；第三次是1988年海南建省办特区前后出现的“十万人才下海南”热潮，数以万计的各类人才和“民工”短期内踊入海南，参加海南开发建设。从1953年至1990年间从岛外迁入海南的人口约有100万人。

纵观50年以来海南人口的发展变化,大致可分为以下几个阶段。

第一阶段为高增长阶段（1950--1957年）。由于战争过后的补偿性生育以及社会、经济、医疗和妇婴保健条件的不断改善，人口发展呈“高出生、高增长”状态，这期间的人口出生率在30‰以上、自然增长率高于20‰。

第二阶段为低增长阶段（1958--1961年）。由于1958年“大跃进”运动出现不讲科学，不按客观规律办事，忽视农业生产的工作失误，加上三年自然灾害，农业歉收、产量下降、粮食供应紧张的影响，人民生活严重困难，致使人口死亡率突增、出生率下降。1959年人口出生率为20.56‰，而死亡率高达19.25‰，自然增长率仅1.31‰。这是海南解放后人口死亡率最高，自然增长率最低的年份。1958--1961年出生人口27.98万人，死亡人口15.36万人，4年间自然增长12.62万人，年均增长3.16万人。这一阶段自然增长率下降，是非正常因素造成的，与70年代以后自然增长率的下降有根本的区别。

第三阶段为人口快速回升阶段（1962-1970年）。从1962年开始，由于认真贯彻党中央和国务院关于“调整、巩固、充实、提高”的方针，在短短的几年内，国民经济有了根本好转，人民生活逐步改善。1962年出现了典型的“补偿”性生育高潮，人口出生率从1961年的25.49‰，增加到1962年的52.35‰，并持续几年出现人口出生高峰，其后整个60年代期间出生率均在30‰以上，这一时期共出生112.02万人，平均每年出生14.00万人。

第四阶段为有控制的稳步增长阶段（1970--1980年）。进入70年代后，我国全面推行计划生育工作政策，各级政府积极响应党中央的号召，广泛深入开展宣传教育工作，提倡少生优生，采取以避孕为主的措施，在工作方法上强调国家指导和群众自愿相结合的原则，取得了显著效果，出生率由1970年的30.56‰下降到1980年的25.24‰。人口自然增长率、妇女总和生育率均比前期有所下降，人口迅猛增长的势头得到有效遏制。

第五阶段为有计划合理发展的增长阶段（1981--1998年）。我国的计划生育工作得到进一步完善和加强，国家制定了符合我国国情的计划生育工作政策，实行了计划生育目标管理责任制，人口出生率从1980年的25.24‰降到1990年的24.88‰，再降到1998年的18.48‰，呈逐步下降的趋势，人口发展走上了有计划、有目标、依法管理的轨道。

2.现阶段海南人口的状况及特点

(1)人口出生率仍然居高，人口增长趋势不容乐观

虽然出生率近年来呈下降趋势，但在全国各省市区人口出生率由高至低排列中，海南一直处在前六位之内，与全国平均水平相比高出2个千分点以上。

育龄妇女人口群庞大，对人口控制工作构成大压力。1998年育龄妇女（15-49岁）人口已经增加到194.00万人，比1997年增加4.75万人。其中生育旺盛期妇女（20-29岁）62万

人。

出生孩次比仍然呈现一孩率偏低，多孩率偏高的特点。一孩率即出生婴儿中属第一孩的占全部婴儿的比重。海南一孩率与全国平均水平相比一直偏低，存在较大差距、一孩率低在各省、市、区中居倒数第二位，多孩率则高居顺数第二，仅次于西藏。但从近几年的变化情况看、海南一孩率的上升幅度与多孩率的下降幅度均比全国大，与全国差距正逐步缩小。

总和生育率已下降至2以下，计划生育难度加大。海南1981年总和生育率是4.30，即当时的育龄妇女平均每人生育4-5个孩子，1990年时平均生育约3个，1998年时约2 个。

(2)人口年龄构成类型属于弱增加型，人口总负担系数逐年降低

人口年龄构成类型按动态划分标准分为增加型、稳定型、减少型，1990年时海南人口属增加型，近年来由于0-14岁人口比重逐步降低、人口再生产类型已经向弱增加型转变，其特征同时具有稳定型特点。1998年海南总人口中0-14岁的人口所占比重为29.87%，15-64岁人口占63.99%，65岁以上人口占6.14%。

人口总负担系数逐年降低。总负担系数中负担少年儿童系数下降趋势较为明显，负担老年系数呈震荡状态。但同全国相比较，总负担系数远高于全国平均水平、属高负担地区，总负担系数偏高的主要原因在于负担少儿系数过高、负担老年系数则低于全国同期水平。

(3)人口的文化素质在全国居中上游水平

1998年人口抽样调查结果显示：海南省文盲率14.27%，其中男性为7.38%，女性为21.52%。每十万人口中小学文化程度有35626人，初中文化程度有30623人，高中文化程度9739人，大专以上文化程度2637人。与全国平均水平相比，总人口文盲率低于全国水平、每十万人中拥有的大学、初中文化程度人口比全国多，高中程度人口略少，小学程度人口低于全国。总人口中6岁及6 以上人口的平均受教育年限接近6年。

(4)总人口性别比偏高

世界各国总人口的性别比通常在95～102之间变化，即使是特殊情况也很少超出90～105的范围。由于海南省出生婴儿性别比偏高，导致总人口性别比一般高出105的正常范围，1998年性别比为109.91，仅低于贵州省，在全国各省市区中位列第二。

(5)人口密度不断增加

总人口的不断增加必然导致人口密度的不断增大，1998年人口密度达到每平方公里222人，建国以来各普查年度的人口密度为：1953年每平方公里78人，1982年167人，1990年193人。

(6)全省共有38个少数民族

海南是个多民族地区，据1990年第四次人口普查，全省共有民族39个，除汉族外，黎族、苗族、壮族、回族是世居民族，其余民族是1949年后迁入的干部、职工和移民。到1998年全省户籍总人口中，汉族人口605.5万人,占82.57%,少数民族人口127.8万人,占17.43%,其中黎族人口117.3万人,占16%；苗族人口6.00万人,占0.8%；壮族人口3.00万人,占0.4%；回族人口0.73万人,占0.1%。

(7)家庭户规模趋小，婚姻关系基本稳定。

1998年海南人口家庭户平均户规模为4.53，高于全国平均水平，在各省市区中仅次于西藏。但家庭户的平均规模逐渐小型化的趋势比较明显。家庭户类别中,二代户的比例最高占63.28%,其次为三代户占16.84%,单身户和一对夫妇户分别占5.23%、5.15%，四代以上户占8.95%。

各种婚姻关系中有配偶者占15岁及以上人口的65.06%，未婚者占28.93%，丧偶者占5.4%，处于离婚状态者占0.57%。有配偶比例高,丧偶和离婚比例低,婚姻关系比较稳定。

人口的平均初婚年龄逐步提高，1990年时平均初婚年龄为23.5岁，1998年达到25.7周岁，8年提高2岁，初婚年龄的提高从一定程度上可以减慢人口增长速度,有利于控制人口增长。

(8)劳动力资源丰富，在业人口占总人口的比重增加

1998年全省16岁及以上有劳动能力的人口即劳动力资源有487万人，占总人口的64.8%，其中有劳动能力、参加或要求参加社会经济活动的人口占劳动力资源的比重，即劳动力参与率为86.7%。全省在业人口占总人口的比重不断增加，1990年占50.86%，1998年上升为54.00%。在业人口中，城镇单位从业人员占16岁及以上人口的11.9%，乡镇企业从业人员占1.1%，乡村农林牧副渔劳动者占55.3%，私营、个体雇员占2.3%，私营、个体雇主占1.4%，自营劳动者占5.35%，其他不便分类劳动者占2.4%。在业人口每周的平均工作时间达到45个小时。

（二）人口控制和计划生育状况

1.计划生育政策的形成和发展

建国初期的各级人民政府，工作重心在于医治战争创伤，恢复工农业生产，开展大规模的经济建设，整个社会从上到下，对人口再生产与经济、社会发展间的关系没有清醒的认识，人口的生育呈盲目的无政府状态。海南在这一时期的人口出生率高达30‰以上，出现了建国以来的第一个生育高峰期。1958年发生的“大跃进”运动严重干扰了我国政府刚刚孕育起来的控制人口的思想。三年困难时期结束后，自1962年开始人口出生率出现全国范围内的补偿性回升，海南当年的出生率创历史最高记录高达52.35‰，1963年41.88‰，

1964年41.60‰，连续3年超过41‰，出现了第二个生育高峰期，也是最高的一次生育高峰期。

人口增长形成的巨大压力，使我国政府开始着手控制人口和计划生育工作。60年代初期，党中央、国务院就计划生育问题发布了大量批文和通知。在这一时期，明确了控制人口和实行计划生育是一项既定的政策，大力提倡晚婚晚育、少生优育。在城镇实施了计划生育工作并取得显著成绩。1966至1969年“文化大革命”期间，我国的计划生育政策未变，但丧失了实施的社会环境，这期间海南人口出生率均在32‰以上，人口形势进一步严峻。

70年代初始，第一次全国计划生育会议召开，制定了以“晚、稀、少”为中心的计划生育具体政策，提倡以避孕为主，强调国家指导和群众自愿相结合的原则。进入80年代，计划生育政策由“晚、稀、少”转向“一对夫妇只生一个孩子”，新政策在城镇得到有效的实施，但在农村推行比较困难。1984-1991年，计划生育政策进一步完善和具体化,主要包括“在农村适当放宽生育二胎的条件，严禁超计划外生育二胎和多胎” 以及“实行计划生育,严格控制人口增长的政策”。

80年代以后，全国各省、自治区和直辖市根据国家要求，结合本地区实际，制订了各省、自治区、直辖市计划生育条例，并经地方人大常委会审议通过，作为地区准法律文件执行。海南在这一时期制定的地方性生育政策主要有：1983年海南黎族苗族自治洲人民政府为使少数民族人口有计划发展制定的民族生育政策，规定：“对黎、苗、回少数民族国家干部、职工、城镇居民（包括厂矿、企业和国营农场），鼓励一对夫妇生育一个孩子，某些干部、群众确有实际困难，要求生育两个孩子的经县级以上计划生育部门批准，可以有计划安排，但不论哪一种情况都不能生三个孩子”。“农村的黎、苗、回少数民族 人民群众，一对夫妇允许生二个孩子，某些群众确有实际困难，要求生育三个孩子的，经县级以上计划生育部门批准，可以有计划地安排，但不论哪一种情况，都不能生四个孩子”。1989年制定了海南省计划生育地方法规《海南省计划生育条例》，规定：按城镇、农村和少数民族农村人口实行一、二、三胎的生育政策。即国家干部、职工、城镇居民，除特殊情况外，一对夫妻只生育一个孩子；农村人口，一对夫妻可以生育两个孩子；少数民族聚居地区（含汉族地区的民族乡村）的少数民族农村人口,一对夫妻可以生育三个孩子。对有特殊情况照顾生育二胎的城镇人口，另作具体规定。这个条例既考虑到政策的连续性、稳定性、又充分考虑到本省的实际情况，得到全省人民的拥护。1991年国务院发布了《关于加强计划生育工作严格控制人口增长的决定》，分析了我国人口形势的严峻性，在强调抓紧的同时，重申了我国现行计划生育政策,要求坚定不移地贯彻落实，保持政策的稳定性。

1995年，海南省人大常委会对《海南省计划生育条例》进行了修改，并于11月25日正式颁布实施，至此，海南省的计划生育工作从主要靠行政管理，迈入了依法管理的轨道。

2.计划生育工作的发展情况

计划生育是一场移风易俗的思想革命。海南切实实行计划生育以来，经过计划生育工作者的艰苦努力，取得了显著成绩。广大干部、群众的计划生育观念和人口意识不断增强、人口自然增长率逐步下降，人口快速增长的势头得到有效遏制。

(1)广泛深入开展的宣传教育改变了群众的生育观念

宣传教育在计划生育工作中占有很重要的地位，二十多年来宣传教育的内容包括有理论知识和基础知识，理论知识的教育着重于人口理论和知识、人口形势和计划生育法律法规、爱国主义和社会主义思想教育方面；基础知识则着重于把基础知识教育和提供生产、生活、生育知识服务及母婴保健教育有机结合起来，不仅使群众掌握了计划生育政策，而且对生殖、避孕节育、妇幼保健等科学知识也有一定的了解，减少了计划生育工作中的阻力。经过二十多年的宣传教育，群众的婚育观念逐步转变，育龄妇女平均生育孩子数由1980年的4-5个下降到1990年的3个，1998年又进一步降低到2个以下。

(2)持续掀起的计划生育高潮为有效控制人口增长打下良好基础

90年代初始之前，海南计划生育工作尚未走上规范化、法制化轨道，其时行之有效的方法之一就是持续开展计划生育工作高潮，促进计划生育政策的落实。计划生育高潮选在每年的农闲和重大节日假日期间，广泛动员各方面力量齐抓共管。在计划生育高潮中开展大规模的计划生育政策和计划生育知识的宣传，组织技术服务队伍大量落实节育措施，并对计划外怀孕采取补救措施。连续多年开展的计划生育工作高潮为有效地控制人口过快增长打下了良好的基础。

(3)大力开展的技术服务是减少计划外生育的重要措施

计划生育的目的在于使人口有计划地发展。因此搞好节育技术服务、药具服务,是减少计划外生育的重要措施。1、安全可靠的节育技术服务。具体做法是对已生育一个孩子的妇女上宫内节育器，已生育两个孩子的夫妻一方落实结扎措施，对计划外怀孕的采取补救措施。施行节育措施坚持国家指导和群众自愿相结合的原则，实行免费服务。2、方便、周到的药具服务。全省计划生育者坚持面向基层、深入农村、服务上门、方便群众的原则，为育龄群众提供服务,努力扩大药具供应渠道，提高服务质量，保证供应,满足育龄群众的需要。

(4)目标管理机制的形成和人口计划管理的规范化，使计划生育工作走上了经常化、制度化的轨道以目标管理为标志的管理机制的形成。80年代以来,海南的计生工作在实践中总结出不少好的经验。许多市县实行机关帮助乡镇,城市帮助农村，党政领导人分片包点的办法，有力地推动农村及后进地区计生工作的开展。1991年，省委、省政府决定在全省实行人口与计划生育目标管理责任制，把计划生育工作作为考核各级领导干部政绩的重要内容，由省委书记、省长、分管副省长分别与19个市县委书记、市县长、分管副市县长签订“人口与计划生育目标管理责任书”,把“人口出生率、计划生育率和多孩率”作为考核目标。各市县与乡镇、省计划生育部门与市县计划生育部门之间也签订了责任书，增强各级领导和计划生育部门抓计划生育工作的责任感。1996年,省委、省政府明确提出了从紧从严推行计划生育的措施，形成了全党抓计划生育工作的局面。

人口计划管理初步实现规范化。根据国家的方针、政策,海南省从本省实际人口状况以及经济社会发展的需要和可能制订人口发展计划。人口计划分中长期和年度计划，由省计划部门和计划生育部门编制，经省人民代表大会批准后下达。为了落实人口计划，各地普遍建立人口档案制度，并以管区自然村为单位对安排生育指标的对象实行张榜公布，接受群众监督。

1991年，省人口局同省计划厅联合下发《海南省执行七部委人口计划管理暂行办法的实施细则》，统一全省人口计划的编制、审批和下达的程序，规范人口计划管理。

省、市、县计划生育部门加强了人口计划执行情况的监督。从1991年起，在农村管（村），城镇居委会和国营农场设立了人口变动和计划生育工作信息点，对全省人口计划执行情况进行宏观监督和动态预报。

1996年，为正确评估市县的计划生育工作，省计划生育局在全省设立了607个人口与计划生育信息点，信息点人口29万，占总人口的4.05%。每年组织两次人口抽样调查，加强人口的科学预测，强化人口计划管理。

(5)计划生育工作网络的初步形成巩固和发展了计划生育工作队伍

计划生育工作作为长期的战略任务，受到各级党委、政府的重视。形成了三级计划生育工作网络，即以省、市、县计划生育行政部门和乡镇专业干部组成的行政管理队伍，以省、市、县计划生育服务站组成的技术服务队伍，以各级计划生育协会组成的群众自我管理、自我教育、自我服务的群众工作队伍。

(6)人口控制工作成效显著

从70年全面推行计划生育以来海南计划生育工作所取得的成绩可以从以下几方面的数据中反映出来。

人口出生水平显著下降，总人口增长速度减缓。1970年人口出生率、自然增长率为

30.56‰，25.08‰，1982年下降到29.91‰和24.77‰，1990年再降为24.88‰和18.60‰，1998年继续下降为18.48‰和12.92‰。28年间出生率、自然增长率均下降12个千分点。从年平均增长率看，1962-1982年，年平均增长率为2.76%，1982-1990年为1.84%，1990-1998年为1.7%，人口增长速度明显趋缓。必须指出的是，1990-1998年间出生水平的下降是在第二次生育高峰期出生的人口进入生育旺盛期的严峻形势下实现的，计划生育工作的成绩有目共睹。

育龄妇女生育率下降。育龄妇女总和生育率由1980年的4.27下降到1990年的2.96，再降到1998年的1.95，下降的幅度较大。它表明平均每个育龄妇女生育的孩子数量已从1980年时的4-5个下降到1998年时的1-2个。计划生育提倡的“只生一胎”“控制二胎”“杜绝多胎”的政策从近年来孩次的出生情况中可见其成效，一孩率由1980年的29.49%大幅提高到1998年的51.56%，二孩率由25.74%上升至29.38%，多孩率则由44.77%下降至19.06%，下降25.71个百分点。

全省少出生人口约为105万人。海南是全国人口发展较快的省份之一，到1998年为止人口总数达到752.82万人，比海南解放前夕的1949年增长了2.5倍。如果按1970年的人口出生的水平推算，到1998年全省总人口将达到858万人，实行计划生育、严格控制人口增长，使全省少出生人口约为105万人。（海南省统计局 符志光 陈灿宇）

二、环境保护

（一）海南环保事业的发展历程

1973年全国第一次环境保护工作会议后，海南行政区环境保护办公室成立。从诞生那一天起，它就担负起保护海南这块绿色净土和广阔海洋的任务。经过26年的奋斗，海南省环境事业得到持续发展。

海南环保事业从诞生到持续发展分为四个阶段：

第一阶段：1973至1979年。1973年海南行政区工交办公室成立“三废治理办公室”，海南开始有环保机构，担负起保护海南生态环境的任务。

第二阶段：1979年到1988年（建省前）。本阶段主要抓了城镇和工业集中地区的“三废”治理，建立了大气、水质的常规监测制度，对部分城镇开展了污染源调查。从主要抓点源治理发展到加强全面环境管理。贯彻执行国家“老三项”环境管理制度（即建设项目开展环境影响评价制度、建设项目与环保设施同时设计、同时施工、同时投产的“三同时”制度和排放污染物征收排污费制度），同时加强了自然保护区建设和环保宣传教育工作。

第三阶段：1988年（建省）至1997年。建省后，海南省政府在原海南行政区环保局基础上成立海南省环境资源厅，担负综合管理全省环境保护和矿产资源（含地下水资源）的职能，列为省一级机构，各市县设置环境资源局。同时，为了更好地发挥各有关部门优势分工协作，保护环境，成立了海南省环境保护委员会，统一协调全省环境保护工作；同时成立了海南省矿产资源储量委员会和海南省矿产资源储量管理局。本阶段主要工作是在执行国家“老三项”环境管理制度的同时，贯彻实施了国家颁布实施的“新五项”环境管理制度（环境保护目标责任制、城市环境综合整治定量考核制度、排污许可证制度、污染集中控制制度、限期治理制度）。本阶段为海南环境资源保护事业蓬勃发展阶段，是人们的环境意识转变和提高最迅速的阶段。

第四阶段：机构改革持续发展阶段。1998年在全国机构改革高潮中，经省人大会议批准，成立海南省国土海洋环境资源厅，履行环境资源保护职能，其职能为：生态环境保护、矿产资源开发管理、土地资源开发管理、海岸带及海域开发管理。

（二）坚持经济建设与环境保护协调发展方针

海南建省后，历届省委、省政府、省人大、省政协十分重视环境资源保护工作，并将其列入议事日程当作主要工作来抓，积极贯彻落实党中央关于环境保护的基本国策。

1988年海南省召开首次党代会，会议确定了海南特区必须走经济与环境协调发展的道路。不久海南省首届人民代表会议通过决议：“加强环境保护是海南省一项基本国策。在海南的开发建设中，一定要以对子孙后代负责的态度，保护好海南的生态环境和自然资源，使其不断改善和优化。求得经济、社会环境的协调发展，使宝岛永葆美丽的青春。”

1989年召开建省后第一次环保工作会议，省政府再次强调，全社会都要共同努力，“把海南建设成为基本没有污染，环境优美的南海绿洲。”

1995年省一届人大常委会第17次会议通过《关于加强环境与资源保护工作的决议》，提出要站在海南发展战略全局的高度、认识宝岛面临的环境资源问题，要迅速采取有力措施，进一步提高环境质量，改善资源状况；要切实地把环境保护的目标纳入经济和社会发展的总体规划，坚持环境与发展综合决策，贯彻统一发展的原则，走可持续发展道路。

1996年省一届人大四次会议，通过确定海南省国民经济和社会发展“九五”计划和2010年远景目标，提出环境保护主要指标要保持全国先进水平。

1997年省政府常务会议通过《海南省环境保护“九五”计划和2010年规划》，要求把一流的环境带入21世纪。

1998年在中共海南省第三次代表大会上，代表一致通过“海南必须争创一流环境质量，必须控制人口，保护生态环境，合理开发利用资源，实施可持续发展战略”。

1998年在海南省第二届人民代表大会上，一致通过了《关于建设生态省的决定》，对海南省的环境保护和资源保护及生态建设提出高标准、高要求的战略，给海南人民绘制了美好的生态环境宏图。

海南历届省委、省政府、省政协的领导都发表重要讲话，大声疾呼，坚持保护海南这块绿洲，保护海南这个金饭碗，为子孙后代造福。

已故的前任省委书记许士杰同志在省人代会上，就以一名人民代表的身份正式提交议案，要求重视和加强自然保护区工作，维护宝岛生态平衡和物种多样性。

省委第二任书记邓鸿勋同志，任职期间关心环保工作，并深入基层调查，与著名的儋州市美万生态村结下情缘，成功地推动了美万生态农业示范村的建成。

前任省长刘剑峰同志，刚上任主持的第一个省政府扩大会议上，就强调：“大特区开发建设首先要立足环境保护，当建设项目与环境保护发生矛盾时，要做到环保第一，开发第二”，“海南，要成为既要取得开发建设成功又获得环境保护成就的全球典范”。

前任省委书记、省长阮崇武同志反复强调：“环境资源事关海南发展百年大计，是海南生存问题、生死攸关的头等问题”、“保护环境就是保护海南人民的饭碗，如果把环境破坏了，就是砸了海南人民的饭碗”。

现任省委书记杜青林同志指出：“随着经济增长方式的转变，也要改变仅以增长速度论经济发展的观念。经济增长的速度要从资源和环境的负载能力、基础设施承受能力、要素市场和商品市场的辐射吸呐能力出发”。

（三)环境监督与管理

1. 建设项目环境影响评价制度

海南省建设项目环境影响评价的工作是通过不断总结推动提高的。建省后由于扎扎实实推动了这项工作，基本上实现了建设项目开展环评工作的制度。建省以来，在海南省新建、扩建、改建的大中型项目100%实行了环境影响报告书制度。对有污染的项目业主委托环评单位编制环评报告书—专家评审—政府核批三个程序。通过严格执行环评制度，有力地确保了海南省建设项目选址的合理性，更好地调动了社会各方面环保积极性，集思广益；同时又保证了评价的科学性、技术经济可行性，便于经济协调和监督实施。

2. “三同时”制度

“三同时”制度与环评制度相辅相成，是防止新污染产生和导致生态破坏两大“法宝”，是我国预防为主方针的具体化、制度化。“三同时”制度是海南省在环境保护执行最早且最有成效的环境管理制度之一。

建省初期，省人民政府就颁布了《海南省建设项目环境保护管理办法》。对海南省新建项目进行了严格的监督管理，对保护全省生态环境，使经济建设与环境保护协调发展起了关键作用。建省后，海南省“三同时”执行率逐年上升，近几年来，海南省大中型建设项目“三同时”执行率达100%，小型建设项目达90%以上。

3. 排污收费制度

为了加速污染治理，海南省在1988年开始全面实施排污收费制度，征收额、征收面逐年上升。1998年8月，省人民政府发布了《海南省征收排污费办法》，组建环境管理队伍，使海南排污收费工作步入了组织性、强制性、法制性管理轨道。目前，海南省排污费征收额每年稳定在1500万元左右，是建省前的10倍；收款面已达90%以上。由于征收排污费，促进了企业治理和海南环境保护事业的发展。

4. 环境保护目标责任制

环境保护目标责任制是8项环境管理制度中的“龙头”和核心制度。1992年首先在昌江县实施环境保护目标责任制试点工作，省政府领导和昌江县领导在责任书上签了字，拉开了全省逐步实施环境保护责任制工作的序幕。在总结昌江县实施环境保护目标责任制工作经验的基础上，于1994年和1995年分别在三亚市、儋州市、琼海市实施了环境保护目标责任制，考核指标50项，按千分制考核。1999年经省政府批准，省有关部门组织了环境保护目标责任制验收小组，对三亚市、儋州市、琼海市进行了验收，经验收小组逐项对考核指标进行评分，三个市实施的环境保护目标责任制工作获得了优秀成绩，给省政府和该市人民交上一份满意答卷。省政府决定结合新形势、新起点、新要求，把环境保护目标制工作长期地开展下去，为加速生态省建设创造条件，1999—2000年两年内在各县全面实施环境保护目标责任制。

5. 排污许可证和排污申报制度

排污许可证制度以改善环境质量为目标，以污染物总量控制为基础，规定排污单位，许可排放污染物种类、数量及去向等，是一项具有法律含义的行政管理制度，也是一项具有科学化、目标化、定量化性质的环境管理制度。排污许可证制度其核心是污染物总量控制制度。

海南实施这项制度是从国家环保总局发布10号令《排放污染物申报登记管理规定》开始，先从水污染物排放控制逐步发展到气、渣、噪声。先在三亚市推行水污染物排放申报登记工作试点然后逐步在全省实施。1997年国家环保总局下达《关于全面推行排污申报登记的通知》，海南便全方位（水、气、渣、噪声、19个市县）实施，并于1998年全面完成了这项工作，有441个企事业单位领取了排污许可证，完成了441个企事业单位的软件建档和资料建档，同时完成了《海南省排污申报登记技术报告》，全面完成了国家布置的工作任务。

6. 污染集中控制

污染集中控制是在一个特定的范围内，为保护环境所建立的集中治理设施和采用的管理措施，是强化环境管理的一项重要手段。为了积极推行污染集中控制制度，1992年在万宁市兴隆旅游区实施试点，建立海南省第1个污水集中处理站，规定凡在兴隆旅游区内的度假村、宾馆、酒家等单位排放的污水必须全部进入污水站进行全面处理，按床位、餐桌交纳污水处理费；经过二年的实施，此试点工程取得了成功，于1995年召开了全省试点总结大会，并向全省推广。自此以后，全省有关市县也实施了此项制度，取得了一定成效。一是有利于集中人力、物力、财力解决重点污染问题；二是有利于由分散的点源治理转向社会化综合治理；三是有利于提高资源利用率；四是有利于节省防治污染的总投入，节约占地面积；五是有利于改善和提高环境质量。

7. 污染限期治理制度

限期治理是分期分批对污染危害严重、群众反映强烈的污染源采取强制性行政手段，限期治理达标（达排放标准、达环境质量所允许排放污染物量要求）。

海南从1993年开始实行这项制度，先后有省市县级颁发了限期治理文件54个，列入限期治理单位名录的有1060个。全省限期治理制度实施7年来，有力地加速了污染治理进度，减少了污染物的排放和生态环境危害程度；同时提高了人们的环境意识，有利于环境保护事业持续发展。

8. 城市环境综合整治定量考核制度

城市环境综合整治定量考核制度是用综合的对策整治、调控、保护和塑造城市环境，为城市人民群众塑造一个适宜生态环境，使城市生态系统良性循环。

省会海口市于1989年被列为全国37个环境综合整治的考核城市，海口市人民政府投入了大量城市改造和建设资金，使海口市的市政面貌大为改观，环境质量逐年上升。从1989年起，海口市7次获全国环境综合整治十佳城市殊荣，环境质量始终保持全国一流水平。由于环境综合整治成效较大，海口市先后被国家评为优秀园林城市、优秀旅游城市，并被世界卫生组织列为全球健康试点城市，也是全国被列为健康城市试点唯一城市。

（四）环境质量状况

海南建省后虽然经济发展速度较快，但由于坚持经济建设与环境保护协调发展方针，因此在经济持续增长情况下，全省环境质量仍然保持良好水平，海南人民生活工作在全国一流环境质量中。据1998年环境质量状况公报，全省城市和城镇的大气环境质量，除总悬浮微粒日平均浓度有时超标外，其它指标均符合国家一级标准。城市地下水质绝大多数保持良好。全省80%以上的近岸海域符合国家海水水质一类标准。占全省地面河水总流量80%以上的主要河流以及占蓄水量80%以上的主要水库符合国家地面水环境质量二类以上标准，其中50%以上属一类。建省11年来，全省经济增长速度高于全国平均水平，单位国内生产总值（GDP）的废水、废气、固体废物排放低于全国平均值，处于全国先进水平。

（五)自然保护与生态建设

海南由于明确了环境保护基本国策地位，坚定走可持续发展道路，在自然保护与生态建设方面取得了可喜成绩。全省现有森林170.2万公顷，森林覆盖率由建省初期38.25%上升到1998年的51.5%，热带天然林已从建省初期的36.7万公顷发展到现在的61.3万公顷。到1998年，已建成森林公园1个，热带花园1个，野生动物园1个，珍稀频危物种繁育基地46处。治理水土流失面积2.38万公顷。建省后，海南十分重视自然资源和物种多样性保护，不断扩大自然保护区面积。至1999年，全省已建成各种类型自然保护区75处，面积268.3万公顷。其中陆地自然保护区62处，面积16.25万公顷，占全省陆地面积4.75%，名列全国第三。三亚市列为全国生态示范市；文昌市列为全国生态农业试点县；以恢复和保持自然生态及生物多样性特色的兴隆热带花园被国家环保局命名为全国环境教育基地，并被推荐参加“全球5000佳”评选。

海南自然保护区大部分集科研、教育、保护、旅游、生产等多功能于一体。如东塞港红树林自然保护区为国家级自然保护区，是我国最大的红树林保护区。《中国21世纪议程》将其列入国际重要湿地名录。该保护区现拥有面积1770公顷，种类有15科和29种。

大田坡鹿自然保护区也是国家级自然保护区，保护动物为坡鹿。坡鹿仅存于海南，在我国17种鹿类动物中，海南坡鹿是最珍贵的一种。海南坡鹿是我国特种动物，与国宝大熊猫、金丝猴等一同列为一类保护野生动物，被认为是具有世界意义的珍贵野生动物。

海南农垦系统是海南较早从事立体生态农业研究和开发单位。针对海南台风多、暴雨多、风灾和水士源失严重的特点，经过多年探索研究成功地推广了林—胶—茶生产套种生态形式。林—胶—茶立体生态农业使植被覆盖率大幅度提高，增强了调节气温、增湿、蔽日、截雨、涵水、固土、抗灾减灾、提高土壤肥力等生态功能。

儋州市和庆镇美万村被誉为“海南生态农业第一村”。在省市政府和有关部门支持下，全村干部群众因地制宜，开创了“高山造林、山腰植胶、平地种果、水域养鱼鸭、家用沼气”的立体生态农业模式，获得了较好的经济、社会、生态环境三大效益，被誉为“海南生态农业第一村”，先后多次受到林业部、农业部、省委的奖励和表彰，成为海南生态农业模式的典范。

（六）污染物排放与控制

海南对三废及噪声的防治分为四个阶段进行：

第一阶段：1973Y1979年。本阶段对污染治理未引起重视，未列入议事日程，污染治理刚刚起步。

第二阶段：1979Y1988年。本阶段由于环保工作进一步深入，人们对污染治理和生态环境保护的环境意识有所认识和提高，因此治理污染得到了进展。本阶段属简易处理阶段，处理面仅10%。

第三阶段：1988—1996年。各级政府、各行各业都把治理工作列入议事日程认真对待和落实，狠抓了治理工作，使污染防治工作得到了突破性进展。本阶段全省老污染非治理面已达40%，废水、废气（尘）、工业固体废物、噪声防治，在治理面、治败率、达标率等方面都跨了上新台阶。

第四阶段：1996年—1999年。本阶段是突破性治理阶段，也是全省总动员的阶段。1996年《国务院关于环境保护若干问题的决定》颁布，要求2000年所有工业污染源全部达标排放，这是硬任务，为此，省政府对尚未治理的企业下了有关限期整改、限期治理、限期关停的通知。全省掀起了治理污染的热潮，各市县、各行业、各企业纷纷行动起来，积极筹集资金进行治理。经过二年多的努力，海南污染源治理、污染物削减有了很大进展，为2000年海南实现“一控双达标”任务奠定了基础。海南的污染治理经过四个阶段的努力，终于克服重重困难，从低谷走了出来，赶上全国先进水平。

（七）坚决贯彻执行国务院关于环境保护战略方针

海南的环境保护事业取得了突破性进展，得到了国内外好评，这与海南省历届政府全面贯彻执行党中央、国务院关于环境保护战略方针分不开的。

1996年春，国务院颁发了《关于环境保护若干问题的决定》。为贯彻落实国务院《决定》，省政府以琼府（1996）85号文发出《关于贯彻落实国务院环境保护若干问题的紧急通知》，同时公布了《海南省第一批关停和限期整改企业名录》，共87个工业企业（项目），其中责令停产74个。

《紧急通知》一出台，省国土海洋环境资源厅立即派出5个工作组深入各市县落实。每个市县，从市县长到部门领导投入落实国务院文件的战役中去。

在工作组调查基础上，省第二批关停和限期整改企业名录公布，限期整顿企业（项目）378个。

由于省委、省政府的重视、全省各市县的支持，海南仅用几个月时间，全面完成国务院《决定》中属关闭和取缔污染企业任务。全省共取缔关停75个企业（项目），限期整改583家企业，执行率达100%。对此，中央传媒作了报道。

据统计，全省列为有污染范畴统计的工业企业1988个，到1999年4月底为止，全省已有1686个工业污染企业（污染源）达标（含停产企业），达标率为84.8%，处于全国先进水平和进度，有望2000年前提前实现工业企业全部达标的目标，全面达到国务院《决定》的要求。

（八）环境法制建设

建省11年来，为了使海南的环境保护和资源保护步入法制管理轨道，真正做到有法可依、依法办事、奖惩有据，省人大和省政府先后颁发了30多个针对性很强的法规。如《海南省环境保护条例》、《海南省建设项目环境保护管理办法》、《海南省自然保护区条例》、《海南省人民政府关于严禁破坏旅游风景区自然资源的通告》、《海南省人民政府关于严格保护珊瑚礁、红树林和海岸防护林的布告》、《海南省关于保护西南中沙群岛一带生物资源的报告》、《海南省森林保护管理条例》等。通过大力宣传和执行各种法规，使海南在环境资源保护方面的法制建设逐步完善，大大地提高了广大干部和群众的执法意识和执法自觉性，从而促进了全省环境资源保护事业的发展。

（九）环境宣传与教育

建省后，海南对环境宣传和教育工作极为重视，做了大力宣传教育工作，对提高全省人民的环境意识和保护环境资源起了重要作用。全省利用报纸、广播、电视、刊物等媒介进行广泛宣传教育，对破坏环境、破坏资源的典型事件，大胆地进行曝光和追踪报道，同时批判“靠山吃山”、“靠水吃水”、“急性脱贫症”、“快速致富论”等错误思想和做法，使生态环境及资源保护观念深植于广大人民群众之中，为环境资源保护建立牢固思想基础。

建省以来，海南日报、海南电视台、海南人民广播电台、海南经济广播电台、海口晚报、海南开发报、海南特区报及中国环境报等新闻媒介报道了海南环境资源稿件几千篇。海南日报出版环境专版10期、中国环境报出版海南环境专版6期。在宣传中，以典型开路，开拓宣传领域，如1994年夏季，海南坡鹿因干旱无雨，草地干枯，海南坡鹿自然保护区死亡20多头坡鹿的事件发生后，《海南日报》在头版显著位置作了报道，引起了全社会关注。在短短几天内总共得到各界和广大群众捐款30多万元，为拯救珍稀海南坡鹿作出了贡献。

建省以来，全省有关部门利用“世界环境日”、“世界地球日”、“世界人口日”、“世界气象日”、“世界标准日”等纪念日举行各种报告会、撰写专题、刊登专版、省长电视讲话或广播讲话、召开座谈会、知识竞赛、征文比赛、演讲比赛、文艺体育活动等多种形式开展环境保护宣传，得到了很好效果。

建省以来，全省先后举办各种不同内容的环保学习班、培训班50期，参加培训学习达2万余人次，派往各大专院校学习进修的达300余人次。为了提高中小学生环境意识，实施环境教育从小抓起的方针，在文昌头苑中学、琼山中学、灵山小学、三亚市一中、三亚幼儿园等20多个学校，开辟环境教育基地。文昌头苑中学被评为全国环境教育先进单位。

此外，还采用民意测验、图片展览等多种形式进行环境资源保护知识教育，受益人口将近20万人。

根据全国人大、国家环境保护总局的布置和要求，从1994年起，每年开展环保世纪行活动，由省人大牵头对海南环境资源保护执法情况进行全面检查督促，参加单位有省人大、省政府有关部门、省有关宣传部门、采取“一听、二看、三总结、四报道”形式，对重视环保、资源保护工作的先进市县和典型单位进行报道表扬，对不重视环境、资源破坏严重的市县和典型单位进行曝光批评。环保世纪行对推动全省环境资源保护起了积极作用。

（十）环境保护国际合作和技术交流

建省后，在大改革、大开放、大建设的高潮中，海南十分注重加强环境保护国际合作和技术交流。建省11年来，先后同28个国家和地区开展了环境保护合作的交流，接待了来访团组120批520人次，与国外专家共同举办16次研讨会34场专题报告讲座，派出36批240人次到20个国家和地区进行环保业务培训和考察。

通过不断合作和交流，提高了国际环保专家、环保机构、环保企业对海南的新认识和支持发展的积极性。1990年3月，在海南成功地召开了“海南经济发展和环境保护国际研讨会”，参加会议近百名中外代表，高度赞扬海南省经济与环境保护协调发展战略方针，同时提出了许多可操作的建议和措施。借这次国际环保会议的东风，经国际友人的积极奔走和筹措，借用国外技术资金和力量，在海南成立了“海南经济建设与环境保护协调发展国际咨询委员会”。该委员会属永久性国际机构，对海南环保技术的发展起了很大指导和促进作用。

自建省后，由于海南与国际环保活动频繁，得到了国际社会的重视和支持。“八五”期间，全省环境保护利用外资累计贷款2000多万美元，利用国外援助资金近150万美元。如海口市城市污水处理与排海工程由德国政府贷款兴建，三亚市城市污水处理及排海工程由奥地利政府贷款兴建，《海南环境与自然资源总体规划》研究课题费用由英国环境资源公司承担，日本蓝绿株式会社无偿捐赠3套大气自动监测仪器给海南，由英国政府资助

"中国沿海地区环境强化"子项目中的《海口市环境保护行动计划》已通过评审验收，将在近期内组织实施，子项目中的《洋浦经济开发区综合环境保护规划》也已编写完成正在报批。

建省后，海南实施优惠招商引资的政策，因此，几年来招商引资的项目不断向纵深发展，洽谈面不断扩大和深入。八所污水处理厂、海口市美舍河综合整治、海口市垃圾处理场项目已获得外经贸部批准利用外国政府贷款；城市生活垃圾资源化、制糖工业和制胶工业废水处理综合利用、生物多样性保护和加强环保自身建设的项目正继续与国外有关组织、企业洽谈之中，进展良好。

（十一）环境科技、环境监测、环保产业

1. 环境科技

海南省的环境科学技术随着特区经济建设的高要求和环保事业的发展而发展，取得了可喜的成就。建省11年来，海南环境科技工作者在环境背景值、环境评价、环境预测、环境规划、资源调查、环境污染控制等方面开展了科学研究，共获得科技成果30项，其中国家统一布置的科技项目6项。

建省后的11年，全省环保工作者有80人发表了各种类型论文400篇，其中30%发表在国内刊物上，60%发表在省内有关刊物上，10%发表在大专院校科研单位校刊上。在所发表论文中有25%获国家、省各种类型论文奖。同时，编辑出版了文集多本。其中《海南资源环境与经济开发战略研究》、《海南经济发展与环境保护》两书，被编入海南建设丛书，由海南出版社出版，《海南岛沿海岛屿环境质量报告书》、《西沙群岛岛屿环境质量报告书》由国家海洋出版社出版。

2. 环境监测

海南的环境监测工作在建省前十分落后，监测手段、监测仪器尚处于初级阶段，没有一个过硬的监测机构。

建省后，由于环境保护工作得到了进一步的加强和发展，环境监测得到了迅速的发展，监测手段，监测仪器、监测类别、监测范围、监测队伍也在不断发展。

目前海南已初步形成了由省市县三级监测站组成的环境监测网络，其中二级中心站1个（省环境监测中心站）、三级站2个（海口、三亚环境监测站）、四级站四个（除海口、三亚市外，其余17个县的环境监测站）。

全省19个环境监测站，现拥有科技人员212人，其中高级职称15人，中级职称53人，在高级职称科技人员中1人荣获"特贴专家"待遇。全省19个监测站都拥有专门开展工作的监测用房，面积已达万余平方米。全省监测系统现拥有各种水体、大气、固废、噪声、

动植物、土壤、放射性、电磁波等方面的监测仪器几千台，总价值达2000万元以上。高尖端、自动监测仪器近年来在二级中心站和三级站不断充实，监测手段的先进性、科学性、可靠性也得到了迅速提高，为环境保护工作的决策和科学研究提供了真实反映环境状况的科学数据，为海南环境管理工作上新台阶当好“耳目”。

3. 环保产业

环境产业是国际上新兴发展起来的一种高科技产业。进入90年代以来，随着全球环境问题的日益突出，全球性产业结构调整出现了新趋势。这种趋势就是把工业生产过程中产生的废弃污染物，通过高科技的设备处理，使其产生减量化、少污染化、资源化。在这种形势发展需求下，被称为“朝阳产业”的环保产业便在全球应运而生。

海南的环保产业发展比较缓慢，建省前夕，仅有海口市农机厂改建为海口环保设备厂，从事生活污水工程设计施工。建省后，随着海南环保市场经济的培育和发展，来自全国有关省市的环保企业和大专院校环保企业以及不同所有制的环保企业，陆续进入海南经济特区大市场，从事海南环境工程项目的设计、制造和施工安装。到1998年底，经省国土海洋环境资源厅审核，对35个具有环境工程设计施工的环保企业（公司）颁发了许可证书。这些环保企业主要从事海南工业废水、工艺废气、医疗污水、屠宰污水等污染治理工程的设计、制造、施工、安装。据初步统计，海南环境保护产业每年可创造产值近1000万元，利润近100万元。

（十二）中央心系海南环境资源保护事业

早在海南建省之前，改革开放总设计师邓小平就指出：“我们正要搞一个更大特区，那就是海南经济特区。那里有丰富的自然资源，海南要好好发展起来是很了不起的”。

前联合国助理秘书长、国际咨询专家马丁·里斯先生，对海南极为钟爱和关注。他认为海南岛是世界上难得的一块将经济建设和环境保护协调发展的处女地。他郑重地对当时的省领导说：“海南不能污染，海南要在发展经济时保护好环境，为全世界树立一个协调发展的示范”。

来访海南这块净土的国际友人临走时都这样告诫。“最后净土遭破坏，世界人民不会原谅的”。

江泽民总书记及中央领导心系海南环境资源保护事业，关心着宝岛这块净土。1990年6月，江泽民总书记来琼考察时特别指出：“大特区建设既要开发资源又要保护资源”、“海南有突出的自然优势，自然资源很丰富，这比别的特区要有潜在的优势。大特区建设，必须要开发利用资源，变自然资源优势为经济优势，但要有长远的战略眼光，开发的同时要注重保护，要科学合理地利用资源”。1993年4月，江泽民总书记在出席海南建省五周年庆祝大会上、又再次强调："特区的开发建设，一定要加强科学规划、合理布局"。

中央其他领导同志对海南经济建设和环境保护协调发展也十分关切并寄予厚望。李鹏、朱钅容 基、乔石、李瑞环、宋健等领导同志先后在来琼考察时分别强调要保护这片净土。

朱钅容 基总理1999年3月在海南考察时强调"中国就剩下这块"绿色宝地"，"无论如何要规划建设好，一定要保护这块净土"。

1995年春，八旬高龄的万里同志，给海南省最高领导写信，希望把海南环境保护好。信中写道："海南的经济应当发展，人民的生活应当提高。……如果把环境污染了，把自然环境破坏了，全国人民都不会原谅的"。万老语重心长，真知灼见，道出德高望重老一辈革命家的共同心愿。

全国人大常委会及中央和国家有关部委多次派检查组专项检查大特区环境工作。1990年6月，国务院环境保护委员会派出各有关领导和中央主要新闻单位负责人、记者组成检查组专门来琼视察环境工作。1995年4月，全国人大常委会派出了以王丙乾副委员长率领的全国人大常委会环境执法检查组，对海南进行为期半个月的检查。

中共中央、国务院、全国人大、全国政协各级领导通过对海南环境保护、资源保护及环境与经济建设如何协调持续发展的检查监督，提出了许多指导性宝贵意见和批评建议，有力地促进了海南环境资源保护事业的发展。海南之所以现在仍然继续走可持续发展道路，南海绿洲仍然青春常在，与党中央、国务院的关心戚戚相关。（海南省国土海洋环境资源厅 欧阳统）

三、可持续发展战略

可持续发展的概念是联合国世界环境和发展委员会在1987年发表的《我们共同的未来》报告中提出来的。可持续发展是指现代社会人们为改善生活所做的一切努力不会对后世社会人们生活所依赖的自然与人为生态体系形成任何危害的发展。报告还特别指出：快速增长的人口会加重对资源利用的压力，阻碍生活水平的提高。因此，可持续发展只能在人口数量与增长和生态体系中变化不断的生产潜力取得协调的时候才能够达到。可持续发展模式的提出得到世界各国的响应，许多国家在推动社会和经济发展时，所有的发展策略、计划和实施过程都以可持续发展为前提。可持续发展已经成为世界各国经济社会发展模式的主流。

可持续发展是我国现代化建设的重大战略方针。江泽民同志概括指出“所谓可持续发展就是既要考虑当前发展的需要，又要考虑未来发展的需要，不要以牺牲后代人的利益为代价来满足当代人的利益”。江泽民同志同时指出：“在我国现代化建设中，必须把可持续发展作为重大的战略方针”。实施可持续发展战略“必须把经济发展与人口、资源、环境结合起来通盘考虑，统筹安排，努力控制人口增长，合理利用资源，切实保护好环境，确保经济持续、快速、健康发展和社会全面进步”。

海南省位于祖国的最南端，历史上有“森林之岛”美称，是祖国美丽富饶的宝岛。建国以来特别是建省办经济特区以来，海南由历史上荒芜闭塞的“流放之地”变为人才辐辏与商客云聚的“希望之岛”。省委省政府在此大好时机 确立了开发建设必须与环境保护同步进行的建省方略，明确海南的经济建设必须是控制人口、环境保护协调的一系列可持续发展治省战略，大胆探索，锐意改革，勇于实践，善于总结，从而使海南的建设呈现出巨大的活力，使全省经济超常规快速发展，人口得到有效控制，环境质量仍然保持全国一流水平。

（一）人口发展得到有效控制

1. 人口出生水平显著下降，总人口增长减缓

解放后到1970年的21年间，海南省的人口出生率都高达30‰以上，年增长率为2.1%，自从推行计划生育、控制人口过快增长政策后，人口出生率有了显著的下降。1970年全省人口出生率、自然增长率为30.56‰、24.54‰，到1998年分别下降到18.84‰、12.92‰。假如以1970年为基数，按前30年的出生率推算，到1998年全省总人口将达到858万人，而1998年实际人口为733.31万人，实行计划生育以来全省少生人口约125万人。

2. 育龄妇女生育水平下降

海南1981年育龄妇女的一般生育率为125.73‰，总和生育率为2.93，到1998年一般生育率下降到61.93‰，总和生育率下降到1.95，从孩次比来看，多孩率有明显的控制。多孩率从1981年的44.77%下降到1998年的18.85%，下降了25.92个百分点。

3. 人口素质明显提高

随着经济的发展，人民生活水平进一步提高，医疗卫生条件得以改善，婴儿死亡率降低，人口身体素质有了明显提高。建国前，海南人口死亡率一直处于30-40‰之间的高死亡率范围，平均预期寿命也很短，平均只有40多岁，建国后，从1961年开始人口死亡率已低于10‰，到1998年人口死亡率已下降到5.56‰。此外文化素质也有明显提高。每十万人中拥有的大专以上文化程度人口为2637人，文盲率下降到10.00%。

（二）环保事业发展迅速，成绩喜人

1. 污染控制和城市环境综合整治初见成效

“八五”期间全省新增工业废水处理能力17.70万吨/日，工业废水处理能力232万标立方米/时，城市污水集中处理能力232万标立方米/时，城市污水集中处理能力2万吨/日，到1995年底县以上企业工业废水处理率达8.4%，工业废气处理率达92.4%，工业固体废物综合利用率达29.1%，城市居民燃气普及率为84.4%，到1997年工业废水处理率为59.2%，工业废水达标率为47.9%，废气处理率88.7%，工业粉尘回收率为76.9%，工业固体废物综合利用率达45.5%。海口市城市环境综合整治成绩突出，在全国37个重点城市的考核评比中，多年连续名列全国前10名，建省以来，全省经济增长速度高于全国平均水平，单位GDP的主要污染物排放低于全国平均值，环境质量保持良好状态，处于全国先进水平。

2. 生态建设和自然保护取得较快进展

全省现有森林170.2万公顷，森林覆盖率由建省初期的38.25%上升到1997年的51.5%，热带天然林从建省初期的36.7万公顷发展到现在的61.3万公顷，治理水土流失面积6.4万公顷、1528公里的海防护林已基本合拢。建成各种类型自然保护区73处，面积268.3万公顷，其中陆地自然保护区62处，面积16.25万公顷，占全省陆地面积的4.75%，名列全国第三。全省完成封山育林面积2.1万公顷，人工造林2.33万公顷，全省治理水土流失面积2300公顷。建立珍稀濒危物种繁育基地46处。三亚市列为全国生态示范点市，文昌市列为全国生态农业试点县，企业投资兴建的兴隆热带花园被国家环保局命名为全国环境教育基地，立足“大文化”大生态、大旅游发展观念的南山文化旅游区，率先获得“海南省生态恢复与保护示范工程”等殊荣，并成为ISO14000标准海南第一试点项目。

3. 环境保护国际合作和技术交流频繁，成绩显著

已同12个国家和地区开展了环境保护的合作与交流，16个国家和地区的环境专家、学者、官员来琼进行了友好访问，组织环保及管理人员共26批300人次到18个国家和地区进行了考察、学习和培训。同国外环保专家开发了6项海南环保课题的研究，取得新的突破，累计利用国外贷款2210万美元，利用国外援助资金150万美元。

（三）实施可持续发展战略

最近，为保持海南自然优势，保住海南这一“南海绿洲”，保护好中国最后一片净土，确保经济和社会可持续发展，海南省提出了坚持走可持续发展之路，建设海南生态省的跨世纪发展战略，其构想是把经济工作立足点转向资源保护、环境优化和生态建设，走可持续发展道路，树全球协调发展典范。建设生态省就是要根据现代生态学和生态经济学原理，运用系统工程方法，以生态合理性为准则，从发挥海南独特的优势出发，实现人口、

资源、环境、经济和社会的协调发展，打破传统式的经济发展模式，改变人们传统的生产和消费方式，全面实施可持续发展战略，获得良好的经济、社会和环境效益，实现生态系统良性循环，确保生物多样性的丰富程度，促进自然资源的持续利用，把海南建设成一个具有良好的热带海岛生态系统，发达的生态产业，天人合一的生态文化，一流生活环境的全国第一个生态省。

1. 优化城市建设，建设园林生态城市

当今世界是城市化的时代，城市是人类活动的中心舞台。建省办特区，海南许多县撤县设市，城市地区不断扩大，占用了大量耕地，在一定程度上破坏了生态环境。与此同时，由于人类的介入，带来了生活污染，再加上人们出行所需的机动车尾气排放给大气造成污染，人们的社会活动还会产生噪声污染、水污染等，这些严重影响城市化建设和城市经济发展。因此，为了今后的长期发展，应控制城市规模，减少土地开发，保护耕地面积，降低开发密度，合理分布人口，管理废水排放，继续推行无铅汽油使用，强化城市居民意识，消除城市白色污染。加强环保基础设施建设，有计划地进行城市适度改造、新建、整顿、修饰，增加城市绿地面积，增加园林、自然保护区的建设，在搞好景观建设的同时要高质量搞好生态环境，发动广大群众植树栽花，搞好绿化、美化，发展小型园林绿地，建设开敞、半开敞的街心花园和小游园，发挥园林植物形态的风姿色彩、季象的特征选择绿地的品种，搞好城市主体绿地，发展城郊宽阔的绿环，提高绿化文化品位。此外利用生态技术把城市建设中破坏了的生态平衡恢复过来，把城市建设成为一个真正的园林生态城市。

2. 发展生态农业、高效农业

生态农业是相对于传统农业而言的，它是在总结和吸取以往各种农业生产实践的成功经验基础上，遵循生态学，生态经济学原理，应用现代科学技术和管理方法所建立和发展起来的一种多层次、多结构、多功能的集约经营管理的综合农业生产体系。发展生态农业可以缓解人地矛盾，优化系统布局，提高资源利用率、提高物质产出，提高农业劳动力就业率，提高商品生产率，增加农民经济收入。海南属于热带海洋性季风气候地区，长夏无冬，光照充足，地下水资源丰富，土地肥沃，发展生态农业、高效农业有着极为有利的优越条件。因此，抓住这些得天独厚的自然条件，大力发展生态农业、高效农业，搞规模开发，兼种套种，在陆地进行种植海南独有的反季节瓜菜和养殖业，在海洋进行深水捕捞、浅水养殖。采用生态农业工程，将养牛、养猪、养鱼、养鸡、养虾，发展沼气及果树、药材等各种种养业结合起来，形成生态系统良性循环。

3. 加速实现产业结构优化和生态化

产业结构的不合理和产业间的不协调，会严重制约经济的发展，也会造成严重的环境污染，水土流失，资源浪费等，使生态环境日趋恶化。建设生态省应从投资、税收方面，制定符合产业优化和产业生态化的具体政策、措施，促进产品更新换代和产品结构升级。从政策上鼓励有利生态环境的绿色产业的兴建和发展，建立对资源利用率、生态环境损失率等有利于引导产业结构向高效化、生态化发展的综合性经济指标考核体系。迅速发展生态农业、工业清洁生产和环保产业，及时解决和消除经济增长中引起的水土流失、环境污染等生态环境问题。发展以林果、瓜菜、养殖为主导的农业，以天然气加工、高科技产业和冶金为支柱的工业，以生态旅游、交通运输、邮电通讯为主的第三产业，建成产业结构高效化、生态化的现代产业体系。并不断加强产业生态化建设，实现产业发展和生态环境相互促进。

4. 加大环保力度，优化生态系统

海南岛具有大面积的热带雨林和丰富的生物多样性，其生态系统多种多样，包括森林生态系统，海洋生态系统，农田生态系统，草原生态系统。为保护海南这独一无二的自然生态体系，首先要大力宣传保护海南自然生态的意义，提高整个社会的环境意识和资源价值观，将自然生态的保护任务深植于广大人民群众之中。其次，加大执法力度，严格执法、狠刹毁坏防护森林、红树林、珊瑚礁，捕杀野生动物的歪风。第三，建立自然保护区、包括海域保护区，陆域保护区。第四，带动广大群众植树造林，美化环境，恢复原有的自然生态和造就新的生态系统。

5. 利用丰富的旅游资源，发展生态旅游业

海南省拥有丰富的旅游资源和优美的自然生态环境，具有生态旅游的独特优势和广阔前景。应抓住这一优点，在海南建立森林探险游、田园风光游、动植物考察游、海洋潜水游等一系列生态旅游区，美化、绿化和生态自然化旅游风景区，让人们到海南来真正领略到阳光、沙滩、海水、清新空气、椰风海韵、热带植物和海洋生物等生态旅游。（海南省统计局 李诚）

四、国土资源管理与开发

（一）国土资源管理情况

1. 机构组建和队伍建设

建省前海南土地管理机构不健全，土地管理较混乱，违法占用耕地现象比较严重。为加强土地管理，严格依法审批各项建设用地。根据国务院、海南省人民政府有关文件的指示精神，从1988年起，全省19个市县相应成立了土地管理局，大部分乡、镇设立了土地管理所或配备专职土地管理人员，负责土地管理业务工作。据统计全省现有土地管理干部共559人，其中行政编制331人，事业编制169人，编外人员34人。大专文化以上的94人，大专文化水平166人，高中专文化水平285人。

2．开展全省地籍管理工作

(1)开展土地利用现状调查

建国以来，海南岛土地资源调查主要有：1956年至1960年开展土地资源调查，1980年至1984年全岛土地资源概查，投入了大量的人力，物力，财力，取得了丰硕的成果，编写《海南岛农业区划报告》。从1986年至1987年，按照国家土地管理局有关文件及土地资源调查技术规程，开展全省土地利用现状调查，先试点，后全面铺开，共投入资金686.5万元，人力2286人，于1994年全部结束。1995年将全省土地资源调查资料进行汇总，其成果主要是40万字的土地资源调查报告（初稿），1：5万图97幅，1：50万图1幅，1：20万省挂图一套。省级汇总成果，通过国家土地管理局组织专家验收，并颁发合格证书。土地资源调查成果，已编写《海南省土地资源》册。通过这次土地资源调查（详查），进一步查清了全省土地资源家底，并查清部分市县土地长期以来存在“权属不明、界线不清、纠纷不断”和利用状况不清问题。从而为加强土地管理和土地开发提供良好的基础条件。

(2)土地登记及发证

建国初期，根据《广东省人民政府关于土地房产所有证的指示》精神，在土地改革的基础上，以维护人民公社的生产队为基础的三级所有制，颁发“生产队土地房产证”、“社员房产所有证”、“社员自留地（山）使用证”等。1988年，海南建省办经济特区，各项非农业建设，如雨后春笋，加上原土地房产所有证不少已毁坏遗失，因此，权属问题较为突出。1989年，为加强土地管理，建立城镇地籍初始登记制度，维护社会主义土地公有制，依法保护土地所有者和使用者的合法权益，以及适应国家开征使用税的需要。根据国家有关城镇国有土地申报登记发证规定及省政府有关文件指示的精神，全省各市县都成立土地申报登记领导小组，开展市县城镇申报登记发证工作。全省组织了6000多人参加此项工作，从1988年至1996年底，全省共发放土地使用证18万多份，涉及面积300平方公里。

(3)土地分等定级及地价评估

土地分等定级和估价是土地管理的基础工作，是地籍管理的重要组成部分，它通过辖区内土地质量的综合评估及土地等级的划分，测量级差收益，为全面、科学地管理土地，合理利用土地，以及土地有偿使用提供依据。根据《国家土地管理法》和《海南经济特区土地管理条例》的规定，实行土地有偿使用制度。凡是未经价格评估的土地使用权，不得出让。从1994年至1996年，国家和海南省政府投入资金200万元，开展完成全省19个市县（县城）110个乡镇和开发区共1000平方公里的基准地价评估工作。其中13个县城土地评估成果通过海南省土地管理局组织验收合格。

(4)土地权属纠纷调处

土地权属纠纷是海南历来的土地权属管理存在的一个突出问题，经调查海南未定权属土地面积21620公顷，占全省土地总面积的0.61%。土地纠纷多，主要原因是建省后，土地实行有偿使用制度，国有农林场与市县之间，乡镇之间，村之间部分行政界线不清，土地权属混乱，纠纷案件时有发生，影响社会稳定和正常的生产秩序。根据省政府有关文件的指示精神和国家土地管理有关法律、法规和政策规定，本着“尊重历史、照顾现状、民主协商、互谅互让、增强团结、促进生产”的原则。逐宗到现场深入调查研究，认真进行调处。据不完全统计，1988年至1995年，全省共调处土地纠纷案件上万宗，涉及土地面积达10万公顷以上。土地纠纷案件得到妥善处理，有利于农业生产和社会的稳定，为海南省各项建设和经济发展起了积极的作用。同时，也相应地建立了各种地籍档案。

3. 认真做好土地征用、出让、转让有偿使用制度

建国初期至70年代末，根据各项建设的需要，都征用了一些土地。海南建省办经济特区，各项建设用地发展快，尤其是，国家重点建设项目：交通、能源、通讯、大型水利工程，以及工业、房地产业迅速崛起。从1988年至1989年底，全省征用土地4407公顷，有偿出让给329个单位，面积2060公顷，土地出让地价款2.06亿元；已转让土地1576.3公顷。

1990年至1995年，全省共出让土地10446.13公顷，其中耕地面积1977.07公顷，土地出让金达32.86亿元。此项资金大部分用于城镇基础设施建设。土地有偿使用制度有如下几种：（1）城镇国有土地有偿使用；（2）农村宅基地的有偿使用；（3）乡（镇）企业用地有偿使用；（4）国有企业股份制土地的有偿使用。

4. 抓紧土地清查处理

海南建省办经济特区初期，土地管理法律、法规不健全，土地管理市场混乱，土地征用、出让、转让以及审批各项建设用地不规范，多头批地，少批多占，不批乱占现象较为严重，按照《省政府关于土地清查问题的处理规定》（琼府[1989]83号文件），各级政府成立了土地清查领导小组和下设办公室，于1989年全省开展土地清查工作，基本查清了海南建省以来在土地征用、出让、转让和开发建设过程中出现的一批违法案件。从1987年至1988年底，全省共征用土地24460公顷，有偿出让土地2060公顷，占征地面积83.7%，出让地价款2.06亿元。1992年至1994年底，全省依法批准的用地总面积项目中闲置土地1005宗，4844.12公顷，占依法批准用地总面积的44%。1996年至1997年底，全省清查非农业建设闲置土地44968宗，面积3.37万公顷，收回土地221宗，面积965公顷，其中取消批文或合同书1651宗，面积21559.55公顷，调整利用土地451宗，面积7436公顷，处理违法占地263宗，绘制图件1638幅，用地档案6368宗。

5. 认真开展全省土地利用总体规划编制和修编

根据《中华人民共和国土地管理法》和国务院办公厅国办发[1987]82号文转发国家土地管理局《关于开展土地利用总体规划工作报告的通知》以及中央11号文的要求，海南省有计划、有步骤地开展省、市、县、乡、镇土地利用总体规划编制，形成了省、市、县、乡镇四级规划体系。做到宏观控制、微观管理的原则。

(1)海南省省级土地利用总体规划编制和修编

省级土地利用总体规划的编制，是根据《中华人民共和国土地管理法》第十五条“各级人民政府编制土地利用总体规划”的规定，省级土地利用总体规划的编制，是在土地现状的基础上，根据土地自然的特点，经济、社会发展用地的需要，对全省土地的利用做出较长远的宏观战略性规划，是全省国土综合规划的组成部分，也是编制全省土地利用中期和年度用地计划审批用地，编制市、县级和区域性土地利用规划和编制部门用地规划的依据。规划基期为1990年，规划期为2000年和2010年。规划成果：海南省土地利用总体规划报告（送审稿）及说明书；专题研究：土地利用现状分析，土地资源适宜性评价，土地经济评价，土地利用规划分区研究，土地需求量预测等；规划图件：海南省土地利用现状图（1∶20万）一幅，海南省土地利用总体规划图（1∶20万）一幅。规划成果，已通过海南省土地局组织专家验收。在此基础上，按照中央11号文和原国家土地局有关文件的通知精神，为做好土地用途管制的要求，开展省级土地利用总体规划修编工作。

(2)市、县和乡（镇）土地利用总体规划编制和修编

根据国家土地管理局制订的《县级土地利用总体规划编制规程》（试行），进行市、县和乡（镇）两级规划编制工作，做到县、乡两级规划同步进行，上下结合，互相衔接，分期分批开展，基期从1992年，规划期2000年或2010年。从1992年开始至1996年止，全省19市县和306个乡镇规划编制工作全部结束。规划成果是：各市县土地利用总体规划报告及说明书，基本农田保护区规划和有关专题研究，规划工作总结、技术报告，各市县土地利用总体规划图（1∶5万）一幅，各乡（镇）土地利用总体规划报告，各乡（镇）土地

规划图（1∶1万）一幅。市县规划成果经海南省土地管理局组织专家验收合格。乡（镇）土地利用规划成果，由市县政府组织有关业务部门科技干部验收。在上一轮规划的基础上又开展市县乡镇规划修编工作，实行严格的土地用途管制。

6. 全省市县基本农田保护区划区定界工作

按照国务院《基本农田保护条例》和《海南省基本农田保护区管理规定》开展全省基本农田保护区划定工作，从1996年至1998年初全部结束。划定工作，坚持“高标准、严要求、手续齐全”，做到“指标、地块、责任”三落实。一是保护指标落实。全省划定基本农田保护区水旱田21.2万公顷（详查32.2万公顷），超额完成省政府下达的20万公顷的任务；二是地块落实。全省划定保护片块24782块，保护牌518块，界桩14426支，制作各类图表42597份，建立资料档案3932卷；三是保护责任书落实。市、县与乡镇，乡镇与村委会，村与农户，市、县与省政府，总共签订责任书532473份。划定成果，通过海南省土地管理局和海南省农业厅组织验收，有17个市县评为优秀，2个县评为合格。并颁发《市县基本农田保护区合格证书》。作为特殊保护，为子孙后代造福和海南省国民经济发展打下坚实基础。

（二）土地资源成片开发利用取得显著成果

海南建省办经济特区后，土地开发的步伐明显加快，土地成片开发为土地开发利用的新方向，海南省的土地开发确定了“规划一片，开发一片，受益一片”的原则，实行了“成片开发，统一规划，综合补偿”的开发模式。土地成片开发，是让投资者对一个成片区域的土地，在服从海南区域总体规划的前提下，进行从基本设施建设到工商业项目安排的系统开发和管理。在开发区内投资者享有独立自主的生产经营权，政府只对涉及国家主权的外商、海关、税务、治安、行政等方面进行管理和协调。

海南省土地成片开发推广珠海市“五统一”（即统一规划、统一征地、统一开发、统一出让、统一管理）的作法，开发区土地成片开发由政府统一征地、开发和出让。海南省土地局在琼山县开展试点。地点设在琼山县永兴镇狮子岭开发区，琼山县政府集资预征土地1400多亩（93.3公顷），并规划要求组织“三通一平”的基础设施开发，然后统一出让给投资者。这一办法的实行，引进了外来投资，从而带动了海南土地的成片开发。

海南省土地开发的模式有四种：(1)外资或内资单独成片开发。如洋浦经济开发区，占地面积约30平方公里（外商独资），海口市海甸岛东部开发区（内资）；(2)以土地入股与有开发实力的公司共同开发，利润分成；(3)以土地作补偿，基础设施由开发公司建设，政府垄断土地出让市场，如清澜开发区；(4)由政府实行“五统一”开发，如琼山县狮子岭开发区。

至1995年，经国务院和海南省政府批准设立开发区有25个，面积301.74平方公里，其中工业开发区6个，旅游开发区14个，综合开发区5个。主要有洋浦经济开发区，桂林洋经济开发区，清澜经济开发区，老城工业开发区，八所工业开发区，狮子岭农业开发试验区，亚龙湾国际旅游度假区，鹿回头旅游开发区，万泉河旅游开发区等。另外，1992年10月21日，经国务院批准设立海口保税区，保税区位于海口市金盘工业开发区内，面积1.93平方公里。保税区要设置有效的隔离设施，并经海关验收。保税区应以发展保税仓储、转口贸易及技术密集的出口加工业为主。（海南省国土海洋环境资源厅 张梓贤）

五、减灾与救灾

海南省地处热带，属热带季风海洋气候，这样的低纬季风气候区域既带来了丰富的光热水资源，也带来了台风、旱涝和低温冷害等多种自然灾害，这样的气候区域其减灾与救灾任务是十分繁重和艰巨的。

（一）主要灾害及损失

海南是一个自然灾害频发的省份，主要灾害有台风、水灾、旱灾、风暴潮、地震、龙卷风、冰雹、火灾、虫灾、冻灾、瘟疫等。在这众多的自然灾害中，经常交替发生及其危害较大的自然灾害是台风、洪水和旱灾三种。

1．风灾

即台风或强热带风暴。是海南省发生最多、最突出、危害最大的灾害。海南省素有“台风走廊”之称。据记载，自中华人民共和国成立至1998年的50年间，全省受风灾袭击或严重影响87次，约占全国风灾总数的20%，平均每年1.74次。它的影响和破坏程度，占自然灾害造成损失的60%以上。因灾死亡约3000人，受伤上万人，埋没农田达2000万亩，农作物绝收2500万亩，损失粮食近万吨，毁坏水利等各种设施1.8万宗（座），直接经济损失达200亿元。

1953年6月29日，8月13日，9月26日和10月31日，海南遭受四次强台风袭击，全省受灾人口224万人，死亡364人，受伤665人，倒塌房屋61178间，损坏房屋154295间，被刮沉（坏）渔船358只，农作物损失占正常年产量的一半，给全岛各条战线造成极大困难。

1973年9月14日凌晨4时，第14号台风从琼海市的卜敖镇登陆，中心风力12级以上，且台风恰在农历18日涨潮期登陆，伴有大海潮出现，损失极为惨重。共死亡926人，重伤1690人，房屋全倒126003间，半倒57171间，揭顶损坏252433间，牛死621头，猪死951头，水稻损坏384894亩，薯类损坏128660亩，甘蔗损坏44960亩，橡胶损坏6998500株，其他作物损坏1660亩，水利损坏174宗，沉坏渔船621艘，损坏运输船28艘，损坏鱼网73张，损失稻谷8779万斤，大米380万斤，面粉82万斤，花生36万斤，棉布20190米，水泥1610吨，化肥369吨，农药8吨，食盐820吨等。这次台风造成直接经济损失10亿元。

1989年海南省先后遭受5次强台风袭击，特别是10月份，在不到20天的时间内连续刮了4次强台风，风力都在12级以上，这在海南的历史上是没有过的。全省这一年的受灾人口达627.15万人，成灾人口379.2万人，死亡121人，伤1200人，死亡大牧畜2.69万头，倒塌民房7.71万间，损坏民房41.54万间。农作物受灾面积404.53万亩，成灾面积366.88万亩，绝收面积42.53万亩，损失粮食1.82亿斤。全省直接经济损失29.43亿元。

2．洪水

即水灾。每次影响或袭击全省台风或热带风暴都带来大量的降水，由于海南地形是中间高，四周低，加上排水和蓄水设施不完善，所以往往是风灾接着是水灾。海南解放以来，共发生水灾46次，因灾死亡537人，受伤799人，埋没农田304.9万亩，损失粮食39602吨，毁坏水利等设施10010宗（座），直接经济损失达50亿元。

1953年6月30日至7月1日，大雨连下2天，沿江海地区水涨成灾，农作物损失惨重，据不完全统计，被河水冲淹的禾苗共594405亩，其他杂粮作物和豆瓜损失70625万亩，共1445吨。房屋全倒和半倒有569间。

1957年10月11日至14日，由于受台风环流与南海低压槽影响，全岛连降3天3夜大雨暴雨，过程雨量100—600毫米，处在暴雨中心的琼中县降雨722毫米，致使山洪暴发，河水猛涨，位于万泉河、南渡江、陵水河和太阳河的澄迈、定安、文昌、琼山、琼东、乐会、万宁、海口、屯昌、琼中、陵水等11个县（市）的沿江河地势较低地区泛滥成灾，死11人，倒房84间，受浸房屋502间，受淹浸水稻和杂粮377693亩，文昌的文城镇内水深达3米以上。

1976年9月19日至28日，受热带低压影响，海南局部地区下暴雨或大暴雨，屯昌降雨762毫米，琼中677毫米，昌江647毫米，白沙556毫米，儋县459毫米，通什、万宁、临高300毫米以上。南渡江发生大洪水，澄迈金江水位29.68米，超过警戒水位1.64米，定安超过警戒水位1.64米。全岛水稻受淹75.63万亩，被洪水包围和淹没的村庄220个，413个生产队，南渡江出口处有5个村庄成了一片汪洋大海。

1989年10月，不到20天刮4个强台风带来百年罕见的暴雨，万宁降雨为1224毫米，琼中925毫米，通什888毫米，保亭828毫米，其余大部分市县降雨300—400毫米，导致特大山洪，这是海南历史上少有的大水灾。

3．干旱

即旱灾。海南在没有台风登陆或南海低压槽影响就很少降雨，导致旱灾。50年来共发严重旱灾达45次，平均约1.3年出现1次，造成直接经济损失近40亿元。

1959年10月至1960年5月，全岛大部分地区没有下雨，儋县、乐东、崖县干旱达10个月以上，特别是儋县的白马井，木棠等地区一年多没有下过雨。1960年，全岛早造水稻插秧面积2530447亩，严重受旱有922111亩，占36.4%，全部失收的有27万多亩，冬种番薯有1662430亩，严重受旱有591829亩，占总面积的35.6%，全部失收314785亩，春种杂粮作物3240413亩，严重受旱46461亩，枯死失收32452亩。尤其是儋县早造插秧面积204878亩，有70%以上受旱，枯死的占总面积51%，乐东因干旱粮食减产58%等等。致使全岛农村群众生活带来极大困难。

1988年1至10月间出现全岛性干旱，全岛有905条河溪断流，7869眼水井和721宗小型水库干涸，14宗中型水库水位降到死水位以下，最大的松涛水库也接近死水位。全省有5481个村庄101.64万人饮水困难，全省早晚造水稻受旱面积288.02万亩，减产粮食40%左右，给刚建省的海南造成很大困难。

50年来，海南省除了以上三种主要自然灾害外，还出现龙卷风50多次，冰雹40多次，潮灾20多次，以及里氏4级以下地震5次。

纵观半个世纪，海南省共发生有大小不同的破坏性自然灾害247次，死亡约4000人，受伤1.5万人，损失粮食近100万吨，毁坏水利等设施3万多宗（座），造成直接经济损失约300亿元。

（二）减灾

面对频繁的自然灾害，各级政府和广大干部积极领导群众开展向自然灾害作斗争，努力减少灾害的威协和破坏，把灾害造成的损失减少到最低限度。然而由于多种原因影响和条件的限制，减灾工作在不同时期和年代，情况也不一样。“文革”前的十年，由于综合国力、省力薄弱，减灾工作是以单纯的应急为主。“文革”开始到70年代末，由于思想封闭，科学技术落后，减灾工作也是封闭式的“分兵死守”、“顽强拼搏”。进入80年代，特别是成立了“中国国际减灾十年委员会”后，减灾工作才有了明显的突破和飞跃。海南建省和海南省成立“海南省国际减灾十年委员会”，海南的减灾工作才有较大的进步，才出现新的局面。主要有：

1．政府行为

(1)1989年8月，海南省政府办公厅副主任孙利军率领省政府办公厅、民政厅、三防办、气象局、邮电局、林业局、公路局等7个单位的代表，赴广州参加中国国际减灾十年委员会组织的、有联合国粮食计划署官员亲临的座谈会。孙利军副主任汇报了海南开展减灾活动的情况，并要求联合国粮食计划署援助海南省建立有关防台、防洪、抗旱项目，确保农业丰收。

(2)1990年2月，省政府办公厅组织了省计划厅、交通厅、民政厅、气象局、三防办、邮电局、林业局、公路局、水利局、海洋局等单位参加的“抗台减灾”问题研讨会，并在中国国际减灾十年委员会派员帮助指导下，写出了《海南岛抗台减灾系统工程立项论证报告》。具体工程有7项：1、台风监测预警工程；2、洪水监测预警工程；3、海潮预警工程；4、防护林体系工程；5、沿海防潮工程；6、沿海江河防潮堤工程；7、指挥救援工程。

(3)1989年、1993年、1994年、1995年、1996年、1998年和1999年共7年，省政府组织人工增雨抗旱工作。在驻琼部队的大力支持和省人工增雨指挥部的精心组织指挥下，先后在16年市县成功实施作业，解除或缓解了灾区旱情，解救了受旱作物，解决了人畜饮水问题，增加了水库蓄量，取得了十分明显的社会、经济效益。

(4)制定了海南省防震减灾“九五”计划和2000年规划。

(5)海南省人民政府1996年以第98号令发布：海南省工程场地地区安全性评价管理办法。

(6)海南省人民政府办公厅印发“关于海南省破坏性地震应急预案的通知”。

(7)海南省人民政府办公厅发出“关于加强防震减灾工作的通知”。

(8)1998年9月24日，海南省第二届人大常委会第三次会议通过了《海南省防震减灾条例》，并于1998年10月1日起施行。

(9)海南省政府以琼府办（1993）56号文发布海南岛沿海警戒水位报告。

(10)1993年海南省政府批准建设海南省海洋防灾减灾通讯网。

(11)1994年海南省计划厅以琼计社会（1994）329号文批复建设海洋减灾工程。

(12)从省到各市县政府共投入各种减灾工程款额近3亿元，其中，投入建造水利减灾工程达24279万元，地震减灾工程1020万元。此外，还投入减灾非工程款额约5000万元。

2. 教育与宣传行动

(1)从1989年开始，每年都在全省开展以防震为主要内容的减灾宣传教育活动，累计达30多次，参加人数达9130000多人（次），其中中小学生有15万人次。

(2)举办防灾减灾科普展览，接待中小学校师生参观气象防灾减灾现代化建设若干次，人数达144.6万人，其中中小学生20万人次。

(3)派出专家举办气象减灾科普讲座10次，人数33人次。

(4)举办有关“灾害信息预测评估”、“城市工程场地抗震设防”等内容的培训研讨班160次，参加培训1.6万人。

(5)1998年海口市人民政府批准在海口市人民医院和市第七中学举办地震应急预案演示。

(6)1990年以来，有关部门多次在澄迈、琼海等市县的中小学每年进行海洋知识宣传教育。

(7)省地震部门自1978年至1998年，以减灾防震为主要内容开展社会宣传活动22次，参加人数14628人。

3. 减灾国际合作

1998年4月，由联合国世界气象组织和国际科联在海口召开第四次热带气旋国际学术会议，省气象局6位专家参加会议，来自美国、法国、德国、日本、澳大利亚等38个国家和地区的130名专家、学者一起交流热带气旋领域的最新研究成果及预报技术，探讨如何加强国际商品合作，共同做好防灾减灾服务。

4. 科学技术研究与应用

(1)建立并拓展气象信息网络系统，建立三防、农业管理信息网络系统，实现气象信息共享，传输农产品市场信息，为防灾减灾和发展热带高效农业发挥重要作用。

(2)研究开发一批台风、暴雨、干旱等气象灾害预测技术项目，并投入防灾减灾气象服务。据调查，从1990年1月到2000年12月，已经完成研究开发或正在研究开发的技术及工程项目有：海南岛暴雨和对流天气的实验研究（1990年1月至1992年12月）；海南省气象综合信息网络系统（1992年1月至1995年5月）；海南省南海台风、暴雨大气监测、预报技术研究（1992年1月至1995年12月）；未来十年海南气候变化预测研究（1994年6月至1995年12月）；光敏核不育水稻性转换的光温作用摸式（1997年1月至1999年12月）；海南省三防、农业信息网络系统（1998年2月至1998年11月）；海南省台风、干旱、冷害短期气候预测技术研究（1997年1月至2000年12月）。以上工程及研究项目共投入资金近1000万元。

(3)组织国内海洋专家经1991年至1992年的理论探讨和实地测量，确定全岛21个主要港口和岸段的警戒水位，并作预警参数。

(4)经充分研讨，制定了海南省海洋防灾系统工程项目，并实施。

(5)召开和参与国内、国际减灾学术会议81次，派出专家学者573人次。撰写减灾论著本，发表论文480篇，出版减灾刊物12种，读物18本，收集并公布减灾实用技术325件，实现减灾工作从理论到实践上的统一。

（三）救灾

1950年以来，海南省遭受的各种自然灾害有几百次，其中重大的灾害占60%以上，每发生一次灾害，各级党委和政府都极为重视，及时开展形式多样的、行之有效的救灾活动，努力挽回灾害造成的损失，稳定灾区的生产秩序和灾民的生活情绪，避免非正常现象的发生。

1. 政府扶助

党和政府的扶助是国家救灾方针明文规定的，是帮助灾民克服困难、恢复生产、重建家园的一项重要措施，从1950年至1998年国家共拨给海南各级民政部门安排的自然灾害救济款34911万元，还有海南各级政府从地财补贴灾区的救灾款约5千余万元，两项合计近4亿元。从而较好地解决灾区群众的生产困难，使灾区在灾后能尽快恢复生产和重建家园。

1950年10月，海南遭受强台风袭击，当时，海南军政委员会立即召集各民主人士及部门领导共商救灾工作，派出慰问团和救灾工作组，并成立救灾委员会和救灾捐献委员会，及时拨出救灾款49000万元（旧币），救灾粮1017万斤以及一批衣被等急需物资，较好地为灾民排忧解难。

1959年至1961年，由于工作失误，急躁冒进，加上海南连续三年受到自然灾害袭击，群众生活极为困难，据1961年统计，发生水肿病33795人次，干瘦病31635人次，妇女子宫下垂和闭经病41707人次。当时海南区党委、行署领导极为重视，于1962年2月24—28日在海口召开全区生产渡荒和疾病治疗工作会议，部署全区救灾和治疗疾病工作。会后，全区各级党政部门积极组织医疗力量，采取各种有力措施，帮助患者解除疾病痛苦和控制疾病的再次发生。据统计，海南区民政局拨出救灾济款110万元，海南粮食局拨出回销粮7000多万斤，海南卫生局拨出救济药品和医疗专款40万元，先后治好水肿病人23809人次，干瘦病人27330人次，子宫下垂和闭经病人27236人次，使80%左右的患者在短时间得到康复，其余患者逐渐得到好转和痊愈，避免了非正常现象的发生。

1973年9月，海南遇到有史以来一次最大的台风袭击，损失惨重，而这次的救灾规模也是空前之大。当时，中央、广东省委、海南区党委以及各级党政领导对这次灾情极为重视，9月14日，在台风登陆的当天，区党委、区革命委员会召开紧急救灾会议，布置救灾工作，成立救灾办公室，动员和组织全区人民投入抢险救灾斗争。9月15日广东省委派革委会副主任张根生、省民政局副局长林克泽率广东省慰问团分赴灾区指导救灾工作。9月18日国务院派国家商业部部长范子瑜、中国人民解放军总政治部副部长蒋润观率领的中央慰问团及医疗队分赴重灾的琼海、万宁等地慰问，安抚死者家属和协助抢救受伤群众，国务院及广东省政府共拨给海南救灾款2450万元，较好地帮助灾民排忧解难。各级派往灾区的医疗队人员642名，驻岛官兵18000名，民兵6000多名，机关干部1200多名，汽车6000多辆，及时抢险救灾，转移安置灾民。

1987年是海南大旱之年，为了夺取抗旱胜利和解决群众生活困难，海南区党委、区政府在财政极为困难情况下挤出280万元，作为救灾救济专用资金，还拨出柴油7600吨，汽油300吨、化肥85750吨，区民政局拨出救济款123万元，粮食局拨出救济粮5218万斤，各市县发动群众筹集资金273万元，较好地解决救灾用款和群众生活的困难。

1989年10月，在不到20天内，海南连接遭4次强台风袭击。灾情发生后，海南省委、省政府多次召开专门会议研究救灾工作，并从省财拨出500万元的救灾专款。省委书记许士杰、省长刘剑锋亲自率领慰问团分赴灾区慰问灾民，并与灾区广大干部群众一起抢险救灾，帮助灾民排忧解难。省卫生厅组织各大医院医疗人员组成的医疗队深入灾区抢救受伤群众，使因灾受伤和患病的灾民得到及时治疗。10月9日，国务院副总理田纪云率领中央慰问团来到海南察看灾情，慰问灾民，并及时拨下救灾款1亿元，其中民政部门安排1500万元，解决群众生活困难，修复房屋和治病。中央慰问团带来党和国家对海南人民的亲切关怀，对灾区人民战胜灾害，夺取救灾工作的胜利是极大的鼓舞。国家民政部、财政部、农业部、水利部、经贸委和防总等部门也先后派来工作组，指导灾区开展救灾工作，拨下大批救灾物资，帮助灾区恢复生产修复被台风损坏的水利工程和邮电、公路等设施。

1996年，海南是大灾之年，19个市县先后遭受干旱、洪涝、龙卷风、台风、低温寒潮、病虫害等多种自然灾害袭击，尤其是7至9月三个月内，连遭6号、12号、18号台风破坏，全年灾害造成的经济损失达61亿元。每次灾情发生后，从中央到海南省各级政府都极为重视。（96）18号台风为海南40年一遇的风洪灾害，全省14个市县受灾，直接经济损失43亿元，其中农业直接经济损失28亿多元，成灾人口达184万人，死亡100人，失踪78人，被洪水围困41.5万人，紧急转移安置23万多人。灾情民生后，省委书记、省长阮崇武顶风冒雨奔赴灾区第一线指挥抗灾救灾。省委副书记、省人大主任杜青林，省政协主席陈玉益等领导分头下到海口、琼山、文昌、定安、澄迈、临高、儋州、昌江等市县指导抗灾救济。副省长陈苏厚于9月19日上午召集省政府办公厅、三防办、水利局、气象局专门会议，随即带领4个工作组下到海口、琼山、定安、文昌四市县具体指导帮助救灾工作。22日中午，省委、省政府召开紧急会议，决定从省委办公厅、省政府办公厅、民政厅、农业厅、卫生厅、侨办、水产局、林业局、水利局、三防办抽调人员组成8个工作组赶赴重灾区了解灾情，慰问灾民，协助市县做好救灾工作和死者家属善后工作。国家民政部在台风登陆第3天派来调查组，深入重灾区了解灾情，指导救灾。省政府指派省长助理韩至中率汇报组赴京汇报灾情，中央补助650万元。昌江县和儋州市有近4万人因灾断粮，省民政厅和财税厅以最快速度拨给2市县救灾款110万元，及时解决困难灾民的吃饭问题。驻琼人民解放军和武警部队积极主动参加抢险救灾，共派出官兵8240人，车辆110台次，舰船12艘次，军民团结一致，全力以赴投入抗灾救灾斗争。

2．社会捐献

社会捐献是党和政府对救灾工作采取的必不可少的一项措施，海南解放后，每遇到特大灾害，海南党政都积极发动社会力量，开展“自愿捐献，支援灾区”的活动，较好地减轻了国家的负担，充分地体现了社会主义制度的优越性和人民群众无穷的智慧和力量，弘扬了中华民族“一方有难，八方支援”的优良作风和传统美德。

1950年，海南遇到特大灾害后，为了尽快帮助灾区恢复生产，重建家园，安置好灾区群众生活，海南军政委员会成立救灾捐献委员会办公室，发动群众自愿捐献，支援灾区。在海南军政委员会号召下，全岛有16个单位和一批个人踊跃为灾区慷慨解囊。据记载，从10月22日至1951年2月17日止，海南救灾捐献委员会办公室共收捐献的救灾款129176万元（旧币），折人民币12.9176万元，光洋446个，铜仙3131个，大米21.66万斤，衣服1465万件，金戒指43枚，较好地解决了40万灾民的生产困难和5.38万人的住房困难。

1989年10月，在特大的自然灾害面前，海南省政府动员全省各界和海外侨胞，港澳同胞向灾区捐款献物。10月7日，省长刘剑锋代表省委省政府在动员大会上发出“支援灾区、自愿捐献”的号召，并成立救灾捐献接收小组，责成省民政厅负责接收工作。通过广播、电视、报纸等媒体，大力宣传捐献活动，掀起踊跃捐献支援灾区热潮，据接收小组统计，参加这次捐献活动的有各省、市、自治区驻琼办事机构、港澳同胞、海外侨胞、国际友人以及省内各级党政机关、事企业单位、驻军共886个单位，9万多人，共捐款人民币608万元，港币46万元，衣物9.4万件，药品250箱和31000多瓶（支），水泥340吨，毛毡732卷，大米52吨，以及农药、钢材、化肥、柴油机泵组等一批物资。各市县民政局也接收到捐献款114万元。衣物19185件，以及一批救灾物资，较好地解决了灾民的生活、住房和恢复生产的困难。

1992年9月，遭受2个强热带风暴袭击，经济损失价值达10亿元，省政府发动向灾区捐赠300万元。1996年遭受一次台风和2次强热带风暴击，并带来大量降雨，全省14个市县损失严重，共计61亿元，省、市、县政府发动各界向灾区捐赠1460万元。省委、省政府从1996年开始，把“扶贫济困送温暖”与赈灾捐助紧密结合起来，并使之在全省市县制度化，每年10月开展历时一个月的捐助活动，收到较好的效果。

1998年6至8月间，我国长江、松花江、嫩江流域相继发生历史上罕见的洪涝灾害，给当地人民群众和国家财产造成巨大损失，海南也发生多次突发性灾害。为了更好地支援灾区抗洪救斗争，帮助灾民渡过难关，重建家园，海南省委、省政府严肃认真贯彻实施国务院指示，把向灾区捐赠作为阶段性头等大事来抓，从8月上旬至10月下旬，开展两个多月的赈灾募捐活动。省“四套班子”领导率先垂范，带头捐献一个月工资，社会各界积极响应和大力支持。据统计，全省参加捐赠活动70余万人，大小单位4300多个，共捐款2800余万元人民币，捐衣物、矿泉水、饮料、药品等各种物资折款2900余万元（其中衣物52.03万件），两项共计5700余万元，较好地支援全国重灾区和省内灾区。

3. 生产自救

海南解放以来，每当发生灾害，各级党政和基层组织，除了政府扶助，社会捐献和群众互助互济外，还注意发动和组织灾区群众开展多形式多渠道的生产自救，增加经济收入，弥补灾害造成的损失。据测算，50年来，生产自救共投入劳力约3千万人次，组织从事各种劳务上千万人次，收入和挽回的损失约有50亿元以上。

1954年5月11日，第1号台风袭击海南。灾后，海南区党委、行署联合发出《关于迅速组织群众救灾和防洪的紧急通知》，布置各市县做好救灾工作，行署生产救灾办公室抽调有关部门干部19人，组成两个救灾工作队，分赴重灾区的陵水、崖县开展抢险救灾，并与当地党政领导深入发动和组织基层干部、群众1000多人抢收成熟的水稻和粮食作物，疏通水沟渠道排涝、修复房屋，安置无家可归的灾民，治疗受伤群众和防治疾病，使灾区恢复了生产和正常生活秩序。

1960年海南上半年遭受严重旱灾，区党委、行署动员全区干部群众部队官兵80多万人投入抗旱，抢种大面积的粮食作物及短期作物，夺取抗旱的胜利。下半年遭受风灾，区党委书记及其他常委领导亲自带队深入灾区发动群众63万人开展生产自救，抢救水稻246.7万亩，大大减少灾害带来的损失。

1973年9月，琼海等地遭受“7314”号强台风袭击，损失惨重，为了尽快帮助灾区恢复生产和重建家园，区党委、行署从各市县抽调建筑方面技术力量5000多人，琼海组织14000多名民兵积极配合，帮助灾民修复和重建房屋，经过7个多月苦战，共修建灾民住房4.49万间，使无处栖身的灾民解决了住房。

1986年9月至1988年9月，海南大部分地区受旱长达2年之久，为历史所罕见，粮食损失1亿元多斤，群众生活困难突出，海南区党委、政府发出“主粮损失杂粮补”的口号，深入基层发动群众发展杂粮作物和副业生产。据统计，1987年和1988年共抢种杂粮作物160万亩，瓜菜20多万亩，同时还组织群众从事其他副业，增加经济收入，使大旱之年群众生活得到稳定。

1989年四个强台风袭击海南，在情况极为严峻面前，中共海南省委、省政府和各市县四套班成员共1600多名领导，率领机关干部8000多人深入灾区，组织基层干部上万名和驻岛部队、民兵19万多人与灾区群众70多万人投入抗灾救灾斗争，开展生产自救。据统计，共抢救冬种作物108万亩，冬修农田水利7078万个劳动日，完成土方765万立方米，石方8万立方米，混凝土3800万立方米。改造灌溉面积50万亩，改造低产田25万亩，生产自救增加经济收入达6700万元，粮食1.9亿元斤。

1996年7月至8月间，海南接连遭受一个台风和两个强热带风暴袭击，仅农业直接经济损失达36.8亿元。面对灾害造成的困难，中共海南省委、省政府和各市县党政领导坚持“救济有限，生产无穷”的方针，把开展生产自救和发动群众互助互济当作下半年的头等大事来抓，重灾区的市县都召开了生产自救动员大会，全省共动员352万人投入生产自救和互助互济，帮助灾民修复住房6.71万间，解决治病20229人次、解决穿盖困难7.23万人，衣被130万件，现金1158万元。为全省32万困难灾民和特困户解决了燃眉之急，保证了灾区生产和生活秩序的稳定。（海南省民政厅 郑华积 王贤深）

六、海洋事业

海南省拥有全国面积最大的“蓝色国土”，经过50年的曲折历程，昔日悬弧大海的一群海岛和广阔的蓝色国土，几经风雨，以先进的管理体制、优惠的政策、丰富的海洋资源、优美的环境、多样的生态，快速发展的速度，欣欣向荣的前景引起世人的关注，在海洋的开发和管理方面取得了显著的成绩。

（一）区位优越，资源丰富

海南省所辖的海洋包括海南岛周围海域和西、南、中沙群岛及其周围的海域，面积约200多万平方千米。北面是琼州海峡，南至曾母暗沙，西与越南海域交界，东与菲律宾海域相连，处于太平洋与印度洋之间，是亚洲大陆与澳洲大陆、中东国家及非洲大陆之间的交通要冲。尤其是南沙群岛及其海域，地理位置十分重要，是扼守太平洋与印度洋的咽喉，是世界各国海上往来重要的交通枢纽，政治、经济、军事战略地位十分重要。

海南省所辖海域无论在国外还是国内，无论是政治、军事或经济领域都具有独特的战略区位。广阔的海域把海南岛及其它岛屿四面环抱，形状不同的海岛象一座座不沉的航空母舰，成为独立的地理单元，对实行全方位对外开放具有独特的优势。因此，用好管好和充分发挥海南海域和海岛的优势，直接关系到中国与东南亚各国海上交通安全以及我国与欧洲，非洲海上交通贸易事业的发展，也关系到海南今后的发展和繁荣。

由于海洋区位优越、独特，海南省港口身价倍增。搞好海南省港口建设的特殊意义，随着经济的发展而逐步显示出来。海南港口历来是同中国及东南亚地区进行经济往来和文化交流的门户，海上运输成为海南岛与外界沟通的主要桥梁。特别是海南建省办经济特区后，海南实施外向型的经济发展战略。“大进大出”成为其经济发展的主要特征，港口建设和海上运输的发展得到重视。

海南省海岸线总长1811千米（含岛岸线），海岸线系数为0.0477，在我国沿海省区中首屈一指。其岸线曲折，自然形成的港湾多，且地质、水文条件良好，可开发成为港口的港湾达84处。目前有18个港湾已辟为港口，还有60多处潜在港口资源。这些港口资源为今后发展港城工业、滨海工业和扩展海洋运输业提供良好的后备条件。已建成的港口中，海南岛西南部八所港规模最大，在建的洋浦港具有天然深水良港的条件，正在兴建的有南山港，拟兴建的有东水港、木兰港、龙湾港等。

海南省海洋资源储量丰富，除有上述的港口资源外还有丰富的海洋生物资源，堪称一流的海岛、滨海旅游资源、人称“第二中东”的海洋油气资源、没有污染的能源资源、巨大的海水化学和海水资源、储量可观的滨海沙矿资源等等。这些丰富而潜力巨大的海洋资源是海南及我国南方发展新兴海洋产业的潜在战略资源。

（二）海洋经济突飞猛进

海南省的经济建设虽然刚起步，但其超前的意识，精干的机构，科学的产业布局，优惠的政策，快速的经济发展却引起世人的瞩目。到1997年底，全省海洋经济总产值已达112.5亿元人民币，首次突破百亿元大关。与建省初期的1988年相比，产值增长16倍，年平均递增35%。海洋经济迅速、稳定、健康的发展在逐步显示出海洋在海南经济腾飞中不可替代的地位。最近省委、省府、省人大、省政协的领导都非常关注海洋产业。省委书记杜青林同志多次强调，海洋是海南发展的最大优势。他号召，农民、企业、个体、集体、内资外资一起上海洋产业，要以近海养殖为突破口，构建海洋产业带，增强海洋捕捞能力，积极开发海洋旅游资源和海底矿产资源，朝着建设海洋强省的目标迈出坚实的步伐。

（三）蓝色产业初具规模

经过将近半个世纪的努力，海南省海洋产业已形成规模，朝着产业基地化、生产规模化、企业现代化、经营市场化，操作科学化的方向健康、稳定的发展。先后建立起独具特色的滨海旅游业、潜力巨大的海洋油气加工等新兴海洋产业、稳步发展了三大海洋传统产业。在诸多的海洋产业中，海洋旅游业发展最快。1997年全省海洋旅游业接待的国内外游客达 508万人次，产值达47.33亿元人民币，年平均递增43.11%；海洋运输业达8.5亿元，年平均递增27.57%；海洋产值达42.63亿元，年均递增26.9%。特别是海洋油气加工业，仅两年，取崖13—1气田的一小部分加工，1997年产值达8.99亿元，成为潜力最大的新兴海洋产业。

在海洋产业结构布局方面，坚持以海洋资源开发为基础，高科技产业为先导，紧紧围绕发展海洋经济为中心，不断推进海洋产业的发展，海洋产业已初具规模。至1997年底止，全省海洋产业企业已达948家，资产规模达134.7亿元人民币，从业人员达5.8万人。目前，已初步形成以海洋油气加工业、海洋旅游、海洋水产、海洋运输为主的四大支柱产业。海洋开发由分散、低层次、粗放型向集约化、高科技、大规模的方向转变。与此同时，海南省海洋固定资产的投资力度加大，重大项目建设加快。据统计，仅1997年经省海洋厅和有关部门的规划、勘察、设计、报批的海洋产业重大建设项目及海洋相关产业项目达20多个，协议合同投资达266.63亿元人民币；海洋产业经济技术合作也取得新进展，全省在建的海洋产业经济技术合作项目正在进行前期工作项目69个，协议合同总投资55亿人民币；招商引资开发海洋项目成绩十分喜人，据初步统计，1997年开发海洋项目协议，投资达19.03 亿元人民币，到位资金9.60亿元。其中外商投资1.406 亿美元，到位资金7477万美元。

（四）海洋管理逐步到位

海南省的海洋管理在一步一个脚印的前进。全省已建立起从省到沿海市县的省、市县海洋管理机构。1989年 3 月海南省组建了由地方和中央双重领导的“海南省海洋局”，负责管理全省海洋工作；1995年 3 月经中央编委批准，海南省海洋局由垂直管理改为属地管理，更名为“海南省海洋厅”，成为海南省政府管理海洋事务的职能部门；1998年 5 月省政府撤销“海南省海洋厅”后，全省的海洋工作由新组建的省国土海洋环境资源厅承担。目前全省已建立两个国家级海洋自然保护区，一个省级海洋开发规划设计研究院，一个省级海洋监测预报和海洋开发研究中心及 8 个沿海及岛礁的海洋观测站，形成了较完整的海洋综合管理技术保障体系。在开展海域管理方面，继澄迈县1990年10月率先于全国第一个颁布实施《澄迈县海域使用管理暂行规定》后，全省沿海市县都在1992年 9 月份以前制订了各自管理海域的地方性规章，东方市政府于1997年 8 月又颁布并实施《东方市海洋综合管理暂行办法》、《东方市海域使用管理暂行办法》、《东方市海岸带开发管理暂行办法》、《东方市海滩管理暂行办法》等“一规三法”。1998年10月 1 日海南省人大颁布实施了《海南省红树林管理规定》和《海南省珊瑚礁管理规定》，从而为全省范围内完善海洋综合管理体制和法规奠定了基础。到1997年底，计发放海域使用许可证170张，审批使用海域200多公顷，收缴海域使用金1千多万元。此外，在国家海洋局的支持下，先后两次组织由省政府领导任团长的南沙巡视慰问团赴南沙海域进行巡视和慰问守礁官兵，履行了应尽的职责。到1997年底全省海洋监察执法人员经培训合格的达100多人，装备执法艇船5艘，能独立完成近海及重点海区的执法任务。

（五）海洋公益服务体系逐步完善

海南省海域辽阔，地处热带海区，海洋水文、气象、地质情况较为复杂，是海洋自然灾害较多的省份之一。为了减少和防止海洋自然灾害造成的损失，海南建省办经济大特区以来，重视海洋灾害防御体系的建设，逐步建立和完善了海洋减灾防灾系统，加强对海洋环境、海洋灾害的预报服务和海洋科技资料服务，引起了社会的普遍重视。

近几年来，海南投入了大量的人力、物力，建立和完善包括西沙、南沙、秀英、清澜、乌场、三亚、莺歌海、东方等8个海洋监测站和两个辅助站。在组建海南省海洋局的同时，1989年3月正式组建了海南省专门从事海洋环境监测预报工作的事业机构——海南省海洋预报台、海南省海洋环境监测中心以及信息资料等技术保障和服务部门。开展了海洋灾害中长期预报工作；实行了海洋防灾减灾工作检查制度；坚持了每年三次对海口湾、三亚湾、清澜湾、洋浦港、八所港、陵水湾等重点海湾进行定期的水质监测工作；同时，开展了专项服务，如开展对海口市假日海滩滨海浴场海水水质的监测和亚龙湾珊瑚礁自然保护区水质监测等；编制了海南省海洋监测预报台站的网络规划。海南省海洋监测预报和开发研究中心在向国家海洋环境预报中心和联合国科教文组织发布海洋水文气象资料的同时，开展对所辖海域每天24小时的海浪预报和中长期海洋灾害海况预报。组织全省海洋科技人员采用先进的科学方法确定全省重点港口岸段警戒水位，为预防灾害性的海潮提供科学依据。并在此基础上建立了全省沿海13个市县和西、南、中沙行政中心永兴岛的海洋灾害预警专门通讯网络，及时向全省发布海洋灾害信息。制定人才交流的优惠政策，采取“走出去，请进来”的方法，引进和培养海洋灾害测报人员。全省海洋专门测报人员已由建省前的30多人，增加到现在的80多人，开展海洋的单项、专项预报及长期海况预报服务质量逐年提高，受到社会各界的好评。

（六）科技兴海，方兴未艾

为了提高科技进步在海洋产业中的贡献率，近十年来，海南省坚持科技兴海的战略方针，科技兴海工作逐步落实。先后完成了《海南省海洋功能区划》、《海南省海洋开发规划》、《海南省重要港湾、岸段警戒水位的确定》、《海南省科技兴海规划》和国家“8.5”科技攻关项目以及为期8年的《海南省海岛资源综合调查研究报告》，海口、文昌两市也先后制订了海洋开发规划，为实现科技兴海，大规模发展海洋产业提供科学依据。

另外，海洋管理部门还与海南大学合作开展海水农业科学项目的研究，目前已取得阶段性的成果；金丝燕生态恢复的研究、三亚珊瑚礁生态恢复的研究等都先后完成，为开展海南省海洋生态环境的保护提供了非常有利的条件。

目前，全省上下正在以科技为依托，市场为导向，效益为目标，加大海洋资源开发的力度，优化产业结构，以近海养殖为突破口，全面开发海洋资源，注重海洋环境保护，发挥海南海洋的特色产业的优势，为把海南建设成为海洋总产值占全省国内生产总值的一半以上的“海洋强省”而努力奋斗。（海南省国土海洋环境资源厅　陈家博）

第七章 政法工作

一、法制建设

中华人民共和国成立50年来，海南人民在中国共产党的领导下，社会主义民主和法制建设取得重大进展。尤其是1988年海南建省办经济特区后，第七届全国人民代表大会常务委员会授权海南省人民代表大会及其常务委员会，根据海南经济特区的具体情况和实际需要，遵循国家有关法律、全国人民代表大会及其常务委员会有关决定和国务院有关行政法规的原则制定法规，在海南经济特区实施，并报全国人民代表大会常务委员会和国务院备案。海南人民解放思想、开拓创新、充分运用特别地方立法权，从实际出发，把改革和发展的重大决策与立法相结合，同时大胆借鉴国内外成功的立法经验，制定了一系列适应社会主义市场经济发展的法规规章。加强执法和司法工作，坚持有法可依、有法必依、执法必严、违法必究，为改革开放和发展提供了重要保证。

海南在法制建设方面具有鲜明的特点:在立法上注重超前性、民主性、普遍适用性和权威性；执法上注重依法行政，一切按规矩办，最大限度减少随意性；司法上注重公正性、公开性，为市场主体创造平等竞争的法制环境。

（一）加强立法工作，提高立法质量，立法工作成就辉煌

1．制定了一系列适应社会主义市场经济发展的法规规章

海南在立法的实践与探索中遵循:一是凡是国家已制定法律、法规，但在执行过程中还不够具体的，就结合海南实际制定实施细则或实施办法；凡是国家法律中某些内容不适应海南特区经济社会发展进一步改革开放需要的，就遵循国家法律和行政法规原则，结合海南特区的具体情况和实际需要，制定相应的补充性法规和规章；凡是国家没有立法，而海南特区发展社会主义市场经济和改革开放又急需的，就大胆探索和试验，制定相应的法规和规章。从1988年海南建省办经济特区到1998年底止，共颁布法规规章301件。其中:省人大常委会公布或批准公布的地方性法规116件，省政府发布的行政规章185件。这些法规规章涉及市场主体、市场行为、市场秩序、宏观调控、社会保障、基础和支柱产业、环境和社会主义精神文明等各个方面，其中有不少是在全国属于试验性和先行性的立法。如:《海南经济特区股份有限公司条例》和《海南经济特区有限责任公司条例》，都是在《中华人民共和国公司法》出台前颁布的；《海南经济特区企业法人登记管理条例》，参照国际惯例，在全国率先把企业法人审批登记制改为依法核准直接登记制，放宽了企业经营范

围，简化了登记手续，缩短了办照时间，同时对国内外来登记的企业法人一视同仁，受到国内外投资者的普遍欢迎，增强了投资吸引力，被誉为“先上车、后买票”的改革模式；《海南经济特区机动车辆燃油附加费征收管理条例》，在全国率先取消了公路上的一切收费关卡，体现了“多用路多交钱、少用路少交钱”的公平，加快了公路畅通；在全国率先出台的《海南经济特区银行IC卡管理规定》，推出的IC卡同时具有电子存折、电子信用、电子钱包、医疗保险个人帐户支付和管理等功能；制定的《海南省行政事业性收费收支管理办法》，在全国率先实行“各家开票、一家收款”，提高了政府的服务水平和质量，加强了廉政建设；制定《海南经济特区基础设施投资综合补偿条例》，对吸收外商投资，引导投资方向，起了重要作用；制定海南经济特区养老、失业、工伤、医疗保险等条例，在全国率先实行了城镇从业人员高度社会化、一体化的新型社会保障体系。同时，在许多法规规章中充分强调公平、公正、公开的“国民待遇”原则，为各类企业创造了平等竞争的条件。通过这一系列法规规章的颁布实施，各项经济和社会活动基本上有法可依。

2. 改革立法机制

党的十五大以后，海南省法制局根据省委书记、省人大主任杜青林关于:立法质量要提高，“立法的机制问题还要探索、改革”的指示，对改革立法机制问题进行了探索。在探索改革立法机制的过程中，坚持立法为民的原则，把提高立法的民主性、透明度作为改革的方向，贯穿于立法的各个环节；坚持从实际出发的原则，根据立法实践中出现和遇到的问题，研究改革思路。确立了从立法计划编制、立法起草主体、立法审查、立法协调、立法咨询、立法经费筹集等方面改革立法机制，并结合省政府1995年4月发布的《关于地方性法规起草和行政规章制定程序的规定》(61号令)及在实际运作过程中存在的问题，提出了改革思路和对《61号令》的修改意见和建议。1998年12月29日，召开了“1999年立法项目申报论证会”，迈出了海南省实施立法机制改革的第一步。

（二）积极推进司法公正

1. 改革法院审判方式

为了适应市场经济发展的需要，加快办案速度，保证办案质量，严肃执法，海南法院系统从1995年开始推行审判制度改革。省高级人民法院在洋浦法院先行取得试点经验的基础上，经过充分试验论证，全面进行审判方式改革。改革后的审判方式与以往审判方式相比，有三个特点:一是强化庭审功能，强调直接开庭。案件受理后，法官在开庭前一般不接触当事人，只做一些必要的准备工作就直接开庭。当事人陈词、举证、辩护、法官核实和认定证据等，一切都在法庭上进行。一次庭审无法查清案情、分清责任的，可再次开庭审理，直到弄清案情为止。二是强调当事人的举证责任。把强调当事人举证责任与法官依职权调查取证结合起来，建立起具有中国特色的举证制度；凡是当事人能举证的必须举证；凡是当事人不能举证的，尽量要求当事人举证；凡是当事人不可能举证的，由法官依职权调查取证。同时建立当事人举证指导制度，要求法官根据当事人诉讼请示的具体内容，告知当事人围绕案件性质、情节在合理的期限内提供证据。三是强调逐步落实合议庭的职权。改变传统审判方式权力高度集中的不合理现象，实行优选合议庭或优选审判长制，适当放权，充分发挥合议庭的功能。改革取得了显著效果，调动了当事人参与诉讼的积极性，保证了当事人充分行使各项诉讼权利；增强了审判活动的透明度，最大限度地体现了审判活动的公开化、民主化和平等性，有利于法院和法官的廉政建设；减少了审判中不必要的环节，缩短了办案周期，办案效率和办案质量明显提高。

2. 建章立制，对错案责任进行追究，以保证人民法院、人民检察院、公安机关严肃执法，公正办案，维护公民、法人和其他组织的合法权益

1997年10月22日海南省人大颁布实施了《海南省各级人民法院、人民检察院、公安机关错案责任追究条例》。该条例所称的错案是指本省各级人民法院、人民检察院、公安机关及其办案人员办理的案件，认定事实、适用法律法规错误或者违反法定程序而造成裁判、裁决、决定、处理错误的案件；本省各级人民法院、人民检察院、公安机关办案人员，因故意或者过失造成错案的，应当按照该条例追究责任，海口海事法院办案人员因故意或者过失造成错案的，依照该条例追究责任；各级人民法院、人民检察院、公安机关及其办案人员必须严格执行法律、法规、依法履行职责，恪尽职守，公正裁判、裁决和处理；人民法院审判、执行、鉴定人员及其他相关人中有对依法应当受理的诉讼案件，而拒不受理的，办理刑事案件事实不清楚，证据不确实、充分，适用法律错误，违反法定程序，定罪量刑错误的等8个方面情形之一的，应当追究责任；人民检察院检察官及相关人员有对依法应当逮捕的犯罪嫌疑人而不批准、不决定逮捕，或者对依法不应当逮捕的人而批准、决定逮捕的，对犯罪事实已经查清，证据确实、充分，依法应当追究刑事责任的犯罪嫌疑人而不提起公诉，或者对依法不应当提起公诉的人而提起公诉的等8个方面情形之一的，应当追究责任；公安机关人民警察有对依法应当逮捕的犯罪嫌疑人不提请批准逮捕或者依法不应当逮捕的人而提请批准逮捕的，侦查终结后对犯罪事实清楚，证据确实、充分的犯罪嫌疑人，依法应当移送起诉而不移送起诉，或者发现不应当追究刑事责任而移送起诉的等9个方面情形之一的，应当追究责任；追究错案责任，应当按照责任自负的原则，准确认定有关人员的责任；人大常委会对本级人民法院、人民检察院、公安机关追究错案责任工作实施监督，并对错案进行监督。

（三）坚持依法行政，加强执法监督

1. 建立人大代表评议“一府两院”工作的监督制度，强化人大监督职能，提高监督效果

海南省人大以健全执法责任制、推动依法治理为突破口，创新监督形式，拓宽监督渠道，加大监督力度，健全监督机制，以监督保证法律法规的贯彻实施，全省各级人大依照法律赋予的监督职能，监督“一府两院”工作，形成有效的制约机制。从1997年3月开始，海南省人大常委会建立了人大代表评议“一府两院”工作的监督制度，在海南省委的支持下，组织人大代表对省高级人民法院工作依法进行“面对面、实打实”的评议。省人大13名常委、200多名代表直接或间接参加评议。评议分三个阶段，一是调查研究阶段，重点督察了久拖不决的重大案件，使评议工作在群众关注的热点、难点问题上有所突破；二是面对面的评议阶段，紧紧围绕严肃执法、秉公办案和法官队伍建设，准确行使法律赋予人在的监督权和任免权，增强了评议的力度和实效；三是整改阶段，实施有效的跟踪监督，落实评议意见，加强制度建设和强化监督约束机制。评议工作有力地促进了久拖不决的重大案件的依法审结，代表评议组督办的63宗案件，省高院在较短时间内办结了其中的22宗超审限案件；依法监督了裁判有误有错案，得到及时纠正，并依法追究有关人员的责任。“张思佳涉嫌故意杀人案”拖了4年零8个月未办结，人民群众强烈不满。经过人大代表的评议监督，这一大案、要案终于划上句号，杀人凶手受到了严惩，人民群众拍手称快。人大代表评议“一府两院”工作监督制度，探索出一条发扬民主，强化监督，严肃法制的新途径，为我国进一步扩大社会主义民主，加强法制建设提供了经验。此外，省人大还以完善人民代表大会制度为核心，加强特区基层民主政治建设，大力抓好乡镇人大换届选举工作，注重培训骨干，增强选民民主意识，实行差额选举，拓宽民主选拔干部渠道，基层人大监督职能日益健全，民主法制建设逐步加强，人大与党委成员交叉任职，既提高人大在基层生活中的地位和威信，又充分体现党的领导，保证人大依法行使监督职权。通过发扬民主，健全法制，调动人民群众的社会主义积极性和创造性，吸引和鼓励海内外各方面人士参加海南开发建设；在经济建设和社会生活的各方面，努力做到有法可依、有法必依、执法必严、违法必究。各级人大加强自身建设，发挥主导作用，积极增创特区民主法制新优势，逐步建立依法治县、依法治市、依法治省的机制，架设起依法司法和依法监督的桥梁，为加强执法监督、依法治理创造条件。

2. 坚持依法行政

海南始终坚持依法行政，以法律和制度来规范政府行为，初步实现了“不批条子，不认条子，一切按规矩办”的原则，改变了过去那种哪个单位审批权力大，门口就会车多人多送礼多，哪个单位审批权力少就会“门庭冷落车马稀”的局面。

3. 加强政府法制工作

(1)加强法制机构建设和人员队伍建设。为了能够更好地把改革和发展的重大决策相结合，使经济体制的各项改革措施通过立法表现出来，海南省委、省政府于1994年作出决定，将省政府法制局和省体制改革办公室合并，“两块一牌、一套人马”，1995年6月合并工作圆满完成。省法制局和省体改办合并后，又对内部职能运作机制进行改革，以充分发挥现行职能作用。改变职能运作机制，其目标是优化结构、缩减编制、提高效率，建设一支精干、相对稳定、富于创造性的立法专业队伍。改革的主要措施是根据立法工作的性质，创建立法专员制度。实行立法专员制度后，立法专员和立法专员助理独立承担相应的立法任务，各司其职，各负其责，工作做得好与否都容易考核清楚，有利于增强立法人员履行职责的透明度，强化个人执行任务的制约机制。

(2)按照《中华人民共和国行政处罚法》的规定，对全省行政执法人员队伍进行清理，对本省已出台的法规规章进行了清理、修订。

(3)做好行政复议应诉工作。全省自行政复议条例颁布以来，共收到各类行政复议案件598件，其中，省复议办受理复议申请近200件，立案审理复议案件为158件。全省复议机构代表各级政府出庭应诉行政案件12件，其中，省复议办代表省政府出庭应诉行政案件10件。对收到的复议申请，省行政复议办根据不同情况做了大量的协调和疏导工作，减少案件数。主要措施是:宜由法院受理的纠纷案件，说明当事人向人民法院起诉；对于当事人因认识错误，申请复议将可能对其不利的案件，动员其撤回申请；与下级行政机关沟通办案，化解矛盾；对法律、法规规定，可由乡镇政府处理的纠纷案件，要求市县政府不要直接处理，而由乡、镇政府处理，当事人对乡、镇政府处理仍不服的，可再向市、县政府申请复议，以避免一些小的纠纷在市、县政府直接处理后，当事人不服便又到省政府行政复议办申请复议，给省政府工作带来被动。

此外，在法制建设进程中，海南致力于创造人民安居乐业、投资者、旅游者生命财产安全能够得到有效保障的治安环境，始终坚持以严厉打击严重刑事犯罪为重点进行社会治安综合治理。全省建立了社会治安综合治理领导责任制，从省到市县、乡镇，层层签订目标管理责任书，增强了党政一把手抓社会治安的责任感，带动社会各方面力量齐抓共管，促进了基层基础工作的建设和安全防范措施的落实，有力地推动了综合治理工作的开展。充分发挥公、检、法等政法机关维护政治和社会稳定的作用，及时发现并妥善解决那些影响社会安全的矛盾和闹事苗头，及时妥善地制止和解决局部地区和少数单位发生的闹事事件，一以贯之地坚持“严打”方针，坚决打击以涉枪涉毒为重点的严重刑事犯罪，有效地遏制了严重刑事犯罪上升的势头，初步实现了海南社会治安形势的基本好转。在进行社会治安综合治理的过程中，政法机关充分体现出分工合作的特点，建立了电子信息化的公安指挥监控系统，设立海南省公安指挥中心，组建海口市巡警大队，改进“110”报警台服务，实行检察、审判工作提前介入等，对开创海南社会治安的新局面发挥了重要作用。

(海南省法制局　种润之)

二、公安工作

半个世纪来，全省各级公安机关和全体公安干警，在各级党委、政府的正确领导下，认真贯彻落实党的公安工作路线、方针、政策，坚持专门工作与依靠群众相结合的方针，忠实地履行公安机关的职能，发扬公安战线的优良传统和作风。完成了打击敌人、惩治犯罪、改造罪犯、保护人民等各项任务，为保卫人民政权、捍卫社会主义革命和建设做出了巨大贡献。

（一）保卫社会主义改造的6年

这一时期，海南公安工作的主要任务是肃清国民党反动派南逃的党、政、军、宪、保残余势力，荡涤旧中国遗留下来的污泥浊水，捍卫新生的人民政权，发展生产，保卫民主革命和社会主义改造的顺利进行。围绕这个总战略目标和任务，各级公安机关认真地开展了四个方面的斗争。

1. 全面开展剿匪肃敌斗争

海南岛解放后，国民党军队来不及逃跑或被击溃的散兵游勇有近十万人潜入岛内腹地，这伙残敌和当地不法地主恶霸、地方反动武装头子暗中勾结，严重地威胁着新生的人民政权。为保护生产建设，捍卫革命政权，全区公安干警和驻岛人民解放军指战员协同奋战，广泛发动人民群众，开展了声势浩大的肃清残敌的斗争。截至1951年10月底，共剿灭敌匪16股3万余人，从而稳定了革命新秩序，维护了社会治安。

2. 坚决镇压反革命

解放初期，麇集在海南岛的反动军政警宪人员、反动党团骨干、特务间谍、地主恶霸、反动会道门8万余人。他们暗中进行各种破坏活动，企图颠覆新生的人民政权。为保卫革命胜利果实、开展土地改革及城市的民主改革创造条件，1950年10月，全区开展了镇反运动，共打击了上述五方面的敌人50178人。同期侦破反革命案件187起，刑事案件101起，严厉地打击了反革命分子的嚣张气焰。

3. 彻底开展内部肃反斗争

在革命斗争和经济建设过程中，混进和潜藏在行政机关、事业单位、厂矿企业和人民团体内部的美蒋特务、间谍、反革命分子同境外敌特势力相呼应，对新生人民政权大肆进行破坏活动。针对这种情况，各级公安保卫部门，遵照党中央、公安部的指示，深入开展内部肃反和社会镇反斗争。共侦破反革命和各类刑事案件854起，依法逮捕反革命分子1371人，刑事犯罪分子1363人，纯洁了革命队伍。

4. 荡涤旧社会遗留下来的丑恶现象

解放初期，旧中国遗留下来的赌博、嫖娼、卖淫、贩毒、吸毒等丑恶现象继续腐蚀人们的灵魂。为彻底扫除旧社会遗留下的病毒，树立良好的社会新秩序、新风尚，各级公安机关充分发挥职能作用，采取查禁、取缔、收容、强制劳动教育和判刑劳改等多种措施，扫荡各种社会丑恶现象。通过这场斗争共查禁吸毒者327名，收审贩毒者19名，收缴毒品259两；封闭妓院18处，收容劳教近300名，封闭了所有赌场。

（二）保卫社会主义革命与建设的10年

在社会主义改造取得决定性胜利之后，全区进入全面开展社会主义建设的新时期。结合本区的实际，公安保卫工作的重点是：继续打击一切反革命分子的现行破坏活动，坚决彻底肃清暗藏在革命队伍内部和社会上的残余反革命势力；加强对五类分子的劳动改造；坚决同各种犯罪分子作斗争，防止和打击反革命叛乱，稳定社会秩序，确保社会主义建设和党的各项工作的顺利进行。

从1957年春开始，在海口、临高、定安、屯昌、澄迈、文昌、琼山、琼东、乐会、崖县等十个市县先后发生了反革命叛乱事件。为巩固和发展基层政权，保卫国家和人民生命财产免遭损失，各级公安保卫机关在党和政府领导下，依靠和发动人民群众，配合人民解放军，采取了“军事清剿和政治争取相结合”的方针，制止和平息了叛乱，进一步肃清了隐藏在偏僻山区的残余反革命分子和现行破坏分子，共逮捕上千名，其中有伪处长、团长、警察局长等重要反革命分子105名，挖出反动组织17个。缴获长短枪135支，子弹上万发，反动证件一批。同时破获1958年发生的刑事案件44宗。处决一批首恶分子，判刑劳改341名，劳教358名，管制198名，经教育后释放109名，纯洁了城镇乡村基层组织，确保了各市县民主改革运动的顺利进行。

1959年至1962年间，当我国国民经济出现暂时困难时期，一小撮暗藏的阶级敌人纷纷出笼，乘机进行各种破坏活动。与此同时，小偷小摸、哄抢财物和宰杀耕畜等治安问题也比较突出。全区公安机关严格区分和正确处理敌我矛盾和人民内部矛盾，在打击刑事犯罪活动和处理治安问题时，认真贯彻落实《从严管理的十项治安措施》，充分依靠和发动人民群众，侦查破案，依法逮捕了一批现行反革命分子和其他刑事犯罪分子。

在三年经济困难时期，台湾国民党当局通过派遣小股特务，偷渡登陆或空降潜入，和暗藏在国内的敌人内外结合，在海南行政区建立所谓“琼崖敌后游击根据地”，妄图达到颠覆和破坏人民政权的罪恶目的。公安机关保持高度警惕，着重地打击反革命集团、阴谋暴乱、预谋偷渡、叛国投敌等反革命活动。从1962年至1965年间，美帝、台湾特务机关从香港、澳门、台湾先后向陵水、万宁、崖县、临高等县派遣了5批从海上偷渡的特务和3批空降特务。公安机关在有关部门的积极配合下，广泛发动人民群众，布下天罗地网，将8股偷渡、 空降特务全部、迅速、彻底、干净地歼灭，粉碎了敌特的破坏阴谋。

（三）经受锻炼考验的“文革”10年

1966年至1976年是“文化大革命”的10年。阴谋篡党夺权的林彪、“四人帮”反革命集团在十年动乱中使党、国家和人民遭受严重灾难，也使人民公安工作遭到极大的破坏。十年浩劫经历了三个阶段:1.从1966年5月“文革”开始至1969年4月党的“九大”召开为第一阶段。1966年中共中央“5·16” 通知发表后，开始了“文化大革命”，全国自上至下开展大鸣、大放、大字报、大辩论、大串连活动，社会治安出现混乱局面。1967年1月，海南区公安局被“夺权”， 遭到很大破坏，公安领导干部被批斗，公安保卫干警遭到围攻、辱骂、批判，公安机关丧失了专政机关的职能作用，处于瘫痪状态。1967年2月7日，海南军区对海南区公安局实行军事管制，成立海南公安机关军事管制领导小组。翌年8月9日，成立海南行政区革委会保卫组。全区广大公安干部在极其困难的情况下，冲破阻力，为维护治安，做了大量的工作。1969年，全区19个市县41530名五类分子乘机作恶，混水摸鱼，公安保卫干警针锋相对地开展斗争，对进行阶级报复、反攻倒算的敌对分子开展了批斗和打击，把五类分子凶焰压下去。2.从党“九大”到1973年8月党的“十大”为第二阶段。在极其困难严峻的局势下，广大公安保卫干警顶住压力，坚守岗位，千方百计地保卫首脑机关和重要部位的安全，保守工作机密，充分表现了人民公安干警忠于党和人民的高贵品质。3.从党的“十大”到1976年10月6日，以粉碎林彪、“四人帮” 两反革命集团为标志，宣告“文化大革命”结束是第三个阶段。为适应对敌斗争形势发展的需要，根据党中央和公安部指示精神，1973年8月9日撤销海南革委会保卫组，9月1日，恢复海南行政区公安局并成立了公安局党委，加强了党的核心领导。同时，贯彻第16次全国公安工作会议精神，强调恢复发扬公安机关的优良传统和作风，实行“预防为主，防破结合”的方针，加强公安队伍建设，落实干部政策，配备了各级领导班子，公安工作得以顺利开展。据1973年统计，调回原公检法干警占“文革”前的公检法干警总数1736名的88.1%，恢复组建公安派出所占应建数的91.7%，干警763名；建立基层治保会占应建数的95.1%, 共建治保会6549个，成员73010名，其中绝大多数是党团员，治保会主任中党支委4618名，占主任人数的67.5%。并以区、市、县为单位训练干警、治保成员11781人次，提高了政治和业务素质，有力地打击和改造犯罪分子，为加强人民民主专政，建立和巩固革命新秩序做出贡献。

（四）改革开放20年

打倒“四人帮”后，公安机关认真贯彻落实党的十一届三中全会以来的路线、方针和政策，全面进行拨乱反正，正本清源，把工作重点转移到保卫社会主义“四化”建设上来，使公安工作更好地为改革、开放和经济建设服务。各级公安机关组织广大干警认真学习党的十一届三中全会精神和公安部于1979年1月召开的全国公安厅(局)长会议精神，提高认识，认清形势，明确工作重点和任务。根据中央和广东省委、海南区党委的部署，公安机关开展了揭批林彪、“四人帮”的斗争，清查整顿公安队伍，从组织上、思想上和纪律作风上为做好新时期公安工作打下良好基础。树立了解放思想、实事求是的马列主义路线，把公安工作的重点转移到保卫经济建设上来。同时，在公安业务工作上认真落实党的对敌斗争政策，对解放以来认罪表现较好，弃旧图新，痛改前非，重新做人的关、管、押、劳的“四类分子”2475名，解除摘帽，恢复了公民权，并按照党的有关政策，实事求是、善始善终地平反冤、假、错案1128宗，体现了党的“有反必肃，有错必纠”的政策。

在改革、开放、搞活经济建设的进程中，由于经验不足，曾一度存在“一手硬，一手软”的状况，社会治安出现新的不安定因素，刑事犯罪活动猖獗。按照中共中央1983年8月25日作出《关于严厉打击刑事犯罪活动的决定》，为维护正常的社会秩序，保卫四化建设和人民生命财产的安全，从1983年9月开始，在全区范围内开展了严厉打击刑事犯罪分子的斗争，在历时三年半的“严打”斗争中，先后摧毁犯罪团伙1066个，抓获团伙犯罪分子6462人，破获各类案件7236起，其中重、特大案件761起。逮捕3472人，判刑3056人，其中判死刑18人。通过“严打”斗争，严惩严重危害社会治安的犯罪分子，清除了一批社会垃圾，震慑了犯罪，弘扬了法制，扭转了社会治安的非正常状况。

海南建省、办大特区后，公安工作紧密围绕治理整顿和深化改革”的中心任务，坚持党的“一个中心两个基本点”的基本路线，明确以保护发展生产力作为公安工作的出发点和检验工作的根本标准。坚持依法从重从快方针，强化治安管理，不失时机地抓紧落实各项治安防范措施，加强队伍自身建设与各项公安建设，主动自觉地为海南经济大特区的对外开放和开发建设创造安定的治安环境。1988年至1998年，全省共破获刑事案件40225起，其中重大案件23123起，摧毁犯罪团伙7816个，成员30751名，惩处各类违法犯罪分子190164名，直接为国家挽回经济损失55897.3万元。同时，强化以派出所为重点的基层基础工作，建立健全民警巡逻体制和110报警服务台，提高动态环境下控制社会治安的能力，推进社会治安综合治理，使全省社会治安保持持续平稳。经过多次抽样调查和定量分析，全省356个乡镇(街道) 治安状况稳定或基本稳定的325个，占91.3%,80%以上的内部单位社会治安状况是好的或比较好的，广大人民群众是比较满意的。

在半个世纪的对敌斗争中，公安队伍建设不断发展壮大，各项基础建设初具规模。公安民警从组建初28人发展到上万人，现役公安边防、消防部队和林业、农垦、港务、民航、交通、电力、邮电、金融公安机关从无到有，从小到大、从弱到强。已建成了一支机构警种、业务比较健全的公安队伍。建省后，公安教育事业也取得可喜成绩，海南人民警校在公安部组织的全国警校办学水平评估中名列前茅，被确定为重点中专。同时还采取送培、鼓励函授、组织自学考试等形式加强教育训练工作，据统计，选送到公安部所属专业院校和广东省公安政法学院学习以及参加电大、函授学习获得大专以上学历的有394名，参加公安中专自学毕业450名。其中大专以上文化程度民警占17%，高中、中专学历占57.6%，分别高于全国平均水平5%和6.2%。交通工具、通信条件大为改善。广泛开展了立功创优活动，涌现出了连续8次全国优秀公安局殊荣的文昌市公安局等优秀集体及69名英烈。建省11年来全省先后有9人被公安部授予英模称号，有13人被评为全国、全省劳模、有78人被评为全国优秀民警，有499个集体和3001名民警荣立一、二、三等功。此外，为了加大公安改革的力度，在治安行政管理、出入境管理、边防管理、道路交通管理、刑侦机制、队伍建设等方面先后出台了60多项配套改革措施，为保证特区公安工作培养一大批合格的民警和优秀的领导干部，促进了公安工作。（海南省公安厅 杜昌圣）

三、人民法院审判工作

（一）艰难曲折的发展历程

建国后，海南人民法院建设经历了艰难曲折的五个发展时期。

初步建立时期：解放后，海南迅速设立了海南人民法院、海南黎族苗族自治区人民法院和海口市及各县人民法院，分别为同级人民政府的一个部门。

迅速发展时期：我国第一部宪法和人民法院组织法颁布后，海南两级法院分别改为海南地区中级人民法院，海南黎族苗族自治州人民法院，市、县人民法院名称未变。从此，海南两级人民法院不再是各级人民政府的一个部门，开始依法独立进行审判工作，实行公开审判、辩护、回避、陪审、合议、审判委员会、两审终审和审判监督等各项审判制度，为海南奠定了社会主义司法制度的基础。

受干扰时期：1957年后，公、检、法机关实行“一员代三员”，“一长代三长”，县级公、检、法合并为政法公安部，直到1961年法院机构才得到恢复。

受到严重破坏时期：“文化大革命”中，海南法院受到严重破坏，由“军管组”、“保卫组”行使审判权。1972年人民法院得到恢复，但各项工作仍未走上正轨。

恢复和全面发展时期：1978年12月十一届三中全会以后，海南法院机构不断完善，队伍不断壮大，审判工作实现了历史性巨变。1982年海南各法院设立经济审判庭，专门从事经济审判工作；1985年海南各法院设立执行庭，专门从事刑、民、经案件裁定中财产部分的执行工作；1987年，海南各法院建立健全了告诉申诉庭，方便群众诉讼，解决群众告状难问题。1988年建省后，成立海南省高级人民法院，海南的审判机构从此由二级升为三级。经过十年改革和调整，海南现有海南省高级人民法院，海口海事法院，海南、海口、三亚、洋浦4个中级人民法院，22个市、县、区基层人民法院。102个人民法庭。各法院普遍开展了刑事、民事、经济、知识产权、行政审判、执行和审判监督工作，普遍建立了立审分离、审执分离、审监分离等公开审判和监督制约机制。50年来，共审理、执行各类案件达45万多件，为海南的政治社会稳定和经济发展作出了应有的贡献。

（二）刑事审判

1. 反革命案件的审判

1950年5月，海南解放。为巩固新生的人民政权，海南各级法院建立后，积极配合镇压反革命、土地改革、“三反”、“五反”等社会改革运动，开展各项审判工作。反革命案件的审判是这一时期法院主要的工作任务。

第一次镇压反革命时案件的审判。为坚决地打击国民党反动残余势力的破坏活动，肃清一切公开与暗藏的反革命分子，迅速建立与巩固革命秩序，保障人民民主权利，顺利地进行生产建设及各项必要社会改革，从1950年至1953年，海南各级法院共判处反革命案件14999件，巩固了刚刚建立的人民政权，保障了社会主义经济恢复工作的顺利进行。

第二次镇压反革命和内部肃反时案件的审判。1955年春季，国家对农业、手工业和资本主义工商业的社会主义改造进入紧要关头，反革命分子更加猖狂地进行抵抗。据此，海南地区从1955年6月起开始第二次镇压反革命。半年里，共审理反革命案件1080件，进一步安定了社会秩序，为全岛农业合作化和私营工商业改造高潮创造了条件。

1962年2月后，台湾当局声称反攻大陆，岛内治安情况一时较为混乱。为打击反动分子的气焰，从6月中旬起海南各级法院配合开展第三次镇压反革命运动。打击了以吉才钦为首的“反共救民队”、“反共后备军”等反革命团体，判处了一批反革命分子。

"文化大革命"中，对一些反革命分子进行了判处。但由于"左"的错误的影响，反革命案件审理中出现了一些冤案错案。

十一届三中全会后，本着"解放思想、实事求是"的精神，海南法院对"文革"中判处的669件、861人反革命案件复查了664件、856人，纠正560人，占65%，其中无罪的407人。

改革开放后，出现安定团结的政治局面，反革命案件减少，但是颠覆活动仍然存在。1989年6月后，海南琼北中级法院以反革命宣传煽动罪，判处了一些反革命分子。

1997年，新刑法将反革命罪改为危害国家安全罪，海南法院1998年以危害国家安全罪判处了席世国等犯罪分子，有效地维护了国家安全。

2．经济犯罪案件的审判

经济犯罪在各个历史时期都存在。五十年代，主要是配合"三反"、"五反"运动，打击贪污和盗窃国家财产的犯罪。如1953年，海口市法院对李运岐盗窃国家资财4亿元（旧币）一案给予严惩，判处死刑。1954年至1955年，对破坏粮食统购统销政策的犯罪进行了制裁。1963年3月至1966年5月社教运动中，开展了对贪污盗窃、投机倒把案件的审判。1965年7月，在城市"五反"运动中，海口市共破获投机倒把案件265件，其中逮捕判刑35名，管制3名，教养2名，补税罚款223名，补缴税款513名，缴获现款138270元以及赃物一批。

改革开放后，随着经济活动日益活跃，经济犯罪的审判成为刑事审判工作的重点之一。1982年，海南地区中级法院及辖区法院共受理各种经济犯罪案139件，结案129件，收缴赃款46万元以及其他赃物一批。1984年底至1985年上半年海南岛发生"汽车事件"后，全汉区对倒卖汽车的126宗178人立案审判，其中万元以上的案件112宗151人，20万元以上的14宗14人。

建省后，各级法院牢固树立惩治经济犯罪是为社会主义市场经济直接服务的观念，始终把对经济犯罪大要案的审理放在重要位置。1989年受理经济犯罪案件168件、287人，1998年受理经济犯罪案件132件、174人，分别下降21%和39%，充分表明经过坚持不懈的打击，经济犯罪有所收敛。审理的经济犯罪如薛根和、原海南省计划厅长姜巍、省政府副秘书长李善有，特别是1998年公开审理的原东方市委书记戚火贵等大要案在全国引起了强烈反响。同时，结合新形势下经济犯罪的特点，重点惩处了伪造货币、非法集资、金融诈骗、偷税、抗税、虚开和非法出售增值税专用发票、骗取出口退税等破坏金融秩序和税收征管秩序方面的犯罪，有效地维护了大特区经济秩序。

3．普通刑事案件的审判

1950年7月至1955年12月，共收案12613件，结案12516件，判处16551名普通刑事犯罪分子。其中，封建把头、流氓、惯匪、贩毒售毒者118名，有力地扫除了旧社会的残渣。坚决打击破坏土地改革的犯罪。1950年，仅定安法院就组织了五个人民法庭，对反对土改、破坏土改的603人进行审判，保证了土地改革的顺利进行。坚决打击妨害婚姻家庭自由和虐杀妇女的现象。从1950年7月至1955年12月，海南各级法院共收到干涉婚姻自由、妨害婚姻家庭和虐杀妇女的案件3274件，处理了3118件，保障了妇女和子女的合法权益。

1956年起，国家进入全面建设社会主义时期，刑事审判贯彻中央随着政治形势的变化提出的“少捕一些，少杀一点”方针。1958年至1961年，海南法院判处死刑人数一年比一年少，分别为105、47、20、3名（以上数字包括反革命犯罪），管制也一年比一年少，而且都判别得比较准。

1958年“大跃进”运动开始。为追求办案速度，高指标，政法机关出现了公、检、法三家合一的现象，法院刑事审判出了一些错案。据统计，1958年至1961年上半年审理的9598件案件中，经复查有问题的1297件，占13.6%。随后，为扭转这种情况，海南法院认真贯彻“稳、准、狠”的方针，使办案质量有了较大的提高。1963年底，海南地区中级法院对1962年至1963年11月止办理的5743件刑事案件抽查了2500件，判处正确的2425件，占97%，有问题案件中，属畸轻畸重的占90%。

“文化大革命”期间，海南法院受到冲击，刑事审判工作一度停顿。据统计，整个“文化大革命”期间，共收案5234件，结案4749件。

1980年1月，刑法、刑事诉讼法开始实施。按照中央政法委的统一部署，1980年1至2月，针对一个时期以来，刑事犯罪案件大幅度上升的实际情况，海南地区中级法院以整顿社会治安、打击刑事犯罪为中心，突击审结了一批刑事案件，其中杀人案13宗13人，抢劫3宗7人，强奸6宗6人，初步把刑事犯罪的嚣张气焰压了下去。

1983年9月至1986年底，海南各级法院依照“从重从快”的方针，开展严打三个战役，惩处了一大批严重危害社会治安的刑事犯罪分子。海南行政区中级法院和汉区10个县、市法院共审结各类刑事案件5064件（其中二审948件），判处杀人、抢劫、强奸、重大盗窃等严重危害社会治安的犯罪无期徒刑以上的犯罪分子共371名，判处有期徒刑和其他刑罚的4886名，追回经济损失46万元，使海南社会治安秩序有了明显好转。

从1987年起，海南法院配合公安、检察机关，进行反盗窃、追逃犯、打击流窜犯、打击车匪路霸和涉枪案件的审判，保持了严打声威。

建省后，海南刑事审判工作进入了一个新的发展时期。为维护特区良好的社会治安环境，全省各级法院坚决依法从重从快惩处严重危害社会治安的犯罪分子，适时开展集中统一行动和不同形式的“严打”专项斗争。建省11年来，共审结刑事案件2万多件，判处犯罪分子3万余人。审理了一批在全国范围内有较大影响的大要案，如震惊全国的“南霸天”——王英汉等10人流氓集团案，号称32军的洪德严等16人流氓抢劫集团案。根据海南刑事犯罪的特点，会同有关部门适时开展了打击涉枪犯罪、绑架勒索犯罪、抢劫机动车犯罪、毒品犯罪、组织强迫他人卖淫犯罪，车匪路霸以及带黑社会性质的流氓团伙犯罪等专项斗争。90年代初，经过建国初期的坚决打击一度灭绝的毒品犯罪又死灰复燃，一个时期甚至达到猖獗的地步，给人民生命财产带来了极大的危害。针对这种情况，人民法院从1995年以来采取措施进行集中打击，还于每年的国际禁毒日进行广泛的宣传活动，到学校对青少年进行教育。经过几年的努力，至1998年我省毒品犯罪虽然案件数量较多，但犯罪势头得到了一定程度的遏制。

4. 积极参与社会治安综合治理

一是充分利用公开审判，就案讲法，以新闻报道形式向社会公布重大案件的判处结果，深入开展法制宣传，扩大办案的社会效果，制播《电视法庭》、编发《严打专刊》和《公判快报》；二是召开声势浩大的严打宣判大会，形成强大声势，以震慑犯罪，鼓舞群众。仅1996年一年，全省各级法院共召开公判大会131场，宣判刑事案552件1231人，摧毁流氓、盗窃、抢劫等严重刑事犯罪集团30多个，受教育的社会各界群众达200万人；三是针对未成年人的特殊情况，开创了寓教于审、惩教结合的审理未成年人犯罪案件的审判方式和制度；四是注意把握办案与大局的内在联系，针对在建立市场经济运行机制过程中出现的新情况、新问题，积极向政府主管机关和经济管理部门发出规范性、建设性的司法建议；五是正确运用审判机关对罪犯实行改造的职能，认真做好减刑、假释工作。11年来共办理减刑案件12198件，假释案件893件。

（三）民事审判

50年来，海南各级法院共审理各类婚姻、房屋、继承、土地、山林、债务等民事案件158029件。

1. 婚姻案件的审理

新中国成立后，为反对封建主义，贯彻《婚姻法》，海南各级法院加强对婚姻案件的审理。1950年至1956年新收民事案件65305件，其中婚姻案件达56493件，约占87%，特别是1952年，受理婚姻案件14726件，占当年全部民事案件总数的93.3%。针对旧社会不合理的婚姻制度，1950年至1956年审结离婚案件54977件，判决离婚率达83%以上，把一大批妇女从封建婚姻制度束缚中解放出来。此后一个时期，特别是“文化大革命”期间，婚姻案件有所减少。1980年，修改后的《婚姻法》颁布实施，婚姻案件呈现新的上升势头。1980年至1984年年均收案2640件，比1977年至1979年年均收案1818件上升了31%。建省后，离婚案件继续呈上升趋势。1989年至1995年新收民事案件36733件，其中离婚案件为14996件，约占41%。

根据海南海外华侨和少数民族众多的实际情况，审慎审理好涉侨婚姻案件和少数民族婚姻案件。

2．一般民事案件的审理

1950年至1990年，海南各级法院受理继承案件491件，占民事案件总数的0.25%。1950年至1958年继承案件较多，特别是1954年，结案103件。这一阶段的继承纠纷主要是妇女争取继承权，要求男女平等。从1959年至1962年，由于实行社会主义改革，生产资料归集体所有，没有这类案件发生。1963至1965年每年只有两起，“文化大革命”期间没有受理、办理继承案件。1972年后每年也只有29件左右。1982年宪法恢复了保护公民私有财产继承权的规定，特别是1985年继承法实施后，继承案件有所增加。

1950年至1990年，海南共受理一审债务案10133件，占民事案件的0.5%。债务案件的起伏很大。新中国成立之初曾形成一个高潮，从1958年开始，债务案件大幅度下降至很少，“文革”后至1981年形成低谷。1982年以后，国家实行经济体制改革，经济往来增多，民事法律关系基础扩大，债权债务关系大量发生，特别是建省后，经济规模的进一步增大，债务案件大幅度上升。至1995年，债务案件已占到新收民事案件总数的约29%。这一时期债务案件的特点是以生产经营中发生的债务为主，因买卖拖欠货款和生产经营性贷款纠纷较多，债务标的金额明显增大，三角债数量多。

建国后至1955年，海南各级法院没有受理损害赔偿案件。1956年至1979年每年受理的损害赔偿案件在70件以下浮动，1980至1990年每年受理损害赔偿案件在100至300件左右。主要是公民个人因追逐个人利益而引起的冲突、纷争显著增多，打架斗殴致伤引起的案件也较多。随着民法通则和民事诉讼法的颁布实施，特别是建省后，损害赔偿案件的收案范围扩大了，侵占公民姓名权、肖像权、名誉权、著作权的案件日益增多。

1950年至1955年间，海南各级法院每年受理的土地山林水利案件在100到300件之间。1956年到1967年土地案件减少，有的法院甚至多年没有此类案件。改革开放后，从1983年开始，土地山林案件大幅度上升。党的十五届三中全会会，为进一步贯彻党的农村政策，妥善审理农村土地承包纠纷案件，保护农民的合法权益。

3．房地产案件的审判

1950年至1990年，海南各级法院共受理各类房屋案件8140件，为民事案件总数的

4%，仅次于婚姻案件，居第二位。建国初，房屋纠纷主要是房屋租赁纠纷。1954年房屋纠纷达到一个高潮，至1960年降到最低点，收案仅16件。由于“左”的思想影响，城乡大批私房被无偿拆迁和“平调”，导致房屋所有权以及使用、租赁关系混乱。1962年起又有不少房屋纠纷起诉到法院，出现了房屋纠纷案的第二个高潮。由于“大跃进”和“文革”遗留问题的影响，1972年法院恢复后，房屋案案件形成了第三个高潮。1978年以后，由于落实政策，房屋案件猛增。1980年至1990年，各级法院共受理房屋纠纷案件4162件，占40年来房屋纠纷案件的40%。

建省后，海南房地产业的发展异军突起，其特点可概括为起步晚、发展快、来势猛、问题多、起伏大。据统计，截止1994年5月，全省房地产开发公司发展到4600多家，建筑施工单位445家，施工人员20多万人。由于房地产管理法尚未颁布施行，房地产开发经营行为缺乏系统、完善的房地产法律来调整和规范，导致1993年国家宏观调控后，海南房地产热迅速降温，引发的大量纠纷诉至了法院。其中1993年审理的“松雷大厦”案是一起非常典型的案例。松雷大厦先后被炒卖11次，涉及12家房地产公司，争议标的额高达2亿元，在海南高院有关人员的努力下，该案的审理取得了很好的效果。目前，涉房地产案的标的高达100多亿元，为解决这个超常规发展后的遗留问题，海南省高级法院在大量调查研究基础上提出了处理房地产案件的一些基本原则，对保持海南房地产市场的稳定和健康发展起到了重要作用，为最高法院制定司法解释提供了经验和依据。

4. 知识产权案件的审判

为适应知识产权司法保护的需要，海南法院从1993年起开展了知识产权审判工作，当年新收知识产权案1件。在知识产权案件审判中，平等地保护中外当事人的知识产权，依法制裁各种侵权违法行为。

（四）经济审判

1983年，海南各级法院相继成立了经济审判庭，开展经济审判工作。16年来，共审理各类经济纠纷案件23216件，涉讼标的约560亿元。在经济审判中，坚持为经济建设和改革开放服务，适时调整执法思路，更新观念，较好地发挥了经济审判的职能作用。建省以来，共审理金融纠纷案件5500多件，标的达240多亿元，有效地维护了海南的金融秩序，与此同时还审理了一批大额存单、证券回购、股票、债券、票据、融资租赁以及期货纠纷案件，制裁了非法集资、违法拆借和金融欺诈等不法行为。海南省企业的股份制改造起步于1991年，省内5家企业发行内部股票约5亿元。从1992年开始，海南省部分企业的股票获准在深圳异地上市，由此，海南的证券市场得到了很大的发展。但由于规范不够，股票类型的案件不断增加。据粗略统计，股民与证券机构的委托交易纠纷占案件总数的40%左右。海南省期货市场从1992年开始建立，1993年形成大炒期货的高潮。期货案件呈现出内容新、涉及面广的特点，且多为客户诉经纪机构。1998年，随着海南中商期货交易所的关闭，涉期货交易的纠纷越来越多。积极审理流通领域的纠纷案件。全省法院共受理一审购销合同纠纷案6000多件，打击违约行为，维护市场正常秩序。及时、审慎审理涉农案件，促进“两高一优”农业经济发展。依法支持和保护国有企业的改革，较好地审理了企业承包、联营、租赁、破产、兼并案件约1500多件，注意完善产权交易规范，促进现代企业制度的建立。特别是1997年，对列入国家试点城市国有企业破产兼并计划的5件企业破产案件的审理，冲销了银行3亿呆账准备金。妥善审理涉海发行、省信托、省国投案。1997年以来，我省部分信用社发生支付困难，在此基础上组建了海发行，1998年6月，国家作出行政关闭海发行的决定，为配合这一系列动作，维护海南金融市场的秩序，海南各级法院积极配合省委、省政府采取一系列措施。共集中审理涉上述机构案325件，保护了债权人的合法权益。

海南是海洋大省。为妥善解决海事、海商纠纷，1990年成立海口海事法院。该院成立以来，共审结海事、海商案件1000多件，涉诉标的总金额达20多亿元。通过海事、海商审判，平等保护中外当事人的合法权益，树立了海南特区投资环境的良好形象。

（五）行政审判

海南从1987年开始进行行政审判工作。12年来，海南法院共审结一审行政案件2938件。年新收案从1987年的15件上升到1998年的262件，增长了9.8倍；执行行政机关申请执行的案件869件，执行标的总额4668万余元。案件类型多，涉及到土地、公安、城市、规划、环保、工商等30多个职能部门。通过依法审理行政案件，促进行政机关的依法行政。各级法院还重视运用行政审判手段，保障特区各项重大改革措施的顺利实施，为配合海南税制改革、社会保障制度改革适时推出了一系列措施。通过对侵犯企业自主权案件的审理，促进了国有企业经营机制的转换；特别是通过对燃油附加费征收案件的审理，促进了这一在全国率先推行的改革顺利实施。

1995年，国家赔偿法施行后，海南省高、中级法院均设立了赔偿委员会，使享有依法取得国家赔偿权利的公民、法人和其他组织的合法权益得到保护。

（六）执行工作

人民法院生效判决的执行是维护司法权威的重要保证。海南各级法院牢牢把握维护稳定、服务改革和建设的大局，既严肃执法又从实际出发，既维护法律的统一和尊严，又注重执行的社会效果。1988--1998年共执结各类案件26943件，执行标的达141.1亿元；为解决群众普遍反映的“执行难”问题，1998年9月开展了执行会战活动，当年执结标的额为近10年执行标的总额的46.2%。为防范和化解金融风险，1998年，海南高院统一指导，统一布置，抽调力量集中执行了一批涉海发行、省信托、省国托的金融纠纷案件，在几个月的时间里，追回款项3.5亿元，缓解了我省的金融困难。针对当前海南法院执行工作中存在的房地产市场有价无市和债务人负债过多无法履行，有协助义务的单位不积极协助，当事人法律意识差等问题，积极探索切实可行的执行措施，其中“以物（房）抵债”、“放水养鱼”、“债权换股权”等执行办法，帮助企业摆脱困境，激活了市场，取得了良好的效果。慎重执行破产案件及群体性案件，努力维护社会稳定。树立国家观念和法制统一的观念，反对地方保护主义，积极认真地做好委托执行和协助执行工作，协助外地法院执行了大量案件。为规范执行活动，省高级法院研究制定了有关财产保全和委托拍卖的规定，对被执行人实行财产举证和申报制度，有效克服了“执行难”和“执行乱”。

（七）积极推进法院改革

海南法院充分发挥特区试验田的作用，积极探索以审判方式改革为龙头的法院改革，在人事制度、法院后勤管理体制改革等各方面锐意创新。长期以来在计划经济体制下形成的审判方式越来越不适应市场经济形势的发展，存在种种弊端，归结起来就是审判过程的“暗箱操作”。审判方式改革就是要改变“暗箱操作”的状况，其重点是抓好三个“归位”，即庭审重心归位、角色归位和权力归位，狠抓当庭认证、质证和当庭宣判，使法官能居中裁决，并切实还权于合议庭和法官。几年来，审判方式改革从民事经济审判领域扩展到刑事、行政审判领域，从一审案件逐步向二审案件拓展。改革调动了当事人参与诉讼的积极性，最大限度地体现了审判的公开、民主、平等，提高了办案效率，促进了廉政建设。目前，全省法院一审案件的公开开庭率已达到100%，二审案件的公开开庭率也已达到80%。同时，为进一步接受群众监督，以海口市中级人民法院为代表的全省大多数法院逐步实行了人民陪审员制度。

把竞争激励机制引入到人事管理制度中。通过公开招考、竞争上岗等形式提高法院干部的素质和调动干警工作的积极性和创造性。1995至1997年连续三年，全省法院通过向社会公开招考的形式，补充法院工作人员近百名。1997年和1998年，全省各级法院还以竞争上岗的形式，选拔了一批优秀干部走上中层领导岗位。大力推行轮岗制，1997年以后，全省法院干部每年易地交流和轮换岗位交流约为10%——20%。

以理顺关系、明确职责为突破口，立足服务，转换机制，大胆推进以后勤服务社会化为方向的后勤管理体制改革。目前，省高院和部分中院成立了机关事务服务管理中心，统一管理高院机关的车辆、物业、食堂、招待所等，实现了法院后勤管理体制的基本转变。

（海南省高级人民法院办公室）

四、司法行政工作

中华人民共和国成立50年来，伴随着海南社会主义建设事业翻天覆地的历史巨变，全省司法行政工作也经历了一个创立、发展、壮大的历史进程。党的十一届三中全会后特别是海南建省办经济特区10年来，在省委、省政府和司法部的领导、关怀下，全省各级司法行政机关和广大司法行政干警，高举邓小平理论伟大旗帜，坚决贯彻执行党的基本路线及其方针、政策，坚持在改革中探索，在开拓中进取，自身建设有了全面发展，职能作用得到充分体现，整个工作局面与三中全会之前相比，发生了根本性变化，取得了令人瞩目的成就。历史充分表明，三中全会以来的20年，是司法行政机关艰苦创业的20年，是司法行政事业发展壮大的20年，也是司法行政干警服务大局、无私奉献的20年。

（一）全省司法行政机关自身建设迅速发展，已经建立起一个高效完备的司法行政管理体系和一支勤政廉洁的司法行政干警队伍

新中国的成立，使海南的司法行政工作逐步得以创立和发展。但在三中全会之前，由于长期受“左”的影响，党和国家未能把民主法制建设摆到应有的位置，致使海南在长达30年的时间里，一直没有设立专门的司法行政机关，有关司法行政事务分别由公安机关和人民法院等部门承担，司法行政工作处于分散管理、缓慢前进、艰难发展的状况。

十一届三中全会给海南司法行政管理的发展带来了生机和活力。1979年，根据邓小平民主法制思想，党和国家大力加强社会主义民主法制建设，决定在全国恢复、重建司法行政机关。随后又把司法行政工作载入宪法，确立其法律地位。1981年，海南行政区公署司法局和海南黎族苗族自治州司法局相继建立，海南的司法行政工作才开始走上规范管理、健康发展的轨道。特别是1988年海南建省办经济特区后，省司法厅的成立，大大加快了司法行政事业的前进步伐，标志着全省司法行政工作进入了一个全面发展的新阶段。

海南省司法行政事业的发展，首先体现在自身建设上。与三中全会之前相比较，全省司法行政机关在思想建设、组织建设、业务建设等方面，从无到有，从小到大，已经发生了深刻的变化。

1. 司法行政组织机构不断完善

全省21个市、县(区)政府普遍建立了司法局，各乡、镇政府普遍配备了司法助理员，有的还设立了司法所或司法办公室。加上7个监狱、3个劳教所、93个律师事务所、25个公证处、1个仲裁委员会、1个法律援助中心、259个法律服务所、3333个人民调解委员会，

全省上下已经形成一个多层次、多规格、多功能的司法行政管理系统。司法行政机关作为人民民主专政的重要工具和人民司法体制的组成部门，在全省社会主义法制建设中处于十分重要的地位。

2. 司法行政干警队伍不断壮大

全省司法行政队伍已经发展到5560余人。其中包括：各级司法局管理干部2000余人，监狱和劳教工作警察1600余人，乡镇司法助理员420余人，执业律师510余人，公证员90余人，仲裁员100余人、基层法律工作者840余人。另外，还有分布在城乡各地的23330余名人民调解员、28300余名调解信息员、1800余名法制宣传员。全省司法行政队伍在迅速发展壮大的同时，通过强有力的思想政治工作和培训，政治素质和业务素质都有了明显的提高，经受住了改革开放的锻炼和考验，已经成为一支党和人民可以信赖的、有战斗力的队伍。

3. 司法行政业务基础不断增强

全省各级司法行政机关致力于规范化、法制化、现代化建设，取得了明显的效果。一是加强了基层基础建设。以省(市、县、区)司法厅(局)为主体，已经形成了5个配套的工作体系，即：由各监狱、劳教所组成的从严执法、文明执法的监管改造工作体系；由各律师事务所、公证处、乡镇法律服务所、法律援助机构、仲裁委员会组成的多功能、全方位、高效率的法律服务工作体系；由乡镇司法所(司法办)、司法助理员和人民调解委员会组成的贴近群众、覆盖城乡的民间调解工作体系；由讲师团、宣传小分队和法制宣传员组成的多形式、多规格、多手段的法制宣传工作体系；由法学界、法律界为主体组成的涉及政治、经济和社会生活各领域的法学研究工作体系。这5个工作体系的形成，为全省司法行政工作打下了一个扎实的工作基础。二是加强了现代化文明建设。通过全面开展创建现代化文明监狱、现代化文明劳教所、文明律师事务所、文明公证处、文明法律服务所的活动，推进了全省司法行政机关现代化建设的步伐。三是加强了司法行政法制建设。建章立制工作有了较大进展，各项业务做到了有法可依、有章可循，通过强化执法监督和执法检查，依法实施行政复议、行政处罚、国家赔偿，提高了全省司法行政机关的执法水平。

（二）全省司法行政工作领域不断开拓，各项业务在改革中得到全面发展，创造了经济特区的新优势新特色

十一届三中全会后特别是海南建省办经济特区10年来，全省各级司法行政机关坚持用改革的精神指导推动工作，围绕如何创造经济特区司法行政工作的新优势新特色，在起步晚、基础弱、条件差的情况下，通过大力推进和努力深化各项业务的改革，不断拓宽司法行政业务领域，加快司法行政工作步伐，迅速赶上了全国的总体发展水平，有些方面还进

入了先进行列，为全国司法行政工作的改革和建设提供了经验。

1. 监狱工作

建省前，海南仅有4所监狱，且狱政设施十分陈旧落后，根本无法适应监管改造工作的需要。建省后，通过大力加强原有监狱的狱政设施建设，特别是新组建三亚监狱、女子监狱、少管所后，监狱系统的监管改造条件发生了重大变化，较好地适应了全省打击犯罪、惩治罪犯的需要。各监狱认真贯彻实施《监狱法》，坚持惩罚和改造相结合、教育和劳动相结合的原则，不断改进和强化监管措施，实行依法监管、文明监管，罪犯脱逃率、狱内发案率逐年下降，较好地保持了改造秩序的稳定。各监狱以提高改造质量为中心，努力创办特殊学校，对罪犯进行思想、文化、技术教育，落实分押、分管、分教措施，并组织开展各种形式的社会帮教活动，有效地调动了罪犯的改造积极性，成功地将一大批罪犯改造成了守法公民。

2. 劳动教养工作

建省前，海南仅有一所规模很小的劳教所，劳动教养工作基础十分薄弱。建省后，在对原劳教所进行大规模扩建的同时，通过新组建三亚劳教所、女劳教所和戒毒劳教所，全省劳教工作面貌焕然一新。各劳教所坚持教育、挽救、改造的方针，贯彻依法管理、严格管理、文明管理、科学管理的原则，加强执法工作的规范化建设，不断提高了劳动教养管理水平。各劳教所大力开展创办劳教特色活动，创造了以干警直接管理为主链，紧扣提票、百分考核、学员手册、安全累计考核等关键环节的"连环式管教模式"，受到司法部的肯定和推广。

3. 律师工作

建省前，海南仅有22家律师事务所，约100名律师，不仅量少质弱，且体制单一，缺乏活力。建省后，从搞活内部运行机制入手，通过对原有律师工作体制进行改革，全省很快形成了国资所、合伙所、个人所三种组织形式并存发展的格局，与建省前相比，律师事务所增长了3．2倍，执业律师增长4．1倍，律师改革的步伐走在了全国的最前面。省人大常委会制定颁布《海南经济特区律师执业条例》后，更将全省律师工作推向了依法执业、依法管理的新阶段。法律顾问、民事代理、刑事辩护、非诉讼法律事务、法律询问、代书等各项律师业务成倍增长，律师服务已经进入政治、经济和社会生活的各领域。

4. 公证工作

建省前，海南的公证工作受多种因素的制约，一直没有大的起色。建省后，通过对内搞活管理机制，对外改善业务环境，全省公证工作稳步向前发展。不仅公证队伍的数量和素质有了提高，而且公证业务领域有了较大的扩展，10年累计办理各类公证事项 167864

件，比建省前的相对办证数大幅上升，公证业务的平均发展速度，在全国名列前矛。

5. 法制宣传工作

建省前，海南的法制宣传工作处于一般化水平。建省后，全省法制宣传工作在广度和深度上都有了较大的进展。一是形成了一个多渠道、多层次、多手段、齐抓共管的工作格局，大大增强了法制宣传工作的力度；二是胜利完成了“一五”、“二五“普法任务，全面启动了第三个五年普法规划，普法教育面达到90%以上，普法质量有了明显的提高；三是逐步推进依法治市(县、区、乡、镇)和各行各业依法治理活动，加快了依法治省的进程；四是不断掀起干部群众学法用法新热潮，在提高全民法律意识和改善法制环境方面，取得了积极的效果。

6. 人民调解工作

建省前，海南人民调解工作的基层基础建设相对薄弱，发展缓慢。建省后，根据改革开放和市场经济新形势下民间纠纷发展变化的新特点新规律，通过不断整顿和巩固基层调解组织，狠抓调解网络建设，狠抓预防民间纠纷激化措施，使人民调解工作出现了一个新局面。全省65%以上乡镇成为“无民间纠纷激化乡镇”，调解内容已涉及婚姻、继承、赡养、扶养、宅基地、生产经营、损害赔偿等方面，调解率达到95%以上，调解成功率达到92%以上。同时，乡镇法律服务所的组织建设和业务建设迅速发展，基层基础建设明显增强，10年累计办理民事诉讼和非诉讼法律事务30000余件，协办公证事项15000余件，受到农村广大群众的普遍欢迎。

7. 法学教育、法制、仲裁、对台、法学研究工作等

建省前，海南司法行政机关在这些方面都是空白。建省后，随着国家对司法行政职能的充实和加强，全省司法行政工作领域也在这些方面得到了较大的拓展。一是先后创建中南政法学院和全国律师函授中心海南函授站，开办成人法学教育，进行政法干部培训，向社会培养输送法律人才；二是参与国家和地方立法工作，配合省人大、省政府有关部门草拟、论证、修订法律法规草案、参与执法监督和执法检查活动；三是依法办理仲裁机构登记注册工作，依照《仲裁法》的规定，在对全省原有各类仲裁机构清理整顿的基础上，于1996年重新组建和批准注册了海口仲裁委员会，并加强了对仲裁活动的监督和管理；四是进行司法行政涉台事务管理工作。配合司法部和省政府有关部门，先后举办了“海峡两岸经贸投资法律问题研讨会”等涉台法律研究活动，进行了琼台法学界、法律界的学术交流，并组织律师、公证机构不断加强了涉台法律服务工作；五是加强了法学研究工作的管理与指导。1989年创办海南省法学会以来，全省法学研究事业不断繁荣与发展，会员队伍已增加到1400余人，会员分布点扩展到160多个部门和单位。1998年胜利举行第二次会员代表大会后，加快了全省法学研究工作的发展步伐。

（三）全省司法行政干警满腔热情地为改革发展稳定服务，发挥了职能作用，做出了积极贡献

十一届三中全会后特别是海南建省办经济特区10年来，全省各级司法行政机关和广大干警紧紧围绕改革发展稳定这个大局，牢固树立“大服务”的业务工作指导思想，运用各种法律手段，采取各种有效方式，满腔热情地为经济特区建设服务，较好地发挥了5项职能作用。

1. 充分发挥法律保障职能作用

全省司法行政机关坚持把实现国家长治久安和巩固人民民主专政摆在首位，全力以赴投入“严打”斗争，积极参与社会治安综合治理。其中，各监狱和劳教机关通过加强对罪犯和劳教人员的收押收容、监管改造工作，有力地配合了“严打”斗争的深入进行，成功地教育改造了一大批违法犯罪分子，有效地将消极因素转化为积极因素；各人民调解组织通过加强民间纠纷调处工作，及时化解了一大批社会矛盾，增进了团结局面，维护了社会安定；各基层司法行政机关通过加强对刑满释放、解除劳教人员的安置帮教和对违法青少年帮教工作，在预防犯罪方面取得了积极效果，促进了社会治安和社会风气的持续好转。

2. 充分发挥法律服务职能作用

全省司法行政机关以改革开放和经济建设为中心，以扩大对外开放、发展市场经济、深化国企改革、加强金融管理为重点，将律师、公证、仲裁、乡镇法律服务形成一个有机整体，运用多种法律手段和职能优势，在政治、经济和社会生活的各方面，提供优质高效的法律服务，较好地适应了全社会的法律需求。通过全方位的法律服务，依法维护国家、集体、公民的合法权益，为全省社会主义市场经济建设创造了一个良好的法制环境。

3. 充分发挥法制宣传职能作用

全省司法行政机关认真贯彻实施依法治国基本方略，以依法治省作为整个司法行政工作的主题，积极主动地为省委、省人大、省政府当好参谋和助手，动员各方面的力量，通过各种途径，采用各种形式，在全体公民中广泛开展法制宣传教育、普及法律常识，在各地方和各行各业大力推进依法治理活动，不断增强了各级干部的执法意识和广大群众的法制观念。对于提高全民法律素质和改善全省法制环境，已经产生并将继续产生广泛而又深刻的社会影响。这在很大程度上促进了全省的民主法制建设和精神文明建设，加快了依法治省的历史进程。

4. 充分发挥法学教育职能作用

全省司法行政机关重视和加强法律人才的培养工作，面向社会、面向政法各部门，通

过大力举办多规格、多形式的成人法学教育和司法干部培训活动，既为社会各界培养输送了大批法律专业人才，从人才角度促进了各行各业的法制建设；又在一定程度上改善了政法部门的知识结构和专业水平，提高了全省政法干部队伍的总体素质。

5. 充分发挥法学研究职能作用

全省司法行政机关从社会主义民主法制建设的高度，加强法学研究工作的组织与管理。坚持以马列主义、毛泽东思想、邓小平理论为指导，联系本省政治、经济和社会生活的实际，组织和动员广大法学、法律工作者，深入开展法学理论研究和法律实践活动，积极进行法学交流与合作，在立法、司法和行政执法领域取得了一大批科研成果。通过繁荣和发展法学研究事业，运用科学理论指导法律实践，较好地做到了为中心工作服务，为领域决策服务。促进了全省科学立法、公正司法、从严执法方面的改革与建设，为社会主义民主法制建设做出了应有的贡献。　　(海南省司法厅法规处　刘伟民)

第八章 海南建设群英谱

一、全国劳动模范和先进工作（生产）者

在海南50年来的开发建设中，各行各业涌现了一大批先进模范人物。至1999年，海南省共有138人(次)荣获党中央、国务院授予的全国劳动模范和全国先进工作(生产)者称号，著名的有邹福如、王光兴、吴伟雄、张本等，他们都曾两次荣获全国劳动模范称号。

（一）1956年全国先进生产者

何倩梅(女)　海口市人民银行出纳员

吕英贤　海口砖瓦厂主任

姚诗英　海口市搬运公司班长

林家钵　广东省龙塘糖厂工人

梁荣先　海南人民医院主任

陈明全　文昌县供销社生产资料经理部组长

王云柱　南海水产公司队长

詹尊焕　海南铁矿工人

何　和　广东利国糖厂主任

詹长茂　华南区海运管理局海口港务局港27号船司机

贺鹰团　华南热带作物科学研究所助理研究员

彭省修　华南红光垦殖场工人

刘美清　国营东泰垦殖场工人

张昌杰　华南南中垦殖场工人

曾　江　国营西联垦殖场工人

胡　彬　广东海南贸易公司副经理

陈开桢　广东海口贸易公司第八门市部主任

蔡作刚　广东省海口市第六小学校长

（二）1959年全国先进生产者

李从根　海南铁矿工段长

吴雪梅(女)　海南龙塘糖厂技工

陈兰妹(女)　海口市府城合营纺织厂班长

宋林山　　海南地质局钻机机长

傅启魁　　文昌县蓬莱财政所专管员

丘观荣　　琼海县商业局工业品经理部营业员

符振利(黎)　东方县商业局东方供销社玉道分店负责人

王金花(女)　澄迈县商业局白莲供销部营业员

李清雅　　琼海县阳江粮食管理所干事

符永明　　定安县定城粮食管理所保管员

陈善兴　　海南长昌煤矿修造班班长

罗健才　　莺歌海盐场基建工人

李新福　　海南农垦机械修配制造厂车工

许亮洪　　吊罗山林业局生产队长

彭业煌　　琼海县通用机械厂生产组长

（三）1960年全国先进生产者

吴多跃　　海南工业专科学校教师

邓文谦　　海南中学教师

占行锦　　海口市第一中学教师

王弗周　　琼海县加积中学副校长

邹福如　　文昌师范学校副教导主任

何汉民　　琼海县会山公社沐塘小学校长

颜振文　　琼中县湾岭公社大平小学校长

黄德文(黎)　保亭县通什红旗公社红沟民办小学教师

符之凤(女)　东方县七叉公社乙洞幼儿园教养员

陈月菊(女)　琼海县塔洋公社农科所教师

李永安　　东方县新街公社教师

伍洪芳　　定昌县琼剧团艺术教师

莫爱花(女)　广东琼剧院演员

杜　强　　琼山县龙塘公社中医师

莫玉香(女)　定昌县雷鸣公社接生员

刘亚丰(黎)　乐东县三平公社国强管区洋老大队保健员

黄亚福　　海南日报社记者

（四）1977年全国先进生产(工作)者

符亚伍(黎)　东方县邮电局乡邮员、副局长

（五）1978年全国科技工作者

许成文　　华南热带作物科学研究院副研究员

何国良　　华南热带作物产品加工研究所翻译

陈天健　　海南药用植物试验站助理研究员

（六）1978年全国先进工作者

许月娥(女)　琼海县工农兵大厦主任

王亚保　　乐东县万阳公社万冲粮站保管员

（七）1979年全国劳动模范

丁庞文　　海南铁矿石碌矿区五号穿孔机机长

周昌陵　　陵水县军田公社岗山大队党支书

杨理旭　　南海水产公司渔轮五中队副队长兼103船船长

（八）1989年全国劳动模范和先进工作者

1. 全国劳动模范

何照芳　　海口市长堤粮店主任

吉亚球(黎)　三亚市天涯水泥厂车间副主任

苏　源　　海南省汽车运输总公司701车队司机

蔡泽壮　　海南省公路局琼山公路工区三门坡道班班长

陈伟森　　国营八一农场糖厂食堂管理员

袁玉珍(女)　国营东和农场工人

麦翠花(女)　国营南海农场工人

黄浩天　　文昌县邮电局报刊发行员

陈有信　　牛路岭水电站车间副主任

李锡恒　　海南铁矿工人

王光兴　　海口罐头厂厂长

韩宇东　　海口市制药厂厂长

刘章存　　通什市海南制药厂厂长

唐赐妹　　琼中县亚洲食品厂厂长

陈振长　　临高县国际信托投资公司经理

李正蕃　　琼海县乐会基层供销社主任

黎学章　　陵水县海陵珍珠养殖场副场长

周经焕　　海南省无线电厂高级工程师

关乐胜　　东方盐场墩头工区副主任

周二仁　　海南省海洋渔业总公司船长

姚世汉　　琼海县大路镇江湖管区农民

蒋新荣(苗)　保亭县毛岸镇陡水河管区党支部书记

谭子春　　澄迈县福山镇福山居委会农民

陆元亮(黎)　白沙县邦溪镇南班村委会农民

李石南　　万宁县大茂镇农场党支部书记

陈宝章　　琼山县宝光海藻加工厂厂长

2. 全国先进工作者

林润霞(女)　海口市第二中学教师

梁启圣　　三亚市第二中学教师

陈汉平　　乐东县乐东中学教师

叶毓贤　　屯昌县枫木镇琼凯小学校长

黄宏荣　　文昌县公安局刑警队副队长

龙　敏(黎)　乐东县文化局副局长

黄心泉　　儋县花生科学研究所所长

林垂荣　　海南省农垦总局工业处副处长

蔡贤铮　　海南省寄生虫病防治研究所副主任医师

（九）1995年全国劳动模范和先进工作者

1. 全国劳动模范

吴利森　　海南省海口市邮政局司机

黄大礼　　海南省通什市邮电局投递员

张建华　　海口火电股份有限公司海口电厂工人

兰保才　　海南省公路局琼中县公路分局三十三道班班长

陈宋华　　海南省石油总公司海口油库副主任

黄瑞花(女)　海南省国营南海农场三区四队班长

张永顺　　海南省农垦石碌水泥厂采运车间司机

韦秀娟(女)　海南省国营东太农场四队割胶工

王花兰(女)　海南省国营阳江农场十九队割胶工

郑建明　　海南钢铁公司露天采矿部汽运车间班长

王光兴　　海南省海口罐头厂厂长

吴伟雄　　海南省海口市罗牛山农场高级畜牧师

梁基业　　海南铸管厂高级工程师

翁宏平　　海南省万宁县农电公司高级工程师

陈明深　　海南省屯昌县水泥厂厂长

潘在明　　海南省澄迈县二轻工业总公司总经理

赵保全　　海南省建筑工程总公司总经理

王福生　　中国寰岛(集团)公司总裁

陈恩光　　海南省国营山荣农场高级农业工程师

邢诒柳　　中国人民保险公司海南分公司副经理

李康华　　海口港集团公司第二港埠公司调度室主任

王缓吉　　海南省琼山市地方公路管理站工人

刘汉勇　　海南省临高县尧龙水库工程管理所所长

刘明仲　　海南省三亚市林旺镇风塘管理区农民

蔡千光　　海南省琼海市长坡镇文子管理区主任

郑积莲(女)　海南省定安县龙塘镇龙介管理区农民

黄业前　　海南省儋州市和庆镇美万新村书记

符惟康　　海南省东方黎族自治县八所镇八所管理区书记

黄德平　　海南省保亭黎族苗族自治县加茂镇加茂管理区农民

吴理文　　海南省白沙黎族自治县白沙镇方香管理区书记

谭建平　　海南省昌江黎族自治县太坡镇香岭管理区书记

2. 全国先进工作者

潘正结　　海南省文昌中学校长

庞学雅(女)　海南省琼海市征税中心副主任

黎新王　　海南省乐东黎族自治县永明乡抱邱小学校长

曾梅金　　海南省陵水黎族自治县英州镇卫生院院长

王国仁　　海南省琼中黎族苗族自治县红毛镇派出所所长

张　本　　海南大学研究员

邹福如　　海南中学校长

卢传新　　海南省人民医院院长

周刘胜　　中华人民共和国海口海关调查处副处长

宋泽江　　海南省公安厅刑侦处处长

郑学勤　　中国热带农业科学院、华南热带作物学院国家重点实验室主任

林代兰(女)　海南省儋州市那大环境卫生管理站工人

韩玉玲(女)　海南省海口市第九小学校长

二、省劳动模范和先进工作者

海南建省以后，省委、省政府十分重视劳动模范和先进工作者的培养、评选和表彰工作，精心组织、认真做好1989年和1995年全国劳动模范和先进工作者的推荐评选工作，并于1990年和1995年两次评选和表彰了海南省劳动模范和先进工作者共240名，另外还两次对专项工作进行了表彰。

（一）1990年11月省劳动模范和先进工作者

1. 省劳动模范

(1)海口市

曾英南(女)　海口市邮电局邮件科分拣班班长

谢美琴(女)　海口市百货公司中山批发站红坎坡商店营业员

林翠珍(女)　海口市环卫局振东管理队副队长

邱茂春　　海口市博爱区居仁坊居委会主任-

冯良保　　海口市郊区新埠镇三联管区亮脚村渔民

郑子龙　　海口罐头厂副厂长

(2)三亚市

林永平　　三亚市殡葬管理所工人

洪亚金(黎)　三亚市雅亮乡雅亮管区农民

(3)通什市

杨惠芳(女)　通什市人民印刷厂车间主任

冯明亲(黎)　通什市番阳镇布伦管区党支部书记

(4)琼山县

符春菊(女)　琼山县冲坡岭热带作物场工人

陈芳桂　　琼山县龙塘镇新民管区党小组长

张子清　　琼山县龙塘糖厂副厂长

(5)文昌县

符祝莲(女)　文昌县蓬莱信用合作社罗宝分社信用员

吴光新　　文昌县铺前镇林梧管区党总支书记

陈文江　　文昌县印刷厂厂长

(6)琼海县

蔡亲光　　琼海县长坡镇文子管区党支部副书记

黄明禄　　琼海县食品厂厂长

(7)万宁县

黎辉云　　万宁县和乐镇六连管区党支部书记

林明森　　万宁县东兴供销社主任

(8)定安县

孙衍吾　　定安县定城镇山椒管区农民

张书谋　　定安县服装厂厂长

(9)屯昌县

陈明深　　屯昌县水泥厂厂长

(10)澄迈县

王礼明　　澄迈县白莲镇文玉管区党支部书记

(11)临高县

林忠才　　临高县新盈镇昆社管区渔民

刘汉勇　　临高县尧龙水库工程管理所所长

(12)儋县

吴纪正　　儋县邮电局白马井邮电支局投递员

孙文彩(女)　儋县洛基镇农科站站长

(13)东方黎族自治县

陈若河　　东方黎族自治县东升水泥厂车间主任

符从弟(黎)　东方黎族自治县东方镇玉龙管区党支部书记

(14)乐东黎族自治县

李翠梅(女)　　乐东黎族自治县抱由糖厂车间副主任

刘秀荣(女、黎) 乐东黎族自治县抱由镇抱由管区妇女主任

(15)琼中黎族苗族自治县

王世忠(黎)　琼中黎族苗族自治县黎母山镇干土甬管区党支部书记

侯照东(黎)　琼中黎族苗族自治县自来水公司经理

(16)保亭黎族苗族自治县

陈永锋(黎)　保亭黎族苗族自治县酒厂车间主任

黄文义(黎)　保亭黎族苗族自治县响水镇什月管区农民

(17)陵水黎族自治县

陈惠珍(女)　陵水黎族自治县藤竹厂副厂长

黄兴华(黎)　陵水黎族自治县隆广镇丹录管区党支部书记

陈农具(黎)　陵水黎族自治县提蒙乡老长管区党支部书记

(18)白沙黎族自治县

马道芳(黎)　白沙黎族自治县打安乡合水管区党支部书记

(19)昌江黎族自治县

符世照(黎)　昌江黎族自治县乌烈镇白石管区党支部书记

郭龙韶　　昌江黎族自治县大风糖厂厂长

(20)工业厅

李天志　　海口供电公司用电管理所线路队副队长

殷富权　　海南省榆亚盐场工人

卢劲松　　海南化学纤维厂厂长

吉守登　　海南省汽车配件公司经理

蒙忠奎　　海南省四海实业总公司光纤光缆厂副厂长

颜琼英(女)　海南省医药公司储运科副科长

(21)农业厅

宋家升　　海南省红岛种畜繁殖场工人

赖振裕　　海南省坝王岭林业公司工人

孙巨堂　　海南省海洋渔业总公司捕捞部南渔111船长

李运良　　海南省松涛水利工程管理局那大管区管水员

(22)交通厅

林日寿　　海南铁路总公司八所车站那等站站长

刘景华　　海南省公路局儋县分局南丰道班班长

肖燕明　　海南省汽车运输总公司704车队工人

李庆玉　　海南省八所港务局引航站站长

林志吉　　海南省海运总公司客货海运公司宝岛413轮船长

(23)贸易厅

钟惠彬(满)　海南省日用杂品公司经理

方建文　　海南省畜产进出口公司副经理

(24)建设厅

姚元经　　海南省叉河水泥厂工人

吴淑熙　　海南省建筑试验中心主任

(25)省侨务办

邝月梅(女)　海南省中国旅行社华侨大厦餐务部副经理

吴荣森　　海南省兴隆华侨农场场长

(26)农垦总局

孙佩林　　国营东红农场十七队工人

黄玉兰(女、黎)　国营东和农场二队工人

柯成荣　　国营乌石农场三十一队工人

黄瑞花(女)　国营南海农场三区四队工人

刘惜贤(女)　国营龙江农场四十三队工人

张荣翠(女)　国营南平农场建设队工人

马佩贤(女)　国营晨星农场六队工人

黎桂香(女)　国营新中农场南平作业区二十三队工人

张永顺　　海南省农垦石碌水泥厂汽车司机

赖汉奎　海南省农垦营根机械厂厂长

(27)省邮电局

裴桂丰　海南省长途电信传输局长途线务员

(28)海南铁矿局

陈巨良　海南铁矿选矿厂中细碎车间值班长

2. 省先进工作者

(1)海口市

张国旺(女)　海南华侨中学教师

黄玉珍(女)　海口市人民医院副院长

罗志刚　海口市公安局治安巡逻大队民警

(2)三亚市

麦正华　三亚市税务局直属税务所所长

邢诒柳　中国人民保险公司三亚市分公司副经理

(3)琼山市

王秀凯　琼山县教育局少先队总辅导员

(4)文昌县

潘正结　文昌中学校长

(5)琼海县

黄心秋　琼海县人民医院外一区主任

陈海山　琼海县公安局刑警队副队长

(6)万宁县

吴光海　万宁县北坡中学校长

蔡光新　万宁县审计局干部

(7)定安县

陈明亮　定安县龙州乡人民政府司法助理员

(8)屯昌县

李成光　屯昌县人民医院副院长

吴多义　屯昌县新兴镇农技站站长

(9)澄迈县

杨发强　澄迈县桥头镇善丰小学校长

王朝明　澄迈县水电局局长

(10)临高县

陈才安　　临高县美良镇农业站副站长

(11)儋县

谢世达　　儋县排浦镇卫生院院长

李森荣　　儋县交通局局长

(12)东方黎族自治县

孙家凤(女)　东方黎族自治县财政局副局长

(13)乐东黎族自治县

邢孔墉　　乐东黎族自治县种畜场场长

(14)陵水黎族自治县

黄惠兰(女)　陵水黎族自治县陵城卫生管理站站长

(15)白沙黎族自治县

胡祥云　　白沙中学校长

(16)昌江黎族自治县

布兴扬　　昌江黎族自治县南罗镇新港小学校长

(17)交通厅

杨家富　　中国民航海口站飞行队航行股长

(18)教育厅

黄光斗　　华南热带作物学院植保系昆虫教研室主任

邹福如　　海南中学校长

(19)文体厅

郭　颂　　海南省歌舞团团长

吕建海　　海南省高级体育运动技术学校足球中级教练

(20)卫生厅

卢传新　　海南省人民医院副院长

李少雅(女)　海南省第二人民医院总护士长

(21)公安厅

黄世系　　海南省公安厅政治部干训班主要负责人

肖　凌(女)　海南省公安厅刑侦处政秘科副科长

(22)省委工委

曾洪文　　海南省干部疗养院副院长

张　皓　　海南省总工会组织部部长

李文华　　海南省人民检察院琼北分院助理检察员

(23)省政府工委

梁祖发　　海南省琼山监狱医院院长

周刘胜　　海口海关调查处调查一科科长

(24)省金融系统

羊美华(女)　中国银行海口分行海府路办事处副主任

(25)农垦总局

薛宝山　　海南省农垦三亚医院院长

谭象生　　海南省农垦总局热作林业处高级工程师

陈颖贤　　国营东路农场工会干事

林　文　　海南省农垦总局公安处干警

王博文　　国营大坡农场三区学校校长

(26)西、南、中沙群岛办事处

符世宛　　海南省西、南、中沙群岛工委办公室副主任

（二）1991年省劳动模范

田　勤　　中国农业银行海口分行红坎坡分理处代办员

（三）1995年省劳动模范和先进工作者

1. 省劳动模范

(1)海口市

杨高茂　　海口市城市建设开发总公司总经理

冯良保　　海口市郊区新埠镇三联管区渔民

吴克盛　　海口罐头厂第七分厂厂长

杨桂雄　　海口市环卫局振东队队长

蒙绪姬(女)　海口市百货总公司百货大楼营业员

(2)三亚市

林明梁　　三亚市天涯水泥厂厂长

罗明英(女、黎)　三亚市河东区鹿回头居委会农民

陈宏柳(女)　三亚市环卫局环卫三队工人

(3)通什市

黄向光(黎)　通什市冲山镇什保管区副主任

(4)琼山市

蔡爱春　　琼山市演丰镇苏民管区党支部书记

(5)文昌县

李昌汉　　文昌县邮电局电报投递员

黄循正　　文昌县新桥镇新桥管区农民

(6)琼海市

何书琼　　琼海市温泉镇温泉管区党支部书记

(7)万宁县

夏壮雄　　万宁县大茂镇周家庄管区农民

李善和　　万宁县港北镇英豪管区党支部书记

曾宪勇　　万宁县公路分局六甲道班班长

(8)定安县

程文东　　定安县茶根糖厂车间主任

(9)屯昌县

蒙庆金　　屯昌县供销经济发展总公司总经理

陈家雄　　屯昌县屯郊乡良史管区党支部书记

(10)澄迈县

王国策　　澄迈县美亭乡黄竹管区党支部书记

(11)临高县

林海深　　临高县调楼乡武莲管区渔民

林兴生　　临高县和舍镇茶胡管区党支部书记

劳赛娥(女)　临高县地方公路管理站东英道班班长

林忠仁　　临高县新盈镇昆社管区渔民

(12)儋州市

王玉麟　　儋州市那大办事处军屯管区党支部书记

吴天祥　　儋州市海头糖厂车间主任

(13)东方黎族自治县

林书光　　东方黎族自治县自来水公司安装班班长

(14)乐东黎族自治县

符庆光(黎)　乐东黎族自治县地方公路管理站福报道班班长

陈运浩　乐东黎族自治县黄流镇赤龙管区党支部书记

(15)琼中黎族苗族自治县

杨　源　琼中黎族苗族自治县黎母山镇握岱管区党总支书记

袁海英(女、黎)　海南省五指山制药厂车间主任

(16)保亭黎族苗族自治县

符迪若　保亭黎族苗族自治县七指岭农场场长

(17)陵水黎族自治县

黎道光(黎)　陵水黎族自治县英州镇俄仔管区农民

蓝德贵　陵水黎族自治县地方公路管理站后岭道班班长

陈其安(黎)　陵水黎族自治县田仔乡廖次管区农民

(18)白沙黎族自治县

羊冠的(黎)　白沙黎族自治县狮球乡田表管区农民

(19)昌江黎族自治县

郭龙韶　昌江黎族自治县昌江糖厂厂长

(20)省直属工业系统

李基雄　海南省大金轮实业有限公司经理

范忠桂(女)　海南省莺歌海盐场技术组长

符　坚　海南塑胶工业有限公司经理

杜应光　海南省东方金矿矿长

陈罗荣　海南省烟草总公司总经理

刘国儒　海南富岛化学工业公司总经理

(21)省直属农业系统

胡学利　海南省农业机械总公司原总经理

陈石玉　海南省海洋渔业总公司冷冻厂厂长

王兰谦(黎)　海南省向阳电站站长

莫经泽　海南省枫木鹿场副场长

伍尚立　海南省水文总站乐东水文站工人

(22)省直属交通系统

叶 坚　海南铁路总公司总经理

吴玉强　海南省海运总公司客货海运公司“琼州一号”轮船长

温月明　临高县公路分局多文道班班长

(23)省直属商贸系统

姚志雄　海南省工艺品进出口公司总经理

(24)省直属建设系统

陆 升　海南省工业设备安装公司班长

(25)省直属文体系统

万晓耕　海南省新华书店经理

(26)驻琼单位

熊涛云　中国建筑材料海南公司总经理

吕小奎　海口海越经济开发有限公司总经理

(27)省直属侨务系统

黄炳松　海南省兴隆华侨农场场长

黄李姑(女)　海南省彬村山华侨农场二十一队工人

(28)省农垦系统

陈文恩(女)　海南省国营山荣农场十五队胶工

刘家慧(女)　海南省国营和岭农场八队胶工

郑云珍(女)　海南省国营新中农场南平分场二十二队胶工

韦凤国(女、壮)　海南省国营长征农场十二队林管工人

左会金　海南省国营东升农场场长

郭钦龙　海南省国营太平农场场长

谢凤如　海南省国营桂林洋农场工程建设总公司总经理

罗书娟(女)　海南省国营牙叉农场十队胶工

周政颜(女)　海南省国营晨星农场胶工

张草玉(女)　海南省国营中建农场十八队胶工

寇玉琼(女)　海南省国营广坝农场十六队胶工、班长

(29)省邮电系统

陈兴祯　乐东黎族自治县邮电局黄流支局乡邮员

(30)海南钢铁公司

蔡 明(黎)　海南钢铁公司露天采矿部采一车间22号电铲机机长

(31)其他

张纪南　　海南省旅游总公司总经理

赵序宏　　海南新大洲摩托车股份有限公司总裁

郑贤二　　海南省洋浦经济开发区管理局新英湾区办事处咸塘居委会主任

2.省先进工作者

(1)海口市

傅映柏(女)　海口市第二十七小学校长

黄合兴　　海口市公安局公安防暴支队干警

陈育明　　海口市琼剧团团长

(2)三亚市

周往珍(女)　三亚市安由小学校长

(3)通什市

邱大敬　　通什市公安局副政委

(4)琼山市

吴祥行　　琼山市府城镇卫生院院长

钟梅庆(女)　琼山市司法局律师

(5)文昌县

周经海　　文昌县看守所所长

(6)琼海市

林师轩　　琼海市加积中学教师

王祖强　　琼海市畜牧局局长

陈永兴　　琼海市卫生防疫站站长

(7)万宁县

吴淑芳　　万宁县公安局治安股股长

(8)定安县

王世广　　安定县岭口镇镇长

吴桂雄　　定安县城南初级中学校长

(9)屯昌县

韩德光　　屯昌县屯昌小学校长

(10)澄迈县

许明德　　澄迈县热带作物局局长

钟前柏　　澄迈县邮电局局长

(11)儋州市

郑维宝　　儋州市新州第一小学校长

陈奕辉　　儋州市农业技术服务中心高级农艺师

(12)东方黎族自治县

吉关荣　　东方黎族自治县邮电局局长

招英胜　　东方黎族自治县交通局局长

(13)乐东黎族自治县

吴正兴　　乐东黎族自治县农科所副所长

唐惠深　　乐东黎族自治县公安局司机

(14)保亭黎族苗族自治县

高玉萍(女、黎) 保亭黎族苗族自治县保亭小学教师

(15)白沙黎族自治县

符元生(黎)　白沙黎族自治县林业局局长

(16)昌江黎族自治县

钟文诚　　昌江黎族自治县公安局副局长

林建松(黎)　昌江黎族自治县人民法院院长

(17)省直属交通系统

冯剑锋　　八所港务总公司职工子弟中学校长

(18)省直属教育系统

黎当贤　　海南临高师范学校校长

钟　义　　海南师范学院热带生物资源研究所所长

(19)省直属文体系统

史　东　　海南省高级体育运动技术学校运动员

(20)省直属卫生系统

姚树源　　海南省中医院外科主任医师

陆明宝　　海南省皮肤性病防治研究所所长

(21)省直机关工委

肖丽芳(女)　海南省机关幼儿园园长

陈如军　　海南省审计厅副总审计师

韦儒寿　　海南省气象技术装备中心物资供应站站长

(22)省政法系统

许 波　　海南省海南中级人民法院审判员

(23)省直属侨务系统

蒋金汉　　万宁县公安局兴隆分局干警

(24)省农垦系统

林尤名　　海南省国营红明农场中心小学校长

丘及裔　　海南省农垦总局医院院长

吴嘉涟　　海南省农垦总局农林处副处长

赖瑞光　　海南省农垦中学校长

(25)省财税金融系统

羊美华(女)　中国银行海南省分行海府办事处主任

谢良学　　中国人民建设银行海南省分行三亚投资银行行长

米成巍　　海南省征税中心副主任

(26)其他

林德光　　华南热带作物学院经贸与计算机学部主任

（四）1997年1月省劳动模范

刘国儒　　海南富岛化学工业公司

李维春　　海南富岛化学工业公司

张军驰　　海南富岛化学工业公司

邹清君　　中国化学工程第九建设公司

余津勃　　中国化学工程第十三建设公司

三、全国五一劳动奖章获得者

国家各部委和各社会团体多年来评选和表彰了一大批先进模范人物，其中由重要社会政治团体中华全国总工会颁发的全国五一劳动奖章，是一种跨行业的综合性的表彰，一般都从获得省、部级荣誉称号的先进人物中产生。建省以来，海南省共有85人荣获全国五一劳动奖章。

（一）1990年全国五一劳动奖章获得者

林 威　　海口轮胎厂厂长

林明蛟　　国营龙江农场场长

韩海京　　中国人民银行海南省分行行长

王朝明　　澄迈水电局局长

符 伟　　琼海县总工会主席

潘正结　　文昌中学校长

王国安　　乐东县粮食局局长

曾英南(女)　海口市邮电局平信分捡班班长

蔡秀兰(女)　国营通什茶场十队工人

李天志　　海口供电公司用电管理所高压班班长

殷富权　　海南省榆亚盐场工人

（二）1991年全国五一劳动奖章获得者

胡祥云　　白沙县白沙中学校长

林翠珍(女)　海口市环卫局振东管理队副队长

黄桂英(女)　海口市邮电局电报科报务员

陈永锋　　保亭县酒厂副厂长

徐秀夫　　海口电厂汽机运行二组班长

邢诒柳　　三亚市保险公司副经理

庞学雅(女)　琼海县税务局副局长

孙家凤(女)　东方县财政局局长

卢劲松　　海南化学纤维厂厂长

吴天仁　　海南省公路局勘察设计院总工程师

（三）1992年全国五一劳动奖章获得者

黄瑞花(女)　国营南海农场三区四队工人

冼丽花(女)　海南公路局昌江黎族自治县公路分局马安山道班班长

程和来　　海口市电信局电信营业处装机队长

何锦秋　　海南地质基础工程公司15号钻机机长

钟　义　　海南师范学院热带生物资源所所长

陈明深　　屯昌县水泥厂厂长

麦正华　　三亚市税务局直属税务所所长

翁宏平　　万宁县农电公司经理

刘平森　　海南省海运总公司港澳海运公司501轮船长

梁基业　　海南铸管厂工程师

潘在明　　澄迈县二轻工业公司经理

（四）1993年全国五一劳动奖章获得者

林鸿高　　海南铁路总公司指导司机

陈锦明　　海南省民航管理局修供部场务队副队长

黎桂香(女)　国营新中农场23队胶工

颜琼英(女)　海南省医药公司储运科副科长

吴克盛　　海口罐头厂七分厂厂长

吴启强　　万宁县邮电局局长

王宜照　　陵水县科委主任

梁炽宝　　中国银行海南省分行行长

周刘胜　　海口海关调查处副处长

郭龙清　　昌江县大风糖厂厂长

谢进盛　　琼中县水泥厂厂长

（五）1996年全国五一劳动奖章获得者

梁振南　　海南铁路总公司车辆段工长

李伟华(女)　海口市邮政局营业班班长

蒙善华　　海南望海国际大酒店餐饮部负责人

杨桂雄　　海口市环卫局振东队队长

吴远雄　　国营珠碧江农场九队班长

陈启伦　　海南省加工厂高级工程师

姚定一　　中国人民银行海南省分行总工程师

陈　峰　　海南省航空公司董事长

林道本　　琼山市财税局局长

叶东雄　　万宁县工商局局长

黄炳松　　兴隆华侨农场场长

（六）1997年全国五一劳动奖章获得者

蒙绪姬(女)　海口市百货大楼自选商场班长

陈有才　　海南铁路总公司工务段镇海工区工长

郑亚六　　三亚市南海振兴船舶修造厂修理部负责人

符忠东　　万宁市万城镇清洁站站长

苏小萍(女)　海口市工商行新华北路储蓄所副所长

郭龙韶　　昌江县昌江糖厂厂长

李道章　　琼海人民医院院长

黎当贤　　海南省临高师范学校校长

吴　岩　　屯昌县工商局局长

张青山　　海南省旅游总公司党委书记、工会主席

（七）1998年全国五一劳动奖章获得者

王光英　　海口市邮政局投递员

陈宏柳(女)　三亚市环卫局环卫三队工人

党柱湘　　海南省国营珠碧江农场胶工

赵亚辉　　海南航空股份有限公司飞行员

韦智勋　　海南省海运总公司物业管理组组长

覃碧霞(女)　海口椰树集团高级工程师

陈人豪　　乐东县黄流中学教师

戴启元　　海南省汽车运输总公司总经理

周经海　　文昌市公安局政委

曾洪文　　海南省干部疗养院院长

郑万川　　海南省人民医院院长

（八）1999年全国五一劳动奖章获得者

卢修学　　海口市市政工程维修公司排水工

林　怡(女)　海南省汽运总公司省汽快车乘务班班长

李长云　　海口火电股份有限公司班长

刘学现　　海南省国营西联农场割胶工

户裕萍(女)　海南省琼海涤轮厂弹力车间工人

刘国儒　　海南富岛化工有限公司总经理

钟梅庆(女)　琼山市第一律师事务所律师

张力夫　　陵水黎族自治县县委书记

郑忠东　　东方市中西医结合医院主任医师

余照斌　　琼中黎族苗族自治县科协主席

(海南省总工会　吴　坚供稿)

第二部分　行业篇

第九章 农业与农村经济

一、综述

海南是我国面积最大的热带宝地，热带气候资源、土地资源和海洋水产资源十分丰富，有利于发展热带农业、林业、牧业和海洋水产业。海南农业其特色是热带农业，热带作物是海南农业的特色产品，冬季农业具有明显的比较优势。改革开放以来，特别是建省以后，海南农业出现勃勃生机，冬季瓜菜、热带作物、海洋水产等优势产业突飞猛进，农林牧渔业协调发展，农村经济实力显著增强，农民生活水平明显提高。

（一）改革与发展回顾

新中国建立以来，海南农业和农村经济经历一个曲折发展的历程，大体分三个发展时期：

1．恢复和发展时期（1950-1957年）

新中国成立后，海南岛面临的首要任务是恢复和发展农业和粮食生产。1950年6月中央颁布“土地改革法”，海南岛1951年春开始土地改革运动，至1953年6月结束。这场深刻的土地革命，废除了长期存在的封建土地制度，实现耕者有其田，建立了新的生产关系，农民有了土地，生产积极性大大提高。在人民政府的领导下，全岛贯彻新的农业生产政策，组织农民复耕田地，生产自救，扩大农作物播种面积，增加农产品产量。经过两年多的恢复生产，到1952年全岛粮食作物播种面积达783.82万亩，总产56.92万吨。但这一时期海南农村经济基本上仍然是属于生产资料私有制基础上的分散的小农经济，缺少进一步扩大生产的资本，难以抵御自然灾害对生产的破坏。1953年海南贯彻中央《关于农业生产互助决议》与《关于发展农业合作社的决议》等政策，把农民组织起来，走互助合作的道路。到1956年底，全岛基本实现了农业合作化，以土地等生产资料入股、统一经营为特点的合作化运动有力地促进了生产的发展。与此同时，从1953-1957年，海南实施第一个发展国民经济五年计划，开始有计划有步骤地对海南进行开发。“一五”时期海南农业发生第一次飞跃，农业和农村经济全面增长，1957年全岛农业总产值3.64亿元，比1952年增长41.4%，平均每年增长7.2%；粮食作物产量81.88万吨，增长44%；油料产量1.56万吨，增长88%；糖蔗产量35.65万吨，增长1.4倍；人均占有粮食281公斤，增长28.3%。

2．20年缓慢发展时期（1958-1978年）

1958年至1978年，海南农业经历了两次挫折和挫折后的两次调整，这一时期，海南农业发展波动曲折，经历20年缓慢发展时期。

1958年8月，中央作出了《关于农村建立人民公社问题的决议》，海南农村人民公社化，一切生产资料实行人民公社所有制。由于人民公社实行统一领导、统一计划、统一核算、统一分配，取消农民家庭自营经济，关闭集市贸易市场，挫伤了农民生产积极性；加上“大跃进”过高估计产量带来消极影响；1959年至1961年连续三年遭受严重自然灾害，主要农产品产量下降。1961年与1957年相比，粮食总产量64.64万吨，下降21.1%；人均占有粮食190公斤，减少91公斤，下降32.4%。

1962-1965年，海南认真贯彻国民经济“调整、巩固、充实、提高”八字方针，改革人民公社所有制，恢复以生产队为基本核算单位的三级所有体制，恢复农民自营经济和集市贸易，贯彻以粮为钢，全面发展的方针。1962年农业生产开始全面恢复，1965年农业总产值5.06亿元，比1957年增长39%；粮食产量91.34万吨，增长11.6%；油料产量2.1万吨，增长34.6%；糖蔗产量53.58万吨，增长50.3%。

海南农业经过调整后，正在起步发展之时，开始了“文化大革命”，农业生产又进入徘徊和缓慢发展时期。这一时期，农业片面贯彻“以粮为纲”的方针，限制发展农民自营经济、忽视多种经营、关闭集贸市场，重新恢复以生产大队为基本核算单位的三级所有制，推行政治评分，严重挫伤了农民劳动积极性，农业生产再次遭受严重挫折。从1966年到1976年，农业总产值10.17亿元，增长1倍，十年间平均每年增长6.6%。农业总产值年均增长速度低于“一五”时期年均增长7.2%的水平。粮食总产量151.26万吨，平均每年增长4.7%；油料产量3.38万吨，年均增长4.4%；糖蔗产量105.42万吨，年均增长6.3%。粮油糖等主要农产品年均增长速度大大低于“一五”时期增长水平。

1976年“文化大革命”结束以后，海南农业开始有了转机，同时全岛开始耕作制度改革，将“冬薯、早稻、晚稻”改为“早稻、中稻、晚秋薯”，增产效果比较显著。1977年农业总产值10.39亿元，粮食产量增加2.84万吨，比1976年增长2.2%。

3. 全面发展时期（1979-1998年）

1978年12月，党中央召开十一届三中全会，这次会议在决定全党的工作重点转移到社会主义经济建设上来的同时，首先制定了一系列加快农业发展的政策措施，拉开了农村改革的序幕。1979年，海南开始农村经济体制改革，在坚持土地集体所有制的条件下，实行家庭联产承包责任制，尊重农民的经济利益和民主权利，极大地调动了农民的积极性，为发展农业和开展多种经营注入了活力。改革农产品价格体制，主要是提高粮食、油料、糖等主要农副产品的价格，逐步改革和减少统派购和计划收购的农副产品，农副产品价格实行市场调节。采取这些措施，增加了农民收入，农业得以休养生息。在改革农村经济体制和农副产品价格体制的同时，对农业内部进行结构调整。从1979年到1985年，海南认真贯彻“决不放松粮食生产，积极发展多种经营”的方针，开始调整农业生产结构。首先调整种植业内部结构，因地制宜调减粮田面积，扩种多种经济作物。1979-1988年的十年间粮食面积累计调减14.5万公顷，其中水稻面积调减9.7万公顷，调整出来的粮田重点发展糖蔗、蔬菜和水果等作物。1988年与1978年相比，粮食作物与经济作物、其他作物的播种面积比例由80.6：19.4调整为67.1：32.9。1988年粮食面积降到历史最低水平，以后粮食面积基本稳定下来，并逐步得以恢复，到1998年粮食面积为57.72万公顷，比例调整为63.1：36.9。

其次，调整大农业（即农林牧渔业）内部结构，发展林牧渔业。1978年农业总产值中，种植业、林业、牧业和渔业比重分别为41%、48%、9%和2%，而到1988年，四业比重分别为39%、35%、19%和7%。从1978-1988年，结构调整主要在种植业、林业和牧业之间进行，其中以种植业内部粮食和经济作物调整为主。1998年，大农业内部结构进一步改善，农林牧渔业四业并举，四业比重调整为46%、19%、19%和16%。1988年以来的结构调整中，种植业和水产业有较快的发展。从1978年-1998年，全省粮食面积调减6.49万公顷，平均每年调减3244公顷，增加热带作物面积20.36万公顷，增加水果面积9.33万公顷，累计造林面积89.34万公顷。水产养殖面积增加2.63万公顷，水产品产量由1978年的6.71万吨，发展到1988年的59.77万吨，增长7.9倍。

为了打好基础，加快发展，建省初期，海南农业首先要解决粮食自给的问题和农村温饱问题。1989年省委、省政府提出用五年时间，争取实现粮食自给的目标。为此，海南省增加对农业的投入，开辟琼海、澄迈、临高、儋州四大商品粮基地，并着重抓好水利建设和低产田改造，综合开发高产粮田，大力推广杂优水稻种植。1989年底，国务院正式批准海南省为全国19个农业重点开发区之一，大力扶持海南粮食生产。1992年粮食产量突破200万吨，人均占用粮食303公斤，提前二年实现粮食基本自给目标。建省十年来粮食增长72.4%，平均每年增长5.1%。同时，加快发展林牧渔业多种经营，有效增加农民收入。1994年全省农民人均纯收入1620元，超过人均1400元温饱线标准220元，比同期全国农民人均1221元高32.7%。全省农村摆脱贫困，实现温饱，为农村的进一步发展打下了良好的基础。

1994年，海南省提出农业以增加农民收入为目标，以加工销售为中心组织生产，大力发展热带经济作物、冬季农业和畜牧业，充分利用海洋资源发展海洋捕捞和海水养殖业，积极发展乡镇企业，继续搞好对口扶贫的发展战略。充分利用海南热带资源优势，建设全国最大的南繁育种基地、天然橡胶生产基地、热带名优水果基地、反季节瓜菜生产基地、海水养殖基地，加快海南传统农业向现代农业转变。

1998年，瓜菜产值39.75亿元、热带水果产值13.24亿元，海水产品产值44.47亿元，分别占当年农业总产值的15.7%，5.2%和17.5%。瓜菜、热带水果和海水渔业已经成为海南农业的支柱产业，带动海南农业产业化发展。

农村二、三产业加快发展，1996年全省农村社会总产值302.15亿元，农村工业、建筑业、运输业、商业等非农产业所占的比重，已由1990年的14%上升到25.8%，农业产值所占比重则由86%下降为74.2%。

（二）改革开放20年来海南农业和农村经济取得巨大的历史性成就

改革开放使整个农村经济很快出现了前所未有的崭新局面，特别是建省11年，是历史上海南农业发展速度最快的时期，农业和农村经济取得巨大的历史性成就。

1. 农村经济发展速度明显加快，主要农产品产量大幅度增加

1998年全省农业总产值达253.67亿元，比1978年增长5.4倍，平均每年增长9.7%，高于1952-1978年26年的年平均增长5.2%的水平。特别是“八五”时期，农业总产值增长速度加快，平均每年以12.8%的速度增长。20年来，农村经济实力显著增强，城乡经济格局发生了重大变化。农业增加值在全省国内生产总值中的比重，先是由1978年的53.2%逐年下降至1992年的29.8%，但从1993年开始，这一比重逐步回升，至1998年农业增加值所占比重提高到37.4%，平均每年提高1.3个百分点，农村经济总产量呈强劲发展势头。20年来，主要农产品产量大幅度增加。

粮食生产上了两个台阶，由1978年的114.29万吨发展到1992年的203.65万吨，创历史最高水平；人均占有量由1978年的216公斤，提高到303公斤，全省粮食首次实现基本自给。1998年粮食产量230.12万吨，再创历史最高水平，比1992年增长13%，人均占有量增加到315公斤。

糖蔗产量由1978年的59.78万吨发展到1998年的353.74万吨，增长4.9倍；瓜菜产量由1980年的14.64万吨发展到257.60万吨，增长16.6倍；水果产量由1978年的1.84万吨发展到53.27万吨，增长27倍；橡胶由1978年的6.77万吨发展到28.04万吨。增长3.1倍。

20年来，海南牧业产品和水产品有较大发展。1998年全省肉类总量达40.24万吨，比1978年增长8.3倍；水产品产量达59.77万吨，比1978年增长7.9倍，水产品产量连续二十年增长，平均每年增长11.6%。瓜菜、水果和水产品已经成为海南农业的支柱产业，1998年产值达97.46亿元，占全部农业产值的比重由建省时的19.6%上升到38.4%。

2. 农业产业结构逐步趋向合理

改革开放前10年，在农业总产值中，种植业产值所占比重有所下降。建省以后，由于种植业发展了瓜菜、水果生产，1998年种植业比重提高到46%，林牧渔比重分别调整到19%、19%和16%。在稳定粮食播种面积的基础上，农林牧渔业逐步协调发展。冬季瓜菜、热带水果、海洋渔业已经形成基地化生产、集约化经营，资源优势迅速转化为产品优势。以市场为导向，大陆市场为依托的外向型农业取得长足发展。

3. 乡镇企业蓬勃发展

1998年全省乡镇企业产值达116.9亿元，比1987年现价增长12.4倍，建省十年来平均每年增长29.7%。乡镇企业从业人员达25.44万人，占农村从业人员总数的5.3%；累计向国家交纳税金3.94亿元，平均每年增长9倍；农民人均纯收入中有8.9%来自乡镇企业。

4. 农村商品经济迅速发展

农产品商品化程度逐年提高，在农民人均纯收入中，农民人均出售农产品获得的现金收入快速增加，由1985年人均270元增加到1998年的1282元，增长3.7倍；农村市场繁荣，1998年包括销往农村的消费品和农业生产资料在内的农村商品零售总额达48.82亿元，一大批专业市场、批发市场应运而生，农民以多种形式进入流通领域，第一次农业普查结果显示，1996年我省农村集贸市场达325个，其中综合市场267个、专业市场58个；在专业市场中，水果和蔬菜市场40个。1998年农村集市贸易成交额达42.8亿元，比1987年增长4.6倍。

5. 农业物质技术装备条件有所改善

1998年全省农业机械总动力达191.25万千瓦，比1987年的121.4万千瓦增长57.5%，平均每年递增4.2%。其中，农用排灌机械动力25.15万千瓦，比1987年增长1.7倍；大中型拖拉机2649台，小型及手扶拖拉机26228台，分别比1988年减少42.8%和1.2%。农用载重汽车6229辆、渔用机动船14217艘，分别比1988年增加51.7%和59.3%。农用化肥施用量22.46万吨（按折纯量计算）、农药使用量1.04万吨，分别增长1.2倍和1.1倍。1998年农村用电量1.09亿千瓦小时，增长1.2倍。

6. 农村收入增加，农民生活质量明显改观

1998年全省农民人均纯收入2575元，比建省前的1987年的502元增长4.1倍，扣除同期农村零售物价总体水平上升281%的因素后实际增长82.5%，平均每年增长5.6%。在农民的生活消费中，商品性消费已成为主体，1998年农民生活消费中商品性支出所占比重已由1987年的69.8%提高到78.9%；农村居住条件改善，1998年农村居民人均住房面积21.17平方米，比1987年增加2.83平方米，房屋质量进一步提高，钢木结构住房面积比重由89.3%提高到93.9%。农村居民储蓄存款总额47.75亿元，比1987年增长7.2倍。生活消费品支出比重由1987年的68.8%下降至1998年的60.9%；文化生活服务支出比重由5.2%上升至8.3%，食品支出比重由42%下降至32.8%。农村小康建设取得新成就，按照国家统计局制定的农村小康标准测算，1997的海南农村小康综合得分89.2分，比1993年的66.7分提高22.5分，平均每年提高5.6分，海南农村整体接近“基本实现小康”（注：基本实现小康分值为90分至99分）。

（三）改革与发展的基本经验

改革开放以来，特别是建省以后，海南农村经济之所以能取得实质性发展和巨大成就，最基本的经验是从增加农民的收入出发，调整和改革农村经济体制，建立农村市场经济体制。

1. 普遍实行了以家庭为主的联产承包责任制。党的十一届三中全会后，在生产经营方式上，国家尊重农民群众的首创精神，在生产经营方式上允许农民根据生产和生活需要作出新的选择，抛弃了人民公社“三级所有、队为基础”的传统模式，经过从不联产的责任制，到联产承包制，再到家庭联产承责任制，较好地解决了国家、集体、个人三者之间的利益关系，开创一条农民家庭经营与集体统一经营相结合的双层经营发展道路。农民有了经营自主权，能够根据市场需要，决定进行生产，农业生产迅速发展。根据农村市场经济的发展，为了加快农业产业化进程，1996年10月，海南省人民政府发布施行《海南省第二轮土地承包若干规定》，决定延长土地承包期三十年不变，进一步明确发包权，稳定承包权，放活经营权。较之第一次承包更加注重承包土地的集中连片、合理流转，允许农民相互调控过于分散的土地，并相应变更承包合同，从而促进了土地相对集中和适度经营，为农业突破家庭经营模式，向产业化发展创造了有利条件。

2. 调整优化农村产业结构。突破长期以来“农场种胶、农民种粮”单一经营农业模式，从1979年起有计划地对农村产业结构进行调整，在继续发展粮食生产的基础上发展经济作物，在稳定发展种植业的基础上加快发展林业、牧业和渔业，在保证农业稳定增长的基础上积极发展乡镇企业，经过调整优化，促进了农业内部和农村非农产业的协调发展。

3. 牢固确立“以产业抓农业”的指导思想，立足热带资源优势发展优势产业。把发展热带优质高效商品农业作为海南农业发展的主导方向，引导农民加快发展冬季瓜菜、热带作物、水产养殖和捕捞等高效益的农业商品。大力发展高效农业，有力地推进了农业产业化，促进了海南农业增长方式逐渐由粗放型向效益型转变，农村经济全面发展。

4. 坚持“以市场为导向，以加工运销为中心，以增加农民收入为目标组织农业生产”的战略方针，积极促进生产向加工和流通领域拓展和延伸，逐步健全社会化服务体系。创办农产品加工、生产运销龙头企业，将企业作为开发市场和农业的主体，鼓励广大农民走联合的路子，发展农业适度规模经营，带动农民进入市场。近年来，涌现出以椰树集团、椰岛集团公司为代表的热带水果加工企业，以恒泰公司为代表的既有基地又有加工的生产加工型企业，有业绩突出的海南“菜篮子”工程龙头企业——海口农工贸（罗牛山）股份有限公司。建设农副产品中心批发市场为主体的市场体系，到1998年全省共有农副产品批发市场、农村集贸市场500多个，乡镇集市贸易成交额从1990年的17.31亿元增加到1996年的30亿元。初步形成农产品运销网络，供销社专业运销大户成为海南农产品运销的主体队伍。中国铁路总公司（海南）冷藏商运有限责任公司、海南“菜篮子”工程投资公司等大型农产品运输企业积极参与冬季瓜菜运输。1996年海南省经两广、两湖至北京等地蔬菜运输绿色通道开通，大量农产品源源不断北运全国各大城市。

5. 科技兴农、全面推广农业新技术。在全省各地逐步建立和健全了农业科技推广体系，以“星火计划”、“丰收计划”为龙头，积极推进农业科技成果转化率。先后在全省重点推广粮食耕作制度改革，推广抛秧新技术、反季节瓜菜栽培技术和对虾、优质鱼养殖技术，优化配方施肥、合理使用农药。1997年海南实施农产品名牌战略，评选“海南省优质农产品”，扩大热带作物产品知名度。（海南省统计局 王 渊）

二、种植业

建国50年来，特别是改革开放20年来，海南种植业取得了突破性的进展，实现了粮食基本自给。农业由自给自足型逐步走上商品经济型，由单纯抓粮食的农业，发展到粮、果、蔬等经济作物全面发展的高效农业。

海南种植业在农林牧副渔五业中居重要地位。1978年前，海南农业“以粮为纲”，种植业以粮食为主，单纯抓粮食生产，忽视了其他作物的生产，种植业产值占农业总产值50%以上；1979年后，由于商品经济的发展，海南不断调整农业结构，种植业产值在农业总产值中的比重有所下降，但种植业产值仍迅速增长。1998年种植业产值达117.73亿元（当年价格），按可比价格计算，比1978年增长约4倍，比1952年增长约9倍，1998年的种植业占农业总产值的比重为46%。

1998年，海南耕地面积42.79万公顷，人均耕地面积0.06公顷，低于全国平均数0.09公顷，比1952年下降55.69%。总播种面积93.76万公顷，其中，粮食作物57.70万公顷，经济作物30.42万公顷，其他作物5.64万公顷。

（一）粮食作物

海南粮食作物主要有水稻、旱粮（如玉米、高粱、粟、豆类等）和薯类三大类。其中水稻为海南粮食的主要作物，在粮食作物构成中面积占68.32%，产量占78.39%（1998年）。其次是蕃薯，面积占24.45%，产量占16.89%。

海南粮食生产，由于历史和地理的原因，历来生产水平较低，产量不稳定，向来不能自给。1952年，全岛粮食播种面积52.27万公顷，平均单产1095公斤，总产56.40万吨。50年来，由于不断进行农田水利基本建设，改革耕作制度，推广良种，实行科学种田，特别是20年来农村改革的深入发展，粮食产量稳步增长。1998年，全省粮食作物播种面积57.70万公顷，平均单产3989公斤，总产量为230.12万吨。总产量比1952年增长3.08倍。

1．水稻

海南水稻生产在粮食生产中占主要位置，是海南农业生产的基础，是全省农业生产的支柱产业，在全省国民经济中起着举足轻重的作用。1998年全省水稻播种面积39.42万公顷，比1949年的29.82万公顷，增加9.60万公顷，单产4577公斤，比1949年的998公斤，增长3.59倍，总产180.40万吨，比1949年的29.68万吨，增长5.08倍。

建国50年以来，海南水稻生产呈波动式向前发展。1950～1957年，大力开荒造田，增加复种指数，播种面积增加，单产提高，总产增加，平均每年增加4.13万吨；1958～1961年，因大跃进运动影响，播种面积减少，单产降低，总产减少，平均每年减少3.27万吨；1962～1967年，恢复种植面积，提高单产，总产增长较快，平均每年增长6.72万吨；1968～1977年，大力开荒造田，播种面积增长较快，单产略有提高，总产增加，平均每年增加4.57万吨；1978～1987年，1978年因旱灾等自然灾害严重，播种面积比上年减少3.20万公顷。1979年，开始调整作物产业结构，水稻播种面积逐年减少，至1987年仅有38.73万公顷，1978-1987年10年间水稻播种面积减少10.89万公顷，平均每年减少1万公顷，但因推广杂交水稻配套高产栽培技术，特别是贯彻了联产承包责任制调动了农民的积极性，单产增幅较大，总产也随之增加，平均每年增加3万吨；1988～1998年，建省后，既抓粮食生产，又抓其他经济作物、热带作物、水果、蔬菜等，水稻播种面积较为稳定，又因大面积推广杂交水稻，增加农业投入，推行科技兴农战略，单产增幅较大，总产增长进度快，平均每年增产9万吨。

1998年水稻总产在10万吨以上的市（县）有琼海、琼山、儋州、文昌、万宁、澄迈、临高、乐东及海南农垦。

2．蕃薯

蕃薯是一种适应性广，稳产高产的作物，是海南的主要旱粮。海南一年四季均可种植蕃薯，其中，以秋冬播蕃薯为主，主要收获季节为春夏季。1998年全省蕃薯播种面积14.

11万公顷，总产38.86万吨，（已折谷，下同），比1950年增加2倍。建国50年来，蕃薯生产时起时落，多次缓解了一些地区的粮食紧张状态，困难时期解决了口粮不足问题。同时，蕃薯也是家畜家禽的主要饲料，也是酿酒制淀粉的工业原料。

（二）经济作物

1. 甘蔗

海南的甘蔗种植已有1000多年的历史，海南发展甘蔗生产的自然条件优越，是我国的甘蔗主要产区之一。海南甘蔗种植以糖蔗为主，主要分布在岛西北部的儋州、琼山、澄迈、临高，以及西南部的白沙、昌江、东方、乐东等县。1952年全岛甘蔗种植面积仅0.47万公顷，产量14.88万吨。1980年种植面积达到2.3万公顷，产量65.93万吨。此后几年内甘蔗生产发展很快，1985年甘蔗种植面积达11.57万公顷，比1980年增长4倍多，总产量达405.7万吨，比1980年增长5倍。此时期糖蔗税利已成为地方财政收入的重要来源之一。但是由于甘蔗收购价格较低，单产不高，经济效益比不上其他经济作物，加上砍、运、榨各环节存在不少问题，影响了农民种蔗的积极性。到1988年全省甘蔗种植面积减少到7.17万公顷，总产量为243.41万吨。建省办经济特区后，为了发展甘蔗生产，政府采取了一系列措施，改善甘蔗灌溉条件，推广良种，实行科学种蔗，建设了一批高产稳产的甘蔗生产基地。努力提高单产，并调高甘蔗收购价格，促进了甘蔗生产的发展。1998年全省甘蔗种植面积为7.92万公顷，总产量达到388.07万吨，比1952年增长25倍。

2. 油料作物

海南油料作物主要是花生和芝麻，而以花生为主。花生播种面积、产量分别占油料作物面积和总产量的85%和90%以上。海南花生栽培历史悠久，常年播种4万公顷左右，仅次于水稻、蕃薯和甘蔗，为海南岛四大农作物之一。1998年海南花生播种面积为5.04万公顷，比1952年增加4倍，产量为9.11万吨，比1952年增长10.83倍。1998年海南芝麻播种面积为0.55万公顷，比1952年增加2.24倍，产量为0.39万吨，比1952年增长5.5倍。

3. 蔬菜

海南气候暖和，被誉为“天然温室”，一年四季都有新鲜蔬菜，冬季是蔬菜生产的旺季，冬季瓜菜是海南冬季农业生产的主导产业。

解放前，海南蔬菜品种非常单调，特别是黎、苗同胞几乎靠野菜过活，没有栽培蔬菜的习惯。解放后，随着国营农场和工矿企业的兴建，岛外人员大量进入，尤其是60年代以后，潮汕菜农大量来琼，承包种菜，引进不少良种和先进生产技术。到了70年代以后，广大菜农利用海南的自然优势，大抓冬、春季节的瓜菜生产，北运大陆各地和出口，大大促进了蔬菜生产的发展。特别是80年代以后，尤其是建省办大特区以来，随着农村改革的深入，商品经济的进一步发展，人民生活水平不断提高，蔬菜生产得到了巨大的发展。1998年全省蔬菜和瓜类种植面积达到16.49万公顷，总产量达到257.60万吨。其中冬季瓜菜约10万公顷，总产量约160万吨。

在长期的实践中，菜农利用海南冬季温度高，无台风暴雨，冬闲田面积大的优越条件，改革种植业稻一稻一薯耕作制度，推广稻一稻一瓜菜耕作制，把冬季瓜菜当作一造来抓，大力发展冬季瓜菜的生产，支援内陆市场，出口创汇，促进耕作制度的改革，增加农民收入。1999年共北运瓜菜约127。6万吨，另有大约1万吨冬季瓜菜出口港澳和日本等地。

近年来，为了解决蔬菜生产、销售、运输各环节出现的问题，各级政府大抓“菜蓝子工程”，组织科技人员和菜农对蔬菜生产进行改革。建立信息网络，及时提供供需信息，避免了盲目生产。海南省有关部门会同国家及兄弟省市有关部门，建立了海南冬季瓜菜运往内陆的“绿色通道”。这些措施都大大加快了海南蔬菜生产的发展。

海南可种植的蔬菜及瓜类品种较多，每年种植的品种都有变动，主要是根据市场需求决定种植品种。一般种植较多的有椒类（红尖椒、青尖椒、黄尖椒、泡椒、圆椒等）、菜用瓜类（苦瓜、丝瓜、冬瓜、青（黄）瓜、南瓜、水瓜、毛节瓜、葫芦瓜等）、茄类（长茄、圆茄）、豆类（四季豆、长豆角、荷兰豆等）、果用瓜（西瓜、甜瓜、蜜瓜）以及西红柿等。

4．水果

海南水果种类繁多，品质优良，是全国最大的热带水果产区之一。其中，有热带特有的芒果、菠萝蜜、人心果，有海南特有的红毛丹、鹅蛋荔、山竹子等。已形成商品生产的果品主要有菠萝、香蕉、荔枝、龙眼、柑桔、橙、芒果、杨桃、菠萝蜜和黄皮等。

1952年，全岛水果种植面积仅0.13万公顷，产量仅0.52万吨。建国50年来，特别是改革开放20年来，水果种植面积和产量不断增加，到1998年全省水果种植面积达11.26万公顷，产量达53.27万吨。总产量比1952年增长101倍。

1993年后，随着全国经济调整，海南房地产热降温，部分投资转向农业开发，另外，国家也加大了扶贫投资，海南水果种植获得了前所未有的发展，6年共新种植水果10.32万公顷，是1992年水果种植面积3.70万公顷的2.79倍，平均每年种植1.72万公顷。

海南水果种植遍布全岛。其中，菠萝以琼海、万宁、琼山、文昌较多；荔枝以儋州、白沙、琼海、澄迈较多；芒果以昌江、三亚、儋州、万宁较多；香蕉各市县普遍种植，而以乐东、澄迈、三亚、琼山较多。

（三）热带作物

海南岛的热带作物土壤资源丰富，可利用面积为88.93万公顷，占全岛土地面积的26.2%。热带作物品种有4000多种。主要热作产品有橡胶、油棕、椰子、胡椒、剑麻、香茅、咖啡、槟榔、腰果和可可等。建国50年来，海南热带作物种植业发展很快，已形成以橡胶为主的全国最大的热带作物生产基地。热作种植面积约占全国种植面积的70%。主要热带作物面积在全国占有很大的比重，其中腰果、椰子、油棕均占90%以上；咖啡占80%以上；胡椒、橡胶以及干胶产量均占70%以上。

1949年海南岛解放前夕，全岛仅种植各种热带作物0.72万公顷。建国50年来，特别是改革开放20年来，海南热带作物得到了迅速发展。到1998年底，全省热带作物种植面积已达44.21万公顷，为1949年的61.7倍。

热作生产的迅速发展，使海南成为我国热带作物产品的主要供应基地。自1952年至1998年，全省共向国家提供干胶254万吨，香茅油2.36万吨，咖啡豆制品426吨，椰子10亿个，油棕果6.7万吨。（海南省统计局 倪少林）

三、林 业

海南岛热带、亚热带森林资源具有面积大、物种多、材质好等特点，是我国目前仅存的两个热带林区之一。

（一）发展历程

新中国成立后，海南林业主要经历了三个阶段：

1. 创建时期（1950－1958年）。海南解放初期，天然林面积为1800万亩，但山权、林权不清，群众盲目砍伐木材，山火频繁，林业建设面临极大困难，至1954年，海南天然林仅存86.42万公顷。

1995年，海南发动群众，植树造林。人民政府发布了植树造林“谁种谁有，伙种伴有”的政策，并制定了群众造林由国家资助口粮和种苗，对困难地区给予一定劳动报酬等措施，调动了林业生产积极性，随着农村土地改革的深入进行，农村普遍确定山权、林权，稳定林区生产秩序，推行林业合作化，动员个体林农经营的山林和农业一样折价入社，实行集体劳动，按劳分红，林业生产得到恢复和发展。

2. 乱砍滥伐时期（1959－1978）。这个时期的林业建设，经历了兴建国营农场及十年动乱，给海南林业带来极大的破坏。这期间海南森林面积最低减至33.3万公顷。造成森林锐减的原因，主要是长期以来对海南森林资源重采伐，轻营林，放松管理，加上矿产能源缺乏，生产生活用燃料主要靠烧柴，以及刀耕火种和不适当开垦等等，因而形成了各路兵马滥垦乱伐的局面，至1978年底，全省森林面积下降至 44.27万公顷。

3．改革开放和海南建省时期（1979—1998年）。改革开放以来，海南把深化林业改革，大力造林绿化，增加森林资源，调整林业结构，增强林业活力，发展产业经济，作为发展的总体目标，全方位开展工作，积极促进林业逐步实现四个转变：一是由采伐利用天然林为主，转以营林为基础，加强人工林建设；二是由单一木材生产为主，转为多种经营，综合利用，全面发展；三是由粗放经营为主，转为重视科学技术，实行集约经营，科学管理；四是由林业部门一家造林转为全社会办林业，全民搞绿化，发挥林业的经济效益、生态效益和社会效益。

1986年产4月，全岛开放木材市场，初期在国家指导价格下实行产销见面，议购议销。后期价格放开，并在坚持严格采伐限额的前提下，完善采伐、运输、销售、税费征缴等办法，由此也促使森工企业从封闭式经营转向开放式经营，平等竞争，增强企业活力，由于坚持采伐限额管理和放开木材市场贸易是相辅相成的，使海南森林资源从1986年起逐年回升。

这期间，由于林业政策的不断放宽，特别是国家对保护，恢复与发展海南林业建设在财政、物资方面的大力援助，使海南的林业建设得到了较快的发展。1994年海南在全国率先停止采伐天然林，全力封山育林。为了促进人工造林，实行以“联产承包”为主的多种责任制，推广以“五改”为中心的科学造林，发展以与林业部联营为重点的速生丰产林，以营造丰产林带动其他造林，做到国营、集体、个人齐造林，并对造林的单位与个人给一定的优惠政策。1979-1998年，累计造林60.76万公顷，每年以2.67万公顷的速度递增，成为海南历史上人工造林速度最快的时期。人工造林的合格率，保存率均在95%以上。全省现有森林面积逐步扩大，1998年全省现有森林面积 171.67万公顷，比1978年增加127.4万公顷，增长34.75%。其中，经济林47.67万公顷、用材林 27.73万公顷、防护林64.7万公顷、薪炭林0.7万公顷。在现有森林面积中，橡胶面积26.37万公顷，比1978年增加5.85万公顷，增长28.5%。林业经济快速发展，1998年，全省林业总产值42.65亿元，比1978年增长3.8倍，平均每年递增8.2%。1998年，全省森林蓄积量8908 万立方米，比1978年增加5900 万立方米，增长51%。

（二）现状与未来

海南森林资源丰富动植物种类繁多，到目前为止，全省已发现的植物有259科，100多属，4200多种，内有乔灌木1400多种，占全国灌木种类的28.6%。仅乔木有800多种，其中458种被列为国家的商品材，有200多种属于特类至三类材种，主要珍稀树种有花梨木、坡垒、子京、母生、陆均松、青梅等；药用植物1000多种，占全国的30%左右，其中有不少是属于抗癌植物；果树植物142种；油料植物89种；其他经济植物近200种。动物资源计有陆生脊动物516种，其中两栖类37种，爬行类104种，鸟类344种，哺乳类82种。岛上天然森林主要分布于中部、西、南、东南部山区，其中最重要的是五指山、坝王岭、尖峰岭、吊罗山、黎母山五大林区。人工林主要分布在平原、台地、低丘和沿海地带。全省现有森林2575万亩，其中天然林922万亩，森林覆盖率由1950年的35.39%上升到50.63%。森林年增长量从1978年的209万立方米增加到491.1万立方米，年消耗量则从365万立方米减少到212.7万立方米，扭转了森林资源长期赤字的局面，实现了森林面积与森林蓄积量的双增长。1995年全省实现消灭宜林荒山目标，提前完成至2000年造林绿化规划，沿海防护林基本合拢。经过近50年的努力，海南省热带森林体系已基本得到保护和恢复，海南林业初步形成了“两个体系，两个基地”（沿海防护林体系、热带天然林体系、速生丰产林基地、热带经济林基地）的林业发展新格局，林业职工对伍也同时得到发展壮大。至1997年底，全省林业系统拥有职工15000多人，88个林业公安局，11个省属森工企业，15个省属国有林场和12个地方国有林场，15个国有苗圃和800多个专业苗圃，14个林业科研单位，248个乡镇林业工作站，117个木材检查站，10个林业专业公司（厂）。此外，全省还有乡镇林场175个，场员3500人，造林联合体、林业专业户1.2万个，3.5万人。

到1998年底止，全省已建立了72个自然保护区，总面积268公顷，其中属森林生态系统类型的有22个，面积12.5万公顷，已基本形成了一个布局合理，门类齐全，大中小相结合的自然保护区网络。

为保护海南自然资源，确保经济可持续发展，海南省政府决定把海南建设成为中国第一个生态示范省，要建成生态省的其中一个目标是实现森林覆盖全国第一。在海南省委书记杜青林的倡议下，省政府决定建设“百万亩椰林工程”项目，计划在5年内营造椰树100万亩，1999年4月13日启动“绿化宝岛百万人大行动”，全省共有64.7万人次参加植树活动，共营造高效椰子基地277公顷，育苗7.5万株，植树42.8万株。“350万亩浆纸林工程”也付诸实施，一股前所未有的造林绿化热潮正在琼州大地兴起。

（海南省统计局 林志岩）

四、畜牧业

海南省畜牧业属于南方农区畜牧业类型，以猪、牛、羊、禽（三鸟）的饲养为主，从肉量和产值方面来看，其重要性排位依次为猪、禽、牛、羊。比较知名的本地畜禽品种有文昌鸡、加积鸭、温泉鹅、东山羊和临高乳猪，引进改良的畜禽品种有石歧杂鸡和加乐黑猪等。随着市场的引导作用和高效畜牧业的推广，畜禽品种日趋丰富，除了传统的猪、牛、羊、三鸟、鸽子和蜜蜂外，鸵鸟、鹧鸪、鹌鹑、兔子、狐狸、鹿等也进入了畜牧业的养殖范围，经营者的选择余地得到了较大的拓宽。目前，畜牧业的生产方式基本上还是以家庭分散饲养为主，专业户饲养和工厂化饲养同时并存。

（一）地位和作用

畜牧业生产在海南经济和人民生活中扮演着重要的角色，从经济方面来看，历经建国５０年的发展，到1998年，牧业产值已占农业总产值的19.25%，其增加值占农业增加值的19.13%，是农业中仅次于种植业的第二大行业。在国民经济的各行各业中，畜牧业对国内生产总值的贡献率约为6.4%，发挥着重要作用。从人民生活方面来看，畜禽产品丰富着人民生活的“菜篮子”，其作用十分重要。1998年，畜牧业提供了全省肉量消费的88.67%，人均总肉量从建国初期1952年的６公斤发展到1998年的54公斤，极大地改善了人民的饮食水平，提高了人民摄入营养的数量和质量。在市场的推动下，畜牧业已基本摆脱了依附于种植业的地位，形成了自成体系，独立发展的畜牧业商品经济。

（二）规模和水平

建国以来，海南重视发展畜牧业生产，大力开展畜禽品种的引进、改良、推广和防疫工作，使畜牧业生产有了很大的发展。1998年，全省生猪出栏量达到266万头，牛出栏量25万头，羊出栏量59万只，禽出栏量879０万只。畜禽总肉量达到39.８万吨，禽蛋产量2.４万吨。牧业总产值48.8亿元，增加值28亿元。猪的单位肉重84公斤，牛单位肉重95公斤，羊单位肉重15公斤，禽单位肉重1.58公斤。养殖方式由传统、粗放的饲养向现代化、集约化的饲养方式转变，放养、圈养和工厂化饲养方式同时存在。目前，已拥有年出栏万头以上的大规模养猪场5个，年出栏万只以上的肉鸡养殖场593个，年存栏万只以上的蛋鸡场４个。

（三）历程和特点

海南畜牧业生产在建国后有了长足的发展，但其发展历程是曲折的。1978年以前，由于“左”的干扰，政策失误，畜牧业生产几经起落，发展缓慢。党的十一届三中全会以后，畜牧业才真正走上了高速发展的轨道。从其发展的历程看，大致可分为以下三个时期。

1. 恢复发展时期，即1949—1957年。这一时期，中央制定了“保护和发展畜牧业”的方针，实行“私人养猪、自产自销“的可行性政策，各地先后建立了公营配种站，同时银行发放贷款，奖励养畜。当时，土地改革逐渐完成，极大地激发了农民生产的积极性，使畜牧业生产迅速得到恢复和发展。1957年生猪出栏量达33.3万头，比1952年的20.42万头增长63.07%，牛出栏量达2.63万头，比1952年的2.6万头增长1.15%。禽出栏达28.44万只，比1952年增加17.95万头，增长63.09%。1957年畜牧业产值0.39亿元，比1952年增长8.84%。

1956—1957年，合作社和人民公社相继成立，土地被收归集体经营，但在国务院《关于发展养猪》文件精神的指导下，当时的行政区政府还是实行了社员留足饲料用地的政策，扩大自留地面积，并采取了养猪留粮，降低税负和提高收购价格的措施。在消费上，贯彻“多养多食，少养少食”的原则，为恢复时期畜牧业的发展奠定了基础。

2. 缓慢发展时期，即1958—1978年。这一时期一开始就发生了1958~1961年的“大跃进”灾难，畜牧业生产以私养为主被以公养为主的政策所代替，社员的猪被无偿收归集体。当时平均主义盛行，吃“大锅饭”，社员积极性不高，对畜禽的管理不善，加上自然灾害、粮食减产、饲料短缺等原因，造成生猪大批死亡，未死的猪也因疾病和饥饿成了“空壳”。劳役牛也因饥、渴、寒、累等原因大批死亡。猪、牛、羊、禽的年末存栏量锐减。到“大跃进”结束后的1962年，畜牧业生产还无法恢复到大跃进前1957年的水平。1962年生猪存栏量91.74万头，比57年尚少11.83%，牛存栏量53.64万头，比57年少18.47%。

1962—1967年，这段时期，中央下达了《农村人民公社工作条例（修正草案）》，纠正了大跃进的错误。畜牧业生产实行以“私养为主，公养私养两条腿走路”的方针。并开放了农贸市场，整顿集体猪场，鼓励社员养猪。此外，还调整了派购政策，由“购六留四”改为“购五留五”，留五部分国家以粮食、工业品换购。耕牛推行“公有私养”政策，政府规定每繁殖一头小牛，减免公粮35公斤，折款奖给母牛饲养员。畜禽防疫灭病工作也得到加强，主要是增设了一批畜牧兽医站，使每个公社都基本上能够独立进行畜禽疾病的防治。由于实行了这些有效的措施，畜牧业生产重新焕发生机，1967年生猪存栏量比1962年增加35.76万头，增长38.98%；牛存栏量增加8.35万头，增长15.57%；羊存栏量增加2.55万只，增长37.31%。比恢复发展时期最末的1957年，猪存栏增长22.53%，羊存栏增长21.50%。不但使“大跃进”所造成的破坏得到了恢复，而且有所发展。

1968—1978年，左倾思想泛滥，农民的自留地、饲料地被视为资本主义尾巴割掉。

农业生产贯彻“以粮为纲”一边倒的方针，畜牧业生产受到限制，农民多养一些猪和鸡改善生活，就被认为是“暴发户”，要受批判。畜牧防疫制度被取消，有些畜牧兽医站改散，技术人员被下放五七干校劳动，致使畜禽疾病得不到良好的防治，时有蔓延；生猪派购又恢复了“购六留四”的政策，而且所留的四部分中80%还要归集体，国家、集体、个人的购留比例实际为6:3:1。这些政策严重挫伤了农民养畜的积极性，1968—1972年，生猪存栏量年均增长6.39%，牛存栏量年均增长仅4.40%，禽类饲养更是徘徊不前，根据有关资料推算，1972年禽的出栏量仅比1967年增加5.05万只，年均增长幅度不足1.36%。这一时期，全省人均畜禽总肉量（不含岛外调进）呈逐年下降趋势，1967年人均畜禽总肉量9.26公斤，到1972年已下降到7.88公斤。1973年，虽然实行生猪派购“一定三年，任务到人，派养、存栏、交售指标到户，超产加奖”的政策，但由于前几年造成的影响余波尚存，加上粮食减产，饲料用粮减少，直到1975年生猪生产才有新的增长，突破了200万头的大关，牛的存栏量达到82.8万头。整个时期，畜牧业发展缓慢曲折。11年中，生猪年末存栏年均仅增长4.32%，牛年末存栏年均仅增长2.83%，禽类由于受政策影响较小，故其年末存栏量年均增长9.28%。

3. 迅速发展时期。即1978以来改革开放的20年。中共十一届三中全会的召开，为畜牧业的发展吹响了号角。海南坚决贯彻中央关于改革开放的路线、方针和政策，根据海南的实际情况，采取各项改革和发展畜牧业的有力措施，调动了广大农户和社会各界发展畜牧业的积极性，使海南畜牧业进入了前所未有的发展时期。这个时期，海南畜牧业开始了三个转变，一是由半自给生产向商品生产转变；二是由计划经济向市场经济转变；三是由传统畜牧业向现代畜牧业转变。

在政策措施方面，这一时期逐步取消了派养派购的规定。1979年，首先放开了养牛政策，集体耕牛折价归农户，让农户自有、自繁、自养、自卖，1980年家禽派购政策被取消，1985年，生猪政策也正式放开，从此不再“购四留六”。政策放开后，农民有了自主权，产销见面，自由贸易，在价值规律的作用下，激发了广大农民饲养畜禽的积极性，同时连续几年粮食丰收，饲料充足，使畜牧业得到迅速发展。到海南建省的1988年，生猪出栏量已达123.39万头，比1978年的64.99万头增长89.86%；牛出栏8.71万头，比1978年的3.37万头增长158.46%；羊出栏11.18万只，比1978年的6.23万只增长79.45%；禽的发展更是迅猛，1988年出栏1916万只，比1978年的90.52万只增长20.17倍。

在投资建设方面，建省前，对畜牧业投资的主体是农户，大量资本的投入在1985年前后。这段时间，市场作用开始明显，在经济利益的驱动下，广大农民对畜牧业的投入大量增加，出现了一大批畜禽养殖专业户。养殖专业户的破茧而出，对畜牧业的发展产生了巨大的影响，最为明显的是家禽饲养业，取得了突破性进展，1985年全省家禽出栏量破天荒达到了1489万只，比1984年的128.94万只增加1360.06万只，增幅超过10倍，结束了长期以来家禽生产低基数增长的历史。政府和社会各界对畜牧业的投入则主要集中在海南建省办大特区以后，这段时间，流动人口剧增，消费水平提高，社会需求旺盛，畜禽产品的供需矛盾开始凸显，单靠农户对畜牧业的投入已显得力量不足，为了缓解供需矛盾，政府加大了对畜禽养殖的投资力度，社会各界也积极配合，先后上马了一批菜篮子工程项目。著名的有罗牛山养猪场和蛋鸡场。目前，全省已拥有上规模的养猪场（户）1090个，肉鸡场（户）4325个，蛋鸡场（户）45个。其中，罗牛山养猪场年出栏生猪达5万头，蛋鸡场年饲养蛋鸡30万只，年供应新鲜鸡蛋6000吨；儋州侨南养鸡联合体年出栏肉鸡达30多万只。到1998年，全省生猪出栏量达266.85万头，牛出栏量25.21万头，羊出栏58.92万只，禽出栏8790.17万只，畜禽总肉量比刚建省时的1988年增长1.85倍；比改革开放前1978年增长7.95倍。改革开放20年，畜禽总肉量年均增长12.23％，人均畜禽总肉量由8.43公斤猛增至54.36公斤，比以往任何时期都要高，成就是空前的。

在经营方式方面，也发生了根本性变化。表现在饲养观念上，由半自给的自产自消为主向商品生产转变，建国以前，畜牧业产品主要是自产自给，只有少量提供给社会消费，建国后到改革开放前，提供社会消费的数量虽有所增加，但它是以派购的形式实现的，还没有形成真正意义上的商品生产，改革开放后，随着政策放宽，市场放开，专业户的涌现和投资主体的多样化，商品化生产才算真正形成。从此，畜牧业生产不再主要是为了生产者自已消费的需要，而是为了给社会提供消费品，从而获取利润。畜牧业的商品率在1985年为69.7％，摆脱自给自足的局面，到1995年上升为83.1％，商品生产从此形成并得到发展。在经营管理上，由粗放型向精细型转变。改革开放前，一是饲养方式落后，畜禽基本是由农户分散放养。二是科技推广不足，优良品种和先进技术得不到有效的应用，各地有各地的本地品种，单位肉重普遍不高。三是饲料使用传统，基本上是薯藤、米糠和饭汤，营养不足，饲养周期较长。四是成本管落后，一方面是因为缺乏市场预期，造成投入产出脱节，效益低下；另一方面是为了给农作物副产品寻找出路，成本大小和效益高低倒在其次。那时，农民们说，养猪养鸡不过是把平时各种分散的收入储蓄起来，到出栏时一并提取。改革开放后，优良品种受到业主的广泛欢迎，被大量推广应用。混合饲料的使用也越来越普遍。农户开始注重规模效益，出现了大批的饲养专业户，据统计，1996年，全省有畜禽饲养专业户15007家，出栏生猪14.27万头，家禽3339.12万只。同时一些三资饲养企业和现代化的大型饲养场也建成投产。这些企业引进了先进的饲养技术和管理经验，对海南畜禽饲养水平的提高起到了示范作用，也为今后的发展提供了崭新的思路。

在服务配套方面，随着畜牧业商品生产的发展，配套企业应运而生，服务设施也日趋完善。目前，已形成了教研、防检、供应、销售等配套齐全的服务体系。在教研领域，华南热作两院和海南大学设有畜牧兽医专业，省级设立畜牧科研机构6个，县级也有6个，20年来，它们培养了大批畜牧专业人才，研究出了一批科研成果，为海南畜牧业的发展作出了积极的贡献；在防检阵线，兽医防疫机构得到了恢复和发展，运作情况良好。全省已建立口岸动植物检疫局2个，省级防检站1个，市防检站2个，县防检站13个。乡镇兽医站296个，从业人员1396人，其中有中级职称者21人，初级职称者199人，技术员311人。在全省防检人员的共同努力下，畜禽疾病得到有效的防治，为畜牧业生产的发展提供了良好的保障；在供应环节，一是种苗供应充足，优良品种得到有效推广。全省已建成种牛场3个，种猪场22个，种羊场2个，种禽场60个。其中：种鸡场29个（含祖代种肉鸡场2个），种鸭场28个，种鹅场3个。1998年，生猪人工受精配种4万胎次，繁育杂交猪苗42万只，生猪良种覆盖率上升到70%。二是饲料供应好转。饲料是畜牧业生产的基础，但由于海南是缺粮省，饲料供应长期不足，而且价格偏高，因此，在一定程度上制约了海南畜牧业的发展。改革开放前，海南饲料工业几乎是空白，只有粮食系统每年加工的一些统糠饲料，畜禽以粗放饲养为主，饲料主要是稻谷、旱粮、青饲料和一些粗加工的农副产品。改革开放特别是建省办大特区以后，海南饲料工业才实现了零的突破，先后引进投产了饲料加工厂18家，其中较大的有琼州饲料厂等9家，年产饲料32万吨，极大地缓解了饲料供需的矛盾。目前，海南饲料生产能力仍然不足，每年仍需调进饲料11万吨，如果考虑到海南是缺粮和缺肉省的情况，要使肉量生产自给自足，饲料缺口将会更大。如何发展海南的饲料生产，是否应调整饲养结构，采取何种改变膳食结构的替代战略，将成为海南今后必须解决的课题；在产品加工环节，现代化养殖企业的发展和畜禽出栏量的大量增加，催生了一批畜禽产品加工企业，屠宰分割厂、冷冻厂和羽绒加工厂相继出现，比较知名的有罗牛山联合养殖企业的屠宰分割厂和冷冻厂，澄迈的羽绒服装厂等。其中，特别是海南工贸羽绒制品厂，自1986年创立以来，已实现利税500万元，创汇1000万美元，产品出口到20多个国家和地区。在产品销售环节，全省建立了生猪批发市场3个；家禽批发市场7个；牛批发市场1个。其中，琼海家禽批发市场日成交肉禽达41万只，远近驰名。海口市生猪批发市场日成交量达1600头。批发市场的建立和运作，使畜禽产品的流通更加顺畅，解决了销售过程中的诸多困难，消除了生产者的后顾之忧，对畜牧业生产的发展起到了极大的促进作用。（海南省统计局 王泽永）

五、渔业

海南省地处热带，四面环海，海域辽阔，岛屿众多，渔场宽广，港湾密布，滩涂面积较多；内陆江河纵横，水库星罗棋布，淡水水域广阔，水产资源极其丰富，无论发展海洋渔业还是淡水渔业，都具有得天独厚的自然条件。

建国50年来，海南渔业经历了一段不平凡的历程。解放前，海南渔业仅限于小木船作业，再加上当时气象预报信息传播的限制，渔民只能在沿岸渔场捕捞作业，产量极低，勉强维持生计。从1952-1978年海南为振兴渔业发展，采取了一系列的重大措施，把渔民组织起来，建造渔船，开辟渔场，发展渔业生产。在这期间，由于生产体制的束缚等多方面的原因，海南渔业发展缓慢，基本上处于停滞、甚至是倒退状态。1952年水产品产量为3.06万吨，1957年水产品产量为6.95万吨，1978年水产品产量为6.71万吨，1978年同1952年比，产量增加3.65万吨，增长119.3%，年递增率为3.2%；1978年同1957年比，产量减少0.24万吨，下降3.5%，年递减率为0.2%。1978年以后，海南渔业积极贯彻党的改革开放政策，率先进行经营体制改革，充分利用得天独厚的海洋资源优势，调整作业结构，加快技术改造，大力发展养殖业、水产加工业，采取养捕加工并举的发展战略，渔业生产进入平稳发展时期。1987年同1978年比，水产品产量由6.71万吨增加到11.21万吨，增长67.06%，年递增率为6.6%；1988年建省后，省政府提出“发挥海洋优势，发展海洋渔业，建设海洋强省”的发展思路，渔业生产有了快速发展。1998年同1987年比，水产品产量由11.21万吨增加到59.77万吨，增加48.56万吨，增长4.3倍，年递增率为18.1%，发展速度史无前例。

（一）改革经营体制，调动渔民生产积极性

从1980年起，政府开始进行群众海洋渔业经营体制改革，允许私人集资造船，合作出海生产，继而政府投资扶持。并及时放开水产品价格，使渔业生产较早进入市场经济，极大地调动了渔民的生产热情，促进了生产力水平的迅速提高，使水产业进入了一个高速、持续发展的新时期。同时新的生产经营体制使渔民真正掌握了生产和分配自主权，生产积极性高涨，渔民进行固定资产投资的自觉性越来越高。据1998年年报资料统计，1998年海南渔业固定资产实际投资完成额18723.31万元，其中国家投资1290.37万元，国内贷款5259.9万元，利用外资5000.0万元，自筹资金7173.04万元。可见从资金来源看，自筹资金占相当大的比重。

（二）加快渔船技术改造

渔业经济体制改革取得显著效益，刺激了渔船技术改造，渔船技术改造把全省渔船的

机械化、现代化建设推向一个新的阶段。渔船更新改造主要是以更新改造原有渔船设备为中心，包括改良船型、更新加大马力、改造冷藏保鲜、增添先进助渔导航设备和甲板机械，改进渔具、网具等项目，以达到提高渔船技术性能，提高抗风能力，使原来只限于沿岸渔场作业的渔船向近海渔场（中海渔场）和外海渔场（深海渔场）发展生产，增加海洋捕捞产量的目的。据有关资料显示，1982年至1995年间，海南更新改造渔船6224艘（次），渔船动力从1982年的9.56万马力增加到52.01万马力，带冰生产渔船从无发展到3556艘。助渔导航和电讯设备大大增加。1995年底有彩色探鱼仪206台，全球卫星定位仪516台，短波单边带电台496座，超短波对讲机4600部。1995年全省海捕单船61马力以上的渔船2096艘（不含国有企业渔船），比1978年增加5.9倍。

（三）产业结构日趋合理

长期以来，海南渔业一直以捕捞为主，50年代渔业总产量几乎是海洋捕捞产量；60年代海洋捕捞产量还是占主要比重，占渔业总产量的96.95%（1965年）；80年代海洋捕捞产量占渔业总产量的85.92%（1987年）；建省以来，渔业生产结构发生了历史性变革。

首先是渔业生产结构日趋合理，打破了以海洋捕捞为主体的比较单一的生产格局，海洋捕捞产量占水产品产量比重有所下降，1998年水产品总产量为59.77万吨，海捕产量为44.06万吨，占的比重为73.71%，与建省前（1987年）相比下降了12.21个百分点；海水养殖、淡水捕捞、淡水养殖占了相当的一部分比重。各级领导和群众转变了观念，认识到海南渔业的发展方向，除了传统的海洋捕捞作业外，还要充分利用海南自然优势，开发水产养殖业，纷纷出台开发荒滩、“退田还渔”等各种政策，鼓励发展水产养殖业。到1998年全省海水养殖面积扩大到10620公顷，比1978年（987公顷）增长9.76倍。有较高创汇价值的对虾、石斑鱼、青蟹等优质海产品养殖业发展更快。1987年对虾养殖投入4200多万元，养殖面积652公顷，产量195吨，到1998年对虾养殖面积5756公顷，产量12854吨，养殖面积增加5104公顷，产量增加12659吨，分别增长7.8倍和64.9倍，年递增率分别为24.3%、52.0%。此外，还结合发展淡水捕捞及淡水养殖业，以提高水产品产量。

其次海洋捕捞作业结构日趋合理。长期来，由于渔船技术的限制，渔民只能在浅海渔场作业，捕捞强度超过了海洋资源的再生能力，资源再生基础遭到严重破坏，汛期旺发时间缩短，鱼群群体缩小，有些经济鱼类频临灭绝，单产逐年下降；近年来由于渔船技术性能提高，到外海生产的渔船多了，外海渔场捕捞产量由1978年的0.7万多吨增加到1998年的10.17万吨，外海渔场捕捞产量占海捕总产量的比例也从1978年的9.2%上升到23.1%。捕捞作业结构的调整既保护了沿海渔场，也增强了渔船近海、深海作业能力。

（四）科技含量逐年提高

十几年来，海南渔业积极开展科研和推广养殖技术，建立种苗、饲料供应体系和推广技术网络。现有国营、集体、联合体和个体兴办的鱼苗场95个（1995年资料，本段下同）。1995年同1978年相比，全省鱼苗场面积从110公顷增加到390公顷，增长2.54倍，鱼苗产量从9396万尾增加到11.98亿尾，增长11.7倍，鱼种产量从2723万尾增加到8.02亿尾，增长28.4倍。全省种苗基本自给。为解决水库网箱养鱼与塘鱼使用颗粒饲料，建起饲料厂，主要分布在琼海、琼山、文昌等地。技术网络分省、市、县三级设水产技术推广站13个，配备淡水养殖技术干部38人。渔技站通过培训班、印发科技资料等办法，推广优良品种，科学养鱼和防治鱼病新技术，有力地促进了生产力水平的迅速提高。对虾、青蟹、石斑鱼、贝类、藻类等海产品的大规模经营，使海珍品的增养殖变为现实，促进了海洋牧场的建设，大力推广浅海筏式养殖、高位池养虾等新技术；淡水养殖则推广集约经营和普遍杂交新品种，使水产品养殖业总产量和单产水平都实现了新的飞跃。1998年对虾单产水平为2233吨/公顷，1987年对虾单产水平为299吨/公顷，增长6.5倍，年递增率为22.3%。

（五）建立健全渔业社会化服务体系

水产品价格全面放开后，渔业市场也相继建立起一系列社会化服务体系。主要有以下几种组织形式：

1．国营水产供销公司发挥自己良好的场地设施和技术水平，通过兴办后勤服务设施为渔船提供服务。有的通过赊销渔需物资，贷出资金，支持生产，以取得一定的产品经营。

2．渔业乡（镇）或村委会通过兴办渔具商店、冰厂、船排和油库等综合服务企业，为渔船提供有偿服务。集体企业所得利润，除兴办集体的公益事业，有的也支持渔业发展生产。

3．以个体商贩为主组织各种服务公司和门市部，为渔船提供制冷、冷藏、加工、运输、销售、供应等多项服务。改革开放前，海南制冰冷藏业几乎是空白，水产品加工业也极其落后，主要的加工品是咸干品。改革开放后特别是建省10年来，随着水产市场需求的多元化，制冰冷藏业从无到有，水产品加工迅速发展起来。发展到1998年，全省已有113座水产冰库，日冻结量为1669吨，日制冰能力为3433吨，每次的冷藏能力为16675吨，冷藏总量为158205吨，制冰总量为406679吨；水产加工企业已发展到166个，每年水产品加工能力为445180吨。1998年全省水产加工品数量为139305吨，其中冷冻水产品115899吨，占全部水产加工品的83.2%，打破了水产加工业传统的以干、腌为主的落后格局，在发展中坚持以市场为导向，实行加工与制冰冷藏相结合，传统产品加工与新品种加工相结合，精加工与粗加工相结合，专业加工与群众加工相结合。鲜销与加工则以鲜销为主，食用品加工与非食用品加工则以食用品加工为主。为了加快发展速度，坚持国有、集体、个体全面发展，鼓励外资投资办保鲜和加工企业。还在出口产量等方面提供服务。渔业社会化服务体系的逐步建立和发展，有力地促进了渔业商品经济的发展。

（六）加强渔业立法，走依法治渔、以法兴渔的发展之路

随着海南渔业生产的发展，渔政建设也被重视起来。从1980年3月起，先后建立2个渔政中心站和13个县一级渔政站；1982年又在重点养殖场、水库增设了4个渔政分站和充实了一批渔政检查人员。建省后，还建立了海南省渔政渔港监督管理局（处级），1996年海南省渔政管理局合并入海南省水产局，下设海南省渔业监察总队（处级），全省现有1个市和1个开发区建立了渔港监督政管理处。沿海12个市、县、西、南、中沙群岛办事处以及1个水库建立了渔政管理站，16个乡镇、2个海水养殖场、2个农场、1 个水库建立渔政船队。现有渔政船9艘，快艇18艘，船员65名。

海南渔政机构的建立，为依法治渔、以法兴渔奠定了坚实的基础。机构建立以来，先后制定颁布地区一级的渔业法规有《关于加强麒麟菜、拟石花菜、江蓠菜资源保护的通知》、《关于合理利用和保护对虾亲虾资源的通知》等。建省后，省政府颁布了《海南省实施〈中华人民共和国渔业法〉办法》、《关于加强对几种名贵水产资源保护的通知》、《关于保护西南中沙群岛一带生物资源的布告》、《关于严禁炸鱼、毒鱼、电鱼的布告》，同时还实行凭证捕捞制度，对渔船进行普查登记与建立渔船卡片档案；制定捕捞许可证发放与年度签证办法等，避免水产资源的盲目捕捞。近期，海南、广东、广西三省（区）水产局颁布了《关于休渔期的联合通知》，保证了海洋资源的再生能力。针对目前海南部分地区海水养殖存在养殖户赚钱后盲目扩大养殖规模、无序放养状况，计划成立水质监测机构，制定治理海水养殖的工作方案，加强养殖规划，控制养殖的盲目性；还要加强对养殖户的科技培训，提高养殖户的环保意识，尽量减少内湾污染，逐步引导养殖户向潜网养殖方向发展。

海南省是海洋大省，海洋面积200多万平方公里，可供养殖的滩涂、浅海面积达25万公顷，目前海洋养殖面积仅0.87万公顷，利用率不到4%，开发潜力很大。各沿海市县将近海养殖业作为目前全省的发展重点，加强海水养殖基础设施和海水良种鱼苗基地的建设，有规划、有秩序的发展高位池养虾，推广浅海养殖鲍鱼、扇贝、滩涂养殖泥蚶等，使海洋养殖成为海南省农业经济新的增长点。（海南省统计局 郑海霞）

六、农村工业

农村工业是农村集体和农民投资兴办的企业，它包括乡属工业、村办工业、农村联营工业、农村私营等个体工业的企业。海南建省后，农村工业有了长足的发展，使农村的经济结构、产业结构和劳动力结构发生了显著的变化。对增加农民的收入，扩大地方财政收入来源，起着积极作用，为建设有特区特色的新农村开辟新的道路。

（一）农村工业的发展水平

海南的农村工业是从简单小规模的手工业发展起来的。新中国成立以后，海南农村工业经过比较漫长的缓慢发展历程，改革开放特别是海南建省办最大的经济特区后，各级政府十分重视农村工业的发展，提出了“强村富民”战略，调动村办工业的积极性,使全省农村工业迅猛发展。1987年农村工业总产值为2.3亿元，比1977年增长5.6倍；1997年农村工业总产值为32亿元，（按当年价计算），又比1987年增长12.9倍。从全省工业来看，农村工业企业在数量上占绝大多数，但生产规模都比较小。1997年平均每个农村工业企业从业人员仅为5.78人，自有资金仅有5.18万元。1997年农村工业总产值、实交税金和从业人员仅占全部工业的13.3%、4.4%、24.7%。

1．海南农村工业组织形式和地区分布

海南农村工业的组织形式可分为乡属工业、村办工业、农村合作工业、农村个体（私营）工业四个层次。海南农村工业主要特点是以个体（私营）工业为主，1997年，农村个体（私营）工业企业10715人，占农村工业企业总数95.6%；1997年农村个体（私营）工业总产值24.2亿元，占农村工业总产值75.54%。可见，海南农村个体工业是全省农村工业的主力军。

海南农村工业发展分布可分为二类地区。一类是沿海发达地区，第二类是山区少数民族地区。通过1997年统计资料可以明显的看出这二类地区的差异。海口、琼山、文昌、琼海、万宁、儋州、屯昌、澄迈8个市县农村工业发展较快，这8个市县农村工业总产值占全省农村工业总产值90.9%、自有资金占81.9%、上交税金占85.6%，是全省农村工业最密集的市县。而民族自治市县农村工业相对落后，9个民族自治市县农村工业总产值仅占全部农村工业的7.7%、上交税金仅占13.9%、自有资金仅占11.1%。

2．海南农村工业行业构成

全省农村工业完全是从无到有、从小到大逐步发展起来的。从总体来看，农村工业行业分布相对集中，规模小、且产业技术层次较低。其特点：一是在房地产高潮时期上马的

一大批砖瓦厂、石灰厂、石材厂、水泥制品厂、采石、挖沙等建材企业，二是集中在粮油加工及食品加工、锯材加工等技术层次较低的行业，如粮油加工厂4422户和锯材加工厂1166户共占全部农村工业户数47.52%。

全省农村工业属“小散”经济，虽有“船小好掉头”优势，但抗御风险能力差。农村工业平均企业自有资金为5.18万元，仅为全省乡及乡以上工业企业1/244，平均企业职工人数为6人，不及乡及乡以上工业企业1/25，劳动生产率不及乡及乡以上工业企业平均水平的一半。可以说海南省农村工业尚处在作坊式经营、家庭式管理阶段，因此合理地引导农村工业企业向规模、高技术方向发展显得十分必要。

（二）农村工业的发展历程

海南省是个农业省，农业经济在全省国民经济中占重要地位。发展海南农村工业显得十分重要。这对促进第一、第三产业发展起着积极的作用。从全国来看，海南省农村工业与广东、江苏等农村工业较发达省份相比较存在很大的差距。但从海南本身来看，经过几十年的努力，已经有了长足的发展。海南农村工业发展经历了一段长而曲折的道路。海南农村工业发展历程，分为三个时期，即改革开放前缓慢发展时期，改革开放后至建省前较快发展时期及建省后迅猛发展时期。

1. 农村工业创办及其缓慢发展时期

1952-1977年。这一时期，农民对工副业生产的积极性大为减弱。年产值大幅下降。如1957年海南农村工业全部总产值为55万元，比1952年下降97.8%。人民公社时期，把合作社的副业队改由公社、大队两级办的社队企业。后来许多地方刮“共产风”，把副业队的财产、资金等无偿收归公社所有，又遇到三年自然灾害加上管理混乱等原因，农村工业的产值出现滑坡。从合作化到人民公社这一时期，由于各级政府在指导思想上存在偏差，狠抓粮食生产，忽视多种经营，对农村工业没有得到足够的重视。粮食上去了，农民从集体分得的实物增多了，但家庭工副业受到一定的限制，加上禁止农民外出做工，农民收入单一，主要源于种植业和牧业。农民生活并没有得到根本的改善。

1962年，中央明确规定，生产大队可以经营一些力所能及的，直接为农业生产、为国营工业和社办工业服务的小型加工业、矿产业、传统手工业等。农村工业又得到了一定的恢复和发展。1962年农村工业产值为661万元，比1957年增加11倍。1966年“文化大革命”开始后，农村工业企业受到了较大的冲击。不少家庭工副业被无偿收归集体所有，甚至把农村工业企业当成资本主义批判。使农村工业处于停滞和瘫痪状态。由于“文化大革命”的浩劫，许多国营工业企业处于瘫痪和半瘫痪状态，市场商品紧缺，许多社队企业及乡办企业借此机遇，按照市场需求生产紧缺商满足市场需求。许多小规模的制皂厂、小糖厂应运而生。1975年，各级政府提出了“围绕农业办企业，办好企业为农业”的方针，海南农村逐步纠正把农村工业企业领导人和能人当做“走资派”“黑师傅”“黑供销”批判的错误行为。1978年，海南乡办工业发展到了504个，比1970年增加253个，年产值比1970年增加1.96倍。

从新中国成立到改革开放这一时期，农村工业发展十分缓慢，几经波折。这一时期农村工业的特点，以公有制为主的农村工业企业占绝大多数，且企业规模小，设备差，产品单一，产品档次低，经济效益差，持续时间长。

2. 农村工业较快发展时期

1978年-1987年。党的十一届三中全会后，国家实行了改革开放政策，制定和实施一系列有利于农村工业发展政策。1979年提出了农村要走农工副相结合的道路。1980年，提倡公社、大队、生产队三级办企业，突破原来生产队不准办企业的限制。允许发展来料加工和劳动密集型商品的生产。逐步改变农业单纯提供原材料的地位。1981年，各级政府要求，把农村工业作为发展农村商品经济重要组成部份来抓。放宽政策，允许兴办个体（私营）工业，以各种经济成份，各种经营形式发展农村工业。这一时期，村加工业及私营工业发展较快。到了1985年，海南村办工业及农村个体（私营）工业已经发展到8924家。1987年，海南加工业及农村个体工业突破了14499家，比1985年多5575家。1987年农村工业总产值为2.3亿元，比1981年2363万元，增长8.75倍（按1980年不变价格计算）。

3. 农村工业迅猛发展时期

这一时期是从海南建省开始的。海南建省办经济特区，中央给予海南省较优惠的政策，海南第一次能够独立自主的发展自己特色的经济模式。农村也借此机遇迅速发展起来。这一时期农村工业的兴起，主要得益于海南房地产兴起，带动一大批砖瓦厂、采石厂、挖沙厂等建材工业的发展。同时，各级政府取消所有影响农村经济发展各种条例的禁固，农村只要有条件的地方，无论是谁，都可以兴办各种形式的工业企业，生产市场上需要的商品，增加农民收入。海南各级政府对农村工业给予积极地鼓励和大力扶持。海南农村工业这一时期已注重走持续发展的道路。建省十年间，虽然农村工业企业数量有所减少，但产值都成倍增长。1997年农村工业有13996家，比1987年减少755家，农村工业总产值为31.4亿元，（按当年价计算），产值比1987年增长13.9倍。（海南省统计局 吴红燕）

七、农村第三产业

海南是一个岛屿省份，与祖国大陆相隔琼州海峡。在海南19个市县中，有乡镇政府308

个，村委会2655个，1998年全省户籍总人口733万人，农村人口就有538万人，占73.4%，可见海南是一个农业社会。

建国初期及较长的一段时间内，海南的交通闭塞，邮电通讯落后，商品流通不畅，科学、教育、卫生和体育事业不发达，信息咨询社会服务业不健全等等。也就是说，由于多种原因，海南除了基本的第一产业和少得可怜的第二产业之外，第三产业没有得到应有的发展。尤其是偏僻落后的广大农村，更是存在着行路难、乘车难、买商品难、读书难、就医难、听广播难、看电视难等等的情况，束缚了农村经济的发展，使大部份农村长期未能摆脱封闭落后的局面。

党的十一届三中全会之后，改革开放的春风吹遍了神州大地，海南作为改革开放的前延地带，首先进行了大力度的改革开放，大量吸引外资，发展外引内联企业，国民经济迅速发展。广大农村实行联产承包责任制，解放了受束缚的生产力，农村经济超常规发展，农村第三产业出现了蓬勃生机。尤其是海南建省办经济特区后，省委省政府发出了利用海南自然优势，建设农业强省的号召，按照发展社会主义市场经济和推进农业现代化的要求，利用现代科学技术，充分合理地开发利用现有资源，促进生产要素的合理流动和最佳配置，使全省农业成为布局合理、结构优化、技术先进、管理科学的市场农业。其主要标准：一是经济总量大，二是产品质量高，三是产业结构优，四是经济效益好。很明显，建设农业强省，内含了农业科技，农村交通、农村通讯，农村市场，农村社会化服务体系等农村第三产业的主要方面，可以说，没有农村第三产业的大发展，就没有农业的产业化、专业化、商品化、就不可能创出一批优质高产、资源含量小，附加值高，市场竞争力强的绿色食品和名牌产品，也就不可能形成产加养、产加销、贸工农、农科教一体化的现代化的市场农业。

农业和农村工业的发展是农村第三产业发展的基础，农村第三产业的充分发展又促进农村一、二产业的发展，这种相互促进的作用推动着海南农村经济的迅速发展。经过50年的社会主义改造和社会主义建设，尤其是改革开放和海南建省办经济特区，海南农村第三产业全面发展，第三产业产值占农村社会总产值比重已经达到8.5%，现在的农村已经是交通通讯发达便捷，商业网点星罗棋布，文教卫生体育事业得到了迅速发展，社会服务业和金融保险业在农村经济生活中的地位和作用得到了加强，农村社会出现了稳定文明，环境逐步改善，人民生活水平明显提高的喜人景象，海南农村第三产业在改革开放的推动下，呈现出蓬勃发展的态势，已逐步形成了具有一定规模、行业比较齐全的第三产业体系。

（一）步入起飞阶段的交通邮电通信业

交通邮电通信业是国民经济的基础产业，在社会主义现代化建设中处于先行地位。改革开放以来，各级政府充分认识到“没有发达的交通邮电业，就没有发达的经济”，增加了对交通邮电业的投入，改革旧的管理体制和投资体制，实行国家、集体、个人一起上的方针，改变了过去单一的发展模式，促进了交通邮电事业的迅速发展。

“要致富，快修路”这是发达地区的经验，也是海南各级政府树立交通先行的认识，认真组织全省的公路建设大会战。既抓好环岛高速公路建设，又下大力抓好县乡道路建设，普及乡村公路，接通村与村、乡与乡、县与县之间断头路，修建桥梁，拓宽路面，提高公路等级。在全省2655个行政村中，已有2566个通了公路，通路村达到96.65%。这样，形成了一个以高速公路、省道为主干，县乡道为支架，村道为网络的纵横交错，四通八达的公路交通体系。交通运输工具也有相应改善，提高了运输速度，农村住户中从事交通运输业的劳动力达1.61%，农村交通的改善，为农村经济繁荣作了极大贡献。

各级政府对邮电通信业的大投入促进了邮电通信业的大发展，邮电通信设施在全省实现交换程控化，传输数字化的基础上，建成了本地电话网，全省所有乡镇都通上了电话，乡镇电话装机容量超过40000部，邮电所273个，通电话村超过18%，现在的海南农村，无论走到那里，都可看到年青人腰间挂着BP机，有的还用上移动电话，更有一部份先富起来的农民买来家庭电脑，上了国际互连网，与外界沟通信息，产品信息上网，寻求生意伙伴等。当务之急，是使农村通讯能力上规模，技术装备上档次，服务水平上台阶，为振兴农村经济服务。

（二）商品流通业发展迅速

改革开放以来，海南农村的商品流通业打破了国营商业和供销社独家经营的局面，大力发展集体商业和个体私营商业，开放集市贸易，改革批发体制，减少商品流转环节。建立起了多种经济成份，多渠道，多形式，少环节的商品流通体制，商业网点迅速增加，商品流转规模日益扩大，货源充足，品种齐全，到处呈现一派贸易繁荣，市场发达的景象。全省农村集贸市场325个，其中室内市场143个，面积125616平方米，综合市场267个，专业市场58个；非农乡镇企业中批零贸易餐饮业213个，占8.07%；农村住户中经营批零贸易餐饮业的有2.4万户，从业人员5.8万人，占农村劳动力的2.5%。集市贸易成交额43亿元。个体商业迅猛发展，专业市场蓬勃兴起，形成了批发市场与零售市场相衔接，专业市场与综合市场相结合的多层次，多功能集贸市场网络，还有一大批个体商贩进城批发，串村收购农副产品和销售日用消费品，较好地解决了工业品下乡和农村产品流通问题。

（三）科教文卫事业进一步发展

科技事业：“科学技术是第一生产力”已逐步成为人们的共识，要创造“两高一优”的农业，必须依靠科学技术，各级政府和广大农村不仅大力加强“科学技术是第一生产力”的宣传，深化科技体制改革，增加对科技的投入，还掀起学科技，用科技的执潮。全省农业科技推广站569个，畜牧兽医站49.4个等等。各类农业科技与专业人员3.4万多人，行政村参加过技术培训的人员达8.4万多人，高中级农业科技人员360人。

教育事业：海南在加强基础教育，加快普及九年制义务教育的同时，大力发展成人教育和职业教育，教育结构进一步改善，教育质量大为提高，尊师重教的社会风尚已逐步形成，教育体制改革不断深入，形成了多形式、多层次、多渠道的社会共同办学的新格局。全省农村有小学4632所、中学337所，职业技术学校15所、幼儿园托儿所554所，在校中学生达24万多人，很多市县实施了九年制义务教育。

文化体育事业：随着改革开放的不断深入，海南文化事业日益发展，文化市场十分活跃，业务范围不断扩大，档次不断提高。全省乡村办文化站813个，图书馆64个，影剧院149个，广播站290个，电视差转台103个，能收看电视节目的村占88.7%，乡村办体育场馆1592个，值得一提的是，很多乡村开展了丰富多彩的文化娱乐活动，办起了歌舞厅或露天舞场，为农民参加健康文明的娱乐活动创造了条件，改善了农村的精神面貌。

卫生事业：改革开放以来，海南卫生体制改革初见成效，出现了卫生部门、集体所有制开设卫生医疗机构及个体开设诊所和集资办医疗卫生事业的新局面，逐步建立起了城乡医疗预防网络，较好地解决了农民“看病难”的问题。现有乡镇医院、卫生院294个、医生2966人、病床4584张、村办医疗站2580个、乡村医生3446人，也即是村村有医疗站，村村有医生、医疗设施和技术水平也大大地提高了。

（四）方兴未艾的社会服务业

社会服务业是农村第三产业的重要组成部份，它与农村居民生活密切相关，大力发展社会服务业对于方便人民生活，提高生活质量，促进生产和流通的发展都具有十分重要的意义。特别是经过建省十年后的发展，农村社会服务业已初具规模，服务网点遍布乡村，所有制结构向多元化发展，个体服务业无论在网点上还是在人员方面都占有相当的比重。随着网点的增加，服务领域不断扩大，不仅传统的居民服务业（包括理发及美容、照相、日用品修理等等）得到较快发展，新兴行业如广告业、信息咨询服务业、娱乐服务业也蓬勃兴起，极大限度地满足农村居民的生活需要。

农村第三产业的蓬勃发展，不仅促进了农村经济的兴起，而且方便了农民生活，丰富了农民的精神生活，为创造安定文明的社会主义新农村做出贡献。（海南省城乡调查队 廖克先）

第十章 工业

一、综述

（一）解放前

海南工业的历史最早可以追溯至宋朝。据史书记载，宋朝元丰三年（公元1080年），朝廷在海南就已实施了盐政管理，说明当时海南的盐业生产已具有了一定的规模。到了清朝的乾隆年间，海南又逐步建立矿产品的采选、冶炼和加工工业，在石碌开采铜矿，并进行土法冶炼。清朝末年，侨兴公司在西部重镇那大开采锡矿。由于锡矿品质优良，后来又吸引了多家公司前来开采，那大也一度成为全岛的锡业中心，所产锡矿经土法冶炼成锡锭后运往香港精炼，然后销往欧美市场。

海南真正建立起近代工业是在辛亥革命之后，当时国内的有识之士和爱国华侨曾于民国二年（公元1913年）和民国九年（1920年）先后两次向国民党政府上书，要求将海南岛列为“特别区”，借鉴东南亚各国发展工业的经验，利用海南的丰富资源发展自己的民族工业，以便迅速开发海南。随后，海南逐渐建立起具有一定规模的采掘、制盐和以农产品为主要原料的加工业，以及其它一些近代工业。据有关资料记载，随着海南民族资本主义工业的逐渐兴起，由清末举人林居升、华侨姚如轩和美国教徒陈正纪3人合股集资创办了海南第一家私营电力工业公司——琼郡启明电灯公司。

到1939年日本帝国主义入侵前，海南的工业主要有制糖、印刷、罐头、制盐和矿业。制糖业是手工作坊，亦称糖寮，产品为红、白土糖，全岛年产量约1万吨，主要产地在琼山、澄迈、儋县、万宁、陵水及三亚。罐头工业也主要是手工作坊，产品主要有荔枝、龙眼和鱼罐头。印刷业有刻板、石印及铅印三种。当时刻板业府城有8家、海口5家；石印业海口有20余家、府城2家；铅印共有7家，大都设在书局和报社。制盐业主要在三亚、昌江、东方、陵水、儋县、临高、琼山、文昌、琼海和万宁等10个县，盐地面积约810公顷，年产盐约3万吨，其中有记载的产量最高的年份是1928年，产盐达6.5万吨。矿业主要有煤碳、金、铜、铁、锡矿的开采及铜、锡矿的土法冶炼。据1935年广东省建设厅统计，当时海南矿业公司有17家，职工2000人，矿区有屯昌煤碳，石碌铜、铁矿，那大锡矿，儋县的白泡、那京金矿及澄迈县的金沟岭金矿等。

1939年2月，日本帝国主义侵占海南后，出于掠夺经济资源以支撑其战争机器运转的目的，在海南兴建了一些基础设施，并兴建和扩建了一批近代工业，如电力、机械、采矿、食品、医药、化工、纺织、造船、建材等。

1945年，日本投降后，国民党政府对日伪留下的工业企业进行了接收，但由于国民党当局忙于内战，并未恢复生产和经济建设。至1949年，全岛工业总产值仅有3270万元（1952年不变价）。1950年5月，海南岛解放时，海南全岛的工业仅有榨油、造纸、纺织、木器、竹器、藤器、制革、制鞋、制盐、采矿、缝纫等少数工业门类，工业基础极其落后，原有的几个稍具规模的厂矿也已残缺不全，几乎处于停产状态。据统计，当时海南印刷厂、海口榨油厂、海口汽水厂和府城纺织厂等4家轻工业，年产值仅有60万元，职工人数仅有200人；机械工业只有日本人留下的海南机械厂；就连当时最具现代生产技术的石碌铁矿年产矿石也只有20万吨；海南历史最悠久的工业——制盐业，年产原盐只有3000吨，仅为30年代平均水平的1/10。除此之外，就是一些民间手工作坊。

（二）解放后

解放后，经过几年的恢复和发展，到1952年，仍只有35个小工厂，按1970年不变价格计算也只实现工业总产值4197万元。

第一个五年计划期间，海南的工业可以说是与农业合作化同时起步的，这部分工业是以支援农业生产为目的创办起来的，如1955年至1957年相继建立了琼山龙塘糖厂、澄迈白莲糖厂和永灵糖厂、儋县长坡糖厂、陵水糖厂和三亚的藤桥糖厂等。1956年，中央提出在20年内实现农业机械化的口号后，各市县积极响应号召，纷纷建立了农机修造厂，主要生产农用小型柴油机、饲料粉碎机、碾米机、榨油机、人力打谷机、铁制小农具等。此外还于1956年兴建了海口罐头厂、海口酿酒厂。到1957年第一个五年计划完成时，海南全民所有制工业企业有241家，工业总产值为1.33亿元（1970年不变价），为1952年的3.2倍，年均增长25.9%。

第二个五年计划期间，全岛工业企业发展到911家。这一时期，集体所有制工业有了较大的发展。共兴办了608家集体所有制工业企业，占全部工业企业总数的66.7%，全民所有制工业企业也增加了62家，达到303家。由于第二个五年计划期间正好赶上严重的三年自然灾害，生产很不正常，工业总产值没有增长。但是，这一时期兴办了一些对日后海南工农业发展起重要作用的工业门类，如1958年后，先后建立了轮胎、胶鞋、输送带等橡胶制品工业，建立了海南制药厂、海口氧气厂等。这些工业门类的诞生，为海南日后橡胶、南药资源的生产和开发利用，以及为海南化学工业的发展奠定了基础。

往后的18年（1963年——1980年），海南地方政府和企业领导对发展地方工业，加强工业在国民经济中的地位的认识逐步加深，并做了一些重要的工作。例如：为了摆脱制约工业生产的不利因素，建立了一些为原有工业及新建工业相配套的工业体系，使得工业生产所需的原材料能够较大限度地就地供应，降低生产成本。如在化学工业方面，1964年建成了海口化肥厂，生产硫酸、磷肥；1969年建立了海口市化工二厂，生产烧碱、盐酸，使岛内工业生产上所需要的酸和碱得以就地供应。冶金工业方面，60年代中期先后建立起昌化铅锌矿和乌场、沙老、清澜、南港4个钛矿，结束了靠手工开采钛铁砂矿的落后状况；70年代又建起海南钢铁厂、文昌氧化铝厂、潭口炼铝厂等一批冶金企业。同时这一时期的发展也不可避免地带上时代的烙印，五小工业遍地开花。但由于都没有形成规模，生产成本高居不下，亏损严重，许多企业后来纷纷进行了改造或转产，如70年代末，资本主义国家对我国进口化肥进行刁难，全国在“横着一条心自己干”的呼声下，出现了大办小氮肥的热潮，海南也先后建立了儋县（1966年建）、叉河、琼山、屯昌、澄迈、文昌、临高、东方、海南农垦等14间合成氨厂，生产能力36000吨，这些企业就是由于生产规模小、成本高严重亏损，后来全部转产。

从建国到1980年的30年间，国际、国内政治风云变幻，南国宝岛被当成一艘不沉的航空母舰，日夜守卫着祖国的海防前线，工业建设始终摆不上国家投资的日程表。“两黑、两白”（铁矿、橡胶、白糖、食盐）作为战略物资稍受垂青，为农业及日常生活服务的小工业零星分散。到1980年工业固定资产原值只有8亿元，仅实现工业产值6.86亿元（1970年不变价），没有形成工业体系，基本上没有大中型企业。

改革开放的春风吹醒了沉寂多年的琼州大地，80年代以后，海南工业进入了一个新的发展时期。1983年中央为海南制定了“以对外开放促岛内开发”的方针，拓宽了海南发展地方工业的思路，工业经济的各种活动同国际先进技术、管理方法以及国际市场发生了广泛的接触，并对工业的发展产生重大影响，人们的观念意识发生了重要转变，海南工业逐步驶入快车道。

总产值在“六五”期间，首次突破10亿元，到建省前的1987年，全省工业总产值按可比价格计算比1980年增长169.3%，年均增长15.2%，工业增加值也比1980年翻了一番多，比1980年增长121.0%，年均增长12.0%。这期间，工业企业的所有制构成发生了重大变化，从原来仅有全民和集体两种所有制形式发展到拥有全民、集体、城乡合作、个体等多种所有制并存的格局。

总的来说，建省之初，海南农业占社会总产值的近一半，工业产值仅为农业的一半，工业基础差、底子薄，基础设施跟不上，配套能力弱，岛内市场狭小，资金紧张，人才短缺，无一不困扰着海南工业。

（三）建省后

1988年建省后，海南省委、省政府对工业发展一直非常重视，特别是省人大1996年2月10日通过的《海南省国民经济和社会发展“九五”计划和2010年远景目标纲要》，提出了“一省两地”的奋斗目标，进一步加强了工业的主导地位，并确立了以石化工业、机电工业、食品工业、纺织工业、制药工业、浆纸工业和建材工业等七大支柱工业。

尽管建省11年间，经历了两次国家宏观经济政策的大调整和一次东南亚金融危机的冲击，工业的发展不可避免地受到影响，几经起伏。但由于政府适时调整政策，扶持工业发展，海南工业总体上仍保持着较高的增长水平，全省工业实现了在打基础中前进，工业发展成绩显著，缔造了海南以热带饮料制品、化纤纺织、汽车摩托车、医药、建材为主的初步配套的工业体系，为油气化工和纸浆业的发展奠定了基础。

1988年建省当年，全省238户预算内国营工业企业，全部实行了厂长负责制，有170户实行了承包经营责任制，占企业总数的72%，实行租赁经营的有3户，对7家企业实行了兼并。在承包中，越来越多的企业引进了竞争机制，有的实行了招标承包，改变了过去一对一讨价还价的局面。同时企业内部还进行了一些配套改革。在人事制度方面，实行聘任制，推动劳动优化组合；在分配制度方面，报酬与个人劳动成果挂钩或实行计件工资；还有一些企业实行了风险抵押承包等。

1992年，邓小平同志南巡讲话发表后，海南经济发展明显加快，工业企业的经济效益也明显好转，全年适销对路产品的产量增长较快，而滞销和经济效益差的产品得到限制。这期间省政府成立了专门的领导机构，积极贯彻国务院颁布的《全民所有制工业企业转换经营机制条例》。省体改办等单位拟定了贯彻《条例》的实施办法，各有关部门根据《条例》的要求和本部门的实际情况，相应地制订了给企业放权，促进企业转换经营机制的措施。省工业厅与有关部门还联合举办了转换企业经营机制的研讨班。《条例》提出的企业14项经营权开始得到落实。同年，省政府大胆地进行企业改革，积极引入现代企业制度，先后批准海南化纤厂、海口制药厂、海德涤纶厂、海口速溶咖啡厂、海南兴业聚酯切片厂等多家工业企业实行股份制改革。到目前为止，海南在深沪两地上市的22家股份公司中，有14家直接或间接从事工业生产。

1993年，工业总产值首次超过农业，结束了几千年来海南以农业为主的局面。

到了1995年省政府又进一步推进工业企业改革，全面推进建立现代企业制度，重点对海南椰树集团建立现代企业制度进行试点工作。推进企业产权转让，当年有13家企业实施了产权转让，通过资产重组，相当一部分陷入困境的企业又重新焕发了生机。在劳动用工制度方面，全面推行了劳动合同制。为了进一步促进政企分开，促使所有权和经营权的分离，同时也为了防止国有资产流失，省政府还对国有资产进行了清查核资工作。

1996年后，国有工业企业改革步伐加快，省委、省政府制定了《关于深化国有工业企业改革的决定》，各市县都加强对此项工作的组织领导。全省69家国有大中型工业企业（含国家控股企业），有三分之一实行了公司制、股份制改革或产权转让。其它国有工业企业也逐步推行股份合作制，组建企业集团，通过产权转让等方式进行资产重组。如：海口市“优化资本结构”试点工作方案获省政府批准实施后，对一批工业企业进行了结构调整，海口轮胎厂、海口纺织印染厂、海口电力成套设备公司等6家国有工业企业宣布破产，然后通过拍卖、产权转让、职工购买等形式，企业重获生机。同年，省政府对海南南方饲料厂、澄迈县咖啡酒厂、保亭县酒厂、琼中县淀粉厂、海南富岛工业公司等5家经营困难，效益不好的企业实行委托运营。

1997年，按照国务院确定的“规模下达，总量控制”的原则，省政府对省试点城市的企业兼并破产和职工再就业工作计划进行了编制、上报和实施。

1998年，省委、省政府在充分调研的基础上，采取了一系列措施：一是建立了53家重点工业企业的跟踪服务制度，编制《关于急需政府帮忙协调解决流动资金的部分国有工业企业情况说明书》，向金融机构通报重点工业企业流动资金需求情况，争取在贷款上向这些企业倾斜。对国有及国有控股的大中型企业，建立稽查特派员制度；二是重点抓好14家亏损大户和11家盈利大户扭亏增盈工作，明确目标，落实责任，加强考核；三是帮助已建成但生产能力得不到发挥，甚至无法投产的项目投产，发挥效益；四是加快推进资产重组步伐；五是在“抓大”的基础上，开始放开搞活国有中小企业。全省19个市县均成立了国有企业改革协调领导机构，争取在2000年以前，把国有小企业基本放开搞活。由于采取了以上有效措施，1998年海南工业经受住了市场需求严重不足，东南亚金融危机冲击以及工业产品价格大幅度下滑的考验，1998年6月份实现了自1995年以来的首次工业整体扭亏增盈，并将大好形势一直保持到年底。

据统计，从1988年至1998年的11年间，海南省工业生产规模不断扩大，工业在国民经济中的地位越来越重要。全部工业企业数从1987年的15990家增加到1998年的19888家，增加了3898家。工业企业固定资产投资累计完成301.55 亿元，年均投入27.41 亿元。1998年全部工业总产值达248.58亿元，按可比价格计算，比1987年增长5.49倍，年均增长

18.5%；全部工业增加值55.70亿元，比1987年增长3.15 倍，年均增长13.8 %。11年来，累计实现利税72.88亿元。

建省11年全省工业经济发展主要呈现如下特点：

1. 企业的经济效益进一步提高。政府有关部门加强管理，协调解决工业生产中存在的问题，企业努力挖掘内部潜力，想方设法降低成本，使企业的经济效益得到进一步提高。全省涌现出了一批盈利大户，1998年，盈利1000万元以上的企业有24家，其中琼港轻骑摩托车有限公司、海口火电股份有限公司的利润总额超亿元。1998年海南率先实现全行业扭亏增盈，受到国家统计局、财政部、国家经济贸易委员会的表扬。

2. 工业产品出口创汇有较大幅度的增长。由建省前的十几种品种增加到上百个品种，新增加的产品有双人气垫床、机制纸、天然椰子汁（奶）、食品加工机械、马赛克、仿古陶瓷、仲钨酸铵、摩托车等等，为海南省工业产品出口创汇打开了一个新的局面，使海南省工业产品出口创汇登上了一个新台阶。1998年工业产品创汇7.91亿美元，是1987年的8.8倍。

3. 各所有制工业蓬勃发展。建省伊始，省政府就确定了“建立不以全民所有制为主的多种经济成分并存的新型所有制结构”的方针，为各种经济成分在海南的发展提供了政策保障。外商投资企业越来越多涉足工业领域，并迅速发展成为海南工业发展的重要力量，为海南工业注入了新的活力。与此同时，乡镇企业和股份制工业企业也发展迅速，成为海南省工业举足轻重的力量。建省前一直在全岛工业中占主导地位的国有工业的比重已大幅度下降。1998年，全省国有工业807家，占全部工业企业总户数的4.06%，比1987年下降了2.02个百分点，国有工业的总产值占全部工业总产值的比重也由1987年的75.91%下降到1998年的24.65 %，下降了51.26个百分点。股份制工业企业则在1993年实现零的突破后，到1998年实现工业总产值57.20亿元，占全部工业总产值的23.01%。1998年三资工业企业发展到201家，产值45.55亿元，占工业总产值的19.32%。多种经济成分共同推动海南省工业增长的态势已经形成。

4. 基础工业发展快，特别是电力工业。电力紧张是海南长期以来的突出问题。建省后，省委、省政府对此问题高度重视，电力工业建设投资力度加大。经过努力，1998年装机容量达153.67万千瓦，比1987年新增加装机容量133.28万千瓦。电力工业的发展基本保持着超前发展态势，确保了国民经济发展对电力的需要。

5. 建成了一批重点工业项目，如海南天然气化肥厂、海南兴业聚酯切片厂、海南金轮帘子布厂、海南欣龙无纺布厂、海南宏业毛纺有限公司、琼海丝绸厂、琼海丝绸印染厂、海南中平木业有限公司、鹏达钢板联合有限公司、海宇镀锡薄板厂、通海新型建材有限公司、海南金盘瓷砖厂、昌江水泥厂、清澜火电厂、洋浦火电厂、大广坝水利水力工程、海口火电厂、南山电厂等。这些项目的建成投产不但是工业新的增长点，而且成为海南经济新的增长点。此外还有一批在建的大型工业项目，如海南和帮炼油厂、海南金海纸浆厂等。随着这些项目的陆续建成投产，海南工业将一改往日规模小、效益差的局面，为实现新兴工业省的战略目标打下坚实的基础。

6、 行业结构变化明显。1987年，产值占全部工业总产值的比重列前5位的是食品工业（26.4%）、化纤工业（10.8%）、纺织工业（8.0%）、黑色金属矿采选业（6.3%）、橡胶制品业（6.3%），5个行业占全部工业产值的57.8%，“两黑、两白”占三分之一强（33.9%）。1998年，产值比重列前5位的行业是：交通运输设备制造业（19.7%）、食品工业（15.8%）、医药工业（10.1%）、饮料工业（8.0%）、化学工业（7.9%），5个行业产值占全部工业的61.5%，“两黑、两白”下降到十分之一（10.1%）。

二、电力工业

（一）建国前

20世纪初叶，海南才开始有了以私营方式为主、全部引进西方发电设备的电力工业。1915年，随着海南民族资本主义工业的逐渐兴起，由清末举人林居升、华侨姚如轩和美国教徒陈正纪3人合股集资创办了海南第一家私营电力工业公司——琼郡启明电灯公司，当时仅装有英国产二斗风动20匹马力柴油发动机1台（约15千瓦）。1920年，该公司的柴油发动机增加到4台，装机容量增加到400多匹马力（约300千瓦）。1940年，日本侵略军侵占海南岛后，强行接管了“琼郡启明电灯公司”，并将该公司改名为“日本株式会社电力公司”，安装了日本产的1台50匹马力和3台530匹马力柴油发电机（其中1台因战争形势变化而停止安装），约1200千瓦。1942年，日本侵略军为掠夺海南石碌铁矿资源，在昌化江中游修建了1座装机容量7000千伏安（5600千瓦）的东方水电站，但至1945年日本侵略军投降时，该电站未发挥效益。此后至建国前，全岛几乎没有再搞什么电力建设。由于历史的原因和地理条件的限制，建国前的海南电力工业起步晚、底子薄、发展缓慢。据有关资料记载，1949年全岛电力的装机容量仅有1200千瓦，年发电量只有13.5万度。

（二）建国后至建省初

新中国的成立，党和政府从实际出发，对电力工业有计划地进行扩建和兴建，电力工业迅速得以恢复和发展。到1988年建省初期，电力工业已形成一个以省属骨干企业为龙头，以县属小企业为龙尾的分级管理的行业。全岛拥有500千瓦以上水电站45座、火电厂10座，总装机总容量达到50.7万千瓦，年发电量达到8.7亿度，拥有35千伏以上输配电线路1698公里、变电站50座、变电设备容量42万千伏安，初步形成了一个独立统一的海南环岛大电网。

1950—1957年是海南电力工业的恢复和开始进入有计划的建设时期。1950—1952年，面对解放时遗留下来的旧海口电厂（现海口列车电站）3台破烂不堪的柴油机发电机组，工人们抢修设备，整修厂房，使该厂在短时间内恢复了生产，发挥了效益。1953—1957年，为了适应海南工农业生产发展的需要，国家投入一定数量的资金，开始对海口电厂（现海口列车电站）进行全面有计划的扩建，装机由原来的3台发展到6台，容量由原来的1200千瓦增加到2180千瓦，成为当时的主力火电厂。1956年，国家筹建海南岛第一台燃煤汽轮发电机组（这台机组的锅炉由上海制造，汽轮机和发电机分别由瑞士和德国制造）。经过近两年的努力，装机容量为1000千瓦的第一台汽轮发电机组于1958年正式投产发电。1956年，出于开发海南石碌铁矿的需要，修复了1948年被特大洪水淹没了的东方水电站。1957年东方水电站正式投产发电，与之相配套的东方—广坝—石碌66千伏输变电工程也同期建成投产运行。从此，该电站和输电网络成为石碌铁矿生产的主要电源基地。

1958—1965年是海南电力工业建设的高潮时期。为了加快发展海南的电力工业，国家拨出较多的资金，用于电力能源建设，新建了一批电力骨干企业。1958年，海南大型综合水利工程—松涛水库破土兴建，与之相配套的工程南丰水电站同时开工实施。到1966年，电站主厂房建成，着手安装2台1万千瓦的国产水轮发电机组。第一台机组于1968年8月正式投产发电，第二台机组于1970年8月投产发电。1958年，海南石碌铁矿的矿山列车电站和河北电厂上马兴建。矿山列车电站装机容量为2500千瓦，于当年建成投产发电。河北电厂装机1台，容量为1500千瓦，1960年建成投产发电。1959年，叉河电厂和潭口电厂先后破土兴建。叉河电厂以建设上的高速度，取得了当年破土动工，当年安装设备，次年3月正式投产发电的可喜成绩，创造了海南火电厂建设史上的新纪录。该厂全部采用国产设备，装机容量为1500千瓦，投产发电后升压60千伏与东方—广坝—石碌系统联网。潭口电厂第一期工程的1台1500千瓦机组采用民主德国的产品，经过3年多的施工和安装，于1962年2月正式投产发电，并升压35千伏与海口电厂（现海口列车电站）联网。该厂于1964年开始投入装机容量为1000千瓦（苏联产品）的第二期扩建工程，并于1966年10月完工投产发电。在电源点建设取得新进展的同时，与它相配套的输电、变电工程建设也得到发展。1961年，潭口—府城35千伏输电线路建成投产运行；1962年，府城变电站建成投入运行；1965年，府城—海口35千伏输电线路建成投入运行。上述电力工程的建成，使海南的电力生产发生了较大的变化，为促进海南电网的形成和发展奠定了一定基础。

1966—1975年，海南的电力工业，虽有发展，但速度不快。这一时期，海南电力工业除了继续完成叉河电厂第二期2台3000千瓦机组和潭口电厂第三期1台1000千瓦机组的扩建任务外，主要是进行输变电工程的建设和少数水电站的建设。如1969年建成投入运行的南丰—海口110千伏输电线路和苍英—府城35千伏输电线路，苍英110千伏变电站和海口35千伏变电站；1971年建成投入运行的南丰—石碌110千伏输电线路；1972年建成投入运行的潭口—定安35千伏输电线路；1975年建成投入运行的金江—屯昌110千伏输电线路和金江—多文35千伏输电线路、金江110千伏变电站等。这些输变电工程的建成，将海南北部和西部的输电线路连成一体，形成了一个初具规模的以110千伏电压等级为主的海南供电网络。与此同时，1972年开始筹建小广坝水电站，利用日本侵略军侵琼时打下的电站厂房基础遗址，装机2台，总容量为1.3万千瓦，并于1975年3月竣工投产发电，与海南电网并网。

1976—1987年是海南电力工业迅速发展的时期。尤其是党的十一届三中全会以后，把工作重点转移到社会主义现代化建设轨道上来，海南电力工业重新走上健康发展的道路。根据海南岛河流众多、水力资源丰富的特点，大力发展水电事业，中、小型水电站如雨后春笋，迅速地成长起来。这一时期建成投产发电的装机总容量在500千瓦以下的小水电站星罗棋布，装机总容量在500千瓦以上的水电站主要有：牛路岭水电站4×20000千瓦、跃进跌水电站4×630千瓦、和庆跌水电站3×1250千瓦、和舍跌水电站2×800千瓦、洋通跌水电站2×800千瓦、加来跌水电站2×800千瓦、加悦跌水电站2×500千瓦、兰马跌水电站4×320千瓦等。在水电站迅速发展的同时，输变电工程建设进展速度也较快，如屯昌—牛路岭110千伏输电线路、牛路岭—万宁110千伏输电线路、万宁—陵水110千伏输电线路、牛路岭—琼海—文昌—海口110千伏输电线路、苍英—秀英35千伏输电线路、海口—秀英35千伏输电线路和屯昌110千伏变电站、文昌110千伏变电站、晋江110千伏变电站、琼海110千伏变电站、万宁110千伏变电站、陵水110千伏变电站、八所110千伏变电站、大致坡35千伏变电站、海口列车电站35千伏变电站等都先后建成投入运行。至此，海南电网得到进一步的扩大和完善，供电能力大大提高。1984年，为了适应海南开发建设的需要，缓解枯水期缺电的问题，在水电部的支持下，分别在海口、叉河、石碌、三亚兴建4个列车电站，总共装机2.7万千瓦。这4个列车电站于当年或次年先后投产发电，对缓和海南的缺电局面起到了积极的作用。

（三）建省后

建省之初，海南依然严重缺电。大凡那时上岛的人，海南缺电时的情形至今仍历历在目，每当夜幕降临之时，沿街大大小小的店铺马达轰鸣，一台台柴油发电机一齐转动。日常用电尚且如此，更不要说支持大工业的用电之需了。经济要大发展，基础设施是“先行官”，电力工业在省委、省政府的关心和指导下，海南工业人以“发展电力、振兴海南”为己任，不断加快建设步伐，以只争朝夕的精神加紧建设。建省不到两年时间，被誉为开发海南第一把金钥匙的海口电厂，通过与各方同心协力，顽强拼搏，1号机组于1988年9月18日并网发电；2号机组经过短短3个月的安装调试，于1989年1月10日并网发电。海口电厂第一期工程比原计划提前8个月投产发电，创造了海南省火电厂建设史上的又一新记录，成为“海南速度”的标志，海南也由一个严重缺电省份一跃成为全国少有的电力富余省份。紧接着，作为海南省唯一被列入国家“八五”计划的重点建设项目，海南省最大的水电站，按千年一遇洪水设计，拦河大坝全长5842米（是我国当时已建和在建工程中最长的一座大坝，世界排名第八），装机4台，单机容量6万千瓦，总装机容量24万千瓦的大广坝工程1993年12月29日首台机组并网发电成功；1993年4月，成立海南第一家电力股份企业—海南南山电力股份有限公司，在三月多月里，就筹集资金4.5亿元，并且仅用183天就实现南山首台5万千瓦机组并网发电，创造了海南电力工业史高效率、新机制的办电模式；1996年初，在我省首次采用BOT方式，引进外资建立了装机容量为15万千瓦的清澜电厂，几乎同时由香港熊谷组、嵘高贸易有限公司、日本前田建设株式会社等合伙组建的洋浦电厂投产发电，投入商业运行。

在狠抓电源点建设的同时，电网的建设和改造也在紧锣密鼓地进行。马村—海口220千伏输电线路、永庄220千伏变电站、马村—海口110千伏输电线路、秀英—晋江110千伏输电线路和海口白坡35千伏变电站先后兴建。同时，调整电网管理体制，实行分级管理。海南原有电网实行多头领导、条块分割、供电渠道繁多的管理体制，在省委省政府的支持下，开始改革，按全岛的负荷分布情况，设立海口、三亚、石碌、嘉积（即：东、南、西、北）4个地区供电公司，实行省电力公司和地区供电公司分级管理，通过改革电网管理体制，加强了全省电网的统一调度和统一管理。目前，海南省正在全面启动加快电力体制改革，加快农村电网建设与改造，实现城乡用电同网同价的农村电力“两改一同价”工程。该工程将投入资金10.73亿元，2000年要全省实现城乡用电同网同价。

建省11年来，全省用于电力生产建设的总投资达39.44亿元，到1998年底止，海南电力的总装机容量已达153.67万千瓦，是1987年的7.5倍。电网的建设亦有较大的发展，截止截止1998年底，有220千伏变电站9座，线路10条，总长570.62公里，总变电容量189.80万千伏安；110千伏变电站48座，线路57条，总长1361.80公里，变电总容量为182.54万千伏安；35千伏变电站127座，线路87条，总长1401.91公里。形成了一个覆盖全省各地的电力网络，乡镇通电率达99.67%。经过11年的建设，海南电力工业的结构已趋合理，调峰能力明显加强，供电质量稳定。1998年，全省发电量为35.52亿千瓦时，其中省大电网上网电量为29.57亿千瓦时。建省11年中，海南电力工业的发展基本上超前于国民经济发展对电力的需要，并一直是全国为数不多的几个电力富裕省份。

三、天然气工业

海南省的石油、天然气开采工业起步较早，但一直处于地质勘探阶段。海南的油气分布，主要集中在琼山福山凹陷区和莺歌海盆地海域。

琼山福山凹陷含油气区，位于海南岛北部，海口市之西，临高县之东，定安—长坡大断裂以北的地区。1959—1962年开始石油普查，从重力和地面电法资料认识福山凹陷的存在，认为是有找油前景的凹陷。1963—1965年在该地区进行地震试验和打石油地质井，建立了第三地层剖面，地震未能过关。1975—1984年全面进行勘探，有5口井出了少量油，玄武岩未能克服，构造面貌不清，油井连不成片，确认有油前景，但未能找到油田。1985年5月28日，中国石油开发公司海南公司（现改名为海南省石油开发总公司）与CSR东方石油有限公司等4家澳大利亚石油公司签订了合作勘探开发福山凹陷的石油合同。1986年2月24日，开始地震测量野外施工，截止1987年3月5日，共历时373天，完成测线1217.1公里。经过对上述测线的处理及剖面解释，发现有大小局部构造，其面积为226.7平方公里。据分析，整个凹陷地区的生油资源量在2亿吨以上。在此基础上，1987年11月正式开始钻探工作，至1989年1月，分别在4个构造上钻了5口初探井和1口评价井，其中金凤南一井发现多层含油气层，经测试，日产天然气115.5立方米，原油226桶。但由于评价井未获油气流，加上当时油价下降，澳方认为该油区没有工业开采价值，因而于当年3月15日终止合同。此后，中方石油专家在中国石油天然气总公司牵头组织下，于1993年对福山凹陷的全部原始地质资料重新进行调查和综合分析，对原作业现场进行考察，写出了10万字的《海南福山凹陷地质调查报告》，初步认定福山凹陷有19个圈闭，圈闭面积为234平方公里，油气资源量约为4700—6600万吨油当量。金凤构造经国家储委认定，含油气面积3.78平方公里，控制天然气地质储量为21.88亿立方米，控制石油地质储量为78万吨。中国石油开发公司海南公司在参与地质调查的同时，积极寻求合作伙伴，先后与两家外国公司和6家国内石油企业进行接触洽谈，1993年8月24日，与中国石油天然气勘探开发公司正式签订合作开发金凤油气资源协议，1994年2月2日又正式签署《金凤地区油气滚动勘探开发联合合同》，停滞了五年的海南陆上油气勘探又重新开始。到1994年底，福山凹陷的五口油井开始了修复和采油的前期准备工作，同年11月29日，组建成立了海南福山石油开发公司。1955年中国石油开发公司海南公司恢复对福山凹陷地区的勘探和对旧井的修复工作，完成4口井共9层试油，初步证实金凤6井具有相当可观的储量和产量；另外，修复的两口旧井，生产原油达1100吨。

除了陆地油气资源外，海南的近海海域还是我国近海油气资源最为丰富的地区，其中的莺歌海海域是具有富含油气资源的盆地。自1982年9月，该海域由中国海洋石油总公司与美国阿科国际油气公司合作勘探以来，共打了4口勘探井，其中1983年6月，在三亚市以南100公里的海底，对崖13-1-1构造完成了1口日产120万方天然气井的勘探工作。同年8月，崖13-1-2第二口日产180万立方米天然气井勘探也顺利完成。根据有关的钻井资料，莺歌海海域的这一特大气田，其面积约56平方公里，气层埋深一般在3500至3800米之间，气层平均厚度为124米，最厚达160米。气田的储量在1000亿立方米以上，每年供气40亿立方米，可以稳定供气20年以上。莺歌海天然气的主要成分是甲烷占85%，二氧化碳占10%，发热值为7422大卡，是理想的化工原料和燃料。目前中美双方合作的、全国最大的天然气田崖13—1气田已建成投产，其储量为908亿立方米，年产气34亿立方米，已按计划于1996年1月1日向香港供气，年供气量为29亿立方米；于2月23日向南山发电厂供气；于4月29日向海南天然气化肥厂供气，年供气量为5亿立方米。

此后又陆续探明东方1—1气田、东22—1气田、乐东15—1气田和崖35—1气田，同时还发现一系列大含气构造。其中东方1—1气田的储量报告已于1995年6月由中海油公司向国家储委上报，基本探明储量为1000亿立方米，计划年开采量为29亿立方米。据有关专家计算，南海主要盆地的油气资源潜在储量58万亿立方米天然气，292亿吨石油。仅海南岛周围的莺歌海、琼东南、北部湾盆地和珠江口盆地，预计天然气资源近3万亿立方米，石油23亿吨。

四、冶金工业

海南冶金工业，包括黑色金属和有色金属采、选、冶、加工。清代乾隆、同治、光绪年间曾经开采石碌铜矿，并进行土法冶炼。清朝末年，侨兴公司开采那大锡矿，那大锡矿生产的锡砂，由于质优享有盛名，到1935年有15家锡矿公司开采，那大曾一度成为全岛锡业中心，所产锡砂经土法冶炼成锡锭运往香港精炼后销往欧美市场。民国时期，儋县白泡、那荣金矿，澄迈县沟岭金矿，屯昌县金岭河床曾开采和淘洗金砂。1939年2月，日本帝国主义侵占海南岛后，对田独、石碌铁矿进行掠夺性开采。日本投降后，国民党政府资源委员会接管了田独和石碌铁矿，1948年，田独铁矿恢复生产，1949年，铁矿石产量20万吨，除此以外，全岛冶金工业都是空白。

中华人民共和国成立后，海南经过50年的建设，冶金工业已逐步形成具有一定规模的采矿、选矿、冶炼工业生产体系，不论是在产品的产量、品种，还是在布局、技术、管理和经济效益等方面都发生了巨大的变化。50年代初期，先后恢复了田独铁矿和石碌铁矿；60年代中期，先后新建起昌化铅锌矿和乌场、沙老、清澜、南港4个钛矿，结束了靠手工开采钛铁砂矿的落后状况，使钛精矿产量、质量、回收率、经济效益大大提高；70年代又建起海南钢铁厂、文昌氧化铝厂、谭口炼铝厂等一批冶金企业，使冶金工业生产能力有了显著提高。特别是党的十三届三中全会以来，把工作重点转移到社会主义现代化建设的轨道上来，海南冶金工业进入了振兴时期，生产持续增长，至1985年，提前完成了第六个五年计划，各项经济技术指标与第五个五年计划相比，工业总产值增长20.73%，主要产品产量铁矿石增长11.18%，生铁增长59%，钛铁矿增长10.13%，锆英石增长67.7%。利税增长60%。进入“七五”计划以来，随着改革开放，海南建省办经济大特区，海南冶金工业生产建设迅速发展，海南铁矿采矿生产能力达到年产460万吨。海南省冶金有色总公司4个钛矿在“七五”期间，建成了7条采矿生产线，扩建4间精选厂，使钛毛矿产量达10万吨/年，钛精矿产量达8吨/年，同时发展产品深加工，开拓钛铁、钼铁、黑刚玉砂、锆英粉、球墨铸铁管、铸铁球等一批新产品。“八五”期间的重点项目海南海宇镀锡薄板厂，由中国有色金属工业海南公司与韩国大宇公司、东洋锡板株式会社等合资兴建，该项目于1995年1月动工，1997年建成试产。该项目设计规模为年产10万吨镀锡薄板，其生产工艺、技术和设备从韩国成套引进，达产后将实现销售收入8.17亿元，实现利税1.29亿元。此外，“八五”国家重点攻关项目—“海南海滨矿砂钛锆资源综合利用”于1995年8月完成半工业性实验，同年10月通过国家科委主持的技术鉴定，次年通过国家验收。该项目由海南省沙铑钛矿承担，北京有色金属研究总院协作研究。

到1998年，全省有国有及500万元以上非国有有色金属工业企业10家、从业人员700余人，固定资产原值0.65亿元，净值0.47亿元。工业产值0.62亿元，销售产值0.61亿元，利税总额324万元。主要产品为：黄金325千克、铝材597吨。海南黑色金属工业企业1家，职工0.97万人；固定资产原值9.72亿元，净值4.69亿元，工业产值3.74亿元，实现利税2731万元。主要产品产量为：铁矿石原矿399.07万吨、成品矿273.58万吨、生铁732吨、钢1901吨、成品钢材3.99万吨、铸铁管1530吨、钢钉955吨。

五、化学工业

（一）建省前

中华人民共和国成立以前，把加工过程与化学方法有关的工业统属化学工业，所以当时海南也有一些化学工业。但随着工业的发展，海南的一些化学工业发展壮大或自成系统，或归于其他行业。海南现代化学工业是随着1960年海口氧气厂投产逐步发展起来的。到1988年止，全省化学工业企业发展到43个，产值达5258万元，利润673万元。

1．**大茅磷矿**。储量1046万吨，原矿品位15.6%，经选矿后可提高到28—29%，是酸法加工普磷肥的好原料。1960年开始土法露天开采，1973年转入小斜井生产，1977年一面进行立井建设，一面继续进行小斜井生产，至1979年贯彻国家压缩基本建设战略方针而停建。

2．**磷肥工业**。海南省化肥厂建成于1964年，当时年产硫酸（100%）360吨，其后产量不断扩大。1984年对部分设备进行技术改造，硫酸车间加大转化器，挖掘吸收塔等主要设备潜力，改水排渣为干排渣，普车间更新球磨机，改干法生产为湿法生产等，生产能力硫酸（100%）1200吨—1300吨/年，磷肥（100%）3600吨—4800吨/年。1988年实际生产磷肥（100%）5256吨，硫酸（100%）13933吨，产值464万元，创利40万元。

3．**氮肥工业**。自海南氮肥厂、儋县氮肥厂1966年投产后，1975年发展到5个小厂，生产合成氨合计18500吨，后来，逐渐发展到叉河、琼山、屯昌、澄迈、文昌、临高、东方等14间工厂，合成氨生产能力为36000吨。海南农垦氮肥厂1981年移交给海南，改称为海南氮肥厂。由于供煤困难和严重亏损等原因，全省的小氮肥厂已先后全部转产。

4．**农药工业**。海南农药厂于1979年开始投产，主要生产除草剂、草甘膦。但由于经营和市场等原因，前8年共亏损211万元。1987年开始赢利，1988年共生产草甘膦1088吨，产值356万元，创利28万元。

5．**电石工业**。海南省电石厂于1972年投产，原厂址在琼中县，1986年搬迁到琼山县境内。该厂主要生产电石。生产规模小，主要供应省内市场，1987年从日本引进一条溶解乙炔生产线，由于缺电，1988年仅生产电石（实物量）197吨，溶解乙炔16069瓶，产值39万元，全年亏损25.5万元。

6. 油漆工业。海口市化工一厂于1968年投产，是海南省生产油漆的国营小厂。1988年生产油漆818吨，其中酚醛树脂360吨，醇酸树脂412吨，辅助材料43吨，涂料58吨，年产值368万元，利润8.5万元。

7. 烧碱工业。海口市化工二厂是海南唯一的生产烧碱的企业，于1969年投产，主要产品是烧碱、盐酸和液氯。由于生产规模小，同时加之市场销售等原因，该厂建厂以来年年亏损。1988年虽然通过技术改造，生产规模扩大到年产3600吨烧碱能力，但由于缺电，仅生产烧碱（100%）162吨、盐酸389吨、液氯41吨。

8. 增塑剂工业。海口市化工三厂于1970年投产，主要生产塑料增塑剂，1988年生产增塑剂2300吨，其中苯二甲酸二辛酯1500吨，苯二甲酸二丁酯500吨，苯二甲酸仲辛酯300吨，利润79万元。

另外，化工还有氧气厂，是海南最早的小化工厂。1988年生产氧气38万立方米，产值32万元，创利24万元。此外，还有一批乡镇企业，如琼海华石冰醋酸厂，年产冰醋酸4000吨等。

（二）建省后

由于海南具有丰富的油气资源，而这些资源基本上是建省前后才探明的，所以，海南化学工业的真正发展是在建省后。为了充分利用海南的天然气资源，与崖13—1气田相配套，1996年海南建成了天然气化肥厂；随着东方1—1气田储量的探明，国家批准立项在海南建立三套年产45万吨合成氨、75万吨尿素的大型装置，形成年产300万吨的大化肥基地，这将带动全省经济进入一个新的时期。

目前，海南以油气为原料的工业主要有两个大项目，即一期工程已建成投产的海南天然气化肥厂和在建项目和帮炼油厂。

海南天然气化肥厂设计能力为年产合成氨39万吨，大颗粒尿素52万吨，1996年10月试车成功，已投入生产。该厂1992年3月由国家计委批准立项，1994年12月动工兴建。它的建成投产创造了我国大化肥装置建设史上的奇迹：建设工期短，国际同类装置建设较快的为28个月，该厂仅用22个月；工程质量优，经化工部初步验收定为优质工程；施工安全好，没有发生重大安全事故；投资控制严，没有突破国家批准的概算；投料试车一次成功，连续运转周期长；生产技术先进，达到国际90年代先进水平；产品新，为大颗粒尿素；定员少，仅688人，国内同类厂最少为2500人。该厂二期工程于1996年4月由国家计委批准立项，设计能力为45万吨合成氨、78万吨大颗粒尿素，计划投资27.87亿元。

和帮炼油厂设计能力为年加工原油600万吨，工程预计投资16亿美元。该工程设计已通过评审，前期准备工作业已完成，其中征地680公顷，建成工地指挥基地和加油站，1个2万吨级杂货码头、2个1000吨级的工作船码头的主体工程及防潮设施已建成投入使用。由于资金到位状况不佳，目前整个工程进度比预计的要慢些。

截止1998年底，全省国有及年销售收入500万元以上非国有化工企业33家，工业总产值13.28亿元，按可比价格计算，是1987年的18倍，建省以来年均增长30.2%。1998年，主要化工产品产量为：合成氨29.49万吨、农用化肥24.80万吨、化学农药5吨。

六、建筑材料工业

海南发展建材工业的自然资源非常丰富。截止1998年底，已探明的水泥用灰岩矿点19处，保有储量7.74亿吨；玻璃用砂矿6处，保有储量6.63亿吨；水泥配料用黏土矿点8处，保有储量0.28亿吨；饰用花岗岩矿点7处，保有储量1.29亿立方米；水泥用大理岩矿点3处，保有储量0.19万吨。此外，还有丰富的玄武岩、高岭土、膨润土、水晶石、白云母、石墨等。

但解放前，海南的建材工业只有红砖、土瓦、石砖和石灰，而且都是个体手工生产。日军侵琼期间，为了达到永远占领海南岛并使之成为入侵东南亚的军事基地的目的，需要大量的建材修筑军事工事，为此在崖县（今三亚）的荔枝沟和安尤分别建成了机械化生产的石灰煅烧窑及水泥粉磨站，接着又在安尤建设在当时历史条件下属大型的、带有余热发电的旋窑水泥厂，但该厂只完成部分土建工程，设备也仅运来一小部分，日本就无条件投降了。直到1958年，水泥粉磨站的全部机械设备才被拆迁到叉河，成为叉河水泥厂建厂初期3.2万吨生产规模的水泥粉磨车间和包装车间的生产设备。

1961年，叉河水泥厂投产后，经过历年的技术改造，生产规模不断扩大，到1965年，产量达到年产5.5万吨的规模，1970年又达到8.2万吨，成为广东省重点建材企业之一，也是当时全国地方水泥厂中最早过质量关、能够生产普通硅酸盐水泥的少数立窑水泥厂之一。1973年，海南自筹资金、自己设计、自己施工的回转窑，是海南水泥工业发展史上的重大成就。从60年代后期至1980年，海南水泥企业发展到22个，总生产能力达到45万吨。

建筑材料工业是开发建设和经济发展的基础工业，1983年中央决定加速开发海南以后，海南建材工业发展的速度加快了，但从1983年至1987年，主要是对原有的企业进行技术改造。

1988年建省后，海南基建规模不断扩大，对建材的需求量大增，原有的建材企业生产的产品，不论在数量上还是在品种上远远不能满足特区的建设需要，加上建省后各项优惠政策出台，建材工业吸引了大量的资金，出现了“大家办建材”的局面，不仅加速了原有建材企业的扩建改造，新的建材企业也如雨后春笋般涌现出来。在水泥工业方面，1988年当年就有白沙县水泥厂、保亭县水泥厂、石碌水泥厂3条年产5万吨的新工艺线投入生产；通什市水泥厂、长昌煤矿水泥厂扩建改造项目投入使用，都使生产规模扩大1倍。使全省水泥生产企业的生产能力达到113万吨，提前两年完成“七五”规划指标。“八五”期间，海南建材工业投入资金约17.1亿元，是“七五”期间的4倍。经过建省11年的建设，海南逐渐建立了一批具有相当规模的建材工业企业，其中包括由台商投资2.5亿美元，年产180万吨的海南华联水泥厂一期工程，由美国海德公司与三鑫水泥厂合资扩建100万吨水泥生产线项目，引进意大利90年代先进设备建成的金盘高级瓷砖厂，以及年产164万吨水泥的昌江水泥厂一期工程（年产水泥82万吨）。其中昌江水泥厂全部采用国际上90年代的先进设备，是海南省技术装备水平最高的建材工业企业之一。据统计，截止1998年底，全省国有及年销售收入500万元以上非国有建材工业企业60家，工业产值8.22亿元，销售产值7.31亿元。产品品种不断增加，由建省前的10余种增加到30多种。不仅能够生产水泥、油毡、砖瓦等传统建材产品，还能够生产彩釉墙地砖、马赛克、内外墙涂料、园林陶瓷、花岗岩和大理石板材、塑料门窗、真空镀膜玻璃、PVC—石英地板胶和各种新型墙体材料等新兴建材产品。部分产品还打入国际市场，如硅酸盐水泥。1998年主要产品产量为：水泥223.12万吨，比1987年增长了5.1倍，11年来年均增长17.8%，墙地砖147.48万平方米，花岗岩板材0.31万平方米，釉面砖5万平方米。在生产规模扩大的同时，企业的技术装备水平、管理水平也不断提高，产品质量稳定提高。水泥的档次也有所提高，高标号水泥成为水泥行业的主要产品。其它建材产品质量也保持稳定，并能生产一些高档建材产品，如高档系列单手柄混水器等。

为了贯彻国家的有关精神，积极推广使用散装水泥，1995年全省使用散装水泥1.56万吨，双吉、三鑫、叉河等大中型水泥厂散装水泥装备能力达到具备发送散装水泥100万吨，配备6台散装水泥运输车，一次性运力达到120万吨；全省建起了4个搅拌中心，年搅拌能力为65万立方米。

七、机械工业

建国以前，海南的机械工业主要是一些手工机械制造业，以及日军侵略期间设立的机修厂、汽车修理厂，只能生产诸如铁锅、小农具、铁钉等一类产品。到1950年海南解放时，生产设备已破烂不堪。

解放后，海南机械工业是50年代后期制造修理农机具的基础上发展起来的。50年代初，只有海南机械厂和东方县机械厂。1956年中央提出20年实现农业机械化口号，几乎县县都建立了农机修造厂，至1960年全岛建成18家机械工业企业，有职工4320人，固定资产743万元，工业总产值1101万元，利润总额33万元，主要生产小型柴油机、饲料粉碎机、碾米机、榨油机、人力打谷机、农用水泵、铁制小农具等24种农用机械产品。1961年后，又逐步建立了一些为地方工业配套服务的机械工业，到1980年全岛机械工业发展到41家生产厂，职工为8330人，固定资产4742万元，工业总产值1860万元，全行业盈亏相抵，净亏损391万元。主要产品除上列的农业机械外，计有交流电动机、变压器、标准件机床、钢芯铝绞线、布电线、汽车配件、农机配件、木工机械、糖业机械、手扶拖拉机、农用拖卡、喷灌机等49种。这时，机械工业已由单纯的农业机械转变为民用机械和农业机械相结合的生产体系。虽然海南的机械工业由于产品水平低，岛内市场狭小，不能大规模地迅速发展，农机企业又被局限于为农业服务的方向，不得超越农机制造、配件生产、农机修理的生产业务范围，使全岛机械工业长期处于徘徊状态，但它毕竟是海南开发建设的宝贵力量，特别是在支援农业生产、开发热带经济作物方面作出了重要贡献。这段时期又经历了十年动乱和国民经济调整，海南省的机械工业遇上重重困难。由于生产企业未能适应新的形势，摆脱不了计划靠安排，产品靠包销，材料靠包供的局面，使整个机械工业下滑到谷底。1980年尽管生产企业比1960年增加1.28倍，职工人数增加近一倍，固定资产增加5.36倍，但工业总产值只增长0.7倍，出现了全行业亏损，亏损面达83%，整个机械工业陷于极其困难的境地。国家机械工业部为了救活海南的机械工业，1983年派来了部的领导和工作组帮助规划。1984年实施海南机械工业“六五”期间救活措施项目14个，总投资1058万元，并组织国内同行业先进单位对海南进行对口支援。经过这次技术改造，使海南的生产工艺装备比较配套，检测手段得到加强，大大地改善了生产条件和劳动环境，提高了产品质量和经济效益，增强了企业发展的后劲。“七五”期间为了进一步搞活企业，国家机械工业部又帮助海南规划5个基本建设项目和9个技术改造项目，总投资额达2270万元。与此同时，为了适应形势的需要，海南地方政府对部分机械工业企业进行了关停并转，对全行业进行整顿，生产企业基本上实现了由生产型向生产经营型转变，初步确立了商品经济思想，树立了市场观念和竞争观念，扭转了“等靠要”的被动局面。经过整顿，企业的管理水平和产品质量都有所提高，石油液化钢瓶获部优产品奖。部分产品还进入大陆市场和国际市场，木工机械行销广东、广西、江西等省，汽车马达启动齿轮、座椅滑架和调角器销往西南、中南等地，铸铁水管打入香港、新加坡市场，微型继电器是国际上的畅销产品。至1988年，共有生产企业39家，职工人数7233人，固定资产6341万元，工业总产值6651万元，利润总额406万元，全员劳动生产率9195万元，产品销售总额超过1亿元。开发的新产品有铸铁水管、液化石油气钢瓶、塑料门窗、金属门窗、电焊条、节能变压器、电视机、收录机、微型继电器和各种通用机械等，连同原有产品，一共有57种主要产品。这样，一个能够为农业生产提供适用的农机具，为地方工业提供各种装备的海南机械工业已经初具规模。

建省后，汽车、摩托车制造业迅速崛起，逐步成为海南机械工业的主要行业。1988年5月24日，新大洲摩托车厂创立，从此，海南省有了自己的摩托车；1991年第一批小汽车驶下海南汽车制造厂的生产线，从此，海南省有了自己的汽车；1993年4月，中国嘉泰机器厂同泰王国渝泰贸易有限公司联合投资创办的海南嘉泰摩托车厂建成投产。1998年，全省共有汽车、摩托车主要生产企业15家，从业人员4276人，工业产值26.99亿元，销售收入26.36亿元，实现利税6.18亿元。

1998年，海南机械工业主要以摩托车和摩托车配件、汽车为主，辅以机械基础件、石化通用机械、电工电器、农用机械等。销售收入超亿元的企业有海南新大洲摩托车股份有限公司（海南厂20.82亿元），海南汽车制造厂（2.53亿元），琼海轻骑摩托车有限公司（1.11亿元），海南嘉泰摩托车有限公司（1.10亿元）。在全部机械工业中，新大洲股份公司无疑是最耀眼的明星。与年轻的海南省同步成长的新大洲摩托车厂，1992年进行了规范化改组，1993年3月更名为“海南新大洲摩托车股份有限公司”，1994年成功地在深圳股票交易所上市。通过资本市场融资，几年来，企业规模不断扩大，为了占领市场份额，公司还异地设厂求发展，1997年其在上海设立的分厂正式投产，标志着该公司的生产经营步入一个崭新的时代。从1994年到1998年，该公司产量、产值、利税连年翻番。到目前为止，新大洲公司也是我省机械行业最具经济规模的工业企业。1998年新大洲摩托车股份有限公司共生产摩托车65.43万辆，销售68.24万辆，在全国摩托车行业中产销量列第二，国内市场占有率达到9%。

八、通讯及电子工业

电子工业是海南新兴工业。1980年前只有自治州无线电厂和海口市电子工业公司两家电子企业，年产值不足200万元。自治州无线电厂1970年建成投产，主要生产半导体收音机、电子报警器等产品，职工80—90人，年产值60—70万元。海口市电子公司1974年建成投产，1980年前只生产收音机用的小电阻和少批量的中周电阻等电子元件，职工200多人，1979年工业总产值85万元。

1982年海南实行开放改革搞活方针以来，电子工业有了较快发展，至1985年底初具规模，电子工业企业发展到14家，固定资产投资总额（原值）1800多万元，职工人数2600人，工业总产值7350多万元。1985年至1987年期间，海南对电子工业调整布局，形成了海南行政区电子工业总公司、海口市电子工业公司、三亚市电视机厂、南大电子实业公司、儋县电子公司和长海电子有限公司等一批较有实力的电子企业。拥有6条彩电生产线，年生产能力100万部；6条收录机生产线，年生产能力70万部；有从日本引进的属国内最先进的Φ400mm高压釜4台，年产人造水晶10吨。1987年的电子产品已由70年代初期的小电阻、半导体收音机等三、五个品种发展到几十个品种，主要有彩色和黑白电视机、收录机、汽车双放机、扬声器、人造水晶、石英晶体谐振器、石英温度补偿振荡器、中频变压器、小型继电器、电线电缆等。其中人造水晶、石英晶体谐振器、电线电缆和小型继电器等产品出口香港、美国等地。1987年生产电视机6万台，收音机3.7万台。电子工业总产值10074万元（1980年不变价）。

1988年由于海南建省办经济大特区，电子工业发展更快，电子企业增加到28家（其中中外合资企业3家，内联企业9家），职工总人数达3500人，工程技术人员约350人。

1988年主要电子产品的产量大幅度增长，同时还开发了录象机、放象机等一批市场紧俏产品。全年生产彩色电视机22万台，比上年增长314%；石英晶体谐振器246万只，比上年增长81%；人造水晶板材1611公斤，比上年增长140%；电线电缆31252公里，比上年增长104%。新开发生产录象机4334部，放象机18800多部，组合音响1000部。

1988年电子工业完成产值3.03亿元，占全省工业总产值的12.5%，比1987年增长3.5倍。实现利税6500万元，是1987年的11倍，其中利润4500万元，创历史最好水平。全行业出口产值473万元，比1987年增长112%。

1988年电子工业在继续深化改革的同时，重视以市场为导向，调整产品结构，抓好企业的技术改造，加快企业的技术进步，积极发展基础元件工业，提高电子产品国产化配套能力。根据普通型收录机市场容量逐渐缩小的消费趋向，经过市场调查与分析，海南无线电二厂及时停止了“9000”型与“777”型普通收录机的生产，改产适合中小学生用的“871”型袖珍收录机，并开发了中档组合音响，因此产品销路较好，当年完成产值226万元，比上年增长88%。三亚电视机厂大胆调整产品结构，进行电视机专业化生产，也取得了较好的经济效益，本行业当年进行大小技术改造10多项，大部分项目当年投入，当年见效，为市场及时提供了紧俏商品。如海南无线电一厂通过更新厂房，从国外引进信号源、成品测试仪、仪器仪表等，改造双层老化线，使彩电生产能力从日产300台增加到600台，年生产能力达22万台，1988年为市场投放彩电近11万台，且质量稳定。在统筹规划，探求整机、元器件同步协调发展的思想指导下，全行业投资1891万元新建年产588吨的海南省电子塑料配件厂和年产能力6万平方米的海南省电路板总厂，还开发年产50万套规模的开关电源变压器系列产品（包括与彩电配套用的开关电源变压器、电源等）。筹建年产集成电路3000~4000万块和后部封装2000万只的海南海华电子厂、年产50万只的彩电调谐器厂。这些项目的建成投产，对振兴海南省的电子工业，具有重要的意义。

但由于海南电子工业主要靠电视机（1988年电子工业中的93.2%是电视机），电视机的市场主要在本岛，产品靠组装，自我更新能力不强，在1993年达到顶峰后，随着1994年国家宏观调控措施的实施，逐渐下滑。电视机生产产家由1993年的6家减到1998年的1家，产值（1990年不变价）由2.25亿元下降到0.10亿元。整个电子工业生产规模1996、1997年滑到谷底，工业总产值从1988年的3.03亿元，减到1996年的0.76亿元、1997年的0.85亿元。1998年，省新一届领导班子非常重视信息产业和高新技术发展，多次提出将海南建成“信息智能岛”。1998年8月初，为鼓励省内外、境内外的企业、科研机构、高等院校参与海南信息产业开发建设，省政府发出了“关于推进信息产业和扶持高新技术信息企业发展意见的通知”（26条），制定了一系列的优惠政策，使海南电子工业发展进入了第二个春天。总产值开始回升，1998年全省电子工业总产值1.88亿元（1990年不变价），比1997年增长1.22倍。一些高新技术企业相继建成投产。1998年8月，北大青鸟、美国柏德公司、德国西门子公司联合组建的海南北大天意计算机有限公司在海口运作，项目建成后，预计年产100万台多媒体家用电脑，产值100亿元。今年1—5月份，该公司已生产微机300台。与此同时，由清华紫光和海南电缆厂共同投资的海南清华紫光电子有限公司在文昌成立，并于今年2月1日正式投产，截止5月底，已生产“紫光”笔记本电脑500台，产值600万元。

九、纺织工业

海南纺织工业具有悠久的历史，在我国纺织业的历史上具有一定的地位。据明代《正德琼台志》记载，元代我国纺织技术家黄道婆（公元1245～），少时因家境贫寒，为生活所迫，流落至崖州（即今日的三亚）30多年，学会了黎族同胞的纺织技术。公元1295年至1296年回乡着手改革纺织生产工具，将海南的轧、弹、纺、织、染等先进纺织技术传教给乡里人，使松江一带棉纺织业迅速发展起来，成为当时江南一带棉纺业的中心，对我国纺织业起了重要推动作用。

但是由于受历史条件所限，直到解放前，海南纺织业还相当落后，主要原料棉纱全靠进口。海南解放后又由于长期缺少投入，直到1983年也未有多大进展。1983年，海南仅有国营、集体纺织企业5家，固定资产357.6万元，固定职工817万人，年工业总产值830万元。仅有针复制一个行业，纺织主机设备织机240台，针织台车16台。设备不配套，生产的品种以蚊帐布和汗衫背心为主。产品质量档次低，花色品种少，经济效益差，以致全行业亏损，濒临“死火”境地。1984～1987年海南逐渐开始重视纺织业的发展，先后筹备建设了一批具有国际70年代末技术水平的纺织骨干企业，如海德涤纶厂等。至1987年建省前，海南纺织工业已从过去仅有针复制一个行业发展到针复制、棉纺织、化纤、印染、丝绸等5个行业，生产能力成倍增长，拥有国营集体纺织企业工厂27家，涌现出海南化学纤维厂、海口纺织印染厂、海德涤纶厂、琼海涤纶厂等一批骨干企业，固定资产3.6亿元，工业产值3.04亿元，比1983年增长3.5倍多，并开始出现盈利。

1988年建省后，省政府秉承了行政区领导发展纺织工业的思路，对纺织工业的发展非常重视，加大投资力度，引进国内外先进技术和设备建成一批大型骨干企业。特别是“八五”期间开工建设的部分项目建成投产，使纺织业状况有了较大的改观，出现了一批规模大，设备较先进的大中型企业，其中包括年产7560吨的锦纶帘子布厂，年产6万吨的聚酯切片厂，年产5000吨晴纶毛条、140万条晴纶拉舍尔毛毯的宏业毛纺厂，欣龙无纺布有限公司的2000吨水刺无纺布和1000吨热轧无纺布项目，以及琼海丝绸厂、琼海涤纶厂。1988年到1998年，海南纺织工业在设备、技术、产品水平和整体素质上有了关键性提高，初步使纺织工业从原料、织布、印染到成品（毛毯、服装）生产一条龙。经过这些年的建设，全省的纺织工业已发展到拥有化纤、棉纺织、毛纺织、针复制、麻纺织、丝绸、印染、非织造布（无纺布）、服装等九个行业，其中1996年投产的海南欣龙无纺公司生产的水刺无纺布还填补了国内空白。到1998年底止，全省有国有及年销售收入500万元以上非国有纺织企业26家，从业人员8380人，资产39.94亿元，工业产值9.96亿元，按可比价格计算，比1987年增长2倍，主要产品有：纯化纤布1130万米、印染布650万米、服装682万件、合成纤维2万吨。部分产品远销欧洲、中东、日本和香港等国家和地区。

海南纺织工业非常重视经营机制的改革，积极引入现代企业制度，在继续抓好“三项制度”改革的同时，企业由“工厂制”向“公司制”的改造在1992年后逐渐展开，先后对五家骨干企业进行改制工作，使企业改造成有限责任公司或股份制公司。全行业80%的大中型企业以分灶、剥离、缩编、分配、保险、建制为特点的转换机制工作取得明显成效，全部新建的大中型企业均按规范化股份制企业运作。在转换机制过程中，省纺织工业总公司注重理顺产权关系，建立激励与约束相结合的经营机制，转变工作职能，并完善服务。经过改制后的海虹股份有限公司海南化纤厂和海德纺织实业股份有限公司还成功地进行资本运作，实现跨行业经营，多元化发展，从而降低了经营风险。其中海虹股份有限公司投巨资涉足百货、建材、金融、证券、房地产、旅游等多个领域，形成集团化经营的格局。

十、食品饮料工业

海南是我国唯一地处热带的地区，热带农副产品资源丰富，在国内素有“百果园”之称，主要品种有：椰子、香蕉、菠萝、芒果、荔枝、龙眼、糖蔗、柑橘、杨桃、菠萝蜜、红毛丹、火龙果、圣女果、油棕、槟榔、咖啡、茶叶、腰果、可可、砂仁、益智、巴戟等。海南岛内荒地较多，发展水果生产的潜力很大。由于光热资源丰富，海南还有天然大温室之称，是种植蔬菜、油料作物的理想场所，其中蔬菜品种多达120多种。海南又是我国最大的海洋省，所辖海域面积200多万平方公里，占全国海洋面积的2/3，拥有大小海湾79个，可供人工养殖的滩涂面积2.5万公顷，著名的昌化、三亚、清澜三大渔场和面积达7万平方公里的西、南、中沙渔场，有鱼类600多种，其中经济鱼类40多种。全省年产鱼虾几十万吨，海藻干品数万吨。所有这些都可为食品、饮料、水产品加工、海藻制品生产提供丰富的原料资源。

由于长期受历史因素的影响，海南食品饮料工业发展一直较为缓慢，直到建省前，海南的食品饮料工业主要是制糖业。在日本占领时期，敌人为了战争的需要，在海南岛建起了一些榨油、冷冻、食品等工厂，但到1950年都已残缺不全，有些工厂已不能恢复生产。经过当时工矿处接管、整顿、改造，到1952年止，实际恢复生产的仅有海口榨油厂、海口汽水厂等2家企业。第一个五年计划（1953~1957年）期间，海南的食品饮料工业开始有新的发展。在原有工业的基础上，1955年在著名甘蔗区琼山龙塘墟建起了全岛第一家拥有日榨甘蔗350吨的机械化糖厂，日产白砂糖40吨，使全省的白砂糖供应第一次实现自产自给，并且每年向国家上缴利润和税金近200万元。同年建设并投入生产的还有澄迈县白莲小型机械化糖厂。1956年又陆续新建了儋县长坡糖厂、澄迈县永灵糖厂、崖县（现三亚市）藤桥糖厂、海口罐头厂等一批中小型机械化企业。还在各地恢复、新建了一些粉丝厂。1957年，由于国家经济政策的影响，建设规模略有收缩，只新建了陵水糖厂。在第一个五年计划期间，有菠萝罐头、椰子制品罐头等产品出口，使海南食品饮料工业产品初负盛名。“三年经济调整时期”，海南岛又增建了茶根糖厂、龙波糖厂、嘉积糖厂、崖城糖厂、澄迈生粉厂等一批新企业。第二个五年计划期间，由于“左”的思想影响，食品饮料工业发展缓慢。第三个五年计划和第四个五年计划时期，海南食品饮料工业发展较快，食糖加工、罐头加工业在1970年已有成倍增长，到1975年，罐头工业突破了万吨大关，并且出口形势很好，当时罐头生产量是10308吨，出口交货量达4945吨，占48%。从1976年到1980年的第五个“五年”计划期间，为了发展地方工业，为海南制糖工业的发展配套服务，海南行政区政府批准成立了海南轻工机械厂，经过数年的筹建，该厂从1980年开始投入生产。这个厂建立后，海南糖业配套设备大部分可在本岛加工，毋需出岛。“六五”期间，海南摆正了制糖工业的位置，甘蔗种植发展迅速，同时对制糖工业的投资也大大增加，5年中用于制糖加工也的投资达2.42亿元，使全岛制糖日处理甘蔗能力达2.32万吨，1985年全岛产糖28.94万吨，比1980年增长4倍。制糖业的发展也带动了其他食品饮料工业发展，“六五”期间，海口糖奶厂、文昌食品厂生产的珠江桥牌椰子硬糖，海口饼干厂生产的珠江桥牌椰蓉饼干、椰奶夹心饼干，海口罐头厂生产的珠江桥牌冻皮鸭罐头、椰子酱罐头、天坛牌糖水菠萝罐头等产品分别获得国家优质食品银质奖及广东省优质产品奖等。1987年，海南岛遭受60年一遇的大旱灾，水力发电大幅度减少，食品饮料工业生产用电十分紧张，加上原材料供应紧缺且价格大幅度上涨的影响，全岛食品饮料工业生产困难很大，这引起了有关部门的高度重视。国家经委、轻工部批准下达了一些技改项目，其中有海口罐头厂扩大瓶罐玻璃生产、文昌罐头厂菠萝生产线改造、定安凉果厂凉果生产线改造、三亚食品厂冰淇淋生产、大风糖厂更新锅炉及增置发电机组等。1985年投资建设，在1987年建成投产的重点技改项目有海口罐头厂引进的利乐软包装生产线和易拉罐生产线，文昌食品厂椰丝软垫生产线引进项目、琼海食品厂饼干生产线引进项目等。这些项目的建成投产，为增加海南食品饮料工业生产、提高海南食品饮料工业系统的技术装备水平起到重要作用。1988年，由于上年旱灾及糖蔗政策的影响造成甘蔗大幅度减产，使全省食糖生产从上年30万吨水平下跌到20万吨，减产幅度达34%。同年，全国第一家全套引进丹麦设备的海口速溶咖啡厂建成投产，该厂所生产的“力神牌”速溶咖啡在当年中国食品博览会上荣获金龙银质奖。

进入90年代后，随着我国国民经济的发展，人民生活水平不断提高，已逐步由温饱型向小康型迈进，对食品的需求越来越多，档次愈来愈高，天然食品越来越成为一种消费时尚。这为海南食品饮料工业的发展创造了广阔的国内市场前景，海南的食品饮料工业因而得迅速发展，并创造了一批国内知名度很高的品牌，如“椰树”、“椰风”、“椰岛”、“力神”、“恒泰”、“红牛”、“奥克”、“力加”等。值得一提的是海口罐头厂，自1988年起，开始扭亏为盈；1990年起，六项经济指标（产量、产值、利税、出口合格率、全员劳动生产率、产品质量优良率）跃居全国同行业之首，成为海南省最大的工业企业、全国最大的罐头饮料厂家；1991年起，进入全国500家最大的工业企业排序；1993年，利税超亿元。该厂创出了响亮的中国名牌“椰树牌”，椰树牌天然椰子汁及天然矿泉水、芒果汁被北京钓鱼台国宾馆和人民大会堂定为中国国宴饮料，椰树系列产品荣获各种金奖60多个，产品覆盖全国30个省、市、自治区，并远销香港、日本、美国等世界28个国家和地区。

到1998年底，海南有国有及年销售收入500万元以上非国有食品饮料加工企业124家，全年工业产值54.75亿元，按可比价格计算，是1987年的3.15倍，年均增长11.0%。其中饮料工业产值18.32亿元，是1987年的15.64倍，年均增长28.4%。1998年，主要产品有：糖27.91万吨、罐头13.68万吨、软饮料28.31万吨、啤酒4.98万吨、大米10.66万吨、小麦粉2.26万吨、配混合饲料23.69万吨、水产加工品2.17万吨。

经过建省11年的发展，海南食品饮料工业一改过去规模小、设备旧、工艺落后、技术水平低的局面，建立了一批规模大、技术装备先进、现代化水平高的骨干企业，形成了门类较为齐全的食品饮料工业体系。省政府工业主管部门提出的建设“热带食品饮料王国”的战略构思，正在逐步变成现实。

十一、医药工业

海南医药资源非常丰富，素有“天然药库”之称。据调查统计，全岛可入药的植物2000多种，占全国可入药植物总数的40%，载入药典的有500多种，其中属国家收购的中药材有178种。在诸多药材资源中，经过筛选的抗癌植物有137种。在全岛被列入国家重点保护的植物中，就有药用植物13种，其中抗白血病的红壳松（海南粗榧），治疗高血压的萝芙木及治疗麻风的海南大风子属世界上稀有的珍贵药用植物。此外海南还从东南亚各国引种成功12种南药。由于这种天然的有利条件，海南成为发展南药加工业的良好基地。除了丰富的南药资源外，海南四周环海，加上西沙、中沙、南沙等南海诸岛及其附属海域，海南省辖下有广袤的海域，其中蕴藏着丰富的海洋动植物资源，如海马、海龙、海星、海胆、海藻等，是开发天然海洋药物的理想资源。优越的自然条件为海南发展医药工业提供了便利的条件。

但由于历史的原因，建省前，海南制药业发展缓慢。建国前海南的制药业几乎是空白，唯一一间制药厂是日本人于1943年在琼山县设立的株式会社东亚制药厂，因民国政府接管后经营不善而倒闭。建国后，到1958年，海南才开始有医药生产，创建了海南制药厂；1961年，海南行政区公署为了加快药厂建设，将海南制药厂并入海南化工厂（对外仍称海南制药厂），生产品种有中成药和化学药制剂产品，手工操作；1965年海口市地方国营癣药水厂（现海口制药厂）创建，1969年五指山制药厂创建，均为中药制剂生产企业，海口市制药厂的“宝岛癣药水”曾在南粤享有盛名；1977—1988年，海南水产加工厂从一个只能生产渔具的工厂发展成为生产鱼肝油制剂为主的医药制品厂，海联制药厂也于1983年9月建成投产。到建省前，全省只有5家制药厂，规模小、设备陈旧简陋、工艺落后、技术水平低、产品单一，全行业固定资产仅1582万元，流动资金平均2989万元，产值5413万元。

建省办特区，为海南医药工业的发展带来了机遇。建省后，海南省非常重视利用本省丰富的自然资源和中央给予的优惠政策。按照中央的有关政策和指示，打破单一、僵化、束缚企业发展的计划经济模式，在全国率先初步建立起社会主义市场经济体制的基本框架，为海南医药经济发展提供了契机。在海南宽松的投资环境和各种优惠政策的吸引下，国内外投资者纷纷到海南投资建厂，并迅速发展。如海南养生堂药业有限公司、海南华康药物研究所、海南三洋德林药业有限公司、海南亚洲制药有限公司等企业都是从租房办厂发展到按GMP改造为现代厂房。原有医药企业也积极筹资进行改造，扩大规模。如海南轻骑海药股份有限公司从一个1965年建立的小厂，经过改制后向社会募集资金，投资2.8亿元搬迁改造，企业整体水平大大提高，跃居全国医药工业50强。

同时在省委、省政府“不求所有，只求所在”思想的指导下，海南医药管理部门一方面积极鼓励和支持国有企业加快改革步伐，建立现代企业制度，逐步与市场经济接轨；另一方面积极培育和发展多种经济成分的医药工业企业，形成多种经济成分共存、平等竞争、管理有序的新格局。通过收购、兼并、产权转让、股份合作制等各种方式进行资产重组，盘活存量资产，实现资源优化配置，增强企业活力。截止1998年底，全省已完成各种方式资产重组的医药工业企业12家；非国有医药工业企业发展到48家，占全省医药工业企业总数的72.7%，产值占65.8%，利税占59.3%。

由于省政府按照“小政府、大社会”的要求，转变职能，从直接管理转向间接管理、宏观调控，运用经济、法律手段对市场进行调节，更好地引导和支持企业自主经营、自负盈亏、自我约束、自我发展，并实施“科技兴药”战略，依靠科技进步，充分发挥海南的政策优势、体制优势、区位优势和资源优势，主动与国内外科研单位和大专院校联系与合作，积极引进国内外先进技术和设备，共同研究开发新药73个，其中获科技成果奖8项，国家级、省级新产品26个，二类新药7个。海南医药技术改造的投资力度不断加大，固定资产原值从1987年的1218万元增加到1998年的6.58亿元，使全行业技术装备、工艺水平、生产规模和生产环境日益得到改善和提高。各医药企业敢于面对激烈竞争的市场解放思想，更新观念，树立市场意识，坚持以市场为导向，开发和生产适销对路的新产品，在创品牌、争优势上下功夫，主动出击寻找市场，组建营销队伍，建立销售网络，加大营销力度，扩大产品的市场占有率，为海南医药经济的发展开拓了广阔的发展空间，涌现出了海南三叶制药有限公司、海南养生堂药业有限公司、海南亚洲制药有限公司、海南海富制药有限公司、海南新大洲制药有限公司等一批充满活力的企业。

1998年，全省国有及年销售收入500万元以上非国有医药工业企业34家，产值17.24亿元，按可比价格计算，与1987年相比增长了30倍，工业增加值达到3.18亿元，实现利税2.34亿元，全员劳动生产率72295元，远远高于同行业全国平均水平。医药行业成为海南建省后发展最快的工业门类之一，目前，医药工业已被列为海南省的七大支柱工业之一。

十二、橡胶工业

橡胶，原产于南美的巴西。海南地处湿热带，雨量充沛，土地肥沃，适宜种植橡胶，因而，橡胶不远千里来到海南。海南最早种植橡胶是1906年，由归国侨胞从马来西亚引进到琼海和儋县种植的。近50年来，海南岛大力发展橡胶事业，现已成为中国天然橡胶的主要生产基地。

由于海南盛产橡胶，建国以来，国家出于发展经济战略资源的需要，大力发展海南橡胶事业，橡胶制品工业发展较快。1950年以前，海南岛没有橡胶制品工业，1958年后，海南岛先后建立了轮胎、胶鞋、运输带、单车内胎、气床、乳胶手套等橡胶制品工业。到1987年，全省橡胶制品工业有19个工厂，职工8148人，主要产品有绒里手套、直型检查手套、药物手套、医用手套、家用手套、单人气垫床、双人气垫床、水鞋、运动鞋，各种型号的汽车内外胎、手扶拖拉机内外胎等。花色品种共有100多种，工业总产值13576万元。

近年来，海南橡胶制品工业积极引进国外先进技术、设备和开展与外资合作经营，产品出口量逐年增加。但海南橡胶工业总体上仍然基础薄弱，企业规模小，技术装备落后，产品档次低，经济效益不高。1998年，全省有国有及年销售收入500万元以上非国有橡胶工业企业12家，产值2.91亿元。主要产品为：轮胎外胎46.01万条，三角带（折合量）4万A米。出口交货值3152万元。（海南省统计局杜金城）

第十一章 运输、邮电业

一、交通业的发展

海南是我国美丽富饶的第二大岛，素有“南海明珠”之称。然而，自古以来，海南岛由于远离经济发达的中原，且地处祖国南缰边缘，与大陆又有18海里的琼州海峡隔绝，因此，历来不为统治者所重视，经济文化落后，交通不便。以当时的交通背景来看，海南岛给人的是与世隔绝之感，荒凉闭塞，被世人视之为畏途，成为各朝代封建统治者流放朝中异己的场所。唐朝宰相李德裕被贬崖州时，望着茫茫的海天，悲凉憾叹，写下一首恸憾千古的并被后人常以此形容海南岛远在天边的诗绝句“一去一万里，千之千不还，崖州在何处，生度鬼门关。”这实质上是海南岛交通不便的真实写照。

纵观历史，海南的封闭落后除了政治、社会的因素外，交通不便，无法与外界沟通往来，是症结所在。新中国成立后，海南发生了翻天覆地的变化，海南的交通事业，也随着它在政治、经济和军事战略中地位的作用而逐步发展和壮大起来，特别是借十一届三中全会以来改革开放的东风和建省办特区的机遇，海南的交通基础设施、交通运输工具和手段都有了质和量的显著变化，已初步建成合理多样化的交通布局和交通体系。到2001年海南与大陆的粤海铁路通道全面贯通之后，海南将真正形成航空运输与陆海运输并举的立体交通网络，海南的发展将会有更加广阔的空间。

交通运输业是国民经济的基础产业，它展示一个地区的经济发展水平，海南交通运输业50年的发展成就，是海南人民在中国共产党的领导下为建设海南所取得光辉业绩中尤其重要的一部分。

（一）铁路运输业

1. 海南铁路50年的历程和它在海南经济建设中所担负的角色

许多大陆来海南的人士听说海南有铁路，第一反映便是吃惊，因为海南铁路在全国地图上也就挺不显眼的短短一节，加上不与全国联网，以至默默无闻。海南岛的铁路始建于1942年日本侵琼时期，由于日本人在海南修筑铁路是出于经济掠夺和支撑侵略战争的需要，也就只筑成榆林至北黎线178.9公里，三亚线7.7公里，沙见线3.6公里，石碌至八所线50.15公里等窄轨铁路，全线加起来共276.2公里。通过这铁路，海南的矿产资源得以被运回日本，据估计，战争期间石碌铁矿的优质矿石就被掠夺约300万吨。日本投降后，国民党政府接管铁路，但由于国民党政府忙于内战，对原有的铁路不加整治和利用，致使许多路基被扒，轨道失散，机车锈蚀，无法通车，加上国民党军队撤离海南时的破坏，海南的铁路，事实上已名存实亡。

1950年海南解放后，由于国家经济建设百废待兴，必须分先后缓急，海南铁路的修复未能排上日程。直到1957年，为了充分利用海南的资源和巩固海南前线，国家决定拔款在原有的路基上修复海南铁路，先后于1957修复石（碌）一八（所）线，长52公里，1958年修复了岭（头）一八（所）铁路50.84公里，1959年又修复了安（由）一黄（流）铁路96公里，从而实现了三亚一八所一石碌岛西南环铁路的全线通车，全长219.2公里。另外，海南还有一段鲜为人知的窄轨铁路，那就是海（口）一秀（英）线，全长仅13.5公里，1971年通车，这可以说是海南完全自已修建的铁路，但只运行了十年，于1980年停用，随着海口市城市开发建设的飞速发展，原有的海（口）一秀（英）线铁路已成为只能从文史图片中觅得其踪影的历史。1959年铁道部接管海南铁路并成立广州铁路局海南办事处，做为统管海南铁路的生产运营机构。1987年，经国家经委、铁道部批准，撤消原广州铁路局海南铁路办事处，成立广州铁路局海南铁路公司。1988年，为了适应海南建省办特区的形势需要，经铁道部和广州铁路局批准，又成立了广州铁路局海南铁路总公司。不论海南铁路如何变迁，自从它修复和建设以来，就为国家和海南的经济建设做出了它应有的贡献，1958年恢复通车的当年，运输量即达到172.1万吨，1960年232.18万吨，70到80年代，每年的运输量均稳定在350至450万吨之间。至1980年前，海南铁路的货物运输量一直占同期全岛整个社会货物运输量的40~50%，位居各交通运输工具货物运输量的首位，海南的铁矿石、原盐、木材均是国家急需的物资，大部分都是靠此铁路运往八所、三亚港口，再运至祖国各地，其中，石碌高品位的铁矿石，年均运量约在360万吨。通过“以矿养路”等多种经营方式，如今，海南铁路总公司已建成集运输、基建、工贸三业并举有竞争能力的综合性企业。虽然，海南铁路在全国铁路网中的地位微不足道，但在海南，有其不可估量的作用。1998年，海南铁路货物运输量为268万吨，货物周转量1.62万吨公里；旅客运输量为22万人，旅客周转量0.24万人公里。货物运输量和旅客运输量分别完成年度计划的102.3%和104.3%。

2. 海南铁路随着粤海铁路跨道的贯通，将奔向全国

经过风风雨雨的几十年，特别是1988年海南建省办特区后，海南铁路面临新的困难，困难来自公路运输的竞争，分流了大量的货物和旅客，海南短小的铁路线难以发挥出铁路固有的长途运输的优势，海南铁路虽有年600万吨的运输能力，但货运总量最多的年份只达420万吨，和内地铁路相比，海南铁路是“吃不饱”。在20世纪末，海南铁路酝酿着新的机遇。众所周知，琼州海峡千百年来阻隔海南与内地的联系，是制约海南经济发展的最大障碍因素，以至于海南长期闭塞落后。从比较利益来看，铁路运输的低成本、大运量、快捷是其他交通工具不可比拟的。解决海南出岛瓶颈的最佳选择是建一条跨越琼州海峡与大陆连接的铁路通道，这是海南经济发展最迫切的需要，是海南人多年的梦寐以求。江泽民总书记在1993年4月视察海南时就指出，海南一大陆间的陆岛铁路通道建设是海南的生命线。经过十几年反复论证和如今国家财力的充盈，1992年就被国家计委立项的粤海铁路跨海工程，在1998年8月正式开工，粤海铁路通道北起广东湛江，向南经雷州市、徐闻县，通过琼州海峡轮渡抵海口市长流镇，再向西穿越澄迈县、儋州市和洋浦，于昌江县的叉河镇与海南原有的石碌到三亚的铁路相接。整个铁路通道由湛江至海安铁路、琼州海峡铁路轮渡和海南西环铁路三部分组成。通道由铁道部、海南省和广东省共同合资建设，三方共同组建粤海铁路有限公司作为项目法人，实行业主负责制，负责筹措资金、组织建设、营运管理及偿还贷款。概算投资45亿元，3年建成，即在2001年实现通车。届时，海南的铁路将是全国铁路网线的一部分而焕发青春，海南也不再是人畏的海角天涯。海南的投资环境将发生根本性的改变，对海南的海岛旅游业、热带高效农业和新兴工业的确立和发展带来极大的促进作用。北煤南调，南果南菜北运因此货畅其流；货物减少换装，旅客不用中转，从而降低运输成本和费用，增强游客的吸引力，因此，这条铁路不但是海南的生命线，更是海南的黄金道。海南的铁路明天会更好。

（二）公路运输业

1. 公路基础设施建设长足发展

海南特殊的地理环境决定海南岛内交通必须以公路为主，据资料记载，海南的第一条公路修于1919年，为当时的琼崖政府投资35000元，在原有官路的基础上，加宽改建成海南岛琼海路（琼山市府城至海口），全长5公里，而在其上运营的也就是几辆购置于香港的老式汽车。此后，海南的筑路进展缓慢，由于战乱的影响，至1949年，全岛仅有可供通车的公路1045公里，而且多是路基狭窄，视线不良，破烂不堪，颠簸不平的等外公路，天涯路坎坷，何处是通衢。

1950年5月，海南岛全境解放，海南公路建设迎来第一次大的发展。当年5月即成立了海南公路管理局，作为海南公路管理和建设的行政机构。当时，海南的公路建设主要是以修复原有的公路和桥涵、恢复交通基础为主。1952年，国家掀起“一五”时期建设社会主义的热潮，特别是同年政务院发出的《关于修建华南国防公路的决定》和毛主席“加强防卫，巩固海南”的题词公布以后，海南岛的公路建设掀起了高潮，驻岛官兵加上几十万农垦大军一起写下了海南公路建设的第一章，先后改建海榆东线公路上原日本人修建的大桥——南渡江大桥，新建全长388.2米钢筋混凝土结构的嘉积大桥，全面修复了海榆东线；新建了海榆中线，全长296公里；相继修建海榆西干线的那八段（那大至八所）公路123公里，乌那线（乌石至那大）公路67.3公里。经过2年多的奋战，奠定了海南岛纵贯南北由东、中、西三条主干线构成的格局。1955年，为了进一步贯彻民族政策，政府历时4年在少数民族地区修筑公路，使民族地区的交通条件得到基本改善。其中修成的重要路线有：南丰至白沙公路37.2公里；大本至保亭县公路13公里；营根至乘坡公路31.5公里；崖城至小岭公路136公里；盐灶至九所公路18.2公里；大坡至石碌公路7公里；此后，不断地改造三条干线，并继续修建筑起许多连接三条南北主干线的支线与桥梁，如云龙至仙沟公路27公里；文昌至蓬莱、黄竹至安良、龙塘至屯昌的公路72公里。使全岛的公路布局趋于合理，质量明显提高。

1957年底，全省公路通车里程达3667公里，为解放初期的 3.2倍，至此，整个“一五”时期的公路建设，构造出海南岛公路网的雏形。

从1967年开始，海南公路建设在原有基础上得到逐步提高，在公路建设方面，以社社乡乡公路通车为目标，修建社、乡公路4603.2公里，其公路总里程达12424.2公里。并根据公路建设的需要，着手建设公路工业（机修厂），材料供应站和技工学校，比较完整地构成了海南的公路事业体系。

1978年党的十一届三中全会后，兴起了筑路的高潮，“要想富，先修路”已成为整个社会的至理名言。1983年时，海南的公路通车里程虽然达到12777公里，但其中，铺有水泥或沥青路面的公路里程仅有1097公里，其余皆为次等级公路，海南的公路其数量与质量都无法适应海南经济发展的需要。汽车司机回忆起那时候，还愤愤不平地说：“那时从海口到三亚，300多公里路，竟要颠簸10多个小时，玻璃之类的易碎品往往开不了多久就粉碎了。”市场经济要流通，流通一定要交通，不改变海南公路现状，将不能适应海南经济的快速发展，建设高等级公路已在决策者和有关部门的筹划之中。1985年，海南行政区有关部门为了加快建设海南高等级公路的步伐，制定了修建东线高等级公路的方案。国家交通部公路规划设计院对此方案进行了认真的可行性研究，提出按“一级公路选线，二级施工”的建设意见，上报国家计委并得到批准，1987年6月，由当时海南公路局工程队，在南渡江第二大桥拉开了按二级公路标准建设的东线高等级公路的序幕，由于建设资金不到位等原因，东线高等级公路建设缓慢。1987年底，全岛通车里程达12791公里，为解放前的11倍多，平均每百平方公里拥有公路37公里，公路密度为全国平均密度的3.8倍，为广东省的1.23倍。

1988年海南建省办特区后，是海南公路建设史上最为辉煌的时期。尽管1987年，海南公路的密度是全国平均数的近4倍，但面对海南经济超常规发展的形势,海南公路存在着技术标准低、布局不合理、混合交通现象严重等落后局面。海南交通不便已成为海内外关注的焦点，提升海南公路的等级，以节省运输的时间和加快周转，成为当务之急。海南省交通运输厅及有关部门组织有关专家，经过对高速公路在海南公路网络中的地位作用，及加快发展的必然性的综合分析研究，经过深入的调查论证，认为海南公路建设要立足于先行，提出了发展海南公路的战略计划，第一步修正原先按二级公路标准，再改为二级汽车专用道路的方案，决定兴建东线高速公路；第二步，在2005年以前建立以高速公路为主的环岛公路。这一超前的规划得到中央和国家有关部委的支持。1990年9月，国家计委正式批准立项建设海南环岛（东线）高速公路（半幅）工程。工程全长268公里，其中主线长251公里。主线北起琼山府城，经定安、琼海、万宁、陵水等市县南抵三亚市田独镇。其主要技术指标是：按重丘区高速公路标准半幅设计，全立交、全封闭，路面宽12米3车道，设计车速100公里/小时，最小半径400米，停车视距160米，最大纵坡4%，桥涵设计荷载为汽车——超20级，挂车——120。工程概算投资为10.5亿元，其资金来源安排是中央给1/3，利用日元贷款1/3，海南省自筹1/3。1991年6月，海南省政府办公厅正式下文，宣布成立海南东线高速公路建设工程指挥部，指挥部办公室7月正式挂牌办公，至此，海南东线高速公路的建设由此全面铺开。1992年底，先期动工的府城至黄竹65公里段竣工；1994年4月黄竹至陵水129公里段竣工，同年12月，全线工程完成了除大茅隧道外的全部工程，通车里程达到231公里；1995年12月27日，海南东线高速公路全线竣工。

海南东线高速公路工程，是海南省规模空前的一项宏伟工程。以正式成立海南东线高速公路建设工程指挥部起算，历时仅仅5年，工程最终总投资额21亿元，主线工程累计建成桥梁87座，互通立交16座，分离立交52座，通道天桥150座，涵洞866道，隧道2座，完成路基土石方1716.5万立方，建成沥青混凝土路面139.1公里，水泥混凝土路面112.6公里。整个工程耗用钢材、沥青、木材等共达49.10万吨，耗用砂石料达552.23万立方，使用人工工日达1230.3万个，本工程完成的工程量和耗用的材料和人工之巨，均创海南公路建设有史以来的最高纪录。海南东线高速公路的建成，极大地促进沿途市县的经济发展，瓜果、蔬菜由此快速地运出岛外，中外游客从海口出发，在饱赏沿线秀丽风光下，只需3个多小时即可抵到天涯海角。海南东线高速公路的建设成功，是海南建省办特区改善海南投资硬件环境的一座丰碑，同时又是海南大兴高速公路建设的新起点。1996年11月，为满足随着经济发展日益增长的交通运输需要，缓解交通安全问题，国务院批准了总投资28亿元的海南东线高速公路（左幅）扩建设工程，同年底即拉开了扩建工程序幕，1998年4月，东线府城至琼海段89公里的扩建工程竣工通车，对从根本上改善东线高速公路的行车环境创造了条件。1997年3月，全长105.68公里，总投资22亿元的西线海口至洋浦段全封闭双向4车道高速公路建成通车。1997年1月，总投资75亿元，按4车道标准建设，全长270公里的西线洋浦至三亚段高速公路正式动工，其中，九所至三亚段53公里，1998年3月建成。

截止1998年底，海南省公路通车里程16920公里，是解放初期的 15倍，比建省前的1987年新增里程4126公里，预计，到2010年海南将达到中等发达国家公路网水平。

2. 体制改革成绩突出

(1)公路规费改革。1993年12月19日，海南省政府第39号令发布了《海南经济特区机动车辆燃油附加费征收管理办法》，在全国率先将养路费、过路费、过桥费和公路运输管理费等“四费合一”，通过燃油销售渠道征收燃油附加费以筹措大量的公路建设资金。1996年8月，海南省人大通过了《海南经济特区机动车辆燃油附加费征收管理条例》，使规费征收工作走上了有法可依、依法行政的轨道。长期以来都是通过对行驶公路的机动车辆征收养路费来达到“以路养路”目的，这种办法对海南的公路建设起到一定的作用，改善了海南的交通条件，促进了国民经济的发展。但是，随着市场经济的建立和深入发展，它对交通事业发展的负面影响日益显露，按这种养路费征收办法征收的养路费入不敷出。海南建省办特区后，公路建设滞后于经济发展的矛盾十分突出，资金的严重短缺已经成为制约全省公路建设的“瓶颈”，要想在较短的时间内，把海南的公路建设搞上去，必须走改革之路。正是在这种背景下，海南省政府及有关部门勇于改革，参照国际通行作法，进行科学论证，毅然推出《海南经济特区机动车辆燃油附加费征收管理办法》这一公路规费的重大改革。改革成效是显著的，1994年1月1日实行《海南经济特区机动车辆燃油附加费征收管理办法》，当年海南燃油附加费征收额达3.8亿元，比未开征前的1993年增长52%，而1993年时，离正常的公路养路费尚有3000多万元的缺口，更谈不上修路。1994年通过此项改革增加规费收入用于公路改造达1亿元，促进海南“老、少、边、穷”地区经济的发展，1995年在经济形势不如前两年的情况下，交通规费仍然比1994年增长6%，1996年达到4.5个亿。同时改革的社会效益也是突出的，新办法的实施，为海南全省公路撤关去卡，保证了公路的畅通无阻，从根本上消灭公路“三乱”的现象，创造了先决条件，海南从此成为全国唯一的公路无关卡的省份。而最主要的是形成“修路——买车——收费——修路”的良性循环，为海南公路建设的超前发展筹措了大量的资金，成为海南交通基础设施建设步伐加快的一个新的生长点。

(2)投资体制改革。公路建设属社会公益性事业，具有投资额大，利润低，回报期长的特点，长期均为国家投资。改革开放20年，随着社会资金所占比例的不断扩大，集社会力量来搞公路基本建设，成为新的另一种途径。1992年下半年，海南东线高速公路面临资金短缺的问题，海南省政府集思广益，审时度势，果断决策，成立海南高速公路股份有限公司来募集建设资金，全国600多家法人股东和数十万个人股东踊跃入股，股金到位14.65亿元，一举解决了工程资金困难，为完成东线高速公路提供了可靠的保障。但如何保证投资者的回报？自然“谁投资，谁受益”是无法否定的市场规则，受益方式，却值得推敲。那种“谁投资、谁设卡、谁收费”的办法，越来越引起社会的关注和非议，也违背建设高速公路的初衷。海南省政府从改革出发，制定了《海南经济特区基础投资综合补尝条例》并于1994 年4月29日获得海南省人大的通过。《条例》规定，补偿的基础设施为海南经济特区公路网的骨架及干线公路、铁路、公用港口码头、民用机场和大型水利工程。对公路投资者实行“竣工一段，验收一段，营运一段，补偿一段”的办法。从竣工、验收合格、投入营运后的第二年起，由海南省交通行政主管部门从燃油附加费中逐年予以公路投资者补偿，使其投资的回报期不超过20年。政府还提供以下几个补偿条件，由投资者自主经营以实现投资回报：（一）根据投资者所确定的综合开发项目的实际需要，政府按照分类基准地价的70%出让给投资者一定数量的土地，供其开发经营，以项目带动土地的开发。（二）允许投资者利用交通项目的地利条件，依法进行多种经营，在公路沿线经营加油站、洗车场、维修厂（站）及开展运输服务、出租沿线地下管线。（三）优先支持投资者以经营基础设施的企业为核心建立规范化的股份制企业。（四）允许投资者依法自行组织工程建设。海南高速公路股份有限公司在《条例》的优惠政策下，发挥自身优势，1994年度实现利润1.259亿元，向股东现金派息7890万元，并于1998年在深交所上市。《条例》的颁布和海南高速公路股份公司的成果，吸引了社会各方面的资金加入到海南的公路建设中。海口至文昌高速公路已确定由海南泛华高速公路股份公司投资建设。中线高速公路海口至永发段由海南凯立中部开发股份公司投资建设；通什至三亚段由海南中旅社等3家单位联合建设。通过此项改革，海南公路建设进入一个新的更高的起点。此项《条例》的颁布，把海南省基础建设特别是公路建设推向新的高潮。

3. 公路运输业增长迅猛

公路建设，有力地促进了汽车运输业的发展。解放前夕，全岛仅有汽车220辆，至建省前夕，发展到23896辆。1998年底，全省各类汽车拥有量已达到90620 辆，是解放前的400多倍。与建省前的1987年相比，新增 66124 辆。随着各类汽车的增加和社会经济的发展，公路全社会货物与旅客运输量也不断增长。1998年全岛公路货物运输量达到9186万吨，是1952年3万吨的3000多倍，平均每年递增 19.1%，与1987年相比，增长185.6 %；1998年公路旅客运输量达到 20633万人，是1952年18万人的10 00多倍，平均每年递增 16.5%，与1987年相比增长142.9 %。

（三）港口与水上运输业

海南岛四面环海，海岸线曲折绵长，共有1584.6公里。港湾众多，大小港湾78个，大部份港湾可以建设港口，兴建外贸商港，为发展港口城市和外向型经济提供了极为有利的条件。海南交通除岛内主要靠公路外，岛外交通长期以来主要靠海上运输。海南又处于西太平洋通往印度洋繁忙海上交通线附近，北邻香港，南通世界第一大港新加坡港。故有东方航线上的中途站之称，极具发展港口经济和海上运输的潜力，加上港口和海上运输长期以来是海南与大陆交往的生命线，因此，港口建设与海上运输是国家及海南历届政府所关注的重点，经过数十年的建设，已初具规模，特别是建省办特区后，先后投入5.7亿元重点扩建和新建了海口、马村、八所、清澜、乌场、洋浦等港口，万吨级深水泊位已达到15个，已形成北有海口、马村港，南有三亚港，西有八所、洋浦港，东有清澜、乌场港的“四方七港“格局”。港口年吞吐量由建省前的737万吨，增加到1136万吨。在沿海、近海、远洋运输方面，海南已建起一支多种类、多层次、多功能的颇具规模的船舶航运队伍。截止1998年底，海南省共有各类船舶279 艘，总吨位58万吨；船只分为散货、杂货、集装箱船、油轮、客轮、滚装船和其他多种类型，形成了既有江海直达运输，又有近、远海运输的门类齐全、全面发展的水上运输报务网络；海南省有专营和兼营海洋运输的公司100多家，其中，从事港澳运输的船舶就有144艘，11.19万载吨、558载客位。海南海上航线运输畅达国内沿海任何港口，并开通了与世界30多个国家和地区往来的海上国际航线。

1. 主要港口的建设

海南岛的港口建设始于1936年。当时，商人集资于海口市秀英港修建了全岛第一座人工混凝土结构的码头，长仅43米。日本侵琼期间，分别在海口、三亚、八所修建了一批码头，用于掠夺海南岛的资源和做为海军基地。这些码头于战后与解放前夕都受到不同程度的破坏。1952年开始修复，当年的港口货物吞吐量仅有19.3万吨。

海南岛解放后，国家投入巨资，先后新建、扩建和改建了海口、八所、三亚、清澜、白马井、新村、马村等港口。至建省前夕，已开辟港口20个，拥有泊位51个，年吞吐量能力达740万吨。1988年建省后，1994年，海南对港口管理体制进行了重大改革，参照国际通行的办法，按“一城一港”模式和有利于政企分开的原则，逐步将港口交由其所在城市统一管理，同时，撤销海南港务局以及三亚港务局、洋浦港务局和八所港务局，成立三亚港务公司、洋浦港务公司、八所港务公司和海口港集团公司，各港务公司在行业上划归所在城市政府管理，把港口企业变为真正独立自主经营、自负盈亏、自我发展、自我约束的现代企业。通过改革管理体制和转变经营机制，使这些港口企业的“造血功能”不断增强，充分显示出港口的生机与活力。各港口的经济实力不断发展壮大。

海口港位于距海口市中心六公里的秀英区，与广东省的雷州半岛隔海相望，是琼州海峡的要冲，对内它连接着海南岛东、中、西三条主要的公路干线，是海南岛水陆交通的枢纽。对外与祖国沿海和长江内河各港口相通，并且毗邻国际海运主航线，地理位置十分优越。但50年代，这里只是个小小的码头，年吞吐量仅为30多万吨，到了60年代后期，年吞吐量也只有大约55.7万吨。党的十一届三中全会召开，改革开放的春风吹绿了海南岛，也唤醒了一直半睡半醒的海口港。1981年，海口港终于扭亏为盈了，此时，虽然这并不能说明海口港的发展建设有了多大起色，但对于海口港来说，毕竟是迈出了艰难的第一步。1984年是海南岛工农业生产和经济大发展的一年，年初，海口港全面推行责、利相结合和包、保、核相联系的经济承包责任制，彻底打破了大锅饭，仅用4个月就完成了原计划6个月才能完工的东驳岸和西驳岸履行工程，不但为港口增加了盈利，而且大大缓和了因码头少而造成的经常压船现象，提高了港口的信誉。全年港口吞吐量达131.2万吨，比当年设计通过能力87万吨增加了50.8%，比1980年设计通过能力71.95万吨增长82.3%；实现利润比历史最高记录的1983年翻了两番。更为重要的是，海口港通过全面整顿，一举扭转长期濒临绝境的落后局面，使企业走上了正轨。1985年又创历史纪录，港口吞吐量完成170.5万吨，实现利润992.78万元。随着企业的发展，港口的基础设施也得到了改善。1985年一年内就增购吊车9台，叉车17台，集装箱拖运车3部，集装箱拖车3部，驳船3艘，拖轮2艘，还兴建了5910平方米的仓库，12000平方米的堆场，以及改善职工的居住环境，使港容港貌焕然一新。1987年，海口港实行经理负责制，改革干部管理制度，造就一批懂管理善经营的中青年干部，进一步理顺企业管理中的各个环节的关系，树立为货主服务的思想，在国家对港口指令性计划逐渐减少的情况下，依然完成198万吨的年吞吐量。1988年，海南省成立了，内外贸易的迅猛增长，对海口港提出了更高的要求。他们把“以深化企业改革为中心，全面加强管理，以竞争为动力，面向社会，增强企业活力，争创更大效益”作为工作的指导思想，把“着眼于特区建设，在现有通过能力的基础上，扩展港口多功能优势，增强企业后劲，努力为社会提供高质量、高效率和高效益的服务”作为奋斗目标，当年，实现港口吞吐量241万吨。

1998年底，海口港拥有泊位15个，其中万吨级泊位2个，港口年通过能力 320万吨。

八所港位于海南岛西部海岸北黎湾的西南角，是海南目前吞吐量最大的深水港口，也是我国唯一以输出铁矿石为主的专业性海港。

八所港通航时间较长，但建港历史较短。几个世纪以来，八所港虽是海南岛西部海岸交通门户，但一直处于自然状态。

1939年，日本帝国主义侵略海南岛掠夺岛上的石碌铁矿，在八所修建铁路，疏通港湾，修筑人工港池。1942年建了北防波堤和西防波堤，以及水泥钢筋突堤式码头1座，可靠2艘5000吨级轮船，1942年4月装出第一船矿石。在日本投降前的1944年10月港口曾被炸损，日本投降后的1946年1月由国民党经济部接管，但没有修复港口。

1950年，海南解放，八所获得新生。国家于1956年1月投资重修了北防波堤和码头，并疏通航道和港池，恢复了第一台装矿机。1957年11月正式建港，以后陆续修复，装矿机增至4台，并加深码头前沿水深，使先靠泊能力从原来5000吨级提高到万吨级。1959年又将只靠小船的杂货码头改建成一座综合性码头，能靠泊2艘5000吨级轮船。1975年又进一步扩建港口，除改善码头设施外，还增建了仓库、装卸机械和扩建了堆场。1984至1986年国家投资2575万元进行港口扩改工程，其中投资1775万元对杂货码头深水泊位扩建，新建1个万吨级泊位，1个5000吨级泊位，1个100米的小船泊位；投资800万元对矿石码头进行全面改造，这两项工程于1986年底交付使用，提高了港口的通过能力。

为了开发建设八所港，1986年10月，交通部审查通过了八所港防波堤改造设计方案，并被列为国家重点工程，国家共投资7002万元，1990年如期竣工。改造后的八所港，港池直径扩大到450米，建有2座2万吨级泊位突堤式光板码头和170米长的小船码头，总个港口年通过能力增至560万吨。八所港由一个以运矿为主的专业港转为一个多功能的综合性港口。

海南建省办大特区后，八所港的腹地已成为海南西部工业走廊，年产30万吨尿素和56万吨合成氨的海天化厂就座落在港区内，八所港已发展成港口经济区，是新生的经济增长点。

三亚港位于海南岛南部的三亚湾上，东南跟榆林港相距4公里，南与西沙群岛的永兴岛相距156海里，是距西沙群岛最近的港口，是中国南端的对外开放港口。三亚港史悠久，远可追朔到汉唐明清，近可至日本侵琼时期。解放初，三亚港的前身是榆林港，鉴于三亚港和榆林港的地位，1953年榆林港改为军港，三亚港变为民用。1966年三亚港第一次扩建，总投资500万元，新建1座1500吨级码头和开挖一条试验航道。1975年，从南海战略上的考虑，又一次对三亚港进行了扩建，总投资2800万元，计有长260米的5000吨级码头泊位2个，前沿水深7.5米，航道长1250米，港池直径220米，1980年项目完工。至1988年建省时，三亚港有码头2座共7个泊位，全长714.5米。其中500吨级泊位2个，1000吨级泊位2个，1500吨级泊位1个，5000吨级泊位2个。三亚港有仓库12座，总面积为12549平方米，堆场12座，总面积65533平方米。有铁路2条2公里长，可直接进入库场装卸。三亚港从1984年后，年货物吞吐量维持在50—60万吨，1994年达到有史以来的79万吨。近几年，由于交通运输工具的多元化和进出岛口岸的增多，三亚港年货物吞吐量略为下降，年均在30万吨左右，但三亚港仍是祖国最南端的重要港口。

洋浦港是80年代末由国家投资兴建的深水良港。它位于海南岛的西部，可用于建港的海岸线长6.6公里，锚地4平方公里，可建万吨级船舶位20余个，航道平均水深11米，最深处达26.6米，5万吨级左右的巨轮可不受潮水影响而自由进出港口，受风浪影响亦小，是一个“中国少有，世界难得”的天然避风深水良港，极具发展前景。早在1919年，孙中山先生在《建国方略》中就提出在洋浦地区建港及相关的开发计划，并将洋浦港列为我国今后重点建设的20个大港口之一。由于未能夺取和建立全国统一的政权，《建国方略》中洋浦港的规划仅为一个美好的蓝图。新中国成立后，周恩来总理在视察海南时对洋浦港的建设曾心寄厚望，然而由于海南处于“国防前线”，国民经济建设未成当务之急。70年代初期，中央在讨论新的经济建设总体规划时，也曾把洋浦港的建设列入全国200个万吨级泊位码头的计划之中。但只是潮起潮落，未能成愿。

十一届三中全会后，改革开放的强劲东风吹遍中国大地，酝酿已久的建设洋浦港水到渠成。

1986年8月1日，从拟定港区通往那大镇的运输公路动工兴建，揭开了洋浦港第一期起步工程建设的序幕。1988年底，全长59公里，路基宽12米，路面宽9米（包括桥梁24座，涵洞163个），按一级公路标准设计，二级公路标准施工的港外公路全线通车，港口与全岛公路网由此惯通。

1988年海南建省，海南迎来了大转折大开发大发展的历史性机遇，洋浦开发区的设立为洋浦港的建设增添了强大的推力。同年底，由交通部第四航务工程局始建于1987年1月的洋浦港第一座2万吨级码头和1个3000吨级工作船码头完工，实现简易靠船的目标。接着，另一座2万吨级多用途码头于1989年初完工，至此，洋浦港年设计吞吐量达100万吨。洋浦港的建成，改善了洋浦开发区的投资环境，吸引众多国内外企业、集团在港区内投资办厂，而且不少是大型的现代化项目。迄今为止，洋浦港已发展成一个综合性的港口，1998年末，拥有泊位3个，其中万吨级泊位2个，港口年通过能力100万吨。

据统计，洋浦港从投产至1997年末，通过港口累计运送的货物约302万吨，为海南特别是洋浦开发区的经济发展起了极大的推进作用。

海口新港位于海南省北部的海口市，地处海南第一大江——南渡江支流海甸溪的出海口，为河口港。西距秀英港约5公里，北隔琼州海峡与广东雷州半岛的海安相望。陆上有公路通往全省各市县，水上有航线可抵达省内外沿海各港口，是联结大陆重要的水陆交通枢纽和海上船只的避风港口。

解放初期海口新港处于自然状态，150吨级的木帆船可乘潮进港，50吨级的木船可自由进港。但因港口航道长期未能得到疏浚，港区日益淤浅，至70年代初，10吨木船已不能进港。1973年，国家投资扩建港区，1976年初部分工程竣工并开始使用，1980年全面建成投产。该港属挖入式港口，航道全长3.2公里，底宽40米，水深约2.5米，进出港航道导航设施完善，北部有围海大堤屏障，港内水流平稳，1000吨级轮船可乘潮进港。

海口新港现有码头长437米，客运泊位1个，货运泊位5个，港作泊位1个，车渡泊位6个，仓库7座，有效面积8000平方米，堆场6座，有效面积5800平方米，最大仓储能力1万吨。海口港是一个以输送旅客为主，兼运货物的港口，1987年，港口吞吐量69万吨。1988年海南建省办特区后，随着海南经济的发展，海南与大陆间的联系更加紧密，跨越琼州海峡的人员、车辆、货物日夜穿流不息，海口新港作为海南与大陆海安港的水陆联运对接港口，呈现空前繁忙景象，港口吞吐量年年递增，1988年港口吞吐量101万吨，旅客输送187万人次，实现利润110.4万元。1998年港口货物吞吐量达385万吨，旅客输送302万人次，从货物吞吐量增长来看，1988年是有史可查的1966年的24倍。海口新港在搞好运输生产的基础上，充分发挥地处海口市区的地理优势，本着为旅客货主服务的思想，积极开展多种经营活动。现已涉及商业、餐饮业、酒店和旅游业，是一个在改革开放中成长起来的综合性企业。

清澜港位于海南岛东北部清澜湾西岸，属文昌市清澜镇，距文昌市区15公里，北距琼州海峡54海里，南距榆林港129海里，东南距西沙永兴岛185海里，是海南岛东北部唯一业已建成具有相当规模的港口，它对文昌、琼海、万宁等东部市县的经济发展有着促进作用，同时它又是西沙群岛的主要供给基地。

清澜港解放初期完全属于一种作为海上渔船避风地的自然状态，设施原始。1954年成立航务管理所，1966年建设了1个300吨级船舶泊位及相应的库场和一些辅助设施。1979年以来，最高年吞吐量近20万吨，最低年份4.5万吨，吞吐量发展不平衡。清澜港航道狭长，礁、滩较多，由于淤沙沉积，80年代初已影响大吨位轮船的进出。

1986年清澜港扩建工程动工，1988年末至1989年，扩建工程项目相继完工，共进行了挖沙清理航道和港池，建成1座5000吨级和2个500吨级码头。至此，港口年通过能力是原来扩建前的10多倍，清澜港业已成为清澜开发区一个对外重要的窗口。

建省以后，省委、省政府把港口建设当作重要的基础措施来抓。十二年来，新建洋浦、乌场、海甸三个新港，扩建海口、八所、清澜三个老港，共10多个泊位，其中万吨泊位7个，5000吨中级泊位1个，1000至3000吨级泊位3个，500吨级泊位4个。新增通过能力100多万吨。至此，全省的港口泊位共有62个，其中：万吨级泊位10个，1000至5000吨级泊位17个，基本上形成了四方八港的布局。

2. 水运

海南四面环海，海洋是对外的主要运输通道，海上运输是海南的生命线。虽然海南的航空业有了很大的发展，但中低收入阶层进出海南的旅客大部分选择走水路，绝大部分的货物必须通过水路运输，水运业仍然对海南的经济建设有着举足轻重的作用。建省前，海南人民和过往海南的游客最为关心的是台风的动向，因为它波及人民生活、影响交通。难怪宋代文人苏东坡被贬海南时在诗中曾发出“北船不到米如珠”的憾叹。因此，不论是计划年代还是市场经济时期，水运事业皆为海南历届决策层所关注。特别是1988年建省后，随着港口、运输船队放权给地方，海南省委、省政府，从海南实际出发，在政策、财力等方面都给予倾斜和大力支持，我省的海上运输事业蓬勃发展，在较短时间内就建成具有相当规模的海上运输船队。

1950年海南岛解放时水运业还很落后，全岛仅有机动船26艘，且吨位很小，其他均为自划船，主要从事环岛的短途运输，渡海到雷州半岛或大陆部分地区，偶尔也有木帆船与越南和东南亚其他国家和地区联系。1951年8月1日，海南正式成立了“民船运输服务社”是解放后海南最早建立的水上运输企业，也是后来海南省海运总公司的前身。当时只有1艘17吨位35匹马力的木质客船。1952年海南民运社改为广东民船运输社海南分社，海南分社也步入省企业行列，船舶发展到5艘机帆船，共计405吨位，455匹马力。1952年，海南全社会的水运货物运输量仅为14万吨，货物周转量仅为1059万吨公里；旅客运输量仅为5万人，旅客周转量仅为221万人公里。1956年对私营航运业实行社会主义改造，把公私合营的一些船舶纳入国营企业，广东民船运输社海南分社得以壮大，生产船舶发展到16艘，年完成货运量2.3万吨，客运量2.5万人次。1959年1月，海口港务局与航运管理处合并，改为海南行政公署航务局，直辖海口、八所、三亚3个港务局和清澜、白马井、新村、铺前、博鳌等5个港务所，以及海南国营船队和社营直属船队。国营船舶发到32艘，年完成货运量10.2万吨，客运量19.7万人次。1964年4月，海南航务局改由广东省航运厅领导，改名为“广东省航运厅海南航运局”。1985年1月又由广东省航运总公司将海南航运局改为“广东省海南航运公司”。1988年11月经海南省人民政府批准，改名为“海南省海运总公司”。此时，海南省海运总公司已经拥有运输船舶36艘，共万余载重吨，2991个载客位，航线遍及省内各口岸、两广沿海、港澳地区以及上海以南各港口。有各类型沿海货轮、驳船、拖船、油轮、车渡船、普通客轮和豪华快速双体客轮。货运量从1953年的0.5万吨增加到82万吨，客运量从1953年的1.6万人次增加到373.6万人次。此外，还拥有6个中小型港口、1个造船厂，有海岸电台、通讯导航网络以及物资供应基地，成为海南省一个综合性的服务多元化的大型骨干海运企业。

海南省海运总公司作为海南最老资格的水上骨干运输企业，它的发展经历基本反映海南建省前的海上运输发展过程。

随着港口的开拓与经济的发展，海南的水运事业也得到迅速发展。至1987年建省前夕，全岛的货物运输量与周转量、旅客运输量与周转量分别达到68万吨与20071万吨公里、340万人与6785万人公里。

1988年建省至今，是海南水上运输业发展最快的时期，市场的竞争，打破过去一两家企业主导海南运输市场的局面，呈现出百轲争流的新格局。

海南省海运总公司继续发挥近海、短途运输的优势，经过48年的发展，已由创建初期的几艘木帆船发展成为拥有各类运输船舶24艘，固定资产1.85亿元，总资产达7.69亿元人民币。下属2个专业船舶运输公司、1个船舶用品供应公司、4个与海运相配套的后勤服务公司、1所海运职工中专学校、1间船舶修造厂，是海南新港实业股份有限公司直接控股公司和海南海斯实业股份有限公司的参股公司。货运航线遍及国内沿海各港口、港澳地区及东南亚，在琼州海峡航线上，公司有豪华快速客轮和普通客轮8艘，汽车渡轮11艘，不分昼夜地穿梭于海口至海安和广西北海之间。

海南海盛船务实业股份有限公司则是一家在海南这个海上运输市场上脱颖而出的姣姣者。1988年，海南建省办大特区，长期以来，一直承担着海南进出岛大宗散货及重要物资的交通部广州海运管理局，意识到海南是个大有可为之地，稍有怠慢，便有可能在海南本地和外来船务公司的挤压下，丢掉市场份额，因此，1989年4月28日，以2000万元资本在海南注册成立一家船务公司代理海南运输任务，进一步巩固海南的货源市场。1992年，公司自筹资金购买的第一艘万吨巨轮“东山岭”号投入海南市场的营运，担负海南发电用煤和石碌铁矿石出岛的任务，当年创利税1000多万元，受到海南省人民政府的表彰。树立了公司在海南的形象和确立了公司在海南的领先地位。1993年3月，经交通部、海南省人民政府批准，改制成股份有限公司，1994年4月，在上海证券交易所正式挂牌上市交易，是交通部直属航运系统中率先进行股份制改造的企业；是海南首家在上交所上市交易的社会公众公司；是A股在上交所交易的首家海运公司。1989年公司租赁2艘杂货轮，运力不到万吨；1995年底公司拥有船舶6艘，运力13.2万吨；1996年底达16.61万吨；从1989年至1996年，公司资产增长了近20倍，共运送货物1190.7万吨，为海南大特区的海上运输作出了突出贡献。

截止1998年，海南从事海上运输的企业已发展到近百多家。除了在上交所挂牌交易的海南海盛船务股份有限公司外，还有在深交所挂牌上市的海南南洋船务股份有限公司，海南是目前唯一拥有2家上市公司的省份；海南船舶拥有量和运输能力大幅提高。海南省已拥有各种运输船舶279艘，净载重吨位共有82万吨，客位12919人。海南省水运货物运输量与周转量、旅客运输量与周转量分别为2098万吨与2361594万吨公里、369万人与23915万人公里；海南实现远洋运输零的突破，拥有远洋货轮15艘，1998年货运量达到168万吨。目前，海南地方船舶的国内航线已通到上海、南京、武汉、青岛、大连、天津等港口；国际航线可达日本、南朝鲜及东南亚、非洲。海南已逐步跨入海运大省的行列。

解放后的近50年，海南的水运事业发展的速度还是很快的。1998年与1950年比较；1998年的货物运输量是1950年的212倍；旅客运输量是1950年的99倍。1950年至1998年的48年间，货物运输量平均每年递增12%，旅客运输量平均每年递增10%。

（四）航空运输业

航空运输是一种现代化、先进的运输方式，其优点是运行速度快，直线运距短，可以跨越自然障碍，尤其象海南这样的海岛省份，发展航空运输业具有重要的意义。

海南航空业的起步是1950年以后的事情，1956年2月，中国民航海口站正式成立，广州－湛江－海口首航成功，1960年此航线延伸至三亚。从此，海南的航空运输业正式诞生并得到发展。海口民航建站初期，仅有职工15名，各种设备简陋落后，机场只能起降小型飞机。每天只飞行4个班次，遇上复杂的气候条件通讯，只好停飞。航线里程仅525公里，年客运量仅千余人次，货邮发运量也只有86吨。之后，海南的民航事业经过了一段比较长时间的缓慢发展过程。直至1978年党的十一届三中全会召开后，海南的民航事业才迈进一个新的发展时期。到建省前的1987年，海南的民航旅客运输量和货物周转量已分别达到16万人次67万吨公里，各是1957年的16倍和16.8倍。

1988年建省后的11年，是海南民航事业发展的辉煌时期，自建省之日起，海南省委、省政府就十分关心和支持海南航空事业的发展，在国家投入不足，海南财力紧张的情况下，从通过制定相关政策转变投资经营机制入手，措资不断扩建、新建机场和创建海南省地方航空队。在短短的近10年的时间内就把海南从航空事业落后的省份带入了国内民航运输强省之列，到达了其他省份经数十年的发展、积累才完成的目标。

1. 航空港的建设

首先，对海口机场进行了扩建。在海口机场相继建成了可供“波音707”、“波音737”、“波音757”和“图－154”等大中型客机起降的新跑道和可同时停放6架大中型飞机的停机坪，还建成可容纳4个航班旅客的候机厅、可在复杂天气条件下实施指挥的航空管制楼、指挥塔台及相应的跑道灯光、气象、通讯、导航等配套设施设备。随着机场硬件设施标准的升级和海南经济快速的发展，相继开辟了海口至北京、上海、沈阳、西安、成都、重庆、昆明、贵阳、长沙、武汉、福州、汕头等国内重要城市的空中航线，并定期或不定期地加开了海口至香港航线和飞往新加坡、曼谷等地区的国际航线。目前，我省的国内外航线已达189条，航线里程达到201553公里，每周几十个定期航班，从海口可飞达国内外45个大中城市及地区。海口机场在建省后短短的几年时间内从一个偏僻落后的小空港一跃发展成全国10航空港之一。1998年海口航空港进出人数达329万人次。

其次，修建了三亚凤凰国际机场。三亚凤凰机场开创中国以股份制投资形式建设大型现代化机场的先例。早在海南正式建省前夕的1988年2月就设立了机场建设筹备处，直至1990年5月28日才动工，1991年9月21日，海南省政府决定，正式注册成立海南凤凰机场总公司，负责机场的建设与运营。由于国家给的3000万元对概算14个亿的机场建设不过是杯水车薪，加上全国经济正处于低潮，海南财政一年的收入才3个亿，资金严重短缺，工程进展迟缓。1992年春，邓小平同志南巡深圳、珠海，小平同志的"南巡讲话"和行动，极大地鼓舞了全国人民建设社会主义市场经济的决心，为持续低迷的海南经济注入了兴奋剂，海南迎来了建省以来的第二次投资热潮。海南省政府和凤凰机场的建设者门及时把握机遇，1993年3月开始在海南凤凰机场总公司实行股份制试点改造，消息传出，立即引来不少颇具实力的公司加盟。1993年7月1日总股本10个亿、股本金15个亿的海南机场股份有限公司正式创立。凤凰机场建设资金吃紧的燃眉之急顿时解除，注入了资金就有如注入了血液，1993年全年完成基本建设投资5.7个亿，超额完成年度5.5个亿的年度计划。此后，工程进展顺利，1994年6月5日，机场首次试航圆满成功，6月29日，凤凰机场顺利通过由国家民航总局主持的验收。至此，机场占地面积4.8平方公里，主跑道长3400米，宽60米，飞行区按国际4E级机场的标准设计，可起降目前世界最大的波音747—400型客机，航管、通讯和气象设备均从国外引进，客流量能力为150万人次的现代化机场——海南凤凰国际机场在祖国天涯海角落成，它恰似一只展翅高飞的凤凰，为三亚这个热带旅游圣地引来无数的八方客人。

再次，建成了美兰机场。海口机场通过多年来的扩建和更新设施，使航空运输的航线、旅客运输量与货物运输量成倍增加，为海南的航空运输做出了重大贡献，但由于位居城市中心，日益成海口市城市发展的阻力，同时，也束缚了机场自身的发展，虽然经过扩建也就只有2500米长的跑道，规模和容量都不能降落747等E型大客机，且由于净空环境恶化，从1996年开始就被国家民航总局下令禁止了夜航的飞行，有不少本要到海口的客人，因航班误点却要先到三亚中转，影响了海南的对外形象，人们盼望海口市能有一个日夜通航的新机场。1995年，以建设三亚凤凰国际机场而闻名的海南机场股份有限公司又承担建设新机场的重任，经过短短几年的奋斗，在时光走进了即将跨入21世纪的1999年，一个现代化的新机场——海口美兰机场孕育而出，同时，也预示着使用了几十年的海口机场即将关闭。海口美兰机场位于海南省琼山市美兰镇、距海口市中心18公里。建有机场高速公路跟海榆东线高速公路(海口一三亚)`海文公路(海口一文昌)以及未来的环岛公路联网，设有民航班车来往接送，交通较为便利。美兰机场作为我国重要国内干线机场，占地面积583公顷，飞行区按国际民航组织制定的4E级标准建设，总概算投资23.04亿元人民币，设计客货年吞吐量分别为600万人次和15万吨。机场跑道长3600米，宽45米；平行滑行道长3600米，宽34米；跑道、滑行道等主要设施可满足波音747-400型等大型飞机全重起降要求。航站楼面积6.02平方米，站坪面积12.86万平米，近机位7个，远机位8个；跑道配备世界先进水平的二类助航灯光系统和计算机监控系统，航管配备先进的二类仪表着陆系统。

1999年3月28日海口美兰机场首航成功。这是个万众翘首以待的日子，这是美兰人的喜事，也是海南人民的喜事。海口美兰机场的通航，对于改善我省的投资环境，扩大对外开放，加强与国内外的联系，促进海南经济社会发展，都具有十分重要的意义。海口美兰机场的开通是海南社会经济发展达到一个新阶段的标志。可以预计，美兰通航将对海南的经济发展、对外开放，特别是对海南的旅游业产生巨大的推动作用。

至1999年，海南已形成“南有凤凰，北有美兰”的空港新格局，海南经济插上腾飞的双翼，使海南步入世界先进航空业的行列。

2. 民用航空公司的发展

海南作为一个岛屿省份，对外的运输通道实质上只有海运与空运2条，其中航空运输以其快捷最能与日益飞速发展的海南经济相适应，形势的发展和市场的需求，都决定了海南不仅需要有现代化的大型机场，而且非常需要海南有自己的航空公司，应有自己的航空运输力量。如此才能更好地构造一个能承担起大特区经济建设任务的海空立体交通运输体系。1989年9月，海南省政府批准成立海南省航空公司，同年10月在海南省工商局以1000万元人民币和500万美元正式注册，其中，1000万元人民币为海南省政府出资。航空运输是高投入的行业，1000万元人民币只够买半个飞机翅膀，要办个航空公司，似乎天方夜谭，但这并没有难倒为创办大特区航空事业的海南航空公司的建设者们，他们认识到必须走股份制的道路，一者可筹措低成本的资金，解决无法购买飞机而不定期包租飞机的窘境；二者股分制是现代企业制度的主要形式，通过转变经营机制，克服国内航空公司业已存在的缺乏市场应变能力、低效益等弊病，走一条高起点、高速度、高效益的路子。

1992年8月经海南省股份制试点领导小组批准海南航空公司以定向募集方式进行股份制改造，10月9日，海南省航空公司经海南省工商行政管理局审查获准股份制规范化改组后的变更登记，10月15日，股份制创立大会在海口市召开，海南省航空公司成为全国航空运输业中第一家规范化的股份制企业，此次转制共募集2.501亿股本金，并以此为信用获得6.6亿元贷款，公司资产规模是原注册时的近70倍，海南航空公司有了引进飞机的资本。

1992年7月，国家计委和国家民航总局批准海南航空公司引进4架波音飞机，成为继上航、川航之后的第一家拥有波音飞机的地方航空公司。1993年4月13日，一架涂有奔鹿和椰树标志的B737—300大型客机稳稳地降落在海口机场海南航空公司新修建的停机坪上。从这一天起，600多万海南人民便拥有了自己的民航客机，拥有了飞向蓝天、飞向全国、飞向世界的银色翅膀。同年4月23引进的第二架波音737客机到位。1993年5月2日，海南航空公司开辟了首条航线—海口至北京航线，以开通首都北京做为海南航空公司的首航，本身就隐含深刻的意义，它庄重向全国人民昭示，经过3年艰苦创业的海南航空公司正式投入营运，我国航空运输业又多了一支新的生力军。5月2日首航成功，掀开海南航空公司营运史的新篇章。

1993年6月3日，海南航空公司法人股开始正式在全国证券自动报价（STAQ）系统上市流通，股份制给企业带来了无穷的活力和勃勃生机。至1993年底止，在4月引进首批2架B737客机和第3架B737于11月份才到达的情况下，海南航空公司就相继开通从海口通往北京、上海、广州、深圳、南京、武汉、重庆、长沙等全国各主要大中城市的15条航线，全年运营仅8个月，就累计飞行1652个班次，总飞行时间3276小时，运送旅客16.5万人次，货邮665吨，航空运输总周转量就达1744万吨公里，实现利润6876万元，创下了国内航空运输企业当年营运当年盈利的新记录。在1994年全国宏观经济不景气，航空客运市场萎缩、民航企业经济效益出现滑坡的情况下，仍取得了运送旅客61万人次，货邮3700吨，总周转量5766万吨公里，实现利润9100万元，达到每股税后盈利0.29元的良好业绩，成为股份制企业中经济效益较好的企业之一。

1995年9月27日，海南省航空公司又迈出了重要的一步，美国航空投资有限公司与海南省航空公司正式签署协议，投资2500万美元认购公司发行的B股，用于扩大海航机队规模，共同拓展航空市场。至此，海南省航空公司成为国内首家中外合资航空运输企业。海南省航空公司迈向国际资本市场，多了一条融资渠道，为超常规发展创造了更加有利的条件。

1996年8月24日，海南省航空公司引进的第9架波音737—400型客机降落海口机场。至此，加上原来引进和租赁各航空公司的飞机，海南省航空公司的机队规模已扩大至13架，航线网遍布全国30多个城市，逐步实现规模经营目标。

1999年5月1日，在海南航空公司安全运营6周年之即，又通过了ISO9002质量体系认证，意味海航朝开辟国际航线的方向迈进了一大步。以1000多万元起家的海南航空公司自1993年5月2日首航北京以来，至1998年底，已开辟国内70余条航线，拥有飞机26架，其中：波音737系列飞机13 架，M23客机9 架，小型公务机2架。总资产达40亿元人民币，运营资产73亿元人民币，实现运输总收入47亿元，税收利润总额超过6亿元，上交国家各种税收和基金4.4亿元，1998年年旅客运输量超过200万人次，成为中国民航中大型航空公司之一。

海南航空公司能取得如此的辉煌成绩，一是有好的经营机制和正确的营运策略，二是海南大特区有培育市场机制的土壤。如今在这片宝地上，还有南方航空公司海南公司和北方航空公司三亚公司，南方航空公司海南公司是扎根海南最早的航空运输企业，1998年末，拥有飞机6架，运送旅客 92 万人次，运输总周转量达6844万吨公里。北亚航空也是一支后起之秀，1998年，运送旅客56万人次，运输总周转量亦达 5972万吨公里。三支航空公司在市场竞争中共同架起海南航空运输事业的明天。

二、邮电、通信事业的发展

（一）海南建省前38年邮电、通信事业的发展

自19世纪英国出现了邮票和接着电报、电话的发明及应用，邮电通信在资本主义国家迅速发展，并随着西方列强的足迹普及全世界。虽然清朝末年中国就开办邮电事业，但旧中国邮电业发展既缓慢又存在地域间的不平衡。旧中国的海南就是此种现象的一个缩影，海南岛1950年4月解放时，邮电业相当落后，邮政机构稀少且分布不均，仅海口、榆林、嘉积、文昌、定安、万宁、陵水、崖县、北黎和琼山府城镇等处有10间大小不依的邮局及散落各县乡镇的130处邮政代办所，而且大部分均为私商经营，业务上单一，既只卖邮票，不办汇兑投递。长途通信几乎空白，只开通海口至广州、湛江、北海、榆林4条无线电路。整个海南仅海口市拥有总容量为200门磁石式交换设备的市内电话，市内电话用户134个。

新中国的建立，给海南邮电事业提供了发展的条件。经广东省邮电管理局批准，1951年7月1日在海口市邮政局和电信局合并的基础上成立了海口市邮电局。1952年11月1日正式成立了广东省邮电管理局海南分局，与海口市邮电局合署办公，统一领导和管理全岛的邮电通信工作和海口市内的业务生产。与此同时，全岛各市县也成立了邮电机构，计有县邮电局17间，邮电支局2间，邮电代办所319间，随着对私营邮电所进行公私合营和收归国有等社会主义改造运动的完成，海南基本形成了较为合理的各级邮电系统。邮电机构的建立和完善，促进了邮电事业的初步发展。为了加强与大陆的通信联系，充分利用无线电路开办了海口至广州长途电话业务，并新开海口至汉口无线电路。在提高与岛外通信能力的

同时，岛内通信也得到了加强，1950年8月就开办海口至嘉积、榆林的电话业务，1951年底至1952年7月，先后在屯昌、那大、昌感、乐东等地架设小型无线电台，进一步沟通全岛东西南北中的通信联络。与此同时，各市县政府也组织力量架设县至区乡的土改电话网路，为全面发展农村电话通信打下了良好的基础。些外，还用了一定的资金和力量发展市内电话。1954年7月在海口市兴建市话大楼，1955年3月开通了1000门共电式市内电话交换机，市内电话用户增至540个。解放初期，海南长途电话有线电路尚属空白，在1952年土改电话网建设工程中，就架设了东中西3条长途线路949.83杆公里，线条1123.11对公里，沟通了海口和市县的有线通信。继“一五”期间建成海口、榆林、北黎、通什、那大等地长途通信机务站后，50年代末至70年代初，又先后建成了其余各县的长途通信机务站，安装了部分县的长途载波机。

党的十一届三中全会以后，改革开放的春风吹遍中国大地，海南邮电通信事业也进入了快速发展轨道。1982年党中央国务院决定加快开发建设海南的政策颁布后，海南坚持国家、地方、集体、个人一起上的方针，充分调动和方面的积极性，多渠道筹集资金，加快发展海南邮电事业。1978年到1987年的9年间，海南的长途通信建设有了很大的进展。1986年开通了海口至广州1800路微波，初步缓解海南出岛长途通信的紧张状况，长话电路由104条发展到323条，增长2.1倍；。1987年，又开通了海口至三亚960路岛西数字微波，改变海南西线通信一直落后的局面。市内电话建设方面，先后新建扩建了海口、通什、琼山等10个市、县的自动电话，市话交换机总容量由6650门发展到18090门，增长1.7倍，市话用户由4874户发展到12736户，增长161.3%；海南邮电业务总量由1054.7万元发展到1757.5万元，增长66.6%。其中函件由2798万件发展到2969万件，增长6.1%；；邮运汽车由18辆增加到44辆。企业收入由620.98万元发展到2357.91万元，增长2.8倍。农话收入由101.64万元发展到331.2万元，增长2.3倍。企业固定资产由1668.19万元发展到9470.24万元，增长467.69%，相当于前28年的5.6倍。至1987年建省前，海南有区、市、县邮电局21间，邮电支局121间，邮电所245处，代办所21处，总计408处，是解放初期的40倍。邮电职工人数达5631人，是解放初期28倍多。

（二）1988年海南建省后邮电通信事业的发展

海南建省办特区，使曾经是一个封闭落后的海岛，成为中国改革开放的前沿，国内外大量的资金、技术、人才蜂涌而至，海南开发建设和对外开放热火朝天。但海南改革开放和开发建设始终都离不开邮电通信，没有良好的通信条件，海南的经济建设就要受到制约。通信不畅，不能和省内外、海内外保持联系，市场信息不灵，外商也不来，加快特区建设也就成为一句空话。虽然经过改革开放9年的建设，我省邮电通信发展较快，但与建省办特区形势的发展仍有很大的差距。长途电路少，挂外省电话常出现“梗阻”现象，电话接通率低，销号严重，市内电话，海口、琼海等市县已接近“满载”，特别是海口市内电话，装机已占交换机总容量的90%以上，超负荷工作，待装用户也不少，供求矛盾十分突出。全省除海口、三亚市以外，其他多数地区发展还很缓慢，综合通信能力仍然很不足。大开放的新形势给予当时海南邮电通信业极大的压力，同时讯猛发展起来的社会经济又为海南邮电通信的发展提供了良好的机遇和条件。1988年4月20日，经邮电部批准，原海南行政区邮电管理局升格为海南省邮电管理局，海南邮电部门面对新形势，在邮电部、海南省委、省政府的直接领导下，在全社会的大力支持下，认真贯彻、落实国务院确定的“统筹规划、条块结合、分层负责、联合建设”的通信发展方针，坚持走“高起点、高技术、高速度、高效益”的发展道路，采用“借钱买鸡，生蛋还钱”的经营思想，大胆负债经营，积极筹集国内外资金，大量引进先进的技术设备，加快了通信建设步伐。

1988年建省的当年，海南邮电通信事业就取得了显著成绩。全年完成海口2000门集装箱程控电话、5000门程控电话和三亚3000门史端乔自动电话以及昌江、东方、白沙、屯昌、琼海、万宁、保亭等10项市内自动电话新装和扩容工程，新增通信能力1.54万门，为1978年至1987年十年间建成的自动电话总容量的78%。长途通信，在邮电部和和省市局的重视和支持下，开通了85条出省长途电话电路和4条电报电路，使我省至南京、上海、武汉、沈阳、成都、重庆、西安、郑州、南宁、长沙、北京、广州和香港都有了直达电路，还开通了69条省内长途报话电路。挂出省长途电话难和各市县挂海口电话难的问题初步得到缓解。同时，农村电话完成了60.8杆公里的线路改造工程，增加和更新3条农话载波机22套，交换机6部。邮政通信能力也有所增强。1988年购置邮车10辆55吨，邮电支局所土建工程完成5151平方米。为行使国家主权和保卫、建设南沙，1988年11月1日，南沙群岛邮政局正式开业，它是迄今为止祖国疆土上纬度最低的邮局。同时，还购置了一批邮政生产专用设备，改善了生产工作条件。1988年全省邮电业务总量完成2421.2万元，比1987年增长37.77%，这一增长幅度在全国排列第3。市话净增放号5317户。邮电业务的发展，服务工作的改善，带来了企业经济效益的显著提高。1988年全省邮电企业务收入达到4149万元，比1987年增长75.98%，这一增长幅度为当年全国首位。全省通信企业利润716.15万元，比1987年增长25.05倍。实现了业务总量、业务收入和企业利润的同步增长。海南邮政开办的新业务成绩喜人，集邮业务收入达到127.3万元，比1987年增长369%，集邮点从原来6个扩大到18个。邮政储蓄业务中，收储用户比1987年增长47.73%，收储余额比1987年增长88.29%，储蓄收入增长190%。1988年海南邮电通信事业的良好开端，为随后几年的发展打下了坚实的基础。

1989年，建成三亚卫星通信地球站，完成粤西微波（海口至广州）120路长途通信工程，增强了海南省长途通信能力。同年11月，海南省第1个农村乡镇自动电话——万宁县兴隆邮电支局500门全自动电话交换机正式开通使用，为实现农村乡镇电话的自动化迈出可喜的一步。

1990年，完成海口至广州微波通信扩容（540路）工程，开通了海口1200路端长途程控交换系统，长途程控交换达到1550线。

1991年，新增市话容量2.27万门，并随着海南定安县2000门市内自动电话的开通，实现了全省市内电话自动化。为此，海南成为全国实现市内电话自动化较早的省份之一。

1992年7月，海南洋浦邮电局正式设立，至同年底，全省市话总容量达到10.98万门，全省市话普及率从建省前1987年的每百人1.5部提高到每百人8.89部，大大超过全国每百人1.63部的平均水平。海口市话普及率达每百人16.62部，居全国省会城市之首，市话通信能力的增加，使市话装机难的问题得到基本缓解。

1993年，海南省第1条农村电话光缆传输琼山府城至桂林洋线路开通，标志着大容量的光缆通信技术已开始进入乡村通信领域。海口市电话普及率达到27%，稳居全国省会城市之首。全省所有市县均开办了国内国际特快专递邮件业务，扩展了邮电业务。

1994年3月，海口、琼山市内电话号码由6位升为7位.。5月，随着全省市县最后一个程控电话局在乐东县割接开通，至此，全省19个市县全部实现电话交换程控化、长途传输数字化。新增程控市话容量6.5万门。

海南邮电通信事业年年都有所突破，同时，也扩展到与传统邮电的长途、市话等不同的新领域。如移动通信，就是在建省后发展起来的。1992年2月20日，海口市、三亚市移动电话开通使用，移动电话通信及时、方便和可异地使用的特点，使移动电话的需求巨增，海南曾有一个移动电话号码拍卖3.5万元的记录，市场的需求促进了海南省移动电话的大发展，在中国联通公司进入海南后，移动电话在海南迅速普及，成为海南话务通信的一壁江山。至1998年全省拥有移动电话194874部，是开创初期的192倍。在无线寻呼方面，自1988年，海口市邮电局开办了全省第一家126人工无线寻呼台后，紧接着，雨后春笋般地涌现出近10家寻呼台，之后，海口市邮电局又相继开通了127、128和990等寻呼系统，其中在199 年，实现了127全省联网和990汉区市县联网，中国联通公司开拓海南市场后，又有191、192寻呼台，截止1998年底，全省两大系统共有寻呼用户560494个，是1990年开办时的235倍。在同属移动通信范畴的电报电路方面，1989年，海口市安装512线用户电报交换机，为用户提供快捷简便的通信条件，1990年，海口市又开通了128线自动转报系统，并入全国电报自动交换网，结束了海南电报人工接转的历史。1994年，海南全省电报电路达146条，为历史最多年份，近几年，随着通信渠道的增多与转变，电报电路开通线路呈下降趋势。

在电信发展的同时，海南省邮政通信能力迅速增强并取得长足的发展。1988年投入邮政建设资金1228.38万元，加强邮政基础设施建设。1989年全省增加邮车28辆，摩托车44辆。在邮电部的支持下，开办了海口至湛江、海口至广州2条一级干线自办邮路，初步解决了出省邮件积压问题。同年，开办了临高、白沙、保亭、通什等4个县市的自办汽车邮路，自办邮运的县市从11个增加到15个。同时，开通海口至其他省会城市航空邮路23条，计1.07万公里，加快了邮件的传递。全省邮路总长度比1988年增加1.63万公里。1990年开通了海口至文昌清澜的二级干线自办汽车邮路，1991年开通了省内最后一条海口至定安的二级干线自办汽车邮路，全省有20个市县实现自办汽车邮路，邮件的传递速度和安全程度均有提高，海南省成为全国第一个省内二级干线汽车邮路全部自办的省份，近50万群众比以前提前1至2天看到《海南日报》和其他报刊。建省11年，全省新增邮政生产汽车267辆，摩托车323辆，分别比建省前的1987年增长607％和254％；邮路总长度达到50198万公里，比建省前增加37055万公里；邮政局所621个，比建成省前增加213个。至1998年底，海南省邮政发展到具有储蓄、特快专递、报刊发行、集邮、平常快件、礼仪专递和电子信函等业务的全新体系。

海南建省办特区的11年，是海南邮电通信事业发展历史上通信能力增长最多、业务量发展最快、社会效益和企业效益最好的时期。综合起来，海南省邮电通信的发展有以下特点：一是超常规发展。从建省到1993年的6年间，邮电固定资产的投入达10.4亿元，是建省前近40年总投入的15倍，而1994年的投入又是建省后前6年的总和。大投入带来大发展，无论是通信能力还是邮电业务，海南的增长速度一直都处在全国同行业前列；二是采用的邮电通信技术先进。由于坚持走“高起点、高技术、高速度、高效益”的发展道路，海南省邮电通信技术装备有了很大的提高，现在光缆、数字微波、卫星通信、程控电话、电子计算机等现代先进技术已经在我省通信生产中普及且走在全国前列。

邮电通信事业超前发展，为实现海南省委、省政府提出的海南信息岛、智能岛的目标创造了良好的条件，奠定了坚实的基础。（海南省统计局 唐忠民）

第十二章 固定资产投资和建筑业

一、固定资产投资

投资规模不断扩大。新中国成立以来，在各级党委和政府的领导下，海南各族人民群策群力，在建设领域不断加大固定资产投资力度，特别是海南建省办特区后，省委、省政府提出“用政策、打基础、求效益”的经济建设方针，充分利用中央给予海南的各项优惠政策，通过多种形式、多种渠道筹措建设资金，不断扩大投资规模，固定资产投资总量迅速增长。从1952年至1998年，海南累计完成全社会固定资产投资1478.35亿元，年完成固定资产总量由1952年的1674万元发展到1998年的183.33亿元。在国有单位固定资产投资中，累计基本建设投资为986.78亿元，年均投资增长15.3%，年完成投资总量由1952年的1672万元发展到1998年的135.89亿元；累计更新改造投资为82.5亿元，年均投资增长11.2%，年完成投资总量由1978年的862万元发展到1998年的6.3亿元；累计房地产开发投资为233.92亿元；其他投资为33.31亿元。

在新中国成立之后的50年中，海南固定资产投资呈现阶段性逐步加快的态势，从“一五”时期到“六五”时期投资增长缓慢，在漫长的岁月中，仅累计完成固定资产投资85.49亿元，占全部累计固定资产投资比重的5.8%；进入“七五”时期，固定资产投资规模和速度突飞猛进，“八五”时期达到高峰。“七五”时期全社会固定资产投资总量116.52亿元，年均投资增长14.4%，“八五”时期全社会固定资产投资总量739.24亿元，年均投资增长52.0%。“九五”时期前三年在固定资产投资规模上，仍比“七五”时期强，三年累计完成全社会固定资产投资537.1亿元，多420.58亿元。1952年---1998年全社会新增固定资产1234.4亿元，固定资产交付使用率83.5%，雄厚的物质基础有力地促进了海南经济的发展。

投资结构趋向合理。新中国成立初期，固定资产投资效益十分客观，一座座工厂、一间间学校拔地而起。但是随着建设领域固定资产投资规模的扩大和延伸，社会经济的结构日益突出。1978年以前，海南的经济布局在全国来说，只是做为边防前哨而设置的，有份量的工业基本上是军用重工业，绝大部分建设在崇山峻岭之中，而投资少、工期短、见效快的轻工业企业较少。1978年后，为适应社会经济发展和产业结构调整的需要，针对过去在经济建设过程中过分重视重工业，忽视轻工业；重视第一、第二产业，忽视第三产业；重视生产性建设，忽视非生产性建设等问题，对投资结构进行积极调整、理顺和改善，取得了很大成绩，使海南的投资结构不断趋向合理化。

80年代初始，海南针对当时经济的结构性矛盾，着手协调农、轻、重的比例关系，除了对重工业内部产品结构进行调整外，采取的主要措施是把军工转为民工，把工厂搬出山区，面向社会面向市场，同时加大了轻工业投资力度。1970年在国有单位固定资产投资中，轻、重工业投资比例为1：36，1982年这一比例为1：20，1998年为1：8，一大批有地方特色的轻工业，如椰制食品、饮料、水果、制糖以及啤酒等行业有了很大的发展。

全省直到80年代初才重视曾经被长期忽视的第三产业。在从计划经济走向市场经济的过程中，全省对第三产业在整个国民经济中的作用有了全新的认识，并加大了第三产业的投资力度。第三产业投资比重由1980年的30%上升到1998年的70%，投资总量由1980年的13.89亿元增加到1998年的128.3亿元。与此同时，也加快了生产性建设投资和非生产性建设投资“骨”与“肉”的比例关系的调整步伐，逐年增加非生产性建设投资，投资比重从“六五”时期的30%提高到“八五”时期的52%。通过这些投资结构调整，产业结构进一步优化，基本形成了以新兴工业、热带高效农业、旅游业为地方特色的“一省二地”的经济结构新格局，逐步实现三次产业协调发展，社会公益事业、人民居住条件、服务行业水平有了大幅度的提高。

投资体制改革加速市场经济进程。党的十一届三中全会以后，改革开放打破了计划经济时代单一的全民所有制单位投资的格局，投资体制正在由从项目决策、设计审批、资金筹集、施工建设直至生产经营全部过程包揽的高度集中统一的政府投资体制，向投资主体多元化，投资资金来源多源化，投资决策分权化，投资管理间接化的新体制方向转变。从80年代开始，投资领域实行了投资包干制，改革了投资计划管理体制，扩大了地方投资审批权，对自筹资金指标的适度放宽，投资决策权开始由高度集中向相对分散过渡，使地方政府开始具有了规定范围内的投资决策权。随着新的投资格局逐步形成，市场在资源的配置方面发挥了关键作用，政府对宏观投资的管理方式，从依靠行政命令直接控制企业投资行为，开始转变为通过财政、金融等各项经济政策引导市场，从而间接影响企业投资行为，实现投资管理的间接化，毫无疑问，采取一系列的投资体制改革措施使经济发展并加速市场化进程。海南固定资产投资，从“一五”时期到“五五”时期的二十八年间（含三年国民经济调整期），只有全民所有制单位投资；但是从“六五”时期开始，固定资产投资范围扩大到全社会，包括了全民所有制单位、集体所有制单位、个体等多种经济成分，在“六五”时期的全社会固定资产投资中，全民所有制单位占比重64.5%，集体所有制单位、个体等非国有单位经济成分占35.5%。1988年海南建省办大特区后，各种经济成分企业以及个体投资十分活跃，投资比重逐年上升，以至可以说占了较大的优势，1992年全民所有制企业等国有单位和非国有经济单位投资所占比重各为50%，1998年非国有经济单位和个体投资比重已超过国有单位投资，分别为60%和40%。在固定资产投资总量上，仅“八五”时期非国有经济单位和个体投资额，就已大大超过“一五”到“六五”时期二十八年固定资产投资的总和。现在海南的投资领域已形成包括中央、地方政府、各种经济成分的企业以及个体等多元投资主体并存的格局，这种格局必然形成固定资产投资资金来源多样化的局面。“六五”时期固定资产投资资金来源渠道比“五五”时期已经有较大的变化，国家投资不再是建设资金的主要来源，各种资金来源比重分别是，国家投资占26.7%；国内贷款占28.3%；利用外资占4.2%；自筹投资占35.4%；其他资金占5.4%。与“六五”时期相比，“七五”时期固定资产投资资金来源渠道变化为：国家投资比重下降到14.6%；国内贷款比重下降到22.9%；利用外资比重上升到10.3%；自筹投资上升到40.0%；其他资金上升到12.0%，其中外省投资资金占总额的7.4%。到了“八五”时期，基本上就形成了较为稳定的固定资产投资资金来源比重：国家投资占4.0%；国内贷款占23.1%；利用外资占22.1%；自筹投资占34.5%；其他资金占13.9%，其中外省投资资金占总额的11.2%。

（一）基本建设

基本建设是固定资产投资的主要组成部分，在经济领域中发挥着主力军的作用，为海南国民经济发展奠定了坚实的物质基础。新中国成立以来，海南累计完成基本建设投资986.78亿元，各行各业硕果累累，产生了巨大的经济效益和社会效益。

——农业。从1952年到1998年农林牧副渔业累计完成固定资产投资54.18亿元，其中，农业投资12.81亿元，各市县建成了商品粮基地、菠萝、西瓜及反季节瓜菜基地；林业投资25.02亿元，建成了一批全岛性的速生丰产林基地、各种经济林基地如橡胶、椰子、槟榔、腰果、荔枝、芒果、龙眼、红毛丹基地等，使全省的森林覆盖率达51%；畜牧业投资1.88亿元，建起了基本的商品肉基地，如肉鸡、蛋、鸭、肉猪、肉牛基地等；渔业投资4.07亿元，现在全省除了正常的渔讯期在海洋捕捞外，重点利用沿海滩涂养殖，特别是高位池养虾遍布沿海各市县，全省统计近万亩；水利管理业投资5.9亿元，新中国成立以来，兴修了松涛、长毛、长征、大广坝、小南等一批大中小型水库，库容量18亿立方米，大大减轻了水旱灾害的发生，成为洪、涝、旱都能综合治理的水利网。

——工业。新中国成立以前的海南，除了日本人侵略海南时开采的石碌铁矿以外，工业几乎是规模很小，设施简陋，技术落后的加工作坊，门类残缺不全，布局基本上集中在沿海港口一带。新中国成立以后，为了改变这种非常落后的状况，海南人民在各级党委和政府的领导下，对工业的投资建设倾注了极大的热情，经过几十年的投资建设，海南的工业已初具规模，并向新兴工业省方向迈进。从1952年到1998年工业累计完成固定资产投资

296.52亿元。其中，有色金属采选业、采盐业、石油及天然气开采业累计完成投资8.96亿元；食品加工、制造业累计完成投资12亿元，饮料制造业累计完成投资18亿元；烟草加工业累计完成投资1.5亿元，纺织业累计完成投资11.65亿元；木材加工及竹藤、棕、草制品业累计完成投资5.09亿元；印刷及记录磁盘复制业累计完成投资5.96亿元；石油加工和炼焦业累计完成投资13.42亿元；化学原料和化学制品制造业累计完成投资33.19亿元，医学药品制造业累计完成投资3.2亿元；金属制品业累计完成投资7.5亿元；化学纤维制造业累计完成投资9.49亿元；橡胶制品业累计完成投资3.2亿元；建筑材料制品制造业累计完成投资32.83亿元；黑色金属压延加工和冶炼业累计完成投资11.2亿元；交通机械、设备制造业累计完成投资15.5亿元；电子及通信设备制造业累计完成投资4.85亿元；电力工业累计完成投资50.75亿元。以东方大广坝、牛路岭为主体的水电站和以海口马村、文昌清澜、洋浦、三亚南山为主体的火电厂组成了覆盖全海南的电力网，发电机组容量150.6 万千瓦，目前，海南已成为电力富余的省份。

——交通运输业。有人把交通比喻为人体中的“血管”，也有人把它比喻为“国民经济的先行官”，可见交通在国民经济中的重要地位。然而，解放前海南的交通却非常落后，从南到北只有断断续续的黄泥公路，加上交通工具落后，乘坐烧煤汽车，从三亚到海口竟然需要二天二夜。陆路交通如此落后，更谈不上海上、航空交通了。新中国成立后，海南交通建设被列入议事日程，筑路大军浩浩荡荡奔赴开路第一线，从1952年初开始用不到一年的时间，修复、扩建、加直开通了海口——三亚的东线公路，接着从中线、西线开通了海口——三亚的主干公路，三纵四横公路交通网由此构筑起来。随着海南经济的发展，经济实力进一步加强，为了使国民经济发展步伐加快，需要更好的陆上交通。从1985年开始建设海南第一条高速公路——东线高速公路；1997年开始建设海南第二条高速公路——西线高速公路，1999年底，东、西两条高速公路将连接起来形成环岛高速公路，对于促进海南经济发展起到不可估量的作用。建国以来，公路累计完成投资40.23亿元，新增标准公路5千多公里，其中高速公路312公里。铁路交通累计完成投资7.21亿元，新增单线铁路150公里；水上运输业累计完成投资4.42亿元，修葺、扩建了海口秀英港、东方八所港、三亚港、清澜港等8个大中型港口，新建、扩建泊位21个。位于祖国边陲、被海洋阻隔的海南岛航空运输业的发展有至关重要的意义。从海口至北京一趟，走陆路坐汽车、火车，不计途中的种种不便和耽搁，最快速度需两昼夜时间，而乘坐民航客机只需3个小时。在“时间就是金钱，效率就是生命”经济快速运转的今天，航空事业的发展，把海南与外部世界更加紧密地联系在一起。1978年以来，航空运输业累计完成投资61.48亿元，淘汰了海口大英山机场，建成了海口美兰国际机场、三亚凤凰国际机场，成功组建了海南航空公司，拥有各种类型客机，航线直通国内各大城市，现在正努力开辟越来越多的国际航线，扩大对外交流的力度。具有同样意义的邮电通信业，得到超前发展，累计完成投资48.14亿元，海南已形成数字微波，光纤光缆通信、卫星通信、程控电话、移动电话、无线寻呼、分组交换等现代化通信技术手段完整的通讯体系。1998年实现了长途传输数字化，市话交换程控化，长途电话增加到1万路以上，电话交换机容量增加43万门，人均话机拥有量在全国名列前茅。

——**旅游业**。地处热带和亚热带的海南岛，椰风海韵吸引着众多的海内外游客，大海、蓝天、阳光、沙滩、高山、白云、流水、椰树样样迷人，处处使人留连忘返，这就是海南的旅游资源优势。1988年海南建省办大特区后，省委、省政府十分重视开发海南的旅游资源，通过政策倾斜等措施，多渠道吸纳建设资金，旅游设施不断完备，规模不断扩大，建省十年来，旅游业累计完成固定资产投资126.77亿元。其中，旅馆业累计完成投资92.23亿元，新增床位1.2万张；与旅游相关的餐饮业累计完成投资5.6亿元，新增餐饮网点200处；康乐园、高尔夫球场、射击场、游泳、潜海观光等娱乐业累计完成投资15.11亿元；旅游景点累计完成投资9.6亿元，新增景点45处，较著名的有：兴隆旅游度假区、三亚南山寺、鹿回头、牙龙湾、海洋动物世界、通什民族文化村、尖峰岭热带植物园、老城鳄鱼湖动物园等。

——**金融、保险和社会事业**。金融、保险业累计完成投资22.74亿元，中国银行、工商银行、农业银行、邮电银行等各行建立了全省通兑业务，储蓄网点星罗棋布，居民存款、取款十分便利。在保险体制改革上，海南走在全国改革的前例，建立了社会养老保险制度，不但为职工个人老有所养提供生活保证，也为国营企业卸去退休人员的沉重包袱。卫生事业累计完成投资8.25亿元，做到大中城市有中心医院，小城市有医院，乡镇有医疗所、室，新增医院病床2万张。教育事业累计完成投资29.51亿元，新建大学院校5间，新增学生席位3.1万个；现有中等普通中学学生席位30万个；小学生席位45万个；文化艺术累计完成投资5.97亿元，建成了各类图书馆、阅览室、艺术中心、电影院等；地方戏剧有所发展。广播电视事业累计完成投资6.33亿元，各市县有了自己的广播电台、电视差转台，最近建成了海南省彩电中心，海南省的广播电视覆盖率已高于全国平均水平。科研、综合技术服务业累计完成投资3.83亿元，形成了门类齐全的技术推广站、咨询站、服务站等，几十年来为海南的经济发展做出了应有的贡献。

（二）更新改造投资

改革开放以来，海南的企业技术进步取得了显著成就。在促进经济发展，优化经济结构，加快经济增长方式的转变方面发挥了积极的作用。采用高新技术改造传统产业，以提高产品的技术含量，增加适销对路品种，加快以提高产品质量、节能低耗、防治污染为主的技术和产品升级换代，促进重点企业上水平，重点行业上水平台阶，实现企业技术结构、产品结构和组织结构的优化调整方面作出了贡献。海南企业的更新与改造主要是以下几个方面：

针对企业产品结构不合理、工艺及技术装备落后，技术开发与创新能力差，企业组织结构不合理状况的改造；针对企业工艺落后、能耗高、综合利用率低，环境污染严重，资产负债比例较高，亏损严重的改造；针对企业规模小，产品档次低，附加值低，生产技术水平相对落后的改造；针对企业产量过剩，产品结构不合理，经济运行质量较低，缺乏资本金来源的改组改造；针对企业生产能力利用系数低，设计水平低，企业包袱沉重，市场适应力差，缺乏自我更新，自我发展的改造；针对流动领域秩序不规范，流通方式落后，流通现代化水平低的改造等等。建国以来，全省更新改造累计完成投资82.5亿元，其中用于增加产品产量的投资35.1亿元，用于节约能源的投资3.2亿元，用于各种节约的投资4.5亿元，用于三废治理的投资2.5亿元，用于扩大出口能力的投资3.6亿元。通过不断推动企业技术进步，产品质量越来越好，同类产品的市场占有率越来越高，形成独具风格的海南品牌产品和拳头产品。

（三）城乡集体和个人投资

在建省办大特区前，海南省在国内属于经济落后的地区，经济发展仍处于封闭的半自然状态，在全社会固定资产投资中，城乡集体、城乡个人投资一直在低水平运行，直到1988年建省后，才有较大幅度的提高，对发展农村经济，发展城镇经济，提高城乡居民生活水平起到一定的促进作用，但就全国范围而言，仍处于落后状态。基本情况及特点是：

1．1983年城乡集体投资完成0.17亿元，以后逐年保持较大幅度增长，1988年总量突破1亿元、1998年完成投资2.61亿元，1983-1998年，16年累计完成投资27.5亿元。城乡集体投资数额的涨落受国内经济形势的影响较大。比如，国家分别在1988年、1993年两次实施全国范围的经济整顿，城乡集体投资受此影响，投资额随之大幅度下降，而在经济高速增长时期，城乡集体投资也保持高水平增长。城乡个人投资于1981年完成1.19亿元，与城乡集体投资运行态势不同，城乡个人投资一直保持稳步增长，没有大起大落。1998年完成投资25.1亿元。1981-1998年，18 年共累计完成投资132亿元。

2．城乡集体投资中，主要投向农业、工业与建筑业；而城乡个人投资则大部分投向住宅。以1997年度为例，全年城乡集体投资完成4.59亿元，其中，农业完成投资1.89亿元，占总额的41.2%；工业建筑业完成投资0.96，占21%，商业运输邮电完成投资0.61亿元，占13.3%；住宅完成投资0.40亿元、占8.7%。其他方面完成投资0.74亿元，占16.1

%；而城乡个人投资全年完成18.44亿元，其中住宅投资13.18亿元，占总额的71.5%；农业投资完成4.24亿元，占23%；其方面投资完成1.01亿元，占5.5%。

3．从资金来源方面看，据1997年度数据，在城乡集体投资资金来源中，国有投资0.17亿元，占总额的3.7%；国内贷款0.11亿元，占2.4%；利用外资0.02亿元，占0.4%；自筹投资2.4亿元，占52.3%；其他投资1.89亿元，占41.2%。而在城乡个人投资资金来源中，自筹投资占全部的投资额。

4．从分布区域看，投资主要集中在琼山市、文昌市、琼海市、儋州市、万宁市等一些经济较为发达地区，而在那些经济落后地区，特别是黎、苗族少数民族居住地区，如通什、琼中、保亭、陵水等市县，投资额则很小。

二、重点建设项目

建国以来，海南重点建设项目从无到有，从小到大，从单一到多元化，对海南的经济发展起到巨大作用。1988年海南建省办特区，重点建设项目摆上了重要日程，从1988年至今，海南省重点建设共投入200多亿元，建成竣工投产项目34个，主要成就有以下几个方面。

（一）加强基础设施，改善投资环境

海南建省办特区之初，基础设施非常落后。缺水、少电、通讯不畅、交通不便，严重制约海南开发建设和经济发展。为了解决基础设施问题，海南建省以来，投资200多亿元建设了一批大型基础设施项目，并陆续建成投产，使海南的基础设施发生了根本性好转，为海南大规模开发建设创造了有利条件。

1．电力。先后建成海口燃气轮机厂、海口火力发电厂、三亚南山发电厂（用天然气发电）、牛路岭水电站、大广坝水利水电枢纽工程、洋浦发电厂、文昌清澜火电厂、东方风力发电厂等电厂，新增电力装机容量100多万千瓦，使海南由严重缺电省变成电力富余省。

2．道路。已投入40多亿元，建成约450公里长的环岛高速公路。环岛东线高速公路，是国家重点工程，左半幅海口——三亚段265公里和右半幅海口——琼海段87公里已建成通车，右半幅琼海——三亚段已开工建设；环岛西线高速公路长377公里，分四段建设；海口至洋浦段116公里和羊栏——九所段61公里已建成通车，洋浦——八所段正在建设中，并将在1999年底通车。

3. 机场。四面环海的海南，航空运输显得尤为重要。历届海南省政府对机场的建设都非常重视，把它放在优先建设的地位。海口大英山机场虽经80年代改建，但由于场地的限制，已不能满足快速发展的航空运输的要求，为满足快速发展的航空运输业的需要，海南省先后在南部三亚建成了三亚凤凰国际机场、北部建成海口美兰国际机场，这两个机场项目都是国家重点工程。投资12亿元的三亚凤凰国际机场于1994年建成通航；投资23亿元的海口美兰国际机场1999年5月建成通航。

4. 港口。建成海口港一期工程，八所港扩建和防波提工程，洋浦港一、二期工程，马村煤专用码头工程等4个深水港口，增加万吨级以上泊位7个，新增港口吞吐能力年980万吨。

5. 水库。建成的水库有大广坝水库、松涛水库、牛路岭水库、金牛岭水库、南丽湖水库、百花岭水库、小南平水库、五指山水库、毛拉洞水库。这些水库的建成，改善了海南省的灌溉条件，对农业的增产、丰产，确保人畜饮水、工业用水等方面起着重要的作用。

6. 供水。建成了三亚市供水工程、三亚赤田水库供水灌溉工程、琼山市龙塘坝水源工程、海口市自来水供水工程、海口永庄水厂和米铺水厂工程，琼山儒俊水厂供水工程。水利新增有效库容14亿立方米，新增有效灌溉面积18万亩，恢复灌溉面积30万亩，新增日供水能力29万吨。

7. 通信。近十年来，海南邮电通讯迅猛发展，出岛光缆干线和岛内光缆网络以及省长途电讯枢纽工程建成投入使用，新增电话交换机容量43万门，电话普及率进入全国前列。

(二) 加大工业投入，培育支柱产业

由于历史原因，海南工业基础极为薄弱，不仅经济规模小，资产存量少，大型企业少，而且工业品种结构单一。为了迅速扩大工业经济规模，提高工业技术水平，改造工业结构组织，全省投资建设了一批有较高技术含量、一定经济规模的工业项目，先后建成了海南汽车制造厂、新大洲摩托车厂、海南新大洲川崎摩托车发动机厂、海南鹏达冷轧薄板厂、聚脂切片厂、天然气化肥厂、欧亚啤酒厂、亚太酿酒厂、镀锡薄板厂、多媒体电脑光盘厂、昌江水泥厂、海南华联水泥厂、海南昆仑水泥厂、东方县双吉水泥厂、洋浦糙米加工厂、海南胶合板厂、海南椰风食品工业城、海南宏业公司毛条毛毯厂、海口金盘仿花岗岩地砖厂、海口通海石英地板厂、海口市彩电中心、海口锦纶胶帘子布厂、海南锦纶丝厂、海口子午轮胎厂、海口美凯利洁具厂、三亚涯13——1海上气田、白沙门污水净化厂等一批重点项目投产并发挥效益。目前海南省已具有汽车5万辆、摩托车100万辆、尿素60万吨、啤酒20万吨、聚脂6万吨、水泥200万吨、冷轧和镀锡板各10万吨的生产能力。这些将成为海南省经济发展新的增长点。

1988年是海南房地产市场起步的一年，海南刚刚建省办大特区，在特区优惠政策吸引下，一大批国内外投资者纷纷进入海南房地产业，从而拉开了海南房地产业大发展的序幕。当年全省房地产开发公司从建省前的11家发展到150多家,全年投入商品房开发资金1.5亿元。建省前积压的商品房也随着建省后掀起的房地产热，很快被抢购一空。

1989年至1990年，国家对经济进行宏观调空，海南房地产业曾一度走入低谷，市场一度疲软。海南省政府对房地产业进行了清理整顿，撤销了一大批“三无企业”，即无资金、无办公场地、无开发能力的开发公司，同时调整经济结构，并在土地、税收上实行灵活宽松的政策，使全省房地产业在调整中得到了恢复和发展。

1992年，在邓小平同志南巡讲话精神的鼓舞下，海南房地产业又出现了空前的投资热潮，当年3月9日国务院正式批准外商投资开发经营海南洋浦经济开发区30平方公里土地，同年批准设立海口保税区。当年房地产开发企业加快股份制改革，房地产开发投资急剧增加，开发量成倍增长，市场活跃，房价迅速上涨，产值和利税大幅度增长，海南房地产业成为国内外令人瞩目的投资热点。1992年全省房地产开发公司发展到1040家，当年海南房地产开发投资30.2亿元，比1991增长1.8倍,占当年海南省全社会固定资产投资的比重高达34.7%;施工面积高达503.9万平方米,竣工面积106.1万平方米，销售面积109.4万平方米，销售额23.64亿元，分别比1991年增长1.6倍、1.1倍、2.5倍和3.9倍。

1993年至1995年，是海南省房地产开发投资投入量最大的年头。随着特区经济体制改革的不断深入，股份制企业正不断发挥其效能，融资渠道不断开辟，债券、股票及集资款等纷纷投放房地产市场，加上前几年的房地产续建项目，海南房地产业继续保持着快速发展的势头。1993至1995年这三年海南省房地产开发投资分别为57.3亿元、57.2亿元和38.9亿元，占当年海南省全社会固定资产投资的比重分别为30.5%、26.0%和19.6%，这三年的房屋施工面积分别为745.6万平方米、826.8万平方米和696.3万平方米；商品房销售额分别为26.9亿元、17.9亿元和9.4亿元。

据1995年国家统计局布置，对海南省的房地产企业或单位进行一次全面的快速调查，截止1995年 6月30日前，在海南省、市、县各级工商行政管理局登记在册的各种经济类型的房地产开发企业和单位4070家，其中以房地产开发业务为主营活动的有894家,占总数的22.1%；3146家为兼营房地产的企业或单位。这些兼营房地产的企业或单位，对海南房地产市场起着推波助澜的作用。

1996年至1998年，随着国家对经济实施宏观调控政策,房地产投资受到压缩，开发量减少，市场疲软，房价下跌。但房地产开发投资仍然保持着相当的投资规模,并且产业结构得到了优化，市场秩序进一步规范，企业行为日趋理性，大量中介机构产生，市场服务体系逐步健全,房地产业趋向有序与成熟,海南房地产业在宏观调控中健康平稳发展。1996年至1998年三年间海南省房地产开发投资分别为16.9亿元、7.99亿元和10.2亿元，占同年海南省全社会固定资产投资的比重分别为9.1%、4.8%和5.6%；房屋施工面积分别为308.7万平方米、164.5万平方米和147.6万平方米;商品房销售额分别为2.8亿元、3.9亿元和3.4亿元。

自1990至1998年海南省房地产开发投资累计完成233.9亿元,占这期间海南全社会固定资产投资的比重为17.8%；房屋施工面积3665.9万平方米；商品销售额94.1亿元;商品房住宅投资109.6亿元。以1993年高峰期的房地产业与1990年初成规模时对比：海南房地产开发投资额由4.1亿元发展到57.3亿元，增长了12.9倍;房屋施工面积由84.7万平方米发展到745.6万平方米,增长7.8倍;竣工面积由29.0万平方米发展到68.7万平方米,增长了1.4倍。

（二）房地产业在国民经济和社会发展中的地位和作用

1．海南房地产业已发展成全省国民经济的主要产业之一，对于促进全省整个国民经济的发展起了重要的作用。海南的房地产开发公司从海南建省前的11家发展到四千多家(1995年房地产快速调查数字)，1990年至1998年全省全社会固定资产投资总额为1311.9亿元，其中房地产开发投资总额为233.9亿元，所占的比重为17.8%。特别是在“八五时期”(即1991--1995年，海南房地产开发投资的高峰期)，海南房地产业在全省整个国民经济发展中所起的作用更为突出，“八五时期”海南省全社会固定资产投资额共739.2亿元，其中房地产开发投资额为194.6亿元，所占的比重高达26.3%。房地产业已发展成为全省国民经济的重要组成部分，固定资产投资是经济发展的推动力，房地产开发投资额之大，所占比重之高，有力地推动了全省的开发建设，促进了全省国民经济的发展和繁荣。

2．海南省房地产开发投资加快了全省土地开发，促进了城镇土地资源的优化配置。据1995年的全省房地产快速调查表明，单自1989年至1995年上半年止，就累计征用和开发土地面积12429.3公顷；开发运作搞三平一通的土地面积3473.6公顷；闲置待开发的土地面积5475.9公顷;新征的土地面积(指拥有土地使用权)214.1公顷。在全省的土地开发中，有半数是由房地产开发的，而且，通过房地产开发如住宅公寓、办公写字楼、商业营业用房等，进一步优化了城市土地资源配置。

3．房地产业加快了城市建设，促进了投资环境的改善。海南的房地产开发投资，扩大了城市建设的资金来源，促进了城市基础设施建设和经济发展与繁荣。海南房地产业在开发过程中，坚持“统一规划、合理布局、综合开发、配套建设”方针，以住宅建设为重点，围绕城市规划和建设，对城市的基础设施进行了大量的投资建设，由此，促进了全省城镇面积的不断扩大，市政设施逐步配套，城市面貌焕燃一新，为省内外和国外的投资者提供了良好的投资环境。

4．***房地产业加快了住宅建设，大大改善了城镇居民的居住条件***。发展住宅建设是加快城市、改善居民居住条件的需要，也是房地产业调整结构的需要，是特区社会、经济发展的需要，海南省政府把提高和改善广大人民群众的居住环境作为重要的工作来抓，采取有力的措施，鼓励和扶持房地产开发企业投资居民住宅建设，兴建了一大批各类住宅，包括福利房、微利房、解困房等缓解和改善了原来城镇居民住宅紧张的状况。自1990年至1998年全省商品房住宅投资109.6亿元；占整个海南房地产开发投资的46.8%；全省商品住宅竣工面积336.7万平方米,占整个品房竣工面积的63.9%。大量的商品住宅投资建设，为进一步改善居民的居住条件打下了良好的基础。

5．***房地产业促进了相关产业的迅速发展，扩大了劳动就业面***。由于海南房地产业的高速发展，加上海南省得天独厚的旅游资源，一批适应旅游业发展的宾馆、酒楼、度假村、文化娱乐场所等相继落成投入使用，促进了海南省旅游业的进一步发展。同时，带动了相关产业如建筑业、建材业、勘察设计业、交通运输业、餐饮服务业、文化娱乐业等行业的发展和繁荣。自建省以来，全省建筑业、建筑勘察设计业快速发展，在1992、1993年海南房地产业快速发展时期，也是建筑业、勘察设计业发展较好的时期，建筑业队伍人数达20万人,勘察设计队伍人数达5000多人,劳动就业面得到了充分的扩大。

6．***房地产业促使了海南物业管理业的形成和迅速发展***。随着海南房地产业的迅速发展，海南物业管理应运而生，1990年以前，没有一家专业的物业管理公司，经过几年的发展，目前全省已经有各种规模、各种形式、各种体制的物业管理机构近200家，从业人员超过万人。物业管理从海口迅速发展到三亚、琼山、儋州等房地产市场比较发达的市县，物业管理逐步走上社会化、专业化、市场化的轨道，并涌现出一批以物业管理新机制运行的先进管理小区，如龙珠新城、银谷苑、海景湾花园等小区已跨入全国物业管理优秀小区的行列。

7．***房地产业加速了金融业的发展***。高速发展的房地产业需要一个与之相适应的金融业的支持，然而，房地产业通过各种渠道筹集的大量资金，尤其是省外、境外资金的不断流入，促使全省各专业银行的存款大幅度上升，实现了我省金融史第一次由贷差行转向存差行的质的飞跃。在海南房地产业高潮期的1992、1993年全省金融机构存款余额分别为359.1亿元和446.7亿元，贷款余额分别为271.3亿元和363.7亿元，大大促进了我省金融业的发展。

四、市政建设

城市是一个国家或地区文明的标志，是区域政治、经济、文化的中心。解放前的海南，说到城市，只有海口一个城市，当时的海口，是一个巷口狭窄、道路泥泞、毫无规划可言的港口小城市，发展十分滞后。新中国成立后，国家把经济建设列为主要任务，海南岛致力于发展经济，但由于长期以来城市建设投入少、欠帐多，城市建设不能适应社会经济发展的矛盾十分突出。改革开放以后，特别是海南建省办经济特区以来，海南省集聚了巨大财力、物力、人力投入城市基础设施的改造建设。对城市基础设施建设的高强度投入，快节奏推进，大规模建设，极大改善了城市设施。经过近50年的建设，海南省城市建设取得了巨大成就。目前城市道路、供水、排水、绿化、城市卫生 都达到一定的规模。过去，边远、封闭的小城发展成为一个个高楼耸立、交通发达、设施完善、环境优美的现代化多功能旅游城市。城市建设首先要解决的问题是城市道路，它是城市建设的框架。解放初期，城市道路状况非常差，除海口、三亚有几条窄小的沥青路外，各市的道路基本上是泥土路，这严重阻碍了全省经济的发展。省政府决定把城市道路建设作为城市建设的首要任务。全省先后投入大量资金在城市道路建设上，从无到有，从窄到宽，从低到高，逐步地有层地开展道路建设。目前，全省的城市道路建设已初具规模，基本上形成了纵横交错，四通八达，行走方便的道路网络。城市道路总长1155公里，其中高级（含次高级）路面687公里，占59.48%，普通道路98公里，占8.3%；土路160公里，占13.85%；胡同（里弄，巷）212公里，占18.36%，按城市分：海口481公里，占41.64%；三亚159公里，占13.77%；通什30公里，占2.6%；琼海90公里，占7.79%；儋州市128公里，占11.08%；琼山267公里，占23.12%，道路总面积1737万平方米。其中高级路面1025万平方米，占59%；普通道路60万平方米，占3.45%；土路面积140万平方米，占8.06%；胡同（巷）106万平方米，占6.1%，人行道面积315万平方米，占18.14%；分车带91万平方米，占5.24%。

随着第二、三产业的高速发展和城市人口剧增，城市排水特别是污水排放量大增，过去的排水管道远远无法满足要求，污水乱流现象十分突出，特别是雨天，由于排水不畅，经常出现路面被淹，车辆交通受阻，给经济和人们日常生活带来不便。针对日益严重的排水问题，各市政府统一规划，建立各种排水管道和污水处理厂。其中投资34450万元于1994年12月开工的海口市污水处理厂，投资3557元建龙昆北污水管，投资7900万元建设三亚市排污管网工程。现在，各城市的排水管网已初步建成，城市排水管道长度1057公里。其中雨水管道324公里，占30.65%，污水管道237公里，占22.42%；雨、污合流496公里，占46.93%；按排水管道材质分；水泥管568公里，占53.74%；其他管482公里，占45.

69%；按城市分：海口519公里，占49.1%；三亚141公里，占13.34%；琼山142公里，占13.44%；通什20公里，占189%；琼海128公里，占12.11%；儋州107公里，占10.12%。

目前，城市共建成桥梁131座。其中：立交桥5座；跨河桥105座，人行天桥21座。桥梁总长度21484米。其中：立交桥10966米；跨河桥6306米；人行天桥4212米。桥梁面积24.19万平方米，其中立交桥105729米，跨河桥10.05万平方米，人行天桥1.57万平方米。基本上解决了过去人流横穿马路和车辆严重阻塞的现象。

解放前，海南的城市供水一般是城市家庭使用私家水井和集体供给，没有统一规范的自来水供给系统。解放后，全省各产业高速发展和城市人口增多，生产用水和生活用水剧增，这使过去那种分散的小规模供水系统难于满足人民生活和生产需求，缺水现象时常发生。为了解决这种需求矛盾，全省各级政府采取政府和各方面共同承担的方式，增加城市供水生产能力和扩大供水管道覆盖面，当前基本上满足了生活用水和生产用水。

随着物质文化方面的不断改善，人们越来越关注城市的环境绿化和城市卫生。在过去几年中，海南省集中力量改善城市环境，进行环保宣传，开展群众和干部植树绿化活动，美化城市环境，努力把海口、三亚建成全国旅游城市。全省园林绿化总面积3784公顷：其中公共绿地860公顷，占22.73%；单位附属绿地1388公顷，占36.68%；居住区绿地178公顷，占4.70%；生产绿地337公顷，占8.91%；防护绿地684公顷，占18.08%；风景绿地297公顷，占7.85%；道路绿化覆盖面积305公顷；公园个数20个；公园面积694公顷；乔木319.8万株。

过去，海南省的城市交通经营单一，经营单位只是国有企业，并且交通车辆有限，这种单一经营管理模式越来越难满足人们的需求。为了发展城市交通和促进城市交通的繁荣，全省积极拓开城市交通的单一经营模式，采取各种措施鼓励私营、个体企业参与城市交通经营，使城市交通向多元化，优质化发展，城市交通出现了前所未有的繁荣景象。目前，运营车辆1456台，折合标准台为1096台。出租汽车4858台，城市公共运营路线520条，运营路线总长度12096公里。

五、建筑业

建国50年,海南省建筑业发生了翻天覆地的变化,取得了辉煌的成就。建筑企业由解放初期的空白发展到如今的几百家。建筑施工队伍在人数、技术、设备等方面都取得了空前的发展。目前，全省建筑业增加值在全省各行业中仅次于农业、工业、商业，列第四位。建筑业为全省创造了大量的物质财富，为海南人民的精神文明建设提供了优越的环境，为国民经济各行业的发展提供了物质条件。人们的居住条件也得到了空前的改善。

建省后，随着建设投资力度的加大和城市建设步伐的加快，凭借着党中央给予海南的优惠政策，在全国建设热潮的带动下，全国各地的资金大量涌入海南，促成了海南房地产业的超常规发展。在这大好的环境和形势下，全省建筑业生产迅猛发展，无论是建筑施工队伍、技术装备力量、施工技术水平、人员素质、经济效益都上了一个新的台阶。建筑业已发展成为全省的重要产业之一，在全省国民经济中占有十分重要的地位。具体体现在：

建筑业生产高速发展。1998年，全省建筑业资质等级四级及四级以上各种经济成份的建筑企业完成建筑业总产值30.85亿元，比建省初期增长9.6倍，平均每年递增25.4%。全省资质等级四级及四级以上的建筑企业完成增加值7. 05亿元，比建省初期增长10.8倍，其中国有建筑企业完成建筑业增加值5.21亿元，比建省初期增长20.8倍。建省以来，全省的城市建设步伐日益加快，城市面貌日新月异，城镇居民的居住环境不断改善，省城海口市已从一个小城市发展成具有热带风光的现代化中等城市，在这里，笔直而又宽敞的马路四通八达，风格各异的建筑群掩映在婆娑绿树之中，一年四季鲜花盛开。椰风海韵是海口市乃至全省独特的自然风光。1998年全省资质等级四级及四级以上的建筑业完成的房屋建筑竣工面积为196.1万平方米，住宅面积为120.1万平方米，分别比建省初期增长1.3倍和1.7倍；其中，国有经济建筑企业完成的房屋竣工面积为130.0万平方米，住宅面积为79.6万平方米，分别比建省初期增长2.4倍和5.4倍。

建筑施工队伍不断壮大。尤其是全省集体建筑施工队伍迅速发展。随着建筑市场的发展，改变了过去单一经济成份的建筑企业占据建筑市场的状况，形成了以集体、国有经济为主体，多种经济成份并存的局面。1998年全省资质等级四级及四级以上的各种经济成份的建筑企业为359个。从业人员为11.1万人，比建省初期增长2.5倍和1.3倍。其中集体经济的建筑企业为82个，从业人员为4.92万人，分别比建省初期增长74.5%和96.8%；国有经济建筑企业为212个，从业人员为5.80万人，分别比建省初期增长18.3倍和4.3倍；联营经济的建筑企业为3个，从业人员0.20万人；外商投资的企业12个，从业人员149人；港澳台投资的企业18个，从业人员111人；其他经济成份的企业32个，从业人员0.16万人。

技术装备水平大大加强。建省以来，全省建筑业拥有的建筑机械设备逐年渐加，装备水平不断提高。1998年全省资质等级四级及四级以上的各种经济成份的建筑业企业拥有的各种机械设备为18974台，机械设备净值为4.16亿元，技术装备率为3761元/人，全省建筑行业技术装备水平上了新台阶。

建筑勘察设计力量迅速发展，施工技术水平显著提高。1998年全省有综合性和专业性的勘察设计机构159个，从业人员2825人，比建省初期翻了几番；从业人员中：有高级职称的技术人员333人，占从业人员的11.8 %，中级职称的技术人员666人，占从业人员的23.6 %，有初级职称的技术人员884人，占从业人员31.3 %。工程技术人员占全部从业人员的66.7%，由此看出，全省的勘察设计队伍是一支力量较雄厚的专业 技术队伍。技术贡献率大大超过其他各个行业。

随着全省建筑业技术力量的壮大和技术装备的增加，设计施工的技术水平显著提高。过去全省建筑业不能承担的许多重大的、技术复杂的建设项目，现在已能自行设计和施工。建省以来，全省一大批能源、交通、城市公用设施、旅游宾馆酒店等项目相继建成，标志着我省的设计和施工技术水平走上了一个新台阶。如全省相继建成的东、西线环岛高速公路，三亚凤凰国际机场，海口美兰国际机场、马村电厂，南山电厂等一批交通能源建设项目，这些项目工程都按时按质按量地完成，得到了国家有关部委的好评，为海南的建筑行业争得了荣誉。在民用建筑方面，一幢幢高层建筑拔地而起，一个个规划完整的住宅小区相继落成，一座座休闲度假旅游别墅先后完工。如已建成投入使用的高达25层的国际大厦、梦幻园等高层建筑，金霖花园、海甸岛别墅群等。这些建筑群不仅实用，坚固，而且外形美观，极富特色。

经济效益显著提高。建省以来，全省建筑施工企业不断深化管理体制改革，转换经营机制，生产由单一型向复合型转化，促进了经济效益的全面提高。

一是劳动生产率增长较快。1998年资质等级四级及四级以上各种经济成份的建筑业的劳动生产率为27910元（以建筑业总产值计），其中国有经济为40417元，分别比建省初期提高了3.1倍和2.5倍，年均递增15.1%和13.3%。

二是利税总额显著提高。1998年全省资质等级四级及四级以上各种经济成份的建筑企业实现利税8209元，比建省初期增长16.7倍，年均递增33.3%，人均利税也由建省初期的98元上升到1998年的744元。其中集体经济的建筑企业实现利税总额3597万元，比建省初期增长10.4倍，年均递增27.6 %；人均利税也由126 元上升到731元；国有经济的建筑施工企业实现利税总额4305万元，比建省初期增长279倍，年均递增40.0%，人均利税由135元上升到742元。

建筑业市场管理逐步走向规范化、法制化，工程招标、投标制稳步发展。建省以来，为了适应社会主义市场经济体制的需要，政府加强对工程建设施工的管理，建设主管部门出台了多项工程建设管理条例、法规。如工程招标投标管理办法、工程建设行业标准管理办法、海南省建筑安全生产监督管理暂行规定等等。通过这些条例、法规依法管理我省建筑业市场，使建设单位和施工企业进入建筑市场进行公平竞争，达到确保工程质量和提高投资效益的目的。1998年全省资质等级四级及四级以上的建筑施工企业实行招标投标的工程个数为643个，占全部工程施工个数的31.5 %，其中集体经济建筑企业实行招标投标的工程个数为220个，占全部施工个数的36.9%，国有经济建筑施工企业招标投标的工程个数为398个，占全部施工个数额的34.5%。工程质量优良品率达29.9%（按建筑面积计）。随着我省建筑行业水平的不断提高，涌现出多个优良工程模范小区，如海口市的昌贸花园就以其优秀的工程质量、优美的小区绿化环境、良好的售后服务及小区管理被国家建设部评为国家级样板小区。

建国50年，海南省建筑业走过了艰难、曲折而又光辉的历程，它的迅猛发展给海南带来了翻天覆地的变化。海南将以更崭新的面貌迎接21世纪。（海南省统计局 魏思明 邢 炜 朱 珊）

第十三章 金融保险业

建国50年来，在党和政府的领导下，海南金融事业不断发展壮大。特别是建省以后，金融业以前所未有的发展速度和崭新的面貌跨入了新的历史进程。金融体制改革的深化、金融体系的逐步健全完善、金融队伍的不断壮大、金融业务的快速发展、金融服务领域的拓宽、金融工具的创新、金融市场的从无到有、金融法律的颁布、金融监管的强化、都给海南金融业的发展带来了勃勃生机，并有力地促进了海南经济持续健康地发展。

一、金融体制逐渐健全完善、金融队伍不断壮大

（一）金融体制逐渐完善

1950年海南岛解放以后，海南军政委员会金融组接管了国民党政府各家银行，从此结束了海南半殖民地半封建社会的金融。1950年6月9日，海南第一家社会主义银行——中国人民银行海南分行在海口成立，统管全岛的金融业务。“一五”期间，金融机构有了充实和发展，中国人民建设银行海口支行在海口交通银行的基础上成立；人民保险公司海口支行划归海南财政处领导；中国银行海口支行成为人行海南分行的国外营业部。“大跃进”和国民经济调整时期，海南的银行机构因州、县行政区划的变动而变动，银行营业所也曾一度下放给人民公社领导和管理。这期间设在海南的中国农业银行和建设银行分支机构经历了一建一撤。“文化大革命”时期，银行遭受干扰破坏，1970年，银行合并于财政部门，直到1973年才恢复建制。改革开放以前，在我国的传统体制下，银行系统一直实行的是“大一统”的金融体系，即整个金融业只有中国人民银行一家，没有其他的金融形式。而人民银行也仅仅是计划和财政的附属物。

改革开放以后，海南的金融组织体系发生了根本性的变化，分设、新设了各种类型的金融机构。目前已建立起以中国人民银行为领导、国有商业银行为主体、政策性金融和商业性金融相分离、各种所有制的非银行金融机构互相并存的多元化、多层次、多功能的比较健全的金融体系。

1. 狠抓职能转换。中国人民银行海南省分行（从1999年1月已改为中国人民银行海口中心支行，下同）是国家中央银行驻海南的分支机构。针对原有金融体制和政策的弊端，省人行改变了以前既是国家的金融管理机关，又是具体办理金融业务的经济实体这一体制，不再具体办理金融业务。主要行使代表国家对全省的金融机构和一切金融行为实施领

导、管理、协调、监督、稽查的职能。在职能转换过程中，海南省人行系统把工作重心放在促进金融、经济“两个根本转变”上。尤其是近几年为防范和化解金融风险，保一方平安作出了积极努力和很大贡献。目前，中国人民银行在海口、三亚、洋浦三地设立中心支行、在其余17个市县设立支行。

2. 积极转换经营机制。1979年从人民银行海南行政区分行分设出来的农业银行和中国银行，专门从事农村金融和外汇业务；1984年又分设出工商银行，专门从事工商信贷和城镇储蓄业务；建设银行也从单纯财政职能转变为具有财政和银行的双重职能，专门从事基本建设资金管理业务。目前，海南工商银行、中国银行、建设银行、农业银行由国家专业银行向国有商业银行的过渡已完成。随着经营机制的转换，这四家银行系统已逐渐成为自主经营、自担风险、自负盈亏、自我约束的经济组织。至1998年底，海南省国有商业银行机构（包括分行、支行、营业部、办事处、分理处、储蓄所）共1017个。

3. 建立国家政策性银行机构，使政策性金融与商业性金融相分离。1995年中国农业发展银行海南省分行正式成立，主要经营农村粮油收购贷款和农业开发性贷款。工商银行、建设银行、农业银行、中国银行分别将政策性业务分离出来，或交由政策性银行办理，或受政策银行委托，对政策性业务进行代理。1999年3月，海南省第二家政策性银行——国家开发银行海口分行正式挂牌营业，原投资银行的政策性业务交由开发银行办理。目前，政策性银行在海南省有18家分支机构。

4. 发展其他商业银行及非银行金融机构。为了更好地为特区经济发展服务，打破了国家专业银行对金融业的垄断，形成金融竞争的局面，促使各金融部门在公平竞争的基础上提高运行效率。至1998年底，海南省已有交通银行、深圳发展银行海口分行、中国光大银行海口支行等股份制银行3家；农村信用联社19家；城市信用社1家（1997年以前有34家）；信托投资公司9家；融资性金融公司2家；金融租赁公司1家；融资中心1家；资信评估公司2家；外汇交易中心1家；证券公司2家；证券交易中心1家；邮政储蓄网点341个；典当行123家。共有金融分支机构及服务网点700多个。

5. 引进外资银行和保险公司。海南建省后，随着对外开放的进一步扩大，香港南洋银行于1988年4月在海口设立分行，是海南省第一家香港中资银行的分支机构；1990年，英资银行的分资机构——香港麦加利渣打银行在海口设立分行；1995年日本住友银行洋浦分行也获准成立；1988年成立的香港民安保险公司海口分公司是我省第一家外资保险公司。另外，还成立了一家中外合资金融机构——海南国际财务有限公司。

（二）金融队伍不断扩大，人员素质不断提高

1950年海南行政区人行成立时，银行从大陆招收了一些知识青年到海南参加培训班，

通过培训和实践锻炼，造就了一批年轻有为、忠于党的金融事业的干部。与此同时，还教育改造了一批有专业特长的国民党政府官办银行和地方银行的留用人员，使他们的业务技能得到较好的发挥。当时的区人行总共才328人。随着各支行的成立，不断分配干部到各支行充实基层。1957年反右派、精简机构以及1958年实行并县合行，部分干部或被错划为右派，或调往其他战线，或下放劳动，全区人行系统的干部骤然减少。干部数量不足、素质低，出现难于开展业务的现象。各级党政了解这一现象后，及时归队和调回一批银行干部，并举办银行系统红专学校培训干部，1962年人行系统干部发展到1734人。1976年，广东省银行学校首次分配一批中专毕业生给区人行。改革开放后，分设和新设了各种类型的金融机构，金融队伍迅速扩大。至1998年底，全省金融从业人员已达2万多人。为了适应海南金融业务的发展，各银行系统组织干部职工结合各阶段的政治形势，认真学习中央的有关文件精神，把思想政治工作落实到各项业务工作中，并加强对职工干部进行职业道德和法制意识教育，建设了一支遵纪守法的、政治上合格的金融队伍。在工作中积极推行行员管理制度，严格执行干部招考、录用制度。有计划地进行岗位培训，职工经过考试、考察合格取得上岗任职资格后，才能上岗工作。另外还通过举办各种培训班组织在职职工干部学习政治、文化和业务，以及通过自学、函授、电大等方式提高职工队伍的文化和业务水平。从各部门调入和国家分配的一批博士、硕士、大学毕业生更充实了我省的金融队伍，使我省金融队伍的素质大大提高。

二、金融业务全面、快速发展

（一）改革开放前的金融业务概况

建国初期，区人行的主要业务任务是：1、发行人民币，废止国民党政府的货币，收兑金银、外币，禁止外币、银圆在海南市场流通；2、建立计划、会计、发行、出纳等各项工作制度；3、实行现金管理，推行转帐结算和划拨清算；4、办理私人商业、公营工商业和外贸的存、放、汇业务；5、办理农村金融和保险业务；6、代理国家金库。经济恢复时期，金融工作在打击和驱逐外币的流通、建立和壮大人民币市场、推动人民币下乡、促进工农业生产发展、稳定金融物价、繁荣市场等方面起到了积极的作用。但由于当时国营工商业尚未发展，国营工商业所需的资金由人民银行总行或广东省行贷给主管部门，层层下拨到所辖单位使用，因此发放贷款不多。1952年的贷款额为362万元。

“一五”期间，银行根据党的过渡时期总路线，贯彻“以农业为基础、以工业为主导”和“对农业、手工业、私人资本工商业进行社会主义改造”的方针政策，以农村金融工作为重点，帮助农民发展农村信用社，打击农村高利贷活动，大力支持贫下中农解决生产、生活上的困难。与此同时，大力吸收各项存款，广泛聚集社会资金，积极支持国营企业壮大，使其在国民生产、经济中的主导地位越来越明显。对私营工商业，凡组织起来进行正当经营的都给以支持，促其走社会主义合营、合作道路。随着工农业发展和商品流通扩大的需要，银行建立了各种业务原则、制度和方法，各项存、贷款也逐年增加。1957年末，存、贷款余额为4730万元和9419万元，分别比1952年增长73.8%和25倍。银行资金的筹集和运用，支持海南提前完成了“一五”计划。

“大跃进”时期，在“左”的错误路线影响下，银行一些行之有效的规章制度被破坏，放松了信贷监督，基本建设和信贷失控，1961年工业贷款余额由1957年的652万元增加到4494万元，增长了5.9倍；商业贷款由6723万元增加到16337万元，增长了1.4倍,增放的贷款中有2000多万元没有物质保证。1961年现金净投放比1957年增加4.8倍,出现通货膨胀,市场货币流通量与社会商品零售总额的比例由1957年的1:6.8降为1:4.8,市场物质供应紧张,商品价格上涨,人民生活处于困难时期。1962年起，人行海南分行认真贯彻执行中共中央、国务院“调整、巩固、充实、提高”的方针和《关于切实加强银行工作的集中统一，严格控制货币发行的决定》，收回了下放的信贷权限，恢复财政资金、信贷资金分口管理，分别使用的原则，银行工作从失误中解脱，在调整中前进，业务趋于正常发展，扭转了“大跃进”时期的被动局面。1964年银行的工业贷款和商业贷款余额分别比1961年下降71.1%和15.1%，资金运转正常。货币通过严格控制投放，大力组织资金回笼，1963年实现第二个回笼年，市场货币流通量与社会商品零售总额的比例回升到1：7.4。全区国民经济形势好转，1965年工农业总产值比1962年增长42.0%。

十年“文化大革命”，使经过经济调整刚刚恢复生机的金融业遭到了灾难性的打击。银行的集中统一和各项规章制度再一次被破坏，机构并归财政，银行的作用和地位被削弱。金融管理松弛，大量贷款被基本建设和财政性开支占用，资金使用效益低下，货币流通不正常，市场货币流通量与社会商品零售总额的比例下降为1：5.7。

粉碎“四人帮”后，海南国民经济好转，金融事业出现了新的转机。各项规章制度和金融工作都得到健全、充实和完善。但是由于急于求成，提出三年实现农业机械化的不现实的目标，致使货币投放增加，其中1979年投放额等于1977年的2.2倍。

国家银行存款的结构随着各阶段经济发展而变化。1952年末财政性存款占各项存款的比重为66.3%，居第一位；企业存款占20.4%，居第二位；城镇储蓄存款占13.3%，居第三位。1957年末城镇储蓄存款占36.6%，居第一位；企业存款占23.2%，居第二位；财政性存款占22.0%，居第三位。1978年末企业存款占32.6%，居第一位；城镇储蓄存款占27.2%，居第二位。

从“一五”时期开始到改革开放以前，海南的金融事业在艰难曲折的进程中取得了一定的发展，金融机构各项存款余额从1952年的2722万元增加到1978年的40055 万元；各项贷款余额从362万元增加到52702万元，分别增长了13.7倍和144.6倍。除1974年—1976年三年外，我省一直是银行放款数额大于存款数额，是个长期“借差”地区。

（二）金融业务在改革开放中全面发展

十一届三中全会以前，在传统体制下，银行仅仅是算算术、会计和出纳，只是计划和财政的附属物。邓小平同志曾明确指出：“我们过去的银行是货币发行公司，是金库，不是真正的银行。”十一届三中全会以后，改革了金融管理体制。金融体制的改革，带动了银行信贷资金管理体制和信用体制的改革。特别是1988年海南建省办大特区，给金融业的发展创造了前所未有的机遇。海南金融部门充分利用这一机遇，在“改革、开放、搞活”方针指导下，加大金融改革力度，不断开拓业务领域，完善银行功能，获得了全面、空前的发展，成为特区经济发展中兴旺发达的产业之一。资金是经济运行的血液，金融是经济腾飞的桥梁，金融业在发展的同时也有力的支持了海南特区经济的开发建设。1998年海南金融业增加值由1978年的0.26亿元增加到30.14亿元，按可比价计算增长了35倍，占全省国内生产总值的比重由1.59%上升到6.87%。

1. 国家银行调整信贷结构、优化资金投向，成为特区经济的“加速器”和“稳定器”

1979年，海南国家银行对国营企业由只发放超定额流动资金贷款，逐步扩大到全额流动资金管理以及固定资产贷款领域，并将基本建设投资逐步由财政拨款改为建设银行贷款。这些贷款的发放，对促进基础薄弱的海南工业技术进步，改善能源、电讯、交通等基础设施，优化投资环境起了不可估量的作用。同时，工商贷款对象由主要支持国营企业扩展到集体企业和个体经济；由生产流通范围扩展到科研、文化教育、卫生、服务和旅游行业。农业贷款由主要支持社队集体经济转变到支持农户和各种联合体；由支持粮、油为主的种植业转变到支持多种经营、支持热带经济作物的发展，特别是支持支柱产业的发展；还由主要支持农业转变到支持农、工、商、运输、服务各行业的综合发展。海南国家银行坚持从实际出发，从全省经济整体协调发展的角度出发，调整信贷结构，优化资金投向，充分发挥信贷的杠杆作用。

(1)重点支持改善投资环境的基础设施建设。建省初期，海南基础设施相当落后，且海南财政资金非常有限。根据省委、省政府提出的“用政策、打基础、抓落实、求效益”的方针，省人行组织专业银行把信贷资金主要投到基础设施建设上。一是支持能源建设，先后支持了马村电厂、大广坝枢纽工程及输变电项目。1987年，针对海南严重缺电的情况，省人行和省工商行联合放贷6100万元，支持燃气轮机电厂上马建设，使燃气轮机电厂次年4月份就实现两台机组顺利并网发电，很快缓解了海南电力紧张的状况，并扭转了由于缺电造成的海南工业生产连续下降的局面。1988年；省人行共贷款2.2亿元支持的海口马村电厂一期工程两台发电机组相继并网发电；1990年7月，由港澳（香港）国际投资有限公司投资、中国银行海口分行和省人行共贷款7400万元支持上马的马村电厂二期工程竣工；由中央和海南财政投资，世界银行和省人行联合贷款，总投资16亿元，装机容量24万千瓦的海南大广坝水电枢纽工程1号机组也于1993年并网发电。同时，省人行还发放专项贷款近亿元支持建设输变电线路近1000公里。几年来，海南省国家银行系统共发放电力建设专项贷款10多亿元（其中仅省人行安排的低息开发贷款就达5.8亿元，占全部低息开发贷款的32%）增加装机容量40万千瓦，增加发电量5亿度，电网覆盖全省19个市县，使海南从缺电省一跃成为全国第二个电力富裕省。二是支持通讯建设，建省以来，省人行、省工商行等共发放贷款3亿多元（其中省人行安排低息开发贷款累计1.9亿元，占全部低息开发贷款的19%），支持海口市的5000门程控电话、800门紧急扩容电话、大哥大以及各市县的程控电话改造工程。至1998年底，全省长途电话业务电路达18346路，公众网话路13766路，移动网话路3599路；电话总户数达43.40万户,可同世界各地100多个国家和地区以及国内500多个大中城市直接通话；移动电话用户361181，全国联网并可全球漫游；传呼通讯BB机也已在全省各市县开通。海南“电话不灵”已成为历史。三是支持交通建设；建省以来，银行共贷款5亿元（其中省人行累计发放低息开发贷款1.7亿元，占全部低息开发贷款的9.8%），新建和扩建机场、港口码头和公路。海口机场成为全国十大航空港；凤凰机场于1994年7月1日通航；美兰机场于1999年 3月28日通航；东线高速公路于1994年全线通车；西线高速公路已部分通车；洋浦、八所、清澜和海口秀英等港口新建和扩建了 批5000吨级和万吨级码头泊位。由于国家银行大力支持海南省能源、交通、通讯建设，使海南省的投资环境明显改善，这些基础设施为海南经济的起飞奠定了坚实的基础。

(2)大力支持骨干工业企业，促进海南产业结构调整。根据省政府发展海南大工业的战略，海南省金融部门积极支持重点工业企业项目的建设，仅省人行就安排低息开发贷款6.24亿元，支持海南汽车制造厂、海南冷轧薄板厂、电子显示管厂、60万吨水泥厂和海南天然化肥厂等项目。这些项目所形成的产业已构成海南支柱产业的基础。海南汽车制造厂现已具备年产3万台的生产能力，1998年底总产值达3.33亿元，利税达4354万元。海南国家银行还发放大量贷款支持重大工业技改项目，其中有：被誉为“世界首创、中国一绝”的海口罐头厂天然椰子汁生产线、琼州卷烟厂香烟生产线、海联制药厂南药生产线等。另外，海南化纤厂、海口纺织印染厂、海口轮胎厂、海德涤纶厂等也得到国家银行的大力支持。为帮助少数民族市县发展生产、脱贫致富，银行还支持三亚、东方、琼中、乐东等市县上马一批项目，其中有的已建成投产，初步改善了海南少数民族地区工业落后的局面。

(3)支持农业生产和农业开发。海南是农业大省，农村面积广大、农业人口众多，1998年底农业人口占全省总人口的74.6%；农业增加值占全省国内生产总值的37.4%；1998年农产品出口创汇占全省出口创汇额的13.2%，发展农业是特区建设的重要任务。对此，国家银行始终给予了足够的重视，努力组织资金支持农业发展。支农资金主要用于发展粮食生产和经济作物生产、发展创汇农业、支持乡镇企业发展农产品加工业和农村商品流通、支持农工商一体化的农业产业化经营、发展热带高效农业、支持农业综合开发和扶贫开发，使一批农民摆脱了贫困，走向富裕。1998年底全省国家银行农业贷款余额为26.62 亿元，比1978年的0.60亿元增加了43.37倍；农村信用社贷款余额27.67亿元，比1978年增加了80.38倍。在农贷资金的支持下，海南省农业总产值逐年上升，为国民经济的发展作出了贡献。

(4)大力支持外贸出口创汇，促进外向型经济发展。银行系统积极支持外贸企业收购出口产品的资金需要。1989年1、2季度，由于受紧缩银根和北京发生暴乱事件的影响，全省外贸出口急剧下降，针对这种情况，省人行组织资金5000万元作为外贸专项贷款，解决了外贸企业的资金困难，使外贸出口在下半年有了转机，当年全省外贸出口创汇3.35亿美元。1998年，海南省外贸进出口总值19.09亿美元，比1987年增长了5.5倍。

(5)支持开发区建设。金融部门还积极支持了包括洋浦开发区、金盘工业开发区、港澳工业开发区等22个开发区的建设发展。位于文昌县的清澜港是一个天然深水良港，且海岸风光秀丽，但因为交通不便，开发工作难于启动。省人行通过转贷方式，贷款支持清澜港地区的基础设施建设，开通公路、电话、自来水等，使清澜开发区建设迅速走上正轨，成为海南省重点开发区之一。

(6)大力培育特区新的经济增长点。近年来，国家银行在转换经营机制，由粗放经营转向集约经营的过程中，积极探索实施品牌战略，培植黄金客户群体，走银企共同发展的道路。把支持发展特区新的经济增长点作为重中之重，大力支持了热带高效农业、新兴工业和旅游业，使这些产业成为海南最有活力的经济增长点。自1992年以来，海南农业基本上保持每年超过10% 的增长速度，这在全国是少有的。与此相对应的是，1992年—1998年，海南国家银行投向农业的信贷资金最高年份增长26%以上，最低年份也增长15%左右。近几年，海南国家银行按照“高起点、上规模、重效益、无污染”的原则，重点培植新兴大工业项目。迄今，海南大型工业企业有35家，中型工业企业达89家，成为海南工业增长的主动力。海南已拥有一批在全国具有一定影响的工业产品，主要有矿泉水、果汁饮料、大颗粒化肥、摩托车、化学纤维、啤酒等。根据省委、省政府“以旅游为支柱产业”的发展战略，金融部门还大力支持旅游设施建设，使海南的旅游硬件设施不断完善。1998年，全省定点旅游饭店由1987年的31 家发展到233家。

同时，各家银行还根据自己的业务特点和优势，确定了各具重点的信贷模式。省工商银行通过开展个人住房抵押贷款和商品房按揭贷款业务，支持“安居工程”建设，并与10多家大企业签订银企合作协议，为优秀客户群提供全方位的金融服务；农业银行以市场为导向，以效益为中心，实施“兴农富岛工程”，培植黄金客户，提高了支农质量；农业发展银行加强农副产品资金管理，对粮食收购企业实行“收支两条线”管理，在全省推行“产权到户”扶贫模式，加大了支农扶贫的力度；中国银行开展“三贷”转贷业务支持基础设施建设，加强银企关系，建立起银企相互支持、互惠互利的稳固合作关系；建设银行实施“双大”客户战略，推动国有企业改革，提高了贷款质量。

国家银行的各项存款在此期间也有所变化。十一届三中全会后，基本上是城镇储蓄存款占领先地位。1984年—1988年海南加快开发建设，特别是建省后，三资企业和内联企业纷纷前来设立机构，使企业存款大幅度增加，居各项存款的前列。1985年、1986年和1988年，企业存款均居第一位，所占比重分别为38.9%、41.0%和44.5%。从1989年起，为抑制生产过热出现的通货膨胀，银行实行紧缩贷款。为解决信贷资金困难，大力组织城镇居民储蓄存款，1990年末余额42.84亿元，占各项存款总额的比重为49.0%，居第一位；企业存款占36.5%，居第二位；财政性存款居第三位。此后，随着人民生活的提高，城镇储蓄存款一直高居榜首，成为信贷资金的主要来源。1998年末，城镇储蓄存款的比重已高达65.4%。

2. 迅猛发展的保险业

建国初期，成立了中国人民保险公司海口支公司，属中国人民银行海南分行领导下的科级单位。1958年及“文化大革命”期间，受“极左”思潮影响，两次全面停办国内保险业务，解散保险机构，使正在蓬勃发展的保险事业受到严重挫折。1979年，恢复了国内保险业务。1988年建省后，中国人民保险公司海南分公司正式挂牌成立。长期以来，我国的保险市场都是由国家垄断，形成由中国人民保险公司独家经营的格局。海南建省办特区后，随着投资环境不断改善，海南省保险市场蕴藏着巨大的潜力，只靠人保公司一枝独秀，已有“势单力薄”之意。而且保险事业也只有引进竞争机制，才能提高保险行业的服务质量。因此，1988年，海南第一家外资独资保险公司——香港民安保险有限公司海口分公司和中国平安保险公司海南分公司获准设立。1993年，又成立了中国太平洋保险公司海南分公司。这些公司的设立，进一步壮大了海南省的保险队伍，活跃了保险市场，使海南省的保险机构网点由1979年的1个增加到1998年的52个；职工人数由7人增加到904人。（包括营销人员则有2000多人）这些保险公司和人民保险公司一起，为改善经济特区投资软环境，为特区的开发建设提供保险保障，增强了国内外投资者在海南省投资的安全感和信心。建国初期的海南保险业务主要是开办国内保险业务，实施过程主要以强制保险为主。由于海南经济基础薄弱，保险公司机构少、人员少、险种少，加上办办停停、停停办办，所以直到改革开放以前，海南省的保险业务发展都很缓慢。1979年，海南恢复国内保险业务，初期仅开办企业财产险、货物运输险、汽车及第三者责任险等5个险种，业务仅局限于海口市范围内。后来险种逐渐增加，至建省前的1987年止，海南省内开办的保险险种已有40多种。

建省后，，海南省的保险业务得到了长足的发展。一是为特区改革配套。特区的保险业务经营具有自己的特点。根据国家对海南实行更特殊、更开放、更优惠的政策，海南的保险业在业务经营上，积极为特区政策配套，按照国际保险市场的习惯作法，承包一切为海南经济所需要的保险业务。如：为配合特区建设规模扩大，拓宽了建筑安装工程保险业务；为保护来岛投资者的利益，开设了政治（投资）保险。二是作法灵活，开拓新险种，扩大服务领域。海南保险业采取灵活的措施，随行就市，尽可能满足客户对保险的需求。为适应特区开放建设的需要，各保险公司根据海南省国民经济发展的特点和保险市场需求，移植和开发了一批新业务、新险种，为客户提供各种周到的、全面的保障，在财产保险方面，被称为外贸企业“保护神”的出口收汇保险对海南出口创汇的持续增长发挥了积极的作用。另外还开办了利润损失保险、履约保险、家用电器用电损坏险、石油开发险等。在人寿保险方面，推出了厂长（经理）意外伤害综合保险、出国人员平安险、少儿平安险等几十个新险种，使特区人身保险的范围不断扩大，并且从国内延伸到国外。这对筹集特区的建设资金、引导消费资金分流起着积极的作用。在农业保险方面，台风保险适合海南热带季风气候的特点，使许多农户免除了后顾之忧；还积极试办橡胶种植保险、林木保险、网箱养鱼保险、养虾保险，为农业提供全方位的保险服务。涉外保险业务的险种，从单一的进出口货物运输保险，不断向引进技术、外资、合作等项目的保险以及出国人员、外国游客人身保险等方面发展，先后开办了顾主责任保险、“三资”企业财产保险、旅游人身保险等险种。至1998年底止，海南中保财产险种有40多个；中保寿险险种有50多个；平安保险公司和太平洋保险公司也有30多个险种。三是搞好服务，树立良好的信誉。在竞争形势下，服务质量如何是关系到保险企业能否求得发展的关键。海南省保险业通过各种方式热情为客户服务，帮助客户排忧解难。以业务座谈会的方式，听取客户意见、交流信息、改进工作；在业务经营中尽量简化手续，提高工作效果；完善和扩大城乡的保险代理网点，方便客户就近办理保险；加强保险咨询工作，为客户解答疑难；上门帮助客户设计保险；主动迅速做好理赔工作，取信于民。海南省自然灾害较多，每年都要受数次台风、暴雨的影响，如1996年的18号台风，给海南省造成了严重损失，各公司迅速成立救灾理赔小组，开展查勘理赔工作。中保财产保险公司在台风后第五天就将首期500万元预付赔款送到保户手中，当年3次强台风共支付赔款5000多万元；太平洋保险公司及时支付4500多万元赔款，使企业和群众能迅速恢复生产、重建家园。各保险公司在理赔的同时，抓住时机加大展业和续保工作力度，使大灾之年业务仍保持稳定发展。保险的服务还体现在防灾防损工作上，立足"防灾在前，补救于后"，尽可能减少企业、群众以及保险公司的损失，如1996年18号台风登陆前，各公司及时通知保户做好防风准备工作，帮助企业转移、抢运财产，使企业减少了一定的损失量。四是市场竞争初步呈现有序化。自海南保险市场开放后，市场也由高度垄断向自由竞争发展，竞争范围也由原来的经济较为发达的海口、三亚等中心城市向周围市县扩展。省人民银行对保险市场的管理监督不断加强。同时为了保证竞争的公平性和加强企业的自我管理能力，1996年成立了海南保险同业公会，公会对保险业的自律也促进了保险市场自身运作的规范化，市场运作和竞争的规范化使海南省的保险市场进一步成熟。

3. 充满活力的金融公司

1978年以前，海南没有一家金融性公司。建省后，内地的资金和技术不断涌入琼岛，至1989年9月底，在海南登记注册的内地投资企业超过5000家，外商投资企业744家，注册资金达人民币90亿元，外资5.8亿美元。这时正遇上全国开始治理整顿公司并紧缩银根，中国人民银行总行通知各分行暂停审批设立金融机构，但赋予"海南省除外"的特殊金融政策。人行海南省分行抓住这一大好机遇，先后接待了十几个国家和地区、二十几个省市的金融界和企业界的代表，向他们介绍海南金融情况。经过努力，一批金融性公司相继诞生，最多时达 24家。海南的非银行金融公司大都没有固定的主管部门，是省人行领导下的股份制企业，它们主要是通过吸引内地资金投资海南建设项目的方式开展自身业务。经过十几年的开拓，各家机构均有自己的网络和投资方式，以自己灵活多变的形象进入海南的金融领域，并得到迅速发展。先后开办了委托信托存、贷款、投资、金融租赁、经济咨询、代收代付、债务担保、信用签证等业务。信用形式由过去的单一的银行信用，发展到商业信用、国家信用、消费信用、证券信用、租赁信用；信用工具也由过去的存单、支票，增加到现在的汇票、本票、股票、债券等。

海南省的金融公司在特区的开发建设中发挥了积极作用，打破了海南金融所有制单一化的局面，充实了海南的金融力量，扩大了海南金融业的活动领域，迎合和适应了海南多种经济成分发展的资金需求，开辟了海南开发建设的资金来源新渠道，弥补了国家银行资金的不足，在一定程度上缓解了国家银行资金供求矛盾，起到了拾遗补缺的作用。如：富南国际信托投资公司在海南重点建设项目资金出现缺口时，积极配合，给予融通，先后贷款2亿多元支持海南化学纤维厂、海口纺织印染厂、海南电视微波台、海口马村火力发电厂等项目。股份制金融公司支持的建设项目还有：金盘工业开发区、港澳工业开发区等生产基地以及房地产开发业和旅游服务设施；支持出口创汇产品有：保健酒、高级运动鞋、乳胶制品、钛矿、钛白粉、饮料等；支持的内销产品有：高级家具、彩色电视机、金岳玉液酒、西药等。此外，金融公司还通过开展金融租赁业务，促进海南技术设备更新改造；通过贷款支持企业恢复生产；通过贷款支持企业出口创汇，为优化特区产业结构发挥了极其重要的作用。至1998年底，海南省信托投资公司和租赁公司共吸收存款174.42亿元，占全部金融机构存款余额的22.6%；贷款85.84亿元，占全部金融机构贷款余额的10.73%。

4. 灵活便捷的城市信用社

随着商品经济的发展，海南城市小型集体企业及个体工商户发展迅速，为了支持“两小”经济的发展，海口市振东区人民政府在市人民银行的协助下，于1986年12月报海南省人民银行批准成立了海南第一家城市信用社——海口市振东区城市信用社。随后几年一批城市信用社应运而生，最多时达34家。城市信用社是由城市集体经济、个体经济和城市居民自愿集资入股组织起来的一种实行自主经营、独立核算、自负盈亏、民主管理的集体性合作金融组织，资金来源主要是吸收城市居民储蓄存款和“两小”企业存款；贷款方式主要是实行以物抵押贷款。与国有银行相比，它的存、贷款方式都比较灵活、便捷，所以在一段时间里，它很受老百姓和小型企业的青睐。海南省的城市信用社在人民银行的指导下，组织城市居民的闲散资金，开展信用调剂，支持小型企业及个体经济户发展商品生产、搞活商品流通，为繁荣海南省的城市经济和活跃居民生活作出了一定的贡献。但由于海南省的城市信用社在管理方面还存在着许多不容忽视的问题，影响了城市信用社的健康发展。

5. 创新金融工具，加快电子化建设步伐

由于历史造成的原因，海南金融业技术设备长期落后，金融业务全部靠手工操作，直到1985年才开始着手办电脑。建省后，随着金融业的迅速发展，银行电脑化建设有了一个突破性的进展。为建立海南省现代化金融支付系统网络，先后制定并实施了《海南省金融电子化总体规则》、《海南金融网络系统方案》、《海南经济特区IC卡管理规定》，培养了一批具有较高理论水平和实践工作经验的金融电子化人才。目前，省工行、农行、中行和建行均实现在全省范围内储蓄业务通存通兑。省人行建成海口和三亚地面通讯卫星接收站，建成全省银行系统电脑清算中心，海口同城票据交换所及联行资金划拨S/640超微机操作，提高了清算效率。多用户会计核算应用软件在全省人行系统普遍使用。NETS系统海南分中心与北京中心联网，海南证券商可直接利用NETS系统交易。各证券机构普遍使用电脑，并同深交所联网，为股民买卖股票提供即时服务。中国人民银行总行将海南省作为全国金融IC智能卡标准的试点，并于1996年1月8日向全社会发行了我国第一张跨行使用的具有复合功能的银行IC卡，使海南金融电子化建设走在全国的前列。1997年全省IC卡发行量达40万张，其功能由一般的购物消费扩大到医疗保险等领域。海南省还完成了“网络到县”整改计划，并顺利并入全国网正式运行。完成了各商业银行的电子联行“天地对接“的方案设计、设备调试、应用推广等工作，并以电子化建设为支撑，推出了“定期一本通”、“无折存现”、“电话银行”、“住房储蓄”等新业务。还引进和移植了会计IPS系统，完善了行政事业性收费、国税地税、燃气费、电话费、水费等代收费业务系统；开发了银企通系统及证券业务保证金通存通兑系统。借助金融电子化之羽，信用卡业务获得迅速发展。目前，海南省已有长城卡、金穗卡、牡丹卡、灵通卡、龙卡等多种信用卡。

三、从无到有、充满活力的金融市场

金融市场是货币、资本、外汇和黄金市场的总称。改革开放以前，受我国传统金融体制的制约，海南省没有金融市场。建省初期，仅有单一的短期资金拆借市场和单一的债券市场—国库券市场。建省后，特别是在邓小平同志南巡讲话精神鼓舞下，金融市场的发展得到了较大的关注和支持，相继建立和完善了资金拆借市场、票据承兑贴现市场、外汇调剂市场、证券交易市场以及黄金饰品市场。初步形成了一个辐射面较宽，具有相当规模的区域性的金融市场，为企业进入市场创造了条件，为直接融资和间接融资开辟了广阔的渠道。

1．货币市场：海南省现有两家融资性金融公司，一家是海南省资金市场，于1988年在海口金融同业拆借中心基础上组建而成。另一家是海南省融资中心，于1993年6月成立。该中心业务量大、辐射面广，活跃于海南的金融市场。经过整顿金融秩序，业务发展更加稳健，海南省人行确定该中心作为省内金融机构资金余缺调剂的中介。至今，海南省融资中心已同全国29个省市、地区的30多个资金市场及银行建立和保持了金融业务关系。至1997年底，累计拆出拆入资金达800亿元；票据承兑贴现业务不断发展，至1997年底，已办理银行承兑贴现业务11.85亿元，办理商业票据贴现1.34亿元。

2. 资本市场：海南省的资本市场主要由股票市场、产权市场、国债市场、企业债券市场、基金市场等组成。海南一级市场比较活跃，并且已具有相当规模。至1997年底，全省批准成立的股份有限公司已达130家，筹集资本220亿元，批准发行总股本201.7亿元. 1986年以前证券市场的信用工具还只有国库券和金融债券,目前已扩展到股票、建设债券、保值公债、财政债券、重点建设债券、特种国债、企业债券、大额可转让存单、房地产投资券、投资基金等10多个品种，累计发行额达230亿元左右，其中房地产投资券在全国尚属首创。二级市场发展也很迅速，1989年初建立海南省证券公司，现已发展为2个证券公司、30多个证券交易点、1个证券交易中心，证券从业人员近2000人。20多个证券点与上海、深圳证券交易所联网，交易活跃。共有深圳证券交易所会员24家，上海证券交易所会员20家。全省股票上市公司20家，上市股票市值40多亿元，海南的上市公司已形成“海南版块”。海南证券市场还率先推出国内第一种人民币投资基金——海南富岛投资基金。至1997年底，全省股民人数已增加到38万人，约占全省总人口的5%；证券成交额1691亿元，其中本省券商成交量占57%。全省30多家证券营业部的股票交易量约占全国交易量的4%，成为全国证券市场比较活跃的省份之一。1997年全省在国内外资本市场直接融资近40亿元，占全省固定资产投资的23.1%。其中，公开发行股票上市募集资金共17.7亿元,有寰岛实业、燃气股份有限公司、罗牛山股份有限公司、恒泰芒果集团、海南高速公路股份有限公司等公开发行的A股股票，海南航空股份公司发行的B股股票，在沪、深两市上市；发行国内外债券共融资11亿元。

3. 外汇市场：解放初期，华南行政大区指定人民银行为外汇管理机关，管理外汇的任务主要由其下属海口中国银行执行，基本任务是取缔外币流通和外汇黑市；积极开展对外贸易；便利侨汇；利用、限制和改造私营侨批业和进出口商。国民经济进入有计划的建设时期后，外汇业务由中国银行统一经营，人民币汇价由国家规定，同国内物价和进出口贸易实际脱节，仅充当计价和核算的标准。对外汇实行全面的计划管理：统收统支、以收定支、收支两条线，一切外汇收入必须卖给国家，需要外汇由国家分配和批给。随着国家外汇体制的改革，海南省外汇管理局也全面转换职能。通过提供外汇金融服务、强化外汇金融监管、规范外汇金融业的经营行为、防范外汇金融风险，在促进外汇金融业稳健发展中发挥了重要的作用。在利用市场机制调节外汇资金的分配使用方向、提高出口创汇能力、促进工农业生产稳定增长、推动技术进步和改善利用外资环境等方面，发挥了积极的作用。

为解决海南外汇供求矛盾，于1987年成立了海南外汇调剂中心，1991年建成了具有现代化水准的外汇交易中心，中心的软、硬件当时都居于全国领先水平。有可容纳40多人同时操作的营业大厅，设备先进、操作手段现代化。根据中央给予海南的特殊政策，1994年以前，海南是全国唯一实行外汇留成的省份，而且外汇调剂价取消最高限价，实行浮动、公开竞价，以竞价为核心进行交易。打破行政区域限制，与外省保持外汇基本自由流动，因此海南省外汇交易辐射全国，1993年调剂量曾居全国第三位，交易量达34亿美元。1994年海南省建立了银行间外汇市场，在原外汇调剂中心的基础上成立了海南外汇交易中心，与设在上海的总中心联网交易，初步形成了一个以主要经济区域为依托、覆盖全国的市场网络。1997年外汇交易中心海南分中心共办理交易清算资金799笔，累计人民币538.99亿元；1997年全省银行间市场买卖10.20亿美元、总分行间外汇买卖26.59亿美元。

4．黄金饰品市场：以前，海南的黄金饰品、生金受国家指令计划控制不能流通转让，价格长期不变。改革后，国家对黄金饰品实行指导性价格。目前全省已有黄金批发机构9家，销售网点90多个，年均销售量500多公斤。虽然海南还没有真正意义上的黄金市场，但随着特区的发展，黄金市场作为金融市场的重要组成部分，必然要与国际金融市场接轨。

四、强化金融监管、防范金融风险

由于海南的金融市场化程度高于内地，而金融监管体制则是全国统一的，这就不可避免地会发生摩擦，出现真空，产生许多管理措施落后于实践的问题，到了一定的时候也必然会爆发出来。随着海南经济环境的变化，一些深层次的矛盾逐渐暴露出来，主要是信贷资金效益不理想、沉淀资金依然很多、贷款逾期率仍然很高；信托投资公司经营银行业务的现象难以禁止、各金融公司之间竞争激烈、有的违规违纪经营；重点项目资金不落实，靠银行垫付，加重了银行的负担；信用社出现支付危机等。海南省金融系统针对这些问题，近几年来把工作重点逐渐转移到强化金融监管、防范和化解金融风险上，使海南省金融业能保持较稳定的发展。

1．建立各项监管规章制度。为维护特区金融秩序，引导各类金融机构按照国家金融政策、法规和制度合法经营、平等竞争，省人行结合海南特区金融发展的实际情况，先后颁布了《海南经济特区信托投资公司监管暂行办法》、《海南典当行业暂行管理办法》、《海南城市信用社机构设置和业务监管暂行办法》、《海南省抵押贷款暂行条例》、《海南省企业短期融资券管理暂行办法》、《海南省地产投资券管理暂行办法》、《海南省

（贷款证）管理实施办法》等几十项规章制度，并通过建立和实行金融监管领导责任制、金融监管季度报告制度、重大金融风险案快速上报制度、对金融机构的非现场监管制度、非银行金融机构法人代表和高级管理人员谈话制度和金融机构法人资格审查制度等制度，提高了金融监管的规范性。

2．落实各项监管措施，强化日常监管工作。1996年，省人行组织完成了对全省非银行金融机构的重新登记和更换许可证工作，建立了海南省银行类机构管理的基础档案数据库，为逐步实现海南银行类机构的监管现代化打下了基础。还对金融机构高级管理人员任职资格进行一次全面复审，建立了高级管理人员资格档案信息库，将商业银行分支机构高级管理人员任职资格审查纳入规范化管理。对不符合任职资格的取消其任职资格，并录入“取消任职资格名单”档案，严格限制其到其他金融机构任职。1998年共对253名商业银行高级管理人员进行了任职资格审查工作。全面落实金融监管责任制，对高风险的信托公司和市县农村信用社派驻现场监管员，监管责任落实到人。近年来，省人行贯彻执行国家货币政策，注意引导金融机构规范经营运作，合理扩展生存空间，严格市场准入条件。加强对辖内各金融机构的稽查监督，查处了一系列金融违法违规行为。如：采取坚决措施清理越权批设的金融机构，1997年共查处未经人民银行批准而成立的冠以银行、信用社、保险公司、信托投资公司、财务公司、融资租赁公司等名称的非法金融机构25个，非法办理金融业务的机构11个。1998年共处理机构迁址、更名51个，撤消营业机构55个。另外还组织实施了对全省国有商业银行“三部”对外营业机构清理工作；查处违法开办的金融期货、外汇买卖业务；清理整顿典当行；制止金融机构搞帐外经营；规范证券市场，制止非法集资；与工商部门配合，整顿彩票市场，打击非法“私彩”；加强金融机构年检工作，提高合格性经营约束；加强结算监督，保证汇路畅通；加强外汇监督，严厉查处利用虚假单证套汇、逃汇行为；建立举报制度，强化社会监督等等。通过强化管理、严格执法，维护了金融秩序的稳定

3．运用市场退出机制，化解金融风险。早在1993年，受全国整顿经济、紧缩银根大环境的影响，海南的20多家信托公司首先遇到内地资金回流、存款急剧下降、资金被套等问题。面对这一情况，省人行对信托公司进行了整顿，共撤消、迁走信托公司10家，对5家进行改组合并，成立了海南发展银行。经过调整，海南现有信托公司9家。由于受前几年“房地产热”以及经济较大起落的影响，海南城市信用社大量投入房地产业的资金被套牢，加之缺乏严格的自我约束能力严密的内部控制机制部分城市信用社被少数人或控股公司操纵资金大量流向自办实体、股东和关系人，违规违法经营问题突出，以致资金负债比例失衡。到1997年。爆发了波及全省大部分城市信用社的支付危机。针对这种情况，省人

行一方面迅速向总行和当地政府报告情况，成立应急处置小组，向城市信用社派驻工作组，动用存款准备金，督促信用社查资产、清债务、保支付，控制了事态进一步恶化。同时，在对全省城市信用社全面清理整顿的基础上，制定了《处置海南城市信用社支付危机的实施方案》，当年10月21日国务院总理办公会批准了这一方案。根据方案，全省34家城信社只保留1家，对5家严重资不抵债、无法支付到期债务的城信社实施行政关闭，其余28家并入海南发展银行。1998年，海南发展银行也由于管理不善和城市信用社的繁重债务拖累而出现了支付危机。省政府与人行作出决定，于6月21日对海发行实施关闭，并成立了协调小组、清算小组、托管小组。经过艰苦努力，各方面配合，整个关闭、托管、清算工作进展顺利。在一个省的范围内，通过较大数量金融机构退出市场的方式化解金融风险，在我国尚属首次。

半个世纪以来，海南的金融事业走过了艰辛、曲折的创业和发展历程，并伴随着特区经济的发展获得了长足的发展，同时对特区经济社会的发展产生了极大的推动力。尽管在工作中还存在着不少问题急待解决，但我们相信，只要金融战线的广大职工齐心协力，认真执行党和国家的各项方针政策，并通过对海南金融业的发展历程从成败得失两方面认真总结经验，在今后的工作中不断调整海南金融发展道路，全面建立健全金融新体制的内部运行机制，转变发展思路，我们将赢得下一次创业的更大辉煌。（海南省统计局 袁杰）

第十四章 贸易、外经

一、城乡商品市场

解放初期，海南由于社会生产力水平低，工农业生产落后，商业基础薄弱。受高度集中的计划管理体制和“十年动乱”的影响，海南国内贸易长期由国营商业独家经营，城乡个体及私营经济的发展受到限制，流通领域处于闭关锁岛、行业分割、独家经营的局面。同时，由于商品经济落后，市场商品供应贫乏，因此，相当大的一部分生活必需品如粮、油、肉等及部分日用工业品实行凭证（票）定量供应，而大部分生产资料则由计划部门统一分配。党的十一届三中全会以后，改革开放的春风给海南国民经济带来了勃勃生机，分配式、封闭式计划经济体制格局被彻底打破，流通领域改变国营商业一统天下的局面，以个体为主的其他经济迅速发展，流通规模日益扩大，海南商品市场逐步繁荣活跃。海南建省办经济特区后，海南国民经济又掀开了新的一页，流通领域进入深化改革、逐步完善、稳步发展的新阶段，城乡市场进一步繁荣兴旺，商品供应丰富多彩。今天，海南流通领域已经形成多层次、多功能、少环节、开放式、多种经济成分并存的格局，成为经济效益和社会效益较好的经济领域，是国民经济的重要组成部分。50年来，海南商品市场从无到有，从小到大，从单一到门类齐全，它的发展轨迹从一个侧面呈现出海南国民经济发展的历史。

（一）市场建设成绩显著

1950–1955年，海南掀起第一次市场建设高潮。在“发展经济，保障供给”的方针指引下，海南成立了一批包括日用百货、糖烟酒、纺织品、土产、副食果菜、粮食等36家国营商业机构，商品市场初步形成从管理到经营，从批发到零售等较完整的国营商业系统，同时，带动了部分集体和私营商业的发展，国营商业的发展，为稳定市场、保障供给、促进城乡物资交流发挥了历史性的积极作用。但“十年动乱”时期，集体和私营经济的发展受到了限制，受传统重工轻商思想的影响，商品市场发展非常缓慢，由于人口的快速增长，商业网点不足的矛盾非常突出。商品流通领域的狭窄，贸易渠道的单一，二十多年来市场仅仅是一个地区计划分配的场所，既不能体现买卖双方的关系，更不能有效地配置社会资源、传递各种需求信息。

党的十一届三中全会以后，流通体制的改革促进了市场建设的发展，1980Y1987 年，海南掀起了第二次市场建设高潮，打破条块分割和地区封锁的局面，并冲破各种行业和所有制壁垒，使各种经济类型的商业和餐饮业迅速发展，流通领域形成以国有经济为主、多种经济成分并存的局面，流通规模迅速扩大。1987年，相继建成各种商品交易市场494个，比1979年增长1倍多，发展商业、餐饮业网点7.69万个，从业人员19.5万人,分别比1979年增长4.8倍和2倍。

1988Y1992年，海南掀起了第三次市场建设高潮，市场建设有了突破性进展，市场的软件和硬件建设取得显著成绩。本着“建一处市场，活一处经济，兴一批产业，福一方群众”的方针，海南把市场的软件建设和硬件建设两手抓，确定“谁投资、谁受益”的原则，并在土地转让、项目选择、信贷投资等方面制定相应的优惠政策，鼓励社会力量建设市场。同时，继续加强市场基础设施建设。1988至1992年，海南批发零售贸易业及餐饮业基本建设累计投资9.27亿元，平均每年递增53%，是建国以来市场投资发展最快的时期。此外还因地制宜，兴办粮食、早瓜菜、热带水果等各类商品交易市场。

经过近50年来的建设和发展，市场规模、档次以及管理手段不断提高。至1998年底，海南拥有各类商品交易市场542个，其中室内市场339个，占62%。拥有批发零售贸易业、餐饮业网点12.22万个，平均每万人拥有166个网点，比1979年增长5.9倍，从业人员38.67万人，比1979年增长4.9倍。而一些代表和反映现代化商业的大型综合性商场的涌现，如海口市的乐普生、海口生生百货、海口第一百货等，由于设施先进、购物环境幽雅、经营管理规范、现代化，在社会商业中发挥了骨干示范作用，并且在全国也有了知名度。如1998年全国百家大型零售商店排序中，海口乐普生、海口生生百货榜上有名。市场建设促进了多层次、多形式、多种类的横向经济联合，为实现资源和劳动力的优化配置，提高企业竞争能力开辟了途径，取得了巨大的社会效益和经济效益。

（二）商品市场在改革中充满活力

长期以来，海南在以自然经济为主的发展过程中，受社会生产力低下和传统轻商思想的影响，商品经济发展水平较低，市场流通领域狭窄，交换方式简单陈旧，尤其是国有商业分配型垄断体制的诸多弊端，严重束缚市场经济的发展。十一届三中全会以后，海南围绕简政放权、搞活流通的思想，在商业结构、流通模式、购销政策、商业企业内部经营机制以及商业管理体制等方面进行了一系列的改革。打破国营商业垄断体制，全面促进多种经济成分商业的发展，并冲破地区封锁和行业分割，实行全方位商品流通，拓宽流通渠道。同时转变政府管理职能，改善宏观管理，增强企业活力。特别是海南建省后，加快了改革开放的步伐，流通领域改革向多层面推进，取得了巨大成就。经过二十年的改革，独家经营、单一渠道、封闭分割的商品流通格局被打破，为商品市场的发展开辟了灿烂的前景，结束了流通领域死水一潭的格局，市场机制的作用上升到主导地位。促进流通领域形成多种经济成分、多种经营方式、多种流通渠道并存的少环节、开放式的流通体制。

1. 转变政府职能，增强企业活力

十一届三中全会以后，海南开始冲破统购包销的束缚，改革商品购销政策，缩小计划商品范围，扩大市场调节范围，对农副产品，除关系国计民生的粮食、食油仍实行统购和橡胶由农垦系统统一收购外，其他商品均放开收购。在工业品收购方面，则改变过去“生产什么，收购什么，生产多少，收购多少”的产销脱节的做法，让商业企业自由订购、选购、自由推销。1980Y1985年，对大中型国有商业企业推行承包经营责任制，先后在企业推行“利润包干、工资浮动、百分计酬、超额分成、计分计奖、超亏不补、减亏分成”等多种形式的承包经营责任制，使企业吃国家“大锅饭”，职工吃企业“大锅饭”的状况得到改善，有效地调动了企业职工的积极性，取得了较好的经济效益。在小型商业企业则推行租赁经营为主的“改、转、租、买”改革，公有私营成为商业系统小型企业的基本形式，较好地明确了企业与职工的责、权、利关系。1984年，海南省共有386家小型商业企业进行改革转化，其中实行租赁经营的门店有236个，同时折价拍卖了一部分长期亏损、扭亏无望的小门市部，使国有商业企业在市场优胜劣汰的过程中得到相应的调整。

1988年，海南抓住建省办特区的契机，根据国务院关于“海南省的改革可以有更大的灵活性，要在国家宏观计划指导下，建立有利于商品经济发展，主要是市场调节的新体制框架”的精神，明确提出：“要搞‘小政府，大社会’，在经济体制方面，……由过去半封闭的计划经济转变为完全开放的市场经济”，海南商业体制改革进一步深化。1990—1993年，对大中型企业进行股份制改造和组建商业集团两个方面的改革，先后颁布实施《海南经济特区股份有限公司条例》和《海南经济特区有限责任公司条例》，并在大中型企业推行利税上缴承包的股份制改革，1994年，海南独立核算的批发零售股份制企业有47家，从业人员1866人。股份制企业的发展，为特区市场经济体制的建立和市场经济的发展注入了新的活力。而商业行政部门改为商业集团的经济实体，既改变了政府部门的管理职能，减少流通环节，又增强了企业自主权。

1993Y1996年，为了增强企业实力，改善经济效益，又进一步扩大国有企业14个方面的自主权，并在零售商业推行经营放开、物价放开、人事用工放开和内部分配放开的改革，1994年，全省放开经营的国有商业企业1911家，占 85 %。“四放开”改革后，促进了企业经营机制的转变，增强了国营商业企业的活力。其次促使企业面向市场走向市场，形成自主经营、自负盈亏、自我约束、自我发展的开放型企业。同时，市县一级商业行政部门也逐步改为经济实体。通过商业企业经营体制的各项改革，使政府管理经济的职能转变，由过去的直接管理转向间接的宏观管理为主，使国有企业转换机制，在激烈的竞争中完善自我。

2. 价格体制锐意改革，敢为人先

价格改革是建立市场经济体制的难点和必经之路。海南省在如何建立和完善开放的新型市场体系的问题上，认识到“完善市场体系，利用市场机制调节经济，必然要求放开价格，包括商品和劳务价格以及其他生产要素价格，……”。因此，海南把价格改革作为建立开放的新型市场体系的突破口之一。

首先积极大胆推进粮油价格改革。海南建省初期，由于遇到严重的旱灾影响，粮食急剧减产。为了稳定粮食产量，提高农民种粮的积极性。1988年，海南从改革粮价入手，适当提高粮食购销价格和城镇居民平价口粮销售价格，使粮食销售的指导价接近市场价。粮价改革后，粮食市场稳定，没有出现大的波动，海南价格改革迈出了成功的第一步。1991年，又在全国率先改革粮油购销价格体制，放开粮油购销价格，形成以市场调节为主、宏观控制为辅的粮油价格体制。粮油价格体制改革后，不但有效地调动农民种粮和卖粮的积极性，而且促使粮食企业改进经营管理方式，积极参与市场竞争，同时也减轻财政负担。1991年，海南粮食购销补贴资金节约了1.84亿元。

其次运用市场机制调节主要生产资料价格。为了强化企业市场价值观念和资源配置的调节功能，建省初期，海南基本放开大部分生产资料价格，市场调节的总量占70%以上。1992年，进一步放开除少量国家统分化肥之外的19种主要生产资料价格，全面实现生产资料计划价与市场价的并轨。使海南的生产资料和生活资料价格基本由市场决定，产品计划经济格局被彻底改变，商品价格市场化格局逐步形成，在建立开放型市场体系、实现要素市场化方面迈出了关键的一步。目前海南包括农副产品价格、工业消费品价格和生产资料购销价格95%以上由市场调节，海南流通领域已经形成以市场为主，宏观调控为辅的价格体制。

（三）多元化格局逐步形成。

1. 多种经济成分共同发展

建国50年来，商品流通领域由国营商业独家经营发展为多种经济成分共同发展的新局面，特别是十一届三中全会以后，个体、私营等非国有经济发展迅速，占市场的比重不断上升。1998年，海南社会消费品零售额144.73亿元，其中非国有经济零售额的比重由1978年的9.7%上升至68%，而个体经济在改革开放政策的影响下发展最快，1978Y1998年间，平均每年增长38.5%，占整个社会消费品零售额的比重为由1978年的1%上升至43%。个体经济的迅猛发展，成为海南商品市场主体力量之一，为促进城乡市场的繁荣和就业状况的改善等方面起了重要作用。而外商投资企业和港澳台投资经济的发展，给流通领域注入了新的活力。

2．商品交易市场迅速崛起，与固定商业网点朝夕相映

解放初期，海南商品交易市场基本处于自给或半自给的商品交换状态，群众参加集市贸易主要是为买而卖，自购自给。随着农村家庭联产承包责任制的完善和发展，专业户的大量涌现，进入集市交易的农副产品越来越多，商品率有了一定的提高，商品交易市场初步形成。但“十年动乱”期间，海南商品交易市场受到强烈冲击，传统体制下的蔬菜、水果、水产品及小商品的生产和经营均由计划分配，价格一成不变。十一届三中全会作为我国国民经济起飞的里程碑，商品交易市场作为市场调节作用的重要载体和城乡商品流通的重要辐射源，有了长足的发展，各类商品交易市场蓬勃兴起。

1978年，海南最早放开蔬菜、水果、水产品和部分小商品的经营，允许个体户和农民经营这些商品。随着经济的快速发展，经营规模越来越大，所经营的商品不仅仅是农副产品、手工业品，后来发展到经营日用工业小商品、服装等，既有生活资料，又有生产资料，因此，各类商品交易市场应运而生，由最初单一的农副产品市场向多种多样、综合配套的市场发展，而购销方式既有零售又有批发，既有现货交易，又有期货交易等多种方式。到1998年末，海南共有商品交易市场542个，总建筑面积达76万平方米。在各类商品交易市场中、消费品综合市场268个，其中工业品批发市场14个；农副产品市场218个，其中批发市场18个；生产资料市场8个。各类市场总成交额达100.51亿元，比1979年增长53倍，其中粮食类3.84亿元、肉食禽蛋类35.42亿元、水产品类7.9亿元、蔬菜类7.93亿元、干鲜果类8.65亿元，分别比1979年增长26Υ132倍。目前，一些农副产品批发市场已经成为蔬菜、水果批发贸易中心，成为零售市场的供货基地。一些市场所在地则成为一定经济区域的商品集散中心，成为连接城乡、地区和国内外市场的桥梁和纽带。商品交易市场以其特有的商品集散功能，在汇集百商、促进贸易、繁荣市场、方便生活、引导生产等方面发挥了举足轻重的作用，并在市场经济向纵深发展的过程中呈现出旺盛的生命力，有力地支持了工农业生产的发展。其牵制和稳定市场价格的导向作用，吞吐、调剂和满足供应的调节功能，吸纳货币、创造财税的突出贡献，使其在流通领域处于重要地位。

目前海南商品交易市场已遍布城乡，形成网络，与固定的商业网点朝夕相映，两者相互促进、相互依存、相互竞争。而国有、集体、私营、个体等多种经济成分的同场竞争，使流通领域形成多种经济成分、多种流通渠道、多种经营方式并存，开放式、少环节的多元化格局，在建立和完善社会主义市场经济体制的过程中发挥着日益重要的作用。

（四）消费市场繁荣活跃

50年代至70年代，海南粮食、肉食等主要食品不能自给，大部分消费品供应紧张，因此，多数生活必需品只能凭票供应或排队购买。改革开放后，海南国民经济持续快速发展，经济总量大幅度增长，社会供给能力日益增强。如今海南消费品市场繁荣活跃，吃、穿、用各类商品货源丰富，居民购买力旺盛，市场供求总格局发生了根本性变化。

1．市场商品丰富多彩

50年来，随着经济的不断发展，消费品市场商品供应丰富，各类商品异彩纷呈。过去限量供应的肉、禽、蛋副食品及日用工业品不但敞开供应，而且中高档商品不断涌现，如食品类的各种名优烟、酒、包装精美的中高档食品、营养保健食品、干鲜果品、水产品、肉、禽、蛋类等；穿着类的西装、皮衣、真丝服装、时装、皮鞋等；用品类的电视机、空调器、摩托车、电脑、微波炉、高档家具；装饰类的金银珠宝首饰、高级化装品等，各类商品应有尽有。尤其是，近几年加强了“米袋子”和“菜篮子”工程的建设，大量鲜活产品源源上市，家禽、鲜蛋、水产品、水果等居民生活必需品的供应量更加充裕，市场成交量成倍增长。1998年，海南社会消费品零售额达144.73亿元，比1952年增长100.3倍，平均每年增长10.6%，其中，“六五”时期平均每年增长7.5%；“七五”时期，每年以11.3%的速度递增；“八五”时期每年以24%的速度递增。近两年，据国家有关部门测算，消费市场供过于求或供求基本平衡的商品达98%。如今，消费品长期匮乏的局面不但彻底改变，而且形成了买方市场的格局。

2．居民需求旺盛，人们生活发生了深刻的变化

国民经济的快速发展，居民收入大幅度增长，居民购买力旺盛。1998年，海南人均消费品零售额达1974元，是1952年的35.9倍，1998至1952年，平均每年增长8%，其中改革开放二十年间，平均每年增长13.4%。市场的繁荣兴旺，生活水平的不断提高，使人们生活发生了深刻的变化，居民生活不仅摆脱了贫困，而且由“温饱型”向“小康型”转化。

(1)吃的商品消费比重下降，消费质量显著提高。50年代至70年代，海南恩居民吃的商品消费占整个消费品零售额的比重为70%－80%，表明居民生活水平仍处在贫困阶段，80年代以后，居民生活进入温饱阶段，并逐渐向小康生活迈进，吃的商品所占比重下降至60%－50%，如1998年，吃的商品零售额75.86亿元，占消费品零售额的52%。过去人们以粗粮为主，如今以细粮、副食为主，由吃饱变为吃好，瓜果蔬菜四季不断，鲜活产品一年常有，海南人的“菜篮子”、“米袋子”已经丰盈起来。1998年，海南年人均购买蔬菜和水果分别为62公斤和20公斤，肉、禽、水产品的年人均购买量分别为52公斤、4公斤、18公斤。同时消费意向趋向方便化、成品化、营养化和保健化。

(2)穿着商品多姿多彩。过去人们的穿着以棉布为主，并且凭票限量购买，如今市场上的花纤、呢绒、真丝、皮毛等平分秋色，任你挑选。服装款式则讲究新颖、舒适、美观而不拘一格，过去人们以中山装、便装为主，如今西装、牛仔裤、休闲装、时装等争奇斗艳。穿着色彩由过去“蓝、灰、黑”一统天下发展到今天五彩缤纷，今天，单从衣着上已分不出城乡了。同时，穿着消费比重不断上升。1998年，穿着商品零售额21.74亿元，比1980年增长11.6倍。

(3)用的商品消费更新换代加快，并趋向高档型和享受型。随着人们生活质量的普遍提高，消费品的需求愈来愈注重实用型、高档型和享受型。50年前，人们对电风扇、录音机、电饭煲等电器还很陌生，今天，彩电、冰箱、空调，照相机、移动电话、微波炉等电器，进入了普通百姓家庭。70年代，人们把自行车、手表、缝纫机这“老三件”作为生活奋斗目标。80年代，家电“老三件”彩电、冰箱、洗衣机成为人们的消费热点。跨入90年代，电脑、音响、空调、电话进入百姓家庭，如今，汽车已开始悄悄进入私人家庭，可见用品更新换代日益加快。据调查，1998年海南城镇居民家庭中平均每百户拥有彩色电视机103.5台，洗衣机76.1台，电冰箱48.3台，空调器9台；农民家庭中，平均每百户拥有电视机48台，录音机47台，电风扇78台。

3. 餐饮业蓬勃兴起，人们饮食观念改变

随着人们生活水平的不断提高，居民生活方式日趋多元化，人们饮食观念发生了很大变化。团圆饭、聚餐等“饮食文化”消费逐渐成为人们追求的时尚。同时，人们外出旅游、游乐的机会越来越多，游乐消费作为一种高雅的休闲方式方兴未艾，各种不同类型的餐饮业迅速发展。尤其是改革开放后，各种酒店、海鲜城、火锅城、各式快餐店以及各种地方风味如雨后春笋般蓬勃兴起。建省后海南又相继建成了一批集住宿、商业、饮食、娱乐为一体的多功能餐饮业。饮食业向合理化、标准化、规范化、现代化方向发展。1998年，海南餐饮业零售额17.97亿元，比1952年增长169倍，平均每年增长11.8 %，其中，改革开放二十年间，平均每年增长18.9%，大大快于批发零售贸易业增长12.5%的水平。

（五）生产资料市场发展迅速

50至70年代，海南生产资料市场在高度集中的计划经济体制下，生产资料的消费由国家计划部门统一分配，在物资紧缺的年代，对生产资料的计划管理，发挥了一定的历史性作用。但“十年动乱”时期，计划内分配物资统得过多过死，一方面供应紧张，一方面积压现象日趋严重，渠道的单一，导致生产资料市场发育不良，制约了工农业生产的发展。十一届三中全会以后，生产资料市场得到改进和发展，国有物资企业垄断市场的局面被打破，物资流通渠道的多元化格局开始形成，物资流通体制由计划分配型转向由市场调节与宏观调节相结合的体制。

1988年海南建省后,为了加强对生产资料流通的宏观调控，有计划地将原物资行政机构变为经济实体，并逐步推向市场，改变以往条块分割、画地为牢、互相封闭的传统经济模式，形成以市场为导向，多家经营生产资料的流通格局。随着市场上跨行业、跨系统、跨地区的联合经济不断涌现，企业面向市场，物资生产资料市场竞争日益激烈，新的流通体制，促进了生产资料市场快速发展。1987年，经营生产资料企业有83家，销售金额4.4亿元，其中主要产品销售量钢材6.77万吨、煤炭43万吨、化工产品2200吨。1992年，海南又进一步缩小计划分配物资的种类和比重，把国家指令性计划分配物资品种由1980年的837种减少为72种，使物资流通由计划调节为主变为由市场调节为主。由于在管理上管而不死，活而不乱，疏而不堵，大大提高市场"透明度"和可比性，生产资料市场畅通活跃，物资流通规模不断扩大，1994年，海南批发零售贸易业（不包个体）生产资料销售额达29.81亿元，比1987年增长5.8倍。目前海南已发展生产资料交易市场8个，1998年市场交易额达12.2亿元，其中钢材交易量11.8万吨。

经过近50年的发展，海南贸易业对国民经济作出了巨大的贡献，所取得的成绩是有目共睹的，它的快速发展为加速发展海南国民经济、丰富人民生活作出了重大贡献。它在国民经济中的作用与日俱增，已经成为海南经济发展的主要力量。

20世纪即将过去，新世纪已露出晨曦，展望海南国内贸易的未来，我们可以自信的看到，随着经济增长方式从粗放型向集约型转变，在"建设大市场，发展大贸易，搞活大流通"的我国流通产业发展总体目标指引下，面对刚刚形成的买方市场，面对机遇与挑战并存的现实经营环境，通过对现代企业制度的大胆探索，在改革开放以来快速发展的较好基础上，海南商品市场未来发展的空间必将更加广阔，必将以更矫健的步伐建立一个与国际市场接轨，与国内市场相连接的统一、开放、竞争、有序和可调控的市场体系，为丰富人民生活，促进国民经济的发展作出更大的贡献。（海南省统计局 赵海英）

二、外贸进出口

解放后至建省前的38年间，海南的经贸工作发展缓慢，经济总量很小。建省11年来，在省委、省政府的正确领导下，全省对外贸易系统广大干部职工积极深化改革，开拓进取，用足用活中央给予海南的外贸优惠政策，实施"大经贸"、"多元化"、"以质取胜"战略，使全省外贸健康快速发展，取得了巨大成就。

1. 全省进出口总额大幅度增长

建省前的1987年全省进出口总值29241万美元，建省后快速增长，1998年全省进出口总值190913万美元，是1987年的6.5倍。至1998年，全省累计进出口总额197亿美元，其中进口达81亿美元。建省10年（1988-1997年）的出口总值占国内生产总值的比例高达22.4%，高于1997年世界18%和全国20%的平均水平。由此可见，海南的对外贸易在全省国民经济中占有极其重要的地位，全省的国内生产总值增长中有五分之一以上是由出口拉动的。对外贸易已成为全省国民经济增长和省内产业结构调整的重要力量；进出口的高速增长，为海南国民经济的持续快速发展和社会进步发挥了极其重要的作用。

2．对外贸易市场迅速扩大，初步形成了多元化市场格局

1998年海南省外贸出口已达六大洲的129个国家（地区），是1987年21个国家（地区）的6.1倍。香港、日本、美国等传统外贸市场得到进一步巩固与扩大，欧洲、东南亚、非洲、南美及大洋州市场得到了较好的开拓和发展。1998年出口国别和地区中，香港居首位，占出口总额33.61%，其次为美国和日本。1998年出口千万美元以上的国家和地区有10个，比1987年多9个。海南省外贸对香港乃至亚洲的依赖度逐年下降，国际市场多元化格局初步形成。

3．海南省外贸经营的商品成倍增加，种类趋全，出口商品结构明显改善

1998年出口商品达57个大类的996种（全省出口商品最多的1994年达1367种），而1987年出口产品只有7个大类23种。出口额超千万美元的商品有19个类别，出口商品构成中，初级产品所占比例为20.8%；工业制成品所占比例为79.2%。1997年和1998年连续两年全省本地产品占出口额的比重达50%以上，提前实现了“九五”外贸发展计划原定的“到2000年地产品比例达到40%以上”的奋斗目标。

4．外贸管理体制改革成效显著

在全国率先实行进出口经营权总量控制动态调整制度，形成优胜劣汰平等竞争机制。全方位放开出口经营，凡是省内注册的企业均可在省内口岸从事非国家限定经营和非配额、非许可证管理商品的进出口业务，生产企业自营进出口实行自动登记制。全省现享有进出口经营权的企业达292家，是1987年35家的8.34倍。（海南省经贸合作厅　王采文）

三、利用外资

改革开放以来，海南利用外资步伐不断加快，利用外资总量迅速扩大，对国民经济与社会发展的推动作用越来越大。

（一）利用外资的起步与发展

1980年外资开始进入海南，经过近20年对外开放与发展，海南已由过去的封闭、半封闭式经济向积极参与国际交往和合作的外向型经济转变，利用外资规模不断扩大，外商投资领域不断拓宽，投资领域从房地产业、加工工业为主逐渐向基础产业、基础设施、旅游、金融、保险、商业等多个领域扩展。形成了全方位、多层次的对外开放格局。

1. 探索开拓阶段（1980-1987）

改革开放初期的1980——1982年，海南利用外资签约只有52宗，利用外资220万美元。1983年，党中央确定海南要“以对外开放促岛内开发”的基本方针，海南终于摆脱了封闭式旧体制的束缚，进入了一个新的发展阶段，香港、日本等客商开始进入海南，利用外资开始新一轮的开拓。这一阶段，投资环境不够理想，利用外资处于较低层次，数量、规模都很小，资金到位率低。

2. 改革突破阶段（1988-1991）

1988年4月海南建省办全国最大的经济特区，迎来了对外经济的又一个高潮。国务院发布《关于鼓励投资开发海南岛的规定》（二十三条），省政府及时发布贯彻文件（三十条），规定从企业注册、土地使用、项目审批、货物进出口、税收、外汇使用等方面给予国内外投资企业充分优惠的政策。这一阶段外商开始大批涌进海南，且经过前一阶段的探索，投资环境逐步改善，但投资的项目仍较小，以劳动密集型的加工工业和餐饮娱乐业为主，投资者主要为港台的中小企业。

3. 推进发展阶段（1992-1994）

1992年邓小平发表南巡讲话及党的十四大召开，确定了我国实行社会主义市场经济体制的改革方向，为外向型经济的发展注入了新的活力。海南省第二次党代会确定，1993年为国际招商年，大胆开放，强化招商。随后两年尽管国家实行宏观调控，但外商投资海南仍然保持在一个较高水准。1993年4月，海南先后实施《海南经济特区企业法人登记管理办法》和《海南经济特区企业法人登记管理条例》，在全国率先确立企业法人登记制度，按照国际通行的做法，把申办企业由审批登记制改为直接登记制。同时，海口保税区封关运行，实行更开放、更优惠的政策，有力地树立起海南特区对外开放的形象。海南利用外资进入了“黄金时期”，海南抓住机遇，加大对外开放力度，国际上一些大公司、大财团先后投资海南，客商投资涉足政策允许的各个行业，以投资工业、房地产业为主。特别是1992年起，外资大量投入房地产业，相应地带动了建筑业、旅馆服务业的发展。英资麦加利渣打银行和南洋商业银行先后在海南设立分行，投资经营金融业。

4. 结构调整阶段（1995年至今）

1995年后，省委、省政府及时制订新的产业政策，调整产业结构，投资逐渐向工业、农业和旅游业转移。随着海南产业政策的调整，利用外资进入了调整期，开始由偏重数量向注重质量转变，外资投向日趋合理。此期间，由于国家外资政策上的调整，外资有所减少，但质量开始提高，投资项目平均规模不断扩大，外资开始向纵深发展。此外，投资还扩大到航空领域，1995年海南省航空公司增资扩股向美国航空有限公司募集25%的股份，改组为中外股份有限公司，成为我国航空领域首家引进外资的企业。

（二）利用外资的主要成绩与特点

改革开放以来，海南充分利用中央给予海南特的区优惠政策，不断加快基础设施建设，改善投资环境，进一步加大对外开放力度，积极招商引资，使海南利用外资取得了显著成绩。1980年至1998年，全省共签订利用外资协议8858宗，平均每年增长9.76%;协议利用外资额159.4亿美元、平均每年增长39.4%;实际利用外资额87.4亿美元，平均每年增长58.3%，其中1998年实际利用外资10.97亿美元，比1980年增长3917.4倍，比1987年增长119.4倍。

1. 直接投资是利用外资的主要形式

改革开放以来，外商直接投资发展较快、已占全部利用外资总额的71.19%，是海南利用外资的主要形式。1980年至1998年、共签订外商直接投资 协议8609宗，协议利用外资125.83亿美元，实际利用外资62.21亿美元，年平均增长速度分别为23.3%、36.9%和63.8% 。随着对外开放力度的不断加大，利用外资的项目规模也逐渐扩大，项目的平均规模由1980年的12.5 万美元扩大到1997年的124.17万美元。

2. 对外借款是利用外资的第二渠道

近20年来，对外借款在海南的经济建设中发挥了重要作用。1980年至1998年，全省利用对外借款24.97亿美元，占全部利用外资的28.58%，对外借款成为海南利用外资的第二渠道，而且主要用于海南基础产业和基础设施项目的建设。如利用对外借款建成投产、运营的马村电厂、海南昌江水泥厂 、东线高速公路、岛东光缆工程 、海南天然气化肥厂一期工程 、海口港一期工程 、大广坝水利水电枢纽工程和三亚国际凤凰机场等一系列重点项目，对促进海南国民经济和社会事业的发展起到了重要的作用。

3. 外资来源向多元化发展

随着海南经济的迅速发展和投资环境的日益改善，来琼投资的客商不断增多。海南省在稳定传统外资来源地的基础上，积极向东欧、西欧、南美、非洲拓展。使外资来源从原来较单一的亚洲国家或地区，转变为来源于亚洲、欧洲、美洲、非洲等数十个国家或地区，外资来源向多元化发展。目前在海南投资的国家和地区已达60个，投资排名前几位依次是香港、台湾、美国、新加坡和日本。另外国际上一些大公司、大财团也纷纷投资海南，如日本熊谷组、日本马自达汽车公司、日本三菱集团、泰国正大集团、美国安然集团、美国可口可乐、韩国大宇集团等。这些公司产品科技含量高，技术与管理先进，对扩大海南产品技术含量和提高海南产品在国际市场上的竞争能力产生了强劲的推动作用。

4. 开发区发挥其集聚、辐射和带动作用

海南建省之初即在全国提出利用外资成片开发的思路，10年来取得了重大进展。1993年3月，国务院正式批准海南省吸收外商投资开发经营洋浦地区30平方公里土地，洋浦成为我国第一个由外商成片开发的国家级经济开发区，计划约15年建成以技术工业为主导、第三产业相应发展的外向型国际港口城市。洋浦实行封闭式隔离管理，享受国务院批准的有关保税区的税收优惠政策，是目前全国关税和进出口政策最优惠的区域之一。至1998年止，洋浦开发区建设已投入55亿元人民币进行了基础设施建设，现区内的基础设施基本完善，初步实现“六通一平”，港口吞吐量100万吨，电厂一期工程（31.55万千瓦）已投产，现代化通讯网络和地下水供水系统已建成,自松涛水库的引水工程正在建设；海口——洋浦高速公路已通车。目前开发区基础设施已具备大规模建设的条件，已有一大批重大项目在洋浦落户，如：纸浆厂、高速线材厂、镶木地板厂、精米加工厂等，日本住友银行也在洋浦设立分支机构。10年来，海南省经国务院和省政府批准设立的开发区有25个，总面积301.74平方公里，其中工业开发区6个、旅游开发区14个、综合开发区5个，开发区成为外商的投资热点和海南的经济增长点。这些开发区的发展为海南的对外经济发挥了重要的示范和引导作用，对促进高新技术产业发展，带动传统产业改造，推动地区经济发展发挥了重要的作用。

（三）利用外资在海南国民经济中的作用

改革开放以来,利用外资促进了海南产业结构的调整和优化，引进了高新农业和新兴工业技术，增加了财政收入，扩大了就业渠道，培养了一批具有管理经验和劳动技能的人材，促进了思想改变和观念更新，带来了管理经验和竞争机制，同时弥补了海南开发建设资金的不足,有力地推动了海南国民经济快速健康发展。

1. 促进了海南产业结构的调整和优化

近年来，海南从实际出发，积极引导外资投向，有效地推动了产业结构的调整，外资产业投向重点已由改革开放初期的非生产性领域向生产性领域转移，海南产业结构调整取得了重大进展，初步形成了“一省两地”的产业发展格局。至1998年底止，全省已批准的第一产业外商投资企业（直接投资，下同）达690家，占8.0%；合同外资金额达6.42亿美元、占5.1%；实际利用外资2.59亿美元、占4.16%。在第一产业中、外商投资主要投向资源开发、水果种植、花卉种植、水产养殖、海产品加工工业及旅游观光农业等。通过吸引外商投资,给海南农业带来了优良的品种，先进的农业生产技术，使海南农业向产业化、优质化、效益化的方向发展；至1998年底止，全省已批准的第二产业外商投资企业达4129家，占48.0%；合同外资金额54.09亿美元，占42.99%；实际利用外资20.81亿美元、占33.43%。大批“三资”工业企业的建成投产带来了先进的技术、工艺和管理经验，填补了工业许多门类空白和产品空白，改变了工业的整体面貌，如先后建成的或正在建设的聚脂切片、钢板、镀锡薄板、摩托车、计算机软盘、新型建材、化纤纺织、制药、啤酒、饮料、食品等项目已成为海南工业的支柱产业。这些项目缩短了海南工业与国际工业技术水平的差距，有力地促进了海南工业实力的提高和工业结构向高级化、集约化方向发展;至1998年底止、全省共批准第三产业外商投资企业3790家，占44.02%;合同外资金额65.32亿美元、占51.91%;实际利用外资38.8亿美元、占62.37%。在这一产业中、外商以投资旅游、旅馆服务业居多。经过多年的投资与开发，现在海南已发展成为具有热带海岛特色的旅游观光与休闲度假胜地。

2. 外资企业出口成为外贸出口的生力军

建省以来，三资企业出口逐年增长，而且增长势头迅猛。1998年，全省三资企业出口达1.01亿美元、比1987年增长100倍、平均每年增长52.1%、占出口总额的比重由1987年的1.2%上升到11.37 %。三资企业出口已成为海南外贸出口新的生力军和增长点、在对外经济中发挥了重要作用。

3. 缓解了海南省经济建设中的资金不足问题，增加了就业机会

建省以来，全社会固定资产投资额中有17.81%是通过利用外资来实现的，利用外资的增长，弥补了海南开发建设资金的不足，有力地促进了海南国民经济的发展，同时也增加了就业机会。1997年全省三资企业的从业人员4.2万人，约占全省职工总数的4.1%，三资企业的发展，扩大了就业渠道，培养了一批具有管理经验和劳动技能的人才，提高了职工队伍的素质。（海南省统计局 李萍）

第十五章 旅游业

一、发展历程及变化特点

海南旅游业是新兴的朝阳产业。

建国50年来，海南旅游业的发展主要在实行改革开放的近20年；尤其是海南建省办特区10年来，改革开放大大促进旅游业持续快速发展。如今，海南旅游业从无到有，由一个微不足道的小行业成为支柱产业、优势产业和全省经济的基石和热点，正日益展现出巨大的发展潜力。

1956年，海南第一家旅行社——海南华侨旅行服务社成立。它为华侨探亲服务，部分体现了现代旅游的功能。1959年1月，海南行政区公署成立了交际处；5月，又成立了外事办公室，负责接待到海南来考察、观光的国内外政府官员。1974年，海南中国旅行社成立，开始有组织地接待华侨和国内外旅游团，标志着海南旅游业的萌芽。

长期以来，海南是中国的边远地区，交通闭塞，建国后又被作为海防前哨，因此到海南的游客甚少。1978年实行改革开放以前，我国旅游业的基本任务是对外交流、增进友谊的事业，海南的旅行社主要接待回乡探亲的华侨和少量友好人士。因此，二十世纪开始的现代旅游，八十年代前在海南只具有一种象征意义。在旅游设施方面，直到1983年海南尚没有一家旅游饭店。

中共中央十一届三中全会以后，改革开放为海南旅游业带来了发展的机遇。改革开放使国内外到海南的考察、投资者日益增多，人们到海南从事各类经济活动的同时，对海南得天独厚旅游资源的巨大潜力也不断加深了认识。1981年底，广东省委、省政府决定加快海南岛的开发建设，同时海南行政区积极发展旅游业。海南行政区旅游工作会议确定把海口和三亚冬泳度假区作为重点先行建设好。

1983年3月，中共中央、国务院批转《加快海南岛开发建设问题讨论纪要》，作出加快海南岛开发建设的决定，指出“海南岛有条件逐步建成国际避寒冬泳和旅游胜地。要把海口古迹、兴隆温泉、陵水猴岛、三亚海滨浴场、通什民族风物、松涛水库、那大热带作物园等旅游点建设好，联成旅游线，使之各有奇景，各具风格，富有吸引力”。在国家的重视下，海南旅游步入实质性的起步阶段。海南区政府开始设立旅游管理机构，成立了各类经营旅游业务的企业，着手旅游景点建设，开发旅游基础设施和旅游服务设施，同时开始进行旅游宣传。

1986年1月，全国旅游工作会议宣布将海南作为中国七个重点旅游城市和地区之一，海南作为全国的重点旅游区还被列入国家的“七.五”计划。由于中央和地方政府的重视，海南旅游业在低起点上实现了快速发展。到1986年底，全区旅游饭店已有24家。1980年至1986年，到海南旅游的海外游客共14.5万人次，年均递增48.3%。1986年，海南接待国内外游客游客23.7万人次。1987年，中央在海南筹建省和准备兴办中国最大的经济特区，这一重大的事件对海南旅游业起到了很大的促进作用。这一年海南接待国内外游客猛增到75万人次；其中国际游客17.3万人次，一年超过前7年的总和。

1988年4月13日，海南建省办经济特区，使海南旅游业得到空前的机遇。特区开发热带来了旅游热，国内外到海南的各类客源剧增。1988年，海南接待国内外游客人数一跃而达118.5 万人次，比上年增长57.9%；其中接待国际游客19.8万人次，旅游创汇4094万美元。建省办经济特区的第一年，海南旅游接待出现了有史以来的第一个高峰。

1989年，由于春夏之交的政治风波和旅游业在安全方面出现的“千岛湖事件”的影响，刚刚起步的海南旅游业受到较大的冲击，接待游客人数明显萎缩，尤其是国际游客骤然减少。然而，党中央坚持改革开放方针不动摇，海南作为中国新兴的最大的经济特区仍然对国内外投资者具有很大的吸引力，海南旅游丰富而独特的资源对国内外的投资者和旅游者都展现了极大的魅力，加上海南旅游主管单位大力开展旅游宣传促销，接待国内外游客下降的势头很快得到扭转。1990年，海南接待国内外游客人数再次突破百万大关，达到113.4万人次，其中国际游客18.8万人次，旅游创汇6159万美元，超额1.8倍，完成国家下达的旅游创汇任务，一年就达到国家旅游局提出的“旅游创汇三年恢复到1988年最高历史水平”的目标。

1988年到1991年，海南旅游的发展基本上随着特区开发的高、低潮而波动。在经过1989年旅游接待人数骤减之后，1991年海南省旅游工作又上新台阶，接待国内外游客数跃上有史以来的第二个高峰，达到140.6 1万人次，比上年增长23.93%；其中国际游客27.72万人次，增长46.85%；旅游创汇6384万美元，增长46.46%；各项旅游主要指标都超额完成年计划。

海南建省初期，由于各项基础设施和旅游服务设施的条件较差，饭店住宿和进出岛交通紧张成为制约旅游发展的因素。但是，在经济特区改革开放和率先实行社会主义市场经济的条件下，旅游发展的制约因素反过来又成为刺激国内外投资者开发旅游的动力。到1991年底，海南旅游硬件条件初步得以改观。旅游饭店达65家， 进出岛交通紧张的状况也有所缓解。 从1988年建省办特区到1991年，来海南的客源大部分是商务、公务客和观光客，三至五日的环岛观光游是占主导地位的旅游产品。在1988年由《羊城晚报》“衣食住行”栏目、珠江经济广播电台《星期俱乐部》和广州羊城旅游公司合办的’88龙年最佳旅游线路评选活动中，海南环岛5日游线路获得全国各地6880张选票，位居榜首，荣获’88龙年最佳旅游线路。

1992年--1997年，海南旅游出现新的变化、新的跃进。旅游业发展受特区经济高、低潮波动的影响较小，年年都上新台阶。1991年下半年，省政府重新组建了省旅游局。1992年，省旅游局组织制定了《海南省旅游发展规划大纲》（送审稿），明确了热带海滨度假休闲这一海南旅游发展的主题。1993年，省政府通过并颁发了《海南省旅游发展规划大纲》。与此同时，还针对缺乏旅游建设资金的实际情况，提出“全社会共办大旅游”的旅游发展方针。省旅游局采取多种措施贯彻这一方针，促使各界投资向旅游倾斜，逐步掀起了海南旅游开发的热潮。旅游重点建设项目近200项，并陆续建成开业。1995年，海南省人大通过并颁布实施我国第一部地方旅游法规《海南省旅游管理条例》，使海南旅游走上法制化、规范化的轨道。海南省旅游局还积极争取机遇，通过迎接和举办一系列国际性和全国性的重大旅游活动，如承办’95中国国内旅游交易会、’96中国度假休闲游开幕式、’96世界旅游日（海南）主会场活动等。这些活动大大提高了海南旅游在国内外的知名度。在1996、1997年香港国际旅游交易会上，海南连续两年分别获得“最有希望的新的旅游目的地”和“最佳休闲产品奖”。到1998年，海南有各类旅行社205家，其中国际旅行社39家；星级饭店和旅游定点饭店264家，客房32000间；旅游度假区、景区和参观点不仅数量上达80 多处，而且档次、规模上都有较大的提高，体现出海南旅游的鲜明特色；旅游交通、旅游购物和旅游娱乐等方面也形成了相当的规模。到1998 年海南旅游基本形成了一个档次较高、吃住行游购乐各项设施配套成龙的旅游接待体系。1998年全省接待游客总数855.97万人次，其中接待国内游客816.55万人次，分别比上年增长8.1%和9.1%；国际旅游由于东南亚金融风波的影响，接待海外旅游者39.42万人次，下降4.5%。旅游总收入66.96亿元，增长8.5%；其中国内旅游收入58.97亿元，增长10.7%；旅游创汇9624.9万美元，下降4.9%。旅游服务业（不含交通）上交营业税约占地方工商税收的14%。

1998年，省人大不仅根据旅游发展的实际情况修订了《海南省旅游管理条例》，还新制定了《海南省旅游市场管理规定》；省旅游局结合旅游市场的管理，全面开展旅游培训，通过开发以热带海岛度假休闲为主的一系列旅游新产品来促进旅游产品结构的改造，将提高旅游经济效益、深化度假休闲的旅游主题、完善旅游各方面软件条件的工作列上了重要日程；同海南日报、中国旅游报组织国内外游客和公众投票评选出海南20个优秀旅游景区（点）和20条优秀旅游线路。旅游业在工作的多方面取得新突破和新进展。

综上所述，海南旅游发展大体经过1978-1987年的萌芽阶段，这一阶段创立了旅游管理机构和旅游经营企业，初步开发了一些旅游设施，确立了旅游作为一个产业的地位。1988-1997年为起步阶段，这一阶段的前期（1988年--1991年），特区的开放、开发推动旅游业快速发展，海南旅游的优势和潜力为各界所认识；后期（1993年--1997年）旅游业持续快速发展，成为海南经济发展的龙头产业和支柱产业，带动了各相关行业的发展；“度假休闲在海南”开始被人们认同，海南建设热带海岛度假旅游胜地的基本条件已经具备。

从1998年起，海南旅游业开始进入新的发展阶段。海南在继续完善旅游硬件条件的同时，主要着眼于开发和改善各项旅游软件，推动主导性旅游产品由观光型向度假型转变，促使旅游经济由速度型向效益型转变。

当前，海南旅游呈现如下特点：

一是得天独厚的旅游资源优势、对外交往方便的地理优势、没有污染的环境优势，加上已有相当规模和档次的旅游硬件条件，进一步显示了海南发展度假休闲旅游的极大潜力；二是由于在全国宏观经济调控时期海南房地产业的急剧滑坡，大批写字楼、别墅楼以改成饭店和度假村为出路，同时进出海南岛的交通尚未得到根本的改善，饭店客房增长速度远大于游客增长速度而造成客源相对不足；三是旅游产品仍以观光为主，度假休闲旅游产品和其他富有特色的专项旅游产品尚在开发初期，客人在海南停留天数少，购物、娱乐等消费少，旅游经济效益还比较低；四是海南旅游业的快速增长使高素质的旅游管理人才和从业人员相当紧缺，全面提高旅游队伍的管理水平和服务水平，是旅游行业更上一层楼所面临的重要任务。

1998年12月，朱总钅容 基理视察海南时，对发展旅游业作出重要指示，指出“要实行正确的经济发展战略，从实际出发，充分发挥地理资源优势，坚持把农业和旅游业作为发展的重点和主要产业。要充分利用海南得天独厚的热带风光，大力发展旅游业。”朱钅容 基总理的指示，进一步明确了海南的产业发展方向，极大的鼓舞了海南发展旅游业的信心。随着 1999 年海口美兰国际机场通航和海南西线高速公路的通车，2001年琼州海峡实现跨海火车轮渡，海南旅游的交通状况将得到根本性的改观，这将促使海南旅游出现新的一轮热潮，产生新的飞跃。

二、旅游业现状

《海南省旅游发展规划大纲》将建设“在国际上知名度高、吸引力强的热带海岛度假旅游胜地”和中国的旅游大省之一，定为海南旅游发展的战略目标。经过多年的努力，尤其是建省办特区十年来的奋斗，海南旅游业连续快速发展，目前在旅行社、旅游饭店、旅游景点旅游交通、旅游购物、旅游娱乐等方面已经拥有较好的接待能力，初步形成具有一定知名度。据一些媒体调查，海南在国内已经成为北京、上海、广州等大城市游客的主要旅游目的地。在国外，海南旅游的魅力也正在逐步为旅游业和游客所认识。海南旅游不仅面临着很大的发展机遇，而且具备了大规模发展的基本条件。

（一）旅行社和旅游饭店

如前所述，1974年成立的海南中国旅行社，开始有组织地接待华侨和国内外旅游团。1988年，海南的旅行社发展到39家，其中一、二、三类旅行社分别为1家、27家、11家。1993年，海南经济特区实行企业法人直接登记制，三类旅行社由审批制改为直接登记制，其数量在短期内剧增，最多时超过900家。1995年，海南省对旅行社实行服务质量保证金制度。1996年底，海南省政府根据旅游市场的实际情况，恢复三类旅行社为审批制度，同一、二类旅行社一样实行经营业务许可证管理。海南省旅游局贯彻国家和省旅游法规及有关规定，对旅行社进行整顿和规范化管理，使海南旅行社过多的现象初步得到遏制。1997年，根据国家旅游局的统一安排，海南省旅游局对旅行社分等划类，将一、二类旅行社改为国际旅行社，三类旅行社改为国内旅行社。至1998年底，海南共有各类旅行社205家，其中国际旅行社39家,国内旅行社166家。目前，从海南接待游客数量看，海南的旅行社仍然偏多，其经营规模普遍较小。因此，旅游部门和企业正探索如何推动旅行社朝集团化方向发展，走集约经营、联合发展的道路。

根据1998年旅行社的经营情况看，海南的国际旅行社接待国际游客最多的是海南省中国国际旅行社，旅游收入最多的是海南三平国际旅行社有限公司；上交税利最多的是海南省中国旅行社。从主要经营指标看，海南主要的国际旅行社有海南省中国国际旅行社、海南省中国旅行社、海南省旅游总公司、海南港澳国际旅游有限公司、海南三平国际旅行社有限公司，这5家旅行社接待全省了54.7%的国际游客。海南的国内旅行社接待游客和旅游收入最多的均是海口民间旅游公司，上交税利最多的是海南第一商务旅行社有限公司。从主要经营指标看，海南主要的国内旅行社有海口民间旅游公司、海南天之涯旅游有限公司、海南事达旅游有限公司、三亚春秋旅行社、海南东方假期旅游有限公司、中国职工旅行社海南分社、海南汽运旅行社、海南国航空旅游有限公司，这8家旅行社接待了全省14%的国内游客。

海南的旅游饭店指两大类：一类是经旅游主管部门评定星级或审批定点管理的可以接待国内外旅行社团队的城市酒店和各类度假村，一类是未经评定星级或审批定点管理的接待散客并纳入旅游统计的其它住宿业经营单位。

1983年以前，海南没有一家旅游定点饭店。自1983年起，特别是1988年海南建省办经济特区后，海南大大加快了旅游饭店的建设步伐。1988年底，旅游饭店达39家。1992年，海南省政府提出“全社会共办大旅游”后，吸引了社会投资向旅游业倾斜，海南的旅游饭店迅速增加，不仅数量多而且档次较高，为海南成为“最有希望的新的旅游目的地”打下了良好的基础，为建设国际性的热带海岛度假胜地营造了浓郁的度假休闲气氛。至1998年底，海南有定点旅游饭店264家，客房3.2万间。在定点旅游饭店中，评定星级的有52家；其中：海南寰岛泰得大酒店和海口金海岸罗顿大酒店为五星级，海南宝华海景大酒店、海口国际金融大厦、海南燕泰国际大酒店、兴隆康乐园大酒店、海南兴隆明珠温泉酒店、三亚南中国大酒店、三亚珠江花园酒店、三亚东方大酒店、三亚国际大酒店等9家饭店为四星级，海口泰华酒店、三亚金陵度假村、海南兴隆寿仙温泉山庄、通什度假村、儋州凯立大酒店、琼海宾馆、文昌高隆湾度假村等25家饭店为三星级。此外，三亚凯莱度假酒店、三亚明珠海景酒店、三亚天域度假酒店、琼海官塘温泉休闲中心、海南文华大酒店、海口新温泉国际大酒店等一批富有特色和档次的旅游饭店待评定星级。

海南的旅游定点饭店主要分布在海口、三亚、琼海、万宁、通什、儋州、文昌等旅游城市，其中三亚的大东海、万宁的兴隆、琼海的官塘、文昌的东郊椰林等滨海和温泉旅游区，是旅游度假饭店的集中地。海南的旅游饭店档次齐全，其硬件设施条件大多比较好，度假饭店和度假村占旅游饭店的30%强，城市商务酒店也普遍添设了多项娱乐、休闲和保健设施，为海南旅游形成度假休闲产品创造了良好的氛围。目前，海南的旅游饭店已经具有较大的接待规模，可以满足国际国内不同档次、不同类型的旅游团体和其他旅游者的多样化需要。一批旅游饭店在国际国内得到各种荣誉称号，如在国家旅游局组织的评选中国旅游业标志性饭店的活动在中，海南寰岛泰得大酒店、海口金海岸罗顿大酒店、海南宝华海景大酒店、三亚凯莱度假酒店、三亚珠江花园酒店、兴隆康乐园大酒店、海口泰华酒店等获得了金奖或其它大奖。

（二）旅游景区景点

海南目前可供观光、休闲、娱乐的各类旅游景区景点近百处，主要有热带滨海风光、旅游海岛、黎苗风情、温泉、热带动植物、名山奇峰、奇石异洞、游览河湖、生态园林、文物古迹等。此外，建省办特区以来，优惠的政策、宽松的环境、开放的观念、巨大的变化，也成为对国内外游客产生吸引力的新的旅游资源。

1998年，国内外游客和公众投票评选出海南20个优秀旅游景区（点），它们是：亚龙湾国家旅游度假区、南山文化旅游区、天涯海角风景区、大东海旅游区、鹿回头公园、三亚天涯热带海洋动物园、东郊椰林风景区、万泉河（红色娘子军雕像）、东山岭、兴隆热带植物园、兴隆热带花园、白石岭风景区、东山湖热带野生动物园、东寨港红树林旅游区、火山口公园、假日海滩水世界、五公祠、海瑞墓园、东坡书院、通什中华民族文化村。这些优秀旅游景区景点中，既有经过改造和扩建的老景区景点，也有近年新建的新景区景点，其共同的特色是注重建设和保护良好的生态环境，在此基础上开掘富有海南特点的观光或休闲的旅游主题。

亚龙湾国家旅游度假区和大东海被评为“全国旅游40佳”之一。亚龙湾国家旅游度假区1995年建成具有观光、娱乐、集会、餐饮等多种功能的亚龙中心广场后，又开辟了受到国外旅游界权威人士高度评价的贝壳馆、蝴蝶谷。度假区被国家旅游局列为中国旅游业发展优先项目，被联合国世界旅游组织原秘书长萨维尼亚克赞美为“真正的天堂”。

南山文化旅游区同样被国家旅游局列为中国旅游业发展优先项目，是目前我国唯一通过IS014001国际环境管理质量认证的旅游景区，被海南省授予“生态环境恢复与保护示范工程”的称号。

大东海旅游区不仅建起南中国大酒店、珠江花园酒店、金陵度假村、明珠海景酒店等一批较高档次的度假酒店，而且海滨度假旅游设施集中而配套，旅游潜艇码头、潜水和跳水基地以及嬉水乐园等，可常年进行多种水上活动和沙滩活动，是目前海南最具规模的热带海滨旅游度假区。

三亚天涯热带海洋动物园是休闲娱乐的场所，还是普及热带海洋知识和增强环境保护意识的好去处，其驯养的海豚海狮、海鸟和鳄鱼每天进行表演。

东郊椰林风景区以典型的椰风海韵、浓郁的椰文化和多种海鲜吸引众多游客。万泉河旅游区（红色娘子军雕像）有著名的官塘温泉，风光秀丽的白石岭，其出海口集三河(万泉河、龙滚河、九曲江)、三岛(东屿、沙坡岛、鸳鸯岛)、两港(博鳌港、潭门港)、一石一堆(圣公石和莲花堆)等风景精华于一地，是目前世界河流出海口自然风光保护最好的地区之一。

兴隆热带植物园将旅游观光与普及热带植物知识相结合，还利用热带植物资源开发了一批特色旅游商品，如咖啡和香草兰茶等。兴隆热带花园融自然、人文、农艺、园林与环境生态保护于一体，集度假休闲、观光游乐及科研交流诸功能于一处，分别被国家旅游局、国家环保局列为中国旅游业发展优先项目和“全国环境教育基地”，1996年还被世界环保组织定为我国四个环保样板单位之一。

东山湖热带野生动物园以仿野生概念兴办热带动物园，除必要的管理和安全设施外，各种动物均自由生活在适宜的自然环境中。目前，正不断种植热带花木和果树，规划建成热带动物园、热带植物园和热带果园三位一体的、具有良好生态系统的热带观光休闲区。

五公祠、海瑞墓和东坡书院结合扩建，对景点进一步进行绿化和美化，将人文景观和自然风光有机结合。

由于相当一批景区景点达到较高的水准，海南旅游产品的结构开始发生变化，一些特色旅游产品正在逐步形成，单一的环岛三、五日观光游发展为观光、度假和多种专项旅游相结合的产品组合，体现出鲜明的热带海岛特色。海南旅游产品结构开始由观光型向度假休闲型转变，旅游活动内容日趋丰富，并且越来越受到游客的认同和欢迎。从1995年起，海南推出热带海滨度假休闲游、温泉康乐度假休闲游、黎苗风情观光度假游、南海潜水游、高尔夫球休闲游、热带动植物观赏游、热带田园风光休闲游、海南美食游、商务会议考察游和海南文化古迹游等十大度假休闲旅游产品，目前重点推出前6大旅游产品。对传统的三至五日环岛观光游产品的改造、优化工作也开始进行。1998 年，通过新闻媒体和国内外游客评选推出20条四至七天的环海南岛旅游线路，新的旅游产品正在策划设计之中。今后，海南的旅游产品参与性更强，将以更加迷人的魅力吸引越来越多的国内外游客。

（三）旅游购物

目前，海南旅游商品开发远没有充分发挥出应有的潜力，现有的旅游工艺品、纪念品、旅游食品和其它旅游用品有十几大类、上百个品种。各种各样的海南旅游商品皆倚其资源优势，就地取材，体现出热带海岛气息、乡土风格、民族特色，使游客在海南购物，成为颇受欢迎的内容。

海南的旅游工艺品和纪念品现有椰雕、海水珍珠饰品、天然水晶饰品、动植物标本及其工艺画、贝壳及其制品、黎苗民族工艺品、牛角雕、木雕、木画、工艺陶瓷等，均成系列产品。海南的旅游食品非常丰富，热带风味和海岛特色十分鲜明，已有相当规模，形成了可观的气候。特别是以天然椰子汁为突出代表的几十种热带水果、天然饮料，以咖啡为代表的十几种热带经济作物加工的饮料和食品以及质优量多的矿泉水，已成为海南的拳头产品。

在省会海口市，建省后涌现了一批规模较大的综合型百货商场，各市县出现了一些很有特色的购物一条街，旅游定点购物商店已有11家。这些地方都是国内外游客旅游购物的好去处。

（四）旅游餐饮

海南的餐饮业十分发达。海南的美食天然、奇特、新鲜、丰富。文昌鸡、加积鸭、东山羊、和乐蟹是传统的四大名菜，临高乳猪、琼山的石山壅羊、琼海鹅和万泉鲤、儋州狗肉和红鱼粽、通什山牛肉也十分有名。海鲜是海南菜谱中的主要内容，石斑鱼、龙虾、梅花参、鲍鱼、海胆等各种各样的鱼、贝和其它种类的海洋生物，令国内外游客大开眼界、大饱口福。在海南，人们品海鲜，鱼吃游的、蟹吃爬的、贝吃鲜的、虾吃跳的，真正是鲜活生猛。此外，海南粉、海南鸡饭、海南火锅 海南早茶、椰丝糯米粑、东山烙饼、锦山煎堆、黎族竹筒饭、黎族甜糟、苗族五色饭等，都是风味独特的海南地方小吃。

海南美食令人垂涎，海南的佳饮同样让人回味无穷。海南的美酒已成系列：黎族的山兰酒，用山兰稻米和特定植物，运用自然发酵方法制成，醇美隽永；鹿龟酒、海马酒、椰子王酒驰名海内外；坡马补酒、槟榔酒、咖啡酒、茸血酒、鹿鞭酒、香兰酒等美酒，既味美又有保健功能。数种优质矿泉水已成为名牌，椰子汁、芒果汁和各种热带果汁，还有特色茶（绿茶、红茶、水满茶、鹧鸪茶、香兰茶、槟榔果茶）和多种品牌的啤酒，使海南的琼浆玉液可谓应有尽有。各领风采。各种各样的热带水果，如椰子、芒果、菠萝、菠萝蜜、荔枝、香蕉、龙眼、杨桃、木瓜、人心果、番石榴、红毛丹、榴莲、 四季西瓜等等由热风热雨热土地孕育出的香甜，会让你直观地感受海南。

海南还大度地容纳了来自国内各地和世界各国的特色菜肴、风味小吃，佳酿名饮，形成了以海南风味为主旋律，中外风味齐备的旅游餐饮。目前，海南共有旅游定点餐饮单位47家。

（五）旅游交通

到海南最方便快捷的方式是乘飞机。建省后，海南扩建了海口机场，三亚凤凰国际机场1994年7月投入营运。海口机场已经连续4年被列为全国的十大机场之一。海口美兰国际机场于1999年3月基本建成并试航。1998年，海南民用航空航线140多条，已经和日本、韩国、泰国、新加坡、马来西亚、香港、澳门开通了国际客运包机。海南还组建了本省的航空公司。

海南的海上客运畅利。水运形成了海口港、海口新港、三亚港、洋浦港、八所港、乌场港、清澜港和金牌港“四方八港”的格局，营运船舶已经开通至20多个国家和地区的航线。每天每小时有不同档次的渡轮在琼州海峡穿梭，还开通海口至广州、香港、深圳、湛江、北海、汕头等地的客运船班，三亚到香港、广州、省内各港之间均有定期客轮。一般情况下，香港每周有新加坡丽星邮轮公司的“双鱼星号”豪华邮轮抵达海口或三亚，日本及欧美国家的大型游轮也经常光顾海南。

乘长途汽车到海南虽然费时多些，但也别有情调，广东的主要城市和其它省份的一些大城市有长途汽车直达海南。岛内交通以公路为主，各市县和旅游景区都已通车，从海口至三亚走东线高速公路只需3个小时就可到达。海南岛内公路密度每平方公里超过500米，是全国平均水平的四倍多，形成了以东、中、西三条干线为主的“三纵四横”公路网。高速公路从无到有，发展迅速。环岛高速公路1999年10月全线通车，海南可望形成真正意义上的环岛游。

铁路方面，三亚和天涯海角旅游区开通了旅游列车。琼州海峡火车轮渡项目正在建设，将在2000年和我国的铁路网实现联接。届时，由于基本解决了进出岛交通这一问题，到海南来旅游的交通成本将大大下降，海南旅游有望迎来新的高潮。

（六）旅游娱乐

海南旅游娱乐项目花样繁多，土洋兼备。民间节庆和传统娱乐活动具有强烈的地方性和感染力。海南民间节庆活动主要有海南国际椰子节、“三月三”、府城换花节、儋州中秋歌节和军坡节。在地方民间节庆和中国传统节庆期间，海南各地都要举行富有地方文化色彩并具有强烈感染力的传统文化娱乐活动。为了丰富旅游活动，各市县还结合本地特点，举办婚礼节、生态旅游节、龙舟节和芒果节等。

平时，在海南一些景区景点、旅游饭店或特色餐饮点，都可以欣赏到风情浓郁的民族歌舞。富有吸引力的旅游娱乐和休闲项目越来越多，花样繁多的海滨沙滩和水上娱乐项目，舒适怡情的温泉康乐项目，紧张刺激的游乐园，轻歌曼舞的歌舞厅，还有许多保龄球馆，为游客在海南的娱乐活动提供了多样性地选择。

三、旅游政策

（一）制定旅游产业政策

建省前，随着改革开放的进程，广东省委、省政府于1981年底决定加快海南岛的开发建设，当时的海南区旅游工作会议确定，要把海口和三亚作为我国的冬泳度假区重点先行建设好。

1983年3月，中共中央、国务院批转《加快海南岛开发建设问题讨论纪要》，作出加快海南岛开发建设的决定，指出“海南岛有条件逐步建成国际避寒冬泳和旅游胜地”。中央给予海南较多的自主权，在旅游方面，除中旅、国旅外，海南行政区可以组织游客在岛内旅游；并可审批进入海南开放地区和其他指定地区的外国旅游者，通知我签证机关换发签证。1984年10月，全国商业信贷会议决定，对海南实行特殊的信贷政策，海南建造各类宾馆和旅游服务设施，银行可以试办投资。

1986年1月，全国旅游工作会议宣布将海南作为中国七个重点旅游城市和地区之一，海南作为全国的重点旅游区还被列入国家的“七.五”计划。之后，海南行政区召开旅游工作会议，传达中央领导对发展海南旅游业的指示，研究“七五”旅游发展规划，并组织专家对海南岛旅游资源进行大规模调查和论证。在此基础上，制定了《海南旅游风景区发展规划》。海南旅游的产业地位开始受到重视。

建省办经济特区以后，旅游业在海南重要产业的排列中始终占有一席之地。在产业发展战略中，建省初海南提出工农贸旅并举，旅游业被作为四个支柱产业之一予以加快发展。1992年，省政府进一步强调旅游业是海南重要的支柱产业，要优先以超常规的速度发展，以促进海南的大开放。同年，省委主要领导提出要把海南旅游业作为先导产业和支柱产业优先发展，各行各业要树立“大旅游”观念，做好旅游这篇大文章。1996 年，海南省提出“一省两地”的发展战略，即将海南建设新兴的工业省、中国热带高效农业基地和中国度假休闲旅游胜地；旅游业被作为第三产业的龙头产业。

在跨世纪之际，中央将旅游业列为国民经济新的增长点；朱钅容 基总理1998年12月视察海南时对发展旅游业作出重要指示，指出“要实行正确的经济发展战略，从实际出发，充分发挥地理资源优势，坚持把农业和旅游业作为发展的重点和主要产业。要充分利用海南得天独厚的热带风光，大力发展旅游业。”中央的战略方针和朱总理的指示，不仅为海南旅游发展指明了方向，更为海南产业战略的定位确定了基调。海南正在重新认识旅游业。省委书记杜青林提出：“要象抓农业那样抓旅游业，做好旅游这篇大文章”。

（二）“落地签证”政策

海南建省办特区时，中央给予了“落地签证”政策，即凡与我国有外交关系或者官方贸易往来的国家或者地区的外国人，到海南经济特区探亲、旅游，可以在海南经济特区出入境口岸办理入境签证手续。香港、澳门、台湾同胞和华侨，凡持有国务院主管部门及其授权机关签发的有效护照或者其他有效证件，前往海南经济特区及转往境内其他地区或者出境，无需办理签证。台湾同胞可以直接在海南经济特区出入境口岸申领《台湾同胞旅行证明》。1990年7月，国务院落实给予海南的“落地签证”政策。1995年，这项政策被写进海南地方性旅游法规《海南省旅游管理条例》之中。

（三）“全社会共办大旅游”的开发方针

1991年10月，在全省旅游界人士座谈会上，毛志君副省长与会提出要树立“大旅游”意识。1992年9月，海南省政府召开“海南旅游发展战略研讨会”，引导企业调整投资方向，向发展旅游业倾斜。会上，省委省政府主要领导提出要把海南旅游业作为先导产业和支柱产业优先发展，各行各业要树立“大旅游”观念。10月，海南省召开大会贯彻十四大精神，部署任务之一是要“超常规发展旅游业”。由于省委省政府的重视，海南新闻媒体的大力宣传，各行各业的广泛参与和旅游部门的积极努力，据不完全统计，“八五”期间海南旅游开发建设投入达160亿元人民币（含外币折算），其中各级政府投入不到2%，绝大部分是吸引海内外企业和个人的投资。为迎接’96中国度假休闲游重点在海南活动，通过“全社会共办大旅游”吸引来的海南旅游新建、扩建重点项目达200多项。这些重点项目的陆续建成，极大地改善了海南旅游的硬件设施，为海南旅游持续快速发展提供了可靠的基础。

（四）制定旅游规划

为使旅游资源开发、景点布局、经营管理等方面健康协调发展，海南省1988年4月建省办特区，5月即委托上海同济大学风景旅游研究中心的专家，对全省旅游资源及相关问题进行了系统地调查和论证，拟定了《海南省旅游发展战略及风景区域规划》（以下简称《区域规划》）。这个《区域规划》系统而简明，包括总报告和12个分报告，分别就海南省旅游发展战略、旅游客源市场、不同类型旅游资源评价、旅游结构与设施规划、旅游交通、旅游发展和资源保护提出规划意见。此后，省旅游管理部门根据总体规划的要求和国内外及海南省旅游业的发展情况，编制了《海南省旅游事业“八五”发展计划及十年规划框架》。《区域规划》为以后制定《海南省旅游规划大纲》提供了较好的基础。

1992年，根据海南省委、省政府将旅游业作为重要支柱产业的战略意图，省政府成立了“海南省旅游发展规划大纲领导小组”，授权省旅游局组织编制《海南省旅游发展规划大纲》（以下简称《大纲》）。1993年8月，省政府通过并实施《大纲》。

《大纲》是海南旅游发展的宏观规划纲要，编制时吸取了《海南省旅游发展战略及风景区域规划》的合理内容。《大纲》结合社会主义市场经济的特点，提出如下指导思想：1．海南旅游业的开发和经营必须以市场为导向，与国际旅游市场接轨；2．树立“大旅游”观念，发挥各行各业在海南旅游发展中的相互促进、彼此协调、综合配套的功能，确保旅游业的经济、社会和环境效益；3．全面贯彻旅游业作为海南经济发展中的龙头产业的战略思想，并通过旅游业的适度超前发展予以体现；4．突出海南热带海滨度假旅游主题，发展具有地方特色、有轰动效应、参与性强、多样性的旅游产品；5．注重旅游业的软环境建设，树立社会主义精神文明在旅游业软环境建设中的指导作用。

《大纲》提出的战略目标是按照国际标准，努力把海南建设成为在国内外影响大、知名度高、吸引力强的热带海岛度假旅游胜地，使海南成为中国旅游大省之一。

《大纲》还就旅游客源市场开发和促销、旅游资源开发和保护、旅游饭店建设、旅游商品开发和经营、旅游交通及通讯的配套要求、旅游文化、旅游人才开发、旅游业发展的体制和政策等方面的工作,提出总括性的规划要求目标。

《大纲》颁布后，省旅游局会同有关市县及其旅游主管部门，进一步根据《大纲》对旅游市县、旅游区进行旅游发展规划，促使全省旅游建设、旅游产品、旅游市场等方面的开发逐步进入规范化的轨道。1995年，海南省又制定了《海南省旅游业发展“九五”计划和2010年远景目标纲要》。海南省委、省政府对旅游业的战略目标进一步规划和定位，这就是到2010年，将海南建设成为在国际上知名度高、吸引力强的热带海岛度假旅游胜地。1999年，海南省旅游局针对《大纲》只是纲要性的文件、具体操作性不强的情况，对全省旅游资源进行进一步调查，开始制定《海南省旅游发展规划》。

海南的旅游规划，为旅游业的健康发展提供了可靠的保障。

（五）旅游法规的制定

海南省在经济基础比较薄弱、对旅游业直接投入很少的情况下得以持续快速发展，主要原因之一就是着眼于建设热带海岛度假旅游胜地的战略目标，将旅游立法工作放在重要位置，通过大力贯彻旅游法规，坚持依法治旅，不断整治旅游市场秩序，使全省旅游市场在总体上有一个较好的环境，使游客对海南旅游服务满意。1998年，国家旅游局有关部门领导经调查各地旅游市场情况后认为，海南是全国旅游市场管理比较好的几个省份之一。

旅游业是综合性很强的行业。如何在市场经济的条件下管好旅游业是一个新课题。在旅游管理实践中，海南省旅游局感到必须有法可依，依法治旅。1995年，由省旅游局经过反复调查研究，起草了《海南省旅游管理条例》（以下简称《条例》），经政府各有关部门修改，报经省人大通过并颁布实施。这是我国第一部地方性旅游法规。由于在立法工作中走群众路线、集思广益，并根据旅游发展实际大胆创新、突出地方特色，这部地方性旅游法规不仅对海南旅游起到了积极地推动作用，也给许多省市提供了借鉴。由于海南旅游业发展很快，《条例》有些地方不能适应新的形势。省旅游局配合省法制局和省人大法规室对其进行修改。同年7月，《条例》修订稿获得省人大通过。

为使旅游市场管理《海南省旅游管理条例》更具操作性，在修订《条例》的基础上，针对海南旅游市场存在的新情况新问题，1998年下半年海南省又制定了《海南省旅游市场管理规定》这一新的地方性旅游法规。在修订和起草旅游法规的过程中，海南旅游及有关部门一方面总结本省旅游发展中好的管理经验，将其写入旅游法规；另一方面注意学习外省市旅游管理中有创造性的做法，利用海南省人大被授予地方特别立法权的优势，将其上升为法规性内容。因此，无论是新修订的《海南省旅游管理条例》还是《海南省旅游市场管理规定》，一出台就有很多兄弟省市来电索取，作为他们制定旅游规章的借鉴。

此外，海南省旅游局还根据旅游行业管理的需求，积极制定行业管理规章并大胆试行，努力促使旅游市场管理逐步法制化、规范化，为旅游法规作好配套。1999 年年初，省旅游局制定下发了《海南省旅游行业分级管理办法》。根据各市县旅游发展规模、旅游管理机构和旅游管理手段等方面条件，下放管理权限，扩大市县旅游管理部门的职责范围，逐步强化和发挥他们在行业管理中的作用。根据省人大通过的《海南省旅游管理条例》和《海南省旅游市场管理规定》，先后制定了导游员备案制度、旅行社量化管理等制度、旅游质量监督管理的系列制度、旅行社质量保证金财务管理制度、旅游定点饭店管理规定、旅行社营业部管理规定、各类旅游定点单位评定标准及管理规定等配套管理规章。通过旅游法规和各项管理规章制度的配套和完善，使海南旅游管理和旅游经营逐步走向法制化、规范化的轨道。

海南通过加强旅游法制和旅游执法工作，不断提高旅游行业管理的水平和旅游服务质量，为全省旅游业上台阶提供了可靠的保障。

四、机构设置

海南省旅游局是海南省政府下属的受委托对全省旅游业行使行政管理职能的正厅级事业单位，内设办公室、法规调研处、市场开发处、规划统计处、旅行社饭店管理处、综合业务处、人事教育处、财务审计处和机关党委。下属事业单位有海南省旅游服务质量检查所、海南省旅游培训中心、海南省旅游学校(筹)以及海南省中国国际旅行社。

海南省旅游局的前身是原广东省海南行政区旅游局，成立于1983年，与海南旅游公司两个名称一支队伍。1988年建省办特区，该机构分开为海南省旅游协会和海南省旅游总公司。海南省旅游协会受海南省政府委托行使旅游管理职能。一年以后，根据全省旅游事业发展的需要，省政府在省旅游协会基础上加挂海南省旅游局的名称。1991年8月，省政府重新组建海南省旅游局，为省政府下属的主管全省旅游工作的正厅级行政单位。1995年，省政府进一步推行机构改革，省旅游局的机构性质改为直属省政府的事业单位，受省政府委托对全省旅游行使行业管理职能。

省旅游局的主要职能是：

贯彻执行国家有关旅游的方针、政策和法规，依法拟定并组织实施本省旅游工作的政策、法规及旅游发展战略目标、中长期规划及年度计划，研究和推进本省旅游业体制改革，协同有关部门培育和完善旅游市场，扩大旅游对外开放。

负责对全省旅游业进行行业管理。包括对旅游资源的调查、规划、开发和保护工作的指导和协调；制定和实施旅游行业标准，对各类旅游企业监督、检查、指导，维护旅游市场正常秩序。如：对旅行社审批和年审，对饭店星级评定以及其他旅游企业的定点审批；

组织全省旅游整体形象的国际国内宣传，制定和实施海南国内外旅游市场开发计划；协调有关旅游交通、旅游价格、旅游文化、旅游商品开发经营中的重大问题；管理使用国家和地方发展本地旅游业的投资；负责全省旅游业的统计、信息以及财务审计工作；负责组织和指导全行业的业务培训和人员资格认证工作；管理国内外旅游投诉，对行业不正之风和各种违规行为进行整治；等等。此外，还负责对各市县旅游局和旅游工作进行业务指导，承办省政府和上级业务部门交办的其他工作。

目前，海南省的19个市县中，海口、三亚、琼山、琼海、文昌、儋州、万宁、通什等市和陵水县、琼中、屯昌、临高、定安、保亭等县都设立了旅游局或其他名称的旅游管理机构。

海南省成立了旅游协会，并成立了旅行社、饭店、景区景点等方面的专业协会，部分旅游城市也成立了旅游协会。

一些旅游企业通过自愿的原则，成立了多种多样的旅游联合体。

旅游主管部门、旅游协会和旅游业其他形式的行业组织协同配合，使海南旅游业健康发展在组织机构上提供了保障。

五、主要成就

海南旅游业在省委、省政府和国家旅游局的领导和扶持下，在海南有关部门的支持和业内人士的努力下，从“空白”行业发展成为海南的支柱产业。1998年来海南旅游的人数为855.97万人次、比1988增长6.2倍、其中国际游客39.42万人次、增长92.7%；国内游客816.55万人次、增长7.3倍。1998年旅游创汇9624.9万美元、比1988年增长5.2倍。1998年国内旅游收入58.97亿元、比1988年增长24.6倍。

海南旅游业是对外开放时间比较早、程度比较高的行业，在推进海南经济发展方面起到了独特的作用，1998年，全省旅游服务业上交营业税(不含交通)约占地方工商税收的14%，

海南旅游业快速发展还直接对城乡建设、交通、通讯、商贸等产业的发展产生很大的推动作用，带动了第三产业的发展，解决了大批人员就业。

海南旅游业所体现出的社会效益、环境效益也是明显的。在创建中国优秀旅游城市的过程中，极大地推动了城市精神文明的建设。一批生态特色景区景点的推广，对海南保护环境，建设生态示范省起到积极的作用。(海南省旅游局 陈耀　刘军)

第三部分　地区篇

第十六章 大特区省会——海口市

建国50年，尤其是海南建省以来，在邓小平理论的指引下，在省委、省政府的正确领导下，中共海口市委、市政府全面落实党中央的战略部署，积极把握机遇，充分发挥政策优势，深化改革、扩大开放，全市人民开拓进取、团结奋斗，各项社会事业迅猛发展，城市综合实力显著增强。海口已由昔日的一个边陲小城，大步跨入“中国城市综合实力50强”、“中国投资硬环境40优”、“全国城市环境综合整治优秀城市”、“全国卫生城市”的行列，并获得“全国双拥模范城”、“中国优秀旅游城市”、“国家园林城市”等一系列殊荣，被世界卫生组织定为“健康城市”试点。

海口于1926年建市至今已有70多年的历史。1950年4月23日解放，6月1日成立海口市人民政府，并且一直是海南行政区首府，是全岛政治、经济、文化、交通中心。1986年5月海口升级为地级市。1988年4月，海南建省，海口成为全国最大经济特区省的省会。现辖新华、振东、秀英三个县级区，总面积236．44平方公里，规划面积1127平方公里，城市建成区面积42平方公里。至1998年底，海口市常住人口63．22万人，户籍人口52．79万人。

一、国民经济快速增长，综合实力显著增强

解放前，在帝国主义、封建主义和官僚资本主义的压榨下，海口市国民经济脆弱，城市建设破烂不堪，农业落后，工业基础十分薄弱，1949年工农业总产值仅为1277万元。解放后，按照中央的部署，贯彻执行恢复国民经济，稳定社会发展的战略方针，一定程度上奠定了社会主义经济基础。但是，海口市从1950年解放到1978年近30年间，一直被作为国防前沿城市，国家对海口的开发建设无论在指导思想还是在产业发展上，都带有明显的“备战”色彩，财力、物力、人力投资严重不足。据统计，1950年4月至1978年，国家投资仅2亿多元（包括工业建设），加之体制上的条块分割和地理上的封闭，海口处于“闭关锁岛”状态，国民经济基础相当薄弱，当时的海口经济总水平仅相当于内陆地区经济发达的乡镇。十一届三中全会以后，各级党组织和人民政府贯彻解放思想、实事求是的思想路线，坚持四项基本原则，认真执行深化改革扩大开放的方针，海口经济总量不断增长，产业结构得到调整充实和提高。尤其是建省以来，经济、社会和城市建设进入了千载难逢的超常规发展时期，国民经济翻了三番多。1998年，全市国内生产总值达110．09亿元，

按可比价格计算，比1987年的8．89亿元增长5．13倍，年均递增18%。其中第一产业由0．39亿元增加到2．88亿元，年均递增5．5%；第二产业由2．28亿元增加到28．62亿元，年均递增18．2%；第三产业由6．22亿增加到78．59亿元，年均递增17．3%；全市人均国内生总值由1987年的4328元增加到1998年的17624元，翻了两番多，年均递增10．6%。经济规模的迅速扩大，大大提高了财政实力。1998年全市财政收入14．04亿元，比1987年增长20倍，年均递增32．2%。宏观经济效益不断改善。全社会劳动生产率由1987年的5429元增加到1998年的28623元，年均递增9．5%。其中第一产业劳动生产率由1386元增加到10794元，年均递增6．2%；第二产业劳动生产率由1987年的4208元增加到1998年的28924元，年均递增12．8%；第三产业劳动生产率由1987年的7641元增加到1998年的30345元，年均递增6．0%。产业结构也在不断调整，在国内生产总值中，三次产业所占比重：1978年分别为4．3%、28．4%、67．3%；1987年为4．4%、25．7%、69．9%；1998年为2．62%、26%、71．38%。

（一）农业生产有很大发展

解放前，海口的农业生产单一、技术落后，主要为粮食种植业。1949年，粮食产量平均亩产仅59．5公斤，农业总产值仅277万元。解放后，海口市的农业生产逐步发展。特别是十一届三中全会以来，积极推行家庭联产承包责任制，农民的生产积极性空前高涨，给农业生产注入了新的活力，加上政府不断增加农业投入，传统的农业逐步为现代大农业所取代，单一结构的农业为农、林、牧、渔和乡镇企业全面发展所取代，单纯的粮食种植业为种养加、农工贸一体化所取代，服务城市、繁荣农村、活跃市场、富裕农民的新型城郊型农业正在崛起。1998年全市农业总产值达到4．45亿元，按可比价格计算，比1987年增长1．8倍。

1．“菜篮子”基地建设

海口市城郊农业以“建好菜园子，保持菜摊子，丰富菜篮子”为主，从发展规模生产、确保生产供给入手，大抓蔬菜基地建设，使郊区的蔬菜基地扩大到1100公顷。并在琼山、琼海、文昌、屯昌、定安、澄迈6县市12个乡镇和桂林洋、金安2个国有农场建起1366公顷蔬菜基地。大力引进推广蔬菜杂交品种、优良品种，采用先进技术，加强科学管理，蔬菜总产量逐年增加，自给率逐年提高，菜色品种不断推陈出新。1998年，全市蔬菜生产总产量达11．23万吨，自给率达90%以上，淡季期间上市品种有20～30个，旺季和节日多达60～60个，传统的蔬菜淡季不淡，市民“菜篮子”日趋丰富。

2．禽畜饲养业

建省以来，海口市坚持一手抓罗牛山农业综合开发试验区畜牧城建设，一手抓郊区专业户发展规模生产，禽畜饲养业得到迅速发展，专业化程度逐年提高。菜篮子工程主要基地的罗牛山农场，在海南建起大型禽畜饲养场，先后投入亿元资金，建起3万头瘦肉型猪场、10万头临高乳猪场、30万只蛋鸡场，肉猪、蛋鸡的饲养基本实现机械化、自动化、品种优良化；并以海口市为基地，不断向全省辐射，先后在桂林洋、红明、罗豆、东兴、金安等农场和陵水、琼海等县市建起瘦肉型猪场10个。罗牛山农场的猪肉年生产能力达到5200吨、鸡蛋3500吨。同时，海口市郊区各类饲养专业户已发展到460户，在专业户规模生产的带动下，出现了一批养猪、养鸭、养鸡专业村。1998年，“菜篮子”产品产值达42095万元，占全市农业总产值的94．6％。肉类总产量达1730吨、禽蛋总产量达3337吨，分别比1987年的1150吨和235吨增加了14倍和23倍。禽畜饲养业的发展，极大地丰富了市民的“菜篮子”，也为稳定市场物价起到促进作用，带动了农村经济的发展，改变了海口市长期以来肉类、禽蛋完全由岛外调运供应的历史。

3．水产业

水产业贯彻“以渔为主，多种经营”的方针，逐步形成“以捕捞为主，捕养结合”的生产格局。在捕捞业方面，打破近海作业为主的传统模式，实行近海捕捞与远洋捕捞并举，大力加强捕捞业的技术改造，采用先进设备，发展中深海作业，为海口市发展远洋渔业开辟新的生产领域。在养殖方面，充分发挥自然水域优势，利用海岸线长、水面宽的特点，海水养殖与淡水养殖并举，因地制宜，大力推广养殖经济较高的鱼种。1998年，水产品总产量达到12728吨，比1987年的4326吨和1978年的1970吨分别增加2倍和5．5倍。

4．乡镇企业

海口乡镇企业起步于70年代末，建省前整体发展较慢。1988年，依托省会城市的优势，海口市乡镇企业异军突起，成为农村经济的重要支柱。1998年，全市乡镇企业总产值达51377万元，涉及建材、运输、机电、电子、五金、化工、服装、家具、建筑、房地产、旅游、商业、食品、饮食服务业和种养业等多种行业，其中建材、建筑、房地产、运输和商业饮食服务业已成为乡镇企业的主要行业。乡镇企业的发展，不仅吸纳了农村大量富余劳动力，而且为农业发展提供了大量资金，改善了农村劳动力整体素质，推动了农村经济的发展。

（二）工业和建筑业发展较快

1．工业

解放前，海口仅有规模不大，设备陈旧几家工厂。年产值1000万元。1949-1987年工业生产发展仍很缓慢。大型骨干企业很少，工业结构不合理。由于多年来忽视技术进步对经济增长的促进作用，所以工业企业大部分设备陈旧，产品老化，经济效益十分低下。随着改革开放，尤其是建省办特区以来，通过挖潜改造，优化产业结构，外引内联，工业获得较快发展。目前，全市工业已发展成为拥有橡胶制品、化纤纺织、食品饮料、电子、制药、机械、化工、建材、塑料、制革等主要行业，产品销往国内各省、市，远销东南亚、欧美等50多个国家和地区。1998年全市工业总产值达到78．48亿元，按同比口径计算，是1949年的100多倍，是1978年的36.5倍，1987年的13.7倍。

海口市现有乡及乡以上工业企业342家，其中，国有企业115家，集体企业68家。建省以来，海口市企业的装备水平不断提高，企业的实力迅速增强。椰树集团（原海口罐头厂）已进入全国最大500家工业企业行列；海口力神速溶咖啡厂引进先进设备建起全国第一家速溶咖啡厂；海药股份公司跨入全国医药行业先进企业行列，建立起亚洲先进水平的海药工业城；椰岛股份公司、海德绦纶厂、海口轮胎厂、海南汽车制造厂及亚太啤酒厂等企业达到国内外同类行业先进水平。经过建省11年的开发建设，金盘、港澳、永桂工业开发区迅速崛起，形成了老厂改造和新建项目相互促进，传统名牌产品改造提高和高新技术产品开发共同发展的工业新格局。

2．建筑业

海口的建筑业历史上相当薄弱。解放后，海口市的建筑企业、从业人员不断增多，尤其是建省后得到了迅速发展。建省11年来，海口市的建筑施工面积以每年近100万平方米的速度发展，建筑业增加值由1987年的0．79亿元增加到1998年的13．46亿元。建筑业的迅速发展，提高了海口市的整体建筑水平，一栋栋集世界各地的优秀设计、造型各异的高楼大厦拔地而起，耸立在琼州海峡的南岸，构成海口市热带海滨城市的建筑特色。

（三）商贸、服务业持续兴旺

海口是历史上的商埠城市，商业、贸易、服务业一直比较发达。解放以后，由于工业、建筑业发展缓慢，第三产业的发展受到一定制约，但总体上比第二产业兴旺。特别是海南建省办特区以后，第三产业得到很大发展，已成为海口乃至全省经济发展的重要支柱。

1．商业

建省以后，海口市商业步入了黄金发展时期，设施不断完善，配套设备日趋合理，从业人员队伍壮大，商品市场交易活跃，已形成国有、集体、个体、私营、外资经济平等竞争共同发展的格局。建成了生生百货、乐普生商厦、望海商城、第一百货等一批大型零售商场，扩大了商业市场的容量，全市商业网点成倍增加。形成了海口老城区街与新商厦、便民商场相结合，大、中、小商场相互补充，普通与豪华商场、大众化商品店与精品店相互发展的商业市场新格局。建省后，集市贸易发展很快，疏通了商品流通渠道，促进了工业品下乡和农副产品进城，活跃了城乡市场。1998年全市社会消费品零售总额达63．49亿元，扣除物价因素，年均增长12．3%，比1987年增长2．6倍；集市贸易46个，成交额40．94亿元，比1987年增长11倍。零售贸易业网点由1987年的每万人拥有125个增加到1998的277个；从业人员数由1987年的每万人拥有583人增加到1998的1078人。

2. 旅游业

旅游业是海口经济发展的新兴产业。建省前的近四十年，由于海口市基础差，交通不发达，旅游行为零星、分散，产业难于形成。建省后，制定了旅游发展规划，加快旅游景点和设施建设，旅游软硬件建设逐步改善，吸引能力和接纳能力明显增强。前来海口进行经济技术、科学文化交流，洽谈贸易，观光旅游的国内外人士逐年增多，旅游业得到快速发展，旅游业在国民经济中贡献份额越来越大，产业化的程度迅速提高。全市宾馆、酒店从1987年10家增加到1998年的84家；1998年共接待国内外旅客256．78万人次，旅游营业收入13．43亿元，比1987年分别增长6．7倍和15倍。

3. 房地产业

海口长期以来，一直是我国南方的边陲小城，房地产（主要是住宅建设）开发比较缓慢。建省后，海口市的房地产业迅速崛起，房地产开发商和投资大量涌入，楼房建设每年以100万平方米的速度递增，并带动了建材、采矿、运输和材料工业的发展，一度成为发展最快的行业，也一度成为海口市国民经济的重要支柱之一。仅1990年至1995年，累计投资约120亿元。与此同时，房地产市场迅速发育，初步形成了开发建设、评估、租赁、抵押、中介服务、交易和物业管理等相匹配，商品房、解困房、安居工程、出租出售公房和土地转让出让等相互结合的房地产开发新格局。房地产的大量投入，致使城市规模迅速扩大，海口市建成区面积由1987年的22平方公里扩大到42平方公里。

4. 金融业

解放后，金融业随着海口经济和社会的发展而发展，尤其是海南建省办特区后，海口金融业进入了一个崭新的发展时期，无论是金融机构、金融业务还是金融市场都得到空前的发展，其速度处于全国各大城市的前列。全市现有金融机构网点415个，有3家外资银行（办事处）。市级国家银行存款余额从1987年的8．69亿元增加到1998年的186．68亿元，贷款余额从1987年的10．98亿元增加到1998年的176．42 亿元；城乡居民储畜存款余额从1987年的3．42亿元增加到1998年的161．06亿元。形成了以国家专业银行为主体，其它金融机构为补充，银行、信用社、信托投资、证券、保险、典当、黄金买卖和邮政储蓄共存并荣，人民币与外汇并用，现金与票据、证券、债券等相结合的新的金融体系。同时，微机操作计算机联网等现代结算手段逐步推广，金融市场的发育较快，加快了资金的流通，在基本建设、生产和流通等各个领域中发挥了重要作用。

5．信息业

海口市的信息业起步较晚，但发展迅速。建省初期，海口仅有几家以卖电脑为主的信息类企业。目前信息机构不断增多，已发展到100多家，收集、分析、处理、传递、储存手段日趋先进。企业类别已从过去单纯的销售型迅速转到具有较高技术含量的系统集成、软件开发、硬件生产和网络商务等。建成和开通了银行电脑结算系统、税收征管电脑管理系统、公安指挥监控系统、城市规划信息系统、公共网络信息系统、有线电视传输系统等，信息业的增加值逐年提高。

（四）交通邮电四通八达

解放初期，海口的交通运输和邮电事业十分落后。五十年来，海口市在发展港口，开辟航线，修筑公路，扩建机场，完善设施，购置先进交通工具，加强邮电基础设施建设，扩充通邮通讯能力，提高装备水平等方面都有了长足的进步。尤其是建省以来，政府把交通邮电放在优先发展的地位，大规模地进行了交通邮电基础设施建设，促进了交通邮电业的高速发展，为工农业生产和城市的开发建设发挥了“先行官”的作用。

1．海运

1952年的秀英港货物吞吐量仅16万吨；1953年，琼州海峡运输线也仅有4艘30吨级的小船。建省以后，对港口加快进行新建、扩建和改造，吞吐量大幅度提高。现有港口3个，港口货物吞吐量达916万吨。货运航线直通全国各沿海港口及香港、澳门、新加坡等地，客运航线与广州、汕头、北海、湛江、蛇口、香港等连成一线，每日平均开出客轮59艘，汽车过海轮渡昼夜通航，大大方便了进出岛人员和物资的流通。

2．陆运

解放初期，海口在岛内的出口有西线、中线两条土路，市区内有10多条坑坑洼洼的土路，7辆公共汽车，交通十分不便。建省以来，海口投入巨资，对全市公路进行改造、扩建和新建，建成了郊区的公路网，基本组成了布局合理的城市道路网。全市三区二镇六乡140多个村庄都有公路连接，城市道路出口分别连接海南东、中、西干线公路和高速公路。1998年，全市公路达到610．87公里，其中省国道57．63公里，城市道路394公里，县乡159．24公里，通车里程610．87公里。有长途汽车客运站5个，除通达全岛各县市乡镇外，开通了海口至广州、深圳、南昌、厦门、重庆、桂林等城市的省际运输路线，为城市经济的发展铺设了“快车道”。随着公路建设和客、货流量的增加，市区公共汽车、出租车和营运线路得到较快发展，公共汽车(中巴)由解放初的7辆增加到1998年的1627辆，小出租车突破4000辆。

3. 航空

1978年以前，海口大英山机场规模较小，只有一条长2000米的军民合用跑道，一个能停放一架“安－24”小型客机的停机坪和一个160平方米的候机楼，仅开通了海口至湛江、广州、三亚的几条短途航线，全年旅客运输量5．3万人次，货物运输量339吨。建省后，海口民航事业快速发展，现拥有2家航空公司（南方航空海南分公司、海南航空公司），能起降波音757等大型飞机。开通国内外航线73条，同国内外49个大中城市通航。飞机起降架次、旅客吞吐量、货邮行吞吐量在全国142个机场评比中，分别排名第7、第8和第15名，跨入全国十大机场行列，并创造了自1956年通航以来连续42年安全飞行纪录。旅客发送量由1987年的31．68万人次增加到1998年的329．3万人次；货邮发送量由1987年的1198．4吨增加到1998年的45491．5吨。海口民航业已实现航线网络化，航程中程、远程化，航机大型、中型化，设施现代化。海口新机场--海口美兰机场于1999年5月底通航，年旅客吞吐量可达600万人次，货物流量可达15万吨。海口航空运输将呈现更加美好的前景。

4. 邮电

解放初期，海口有邮电支局（所）4个，其中：邮电局1个、邮电支局1个、邮电所2个，邮电代办点47个。开通国内的有广州、湛江、台北、北海、榆林等，开通国际的有香港、澳门、越南、暹罗（泰国）等。全市没有一条完整的长途电话有线电路，只能用无线电进行通话，市内电话为人工磁石交换机，容量200门，实装134户。十一届三中全会以后，尤其是建省以来，海口市邮电业大胆举债，实行适度超前、规模发展，邮电装备水平不断提高，通信能力不断扩张，服务空间进一步拓宽。

5. 邮政

建成了海口邮政枢纽大楼，提高了海口市邮政现代化服务水平。在邮政储蓄、报刊发行、商业信函、速递跟踪查询、挂号登单方面推广计算机应用技术，先后开办市内特快专递、异地存储、国际汇兑、电子信函、鲜花礼仪和报刊批销等业务，开通各种形式邮路，增大邮政服务的覆盖面。全市已建立起辐射省内广大城乡并与全国各地联系的通信网，与世界上207个国家和地区实现通邮。1998年，邮政业务总量达5290．80万元，业务收入达11071．19万元。

6. 电信

实施以“短、小、快”（周期短、容量小、见效快）促“大、新、全”（容量大、设备新、功能全）的建设战略，电信业是海口市改革开放以来，尤其是建省以来发展最快、变化最大的行业，走出了一条良性滚动发展的路子。市内电话号码已升到7位，市话总容量、话机总数由1987年的0.5740万门、0.83万部，发展到1998年的36.88万门、24.63万部，电话普及率由1987年的2．64%上升到1998年的71.6%，居全国省会城市之首；无线寻呼、移动电话从无到有，1998年末用户已分别达到26.42万户和12.19万户。海口市电信局跨入全国国有企业500强行列。1998年，电信业务总量达9.9亿元，业务收入5.84亿元。

（五）城市建设日新月异

海口市长期处于海防前线，1950-1978年，城市建设（包括工业建设）投资仅2亿多元。直到建省前夕，全市没有一条人车分流的马路，没有一盏红绿灯，可以说是路不平、水不通、灯不明。海南建省后，按照国务院建设“具有热带风光和海滨城市特色的外向型国际性城市”批示精神，坚持统一规划、综合开发、配套建设，坚持高起点、高标准、大刀阔斧地进行基础设施建设，拉开了城市骨架，疏通了城市血脉，使城市道路从50年代初的10多条坑坑洼洼的土路发展到现在的130多条、长398公里、面积586万平方米的混凝土、沥青路面，形成了贯通全市的“四纵五横”的主干道体系。陆续兴建了新埠大桥、和平大桥、秀英高架桥、疏港立交桥、南大立交桥等大型钢筋混凝土桥梁，兴建了21座人行天桥。其中投资1.8亿多元、全长7．2公里、桥面长4．3公里的南大立交桥，为海南省第一座大型立交桥，是全国城市市区三大立交桥之一。

建省以来，先后兴建了米铺地面水厂、美舍河水厂、长流水厂、新埠岛水厂、白水塘水厂、永庄水厂、大同水厂、秀英水厂、海甸水厂。全市日供水能力从建省前的14．3万吨提高到1998年的70．2万吨，供水区域从建省前的22平方公里拓宽到42平方公里，用水普及率达100%。

建省以来，为适应经济发展需要，海口市的供电设施建设加快，电力供给水平不断提高。供电量从1987年的1．04亿千瓦时增加到1998年的13．00亿千瓦时，增长12．5倍，海口电力供应紧张的状况从根本上得到缓解，用电难的历史已一去不复返。

城市管道燃气起步较晚，但发展迅速。1993年开始动工，1994年正式向市区输送管道燃气。1998年供气总量达540万立方米，气化率达99．9%。

海口市把城市建设与环境保护紧密结合起来。在加强对水环境、大气环境、生活环境、生态环境和城市环境的保护、监控和综合治理的同时，以国务院批复的《海口市城市总体规划》为指导，全面开展城市绿化，先后建成80公顷的万绿园、滨海公园、金牛岭公园和假日海滩公园，大规模进行道路两旁绿化，以及街边、街心绿化和公共场所、庭院、住宅绿化美化。城市绿化覆盖率由1987年的22．8%增加到1998年的40%；人均公共绿地面积由1987年的2．7平方米增加到1998年的8．5平方米。海口不仅建设起一座规模日趋壮大的城市，而且建设起一座环境日趋优美、绿树成荫的现代化都市。

（六）外引内联成绩卓著

海口从解放到1978年近30年间，对外贸易发展十分缓慢。1983年，中共中央确定了海南要“以对外开放促岛内开发”的方针，终于摆脱了封闭式旧体制的束缚，尤其是建省以来，依靠中央给予海南的特殊政策，揭开了历史上的对外开放“黄金时期”。国内各省、市、自治区人民政府，国内企业和部门有1200多家在海口市设立了办事处，设立企业约10000多家，累计投资约200亿元，投资领域遍及海口的各个行业。累计口岸进出口总额118．16亿美元，年均递增13．8%；1998年止，批准外商投资企业6036家，实际利用外资46亿美元，是建省前利用外资总和的136倍。投资领域涉及工业、农业、商贸、房地产、交通运输、邮电通讯、旅游、餐饮、娱乐等行业，技术含量不断提高。同时，利用外国政府贷款也取得明显进展。

随着对外交往的频繁，友好结交活动不断发展。海口市接待的国际友人和港澳台及海外同胞来访团，遍及五大洲和100多个国家与地区，不断组织工业、农业、商业、文化等公务出访和项目招商洽谈团出境招商引资，并与5个外国城市结为友好城市。对外交往的扩大，进一步加深了世界对海口的了解，大大提高了海口的知名度和国际声望。

二、各项社会事业成果丰硕

改革开放以前，海口市的各项社会事业处在全国同类城市中相对落后的地位。改革开放以来，尤其是建省以后，海口市坚持一手抓经济建设，一手抓精神文明，科、教、文、卫等各项事业也同经济建设同步发展，取得了前所未有的丰硕成果。获得了“全国卫生城市”、“全国计划生育求是单位”，并被世界卫生组织定为“健康城市”试点。

（一）科技进步显著

海口市的科技事业，建省前，由于基础差，未能形成一个能够促进生产发展的科技体系。建省后，遵循科学技术是第一生产力的指导思想，实施“科教兴市”战略，通过增大投入，依靠科技开发、技术改造和技术引进，努力发展科技事业。由于重视人才的引进与培养，科技队伍迅速壮大，科研机构不断增多，“十万人才过海峡”曾一度成为热点新闻。到1998年，有国有独立核算的自然科学研究机构25个，从事科技活动的人员686人，涌现了一批国家级专家、省优秀专家和拔尖人才。建省以来，取得重大科技成果348项，荣获国家、省、市科技进步奖160项，开发产品200多个，一大批已成为国优、部优、省优产品，进入全国和国际名牌产品行列，成为企业的经济支柱，大大增强了海口市的经济实力。到1998年，全市科技进步对经济增长的贡献率达到36%。

（二）教育事业蓬勃发展

解放初期，海口有小学67所，普通中学4所。建省以来，海口市把教育事业摆在优先发展的地位，把教育事业纳入国民经济与社会发展规划中，以培育“四有”新人、创建教育强市为目标，普及九年义务教育，积极发展职业教育和成人教育，推行素质教育，全市形成了包括幼儿学前教育、基础教育、中等职业技术教育、高等教育和成人教育在内的教学体系和多形式、多元化的办学体制。1995年，经国家有关部门对教育8项指标综合评价，海口市教育综合实力已进入全国先进行列。同时，千方百计增加教育经费，教育事业的发展比经济发展超前。由此，学校的教学设施和手段日益现代化，一部分中小学已安装闭路电视教学系统。目前，有高等学校3所，中等专业学校13所，技工学校3所，普通中学27所，职业中学3所，小学101所。

（三）文化体育事业日趋繁荣

1．文化

解放初期，海口有1所图书馆、1所艺术馆、1所博物馆，有2家电影院、1个琼剧团。建省后，海口作为省会城市，始终把文化建设摆在精神文明建设的重要位置上，作为改善投资环境的硬件任务来完成，特区省会城市的文艺创作、文化交流呈现一派繁荣景象，文化市场健康发展，各种功能和文化设施不断完善，群众文化活动丰富多彩。目前，有艺术馆2家，公共图书馆1家，博物馆2家，档案馆3家，工人文化宫、青少年宫各1所，公园6个，电影院（场、厅）50多家，专业剧团2个，业余剧团10个，书店58家，歌舞厅、音像制品出租销售点、录像放映点、书报摊点等文化娱乐场所近1000个，开办了海口晚报、海口广播电视台。此外，还对五公祠、海瑞墓、李硕勋烈士纪念亭、秀英古炮台和中山纪念堂等历史文化遗迹重新进行文化定位和修复建设，形成了适合不同层次，满足不同需求的社会文化娱乐系统。

2．体育

体育设施从无到有，逐步完善。有海口体育馆、白沙门游泳场、秀英滨海游泳场、海口帆船帆板训练基地，省市老年人、青少年活动中心和田径场、露天灯光球场、跳水池等，以及分布在全市大、中、小学与部分单位中的运动场、篮球赛、排球场、射击场、网球场、游泳池等。体育器械进入普通市民家庭日益增多，群众体育活动和全民健身活动广泛开展。建省以来，体育事业取得显著成绩。运动员参加国际性比赛，获得金牌5枚，银牌3枚；参加全国性比赛，获得奖牌61枚，其中金牌25枚。

（四）卫生事业发展迅速

海口解放时，全市仅有6家西医专科院，个体西医诊所、留产所共27间，西医人员155名，病床50张、产床408张。个体中医诊所21间，中医50名。当时最高级的诊断仪是一部200毫米安的X光机。海口解放50年来，坚持国家、集体办医为主，鼓励多形式、多层次、多渠道办医，医疗卫生事业得到迅速发展，建立起疾病预防、卫生防疫、卫生保健、卫生监督、环境卫生、疾病诊治、医疗管理、医学卫生教育和科研等配套体系，逐步形成省、市医院共荣，地方和部队医院结合，综合和专科医院并举，社会和行业医院交叉，政府和社会共办的医疗系统，医疗单位增多，专业人员增加，设备日趋先进，技术、装备水平已达国内同类城市先进水平，有些医疗技术已达国内先进水平，重大和疑难病情不需出岛，医疗水平和服务质量显著提高。到1998年，共有各类医疗事业机构167个，其中省属医院7家，市属医院3家，乡镇医院8家，部队医院和部属医院30多家。全市有卫生技术人员6107人，病床4643张；每千人拥有卫生技术人员11．57人，每千人拥有病床8．80张，均高于全国平均水平。还有一批个体私人诊所，从业医生200多人。儿童“四苗”覆盖率和免疫率连年超过国家规定标准。

（五）社会保障为民解忧

解放后，海口市的社会救济、优抚安置和社会福利工作逐步发展。从1984年，海口就探索进行社会保障制度改革，1986年开始推行退休养老基金社会统筹，1989年实施待业保险、工伤保险制度。1991年，海南省政府颁布职工养老、工伤、待业、医疗等4项社会保险暂行规定后，海口大步推进社会保障制度改革，扩大社会保障涉及领域，增大社会保障包涵内容，社会保障从单一的国有企业扩大到集体企业、股份制企业、“三资”企业、私营企业和党政机关、事业单位、社会团体及个体经济组织，参保人员从固定工，发展到合同工、各种临时工以及进城打工的农民。从1994年起，海口已初步建立起具有特区特色的、覆盖各种所有制企业、各类劳动者的多层次、一体化、制度化的新型社会保障体系。至1998年，全市参加养老、工伤保险的单位2562个，参保人员75494人（含离退休职工在内）。失业保险从1986年开始，经历了建立、发展和完善三个阶段，参保单位最高年份（1995年）达到3105个，参保人员达90051人。海口市社会保障事业的发展，为进一步深化改革，加快经济发展和维护社会稳定提供了坚实而强大的社会支撑。

（六）城乡居民生活奔小康

改革开放以来，尤其是建省办特区以来，海口经济建设超常规发展，社会各项事业全面进步，人民群众得到了较大实惠。收入稳定增加，居住条件明显改善，生活水平和生活质量不断提高，人民安居乐业，全市人民正逐步向“小康型”、“富裕型”迈进。据抽样调查，1998年，城镇居民人均可支配收入6749元，扣除物价因素，比1987年增长2．66倍，年均递增9．3％；职工人均工资8679元，比1987年增长2．58倍，年均递增9．0％；市郊农民人均纯收入3150元，比1987增长61．3％，年平均增长5．6％。城乡居民储畜存款余额从1987年的3．42亿元增加到1998年的161．06亿元。收入的稳定增长促进消费观念由物质追求向注重精神文明追求转变，用于提高自身素质的文化、教育、医疗保健、旅游、娱乐等非商品性支出有较大幅度增长，比重逐渐上升。城乡居民住房已超过我国小康生活水平人均住房12平方米的标准。据抽样调查，1998年，城镇居民人均住房面积14．8平方米，比1987年增加7．8平方米；郊区农民人均住房面积19．7平方米，比1987年增加4．6平方米。

三、展望未来

1998年，海口市提出19992002年经济结构调整的总体目标是：壮大支柱产业，加快产业升级，协调产业关系，力争2002年全市国内生产总值达到200亿元，人均国内生产总值达到2.86万元。总体目标包括三个方面的内容。一是产业关系基本合理，即通过提高第一产业，加速发展第二产业，优先拓展第三产业，进一步加强产业间的联系，加快基础设施建设，逐步建立三次产业协调发展、基础设施较为完善的新的经济发展格局。到2002年，三次产业比重为2：33：65。二是支柱产业地位显著增强，即着力调整巩固强化工业、旅游、商贸等产业的支柱地位，努力把我市建成新兴工业基地、热带滨海旅游胜地和区域性商贸中心，并由此带动整体经济的快速发展。三是产业技术水平有较大幅度提高，即大力发展以电子信息、生物工程、海洋开发、生态环保为主的高新技术产业，积极运用高新技术改造传统产业，提升产业的技术素质，力争在21世纪初期使海口的高新技术产业具备相当的规模，企业的整体技术水平有较为明显的提高。

21世纪，海口的国民经济和社会发展将发生全面的、巨大的、深刻的变化：城市经济实力显著增强，基础设施日臻完善；城市居民生活环境安定、清洁、优美、舒适，拥有完备的社会保障体系，居民生活富裕而安康；人们的思想观念、道德观念和价值观念发生很大的变化，逐步形成高尚的精神文明；具有良好的国际化环境。基本形成具有热带风光和海滨城市特色的外向型国际性城市，不仅是一个椰林茂密、遍地葱绿、鲜花盛开、环境优美、交通发达、电讯畅通、文明法治的全国一流城市，而且在全国乃至世界区域中的地位

都将大大加强。（海口市政府发展研究中心 娄东风 蒋玲松 邱家彬 林道文）

第十七章 “旅游天堂”——三亚市

建国50年，三亚市人民经过不懈的艰苦奋斗和努力，尤其是1978年改革开放和1987年12月三亚升格为地级市以后，发生了前所未有的巨大变化。三亚从一个贫穷落后的小渔村发展成为初具雏形的国际热带滨海旅游城市，社会主义初级阶段的市场经济体制初步建立，国民经济以较快的速度健康发展，农业、工业、建筑业和以旅游为龙头带动起来的交通运输邮电业、商贸餐饮业、金融保险业、房地产业、旅馆业、社会服务业等第三产业迅速发展，城市综合经济实力显著增强，人民的生活水平日益提高，社会事业全面发展。

一、国民经济快速发展，综合实力显著增强

50年来，三亚的经济建设有三个不同特点的发展时期。第一个时期是解放后至1978年，第二个时期是1978年至三亚升格前的1987年，第三个时期是三亚升格为地级市以后。第一个时期三亚经济以计划经济为主，几乎属于自然经济和半商品经济状态，经济总量小，发展速度慢，经济基础比较薄弱，年实现GDP从1949年的656万元（按90年不变价推算）发展到1987年的8267万元（当年价），29年共增长14.6倍，年均递增9.9%。第二个时期是三亚经济转轨的时期，商品经济迅速发展起来，指令性计划对经济的干预相对比上一个时期减少，市场经济初步形成，国民经济以较快的速度发展，但经济总量仍然很小，经济基础仍然薄弱。这个时期年实现GDP从8267万元增加至29333万元，增长2.5倍(可比价计算、下同)，年均递增14.9%；年财政收入从700万元增加至1791万元，增长1.3倍，年均递增9.6%。第三个时期是三亚改革开放的力度比较大，市场经济比较活跃，经济高速发展的腾飞时期，经济总量和经济实力是历史上任何一个时期都不可比的，成就辉煌。这个时期实现GDP从1987年的2.93亿元增加至1998年的24.56亿元、增长3.6倍，年均递增15.0%。其中，第一产业实现的增加值从1.52亿元增加到9.54亿元、增长2.3倍，年均递增11.5%；第二产业实现的增加值从0.60亿元增加到6.23亿元，增长4.9倍，年均递增17.5%；第三产业实现增加值从0.82亿元增加到8.79亿元，增长4.9倍，年均递增17.6%。经济的快速发展，经济总量的迅速增加，为地方财政提供了比较丰盛的财源。这个时期财政收入从1987年的1791万元增加到1998年的24200万元，增长12.5倍，年均递增26.7%。五十年间国民经济总量增长超过250倍。

二、热带农业全面发展，基础地位不断加强

50年间，农业生产从刀耕火种的落后自然农业发展成为现在依靠科技投入的大农业经济。水利建设得到加强，据统计，从1950年至1998年止，共兴建水利工程108宗，其中：蓄水工程104宗，引水工程4宗，总库容2.5亿立方米；修建各种渠道560多条，长802公里，水利建设总投资5.015亿元，水利灌溉面积9.4万亩。为了建设大面积的旱涝保收农田，1989年以来，先后对妙林洋、坡田洋、郎芒洋、青田洋、落根洋、营根洋、岭落灌区的大坡田洋，红塘田洋、新村田洋、石姆隆田洋等10大田洋进行了综合整治，投入资金2千多万元。通过整治，基本形成了田成方、渠成网、路相通、桥涵闸完整配套的田园化的排灌体系，为国家南繁育种及发展热带高效农业提供了良好的生产基地，有效地增强了农业发展后劲。农、林、牧、渔四大产业全面发展。热带作物、水果、海产品和冬季瓜菜形成高效优势产业。解放初期，农业总产值只有1847万元（按1990年不变价计算，下同），至1978年农业总产值也只是1.55亿元，29年间增长7.4倍，年均递增7.6%。党的十一届三中全会以后，农村率先实行了经济体制改革，推行土地承包的生产责任制，大大地调动了农民种田的积极性。至1987年农业总产值已经达到3.3亿元，比1978年增长1.1倍，年均递增8.6%。1988年海南建省办大特区、三亚升格成为地级市后，农业生产的规模和速度又跃上一个新台阶，农业商品化和农业集约化程度提高很快，特色高效农业基地逐步建立，养鱼、养虾、养蟹、畜牧饲养和瓜菜、水果基地等形成规模，农业公司化成为农业生产的发展趋势，农业的科技含量得到提高。由于三亚具有独特的资源优势和良好的投资环境。吸引了大批国内外客商前来投资开发高效农业。到1998年止，全市农业“三资”企业已发展到70家，共上农业项目124个，投入资金5亿多元人民币。建立了南繁育种、冬季瓜菜、水果、水产养殖等一批具有热带特色的高效农业生产基地。逐步实现了农业的基地化、规模化、产业化。这段时期农业总产值从1987年的3.3亿元增加到1998年的8.16亿元，增长1.5倍，年均递增8.6%。50年间，农业总产值增长43.2倍，年均递增7.9%。

三、工业规模扩大，生产能力提高

解放前三亚工业几乎处于空白状态，仅有十多家私营企业以家庭作坊方式进行生产。1949年工业总产值只有73万元（按1990年不变价计算，下同）。解放后，三亚工业在一片

废墟中恢复发展起来。国家先后直接投资兴建起榨油肥皂厂、建材厂、印刷厂、酒厂、食品厂、通用机械厂、发电厂、崖城糖厂、藤桥糖厂、三恩水泥厂和汽车工业公司等国有企业，使三亚开始有了现代工业。解放初期的十多家私营企业也在社会主义改造中走上集体化的道路。此期间，集体工业也稳步发展，先后建起了32个铁木、竹器厂和缝纫社。至1978年，全市工业企业达138家，主要工业产品有水泥、红砖、米酒、糖果、饼干、饮料、服装、印刷品、脚踏打谷机、风谷机、碾米机、手推车等，这些产品行销岛内各市县。1978年工业总产值达到2712万元，29年增长36.1倍，年均递增13.3%。1978年党的十一届三中全会以后，工业生产得到长足发展，至1987年工业总值达到8770万元，九年间增长2.2倍，年均递增13.9%。海南建省办大特区、三亚升格以后，着力发展高科技、新技术、无污染或少污染的工业门类，构建具有三亚特色的资源型的现代新兴工业体系。在创办了天涯水泥厂、花岗石材料厂、电视机厂等一批国有企业的同时，推出了一系列优惠政策，大力改善了工业投资环境，促使一批内资、外资企业相继落户三亚，三亚工业实力迅速增强，发展速度大大加快。如海富制药厂、亨新药业公司、绿洲饮品公司、江海冷冻厂、二轻金银首饰加工厂、农垦三亚木材厂、南山电厂、椰纤维材料厂、年产8万吨规模的饲料厂、高附加值的茶多酚项目、黄帝椒食品公司和联科电子公司等相继建成投产。这些企业大多引进设备，产品科技含量高，市场需求旺盛。对传统工业大面积进行技术改造，同时开发了一批高新科技项目和产品，先后完成技术改造和新产品开发项目51个。科技进步为三亚工业持续、稳定发展奠定了坚实的基础。农垦三亚木材厂投资1.5亿元引进瑞典中密度纤维板生产线，成为全省最大原纤维板生产基地，产品畅销国内许多省、市。工业开始进入高速发展时期，不少新兴的工业项目相继建成投产。到目前全市拥有工业企业490多家，比解放初期增长40倍；涉及机电、建材、医药、食品、饮料、轻工、旅游工艺、冷藏、化工等27个行业。主要产品有再林、再克、九蛇神丹药品，椰纤维材料、水泥、红砖、花岗石板材、中密度纤维板、茶多酚系列产品、海盐、家俱、珠宝、金银首饰、矿泉水、浓缩菠萝汁、冰淇淋、烤鱼片、电视机、工业智能模块、加油站电子控制系统等。1998年工业总产值达到63436万元，11年间增长6.2倍,工业生产以平均每年19.7%的高速发展；五十年间，工业生产增长了868倍，年均递增14.5%。

四、以旅游为龙头的第三产业突飞猛进

解放初期，三亚第三产业发展相当缓慢，城乡市场不够活跃，商品货源比较紧缺，交通运输邮电通信业很落后，旅游业尚未形成。1987年改革开放以后，尤其是海南建省办特区、三亚升格后，以旅游为龙头的交通运输邮电通信业、批发零售贸易餐饮业、房地产业、社会服务业等第三产业迅速发展起来。

三亚凭借着得天独厚的自然条件和地理优势，乘着改革开放和建省办大特区的东风，加大旅游开发力度，不断完善旅游设施和景区的建设，旅游业以高标准、高速度的强劲势头发展。在短短十年间把三亚由一个仅有二、三家小旅店的小渔镇发展成为国内外知名的新兴旅游城市，并于1998年荣获首批中国优秀旅游城市称号。至1998年三亚的旅游接待已经达到了比较高的水平，旅游业成为三亚的一大支柱产业，三亚未来的发展目标是建成国际热带滨海旅游城市。1987年涉外定点宾馆（酒店）仅有5家，1998年已发展到57家，11年间增加42家；1987年拥有客房数仅有432间，1998年已增加到8020间，增加7586间；1987年接待旅游过夜人数13.99万人，1998年已增加至153.48万人，增长10倍，平均每年增长24.3%。截至1998年底止，三亚共有旅游饭店、招待所162家（包括涉外定点宾馆），客房13284间，床位22185张。相当于五星级饭店2家，客房762间，床位23073张；四星级或相当于四星级饭店6家，客房1307间，客房6083间，床位11871张。其中凯莱度假酒店、南中国酒店、珠江花园酒店、金陵度假村等4家酒店被国家旅游局评定为中国旅游业标志性饭店。全市的旅行社及省内国际旅行社驻三亚分社发展到18家，其中经营国际旅游业务的8家，经营国内旅游业务的10家。

三亚市现已初步开发了7大旅游风景区（点），分别是：被国外旅游者称为“北览万里长城，南游天涯海角”的天涯海角风景区；白沙若银，绵延七公里如弯月，并在国内旅游界享有“三亚归来不看海，除却亚龙不是湾”美誉的“天下第一湾”亚龙湾国家旅游度假区；碧波荡漾，海阔沙莹，曾被评为“全国旅游胜地四十佳”的大东海旅游区；可观海上落日，远眺三亚全景的鹿回头山顶公园；风格独特，规模宏大，理念新颖，集佛教文化、民俗风情、海洋风光和历史古迹为一体的南山文化旅游区；“缥渺云天外，海际树千帆”的海山奇观旅游风景区，内有奇岩怪石鬼斧神工的鳌山小洞天；柔浪舔滩，如绸如幔，坦坦荡荡，广远空灵的三亚湾旅游度假区。三亚周围还分布着南湾猴岛、太平山瀑布、保亭石林、七仙岭温泉、尖峰岭热带雨林等景区奇观。充满神奇色彩的西沙群岛距三亚也就是几小时的海上航程，形成三亚大旅游圈。各具特色，神彩纷呈的游览景区使滨海的三亚市享有“旅游天堂”的美誉。

三亚旅游业的发展目标是成为中外驰名的休闲度假胜地，目前已具备了比较完备的度假休闲设施。特种旅游项目如高尔夫球场，有已投入使用的三亚日出观光高尔夫球场，在建的亚龙湾高尔夫球场和报建的红塘湾高夫尔球场；有南海等7家潜水公司和两个潜艇观光公司，还有一个射击娱乐中心。已初步形成一个吃、住、行、游、购、娱功能齐全且颇具规模的接待体系。

交通运输邮电通信业迅猛发展。五十年间，全社会货物运输周转量从1952年的50万吨公里增加到1998年的50123万吨公里，增长1001.5倍，平均每年递增16.2%。邮电业务总量从1952年的6万元增加至1998年的1.52亿元，增长2532.3倍，平均每年增长18.6%，通信现代化水平不断提高。

商业兴旺发达，市场繁荣活跃。五十年间，流通领域不断深化改革，商品货源充裕，市场走向繁荣。社会商品零售额从1952年的215万元增加到1998年7.79亿元，增长361.3倍，平均每年增长13.7%。

五、城市建设日新月异

解放初期，三亚建设十分落后，据1953年统计，机关、企业只有20多所，居民住房只有1297间，建筑面积约10.4万平方米，房屋结构除80多间属永久性瓦房外，其余均为临时性铁皮房、木头房、草房。街道只有3条，即解放街（现解放一、二路）、码头街（现新建路）、和平街（现红旗街），宽5米，总长约1000多米，多为土路面。

1954年，崖县党政领导机关从崖城迁移三亚，把三亚作为新型的县城，三亚成为全县政治、经济、文化中心和琼南商业、交通枢纽。至1982年，三亚城区面积由1978年前的2.5平方公里扩大到5.16平方公里。人口由2万人增加到4万多人。市区二至三层的楼房有118幢，集中分布于港务局宿舍区、农垦三亚医院及解放路两旁地带。

1984年，撤销崖县，三亚建市（县级）后，三亚经济发展较快，城市建设迅速发展。1986年，城市建成区面积达14.43平方公里，延伸到羊栏、荔枝沟一带，是1982年前的2.5倍。市区人口增加到8万人（含临时户口），公共建筑面积增加到了100多万平方米。此时，城市建设已明确提出向滨海旅游城市的目标发展。

1987年，海南建省、三亚升格为地级市后，三亚经济建设飞跃发展，城市建设更上一层楼。建设规模按照现代化国际滨海旅游城市的规划要求，进一步提高建设档次，建设速度突飞猛进。采取了整体推进和重点突破相结合的举措。制定和实施了“加快开发新区，成片改造旧城区，构建城市新骨架，完善城市配套功能”的方案。实施以路桥带土地、以项目带土地、以土地生效益、成片开发建设、综合补偿平衡的新型开发模式，以灵活的政策、优惠的条件、非凡的魄力和组团式结构，对三亚城区进行大规模的综合开发。特别是93、94年的变化最为显著，成绩最辉煌，形成了一个建设高峰。“八五”期间，全市固定资产投资累计102亿元，比“七五”期间增长10.7倍，其中投入城市基础设施建设42亿元，占总投资的41.2%。“八五”期末，完成新建道路49条，总长78公里；城市桥梁8座，总长1018米，比建省前扩大0.7倍。同时，加快开发新区，重点改造旧城区，城市建成区从88年前的14.43平方公里发展到20平方公里。

1996年起，三亚市提出建设“四化城市”（即绿化、净化、美化、文化）的目标，进一步解放思想，更新观念，加大改革开放力度，突出“敢、快、实”三个字，高速度、高标准、高效益、大规模地推进经济建设和各项事业的建设。

1998年，三亚市新一届领导班子提出要把三亚建成一座经济繁荣、环境优美、文化昌盛、交通便利、科技发达、生活方便、居住舒适的中国南端的园林式、花园式、国内外知名度较高的度假休闲胜地，建成国际热带滨海旅游城市，把一个生机勃勃的国际热带滨海旅游城市带入21世纪。近年来，围绕建设国际滨海旅游城市的总目标，全市党政军民齐努力，积极创建中国优秀旅游城市、国家园林城市、国家生态示范城市、国家卫生城市、全国环境综合整治优秀城市、全国文明城市、全国双拥模范城市等，取得了显著成效，荣获了中国优秀旅游城市和全国环境综合整治优秀城市称号，基本实现创国家园林城市、生态示范城市、卫生城市等目标要求。

目前，三亚市20平方公里的建成区内，公共建筑面积已达295万平方米，比1990年增长113万平方米。其中，居住建筑面积达112.4万平方米，人均居住面积为14.2平方米，分别比1990年增长43万平方米和5.5平方米/人。私人房屋达52.5万平方米，占建成区住宅面积的47.13%。城市建筑物造型款式更上档次、上品位。已拥有配套齐全的高级道路52条（不含小街小巷），总长136.3公里；桥梁8座，总长1018米，比1987年前扩大1倍，形成了四横五纵的道路格局。对外交通发展也较快，按国际先进水平设计的凤凰国际机场已于1994年通航，并已开通国内、国际和地区航线25条，1998年游客吞吐量为262075人，货邮吞吐量为2264.5吨,起降架次为6578架次。三亚海港是经国家批准对外开放的一类口岸。现有码头岸线714.5米，泊位7个，其中5000吨级泊位2个，3000吨级泊位2个，年吞吐能力104万吨。已开通三亚至广州、香港、越南等航线。“三亚至岘港”是中国第一条通往越南的海上航线。南山油气码头已建成投入使用。东、西线高速公路三亚段已通车。四通八达的公路、铁路、海运、空运构成了三亚市的立体交通网络。为加强环保基础设施建设，三亚市动工兴建总投资约5亿元的红沙污水处理厂，该项目占地面积220亩，处理工艺为一级物理法，处理后深海排放，分一、二期实施，一期工程日处理能力8万吨，服务范围为市建成区20平方公里，人口13万；第一期工程总投资19872.15万元，于1996年11月20日正式开工，至1999年3月，累计已完成投资17422万元，占总投资的87.7%。供水有余电力富足。目前三亚市以城市供水为主的水利工程有福万水库、水源池水库、半岭水库和赤田水库。已建成的荔枝沟水厂、金鸡岭水厂和青田水厂是三亚市目前城市供水的主要工程，三个水厂供水能力23.4万方/日。供水主管网长408公里，供水普及率98%。新建220KV变电站1座、110KV变电站5座、35KV变电站2座，总变电容量31.115KVA，与升格地级市前相比，增容29.42万KVA。高压输电线路总长700KM，覆盖三亚、乐东、东方、陵水等市县，并与全省电网连网。南山电厂是全国第一座用天然气发电的电厂。现代化通迅设备基本普及，实现传输光缆化、交换程控化，全市电话普及率达15.18部/百人。市区绿化覆盖率已达40.7%，人均公共绿地达9.5平方米。

六、社会事业蓬勃发展

三亚科技在解放前夕尚是空白。解放后，相继建立了5个市属科研机构和7个国家、省部驻三亚科技单位。5个市属国有独立科技机构是：市农业科学研究所、市林业科学研究所、市农业机械研究所、市畜牧科学研究所、市科学情报研究所。7个国家、省、部驻三亚国有独立科研机构是：中国科学院海南热带海洋生物实验站、中国科学院南海研究站、中国热带水产研究开发中心、中国科学院棉花研究所海南野生棉种植园、海南甘蔗育种场、广州中医药大学三亚热带研究所、省热带农业资源开发利用研究所。

1978年至1998年，累计获得市（地）级以上奖励的科研成果有116项。其中获得国家、省级奖励的有22项，如三亚崖城“秋植高产甘蔗试验”、中科院南海所海南站谢玉坎等人的“大珠母贝的游离有核珍珠和人工育苗研究”等；获得省厅、自治州、市（地）级奖励的科研成果有94项，如三亚水泥厂李运才、林明梁等人的“天涯牌R型水泥”等。

三亚教育在解放前夕及解放初期都十分落后。升格为地级市前全市仅有中学18间（含初级中学13间），在校中学生14000多人；有小学142间和分散的教学点52处，在校小学生41577人；农职中一所，在校生369人；幼儿园1所，幼儿676人。小学教师1792人，学历达标率为24.3%,中学教师557人，初中教师学历达标率为16.9%，高中达标率为28.3%。校舍面积16425M2，其中危房校舍占44.6%，办学条件极差，教育教学质量处于低水平状态。海南建省、三亚升格为地级市后，确立教育优先发展的战略地位，建立以政府投入为主，多渠道筹集资金投资体制，加快城乡教育综合改革，依法推进普及九年义务教育和扫除青壮年文盲，使全市教育事业取得了突飞猛进的发展。目前，全市有普通中学25所，其中完全6所，初中19所；职业中学3所，教师进修学校1所，小学151所，教学点75个，行政村文化技术学校123间，全日制私立学校6所，公立幼儿园2所，私立幼儿园29所，全市应有学生72220人，现入学71543人，人学率达98.8%。加大教育经费的投入，改善办学条件，提高适龄儿童少年的入学率。全市从1990年起全面实施“分级办学、分级管理”的教育管理体制。1992年编制《三亚市九年义务教育规划》，1993年开始实施，1995年作部分调整，1997年全市基本实现“两基”（基本普及九年义务教育和基本扫除青壮年文盲）。此十年间，教育事业费投资逐年增长，1990年至1998年教育事业费分别是：1053.9万元、1580.3万元、2081.2万元 、3309.5万元 、5404.6万元 、5667.8万元 、5458.5万元 、5716.3万元 、5519万元。先后在市区创办了实验小学、市七小、渔港小学、市五中、广播电视大学；在羊栏、天涯、崖城、田独、育才等乡镇创办妙联中学、过岭中学、回新逸夫学校、崖城中学、逸夫中学、满地可希望小学、龙塔希望小学等7所中小学，增招了近两百个初中教学班，学校在校生由1993年的54040人增加到现在的71543人。全市校舍总面积已达319781平方米，危房校舍下降至3%以下，小学和初中生生均校舍分别达4.7平方米和5.8平方米。全市中小学校已基本实现钢筋水泥平顶化，基本实现“一无两有”（无危房校舍，班班有教室，人人有课桌椅），正向教仪、图书、文体设备、校门、围墙、厕所“六配套”方面发展。

三亚卫生事业迅速发展，特别是海南建省办经济特区以来，三亚卫生事业取得了辉煌的成就，全市形成了完善的卫生医疗服务网络，拥有卫生医疗机构27家，病床1800张，每千人拥有病床3.8张，每千人拥有医生2.3名。相继引进了国内外一批先进医疗设备，培养和引进一批具有高级职称的卫生医疗骨干队伍。农垦三亚医院、市人民医院分别被国家授予三等甲级医院和二等甲级医院。三亚，从原来的卫生技术条件落后、缺医少药的边疆地区一跃成为全国卫生医疗条件较为先进的地区。先后制定了《三亚市卫生事业十年发展总体规划》、《三亚市实现2000年人人享有卫生保健概略规划》、《关于进一步加强农村卫生工作的决定》、《三亚市健康教育事业“九五”计划及2010年发展规划》等，为全市卫生事业的快速发展提供强有力的政策支持。10年来，政府不断增加对卫生事业的投入，卫生事业正常经费增长了8.6倍，采取政府投入、联营、职工集资等形式投入近1亿元资金建成市人民医院内、外科大楼等10多万平方米的市直属医疗卫生单位工作用房及职工宿舍，引进了国内外先进仪器、设备如磁共振、CT、全身彩超等。累计投资908万元改造和新建十五个乡镇卫生院的工作用房和职工宿舍，总面积达17458.6平方米，投资392万元装备了十五个卫生院的仪器、设备。全市城乡卫生医疗服务网络的服务功能大大提高。传染病发病率逐年下降，法定传染病从1988年的2865.7/10万下降到1998年的425.11/10万，平均年降低36.6%。计划免疫工作1995年经世界卫生组织和国家卫生部的检查验收，儿童四苗接种率以乡镇为单位达到85%的目标要求，农村初级卫生保健在省内首批提前实现普及阶段末国家目标。1998年，经省验收全市消灭了丝虫病，基本达到了消灭麻风病的标准。婴儿死亡率和孕产妇死亡率从1988年的54‰、127.12/10万分别下降到1998年11.23‰、89.12/10万。至1998年底，全市已开办农村合作医疗所46家，参保群众达40%左右，结束我市偏远山区及偏僻村庄缺医少药的历史。健康教育事业蓬勃开展，全市城乡网络点达126个，兼职或专职人员150多人，在防病、保健、引导乡城群众形成文明的健康生活习惯做出积极的贡献。开通了120急救系统，全市5个主要的旅游景点设立了医疗救护站。

七、环境保护与经济建设协调发展

环境保护工作自1980年纳入政府工作议程，近二十年来，保持和保护了空气清新、水体清洁、安静舒适、景观优美、生态平衡的城市环境，做到经济建设与环境保护协调发展。

三亚把环境保护与建设作为立市之本、兴市之源，实行“打环境牌、吃环境饭”的产业发展战略，编制了《三亚市城市环境保护规划》和《三亚市生态示范区建设规划》，加大环境保护资金投入，建设环境保护重点项目，开展城市排污系统等基础设施建设，建设红沙污水处理厂和田独垃圾填埋场，建设城市生态园林绿化工程，完善城市环卫设施，整治城乡环境，建设南山生态环境保护与恢复示范区及一系列生态示范工程等等。据统计，“八.五”以来环境保护投资指数达3.6%，高于全省、全国环保投入水平。三亚严格执行国家的环境保护法律、法规，全面实行国家环境保护制度。对建设项目坚决执行环境影响评价制度和环保“三同时”制度，建立了严格的环保审批制度，做到先评价后建设，有效地防止了项目建设对环境的污染和破坏。大搞城市环境综合整治，治理汽车尾气和社会活动噪声，整治河岸、海岸环境。实行任期环境保护目标责任制，制定污染物排放总量控制计划，对全市各主要污染源实行总量控制。三亚以建设全国生态示范区为核心，大力开展自然生态保护工作。实行全民植树造林、封山育林，开展城市园林绿化，建立自然保护区和风景名胜区。现已建立亚龙湾、天涯海角、南山等风景名胜区121平方公里，占全市土地面积的9%；建立封山育（护）林区6.23万公顷，占全市土地面积32.2%；建立自然保护区9个，自然保护区总面积13478.92公顷，其中陆地面积7357.87公顷，占全市土地面积的3.8%，水域面积6121.05公顷，其中海域面积55.68平方公里的“三亚珊瑚礁国家级自然保护区”是1990年国务院批准的我国唯一以珊瑚礁及其生态系统为保护对象的国家级自然保护区，省级保护区为福万水库水源林自然保护区、甘什岭无翼坡垒自然保护区，市级保护区是：红塘湾鲍鱼自然保护区、亚龙湾青梅港红树林自然保护区、三亚河红树林自然保护区、六道综合生态自然保护区、大东海火岭猕猴自然保护区、大东海珊瑚礁自然保护区。目前，全市大气环境质量优于国家一级标准；各风景旅游区近岸海域海水水质及各饮水水库水质优良，全市水环境质量保持良好；城市声环境质量达到国家规定的标准；城市绿化覆盖率40%，人均公共绿地面积9.5平方米，全市森林覆盖率54%。三亚天蓝水碧、山青林秀、遍地葱郁、鲜花盛开、生态平衡，生态环境质量达到全国生态示范区标准，是热带滨海生态旅游的胜地。

八、城乡居民生活水平不断提高

解放初期，三亚经济发展缓慢，居民生活水平较低，1978年改革开放后，三亚经济得到长足发展，居民生活水平有了较快较大的提高。1952年职工平均工资仅有323.7元，1987年职工平均工资提高至628元，26年间仅增长0.9倍，年均递增0.3%；1979年后职工工资水平提高很快，至1998年职工平均工资水平已达到6830元，与1952年对比增长20.1倍，年均递增6.9%；与1978年对比，增长9.9倍，年均递增12.7%。农民人均纯收入从1983年的302元提高至1998年的2502元，增长7.3倍，年均递增15.1%。　（三亚市政府操竞东）

第十八章 生机勃勃的明星城市——琼山市

50年来，琼山市国民经济建设和社会发展事业取得令人瞩目的业绩。经济总体规模显著扩大,并呈现出稳健、持续、快速发展的好势头。农业经济由单一的以粮为纲,粗放性生产经营□,发展成为以市场为导向,发挥区位优势,高起点向城郊型、生态型、□高效型农业道路迈进;工业经济由小而散、原始落后的手工制做的加工业,壮大成为产品门类繁多，集约化和现代化初具规模的工业经济体系;商业经济结束了商品匮乏的历史,进入了繁荣兴旺、商品充足的社会主义市场经济时代;□人民生活已从温饱型向小康型迈进,全市人民实现小康生活水平只差最后一步的冲刺;交通道路四通八达,过去交通老大难已成为历史,而美兰机场在琼山建成通航,又为交通业增添了新生力量。邮政、电信业基本实现了现代化;供电、供水设施完善;城乡建设日新月异;金融、保险业发达。文化、科技、卫生、□体育和环保等社会事业也取得辉煌成就。1994年1□月琼山市被评为首届中国明星市(县)，同年也被国务院批准为全国历史文化名城。1992和1997年度两次评为全国双拥模范市等。

一、优越的历史、地理条件，丰富的自然资源

琼山市在秦朝时地属象郡本谭县地。汉朝元封元年(公元前110年)属珠崖郡谭都、玳瑁两县，初元三年(公元前□46年)谭都、玳瑁等县改为朱庐县。建武十九年(43年)□改为珠崖县，地时属合浦郡珠崖县。三国东吴赤乌二年(239年)□复称朱庐县，隋朝大业三年(607年)地属颜庐、武德两县，六年(610年)改武德为舍城县。唐贞观元年(627年)析颜庐县置琼山县，宋朝熙宁四年(1071年)废舍城入琼山县，直至中华人民共和国成立后，1994年经国务院批准撤县设立琼山市。琼山市委、市人民政府驻地为府城镇。府城的得名是由于从贞观五年(631年)至清朝，□琼山都是琼州府所在地故称“府城”。琼山市现管辖24个镇(其中城关镇1个、渔业镇2个)、2个乡,共有228个行政村，2109个自然村，城关镇有5个居民委员会。

琼山市位于海南岛北部，南渡江下游，北与省会海口市交界，东邻文昌市，西与澄迈县接壤，南与定安县相邻,东北部面临琼州海峡。东西最大横距62.5公里,□南北最大纵距60公里,海岸线长74.04公里。土地面积2038.6平方公里,其中陆地面积2002.6平方公里,海滩面积36平方公里。

琼山市地形有三种类型:西部羊山为小丘陵地区,土壤为火山喷出的玄武岩构成,占总面

积的24.4%;□东部和东南部为缓坡丘陵区属红土壤地区，占总面积70.2%；□沿海和南渡江沿岸地区，以沙壤土为主，占总面积的5.4%。目前，境内发现的矿产资源主要有煤、锰、玻璃砂、硅藻土、石油、天然气、矿泉水和大量建筑材料石矿等17种。全市年平均地下水资源量为15.66亿立方米，其中可开采量为4.49亿立方米。

琼山市属热带海洋气候,年平均温度23.8℃,日照1752小时，降雨量1724.5毫米。四季如夏，空气湿润，物种繁多。主要林业资源有花梨木、苦楝、麻楝、桉树、海棠、油茶、木麻黄、竹子、山竹子、红树林、福建茶、雀梅和九里香等。

琼山境内旅游资源丰富，有世界上保存最完整的马鞍岭死火山口,东寨港红树林,琼北大地震遗址,琼台书院,海瑞、丘浚和冯白驹将军故居,冼太夫人纪念馆等。□还有近年来兴建的东山野生动物园、台达高尔夫球场、火山口公园等名胜景点。

1998年末，琼山市在籍总户数169186户，人口653824人，其中非农业人口144079人，农业人口508845人。琼山籍的人口均为汉族，从外地迁来的人口中黎、苗等少数民族有2905人。琼山是海南主要侨乡之一，华侨和港、澳、台同胞约有43万多人，分布世界30多个国家和地区。

琼山自古人杰地灵，素称“琼台福地”。据记载，从宋朝至清朝，全市有358人中举人，53人登进士，为全岛之最。海南第一位探花宋朝的郑真辅为琼山人氏，明代杰出的“海南双璧”人物丘浚、海瑞及名贤郑廷鹄、许子伟等人出自琼山。被周恩来总理誉为“海南人民的一面旗帜”的冯白驹将军和1999年被中共中央总书记、国家主席、中央军委主席江泽民签署命令，授予“新时期英雄战士”，并且题词为：“努力培养和造就更多李向群式的英雄战士”的抗洪英雄李向群烈士故乡亦在琼山。

二、国民经济大发展

（一）国民经济总体规模不断扩大，发展速度不断加快

1949年琼山市国内生产总值仅为1145万元，到1978年发展为6732万元，1988年为43330万元，1998年达326436万元,其中,第一产业为135759万元、第二产业102243万元、第三产业88434万元，分别比1949年增长40.36倍、33.9倍、74.5倍。1998年国内生产总值比1949年增长44.21倍,年平均增长8.04%。其中1949－1978年年平均增长4.5%，1978－1988年年平均增长12.99%，1988－1998年年平均增长14.73%。

产业结构不断优化。琼山市国民经济一、二、三产业的比重1949年是:84.45%、0.

7%、14.85%；1978年是：46.49%、26.04%和27.47%；1988年49.24%、22.93%和27.84%；1998年41.59%、31.32%、27.09%。产业结构由农业向非农业、由物质部门向服务部门发展，有利于总体经济协调、持续发展。

（二）农业经济成就辉煌

1. 农业生产的基础条件不断完善

耕地面积扩大。建国初期琼山人民重建家园志气高昂，为尽快发展农业生产，除把战争时期长期丢荒的耕地复耕外，还对荒山荒坡进行大量开垦。1949年琼山市的耕地仅为36189公顷，但到1960年达53602公顷，10年增长48.11%，年平均增加耕地1741公顷。农业最基本的生产资料耕地面积得到扩大，为琼山市农业经济不断发展奠定基础。

农田水利建设日趋完善，抵抗自然灾害能力大大加强。50年代初琼山连年受旱，而当时的水利设施相当脆弱，保障不了正常灌溉用水，因而出现水稻产量连年减产。为补充粮食不足，除大量种植玉米、高粱等旱地粮食作物外，还在水利灌溉不了的水旱田大量种植低产量的坡稻。在50年代年平均种植坡稻2442公顷，占稻谷作物面积6%左右。为了解决旱涝保收问题，1956年起琼山市掀起农田水利建设高潮。据记载仅1956-1977年共建中型水库10个，正常库容量9602万立方米；小型水库27个，正常库容量5714万立方米。新增农田灌溉面积8473公顷。1978年后，农田水利建设得到进一步加快发展。1979－1998年水利工程共投资23347万元，比1949－1978年累计投资增长2.83倍。1949年－1988年水利工程累计投资30156万元。其中，1998年当年投资5179万元，比1961、1978和1988年增长303倍、13.5倍和3.7倍。水库正常库容量达23095万立方米，是1949年7964倍；水利渠道干支总长度1034公里，比1949增长40.36倍。有效灌溉面积由1970年9915公顷，增长到1998年的16825公顷，年平均增加247公顷。

农业科学技术和机械化程度有很大提高。据最早有统计资料记载的1970年琼山市农业机械总动力为5776千瓦，1998年发展为183256千瓦，增长30.73倍，年平均增长13.14%。1998年耕作机械总功率为39363千瓦，比1970年增长35.93倍，每年平均增长13.76%；收获机械总功率为7475千瓦，比1973年增长28.87倍，年均增长14.43%。排灌机械总功率18933千瓦，比1970年增2.15倍，年平均增长4.18%；农用载重汽车、农用运输车分别为946辆和2982辆，比1970年增156.67倍和148.1倍；农用化肥施用量(折纯量)和农药使用量为17988吨和223吨，分别比1970年增32%和38%。

农业防病治病水平大大提高。50年代初畜禽瘟疫严重，威胁牧业生产安全。1953年全市生猪饲养5.1万头，但是由于瘟疫死亡仅出栏40头，损失惨重。60年代末起，琼山市加强畜禽防病治病工作，除消灭牛瘟病外，猪瘟、鸡瘟、鸡出败等也得到控制，避免畜禽瘟疫大流行。种植业不但避免解放前虫灾造成农作物颗粒无收年景的出现，即使小面积的虫害也及时得到防治。渔业防治技术也有很大进步。

农产品改良和引进技术有重大突破。1980年起推广杂交良种技术,到1998年水稻良种种植达3.47万公顷,占水稻总面积98 %。水稻总产量达149809吨，比1949年增3.30倍，年平均增长3.02%；从外地引进的优良反季节瓜菜品种、花卉、水果、中华鳖、美国皇家鸽、泰国青蛙等农业新品种也获成功。1998年蔬菜总产155346吨，比1949年增16.82倍，年平均增长7.87%。当年中华鳖出池量达156吨，美国皇家乳鸽出笼105万只、泰国青蛙销售670吨。

2. 农业综合生产能力加强

1998年琼山市农业增加值135759万元，比1949年增长40.36倍，年平均增长7.84%。其中1949－1978年年平均增长5.4%，1978-1988年年平均增长10.69%，1988-1998年年平均增长12.26%。

适应城郊型、生态型和高效型发展要求的各种农产品产量增产显著。1998年粮食总产量18.54万吨，比1949年增长3.36倍，年均增长3.1%;1998年油料0.49万吨，比1949年增长8.49倍，年均增长4.7%;1998年糖蔗产量45.61万吨，比1949年增长44.41倍，年均增长8.1%;1998年蔬菜产量15.53万吨，比1960年增长16.82倍，年均增长7.9%;1998年水果产量5.89万吨，比1956年增长5.91倍，年均增长4.7%;1998年干胶产量0.53万吨，比1960年增长16.34倍，年均增长7.8%;1998年椰子714万个，比1960年增长7.16倍，年均增长5.7%;1998年水产品产量1.43万吨，比1949年增长27.84倍，年均增长7.1%。

（三）工业生产规模迅速扩大，非公有制企业成为工业经济的支柱力量

1. 工业生产规模迅速扩大。新中国成立后，琼山工业经济发展迅猛,但总体规模仍然弱小而落后,到1978年琼山工业增加值仅1254万元，比1949年增长5.20倍,但规模比较弱小。1978年党的十一届三中全会确定我国实行改革开放的路线方针政策,非公有制工业经济有了生存发展的空间,这就为琼山工业经济增添新生力量。1978年后除上规模的琼山卷烟厂(后为海南卷烟厂)和美安糖厂建成投产外，乡村个体服装加工业和铁制农具、厨具业等也应运而生，并迅速壮大发展。到1988年琼山市工业增加值达6846万元，比1978年增长2.87倍，年平均增长14.48%。其中，乡及乡以下工业增加值为959万元，比1978年增长3.2倍，平均增长15.43%。1988年海南建省办经济大特区，琼山市把握好机遇做好各项服务工作，吸引大量资金、技术加快工业开发建设。1998年琼山市工业增加值达47414万元，比1988年增长1.9倍，年平均增长11.23%；比1949年增长35.46倍，年平均增长7.55%。其中国有及年销售产值500万元以上的工业企业完成增加值36581万元，比1978年增长10.8倍，年均

增长13.13%□。1998年国有及年销售产值500万元以上的工业企业有45家，□比1978年增长3.5倍，比1949年增长 44.1倍。工业产业结构调整加快。近几年摩托车配件制造、制药、啤酒、饲料、饮料和包装等制造业发展较快。1998年这6□个行业的制造业实现工业增加值14247万元，占工业经济的30.0%。工业在国民经济中的地位作用也发生重大变化。1949年工业经济占国民经济的0.4%，1978年为18.62%，1998年为14.5%。

经济效益好，又适应市场需求的工业产品产量增幅明显。

2. 非公有制工业经济从无到有，并加快发展成为工业经济的支柱力量。1956年琼山市完成了工业经济私有制改造，此后直到1978年工业经济变为纯粹的公有制。工业市场没有竞争，也没有生命力。1978年后,□非公有制工业企业以磅礴气势壮大发展，而进入90年代股份制工业企业的积极推进，现代企业制度的建立，加快了企业经营机制的转换和产权分离重组。这就使适应市场经济要求的非公有制工业企业得到加快健康发展。1998年,□琼山市非公有制工业企业实现增加值23884万元,占工业经济的50.37%。

（四）固定资产投资不断增长，城镇建设旧貌换新颜

解放初期，琼山经济落后，资金极为短缺，因而50年代的大开垦、60年代的农田水利建设，都是以投入大量的劳动力为主，资金投入量小。60年代累计固定资产投资仅为2831万元，年平均283万元；70年代总投资也只有5070万元，□年平均507万元。进入80年代各经济成份加快发展，固定资产投资也连年增长。到了1988年当年投资就达7245万元，一年投资额就接近1960至1980年投资额的总和。琼山市固定资产投资快速发展是在1988年海南建省后，在房地产，新市区的开发、市政道路、大型工业建设项目,□东线高速路开通、美兰机场,邮电、电信业等方面投入大量资金。1988至1998年,固定资产累计完成投资□786470□万元□,□年平均投资78647万元,年平均增长33.51%。1998年当年投资达215020万元,其中基本建设186917万元，更新改造9795万元，房地产投资2082万元，城镇私人投资□1174□万元，□农村私人投资10104万元。1998年固定资产投资是1949至1978□年投资总和的22.94倍，是1988年的324倍。固定资产投资额不断增大，对国民经济发展具有明显拉动作用。1949年固定资产投资对国民经济的贡献率为0.26%，1978年为7.41%，1988年为7.13%□，到了1998年达到17.6%。

城镇建设取得巨大成就。解放前,□琼山市府所在地府城镇,仅有几条狭窄小巷,房子是以瓦房为主和为数不多的瓦盖顶的小楼房,□解放后一直到建省前琼山市城镇建设也没有多大变化,但1988年建省,尤其是1994年撤县设市后城镇建设加快发展。1998年末,琼山市城镇建成区到达面积61.18平方公里,是1949年13.6倍，年平均增长5.47%；□城镇实有住宅使用面积721.6万平方米，比1949年增长169.25倍，年平均增长11.05%；实有住宅居住面积

505.12万平方米，比□1949□年增长167.37倍，年平均增长11.03%；城镇年末实有铺装道路面积334万平方米，比1949年增长22.9倍，年平均增长6.69%；实有铺装道路总长72.6公里，比19 49年增24.2倍。□年水厂综合生产能力5.8万吨/日，供水管道长197公里，□□年生活供水量921.1万吨，下水道长136公里。园林绿地面积84公顷；城内程控电话总量22346户,是1949年手摇电话的858倍；公共汽车、出租车从80年代开始发展，1998年已拥有公共汽车□168辆、出租车432辆。

（五）交通运输、邮电业兴旺发达

解放前,琼山市交通十分落后,广大农村一片荒僻。解放后,经几十年的建设,琼山市交通道路四通八达,有东线高速路和两条国道贯通全境,乡村实现村村通车。1998年境内公路里程1890.3公里,比1949□年几条狭窄的土路增12.3倍。其中:国道84.7公里,省道57.8公里,□市道212.8公里,乡村道路1510公里,高速路25公里。交通运输工具有很大改进。解放初期,货运业是以人、畜运输为主,但如今已是车水马龙。1998年琼山市已拥有普通货运汽车4126辆，专用载货汽车 8 辆,特种汽车53辆,载货挂车40辆,□轮胎式拖拉机1263辆,运载能力1.64万吨位,完成货运量896万吨,货运周转量38203万吨公里;解放初期客运业几乎属于空白,□人们外出以步行为主，到了今天不但城镇居民,□即使是乡村居民的绝大部分也已是以车代步。1998年全市拥有载客汽车2554辆，载客量达3.33万客位，旅客周转量62570万人公里；□摩托车5.65万辆,其中乡村2.3万辆；小轿车3650辆,□其中私人拥有2586辆；乡村运客三轮车有2368辆。

此外,□在琼山境内兴建的全国十大空港之一的美兰机场建成,于1999年5月25日正式通航,按设计要求通航后,航线逐步达到133条,□年旅客吞吐量将达600万人次,货运量15万吨。

邮政、电信业实现网络化、现代化。解放初期，琼山仅有少量的人工手摇式电话机,□今天通信采用现代化的数字微波、光纤维以及卫星传输。通信工具是自动程控直拨电话机、移动电话机和无线寻呼等。1998年市内电话用户达23346户,比1949、1978和1988年分别增长858倍、84.62倍和17.9倍；乡村电话用户8840户,比1949、1978和1988年分别增长68.61倍、13.64倍和23.69倍。移动电话用户达11764户(海口开户者不计)，无线寻呼3.67万户。行政村通电话有105个，自然村装电话163个。

（六）商业市场繁荣、商品充裕

1949年以来,琼山市商业经济经过50年的发展,特别是经历1978年我国实行改革开放,1988年海南建省办经济大特区,全国统一的商品市场体系得到建立和发展,□对外贸易额不断增长,□再是我市及全国各地各有特色的工农业经济有很大发展,相互之间需要互通有无，从而促进琼山市商业经济发展。

1．**商业网点不断增多,布局趋向合理化**。1998□年琼山市商饮业网点10253个,比1949年、1978和1988年分别增长14.59倍、2.20倍和0.32倍；其中个体商饮业9157个，分别比1949、1978和1988年增长5.17倍、9157个和0.35倍。按行业分，商业8986个，比1949、1978和1988年分别增长12.66倍、1.14倍和0.31倍。饮食业1267家,比1949、1978和1988年增长9.26倍、1.10倍和0.42倍。按地区分：城镇4142家，分别比1949、1978和1988年分别增长28.9倍、2.84倍和0.□30倍;乡村商饮业网点6111家,比1949、1978和1988年分别增长17.64倍、1.72倍和0.51倍。

2．**商业贸易额有很大增长**。1998年社会消费品零售总额82867万元,分别比1949、1978和1988年分别增长126.49倍、11.25倍和2.98倍。按行业分：商业49915万元，分别比1949、1978和1988年分别增长85.51倍、7.71倍和2.10倍；□餐饮业19636万元,分别比1949、1978年和1988年分别增长279.50倍、33.09倍和12.68倍。按地区分:城镇零售额42262万元,□分别比1949、1978和1988年分别增长307.48倍、19.56倍和4.□05倍；乡村零售额40605万元，分别比1949、1978和1988□年分别增长78.15倍、7.62倍和2.26倍。

（七）财政收入成倍增长

1998年，琼山财政收入□45494□万元，□比最早有记载的1952年183.2万元增长247.33倍,年平均增长12.74%,其中,工商税收入类收入42661万元,比1952年129.6万元增长328.2倍,年平均增长13.4%;农业四税收入2058万元,比1952年27.4□万元增长74.11倍,年平均增长9.84%。

（八）金融、保险业规模宠大，服务质量有很大提高

解放初期,琼山经济落后,金融业也弱小,□当时仅有1家人民银行。而到1998年止,新增加4家国家专业商业银行、1家农村信用联社、1家交通银行和1家农业发展银行,□营业网点机构达120个,其中城镇网点机构55个,农村65个。□银行信贷业务采用电子自动化装备。存取款用电脑联网,□实现异地通存通兑和自动存取,电子货币也应运而生。

银行存款大幅度增长。1998年末银行存款506111万元，比1951年增长9135倍，年平均增长21.14 %。其中，企业存款100038万元，比1951年增长37050倍，年平均增长25.09%；财政存款997万元，比1951年增长□20.□49倍，平均年增长6.74%；居民储蓄存款389476万元，比1951年增长6182倍，年平均增长26.46%。

保险业1982年恢复发展,当时成立时仅有1家中国人民保险公司,1998年发展为:中国财产保险公司、中国人寿保险公司和太平洋保险公司等3家,分支机构达20家。保险承保额达70.08亿元,保险费收入2575.8万元,此外,劳动养老保险业也有很大发展,1998年参加养老保险人数达32643人。

（九）丰富的旅游资源逐步得到开发,旅游业有很大发展

琼山地处亚热带，又是全国历史文化名城,□旅游资源丰富。但1978年前，旅游资源没有得到开发利用,□改革开放后才得到开发,至今已初具规模。至1998□年止已被开发的景点有13个,其中列入省级接待的景点有5个,□全年旅游接待人数达128万人次,其中接待国际游客24万人次。定点饭店接待旅游者4.05万人次。旅游收入9800万元,其中旅游外汇收入□28.5万元。

（十）人民生活质量有极大提高

居民消费结构向高层次发展。新中国成立后,□随着经济发展，琼山市人民的消费结构发生很大变化。解放初期乡村居民的消费现金支出91.1%都是用在食、衣、住方面。到了1998年农村居民现金消费支出结构为：食品32.7%、衣着1.4%、居住5.0%、家庭设备用品2.5%、医疗保健2.0%、交通和通讯21.1%、文教娱乐31.9%、其他商品和服务3.4%。可见食、住、穿合计才39.1%，其他方面消费高达60.9%。食的质量提高。解放初乡村居民食物现金消费支出的85%□用在购买粮食和蔬菜，而1998年肉、禽和渔消费占22.8%,粮食和蔬菜却下降为14.9%。城镇居民住房有很大改善。1998□年城镇人均居住面积14.1平方米，比1949年增长3.7倍。□城乡居民使用高档品和服务品消费增大。1998年城镇居民户电视机普及率达95%，电冰箱达58.6%、摩托车36.8%、洗衣机76.8%。农村居民电视机普及率达53%；部分农民还举家外出旅游。□居民住宅电话由解放初的空白发展为1998年城镇每6□人拥有一部电话，每12人拥有1部移动电话,农村电话用户也达8840户。

居民收入和消费水平有很大增长。1998年琼山市农民人均纯收入2950元，比最早有统计资料记载的1964年43.2元增长67.29倍，年平均增长14.11%，职工年人均工资7032□元，比1960年427万元增长15.47倍，年平均增长7.65%；□居民人均存款5957元，比1953年0.9元增长6618倍，年平均增长21.59%；年人均社会消费品零售额1266元，比1949年23元增长54.04倍，年平均增长8.52%。

三、社会事业大进步

（一）科技事业进步

农业的生物基因和化学工程技术的应用,□农作物亩产大幅度增长。琼山市50年代水稻年平均每亩81公斤,到90□年代年平均每亩255公斤,增长1.78倍；糖蔗由50年代平均年亩产1.94吨,提高到90年代平均年亩产3.79吨,增长95.31%；蔬菜60年代平均年亩产0.40吨,90年代平均年亩产0.69吨，增长72.50%。此外,□禽畜饲养及水产品养殖饲料转化率也有很大提高，生产周期大大缩短。

随机械化、电子自动化程度提高，工业劳动生产率也有很大提高。按工业增加值计算，1998年52431万元/□人，比1949年增长上万倍。

电子计算机已得到普遍应用。服务领域服务速度加快、质量有很大提高。此外，计算机已进入部分普通百姓家庭，给居民生活也带来极大方便。

（二）环境保护及可持续发展得到重视

半个世纪以来，琼山市经济快速发展，但是环境资源也遭受破坏。为了人类生存和经济社会的持续发展，自1978年起琼山市即加强环境保护工作。目前环保工作已上新台阶，1998年工业废水处理率达29%，废气处理率87%；有林地面积达462平方公里，比1949年增长10.78倍。全市森林覆盖率达37.48%，比1949□年提高16.49个百分点。此外，造林使东山等部分乡镇的10□万亩沙壤土荒坡地得到治理，有效保护好水土和防止耕地被风沙侵蚀。

（三）教育水平不断提高

建国前，琼山市教育事业非常落后，设施简陋,师资力量薄弱，受教育者寥寥无几。现在琼山市教育事业有很大发展。1998年普通中学37所,其中完全中学 8 所，中学在校学生42135人，是1950年的39.38倍；普通中学招生13049人，是1950年173.99倍；普通中学毕业生12216人，是1950年207.05倍；□普通中学教师人数2168人，比1949年增长42.3 6倍。普通小学□497所，其中完全小学249所,小学招生13687人，是1950年14.41倍；小学毕业生13470人，是1950年15.85倍；小学在校学生92415人,比1950年增2.12倍；小学现任教师4583人，是1950年7.83倍；小学学龄儿童入学率99.9%，比1949年提高□57.6个百分点。中等专业学校和高等教育解放后开始发展,□至已达一定规模。1998年普通高校 1 所，招生1103人，在校学生4385人；中等专业学校 5 所，在校学生3011人；成人中专学校 1 所，在校学生720人；普通中等师范学校 1 所，□招生613人，在校学生1684人；技工学校 1 所，在校学生1500人。人口素质普通提高。据第四次人口普查，每千人当中有大专及以上文化程度7.2人,高中(含中专)88.9人,初中224人,□小学396.8人,分别比第三次人口普查分别增长4.2人、2人、64 人和27.8人,文盲率由第三次人口普查的19.51%□降到第四次人口普查13.57 %。

（四）文化、体育事业有很大进步

1998年图书馆(室) 180间,总藏书量17.63万册。□解放初期琼山就连广播声音都没听到，至今全市无线广播电视覆盖率达100%，而且还拥有自己的广播、电视台，各乡镇都有广播电视站。娱乐团体由过去的1家琼剧团，发展到1998年录像放映点150处，其中电影院3间、影剧院 1 间。琼剧团 3 个，民营个人演艺团2家，木偶剧团22个；文化室68间，总面积10.8万平方米；各种娱乐场所200多家。在体育事业方面，能容纳5000□人的体育场有 1 间，篮排球场1162个，150米以上的田径场230个，乒乓球活动室248间。1998年琼山市参加体育锻炼人口达23.65万人,占总人口36.3%。

（五）卫生事业有很大发展

1950年前,□除战争威胁人民生命外,□疾病也是构成对琼山市人民群众生命安全威胁的重要因素之一。解放后,防病治病工作得到加强。□过去多种传播能力强的传染病得到消灭或控制,如天花、鼠疫病已被彻底消灭;麻风病基本消失,患病率从最高年份0.□93□‰下降到1998年的0.008‰;涂阳结核病患病率从解放初期364/10万下降至1998年的约117/10万;霍乱及登革热病等得到控制。解放前,病情诊断是传统中医的望、闻、问、切,现在中西医均得到很大发展。诊断技术手段采用先进仪器,CT机、彩色多普勒B超、CV病房、多功能生化分析仪、脑电图、麻碎机、X光机肠胃内镜等进行辅助诊断,诊病准确率有很大提高。□治疗技术由原来单纯的中药为主,□发展为根据病情不同采用药物、刀械、激光和超声波机等先进手术治疗。卫生机构壮大、技术力量增强。1998年琼山市共有各类医疗机构491个□,□比1949年增长2.72倍。其中,市级院所7家,乡镇卫生院27家,乡村卫生所172家,社会办医疗机构156家,其他131家。□病床位1346张,比1949年增长32.65倍。各类卫生技术人员□2059人,平均每318人当中有1个卫生技术人员，分别比1949年增长6.25倍和2.10倍。中医师51人,同1949年持平;西医师□354人,中西药师66人,护士232人,助产士60人,分别比1949年增58倍、66人、20.09倍和3.62倍。

（六）计划生育卓有成效,劳动力就业不断增长

1974□年起琼山市人民响应党中央号召,实行人口计划生育工作,并取得了很大的成就。1998年出生人口8002人;出生率为12.6‰,比实行计划生育前的1973年的24.7‰,下降12.1□个千分点。实行计划生育工作后,琼山市从1973至□1998年少出生人口7.74万人。

就业门路不断扩展,城镇就业人口不断增加。□琼山解放后,随着经济建设和社会事业蒸蒸日上,新的部门行业不断增多。非农行业,□特别是非物质高劳动密集型的三次产业有很大

发展□,为乡村从业者的转移和城镇居民就业扩展空间。1998年琼山市单位从业人员达41317人,比最早有统计资料记载的1959年的11358人增长2.64倍,年平均增长3.46%。在从业者当中,第一产业为2594人、第二产业17936人、第三产业20787人,分别比1959年增长3.89倍、2.31倍和2.8倍。此外,非农业个体经济经营者人数也有很大增长,1998年工商个体户经营者达18117人,比1988年增长99.8%。

50年来琼山市基础产业得到夯实,区位优势开始发挥作用,热带高效农业国内外市场不断扩大,□新大洲摩托车厂的龙头带动作用效应明显,新市区已具备大规模发展二、三产业的条件,刚建成通航的美兰机场将托起琼山市旅游业等三产业的腾飞,未来的琼山将会更加灿烂辉煌!(琼山市计划统计局 张佳)

第十九章 红色娘子军的故乡——琼海市

琼海市位于海南岛的东部，东临南海。全市21个乡镇，197个村(居) 民委员会， 2638个村民小组， 3055个自然村，6个国营农场，面积1693 平方公里。1998年总人口44.1万人，旅居海外侨胞、华人和港澳台同胞55万人，是海南著名的侨乡之一。

琼海市历史悠久，源远流长。唐朝显庆5年(660)设置乐会县。元世祖至元28年(1291)割乐会县西北境置会同县。民国3年 (1941) 会同县易名为琼东县。1958年12月1日，琼东、乐会、万宁三县合并为琼海县。1959年，析出万宁县。1992年12月，经国务院批准，撤县设市。琼海自古多人杰，在当代革命斗争中，曾涌现出一批杰出的英雄人物，举世闻名的红色娘子军就诞生在这里，故有“红色娘子军故乡”之称。琼海市属热带季风气候，日照充足，高温多雨，四季如春。自然资源丰富，土地广阔而肥沃。河流众多，有大小河流54条，流域面积1800.01平方公里， 年均河川经流量20.11亿立方米。水电蕴藏量12万千瓦，可开发量11.8万千瓦。海岸线全长 42公里，沿岸有4个天然港口，其中龙湾港水深浪小，少淤， 两岸均有突起的珊瑚礁石起屏障作用，泊稳条件好，可建成1—5万吨级泊位的码头，被专家称为国内不可多得的深水良港。海洋资源丰富，捕捞历史久远，渔场遍及南、东、中、西沙海域，盛产马鲛、石班、海龟、海马、蚵筋、龙虾、班节对虾等十多种名贵海产品。浅海滩涂18.8万亩，为发展养殖业提供良好条件。矿产种类多，蕴藏量大，已探明的高品位矿藏有钛、石墨、钾、钨、金、高岭土、玻璃沙等。森林覆盖率率为54%。

琼海素称海南东海岸的明珠。这里山青水秀、风光旖旎,旅游景点富有特色，各领风骚。万泉河奇秀天成。万泉河流沙冲积而成的沙州岛，岛上有湖，构成“河中岛，岛中湖”的奇情妙景。万泉河畔的白石岭，奇峰凌空，有1308级登山石径迂回折贴崖而上，还有揽车直达山顶，自古以来就是登高揽胜的风景胜地。万泉河南侧的官塘温泉是水温高、流量大、有益元素丰富的地热水，其周围已建起了官塘度假休闲中心、富海宾馆、财建宾馆。万泉河出海处，集三河(万泉河、九曲江、龙滚河)、一港(博鳌港)、两岛(东屿岛、鸳鸯岛)风景精华于一地，海滨沙滩细白柔软，被专家评价为目前世界河流出海口保持自然风光最好的旅游景点之一。这些景点，构成了整个万泉河旅游体系，被省列为全省十大旅游区之一向外开放。

琼海市是海南省综合体制改革的试点单位。海南建省办大特区之后，琼海作为海南东部经济圈的中心地带参与特区的开发建设，基本形成了以农业为基础，以工业为重点、以旅游业为先导，工农贸旅并举，带动整个经济发展的新格局。富有求实创新精神的琼海人民，在中国共产党的领导下，艰苦奋斗，多项工作取得了突破性进展，先后荣获"全国粮食生产先进单位"、"全国粮食生产交售先进县"、"全国水利建设设先进县"、"全国造林绿化先进县"、"全国文化工作先进地区"、"全国扫除文盲先进县"、"全国普教工作先进单位"、"全国幼儿教育先进县"、全国改善中小学危房先进单位"、"全国双拥模范县"、"全国七、五改水先进单位"、"全国治安工作先进单位"等16项光荣称号。

琼海的经济自1949年以后，在中国共产党的领导下，经过50年的建设发展，特别是党的十一届三中全会以来，各方面建设呈崭新面貌；海南建省办大特区之后，全市经济建设飞速发展。1998年全市国内生产总值(可比价)321467万元；工农业总产值(90 年不变价)265910万元，比1949年增加了260638万元，增长了49倍，其中：工业总产值(90不变价)120685万元，比1949年增加了120624万元，增长了1975倍，农业总产值145225万元，比1949年增加了140015万元，增长了26倍，职工人均年工资6820元，农民人年人均收入2970元。

近年来，琼海市邮电通讯业发展迅速，已实现电话拨号自动化。1998年长途电话线路达1321条路。可直拨全国各地及海外各个国家和地区。市内设有BP机寻呼台

琼海市公路纵横交错，四通八达。223国道(海榆东线)及岛东高速公路均从境内通过，北至海口86 公里，南至三亚180公里，并与毗邻各市县连成交通网络，每天均有班车开往省内18个市县。乡村公路发展迅速，全市197个村(居)民委员会，除个别岛屿村委会以外全部通车。水上运输也较发达，万泉河横贯东西，潭门、博鳌、青葛三个港口是直航南海的起运点，其中潭门港可直航香港。

随着经济实力的不断增强，琼海的教育、科技、文化、卫生和广播电视等各项社会事业得到了迅速发展。

全市现有各类学校342所，在校学生85292人，专任教师3794人。琼海师范是全国先进师范学校。加积中学是全国著名中学。

全市现有医院、卫生院3 3家，病床997 张，专业卫生工作人员1527人，其中中级职称以上的医务人员192 人。

文化设施配套完善，已建起电台、电视台各一座，广播电视通播率达100%。华侨图书馆是全省最大的县级图书馆，市政府所在地有电影院(厅)三间、露天场三个，录像放映点20多家。各乡镇文体设施也较为齐全，经常有形式多样的文化活动。

琼海市农业自1949年以后高速发展。已建立起粮食、热作、林业、水果、畜牧、水产

等六大生产基地。粮食以水稻为主，年产量19万吨，是海南最大的商品粮基地；热作以橡胶、胡椒、椰子、槟榔为主，总面积达47万亩。1998年干胶总产达15400吨，胡椒(干粒)5547吨，椰子3422万个，槟榔(干果)4424吨；水果总面积达103905亩，总产量达83484吨，水果以菠萝、香蕉、荔枝、柑桔橙、杨桃为主。1998年菠萝总产量达59606吨，香蕉总产量10519吨，以杨桃为主的其他杂果总产量达11712吨；猪、牛、羊、禽类肉总量达4848吨，水产品产量36310吨。1998年农业总产值(不变价)达145225万元。

琼海的工业经过50年的发展，初步建立了以市级企业为龙头，乡镇企业相配套，以食品、轻纺、建材为主体的具有琼海特色的工业体系。现有工业企业3368家，工业总产值(现价)为142326万元。其中：年销售产值500万元以上及国有企业28家，总产值(现价)为44926万元；年销售产值500万元以下非国有工业企业及全部个体企业3340家，总产值(现价)为97400 万元。有26个产品评为国优、部优和省优产品。琼海轻骑摩托车有限公司是由中国轻骑摩托车集团总公司和香港中亿集团资有限公司合资兴建的合资企业。是以组装摩托车、装配发动机、配套生产摩托车零配件为主的现代的摩托车生产企业。现有流水生产线一条及附属的配套设备，年生产能力为组装整车15万辆。海南康龙药业有限公司制药厂，建于1991年，在琼海境内属中国农垦下属企业，总资产2000 万元，年生产500、250、100毫升的各类输液1000万瓶，还有各种胶囊片剂糖衣冲剂等药剂。琼海的工业在不断向前发展。

琼海市政府所在地加积镇在历史上是海南岛第二大商埠，琼海农产品丰富，市场繁荣。近几年先后建起了中心市场、南门市场、先锋商业城、农贸批发市场、综合贸易市场。琼海市借助改革开放的东风，借助东部商品集散地的交通地理优势，大力发展商业贸易。1998年社会商品零售部额为80010万元。比1949 年增长了63倍。

琼海人民以艰辛和汗水，在琼海发展史上写下了灿烂的一页。今后，琼海人民将一如既往在新的起点上，以百倍的努力，谱写琼海开发建设的新篇章。目前，在全省开发的大潮中，市委、市政府已着手实施新的改革、开放战略，加快经济发展的步伐。海南岛东海岸的这颗明珠，将迸射出更加迷人的光彩。（琼海市计划统计局）

第二十章 美丽的椰乡——文昌市

一、概况

文昌市位于海南岛的东北部，北纬19°37′，东经100°44′，距省会海口市73公里。东、南、北三面濒海，海岸线长约207公里，陆地总面积2403平方公里。

文昌市地处亚热带北缘地带，气候温暖，雨量充沛，全年无霜冻，四季常青。年平均气温23.9℃。年均日照2137小时，常年平均降雨172.6毫米。

文昌历史悠久，据《文昌市志》记载，西汉时，汉武帝平南越，于元封元年(公元前110年)置紫贝县于紫贝山下。隋大业三年(公元607年)□即紫贝县之故墟置武德县。唐武德五年(公元622年)分其地而更名平昌县。唐太宗贞观元年(公元627年)改为文昌县，以后历代沿称至今。文昌之含义是“偃武修文”，即停止武备，修文教之意。1951年建政成立文昌县人民政府，1995年11月7□日经国务院批准设立文昌市。

现在全市有25个乡镇，267个村委会，3236个自然村，总人口52.8万人，有4个国营农场，1个国营林场，1个华侨农场，3个市办农场。□位于文昌河畔的文城镇是全市政治、经济、文化中心，常住人口约8万多人。

文昌自然资源丰富，热作资源主要以椰子、橡胶、胡椒为主。尤其是椰子最为闻名，椰子种植面积达到20万亩，产量4500万个，素有“海南椰子半文昌”之称。

文昌三面环海，拥有很为丰富的水产资源，鱼、虾、蟹、贝等海产种类繁多，仅鱼类资源就有800多种，其中以带鱼、马鲛鱼、石斑鱼、黄鱼、红鱼、鱿鱼、□海鳗等数量较大。此外，还有对虾、龙虾、毛虾、墨色、鲍鱼及螃蟹等。藻类品种很多，沿海海域盛产麒麟菜、拟石灰菜、江漓菜、海带、紫菜等，沿海滩涂面积多，可发展水产养殖面积3.8万亩。

文昌矿产蕴藏量大，已探明有开采价值的达十多种，其中以铁矿、铝矿、钛矿、石英砂居多。市东、北部地区蕴藏着丰富的石英砂矿，储量达4000万多吨，此外，还有大量的钨、锆、水晶等资源。

文昌旅游资源令人瞩目，有风光旖旎的建华山椰林，宏伟壮观的铜鼓岭，驰名海内外的宋氏祖居，古色古香的孔庙，白沙浪静的高隆湾，三更峙海水浴场，令游客留连忘返，倾尽游览。

二、经济社会发展成就

解放50年来，特别是改革开放20年来，文昌市经济建设和社会各项事业取得辉煌成就。全市国内生产总值，从1978年的0.77亿元增加到1998年的29.42元，□年均增长14.9%。其中，第一产业增加值13.57亿元，比1978年的0.41亿元增长□1115.1%，年均增长13.3%，第二产业增加值8.34亿元，比1978年的0.07亿元增长3142.9%，年均增长19%，第三产业增加值7.56亿元，比1978年的0.29亿元增长1093.8%，年均增长13.2%。一、二、三产业的产值比重由1978年的53.2∶9.1∶37.7□调整到1998年的46.1∶28.3∶25.6。

1．工业

文昌工业从无到有，发展迅速。1978年工业总产值仅达3366万元。现已拥有机电、食品饮料、纺织、包装、建材、冶金、医药、机械、化工、印刷、制糖等十多个门类，一百多种产品，形成了具有文昌特色的工业体系。全市工业企业从1978年的98家，发展到1998年的1368家，增加14倍。1998年工业总产值达15.26□亿元，比1978年长27.3倍，年均递增18.2%。

2．农业

文昌农业由传统的、个体的、分散的农业模式向规模化、基地化、集约化发展。现已建设和形成了年饲养文昌鸡达1500万只、淡水养殖1.2万亩、海水养殖1.1万亩、反季节瓜菜15.5万亩等十大类热带商品农业基地，□成为文昌市农村经济中的十大优势产业。农业总产值，从1978年的7060万元增加到1998年的9.19亿元，增长12倍。反季节瓜菜产量，从1978年的16109吨增加到1998年的25.6500吨，增长14倍。水产品产量，从1978年的4259.8吨增加到1998年的2.6万吨。

3．旅游业

旅游业是文昌市新兴产业，1998年底，全市共有旅游饮店(□含宾馆、度假村)35家，客房1850间，床位3238张。旅游服务业168家，旅行社4家，□旅游码关1个，旅游船艇256只，全市包括吃、住、行、游、购、娱为一体的旅游点18家。1998年全市共接待中外游客56万人次，旅游总收入达3.98亿元。

4．财政税收

1980年文昌市实行行政事业单位预算包干。通过一系列财政体制改革，极大程度地调动了市和乡镇两级培财、聚财、理财的积极性，市财政收入连续上升，1993年突破5000万元，1995年突破亿元大关，1998年财政收入1.41亿元。

元，1995年突破亿元大关，1998年财政收入1.41亿元。

5. 基础设施

解放以来，特别是改革开放二十年来，文昌市基础设施日臻完善。

(1)道路建设。从1978年，全市仅有的14条公路，162条乡道发展到1997年实现100%的乡镇，100%的村委会，99%的自然村通汽车。

(2)电力建设。从1978年的绝大部分农村无照明发电发展到1998□年全市村村通电。由外商投资1.3亿美元兴建的装机容量为□1□万千瓦的清澜火力发电厂，1995年已建成，并同全省电力并网。

(3)港口建设。清澜港5000吨级码头和两个500吨级码头已通航。经国务院批准，清澜港口岸于1996年12月对外国船舶正式开放。

(4)通信建设。至1997年底，已开通1.5万门程控电话，全市25个乡镇全部实现电话程控化。移动电话、传呼机实现全省、全国联网，并开通了因特网。

由于基础设施建设加快，全市的投资环境明显改善，生产能力不断增强。据测算，工业的生产能力可达30亿元产值以上，农业的水利灌溉能力可达20万亩，农业的生产潜力巨大，港口的年吞吐能力可达50万吨以上，城市的供水能力可达3万吨以上，发电总量可达15万千瓦以上，电话装机容量可达1.5万门以上，为全市的经济发展、物质文明的丰富打下了坚实的基础，开创了广阔的前景。

6. 城乡居民生活

随着国民经济的快速发展，城乡居民收入越来越多，城乡居民储蓄存款也越来越多。据统计，城乡居民储蓄存款余额，从1978年的2237万元，增加到1998年的25亿元，城镇居民人均可支配收入，从1978年的117元，增加到□1998年的4370元，年均增长21.1%。人均城乡储蓄存款，从1978年的48.7□元，增加到1998年的5000元。城乡居民生活质量开始从量的满足向质的提高转变。食品消费开始以粮食为主的粗放方式，逐渐向讲究营养、风味、方便等方向转变。耐用消费开始以自行车、缝纫机、收音机等传统的“四大件”逐步向彩电、洗衣机、电冰箱音响等新的“四大件”。电话、空调等新的消费品也逐渐进入部分居民家庭。城镇人均居住面积从1978年的6.86平方米，扩大到1998年的12.5平方米，农村居民人均居住面积8.5平方米，提高到16.8平方米。

7. 商贸

全市社会商品零售总额6.3亿元，比1997年增长8.4%；城乡镇市贸易成交额6.35亿元，比1997年增长9.4%；社会商品零售价格总指数、□居民消费品价格平均总指数分别比1997年下降2.5和2.3个百分点。

8. 教育

文昌崇文重教，教育事业发达。现全市463所中小学基本实现了教学楼层化和“一无二有”，全市29所中学、2所乡镇小中心学基本上建起初具规模的科学馆、图书馆，全市中小学人均校舍面积达到5.8平方米。近年来，以抓好巩固“普九”、“两基”成果和基础教育为重点，狠抓教育教学管理、教师队伍建设和教学研究，并增加教育投入，使全市教育教学工作取得了可喜的成绩，被授予“全国普九先进市”、“全国‘两基’”达标先进市，并被确定为全省唯一的“全国电化教育综合实验市”称号。

9. 科技

改革开放以来，文昌市以实施“火炬计划”、“星火计划”和“丰收计划”为中心，积极推进科技兴农、科技兴工、科技兴海战略，科技对经济的贡献率达40%，使全市科技工作取得了优异的成绩，被授予“全国科技先进市”的称号。

10. 文化

文化基本设施进一步改善，全市现有剧场9个，露天剧场96个，体育活动室198个，图书馆15个，村文化室316个等，最近投入20万元，完善宋庆龄图书馆等文化设施，投资近300万元新建一个2600平方米体育馆。1998年被评为“全省文化先进市”。

11. 卫生、计划生育

卫生事业逢勃发展，人民生活健康水平不断提高，全市改水受益人数达48402人，农村改厕13630户，建立健全合作医疗卫生室65间，计划生育“三率”达标，人口自然增长率5.25%，步入全省先进市县行列。

三、展望

回顾50年来的战斗历程，充满阳光灿烂，展望末来的发展前景，更是金碧辉煌。我们决心高举邓小平理论伟大旗帜，在以江泽民为核心的党中央领导下，进一步深化改革，扩大开放，按照市委、市政府提出的“三六六”经济发展战略（即在发展的目标上实现“三大突破”，在经济发展手段上，实施“六大措施”，在发展过程中，正确处理“六大关系”），充分发挥文昌的区位优势、资源优势、人才优势，扬长避短，励精图治，把一个充满希望的新文昌带入21世纪。（文昌市计划统计局）

第二十一章 蓬勃发展的万宁市

万宁市位于海南省东南部，总面积1883.5平方公里，海岸线长109公里，海域总面积383万亩。万宁自唐朝贞观五年(公元631年)置县，到1998年已有1367年。1996年8月,经由国务院批准撤销万宁县设立万宁市。辖18个乡镇,6个国营农林场。至1998年底,人口达54.2万人，除汉族外,还有黎、苗、壮等19个少数民族，此外，还有30多万华侨和港澳台同胞，是海南省著名的侨乡之一。

一、经济建设走上快车道，综合经济实力明显提高

解放前，万宁经济主要靠农业，但是由于农田基本上是“望天田”，水利设施很差，作物品种差劣，农业技术落后，粗放粗种。1949年粮食亩产仅90公斤左右，农作物种植业总产值仅868万元。1950年万宁工业总产值才50.6万元，仅占工农业总产值的5.3%。

解放后，建立了以公有制为基础的社会主义经济体系，调整产业结构，万宁经济建设有了较快的发展，特别1978年党的十一届三中全会以后，实行以家庭联产承包为主的责任制，万宁经济建设更加蒸蒸日上，快速发展。1998年，国内生产总值23.39亿元，其中，第一产业9.7亿元，第二产业6.29亿元，第三产业7.4亿元。三次产业占国内生产总值的比重分别为41%、27%、32%。

（一）农业综合生产能力明显提高

解放前，万宁农业基础差，生产单一，耕作技术落后，主要种植粮食作物，农业生产发展缓慢，几乎停滞不前。1949年，全市粮食作物亩产180斤左右，农民生活十分贫困。解放后，党和政府重视农业生产，兴修水利，推广良种，大搞农田基本建设，成立专门机构管理和指导农业生产。农业生产逐步发展，特别是十一届三中全会以后，积极推行家庭联产承包责任制及“农民+公司+机关+科技”等农业股份合作制等，农民的生产积极性空前高涨，给农业生产注入了新的活力。一是粮食生产持续增长。1998年粮食总产量13.7万吨，比1950年增长37倍，比1978年增长19倍；农业总产值14.4亿元，比1950年增长31倍，比1978年增长11倍。二是优质、高效、高产农业迅速发展，改变了长期以来农业以自给性生产为主的状况，初步形成了农业生产商品化、基地化的具有万宁特色的大农业格局。三是农业基础设施大大改善，农业发展有了十足的后劲。四是乡镇企业异军突起，成为农村经济的主要支柱。传统的自给自足农业逐步被以市场为导向的现代大农业所取代，单一结

构的以种植粮食作物为主农业逐步为农、林、牧、渔和乡镇企业全面发展所取代。基地化、集约化农业生产不断崛起。白天在田间劳作，夜里拿着手机开着小车进城跳舞、唱歌、饮茶的新型农民大有人在。

水利建设。解放以来，万宁投入大量的财力、物力和人力兴修水利，彻底改变解放前"大雨大灾，无雨旱灾"的现象。至1998年底，用于水利水电资金1.92亿元，完成土方5878万立方米，石方77.39万立方米，混凝土13.14万立方米，使用劳动力6815万工日，现有蓄水工程83宗，总库容量29028.6万立方米。开挖干渠以上主要渠道167条，共长464公里，其中有58条渠道，长140公里，实现硬化。江海堤围26宗，总长84.77公里。建有排水涵闸和桥闸23座，截弯取直河道7处，长2公里。建成投产的水电站13座，装机容量3235千瓦。灌溉面积15.5万亩，是海南省水利工程设施较好的市县之一。

农业商品化基地建设。建省以来，随着农村生产经营体制改革的不断完善，市场经济的杠杆促使农业商品生产基地化的形成。1998年，万宁已有各类生产基地380个。全市被划分为东南部、北部、中部和西南部四大经济区，形成了十大生产基地，即一是以龙滚为中心的5万亩菠萝生产基地；二是以山根、乐来、大茂为中心的2万亩芒果基地；三是以港北、东澳、北坡为中心的2万亩对虾养殖基地；四是以后安、龙滚为中心的4万亩淡水鱼养殖基地；五是以万城、礼纪、长丰为中心的8万亩反季节瓜菜基地；六是以北大、禄马、三更罗为中心的14万亩橡胶基地；七是以礼纪、长丰、山根为中心的2万亩胡椒基地；八是以南桥为中心的3万亩椰子基地；九是以和乐、山根、乐来为中心的3万头肉猪饲养基地；十是以礼纪、长丰、龙滚为中心的100万只肉鸡饲养基地。基地化商品生产，大大提高了商品率，为市场提供了具有万宁特色的名优产品，东山羊、和乐蟹、后安鲻鱼、港北对虾为万宁四大名产，其中东山羊、和乐蟹为海南四大名产组成部分。为农民进入市场开辟了广阔的天地，实现了基地连着企业，企业连着市场，市场连着农户，农户得益于基地的良性循环，从而使全市形成一个城乡交融、货物畅流的大市场。

林业生产。1950年万宁有天然林126万亩，活立木蓄积总量1088万立方米，森林覆盖率为44.6%。由于管理混乱，刀耕火种，乱砍滥伐及不合理的开发利用，天然林面积急剧减少，1998年，全市天然林仅存83.28万亩，活立木蓄积量为220.8万立方米。1989年，万宁根据省委、省政府的部署，编制了1989至2000年造林绿化规划，明确提出1989至2000年全市计划完成造林绿化面积15万亩，新增森林面积12万亩，全市森林覆盖率达到51.2%。自1989至1998年，8年时间完成造林绿化面积12.15万亩，新增森林面积20.75万亩，全市林地面积达186.8万亩，森林覆盖率达到61.4%。从1985年至1998年，砍伐人工林4.2万亩，出材8.55万立方米1998年林业产值达20137万元比,1978年增长51倍。

禽畜饲养业。万宁农村几乎家家户户都饲养禽畜。1998年饲养猪、羊、牛专业户150户，外资、集资办养猪场达25家，饲养肉蛋鸭专业户有800多户，万只肉鸡场有5家，龙滚加尧成为养鸡专业村。1998年全市家禽饲养量达854万只，1998年畜牧业肉类总产量达24669吨，1998年畜牧业总值达27115万

元，占万宁农业总产值18.8%。比1949年增长19倍，比1978年增长9倍。现在，万宁畜牧业已由家庭附属性生产型向专业化基地化转变。巩固并扩大沿海平原的养猪基地，兴隆、牛漏的水牛生产基地，东山岭、牛届岭、大塘岭的商品羊生产基地，很好地带动农村经济的发展。

方兴未艾的水产养殖业。党的十一届三中全会以前，万宁渔船多数船旧、机残、航海性能差，作业网具落后，捕捞效果低，渔业发展迟缓。十一届三中全会后，万宁确定了“合理利用资源，大力发展养殖，着重提高质量”，调整近海浅海作业，发展中深海生产。开展跨区域的渔业合作，注意渔业劳务输出，发展外海渔业，开辟新渔场，挖掘新资源。1998年，机动渔船944艘，其中深海渔船67艘，都是灯光围网。1998年渔业总产值达18621万元，比解放初增长26倍。1998年捕捞业产量达11955吨，比1978年2504吨增长3.8倍；捕捞产值5963万元，比1978年105万元增长55倍。在养殖方面，万宁分为淡水养殖和海水养殖。淡水养殖历史悠久，改革开放后，实行科学养鱼，发展速度更快。1998年淡水养殖总产量4783吨，比1980年128吨增长36倍，比1988年373吨增长12倍，淡水养殖总产值1971万元，比1978年25万元增长77倍，比1988年126万元增长14倍。海水养殖始于1986年，尔后发展如火如荼，方兴未艾。主要养殖鱼、虾、蟹、贝、藻等，1998年，海水养殖面积19395亩，比1988年3405亩增长4.6倍.在“科技兴渔”、“科技兴海”的热潮下，1995年万宁承担了国家渔业局，省水产局制定的对虾养殖病害防治示范区工作，在全国18个示范点中，超额完成示范点的各项计划指标，受到国家渔业局的好评，1998年被国家5个部委批准定为全国10大市县“科技兴海”示范区之一。万宁海水养殖业已初具规模，1000亩以上的养殖基地就有5个，水产养殖业已成为万宁沿海地区奔小康的主要经济支柱产业。

乡镇企业。乡镇企业是农村实现奔小康的重要途径之一。万宁乡镇企业的异军突起，成为农村经济的主要支柱。万宁乡镇企业涉及建材、矿产、运输、五金、化工、服装、家具、建筑、旅游、房地产、商业、食品、饮食服务业、水产品和种养业等多种行业。至1998年，全市乡镇企业已发展到3790家，从业人数达27047人。1998年全市乡镇企业总产值15.6亿元,上缴国家税金2539万元,万宁乡镇企业的总产值超过了农业总产值，成为万宁经济的“半壁江山”。

（二）工业起步迟而发展快

解放前，工业是万宁经济发展的薄弱环节。解放后，利用特有矿产、热作等丰富资源，先后兴建了一些工厂和矿山，但工业发展速度缓慢。党的十一届三全会后，调整了产品结构，立足于本地资源的开发与加工，生产了“兴隆咖啡”、“益智可乐”、“香酥椰片”、“六连岭矿泉水”、“多功能碾米机”、“钛精矿”、“独居石”、“红金石”、“锆英石”等名牌产品，畅销海内外。1990年，全县创办国营、集体、私营工业企业200多家，从业人员近10000人，成为海南省以采矿为主的重点工业市县之一。目前，全市工业已发展成为拥有电力、机械、摩托车制造业、制糖、采矿、纺织、印刷、制药、陶瓷、建材、木材家具等主要行业。1998年工业总产值12.35亿元，比1950年增长1409倍，销售产值11.6亿元,固定资产净值15378万元，从业人员12829人,实现利润1.3亿元.从90-98年这短短8年中,万宁引进兴办的外引内联企业项目达378个,实际投入资金27.1亿元,1995年,完成产值3.99亿元,是万宁工业战线的新劲旅。海南嘉泰摩托车厂,年产值从1.3亿元增加到4.4亿元,1995年已进入海南省50强工业企业前8名；1998年工业企业销售收入50强前35名。台商投资的海南绿藻厂,年产值从500多万元增加到1600万元,另外,福利包装公司、海南宜皇针织公司、万州制药厂、万新矿业有限公司都是万宁的重点工业企业。东星工业开发区、乌场经济开发区的迅速崛起，为万宁工业跻身海南工业系统先进行列创造了有利条件。

（三）商贸、服务业发展迅速

万宁商贸服务业发展较早，商贸频繁。解放后，除了“文化大革命”期间商贸发展受到影响外，商贸都是良性发展，党的十一届三中全会以后，私营个体商贸服务业等第三产业的突飞猛进，商贸繁荣，市场活跃，是城镇就业发财致富的主要途径之一。

商贸。十一届三中全会以后，商品经济的发展，促使封闭式的流通体系、流通渠道、商业结构发生变化。万宁国营商业8大公司和供销系统17个基层社6大公司独家经营市场的局面被打破，形成国营、集体、私营、个体并存的多渠道、多层次、多形式、多网点的商贸格局。服装市场一条街、装饰品市场一条街、水果市场一条街、风味美食一条街等，比比皆是，市场体系逐步完善。农贸市场从1978年12个，发展到1998年的28个，销售服务网点从1978年的351个发展到1998年7180个，从事商品流通人数从1978年1200人发展到1998年的6.8万人，劳务市场从1978年的0个发展到1998年13个，社会零售品消费额从1978年的0.49亿元增加到1998年的6.42亿元。增长12倍。

旅游业。旅游业是万宁国民经济发展的新兴的先导产业。海南建省后，万宁把旅游业作为带动全市国民经济发展的龙头产业，放在重要的位置来抓，制定了旅游发展规划，强化行业管理，塑造万宁旅游形象，外引内联加速旅游景点设施建设。被誉为“海南第一山”的东山岭，有“热带花园”之称的兴隆温泉旅游城，有109公里黄金海岸线上的山钦湾、春园湾、神州半岛、南燕湾、石梅湾、日月湾等上规模、上档次的风景名胜区，吸引着海内外众多游人及开发者，是海南省旅游资源大市。至1998年底，在万宁兴办旅游业的企业有107家，总投资额达45亿人民币和3亿美元。已营业的宾馆有55家，有客房4430间，床位8687张，从业人数4130多人。接待游客年年递增，1993年接待游客42.7万人次，比1992年31万人次增长37.7%，旅游经营总额5783.9万元，比1992年增长106.5%，外汇收入580万元，比1992年增长60.2%；1994年接待游客48万人次，旅游经营收入7298万元，外汇收入705万元；1995年接待游客60万人次，经营总额8300万元。1998年接待游客128万人次，旅游总收入1.5亿元。

金融业。解放后，万宁金融业由单一的中国人民银行万宁支行统一操办一般性金融业务。随后，各乡镇陆续成立农村信用合作社和设立营业所。十一届三中全会后，随着社会经济的发展，各专业银行、保险公司、邮政储蓄、集体股份制金融企业的城市信用社、典当、典金珠宝专卖店等应运而生。全市逐步形成以中国人民银行为领导，国有专业银行为主体，其他金融机构并存共荣的金融体系，严格执行分业经营，分业管理的运行体制。目前，各专业银行都是微机操作计算机联网，金融市场的发展，加快了资金运转，在基本建设、生产和流通等各个领域中发挥了重要作用。1998年全市金融部门各项存款余额16.9亿元，金融机构由原来的3家发展到8家，金融网点由原来的39个发展到117个。各项贷款余额10.6亿元，为1978年的52倍多。城乡居民储蓄存款余额从1978年的635万元增加到1998年14.9亿元。

（四）交通邮电突飞猛进

解放初期，万宁的交通运输和邮电事业非常落后。社会主义建设时期，修筑公路，购置先进交通工具，交通运输为万宁汽车站独家经营；加强邮电基础设施建设，扩充邮电通讯等下了不少力气，交通邮电事业发展仍然缓慢。海南建省以来，政府把交通邮电事业放在优先发展的地位，交通邮电发展已成为制约国民经济发展的“瓶颈”形成共识，大规模高起点地进行了交通邮电基础设施建设，交通邮电事业突飞猛进，为万宁经济的腾飞和城市开发建设发挥了“先行官”的作用。

交通运输。解放初期，万宁只有几条坑坑洼洼的土路，交通十分落后，许多乡镇没有通车。建省以来，万宁投入12亿元，对公路进行改造、扩建和新建，形成“三纵三横”为主骨架，“十四条”为联网接通各乡镇、农场和重点地区的公路网络。目前，全市公路里程1080.35公里，其中高速公路80公里，主干线公路89.8公里，干线公路182.9公里，支线公路727.65公里，实现村村通车。1998年车辆拥有量为18018辆，其中大货车1481辆、大客车145辆、普通汽车1741辆，客运量达2735万人，旅客周转量达83702万人公里，比1978年增长46倍，货运量为1022万吨，货物周转量65758万吨公里，比1978年增长209倍。沿海还有港北、乌场、南荣渔港3个，可停泊渔船400多艘。乌场经国家交通部投资1920万元建成两个1000吨泊位渔港码头已交付使用并定列为“国际航线的一个中继站和国际贸易转口港”。将建成东南亚最大的避风港港北港已被国家交通部探测规划。万宁陆运海运都具有十分优越的条件和良好的基础，对万宁大农业的发展，国民经济的腾飞将产生巨大的推动作用。

邮电。解放前，万宁仅有长途电路1条，磁石电话交换机1部，电话机7部。解放后至1990年，万宁邮电通信有了较大的发展，经办的邮电业务有涵件、汇兑、包件、机要、报刊发行、邮政储蓄、集邮、邮电购物、国际国内长途电话、电报、市内电话、农村电话等。海南建省办特区以来，万宁邮电坚持“打基础、上台阶、求效益、促发展”；要求“高起点、高速度、高技术、高效益”，多方筹集资金，大胆负债搞建设，引进先进技术和设备，现已形成沟通城乡、联系海内外的邮电通信网络，邮电事业持续速快健康发展。建设电信、邮政大楼，提高了电信、邮政现代化服务水平。1998年长途通信业务电路超过900条，比1990年的20条增长30倍，城乡电话可以直拨全世界195个国家及地区和国内1500个城市，长途电话通信四通八达。市内电话从1990年2000门发展到1998年的10000门；电话普及率从1990年的0.4%提高到1998年的4.5%,农村电话从1990年的1500门发展到1998年的17500门，增加12倍；农村电话中继电路从1990年50条增加到1998年的1000条，增长19倍。1990年开通全省联网无线寻呼台,1998年开通全省联网蜂窝移动电话6个基站,开通全省联网CSM数字移动电话和800兆集群电话,开通32个端品分组交换设备,移动通信非话通信业务飞跃发展。推广计算机应用技术,开办了传真、移动电话、邮政快件、特快专递、鲜花礼仪等新业务，从1990年到1998年，邮电业务总量收入每年以平均30%的速度递增。1998年邮电业务总量达5998万元，比1990年增长15倍；邮电固定资产1.25亿元，比1990年增长14倍。

（五）城乡建设前所未有

从海南解放到建省前夕，万宁城乡建设十分落后，建设规模小，城区面积窄小，街道少且坑坑洼洼，街道没有路灯，供电供水能力差，排水设施差，一下大雨，满街闹水荒。海南建省办大特区后，紧紧围绕“以开发促经济发展”为中心，采取“统一规划、统一征地、统一开发”的办法，坚持“先规划、后开发、成片开发、限期开发的原则，高起点、高标准、严要求地进行城镇基础设施建设，拉开了城镇大建设大发展的序幕。

县城建设。1950年，城区面积不足1平方公里，楼房面积仅2.26万平方米，平房面积

24.17万平方米，街道总长5.1公里，仅320米为水泥路面，其余为砖石、沙土路面，没有自来水、没有路灯，居住环境低劣。海南建省以来，政府真抓实干，投入数亿元资金，进行城市基础设施建设，建成28条街道，长28.8公里，均是混凝土或柏油路面，其中有8条街道两旁都种上风景树和装上300盏路灯，有5处街道口安装高杆灯。1998年，城区面积扩大到13平方公里。建设污水处理站、垃圾处理场各1间，建成下水道28公里，铺设供水管道16公里，建成日供水10万吨自来水厂，自来水普及率（包括自备水源）达90%以上。改造供电设施，建成11万伏和3.5万伏变电站各1座，生产、生活用电富余。建成东西2个煤气站，并紧张筹建万城燃气管道工程。架设6.5公里长的交通隔离钢管栏杆，实行人车分流。修建了10座无害化高标准的园林公厕，连续多年被海南省评为卫生先进城市。目前，一个交通顺畅、设施齐全、高楼林立、环境优雅、清洁卫生、美丽富绕的海南省东部中心小城市已经形成。

墟镇建设。建省以来，借着城市建设的东风，政府下大力气抓好墟镇改造和建设，加大墟镇基础设施的投入。全市18乡镇都按照小城镇总体规划进行建设和改造。推倒围墙建铺面，拆除瓦房建楼房，修建排水道，硬化街道面，绿化街道两旁，架设路灯，配套供水设施，开通程控电话，建设农贸市场、商品一条街等。1998年，18个乡镇通过多渠道筹资、农民出资等形式，共投入资金2.86亿元兴建楼房20.6万平方米及其他基础设施。龙滚、山根、和乐、乐来、港北、后安、大茂、长丰、礼纪、牛漏等乡镇小城镇雏形基本形成。龙滚、和乐、大茂3个镇被列入全国重点建设试点镇。

二、各项社会事业硕果累累

党的十一届三中全会以前，万宁各项社会事业比较落后。改革开放以来，万宁坚持两手抓，一手抓物质文明建设，一手抓精神文明建设，科、教、文、卫等各项事业跟经济建设同步发展，成果丰硕，多年受到国家、省等有关单位的好评，被国家文化部授于“全国文化先进市”称号。

（一）科技进步显著

万宁科技起步迟，1957年成立机构，由于基础薄弱，投入不足，人才缺乏，整个科技水平比全国先进地区大约落后30年。建省办大特区后，全社会“科学技术是第一生产力”的意识明显增强，实施“科技兴农、科技兴海、科技兴市”的战略，加大科技投入，设立科技发展基金，科技队伍壮大快速，科研机构遍地开花，科技事业发展前所未有。1998年全市有兴隆热带作物研究所、兴隆药用植物研究所、农科所、林科所、农机技术研究所、畜牧发展总站、耕牛改良站、山根良种试验场、农技推广站、金海资源研究所等于20多个研究所，专业研究会25个。各类专业技术人员8672人，比1980年增长3倍多。取得重大科技成果46项，其中有20多个项目是组织实施星火计划等3类科技发展计划项目；荣获国家、部省科技进步奖、丰收计划奖22项；开发产品50多个，许多成为国优、省优产品。科技进步对经济增长的贡献率达40%，超过全国30%的平均水平。

（二）教育事业蒸蒸日上

解放初期，万宁有完全小学42所，初级小学142所，普通中学2所。十一届三中全会以来，万宁增加教育投入，把教育事业摆在优先发展的地位，“百业兴盛，教育为先”。紧紧围绕“两基”、两全”目标，实施《中国教育改革和发展纲要》，普及了九年义务教育。把提高全民族素质的奠基工程作为现阶段我国教育事业的重中之重。鼓励社会团体、企业、私人办学，多方办学风气逐步形成。社会各界人士，华侨和港、澳、同胞多方集资，仅1993年至1998年便筹措义务教育经费6882万元。改善办学条件，大抓教育体制改革，实行基础教育分级办学，分级管理，分级负责，充分调动了各级政府办学的积极性，基本实现“一无两有”（无危房、有教室、有课桌）标准。1998年全市中小学校占地面积达到188万平米，校舍建筑面积41万平方米，校容校貌、教学设施、教学质量，连年上台阶，屡创佳绩，跨入了全省先进行列。解放50年来，学校和学生数成倍地增长，幼儿学前教育、小学教育、中学教育、师范教育、职业技术教育、城乡居民业余教育、成人教育、函授电视教育等门类齐全，学校布局渐超合理，教学条件和教学质量不断改善和提高。1998年，全市有中等专业学校3所，普通中学28所、小学301所、幼儿园8所，在校学生119473人，教职工6819人，适龄儿童入学率、巩固率分别为98.5%和99.6%。解放50年来，万宁市教育事业取得了新的成就，1998年通过省级评估验收，教育部批准为“普及九年义务教育和扫除青壮年文明市。1998年经省教育厅验收批准后安中学、龙滚镇中心小学、和乐镇中心小学等三所学校为”万宁市一级学校。教学质量逐年提高，1996年获全国中小学数学竞赛一、二、三名的有40名，中学物理化学竞赛一、二、三名共27名，1997到1998年度获全国中学数理化一、二、三等奖共68名，是建国以来成绩量显著的一年。

（三）文化体育事业日臻繁荣

文化。解放前，万宁没有设置专门文化艺术管理机构，群众文化艺术活动是自发性的。１９５０年，县人民政府成立文教科，１９５４年设文化局，负责文化宣传工作。解放５０年来，万宁把文化工作放在重要位置来抓，尤其是海南建省后，把文化建设摆在精神文明建设的重要位置上，以塑造万宁形象为主题，抓好文明创建活动。机关开展“创建文明机关”活动；农村开展“创建文明村镇”活动。文化教育市场项目齐全、群众文化活动内容丰富、形式多样，基本满足城乡居民的文化生活需要，文化事业日臻繁荣。目前，有文学艺术界联合会和诗词、美术、书法篆刻、戏剧、舞蹈、摄影等协会１２个，创办了《东山》、《东山文艺》、《万宁文化》杂志、《龙吟》诗刊和《春蕾》学习报等。１９９４年《万宁县志》的出版发行，更是万宁文化生活大事。有文化馆、图书馆、博物馆、档案馆各1家，工人文化宫2所，公园2个，专业剧团1个，音像制品、书店及书报摊点118个，文化室230间，图书阅览室165间，电影放映队45个，卡拉OK歌舞厅35个，电子游戏室96间，文化网点遍及城乡。另外，还有六连岭革命根据地、李振亚纪念园、东山岭摩崖石刻等，形成了适合不同层次、满足文化素质高低不同需求的文化娱乐体系。

体育。万宁发展体育运动基础较好，民间有自发组织游泳、龙舟、排球、足球、放风筝、放文灯等体育竞技传统。后安、大茂、北坡、万城等乡镇均有醒狮队、舞龙队和武术队，群众性体育活动非常突出。建国以来，政府加大体育投入，积极正确引导，体育设施逐步完善，体育运动更加活跃。1988年，共有大小运动场地31个，有固定看台灯光球场5个，天然游泳场3个，室外游泳场3个，足球场68个，蓝球场323个，排球场158个。另外，近几年来，旅游开发区还设立网球场，高尔夫球场、保龄球馆、台球室、健身房、射击场等。体育器械进入普通居民家庭日益增多，群众体育活动和全民健身活动广泛开展。体育事业久盛无衰，成绩显著。1994年市业余体校被评为全国群众体育先进单位；1996年市体育中心被评为96全国全民健身活动周先进单位；1997年市体育中心被评为全国群众体育先进单位。解放以来，先后向国家队输送优秀运动员7人，向省输送优秀运动员82人，运动员参加国际性比赛，获金牌14枚，银牌6枚；参加全国各项比赛，获金牌49枚，银牌38枚，铜牌32枚，破全国纪录35项；参加全省各项目竞赛，获金牌518枚，破省纪录289项。

（四）医疗卫生事业快速发展

解放前，万宁医疗卫生十分落后，长期缺医少药，天花、霍乱、疟疾等流行病盛行。1950年，仅有医院1间，医务人员9名，简易病床20张。另外，私人诊所医务人员140名，其中，草药医29名，中医58名，西医26名，接生人员10名，牙医7名，护理人员10名。解放以来，坚持医疗卫生事业和各项事业同步发展，坚持国家办医为主，鼓励多形式、多层次、多渠道办医。1998年，全市医疗卫生机构由解放初的1间增至36间，病床设置1120张，比1950年的20张增长56倍，卫生技术人员由解放初的9名增至1688名，增长187倍，全市平均每千人拥有医士以上的卫生技术人员3.2人，达到全国发达地区水平。还有初级卫生站212间，私人诊所108间，完整的医疗卫生服务体系已经形成。全市有医院、卫生院、红十字医院、麻风医院、精神病院，妇幼保健站、皮防所、防疫站、结防所、药检所、卫生学校、私人诊所等医疗系统，各科室分类齐全合理，设备日趋先进，技术装备水平达到国内先进水平，大批疑难杂症和危难病例，在市内都能妥善诊治。解放前频繁发生的流行病得到控制和消灭，幼儿“四苗”接种取得可喜成果。民间中草药单方、秘方颇为出名，后安坝头的草药接骨医术全省闻名。

（五）崛起的广播电视业

广播电视设施从无到有、从小到大，逐步完善。1953年成立万宁县人民政府收音站，有收音机1台，收音员1名，1956年成立万宁县广播站，增添250瓦扩音机1台，工作人员6人，1971年，全县17个公社都建立广播站，人员增至66人，村村通广播。1984年成立万宁广播电视局，辖有万宁人民广播电台，万宁电视转播台、万宁有线电视站、微波站和18个乡镇广播电视站。多年来，加大资金投入，更新广播电视设备，专业技术人员业务素质不断提高，设备先进，初具规模。广播电视事业迅速发展，大大地满足城乡居民精神文化生活的需求。1998年，18个乡镇都办起调频广播转播台，建起有线电视站、微波站和有线广播站。国营农场、公司建有无线电视转播台3座，有线电视站27个，形成了以市广播电视为主体的多层次、传播面积广的广播电视网络。广播人口覆盖率达到95%，电视人口综合覆盖率达到90%，均达到国家要求。

（六）城乡居民生活奔小康

改革开放以来，尤其是建省办大特区以后，万宁经济以史无前例的发展速度走上快车道，农民收入年年增加，生活水平和生活质量不断提高，居住条件优越，人们在追求物质文明建设同时，更加注重精神文明建设，贫困人口逐年减少。1998年，农民人均拥有粮食360公斤，比1978年的210公斤增长71%。农民人均纯收入2566元，比1978年的51元增长50倍。农民人均住房面积21.5平方米，比1978年的8.5平方米增长4.3倍。农村储蓄存款余额2.45亿元，比1978年的328万元增长73倍。中央规定的农村小康16项标准中万宁有14项达到小康，202个行政村中有182个基本达到小康，全市小康权数分值为96.6分，从总体上看全市基本实现小康。

三、万宁明天会更好

1996年，万宁市制订了国民经济和社会发展“九五”计划和2010年远景目标。提出到2000年，人均经济总量和整体经济素质达到国内发达地区水平，国内生产总值比1995年翻一番；到2010年实现国内生产总值185亿元，比2000年翻两番，人均国内生产总值3万元左右，接近或达到中等发达国家和地区的水平。总体目标的实现，要求具备五个方面基本要求。一是具备相当的经济规模和经济实力。三大产业基本合理并有很大发展，经济总量大幅度增长。二是具备较高的产业技术水平和经济素质。产业结构和产业组织形式合理，产业的技术水平和管理水平显著提高，具有能够参与国内外竞争的现代高新技术产业群，跨地区、跨行业、综合性、实力强的大型现代企业大批出观。三是人民生活水平和质量显著提高。四是形成比较完善的社会主义市场经济体制。经济运行以市场为导向，遵循国际惯例，适应竞争环境。五是具有高度文明的社会风貌。

21世纪，万宁这颗海南东海岸璀灿的明珠，将会迸射出更加迷人的光彩。城市经济实力显著增强，基础设施日臻完善，楼宇林立有序规范合理，居民生活富足安康，居住环境优美，公路宽畅，交通发达，电网密布，电讯畅通，社会保障体系比较完备，人民崇尚和平，热爱劳动，热爱文明。乡镇实现农村城市化，万城成为集工、贸、旅为一体的经济发达、文明整洁、风光旖旎的现代化中心城市。

（万宁市统计信息咨询服务中心 符平荣 李文光 陈坚 陈达华 冯汉）

第二十二章 崛起的新兴城市——儋州市

儋州市，位于海南省西北部，地理座标为北纬19°11′～19°52′，东经108°56′～109°46′。东邻临高、澄迈两县，东南与琼中县相连，南界白沙县，西南与昌江县接壤，北濒北部湾，与广西和越南隔海相望。全市总面积3265.18平方公里，总人口77.7万人，有26个少数民族。辖有1个办事处、5个乡、19个镇、10个国营农场、257个村委会、1504个自然村。儋州是海南面积最大人口最多的县级市，是一座被誉为“南国花城”的新兴城市。那大为市委、市政府所在地。

儋州古称儋耳，历史悠久，源远流长。自公元110年(西汉元封元年)设置儋耳郡，迄今已2109年，是海南岛建置最早的郡县之一。公元622年(唐武德5年)称儋州。宋元称昌化军、南宁军。明清复称儋州。1912年(民国元年)改称儋县。1993年3月经国务院批准设立儋州市。江泽民总书记、李鹏总理分别为儋州题词：“团结奋进，前程似锦”、“团结奋进，振兴儋州”。

儋州市的自然资源极为丰富。一是水资源丰富。全市有大、中型水库33宗，总库容量35.5亿立方米，其中全国十大水库之一的松涛水库容量达30亿立方米。二是矿产资源丰富。市内已探明可开采矿产有10多种，其中蕴藏量较大的有石英砂、油页岩、花岗岩、火山灰、重晶石等，且开采条件好。三是农业资源丰富。儋州属热带季风气候，光照长，雨量充足，土地肥沃，年平均气温23.3℃，年降雨量1800mm，台风影响少而轻，是发展热带高效农业的优良环境。目前全市拥有的热带天然树种有青梅、母生、油楠、黄杞、香楠、黄稠、沉香、枫香等数百种；热带水果主要有荔枝、龙眼、芒果、杨桃、菠萝蜜、石榴等；主要农作物有水稻、甘蔗、花生、番薯、瓜菜等。全市现有耕地面积51400公顷，尚有6667公顷荒地有待开垦。全市海岸线长225公里，港湾十多个，水产资源十分丰富，是海南省水产品的主要产地之一，主要盛产红鱼、红三、海鳗、马鲛、乌鲳、带鱼、鱿鱼、对虾、螃蟹等；有7266公顷海滩可开发，发展海水养殖业和制盐业潜力很大。四是旅游资源丰富。全市有东坡书院、华南热带植物园、鹭鸶天堂、松涛天湖、蓝洋温泉、军屯花果园等28处自然景点和人文景观。

50年来，儋州市的国民经济和社会各项事业取得了长足的发展。特别是改革开放、海南建省创办经济特区和儋州撤县设市以来，儋州各族人民全面贯彻执行党的基本路线，确立以经济建设为中心的指导思想，实施贸工农旅一起上的发展战略，突出外引内联求发展的工作重点，弘扬“团结实干，争创一流”的进取精神，儋州的经济建设突飞猛进，经济综合实力显著增强，人民生活水平不断提高，先后获得“全国农林牧渔百强市(县)”、

"全国农业生产百强大市(县)"、"全国卫生城市"、"中国民间艺术之乡"、"全国广播电视先进市"、"全国民政工作先进市"、"全国城市环境综合治理优秀城市"、"全国文明示范市"等十多项国家级殊荣。

儋州，这个历经11朝古郡的文化名城，经过50年的建设，而今已发展成为海南西部的新兴城市，她将以"南国花城"特有的风姿迈进21世纪。

一、国民经济快速增长，综合市力显著增强

解放前，儋州的国民经济十分脆弱，农业落后、工业基础十分薄弱，经济总量小且发展缓慢。1949年，儋州的工农业总产值981万元。其中，工业总产值97万元，农业总产值884万元。解放后，按照中央的部署，贯彻执行恢复国民经济，稳定社会发展的战略方针，国民经济得到了恢复和发展。1978年12月中共十一届三中全会召开以后，儋州人民贯彻解放思想、实事求事的思想路线，坚持四项基本原则，认真执行深化改革扩大开放的方针，儋州的经济总量不断增大，产业结构进一步得到调整充实和提高，尤其是海南建省办经济特区和儋州撤县设市以来，儋州市委、市政府把握时机，审时度势，以经济建设为中心，立足本市资源优势，调整和优化产业结构，着力培育新的经济增长点，实施了"贸工农旅"一起上的发展战略，有力地促进了儋州市国民经济的持续、快速、健康发展。1998年，全市国内生产总值达49.33亿元，按可比价格计算，比1988年增长2.3倍，年均递增12.7%。其中，第一产业增加值达26.68亿元，比1988年增长2.8倍，年均递增14.2%；第二产业增加值达9.19亿元，比1988年增长3.8倍，年均递增16.9%；第三产业增加值达13.46亿元，比1988年增长1.2倍，年均递增7.9%。全市人均国内生产总值达6409元，比1988年增长1.9倍，年均递增11.1%。全社会固定资产投资达9.63亿元，比1988年增长2.1倍，年均递增12.1%；地方财政收入达2.43亿元，比1988年增长5.2倍，年均递增20%。在国内生产总值中，三次产业结构发生了变化：1988年所占的比重分别为：59.9%、12.5%、27.6%；1998年所占比重分别为：54.1%、18.6%、27.3%。

二、农业生产快速发展，农业结构发生了较大变化

解放前，儋州的农业生产单一，技术落后，耕作粗放，农业主要以粮食生产为主。1949年，全市粮食播种面积36360公顷，平均亩产仅有56公斤，粮食总产量30460吨。解

放后，通过土地改革和贯彻执行国家各个时期的农业和农村经济发展的方针政策，进一步解放了生产力，促进了农业和农村经济的发展。特别是十一届三中全会以来，农村实施家庭联产承包责任制，农民的生产积极性空前高涨，农业生产快速发展，农林牧渔业得到全面发展，农业的主要经济指标都得到较大的提高。1993年，儋州市农业跻身“全国农林牧渔业百强市(县)”先进行列，排名31位。近几年来，儋州市在发展农业、农村经济方面，按照本市“沿海靠鱼虾，山区靠开发，平原靠转化”和“农民增收入，乡镇增财力”的思路要求，积极实施农业“示范工程”、“绿色工程”、“兴旺工程”、“致富工程”和“海洋工程”等五大工程，进一步优化农业结构，大力发展热带高效农业，橡胶、甘蔗、蔬菜、水果、畜牧和海水产品等优势农业继续得到较快发展，农业生产集约化程度进一步提高，已初步形成区域化、规模化、商品化生产基地，农业基础地位进一步加强。1998年，全市农业总产值达22.77亿元(90年不变价格)，按可比价格计算，比1949年增长35.5倍，年均递增7.6%。从农业内部结构来看，种植业占30.3%、林业占18.1%、牧业占13.1%、渔业占38.5%。与1949年农业内部结构(种植业占67.3%、林业占8.7%、牧业占18.2%、渔业占5.8%)比较，各产业之间发生了较大的变化：种植业下降37个百分点、林业上升了9.4个百分点、牧业下降了5.1个百分点、渔业上升了32.7个百分点。

在发展种植业方面，粮食、糖蔗、油料、蔬菜和热带水果生产均有较快地发展，并且成为全省农业的重要生产基地之一。1998年，全市粮食播种面积55653公顷，平均亩产318公斤，总产量达26.51万吨。与1949年相比，粮食播种面积增加了19293公顷，粮食单产提高了262公斤，粮食总产量增长7.7倍，年均递增4.5%；糖蔗生产面积达27747公顷，总产量达130.77万吨。糖蔗总产量比1949年增长290倍，年均递增12.3%。列入全国糖料产量十强市(县)；油料播种面积达8227公顷，总产量达2.13万吨。油料总产量比1949年增长37.4倍，年均递增7.7%；蔬菜播种面积达16387公顷，总产量达26.86万吨。蔬菜总产量比1949年增长94.7倍，年均递增9.8%；热带水果总面积达8413公顷，总产量达3.51万吨。水果总产量比1949年增长457.2倍，年均递增13.3%。

林业生产方面，儋州历届党委和政府采取了一系列措施，大力开展植树造林，绿化荒山荒岭，取得了可喜成绩。1949年至1998年，50年间人工造林面积累计达11.2万公顷，封山育林1.2万公顷，现有森林面积13.47万公顷(含橡胶等经济林)，森林覆盖率达42.2%。橡胶年末面积由1952年的5338公顷发展到1998年的69720公顷，增长12倍；干胶产量由1952年的140吨提高到1998年4.09万吨，年均递增13.1%。橡胶面积和干胶产量均居于全省之首。

畜牧业生产方面，十一届三中全会以后，特别是近几年来，儋州的畜牧业生产有了较快的发展，扶持和发展了一批饲养专业村和专业户，办起4个种猪场，推广优良畜禽新品种，采用高新的饲养技术，同时加强畜禽病疫防治，促进了畜牧业生产向专业化、良种化、技术化、规模化和商品化方向发展。1998年，全市生猪存栏量达37.84万头，牛存栏量达21.94万头，羊存栏量达19.37万头，与1949年相比，分别增长20倍、8倍和483倍。

渔业生产方面，儋州坚持“以海洋捕捞为主，捕捞、养殖、加工并举，因地制宜，各有侧重”的水产业发展方针。1993年儋州撤县设市后，市委、市政府提出“重工、强农、活贸、拓旅、展渔”的经济发展新路子，在经营方式上实行联产承包制，依靠科技进步，增加渔业投入，调整产业结构，建立健全渔业管理服务体系，调动了广大渔民的生产积极性，加快了渔业的发展。特别是近几年来，儋州充分利用本市的水产资源优势，加大海滩涂开发力度，建设黄金海岸，扩大淡水养殖面积，进一步改造和更新渔船，增强中深海作业和远洋捕捞能力，促进了渔业的迅速发展。1998年，全市海滩涂开发养殖面积达2000公顷，淡水养殖面积达15000公顷(包括松涛水库10000公顷)。全市水产品总产量达16.13万吨，比1949年增长40倍，年均递增8%。其中海水产品产量达14.18万吨，增长35倍，年均递增7.6%。

三、工业迅速发展壮大,骨干企业不断增多

解放前，儋州工业基础薄弱，生产技术落后，发展缓慢。工业生产主要以打铁、编制、木工、冶炼等手工作坊为主，工业企业少，经济总量小。1949年，工业总产值仅97万元。解放后，儋州工业逐步发展，开始改变过去手工作坊式生产状况。1956年后，长坡糖厂、白马井造船厂、儋县水泥厂等相继建成投产，使儋州工业迅速发展壮大。80年代以来，儋州工业发展更为迅速，那大糖厂、海头糖厂、春江糖厂、大宝水泥厂、兰洋水泥厂、三鑫水泥厂等一批骨干企业的兴起，使儋州形成了以制糖业、建材工业为主的两大支柱产业，机械、电子、造纸、印刷、晒盐、石英砂、食品加工等行业全面发展的多门类工业体系。1998年，全市工业总产值达15.79亿元(90年不变价格)，按可比价格计算，比1988年增长5.9倍，年均递增长21.2%。

工业支柱产业的发展。目前，制糖工业、建材工业(以水泥制造业为主)发展成为儋州市工业的两大支柱产业。

在制糖工业方面，1950年～1956年，儋州蔗糖生产不断发展，但甘蔗的加工主要靠土糖寮，生产技术落后，产品质量差。为了改变这一状况，1956年广东省和海南行政区集资33万元，在长坡镇建起一座日榨甘蔗350吨的机械化制糖企业——长坡糖厂。长坡糖厂的

建成，为后来儋州制糖工业的发展打下了坚实的基础。长坡糖厂投产后，1957年儋州的工业总产值达到1247万元，比1956年的工业总产值635万元翻了一番。1962年，由农垦系统投资建设的八一糖厂建成投产，从而使儋州制糖工业得到进一步的发展。1978年后，甘蔗种植面积迅速扩大，甘蔗产量迅猛增长。为了充分发挥儋州糖业这一优势，1982年政府及时调整产业结构，制定了“扬长避短，大力发展制糖工业”的方针，自筹资金750万元，建起日榨甘蔗800吨的那大糖厂，使糖产量翻了一番。1983年和1986年，先后建起了日榨甘蔗700吨的海头糖厂和日榨甘蔗1000吨的春江糖厂，从而使儋州制糖工业大大增强，成为全市最大的支柱产业。

在制糖工业的发展过程中，各家糖厂经过不断的挖潜改造，榨蔗量进一步提高。1998年，全市5家糖厂设计日处理能力达9700吨，约占海南省日处理能力的三分之一。在各项经济技术指标中，儋州市的榨蔗量、产糖量均占海南全省的三分之一，而榨糖份、产糖率等指标均居于全省各市县之首。1997年，儋州成为全国十大产糖市(县)之一。1998年，全市5家糖厂产糖量达10.5万吨，产值达2.9亿元。产糖量比1988年增长1.6倍，年均递增9.9%。

在建材工业方面，儋州的建材工业，古已有之。但过去一直以农村土窑烧制砖瓦为主，主要分布在中和、长坡、东成一带地区。由于采用手工制作，劳动强度大，效益低。1958年，儋县水泥厂建成投产，结束了儋州建材工业品种单一的局面。1968年又创建儋县砖瓦厂，使儋州建材工业全面步入机械化大规模生产的轨道。1988年海南建省后，儋州建材工业发展更为迅速，兰洋水泥厂、三鑫水泥厂相继建成投产，遍布各乡镇的大小机械制砖厂如雨后春笋般出现，从而使建材在儋州工业中的地位越来越重要，成为儋州市工业支柱产业之一。1998年，全市共有水泥厂5家，年生产能力达100万吨；砖瓦厂140多家。1998年，全市生产水泥达88万吨，产值达1.37亿元。水泥产量比1988年增长13.7倍，年均递增30.9%。

兴建了一批骨干工业企业，成为全市工业新的经济增长点。海南建省创办特区以来，儋州加大工业发展力度，通过扩大对外开放，搞好外引内联工作，引进资金、设备、技术和人才，上马了一大批工业项目。其中，恒泰芒果制作有限公司、光村石英砂厂、儋闽钢铁制品厂等工业企业已成为全市工业新的经济增长点；强力包装厂、新潮纸箱厂、仙人掌综合加工厂、烟花炮厂等一批新兴工业企业正在陆续兴建和投产，这将大大增强儋州市工业发展的后劲。

乡镇工业异军突起，垒起工业的半壁江山。

1949年，儋州只有工业企业、手工作坊109家，均为私营和个体工业，工业总产值仅有97万元。解放初期，儋州的工业以城镇个体及村以下工业为主，1956～1957年，由于开展“对私营工商业改造运动”，1958年后，私营企业基本消失，那时的工业经济成份主要有全民和集体两种性质。十一届三中全会以后，个体工业开始得到恢复和发展。1980年乡镇工业产值达407万元，占全市工业产值的12.4%。海南建省后，特别是儋州撤县设市以来，发展乡镇工业已经成为儋州发展农村经济的主战场，乡镇工业得到迅速地发展，兴办了三鑫水泥厂、光村石英砂厂、儋闽钢铁制品厂、那大自来水厂和那大橡胶总厂等一大批乡镇工业企业，并且发展成为儋州市工业的骨干企业。1998年，乡镇工业总产值达8.2亿元，占全市工业总产值的52%，超过全市总产值的一半。

四、城市建设日新月异

建国初期，那大属儋县第七区，1957年设立那大县，1958年12月，儋县和那大县合并，称为儋县，那大镇为儋县政府所在地，当时，那大在城市道路、供水、排水、绿化，城市卫生等方面均落后于海南其他市县，90年代初有了起步，特别是1993年撤县设市后，儋州市委，市政府按照江泽民总书记“团结奋进，前程似锦”和李鹏总理“团结奋进，振兴儋州”的题词精神，加快向文明、繁荣、现化化的热带风光城市迈进的步伐，加强城市建设力度，扎实开展工作，全市两个文明建设取得显著成绩，于1995年检查评比中，荣获“全国卫生城市”、“全国城市综合整治先进城市”等荣誉称号。

1998年，儋州市那大市区建成区面积24.1平方公里，是建市前的3倍多，是建国初期的8.5倍。

城市市政道路194条，是建市前的4.7倍，是建国初期的21.6倍；城市道路总长181.5公里，比建市前的32公里，增加149.5公里，是建市前的5.7倍；特别是投入4亿人民币建设全长8.5公里，宽60米的城区主干街道——中兴大街扩大了城区面积；新建排水管道78.74公里，维修水管道13.61公里；至1998年年底，市区人均拥有道路面积达18.22平方米。

城区绿化面积达708.22公顷，比建市前增加543公顷，是建市前的4.3倍；绿化覆盖率达39.35%，比建市前增长17.31%；城区园林绿地面积602.31公顷，是建市前的54.8倍；城区公共绿地面积93.33公顷，而建市前那大城区公共绿地面积不到1公顷。市区共种植各类树种2800多株，绿化城区道路45条；栽植以美人蕉为主的美化苗木共120万株，使城市园林绿化美化建设获得了质的飞跃，1998年11月份《海南日报》头版头条刊出《到儋州看花》文章，对儋州园林绿化美化建设给予高度赞赏。

市政灯光设施建设方面。撤县建市以来，共投入3千多万元建设城市路灯和灯饰，安装了27条道路路灯，共1507杆，5413盏，城市主次干道装灯率达79.5%，建设城市高杆灯17座，跨街灯共32座，还有一大批种类不同，形态各异的灯牌、灯箱和艺术灯饰。目前，城区灯光总功率达2008千瓦。

撤县设市以来，共投入资金13690万元建设经济适用房，建筑总面积201103平方米，开辟建设六个花园居住小区，鼓励农民和社会各界人士进城建房2500多间，总建筑面积约70万平方米，使市区住宅建筑面积达467.56万平方米，比建市前增加356万平方米，是建市前的1.5倍。

供水方面。为了解决市区的饮用水问题，1966年筹建了那大镇自来水厂，时年日供水量仅2200吨／日。随着人口的增加，经济的发展，1981年增加到日供水量9397吨／日，撤县设市后提高到8.2万吨／日，那大10万吨自来水厂现在也正在紧张建设之中。

供电方面。建省以来，特别是儋州撤县建市后，为适应经济的发展需要，儋州市的供电设施建设加快，电力充足，电力供给水平不断提高。供电量从1987年的9672万千瓦时增加到1998年的40801万千瓦时，增长4.2倍。1978年以前，儋州仅有35千伏的那大变电站一座，至1998年，全市拥有220千伏1座，110千伏变电站4座，35千伏变电站7座，并与省电网联网供电，儋州电力能源建设超前于经济建设的需要。

五、交通运输业和邮电业发展迅速

解放初期，儋州的交通运输和邮电事业十分落后。50年来，儋州在发展港口，修筑公路，完善设施，加强邮电基础设施建设，扩充邮电通讯能力等方面都有了长足的进步。尤其是建省以来，政府把交通邮电放在优先发展的地位，大规模地进行了交通、邮电基础设施建设，促使交通、邮电迅速发展，为儋州市社会、经济的全面腾飞做出了巨大的贡献。

1. 公路建设四通八达，并向高等级跃进

1950年后，儋州公路建设得到极大发展，交通极为方便。现在那大已成为西线交通枢纽。1998年，儋州市境内公路有437条，总长1166.4公里。儋州市25个乡镇已全部通车，部分公路为水泥，其中，那大至兰洋14.9公里，东坡公路7公里。即将峻工的那大至东城高速公路接口处长29公里，为一级公路。

那大市区有4个短途车站，即东站(和庆站)、南站(兰洋站)、西站(先锋站)和北站(军屯站)。

公路的建设有力地促进了儋州汽车运输业的快速发展。1950年，儋州仅有汽车11辆，至1988年海南建省前发展到160辆，1998年有大小汽车4469辆。

随着各类汽车的增加，儋州市公路货物运输量及货物周转量、旅客运输量及旅客周转量不断增长。分别为1678万吨、78440万吨公里，1138万人次，40168万人公里。

2. 海港和水路运输发展

儋州市沿海从光村至海头，有大小港湾25个，其中既大又深的是洋浦港和白马井港。洋浦港位于举世瞩目的洋浦经济开发区内，是海南最大的天然深水避风港，自然水深9—24米，可建26个万吨级以上的泊位码头，最大的泊位可达10万吨，现港口货物吞吐量70万吨／年；白马井港是儋州北部有悠久历史的渔港，有两个100吨级码头，其货物吞吐量为20万吨／年。

儋州水运以海运为主。50年代以来，儋州市水运得到较快发展。1998年，货物运输量、货物周转量，旅客运输量与旅客周转量分别为339万吨，1026吨公里，17百人次和116百人公里。

3. 邮电通信业建设提前进入快车道

(1)电信。儋州市邮信业现已成为海南省西、中线市县长途电话的中转局，负责转接昌江、东方、白沙、通什等市、县长途电话，到海口电路有120条，与全省各市县都有直达、直拨电话。在市内开设了磁卡电话。长途电路具有半自动化和全自动化功能，可以处理长途直拨、用户电报、用户传真等业务，从市内可直拨世界190多个国家和地区的电话，还开通了寻呼机并与全省寻呼联网、移动通信电话。时至1998年儋州市100%的乡镇实现直拨电话。1998年度电信业务总量达5642万元。

(2)邮政。建成了儋州市邮政大楼，提高了邮政现化化服务水平。在邮政储蓄，报刊发行、商业信函、速递跟踪、挂号登单方面、推广计算机应用技术，先后开办市外特快传递、开通各种形式邮路，增大邮政服务的覆盖面。与世界上190个国家和地区实现通邮。1998年，邮政业务总量达864万元。

六、商贸业有长足发展

建国50年来，全市商贸业有了长足的发展，市委市政府抓住机遇，不断深化流通领域体制改革，鼓励各种经济成分平等竞争，相互促进，共同发展，市场格局发生深刻变化，个体、私营经济已成为全市商贸业的主导力量。

1950年4月，儋州解放，县政府采取了一系列政策和措施，使儋州商业很快发展，市场繁荣，商品充裕，人民生活得到了改善。1953年随着国家开始大规模经济建设，人民的物质需求增长，儋州商业有较大发展。1956年全市社会商品零售总额达2033万元，其中，全民所有制商业零售总额669万元，占总额的45.1%；个体及私营所有制商业188万元，占9.2%；其他商品260万元，占12.8%。这一时期，公有制商业经济占商品零售总额的78%左右。

1966年开始的“文化大革命”使国有商业遭到了严重破坏，但由于商业系统内部采取了一系列稳定措施，促使商品流转，商品销售仍保持稳定增长。1976年，社会商品零售总额为7364万元，10年间平均增长4.9%。

十一届三中全会后，儋州制订了一系列促进商品经济发展的政策，商业得到了恢复和发展，商业系统内部进行了管理体制改革，实行承包责任制，扩大了商业自主权，开放农贸市场，拓展流通体系，鼓励多种经营形式和流通渠道并存。改革开放前10年，儋州商业得到较快的发展，1987年社会商品零售总额达23771万元，比1978年增长1.8倍，年平均增长12.2%；商业机构7010个，从业人员12696人，分别增长3.4倍和1.1倍。

1988年海南建省以来，伴随流通体制改革的不断深化，消费品市场呈现需求旺盛、供给充裕、繁荣活跃、稳步增长的态势。1993年3月撤县建市后，儋州商业步入了较快增长的时期，新的集体和个体商业网点迅速增多，新建了一批上档次的宾馆、酒店、商场，到1998年，全市社会消费品零售总额68175万元，比1988年增长1.6倍，年平均增长10.0%。建省以来，儋州市的市场建设也有了长足的发展，全市拥有各类批发零售贸易、餐饮业网点6462个，从业人员16193人，其中个体及私营经济在改革开放政策影响下得到了蓬勃发展，到1998年底止，全市个体批发零售贸易、餐饮业网点共计5862个，从业人员9945人，分别占全市的90.7%和61.4%；私营批发零售贸易、餐饮业网点193个，从业人员2234人，分别占全市的3%和13.8%。在全市社会消费品零售总额中，个体经济达33766万元，占49.5%；私营经济达8992万元，占13.2%。个体及私营经济的迅速发展，成为我市流通领域的新生力量，促进了市场繁荣和社会稳定，改善了就业状况，对经济的发展作出了重大贡献。而与此同时，集市贸易市场体系正逐渐步入统一、开放、有序的轨道，到1998年，全市各类集市贸易市场55个，成交额达74856万元，集贸市场成交保持活跃。

七、旅游业发展方兴未艾

儋州的旅游资源丰富，自然风光秀丽，全市有28处自然景点和人文景观，有的被国家和省列为开发景点。兰洋温泉、东坡书院是海南最好的自然景点和人文景观。1988年前，儋州旅游基础设施建设发展缓慢，吃、住、行、游、购、娱诸方面没有配套，档次不高，没有星级以上的宾馆、酒家、度假村、娱乐购物场所。海南建省特别是在儋州撤县设市后，市政府重新确定了“重工、强农、活贸、拓旅、展渔”的经济发展路子，并制定了超常规发展儋州旅游龙头产业的计划，儋州市旅游基础设施建设自此蓬勃发展。

全市涉外定点单位，从建省前的空白发展到1998年的13家；全市的宾馆、酒家、度假村从1992年的4家发展到1998年的25家；其中三星级宾馆酒家有2家，二星级有1家，一星级有1家。1992年儋州没有卡拉OK、茶坊、娱乐城，到1998年这些设施发展到20家。全市标准客房、床位从1992年的180间、433张，发展到1998年的950间、2305张。

全市旅游基础设施建设不仅在数量上有长足的发展，而且在质量上有新的飞跃。一批档次高、规模大、功能齐全的旅游景点、宾馆、酒家相继开业，云月湖、蓝洋温泉、东坡书院等旅游景点进一步完善，鸟语花香的军屯花果园、园林式景观的鹭鸶天堂、绚丽辉煌的那大灯城等景点景观，更加吸引了不少游客，令人流连忘返。近几年来，随着“5.18”儋州华夏城乡游活动的成功举办，进一步促进了儋州市旅游业的发展，各个旅游景点配套设施进一步完善，推出新的旅游产品和“儋州二日游”等6条旅游热线，修建了那大至蓝洋温泉、东坡书院、两院植物园等三条水泥路，兰洋温泉度假村等被纳入全省优秀旅游线路，结束了海南西线无旅游的历史。同时，加大对各宾馆酒家的整顿力度，培训员工，提高服务质量，使儋州的旅游硬件和软件建设再上新台阶。1998年，全市接待国内外游客人数达65.9万人次，旅游营业收入达4089万元。

八、财政、金融和保险业均有较大的发展

财政方面，1951后，儋州财政收入仅有120万元。由于经济发展缓慢，直到1979年，全市财政收入也只有1109万元。1980年以后，经济体制改革步伐加快，儋州制糖工业迅速发展，财政收入随之大幅度增长。1993年，儋州撤县设市，儋州财政收入为10967万元，首次突破了亿元大关，在全省19个市、县中排行第三。近几年来，儋州财税部门克服种种困难，努力增收节支，积极培育新税源，加大税收征管力度，整顿和规范财税工作秩序，加强资金调度，合理调节支出，取得了可喜的成绩。1998年，全市地方财政收入达24286万元，比上年增长33.1%；地方财政支出30341万元，比上年增长26.7%。与1988年相比，地方财政收入增长5.2倍，年均递增20%；地方财政支出增长2.6倍，年均递增13.6%。

金融业方面，1950年9月1日，儋州第一个银行机构——中国人民银行儋县支行成立。随着经济的发展和行政区划的变化，各专业银行先后建立，基层金融机构不断增加。1998年，全市设有基层行、所、社、部、站各级金融机构达164个，从业人员1266人。目前有5个支行、1个合作社和1个发展银行，即：中国人民银行儋州市支行、中国工商银行儋州市支行、中国农业银行儋州市支行、中国工商银行儋州市支行、中国人民建设银行儋州市支行、儋州市农村信用合作社、儋州市农业发展银行。自十一届三中全会以来，儋州金融部门为了适应经济发展的需要，在存款业务方面采取了一系列的改革措施，打破了各专业银行业务分工状况，交叉办理各种存款业务。各行之间互相竞争，增加储蓄网点和业务种类，更新银行结算工具。1998年，储蓄网点比1978年增加2.5倍。1988年以来，增加定期和活期两便存款、大额定期存款、人民币通存通兑存款、有奖储蓄、保值储蓄、外币储蓄等种类。

1988年儋州中行率先开办电脑微机全省联网存款业务，各专业银行也相继普及电脑存款工作，促进了全市储蓄存款余额迅速上升。1998年底，全市各项储蓄存款余额达22.3亿元，比1988年增长7倍，年均递增23.2%；城乡居民储蓄存款余额达17.8亿元，增长8.8倍，年均递增25.6%。在贷款业务方面也有较快的发展。1998年，全市各项贷款余额达24.9亿元，比1988年增长4.2倍，年均递增17.9%。

在保险业方面，目前儋州市有三家保险公司，即：中保人寿保险公司儋州市支公司、中保财产保险公司儋州市支公司和太平洋保险公司。海南建省以来，儋州市的保险业有了较快的发展，保险营销促销工作富有成效。1998年，全市保险费收入达2253万元，比1988年增长7.3倍，年均递增23.6%；保险已决赔款支出371万元，比1988年增长5倍，年均递增19.6%。

九、城乡人民生活水平有了较大的提高

1. 城镇居民生活水平及职工收入水平

1950年以后，随着国民经济的恢复和发展，儋州居民的收入逐年增加，生活水平逐步提高。特别是改革开放以后，城乡居民生活水平有了大幅度的提高，绝大多数居民达到了温饱水平，并向着小康水平过渡。1950年，儋州国有经济单位职工人均年工资只有353

元，1998年达到6704元。1993年集体经济单位职工人均年工资为333元，1998年达到5758元；1986年其他经济单位职工人均年工资为1275元，1998年达到7893元。1950—1958年，城镇国有经济职工人均年工资收入持续稳定地增长。1959—1978年，城镇职工人均工资收入时增时减，增长缓慢，增幅较小，城镇居民生活没有得到改善。中共十一届三中全会后，儋州与全国各地一样，实行改革开放的政策，经济建设取得了巨大的成就。1979—1988年，城镇职工人均年工资收入增长较快，1988年国有经济单位职工人均年工资收入1445元，集体经济单位职工人均工资收入988元，其他经济单位职工人均工资收入1560元。1988年海南建省办大特区后，经济建设取得了超常规的发展。城镇职工人均工资收入增长更快。1998年，国有经济单位职工人均年工资收入6704元，集体经济单位职工人均年工资收入4922元，其他经济单位职工人均年工资收入7893元。城镇居民生活也有较大的改善，其综合收入大体相当于城镇国有经济单位职工的生活水平，有部分居民的生活水平甚至已大大超过了职工的生活水平。

2. 农村居民收入水平

在儋州，人均收入变化较大的是农民。1978年，农村劳动力人均年分配收入只有124元，农村人口人均年分配收入仅48元，收入的绝大部分都用于吃和简单的穿着。1982年，儋州农村居民人均纯收入达到338元。1998年达到2653元。

从农村居民收入构成来看，1982年在人均收入338元中，从集体统一经营中得到的收入为180.02元，占53.27%；家庭经营收入为136.85元，占40.49%；其他非生产性收入为21.08元，占6.24%。1987年，农村家庭联产承包责任制逐步完善和发展起来之后，农村居民人均收入构成发生了较大的变化。1987年农村居民人均纯收入563.31元。其中，从集体统一经营中得到的收入为11.53元，仅占2%；家庭经营收入为510.23元，上升到87%(其中农业收入、牧业收入、林业收入和渔业收入分别占家庭经营收入的52%、17%、11%和3%)；其他非生产性收入41.55元，占11%。1998年，农村居民收入构成又有许多明显的变化，主要表现在家庭经营收入占总收入的比重由1987年的87%上升到95%。

3. 居民住房和居住设施有较大的改善

(1)农村居民居住情况

70年代以前，儋州广大农村到处是茅草房。80年代中期以来，农村居民在基本解决温饱问题以后，非常注意住房的改善，农村每年都建一批住房，人均住房面积和住房间数逐年增加，特别是1988和1989年，儋州农村建房达到高潮，人均新建房屋间数分别为0.08间和0.035间，人均新建房屋面积分别为1.79平方米和1.33平方米，其中砖木结构面积分别为1.58平方米和1.10平方米，钢筋混泥土结构面积各为0.21平方米；人均新建房屋价值分别达到138.42元和129.20元。从生活用房情况来看，1983年人均生活用房面积14.37平方米，其中砖木结构面积为11.29平方米。1993年以来儋州农村生活用茅草房已绝迹。

在居住设施方面好有很大的变化。根据儋州市爱卫办提供的资料反映：1997—1998年，儋州农村共改厕63127户；1950年至1998年共改水604676人。广大农村居民的居住设施条件得到了明显改善。

(2)城镇居民居住情况

70年代以前，儋州市大部分小城镇上的居民都是居住一般瓦房。那大地区居住楼房的人家寥寥无几。改革开放以来，城镇居民居住条件发生了较大的变化。特别是儋州撤县设市后，城镇居民兴起了建楼房热，新建的楼房不仅在结构、质量上要求高档，而且在装修上要求豪华。根据市建设局提供的资料反映：从1993年全市新建私房27万平方米发展到1998年的331.42万平方米。

4．居民消费水平显著提高

随着居民收入的逐年增加，儋州居民消费观念发生了新的变化，从温饱实惠消费意识逐渐向现代化消费意识转变。具体表现在如下几个方面：

(1)食品娱乐消费水平

随着生活水平的提高，儋州居民食物消费结构日益改善，食品更加丰富多样，食品也注重营养，同时比较富裕的居民也逐渐惯于在酒楼、饭店吃早餐，喝早茶。那大地区的居民生活得更潇洒，一到晚上，忙了一整天的那大居民，两人一对，三人成群地上茶坊喝茶，上歌舞厅唱歌跳舞。

(2)衣着消费水平

80年代以前，农村居民的衣着消费一直处于水平低，品种少，颜色单调的状况，80年代以后，特别是进入90年代以后，居民的衣着消费水平，逐渐有所提高，衣着消费讲究料质、款式、舒适和新潮化，一些中年人还注重不同的季节，不同场合穿不同的服饰。

(3)日用品和高档电器的消费水平

80年代以前，儋州居民家庭拥有的日用品几乎是一些粗糙的木器家具。80年代以后，随着生活水平的提高，居民家庭拥有耐用消费品的数量和种类大大增加，购置耐用消费品成了居民改善生活条件的重点，新兴的中高档耐用消费品进入寻常百姓家庭。

建省10年来，高档电器逐步进入了居民的家庭。在农村，部分居民家庭都有收录机，有半数的家庭已购置电视机。那大地区的居民家庭都购置了收录机、音响、电视、电冰箱、热水器等高档电器，有部分的居民家庭还安上空调。近几年，电脑又悄悄地进入了一些比较富裕的居民家庭。据市广播电视局的资料反映：1998年，全市共有电视机33000

台，电视总覆盖率达到95%。

十、外引内联工作成效显著

儋州市从解放到1978年近30年间，外引内联几乎空白。上项目，搞基础设施建设的资金几乎全部靠国家拔给和本级财政的积累解决，资金数量十分有限，经济发展、城市建设非常缓慢。十一届三中全会后，国家实行“对外开放、对内搞活经济”的政策，确定了海南要“对外开放促岛内开发”的方针。摆脱了旧体制的束缚，特别是海南建省以来及儋州撤县设市后，依靠中央给予海南的优惠政策及儋州得天独厚的地理位置，儋州市积极开展外引内联工作。制定了《关于鼓励外来开发建设的若干规定》等一系列优惠政策，从1997年起确定每年的5月18日为招商活动日。近几年来，儋州市成功举办了“建省十周年经贸洽谈会”、“儋州华夏城乡游开幕式”、“中国乡镇企业暨东西合作洽谈会”，并组织考察团赴北京、上海、江苏、浙江、南京、广东、香港等地区进行实地考察招商。至1998年止，全市共批办外引内联企业828家，协议投资额1332832万元人民币和54068万美元，实际利用资金总额209473万元人民币和5369万美元。从行业情况来看，农业项目102个，占12.3%；工业项目234个，占28.3%；旅游项目263个，占31.8%；商贸项目89个，占10.7%；房地产项目80个，占9.6%；建筑业项目31个，占3.7%；其他项目15个，占1.8%。同时，利用外国政府贷款也取得明显进展，外引内联在儋州市的开发建设、经济建设中注进了新的活力，发挥了极其重要的作用，为儋州市向中等城市目标迈进奠定了框架基础。

十一、各项社会事业蓬勃发展

改革开放以来，尤其是1988年海南建省和1993年儋州撤县设市后，儋州全面实施“科教兴市”发展战略，实施“九大教育工程”建设，提高科技教育水平，加快发展卫生、教育、广播、电视事业；严格实行计划生育政策，提高计划生育管理水平；切实抓好社会治安工作，为改革开放和经济建设创造良好的社会环境；坚持“两手抓，两手都要硬”的方针，搞好物质文明和精神文明建设，促进了社会各项事业的向前发展。

在科技方面，1998年全市拥有自然科学研究机构7个，从事科技活动的高、中级职称人员有1738人，其中高级职称174人，中级职称1564人。海南建省以来，儋州取得重大的科技成果75项，荣获国家、省、市科技进步奖16项。1996年，儋州市被国家科委批准为国家星火技术计划密集区，这为儋州市实施“科技兴市”发展战略创造了极为有利的条件。

在教育方面，海南建省以来，儋州教育按照“科教兴儋”的战略思想，围绕“两基”(在20世纪末，基本普及九年制义务教育和基本扫除青壮年文盲)、“两全”(全面贯彻党的教育方针，全面提高教学质量)的总目标，落实《中国教育改革和发展纲要》，进一步拓宽教育投入渠道，并从教育管理体制，教育结构等进行一系列的探索和改革入手，使儋州基础教育和职业教育、成人教育统筹发展，逐渐形成一个基础扎实、比例协调、布局合理的，能为21世纪经济建设服务、具有本地特色的教育体系的基本框架。同时，加强校容校貌建设，改善办学条件，稳定教师队伍，加强教师队伍建设，提高教育质量。1988年，儋州有普通中学51所，在校学生29628人，专职教师1827人；小学453所，在校学生104583人，专职教师4126人。到1998年，儋州各级各类学校520所，在校学生176429人，教职工8755人。其中，普通中学39所，在校学生35159人，专职教师1914人；小学413所，在校学生130162人，专职教师4886人。近10年来，全市被大中专院校录取的考生人数均居全省市(县)先进行列；参加全国、省中小学各科竞赛均获得好成绩。1998年，全市适龄儿童入学率达96.6%。近年来，卫生事业稳步发展，认真抓好城乡医疗预防保健网络建设，以消灭小儿麻为重点的预防保健工作跨入全省先进行列；创建“全国卫生城市”活动卓有成效，1995年荣获全省唯一的“全国卫生城市”称号。1998年，全市有各级各类医疗卫生机构285个(其中：医院44间)，卫生技术人员2528人，其中中级职称以上230人。文化、体育、广播、电视等事业也有较大的发展。文化设施日趋完善，军屯儿童文化园被国家文化部命名为“全国蒲公英农村儿童文化园”，一批乡镇文化站经省验收达标。市歌舞团排演的“儋州风情歌舞”上省赴京演出，城乡文化生活活跃，荣获“全省文化先进市”、“中国民间艺术之乡”称号；《儋州报》已办成了周三刊；电视台启用了国际通用图标，今年内准备开通广播电视专用频道；成立了市男女篮球队、男女乒乓球队和男子排球队，广泛开展群众性体育运动。计划生育工作取得新的成绩，1998年全市计划生育“四术”任务超额完成省下达的任务，居全省前列。社会稳定，秩序良好，是全省社会治安综合治理先进市，连续8年被评为全省精神文明建设先进单位。（儋州市统计局）

第二十三章 翡翠城——通什市

一、概况

1. 行政区划、人口

通什市是原海南黎族苗族自治州的直辖镇，经国务院批准，于1987年1月成立，属县级市，现管辖冲山、南圣、毛阳、番阳、毛道、畅好、五指山、红山和保国9个乡镇。

通什市是一个少数民族聚居的地方，主要民族有黎族、汉族、苗族等。1998年全市总人口为105621人，其中黎族占60.6%，汉族占34.4%，苗族占4.4%，其它占0.6%。

2. 地理位置、地形地貌

通什市地处北纬18° 38′～19° 02′,东经109° 19′～109° 44′之间,位于海南岛中南部五指山腹地,东南西北分别与琼中、保亭、乐东、白沙等县接壤，经海榆中线北至海口南接三亚。全市土地总面积1128.98 平方公里。

市内山岭连绵，多为丘陵山地，地形起伏较大。座落在东北部的五指山海拔1867米，为最高峰，最低处是番阳布伦河口为165米。全市平均海拔316米。境内河流较多，主要河流有昌化江上游的毛阳河和南圣河，河流集水面积843平方公里。

3. 气候条件

通什市属热带季风气候，并有山区和岛屿特点，年平均气温为22.4° C,最热月平均气温为25.9° C,最冷月平均气温为17° C,冬无严寒，夏无酷署。日照时间长，四季温差变化不大，年日照平均时数达2000小时。雨量充足，年降雨量平均为1700毫米，雨季旱季分明，受台风影响较小。

4. 自然资源

通什市自然资源较为丰富，如果开发利用得好，将有很大的发展前景。

(1)土地资源。通什市土地总面积为1128.98 平方公里，折合169万亩，其中山地、丘陵占80 %（坡度多在25度以上）。耕地面积只占2.8%，约4.7万亩。通什市耕地少，但土地资源利用潜力大，全市宜农地有8.7 万亩，现只利用4.9万亩；宜林地121万亩，目前包括天然林在内只利用83万亩；宜牧地33万亩，目前只利用 2.8万亩；水面4.3万亩，其中水库山塘3000余亩，只利用1500多亩。

(2)矿产资源。通什市境内有较丰富的矿产资源，其中大理石、花岗岩、石灰岩储量较多，金沙矿、石墨矿品位较高；还探明有丰富的矿泉水。

(3)森林资源。通什市地处五指山腹地，全市现有森林面积68万亩，生长着许多珍贵的植物和野生动物。经普查，森林中有木本植物1400多种，其中有些是珍稀林木；还有野生南药，野生茶和五指山兰花等特产资源及珍贵的野动物。

(4)水力资源。境内主要河流属昌化江系，其中以毛阳河和南圣河最大，水力资源丰富。水电资源理论蕴藏量为4.6万千瓦，可开发利用3万千瓦，现已建有毛丹、向阳、春雷、军民和毛阳河梯级电站一、三级站，总装机容量为1.47万千瓦，毛阳河梯级电站二、四级正在续建中，尚有1万多千瓦的水能资源待开发。

(5)旅游资源。通什市是海南省旅游资源最集中的城市，以其“独特的自然景观，独特的气候条件和独特的民族风情”闻名中外，享有“天然空调”、“翡翠山城”之美称。位于本市东北部的五指山海拔1867米，既是海南的第一高峰，又是海南岛的象征，它雄伟秀丽，五峰峻峭。山上动植物种类繁多,热带森林苍翠，山泉潺潺，被国际旅游组织定为A级旅游区，是登山、猎奇、观光的旅游圣地。周围30公里范围内还有七指岭、千龙洞、尖岭和黎村、苗寨等丰富的自然人文旅游资源。

从气候条件看，通什市冬无严寒，夏无酷暑。不仅在海南是最好，在全国乃至世界也是少有的既避暑又避寒，既观光又可疗养的旅游度假圣地。

通什市还是海南黎族、苗族等少数民族文化保留最完整的地方，是黎、苗等少数民族歌舞和民族工艺品创作与表演的重要基地，是举行民族传统节日“三月三”庆典活动的主要场所，因此，通什市旅游资源在海南具有不可替代性。

二、经济建设

通什市经过了由乡村到城镇，由城镇到城市的演变，她作为原海南黎族苗族自治州首府所在地，曾经有过一个较好的建设和发展时期，经济上已有一定基础，城市建设取得了较大的成就。三中全会以后，尤其是通什建市以后，在海南建省办经济特区的大潮中，通什市的历届领导班子和广大干部群众，在省委、省政府的正确领导下，以邓小平理论为指导，从通什的实际出发，艰苦创业，改革开放，不断进取，使通什的经济建设和社会事业得到较好地发展。

1. 经济总量迅速增长，经济实力得到增强，社会各业协调发展。建市11年来，通什国民经济发展较快，地方财政收入逐年增加，人民生活水平不断提高。1997年全市国内生产总值达43900万元，比1987年增长117%，年均增长8%；地方财政收入达2571万元，比1987 年增长292.5%，年均增长14.6%;农民人均纯收入达1161元,比1987年增长231.7%,年均增长12.7%；城镇职工人平均工资达5846元,比1987年增长279. 9%,年均增长14.2%。1998年国内生产总值达 46702万元，比上年增长8.6%；地方财政收入达2909万元,比上年增长13.1%；农民人均纯收入达1388元，比上年增长19.6%；城镇职工工人均工资达6533元，比上年增长11.7%。

2．农村经济发展迅速，农业基础地位得到加强。通什作为少数民族聚居的地方，长期以来，由于交通落后，信息闭塞，农业生产水平相当落后。进入改革开放年代以后，农民旧的思想观念得到改善，劳动生产的积极性进一步调动起来，特别是近几年来开展的扶贫攻坚战，使通什农村经济得到迅速发展。1997 年农业增加值达11233万元，比1987年增长128%，年均增长8.6%。粮食产量达34435吨，年均增长5.8%；肉类产量达2272吨，年均增长14.8%；水产品产量达1306吨，年均增长21.1%；干胶产量达1296吨，年均增长10.3%；水果产量达5712吨，年均增长17.5%。1998年农业增加值达11930万元，比上年增长9.1%，粮食产量、肉类产量、水产品产量、干胶产量及水果产量又有所增长，分别比上年增长0.32%、7%、4.2%、7.3%和8.9%。农民生活水平逐年提高，农村面貌得到了改善，村村基本能通水、通电和通公路，到本世纪末基本实现脱贫的目标，有相当一部份农民可走上了脱贫致富奔小康的道路。

3．工业生产发展缓慢，企业效益不佳。40多年来，通什的工业从无到有逐步发展起来，特别是自治州时期发展较快，至今已形成了一定的规模，有医药、建材、发电、印刷、机械、食品等行业，已能生产200 多个品种。但是近几年来，由于受市场冲击，资金短缺等种种因素的影响，工业生产一直在低谷中运行，产值下降，国有企业亏损严重，停产企业增加。1997年工业增加值达2889万元，比1987年下降4.4%，年均递减0.4%。1998年工业增加值达2750万元，比上年下降2.7%。企业亏损面达到45%。

4．旅游资源十分丰富，但尚未大量开发，旅游业还不能形成一个完整的产业。一直以来，旅客到通什旅游，多数都是与通什的气候及其拥有高规格的宾馆有关，与通什旅游资源的吸引力不大，一般在市区的宾馆住上一夜就走。1997年全市九家涉外宾馆接待过夜游客达251517人次，比1987年增长95.8%，年均增长6.9%；1998年达22310人次，比上年下降11.3%。通什旅游业发展徘徊不前，且呈现下降趋势，究其原因是交通困难，旅游内容单一，观光、游乐性内容极缺，疗养性项目还未开发等。

5．固定资产投资规模加大，基础设施建设不断完善。建市以前，通什作为原自治州首府所在地，已得到了较好的建设。建市11年来，由于多渠道筹集资金，加速了交通、能源、邮电、市政设施等基础建设，通什市的面貌已焕然一新，特别是近几年来增加对旅游业、发电业的投资，使投资激增。1997 年全市固定资产投资额达23233万元，比1987年增长16倍，年均增长32.7%；1998年达21937万元，11年累计完成投资额达 136534万元。随着通什经济的发展，基础设施建设日趋完善，通什目前已经具备了大规模开发建设的条件。

三、展望

面对困难和挑战。只有脚踏实地，从通什的实际出发，找出发展经济的新路子，才能摆脱困难和面对未来。经过进一步的调查研究，1999年，通什市提出了发展经济的总体思路是："科教兴市，农业稳市，工业强市，旅游富市。"因此，我们必须坚定不移地贯彻执行党的十一届三中全会以来的路线方针、政策，高举邓小平理论的伟大旗帜，团结一致，坚持艰苦奋斗，开拓进取的创业精神，知难而进，把文明、富裕、开放的通什带入21世纪。

1．全面发展农村经济，确保农业的基础地位。全面贯彻落实党的十五届三中全会精神，稳定党在农村的基本政策，保持粮食播种面积的稳定，努力提高单产；进一步调整农业产业结构，发展山区高效农业，大力种植粉蕉、树菜、五指山茶、五指山兰花，饲养五指山黄牛等，围绕山区"绿色农业"作文章；积极推进农业产业化进程，鼓励承包、引进客商投资开发、办厂，从而形成产供销一条龙服务；加大科技兴农力度，提高科技含量和管理水平，开展创高产活动，保证农业生产的稳定增长，增加农民收入。

2．确立正确的工业发展方向和发展政策，发挥工业的主导地位。经过50年的建设，通什的工业确实已经有一定的规模，但多数国有企业都是两头对外。随着市场经济的发展，市场竞争越来越来激烈，两头对外的国有企业受其影响极大，企业亏损严重，停产企业增多。搞活国有企业，发展资源型加工业和发展非国有工业企业，已成为通什市发展工业的新路子。因此，要充分用足用好国家出台的相关政策,制定正确的改革方案。采取"一厂一策"做好国有企业的改革工作；加大招商引资力度，大力引进资金和技术，发展非国有工业企业；有组织、有计划地发展一些农副产品加工业、旅游产品工业，使通什工业逐步转向资源型加工业方向发展。

3．加快对旅游资源的开发，促进旅游业的发展。通什是海南旅游资源最集中的城市，但开发利用率极低，旅游业尚处在起步阶段，发展潜力很大。通什市的发展目标是："把通什建设成为具有浓郁民族风情的生态旅游城市。"集观光、旅居、文化娱乐、民族风情考察、康复保健和其它服务业为一体。为此，首先要巩固和提高现有的旅游项目建设成果，特别是中华民族文化村、五指山寨等，制订好通什旅游发展总体规划，加快五指山旅游风景区的规划建设。其次是发展具有通什民族特色的旅游产品，开展各种形式的旅游娱乐活动，建一批高档次、高品质的具有康复疗养、休闲度假新特点的旅游项目；开展民族风情体验、原始森林探险、狩猎等活动，使旅客以到通什旅游为最终目的，不断提高通什的知名度。第三是通过对通什丰富的旅游资源的综合开发，把通什建设成为国际上具有知名度的生态旅游城市。（通什市计划统计局）

第二十四章 新兴工业一颗璀璨的明珠——东方市

一、概况

东方市位于海南省西南部，在东经108° 37′～109° 07′、北纬18° 37′～19° 18′之间，西濒北部湾，北和东北隔昌化江与昌江县相望，东南与乐东县毗邻接壤。南北长65.4公里，东西宽53.6公里，总面积2256.27平方公里。总人口35万人，其中黎族7.5万人。全市共17个乡镇，180个村委会，10个居委会，228个自然村。市政府驻地八所镇是东方政治经济文化的中心。

东方市自然环境独特、资源丰富。境内地势东高西低，自东向西倾斜。地形以山地、丘陵、平原三部分组成。东南部是丘陵和山地，地势较高，中部一带是山间盆地，盆地东北、昌化江两岸有喀斯特地形，西部及西南部是平原。东方市属热带季风海洋性气候区，季风性明显，雨量少而集中，风速较大，日照充足，辐射量丰富，光合作用强。年约日照时数2777.15小时，平均年降雨量1150毫米左右。年平均气温24° C—25° C，长夏无冬，秋春相连，无霜冻。东方市境内主要河流有8条：昌化江（长230公里）、南港河（长26公里）、感恩河（长60公里）、通天河（长32公里）、罗带河（长47公里）、北黎河（长41公里）、还有南尧河、东方河是昌化江在东方市境内的两条支流。其中，昌化江是海南第二大河流，水源充足，大广坝水利水电枢纽工程建成后，库区库容量17亿立方米，可灌溉农田6万公顷。东方市土地资源丰富，土壤肥沃，尚待开发宜植热带经济作物面积5万公顷以上。如果大广坝高干渠二期工程建成投入使用，给海南第二大平原一感恩平原提供充足的水源，全面发挥其效益，农业发展前景非常广阔。东方市境内海岸线长84.4公里，全线有八港七湾，七个天然鱼场，著名的昌化鱼讯部分在东方市境内海域，常见鱼类有80多种，其中名优品种有石斑鱼、鱿鱼、红鱼等。海域面积为1285平方公里，海湾滩涂面积1125.3公顷。发展海水养殖、捕捞和制盐业有着广阔的前景。东方附近海域蕴藏着极其丰富的石油、天然气资源，在北部湾东方海域已探明天然气储量为1680亿立方米，其中东方1—1气田储量约600亿立方米是我国当今第三大气田。其他矿产资源也十分丰富，主要有：金、银、铜、铁、锌、钛、磷、水晶、云母、石英砂、石灰石、大理石、泥灰土、陶器土等。其中黄金储量大、品位高，分布广，是海南的主要黄金产地；石英砂矿储量大，其含硅量又高达99.3%；石灰岩储量在5.4亿吨以上。工业发展前景广阔。

东方市境内旅游资源得天独厚，名胜风景宜人。被赞为“东方八景”的有：风光旖旎的海滨自然公园中素称“蓬莱仙阁”的鱼鳞洲、千年不竭的“南天第一甘泉”——汉·马伏波古井、四季喷流的红兴温泉、稀世珍宝的大田坡鹿保护区、苍茫无垠的猴猕岭原始森林公园、千姿百态的猴猕洞、雅隆洞、俄贤洞、大广坝库区山水风光、传说中的南海观音修行之处——观音峰、黎族“三月三”盛会发祥地、史前文化遗址等，令历代文人骚客叹为观止。

二、发展历程

1. 生产资料公有化和集体大生产时期（1950至1978年）

这一时期，1956年完成社会主义改造，成立人民公社，完成了生产资料国家所有制和集体所有制的建设，开始了集体大生产，平均占有土地的农民生产积极性高涨。解放前东方基本上没有水利设施，为改变靠“望天田”吃饭的历史，在党和政府的号召和组织下，广大人民群众积极参加水利建设，建成了一大批水库、水利渠道，除大广坝水利水电扭纽工程和玉龙水库等外，目前仍在发挥骨干效益的探贡、戈枕、高坡岭、陀兴、湾溪、天惠等一大批水库及水利渠道都是这个时期建成的，这对确保东方农业经济的顺利发展起到了至关重要的作用，有力地促进了东方农业经济的发展。但由于“大跃进”、“文革”等因素的影响，尤其是受僵化的计划经济体制和生产技术水平低下的制约，东方的农业生产一直处于低水平运转，徘徊不前，粮食不能自给，人民群众的生活非常艰苦，“半年粥，半年薯，久久才有干饭和鱼”是当时群众生活的真实写照。

2. 农业经济迅速发展时期（1978至1988年）

十一届三中全会后，广大农村实行联产包责任制和分田到户大大调动了农民生产的积极性，加上我国水稻育种技术取得重大突破，单位产量显著提高，东方水稻生产连年获得丰收，粮食总产量大幅度增长，花生、瓜菜及热带经济作物和养殖业也发展迅速，农业经济得到了较快的发展。人民群众的温饱问题基本得到解决，生活水平得到了较大提高。随着农业经济的发展和人民群众收入的提高商贸业和服务业等第三产业得到拉动，城乡市场呈现初步繁荣。

3. 国民经济和社会事业迅猛发展时期（1988年至今）

海南建省办经济特区后，东方以其区位优势、丰富资源和较完善的基础设施，在海南经济发展战略中被确定为海南五大经济开发区之一的西南经济区（被称八所经济圈）的重心，重点发展石油天然气化工、建材、能源、盐化工、钢铁等工业，成为海南西部工业走廊的龙头和海南两大对越边贸口岸之一。这为东方经济的巨大发展创造了契机。东方紧紧抓住机遇，聘请国家级专家主持制定了中长期发展规划、详细规划八所工业开发区，努力加快基础设施建设，加大招商引资力度，争取和引进了一大批大中型工业项目，并积极做好跟踪服务工作，促使和确保了大广坝水利水电枢纽工程、海南天然气化肥厂一期工程、八所港扩建一期工程等一批大中型国家和省重点项目顺利建成投产。1996年东方工业总产值第一次超过农业总产值，东方经济跨入了一个新的时期。同时，在政府的引导扶持和财经政策的倾斜下，农业经济发展迅猛，迅速朝基地化、规模化、专业化、区域化、集约化的方向发展，农业生产方式和产业结构发展了巨大变化。政府引导和扶持一大批当地专业户流滚动发展，扩大规模，建办基地，同时积极招商引资，引进了一批资金技术力量雄厚的企业，建办了祥麟瓜果菜万亩基地（香蕉、瓜菜），湖南东方农业科技园（养中华鳖、南繁育种）、山东邱家集团山海水产开发有限公司高位位池养殖基地（虾、鲍鱼及育苗）、香港现代农业集团有限公司香蕉种植基地等一批热带高效农业基地，基地化生产发展迅速。这些基地生产技术先进，管理水平高，市场辐射能力强，是东方热带高效农业的龙头，架起了热带农业生产与大市场连通的桥梁，有力地促进了当地农业经济的集约化进程，促进了当地农业经济的快速发展。商贸业也得到了长足的发展，城乡市场呈现繁荣。1998年全市社会消费品零售达66311万元，城乡集市贸易成交额达53246万元。尤其边贸发展迅猛，近几年来每年都有近亿元的产值。1997年3月12日国务院正式批准撤销东方黎族自治县设立东方市（县级）。

撤县设市促进了东方市的进一步发展。尤其新一届市委市政府领导上任后，高瞻远瞩，制定和实施了跨世纪的发展战略。全面开展和基本完成农村集体土地第二轮延包，并率先在抱板镇实行土地延包70年的土地制度试点改革，土地流转机制不断完善。在政府机关中推行“绩效评估，竞争任岗，双向选择”的干部人事制度改革，对大部分行政机关的中层领导岗位及中层以下干部岗位进行竞争任岗，选拨了一批思想文化素质高，工作成绩突出，有较好民议基础的优秀干部，精简了一批人员，积极推进政府机构改革，使“小政府、大社会”的机构框架不断牢固。并进一步转变和完善政府职能，强化宏观经济管理和经济服务手段，正确处理政企关系，对原有的国有企业进行改组、改制、改造，积极推行现代企业管理制度，为企业创造规范有序的竞争环境。认真推行项目落户“三制”，简化办事程序，为投资者提供优质服务。同时，认真实施“亮丽”工程、勤政为民工程及品牌战略，努力发展旅游业，树立东方良好形象，争取最大的经济效益和社会效益。有力地促进了东方工业化，城市化、现代化和产业升级及从传统社会向现代社会转变的进程。

三、经济社会发展主要成就

1. 充裕的电力资源

被誉为“海南开发建设金钥匙”的大广坝水利水电枢纽工程，1990年6月动工，1996年4月建成，装机容量24万千瓦，年发电量5.2亿度；1995年动工，总装机容量1.29万千瓦的东方风力发电厂已有19台机组并网发电，年发电量3000万度；120万千瓦的八所火力发电厂和装机容量8万千瓦的戈枕水电站正在筹建。东方将成为水电、风电、火电“三电”俱全的能源基地。

2. 先进的通讯设施

东方市自动程控电话容量13600门（其中市内程控电话容量为11000门），长途电路120条，与195个国家和地区直接通话，数字、模拟移动电话各16个讯道。

3. 便捷的交通条件

东方占有海运、陆运优势，公路、铁路、港口融为一体，形成四通八达的交通运输网络。全市17个乡镇联网通车，全市道路覆盖率98%，海榆公路西干线从境内穿过，海口—八所—三亚的环岛西线高速公路于1997年10月动工兴建，将于1999年10月建成通车，八所东至海口只有214公里左右，南至三亚凤凰国际机场也只有100公里左右；国家一级口岸——八所港，是海南目前最大的港口，拥有万吨级泊位6个，年吞吐量达650万吨，占全省吞吐量的60%，与世界27个国家和地区通航往来，近期将筹建5个万吨级泊位，届时吞吐量能力将达1100万吨；海南西环铁路贯穿市内9个乡镇，2001年粤海铁路建成后，东方将构成海陆空立体交通网络。

4. 上规模的市政建设

东方市始终按“现代化滨海港口城市”的要求来规划建设，不断加强城市基础设施建设，绿化、美化环境，扩大城市规模，加快城市化进程，完善和提升城市功能，努力把东方市生态环境和城乡基础设施提高到一个新的水平，为东方市的发展提供良好、持久的环境优势。目前，全面实施的“亮丽工程”完成了市区街道路面和路灯的改造，市容市貌整洁、高雅，街道宽敞、笔直，绿树成荫，草绿花香。形成了“日出百花香，夜晚东方红，黄土不露天”的独特景观。正在动工兴建的八所九龙中路至西线高速公路的南北两路和“九龙绿地广场”，长4.5公里，宽100米，是东方市的形象工程，是集文体、娱乐、商住、旅游、疗养于一体的大型综合性项目。它的建成，将展示东方腾飞的形象，推动东方的市政建设更上规模、更上水平。

5. 迅猛发展的工业

东方是海南重工业发展的重心，是海南西部工业走廊的龙头，八所开发区重点发展石油天然气化工、盐化工、建材、能源、钢铁等重化工业，食品加工、橡胶制品等产业也初具规模。海南建省以来，东方工业发展迅猛，目前已初具规模并进入快速发展时期，工业生产保持高速发展，大型工业项目成为东方市新的经济增长点，工业整体运行质量不断提高。目前，在东方投资建成投产的工业大项目主要有：投资23.67亿多元人民币的大广坝水电枢纽工程，投资25亿多元人民币、年产30万吨合成氨、52万吨尿素的海南天然气化肥厂一期工程，投资3亿多元人民币、年输气能力8亿多立方米的八所至南山天然气输气管道工程，投资1.8亿元人民币、年产60万吨高标号水泥的双吉水泥厂，投资1.5亿元人民币总装机容量1.29万千瓦的东方风力发电厂，投资5000多万元人民币、储气5000立方米的全省最大的液化石油气供应基地等。此外，在建或筹建的工业大项目主要有：投资48亿元人民币、设计120万千瓦的八所电厂，投资200亿元、年炼油1800万吨的中油北方公司炼油工程，投资13.4亿元人民币装机容量8万千瓦的戈枕水电站，投资90亿元人民币年生产合成氨45万吨和供气20亿立方米的中海油大化肥厂和东方1—1气田开采工程，投资2.9亿元人民币、日供水15万吨的自来水扩建工程，以及正在论证的美国杜邦公司和德国巴斯夫公司联合投资13亿美元的尼龙中间体项目等。东方正紧紧抓住机遇，进一步扩大开放，加大招商引资力度，促使工业的持续、健康、快速发展。1998年东方市工业总产值实现114200万元，固定资产投资75206万元，邮电业务总量3415万元，港口货物吞吐量358万吨。

6. 向基地化、规模化、专业化、区域化方向发展的农业

东方市农业经济持续快速增长，农业生产正在以开发热带高效农业和海洋水产业为主攻方向，正逐步由粗放型向集约型转变，促进了农业产业的优化升级，“两高一优”农业取得显著成效。近期在东方投资建设的农业大项目有：中国水利公司集团投资8亿元人民币，建设大广坝灌区农业综合开发工程，灌溉面积80多万亩；香港现代农业集团有限公司，投资10亿元人民币，开发种植10万亩的香蕉基地；湖南东方农业开发有限公司，投资2000多万元人民币，开发高科技池养殖中华鳖和开展南繁育种等；山东邱家集团山海水产开发有限公司投资2000多万元，建成投产800亩高位养殖基地，主要养殖虾、鲍鱼及育苗；祥麟瓜菜基地投资2000多万元种植香蕉、瓜菜；以及利用国家财政债券贷款1000万元兴建八所渔港扩建一期工程。1998年东方市的芒果种植面积达7414公顷（10.4万亩），投产面积达2230公顷（3.35万亩），成为海南省芒果生产最大的市县之一；冬季瓜菜生产面积达6073.3公顷（9.11万亩）；海洋渔业也取得了长足的发展，全市海水养殖面积677公顷占全市养殖面积1125公顷的60.1%，全市海洋捕捞机动渔船发展达450艘。林业发展也较快，富有成效。目前东方市海防林带全线基本合拢，全市森林面积109.61万亩，疏林面积8.25万亩，木林总储量406.7万立方米，具有可观的社会效益和经济效益。目前全市农业布局已形成八大基地：一是探贡（卡贡、陀兴、华侨农场）芒果生产基地；二是大田（罗带）香蕉生产基地；三是感城（板桥、新龙）冬季瓜菜生产基地；四是抱板（大田）剑麻、甘蔗生产基地；五是板桥（四更、三家）花生油料生产基地；六是三家（英显、海洋坡、老苏光）优质水稻生产基地；七是天安（公爱、江边）木茨生产基地；八是四更（新龙、感城）海水养殖基地。东方发展规模较大、效益较好、科学技术含量较高的名优农产品有：探贡的芒果、四更的泥蚶和对虾、新龙的中华鳖、板桥的冬季瓜菜、大田的香蕉等。据统计，1998年，东方市农业总产值87093万元，粮食总产量119300吨，瓜菜总产量153058吨，水果总产量18460吨，油料总产量11651吨，水产品总产量7600吨，肉类总产量16250吨，乡镇企业总产值29103万元。

7. 取得长足进步的科技、教育、卫生、文化、环保和体育

东方市认真实施“科技兴市”发展战略，科技事业进一步发展，科技队伍不断壮大。东方市设有科技服务机构14个，科普协会1个，科普小组17个。全市228个自然村建立了科普小组，科技成果进一步转化。1998年全市国有企事业单位共有专业技术人员3817人。

教育改革继续深化，普及九年义务教育进一步加强。全市中等师范学校一所，在校学生1131人；普通中学15所，在校学生14325人；普通小学178所，在校学生51899人；适龄儿童入学率达98.6%。1998年东方市普通高考正式录取入学人数572人，入围率居海南省第四名。

文化艺术、广播电视事业日趋繁荣。全市艺术表演团体2个，文化馆1个，公共图书馆1个，乡镇文化站17个；有线电视站1个，微波站1个，1998年经广电部批准建立东方市广播电视台，通过两个频道向全市开播，有线电视节目增加到23套，电视覆盖率达88%，广播站1个，广播覆盖率达82%。各类文化活动的兴起，进一步丰富了人民群众的文化娱乐生活。

医疗卫生条件进一步改善。全市各医疗机构36个，拥有病床位685张，各类专业卫生技术人员1125人，其中医生266人，护师护士323人。

环境资源保护工作取得新的进展。环境保护和资源保护执法监督管理力度进一步加大。加强对工业“三废”的综合治理工作，废水处理率达98.9%；废气处理率达99.9%；废渣处理率达100%。加大了对海防林、原始森林的保护，严厉打击毁林种植、养殖等违法行为，封山育林和植树造林取得显著成果，全市森林覆盖率达51.2%，改变了东方过去“风起黄沙飞”的面貌。

体育事业取得了长足进步。1998年东方市组织4个运动队参加海南省运动项目比赛，获得金牌1枚，银牌5枚，铜牌3枚。全市中小学生有96.3%达到国家体育锻炼标准。

“一年准备，二年启动，三年起跑，四年起飞，五年腾飞”，东方正抓住机遇，举改革旗、打开放牌、创发展业，加大招商引资力度，努力实施东方市跨世纪发展战略：“以港口为依托，以铁路、公路为两翼，大力发展以重化工业和能源工业为支撑的现代化大工业及与之相衔接配套的产业群体，大力发展以开发热带高效农业和海洋水产业为主攻方向的产业化大农业，大力发展以商贸业和旅游业为先导的社会化第三产业，把东方市建设成为经济繁荣、社会文明、功能完善、管理有序、布局合理、环境优美的现代化滨海港口城市”。（东方市计划统计局）

第二十五章 日新月异话临高

一、概况

临高县，位于海南岛西北部，横亘在琼州海峡之滨，与雷州半岛和越南隔海相望，处于海口市与洋浦港之间，全县总面积1317平方公里。总人口39.2万人，汉族人口占99.8%。境内属琼州台地，地势平坦，土壤肥美，水利纵横，水陆交通方便。北部为沿海地带，海岸线曲折，全长71公里，多港湾；中部是平原；南部属山地半丘陵。县内最大河流文澜河贯穿本县南北，流入琼州海峡。临高县城就座落在高山岭下文澜河畔。临高属热带海洋性气候，光照充足，雨量充沛，终年无霜，四季常青。平均年日照时数2174.5小时，年平均气温23.4℃，年平均降雨量1342毫米。临高县素有“鱼米之乡”的美称，盛产粮、糖、油、鱼、盐、反季节瓜菜，为海南主要商品粮基地。著名土特产有临高乳猪、新盈鱿鱼、南宝鸭。其中临高乳猪肉质细实，味道鲜美，是出口港澳的重要产品。

临高县海岸资源得天独厚，港湾众多，条件良好。尤其是金牌港，地理位置优越，自然条件独特，岸滩稳固，水深湾阔，一般水深15—20米，离岸边150米外可达30米，且不淤积，陆域地形开阔平坦，高程适中，适合建设超级泊位和深水泊位群，是罕见的天然深水良港。

临高县旅游资源颇具特色，名胜古迹丰富多姿。如“临高角”就颇负盛名。临高角位于临高县北部海滨，岬角伸入大海，传说是元始天尊的大鹏仙伸颈喝水的姿势，古称“仙人指路”。海滨滩平岸长，海水碧澄见底，海底平坦宽阔，沙质洁白柔软，坡度适中，岸边绿树成荫，风光旖旎，历来都是人们心驰神往的天然海滨泳场。1950年4 月17日，中国人民解放军渡海作战部队从临高角登陆解放海南，创造了木船打兵舰渡海作战胜利的奇迹。1996年9月，在那岬角的绿树和海水之间，座落起一尊18.9米高、1600吨重的气势雄伟、庄严肃穆的“解放海南纪念石雕像”，给临高角这块神奇而美丽的土地增添了一道独特的风景线。临高角，她将成为海南西部开发潜力最大的国际滨海商贸旅游度假胜地。

临高县现设10镇7乡，国营农场2个，全县乡镇共165个村委会(含居委会)。县城临城镇现设5个居委会，12个村委会。

二、半个世纪的辉煌成就

解放后，临高县人民在党和政府的领导下，奋发图强，艰苦奋斗，全县各行各业都得到较大的发展。特别是在党的十一届三中全会以后，全县人民高举邓小平建设有中国特色社会主义理论的伟大旗帜，在县委县政府的坚强领导下，坚持改革开放，求真务实，开拓进取，伴随着海南建省办大特区，加快了经济建设步伐，使国民经济快速发展，社会事业全面进步，城乡面貌日新月异，到处呈现欣欣向荣、蒸蒸日上的崭新气象，人民生活水平得到显著提高。1998年，全县国内生产总值达134217万元，比建国初实际增长110倍，年均增长10.28%。全县地方财政收入(含国税返还)6518万元，比1997年增15.9%，增长速度在全省的排位从1997年的第17位跃居第4位。

（一）农林牧渔全面快速发展

临高是个典型的农业县，农业是全县经济收入的主要来源，农业占全县经济总量的78.9%。解放前，农业产品差劣，工具简陋，生产方式基本上是刀耕火种，加上没有水利，农田基本上是望天田，年均缺粮3200万斤，占消费量的一半。

解放后，在党和人民政府的组织领导下，经过“八字”运动和土地改革运动，解放了生产力，生产和生活有了很大改善。后来又相继成立了互助组，合作社，农民对党和政府给他们带来的实惠非常满意，劳动热情空前高涨。为了改善农业生产条件，尤其是水利灌溉条件，1954年冬，临高县委发动了3000名民工，投资17.38万元，在东江乡建成海南区第一座水坝——东江水坝，第一次使3000亩大面积农田得到有效灌溉。1957年至1958年，全县掀起兴修水利建设高潮，贯彻了“以县为战、以社为战、以队为战”的水利建设方针，建成山塘水库53宗，使水利建设遍地开花，从根本上改变了过去“十年九旱，有种无收”的状况。当年5月建成全县最大的水库——尧龙水库，集水面积80.60平方公里，库容5620万立方米，有效灌溉面积30000亩，成为临高县效益最好的水库。

农田水利条件的初步改善，有效地推动了农业生产的发展。1958年，全县农业总产值达4309.5万元，是1949年的2.75倍；粮食作物产量达50974.6吨，是1949年的2.13倍；生猪存栏量82866头，是1949年1.8倍；三鸟存栏量393844只，是1949年的2.02倍；水产品总产量15139吨，是1949年的3.58倍。

党的十一届三中全会，纠正了多年来政治运动频繁的局面，确立了解放思想，实事求是的思想路线，明确作出了全党工作的重点转移到经济建设上来的战略决策，使中国进入了改革开放和全面开发建设的新时期。

临高县农村改革从1979年冬起步，于1983年全部推行了生产承包责任制，以家庭联产承包为主，统分结合，双层经营，农民获得对土地的经营自主权，生产积极性空前提高，又一次解放和发展了生产力。1979年至1985年，全县粮食生产平均每年增长9.4%，渔业产值年平均递增10.2%，全县农民人均纯收入比1978年增长4.4倍，农林牧渔业总产值平均每年增长8.3%。

海南建省办经济大特区以来，县委县政府把发展农业摆在首位，切实加强农业基础设施建设，使农业生产条件显著改善。农田水利基本建设通过多渠道筹集资金，并动员组织群众投工投劳，已建成了硬化防渗大小渠道180公里，是全省较好的县份之一。1985年,联合国粮食计划署援助兴建的2719水利配套工程，修理改造了30条渠道，全长102公里；全省规模最大的农业综合开发项目——昌富灌区工程，投资1332万元，于1994年建成，全长7.3公里,其中昌富支渠倒虹吸管工程长度3.9公里名列全国第二。南宝第五支渠美灵隧洞工程是全省最长的水利隧洞工程，投资1262万元，于1997年建成，支渠全长13.6公里，隧洞长度1.94公里。还有龙波六勺干斗、南宝第四支渠、城镇分渠等灌区工程，至1998年止，全县完成水利灌区渠道配套1289条，累计长度664.13公里，其中防渗渠道135条,累计长度149.97公里。使全县水利渠道纵横交错，水利设施的标准和规格显著提高，水利灌溉较为充足方便。1998年全县有效灌溉面积159243亩，旱涝保收面积118789亩，机电排灌面积4673亩。

随着农业产业化的不断推进，农业机械化有了很大发展，截止1998年底，全县机械总动力达131977千瓦，比1979年增长6.1倍；农用拖拉机拥有量2876台，自改革开放以来20年平均每年增长5%；渔业机动船1582艘36728吨；农用载重汽车136辆，农用运输车927辆。

多年来，临高农业始终沿着“决不放松粮食生产，积极发展多种经营”的发展大农业经济道路，加快农村产业结构的调整步伐。根据临高县资源和区位的比较优势，科学规划农业和农村经济发展战略，提出以科技为依托，以创特色品牌为主攻方向，以农产品加工为突破口，以赶超先进为动力，以运输、流通为纽带，以提高农民收入为目标，在确保粮食稳定发展的基础上，因地制宜，大力发展糖蔗、热带水果、冬季瓜菜、临高乳猪，海洋渔业和乡镇企业的大农业经济发展思路，形成了区域化布局合理、专业化生产较强、品牌特色兼优的总体发展态势——“四大区域农业经济带”(“果糖”经济带、“畜牧”经济带、“优质米”与“瓜菜”经济带、“黄金海岸”经济带)。使低效的传统农业大踏步地向“两高一优”热带高效商品农业目标迈进。

临高县第九届县委和县政府实事求是地总结了多年来的历史经验，作出实施“四大农业发展工程”(到2000年，全县糖蔗工业年产量50万吨，再造一个“海上临高”，年产100万头乳猪和联手扶贫攻坚工程)，启动经济增长的重大决策，有效地促进了农林牧渔业全面发展。

1998年，全县农业增加值105969万元，按可比价格计算，比1978年增长5.84倍，比1988年增长近3倍。从1988年至1998年，每年平均递增14.87%。水稻总产112563吨，比1988年增长83.79%，瓜菜总产值2139万元，比1988年增长2.7倍，渔业产值39972万元，比1988年增长5.3倍。

（二）工业生产规模不断扩大，工业经济明显增长

解放前，临高县工业只有个体手工操作的小加工、小修造和晒盐、制土糖等作坊，1949年工业总产值77.14万元。

解放后，1951年在临城建立临高县火力发电厂，为临高县最早的国营工业，发电机功率为15千瓦。以后，粮食加工、机械农场等相继建立，到1955年，国营工业企业发展到17家，工业总产值达175.68万元，比1949年增长1.28倍。

制糖业是临高县工业的主体。1957年国家投资350万元创建龙波糖厂，1959年竣工投产，生产能力为日榨甘蔗350吨。以后，又相继建成临高糖厂、临城糖厂、龙力糖厂、国营红华农场糖厂。1979年临高糖厂并入临城糖厂。40多年来，4家糖厂不断扩建，迄今合计生产能力为日榨甘蔗5050吨，年产机制糖3.24万吨，年产值12259万元。

电业也是临高县的主要工业。临高县的电力工业是解放后才起步的，开始只有临高县火力发电厂15千瓦的1台发电机。1961年更新设备，容量增至48千瓦。1963年后，全县各乡镇(当时为公社)也先后建立了火力发电厂，电力供应各乡镇机关、学校、医院、街道居民照明。但全县总装机容量还不足300千瓦。1967年开始兴建水电站。第一座水电站是百仞滩水电站(现名为白燕滩水电站)，是在文澜河百仞滩拦河筑坝兴建的，于1969年12月竣工发电，第一次装机容量600千瓦，年发电量552万度。1981年后，全县先后兴建中小型水电站22个(不含松涛灌区小水电)，共安装发电机40台，总容量6435千瓦，年发电量2839万度，全县逐步联成电网。

改革开放和海南建省办大特区给临高县工业带来千载难逢的机遇。海南和邦国际石油化工有限公司于1993年7月在金牌开发区的马袅半岛破土动工兴建年处理原油600万吨的炼油厂，经过大量的前期准备工作，1994年9月已将46 台大型炼油设备运抵工地，到1998年底已投入建设资金23735美元。在临高县城和各乡镇还建起了东联制药厂、上元塑料厂、化学纤维厂、海藻酸钠厂、东南钢管厂、多文福临轧钢厂、大成食品冷冻厂等若干个外引内联工业企业，使临高县工业焕发出勃勃生机。

1998年全县国有工业企业36个，集体工业企业40个，联营工业100个，私营工业企业192个，个体工业500个，其他工业3个，合计工业厂家871个。工业总产值27661万元，按可比价格计算，比1949年增长161倍，比1978年增长6.23倍，1978年至1998年平均每年增长9.58%；

工业增加值7569万元,按可比价格计算,比1949年增长165倍,比1978年增长6.5倍, 1978年到1998年平均每年增长9.81%。

临高县工业战线在党中央提出的“抓大放小”和“要建立适应市场经济要求的产权清晰，责权明确，政企分开，管理科学的现代企业制度”的改革方针指引下，以公司制改造为重点，通过兼并、出租、拍卖、承包、委托运营等方式，转换企业经营机制，加快建立现代企业制度的步伐，使工业企业进一步增强了活力，提高了经济效益。

（三）招商引资，对外开放不断扩大

进入改革开放新时期以来，特别是海南建省办大特区以后，临高县十分重视外引内联工作，出台了《临高县投资优惠政策》，编印《临高县投资指南》等文件资料，通过开展“知我临高，爱我临高，兴我临高”等形式多样的宣传活动和实施以“搞好廉政建设，提高工作效率，提供优质服务”为主要内容的形象工程建设，不断改善投资环境，加大招商引资力度，发挥多层次、多领域、全方位的对外开放功能，全县从1985年至1998年共引进148个外引内联项目，其中外商项目26个，内联项目123个，合同总投资144378.5万美元和205872万元人民币, 实际利用外资19506 万美元。从总体上看，项目资金规模不断扩大，投资结构日趋合理优化，有力地促进了全县的经济增长。尤其是成功地引进海南和邦国际石油化工有限公司的大型石化项目——600万吨综合炼油厂和海南恒利公司投资1.2亿元人民币兴建的黄龙中心避风港等重大项目，实现了临高县招商引资的重大突破，必将对临高经济的持续、快速、健康发展起到有力的推动作用。

（四）固定资产投资大幅度增加，基础产业基础设施建设明显增强

改革开放20年，全县全社会固定资产投资累计345659万元，相当于改革开放前30年投资总和的32倍。1998年, 全县全社会固定资产投资42137万元,相当于1977年(改革前投资最高年份)的49.7倍。

改革开放以来，临高县能源、交通、邮电等基础产业的投资达74430万元，占国有单位投资的26.33%。电业通过扩容扩建，与海南联网确保了生产和生活用电需要。港口建设和公路建设都有新突破。改革开放前，全县只有200吨和1000吨泊位码头各1个。三中全会后，1987年兴建了金牌港3000吨级轮渡码头，泊位2个；1997年，和邦炼油厂又在金牌港动工兴建2万吨级油专用码头泊位3个。解放前，临高县陆路交通非常落后，只有海榆西线能正常通车。解放后，在党和政府的重视下，组织发动群众修筑公路。1952年首先重点修筑和乐至新盈，和乐至和庆，临城至和乐3条主干公路，1956年后，全县公路有新的发展。1973年后，货车和客车从临城可以直达全县16个墟镇和村庄。尤其是改革开放以来，公路建设随着经济发展而加快了进程。到1980年，全县公路总长达498.2公里，比解放前

增加3倍。如今，县内公路84条，总长643.4公里，形成以县城为中心枢纽的通往各乡镇、沿海各港口和各经济开发区的公路交通网络；1997年，海口至洋浦高速公路建成，贯穿临高县境内32.8公里，1998年，高速公路临高美台出口公路竣工通车。此外，加来货运机场扩建工程正在建设中，临高县将成为具有“海陆空”交通优势的县份。

邮电通信的发展突飞猛进。解放前，临高县虽然也有电信设备，但非常简陋，只有电话总机1部，单机15部，没有长途电话。解放后，电话总机和单机迅速增多，1962年增设15瓦人工无线电报电台1部。1964年建立长途电话站，开通海口至临高单路载波电路。十一届三中全会后，1979年11月开通市内自动电话，电话单机163部。1988年，引进80年代先进设备，建成海南岛西部960度数字微波中继站，实现长途电话自动化。进入90年代后，临高县电信业已发展成为包括数字微波、光纤通信、程控电话、移动电话、无线寻呼、分级交换等现代通信技术手段的通信体系。1998年、全县程控电话交换机总容量发展到10304门、电话普及率为2.019部/百人；移动电话从无到有发展到1959户，普及率为0.51部/百人；BB机11515户，普及率2.99部/百人。1998年邮电业务总量达2013万元、比1979年增长74倍、比1988年增长40倍。

城乡建设日新月异。解放前，临高县经济贫困，民不聊生，城镇建设发展缓慢，农村住房更破漏不堪。1949年、临高县城——临城镇房屋总面积1.09万平方米。全城仅有1幢钢筋混凝土结构的两层楼房和12幢木板式两层楼房、面积0.11万平方米、其余的是低矮的瓦房和少量的茅草房。全城仅有1条长700米、宽4.5米的石板街道、城东门有1座横跨文澜江供过渡的九眼石桥——临江桥。没有自来水，除了少部分人饮用井水外，绝大多数人都饮用文澜江水。新兴墟的规模较大，有楼房和石板街道。其余墟镇均为参差不齐的简陋瓦房和茅草房，街道狭窄，都是沙土路。解放后，党和人民政府十分重视城乡建设，1952年就成立了临高县建筑工会、以后又成立城乡建设管理机构。随着全县经济社会的日益快速发展，各墟镇的建设迅速兴起，城区面积不断拓宽，市内街道和其他设施都进行改造，平房变成了楼房。临高县城——临城镇发展较快。1958年起、临城镇开辟了1条1.5公里长的解放路、建起了临高公社礼堂(后改为临高影剧院)、以后、解放路沿街陆续建起临高旅社、百货大楼、邮电大楼、商业局楼、国营临高饭店、粮食局楼、银行楼、财政局楼、水电局楼、交通局楼等。1970年在临江桥附近新建起临高大桥、长15米、宽9米，钢筋混凝土结构。1984年后、临城镇的建设更是日新月异、城区面积扩大到12平方公里。1985年又扩建临高第一大桥、从原来的9米宽扩大到15米宽。从1990年到1998年、投资近亿元人民币、加快临城镇的建设改造、扩建解放街，修建文澜江两岸江北、江南大道，大小街道都进行不同程度的加宽、改直、填平、伸长，并铺上水泥或柏油，还修建跨江第二大桥；供水、供电、通信系统、环境卫生、绿化美化都大大改善，使临城旧貌换新颜。如今的临城，楼房面积32.6万平方米，最高的有临高县农业银行楼12层,街道总长5.23万米，水泥路3.84万米，绿化率达32%。依山傍水，华灯辉映，高楼林立，海南西北部一座整洁、美观、文明的新城镇正在崛起。

（五）商贸、旅游也有较大发展

党的十一届三中全会以后，随着经济的快速发展和流通体制改革的不断深化，原有的公有制商业实行承包经营责任制，个体、私营等多种经济成份争相发展，使消费品市场供给充裕，繁荣活跃，稳步增长。1978年至1998年，20年累计全社会消费品零售总额达271721万元，是改革开放前20年总和的6.46倍；改革开放后的后10年，也就是海南建省后十年，每年平均增长13.26%。

90年代初，海南省政府把旅游业确定为海南的龙头产业后，临高县十分重视发展旅游业。多年来，通过各种宣传活动，提高了临高县旅游项目的知名度，吸引了不少旅游开发的投资者。1992年，投资400万元开发兴建的临高角滨海度假村,以其优越的天然条件与雅俗兼备的地方风情吸引八方游客。1996年10月，由中共中央总书记江泽民亲笔题词，全省人民捐款600万元在临高角兴建的热血丰碑“解放海南纪念塑像”落成,使具有美丽传说的临高角更增添了历史故事的传奇色彩。在临城镇的建设方面，不仅基础设施不断完善和优化，还建起了三星级标准的接纳游客的金牌大酒店和其他众多不同档次的宾馆酒家。高山岭，百仞滩，大成殿等丰富而多姿的旅游项目也有不同程度的开发，基本形成了以临城为中心、以临高角为龙头、以热带高效农业观光旅游为链条连接各景区的旅游发展格局。

（六）科教、文化、体育、卫生等各项社会事业不断发展

科技进步事业取得显著成绩。50年代初，临高县的科技部门和科技人员主要是面向农村和农业生产，县、区、乡都成立农技推广站，认真开展对农作物的试验和示范推广工作。在粮食生产上，引导农民改进耕作方式，推广蔬播壮秧技术，提纯复壮优良品种，使粮食产量有明显增高。1956年多文和东英区的农民曾创出年亩产“千斤稻”和“万斤薯”的纪录。多文区的吴文华种植1.2亩水稻，年亩产(双造)1124.5公斤，创海南岛水稻单产最高纪录。

党的十一届三中全会以后，科技兴县，科技兴农,依靠科技进步发展经济已成为广大干部群众的共识。临高县历届县委县政府都十分重视科技兴县。1986年以来，引进科技项目18项，推广应用科技项目82项,其他项目22项，引进资金6700万元。申报星火项目和科技计划项目25项,被列为国家级星火项目1项，列为省级星火项目2项。1986年至1998年，评选出科技成果奖43项,其中8项被评为省部级和国家学术团体奖。引进高级技术人员14人，中级

技术人员8人，成立科技服务站17个，科研机构7个。此外，临高县电视局黄祥耀同志研制的"电子防盗器"、临高县农机局罗国研制的"自动洗米器"得到国家专利局授予专利申请，填补了临高县技术专利的空白。

农业部门推广杂交水稻新组合博优64获得大面积高产，制种杂优面积占全省制种面积的1/3，推广了地膜种蔗新技术，增进糖蔗高糖高产效能。水产部门推广带冰作业技术、帆拖改机拖技术、深海沉箱网箱养鱼技术、引进新技术建立高位池养虾等水产养殖基地等，使渔业产量产值成倍增长，荣获全国"水产先进县"称号，并对"再造一个海上临高"起到推动作用。热作部门推广橡胶新割制技术，不仅降低成本，而且增产30%以上。林业部门推广速生丰产林和无性扦插育苗技术，使林业生产效益显著，被国家评为平原绿化达标县和造林绿化先进县称号。畜牧部门投资兴建临高乳猪种苗场和10万头乳猪基地，为增加乳猪出口和扶持贫困地区脱贫致富作贡献。

随着教育体制改革的逐步深化，临高县教育事业蒸蒸日上。教育投入逐年增加，办学条件不断改善。20年来，全县投入的教育经费包括国家财政专款和地方政府配套资金近4亿元人民币，调整了学校布局，增加了教学设备，各乡镇都办了初中，各村委会都建立完全小学，校容校貌大为改观。1998年，小学校舍面积为生均3.92平方米，中学校舍面积为生均4.84平方米，危房率下降到0.4%，教仪设备和体育设施逐步充实完善。教师队伍建设得到加强，小学专任教师合格率为98.6%，中学专任教师合格率为90.9%。全县适龄儿童入学率达99.3%，青壮年文盲率降到0.6%以下，基本普及九年义务教育和基本扫除青壮年文盲。教育教学质量全面提高，1977年恢复高考以来，全县共有5652人考上大中专院校，其中考上大专院校3803人。此外，每年还有近500名初中学生被中师、中专学校录取。成人教育和学前教育也得到迅速发展。

文化事业欣欣向荣。临高文化自古源远流长，人文荟萃。宋代大文豪苏东坡路过临高，曾作《飓风赋》和《端砚铭》；海南五公之一的胡铨到临高讲学留下"澹庵泉迹"；现代著名的戏剧家、诗人田汉，也到过临高留下许多赞美的诗篇；临高籍王佐是明代"岭南四大才子"之一，代表作《鸡肋集》流传于世；祖籍临高的清代探花张岳崧等众多文人也名垂青史。县城古有文庙、书院，临高文庙为海南最大。解放后，临高县的文化艺术在党的"双百"方针的指引下，朝着"二为"的方向发展。改革开放特别是海南建省办大特区，有力推动了临高文化的发展，使之更加璀璨。1981年临高县人偶剧团赴京参加全国汇演，剧目《闹钟爷爷》、《海花》荣获表演奖，1992年又一次赴京参加全国汇演，《莲花仙女》荣获演出奖和音乐创作奖。进入九十年代，临高文人王中柱、吴杜鲁、谢卓石、吴明君等数十人编撰出版了众多的散文、诗词、音乐等文学艺术作品和书刊，使临高文化更显得熠熠生辉。临高县委县政府为了使临高文化更为光彩夺目，想方设法多渠道筹措资金，修复陈临高文庙、澹庵泉迹、党史纪念馆，并兴建文化局办公大楼、图书馆大楼、剧团排练场和办公大楼。

体育事业健康发展。1986年至1988年，临高县在参加全国、省级各届中学生及青少年田径比赛和举重比赛中，都取得好成绩。其中参加全国比赛累计获第一名10项次，第二名5项次，第三名8项次，打破全国纪录的5项次，累计取得金牌10枚，银牌21枚，铜牌16枚；参加省级比赛累计获第一名15项次，第二名8项，第三名5项次，累计团体总分第一名2项，第二名5项，第三名4项，累计取得金牌247枚，银牌193枚，铜牌104枚。

广播电视事业蓬勃发展。解放初成立收音站，但只能收听记录上级电台发播的气象预报和新闻。后来建起了具有250瓦扩大机的广播站，利用电话线路传输信号，1978年后，才根本解决广播和电话串音的矛盾。1985年，筹资32万元人民币，新建了一幢3层广播大楼，并建成一座1000瓦调频广播电台和3座50瓦调频补点台，使广播人口覆盖率达95%。电视事业起步较晚，但发展迅速。1981年，县委县政府积极发动群众集资24万元，海南行政区公署拨款10万元，于1984年7月在高山岭上建成1座电视差转台；1985年，广东省和海南区公署又投资 21万元,在高山岭电视差转台附近建成粤西微波电视接收站。使电视人口覆盖率达96%。1993年又建起卫星电视地面接收站,有线电视用户达10300户。

卫生事业健康发展。50年来，临高县认真贯彻“预防为主”的卫生工作方针，特别是在改革开放以后，积极探索和推进卫生改革，加强内涵建设和人才培训引进，使全县基本形成一个层次完整、结构合理、健康保障能力较强的城乡卫生服务体系。1951年，全县仅有卫生机构1个,病床40张，医务人员49人，房屋和医疗器械简陋。1998年,全县卫生机构124个(未含村卫生室)，病床814张，医务人员1227人，其中中级以上技术职称人员88人，初级职称人员860人。村卫生室127间，乡村医生、接生员163人。中心卫生院、县人民医院、县中医院等主要医院配备了B超诊断仪、PCR分析仪、300型全身CT机等高科技医疗设备。使全县防病治病能力大大加强。1996年，经海南省专家组评审，13项指标达标和基本达标，其中参加儿童计划免疫保偿率95%， 全县饮用“卫生安全水”普及率83%，农村卫生厕所普及率5 3%，食品卫生抽检合格率85%， 儿童四苗接种率98%。法定报告传染病总发病率从1987年的2052.3人/10万人下降到1998年的47人/10万人,婴儿死亡率从解放初期的244‰下降到1997年的24.1‰，孕产妇死亡率从解放初期的1670人/10万人下降到1997年的30.7人/10万人，新生儿破伤风从1991年的1.5‰下降到1997年的0.3‰。县人民医院于1996年被海南省卫生厅评为“二级甲等医院”和“爱婴医院”， 结核病防治站被海南省卫生厅评为1992—1998年先进单位，1997年被国家卫生部评为全国结防先进单位。临高县在实施农村改水改厕工作中，1998年被海南省爱卫会评为改水改厕先进单位。

计划生育工作继续加强。控制人口增长成效明显。1983年至1984年，是解放以来计划生育工作力度最大的时期,人口出生率从1967年的31.6‰下降到13.58‰，人口自然增长率从1967年的25.2‰下降到8.97 ‰。从此，临高县的计划生育工作有了新的突破。计划生育工作向三个方面转变，即从孕后管理向孕前管理转变，从突击行动向经常化、规范化转变，从乡镇一级管理向乡镇、村委会(居委会)、村民小组三级网络管理转变，使人口控制水平不断提高。1998年，全县计划生育率上升到70.7%，人口出生率从1990年22.29‰下降14.8‰，人口自然增长率从1990年16.45‰下降到10.6‰。

劳动就业和社会保障改革大步推进。劳动就业实行干部、工人、城乡、县内外一体化就业方针，建立起职业介绍，就业训练，失业保险，安置失业，人才交流，人事代理“六位一体”就业服务体系。一九七八年以来，全县共安置7361人就业，其中大中专毕业生(含师范生)2423人。社会保险制度加紧实施，1993年以来，严格执行海南省社会保险《条例》，实现了机关、事业、企业全体城镇人员社会保障一体化。至1998年底止，全县已参保单位200个,参保人数8746人，保险基金滚存累计达780余万元。

（七）居民收入逐步增加，生活质量明显提高

解放前，临高县人民生活极为贫困，正常年景，小部分地区以大米稀粥为主，蕃薯、杂粮次之，大部分地区以蕃薯、野菜为主，兼有丝瓜、笋类、豆类掺之。受灾之年，只靠野菜充饥。穿着以土布为主，蓝靛染色，补钉加补钉。严冬夜寒，80%的农户只盖单薄的棉毯、麻袋，并烧火驱寒。住房方面，大部分地区几乎全住茅房。行走几乎全靠步行。

解放后，党和政府带领人民走互助合作道路，努力发展生产，广大人民的生活逐步改善。党的十一届三中全会，使中国进入改革开放和开发建设新时期，经济建设和各项社会事业迅猛发展。改革开放的20年，人民生活发生了翻天覆地的变化。临高县1998年农村居民人均纯收入达2310元，扣除物价因素后比1978年增长4.4倍；城镇居民人均可支配收入3432元，扣除物价因素后比1979年增长4.6倍。全县职工平均工资由1980年的495元提高到1998年4711元，扣除物价因素，实际增长73%。全县城乡居民储蓄存款由1978年474.3万元增加到1998年59939万元。收入的增加，使生活水平大有提高，部分居民的消费观念也发生了很大变化，“讲营养，讲漂亮，讲高档”的欲望逐渐增强。人均肉蛋鱼等消费量大大增加，家庭耐用消费品从过去的“三转一响”(自行车、缝纫机、手表和收录机)，变成现在的电视机、电冰箱、洗衣机、摩托车、音响等。电视机每百户拥有量从1988年的2台增加到1998年的58台，摩托车每百户拥有量从1988年的0辆发展到1998年的15辆，家庭普遍拥有自行车,洗衣机从1988年0台发展到1998年6台，电冰箱发展到每百户1台.人均生活消

费支出也明显增加。农民人均生活费支出从1988年的559元增加到1998年的1222元。居住条件也明显改善，农村居民人均住房面积达19.7平米。贫困人口大量减少，人民安居乐业，正向小康生活目标迅步迈进。（临高县统计信息咨询服务中心）

第二十六章 奋进中的澄迈县

建国50年来，在中国共产党的领导下，澄迈艰苦创业，经济建设和社会事业从小到大、从无到有，取得巨大变化。尤其是十一届三中全会以后，澄迈县乘改革开放之东风，抓住海南建省办经济特区之机遇，经济建设和社会发展取得了辉煌的成就。

一、概况

澄迈县位于海南岛北部，东北连海口市，东邻琼山市和定安县，南接屯昌县和琼中县，西与临高县和儋州市接壤，北部濒临琼州海峡。陆地面积20676平方公里。人口4557万人，全县12个镇、6个乡、157个村（居）委会，927个自然村，境内有6个国有农场、1个华侨农场。澄迈县气候温和，阳光充足，雨量充沛，年平均气温23--25C,平均日照20605小时，平均降雨量1765毫米。澄迈县资源丰富，矿产资源有石油、石英石、石灰岩、花岗岩、金、银、铅、锌、高岭土等；水资源有大小河流20条，总长250公里，常年流量30亿立方米，有中小型水库18座，常年蓄水量1亿立方米；旅游资源有红岗济公石像、仁兴九乐宫温泉、新吴奇石岗、美榔双塔、老城盈滨半岛、马村玛岛、桥头沙土湾和福山水库等。海岸线长399公里（含内湾线），有港湾15处，浅海滩涂面积1526公顷，海水养殖资源丰富。马村、东水等港口是建设深水泊位码头的良好基地。

二、经济建设取得巨大成就

50年代初，澄迈经济基础薄弱，农业生产处于自给自足状态，工业以简单的手工加工作坊为主。经过50年的奋斗，经济建设和经济结构调整取得重大进展，形成了沿海、北部、中部和南部各具特色的四大区域经济，走出了一条适合澄迈县经济发展的新路子。初步奠定了坚实的产业发展基础。1998年全县国内生产总值达2118亿元，比1950年的1160万元增长181倍，年均递增109%。三次产业结构的比例由1990年的699：128：173演变为1998年的476：36：164。

1. 热带高效农业迅速发展，逐步向产业化和外向型方向发展

海南建省前，澄迈县农业生产单一，技术加工落后，商品率低，农产品主要以粮食为主，缺乏多种经营，农业生产长期处于较低的发展水平。建省办经济特区以来，澄迈充分发挥特有的热带资源优势，调整产业结构大力发展热带高效农业，内建基地，外招市场，基本实现种养加一条龙，产供销一体化的发展格局，促进了农村经济的大繁荣。全县农业从过去粗放型向集约型、基地化发展。1998年，全县农业总产值达707亿元，比1950年的1127万元增长61倍，年均递增86%。一是合理调整产业结构，在稳定粮食的基础上，大力发展以水果、水产、糖蔗、冬季瓜菜为主的热带高效农业。全县已初步建立起40万亩粮食、60万亩林木、15万亩冬季瓜菜、5万亩水果、2万亩咖啡、3万亩香蕉、5万亩水产养殖、8万亩糖蔗、30万头商品牛、猪等10大农业生产基地。建立了亚珠庄园、热带水果示范场等新型旅游观光农业。二是以加工运销为中心，加快了农业产业化进程。围绕农产品的加工，全县兴办了饮料厂、糖厂、羽绒制品厂、皮革厂、木材切片厂、胶合板厂、饲料厂、咖啡粉及咖啡酒厂、香蕉粉厂、螺旋藻加工厂和果蔬包装保鲜加工厂等农副产品加工企业，极大地促进了农副产品的增值。乡镇企业从无到有、从小到大，1998年，乡镇企业有2039家，总产值达156亿元。三是实施科技兴农战略，提高农业含量。改革开放以来，澄迈县牢固树立科学技术是第一生产力的思想，积极实施科技兴农战略，以科研单位和大中专院校技术力量为依托，办基地，上项目，建网络，抓培训，打基础，使全县农业科技含量不断提高。1998年底止，全县共拥有农、林、热作、畜牧、水产等优良品种示范基础30个，多渠道兴办的各类科研推广机构169家，农村种养业的良种、良苗覆盖率达到90%以上，特别是通过推广稻稻菜等耕作形式，大幅度提高农作物的复种指数，实现粮钱双丰收。澄迈县已被定为海南省科技兴农示范县，全国两高一优农业标准化示范区，全国百县畜牧兽医科技示范工程实施县，秸杆氨化养牛示范县，封山育林示范县等。四是加强农村基地设施建设，改善农业生产条件，增强农业发展后劲，是农业持续稳定发展的基础。澄迈县委县政府始终坚持把搞好农田水利基本建设作为发展农村经济的一项重要措施来抓，建国以来，建造了中小型水库18座。至90年代以来，每年都投入大量的人力物力进行农田水利建设，累计全县新增灌溉面积42万亩，改造中低产田62万亩，极大地改善了灌溉条件。全县旱涝保收面积达18万亩，每年冬修水利在全省评比中均获一、二等奖的好成绩。农业综合开发工程产生巨大效益并通过国家验收。

2．工业迅速崛起且规模不断扩大

澄迈解放之初，工业生产几乎空白。改革开放和海南建省办大特区后，澄迈县立足资源和区位优势，工业生产迅猛发展，1998年全县完成工业总产值达132亿元，比1950年的13万元增长10155倍，年均递增203%。一是实现由农业县向工业县转变。澄迈历来是农业大县，农业在国民经济中占主要位置。1988年经国务院批准的海南第一个工业开发区老城工业开发区成立，标志着澄迈工业进入了一个新时期。澄迈抓住这一有利契机，大力实施工业兴县发展战略，至1996年初步实现由农业县向工业县的转变，工业成为主导产业。"八五"期间，工业产值以年均384%的速度增长，1995年达到677亿元，首次超过农业总产值164亿元，至1998年达132亿元，比农业总产值多613亿元。二是工业门类多样化。拥有制糖、仪器、饮料、建材、机械、纺织、医药、化工、机电、船务等10多个工业门类。三是企业经济类型多元化。在全县779家工业企业中，国有企业17家，集体企业13家，股分制企业5家，外商投资企业7家，港、澳、台资企业2家，还有一大批私营和个体企业，特别是乡镇工业企业异军突起，对工业快速发展起到积极作用。四是企业规模不断扩大。1990年全县产值达500万元以上的工业企业不到10家，1998年发展到26家，其中产值亿元以上的有5家。有6家大中型企业。五是高新技术产品崭露头角。欣龙无纺布厂是国家高新技术项目，产品填补了国内无纺工业的空白；以本地热作产品为原料生产的咖啡酒、香蕉粉属国内首创，其中咖啡酒荣获首届全国食品饮料精品博览会金奖。椰风饮料厂拥有90代国际先进水平的生产线，是国内最大的天然果品饮料生产企业之一。椰风饮料和二轻羽绒制品荣获"全国驰名商标"和"中国公认名牌产品"。一个以高新技术为依托的现代工业县已初具雏形。

3. 基础设施建设日臻完善，投资环境明显改善

从解放之初至1989年，澄迈固定资产投资较少，基础设施建设薄弱。"八五"期间，加强固定资产投资，累计完成205亿元，其中用于水利、交通、能源、通信和城镇市政等基础设施建设的投资占20%。改革开放以来的招商引资成效显著，1998年止，累计利用外资31亿美元，内资278亿人民币，投资领域涉及一、二、三产业，兴办各类企业390家。1998年全县固定资产投资75亿元，比1950年的37万元增长2045倍，年均递增165%。一是形成四通八达的交通运输网。经过50年的艰苦努力，澄迈县公路通车里程达700公里，公路建设实现乡镇公路沥青砼路面，全部村委会均通公路，海南西线高速公路从澄迈北部通过。北部沿海建有军用民用6大码头，形成琼北较大的码头群，年吞吐能力达817万吨，海陆交通方便。二是先进快捷的邮电通信。改革开放前澄迈县还是手摇电话时代，海南建省后，澄迈坚持"高起点、高技术、高速度、高效益"的发展方针，大力发展程控数字传输系统，全县通信网络技术层次实现了电话交换程控化，长途传输自动化，邮政通信现代化的三大转变。电话号码升7位，且同海口市并网，各乡镇及农场实现电话程控化。1998年全县邮电业务总量完成2430万元，电话总用户9415户，其中农话4004户；移动电话用户2010户，数据用户20户。农村投递线路长1747公里。三是充足的电力资源。1951年，澄迈电业公司建立，年供电量25万千瓦。到改革开放前，逐渐发展了一些小型水电站，但电力短缺只供应照明。1976年和1985年先后建成九龙电站东西岸两站，每年可向电网供电1500万千瓦电量，澄迈电力供应开始扭转局面。海南建省后，随着马村火电厂的建成投产，为澄迈提供了充足的电力资源。全县建成2座35KV变电站，35KV线路52公里，10KV线路500公里，在全县形成比较完整的电网体系。1998年全县用电覆盖率达95%，年供电量4200万千瓦。四是市政建设发生翻天覆地的变化。建省办大特区以来，澄迈市政建设投入逐年增加，市政功能进一步完善，城镇经济和社会事业迅速发展。1998年市政公共建设投资15亿元，新建扩建城镇街道面积384万平方米，城镇供水普及率达60%，城镇绿化覆盖率286%。永发镇被评为全国明星乡镇。

4. 财政金融迅速发展

1998年澄迈县财政总收入达11168万元，比1950年的37万元增长300倍，年均递增12%，财政体制不断完善发展。改革开放以来，澄迈金融体制发展成为以人民银行为主导，有中国银行、农业银行、工商银行、建设银行、农业发展银行、农村信用社等各专业银行，形成多种机构并存和竞争的发展格局。1998年全县各金融机构网点有114个，各项存款余额1286亿元，各项贷款余额154亿元，为澄迈地方经济发展做出了贡献。

三、社会事业蓬勃发展

改革开放以来，澄迈坚持“科学技术是第一生产力”的思想和“经济建设必须依靠科学进步，科学技术工作必须面向经济建设”的基本方针，大力加强社会文化建设和实施科教兴县的战略，坚持两个文明建设协调发展，社会各项事业取得显著成效。

1. 科技事业

1998年，有科研机构2所。全县各类专业技术人员6366人，其中高级115人，中级1212人，初级5039人。建省以来，组织实施推广科研项目110项，其中获国家科技进步奖1项，省级科技进步奖18项。全县有乡镇农技推广站15个、畜牧站18个、水产站5个、农机站18个、林业站16个、农经服务站18个，157个村委会农技推广小组有各类农民技术员320人，823个自然村有农民技术员580人。同时，全县建立科普协会18个，分会150多个，建立科技示范村316个，发展科技示范户2566户。经过多年的科技培训、推广、专家科技下乡咨询等形式，80%以上广大农民均掌握1—2门以上的种养实用技术。40%党员干部成为科技致富示范户。全县形成了以县为中心，乡镇为纽带，村委会为基础，村小组为补充的四级科技推广网络。澄迈县农村科技组织围绕产业结构的调整和优化，相继成立各种群众性科研组织，诸如水稻、甘蔗、荔枝、咖啡、益智、橡胶、养鱼、养鸭、种猪研究会等，使科研成果迅速转化为经济效益。桥头镇荔枝研究会完成的“海南部分优稀荔枝株系筛选及栽培丰产技术研究”获“1996年海南省科技进步四等奖”等3项省科技进步奖。澄迈县热带水果示范场、热作种苗场分别被农业部命名为“全国热带名优水果基地”和“全国良种苗木基地”。

2. 卫生事业

1945年创立澄迈县卫生院，解放后接管时，该院只有几名医务人员，没有病床。经过50年的发展，澄迈县的卫生保健事业已发展成为集医疗、预防、保健为一体的功能较为齐全的卫生医疗体系。1998年，全县有医疗机构38个（不包个体珍疗所），病床1211张，卫生技术人员1506人，建立农村合作医疗站30个，初步建立健全三级医疗卫生预防保健网，儿童计划免疫“四苗”全程接种率967%，传染病发病率1788/10万，各类传染病得到有效控制。在农村大力推广改水改厕。医疗体制改革取得显著成效，开放医疗市场，实行多渠道办医，初步形成了以公办医疗机构为主体，集体和个体办医为补充的多种所有制办医格局。

3. 教育事业

建国之初，澄迈县只有澄迈中学和几间小学，且学校规模不大。改革开放以来，澄迈县教育投入平均每年都以10%以上的速度增长，全县办学件不断得到改善，办学规模不断扩大。至1998年，全县有普通中学22所，在校生204万人；职业中学3所，在校生125人；小学336所，在校生515万人。适龄儿童入学率994%，初中入学率948%。1997年“两基”和“普实”工作经国家教委和省政府评价验收基本达标。青壮年非文盲率达99%，近四年来，脱盲人员巩固率达98%。各中小学校的实验用房，实验配套设施、教学仪器装备、实验科学管理、开展实验教学等方面均达到规定标准。师资队伍建设进一步加强，师资队伍整体素质显著提高。全县小学、初中、高中教师学历达标率分别为94%、86%、56%。

4. 文化广播体育事业

1950年，澄迈县政府设文教科，发展至今，全县有文化馆（站）18个，图书馆（室）54个，还有电影公司、琼剧团、文联等文化团体机构。社会办文化劲头大，现有营业性录相室30个，歌舞厅18家，卡拉OK厅30多家，书报摊点36个，电子游戏室30多家，文化市场健康发展，取得较好的社会经济效益。保护和开发文化遗产，已划定“澄迈县美榔历史文化保护区”，其中的美榔双塔被国务院批准为全国重点文物保护单位；仁兴一带的考古发现新石器时代遗址4处，对研究海南人类发展史有较大的价值。全县有广播电台1座，广播人口覆盖率达100%；有卫星地面接收站45个，有线电视用户13万户，电视人口覆盖率

95%。改革开放以来，每年都兴办大型运动会，全民健身活动已被越来越多的人们所接受，一个规模大、项目多、影响大、效果好的群众体育健身活动在全县城乡蓬勃兴起，全县经常参加体育活动人数保持后16万人以上。

5. 人民生活水平显著提高

1998年，全县农民人均纯收入3260元，比1950年的30元增长77倍，年均递增91%；职工平均工资6819元，比1950年的400元增长16倍，年均递增58%；城乡居民储蓄存款余额1138亿元。人民生活从温饱型逐步向小康型过渡，电视机、摩托车等消费品已进入普通百姓家。社会保障纳入法制轨道。扶贫攻坚成效显著，贫困人口逐步缩小。（澄迈县计划统计局）

第二十七章 世纪之交话定安

定安县地处东经11007′～110030′，北纬1903′～19044′之间，海南岛东北部内陆，南渡江中游南畔，东部与文昌市毗邻，西南部与屯昌、澄迈县接壤，东南部与琼海市相邻，北临南渡江与琼山市相望。北距省会海口仅25公里。属亚热带季风气候，年均气温23.9℃，年降雨量1965.6毫米，全县总面积为1187.4平方公里，总人口30.4万人，下辖14个乡镇，115个村委会，4个居委会，899个自然村。县境内还有中瑞、南海、金鸡岭等3个国营农场，1个热作研究所，1个国营林场，2个县办国营农场。

定安县土地资源潜力较大。全县可利用土地面积178.1万亩，已开发利用134.26万亩，占总面积的75.38%，现有未开发荒地36.81万亩，占总面积的20.67%。县内植物类有1700多种，其中珍贵树种有：子京、坡垒、黄圮、乌墨、青梅、母生、绿南、香椿等。已知的野生动物主要有：坡鹿、猴子、野猪、山兔、刺猬、果狸、狐狸、穿山甲、金钱龟、山龟、蟒蛇、四足蛇、眼镜蛇、屈蛇、鹧鸪、山鸡等40多种。水生动物有：水獭、鳖、水龟、带鱼、墨鱼等。已探明的矿藏资源有：金、银、铝、锌、钛、铜、钴、铀、钶、石墨、黄铁、铬铁、毒砂、磁铁、石英砂、锆英石等。境内集水面积在100平方公里以上的溪河有11条。拥有溪水面积5.3万亩。地下水资源总量为5.96亿立方米。

建国50年，在党和政府的正确领导下，经过全县人民的共同努力，全县经济、社会、科技等各方面均取得了很大的成绩。特别是党的十一届三中全会以来，乘改革开放的春风，实行经济体制改革，全县各行各业得以蓬勃发展，工农业生产发展较快，经济发展迅速，人民生活发生了翻天覆地的变化。

一、经济建设

建国后，在各级党委和政府的领导下，认真贯彻党的一系列方针政策，对农村进行了土地改革，在工业方面也大刀阔斧地进行技术改革，使得全县工农业生产得以较快发展。特别是自1988年海南建立经济特区以来，随着改革开放的不断深入扩大，经济发展的浪潮一浪高过一浪。

1998年国内生产总产值6.58亿元，其中，一产业3.59亿元，二产业0.87亿元，三产业2.12亿元，1998年国内生产总产值比1988年增加4.13亿元，平均年递增10.4%。1998年全县农业总产值达55610万元，比1975年的5088万元增加了50522万元，平均年递增11%。

1975年，工业总产值为2073万元，比1952年的46万元增加了2027万元，增长了44倍，平均年递增18%。1998年工业总产值达到16110万元，比1975年增加了14037万元，增长了6.77倍，平均年递增9.3%。1998年，全县社会生产总值达10.32亿元，比1984年增加了8.95亿元，平均年递增15.5%。农民年人均收入从1983年的374元提高到1998年的1630元。

（一）农业

定安县属热带季风海洋气候，高温多雨，土地肥沃，适宜农业生产，全县现有耕地面积22603公顷。1950年5月解放后，对全县农村土地进行了改革，1956年建立起高级农业合作社。期间，还大力兴建水利。在改造传统耕作模式的同时，不断更新耕种技术，把以往的单造改为双造，直播改为插秧，一熟改为双熟或三熟。全县种植的粮食作物主要以水稻、番薯、木薯为主，主要经济作物有甘蔗、花生、黑豆、芝麻、菠萝等。热带经济作物主要有橡胶、胡椒、椰子、槟榔等。县内加工的槟榔畅销全国，国营南海农场则是全国最大的茶场之一。此外，县内新竹的“四季鹅”、雷鸣的“乳猪”在海南也较为出名。

1957年，定安县粮食总产量由1949年的33370.07吨增加到51126.85吨，平均年递增5.48%；粮油总产量为1993.15吨，比1949年的741.55吨增加了1251.60吨，平均年递增13.16%。

1958至1976年，由于陆续受“大跃进”、“文革”及自然灾害等因素影响，全县农业生产遭受了严重损失。除1962年至1965年，农业生产有短暂的回升外，农业发展步伐缓慢，人民生活没有从根本上得到改善。但这期间，也陆续上马建成了南扶水库、白塘水库、良世水库、三旬水库等水利设施，为全县工农业生产打下了良好的基础。

1978年，党的十一届三中全会以后，在全县范围内实行农村家庭联产承包责任制。这一举措，极大地调动了农民的生产积极性，农、林、牧、渔业等得到了较好的发展。1977年，全县农业生产总值为4313万元，1987年达到6749万元，十年间，平均年增长速度为4.58%。农民年人均纯收入由1987年的409元提高到1998年的1630元，平均年递增13.4%。

1988年海南建省后，县委、县政府抓住机遇，紧紧围绕科技第一生产力作文章，带领全县人民，调整农业产业结构，推广水稻良种，推广抛秧新技术，不断增加农业科技含量。同时，积极引资发展热带高效农业项目，全县先后创办了永丰万亩果园、新澳驼鸟养殖场、芦荟种植、罗非鱼养殖等十多个农业基地，使得全县农业结构和农业经济发展速度得到了很大的提高。

1999年，全县农业生产总值达35911万元，比1987年增加了22385万元，增长了2.65倍，平均年递增9.3%。

（二）工业

建国初期和“文革”时期工业发展缓慢，全县工业持续快速发展。

1976年，全县工业总产值为2186万元。随着经济体制改革的不断深入，对外开放不断扩大，工业发展步伐也日渐加快。特别是海南建省办经济特区以来，为让企业更好地适应市场经济的要求，全县积极推行“政企分开”、“抓大放小”的改革举措，让企业在拥有更多自主经营权的同时，通过宏观调控，优化企业现代管理机制。近年来，先后创办了塔岭和仙沟等经济开发区，加大工业投资力度，有计划、有步骤地搞好外引内联。从1988年至1998年，先后上马兴建海南牙膏厂、安美镭射厂、幸福食品厂、罗非鱼加工厂、新序水泥厂、果蔬脆片厂等十多个重点工业项目，部分项目已经发挥了一定的经济效益。居丁糖厂、茶根糖厂立足本地优，协调蔗农关系，深化技改，从日榨500吨扩大至1500吨，产值倍数增长，糖质量也屡屡夺优。烟花炮竹厂生产的各式烟花炮竹畅销省内外。南海制茶厂作为全国较大的茶厂之一，10年间就为国家创汇达2400万美元。此外，定城镇的服装加工业也迅速发展，全镇服装厂达8家，加工的西装、衬衫等名优产品远销马来西亚、韩国、香港、广东等国家和地区。1950年，全县工业总产值32.54万元，1978年达3000.4万元，1988年达4326.9万元，1998年则增至16110万元。同1950年的32.54万元相比，增加了16077.46万元，增长了494倍。

（三）商业

建国以来定安县商业发展较快，尤其是党的十一届三中全会以后，随着商品流通体制改革，市场繁荣，城乡贸易呈现出购销两旺的可喜景象。1950年，全县社会商品零售总额仅589万元，1987年达10414万元，1998年，则猛增至24086万元。1998年，全县商业网点达2872个，从业人员7758人，较建国初有了大幅度的增长。

（四）旅游

定安县旅游资源丰富，拥有众多的自然风光和人文景观。全县主要自然景观有南丽湖、文笔峰、白石岭、母瑞山。人文景观则拥有定安县古城及城门故址、龙梅村入角殿、太史坊、仙沟塔等。

1990年以后，定安旅游业进入了历史发展时期。县内被列为省级名胜景区的有中部的南丽湖，东部白塘水库，中华未来城旅游区，中部和北部的龙门、永丰观光农业旅游区。母瑞山革命根据地纪念园已落成对外开放。此外，县政府还投入1000多万元人民币对古城故居等文化遗址进行修缮。南丽湖国际垂钓俱乐部已开始接待国内外旅游团。1993年，全县接待游客1.8万人次，旅游者消费550万元。1994年，接待游客3.13万人次，旅游消费达1150万元人民币。

（五）金融

中国人民银行定安支行成立于1950年9月，期间，几经分合与迁移。自1986年人行机构恢复以来，在省分行领导和地方政府的支持下，加强金融业务管理和宏观调控，进一步拓宽金融业务，使金融事业发生了可喜变化。到1996年底，全县共设有人行、工行、农行、农发行、建行及农村信用社、保险公司等多家金融机构，营业网点82个，设立邮电蓄所17家，网点遍布全县各个乡镇及农场。1998年12月底全县各项存款余额89912万元，贷款余额96689万元，比1987年分别增长1.85倍和5.4倍。至1996年底止，工业贷款余额13897万元，比1987年增长3.13倍。农业贷款余额7818万元，比1987年增长2倍。商业贷款余额28851万元，比1987年3.8倍，有力地支持了定安的经济建设。

（六）交通

1949年，定安县仅有“仙龙”、“龙岭”、“雷定”、“龙口”、“仙定”等几条公路，营运汽车屈指可数，通车路程仅57.6公里，交通条件非常落后。

定安县各级政府清醒意识到“路通才能财通”的道理，对交通事业的发展都较为重视，投入大量人力、物力、财力先后修建（包括新建）了“黄屯”线（黄竹—屯昌）、“定坡”线（定城—坡寨）、“定黄”（定城—黄竹）等公路的干支线。到1998年，全县已基本形成了“四纵四横”的公路网络，公路总长约275公里。海南省三大公路干线中的海榆东、海榆中两大公路干线分别从县东部和西部经过。东干线高速公路也横穿县境，有三个出口。

1998年，全县公路通车路程达275公里，其中国道20.6公里，县道136.3公里。拥有机动车15882辆，驾驶员165602人。四通入达的交通网络为定安县经济发展奠定了坚实的基础。

（七）邮电通信

1952年8月，成立定安县邮电局，当时管理人员只有局长、会计各１名。60年代后，邮政设施、邮政业务总量及通信能力发展很快，特别是建省办经济特区以来，邮政设施、新轻型邮政业务、电话通信等业务更是迅速发展。

1996年，全县共有自办邮电分支机构19处，其中邮电支局8处，邮电所11处，邮电机构遍布全县各个乡镇，投递线路22条，全长1076公里。

电信方面，1991年12月，2000门纵横制自动电话开通，1993年3月通过技术改造，实现了长途自动拨号。同年6月，东线240路数字微波电路投入使用，1996年，电话交换机扩容到6000门，还建起模拟移动电话基站、数字移动电话基站各2座，无线寻呼基站2座，拥有36个移动电话渠道，无线寻呼源18000个，市内电话用户4045个，通话量达1185万次，市内电话普及率为10/百人，全县电话普及率达2部/百人。

邮政方面，1994年，全县实现了各乡镇和国营农场均能看到当天《海南日报》的目标。邮政储蓄点除永丰、坡寨等边远地区外，其余乡镇都办起了储蓄网点，网点达17个，5处网点实现了前台微机作业。1996年，全县邮政储蓄余额6338万元，邮电业务收入1765万元，邮电业务收和邮电业务总量比1978年分别增长了109倍和75倍。

（八）财政税收

定安县财政坚持“取之于民，用之于民”的财政原则。在全县人民认真贯彻执行“发展生产，保障供给”总方针的同时，地方政府积极组织财政收入，全县财政税收事业得到了迅速的发展。

1950年5月定安县设置财政科，同年9月设立税务局。1952年县财政总收入仅44.06万元，财政支出为30.48万元。

1953年设立县级财政，虽然实行划分收支分类分成，分级管理，县政府有一定固定收入，但远远不能满足各项建设事业发展的需要。1957年，县财政总收入为161.88万元，总支出为162.84万元，收支基本平衡。

1958年至1965年，县财政工作经历了“大跃进”、“国民经济调整”两个历史时期，1958年12月定安县与屯昌县合并成立定昌县，财政税务机构也随之合并。

1966年至1976年，县财政先后经历了财政收支挂钩，总额分成，收支两条线，定收定支，超收奖励、节余留用等体制变革。加之基本建设过大，企业亏损严重，1969年至1975年连续7年财政收支差额呈负数上升。1975年财政收入983.60万元，支出1004.6万元，收支差额23.03万元。

1978年，党的十一届三中全会后，整个国民经济实施“调整、改革、整顿、提高”的方针。1981年，定安县分设了税务机构，加强税收征管工作。

1990年，财政开始执行第三个财政包干期，县财政实行“定收定支，收支挂钩，收入上交，支出下拨，年终结算，一定三年，超支不补，超收分成”的财政包干制，这一体制的实施，充分调动了县、乡（镇）两级财政的积极性，14个财政所就有11个超额完成当年任务。1993年，实行第四个包干期，当时财政工作围绕着“全力以赴，开源节流，强化征收管理，提高经济效益，增强财政自给能力，实现财政收支当年平衡”的指导思想，努力做好各项工作，全年财政收支均有不同程度增长。

1994年，全县财政总收入6603万元，支出6480万元，收支差额123万元，略有节余。全县14个乡镇财政全部超额完成包干任务，乡镇财政收入达988.6万元，完成年包干任务

704.2万元的140.4％。农业税收1744万元，比上年实际收入1066万元增加了678万元，增长了63.6％，创历史最高水平。1998年，财政总收入7971万元，财政总支出7971万元，实现收支平衡。

（九）城镇建设

建国初期，定安县城镇建设还比较落后，房屋低矮、街道狭窄，市容市貌落后。1958年，县政府在定城东门外筑起了一条长500米，宽32米的跃进东路（今人民中路）。60年代起,又先后兴建跃进西路，跃进东路（今大众路），山椒路（今文明路）等，并沿新建街道陆续建起了工人文化宫，电影院、灯光球场、图书馆、文化局、百货大楼、广播电视局、县委县政府办公大楼、干部住宅楼等，市政建设已初具规模。

党的十一届三中全会后，定城镇建设步伐加快。1984年，投资280万元扩建、美化了跃进中路（今人民中路），还新扩建跃进南路、山椒路、南珠路、沿江路及一座占地面积20.19亩，建筑面积4200平方米钢筋水泥结构的定安集贸市场。此外，还兴建3至7层的职工住宅楼68幢，定城镇的市容市貌大为改观。1994年，县政府投资2980万元扩建了通往新城区至塔岭工业开发区的见龙大道。

最近几年，县委、县政府为加快改善投资环境，彻底改变定城旧区容貌，吸收更多外商投资开发建设定安，加快了对基础设施的投入。城区已建成大小街道39条，总长8.9公里，安装路灯407座，公共绿化面积83570平方米。住房建筑总面积452013平方米，是50年代初的6倍多，人均住房面积达7.3平方米。1998年，定城镇有国营、集体、个体商业网点750个，国营、集体工厂企业23家，“三资”企业1家。有普通中学3间，民办中学3间，教师进修学校1间，完全小学4间，幼儿园5所。现在，定城镇已建成集政治、文化、科技为一体的中心城市。

二、文化卫生事业

定安县古代有93人中举人，12人登进士，1人中探花，人数居全琼第2位。享有“一里三进士”、“父子进士”、“公孙举人”的美誉。同时，定安县还是“琼剧之乡”和“排球三强县”。

（一）教育

建国50年来，定安县的文化教育事业蓬勃发展，学校教育取得令人瞩目的成绩。

1950年，全县有私立小学95所，学生10669人；中等学校1所,在校学生587人，中小学教师仅485人。1952年定安县人民政府接管了中小学，结束了劳动大众子女读书难的历史。1958年，全县掀起了全民办学高潮，形成全民办学，人人读书的新局面。

1977年党的十一届三中全会后，全县教育事业进入了全面发展的崭新时期。到1998年止，全县拥有中学21所，其中普通中学3所，私立中学3所，职业高中1所，学生总人数为68649人，中学专任教师838人；小学269 所，学生总人数为45635人，小学教师2366人。1998年全县中小学专职教师共计3909人，比1950年增加了7倍。全县基本实现每所中学和中心小学都拥有教学楼的目标。同1950年相比，全县学校增加了208所，学生增加了57980人，学生增加数为1950年的5倍。1998年，定安县还顺利通过省教育厅普及九年义务教育检查，成为全省“普九”合格县之一。全县适龄儿童入学率为99.6%，巩固率达99.3%。每年被大中专院校录取人数也在逐年增加，到1994年底，全县考取大中专院校的达3259人。1977年以来，被全国重点大学录取的就有392人。

（二）卫生

1950年，全县仅有两间较为简陋的卫生院和一些私人诊所，医疗设备较为落后。建国后，定安县卫生事业有了很大的发展，医疗机构遍布全县，仅定城镇就有县人民医院、中医院、防疫站、慢病站、妇幼保健站、药检所等多家医疗机构。各乡镇及国营农场均设卫生院，私人诊所也随处可见。1998年，全县拥有病床489张，医务人员1096名,其中卫生技术人员912人。诸多的医疗机构，先进的医疗设备，雄厚的医资队伍及优良的医疗服务，为定安县人民的身体健康提供了良好的医疗保证。

（三）广播电视

1951年，定安县成立收音站，但当时其主要任务是收抄中央人民广播电视台播发的新闻，把收抄出来的国内外新闻复写给政府领导阅看并出黑板报向群众宣传。随着区、乡广播站的成立，开展了对全县的广播宣传。长期以来，县广播站每天坚持早、午、晚播音3次，广播时间达7—8个小时。1978年，全县通广播的大队（现在的村委会）128个，通播率达97%；通广播的生产队（现在的农村经济合作社）1370个，通播率达87%。喇叭入户20356个，普及率为56%。这是定安县农村有线广播最发达的一年，当年被海南评为先进县. 1983年，在定城镇高良乡（旧建制）建起了当时海南第一个乡广播站。1984年，全县14个乡镇相继建起乡村广播站。同年，定安县广播电视局宣告成立。1990年，在海南财税厅赠送“两彩”建设基金100万元和县政府拨款23万元的支持下，兴建了一座6层共2300平方米的“广播”大楼。1992年，在省文体厅的支持下和县委、县政府的重视下，共筹集资金35万元（省拨款25万元，县筹集资金10万元），购置了51米高的发射塔、300GV立体声调频发射机及附属设备。1993年5月，定安县人民广播电台正式挂牌成立。1995年，在省文体厅的支持下，县广播电视局筹集8万元购买了一部400 W立体声调频发射机和一批附属设备，初步改变了定安县人民广播电台设备落后的局面。1991年，经海南省文化广播体育厅批准，成立了县有线电视台。有线电视具有容量大，节目套数多，图象清晰，声音悠美，收音效果好的特点，一开播，就受到了广大群众的欢迎，用户迅速发展。1995年，用户已由1993年的2930户发展到4300户。1996年，用户播音也由1991年的9套节目增加到15套。1993年至1996年，全县14个乡镇中已有9个乡镇建设了有线电视站和有线电视天线共用系统，播送节目5～9套。全县建设卫星地面接收站23座，建设有线电视天线共用系统23个，发展终端用户4500户。迅速崛起的广播电视事业，为传播科技信息、文化知识、政治时事及丰富全县人民群众的文化娱乐生活起到了极为重要的作用。（定安县计划统计局姚明燕）

第二十八章　走出贫困的屯昌

一、概况

屯昌县位于海南岛中部偏北,五指山北麓,东与定安县交界,东南接琼海市,西南连琼中县,西北靠澄迈县。县城屯昌镇距海口市93公里。全境总面积1231.5平方公里,辖6个乡、6个镇、115个村委会。境内有6个国营农场。总人口26.2万人,有汉、黎、藏、回、侗、满等15个民族,汉族人口占总人口90.6%,其次为黎族,苗族,各占总人口的4.85%和3.06%。

屯昌县为低山丘陵地带,属热带季风气候,四季变化不大,长夏无冬,高温多雨,干湿季明显,日照时间长,年平均气温23.1-23.6度,年降水量1960-2400毫米。

屯昌县始建于1948年4月1日,时称新民县,由中共琼崖区党委决定,□从澄迈县和琼山县各划出一个区置之。1952年改称屯昌县。1958年12月,与定安县合并,成立定昌县,1961年5月分县,复名屯昌县至今。

屯昌县自然资源丰富,矿物种类多,藏量大,生态环境保护好。已探明的矿有高岭土、花岗岩石、石灰石、水晶、石英石、硅灰石、大理石、金、铅、锌等十多种,其中高岭土、花岗石、水晶、石灰石等已得到大规模开采利用。全县有大小河流14条,□山塘水库200多宗,总库容量14930万立方米,天然落差1255米,可开发电能23137千瓦。全县森林面积达63000公顷,活林木蓄积量189.5万立方米,森林覆盖率50.6%,其中加勒比松、马占相思等速生丰产林面积居全省之最。热作、南药资源量大,被誉为“橡胶之县”、“槟榔之乡”。生态旅游资源保护好,鹿场、海瑞祖墓、红斗坡鹭鸟乐园、卧龙山等十大旅游景点。

二、主要成就

屯昌经过50年的发展,特别是改革开放20年和建省办经济特区11年来,经济、社会、文化等方面都取得了巨大成绩。产业结构趋于合理,市场体制框架初步建立,国民经济持续稳健发展,社会各项事业发展加快,社会治安稳定。1996□年底脱掉国定贫困县帽子,1998年完成国内生产总值8.49亿元,比1988增加1.86倍；完成固定资产投资2亿元,比1988年增加2.85倍。海南建省以来，屯昌县多项工作获得殊荣,分别荣获“全国护林防火先进县”、“全国造林绿化百佳县”、“全国造林绿化先进单位”、“全国扫盲工作先进单位”、“全国水利系统先进县”、“全国双拥模范县”、“全国县城环境综合治理工作先进单位"称号。

（一）经济建设取得的成就

1．农业

农业是本县的主要产业。建国后,实现耕者有田,调动农民的生产积极性,但长时间停留在种植水稻等传统农业上,种植粮食一度成为屯昌农业的代名词。改革开放,特别是建省办经济特区以来,在稳定粮食生产的同时,□加快发展热带高效农业和淡水养殖业、畜牧业，建成橡胶、槟榔、水果、糖蔗、果蔗、瓜菜、香草兰、淡水养殖等十二大农业生产基地,基本上形成区域布局、专业化生产、企业化经营和社会化服务的新格局；推广优良品种,培育形成一批农业拳头产品和支柱产业；□大搞农田基本建设,兴建维修中小型蓄水工程,增加农田灌溉面积,购置农业机械设备,改善生产条件；大力植树造林和护林防火，保护生态环境。1998年,完成农业总产值3.99亿元,比1988年增加6.1倍；粮食总产量7.87万吨,比1988年增加1.05倍；肉类产量1.36万吨,□比1988年增加1.89倍；水产品4983吨,比1988年增加5.57倍；橡胶面积达7666公顷,比1978年增加1.53倍；槟榔面积达4000公顷,□比1978□年增加108□倍；乡镇企业总产值7492万元,比1987年增加2.5倍。果蔗、糖蔗、瓜菜种植和淡水养殖面积大幅度增加,一批名优产品如优质米、香蜜杨桃、香草兰、槟榔、枫木苦瓜、红茄、屯昌猪等享誉省内外。

2．工业

工业发展从无到有,从小到大。建国前屯昌县仅有一些小糖寮、榨油坊、打铁铺。50年代后期,国家投资兴办工厂,特别是改革开放后,乡镇、非公有工业企业相继发展。至1998年,全县工业企业已发展到1108家,其中,国有工业企业35家。工业门类有制糖、制胶、制淀粉、电力、建材、印刷造纸、机械、陶瓷、食品饮料等。制糖和建材工业成为屯昌县的主导工业,水泵厂、耐火材料厂为省内独家工厂。近年,对国有工业企业进行改革,其中县糖厂、水泥厂经过改革取得了良好效益。水晶工艺品、藤器、淀粉、鹿制品、牛肉干等产品有一定销售市场。1998年,全县实现工业总产值3.4亿元,比1987年增加11.1倍。

3．贸易、财政、金融

1978年实行改革开放以来,特别是党的十五大后,□屯昌县鼓励发展第三产业和非公有经济,商业、供销贸易有了较大发展,出现了国有、集体、非公有商业贸易三分天下的局面，商品供应充足,物价稳定,市场繁荣。1998□年全县从事商业贸易的企业和个体网点分别达69家和3900多个。全县每个乡镇都建有农贸市场,屯昌中心市场是全省较大规模的市场。1998年全年社会消费品零售总额达3.63亿元,比1987年的增加3.4倍；城乡集市贸易成交额2.65亿元,比1987年增长5.6倍。抓好"农业四税"□和工商税的征收,实行乡镇财政包干制度,财政收入逐年增加。1998□年全县财政总收入12771万元,支出12271万元,其中地方财政收入6366万元,比1987年增加13倍,财政收支年年平衡。全县现有金融机构和服务网点92个，比1987年增加43个,1998年年末存款余额6.33亿元,比建省前的1987年增加7.91倍。各项贷款余额7.74亿元,比1987□年增加3.37倍.

4. 交通、能源、通讯业

建国初，国家投资建成海榆中线公路后,□屯昌才有了通往外县的公路,之后加紧建设省道、县道及乡村公路。现在已建设成海南岛中部的交通枢纽,县内公路四通八达。1998年全县有公路里程858公里,实现村村通公路，交通工具更新换代,有客运、货运汽车及各种农用车、机动车3118辆。城乡货运量和客运量不断增加。屯昌县城街道建设初具规模,从过去的"一条扁担"(1条路)变成了"三纵八横"(3□条纵道、8条横道)。电力方面，通过兴建水库,自办水力发电,取代了50、60年代的火力发电,建省后,县办水力发电并入全省电网。现供电量充足,保证各种用电,□实现村村通电。县城、乡镇所在地及部分村庄用上了自来水。邮电设施趋于完善,通讯状况大大改观。1988年开通自动程控电话后,可同全国各地和世界绝大部分国家和地区直接通话。全县程控电话交换机容量9368门,无线寻呼用户达8189门,□实现乡乡通邮通电话。

（二）社会各项事业取得的成就

1. 教育科技

建国前教育十分落后,1949年仅办有1所初级中学,小学适龄儿童入学率仅为30%,绝大多数人为文盲。建国后,政府重视教育,兴办学校,加强基础教育,发展职业教育和成人教育,推进素质教育,改善办学条件,提高办学质量。1998□年全县有完全中学、职业中学、初级中学13所,教师进修学校1所,小学150所，幼儿园12所，小学学前班113班,在校中小学生达3.9万人。全县基本普及九年义务教育,□基本扫除青壮年文盲。建国50年来,共有3700多名中学毕业生考入大中专院校。在科学技术方面,积极实施科技攻关计划、星火计划、科技成果攻关计划,加快科技的研究开发及其成果转化应用工作,取得较好成绩。1998年全县有各级各类专业技术任职资格的2756人，其中高级职称31人,中级职称480人。1978年以来有18项科技成果获省级奖励。

2. 文化体育

建国后,特别是建省以来,加强文化体育基础设施建设,建有影剧院(场)、文化馆、博物馆、图书馆、体育馆和广播调频台、电视差转台、卫星电视接收塔等一批设施。广播人口覆盖率90%,电视人口覆盖率88%,县城、墟镇和各国营农场及一些村庄开通有线电视。驻军文化长廊是全国军队最长的文化长廊。积极开展文艺创作和送电影、送戏、送图书下乡活动及全民健身运动,重大节日组织文体活动,文化市场繁荣。1978年以来,为国家和省体育队伍输送了合格运动员8名。

3．医疗卫生和计划生育

建国后坚持不懈地抓好卫生防疫和妇幼保健工作,初步形成预防、医疗、保健网络,医疗条件大大改善。1998年全县有县人民医院、中医院和乡镇、各农场卫生院20所,集体及个人办卫生所110所,病床757张,彻底改变了建国前缺医少药的状况。控制了严重危害人民生命安全的鼠疫、天花、霍乱等传染病。城乡卫生状况也得到改善,98.6%的农村人口用上了清洁水,1.39□万户农民家庭建起卫生厕所,建立人口与计划生育目标管理责任制,强化人口计划管理,1998□年被评为省计划生育工作先进县。

4．社会保障和民政工作

全县有保险公司2家，1998年承保财产、人身保险额2.01亿元；办乡镇敬老院,集中供养和分散供养五保户;做好定期抚恤和社会救济、救灾工作；推进农村养老保险；实行职工养老保障和住房公积金制度；建立城乡(村)□居民最低生活保障制度；军民共建成效大。

5．旅游业

全年接待游客近21万人次,其中旅游过夜者15万人次。枫木鹿场接待游客18万人次。

6．人民生活质量

建国后,特别是改革开放，海南建省以来,农民粮食增收,□经济收入增加,温饱问题基本解决,生活不断得到改善。农民人均纯收入,□从1987□年的436元增加到1998年的2050元，职工年人均工资收入从1987年的1166元增加到1998年的5540元。1998年城乡居民存款余额58802万元,平均每人2244元。高档家用电器和摩托车等耐用消费品走进普通百姓家。1998年全县村村有电视,平均每百户有28部电视机。墟镇人均住房面积12.8平方米,农村人均住房面积29平方米。全县人均期望寿命达74岁,比1950□年的37岁增加37岁。

（邢福博）

第二十九章 “绿的摇篮”——白沙

山道弯弯凌空架，林海深深碧如黛。胶林层层涌春潮，果园飘香迎客来。

白沙县位于海南岛中部偏西，东邻琼中，南接乐东，西连昌江，北抵儋州。总面积2117.73平方公里，其中山地面积占41.9%。1987年成立白沙黎族自治县。全县15个乡镇，76个村民委员会,418个自然村,2个县属国营农场，还有9个国营农场。1998年全县总人口173454人，其中黎族人口102225人。

白沙是个物华天宝的地方，热带森林资源十分丰富。1998年底，全县森林面积达201万亩，占全县总面积的63.5%，其中天然林130万亩，新造林71万亩。白沙还有辽阔的牧草场地，现有天然草地面积8.6万亩，占全县总面积的2.7%。

50年代初，白沙还是个“四塞之卤，舟车不通，土货不出，外货不入”的山区小县，交通闭塞，底子薄,经济基础差。群众思想封闭，固循旧守，“日出而作，日落而息”的自给自足的生产旧观念根深蒂固，农民畏惧山外世界，不敢走出山门，市场意识淡薄，经济十分落后。党的十一届三中全会召开以后，改革开放的春风，吹绿了白沙的山山水水，也吹暖了白沙各族儿女的心，勤劳勇敢的白沙各族人民在党的富民政策的正确指引下，及时更新观念，打破了以往的“小农”经济思想，敢于走向市场，迎接挑战。在县委、县政府的正确领导下，充分利用党和国家给予少数民族地区的一切优惠政策，立足县情，围绕“山”字做文章，逐步建立起一套具有民族山区特色的，适应社会主义市场经济发展的新体制。国民经济和社会事业迅速发展，社会安定，城乡经济呈现一派繁荣景象。1998年，全县国内生产总值3.6亿元（现价，下同），比1987年增长47%；工农业总产值5.5亿元，分别比1978年和1987年增长5.7倍和93%，其中农业总产值4.1亿元，比1987年增长1倍多，工业总产值1.4亿元，比1987年增长34%；地方财政收入逐年增加，由1978年的250万元增加到1987年的775万元和1998年的3219万元，1998年地方财政支出7592万元，比1987年增长2.8倍；全县热带作物种植面积达17.8万亩，比1987年增加6.6万亩；乡镇企业完成产值1.1万元。随着国民经济的发展，城乡人民生活条件不断得到改善，生活水平不断提高。1998年农村人均收入达1395元，分别比1978年和1987年增长25倍和2.6倍；全县76个村民委员会16455户村民中，有13538户村民住上了瓦房，占82.3%，个别农户还盖起了楼房；72个村委会通汽车，占94.7%；通电村委会67个，用电户12987户，分别占总数的88%和79%；饮用卫生水户数达100%，自来水受益村委会46个，共6050户，分别占总数的61%和36.8%。

一、立足山区，做好“山”、“农”二字文章

白沙县地处山区，土地广阔且肥沃，自然资源十分丰富，具有发展热带经济作物的有利条件。经过县历届党政领导班子的不断探索，已初步摸索出一条切合白沙县经济发展实际的产业结构链，即紧紧围绕“山”、“农”两字，确定了“以开放促开发，以开发促发展，山内建基地，山外办工厂，田里求温饱，坡上奔小康，山内山外优势互补”的经济发展思路。建立起“以短养长，以长促短，种养并举”，“产、加、运、销”一体化的经济新格局。即短期作物以甘蔗、木薯为龙头，中期作物以水果为主轴，长期作物以橡胶和速生经济丰产林为后劲的“二一二”型热带高效农业开发方针。并从实际出发，依照不同区域和自然资源优势，加快优化农业内部结构的步伐，充分挖掘资源潜力，变资源优势为经济优势。据此，1990年，县委、县政府制定了《白沙黎族自治县综合改革方案》，根据本县土质，气候和农业资源分布情况，在确保粮食生产稳定增长的基础上，按照“宜林则林、宜果则果、宜蔗则蔗、宜牧则牧”的原则，将全县划分成五大特色区域农业。东部山地多，牧草资源丰富，以发展畜牧业、糖蔗为主；中东部为县城近郊，重点发展蔬菜、淡水养殖等“城郊型”农业；中部广大地区，土地肥沃，以发展糖蔗、木薯、橡胶、水果等作物为主；西部光热条件充足，重点以芒果、糖蔗、橡胶及饲养畜牧为主；南部边远地区以畜牧、林业等为主。实行区域化规模经营，形成了具有海南省中部山区特色的规模农业。

农业经济结构的合理调整，为发展高效农业打下了坚实的基础。使农业生产成为支撑全县国民经济快速、稳定、健康发展的稳固基石。1998年全县农业总产值4.1亿元，比1987年增长134%；农业增加值2.3亿元，比1987年增长99%。

（一）以粮为本，夺取粮食连年丰收

白沙是个农业县，粮食是整个国民经济中的支柱产业，是农民经济收入的主要来源之一，具有种植面积大且分布广的特点。党的十一届三中全会后，农村实行了联产承包责任制，“大包干”代替了“合作社”，分田到户，从而调动了农民的生产积极性，充分解放了生产力。为了确保粮食稳产高产，早日实现粮食自给的奋斗目标，切实解决好全县人民的吃饭问题。县委、县政府从本县实际出发，经过反复的实践和论证，大胆摆出了“一手抓粮、一手抓钱”的改革方针，把抓好粮食生产作为促进经济发展的中心任务来抓。1.大兴农田水利建设。自60年代以来，全县投入了大量的人力、物力和才力，并紧紧依靠群众，自力更生，艰苦奋斗，先后建成了南伟水库、珠碧江水库等八大水利工程。这些骨干

工程加上大批山塘抽水机站和纵横交错的大小渠道，总灌溉面积达6.8万亩，而50年代水利有效灌溉面积仅150亩，从而大大缓解了农田灌溉水源不足的状况，为粮食的稳产高产打下良好的基础。2.开垦荒地，扩大粮食作物种植面积。1998年全县粮食作物种植面积达24.7万亩,比1950年增长96%、比198年增长了61.5%。3.全面推行“科技兴农”方针。县委、县政府以帮助农民应用先进的生产技术为突破口，采取“技术与经济相结合，治贫与治愚相结合，扶贫与扶志相结合，普及与提高相结合”的科普方针，加速农业科技成果的推广和利用。

粮食生产在县委、县政府的重视和大力扶持下，农民生产积极性得到充分发挥，粮食生产连年获得丰收。1998年全县粮食总产68972吨，分别比1950年、1978年和1987年增长8倍、153%和106%。

（二）广播绿的“种子”，营造一个绿色白沙

白沙森林资源原本十分丰富。但是由于历史原因，长期以来，群众普遍存在“刀耕火种，烧山打猎”的旧习惯和“山多林多，取之不尽，用之不竭”的陈旧观念，缺乏造林护林意识，致使森林资源遭受了较为严重的破坏。

改革开放后，为了打开造林绿化的新局面，从根本上改善白沙生态环境。在县委、县政府的正确领导下，全县掀起了造林绿化热潮。1.实行层层领导任期目标责任制。县四套领导班子包乡镇，乡镇领导包管区，管区领导包村。做到领导落实、资金落实、地块落实、措施落实。2.实行县四套领导班子下乡办点造林示范。至1995年底，县四套领导班子在全县范围内共办林点280个，累计办点造林面积3.7万亩，较好地发挥了“领导带头”和“以点带面”的作用。3.全党动员、全民动手，大力开展全民义务植树活动。1988—1997年，全县每年参加义务植树均在3万人以上，累计义务植树90多万株以上4.实行“造、封、管、飞”四轮齐上，加快造林绿化速度。1988—1997年，全县共规划封山育林38万亩。1992年，在省林业局的大力协助下，在南美岭一带成功地组织了12万亩的飞播造林，目前林树长势良好。5.坚持以法护林，强化森林资源保护。依据《森林法》和《海南省森林保护条例》等林业政策法规，严厉打击各种盗伐、盗运、毁林开荒、放火烧山等违法犯罪行为。1988—1996年，全县共处理各类违法案件361起，没收违法木材6714立方米。6.坚持“科技兴林”，保证造林绿化成效。在造林绿化工作中，有关部门始终坚持“适地适树”的原则，引进刚果12号桉、加勒比松、马占相思等优良品种，并积极做好林业技术推广，跟踪服务，从而大大提高造林成活率。历年造林成活率平均为95%，保存率达100%。7.以市场为导向，以经济效益为中心，合理调整林业内部结构。在不断深化改革中，逐步摸索出一条适合山区林业发展的新路子，本着“适应市场、因地制宜、林

果结合、以短养长”的原则，合理地调整和优化产业结构。坚持以发展橡胶为基础，以芒果，荔枝、龙眼等种植业为龙头，以各类速生丰产林为后劲的多元并举的产业结构，使全县林业朝着合理，健康的方向发展。

辛勤的耕耘，换来丰盛的硕果。白沙县的“绿色产业”在改革中不断发展和壮大，成为海南省发展山区林业经济的优秀典范。1998年，全县森林覆盖面积由1987年的157.2万亩提高到1998年的201.3万亩，森林覆盖率从1987年的49.5%提高到1998年的63.5%，各项指标均居全省第一，从1989年起连年被国家、省评为造林绿化先进县等光荣称号。

（三）热带作物和经济作物硕果累累

白沙县土地肥沃，日照充足，有利于橡胶、甘蔗、水果等热带经济作物的种植。但在1978年以前，全县民营橡胶种植面积仅1万亩、甘蔗面积1.7万亩、水果种植零星稀少。

改革开放以来，县委、县政府在稳定粮食发展的基础上，大胆优化农业内部结构，大搞农业综合开发，及时地向农民灌输市场经济意识，鼓励农民种植橡胶等经济作物，增长收入，脱贫致富。并采取“机关＋农民”、“公司＋农民”等联营模式，有利于促进科技成果转化，形成规模产业，又可以提高农民的科技水平和管理水平。全县共创办甘蔗基地31个，橡胶基地30个，优质水果基地8个。热带作物和经济作物连片开发、规模性生产不断增加，有力地促进全县经济作物的快速发展。民营橡胶和甘蔗的种植在五十年代初期基本上是零，到1998年，民营橡胶种植面积达17.6万亩，比1978年增长了16倍，干胶总产量4216吨，比1978年增长了76倍；甘蔗种植面积6.9万亩，比1978年增长31倍，甘蔗总产量18万吨，比1978年增长近10倍；水果种植面积3.57万亩，比1978年增长7.5倍，总产量8944吨，比1978年增长22倍。

（四）依托本地资源优势，加快畜牧业和淡水养殖业的发展

1.畜牧业

白沙依山傍水，有十分丰富的牧草资源。现有天然牧草地面积8.6万亩，占全县总面积的2.7%。合理地利用和开发草地资源，大力发展畜牧业，潜力很大。过去，白沙县的畜牧业生产规模小，大多以“家庭型”饲养为主，且缺乏科学的管理手段、生产一直徘徊不前。改革开放后，县委、县政府适时地制定了一系列“严禁宰杀耕牛”和“奖励繁殖小牛”等方面的政策，促进了全县养牛业的发展。1987年，国家农牧渔业部、原海南黎族苗族自治州、白沙县政府联合投资600万元，全面实施“开发热带山区草地养牛综合技术推广”项目，在细水乡顺利种下从澳大利亚等国引进的优良牧草7000亩，建成人工草场围栏28

公里，成立细水牧场。1996年底，该牧场牛群已发展到2023头，并向社会提供肉牛702头。在有关部门的鼓励和引导下,农民的养牛积极性也十分高涨。如南开乡浪九村民小组，充分利用本地丰富的山地草场资源，发展养牛业，1993年全村18户，养牛140头，户均7.8头，成为全县名副其实的“养牛村”。至1998年底，全县年末牛存栏量达46840头，分别比1978年和1987年增长1.5倍和66％。与此同时，白沙县的养猪业也得到长足的发展。在党的富民政策的影响下，白沙县农民充分利用本地丰富的木薯、番薯、玉米等饲料资源发展养猪业。有关部门还积极推行“模式化快速养猪配套技术”，同时兴办“白沙县快速养猪培训中心”，向群众传授快速养猪专业技术。1995年在省农业厅的大力扶持下，建立了“二级良种猪苗繁育基地”，逐步解决了本地长期依靠从外地调运猪苗的问题，从而充分调动了群众的养猪积极性，促进了全县养猪业的发展。1998年末，全县生猪存栏量达60753头，分别比1978年和1987年增长1.1倍和70％；向社会提供肉猪42767头。

2. 淡水养殖业

白沙县的水资源十分丰富，境内有南开河、石碌河、珠碧江三大水系横贯其中，县内水库山塘星罗棋布，发展淡水养殖大有奔头。在市场经济的影响下，农民的市场意识不断增强，不少农民通过养鱼技术培训，自办养鱼基地，涌现出许多养鱼专业户，使淡水养殖业得到迅速发展。1998年，全县淡水养殖面积6345亩，比1987年增长了19.7倍；淡水产品产量1216吨,比1987年增长2.6倍。

二、建立山区民族特色的工业体系

建国初期，白沙县工业还是一片空白，甚至连简单的手工业作坊也没有。在党和政府的关怀下，白沙才逐步兴建起一些以满足本地需求的砖瓦制造及藤、竹材加工等小型企业和手工作坊。由于历史原因，白沙工业发展一直较为缓慢。1978年以前，全县仅有40家小型企业，其中国有企业14家。企业规模小,资产、管理、技术、生产能力和市场竞争能力等方面都存在较大的缺陷。改革开放后，县委、县政府及时抓住机遇，在大力发展农业经济的同时，合理地调整本县的经济产业结构，提出了“以农带工，以工促农”的指导方针，利用本地丰富的农副产品及矿产资源，加快工业发展步伐。同时也解决了农产品运销等方面的难题，在一定程度上促进了农业生产的发展。二十年来，白沙县工业改革紧紧围绕“面向市场，深化改革，挖掘潜力，增强活力”去进行。加大国有及集体工业企业的改革力度，逐步转换企业经营机制，使全县工业基础和市场竞争能力得到大大增强，工业生产稳步发展，具有山区民族特色的工业体系在全县的国民经济发展中起着不可缺少的作用。

（一）工业发展条件向良性转化

改革开放前，特别是50年代初期，白沙交通闭塞，科技文化落后，成为制约工业发展的不利因素。改革开放后，随着国民经济和科技文化的迅速发展，工业发展条件也逐渐向良性转化。1.资源优势。可开采的矿藏有铁矿、金矿、石灰石、硅灰石、花岗岩、瓷土等10多种，其中石灰石含量达2亿吨以上，硅灰石约21万吨。农作物资源有水稻、甘蔗、木薯等。林业资源有大量的林木、橡胶、芒果、藤及毛竹等。丰富的物产资源，对于发展采掘业，农副产品加工及重工业有着得天独厚的优势。2.政策优势。为吸引外资、引进技术、人才，1992年，县政府制定了一系列的优惠政策，主要包括土地价格优惠、税收优惠、合营分利优惠、劳务优惠等，以及国家给予海南特区的一系列优惠政策，为工业发展吸引外资产生了良好的效果。

（二）工业门类日趋齐全

白沙工业已由五十年代的几间手工作坊发展为目前集轻、重工业为一体的、门类较为齐全的工业体系。轻工业主要有制糖业、印刷业，家俱制造业等；重工业主要有水泥制造业，陶瓷制造业、木材及竹材采运业和电力、煤气及水的生产和供应业等。轻工业以两家糖厂为龙头，其中木棉糖厂属国家中二型企业；重工业以水泥制造业及陶瓷制造业为主轴。1998年，全县工业企业共有537家，其中国有企业20家，集体企业11家，私营企业18家，个体企业488家。

（三）工业基础和市场竞争能力不断增强

随着工业改革力度的进一步加深，逐渐把企业推向市场，促使企业由生产型向生产经营型、市场开拓型转变。采取了承包、租赁、兼并等方式，通过转换企业内部经营机制，不断深化改革，使企业在改革中不断壮大。1998年，全县国有工业企业固定资产总计达2.4亿元，比1978年增长45%；流动资产总计8808元，比1978年增长96%。工业产品生产能力和市场竞争能力也大幅度提高。制糖业两家糖厂经技术改造后，榨蔗能力达2500吨，1998年生产一级白砂糖2.8万吨，比1987年增长12.7%。县两家水泥厂，年产水泥能力21万吨，水泥产品还荣获'94莫斯科国防名优产品博览会金奖。县陶瓷厂1989年前工业产值不足30万元，该厂看准建材市场的需求，生产出彩色墙地砖、条形马赛克、条形瓷砖、高级釉面砖等产品，年生产能力达160万平方米，产品远销大陆及东南亚等国，先后获得省轻工新产品“金马奖”、“93中国科技博览会银奖”、“95莫斯科国际博览会金奖”等。县包装制品厂前身是县煤碳公司，全厂30多人靠卖蜂窝煤过日子，举步维艰。在新形势下，该厂瞄准市场，及时转换生产线，生产适销对路产品，先后建成水泥袋和纸箱包装生产线，几年来，该厂工人已发展到70多人，年工业产值逾700万元，产品畅销岛内各市县。

白沙山区民族特色工业的迅速崛起，对经济的发展起到积极的推动作用。1998年全县工业总产值1.45亿元，比1978年增长近9倍。

三、基础设施建设日臻完善

基础设施是国民经济发展的前提条件。建国以来，党和政府在狠抓经济建设的同时，十分重视基础设施建设，投入了大量的人力、物力和财力，并取得了辉煌的成效，有力地促进了经济的发展。

（一）水利水电建设

50年代初，白沙县的水利工程极有限且落后，根本无法满足农业生产的需要。1955年始，随着一些骨干水利工程的兴建，白沙县的水利工程建设才开始由临时性向永久性转变。四十多年来，白沙县的水利水电业充分发挥了本地溪流多，地表水源丰富等优势，大力发展水利建设。累计至1997年，全县共投资8182万元用于水利水电事业的建设，投入劳动力共1898万个，全县累计完成土石方1116万立方米，浆砌石37.3万立方米，混凝土2.61万立方米，先后建成中小型蓄水工程73座，其中有中型水库2座，小（一）型水库8座，小（二）型水库19座，山塘44座，设计有效库容6182万立方米，引水坝191宗、建成水电站8座，装机容量4770千瓦，年发电量1500万千瓦时。初步形成了“以蓄为主，蓄引结合”的水利灌溉系统，保证灌溉面积6.8万亩，大大缓解了农田灌溉水源不足的状况，为粮食稳产高产打下了良好的基础。

（二）公路建设

白沙地处山区，四面高山峻岭层叠。解放前，被称为“四塞之菌”的白沙县，交通闭塞，货物输入县内，多靠肩挑背驮。

解放后，白沙县各族人民在党的领导下，同心协力，开山凿路，大力发展公路建设。先后修复、扩建和新建了什（运）邦（溪）、牙（叉）南（星）等公路干线，打开了白沙与外界的联系。同时，乡村公路建设也突飞猛进，成绩喜人。现有公路644.9公里，其中国道24公里，省道112.1公里、县道138.8公里、乡道370公里。全县100％乡镇和90％以上的村庄通了公路，基本上形成了以白沙县城为中心，干支相连，辐射全县的公路网。

为勾通城乡物质交流，发展经济，提高人民物质生活水平做出积极的贡献。

（三）邮电通信建设

海南建省办特区及白沙黎族自治县的成立，给白沙邮电通信发展带来了良好机遇。为了改善投资环境，发展经济，县委、县政府及时把邮电通信推上了先行位置。在县政府的支持下，县城自动电话工程得以上马，1988年12日正式开通了电话自动交换机，从而结束了电话摇把子的历史，掀开了白沙使用自动电话的新篇。十年来，邮电通信业在改革中不断发展，1998年，电话交换机总容量达11600门，程控电话遍布城乡，电路富余，电话日夜畅通，可直拔100多个国家和地区。

四、社会事业蓬勃发展

在迈向新世纪的进程中，白沙县各届领导班子带领全县人民，始终坚持以邓小平同志建设有中国特色社会主义理论为指导，以经济建设为中心，坚持“两手抓，两手都要硬”，抓经济建设的同时不忽略精神文明建设，抓精神文明建设以促进经济建设，使两个文明建设协调发展。改革开放以来，白沙县的精神文明建设取得了显著的成绩。“文、教、科、卫、广电”等事业蓬勃发展。先后荣获全国农村科普工作先进集体、全国民族团结进步先进集体、全国文化先进县、全国“二五”普法先进县、全国职业教育先进县等光荣称号。

（一）文化体育事业

1.文化事业

1950年，白沙县政府始设文教科，1952年建立县文化馆，县文化局于1973年设立。党的十一届三中全会以来，全县文化事业得到迅速发展。1.建立健全了文化事业机构。县设有文化局、文化馆、图书馆，博物馆和歌舞团等机构。全县15个乡镇除新建的南叉乡外，其他14个乡镇均设有文化站。全县村级文化室共有64间，阅览室78间，初步形成了三级文化网络。2.文化事业队伍不断壮大。改革开放前，全县文化队伍不足50人，至1995年底，文化单位干部职工达175人。3.文化设施不断加强和完善。改革开放前，全县的文化设施十分简陋，仅有三个文化实体单位，建设面积2000多平方米。至1995年底，全县共有文化建筑体74个，总建筑面积16810平方米。并于1993年确定了用3年时间建设白沙县“百里文化长廊”的奋斗目标，即以七坊镇为中心，以元门—荣邦公路为纽带，从东至西横贯元门，白沙等8个乡镇，至1995年止三年时间共投入“百里文化长廊”的资金达

212万元。目前，白沙“百里文化长廊”已初具规模，日益丰富全县人民的文化娱乐生活。

2.广播电视事业

改革开放以来，白沙县农村广播网已由过去单一的有线广播迈上了以无线为主，有线为辅的方向。现有调频广播电台1个，电视转播台6个（含国营农场），有线电视接收站109个，广播人口覆盖率达100%，全县农村调频收音喇叭入户率为90%，电视人口覆盖率85%。县电台自办了《本县新闻与综合节目》、《科学与生活》、《白沙热土》等栏目，深受广大听众的欢迎和好评。

3. 体育事业

解放后，白沙的体育事业有长足的发展。1974年成立了县业余体校，先后开设了乒乓球班、篮球班、田径班和棋类班。为上级体工队及院校输运了一批人才,同时在参加各级举办的体育比赛中取得较好成绩。据有关资料统计，至1987年止，全县历年参加各级比赛的运动员1500人，共获得金牌67枚，银牌31枚，铜牌23枚。1998年，多次组队参加了全省各项比赛获得较好成绩，共获得金牌11枚、银牌6枚、铜牌8枚。

（二）科技教育事业

1. 科技事业

白沙的科教事业，由于历史和区位原因，一段时间较为落后。农业生产传统方式比重大，科技成果转化率和经济总量中的科技含量较低，这些都严重制约着白沙经济的发展。为改变这一状况，县有关部门积极组织实施了一系列“科教兴县”、“科技兴农”的战略措施。(1)建立健全科技推广网络。1988年成立了“白沙县农村科学技术普及和推广工作领导小组”，全县15个乡镇和76个村委会都成立了科普会和科普分会，432个村庄成立了科普小组并设有农民技术辅导员，三级科普会会员达2048人，建立了93间村级农民文化技术学校，形成了较为完整的科技推广网络。（2）增加科技投入。目前为止，全县用于科技培训，以及水稻、甘蔗、橡胶等新品种，新技术的推广经费达286万元。1992年县成立“星火计划发展基金会”。1995年县人大会议通过了每年划拨20万元作为农村科技培训经费的预算。（3）抓好农村科技培训。“八五”时期以来，全县共举办各种技术培训班1560期，培训农民99860人次，其中有1067人经考核获得农民技术员职称。(4)兴办科技示范基地，加快科技成果转化。1987年以来，全县兴办了水稻、甘蔗、橡胶及芒果等科技扶贫示范基地138个，累计示范面积14.6万亩，引进和推广58项科技成果。

“科技兴农、兴县”战略的实施，把科技星火撒向农村，有力地推动了农业和农村经济的持续发展。白沙县连续三年被中国科协评为“全国农村科普工作先进集体”。

2. 教育事业

解放前，白沙黎苗族人民普遍处于文盲愚昧状态，靠结绳记数、刻木记事、手工纺织、文化素质普遍较低。解放后，在党和政府的关怀和帮助下、特别是改革开放后，及时把教育工作列入了议事日程，确实把教育放在优先发展的战略地位上来抓、从而使教育事业得到迅速发展。至1998年底、全县有完全中学1所、职业高中2所、普通初级中学15所、小学105所、在校学生25936人、学龄儿童入学率达到99.5%，全县基本上普及了九年制义务教育。办学条件得到进一步改善。从1986年到1996年，全县共投入1640万元用于教学楼和校舍建设。如今，全县中学和完全小学都建起了教学楼和平顶教室。同时，教师队伍也得到不断增强，师资水平日益提高。1998年，全县教职工人数达1331人，教师学历达标率小学教师达90%，初中教师达80%，高中教师达30%以上。

（三）卫生保健事业

自1951年创立白沙县卫生院（县人民医院前身）以来，发展至今，白沙县的卫生保健事业已发展成为集医疗、预防、保健为一体的功能较为齐全的卫生医疗体系。到1998年止，共设有县人民医院、防疫站、保健站、结防所以及14个乡镇卫生院等卫生医疗机构22个。全县医疗卫生人员从1987年的365人增加到现在481人、其中有副主任医药师1人、主治（主管）医师18人、医（药、护、技）师125人、初级技术人员215人。医疗基础设施日渐完善。目前，全县拥有病床220张，拥有万元以上进口、国产器械15台，其中10万元以上1台（日产日立EnB—26型B超机）。随着医疗、卫生事业改革的不断深入，医疗机构、个体行医布局日趋合理，医德医风、技术水平、服务质量大大提高。（白沙县计划统计局）

第三十章 民族团结话保亭

建国50周年来，保亭人民在党和政府的领导下，发扬自力更生，艰苦创业精神，积极进行社会主义四个现代化建设，特别是在党的十一届三中全会后，保亭人民认真贯彻落实党的各项方针、政策，不断深化改革和扩大开放，抓住机遇，开拓进取，用好政策，促使经济建设取得重大突破，社会事业也获得快速发展。社会生产力、综合经济实力、人民生活水平都有了很大的提高。

一、概况

（一）地理环境与资源

保亭黎族苗族自治县位于海南省南部内陆，五指山南麓，地处东经10921～10948，北纬1823～1853，东接陵水，南邻三亚，西联乐东，北靠通什、琼中。县境东西宽49公里，南北长54公里，总面积1166.8平方公里。地势西北高，东南低，由中山、低山、高丘、低丘、台地和河谷阶地等组成。

1. 土地资源

保亭县现有土地面积1166.8平方公里，其中县属（含吊罗山）764.1平方公里，农垦系统402.7平方公里。已开发利用1110平方公里（含农垦系统258平方公里），占土地面积的95.1%。其中耕地面积6065公顷，园地38991公顷，林地41304公顷，草地620公顷，水域面积2634公顷，尚有5000多公顷土地可供开发利用。不少荒地集中连片，坡度比较平坦，大部分在15℃以内，宜于开垦，后备资源较丰富，开发潜力较大。

2. 作物资源

粮食作物是保亭最主要的产业之一，主要有水稻、旱稻、山兰坡稻、番薯、玉米等；水果种类繁多，有红毛丹、菠萝、荔枝、龙眼、香蕉、芒果、柑桔、杨桃、菠萝蜜等热带水果，其中最有名的珍稀水果红毛丹已成为保亭县重点发展的产业；形成规模生产的热带作物有：橡胶、槟榔、椰子等，其中橡胶已是保亭最主要的经济收入来源。

3. 气候条件

保亭具有明显的热带海洋气候特征。全年热量丰富，雨量充沛，蒸发量大，干湿季节明显，常风较大，热带风暴、台风频繁，气候资源多样。全年日照约1900～2000小时，日照率为45%左右，年平均气温20.7℃～24.5℃之间；雨季正常年份从4月中旬开始，10月中旬结束，平均降水量在1575.1～2324.7毫米；年平均湿度为84%，年际变化多在80%～86%之间。

4. 水资源

保亭县流经县内的河流众多，河网密度大，地表水资源丰富，年均径流18.3万立方米，水源充足，流速急，落差大。水能蕴藏量12.8万千瓦，可开发利用3.5万千瓦。

5. 植物资源

森林资源丰富，有原始天然林28124公顷，主要分布在毛感南部和北部，新政的西南部，保城北部和南林等地，树种繁多，计有800多种乔木。珍贵木材有母生、子京、坡垒，油楠、青梅、陆均松、花梨等。

6. 动物资源

野生动物有猕猴、马鹿、黑熊、蟒蛇、野猪、狐狸、穿山甲、金钱龟等。

7. 南药资源

药用植物约148种，主要有沉香、降香、巴戟、杜仲、砂仁、益智、槟榔等。

8. 矿产资源

地下矿产有铜、铁、水晶、石灰石和大理石等11种，主要集中在毛感乡。

9. 旅游资源

保亭的旅游资源丰富多彩，具有得天独厚的特色，山岳、热带原始森林；珍禽异兽；水库风光；溶洞、温泉；民族风情；热带作物及田园风光等景色各呈风姿，极具魅力。保亭县七仙岭风景区位于县城东北部9公里处，是省重点旅游开发区之一，目前水、电、路等基础设施已配套完毕，正在等待广大投资者进一步的投资。此外还有仙龙洞的溶洞，仙安的石林等都具有极高的开发利用价值。

（二）民族与行政区划

保亭县是以黎族和苗族为主的民族聚居县。解放前，除少数汉族商人外，居住人口绝大多数是黎族和苗族。解放后，随着山区的开发建设和国营农场的创建，汉族和其他少数民族人口迁入迅速增加，至1998年全县共有民族17个。1953年第一次人口普查时全县共有39269人，其中黎族25878人，占65.9%，汉族12291人，苗族1060人，其他少数民族40人。到1998年全县人口共有154393人，其中黎族91677人，占59.4%；汉族53405人，苗族5771人，壮族3036人，其他少数民族504人。40多年来，全县人口增长3.9倍，其中黎族增长3.5倍，汉族增长4.3倍，苗族增长5.4倍。人口密度从1953年33.6人/平方公里增加到1998年的132.3人/平方公里。

保亭县行政区经过多次调整划分，至1998年，全县仅辖有5个乡、7个镇，共有62个村委会462个村民小组。此外境内还有6个国营农（茶）场。

二、经济发展

1. 国民经济发展

建国50年来，保亭人民在党的领导下，致力于发展社会生产力、努力提高国民经济综合实力和改善人民生活水平与生产条件，大力推进社会主义现代化建设。特别是改革开放后，保亭人民坚决贯彻落实“对内搞活，对外开放”的总方针，不断深化各项改革事业和扩大对外开放，进一步解放和发展社会生产力，使经济社会进入快速发展时期，国民经济获得巨大发展，全县综合经济实力显著增强。1998年全县国内生产总产值31524万元（不含国营农场），按可比价格计算（下同），比1980年增长8.8倍，年均递增12.8%。其中：第一产业增加值17507万元，比1986年增长3.6倍，年均递增13.6%；第二产业增加值4146万元，比1986年增长3.7倍，年均递增13.8%，其中工业增加值1226万元，比1986年增长1.8倍，年均递增9.0%；建筑业增加值2920万元，比1986年增长5.5倍，年均递增16.9%；第三产业增加值9871万元，比1986年增长4.2倍，年均递增14.7%。人均国内生产总产值由1980年的230元增加到1998年的3056元，增长8.7倍，年均递增13.5%。全社会劳动生产率（以国内生产总值计算）从1980年的477元/人提高到1998年的6550元/人，年均递增14.8%。经济结构调整也取得了进展。1949至1985年，全县国民经济始终以传统农业为主的经济发展格局，农业在工农业总产值中的比重基本保持在61%以上。1993年后，随着改革的深入和对外开放的扩大，保亭根据省委确定的以热带高效农业为基础的发展战略，及时推出红毛丹系列水果品种，大力发展反季节瓜菜，全县出现农业开发热潮，热带高效农业超常规发展，热带高效农业的比重不断上升，国民经济出现以热带高效农业为主体的经济发展格局，三次产业的比例结构由1986年的50.6：11.8：37.6变为1998年的55.6：13.2：31.3。

2. 农业与农村经济

保亭县是个山区农业县，解放初期，农业生产仍处于刀耕火种、牛踏田、手捻稻的原始落后状态，农业经济基础薄弱，产业结构单一，主要是粮食、花生、椰子、槟榔、禽畜等一些产业，农业生产经营水平低，科技含量低；农村工业和农村第三产业还是一片空白。解放后，在共产党和县人民政府的领导下，大搞农田水利基本建设，推广科学先进技术，大力发展农业生产。尤其是党的十一届三中全会后，全县人民贯彻落实中央“改革开放、搞活经济”的方针，大力调整农业生产结构，实行联产承包责任制，农、林、牧、渔业得到有了较大的发展。建省后，县委、县政府又把发展热带高效农业作为促进国民经济发展的基础，更是使农业发展进入快车道，农业生产连续上了几个台阶，已初步形成基地化、规模化、产业化生产的格局。1998年全县农业总产值25641万元，比1950年增长62.2倍，年平均递增14.4%；比1979年增长14.1倍，年均递增15.0%；比1987年增长5.2倍，年均递增20%。在农业总产值中，种植业产值12742万元，比1952年增长30.5倍，年均递增7.8%；林业产值8956万元，增长1491.7倍，年均递增17.2%。牧业产值3401万元，增长36.8倍，年均递增8.2%。渔业产值542万元，增长773.3倍，年均递增15.6%。

农业经济基础得到较大提高。粮食播种面积由1950年的16453亩发展到1998年的140145亩，增长7.5倍，瓜菜种植面积由1950年的146亩发展到1998年29175亩，增长199倍。热作面积由1952年的324亩发展到1998年的149340亩，增长460倍，其中橡胶面积由1952年的28亩发展到1998年的113580亩，增长4055倍。水果面积由1975年的2281亩发展到1998年的16020亩，增长6倍。1998年粮食总产量达37011吨，比1949年增加29323吨，增长2.8倍，年均递增2.8%；其中水稻总产量32826吨，增长3.7倍，年均递增3.3%；瓜菜总产量33759吨，比1990年增长24.6倍，年均递增50%；水果产量2482吨，比1972年增长3.7倍，年均递增6.2%。水产品总产量890吨，比1952年增长634.7倍，年均递增15.1%。1998年全年生猪存栏量47681头，牛存栏量31478头，山羊存栏量20084只，比1949年分别增长1.9倍、2.4倍、69.2倍，生猪出栏量22572头，牛出栏量3173头，山羊出栏量7488只；家禽出栏量30万只，肉类总产量2542吨，比1986年增长2.4倍，年均递增10.6%。橡胶干胶产量由1975年的154吨增加到1998年的5037吨，23年增长了31.7倍，年均递增16.3%。

农田基本建设得到加强。保亭县加强农田水利基本建设，投入大量的人力物力兴修水利、整治田洋、改良土壤等，大力改善农业生产条件。到1998年底，全县累计投资水利基础设施8768万元，建设和维修各类水利水库工程。目前有永久性蓄水工程97宗，引水渠道168宗，长465公里。当年全县农田有效灌溉面积3753公顷，比1949年增加1800公顷；旱涝保收面积3200公顷。

农业科技推广体系不断完善，农业科技含量不断提高。至1998年底，全县12个乡镇都有了农业技术推广站，共有农业技术员53人，其中农艺师7人。肥料施用量、高产优质品种覆盖面都有不同程度增加，各种农作物都有较大增产。化肥施用量由1975年的12公斤/

亩（实物量）提高到1998年的44公斤/亩。1998年水稻每亩产量达289公斤，比1949年增加了223公斤，增长了3.4倍。

3. 工业

新中国成立以来，保亭县工业历经了从无到有，从小到大的发展过程，工业经济已成为国民经济发展的重要组成部分。建国初期，保亭工业生产还处于空白阶段，经过社会主义改造时期的大力组建，1957年，保亭县终于有了第一个地方国营企业———保亭县联合厂。当年全县工业生产总值88.2万元。70年代，保亭工业得到逢勃发展，工业门类逐渐增多，先后建成县食品厂、县农机厂、县木器厂、县纺织厂、县预制厂、县铁锅厂、毛真水电站、县榨油厂、县印刷厂等，工业基础有所增强。1979年，全县有工业企业数37个，工业总产值523.2万元。比1957年增长4.9倍，年均递增8.4%。其中全民所有制工业335.3万元，集体所有制工业187.9万元。轻工业396.5万元，重工业126.7万元。主要产品产量：发电量460万千瓦时，酒103吨，水泥1305吨。80年代保亭工业又有新的发展。县水泥厂建成投产，南改二～四级电站相继建成发电，全县水力发电站增加到22座，工业生产又向前迈了一大步。1989年，全县工业企业数有185个，工业生产总值1804.4万元，比1979年增长91.7%，年均递增6.7%。其中全民所有制工业1318.4万元，增长76.2%，集体所有制工业233万元，增长11.4%。主要工业产品产量：发电量1372万千瓦时，增长2倍；水泥1.5万吨，增长10.3倍；饮料酒1258吨，增长11.2倍。90年代保亭工业发展已初具规模，陶瓷厂、毛拉洞一期电站等相继建成投产，工业发展逐步壮大，形成电力、建材、饮料酒为主体的产业发展格局。1998年全县工业企业652个，从业人员1750人。其中国有工业企业8个，从业人员760人；集体工业企业10个，从业人员105人；私营企业3个，从业人员97人；其他工业企业631个，从业人员788人。当年全县工业生产总值5022万元，比1950年增长481.9倍，年均递增13.7%，改革开放后年均递增12.5%，建县后年均递增14.9%。工业人均劳动生产率由1979年的955元/人提高到1998年的28700元/人。

4. 运输交通、邮电业

解放前，保亭县只有两条简易公路，总长77公里，其中水道口公路全长40公里，是保亭县主要的商贸交通要道。建国后，保亭公路建设取得快速发展，交通运输事业日益繁荣。特别是1985年以后，随着对外开放扩大和交通体制改革的进一步深化，全县城乡交通事业得到了极大发展。至1998年底，全县通车公路143条；通车公路总里程440.6公里，其中地方公路127条，总里程337.1公里；桥梁58座；公路涵洞2081个。每个乡镇都有公路直达，98%以上的自然村可通汽车。当年全县货运总量95万吨，比1970年增长30.7倍，年均递增13.1%；货运周转量7088万吨公里；增长56.9倍，年均递增15.5%；客运量416万人次，增长33倍，年均递增13.9%，客运周转量8628万人公里，增长36.2倍，年均递增14.3%。

1950年，保亭县始建邮政代办所，1952年，正式成立县邮政局。初建时，设备极为简陋，投递主要靠步行，邮包用肩挑，电信靠手工操作。1954年后才开始用自行车代步进行邮件交换和投递。40多年来，特别是在改革开放以后，为了适应经济发展和对外开放的需要，保亭加快邮电基础设施建设，逐步以汽车和摩托车代替自行车和步行投递；手摇电话机变为程控电话装机。函件、快件、电报、长话、传真、邮政储蓄等业务都有较大的发展。到1998年底，全县已建有5个邮政支局，7个邮政所，邮路6条，总长139公里，农村投递线路35条，总长度1156公里。在邮政事业发展的同时，电信事业也得到快速发展，初步形成光纤通信、程控电话、移动电话、无线寻呼、分级交换等现代通信技术手段的通信体系。1998年保亭有长途电话163路，直通国内国际，程控电话交换机容量8656门，市话用户2924户，农村电话用户1489户，移动电话用户670户，无线寻呼用户4192户，电话普及率为每百人3.6部。电报业务也有了较大的改变，逐步实现了近距到远距，从有线到无线，人工电传机到4202中英文电子电传机的一个发展过程。1998年全县实现邮电业务总量1035万元，比1962年增长83.5倍，年均递增13.1%。

5. 贸易业

1998年，保亭县有各类集市贸易市场11个，比1949年增加7个；全县拥用各类批发零售贸易、餐饮业网点980个，从业人员1197人。这些集贸市场、商贸网点遍布全县各乡镇，形成较为完善的流通网络，极大地促进保亭商业发展。1998年全县社会消费品零售总额11864万元，比1952年增加11763万元，增长116倍，平均每年增长10.9%。其中城镇零售额6184万元，比1979年增长7.3倍，年均递增11.8%；农村零售额5680万元，比1979年增长2.6倍，年均递增7.0%。消费品市场呈现供给充裕、繁荣活跃、稳步增长的态势，供给品种丰富，质量、档次大大提高；流通领域出现多种经济成份竞争发展的格局，非国有经济发展迅速，比重不断上升，已发展成为贸易业的主体。1979年非国有经济在市场销售中所占的比重为2.3%，1998年上升到64.7%。

6. 财金保险业

1952年全县地方财政收入15.2万元，其中农业税收入12.2万元，占80.3%，工商税收入2.8万元，占18.5%，其他税收入0.2万元，占1.2%。1957年至1992年，工商税一直是保亭县财政收入的主要来源，工商税占地方财政收入的比重始终保持在35%以上,最高年份的比重高达95.9%。1993年，随着改革的深入和热带高效农业的发展，地方财政收入结构也发生变化，农业税、工商税成为财政收入的主体。1998年，全县地方财政收入2684万元，比1952年增长175.6倍，年均递增11.9%。其中农业税收入1065万元，占39.7%；工商税收入1026万元，占38.2%；其他税收入593万元，占22.1%。

1998年底，全县金融机构各项存款余额41343万元，比1965年增加41180万元，增长251.6倍，年均递增18.2%；各项贷款余额44574万元，比1965年增加44141万元，增长101倍，年均递增15.1%，现金总收入99910万元，比1965年增长274.2倍，现金总支出108266万元，比1965年增长265.7倍，净投放8356万元，增长192倍，年均递增17.3%。

1982年1月1日，中国人民银行保亭支行成立县保险代理处，主要办理机动车辆第三者责任保险。到1998年，保险业已有很大的发展，共开设企业财产保险、简易人身保险，机动车辆保险等12个险种，保险收入由1985年的35.6万元增加到1998年的293万元，增长7.2倍，平均每年增长17.6%。

7. 固定资产投资

1998年，全县全社会固定资产投资14712万元，比1974年增长374倍，其中基本建设投资8999万元，增长309.3倍。1974～1998年，全县累计固定资产投资81493万元，比1974年增长2078倍，平均每年增长29.2%，累计新增固定资产投资51335万元。房屋建筑面积累计达101万平方米，比1974年增长242倍，年均递增25.7%。基础产业、基础设施投资得到进一步加强，支撑经济增长能力大大增强。从1974年以来，累计完成能源、运输、邮电业、水利设施等固定资产投资17242万元，占投资总额21.2%，大大加强了保亭县经济发展基础，进一步提高了生产能力。先后建起50多个水库，蓄水总容量达4500多万立方米，确保经济发展对水资源的需要。电力装机总容量由1959年的400千瓦猛增到1998年的2万多千瓦。公路建设也有较大的改变，基本实现村村通公路的目标。邮电通信业迅速发展，电信网已经完成由人工网向自动网过渡，基本实现了模拟技术向数字技术的转变，电话全部实现了程控化。

8. 旅游业

建国一段时期来，保亭县的旅游业还是空白点。1992年，在省委、省政府确立以旅游业为先导产业的发展战略后，保亭县委、县政府抓住机遇，利用好政策，充分发挥保亭的旅游资源优势，吸引资金开发旅游产业，建设了七仙岭温泉旅游景点、甘什岭旅游景点、毛真苗寨旅游景点等一批旅游景点。同时加强基础设施建设，七仙岭温泉旅游区内的通讯设备、水、电、路等基础设施日趋完善，从县城直达七仙岭旅游区的路面正在加紧扩建、硬化，1999年可望建成通车。此外还积极开发了民族织锦等一些具有民族特色旅游产品。这些措施极大地促进保亭旅游业飞快发展，并带动商业、运输业、通讯业等一些相关产业的发展。1998年，全县有涉外定点宾馆2家，客房109间。当年接待国内外旅游者16万人次。

三、社会事业

1. 科教事业

50年来，保亭科技队伍不断扩大，科学技术推广机构逐渐健全。目前，县城设立了科技咨询中心，每个乡镇都有科技咨询站，形成较为完善的科技推广体系，实用科学技术和科研成果推广应用效果突出，取得较好的经济效益和社会效益。1998年全县共有各类专业技术人员1381人，其中具有中级职称以上人员220人，40多年来共取得科研成果200多项。

保亭县教育仅有100多年的历史。1949年前，全县有各种义学、学堂和私塾16间。50年代中期，保亭开始办初级中学、幼儿园和成人夜校，保亭教育开始走上正轨。至1965年，保亭的普通教育、职业教育、成人业余教育、半农半读教育已初具规模。1966年“文化大革命”运动，保亭教育事业遭到破坏，教师队伍受冲击，中小学校秩序被打乱。1977年后，教育战线进行拔乱反正，贯彻“调整、整顿、改革、提高”的方针，调整学校布局，实施中小学新条例，压缩高中，加强基础教育，同时恢复中学统一招生考试制度。1981年，实行教育改革，坚持三个面向的教育方针，大抓普及教育和成人业余教育，学前教育和职业教育，提高学校管理水平，重视师生的思想品德教育，加强教研活动和体卫工作，开展电化教育，努力改造危房校舍，改善办学条件，使全县教育事业出现了新的局面。1984年底，全县基本实现普及小学教育，并完成扫除文盲工作。至1998年，全县形成比较完整的教学网点。县城有完全中学、乡镇有初级中学、村民委员会有完全小学、人口集中的村庄有初小、较偏僻的山村有教学点。1998年，全县有普通中学12所，其中完全中学2所；小学78所，其中完全小学65所；教学点40个。此外还有职业中学、农业技术学校、农机学校、卫生学校、教师进修学校等各一所，县幼儿园2所。全县教职员工1387人（不含农机学校和卫生学校），其中专职教师846人，内有中学专职教师384人，小学专职教师942人。全县中小学在校学生21760人，其中中学生5697人，小学生15452人，全县儿童入学率99.9%，小学生入学巩固率98.7%，小学升学率90.4%。

2. 文艺、卫生、体育

新中国诞生以来，在党的“百花齐放，百家争鸣”文化方针政策的指导下，保亭出现一批以整理民间文学和讴歌社会主义现代化为主题的文艺作品，文学艺术创作蓬勃发展，呈现出繁荣的景象。1998年，全县有各类文化机构40个，文化站11个，其中文化中心2

个，图书馆12个，广播电台1座，电视转播台1座。全县有50多名业余作者，在专区和省级以上刊物发表的作品有200多件，主要是民间文学、音乐和绘画作品，有7幅版画作品选出国外展览，有3幅被国家收藏。在参加省级以上各类文艺作品比赛中，获国家一等奖作品有3件，三等奖2件；省级一等奖4件，二等奖2件，三等奖7件。

解放前，保亭县没有医疗机构，黎苗同胞患病无处求病，只好求神祭鬼，听天由命。各种急性传染病猖獗流行，人民生命没有保障，疾病造成的死亡率很高。解放后，保亭县政府贯彻以预防为主的方针，大力开展疾病防治工作，经过40多年的努力，保亭的医疗卫生事业得到了很大的发展，全县已经形成县、乡、村三级医疗预防保健网，一些乡镇卫生院也有了X光机、B超机、血气分析仪等医疗设备，许多恶性传染病已基本上消灭。1998年，全县共有医疗机构（未含国营农场）16个，其中县属机构5个，乡镇卫生院11间，病床总数248张。全县有各类卫生技术人员346人，其中中级以上职称141人。至1987年，天花、鼠疫、霍乱等三大恶性传染病已被消灭，小儿麻痹症、白喉已克发病，丝虫病已告绝迹，麻风病仅存个别病例。

妇幼保健工作得到较大的加强。解放初期，保亭的婴儿死亡率很高，据1951年的调查，婴儿死亡率53.37%，多死亡于新生儿破伤风，孕妇每万人就有142人死亡。随着建立了县、乡、村三级妇幼保健网和大力培训接生员，全面改善接生条件，使婴儿死亡率有所下降。1998年全县新生儿破伤风发生率下降到2%，婴儿死亡率下降到2%，孕妇产妇死亡率下降到0.8‰。全县儿童完成卡介苗等“四苗”全程免疫覆盖率达90%。

随着医疗卫生保健事业的发展，全县人口死亡率持续下降，人民体质和健康水平大幅度提高，人口平均寿命也得到相应提高。1998年全县人口死亡率为3.48‰，比1971年下降了1.3个千分点，全县人口平均寿命达70岁。

新中国建立以后，在党中央“发展体育运动，增强人民体质”的方针指引下，保亭的群众体育活动蓬勃开展起来，学校体育工作也不断得到加强，学生体质逐渐提高。1998年，全县有各类运动场所200个，学校、群众、职工等体育运动开展得有声有色，每年都举办各类体育运动竞赛。50年来全县累计举办县级以上运动会22次，参赛人数有1万多人次，参观人数近20万人次。保亭县参加国家、省级各类体育竞赛都获得好名次，曾有2人2次获全国少年羽毛球比赛第一名，获得省级比赛金牌共20枚，银牌8枚，铜牌12枚。

3. 人民生活

建国50年来，随着经济的发展，收入增多，人民生活水平有了明显的改善，特别是改革开放20年来，保亭的经济连续上几个台阶，是人民得到实惠最多、生活水平提高最快的20年，城乡居民收入成倍增长。1998年，全县农民人均纯收入1178元，比1961年增加

1123元，增长20.4倍，年均递增8.6%；全县职工人均工资5618元，比1952年增加4949元，增长7.4倍，年均递增4.7%。收入的增加，使城乡居民生活水平大为提高，消费观念发生根本性变化，逐渐向“吃讲营养、穿讲漂亮、用讲高档”转变。人均口粮、肉、禽、蛋、水产品等消费量大幅度增加，电视机、电冰箱、洗衣机、音响等家庭耐用消费品也大量进入寻常百姓家庭。全县人均粮食占有量由1961年的180公斤增加到1998年的359公斤，增加了179公斤；电视机每百户拥有量由1981年的1.6台增加到1998年的50.2台。居民居住条件显著改善，农民住茅草房的户数持续减少，住砖瓦和钢筋结构住房的农户不断上升。1998年农民住砖瓦和钢筋结构住房的比重达80.3%，人均住房面积由1982年的0.2平方米（砖瓦和钢筋结构）增加1998年的7平方米。交通工具也逐步以摩托车代替自行车。

4. 城乡建设

解放后，县城房屋建设逐步由简陋瓦房向楼房发展。1950年县城建设面积约有10公顷，到1998年，建设面积已达2.5平方公里。目前县城已有大小街道8条，建有广播站、电视台、电影院、文化馆、游泳池、医院等文化卫生设施，城内街道宽敞、楼房错落有致，全城街道两旁都植树种草，绿化、美化环境。供水条件也大为改善，已建有1.6万吨水厂，居民用水、工业用水富足有余。各乡镇都建起钢筋水泥结构的办公大楼，农村居民的民房改造也有了很大的进步。1998年全县有1839农户住进砖瓦结构的新居，占全县农户的12.3%。

5. 环境保护

自1955年起，保亭县积极就进行造林绿化、封山育林工作，加强保护生态环境，取得了可喜的进展。至1998底，全县累计植树造林9.6万亩，四旁植树370万株；封山育林130万亩，森林覆盖率60.8%（含橡胶林）。在加强营林绿化工作的同时，工业“三废”处理也有了成效，工业污染物相对排放量实现了较大幅度下降，工业“三废”的处理率、达标率都有明显提高。据1986年保亭县第一次工业污染源调查的数据看，全县47个工业企业就有16个工厂有严重污染，占33.3%，工业废水排放总量为24.63万吨，排放水达标率和处理率均为零。到1998年底，全县工业“三废”处理率已经全部达标。

6. 人口与计划生育

保亭县地处山区，解放前社会、经济和文化十分落后，医疗卫生条件差，缺医少药，各种流行病经常行，人口死亡率较高，人口发展缓慢。解放后，随着经济的发展，医疗卫生保健条件不断改善，以及人口的迁入，保亭的人口增长较快。1950年总人口为3.3万人，1998年总人口为15.4万人。50年来人口增长4.7倍。50-60年代，保亭处于山区开发期，一批批干部、职工到保亭支持山区建设，人口增长率大幅度上升。1953~1964年的11

年间，年均增加2684人，年递增为5.2%；1965~1978年14年间，年平均增加4274人，年递增4.3%。到1979年，由于成立计划生育专门机构，全县加强计划生育工作，使人口出生率逐年下降，人口自然增长放慢。自1980年以来，全县计划生育率基本达到70%以上。1998年全县人口出生率为8.69‰，比最高年份的1971年下降了27.63个千分点；人口自然增长率4.05‰。（保亭县计划统计局 杨雄）

第三十一章 腾飞的乐东

美丽富饶的乐东黎族自治县位于海南省西南部，人多、地大、物博，是全省少数民族自治县中的一个农业大县，分山区沿海两大区域，16个乡镇，总面积2747平方公里，人口46万多人。乐东气候常年平均温度山区为23度，沿海为25度，光照充足，热量丰富，雨量充沛，轻风少霜，四季可耕作。水电、矿产、森林资源也相当丰富，沿海还有62.5公里长的海岸线，海湾多、海滩白。素有“天然温室”、“热作富地”、“腰果之乡”、“黄金海岸”、“旅游胜地”、“绿色宝库”等美称，是我国和全省最大的腰果基地、南繁育种基地、反季节瓜菜基地、高位池养虾基地和粮、油、糖、芒果、香蕉、槟榔、橡胶生产基地。在县境内有闻名海内外的尖峰岭热带原始森林自然保护区(现已辟为国家森林公园)，有我国南方较大的莺歌海盐场和正在开发利用的莺歌海油气田，有神奇独特的毛公山自然景观和古海遗迹景观。乐东物华天宝，人杰地灵，是海南特区中一块亟待开发、大有希望的宝地。

建国50年，特别是改革开放20周年、建省办经济特区11年以来，中共乐东县委、县政府团结带领全县黎苗汉各族人民，高举邓小平理论的伟大旗帜，在社会主义市场经济的大潮中，扬起希望的风帆，探索“兴县富民”之路，取得令人瞩目的成绩。

特色农业显优势，加快了农业增产农民增收的步伐。乐东在致力强化农业基础地位的同时，大作“特色”文章。以市场为导向，科技为先导，流通为动力，调整和优化了农业产业结构，按照不同地域或特点，合理安排种养业的布局，扭转单一的种植经营格局，形成了山区作“山”文章，以发展热作、水果、畜牧业为主；沿海作“水”文章，以发展养殖、捕涝业为主，平原地区作“果菜”文章，以发展名优特稀瓜菜、香蕉为主的具有“一乡一色”、“一村一品”区域特色鲜明的农业主导体系，促使本地资源得到合理的配置，提高了各类资源的有效利用率和特色农业的整体效益水平。1998年粮油、良种、瓜菜、林果、畜牧、水产等农业产品获得增产增收，农林牧渔总产值(按现行价)达14.6亿元，农民人均年纯收入2085元，比1987年的总产值1.88亿元、农民年人均纯收入460元分别增长6.8倍、3.5倍。乐东芒果、乐东洋葱等一些名优农产品盛誉国内外。

工业稳步发展。经过几十年的努力，乐东工业从无到有，从小到大。乐东地方工业已从传统型向外向型发展，逐步建立有自己特色的制盐、制糖、电力、采伐、食品、印刷、藤制工艺品等地方工业体系，并努力开发黄金和花岗岩等资源工业，有些工业产品在行业竞争中崛起，成为全国知名品牌。县腰果综合加工厂生产的腰果仁、美味腰果仁、腰果梨汁、浓缩汁、凉果、蜜饯、腰果油等7□个腰果系列产品获得“全国轻工业优秀新产品奖”，“美味腰果仁”获“第五届亚洲及太平洋国家贸易博览会金奖”等殊荣。1998年(按90年不变价)全县工业总产值达20243□万元，比1958年的534.06万元(按57年不变价)增长36.9倍。

财政、金融、保险业均平稳上升。建省以来，财政工作一方面多渠道、多层次、多方位筹集资金和发展带税农业，开拓财源，一方面加强征收，开展增收节支活动，促使财政收入逐年增长。1998年县地财总收入5411万元，比1987年地财收入1583万元增收3728万元，增长2.4倍。□县国税、县地税收入也逐年增多。建省11年，全县金融机构从建省前的四行一司、营业网点68个上升到现在的五行一社二司、96个营业网点，业务范围也从原来的办理存货等拓展到办理代发工资，代收水电费、税款、保险费、信用卡、委托代理及电话银行等业务，以安全、方便、快捷的行业特点，为现代社会和人民生活提供了全方位的金融服务。1998年以来，全县金融各项存款余额83425万元，□其中城乡居民储蓄存款余额72411万元，各项贷款余额74553万元，分别比1987年增长7倍多、10倍多、4倍多。人寿保险、财产保险等保险业也有长足发展。

基础设施日臻完善。乐东交通发达，有铁路、公路、海运通往全国各地。县境内公路纵横交错，四通八达，全县实现乡乡(镇镇)有公路，村村通车，海榆西线、中线和西线高速公路干线贯穿其中。全县货、客运量和周转量持续增长。货运量、货运周转量从1979年的9.15万吨、货运周转量279.8万吨公里上升到1998年的440万吨、货运周转量28000万吨公里；客运量从1979年的22.□59□万人、850.9万人公里上升到1998年的464万人、25810□万人公里。全县电力富足。1958年全县发电量才13.85□万度。进入90年代，全县电站年总发电量最高达3000万度，总销售电量2910万度。1987年电力与全省联网，县电业公司年购电量3092万度，销售电量2570万度，全县622□个自然村中已有390个通电，通电率占62.7%。□邮电通信事业迅速发展。1952年全县市内电话年末才有3个用户，□邮电业务总量3411元。截至1998年末止，全县16个乡镇、7□个国营农场以及县城地区全部开通程控电话，并入全国电话自动网，实现了长话自动拨号；程控电话装机容量9608门，电话放号量达6572门，电信业务总量完成1866万元。邮政局、所、邮储点、报刊零售点共51处，邮路实现自办。在报刊发行数据上实现了微机处理，邮政业务总量完成253万元。广播电视事业改革开放以来发展较快，至1998年止，广播人口覆盖率达95%，电视人口覆盖率达91.4%。

科教卫、计划生育协调发展。至1998年止，全县拥有县、乡镇、村委会、村民小组四级科普组织89个、科普示范户3639个。建省以来，全县取得69项科技成果，其中国家、部省级有11项。有2□万亩反季节瓜菜综合丰产技术获国家农业部颁发的“全国农牧渔业丰收一等奖”。1991年，乐东被确定为国家科委重点联系县。1950年全县有普通中学、小学26间，在校学生2485人。1951年后，特别是改革开放以来，乐东办学规模日益扩大，教育教学质量稳步提高，由应试教育向素质教育转轨。至1998年止，全县有教师进修学校、完全中小学、职业中学和幼儿园236所，□在校中小学生84478人，适龄儿童入学率达99.6%，□巩固率98.2%，毕业率达98.9%，适龄少年入学率达96.7%，全县16个乡镇经省政府评估团验收达到“普九”和扫盲合格达标，被评为省“两基”先进县。从1993年至1998年6□年间，全县有1104名中小学生获全国、省级学生竞赛一、二、三等奖，普通高考有3025人考取大中专院校。职业教育、成人教育、勤工俭学也有较大的发展。建国初期，乐东处于缺医少药，1952年才有1个医疗卫生机构(即医院)，□医疗卫生工作人员46人。从1953年起，特别是改革开放以来，乐东县出现多渠道、多形式办医，卫生队伍不断壮大，健康保障能力明显增强。截至1998年止，全县有公办医疗卫生机构24个，医疗卫生工作人员1140人。全县(□包括国营农场)千人拥有医生2.7人、病床1.6张，□均超过省平均水平。全县实现了村村有医疗站。预防保健工作取得长足发展，传染病发病率从0.56%下降至0.21%，少儿麻痹、白喉等传染病已连续8年没有发病。□县防疫站曾获“全国计划免疫工作先进单位”。计划生育工作走上法制轨道，并由部门行为变为政府行为，人口出生率明显下降，下降率为0.6个千分点，人口自然增率控制在13.7%。□抱由镇获“全国少数民族计划生育先进集体”奖。

乐东城乡出现了国家、集体、个人办文化事业的新格局。机关文化、企业文化、校园文化、广场文化、家庭文化等也竞相发展；剪纸、少年美术书法、交谊舞、文学创作、舞蹈、蒲公英钢琴等6□个辅导基地应运而生；文化下乡等活动异彩纷呈。黎族农民羊永生的剪纸作品《磨谷》在日本展出。大安乡被国家文化部命名为《中国民间剪纸艺术之乡》，县歌舞团跳拉弹唱有特色，为城乡群众送歌送舞，被国家文化部授予“全国文化先进集体”称号，歌海镇文化站获国家文化部颁发的“全国社会文化工作先进单位”奖。城乡体育也丰富多彩，一年比一年活跃，一批体育健儿脱颖而出。

市场活跃、商贸繁荣。全县现拥有成规模的集贸市场、批发市场和自然村市场46个，商品供应充裕，消费需求平稳增长，上市难、购物难的问题基本得到解决。以1998年计，全县社会商品零售总额42202万元，□其中城乡集市贸易成交额达17432万元，农村消费品零售额24211万元。社会商品零售额比改革开放前的1979年4461万元增长8.46倍。县城、黄流镇集贸市场分别获“全国文明市场”殊荣。

城乡人民生活质量显著提高，衣、食、住、行、用等方面都大为改观。彩电、音响、程控电话、电冰箱、洗衣机、消毒机、摩托车、大型汽车、小面包车、液化石油气炉等高档家私进入了一部分农(渔)家。山区黎苗同胞居住条件有突破性的进展，告别船形茅屋，□住上新瓦房。□从1995年至1998年，4年全县少数民族地区共建新瓦房(平顶房)12513户(建筑面积达103.38万米)，胜于解放后40年□(即1951年至1991年建瓦房7036户，增加5475户)。广泛开展以人为本的多种形式的群众性精神文明创建活动，提高了社会文明程度。1997—1998年获全国精神文明示范镇1个，省级文明单位7个，省级文明单位标兵1个。

展望新世纪，全县各族人民在党的十五大精神的指引下，沿着县委、县政府提出的"强农重工，齐抓财政；科教兴县，增进效益；招商引资，加快发展"的全县经济工作指导方针，正以创大业，争一流的雄心壮志，同心协力，真抓实干，奋发进取，创一流业绩，塑文明形象，为"乐东明天更美好"而努力奋斗。（乐东县委 陈运强）

第三十二章 芒果之乡——昌江

解放50年，是昌江各族人民在中国共产党的领导下进行社会主义革命和社会主义建设的50年。1961年从原东方县分置昌江县后，特别是党的十一届三中全会后，海南建省办大特区以来，昌江的面貌发生了巨大的变化，农业、工业、交通运输、科技、文教卫生、商业等方面迅猛发展，人民生活显著提高。50年来，昌江人民在探索中发展，在发展中开拓，在开拓中前进，一步一个脚印，从50年前一个贫穷落后的“三瓜县”（解放前昌江人民以地瓜、南瓜、木瓜为粮食）发展成为今天以热带农业为主，其他经济作物为辅的农业县。昌江地区已逐步发展成为海南岛西部的重工业区，有全国最大的富铁矿、现代化生产的国投水泥厂、钢铁厂、炼铜厂、制糖厂、麻纺厂等工业企业。现在，昌江到处呈现出一派生机勃勃的兴旺景象。实践证明，只有在中国共产党的领导下，昌江人民才有今天，只有改革开放，昌江的经济建设才得以迅速发展。

一、经济综述

全国解放后，在党的领导下，昌江实行土地改革，人民真正当家作主。1953年，实行对农业、手工业和资本主义工商业的社会主义改造，农村由组织互助组发展到初级社、高级社，经过几年的三大改造，1956年基本完成了对生产资料私有制的社会主义改造。由于生产资料私有制的变革，进一步解放了生产力，生产效率大大提高，1957年全县工农业总产值达926.71万元（按1957年不变价），其中工业总产值由解放初期的零增到403万元，开始出现新的面貌。

1957年到1966年，昌江县进入全面社会主义建设的新时期，在这10年中，昌江在发展建设过程中，取得了很大的成绩。1958年实现人民公社化，人民焕发了改天换地的革命精神，建成了石碌水库，开凿了百里渠道，建成38宗山塘蓄水坝，开荒造田，建成一批稳产高产农田，改善了农业生产条件。与此同时，还逐步建立起一批小型厂矿企业，改变经济结构，加快工农业生产全面发展步伐。1965年，工农业总产值达3414.56万元(按1957年不变价)，是1957年的3.7倍，其中工业总产值2570.09万元，占工农业总产值的75.3%(包括省、海南区、自治州所属企业在内)。

“文化大革命”期间,昌江的经济建设遭受建国以来最严重的挫折,但是,在党的领导下,昌江人民团结奋战,昌江的经济建设仍然得到继续发展。党的十一届三中全会以来,昌江的经济走上了健康发展的道路,经济社会发生了变化。1978年,全县工农业总产值达10778.33万元(按1970年不变价),其中,县属工农业总产值2572.58万元。1980年开始,实行家庭联产承包责任制试点,1981年后逐步铺开,全县的经济建设开始进入了新的一轮创业阶段。1986年，全县工农业总产值21571.92万元(按1980年不变价),其中工业总产值16912.4万元,占工农业总产值的78.4%。县属工农业总产值达8665.56万元,是1978年的3.3倍,其中:工业总产值4006.05万元,是1978年的5.1倍。农业总产值4659.51万元,是1978年的2.6倍。粮食总产量39603吨,比1978年增长16.9%。1986年全县社会总产值44269万元,其中,县属社会总产值15801.93万元,农民人均纯收入比1978年提高6.8倍。

海南建省办大特区以来,在省委、省政府的正确领导下,昌江县委、县政府坚持以邓小平理论为指导,认真贯彻党的十四大、十五大精神,围绕发展社会主义市场经济这一中心,深入改革,扩大开放,积极调动全县各族人民的积极性,使全县经济建设得到了快速的发展。1998年,全县国内生产总值143881万元(按现行价),是1987年的4.7倍。工农业总产值130008万元,是1987年的4倍,其中农业总产值63839万元,占工农业总产值的49.1%,工业总产值66169万元,占工农业总产值的50.9%,乡镇企业15000万元,占农业总产值的23.5%。全社会商品零售额25639万元,是1987年的3.1倍。粮食总产量74980吨,是1987年的4.8倍,是1978年的55倍。农民人均纯收入1500元,是1978年的28.2倍。财政收入8667万元,是1978年的13.1倍,是1987年的6.2倍。

1998年，经省政府对县域经济考核后，昌江的经济等级由1997年的五级晋升到四级，人均国内生产总值6448元，名列全省第三名，人均地方财政收入392元，名列全省第三名。贫困人口逐年减少，1998年由14000人脱贫到6500人，到1999年全县贫困人口基本实现全部脱贫。

50年来,特别是党的十一届三中全会和海南建省办大特区以来,昌江县委、县政府始终坚持党的路线、方针、政策,积极引导广大人民群众走社会主义道路和发展经济,使昌江的经济建设步上了更高的发展阶段,产业结构得到调整,基础设施不断完善,投资环境进一步优化,尤其是1995年以来,昌江立足于自然优势,大力发展热带高效农业,把“科技兴芒、芒果强县”的发展战略与实施芒果品牌战略紧密地结合起来，使芒果取得了长足的发展。今天，昌江社会稳定，经济快速发展，市场更加繁荣。

(一) 农业

1953年起,实行对农业、手工业和资本主义工商业的社会主义改造后，昌江农村开始从组织互助组发展到初级社、高级社,农业生产进入了互助阶段。1957年,昌江贯彻党的农村政策,农业生产发生了变化,生产使用双铧犁,耕作前进了一步。当年全县农业总产值达523.

71万元(按1957年不变价),是1953年的1.5倍。1965年,全县贯彻《农村社会主义教育中目前提出的一些问题》(以下简称二十三条),农村中掀起学习《二十三条》高潮,昌江农业生产又进入了一个新的阶段,经济建设有所转变,由单一的生产方式开始尝试多种经营,农业经济步上了一个台阶,当年全县农业总产值达844.47万元(按1970年不变价),比1950年刚解放时增长89.2%。

1966年开始文化大革命,经济上"割资本主义尾巴",农业生产遭到破坏。1978年,党的十一届三中全会召开后,昌江各族人民在县委、县政府的领导下,认真贯彻执行党的路线、方针、政策,进行改革开放,实行家庭联产承包责任制,农业生产一下子火红起来,发生了转折,全县农村走多种经营道路,农民种甘蔗、水果,发展水产和畜牧养殖业,农业呈快速发展的势头,农业总产值直线上升,1985年,全县农业总产值达4904.67万元(按1980年不变价),是解放初期1953年的6.4倍。

海南建省办大特区以来,昌江县委、县政府实施科技兴县战略,立足自然优势,调整产业结构,以经济建设为中心,大力发展农业生产,政府引导农民充分利用土地,保护耕地。特别是1995年以来,昌江县委、县政府认真构筑农业产业框架,把发展热带农业摆在前头,同时提出了建立芒果、甘蔗、瓜菜、热作等4个10万亩生产基地蓝图,并把"科技兴芒、芒果强县"的发展战略与实施芒果品牌战略紧密地结合起来,使芒果生产取得了长足的发展,芒果逐步进入了规模宏大的集约型、基地化的经营新阶段,芒果品种达43个之多,面积由建省前的6000亩发展到1999年的10.6万亩。到1999年,4个10万亩生产基地已基本形成,农业生产正朝着省委、省政府提出的发展"热带高效农业、绿色农业、订单农业"的方向发展。水产养殖也向名优产品发展,海水养殖产品有石斑鱼、对虾、南美北对虾、大花蟹、青蟹等,有海水养殖面积1340亩,养殖场3个,淡水养殖面积19274亩。畜牧业发展迅速,到1999年,有规模较大的三架岭畜牧场和牧草基地一个,牧草面积30000亩,20000亩饲料性粮食、热带豆科牧草种质繁育基地正在建设,全县各乡镇农村都养殖牛、羊等牲畜,县委、县政府已确定王下、七差两个乡为牧乡,养殖规模正在形成。全县现养牛61555头,养羊42267只。

1998年,全县农、林、牧、渔业总产值达63839万元(按现行价),是筹备建省时1987年的8.8倍,其中:农业产值达28058万元,林业产值1338万元,牧业产值10255万元,渔业产值24188万元,分别是1953年的186.6倍和170.9倍、78.9倍、495.8倍。粮食总产量74980吨,是1987年的4.8倍,农民人均纯收入1500元,是1987年的4.1倍。

(二)工业

1950年解放后,党和政府积极扶持私营工业和个体手工业的恢复和发展。1953年,实行第一个五年计划，逐步对私营工业和个体手工业进行社会主义改造，开始组织手工业社（组），1956年，全县基本完成对私营工业、个体手工业的社会主义改造。1958年，县、乡（社）掀起工业热，先后办起了炼铁厂、肥料厂、砖瓦厂、农机厂等工业企业，全县工业迅速发展，当年工业总产值由1954年的0.24万元增加到2209万元。1961年起，随着工业经济的发展，又办起了农械厂、农副产品加工厂、家具厂、食品厂等，1970年至1975年，先后办起昌江水泥厂、昌江印刷厂和大风糖厂等企业，至此，昌江的工业企业基本形成规模。随着经济的发展，1984年5月在山竹沟兴建昌江糖厂，1996年又在石碌镇水头村兴建年产80万吨的现代化国投水泥厂。

党的十一届三中全会后，昌江县委、县政府贯彻执行党的“改革开放、搞活经济”的方针，逐步改革经济体制，扩大企业自主权，并对企业进行整顿和改革，同时采取积极措施，改善投资环境，发展横向经济，吸引投资，全县工业企业向现代化发展，工业经济效益不断提高。

海南建省办大特区以来，县委、县政府贯彻党的方针、政策，继续推进改革开放，在工业企业改革方面，按照建立现代企业制度的改革方向，完善改革措施，以“三个有利于”为标准，坚持抓大放小的方针，把企业的改革、改组和加强管理结合起来，同时采取“引进来，走出去”的办法，吸引外资，发展企业。工业企业在经营管理中实行现代化制度，工业运行质量不断提高。在发展工业企业的同时，县委、县政府重视农村供电设施的建设，先后建起了山竹沟电站、石碌水库坝后电站、雅加电站等发电站，并加强农村电网的改造工程，使昌江农村基本实现了村村通电。到1999年，昌江县内有糖厂、水泥厂、麻纺厂、钢铁厂、炼铜厂、食品加工厂、建材厂、印刷厂、自来水厂、制冰厂、纸箱包装厂、饮品加工厂、发电站等工业企业，全县工业总产值达66169万元（按现行价），是1987年的2.6倍。其中县属工业总产值15584万元，是1987年的3.6倍。

（三）商业

解放初期，昌江县完成私营企业和个体手工业及资本主义工商业的社会主义改造后，接着在农村中组织群众合资兴办供销合作社，人民群众开始有了自己的商业企业。随着社会主义建设事业的发展，昌江的商业逐步发展壮大，由公社办供销社发展到每个大队（村）办代销社。党的十一届三中全会后，县委、县政府贯彻党的商品流通体制政策,鼓励城乡群众办商业企业，使全县的商业企业迅速发展，商品在城乡中得到流通，形成了以国营商业为主体，集体、个体并存的多渠道、多环节、开放型的商品流通体制。国营商业企业积极扩大经营，为市场提供了比较充裕的商品，电视机、洗衣机、收录机、电冰箱等高档商品，开始出现在各商店里。

供销集体商业，在全县已形成了一个上下沟通，纵横连贯的购销系统，在沟通城乡物资交流、发展农村商品生产、繁荣农村经济，满足群众生产、生活需求等方面，发挥了重要的作用。

海南建省办特区后，部分农民进城办商业，饮食业及服务业，进一步繁荣了城乡市场。1998年，全县社会商品零售总额25639万元，是1987年的2.6倍。到1999年，全县有国营商业75家，职工644人；集体商业18家，从业人员682人；个体商业3052家，从业人员4373人。

（四）财政

1961年分置昌江县后，开始设立昌江县财政局，财政工作随着经济社会的发展逐步发展壮大，30多年来，昌江的财政工作取得了很大的成绩，财政收入一年比一年增加，税源也随着经济的发展而不断扩大。1961年当年财政收入194万元，到1986年全县财政收入达1359万元，是1961年的7倍，财政支出2276万元，是1961年的12.9倍。昌江的财政资金，主要来自工商税、农业税、矿产资源税、企业上缴税和其他收入，在税源中，工商税增长较快。

海南建省办特区后，昌江的财政税收税源、税种不断增多，财政收入逐年增长，从而促进了昌江基本建设和文化、教育、卫生、科技等事业的发展。1998年，财政收入首次突破8000万元大关，收入达8667万元，是1987年的6.2倍，是1961年44.7倍。财政支出14745万元，是1987年的6.2倍，是1961年的83.3倍。

（五）金融

解放后，随着工农业生产和经济的飞速发展，昌江的金融事业不断发展壮大，从解放初期设立农村信用社到逐步建立人民银行昌江支行、农业银行昌江支行、农业发展银行昌江支行、工商银行昌江支行、建设银行昌江支行和保险公司，各乡镇也建立了营业所，1989年，又成立中国银行昌江支行。到1999年，全县金融部门的基层组织机构逐步健全完善。

金融部门的发展壮大，有利于人民储蓄和货币回笼，大大地促进了昌江社会主义建设事业的发展。1998年，全县国家银行年末存款余额102589万元，是1987年的7.2倍，其中：城乡信储存款余额75843万元，是1987年的8.3倍。全县国家银行年末贷款余额209876万元，是1987年的8.6倍。现在，90％以上的工商企业与银行建立了营企关系，同时银行不断扩大固定资产和农业发展方面的贷款，积极为国家统筹资金，积极地支持企业和农业的生产建设，发挥经济杠杆作用。

（六）邮电

解放初期，昌江的邮电设施比较简陋，通讯联系十分困难，邮件投递由人步行或骑自行车。1970年后，昌江邮电事业逐步发展，1977年，全县邮电基本形成通讯网络，县城有邮电局，全县12个乡镇均设有邮电所或支局，同时增加了报刊业务，负责报刊征订和投递工作。1978年，党的十一届三中全会后，邮电事业发生了可喜的变化，邮运条件大大地改善，市内投递邮件开始使用摩托车，各种电报机械设备、长途电话路数都比过去有所增加，电话机由过去手摇换成数码电话机，拨打电话速度比过去大大加快。

海南建省后，邮电事业发展迅速，均采用现代化设备，1992年开始使用程控电话，并开通移动电话，增设寻呼机业务，通讯线路使用光纤光缆。1997年底，由于邮电业务量的增加，昌江县邮电局分设电信局和邮政局。1998年，全县移动电话比1997年新增用户818户，农村电话新增用户329户，电信业务总量2044万元，邮政业务总量353万元。到1999年，基本完成全县各乡镇的光纤光缆通信工程和县城电缆管道扩容工程，138、139移动电话与全国联网开通。

二、社会事业

解放后，昌江县委、县政府重视社会事业工作，加强对社会事业的领导，陆续组建各种文化专业部门和团体，不断兴建各种文化设施。党的十一届三中全会以来，特别是海南建省办特区后，昌江的社会事业得到了进一步的发展，社会事业呈现出一派繁荣的局面。随着经济的腾飞，昌江的科技、教育、文化、新闻、体育、卫生、广播电视、金融保险、社会保障等多项社会公共事业迅速发展。

（一）科技

昌江是一个少数民族聚居县，解放前一直沿用传统的刀耕火种的耕作方式，农业由于缺乏科学技术，一直处于落后状态。1950年解放后，昌江县委、县政府重视科技事业的发展，1958年开始在海尾公社利用科学技术试种西瓜、甜瓜、菜瓜等。1961年，成立昌江县科学技术委员会，接着成立科普协会等，开始了农业技术的推广和研究工作，并引进良种牛、猪进行配种，发展畜牧业。1962年，建立昌江县农业科学研究所，1963年9月，成立昌江县科学技术协会，随着县科委和科协的不断完善，在全县各行业中推广普及科学技术，科研人员也从无到有，农业、卫生、畜牧等行业的科技人员积极开展科研活动。1974年，县农科所引进水稻良种“小家伙”进行试种，亩产近1000斤。

1978年党的十一届三中全会后至1985年，昌江县共取得了100项科技成果，其中有《水稻良种昌江529选育》获海南行政区政府三等奖，还有《鸡卡氏白细胞虫病的首次确诊及防治》、《昌江县埃及白伊蚊季节性消长观察》、《秋种花生高产实验》等成果，先后获自治州政府的奖励并被推广应用。大风糖厂推广利用烟道气余热烘干蔗渣成功，1985年榨季期节煤350吨，节约经费5.2万元，对加速完成榨糖任务起了积极的作用。昌江糖厂推广“利用酒精代汽油开车”成功，1985年至1986年榨季有37辆汽车使用酒精开车，运输效果良好，节约经费5.8万元。

海南建省办大特区以来，昌江县委、县政府积极组织实施“科教兴国”的战略思想和“科教兴县”的战略方针，同时认真贯彻执行经济建设必须依靠科学技术，科学技术必须面向经济建设的方针，积极发展科学技术。1997年，引进塑料软盘育秧、旱育稀植、大田抛秧、芒果良种换冠改良等技术，并在全县各农村中推广应用。同时引进新台糖和粤糖10号、16号、20号、22号良种甘蔗。随着社会主义市场经济建设的发展，昌江县的科技事业象雨后春笋，蓬勃发展，各类科研机构相继成立，科技队伍逐步壮大，科技成果不断增加，并得到推广和应用。到1999年，科普网络遍及全县各乡镇，全县有农学会、芒果研究学会、畜牧兽医学会、水产学会、热作学会、医学会、林业学会、农机学会、建筑学会、邮电学会、教育学会等20个。有各类专业技术职称人员2655人，其中副高级研究员21人，中级职称人员337人，初级职称2297个。全县有农民技术人员8614人。1998年昌江农业函授大学的设立，象征着昌江农业向科学技术迈进了更前进的一步。

（二）教育

解放后，在党和政府的领导下，昌江的教育事业迅速发展，各乡镇都办起了小学和中学，同时在农村中还开设扫盲班，开展扫除文盲活动，文化教育在农村中得到普及。党的十一届三全会后，县委、县政府重视文化教育工作，多渠道筹措经费投入教育，发展教育事业。在普及发展教育的同时，为了提高小学教师的教育教学水平，1969年在昌江中学设立昌江师范学校，专门培训小学民办教师和代课教师（师范学校于1971年春季迁出独立）。1985年，在县城创办1所全日制民族中学，同年在叉河中心小学开办民族“三包班”（该班于1989年迁到县第三小学），同时还在保平创办1所职业中学（1996年迁到县民族中学）。

海南建省后，随着经济的发展，昌江县委、县政府对教育更加重视，对教育的投资不断增加，1997年，投资700万元在昌江中学兴建全省民族地区第一流的教学大楼，面积7538.88平方米，该教学楼集教学、实验、图书、电教、语音等为一体。九年制义务教育正在稳步推进，职业教育和成人教育得到长足的发展，各类学校教学设施明显改善。在普及九年义务教育工作中，取得了较好的成绩，1998年全县“普九”工作顺利通过省的验收。全县适龄儿童入学率达99.1%。学生考入各类大学、中专的人数逐年增多，各类学校的师资力量不断加强，教学水平不断提高。

到1998年止，全县各类中小学都盖起钢筋混泥土结构的校舍，有钢筋混泥土校舍173892平方米，其中教室92617平方米。全县兴办中小学161所，其中普通中学22所，职业中学1所，民族中学1所，小学126所，幼儿园12所。全县在校学生44985人，其中普通中学生13999人，职业中学生32人，小学生28559人，幼儿园2395人。有教职工2906人，其中普通中学校职工892人，职业中学教师9人，小学教职工1738人，幼儿教师267人。各类学校的师资力量不断加强，教师的文化水平不断提高，从幼儿园到普通中学基本按照国家教委的要求配备教师。

（三）文化

1950年解放后，昌江县委、县政府重视文化事业工作，并加强对文化事业工作的领导，使昌江的文化事业从无到有，从小到大逐步发展。1961年分置昌江县后,于同年4月组建昌江县文化馆，尔后陆续组建电影站、档案室、图书馆、电影场、文艺宣传队、广播站等各种文化专业部门。通过广播，人民群众开始收听到党中央的声音和政策，也通过电影看到了祖国形势的发展，党的方针、政策得到了宣传。

党的十一届三中全会后，昌江的文化事业迅速发展，全县各乡镇办起了图书室、文化站，使农民的文化活动有去处。1984年，成立昌江县广播电视局，负责全县的广播、电视工作，电视转播通过海南钢铁公司的微波站转播。1985年，县政府投资兴建一座面积1100平方米，有1200多个座位的影剧院，结束了昌江长期露天看电影的局面。1987年，县政府又投资兴建昌江县广播电视微波站，使昌江农村的电视收视率得到了进一步的提高，农村基本接收到中央和海南台的电视节目。

海南建省办大特区后，昌江的文化事业更兴旺火红，县城石碌和各乡镇都办起了歌舞厅，进一步丰富了城乡人民的文化生活。1994年，县政府投资在县城原露天电影场兴建可容纳7000余人的文化体育活动中心，并建起了老干部活动中心，使老年人活动也有去处。昌江电视大楼和８０米电视塔正在筹建。到1999年，昌江已建成影剧院、文化馆、图书馆、博物馆、广播电台、电视台、公园、歌舞厅、娱乐场等文化活动设施，城乡人民群众文化娱乐活动丰富多彩。

（四）卫生

解放后，党和政府十分重视人民的医疗卫生工作，在县城办起了人民医院和卫生学校，同时在各公社（乡镇）办起了卫生院，县政府通过卫生学校培养农村初级保健人员，并加强卫生管理，改善医疗卫生设施，改变全县缺医少药状况，促进卫生事业的发展。1978年后，昌江县委、县政府增加卫生事业的投入，使全县的卫生事业迅速发展，全县各乡镇都办起了医疗卫生保健网点，农村初级保健得到健全。同时县委、县政府贯彻执行党的政策，对卫生工作进行改革，使全县的防病治病工作日日完善。1999年，全县有医疗卫生机构92个，其中卫生部门19个，工业行业9个，个体48个，其他部门16个。县城有人民医院门诊部、住院部、中医院、麻风病院、海南钢铁公司职工医院、农垦红林医院。卫生防疫站、妇幼保健站、慢性病防治站、皮防站等。全县乡镇有卫生院12所，农村办有合作医疗站。全县医疗部门有病床位737个，有医务人员941人，其中：中医师21人，西医师227人，药剂师26人，护理师136人，护士192人，助产士23人，其他卫生人员316人。（昌江县计划统计局 赵典修）

第三十三章 陵水的变迁

一、概况

陵水黎族自治县，原称陵水县，属海南黎族苗族自治州管辖。在1987年12月自治州撤销后，更名为陵水黎族自治县，由海南省直辖。陵水县始置于隋大业六年（610年），距今已有1389年的悠久历史。它位于海南省的东南部，介于北纬18°22′～18°47′，东经109°45′～110°08′之间。东北接万宁市，西至西北与保亭、琼中两县毗邻，西南与三亚市接壤，东南临南海。南北长40公里，东西宽32公里。地势西北高、东南低。地质大部份为花岗岩构成。土地总面积127.3平方公里，占海南岛陆地面积的3.32％。其中山地占17.79％，丘陵占21.74％，台地和平原占49.37％，河谷阶地和泻湖占11.1％。形成一个西北部为山区，中部为丘陵区，东南部为平原区的一个沿海县份。全县现有17个乡镇，其中10个民族乡镇。114个行政村，其中63个民族行政村。608个自然村，其中467个民族自然村。在境内居住的居民中（含临时居住）共有16个民族。以黎、汉、苗族人口居多，是个黎、汉、苗等多民族“大杂居、小聚居”的民族自治县。1998年全县总户数69373户，总人口315281人。在总人口中，黎族171486人，占54.4％；汉族142504人，占45.2％；苗族619人，占0.2％；其他民族612人，占0.2％。全县最高点为吊罗山的主峰三角峰，海拔1500米。主要山岭有吊罗山、西天岭、分界岭等24座。大小河流150多条。较大的河流12条。主要河流有陵水河、英州河和港坡河。陵水河发源于五指山，全长75.7公里。海岸线全长57.5公里。海域沿岸有数处嵌入陆地，分别形成新村港、黎安港、山牛港、水口港、香水湾、土福湾和赤岭湾。新村港是国家批准的重点渔港。1984年8月，经广东省人民政府批准为进出口货物装御点。全县境内有公路148条，通车里程760.75公里。县政府距省会海口市196公里，距三亚市58公里。

境内资源比较丰富。有土地资源、劳力资源、水资源、矿产资源、水产资源、热作资源、旅游资源等。

土地资源 土地总面积112726.7公顷。已开发利用40354公顷。其他占地37417公顷。水域6133公顷。山岭及荒草地28822.7公顷。可开发的荒草地和坡度25度以下的灌木山地约有14000公顷。

劳力资源 1998年全县农村劳动力116883人。当年从事第一产业的劳动力为75000人。从事二、三产业的劳动力为20528人。外出劳动力约700人，可利用的农村剩余劳动力

20655人。

水资源 年平均降雨量1500～2500毫米左右。境内河流总长度176.5公里，集雨面积1314.8平方公里，年迳流量13.16亿立方米，其中丰水年迳流量多达19.87亿立方米。水力资源理论蕴藏量5.167万千瓦。可开发的装机容量有1.6143万千瓦。已开发利用0.889万千瓦。

矿产资源 已发现的矿产有：铅、锌、钛、锆、独基石、水晶、石英砂、花岗岩、高岭土等。石英砂矿储藏总量约700万吨，纯度95％以上，是生产玻璃和石英砂地板砖的主要原料。

水产资源 水产资源十分丰富。100米水深以内的近海和中深海渔业区1225平方海里。港湾水域面积3200公顷。内陆山塘水库面积1266公顷。海洋常见的经济鱼类有石斑、马鲛、金枪、带鱼、章鱼等30多种。还有虾类、贝类、藻类及海参、海胆、海马等海珍品。经济价值较高的淡水鱼类有鳗鱼、草鱼、鲤鱼、鲢鱼鳙鱼等10多种。

热作资源 宜热作地1.7万公顷。已开发利用7595公顷。其中橡胶1379公顷，干胶产量668吨；椰子1960公顷，椰子产量1030万个；槟榔3506公顷，槟榔产量1755吨（干果）；胡椒45公顷，胡椒产量21吨；腰果705公顷，腰果产量80吨。热作产值5000万元。热作产品是陵水资源型加工业的主要原料。

旅游资源 境内共有可开发利用的旅游景点9处，已开发利用2处。尚有较大开发价值的景点7处。

陵水地处热带，自然条件和区位优越。产业发展优势有冬季高效农业优势；热作优势；海洋捕捞与海洋优势；旅游景观优势等，具有极大的发展潜力。

1. 冬季高效农业优势

境内气候温和，雨量充沛。年日照时数2444小时，年平均温度24℃，月平均气温＜=12℃的天数甚少。终年无霜，四季花开。著名的陵水西瓜于春节前后源源上市。反季节西瓜在全国具有“人无我有”的绝对优势。近年年均播种面积2530公顷，总产量5万吨以上，产值10万吨以上。陵水已成为海南省南菜北调的重要生产基地之一。

2. 热作优势

拥有1.7万公顷宜热作地。仅开发利用7595公顷。可开发面积和产量综合利用前景光明。尤其是陵水县生产的胡椒、椰子的质量优于其他市县。陵水县产的胡椒，具有粒大质优，香辣味浓的特点。计每年粒重53克，含水量13％，是省内发展优质胡椒的理想基地。陵水县属椰子一类种植区，年产椰子1030万个，居全省第四位，而椰子果含油量则居全省之冠。陵水著名的“礼亭椰子”，便以果大、肉厚、含油量高、甜香可口而著称。槟榔是陵水的拳头产品，年加工“烤槟榔”2500吨，加工产值1.5亿元。

3. 海捕与海养优势

陵水县海岸线长，鱼场近，港湾多，海洋资源十分丰富。50米水深以内的近海渔业区337平方海里。50～100米以内的中深海渔业区888平方海里。全县现有机动渔船1139艘，8881吨位，252914千瓦。全年水产品产量3.1万吨，产值0.9亿元。从1998年渔业生产发展的趋势分析，积极组建大吨位、大马力的中深海捕捞船队，尽量淘汰12匹马力以下的小渔船，减轻近海捕捞强度，并执行“休海期”，保护幼鱼幼虾繁殖生长。向西沙渔场、立波海渔场等优良渔场进军、充分开发利用“外海”和“远洋”丰富的资源，这是陵水海洋捕捞业的希望与潜力所在。

由于境内港湾多，可供海养的水域面积大。尤其是新村、黎安两港港湾地势良好，水流清畅，水温、盐度适宜，海水比重稳定，浮游生物丰富。80年代联合国粮农组织9国专家在对新村港进行全面考察后，做出了“新村港是东南亚最理想的海水养殖基地”的鉴定意见。

我国第一颗珍珠王（15.5Υ19毫米，重6克）产于新村港。一颗2.5Υ3公分，重15克，被誉为珍珠王中之王的特大珍珠产于黎安港。新村、黎安两港既适宜养殖珍珠，又可养殖名贵的经济鱼类。在新村港养殖渔、虾的饵料投放少、长膘快、周期短、死亡率低、经济效益高。香港新源兴水产公司养殖试验结果表明：每投放3公斤饵料（10元成本左右），鱼苗可增重0.5公斤（价值60元左右），养殖成本比外地减少40％左右。香港专家认为“新村港养殖石斑鱼居东南亚之冠”。陵水县可利用水域1935公顷，已利用面积仅有600公顷。年产值2000万元。因此，在发展挖掘其水域养殖潜力的同时，还可通过立体袋养殖珍珠的先进技术，提高水面利用率。

4. 旅游景观优势

陵水县共有9处可开发利用的旅游景点。目前仅“南湾候岛”和“碧波渡假村”利用，年接待国内外游客22万人次，旅游收入近2000万元。世人皆知的陵水“南霸天庄园”待投资修缮后开放。还有吊罗山森林公园，是一颗“养在深闺人未识”的旅游明珠，吊罗山是我国极为珍稀的原始热带雨林，物种繁多，层次丰富，既有高耸常绿的巨树古木，也有“一木成林”的奇异景观，更有各种奇花异草、珍禽稀兽、飞瀑溪潭、岩洞怪石等众多天然旅游景观。其神秘莫测的参差林象，令人叹为观止。它有别于海滨的林区气候，盛夏清凉宜人，年均气温仅为20℃，是难得的“回归自然，返璞归真”的度假旅游避暑胜地。

二、经济发展成就

从历史上看陵水，农业生产相对发达，工业生产几乎空白，教育落后，劳动者素质低，乡村缺医少药，民间贸易甚少，交通、信息闭塞，财源紧缺。

从建国50周年以来的发展变化看陵水，国民经济和社会各项事业取得了巨大的成就，其发展的规模、速度、效益等，今非昔比。

1. 经济建设成就

经过建50周年的开发建设，陵水县综合经济实力不断增强。1998年国内生产总值90066万元，比1980年增长15.9倍。农业生产布局具有陵水的特色，依据地区类型，在发展农业生产的过程中，有的放矢，逐步形成山区经济、平源经济和海洋经济三条经济带。1999年陵水县的基本经济工作思路是：强农、兴渔、活贸、重旅、拓工。三次产业发展的总体规划是：依靠科技进步，提高科技对经济增长的贡献率。以发展资源热带高效农业带动农村经济的发展。以大力发展资源型加工业，增强全县整体经济实力。以发展旅游业和其他第三产业，推动经济和社会的繁荣进步。产业结构调整由1950的78:4:18的不合理结构，调整到1990年58.5:7.3:34.2。1996年为51.5:23.3:25.2，2000年达到48:21:31，2010年实现40:27:33的产业结构。

2. 农业

农业是陵水的基础产业。但是，建国前耕作粗放，重种轻管。同时全县没有一宗水利设施，靠天吃饭，农产品生产能力低下。建国后基础设施建设从零开始。50年来，先后修建起中、小型水利工程83宗。其中水库工程67宗，引水工程16宗。还有提水工程39宗。水库总库容量2亿立方米。农田有效灌溉面积达11800公顷，旱涝保收面积6600公顷。农业机械总动力57095千瓦。农村科技网点131个。由于生产条件的改善，并实行科学种田，农产品生产能力与经济效益显著提高。1998年全县年末耕地面积16386公顷，比1950年增加2528公顷，增长18.2%；粮食总产量达到106114吨，农民人均粮食425公顷，比1950年增长4.67倍；热作面积7595公顷。比1950年的544公顷增长12.96倍；水产品产量3.1万吨，比1952年的2593吨增长10.9倍；农林牧渔业总产值82746万元，比1950年增长35.4倍。其他种植业、牧业均成倍乃至几十倍的增长。今日的陵水农民，人人有饭吃、有衣穿、有房住、有钱花。这是旧中国无法比拟的、了不起的成就。

3. 工业

陵水的工业，建国初期几近“一空二白”，1950年仅有个体手工业产值15.36万元（1952年不变价）。经过50年来的艰苦创业，工业生产已初具规模。尤其是在经济体制改革的浪潮中兴办起一家年产值超亿元的大型股份制工业企业海南宏业毛纺公司。该厂的建成，从根本上改变了陵水工业的面貌。1998年全县工业总产值达到21842万元，比1950年增长了585倍。

4. 乡镇企业

50年代乡镇企业的雏形已经形成。当时主要是城镇街道工业和农村社队工业，规模甚小。十一届三中全会后为大发展时期。陵水县乡镇企业发展的进程始终认真贯彻落实党中央、国务院对乡镇企业“积极扶持、合理规划、分类指导、依法管理”。坚持社会主义集体所有制为主，多种经济成份同时发展。坚持以工业为主，一、二、三、产业一齐上的方针。狠抓上项目、上规模，使陵水县的乡镇企业由少到多，从小到大不断发展。1998年全县乡镇企业达到157个，从业人员1409人，年产值10023万元，比1978年的275万元增长35.4倍。

5. 交通

交通运输业发展异常迅速。建国前陵水仅有等外公路6条，晴通雨阻，通车里程110.1公里。有蒸气发动机货车2辆，全年货运量约2500吨。现有公路148条，通车里程760.75公里。其中一级公路（高速路）一段，47.35公里；三级公路2条，80.7公里；四级公路52条，294.9公里；等外公路93条，337.8公里。拥有各种机动车辆7254辆，其中汽车650辆；其他机动车5840辆；拖拉机775部。还有运输船泊61艘。公路网络纵横交错，四通八达，与省内各市县畅通无阻。新村港运输船舶直通省内外各港口。全年公路货运量54万吨，货物周转量14027万吨/公里。客运量696万人次，客运周转量12114万人/公里。年创运输业产值4648万元。

6. 邮电

邮电业则以超前的速度发展。1949年，县内有邮电所1间，职工4人，邮路长42公里，线路长7公里。总机1部15门，手摇式话机8部，业务量500元。目前邮电业已实现电信交换程控化；传递数字化；长途传输光传化；邮递机械化。1998年邮路长度144公里，程控直拨话机6081部，传呼机9555台，移动电话1596台。邮电业务总量1730万元。比1949年的500元增长3.5万倍。

7. 城乡商业网点建设

过去的陵水，商业经济经比较落后。长期以来，黎族内部之间的交易甚少。黎、汉族之间的农具、针线、火柴、洋油、食盐、土特产等商品的贸易形式，一般以物易物和货币交易并存。乡村中贸易素以小货郎肩挑叫卖为主。

建国前，在陵城镇开业的商号有30多家。新村镇也有几家店铺。据统计，1950年全县社会商品零销总额518万元。1952年在4个区政府驻地组建起4个基层供销社。1958年后在16个公社和3个国营农、林场设立19个基层供销社并分别在各自辖区内设立分社或代销站（点）。1955年后，商业系统12家国营公司也先后相继成立。改革开放后，商业网点如雨后春笋般涌现出来。贸易网点遍布全县城乡各个角落。1998年商业网点达2407个，从业人员4379人。社会商品零售总额15356万元。比1950年增长28.6倍。各类商品花样繁多，应有尽有。电视机、VCD、电风扇、电冰箱、洗衣机、摩托车等高档商品成为抢手货，高档商品开始进入寻常百姓家。

8. 财政收入

随着经济的发展，税源增多，地方财政收入也逐年增加。1998年地方财政收入3411万元，比1952年的26万元增长130倍。

9. 旅游业

旅游业是陵水的龙头产业。经专家多年开放的有“南湾猴岛”、“碧波渡假村”和“吊罗山森林公园”。正在开发的有“香水湾”和“土福湾”。准备开发的有“南霸天庄园”、“黎安国际旅游城”、“椰子岛”和“田仔温泉”等旅游观光景点。1998年共接待国内外游客43万人次，旅游收入1250万元。

10. 固定资产投资和基础设施建设

据统计，自1978年至1998的21年间，全社会固定资产投资累计完成81552万元。其中基本建设63360万元，更新改造18192万元。房屋竣工面积66万平方米。

在基本建设投资中，小城镇建设投资约40000万元。县政府驻地的陵城镇，已由建国初期的一条“正街”（中山路），扩建至近4平方公里，人口近4万人的小城镇。

在固定资产投资中，省重点农业基础设施项目“小南平水库工程”完成投资7000万元，工程效益显著。灌溉面积3755.3公顷。发电装机容量1100千瓦。

三、社会事业发展成就

由于国民经济的迅速发展，国家、省和陵水县对社会事业投入逐步加大。陵水县的各项社会事业也得到了较快的发展，面貌焕然一新。

1. 教育

建国前夕，陵水仅有初级中学1所，在校学生175人。村学109间，在校学生3505人。建国后，党和政府对教育事业给予了高度的重视和支持，陵水县的教育事业得到了长足的发展。1998年学校总计192间。其中普通中学23间，职业中学2间，小学154间，幼儿园13

间。在校学生总计61395人。学校间数比1949年增长74.5%。在校学生人数增长15.7倍。

2. 科技

过去由于县内文盲、科盲充斥、劳动力素质差，生产力水平较低，导致陵水民贫县穷。建国后历届党政领导重视科技发展，尊重人才，重用人才。50年来已逐渐培养起一支实力比较雄厚的科技（知识分子）队伍。全县计有各级各类专业技术人员4253人。其中副高级职称37人，中级职称850人，初级职称3366人，些科技人员中，从事社会科学的占68%，从事自然科学的占32%。在自然科学领域中，1979～1992年中全县共有75项科研成果荣获县级、地级、省（部）级和国家级科技成果奖。其中县级52项，地级12项，省（部）级8项，国家级3项。在75项成果中，工业3项，农业38项，林业7项，畜牧业3项，水利5项，水产8项，医疗卫生8项，教育1项，文史2项。荣获国家级科技成果奖的项目有《全国褐飞虱迁飞研究》、《大珠母贝人工育苗及养殖技术》和《利用大珠母贝人工培育大型珍珠的研究》等3个项目。

3. 文化体育

黎族民间歌谣的收集、整理、演唱比较活跃。考古工作成绩显著，先后已查明境内有新石器时代及历代文化遗址20多处。出土文物1000多件，内有国家一、二级珍品并保护完好。各种群众性文化娱乐活动丰富多彩全民健身活动普遍开展。建国以来，陵水曾为国家培养出2名运动健将。1984年陵水县体委和工会成功地承办了全国女篮“邀请赛”。

4. 卫生

昔日的陵水地方病流行，外乡人十分畏惧 。今日的陵水，医疗机构和医务人员遍及全县。计有卫生机构33个，床位433张，医疗技术人员827人。其中副高级主任医师6人。已做到基本控制和消灭地方病、多发病。儿童四苗基础免疫接种率达到95%以上。

5. 环保

陵水的环境至目前为止，仍可堪称是一块没有遭到大面积污染的净土。主要体现在：(1)主要河流和水库水质符合国家《地面水环境质量标准》之二类或三类标准，符合饮用水源水质标准；(2)近海海域水质各项指标基本符合国家海水水质中后类标准，能满足养殖、制盐、渔业和旅游观光等要求；(3)大气环境几乎无污染，稍有微量尘污染；(4)工业“三废”污染少、处理也较好。**6. 人民生活**

建国前的陵水民不聊生，县无景气。土地改革后，实现“耕者有其田”，广大农民的基本民生问题得到解决。改革开放后，居民生活日渐改善。据1983年调查统计，农民年人均纯收入243元。1998年为1580元，增长5.5倍。其中，绝大部分居民解决了温饱问题，部份居民已达到小康生活标准。新村镇于1993年已全镇实现小康。但仍有3.7%的农户收入水平在温饱线以下。职工年人均工资收入4362元。

四、远景展望

九五”计划时期是陵水国民经济和社会各面事业步入良性发展轨道的关健时期，也是开创未来的重要时期。如期完成“九五”计划，将使陵水县完全摆脱贫困，并为下世纪初达到小康奠定基础。目前从1998年计划执行情况分析，预计可提前完成“九五”计划任务。届时国内生产总值可达到12亿元，人均国内生产总值410元。农民人均纯收入1900元。2010年综合经济实力可望达到24亿元，人均760元，农民人均纯收入将可超过2200元。居民收入恩格尔系数可下降到45-50%。每人每天的蛋白质摄入量可达到100克。电视普及率达到80%。95%以上农户用电照明，全县消灭茅草房，城镇居民全部住上砖木结构式钢筋水泥结构的平房和楼房。村村通电话、通汽车。户户饮用卫生水。享受社会保障率达100%。劳动力受教育9年。全县政治、社会稳定，人民生活基本实现小康。（陵水县计划统计局）

第三十四章 琼中50年回眸

一、概况

1. 位置

琼中地处海南岛中部，五指山北麓。北纬18°14′～19°25′，东经109°31′～110°09′。全境东西长79.22公里，南北宽76.69公里，面积2693.1平方公里。人口196203人，黎族占45.63%，苗族占6.1%。辖区6个乡、8个镇。有624个自然村，境内有四个县办农林场，15个国营农、林、牧、茶场。县政府驻营根镇，北距海口市136公里，南至三亚市165公里，东抵万城镇90公里，西离那大镇84公里。海榆中线横贯全境，公路网成辐射状向四周展开，是海南岛公路南北、东西走向的交通枢纽，每日均有班车通达全岛各地。

2. 地形

琼中县地形西南高、东北低，地势自西南向东北倾斜。地貌呈穹窿形，由高山、低山、丘陵、台地河道、阶地等构成层圈关地貌。境内山峦重叠，海拔1000米以上的山峰有52座。西南部与通什交界处的五指山峰海拔1867米，是全岛的最高峰。西部的鹦歌岭海拔1811米，南部的吊罗山海拔1290米，北部的黎母岭海拔1412米。境内最低点为东北部的白马岭采伐场旧址，海拔为25米。

3. 气候

四周群山环抱，形成昼热夜凉的山区气候特征。平均气温22℃，1月份平均气温16°C。绝对最低气温为零下6℃;7月份平均气温26℃,绝对最高温度38℃。年平均日照时间1600－2000小时，太阳总辐射为4579兆焦耳平方米。年平均相对湿度为80－85%。年平均降水量为2200－2444毫米，最大年降水量为1964年的5525毫米。最小年降水量为1969年的1018毫米，日最大降水量为1977年7月20日的626毫米。年平均蒸发量为1824.1毫米。全年静风频率55%，为全岛之最，全年以东南风向为最多，年平均风速为1.2米／秒。

4. 河流

境内有大小河溪共241条。海南岛三大河流南渡江、昌化江和万泉河发源于该县境内，其主要河流有腰子河、大边河、乘坡河和什运河分别发源于鹦歌岭、黎母山、五指山和吊罗山。河网密度系数为1.32公里／平方公里。总集雨面积2693.1平方公里，平均径流量为44.33亿立方米。水能蕴藏量约10.83万千瓦，已开发利用2.22万千瓦。

5. 资源

琼中地处山区，林产资源丰富，是全省森林蕴藏量最大的县份之一。现有森林面积174.35万亩，其中天然林100.01万亩，人工林74.33 万亩，主要珍贵木材有：母生、苦梓、八角、胭脂、菠萝蜜、绿楠、油丹、花梨、紫丹、坡垒等。矿藏资源主要有金、银、铜、硫铁、铝、锌、石灰石、莹石等。野生动物有：猕猴、长臂猿、黑熊、金钱豹、蟒蛇、野猪、野羊、金钱龟、穿山甲、坡鹿等。

二、前进中的琼中

50年来,琼中县各族人民在县委、县政府的正确领导下，结合琼中县实际情况，采取切实可行的措施加大扶贫攻坚力度，在一穷二白的基础上，经过半个世纪的共同奋斗，琼中的国民经济发展和社会进步取得显著成效。

（一）综合经济实力显著增强

50年来，琼中县立足本地资源优势，加大扶贫力度，在不断深化改革中求发展，促进琼中县经济实力的明显增强，1998年琼中县国内生产总值达到32411万元，其中第一产业增加值 19523万元，第二产业增加值 3753 万元，第三产业增加值 9135万元，人均国内生产总值 2629元，经济规模的迅速扩大，大大提高了琼中县财政实力，地方财政收入3833万元，金融机构存款余额59418万元。

1. 农业

50年来，琼中县各族人民对农业生产始终高度重视，特别是党的十一届三中全会后，随着家庭联产承包责任制的全面落实，极大地调动农民的积极性，县委、县政府抓住有利时机，认真贯彻落实党的农村经济政策，深化农村改革、调整和优化农村经济结构，推进农业生产产业化、基地化，规模化，农村经济得到全面发展，整体实力显著增强，1998年农业总产值36849万元，农业增加值19523万元。

(1)农业（种植业）

琼中县在稳步发展粮食生产的基础上，把发展热带高效农业作为重点来抓，通过“树立典型，重点突破，整体推进”和紧紧依靠科技进步的办法，采取了“机关+农民、公司+农民”等开发扶贫模式，促进了热带高效农业的快速发展。现在荔枝、龙眼、木薯、橡胶等水果和经济作物的生产已初具规模，形成基地化、商品化生产，这都将成为琼中新一轮经济增长的支撑点。1998年，荔枝、龙眼等热带水果基地281 个，万亩连片水果基地 2个，千亩基地7个，百亩基地62 个，其中荔枝的种植面积1027公顷，收获面积 21公顷，总产量

57吨；龙眼的种植面积2182公顷，收获面积 4公顷，总产量5 吨；农业（种植业）总产值17282万元，农业（种植业）增加值8032万元。

(2)林业

琼中县加大森林资源的保护力度，严禁乱砍滥伐，在调整林业生产结构过程中，大力发展人工营造林和实施封山育林，加强野生动、植物保护，积极引导社会各方面力量种植市场需求量大、销售前景看好、投资回报率高的树木品种，林业生产得到迅速发展，1998年幼林抚育作业面积5961公顷，成林抚育作业面积 2902公顷，林业总产值7740万元，林业增加值4839万元。

(3)畜牧业

琼中县把发展畜牧业作为增加农民纯收入的主要措施，不断调整禽畜生产结构，积极推广优良禽畜新品种的饲养，加强牲畜的防疫措施，同时采取联手扶贫的方式，派出琼中县党政机关、事业单位（含省驻县单位），深入琼中县境内的贫困村庄，进行包村包户扶贫，扶持家庭饲养，畜牧业得到快速发展，1998年畜牧业总产值达到 8260 万元，畜牧业增加值4956万元。

(4)渔业

琼中县地处山区，水资源丰富，县各级领导因地制宜，采取切实可行的措施，充分调动农民发展淡水养殖的积极性，渔业得到稳步发展，1998年琼中县渔业总产值812 万元，渔业增加值528万元。

2. 工业

琼中县向来重视地方工业的发展，50年代开始兴办联合厂、粮食加工厂、砖瓦厂、石灰厂、农具修造厂；60年代，广州亚洲食品厂等六家厂家响应国家支援山区工业的号召，相继南迁琼中，加快发展了全县工业经济；70年代，全县重点发展能源、材料等基础工业，建起了几家小水电站、供电所、自来水厂、服装厂、酒厂等，逐渐完善该县的工业体系；80年代，全县认真贯彻落实党的十一届三中全会的“改革、开发、搞活”政策，外引内联，加大企业技术改造力度，创办特种水泥厂、碳酸钙厂、木薯淀粉厂等，初步形成相对完整的工业体系；90年代，在继续实施“改革、开发、搞活”政策的同时，严格执行《企业法》和《企业条例》，加强企业管理，建立和健全厂长目标管理负责制，采取委托运营、租赁承包等经营方式，盘活部分陷入经营困境的国有企业，1998年全县工业总产值达 4113 万元，工业增加值为875万元。

3. 交通运输

“要想富，修公路”已经成为全社会的共识，在国家的大力支持下，琼中县的公路建设取得长足发展。1998年底，公路线路总长度为1170 公里，按琼中县2693.1平方公里面积计，每平方公里有0.4公里公路，目前14个乡镇和15个农、林、牧、茶场均通汽车，毗邻的七个市县均有国道、省道可直接通车，初步形成以公路运输为主的交通运输网络,随着公路总体质量的大大提高，促进公路运输能力的整体增强，形成多种经济成分并存的公路交通运输体系，私人运输和个体运输更是异军突起，快速发展。1998年琼中县公路民用汽车拥有量为 735 辆，摩托车拥有量为3816 辆，公路客运量423万人次，公路旅客周转量24385万人公里，公路货运量177万吨，公路货物周转量13415万吨公里。

4. 邮电

邮电通信业迅速发展，已形成包括数字微波、光纤通信、卫星通信、程控电话、移动电话、无线寻呼、分级交换等完整的现代化设备，电信网已经完成由人工网向自动网的过渡，基本实现了模拟技术向数字技术的转变，邮政网的作业处理与营业窗口基本上实现了由手工操作过渡到机械化、自动化、电子化，通信传输能力、技术层次、服务水平都发生质的变化,电话普及率逐年上升。1998年，琼中县电信业务总量1401万元，电话装机总容量从无到有发展到1998年的10712 门，程控电话交换机总容量7000门，城市电话户数达到3772 户，农村电话户数达到2056户，移动电话用户673户，无线寻呼用户达到8114户，邮路总长度为237 公里。

5. 批发零售贸易、餐饮业

从1990年开始，琼中加快市场体系建立的步伐，把培养和发展大市场体系放在改革的重要位置上。建立和完善了粮食市场、瓜菜批发、零售市场、生产资料市场等要素市场，市场体系的培育和发展，促进了市场建设快速发展和商品、资金、技术、信息的合理流动和组合。随着市场流通体制改革的不断深化，统一、开放、竞争、有序的商品市场流通体系逐渐形成，县城中心市场、乡镇集贸市场建设也因此得到较快发展，构成了多渠道、少环节和城乡一体化的流通网络，到1998年底，琼中县共有各类集市贸易市场 16 个，成交额达 12001.27万元，拥有各类批发贸易业网点113个，从业人员 552人，零售贸易业网点2571个，从业人员3962人,餐饮业网点270个，从业人员1261人。

随经济的快速发展和流通体制改革的不断深化，消费品市场呈现供给充裕、繁荣活跃、稳步增长的态势。1998年琼中县社会消费品零售总额达到 12113万元。市场供给品种丰富，质量、档次大大提高，流通领域呈现多种经济成分并存的局面，非国有经济发展十分迅速，比重不断提高，1998年非国有经济在市场销售所占比重为 80.51 %。

6. 金融、保险业

金融机构及网点遍布全县，达到 58个，形成多元化的金融格局。各银行之间为了争夺有限市场，求得生存空间，金融机构竞争和服务意识明显增强，积极开拓和努力创新，一批新的金融工具投入使用，展开了全方位的激烈竞争，银行存款、贷款余额均有大幅增加，1998年底，银行存款、贷款余额分别为59418、46570万元，一批新的险种和新的保险方式陆续出台，随着金融服务功能的健全，极大地改善了琼中县的投资和经济运行环境。

融资能力提高，给经济发展和城镇建设提供了资金保证，贷款供给能力迅速增强促进经济发展。1998年工商企业和农业等短期贷款余额为26665万元，保证企业的生产正常运转和发展，促进农业生产的发展；基本建设、技术改造等中、长期贷款余额为12965万元，增强了经济发展的潜力，改善了生产和生活环境。

7. 旅游业

琼中县的旅游部门以塑造整体形象为中心，以提高经济效益为目标，积极开展多种多样的旅游宣传促销活动，让人们从不同的侧面、角度了解琼中神秘的民族人文风情和美丽的热带森林风光，同时在加强旅游设施、景点和旅游产品的建设与更新改造治理的过程中（旅游景点中的百花岭瀑布、仕阶摩崖石刻、白沙起义纪念碑、黎母山森林公园等已初具特色），强化行业管理，实行行业监督，规范旅游市场，提高旅游服务质量，随着交通运输条件明显改善，旅游接待人数和旅游收入逐年增加，琼中县1998年接待国内外游客1.67万人，其中国外游客1825人，旅游外汇收入24.16万元，旅游市场进步入到健康、快速发展的时期。

（二）城乡人民生活明显改善

50年来，特别是建省办经济特区后，全县城乡居民收入成倍增加，1998年城镇居民可支配收入达到 3849元，农村居民人均纯收入1198元，职工平均工资4415元，城乡居民储蓄存款额达到 47857万元；城乡居民收入的增加，导致消费观念发生根本性的更新，向着“吃讲营养，穿讲漂亮，用讲高档”转变，人均肉、禽、蛋、水产品等消费量大幅度增加，电视机、激光视盘机、电冰箱、洗衣机、音响等家用耐用消费品也逐渐走进百姓家庭；城乡居民的生活水平大大提高，城乡居民人均生活消费支出明显增加，1998年，城镇居民人均生活消费性支出 3334元，农村居民人均生活消费支出902元；居民居住条件显著改善，1998年城镇居民人均住房面积13.05平方米，农村居民人均住房面积达到18.43 平方米，人民安居乐业、生活水平进一步提高。

（三）固定资产投资规模继续加大

建国50年，也是加大投入、加快发展、加快建设的50年，在国家的大力支持下，动员全社会各方面的力量加大对农业、水利、交通、通讯、电网、环保、粮食等方面的基础设施投入，取得了令人瞩目的成绩，极大地促进经济的发展。仅1998年，琼中县全社会固定资产投资 11660万元，电力建设更是超常规发展，电力装机总容量达到631万瓦，其中计划总投资3200万元的屯昌-营根110KV输电线路工程，年新增供电能力1万瓦，将从根本上改善琼中县电力供应状况；建设中计划总投资额4800万元的百花岭水库综合水利工程即将完工，将极大改善百花岭附近地区的灌溉和县城饮水条件，确保琼中县经济发展对水资源的需求。

（四）体制改革顺利进行

1988年海南建省后，琼中县各级政府严格按照“小政府、大社会”的改革思想，转变政府职能、精兵简政、提高效率，促使“小政府、大社会”体制不断向科学化、法制化、现代化方向发展，取得显著成效。1993年4月和9月，琼中县先后贯彻实施《海南经济特区企业法人登记管理办法》和《海南省经济特区企业法人登记管理条例》，确立企业法人直接登记制度，按照国际通行的做法，把申办企业由审批登记制改为直接登记制。1994年在琼中县全面推行税收征管制度改革，此项改革取消了税务专管员制度，参照国际通常做法，建立纳税人主动申报纳税、社会中介机构代理办税、电脑照章计税、各级征税中心统一征税、税务部门强化管税查税、司法部门依法办理违法逃税案件的现代化、社会化、法制化的税收监管新体制。从1994年1月起取消了一切公路收费路卡，实行“四费合一”的改革，将原由多部门分别征收的公路养路费、道路通行费、过桥费和运输管理费等四项规费合并为燃油附加费，在售油时一并征收，然后再用于公路建设、维护和管理。根据1994年海南推行的法院审判方式，琼中县人民法院在刑事、民事、经济和行政审判中，强调落实合议庭职权，强调当事人举证责任，当庭举证、质证、认证；积极试行主审法官负责制，合议庭当庭定判，改变层层审批，权力高度集中和“暗箱操作”的不合理现象；同时强化监督机制，建立错案责任追究制度，进一步改革和完善律师管理制度；粮食价格的改革与国计民生关系重大，1991年5月开始，海南在全国率先实行粮食购销同价改革，琼中粮食部门顺应潮流，积极贯彻执行粮食价格改革，并在1992年10月放开粮价，实行粮食购销同价。改革后粮价平稳，粮食市场供应充足，财政负担减轻，取得比较好的效果。

（五）社会发展和文化建设取得长足进步

1. 教育

琼中县切实把教育放在优先发展的地位，以《中国教育改革和发展纲要》为中心，扎扎实实地做好实施九年义务教育、扫除青壮年文盲、稳定教师队伍、改善各级各类学校的办学条件、提高教育质量等工作，培养出一批人才，教育事业取得了较大的发展。琼中县始终把普及九年义务教育作为教育工作的重点,基本完成了普及九年义务教育的规划目标，1998年，琼中县普通中、小学在校学生人数为 25724人，小学学龄儿童入学率为98.5 %，初中学龄人口入学率为76.75 %，普通中、小学女性人口比率有所增加，1998年为44.78 %，学龄女性人口接受教育机会增加，适龄儿童入学及小学毕业顺利进入中学接受教育的人数稳步增加，普及教育取得较大进展，中小学校辍学率明显下降，1998年小学生辍学率为2.7 %，中学生辍学率为12.7 %，中小学教育质量明显提高，1998年小学毕业生升学率为 85.74 %，普通初中学毕业生升学率为31 %；琼中县各级党委、政府和教育部门，始终把提高教师待遇作为稳定教师队伍、提高教育质量的重要措施来抓，在财政较为困难的情况下，保证教师工资按时发放，不断提高教师的工资水平，搞好教职工住房建设，稳定了教师队伍，吸引一批高素质的人材加入到教师队伍中去，1998年普通中小学教职员工人数1759人，其中专任教师人数1339人，小学高级、一级、二级、三级教师分别为76、335、302、62人，中学高级、一级、二级、三级教师分别为5、31、126、72人；自省政府颁布实施了《海南省义务教育经费筹措使用管理办法》、《关于加强农村教育事业费附加征收管理的决定》后，琼中县各级政府结合本地情况，制定了相应的实施办法，少数乡镇还制定教育集资的乡规民条，规范了教育经费的来源渠道，多渠道筹措教育经费的格局已初步形成，1998年琼中县教育经费来源中：国家财政性教育经费为1425.4万元，社会捐资、集资办学经费为24.5 万元，学生个人交的学杂费为 344万元，在一定程度上缓解了教育经费不足,改善了各级各类学校的办学条件,保证了教育事业的稳步发展。

2. 科普

解放以来，琼中县各级党委、人民政府都对科普工作高度重视，认真施行“科教兴县”、“科技兴农”的战略，紧紧围绕扶贫攻坚，深入持久地开展农村党员、基层干部农村实用技术培训。充分利用农村实用技术培训中心-海南省农业函授大学琼中分校和各乡镇科技辅导站以及科普小组，发挥县、乡镇、村三级科普网络的作用，举办农村各类实用技术培训班357期，培训人数24864人次， 琼中县已有95%以上的农村基层党员干部、70%的农民和60%的农村妇女受到培训，基本掌握了1-2门实用农业技术用于指导农业生产，1688名农村基层党员干部和农民达到农民技术员水平，1998年琼中县推广橡胶新割制、水稻抛秧技术等农业新科技，年新增农业产值1800多万元，农业科技年贡献率达5.2%，1998年度，琼中县分别被中组部、中国科协、省委组织部、省科协评为“全国、全省农村党员基层干部实用技术培训工作先进县”，并被列入全国百名创建科普示范县之一。

3. 文化与艺术

党和政府十分注重文化建设，建起许多文化设施、场所，现有文化馆、图书馆、电影公司、五指山歌舞团、广播电视中心、广播电台、电视台、有线电视台、13个乡镇文化站等文艺机构，文化工作者适应新的文艺形势要求，收集、挖掘整理了一批民歌、民间故事、传说等，整编工作取得一定成绩，包括《五指山》、《七指岭》在内的许多口头文学均已编册出版。琼中县30个合唱队和21个舞蹈队经常送文艺下乡，随着社会主义市场经济的深入发展，众多的经营性文艺场所如同雨后春笋般地出现，极大地方便了黎、苗族人民进行文化娱乐活动，群众性的演唱和集体舞蹈活动也因此十分活跃，培养了包括黎族歌手王不大、王玉梅、王玉屋、王桂安和苗族歌手梁明贵在内的一大批优秀文艺人才，形成了多年来少有的良好文艺氛围。在广大文艺工作者的共同努力下，琼中县文艺工作成绩斐然，先后获取了第二届沈阳国际秧歌民间舞蹈节大奖赛优秀奖、海南省首届民间文艺汇演集体"精神文明奖"和第五届全国农民运动会《打柴舞》表演项目比赛的金牌等荣誉。

4. 广播电视

县委、县政府十分重视广大人民群众的文化娱乐生活，为了满足观众群众日益增长电视节目质量要求，县电视转播台在原来的电视节目基础上，开通中央加密卫星电视频道，同时，多方筹措资金，加强对广播电视设施的建设，1998年琼中县境内共有电视差转台11座，卫星地面接收站7座，有线电视站3个，广播电台（站）13个，调频广播电台1座，调频转播台2座，无线电视节目3 套，有线电视节目18套，广播综合覆盖率达95%,电视综合覆盖率达85%。

5. 医疗卫生

医疗卫生机构稳步发展，1998年琼中县地方医疗卫生机构共有34个，其中医院1 个、卫生院13 个,妇幼保健站 1 个，防疫站 1个，社会办医疗卫生机构 56 个，各种医疗卫生机构床位数逐年增加，设备不断完善，1998年共有各类卫生机构床位数283张，在医疗设备方面，县人民医院配备了一些先进设备。

卫生队伍不断发展壮大，1998年琼中县卫生工作人员共有 490 人，其中专业技术人员373 人，占卫生工作人员总数的76.12%，其中中医师6人，西医师87人,西医士60 人。

农村医疗卫生事业加快发展，1998年农村卫生机构共有15个,农村卫生院床位数 125张，卫生院卫生工作人员178人 ,乡村医生和卫生员92人，乡村接生员324 人。

县委、县政府大力做好水改厕工作，农村环境、饮水卫生预防疾病有较大发展，改变过去饮用河水、沟水的习惯，目前自然村卫生水饮用率为89%。

6. 社会保障

积极推进社会保障制度改革。从1992年1月开始，琼中开始实施养老、工伤、失业和医疗保障制度，覆盖面迅速扩大。1998年底参加保险单位228个，占应参保单位89.6 %.，参保人数10606人，占应参保人数91.3%,其中党政事业人数4355人，企业人数6251人，参加医疗保险151个单位，3002人。

7. 人口总量得到有效控制

多年来，琼中县各级党政领导对计划生育工作高度重视，认真实行党政领导一把手亲自抓、负总责任的目标管理责任制；不断强化计划生育工作力度，建立和完善各种措施，计划生育工作逐步形成规范化、制度化、法制化；坚决贯彻执行以教育为主，以避孕为主，以经常工作为主的工作方针，积极推广“三结合”的工作方法；加大计划生育工作的投入，建立基层组织，配备人员，落实经费，使琼中县的计划生育工作走上良性循环的轨道；计划生育政策深入人心，广大人民群众逐步从传统多子多富、传宗接代的生育思想中解脱出来，自觉接受优生优育的现代生育观念。1998年琼中县总人口为196203人，黎族89522人，苗族11968人，汉族88390人，壮族5386人，育龄妇女人数为31214人，育龄妇女生育率为8.83‰，人口出生率10.6‰，人口死亡率3.51‰，人口自然增长率7.09‰,人口总量得到有效控制。

8. 城市环境面貌焕然一新

琼中县近几年来，紧紧围绕建设卫生、园林县城的目标，把县城环境综合整治作为美化市容街貌、优化投资环境的重要举措来抓，多方筹集资金投入城市环境整治。自1994年以来，先后投资4732.9万元，改建、扩建县城 6 条街道总长5340米；新建、改建 4 座县城农贸市场，总建筑面积1.28万平方米；修建一个县城综合广场占地面积1.4万平方米；新建公厕 6 座建设面积480平方米，市政设施日臻完善。同时，该县还投入资金17.3万元平整1100米长的虎岭公路，开发建设县城“百花公园”。筹措资金4800万元，建设总库容950 万立方米的百花岭水库自来水饮水工程，解决县城居民饮水问题。该县还动员县城单位自筹资金对主要街道沿线的旧矮楼房装修改造一新，并实行绿化、卫生“门前三包”制度，发动居民群众自己动手搞好环境卫生，植树栽花种草，绿化面积达5000平方米，使县城规划区域绿化覆盖率达22.8%。县城营根镇的市容街貌和环境卫生一改过去“旧、脏、乱、差”的落后状况，基本实现了“绿化、净化、美化、亮化、硬化”，成为一个文明、有序、整洁、美观的山区县城。1998年县城营根镇被国家建设部评为“全国城市综合整治优秀县”，被海南省建设厅评为“全省城市环境综合整治先进县”。（琼中县计划统计局）

第三十五章 朝气蓬勃的洋浦经济开发区

洋浦经济开发区是国内首例、也是目前面积最大的由外商投资成片开发的国家级开发区。于1992年3 月经国务院批准设立，1993年9月正式封关运作。开发区面积30平方公里，区内现有人口约3.5万人。洋浦的开发建设，始终与中国改革开放密切相关，始终得到党中央、国务院的支持和关怀。邓小平同志亲自批示设立洋浦经济开发区，江泽民、李鹏、朱镕基、胡锦涛、李岚清等党和国家领导人都曾亲临洋浦视察指导。李鹏总理视察洋浦时曾题词："以工业项目带动洋浦开发，以洋浦开发带动海南经济"，朱镕基同志更是三次亲临洋浦视察，对洋浦开发建设及其遇到的问题，发表了许多重要指示，为洋浦开发区的发展指明了方向。

经过 6 年的开发建设，洋浦这个昔日满布石头、仙人掌的偏僻荒芜之地，已初具现代化港口工业城市的雏形。

一、基础设施建设初具规模

洋浦开发建设以来，各方面已投入资金50多亿元（其中外资40多亿港元），进行了高标准、大规模的基础设施建设。现已建成洋浦港一期3个泊位，年吞吐量达100万吨，并已对外开放；建成31.55 万千瓦的电厂一期工程和配套的油码头及输电网,并已与省电网并网发电；平整土地18 平方公里，建成区内道路43公里及相应的地下管网，中心区基础设施全部完成；修建了11.4公里的海关隔离网和三座海关检查站；邮电通讯一期工程早已交付运营；程控电话、移动电话、无线寻呼以及公用数据网等全部开通，海口至洋浦高速公路已竣工通车。此外，海南跨海铁路穿越洋浦工程和南海天然气管道登陆入区工程正在规划之中。现在，洋浦的硬件建设已具备了引进大型工业项目的基础条件。

二、经济建设持续稳定增长

1998年，洋浦开发区国内生产总值完成19499万元；工业总产值完成30174万元，比上年增长376.4%；农业保持较好的增长势头，总产值完成11731万元，同比增长21%；海关进出口总额完成3943万美元，其中进口2177万美元，出口1766万美元；税收总额完成8668万元，同比增长22.8%；地方财政收入完成4664万元，同比增长16.5%；港口吞吐量完成43.8万吨。

三、各项社会事业得到较快发展

1．居民搬迁安置基本完成

共建成连排式独户独院低层住宅1066套、98108平方米，公建3252平方米，可安置搬迁居民921户、5662人，占全部动迁安置计划的35%。

2．居民转产就业成效显著

建区以来，开发区政府逐年加大资金投入，大力扶持区内居民开展转产就业工作，取得了显著成效。海水捕捞、运输得到较快发展。目前全区渔船已增加到360艘，吨位7418吨，直接从事渔业生产劳动力近2912人，1998年海洋捕捞产量9954吨，年产值10339多万元；占全区年国民生产总值的52.9%。海陆运输等第三产业相应发展。目前全区共有海上运输船217艘，马力6112匹，吨位5050吨；各种机动运输车辆达1000多辆；年产值810万元，占区内年国民生产总值的5.7%。个体摆摊、设店505个；载客摩托车400多辆。截止1998年底，全区共兴办转产就业项目37个，总投资近3898万元，安置区内居民就业3000多人。主要项目有：制冰厂、船坞、海洋捕捞、渔排网箱、海水养殖、渔需用品公司、农贸市场等。全区就业人数为11101人，就业率达72.9%，1998年人均收入达2233元。

3．文化教育卫生事业得到长足发展

(1)教育工作。开发区管理局成立以后，将原来的三级办学体制改为一级办学体制，使洋浦的教育状况迅速改变，目前全区共有中学1所，小学13所，教师待遇得到大大提高，办学条件大大改善，全区新增校舍20000平方米，适龄儿童、少年入学率分别达98.5%和90%，学生人均校舍面积、图书资料以及教学仪器配备也达到国家“普九”验收标准。扫盲工作方面，建区前，洋浦地区青壮年文盲率高达23.6%，是海南省文盲最稠密的地区。开发区成立后，开发区管理局一直把扫盲工作列入重点工作之一，常抓不懈，积极发动组织开展扫盲教育活动，参加扫盲学习人数最多时多达2200人。1997年经验收，全区青壮年非文盲率达99.4%，基本扫除青壮年文盲，通过了省及国家验收。

(2)文化事业。建区以来，开发区文化事业得到一定发展，区内现有文化企业30多家，其中歌舞厅2家，中档卡拉0K7家，新华书店1家，新建体育馆1个，电影院1个。全区建有6个文化站和1个海上渔民文化室，购置图书、文体器材、影音设备等，一站多能，使群众文体工作有了阵地。

(3)医疗卫生。洋浦原属儋州北部地区，受经济和社会发展落后的影响，卫生事业基础比较差，历来是多种传染病的高发区。开发区设立后，在各方面努力下，卫生工作取得一定成绩：预防保健三级网基本形成，疾病防治工作得到加强，儿童计划免疫正常开展，法定传染病发病率逐年下降，近三年来没有重大传染病发生；医疗服务条件和质量有所提高，缺医少药的矛盾得到缓解；卫生监督管理进一步加强，医药市场和公共卫生秩序较为稳定。全区现有综合医院1所，卫生院1所、门诊部2所、企业医疗所2所、乡村卫生所22所、企业卫生防疫站1所。住院病床55张，平均每千人拥有床位1.57张(海南省平均2.85张)。现有卫生技术人员63人(不含个体诊所)。

(4)计划生育。长期以来，洋浦地区一直属于计划生育落后地区，开发区成立时，区内人口只有3万人，但人口年出生率高达36‰。建区后，开发区建立健全了计划生育各级基层工作网络，进一步完善计划生育工作体系，开展各项常规性、基础性工作，同时加大计划生育投入，建立计划生育各种配套硬件设施，开展大规模的“四术”技术服务活动，彻底扭转了全区计划生育工作的落后局面。截止1998年底，计划生育“三率”达到了上级下达的指标要求。

四、招商引资工作稳步发展

目前区内已投产工业项目1个，开工项目8个（工业项目5个，基础设施项目3个），待开工的项目6个。

1.已投产的工业项目。洋浦金岛精米厂项目是远东(泰国)集团与海南省粮油集团总公司、海南省烟草总公司合资兴建，总投资3 亿元人民币，占地面积33330平方米，年加工能力30万吨。于1997 年12月28日建成投产，是目前我国大米加工业最具规模、设备最先进、工艺最完善的现代化粮食加工企业，其原料主要采用泰国优质糙米及国产糙米，其产品品牌主要有“金鸡”、“金馥”、“金夫人”等。朱总理视察洋浦时曾指示将该项目扩大生产规模至年加工能力100万吨，国家计委和国家粮食储备局等有关部门已就该项目多次到洋浦进行考察，目前精米厂扩大生产能力的各项准备工作正在进行，扩建生产开工在即。

2.已开工项目。主要有投资3亿元年产50 万吨钢材的高速线材厂、投资7.8亿元人民币，设计年吞吐能力120万吨的洋浦港二期工程、投资1.5 亿元人民币的西线高速公路洋浦连接线工程、一期动态投资3.1亿元，日供水规模一期 25万立方米，二期45万立方米的洋浦供水工程；总投资12.83亿美元、年产60万吨木浆的洋浦浆纸项目。

3.计划开工的项目。主要有投资17.3亿元人民币，年产114吨预制棒、60万公里光纤的光纤光缆项目；年产 1000万平方米，首期投资1.98亿元人民币的全玻化仿花岗岩墙地砖项目；投资1.46亿元人民币，年产6 万吨精炼油的精炼植物油项目；总投资约10亿元，生产规模50万吨/年，由洋浦金岛粮油有限公司与中国粮油总公司、洋浦港合资兴办的面粉加工项目等。

五、优惠的政策

洋浦经济开发区是国务院正式批准的实行保税区税收政策的国家级开发区，集特区、保税区、开发区的政策于一身，是目前我国开放度最高，政策最优惠的区域之一。这些优惠政策主要有：凡是区内企业自用的机器、设备、基建物资、办公设备等，免征进口税、免领许可证；对于企业自用的原材料、仓储货物、转口货物，实行保税；开发区内保税货物实行登记备案制；对区内产品运至非开发区的，只对所含进口料件补征关税等。有志于开拓国际市场的国内大企业，可立足洋浦，利用国内最大的保税区和出口加工区的各项优惠政策，降低生产成本，提高生产力和产品竞争能力，大力发展对外贸易，向国际市场进军，参与国际分工和国际竞争。对于境内外投资者来说，洋浦经济开发区以其保税区政策，有着强大的吸引力。

六、政府管理机构和土地开发商

洋浦经济开发区管理局是海南省政府的派出机构，代表省政府对开发区及邻接海域实行统一的行政管理。管理局下设规划建设土地局、财政局、税务局、社会发展局、经济发展局(工商局)、交通运输局、公安局、人事局、办公室，下设5个事业单位即社会保障中心、机关事务服务中心、规划建设服务中心、职业介绍服务中心、渔政渔港监督管理中心，3个办事处即干冲办事处、新英湾办事处和新都办事处。开发区还设立了两级法院和两级检察院，行使中级法院和中级检察院的职能。

洋浦土地开发有限公司现为中国光大集团控股，由香港建设（控股）有限公司、香港嵘高贸易有限公司、香港长江实业有限公司、台湾大中华集团有限公司等合资组成。

七、发展目标

按规划，洋浦经济开发区将在3年内，完成4—6平方公里的土地开发，在10年内完成18平方公里土地的项目建设，在15年左右的时间内，依托丰富的南海油气资源，面向国内、国际市场，建成一个具有25万人口、以海洋石油天然气加工工业和高新科技产业为主的工业高度发达、第三产业相应发展的现代化海南工业基地，成为海南经济发展的增长极，推动和促进全省经济健康快速发展。（洋浦经济开发区管理局 曹文）

第三十六章 南海明珠——西、南、中沙群岛

西、南、中沙群岛由200多个岛、礁、洲、沙滩组成，其中西沙群岛40多个，中沙群岛33个，南沙群岛192个，分布在南海东西宽900多公里，南北长1400多公里的广阔海域上，陆地面积13平方公里，海域面积200多万平方公里，是我国最南端的领土，地处太平洋和印度洋之间，是我国通往东南亚和非洲以及欧洲一些国家的海上通道，战略位置十分重要。

西、南、中沙群岛及其海域属热带季风气候，具有良好的自然环境、丰富的海洋生物资源、油气资源和海底矿产资源。经济价值较高的鱼类200多种，贝类20多种，海参20多种，水产品蕴藏量全国第一。除此之外，还蕴藏着极其丰富的石油、天然气、铜、铅、锌、银、金、锰结核和金属软泥，据有关资料记载，南海诸岛海域油气地质储藏量有“第二个中东”之称。

历史上，西、南、中沙群岛是我国对其最早发现，最早命名，最早进行管辖和行使主权。早在汉代，中国人民已在南海航行，首先发现南海诸岛，尔后，世世代代舟楫捕捞往返于海陆之间，荷锄耕作栖息于诸岛之上。唐朝贞元5年（公元789年），南海诸岛正式归琼州府管辖。至宋代，中国政府首先对南海诸岛行使主权，派遣水师巡视，划归中国版图，实施经营管辖。明代，郑和七下西洋，途经南海，勘察诸岛，标绘其地理位置。清初，《海国闻见录》首将南海诸岛以东沙、西沙、中沙和南沙群岛分别命名。宣统元年四月，政府派广东水师赴西沙群岛视察，并勒石升旗。近代，西、南、中沙群岛及其附近海域是我国广东、广西和海南沿海渔民的传统生产基地。30、40年代，法国、日本曾先后出兵占据西沙、南沙群岛的部分岛礁，第二次世界大战后，当时的中国政府接收了西、南、中沙群岛。解放后，经国务院批准，广东省海南行政区于1959年3月在西沙群岛的永兴岛上设立“广东省西、南、中沙群岛办事处”，1969年3月，该办事处改称为“广东省西、南、中沙群岛革命委员会”，1981年10月又恢复为“广东省西、南、中沙群岛办事处（县级）”，1988年4月13日，全国人大七届一次会议决定成立海南省，授权管辖西、南、中沙群岛及其海域。“中共海南省西、南、中沙群岛工作委员会”和“海南省西、南、中沙群岛办事处”，成为该区域的党政管理机构。

作为海南省委和省政府派出机构的西、南、中沙工委、办事处内设有办公室、组织人事科、经济社会发展科、财税计统科、人武部、驻海口办事处、驻文昌办事处、驻三亚办事处等8个科级机构，还设有渔政渔监站、琼沙2号、商业服务站、水产服务站、食品服务

站、医院、电视差转台、驻文昌基地、海口接待站、文昌接待站等10个事业单位，岛上还设有银行、邮电、海洋站、气象台等。西、南、中沙群岛常驻总人口3500人，流动人口25000人，主要居住在永兴岛、石岛、金银岛、琛航岛、中建岛和东岛上。

西沙群岛最大的永兴岛，过去是一座荒岛，食水难、吃菜难、行路难，每二个月才通一次船，三个月才通邮一次，只有几部军用电话。海南建省后，国家投入了大量资金，对永兴岛进行了科学的规划和建设，目前，西沙永兴岛上水、电、路、通讯等基础设施完善，环境绿化美化，已经成为一颗耀眼的南海明珠。

岛上文化体育设施完善，电视差转台从无到有，电视频道从原来的6个增至现在的12个，图书馆经过再三的改造，目前已容有图书15000册。1997年又建立西沙展览馆，馆里展出300多张图片，展示了美丽的西、南、中沙群岛及其丰富的海洋资源，西沙军民团结奋斗、艰苦创业的精神风貌，成为融国防教育、爱国主义教育、海洋保护教育和艰苦奋斗教育为一体的教育阵地。岛上的医疗卫生条件不断改善，排球场、篮球场、卡拉OK歌舞厅等场所齐全，职工娱乐生活丰富。

西、南、中沙工委决心在省委、省政府的领导下，以邓小平建设有中国特色的社会主义理论为指导，坚决贯彻党的十五大精神和省第三次党代会精神，充分调动广大干部职工的积极性和创造性、求真务实，开拓进取，创造更好的成绩迎接建国五十周年。（西、南、中沙群岛办事处）

第三十七章 胶林芭海——海南农垦

建国初期，在特定的国际、国内环境下创建的海南农垦，经过半个世纪，两、三代人的艰苦创业，已经建成全国最大的天然橡胶生产基地；农、工、商综合经营，一、二、三产业共同发展的大型企业集团；独具特色的农垦社区。经济、社会、科技的发展都取得巨大的成就，成为全国农垦的主要垦区之一，成为全省国民经济和社会的重要组成部分。

一、全国最大的天然橡胶生产基地

在国家的直接决策和人力、物力、财力支持下，在当地党政的直接领导和各族人民群众的支持配合下，经过农垦两、三代人几十年的艰苦奋斗，在改造客观世界的同时，改造主观世界，克服各种困难，大面积植胶获得成功，建成全国最大的天然橡胶生产基地。垦区现有植胶农场90个，下设分场或作业区283个，橡胶生产队2564个，分布在全省18个市县，同220多个乡镇相毗邻。至1998年末,橡胶面积达到370.5万亩，已投产胶园287.9万亩，年生产干胶能力达20万吨以上。面积和产量约占全国的40%和50%左右。是海南岛解放以后大规模开发建设成功的重要项目之一，也是海南农业中专业化、社会化程度比较高的项目之一。至1998年止，累计生产干胶321多万吨，占全国天然橡胶生产量的53.5%，相当于国内同期天然橡胶总消费量的23.4%，有力地支援国家的工业建设和国防建设，增强我国自力更生的物质基础，为国家节省外汇30余亿美元。

1. 战略决策和亲切关怀

海南岛是我国主要的热带地区，占全国热带国土的38.8%，是我国极为有限的可以种植天然橡胶的主要地区之一。天然橡胶是重要的战略物资，建国初期，帝国主义对新中国实行经济封锁、禁运，为了冲破帝国主义的封锁，老一辈无产阶级革命家高瞻远瞩，党中央作出了发展国产天然橡胶的重大决策。1950年5月，海南岛全境解放，同年9月，广东省人民政府派出橡胶考察团，对海南岛进行考察，肯定了海南岛发展天然橡胶的可能性。1951年8月31日,中央人民政府政务院第100次政务会议通过《中央人民政府政务院关于扩大培植橡胶树的决定》。决定指出："橡胶是重要战略物资，美英帝国主义已对我进行封锁，必须争取橡胶自给。"党中央、国务院十分重视、关心、支持国产天然橡胶生产基地的建设，从垦区创建开始，就从人力、物力、财力上给予直接的大力的支持。几十年来，尽管国际、国内形势发生很大变化，党和国家对橡胶事业的关注和支持始终如一。1986

年，中共中央、国务院8号文件，进一步确定我国天然橡胶的发展目标："对直接影响国计民生的天然橡胶，到本世纪末年产量要达到45万吨，做到国内基本自给。"这个产量目标现在已经基本达到。1992年，国务院42号文件，明确对我国天然橡胶的发展方针："巩固和发展天然橡胶生产基地"、"国家对天然橡胶生产基地采取'保护扶持、巩固提高、适当发展'的方针。

发展国产天然橡胶事业，是老一辈无产阶级革命家做出的战略决策，一贯关心和支持。党和国家领导人刘少奇、周恩来、朱德、邓小平、陈云、董必武、陈毅、刘伯承、叶剑英、李先念、邓子恢、王震、江泽民、李鹏等，都曾先后亲临垦区视察。1953年朱德同志题词："种好橡胶，发展生产，巩固国防。"1957年陈云同志题词："我国的橡胶事业虽然有几十年的历史，但是大规模的国营橡胶园还正在初办，我们要兢兢业业稳步前进，只要这样，我们是会成功的。"1960年周恩来总理视察西联农场时，题写"西联宝岛，南国珍珠"的光辉题词，30多年来，始终激励垦区职工的奋发图强精神。

2. 艰苦创业

为发展新中国的天然橡胶事业，1951年1月，海南军政委员会设立橡胶垦殖处，并组建5个国营橡胶垦殖场，开始采集橡胶种子、培育橡胶苗，种植橡胶树，从而揭开了在海南岛垦荒种胶的序幕。1952年1月1日，华南垦殖局海南分局正式成立，冯白驹同志亲自兼任局长。同年7月中国人民解放军组建林业工程第一师，投入海南橡胶事业建设，9月同华南垦殖局海南分局合编。从此，由解放军官兵、知识分子和来自岛内外民工组成的垦殖大军，在莽莽荒原披荆斩棘，安营扎寨，屯垦戍边，以高度的爱国主义热情和大无畏的革命精神，克服各种艰难险阻，掀起大规模垦荒种胶的高潮。为采集当时极为珍贵的橡胶种子，提出"一粒种子，一两黄金"的口号，风餐露宿，颗粒回收。为加快垦殖速度，广大垦殖战士团结拼搏，艰苦奋斗，住茅棚，睡竹排，劈山开路，逢水架桥，在沉睡的荒原开垦出新中国第一批橡胶园。

3. 勇于探索

橡胶基地从无到有、从小到大的建设过程，是艰苦奋斗，勇于探索，不断克服困难，不断有所前进的过程。在生产实践和科学实验中，逐步认识和掌握客观规律，逐步认识和适应自然规律。使自然条件相对处于劣势的国产天然橡胶业，能够立于世界天然橡胶业之林。

在海南岛建立大规模的天然橡胶生产基地，是前无古人的事业，开始由于缺乏经验，在布局上采取"先大陆后海南"，"先平原后山区"的方针，不符合橡胶生长的特点，走了弯路。1953年总结出"依山靠林"的经验，把种胶重点转向海南岛的山区，橡胶事业逐步健康发展。1958年以后的十几年间，领导和管理体制几次变动，橡胶事业时起时伏，曾经两度（50年代末和60年代末）急于求成，忽视客观实际和条件，超越可能、大规模、低标准开荒种胶，造成很大损失。

1951年至1957年、橡胶事业从摸索到起步，前期由于缺乏经验，走过弯路，经过1953年的“大转弯”，总结出“依山靠林”的经验，把种胶重点从平原转向山区、转向森林地区。1955年开展“企业化管理”运动，从事业管理转向企业管理，橡胶事业出现了了良好的发展势头。这七年共植胶67.49万亩，保存62.84万亩。1958年开始陆续投产，1965年总产突破万吨。

4. 曲折道路

1958年至1962年，受“大跃进”思潮影响，急躁冒进，造成失误，5年共植胶119.89万亩，仅1960年一年就开荒种胶89.82万亩，但开荒定植质量不高，加上经济生活紧张，胶园失管荒芜，至1965年统计，这5年定植的橡胶实存23.6万亩，淘汰了80%，损失严重。

1963年至1965年调整时期。从1961年开始，贯彻中央“调整、巩固、充实、提高”的八字方针，缩短基本建设战线，自力更生克服困难，1962年很快初见成效，经济生活紧张状况有所缓解。在经营管理上，开始探索建立适应垦区生产力发展水平的制度和方案。在生产技术上，总结出胶园“四化”建设（良种化、梯田化、覆盖化、林网化）的方针，橡胶生产逐步提高到一个新的水平。这3年除了巩固提高原有橡胶外，又新种了23.76万亩标准比较高的新胶园。

1966年至1974年，又一次大起大落，先是受“文化大革命”的干扰，许多农场的生产秩序被打乱，橡胶发展停滞甚至倒退。后是领导体制重大改变，再次犯急于求成的错误，仅1970年一年，就开荒种胶123.38万亩，号称“一年等于十七年”，只讲数量而忽视质量，只讲速度不讲效果。1969年至1974年6年开荒种胶172.84亩、至1975年帐面数字存98.08万亩、1978年全面清点、实存82.47万亩、虽经几年补植，保存率也仅47.7%。

1974年10月恢复农垦领导体制后，为了解决前几年的遗留问题，垦区下很大力气，对橡胶全面核实面积、加强管理、填平补齐，力图迅速改变面貌。然而，从1975至1977年，由于当时形势的需要，垦区耗费大量的人、财、物力，进行辟山填沟造田、围海造田和对原有水田进行大规模平整等，大搞以提高口粮自给率为目标的学大寨运动，发展橡胶的精力分散，步伐缓慢。

5. 新的时期

党的十一届三中全会以后，逐步改革传统的计划经济体制，克服各种束缚生产力发展的弊端。实行开放政策，利用世界银行资金，更新低产胶园。进一步确立橡胶发展战略，调整橡胶生产布局，实行科教兴垦战略，推动科技进步，橡胶事业发展进入一个新的时期。从1978年至1998年种植橡胶170.52万亩、更新定植62.68万亩、新植和更新面积占现有胶园面积的63%，新一代高标准胶园逐步形成，为橡胶基地实现良性循环打下良好基础。1978年至1988年总产干胶276.46万吨，占垦区创建以来累计总产量的86%，年产干胶达到21万吨。亩产干胶从1978年的50.2公斤、提高到1998年的73.5公斤，达到世界平均水平。

6. 在同自然灾害作斗争中发展和壮大

海南岛地处热带北缘，被国际权威专家认定为植胶禁区。在海南岛种植橡胶，自然条件确实不如东南亚等世界上其他主要植胶国家，例如，下半年温度较低，热量较少；干湿季分明、雨量比赤道热带气候少且分配不均匀；常有冷空气影响，也会出现一般热带罕见的低温；常受热带气旋影响，风害突出等等。

在海南岛种植橡胶，面临风、寒、旱、病等多种自然灾害，尤以风害为甚，据1970至1996年的27年统计，在本岛登陆的12级及12级以上台风23个，对橡胶生产造成严重危害。但是，经过40多年的生产实践和科学实验，特别是在同自然灾害作斗争的长期实践中，积累了丰富的经验，总结形成了一整套包括规划、育种、开垦、定植、抚管、割胶、防病、防灾、抗灾、救灾、制胶、更新、木材处理和综合利用等各个方面，覆盖橡胶生产全过程的成熟技术。所以能够克服各种困难，使基地不但得以巩固，而且不断有所发展。在自然环境远不及其他产胶国家的条件下，平均亩产干胶70多公斤，达到世界平均水平。干胶产量1960年只有0.26万吨，发展到1970年3.63万吨；1980年6.76万吨；1990年13.35万吨；1998年21.1万吨。可以说，海南橡胶基地是在长期同自然灾害作斗争中发展和壮大起来的。

伴随橡胶基地的建立，林业生产相应得到发展，生态环境逐步改善。1998年末，垦区林地面积达到236.6万亩，其中人工造林122.5万亩。垦区原来以次生林、稀疏灌木、枫香茅草和灌丛草地为主的植被，已经被一个以橡胶林和防护林为主，加上果园、茶园等木本植物覆盖，形成绿化、涵水、保土、可持续发展的良好生态环境所代替，1995年经国家验收，垦区森林复盖率达63%。

二、农工商综合经营的企业集团

海南农垦为发展国产天然橡胶事业而创立，经过几十年的建设，从单一的橡胶生产垦区逐步发展成为农、工、商综合经营，一、二、三产业共同发展的企业集团。垦区现有企事业单位175个，其中：大中型农业企业92个（含企业管理的科研所），局属工业企业14个，各类商业和服务企业22个，教育、文化、卫生、科研、社会福利等事业单位26个，派出单位21个。

1. 经济发展

垦区经济经过50年的发展，实力不断壮大。1998年，垦区国内生产总值31.09亿元，占全省7.1%，占全国农垦4.5%，在全国36个垦区中，名列第5位。

党的十一届三中全会以后，垦区经济持续稳定发展，虽然遭受多次台风袭击和橡胶超量进口冲击，发展速度仍然比较快，尤其“八五”期间，国内生产总值年均增长率达11.7%。

垦区现有总资产93亿元，其中固定资产净值51.4亿元。

从垦区创立到1998年，国家累计投资34.8亿元，累计回收44.1亿元，投资回收率126.8%，是全国各垦区中第一个全部回收国家投资的垦区。

随着垦区经济的发展，对国家财政的贡献也逐步增加，1998年缴纳税金达5.15亿元。

2. 农工商综合经营

垦区在发展、巩固、提高橡胶生产的同时，不断努力调整和优化产业结构，逐步形成农、工、商、运、建、旅综合经营，一、二、三产业共同发展的多元格局。

十一届三中全会以前，垦区产业结构比较单一，基本上是比较单纯的农业，比较单纯的橡胶。80年代以后，进行产业结构调整，发生明显变化。在1978年的工农业总产值中，农业产值占88%，1998年下降至52.9%，下降了35.1个百分点；工业的比重上升至47.1%。1978年橡胶在农业中的比重在80%以上，1987年下降至70.1%，1998年进一步下降至52.2%，非胶农业的比重已经接近一半。

党的十一届三中全会以后，垦区逐步实行农工商综合经营，海南建省以后，垦区二、三产业快速发展，三次产业的比重发生重大变化。第一产业的比重从1978年的74.8%下降到1987年的71.8%，1998年进一步下降到59%；第二产业的比重从1978年的13.1%上升到1998年的23.8%；第三产业从1978年的12.1%上升到1998年的17.2%。

3. 热带非胶农业

垦区从50年代中期起，除了发展橡胶以外，开始种植其他热带作物和农经作物。1954年10月，华南垦殖局作出《关于发展垦殖场副业生产的决定》，提出“以橡胶生产为主，结合其他经营，大力开发热带、亚热带的农林特产”的生产方针。此后逐步形成“一业为主，多种经营”的经营方针，在各个不同时期发展多种非胶种养业。80年代以后，垦区确定建立农、工、商联合企业的发展格局，进一步提出调整和优化产业结构的任务。在海南农垦的历史上，曾经种植的作物种类多达几十种，包括椰子、油棕（1960年曾达到11.34万亩）、腰果、香茅(1958年曾达到7.86万亩)、薄荷、香草兰、胡椒、咖啡(1988年曾达到5.87万亩)、可可、茶叶(1986年就达到10万亩)、槟榔、益智(1987年曾达到5.51万亩)、剑麻、柑橙、柠檬、油梨、香蕉、菠萝、芒果、荔枝、经济林木、竹类、藤类等等。以及粮食、油料、糖料、瓜菜等多种农经作物。众多作物种类在科学实验和生产实践中，经受自然环境和市场环境的考验，有些被淘汰，有些得以巩固，有些继续发展。

党的十一届三中全会以前，由于长期受计划经济体制的束缚，非胶农业除了少数几个项目外，主要是作为自给性生产的家庭副业。十一届三中全会以后，实行改革开放政策，垦区以市场为导向，因地制宜，发挥优势，不断优化农业内部结构，以职工自营经济为主要形式和突破口的非胶农业迅速发展，实现了从自给性生产向商品化生产的转变。至1998年，垦区以剑麻、胡椒、椰子、槟榔为主的热带作物10.76万亩；茶叶6.37万亩；以香蕉、芒果、荔枝、菠萝为主的水果21.86万亩；以粮食、糖蔗、油料、瓜菜为主的农作物播种面积94.15万亩。在畜禽水产方面，生猪饲养70.57万头；牛13.16万头；羊24.48万头；家禽1212万只；水产养殖面积5.51万亩。非胶农业形成了一批生产基地，涌现一批成规模的农场、生产队和专业户，出现一批示范场、示范队、示范户。全局香蕉面积3.83万亩，种植面积1000亩以上的农场9个；芒果面积10.36万亩，种植面积1000亩以上的农场22个,其中种植面积超过万亩的农场2个；荔枝、龙眼面积4.14万亩,种植面积1000亩以上的农场11个，其中种植面积超过3000亩的农场4个；菠萝面积1.85万亩，种植面积2000亩以上的农场4个；胡椒面积2.89万亩，种植面积1000亩以上的农场9个；槟榔面积3.97万亩,种植面积1000亩以上的农场8个；瓜菜种植面积18.4万亩,种植面积2000亩以上的农场24个，其中种植面积超过5000亩的农场5个；水产养殖面积5.51万亩,养殖面积1000亩以上的农场10个；近年新开发的花卉、红毛丹项目正在实施，红明、桂林洋的花卉基地已经初步形成。

垦区的非胶农业是全省热带农业基地的重要组成部份，1998年，水果产量6.6万吨,占全省12.4%；茶叶产量2934吨，占96.7%；胡椒籽产量2043吨，占14.3%；糖蔗产量42.23万吨,占11.9%；瓜菜产量17.73万吨,占6.9%；猪、牛、羊肉产量3.6万吨,占14%；禽肉产量1.19万吨,占8.7 %；淡水养殖水产品产量1.81万吨,占16.1 %。

4. 农垦工业

从1954年开始，垦区逐步建立一些小型的碾米、榨油、榨糖、砖瓦、石灰、农机修配、发电等工厂，为生产和生活服务，规模都很小，多数属于小作坊式的生产。60、70年代，陆续建立起橡胶制品、机械修造、茶叶加工、机械制糖、罐头、水泥等工厂，围绕农业办工业，仍以自我服务为主。十一届三中全会以后，特别是海南建省以后，充分利用改革开放政策，积极引进资金和先进的设备、技术、管理经验，依托垦区资源优势，面向市场，大力发展农垦工业，先后建成桂林洋工业开发区和西联、八一等工业生产基地，逐步形成橡胶制品、建筑材料、木材加工、家具制造、食品和饮料加工、机械制造、医药化工等多门类的工业体系。现有各类工业企业314个，固定资产18.44亿元，从业人员2.3万人。80、90年代从欧洲引进的木材加工生产线，90年代建设的摩托车厂，设备先进，技术水平高，产品具有比较强的竞争能力。垦区现有的主要工厂有：橡胶木锯材厂18座，年产能力13万立方米、以橡胶木为原料的刨花板厂1座，年产能力3万立方米、中密度纤维板厂1座，年产能力3.9万立方米、胶合板厂5座，年产能力1.6万立方米。摩托车厂1 座，年产能力50万辆。水泥厂6 座，年产能力65万吨。

1998年垦区工业总产值达到32.08亿元，比建省前的1987年增长近10倍，按不变价格计算，年均递增24.3%。1998年水泥产量48.56万吨，比1987年增长6.6倍，占全省20.2%；食糖产量3.1万吨，占全省11.1%；人造板4.49万立方米，占全省63.2%；家具81.1万件；摩托车32.63万辆，占全省84%。

5. 对外开放

农垦原来是一个封闭的系统，党的十一届三中全会以后，特别是海南建省以后，实行对外开放政策，积极开展“外引内联”活动，引进资金和先进的技术、设备及管理经验，促进垦区经济发展。

1984年至1988年，利用世界银行贷款，实施更新和新种橡胶项目，建设第二代胶园。项目总投资5.85亿元，其中世界银行贷款（折人民币）2.67亿元。共更新和新种植橡胶65.25万亩，营造防护林20万亩。建设配套的大型木材加工厂3座（三亚木材厂、华利家具厂、西联木材厂）和小型木材厂17座。同时，利用世界银行贷款引进先进的农业机械、科研仪器、医疗器械、办公设备。项目执行过程中，包括赴国外考察、进修，累计培训技术和管理人员32万人次。有力地促进垦区橡胶基地的巩固和提高，项目实施期间建设的胶园，是目前垦区重要的产胶来源。

海南建省以后，垦区抓住机遇，充分利用经济特区的优惠政策，根据垦区的资源优势，制订总体规划，加快对外开放步伐，大力开展“外引内联”活动。先后规划了桂林洋经济开发区，蓝洋、南海、南田、东和等旅游区，海口、三亚、西部工业生产基地，农垦城、金鼎开发小区；芒果、荔枝、红毛丹、花卉等热带农业开发基地，三江湾海淡水养殖基地等等，作为垦区招商引资的重点区域和项目。1990年创建桂林洋经济开发区，作为垦区对外开放的窗口，经过近十年的建设，已具相当规模，该开发区的国内生产总值从1990

年的1547万元，猛增至1998年的5.21亿元.工业总产值从1990年的879.2万元，增加到1998年的22.49亿元，建成海南最大的摩托车生产基地，同时农业开发和旅游开发也有很大发展。

至1998年底止，垦区累计签订外引内联合同453个，开工项目200个。1998年在册的外引内联企业48家，销售或营业收入24.14亿元，利润总额3.38亿元，税金1.58亿元。

6. 多种经济成份

海南农垦是国家直接投资创办起来的国有企业，十一届三中全会以前，基本上是比较单纯的全民所有制，国有国营。改革开放以后，非国有经济逐步兴起，不断发展。至1998年，包括个体、私营、集体、联营、股份制和港澳台经济在内的非国有经济，在垦区经济中的比重（按国内生产总值计算）已经达到45.9%，成为垦区经济的重要组成部分，国有经济的比重下降至54.1%。在农业总产值中，非国有经济占44.6%；在工业总产值中，非国有经济占74%；在交通运输营运收入中，非国有经济占79.8%；在商业服务业营业收入中，非国有经济占67.2%。

7. 科学技术

海南农垦50年的发展历史，是科学技术进步的历史。

垦区从1952年建立第一个专业科研机构起，随着农垦事业的发展，各个时期都建立或调整相应的科研组织。至1998年垦区有局属科研所4个，场属科研单位41个，职工1118，专职科研人员320人。

1952年上半年，为发展国产天然橡胶事业，中央人民政府从中山大学、武汉大学、南京大学、金陵大学、岭南大学、浙江大学、北京农业大学、山东大学、南昌大学和海口高农等院校，组织503名师生到海南岛进行橡胶宜林地勘察测量工作，任务完成后，有76名学生留在农垦工作，成为垦区第一批科技骨干。此后各个时期国家向垦区分配大中专毕业生，垦区采取选派人员到大专院校进修培养，中等专业学校自己培养专业人才等措施，不断充实垦区科技队伍。至1998年，垦区在职的农业、农机、畜牧等专业技术人员2710人，其中具有高级职称的68人，中级职称的499人，初级职称的2098人。

海南农垦科技进步最突出的成就，是突破植胶禁区，大规模植胶获得成功，而且单位面积产量达到世界平均水平，1982年国家科委授予发明一等奖。海南岛地处被公认为植胶禁区的北纬18度以北，从1906年华侨何麟书从马来西亚引种天然橡胶，至1950年海南岛解放时，只有零星分散的胶园3.63万亩，橡胶的科学技术一片空白，因此，从垦区创建之日起，就注重科学技术工作，50年来，经过科技人员艰辛的科学研究和实验，广大职工的生产实践，总结形成包括“四化”、“五提前”、“抗病、防病”、“管、养、割”、“乙烯利刺激新割制”、“胶乳初加工”、“胶园更新”、“胶木防虫、防腐处理及利用”等一整套具有中国特色，符合海南实际的天然橡胶科技体系，与世界其他植胶国相比也毫不逊色。

从50年代总结“依山靠林”选择植胶环境，大规模推广应用国内外优良无性系，到60年代总结推广“四化”、“五提前”的胶园建设技术。经过几十年反复实践，不断充实、完善和提高，形成“选准环境、小区区划、抗风品种、适当密植、防护林网、修枝整型、风后处理、适时更新”一套比较成熟的抗风栽培技术。

1954年从国外引进PB86等3 个品种，1955年又引进PR107、RRIM600等20个国外无性系。垦区通过试种、鉴定，筛选适应垦区自然环境条件的品种推广使用，60年代以后种植的橡胶均实现了良种化，50年代种植的低产实生树，在更新以后也全部以优良品种代替，至1998年，垦区橡胶良种化程度已达99％。在引进国外良种的同时，垦区大力开展橡胶选育种的科学实验工作，经过几十年的努力，取得重要成果，利用国内外优良无性系进行种间杂交培育出来的无性系“大丰95”、“海垦2”、“热垦126”等品系相继被评为大规模推广级良种，国内良种已经形成大中小不同规模推广级，品种配套齐全的品种格局。

从60年代总结“管、养、割”三结合的割胶技术，到70年代对实生树进行乙烯利刺激割胶试验和推广，到80年代对传统的割胶制度进行改革，利用土壤普查成果，推广作物营养诊断，配方施肥技术。垦区集40年的科研成果和实践经验,创造了“橡胶树全程、连续、递进新割制”，突破传统的割胶制度，用规范、配套新技术，采取不同于旧割制的频率、强度、规划方法，组织割胶生产，为橡胶生产安全、高产、高效开辟了新路，是世界天然橡胶科技的重大发展。

党的十一届三中全会以后，垦区不断进行农业结构调整，非胶农业迅速发展，科技工作面临很多新的课题。垦区适时引进新品种、新技术、新成果，组织攻关，促进转化。推广应用芒果、甘蔗、水稻、瓜菜等新品种，大面积推广香蕉试管苗和反季节种植风前收获技术，胡椒脱叶催花丰产综合技术，芒果冠接换种技术，用无性繁殖技术选育红毛丹品种，海淡水养殖“三网”技术，胶园林下养鸡技术等等，大大促进非胶种养业和职工自营经济的发展。近年来引进开发的“早熟荔枝丰产栽培技术”，研究成果显著，示范性生产实践效益明显。

1978年全国科技大会以后，垦区推行“科教兴垦”战略，充分发挥科技是第一生产力的作用，科技工作取得丰硕成果。20年来，垦区共获得国家、省、部级科技成果奖104项，其中，“九五”以来获得的科技进步奖24项，有19个作物品种通过鉴定。据1994年统计，科技贡献率已达40％，其中橡胶业达51％，有力促进垦区的经济发展。

三、农垦社区

解放初期在海南岛垦殖种胶，农场多数建立在老、少、山、穷地区，荒山野林，人烟稀少，几乎没有任何社会服务机构和设施，一切依靠自己，白手起家。从交通、通讯到教育、文化、卫生，无不自成系统，形成一个独具特色的农垦社区。

1. 人口与职工

垦区人口来自全国20多个省、市，随着橡胶事业的不断发展而逐步扩大，至1998年末总人口达96.15万人，来自汉、黎、苗、回、壮等26个民族，其中少数民族人口12.04万人。代管三镇一乡人口3.33万人。分布在全省19个县、市，以生产队建制为主，建立居民点3000多个，形成以农场场部为中心的农垦社区90多个。

农垦人口来源包括人民解放军转业复员退伍官兵、南下干部、国家分配的大中专毕业生、当地农民、岛外移民、归国华侨、城镇知识青年、印支难民等等。各个时期的农垦建设者以及他们繁衍的后代，构成今天的农垦人口群。

1952年人民解放军组建林业工程第一师，官兵共7612人参加海南农垦建设，至1953年末，连同国家安排调入的地方干部和从当地和外地招收的民工，农垦总人口达到3.36万人。

1960年国家安置大批退伍军人参加海南农垦建设，人数达5.13万人,包括家属共约9万余人,连同期间招收的农工及其他来源,1960年末,农垦总人口达到18.35万人。

1968至1971年,大批知识青年上山下乡,垦区共接收安置8.95万人。在此之前的1961至1964年，垦区建立6个谷物农场，并入农村人口6.31万人,加上从1961年起进入一个生育高峰期,小孩人数骤增，至1971末,垦区总人口达到62.23万人，其中家属小孩26.49万人，占42.6%。

1977年至1979年和1981年至1983年两个时期，为解决场社土地矛盾和贯彻国务院关于《批转海南岛问题座谈会纪要》精神，共并入农村人口15.4万人，1983年末农垦总人口达到93.24万人，其中家属小孩42.1万人,占45.2%。此后，农垦的人口规模进入相对稳定的时期，最高的1991年，总人口达到97.03万人。

农垦拥有一支素质比较好的职工队伍，具有艰苦奋斗，开拓进取的优良传统。1998年末，垦区职工总人数42.98万人,其中在职职工28.19万人,离退休和病退职工14.79万人。此外还有个体、集体和其他劳动者5.87万人。根据对垦区劳动者文化程度的抽样调查，大中专占7.2%，高、初中占69%，小学占22.5%。

在垦区国有单位工人234520人中，技师和高级工18205人，中级工77907人，初级工83494人，学徒工2106人。

至1998年，垦区在职的各类专业技术人员共29393人，其中:具有正高职称的19人，副高职称的562人，中级职称的5338人，初级职称的22622人。

在职职工中，从事第一产业的18.89万人,占67%；第二产业2.76万人,占9.8%；第三产业6.54万人，占23.2%。

2教育事业

农垦创建之初，就开始兴办教育事业，并且随着农垦事业的发展而发展，不断完善、不断提高。党的十一届三中全会以后，特别是海南建省办经济特区以来，垦区推行“科教兴垦”战略，认真贯彻落实《教育法》、《教师法》、《义务教育法》、《职业教育法》以及《中国教育改革和发展纲要》，深化教育改革，增加教育投入，农垦教育事业欣欣向荣，有效地发挥教育在促进垦区稳定，推动垦区经济建设和社会全面进步的重要作用。

在垦区创建的50年代初期，根据当时农垦工人很多来自农村，文盲和半文盲较多，文化水平较低的实际，开展大规模的扫除文盲工作。农场设立“文化教育委员会”或扫盲小组进行领导，生产队普遍开办夜校，配备文化教员，组织职工进行业余学习，取得很好效果。在其后的不同时期，根据变化了的情况，采取措施，提高职工文化水平。1981年贯彻落实中共中央、国务院《关于加强职工教育工作的决定》，对1968年至1980年初中和高中毕业的职工，进行文化补习。1991年至1994年垦区再次开展青壮年扫盲工作，提前4年完成扫盲任务，脱盲率达96.4%，职工非文盲率达99.8%，通过验收。其后，抓紧脱盲后的继续教育，将科技知识与扫盲后继续教育同步进行，还组织900多名50岁以下的在职职工参加计算机技能培训班。

随着农垦事业的发展，职工子女逐步增多，就读需求迫切，1958年垦区开始举办普通教育，在农场创办小学，1962年进而创办中学。至1963年，垦区已有完全小学102所，初级小学（教学点）57个，初级中学3 所，在校学生共1.3万人。40多年来，农垦的普通教育，随着农垦事业的发展和社会进步，不断发展、不断完善、不断提高。“八五”期间，在贯彻《义务教育法》的实施中，从垦区的实际出发，采取调整学校布局，集中办学，创办示范学校等重大措施，合理配置教育资源，改善办学条件，提高师资总体水平，促进学校教学质量的提高。至1998年，垦区共有完全小学427所、初级中学78所、完全中学和职业中学20所，在校学生17万人，教职工1.36万人。还有中心幼儿园107所，在园幼儿1.3万人。形成结构比较完善，布局比较合理的基础教育网络。近年来，垦区认真贯彻《教育法》、《教师法》和《义务教育法》制订教育发展规划和具体措施，走上依法办学，依法治教的轨道。1995年提前四年实现“普九”目标，全局小学适龄儿童入学率、巩固率达到100%，毕业率达到97%；初中学龄少年入学率达89%，巩固率达97%，升学率达45%，1996年顺利通过省政府的验收。垦区教师学历达标率，小学教师达94.5%，初中教师达78.8%，高中教师达38.7%。

垦区创建之初，为了培养急需的专业技术人才，1953年3月，在中国人民解放军林业工程第一师教导队的基础上，创办海南垦殖分局干部学校，培养会计、统计、医务等专业人才。1958年在干校的基础上，创办垦区第一所中等专业学校，同年创办农垦卫生学校。1975年创办农垦加来师范学校，1979年又分别建立农垦通什师范学校和农垦通什中等专业学校。两所农垦中等专业学校先后开设热带作物栽培、财会、测绘、农经、计划统计、植保、农机、橡胶加工、畜牧兽医、工业民用建筑、企业管理等专业班。农垦师范学校先后开设普师、普师英语、幼师、体育、美术等，农垦卫生学校先后开设护士、医士、妇产、口腔、临床检验、药剂等专业班。1983年开始，在中专学校开办中央农业广播学校分校，先后开设企业管理、电气、土木建筑、英语等专业。1998年，垦区两所师范学校、两所中等专业学校和一所卫生学校，共有在校学生6817人，教职工707人，当年毕业生2105人。

40多年来，农垦中等专业学校为职工子女就读就业，创造了大量的机会，为垦区经济建设和社会发展，培养了大批实用人才。党的十一届三中全会以后，为适应社会主义市场经济的要求，立足农垦，瞄准市场，适当调整专业，开设一部份垦区急需的专业，例如中专学校开设观赏植物栽培、社会保障、计算机、财会电算、公关文秘等专业，卫生学校开设麻醉士、英语护士等专业，在为垦区服务的同时，向社会输送人才。各中专学校还先后分别同昆明医学院、武汉卫校、中科院职大等院校联合办学，培养垦区紧缺的人才。

3．卫生事业

在农垦创建的同时，建立自己的卫生医疗服务系统，1952年8月，由解放军146师和152师两个师的后勤医院在海口市合编为林一师医院，作为全垦区的中心医院，1954年更名为海南垦殖分局第一医院（现海南省农垦总局医院的前身），同年又在西部的儋县那大建立海南垦殖分局第二医院（现海南省农垦那大医院）；1962年在南部的三亚建立海南农垦第三医院（现海南省农垦三亚医院）；1968年在中部的琼中县番响建立海南农垦第四医院，后几经变化，1988年改为海南省农垦番响医院，1991年因布局调整而撤销。在基层单位，农场1952年就配备卫生人员，1954年设立卫生所，后改为保健站，设简易病床，治疗一般疾病。1959年以后，农场成立职工医院，生产队设卫生所。

农垦卫生事业与各个时期农垦规模扩大，经济发展，社会进步相适应，不断发展和完善，至1966年已基本形成局、场、队三级医疗保健网。十一届三中全会以后，农垦卫生事业又进入一个新的发展时期，已经基本建成一个层次完整、结构比较合理、具有较强健康保障能力的卫生机构网络，形成比较健全的三级防治网。目前，垦区拥有局属医院3间，其中三级甲等2间、二级甲等1间；农场医院91间，其中二级乙等1间、一级甲等16间；基层卫生所2885个。局属卫生防疫站1间、农场卫生防疫站17间、防疫组74个，医疗卫生服务覆盖率近100%。拥有卫生人员10002人，其中具有高级职称的156人、中级职称646人、初级中师3328人、士级3889人。医院床位8921张，平均每千人口有卫技人员10人、床位9.3张,均高于全国平均水平。近年来，局属医院添置了CT、ECT、B超、全自动生化分析仪等具有90年代先进水平的医疗设备，农场医院也配置了X光机、B超等较先进的医疗设备，职工群众可以享受比较良好的医疗保健服务。垦区医疗机构每年提供门诊量150万人次，医治病人10多万例，开展各种疾病普查普治和健康检查10万人次，做计划生育“四术”约3万例，对儿童进行预防接种25万人次。

垦区卫生医疗机构重视开展和引进新技术、新项目，近10年来，每年开展科研活动10－20项，开展和引进新技术、新项目150－200项，获省、部级科技进步奖30项，医疗技术水平不断提高。目前，局属医院已能不同程度开展胸部和颅脑手术，总局医院在心血管外科、泌尿外科、医学遗传学、整容和矫形外科等方面已达省内一流水平，有的还具领先地位。有51间农场医院能开展腹部手术。基本做到常见疾病不出场、重危疑难病不出垦区。

垦区历来坚持“预防为主”方针，重视预防保健工作。近几年来，法定35种传染病中累计只见25种，每年发生约15种，法定报告传染病发病率不断下降，1997年已下降到1.21‰。全垦区已达到基本消灭丝虫病标准，实现以农场为单位儿童计划免疫“四苗”接种率达85%的目标，相应“六病”发病率均控制在国家规定的指标范围内，已连续6年无小儿麻，5年无白喉，2年无百日咳的记录。

垦区一贯重视计划生育工作，认真贯彻落实党和国家关于实行计划生育的方针、政策。1963年就成立了计划生育办公室，此后在不同时期，局场两级都设有专门机构，从事具体工作，几十年来常抓不懈。80年代以后，人口出生率均控制在18‰以下，1988年建省以来，控制在12‰以下，1993年以后控制在10.6‰以下。

4．基础设施

农垦创建之时，农场建立于荒山野岭，人烟稀少地区，几乎没有可以利用的生产、生活设施。靠艰苦创业，白手起家，经过几十年的艰苦奋斗，逐步建设起基本适应生产发展和生活需求的基础设施。海南建省以后，全省基础设施建设迅速发展，不断完善，垦区直接受益。至1998年，垦区自有的基础设施主要有：

房屋：总面积1873.89万平方米，其中：厂房151.13万平方米、住宅1118.17万平方米、文教用房116.78万平方米。

交通、通讯：公路4993公里、独立桥梁1585米、各种汽车3979辆，其中载重汽车2283辆。电话线路1201对公里，农场场部对外通讯已全部纳入国家电讯网络。

能源：水电站87座，装机3.93万千瓦、火电站机组座6.63万千瓦、输电线路5870公里。绝大多数单位联入国家电网，国家电网供电量占66.3%。

主要农业机械：□农业机械总动力28.65万千瓦特、拥有大中型拖拉机943台、□手扶拖拉机5114台、□□排灌机械1541台、植保机械3541部。

农田水利：水库195宗､容量8594万立方米，机电井54眼，排灌站46座，有效灌溉面积17.39万亩。

5. **职工生活**

农垦创建初始，职工生活条件十分艰苦，随着生产和经济的发展，职工物质生活和文化生活也逐步提高，特别是党的十一届三中全会以后，职工生活更有明显的改善。

1998年职工劳均收入达5627元，比1978年的546元增长9倍多，比建省前1987年的1362元增加3倍多；人均储蓄存款达到1880元。收入的增加，转变了人们的消费观念，促进生活质量的提高，吃的营养提高，穿着多样化，高档消费品进入职工家庭，1998年，每百户职工家庭不仅拥有自行车114辆，有摩托车53辆、彩色电视机72台、黑白电视机16台、洗衣机15台。这在改革开放以前是不可侈望的。改革开放以来，职工居住条件明显改善，1998年人均住宅面积达11.6平方米，在全部职工住宅中，混合结构住宅占48%，危房面积大大减少，不少单位已经消灭了危房。有3397个生产队解决照明用电，有2374个生产队解决了自来水。

垦区创立之初，虽然物质生活条件十分艰苦，因为青年人多，也能因陋就简，开展群众性的文化体育活动，60年代和70年代，文艺演出和球类运动相当活跃，在岛内颇有影响，对丰富周边农村文化生活也有促进作用。

党的十一届三中全会以后，垦区把职工文化体育活动作为精神文明建设的重要内容来抓。海南建省以后，开展“千里环岛文化长廊”建设活动。垦区文化阵地建设不断加强，文化设施逐步完善，文化娱乐活动丰富多彩，形成局、场、区、队四级文化网络，多数农场建设了文化娱乐中心，三分之二的区、队建设“三室一场一栏”（文化室、娱乐室、图书室、综合球场、宣传栏），各单位建有电视差转台46座，许多边远生产队安装了卫星电视天线。农垦工会经常组织各种文艺汇演、比赛，美术、摄影、书法观摩创作，有10多个农场举办多届艺术节，职工文化娱乐活动丰富多彩。

垦区贯彻《体育法》，实施《全民健身计划纲要》，成立农垦体育运动协会，基层团体会员110多个。职工体育健身活动蓬勃兴起，经常参加体育运动和健身活动的职工达20万人。局、场两级经常举办各种运动会，包括学生运动会、老人运动会，组织球类、棋类、田径等各项比赛，不断推动体育健身活动的广泛开展，提高职工群众的健康水平。

（海南省农垦总局 林经和）

第四部分　资料篇

人口状况
POPULATION

年份 Year	年底总人数(万人) Total Population (year-end) (10000 persons)	按性别分 Grouped by Sex		按城乡分 Grouped by Agricultur or Nonagricultural		人口出生率 Birth Rate (‰)	人口死亡率 Death Rate (‰)	人口自然增长率 Natural Growth Rate (‰)
		男 Male	女 Female	农业 Agricultural	非农业 Nonagicu-ltural			
1950	246.82	120.69	126.13	227.67	19.15			
1951	253.11	124.02	129.09	233.47	19.64			
1952	259.40	126.84	132.56	239.28	20.12			
1953	265.69	131.86	133.83	243.29	22.40			
1954	273.11	135.90	137.21	243.55	29.56			
1955	277.85	138.18	139.67	247.93	29.92			
1956	285.53	141.88	143.65	253.57	31.96			
1957	290.81	145.39	145.42	253.99	36.82	32.10	9.10	23.00
1958	302.79	149.88	152.91	254.76	48.03			
1959	311.60	154.90	156.70	246.68	64.92			
1960	317.05	157.51	159.54	235.84	81.21			
1961	326.53	162.04	164.49	276.46	50.07			
1962	335.18	184.21	150.97	287.91	42.27	52.02	8.29	43.73
1963	343.24	173.26	169.98	294.83	48.41			
1964	353.33	178.68	174.65	304.80	48.53	41.60	8.70	32.90
1965	365.79	186.21	197.58	313.57	52.22			
1966	377.66	190.46	187.19	324.03	53.63			
1967	385.16	193.64	191.52	332.81	52.35			
1968	396.49	199.38	197.11	343.64	52.85			
1969	410.85	207.02	203.83	357.43	53.42			
1970	428.89	218.11	210.78	374.84	54.05			
1971	454.50	323.38	222.12	393.92	60.58	29.60	5.15	24.45
1972	467.95	239.37	228.58	402.83	65.12	30.08	5.33	24.75
1973	479.49	245.30	234.19	414.69	64.80	28.16	5.66	22.50
1974	487.77	249.40	238.37	420.88	66.89	25.00	5.60	19.40
1975	496.82	253.73	243.09	427.36	69.46	22.53	5.67	16.86
1976	505.15	259.14	246.01	433.91	71.24	20.90	5.70	15.20
1977	516.36	264.32	252.04	442.38	73.98	23.05	5.65	17.40
1978	528.45	270.42	258.03	451.08	77.37	24.19	4.62	19.58
1979	540.30	276.53	263.77	458.86	81.44	25.90	4.73	21.17
1980	552.53	280.36	272.17	466.23	86.29	24.12	4.72	19.41
1981	560.77	287.09	273.68	469.76	91.01	23.10	4.88	18.22
1982	571.38	293.26	278.12	477.11	94.27	22.44	4.58	17.86
1983	580.66	298.83	281.83	482.78	97.87	19.31	4.55	14.76
1984	589.31	303.58	285.73	485.35	103.96	17.60	4.15	13.45
1985	597.51	308.68	288.83	485.50	112.01	14.55	4.13	10.42
1986	605.63	313.08	292.55	489.30	116.33	15.23	4.05	11.18
1987	615.08	318.23	296.85	493.49	121.59	14.83	4.23	10.60
1988	627.49	325.03	302.46	500.82	126.67	20.63	5.23	15.40
1989	638.79	331.63	307.16	506.20	132.59	23.48	5.55	17.92
1990	651.23	338.40	312.83	514.62	136.61	24.88	6.28	18.60
1991	661.50	344.38	317.12	520.68	140.82	23.03	5.99	17.04
1992	671.32	350.05	312.27	524.83	146.49	21.35	6.07	15.28
1993	681.78	355.70	326.08	530.36	151.42	21.01	5.26	15.75
1994	691.39	360.66	330.73	533.26	158.13	20.77	6.29	14.48
1995	702.42	367.78	334.64	537.36	165.06	20.12	5.61	14.51
1996	714.06	373.20	340.86	540.25	173.81	20.08	5.88	14.20
1997	724.53	379.36	345.17	543.07	181.46	19.18	5.62	13.56
1998	733.31	384.91	348.39	547.19	186.12	18.48	5.56	12.92

从业人员和职工人数
EMPLOYMENT，STAFF AND WORKERS

单位：万人 （10000persons）

年份 Year	从业人员 Total Number of Employed Persons	按城乡分 Employed Persons by Urban and Rural Areas		按三次产业分 Employed Persons by Industry			职工人数 Staff and Workers			
		城镇 Urban Areas	乡村 Rural Areas	第一产业 Primary Industry	第二产业 Secondary Industry	第三产业 Tertiary Industry		国有经济单位 State-owned Units	城镇集体经济单位 Urban Collective Owned Unit	其他经济单位 Other Ownership Units
1957							13.06	13.06		
1962	149.59	31.06	118.53				31.15	26.42	4.73	
1964	152.96	32.88	120.08							
1965	156.81	37.35	119.46				37.48	33.02	4.46	
1966	157.70	39.95	117.75							
1967	158.03	41.09	116.94							
1968	165.66	44.65	121.01							
1969	174.84	44.71	130.13							
1970	184.54	57.23	127.31				57.23	52.24	4.99	
1971	192.81	62.42	130.39							
1972	196.63	63.87	132.76							
1973	199.89	64.01	135.88							
1974	202.48	64.18	138.30							
1975	202.02	65.81	136.21				65.81	60.42	5.39	
1976	204.02	67.97	136.05							
1977	218.00	80.24	137.76							
1978	221.48	81.75	139.73	176.16	15.32	30.00	79.84	73.62	6.22	
1979	226.23	84.72	141.51	179.79	15.83	30.61				
1980	231.45	86.53	144.92	183.93	16.71	30.81	84.13	77.53	6.6	
1981	242.46	93.92	148.54	192.76	17.47	32.23	91.13	84.50	6.63	
1982	247.06	96.22	150.84	194.39	17.73	34.94	94.05	87.16	6.89	
1983	253.09	98.12	154.97	198.89	17.04	37.16	94.63	87.96	6.67	
1984	259.17	99.87	159.30	200.69	18.13	40.35	95.45	85.87	9.50	0.08
1985	268.40	104.15	164.25	197.47	24.46	46.47	97.99	88.35	9.23	0.41
1986	275.65	106.48	169.17	200.29	27.01	48.35	100.03	90.28	9.26	0.08
1987	280.75	106.90	173.85	202.03	26.83	51.89	100.20	90.58	9.06	0.56
1988	291.95	111.01	180.94	207.23	26.99	57.73	102.64	92.89	9.02	0.73
1989	298.35	112.40	185.95	210.18	29.26	58.91	103.99	94.07	8.79	1.13
1990	304.62	114.52	190.10	212.98	28.86	62.78	105.93	95.49	8.91	1.54
1991	318.13	123.02	195.11	217.68	30.92	69.53	108.86	97.22	8.50	2.34
1992	322.49	126.30	196.19	215.29	34.23	72.97	111.85	99.64	8.94	3.26
1993	333.33	134.79	198.54	208.86	38.49	85.98	111.06	97.74	9.14	4.18
1994	335.56	134.16	201.40	204.52	40.09	90.95	109.10	95.14	8.46	5.50
1995	334.49	131.64	202.85	203.92	39.22	92.56	106.92	92.78	8.36	5.77
1996	333.30	127.23	206.07	201.53	39.06	91.51	102.82	87.68	8.37	6.77
1997	341.64	131.91	209.73	202.56	38.89	100.19	102.65	86.48	8.25	7.92
1998	341.32	129.55	211.77	202.64	35.80	102.88	97.90	82.70	7.11	8.09

注：职工人数98年用老口径。

国内生产总值
GROSS DOMESTIC PRODUCTS

单位：亿元　　(100 million yuan)

年份 Year	国内生产总值 Gross Domestic Product	第一产业 Primary Industry	第二产业 Secondary Industry	工业 Industry	建筑业 Construction	第三产业 Tertiary Industry	交通运输邮电通信 Transportation Post and Telecommunication	#批发零售贸易餐饮业 Wholesale Retail & Catering Trade	人均国内生产总值(元) Per-Capita GDP (yuan)
1978	16.40	8.72	3.65	2.95	0.70	4.03	0.49	1.45	314
1979	17.45	9.31	3.77	3.01	0.76	4.37	0.55	1.56	327
1980	19.33	10.80	3.61	2.87	0.74	4.92	0.53	1.94	354
1981	22.23	13.02	3.47	2.71	0.76	5.74	0.61	2.35	399
1982	28.86	17.25	4.04	3.07	0.97	7.57	0.94	3.06	510
1983	31.12	18.45	4.47	3.53	0.94	8.20	0.97	3.34	540
1984	37.18	20.48	6.68	4.70	1.98	10.02	1.29	4.01	636
1985	43.26	21.80	9.30	5.88	3.42	12.16	2.15	4.16	729
1986	48.03	24.05	9.92	6.67	3.25	14.06	2.57	4.59	798
1987	57.30	28.68	10.89	7.69	3.20	17.73	3.23	5.73	939
1988	77.13	38.59	14.15	9.94	4.21	24.39	4.01	8.64	1241
1989	91.40	42.85	18.25	11.53	6.72	30.30	4.76	10.23	1444
1990	102.49	46.02	20.12	12.91	7.21	36.35	6.02	11.35	1589
1991	120.51	50.22	24.65	14.86	9.79	45.64	7.70	15.05	1836
1992	181.71	54.13	38.34	20.36	17.98	89.24	10.83	29.32	2727
1993	258.08	77.73	66.29	34.37	31.92	114.06	15.72	38.76	3815
1994	330.95	107.55	83.66	42.84	40.82	139.74	20.59	47.84	4820
1995	364.17	130.86	78.64	42.13	36.51	154.67	24.54	51.83	5225
1996	389.53	143.54	81.32	46.83	34.49	164.67	27.64	54.48	5500
1997	409.86	151.28	82.68	49.30	33.38	175.90	31.70	58.05	5698
1998	438.92	164.00	90.63	55.70	34.93	184.29	35.03	60.90	6022

国内生产总值指数
INDICES OF GROSS DOMESTIC PRODUCTS

(1978=100) (1952=100)

年份 Year	国内生产总值 Gross Domestic Product	第一产业 Primary Industry	第二产业 Secondary Industry	工业 Industry	建筑业 Construction	第三产业 Tertiary Industry	交通运输仓储邮电通信业 Transportation Post and Telecommunications	#批发零售贸易餐饮业 Wholesale Retail & Catering Trade	人均国内生产总值 Per-Capita GDP
1979	103.1	106.3	91.8	88.8	104.3	106.5	110.7	105.4	100.6
1980	105.0	108.0	86.9	83.6	100.4	115.6	105.6	122.5	103.4
1981	118.6	127.5	83.3	79.4	102.2	131.3	117.1	144.8	124.7
1982	146.6	159.9	91.9	84.5	126.4	167.4	161.9	185.9	154.3
1983	155.1	167.6	99.7	95.2	119.4	178.6	166.9	199.3	168.6
1984	181.3	183.0	143.1	122.2	239.6	213.4	213.9	234.9	198.0
1985	203.1	187.4	191.5	151.4	378.0	249.7	335.7	243.6	223.5
1986	220.7	208.4	194.9	160.2	359.1	273.7	393.4	257.5	239.8
1987	245.7	227.6	211.7	184.9	353.4	318.5	479.2	309.8	263.8
1988	271.0	236.3	253.2	227.8	391.9	366.9	508.4	365.5	285.2
1989	286.4	243.6	288.4	239.6	526.7	385.3	559.2	353.1	296.0
1990	316.8	266.0	318.7	263.6	587.3	433.8	585.0	389.5	321.2
1991	364.0	289.1	382.7	316.3	706.0	520.2	692.0	500.9	362.6
1992	510.3	318.1	529.3	416.9	1046.2	908.2	952.2	897.6	500.8
1993	617.0	351.4	797.2	567.4	1747.2	1039.0	1152.1	957.7	595.9
1994	690.4	396.8	935.1	644.0	2119.3	11232	1303.1	1074.6	656.7
1995	720.1	442.4	882.7	606.0	2004.9	1174.9	1378.7	1115.4	674.4
1996	754.7	466.3	900.4	643.0	1950.8	1241.9	1516.5	1191.2	695.3
1997	805.3	501.7	949.0	699.6	1964.4	1322.6	1724.3	1278.2	730.8
1998	872.1	543.4	1034.4	766.8	2123.5	1428.4	1958.8	1388.1	781.2

国内生产总值指数
INDICES OF GROSS DOMESTIC PRODUCTS

(上年=100)　　(preceding year=100)

年份 Year	国内生产总值 Gross Domestic Product	第一产业 Primary Industry	第二产业 Secondary Industry	工业 Industry	建筑业 Constroction	第三产业 Tertiary Industry	交通运输仓储邮电通信业 Transportation Post and Telecommunications	#批发零售贸易餐饮业 Wholesale Retail & Catering Trade	人均国内生产总值 Per-Capita GDP
1978									
1979	103.1	106.3	91.8	88.8	104.3	106.5	110.7	105.4	100.6
1980	101.8	101.6	94.7	94.2	96.3	108.5	95.4	116.2	102.8
1981	113.0	118.1	95.8	94.9	101.8	113.6	110.9	118.2	120.6
1982	123.6	125.4	110.4	106.5	123.6	127.5	138.2	128.4	123.7
1983	105.8	104.8	108.4	112.6	94.5	106.7	103.1	107.2	109.3
1984	116.9	109.2	143.6	128.4	200.6	119.5	128.2	117.9	117.4
1985	112.0	102.4	133.8	123.9	157.8	117.0	156.9	103.7	112.9
1986	108.7	111.2	101.8	105.8	95.0	109.6	117.2	105.7	107.3
1987	111.3	109.2	108.6	115.4	98.4	116.4	121.8	120.3	109.8
1988	110.3	103.8	119.6	123.2	110.9	115.2	106.1	118.0	108.3
1989	105.7	103.1	113.9	105.2	134.4	105.0	110.0	96.6	103.8
1990	110.6	109.2	110.5	110.0	111.5	112.6	104.6	110.3	108.5
1991	114.9	108.7	120.1	120.0	120.2	119.9	118.3	128.6	112.9
1992	140.2	110.0	138.3	131.8	148.2	174.6	137.6	179.2	138.1
1993	120.9	110.5	150.6	136.1	167.0	114.4	121.0	106.7	119.0
1994	111.9	112.9	117.3	113.5	121.3	108.1	113.1	112.2	110.2
1995	104.3	111.5	94.4	94.1	94.6	104.6	105.8	103.8	102.7
1996	104.8	105.4	102.0	106.1	97.3	105.7	110.0	106.8	103.1
1997	106.7	107.6	105.4	108.8	100.7	106.5	113.7	107.3	105.1
1998	108.3	108.3	109.0	109.6	108.1	108.0	113.6	108.6	106.9

支出法国内生产总值
GROSS DOMESTIC PRODUCTS BY EXPENDITURE APPROACH

单位：亿元　　　　　　　　　　　　　　　　　　(100million yan)

年份 Year	国内生产总值支出 Gross Domestic Product by Expenditure Approach	最终消费 Finsl Consumption Expenditure	居民消费 Household	政府消费 Goverment	资本形成总额 Gross Capital Formation	固定资本形成 Fixed Capital	存货增加 Changes in Inventories	货物和服务净出口 Net Export of Goods and Services
1978	19.60	16.68	15.71	0.97	2.92	2.19	0.74	
1979	20.73	17.74	16.65	1.09	2.99	2.21	0.78	
1980	22.22	19.10	17.78	1.25	3.12	2.28	0.84	
1981	25.94	20.64	19.16	1.48	5.30	3.43	1.87	
1982	31.23	22.38	20.83	1.55	8.85	6.91	1.94	
1983	33.94	24.00	22.09	1.91	9.94	6.41	3.53	
1984	42.15	26.13	23.37	2.76	16.02	10.43	5.59	
1985	54.19	31.58	28.05	3.53	22.61	16.37	6.24	
1986	53.06	36.81	32.70	4.11	26.25	18.63	7.62	
1987	66.48	40.00	35.83	4.17	26.48	20.91	5.57	
1988	82.62	48.77	43.22	5.55	33.85	20.43	13.42	
1989	100.37	57.27	48.99	8.28	43.10	29.01	14.09	
1990	127.01	66.29	48.45	11.31	60.72	42.29	18.43	
1991	139.88	72.87	56.86	15.93	67.01	50.75	16.26	
1992	220.37	95.58	75.18	20.40	124.79	104.73	20.06	
1993	299.57	127.92	98.04	29.88	171.65	144.82	26.83	
1994	380.64	156.47	124.55	31.92	224.17	198.35	25.82	
1995	407.71	188.50	153.09	35.41	219.21	192.64	26.57	
1996	389.53	208.87	168.27	40.60	187.94	167.33	20.61	-7.28
1997	407.75	222.33	176.82	45.51	187.92	162.36	25.56	-2.50
1998	436.85	238.98	186.75	52.23	202.71	173.48	29.23	-4.84

农村基本情况
BASIC STATISTICS FOR AGRICULTURE

指 标	Item	1949	1952	1978	1997	1998
乡镇数（个）	Number of Township and Town Governments			305	308	308
村民委员会（个）	Number of Villagers'Committees			2846	2651	2660
乡村户数（万户）	Number of Rural Households			80.62	101.97	100.55
乡村人数 （万人）	Number of Rural Populations(10000 persons)			385.22	489.65	480.0
乡村劳动力数 （万人）	Number of Rural Laborers(10000 persons)			139.73	211.15	211.77
农林牧渔业劳动力	Farming,forestry,Animal Husbandry&Fishery			129.62	169.25	170.71
工业	Industry				5.95	5.44
建筑业	Construction				7.61	7.39
运输仓储邮电业	Transportation				6.30	6.04
批发零售餐饮业	Wholesale,Retail Sale and Catering Trades				7.63	7.66
其他	Others				14.41	14.63
耕地面积 （千公顷）	Cultivated Areas(1000 hectares)		344.09	453.26	426.80	427.85
水田	Paddy Fileds		108.47	208.95	184.12	183.62
旱地	Dry Fileds		77.64	178.19	183.38	185.28
水库容量 （亿立方米）	Cpacity of Reservoirs (100 million cu.m)					
大中型拖拉机（台）	Number of large and Medium Agricultural Tractors (unit)			2013	2305	2649
大中型拖拉机 （万千瓦）	Capacity of Large and Medium Agricultural Tractors (10000kw)			6.38	8.21	8.06
小型拖拉机（台）	Number of Mini-tractors (unit)			6694	27426	26228
小型拖拉机 （万千瓦）	Capacity of Mini-tractors (10000 kw)			4.96	24.62	24.10
柴油机（台）	Number of Diesel Engines (unit)			6152	36143	43043
柴油机 （万千瓦）	Capacity of Diesel Engines (10000 kw)			7.31	21.42	22.26
农用载重汽车（辆）	Number of Trucks for Agricultrural Use(unit)			488	5985	6229
农用载重汽车(万千瓦)	Capacity of Trucks for Agricultrural Use (10000 kw)			2.90	45.35	46.06
渔用机动船（艘）	Number of Motorized Fishing Boats (unit)			1129	14259	14217
渔用机动船(万千瓦)	Capacity of Motorized Fishing Boats(10000 kw)			3.95	44.42	38.53
每公顷播种面积产量(公斤)	Yield of per hectare Sown Area(kg)					
粮食	Grain Crops	901	1089.28	1780	3865	3989
棉花	Cotton					
油料	Oilbearing Crops	664	701.01	448	1614	1700
糖料	Suger Crops	22500	33214.3	18806	49081	48867
每一农林牧渔业劳动力	Per Labor Force of Farming,Forestry, Animal Husbandry & Fishery					
粮食产量 （公斤）	Grain Crops (kg)			882	1332	1348
棉花产量 （公斤）	Cotton (kg)					
猪牛羊肉产量(公斤)	Output of Pork,beef and Mutton(kg)			33	142	152
水产品产量 （公斤）	Aquatic Produvcts (kg)			49	309	350
农林牧渔业产值(元)	Output Value of Farmung,Forestry, Animal Husbandry & Fishery (yuan)					

农业生产条件
PRODUCTION CONDITION FOR AGRICULTURE

年份 Year	农业机械总动力(万千瓦) Total Power of Agricultural Machinery (10000 kw)	灌溉面积(千公顷) Irrigated Area (1000 hectares)	化肥施用量(折纯量)(万吨) Consumption of Chemical Fertilizers (10000 tons)	农村用电量(亿千瓦小时) Electricity Consumed in Rural Area (100 million kwh)	农作物总播种面积(千公顷) Total Sown Area (1000 hectares)	#粮食面积 Grain Crops
1949					441.37	421.33
1950		23.63			439.55	425.87
1951		24.11			495.01	480.83
1952		25.20			553.64	522.55
1953		27.01			576.09	541.70
1954		30.94			600.85	562.16
1955		24.70			691.19	645.44
1956		44.08			765.35	703.78
1957		51.21			752.65	684.56
1958		73.89			653.13	591.52
1959		85.34			574.09	521.53
1960		94.64			677.87	617.75
1961		99.17			702.18	639.37
1962		106.77			704.99	541.73
1963		126.97			713.07	624.85
1964		140.53			670.93	583.23
1965		154.82			690.53	569.78
1966		168.73			653.93	539.78
1967		171.33			635.48	522.91
1968		172.67			579.09	484.20
1969		174.00			690.20	500.24
1970		123.52	9.65	0.50	728.19	616.89
1971	6.38	147.27	13.09	0.78	736.82	672.43
1972	7.93	162.35	8.79	1.12	761.27	674.02
1973	11.75	173.18	13.37	1.19	798.92	692.36
1974	15.65	166.02	12.55	1.90	851.56	721.09
1975	23.07	165.77	11.31	2.75	909.01	690.03
1976	28.06	165.90	11.23	3.22	852.11	673.45
1977	34.73	164.59	13.58	3.56	808.64	690.88
1978	39.36	163.17	11.59	3.39	796.43	642.09
1979	44.10	155.83	10.82	7.42	666.45	601.97
1980	69.84	146.78	15.53	3.46	696.31	575.44
1981	73.18	146.15	15.90	3.68	678.65	551.39
1982	81.60	143.19	14.55	3.76	706.76	549.29
1983	90.98	147.01	15.99	3.63	710.56	542.15
1984	94.51	139.57	23.62	3.91	715.88	532.32
1985	101.65	138.67	25.97	5.72	739.89	507.90
1986	110.03	146.51	29.14	7.09	754.61	516.73
1987	121.40	143.33	32.00	5.05	760.19	509.52
1988	128.02	134.00	32.00	6.21	740.38	496.94
1989	131.50	139.33	35.00	7.71	789.59	539.89
1990	133.20	142.67	37.00	8.88	821.25	560.57
1991	138.03	202.00	39.00	10.97	829.47	561.75
1992	147.34	202.00	41.00	11.51	868.31	577.70
1993	158.52	175.33	41.00	12.05	846.16	550.17
1994	167.55	173.28	42.00	11.20	844.11	549.42
1995	176.03	180.56	45.00	11.55	870.06	559.38
1996	184.75	175.11	49.00	12.10	890.78	559.31
1997	189.38	226.91	52.00	18.09	914.51	577.20
1998	191.25	176.67	51.00	11.18	937.57	576.95

注：化肥施用量：1970—1979年数为折纯量；其余年度数为实物量。

农林牧渔业总产值和指数
GROSS OUTPUT VALUE AND INDICES OF FARMING, FORESTRY, ANIMAL HUSBANDRY AND FISHERY

年份 Year	农林牧渔总产值(亿元) Gross Output Value of Farming, Forestry, Animal Husbandry (100 million yuan)					指数(1952=100) Indices of Gross Output Value of Farming, Animal Husbandry (1952=100)				
	总产值 Total	农业 Farming	林业 Forestry	牧业 Animal Husbandry	渔业 Fishery	总产值 Total	农业 Farming	林业 Forestry	牧业 Animal Husbandry	渔业 Fishery
1952	2.57	1.93	0.16	0.37	0.12	100	100	100	100	100
1957	3.64	2.57	0.42	0.39	0.26	141.4	133	265.5	106.2	220.3
1962.	4.00	2.21	0.96	0.66	0.17	155.3	114.5	601	181.7	141.1
1965	5.06	3.31	1.14	0.38	0.23	196.8	171.7	719.9	104.1	190.2
1970	6.08	3.56	1.81	0.51	0.20	236.3	184.8	1139.7	138.7	165.0
1971	7.96	3.91	3.35	0.49	0.21	309.5	202.9	2019.1	132.9	176.9
1972	8.09	4.38	2.93	0.53	0.25	314.3	226.9	1844.7	145.8	205.9
1973	8.00	4.17	2.96	0.62	0.25	311.1	216.2	1862.8	171.1	205.7
1974	8.66	4.87	2.81	0.70	0.28	336.7	252.3	1770.6	192.6	232.9
1975	9.46	4.99	3.31	0.79	0.37	367.6	258.8	2082.7	216.1	306.7
1976	10.17	5.10	3.87	0.83	0.37	395.5	264.2	2437.7	227.8	312.0
1977	10.39	4.96	4.29	0.77	0.37	404.0	257.2	2697.0	211.7	311.4
1978	9.56	3.92	4.60	0.85	0.20	371.7	203.0	2896.4	231.7	165.1
1979	10.03	4.22	4.86	0.77	0.18	390.0	218.9	3059.9	210.8	149.9
1980	10.24	4.02	5.22	0.84	0.16	398.2	208.6	3285.6	230.8	130.4
1981	12.21	4.89	5.77	1.18	0.37	474.5	253.5	3628.4	323.7	308.1
1982	21.95	9.97	8.01	3.12	0.85	610.2	342.6	4376.9	475.6	331.9
1983	23.80	10.24	8.74	3.86	0.97	652.7	353.9	4774.7	531.6	364.4
1984	27.82	12.18	10.07	4.22	1.35	759.9	4222.8	5452.5	591.4	475.4
1985	30.61	12.79	10.43	5.85	1.55	773.0	408.4	5563.7	704.4	496.9
1986	35.53	14.93	12.05	6.42	2.13	855.0	453.2	6105.7	773.3	606.7
1987	41.26	17.10	14.08	7.51	2.57	917.5	465.0	6921.1	761.8	714.3
1988	57.63	26.72	15.46	11.31	4.15	928.3	467.5	6868.2	820.7	793.8
1989	64.47	30.92	15.36	12.93	5.25	951.1	511.5	6501.5	863.1	934.0
1990	68.72	30.82	16.81	13.74	7.36	1041.6	556.2	6982.7	971.8	1188.4
1991	78.78	33.10	18.92	14.98	8.77	1159.9	587.7	8142.4	1084.7	1430.6
1992	87.16	38.01	20.68	17.33	11.14	1331.7	664.3	9218.1	1250.2	1780.2
1993	120.25	53.53	23.90	25.01	17.81	1482.4	698.4	9787.9	1576.2	2216.3
1994	169.99	74.00	39.11	31.57	25.31	1689.5	752.2	11118.0	1822.3	2870.5
1995	202.52	86.17	47.35	36.59	32.41	1901.3	830.9	12292.2	2057.1	3448.0
1996	224.22	101.98	43.80	42.71	35.73	1999.8	899.6	11757.3	2204.0	3844.1
1997	234.86	107.55	41.70	45.29	40.32	2205.2	993.0	13324.4	2345.9	4221.3
1998	253.67	117.73	42.65	48.83	44.47	2382.5	1083.2	13894.3	2538.3	4681.6

注：1952-1980年总产值为1970年不变价，1981年-1998年为当年价 。

主要农业产品产量
OUTPUT OF MAJOR FARM CROPS

年份 Year	粮食产量 (万吨) Grain (10000 tons)	橡胶产量 (万吨) Rubber (10000 tons)	油料产量 (万吨) Oil-Bearing Crops (10000 tons)	糖料产量 (万吨) Sugar (10000 tons)	水果产量 (万吨) Fruits (10000 tons)	大牲畜年底头数 (万头) Large Animals (year-end) (10000 heads)	猪牛羊肉 (万吨) Output of Pork,Beef & Mutton (10000 tons)	水产品产量 (万吨) Aquatic Products (10000 tons)	瓜菜产量 (万吨) Vegeta-bles (10000tons)
1949	37.99		0.59	4.50		37.60			
1950	38.82		0.80	5.00		40.00		2.16	
1951	51.26		0.80	5.80		44.80		2.50	
1952	56.92	0.04	0.83	14.88	0.52	55.07	1.48	3.06	
1953	60.25		1.00	15.81		59.72		3.70	
1954	64.03		1.17	13.64		65.49		4.79	
1955	58.20		1.14	15.49		67.42		6.38	
1956	80.67		1.70	22.67		66.08		5.90	
1957	81.88	0.08	1.56	35.65	2.45	65.78	2.26	6.95	
1958	77.55		1.05	35.01		57.35		6.91	
1959	56.66		0.64	15.08		50.24		7.72	
1960	59.08		0.42	11.07		47.75		6.68	
1961	62.21		0.44	6.34		49.58		4.17	
1962	63.53	0.50	1.06	11.95	4.32	53.64	1.99	6.33	
1963	74.56		1.02	16.99		55.78		5.69	
1964	81.58		1.31	28.39		57.92		6.50	
1965	91.34	1.40	2.10	53.58	2.55	66.15	2.80	7.80	
1966	94.59		2.07	56.91		61.62		5.52	
1967	95.13		1.92	73.76		61.99		5.15	
1968	91.03		1.37	60.74		60.95		4.80	
1969	89.99		1.60	63.84		61.19		5.28	
1970	98.40	3.80	1.85	57.03	2.78	72.11	3.47	7.60	
1971	123.27	4.08	1.61	48.93	2.02	73.52	3.22	7.78	
1972	130.08	3.67	2.57	67.84	2.58	76.87	3.59	9.28	
1973	125.03	3.77	2.22	61.10	1.91	79.64	3.62	8.11	
1974	145.75	3.32	2.54	69.33	2.31	80.49	3.58	9.13	
1975	152.01	4.50	3.16	102.17	1.98	82.80	4.30	12.40	
1976	151.26	5.57	3.38	105.42	4.34	83.24	4.55	12.35	
1977	154.10	6.40	2.43	64.04	2.00	83.76	4.34	11.32	
1978	114.29	6.77	2.84	59.78	1.84	84.28	4.34	6.41	
1979	123.77	7.13	2.40	60.45	2.20	86.77	4.39	5.83	
1980	115.89	7.03	2.21	65.93	2.77	87.86	4.50	5.91	16.08
1981	121.61	7.94	2.38	99.54	2.18	87.71	5.89	6.45	16.34
1982	132.53	9.58	3.50	182.70	4.23	93.76	6.44	6.64	19.03
1983	132.08	10.76	3.37	234.96	3.21	97.19	6.89	7.54	20.53
1984	140.94	12.54	3.88	283.99	4.44	102.20	7.46	8.20	26.24
1985	121.70	12.63	3.67	405.70	5.67	104.39	9.44	9.00	28.88
1986	138.08	13.83	4.31	322.52	12.80	106.96	10.29	9.98	39.61
1987	133.50	15.82	4.44	261.40	14.72	110.17	10.74	11.21	52.53
1988	119.81	15.65	4.24	243.41	18.30	114.51	11.36	12.83	58.03
1989	151.21	14.54	4.50	274.23	16.04	118.69	11.62	14.88	68.44
1990	168.99	15.67	4.54	358.31	15.28	122.35	12.16	16.75	80.20
1991	183.44	17.27	4.67	387.48	13.84	126.25	13.35	19.88	86.90
1992	203.65	18.73	5.67	433.97	15.40	133.22	15.66	25.74	107.42
1993	199.99	19.87	6.21	359.91	19.40	137.80	17.99	32.98	126.47
1994	204.65	23.16	6.63	294.14	28.21	141.85	18.11	38.74	139.27
1995	215.46	26.04	7.60	311.27	36.05	146.50	20.90	43.25	163.37
1996	206.99	22.58	8.00	302.50	36.16	146.30	22.43	47.57	192.10
1997	225.51	27.00	8.42	347.84	39.89	148.28	23.96	52.27	223.22
1998	230.12	28.04	9.50	353.74	56.63	108.70	25.97	59.77	257.61

注：从1997年起粮食产量包括豆类。

工业企业单位数和工业总产值
NUMBER OF INDUSTRIAL ENTERPRISES AND GROSS INDUSTRIAL OUTPUT VALUE & THE RELATED INDEX

年份 Year	工业企业单位数（个） Number of Industrial Enterprises (unit)	#国有企业 State-owned	#集体企业 Collective Owned	工业总产值（亿元） Gross Industrial Output Value (100 million yuan)	#国有企业 State-owned	集体企业 Collective Owned	工业总产值指数（1952=100） Indices of Gross Industrial Output Value	#国有企业 State-owned	集体企业 Collective Owned
1952	35	35		0.42	0.08		100	100	
1957	241	241		1.33	1.02	0.31	318.0	1280.2	100
1962	911	303	608	1.33	1.02	0.30	315.8	1279.9	97.1
1965	815	298	517	2.51	2.10	0.41	597.8	2638.1	131.6
1970	873	351	522	3.93	3.31	0.63	937.5	4148.4	203.5
1975	1413	773	640	6.84	5.76	1.09	1630.7	7223.3	352.1
1978	1649	896	753	7.17	5.92	1.25	1801.7	7834.3	427.0
1979	1618	901	17	7.46	6.22	1.23	1757.8	7713.3	398.4
1980	1589	843	746	7.05	5.81	1.25	1635.1	7083.1	394.4
1981	1505	807	697	6.87	5.71	1.16	1596.5	6978.4	367.5
1982	1434	815	619	7.73	6.62	1.10	1720.4	7764.6	333.7
1983	1372	830	541	8.96	7.92	1.03	1969.0	9162.0	308.2
1984	1421	841	576	11.45	10.06	1.34	2542.2	11768.8	405.2
1985	1526	937	559	16.49	13.61	1.51	3335.3	14076.2	472.9
1986	1523	982	513	17.67	14.48	1.65	3545.2	14766.8	515.0
1987	1491	972	486	21.50	16.36	1.59	4403.3	16490.2	457.8
1988	1497	936	492	31.26	23.36	1.97	5507.8	20721.0	527.3
1989	1566	980	494	38.96	28.89	2.26	5776.3	20467.6	567, 4
1990	1529	962	466	44.32	33.56	2.20	6611.9	26190.3	458.2
1991	1572	992	453	56.69	40.29	2.97	8096.6	30035.3	584.7
1992	1634	983	488	76.25	54.19	3.89	10866.6	39941.3	765.5
1993	1810	1005	484	128.27	74.21	6.42	15560.1	44912.7	1142.9
1994	1803	914	557	164.75	82.43	10.20	17693.5	43012.7	1678.8
1995	1895	1055	470	197.89	70.52	7.80	20371.2	37563.9	1377.3
1996	1793	958	457	215.99	71.25	10.35	23789.4	37431.7	1607.8
1997	1805	916	503	231.04	81.48	11.51	26309.1	46718.1	1641.2
1998	640	409	29	248.58	61.28	13.11	29676.7	35898.4	2140.1

注：工业企业单位数为乡及乡以上口径，98年为限额以上；工业总产值及指数为全部口径。
1978年以前工业总产值为70年不变价，1978年以后（含1978年）工业总产值为当年价。

主要工业产品产量
OUTPUT OF MAJOR INDUSTRIAL PRODUCTS

年份 Year	布 (亿米) Cloth (100 million m)	机制纸及纸板 (万吨) Machine-ma Paper and Paperboar 10000 tons	卷烟 (万箱) Cigarettes (10000 cases)	原煤 (万吨) Coal (10000 tons)	发电量 千瓦小 Electricity 100 millio kwh)	钢 (万吨) Steel (10000 tons)	成品钢 (万吨) Steel Products (10000 tons)	水泥 (万吨) Cement (10000 tons)	化肥 (万吨) Chemical Fertilizer (10000 tons)	铁矿石 (万吨)	原盐 (万吨) Salt (10000 tons)	糖 Sugar (10000 tons)
1952	0.01				0.01						6.01	0.81
1957					0.07					67.39	6.81	1.55
1962					0.36			0.65		46.61	11.92	0.56
1965	0.01				0.67			5.02		98.72	15.04	3.88
1970	0.03				1.17			8.20		194.21	34.15	5.97
1975	0.03				3.03	0.18		16.45		347.35	22.09	7.82
1978	0.04	0.40		6.54	3.92	0.18		18.27	4.24	366.15	26.20	7.45
1979	0.04	0.33		2.28	4.10	0.15		17.61	0.47	369.00	24.60	7.96
1980	0.05	0.31	0.23	2.31	4.22	0.12		19.44	0.18	357.90	27.68	5.77
1981	0.05	0.30	0.19	1.83	4.85	0.00		22.24	0.28	375.80	17.53	7.30
1982	0.06	0.31	0.09	2.40	5.93	0.14		26.90	0.29	392.96	19.46	10.35
1983	0.07	0.27	0.06	2.50	6.81	0.15		26.41	0.49	399.44	23.29	15.43
1984	0.05	0.42	0.17	2.01	6.68	0.16		31.56	0.76	441.17	23.35	20.02
1985	0.05	0.46	0.91	2.47	8.03	0.17		39.00	0.37	423.26	29.09	28.95
1986	0.03	0.41	1.73	2.00	9.29	0.18		42.91	0.42	435.16	27.60	30.36
1987	0.02	0.31	2.62	1.76	8.31	0.11		36.75	0.52	433.16	34.04	30.36
1988	0.04	0.48	3.94	1.38	8.70	0.13		44.91	0.53	445.97	37.51	20.30
1989	0.05	0.55	5.50	0.43	12.41	0.14		44.25	0.55	470.50	24.87	19.81
1990	0.02	0.37	7:07	1.30	13.96	0.10	0.09	42.80	0.73	440.31	10.76	30.28
1991	0.04	0.63	8.00	1.50	16.47	0.19	0.14	62.75	0.73	392.12	25.67	28.57
1992	0.07	1.03	10.00	1.61	19.79	0.41	1.13	89.99	0.67	455.00	15.26	40.15
1993	0.06	1.52	12.00	1.53	24.69	0.84	4.15	109.17	0.45	421.33	34.61	36.85
1994	0.03	1.75	10.92	1.50	28.98	0.70	4.55	137.00	0.53	413.00	26.45	25.85
1995	0.11	1.84	9.80	1.46	31.53	0.35	11.61	168.65	0.54	321.09	18.85	17.25
1996	0.14	2.17	8.80	1.73	32.81	0.35	3.97	183.55	2.17	315.11	19.93	18.50
1997	0.22	1.85	8.80	1.50	34.60	0.13	2.92	187.96	21.62	381.29	9.07	30.18
1998	0.11	1.28	8.80	1.50	35.52	0.19	3.99	223.12	24.80	399.07	19.68	27.91

交通运输基本情况
TRANSPORTATION

年份 Year	铁路里程(公里) Length of Railways (km)	公路里程(公里) Length of Highways (km)	客运量(万人) Passenger Traffic (10000 persons)	#铁路 Railway	#公路 Highway	#水运 Waterway	货运量(万吨) Freight Traffic (10000 tons)	#铁路 Railway	#公路 Highway	#水运 Waterway
1949		1045								
1950		1147	11		8	4	12		2	10
1951		1277	12		8	4	18		3	15
1952		1412	23		18	5	17		3	14
1953		1729	52		46	6	45		24	21
1954		2391	84		75	8	80		52	28
1955		2645	119		106	13	87		52	34
1956		3076	188		173	16	123		84	39
1957		3667	253		237	16	122		93	29
1958	144	4228	358	10	328	20	339	172	118	49
1959	144	4573	448	50	360	39	400	175	148	78
1960	144	4750	434	32	367	35	427	232	100	96
1961	144	4934	497	93	378	26	333	203	62	68
1962	144	5113	598	102	470	26	165	63	54	49
1963	144	5417	573	51	504	19	174	51	76	47
1964	144	5263	645	46	567	32	268	62	142	63
1965	144	5274	747	50	661	33	318	114	144	60
1966	144	5274	894	53	800	42	487	238	185	63
1967	144	5274	777	75	666	36	366	163	144	59
1968	144	5663	537	71	441	25	219	80	93	47
1969	144	5890	807	63	708	37	438	192	183	63
1970	144	9409	744	66	639	40	587	284	238	65
1971	144	9489	780	59	671	49	697	374	254	69
1972	144	10064	849	78	717	53	596	301	227	67
1973	144	10061	928	85	788	53	578	327	188	62
1974	144	10031	1010	86	865	59	630	354	200	77
1975	144	10119	1142	80	1002	60	708	370	232	107
1976	144	12313	1272	99	1105	68	722	361	241	120
1977	144	12261	1429	123	1232	85	780	384	277	119
1978	144	12641	1500	119	1296	85	714	386	222	107
1979	144	14064	1714	126	1484	103	643	356	201	87
1980	214	14110	2121	117	1876	128	500	298	120	83
1981	214	14076	3597	103	3327	161	2180	314	1793	73
1982	214	12777	4310	105	4020	179	2548	378	2105	65
1983	214	12777	4727	91	4429	207	2848	413	2369	66
1984	214	12778	5910	83	5591	236	3193	438	2692	63
1985	214	12784	6057	75	5685	289	3486	405	3022	59
1986	214	12805	6091	98	5732	249	3601	415	3128	58
1987	214	12794	8952	100	8496	340	3722	438	3216	68
1988	214	12816	13183	91	12528	537	4224	420	3661	143
1989	214	12903	13680	75	13215	360	4530	422	3941	167
1990	214	12902	15914	46	15371	455	4765	423	4115	227
1991	214	12922	17133	44	16497	542	5711	356	4929	425
1992	214	12937	17708	44	16838	758	6253	387	5393	472
1993	214	12937	19010	55	18067	797	8613	390	6968	1254
1994	214	13014	18829	65	17781	830	8735	346	6997	1390
1995	214	14808	19667	54	18727	653	10505	279	8256	1967
1996	214	15165	19688	29	18754	637	10975	252	8842	1877
1997	214	15246	21296	27	20292	682	11415	283	9116	2012
1998	214		21549	22	20633	544	11630	286	9186	2153

运输邮电业基本情况
TRANSPORTATION，POSTAL AND TELECOMMUNICATION SERVICES

年份 Year	民用汽车拥有量 (辆) Number of Civil Motor Vehicles Owned	邮电业务总量 (万元) Business Volume of Post and Telecommunications (10000 yuan)	函件 (万件) Number of Letters (10000 pcs)	市内电话户数 (户) Number of Loans Urban Telephone Subscribers (subscriber)	电话机拥有量 (部) Number of Telephone Sets
1950	200				
1951	223				
1952	222	67	245	443	443
1953	371	152	507	526	526
1954	369	143	406	540	540
1955	390	180	560	678	678
1956	384	211	693	851	851
1957	417	209	854	883	883
1958	481	289	1034	1031	1031
1959	465	451	1177	1147	1147
1960	468	607	1928	2401	2401
1961	422	573	1765	2744	2744
1962	400	535	1678	2905	2905
1963	400	467	1286	2984	2984
1964	423	485	1176	3119	3119
1965	448	618	1236	3475	3475
1966	447	621	1240	3554	3554
1967	446	231	1223	3632	3623
1968	480	192	1052	3212	3212
1969	531	263	1292	3005	3005
1970	615	330	1078	3090	3090
1971	601	390	2020	3361	3361
1972	602	401	2067	3548	3548
1973	565	573	2130	3826	3826
1974	619	564	1968	3268	3268
1975	706	529	1874	2924	2924
1976	732	635	2184	3014	3014
1977	818	642	2377	3208	3208
1978	842	660	2279	3143	7433
1979	892	627	2483	3519	17675
1980	820	634	2365	3731	16983
1981	12151	1074	2941	5344	17372
1982	13345	1077	3018	5528	18183
1983	14877	1097	2177	5931	18962
1984	16272	1222	2822	7236	20291
1985	20153	1370	2922	8649	21611
1986	21790	1449	2821	9901	23475
1987	23896	1758	2969	12736	29126
1988	27795	2746	3345	18053	36699
1989	30766	3676	3473	25900	48140
1990	32121	5053	3438	35924	60260
1991	36600	15810	3659	52278	85573
1992	49201	27662	4257	78849	117266
1993	66659	54019	5384	127838	192020
1994	86335	86698	5689	216558	290932
1995	91269	104931	4998	248770	390491
1996	98712	125872	4353	292629	435555
1997	95074	161307	3788	326007	462974
1998	90620	184739	3312	361181	466932

注：民用汽车1950—1980仅有交通部门数据。电话机数从1952—1980为市内电话机户数。邮电业务总量1950—1980 为1970年不变价，1981—1990年为1980年不变价，1991—1998为1990年不变价，1970年不变价与1980年不变价换算系数为2.091，1980年不变价与1990年不变价换算系数为3.04。

旅客周转量和货物周转量
TURNOVER VOLUME OF PASSENGER TRAFFIC AND FREIGHT TRAFFIC

年份 Year	旅客周转量(百万人公里) Turnover Volume of Passenger Traffic (100 million km)	#铁路 Railway	#公路 Highway	#水运 Waterway	货物周转量(百万吨公里) Turnover Volume of reight Traff (100 million tn.km)	#铁路 Railway	#公路 Highway	#水运 Waterway
1950	7.41		5.97	1.44	12.49		1.65	10.54
1951	8.27		6.31	1.96	16.47		2.16	14.31
1952	18.37		16.16	2.21	12.79		2.20	10.59
1953	39.28		36.79	2.49	24.11		9.69	14.42
1954	59.27		55.40	3.87	33.60		13.88	19.72
1955	68.51		63.96	4.55	35.03		12.51	22.52
1956	107.72		102.46	5.26	58.92		24.57	34.35
1957	133.36		128.87	4.49	60.61		28.36	32.25
1958	190.59	2.71	182.92	4.96	198.84	87.77	47.23	63.84
1959	244.05	13.47	221.39	9.19	253.62	89.10	61.27	103.25
1960	227.56	8.57	212.18	6.81	292.75	118.41	53.42	120.92
1961	253.96	25.15	223.53	5.28	212.75	104.38	28.60	79.77
1962	271.88	30.74	235.26	58.8	128.50	33.39	22.94	72.05
1963	252.21	13.64	234.41	4.16	148.75	25.29	33.16	89.67
1964	269.16	12.45	248.25	8.46	172.34	31.69	54.43	86.22
1965	302.11	15.71	277.49	8.91	246.16	63.50	61.04	121.48
1966	352.20	17.83	322.94	11.43	335.47	122.21	68.36	144.90
1967	313.20	24.77	279.42	9.01	262.9	83.21	58.14	121.55
1968	254.74	24.49	224.00	6.25	167.60	43.17	34.74	89.69
1969	346.56	22.60	313.65	10.31	290.44	101.49	69.99	118.96
1970	332.98	22.69	299.41	10.88	378.45	144.87	86.93	146.65
1971	365.12	21.22	330.84	13.06	452.97	190.37	90.34	172.26
1972	405.14	28.01	362.77	14.36	396.97	151.48	83.45	162.04
1973	440.38	30.70	395.38	14.30	375.87	165.09	71.00	139.78
1974	475.42	32.49	427.35	15.58	431.85	178.74	76.88	176.23
1975	517.55	30.69	472.15	14.71	498.09	177.36	93.80	220.62
1976	580.30	37.97	526.89	15.44	483.88	173.28	95.84	214.49
1977	653.81	43.01	591.72	19.08	523.96	184.13	106.51	233.06
1978	697.73	45.33	632.62	19.78	503.90	185.50	97.98	220.21
1979	803.96	48.20	731.16	24.60	463.33	171.00	89.38	202.76
1980	991.92	44.74	915.14	32.04	431.03	143.18	63.36	224.49
1981	1336.16	39.48	1091.91	35.83	933.23	150.85	45.63	216.22
1982	1552.84	39.75	1188.73	38.11	1051.29	181.54	43.68	201.61
1983	1816.84	31.85	1414.33	47.90	1137.82	210.40	42.00	207.63
1984	2310.07	29.17	2217.71	63.19	1232.60	222.62	815.78	194.20
1985	2363.78	26.78	2222.64	79.85	1319.99	208.08	909.79	201.60
1986	2399.12	60.66	2220.18	57.70	1296.16	220.48	889.31	176.00
1987	3895.56	66.95	3690.31	67.85	1625.41	236.51	1187.52	200.71
1988	4290.66	65.01	3917.08	106.75	1558.94	228.39	1043.36	285.15
1989	4420.14	54.10	4081.43	83.37	1652.24	230.85	1087.78	332.20
1990	5734.83	35.41	5361.32	108.88	1708.02	222.97	1121.75	360.94
1991	6331.43	35.14	5713.97	114.00	2124.97	190.25	1493.73	437.29
1992	6841.29	36.27	5946.67	129.07	3066.09	207.28	2009.21	9294.00
1993	7583.42	47.77	6327.98	224.87	17934.04	227.31	2771.60	14923.85
1994	8493.04	56.42	6297.35	474.53	23319.85	206.97	3428.59	19651.33
1995	9372.12	47.94	6655.91	242.66	25093.02	175.09	3483.44	21400.99
1996	10213.8	29.59	7193.96	175.07	26971.79	146.62	3818.56	22961.17
1997	11117.44	29.63	7834.22	185.74	28927.86	159.64	3916.14	24798.46
1998	11894.41	23.91	8024.17	177.56	30672.72	162.22	4218.56	26231.65

社会消费品零售额和进出口总额
TOTAL RETAIL SALES OF CONSUMER GOODS AND IMPORTS AND EXPORTS

年份 Year	社会消费品零售额（亿元）Total Retail Sales of Consumer Goods	按经济类型分 By Ownership		按城乡分 By Urban and Rural Areas		集市贸易成交额（万元）Trabsaction Value (10000 yuan)	进出口总额（万美元）Total Impors and Exports (USD 10000)	#出口额 Export
		#国有 State-owned	#集体 Collective Owned	城镇 Urban Areas	乡村 Rural Areas			
1952	1.43			0.62	0.81			
1957	2.44			1.04	1.4			
1962	3.68			1.59	2.09			
1963	3.92			1.73	2.19			
1964	3.89			1.71	2.18			
1965	4.07			1.80	2.27			
1966	4.40			1.97	2.43			
1967	4.39			1.97	2.42			
1968	4.09			1.86	2.23			
1969	4.77			2.18	2.58			
1970	4.77			2.17	2.60			
1971	5.42			2.49	2.93			
1972	5.56			2.56	3.00			
1973	6.09			2.82	3.27			
1974	6.24			2.90	3.34			
1975	6.92			3.23	3.69			
1976	7.52			3.52	4.00			
1977	8.25			3.81	4.44			
1978	8.46			3.94	4.52			
1979	9.29			4.33	4.95	18600		
1980	9.93			4.47	5.46	22100		
1981	11.02	5.63	3.73	4.97	6.05	24664		
1982	13.36	6.98	3.76	6.88	6.48	32560		
1983	14.67	7.30	3.48	8.22	6.45	39480		
1984	18.16	8.62	3.38	10.18	7.98	47251		
1985	21.58	9.28	4.02	12.97	8.61	58372		
1986	23.16	9.22	3.54	13.69	9.47	68296		
1987	25.79	9.82	3.42	15.18	10.62	89522	29241	11545
1988	34.32	13.71	3.89	22.45	11.88	124413	66462	29496
1989	37.64	14.27	3.91	26.13	11.51	160852	109620	36082
1990	37.19	12.37	4.06	25.36	11.83	173097	93697	47138
1991	41.97	14.07	4.20	29.48	12.49	191654	134876	66964
1992	55.02	19.11	4.54	39.43	15.58	235171	169450	88120
1993	72.72	17.56	2.83	56.78	15.94	365738	256866	90157
1994	94.74	26.99	5.84	70.82	23.92	486441	269719	98698
1995	109.22	27.63	6.13	83.82	25.40	583718	226744	83000
1996	121.57	27.87	7.30	92.49	29.08	726309	228667	84132
1997	133.41	25.17	6.83	101.90	31.50	871802	194901	88966
1998	144.73	26.98	7.04	109.15	35.58	1005121	190913	88463

实际利用外资和旅游外汇收入
FOREIGN CAPITAL ACTUALLY UTIILIZED AND FOREIGN EXCHANGE INCOME FROM TOURISM

单位：万美元

(USD 10000)

年份 Year	实际利用外资额 Foreign Capital Actually Utilized	对外借款 Foreign Loans	外商直接投资 Direct Foreign Investments	外商其他投资 Other Foreign Investments	旅游外汇收入总额 Foreign Exchange Income from Tourism
1980	28		10	18	
1981	109		109		
1982	83		83		
1983	438	200	192	46	
1984	1784	313	1162	309	
1985	2643	244	2095	304	
1986	3259		3037	186	
1987	911		893	18	1150
1988	12771	526	11421	824	1440
1989	16097	5153	10707	237	1900
1990	18982	8911	10055	16	2717
1991	22232	4570	17606	56	3745
1992	53160	8000	45160		5715
1993	128584	23800	104784		6154
1994	126441	39000	87441		7056
1995	145501	40000	105501		8098
1996	118960	40000	78960		8542
1997	112134	41000	71134		10120
1998	109715	38000	71715		9625

人民生活基本情况
BASIC STATISTICS FOR PEOPLE'S LIVELIHOOD

单位：元 (yuan)

年份 Year	城镇居民家庭平均每人全年 Urban Households Per Capital Annual				农村居民家庭平均每人全年 Rural Households Per Capital Annual			
	支配收入 Disposable Income	指数 Index 978=10	生活性消费支出 Living Expenditure	#食品 #Food	纯收入 Net Income	指数 Index (1978=100	生活消费支出 Living Expenditure	#食品 #Food
1980					226	100.0	200	
1981	429	100.0	416	285	296	131.0	216	131
1982	521	121.4	482	327				
1983	595	138.7	568	381	301	133.2	263	187
1984					339	150.0	225	165
1985	778	181.4	757	502	406	179.6	319	191
1986	817	190.4	795	517	462	204.4	375	216
1987	986	229.8	922	552	502	222.1	400	244
1988	1104	257.3	1030	660	609	269.5	517	299
1989	1373	320.0	1196	752	696	308.0	592	337
1990	1650	384.6	1382	839	778	344.2	613	388
1991	1848	430.8	1589	987	916	405.3	629	228
1992	2318	540.3	1851	1127	1026	454.0	708	257
1993	3072	716.1	2404	1487	1320	584.1	782	283
1994	3920	913.8	3014	1824	1620	716.8	834	292
1995	4770	1111.9	3760	2229	1872	828.3	921	359
1996	4926	1148.3	3815	2237	2156	954.0	1071	396
1997	4850	1130.5	3909	2229	2382	1054.0	1104	384
1998	4853	1131.2	3832	2109	2575	1139.4	1571	973

注：1998年农民人均生活费支出和食品支出根据国家调查点推算。

续表 continued

年份 Year	人均居住面积(平方米) Per Capita Living Space (sq.m)		职工平均实际工资(元) Average Wag of Staff and Workers (yuan)	#指数 Index (1978=100)	城乡储蓄存款(亿元) Savings Deposit in Urban and Rural Areas(year-end (100 million yua	人均储蓄余额(元) Per Captia Savings Deposit (yuan)
	城市 Urban	农村 Rural				
1978			545	100.0	1.66	31
1979			616	113.0	2.03	38
1980			692	127.0	2.76	50
1981			728	133.6	3.83	68
1982			790	145.0	5.19	91
1983			812	149.0	6.35	109
1984			929	170.5	9.06	154
1985			1020	187.2	12.42	208
1986			1168	214.3	16.33	270
1987	7.40		1233	226.2	21.84	355
1988	7.99		1399	256.7	29.98	478
1989	8.24		1640	300.9	37.59	589
1990	8.48		1980	363.3	52.25	802
1991	9.75	20.39	2194	402.6	68.74	1039
1992	9.88	19.11	2720	499.1	112.75	1680
1993	10.23	19.67	3501	642.4	184.02	2699
1994	11.08	20.43	4058	744.6	232.91	3369
1995	11.84	23.23	5340	979.8	279.41	3978
1996	12.29	19.96	5476	1004.8	327.13	4581
1997	13.99	20.29	5664	1039.3	362.61	5005
1998	14.31	21.17	6248	1146.4	385.52	5257

各种价格指数
OVERALL PRICE INDICES

(上年=100)　　单位：%

年份 Year	商品零售价格指数 General Retail Price Index	居民消费价格指数 General Consumer Price Index	城市居民 Urban Area	农村居民 Rural Area
1979	102.0	101.0	100.3	101.7
1980	107.2	106.8	107.5	106.1
1981	107.5	106.5	105.8	107.2
1982	104.5	103.8	104.5	103.1
1983	100.9	100.8	100.1	101.5
1984	99.3	102.7	102.0	103.4
1985	112.8	113.1	116.1	106.2
1986	103.8	104.1	103.7	105.1
1987	109.4	109.8	109.8	109.8
1988	127.8	128.1	129.3	126.4
1989	126.8	128.4	126.3	127.5
1990	100.6	102.1	99.6	108.1
1991	103.1	103.9	104.0	103.6
1992	108.7	108.7	109.0	103.4
1993	123.9	123.3	123.7	116.5
1994	121.6	126.7	125.6	128.2
1995	111.3	113.5	110.6	118.4
1996	102.3	104.3	104.8	103.7
1997	99.3	100.8	101.5	100.3
1998	96.5	97.3	97.6	96.6

全社会固定资产投资
TOTAL INVESTMENT IN FIXED ASSETS

单位：亿元 (100million yuan)

年份 Year	基本建设投资 Investment in Capital Construction	年份 Year	基本建设投资 Investment in Capital Construction	更新改造投资 Investmen in Innovation	全社会固定资产投资总额 Total Investmen Fixed Ass	#国有经济 State-owned Units	#集体经济 Collective Owned Units	#个体经济 Individuals
1949		1974	2.32		2.32			
1950		1975	2.59		2.59			
1951		1976	2.30		2.30			
1952	0.17	1977	2.92		2.92			
1953	0.86	1978	3.27	0.09	3.35	3.35		
1954	0.66	1979	3.12	0.10	3.22	3.22		
1955	0.33	1980	3.42	0.05	3.47	3.47		
1956	0.58	1981	3.42	0.17	4.77	3.58		1.19
1957	0.61	1982	3.60	0.93	5.83	4.52		1.30
1958	1.02	1983	3.27	1.69	6.32	4.96	0.17	1.19
1959	1.52	1984	5.80	2.16	9.83	7.96	0.35	1.52
1960	1.73	1985	10.06	2.40	15.31	12.46	0.74	2.11
1961	1.34	1986	10.04	2.66	16.00	12.99	0.62	2.38
1962	0.77	1987	7.67	3.38	16.02	11.45	0.89	3.68
1963	0.98	1988	10.82	3.75	20.14	14.99	1.09	4.06
1964	1.04	1989	19.98	3.22	28.81	23.26	0.88	4.67
1965	1.22	1990	22.07	4.29	35.55	30.53	0.97	4.05
1966	1.16	1991	25.10	4.60	45.63	40.60	1.32	3.70
1967	0.91	1992	43.36	5.31	87.05	79.42	1.71	5.92
1968	0.78	1993	108.68	9.28	188.25	176.06	3.22	8.97
1969	1.10	1994	136.32	9.56	220.25	203.74	4.48	12.03
1970	1.49	1995	132.45	6.55	198.07	180.59	1.98	15.49
1971	1.87	1996	138.16	8.51	185.93	168.02	1.83	16.08
1972	1.86	1997	126.88	7.51	167.83	144.81	4.59	18.44
1973	1.46	1998	135.89	6.30	183.34	154.61	3.64	25.09

注：1977年更新改造无数据。

房屋建筑面积和房地产开发情况
FLOOR SPACE OF BUILDINGS AND REAL ESTATE DEVELOPMENT

单位:万平方米

年份 Year	房屋建筑面积 Floor Space of Buildings 施工面积 Under Construction	#住宅 Residential Buildings	竣工面积 Completed	#住宅 Residential Buildings	实际销售商品房屋面积 Floor Space of Commercia House Actually Sold	#住宅 Residential Buildings	个人购买商品住宅 Commercia House Purchased By Individuals	商品房屋销售额(万元) Total Sales of Commercia House (10000 yuan)	#住宅 Residential Buildings
1990	86.68		29.00	24.53	11.56			14720	14720
1991	187.83		50.10	41.19	31.21			48084	48084
1992	503.90		106.10	77.30	109.40			236430	200966
1993	745.60		68.70	35.70	70.60			268886	228553
1994	826.80		78.70	53.30	46.50			178650	151853
1995	696.20	327.25	68.65	44.12	40.93	22.21	32721	93898	84508
1996	313.10	161.04	58.13	41.65	15.29	13.59	5984	27653	24887
1997	164.54	87.86	42.87	27.03	17.85	14.11	11990	38559	34703
1998	147.64	102.40	24.92	22.36	20.98	18.75	16971	34358	30857

建筑业企业单位数和从业人员
NUMBER OF CONSTRUCTION ENTERPRISES AND EMPLOYMENT

年份 Year	建筑业企业单位数（个） Number of Construction Enterprises (unit)	国有 State-owned	城镇集体 Urban Collective Owned	建筑业企业人员数（万人） Number of Persons Engaged (10000 persons)	国有 State-owned	城镇集体 Urban Collective Owned
1986	44	11	17	4.28	1.89	1.88
1987	65	11	32	4.95	1.96	2.01
1988	101	11	47	4.73	1.10	2.50
1989	118	25	58	5.79	2.09	2.80
1990	228	54	76	8.43	3.06	3.02
1991	274	70	74	9.47	2.98	2.99
1992	266	49	72	9.96	2.89	3.11
1993	394	130	92	14.20	3.99	3.03
1994	683	92	128	13.16	4.02	3.42
1995	702	89	128	10.87	3.86	3.29
1996	572	89	120	9.85	3.85	2.98
1997	495	83	111	6.87	2.21	2.19
1998	359	212	82	11.05	5.80	4.90

儋州市计划生育局

经常期深入的宣传教育，儋州市有许多育龄夫妇自愿放弃生育指标，实现了少生快富，图为该市为计生模范、先进夫妇颁奖。

儋州是海南省面积最大、人口最多的市。党的十一届三中全会以来，特别是建省、建市(1993年)后，市委、市政府认真学习邓小平的人口理论、解放思想、大胆开拓，有力地贯彻执行了党的计划生育政策，使人口出生率逐年下降，计划生育率不断提高，1998年我市人口出生率为16.15‰，比1978年下降了14个千分点，较有效地控制了人口过快地增长。人民生活水平有了大幅度的提高，1998年我市人均收入2653元，较1978年的335元增加了2318元。计划生育促进了我市人口与环境、资源、社会、经济协调地发展。

1998和1999年，我市连续两年被省评“人口与计划生育目标管理达标市”，1998年还被国家计生委定列为“全国建设新型社区生育文化网络市”。在荣誉面前，我市广大计生工作者始终保持继续加压奋进的势头，不断提高为广大育龄群众服务的工作水平，努力为我省计划生育事业的发展做出新贡献，以优异的成绩迎接新世纪的到来。

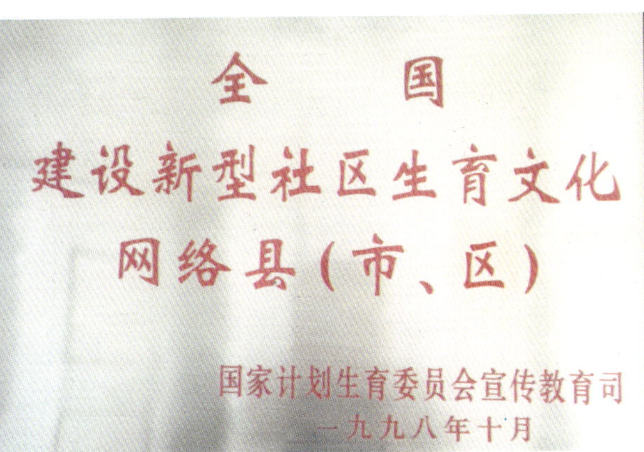

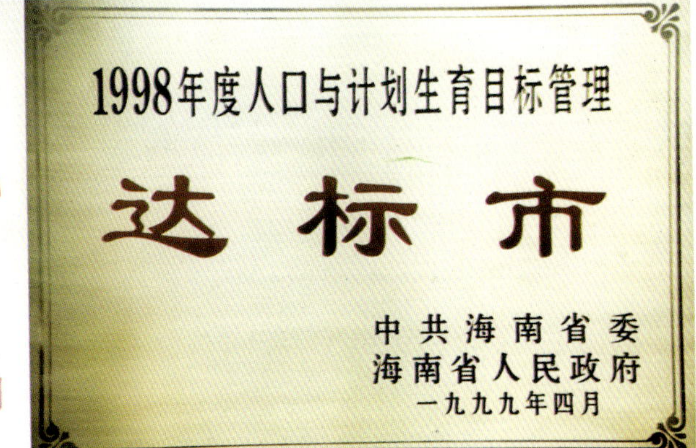

儋州市1998年被国家计生委列为“全国建设新型社区生育文化网络市”试点单位；1999年，海南省委、省政府连续两年授予该市年度“人口与计划生育目标管理达标市”。图为国家计生委及海南省颁发给该市的匾牌。

海南省地质矿产勘查开发局

1998 年 9 月副省长于迅同志莅临我局听取工作汇报。

局领导在矿区听取工作汇报。(右二为曹秋莲局长，右一为黄省定副局长兼总工)

我局代表队在省直机关“庆七一”歌咏晚会上。

图为我局探明的、亚洲最大的富铁矿——石碌铁矿。

图为我局探明的羊角岭水晶矿水晶簇标本。

海口市建筑工程质量监督站

站领导班子在研究工作左起：武坦祥副站长、冯鸿浩站长、王向东书记

海口市建筑工程质量监督站于1987年3月经市人民政府批准成立，是代表政府对建筑工程行使监督职权的执法机构。该站现设九个室，有五个土建监督室、总工室、桩基室、检测室和办公室。专业技术人员占全站工作人员的76.8%;监督专业配套，具备各种建筑材料和工程结构质量的检测能力。

该站始终把“保结构、治通病、达标准、创优质”作为质量管理的目标，工程质量水平逐步提高。建站以来，累计监督工程2978项，建筑面积1469万M^2，核验工程1886项，建筑面积869万M^2，合格率98.8%，优良率17.2%，九项工程被建设部核定为优质样板工程和中国建筑工程鲁班奖(国家优质工程)，35个工程被省建设厅核定为省优质样板工程。一批样板工程、建筑精品的涌现为椰城增添了美丽的色彩。

该站先后被评为市局先进单位，先进基层党支部，精神文明建设先进单位，省建设系统精神文明先进单位，被授予全国工程建设管理先进单位等荣誉称号。

地址：海口市滨海大道46号
电话：8533158

监督站新建的办公楼

铁道部第二工程局海南三亚公司

总经理：徐坤甲（工程师）

汪啸风省长检查公司承建的洋浦至八所高速公路工地。

铁道部第二工程局：

在参加海南环岛高速公路建设中、荣获“金光大道”奖

海南省人民政府

一九九八年一月二十五日

光洁明亮的青岭隧道

青岭隧道获海南省公路建设最高荣誉“金光大道”奖

公司承建的东线高速一期扩建Ⅳ标段

海南恒泰芒果产业股份有限公司

中国方圆标志认证委员会
质量认证中心

质量体系认证证书

兹证明

海南恒泰芒果产业股份有限公司
儋州恒泰芒果综合制作有限公司

海南省儋州市兰洋路

邮政编码: 571700

质量体系符合

GB/T19002:94--ISO9002:94标准

该质量体系适合

芒果系列饮料、西番莲系列饮料、芒果原浆、西番莲原汁

注册号:1998B522

颁证日期: 1998年2月11日
有效日期: 2001年2月11日

中国方圆标志认证委员会
质量认证中心

中心代表(签名): 王湘君

国家认可注册号: SC19

目前，我公司生产的园之梦鲜果、西番莲果汁饮料、西番莲原浆、芒果原浆、芒果汁饮料、西番莲芒果二合一等7个产品获中国绿色食品中心颁发的绿色食品 证书。

地址：海口市义龙西路28号恒泰大厦8楼
电话：6796778　6756584

园之梦三种罐系列饮料，品种有芒果汁、西番莲●芒果二合一、西番莲●菠萝二合一。

中国电子玻璃海南公司

CHINA ELECTRONIC & GLASS HAINAN CO.

中国电子玻璃海南公司(海南中基玻璃钢有限公司)，系原国家电子工业部所属“中电玻璃”在海南创办的大型企业，经国家工商局核准冠以“中国”的名头。是以工业生产为主，以高科技、新材料为特色的实业公司。公司经济、技术实力雄厚，注册资金1200万元人民币。

公司总部设在海口金盘工业开发区，占地14.6亩，拥有标准厂房、综合楼，建筑面积20000平方米，另在海南省规划的工业区东方市占地300亩，用于建设大型综合玻璃钢工业基地。

公司经营范围：玻璃钢管、罐系列产品设计、制造及安装；防弹玻璃、夹层玻璃、中空玻璃、弧形玻璃等工业技术产品；房地产开发；装饰、装修工程；玻璃钢原料、五金交电、矿产品、化工产品等。

公司宗旨：团结、奉公、奋斗、效能弘扬中华文化，竭诚为广大客户服务。

法人代表：赵树行

中国电子玻璃海南公司外景

玻璃钢管道，以其优异的耐蚀性、质轻高强、流体阻力小、输送流量大、安装容易、施工期短、综合投资低等优点，正在被越来越多的用户所接受

地址：海南省海口市金盘工业区26号

电话：0898-6812352　　传真：0898-6819169

邮编：570216

渡假好去处

——寰岛泰得大酒店

地址：海口市和平大道18号

电话：0898-6268888

海南省公安消防总队

严阵以待

海南省公安消防总队自1989年组建至今已有10个年头，十年来，在省委、省政府和公安厅关心、重视、支持和领导下，全省公安消防部队高举邓小平理论的伟大旗帜，讲学习、讲政治、讲正气，切实加强队伍建设，不断提高消防监督水平和灭火、抢险救援的能力，并在改革消防工作机制和消防监督方法、加强消防法制建设等方面取得了显著的成绩，有效地遏制了特大恶性火灾事故的发生。

为做好公共娱乐场所等大型企事业单位的消防安全工作，海口市政府、市消防局组织20多家宾馆、酒店等单位参加灭火防火演习。

消防战斗员奋力扑救海口市红庄娱乐城特大火灾

荣获“全省优秀公安局”三连冠的琼山市公安局

琼山市公安系统“学英雄、创一流、保省优、争国优”誓师大会会场

琼山市委常委、公安局局长：李光兴

“新时期英雄战士”李向群故乡的琼山市公安局，是我省公安战线连续三年荣获“全省优秀公安局”战斗集体。近年来，琼山市公安局在市委市政府的领导下，以党的十五大精神为指针，高举邓小平理论伟大旗帜，以政治稳定和社会安定为目标，坚持打、防、管、建相结合，全力以赴“保一方平安，”是一支团结务实，顽强拼搏，开拓进取的战斗集体。全体公安民警同心同德、秉公执法，以英雄李向群为榜样，开展“为英雄故乡添光彩”活动，内增素质，外树形象，爱岗敬业，无私奉献，为改革开放保驾护航。几年来，该局荣获“省优”三连冠，国家集体一等功1次，省级集体二等功5次，省级集体三等功25次。有1名民警荣获“全国优秀人民警察”、2名民警荣获“全省优秀警官”荣誉称号，62名民警获得个人一、二、三等功，巡警大队被评为“全国青年文明号”。该局还多次受到省委省政府、省公安厅和市委市政府的表彰。

开拓进取　为三亚经济发展保驾护航

——三亚市公安局

三亚市常委、政法委书记、公安局党委书记、局长贾东军

三亚市公安局为正处级单位。全局有直辖下设机构81个，其中副处级7个，正科级74个，在编干警729名。海南建省三亚升为地级市以来，在市委、市政府和省公安厅的正确领导和精心指导下，全体公安民警紧密团结在局党委的周围，同心同德，团结战斗，使公安业务工作和公安队伍建设发生了质的飞跃，取得了前所未有的好成绩。

1996年来，公安局纪委和出入境管理科分别被评为全国公安系统勤政廉政先进单位和全国公安机关出入境管理系统先进单位，局长贾东军同志被评为全国勤政廉政先进个人，贾东军、黎杰、蔡明日等3名民警被授予全国优秀人民警察光荣称号，2名民警被评为全省优秀人民警察，12名民警被评为全省刑侦系统优秀指挥员、侦查员和破案能手，18个单位荣立集体三等功，39名民警荣立二、三等功。

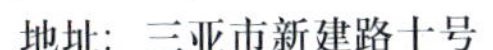

地址：三亚市新建路十号　　电话：8274173

团结奋进的局领导班子

1996年11月29日停泊在三亚渔港一号灯标附近的台湾“旗亨财”号渔船大副庄某被歹徒持枪击中胸部致死。图为案发后三亚市委常委、政法委书记、公安局局长贾东军（右一）赶到现场听取汇报、并对侦破工作做重要指示。

琼海市公安局交警大队

图为省总队领导参观我队电子报警系统。（左一为总队长彭晓，左二为大队长杨彼德）

图为车管采用电脑办公

我队在省交警总队、市委、市政府和市公安局的领导下，积极探索交通管理新路子，多年来，被评为基层交警大队达标单位，1996年获得学习济南先进集体称号；1997年被省公安厅定为全省交警系统唯一的“文明服务示范窗口”单位，1998年大力开展纪律作风整顿，并在市政府举行的民主评议交警行风中评议合格。

我队现有民警33名，大专以上学历有16名，占总人数的48%，其中大学本科有5名；下设办公室、机动队、交管股、车管股和宣教股等5个股室。

1998年10月份我队一次性完成对加积中队65名聘用民警的清退工作，由于加大科技投入，在市区四个主要路上安装了自动化指挥交通信号灯，合理配置警力，加积地区的交通秩序丝毫未受影响。至目前为止，我队各项业务办理均已采用电脑一条龙化服务，大大方便了群众。

海南省洋浦经济开发区管理局

琼海市人民法院

党组一班人在策划法院发展大计

琼海市法院位于美丽富饶的万泉河畔红色娘子军的故乡，辖区面积1810平方公里，总人口44万多人，辖有21个乡镇。该院现有干警74人，具有大专文化程度以上的60人，占干警总人数的81%，现设置庭、室、队15个。自从建省办大特区以来，该院抓住机遇，深化改革，锐意进取，牢固树立审判工作为经济建设服务的指导思想，从严治院，从严治警，严肃执法，全院面貌发生了历史性的变化。队伍建设、两庭建设、执法环境、各项审判工作得到全方位加强，取得了可喜的成就。十年来，先后5次被市委、市政府评为先进单位，1996年被省委、省政府评为“严打先进单位”，1997年被省高院荣记集体三等功，塔洋法庭97、98年连续两年被省高院荣记集体三、二等功，受到省、市表彰的干警有120人次，其中有1人荣立一等功，1人荣立二等功，3人荣立三等功，1998年信息、档案、庭审改革工作被省高院评为先进单位。当地党委和政府评价道：班子有生气、队伍有士气、法院有名气。

回顾十年历程，豪情满怀；展望即将跨入的21世纪，任重而道远。该院全体干警将继续高举邓小平理论的伟大旗帜，进一步加强法官队伍建设，全面推进司法改革，确保司法公正。紧紧围绕党的中心工作，以满腔的热情、昂扬的斗志，全身心投入到全国正在轰轰烈烈开展的“审判质量年”、“案件执行年”、“争创人民满意的好法院、好法庭，争当人民满意的好法官”三项活动的热潮中去，把法院的审判和各项工作推上新的台阶，以优异的成绩，向建国50周年献上一份厚礼。

琼海市人法院隆重表立功的单位个人

儋州邮电宾馆

儋州，一个风光绮丽，民情淳朴的历史名城一个令人心驰神往的度假休闲胜地，在这块洒满七彩阳光的热土上，悄然崛起了一颗璀璨的旅业新星——儋州邮电宾馆，她巍峨耸立于儋州新城区，迸射出耀眼的光芒，散发出诱人的芳香，以其独特的魅力吸引着八方游客，为琼西旅业再添异彩。

邮电宾馆是按四星级标准兴建的一家高档次的旅游涉外商务度假休闲型酒店，座落于儋州那大新城区黄金宝地、繁华闹市区解放北路与中与大街交叉处，交通便捷，环境幽雅。宾馆装修豪华，建筑风格典雅别致，配套设施齐全，拥有快捷舒适的豪华电梯，宁静宜人的中央空调，服务功能齐全。宾馆拥有风格各异，豪华舒适的各类标准间、套房105间，内设中央空调、闭路电视、直拨电话、高级音响、电冰箱等设备。令君旅途称心如意。宾馆还设有中西餐厅、夜总会、咖啡厅、桑拿、按摩、美容美发、商务中心、可容纳400余人多功能国际会议厅、拥有宽敞花园式停车场，并为阁下提供干湿洗配套服务项目。宾馆全体同仁将以优质的服务恭候阁下的光临。

愿儋州邮电宾馆能给您带来温馨浪漫的感觉。欢迎您下榻儋州邮电宾馆，宾馆全体同仁衷心感谢您的厚爱和支持，并真诚祝福您旅途愉快，吉祥如意！

邮电宾馆全景

海南省公路工程公司

海南公路工程公司是海南省交通运输厅下属的一个经济实体，是经海南省建设厅准，省工商局注册，从事公路、桥梁工程施工的一级施工企业，公司注册奖金2400元，拥有固定资产1.4亿元。现有固定职工1151人，成员整体素质优秀，拥有各类工技术人员357人，其中高级职称的24人，中级职称的71人，梯队结构合理，员工气蓬勃，高级管理人员经营管理水平高，创新开拓能力强，有管理大中型企业的丰富验。

曾多次受到广东省人民政府，海南省人民政府及有关部门的嘉奖，1993年被国院发展研究中心、国家建设部、国家统计局评为1992年度中国建筑施工综合实力百企业，中国500家最大建筑业企业第308名、中国500家最佳经济效益建筑业企业二第3名、中国最大经营规模建筑业企业交通系统第15名、中国最佳经济效益建筑业业交通系统第3名，在环岛高速公路建设中荣获“金光大道”奖。我们可以自豪地正是我们执着的拓展和韧性，构筑起海南腾飞之路，承接着海南昨天到明天的会合、越。

总经理：林国清（法人代表）

环岛东线高速公路府城立交桥

中国海口外轮代理公司

华南片外轮经营发展研讨会

公司经理（右二）杨小弟接待外国客户

中国海口外轮代理公司成立于1953年，主要经营对外贸易运输代理业务，承办航行于国际航 线和香港、澳门及台湾地区的中、外籍船舶在海口、马村、清澜及海口新港等港口和水域的各项代理业务和服务业务。

公司经营范围主要有：船务代理、集装箱运输代理、货运代理、客运代理、多式联运以及其它一些相关业务。

公司拥有高科技办公设备，实行电脑化管理。先进的通讯设备和交通工具，使我们的工作效率大大提高。多年以来的辛勤努力，练就了一支高素质的业务人员队伍。为提高和保证我们的服务质量，海口外代已建立ISO9002质量管理体系，并通过BSI公司的审核认证使我们的管理工作和服务水平又步上一个新的台阶，赢得中外客户的一致好评。

地址：海口市秀英区海港大厦四楼

电话：0898-8651001　　传真：0898-8662474

乐东县政府

乐东县委书记：周公卒

乐东县县长：詹益雄

在改革开放的大潮尤其是海南建省10年来，乐东县委、县政府带领全县各族人民高举邓小平理论伟大旗帜，坚持两手抓、两手硬的方针，以富民强县为目标，真抓实干，上下努力，全县物质文明和精神文明建设协调发展，经济实力增强，人民生活水平提高，民族团结社会稳定。以发展粮食生产为重点，实施“丰收工程”有了新突破，走发展专业化生产、产业化经营的路子有了新突破。资源工业发展有新突破。山区民房改造的“发居”工程有了新突破。以突出路、电、通讯建设为重点的基础工程有了新突破。生产者文卫有了新突破，村级集体经济有了新突破。

乐东县“九五”计划和2010年远景目标规划描绘的建设蓝图，力力求在未来15年内，全县国内生产总值在“八五”的基础上，实现每五年翻一番的奋斗目标，即15年间连续翻三番，到2000年人民生活在总体上实现小康，到2010年，在小康的基础上更加富裕。

省委书记杜青林到千家扶贫基地考察

韩至中副省长到乐东大地公司批发市场考察

乐东县城一角

琼州大地一颗灿烂的明星

——琼山市府城镇

琼山市府城镇位于琼山市北部，毗邻海南省会海口市，距海口市区仅4公里，是琼山市委、市政府所在地，也是海南省琼山市政治、经济、文化活动、商业贸易、信息交流的中心交通方便，地理位置优越。全镇区域面积5.8平方公里，耕地面积17998亩，其中旱田9125亩，坡地7522亩，所辖13个村(居)委会、97个经济社、机关单位29个，工厂企业32家。府城地区总人口14.2万人，其中本镇人口4.2万人。以种植水稻蔬菜、水果、淡水养殖、畜牧业为主，兼营加工业、服务业和运输业。府城镇委、镇政府自筹资金1200万元新建一幢八层的综合办公大楼，集办公、会议、文体活动为一体。功能齐全设施完善，是目前海南省具有一流水平的乡镇办公大楼。199年琼山市府城镇被国家民政部授于全国明星镇。

府城镇委书记在会议上发表讲话

府城镇镇长：孙道静

府城镇办公大楼

府城镇红城湖畔新建的建筑

琼山市规划土地管理局

琼山市土地管理局利用电脑先进设备，管理土地提高办事效率。

琼山市土地管理局实行窗口办事制度，做到优质高效服务

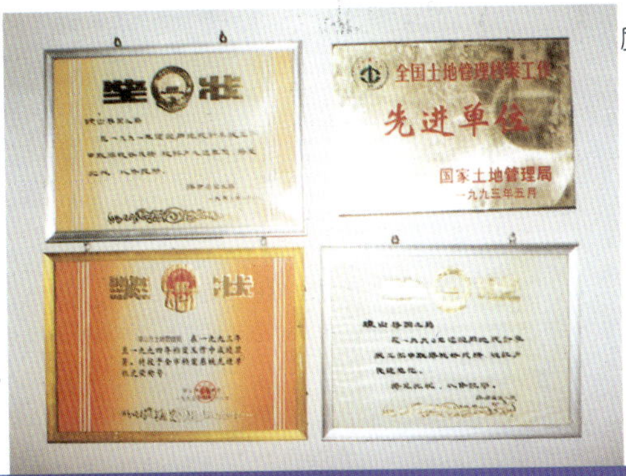

琼山市土地管理局在土地管理工作中被国家土地管理局、海南省土地管理局评为先进单位称号。

地址：琼山府城文庄路
电话：5899664

琼山市国家税务局

副市长林道本和陈飞局长在研讨工作

税收税法宣传

琼山市国税局于1994年10月13号正式挂牌成立。在各级领导的关心和支持下，在全体干部职工的共同拼搏下，全市基本实现税收一体化管理，现在税收收入比琼山国税成立始翻了一番，预计1999年税收收入将突破3亿元。

1994-1998年“两税”累计收入83767万元，年均增长14.1%，特别是1997年国税征管到位后，增长幅度较大。1997年—1998年两年累计收入54008万元，1998年比1997年增长13.3%，为增加琼山的财政收入作出重大贡献。”

琼山国税局在1997、1998两年中，在人事档案、文秘、征管资料档案、企业结算核资等工作中被省有关部门评为先进单位的荣誉称号。

回顾过去，展望未来，在我们前进的道路上，可能还会遇到许多新的困难和问题，国税人坚定信心，再接再励，加倍努力，我们深信，琼山国税明天会更好。

琼山市交通局

局长：吴坤发

琼山市交通运输50年

1949年10月1日新中国建立，为琼山市交通运输的发展带来了机遇，琼山市交通运输事业是随着我国社不断进步而逐渐发展，特别是海南省办大特区以来，对通运输这个先行官提出了更高的要求。

建国后，琼山客运初由海南汽车总站经营，1960年立了琼山汽车站，还有市汽车运输公司、龙塘糖厂、三农场、红明农场、大坡农场、县旅游公司和61家个体户营客运。1998年底，全市有营运客车548辆、的士车辆、货运车辆2600辆、客运车辆1100辆。1988年完成运量27.29万吨、货运周转量2729.12万人公里。同时，山市撤县设市后，开通了海府地区6条市内中巴共120辆大大方便了广大人民群众的出行，目前全市乡村通车率达98%。

琼山市历史悠久，交通事业源远流长，今天随着生力不断发展，科技进步，交通事业方兴未艾，海口美兰场的通航，琼山港口的筹建，客、货运量将大大增加，琼山市运输业的发展带来了机遇和挑战，今后琼山市的输业将朝着规范化、集团化方向发展。

琼山交通局大楼

谱就峥嵘岁月　扬帆璀璨前程

——琼山市市政建设49周年掠影

琼山市建设局

1994年动工兴建，1998年竣工投产的儒俊水厂总投资1.8亿人民币，日产供水20万吨，是海南省重点工程建设项目

具有二千年悠久历史的琼州府所在地府城，建国初期才有主街道4条，人均居住面积不足3平方米。"改革开放"前也仅有主次街道11条，人均居住面积3.5平方米。今天，府城建成区面积已扩大到9.6平方公里，大小道路58条，总长291公里，人均居住面积14.1平方米，人均公共绿地8.96平方米。改革开放使琼山市市政建设发生了翻天覆地的变化，二千年历史文化名城重焕青春、一派繁华，正应验了"琼台福地、人杰地灵"这句古语。

在迎接共和国50周年大庆之际，在澳门即将回归祖国的大喜日子里，琼山市建设系统的全体干部职工不恋峥嵘岁月，更爱锦绣前程。决心按照市政府和省建设厅的部署，抓好市政基础设施建设，提高村镇建设水平和管理水平，严格执行项目法人责任制、招投标制、工程监理制、合同管理制，加大执法力度，加强有形建筑市场的建设，强化行业管理，严把工程质量关。坚定信心，知难而进，艰苦奋斗，扎实工作，把琼山建设成为"环境综合治理优秀城市"、"卫生城市"和"园林城市"，把一个繁荣、优美、文明的琼山推向21世纪。

新建美丽宽敞的红城湖路

琼海市卫生局

领导班子在研究卫生工作规划

局长杨全忠（右一）与妇幼人员深入农村开展“卫生Ⅸ项目”基础调查。

开展打假宣传活动，坚决取假医假药。

负责人：杨全忠
电话：2823430
邮编：571400

琼海市工商行政管理局

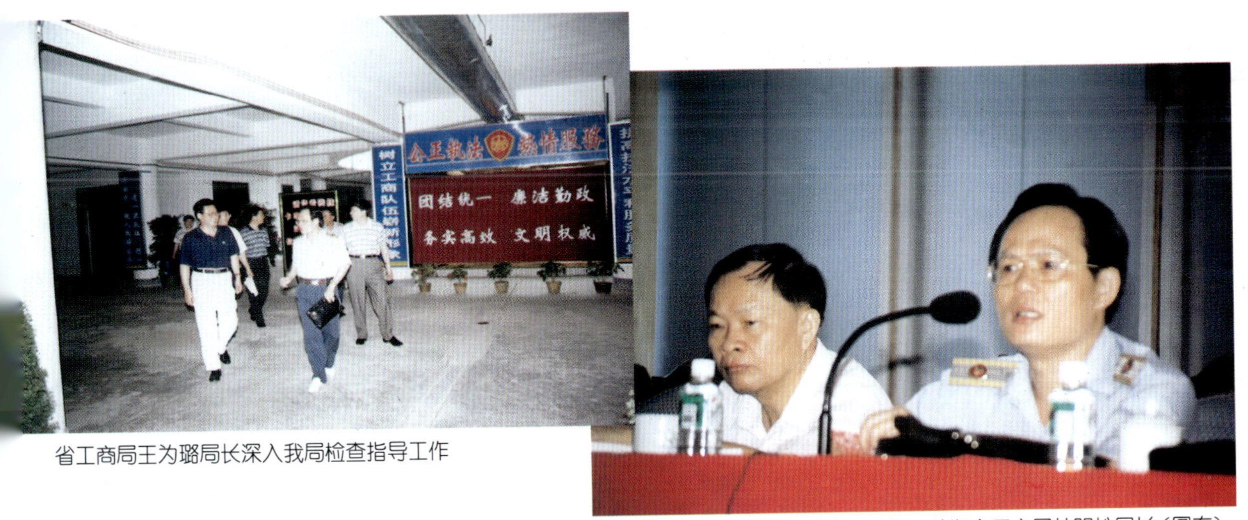

省工商局王为璐局长深入我局检查指导工作

省工商局副局长郑先育（图左）、琼海市工商局林明松局长（图右）作会议讲话

琼海市工商行政管理局成立于1972年，现有干部职工189人，内设市场管理、经济检查、个体登记管理、内资企业登记管理、外资企业登记管理、经济检查、商标、广告管理、办公室、人事股等机构。派出单位23个工商所。在党的十一届三中全会指引下，尤其是改革开放海南建省办大特区以来，我市工商行政管理工作在上级主管部门和当地政府的领导下，各项工作都取得了显著成绩。党的组织建设工作被市委评为先进党组织，市局被国家人事部、国家工商局、省人事劳动厅、省工商局分别评为全国和全省工商系统先进集体；同时在依法行政、文明管理工作等各项工作被市委、市人大评为执法责任制工作目标管理先进单位。

琼海市广播电视局

发射铁塔，高耸入云

琼海市广播电视局（台）于1997年12月31日由琼海人民广播电台、电视台、琼海市有线电站合并组建，现设有办公室、总编室、新闻部、广告部、技术事业部、有线部等6个部门，有在职部职工77人，其中中级职称4人，初级职称19人。

琼海市广播电视台坚持以编播宣传工作为中心，以技术事业工作为基础，以行政管理工作为障的建台思想，充分发挥广播电视综合功能，开播广播频道、无线电视频道、有线电视频道3套节

琼海市广播电视局(台)多次被评为国家、省级先进单位，各类优秀节目也在全国、全省各类节评比中多次获奖。

目前，琼海市广播电视局(台)正在以崭新的精神风貌和工作姿态，肩负着琼海市广大人民群众的重托，向着新的世纪阔步前进。

《琼海新闻》节目正在拍摄

节目编制

琼海市水利电力局

万泉河加积大坝加固工程在紧张施工中

琼海市建国以来水利水电事业发展情况

琼海市地处我省东部沿海，地势平缓，海岸线长41.79公里，温带气候，四季温差不明显，气温较高，光照充足，热量丰富。“水利农业的命脉，是国民经济基础产业”。建国以来，全市人民在市委、政府领导和上级有关部门的大力支持下，大搞群众性的水利水电建设经过四十多年的艰苦努力，我市采取多层次、多渠道投资，发动群众劳的多种形式办水利，共投入水利水电建设资金25018.9万元。初步成了“蓄、引、提、灌、排、防、发（电）”的水利水电保障服务体系为抵御自然灾害，建立稳产高产高效农业和保持我市经济稳定、持续长奠定了基础。琼海市水利水电局是琼海市民政府的水行政主管部门，负责全市水资源统一管理和开发利用，负责全市水利水电的划、勘测、设计、施工建设和管理。

琼海市水电行业有着得天独厚的水库用、水力发电等待开发的自然资源、生产资和旅游资源，热诚欢迎社会各界人士前来洽开发性生产和发展水利旅游业，共同开创我水利水电事业的美好明天。

局长：叶海涛

地址：琼海市新民街200号

电话：(0898)2822408

传真：2822644

九曲江培兰防潮堤加固工程即将竣工

前进中的琼海工行

——中国工商银行琼海市支行

中国工商银行琼海市支行行长：陈明冠

中国工商银行琼海市支行自1984年8月与人民银行分设成立以来，已度过了15年不平凡的辉煌历程。15年来，特别是海南建省办大特区以来，琼海市支行在上级行和市委、市政府的正确领导下，认真贯彻执行党和国家的金融方针、政策，加强信贷管理，优化资产结构，完善内控机制，有力地促进了各项业务和自身建设取得了长足的发展。截止1998年底，各项存款余额47629万元，各项贷款余额47686万元，分别是建省前的6.4倍和5.8倍，建省10年累计发放贷款7.8亿元，为支持琼海市发展生产、搞活流通、繁荣市场，推动企业技术进步和第三产业发展做出了应有的贡献。全行现有在册职工142人，其中具有初级技术职称的61人，具有中级技术职称的17人。内部机构设立二部一室，营业网点有15个。其中，营业部1个，分理处2个，储蓄所11个，ATM自动存取款机4部，营业网点电子化覆盖率达100％。

15年间，琼海市支行曾多次荣获上级行和市委、市政府以及有关部门的嘉奖，其中1992、1993、1994年分别被总行授予“省行级先进行处”光荣称号。

展望未来，任重而道远。琼海市支行将紧紧围绕省行提出的“一年打基础、二年上台阶、三年扭转局面”的兴行奋斗目标，树立“资产质量高、经济效益高、自身信誉高”的观念，以提高资产质量和经济效益为中心，以防范和化解风险为重点，从严治行，深化改革，优化服务，提高效率，强化管理，为支持琼海市经济发展做出新的贡献。

地址：琼海市大桥路88号

电话：2824361　2822391

中国工商银行琼海市支行营业大楼

中国银行

BANK OF CHINA

行长：黄向东

中国银行儋州支行于1986年挂牌成立，下设7个股室、3个分理处，职78人。

该行成立以来，全体员工本着“爱行敬业、勤政俭朴、信誉至上、服务本”的宗旨，实现了全省电脑通存通兑，开发了本外币存贷款、汇兑、国结算、受理侨汇解付，长城卡、ATM借记卡、外币票据托收，跨系统异储蓄托收、电话银行买卖股票等多项业务。

成立以来，该行积极筹措资金，大力支持当地经济建设，在出口创汇、造社会财富和本行经济效益等方面取得了一定的成绩，为儋州市的社会经发展作出了很大贡献。

行长：黄向东

地址：那大人民中路212号

联系电话：0890-3322217

邮政编码：571700

镇府分理处营业大厅

法明风清为业兴

——琼山市人民法院

1996年7月院党支部被中央组织部授予全国先进基层党组织称号

1999年4月琼山市法院的机构设置：办公室、政工室、纪检组、工会、司法警察大队、刑事审判庭、民事审判庭、经济审判庭、行政审判庭、告诉申诉审判庭、执行一庭、执行二庭；在全市26个乡镇设有10个基层人民法庭，此外，还有4个国营农场人民法庭。全院现有干警108人。多年来，法院不断通过审判实践和多渠道培训干部，以邓小平建设有中国特色社会主义理论为指导，切实加强政治思想工作，抓廉政建设，纪律作风建设、制度建设、思想建设和业务建设，不断提高干警的政治素质和业务素质，加强严打斗争的力度，促进社会治安的综合治理，在改革开放中，为琼山的经济建设做好保驾护航，取得了显著的成绩。1986–1997年，县(市)法院党支部连续12年被评为市机关先进单位，1998年院党总支部被评为市机关先进单位。1996年7月1日院党支部被中央组织部授予全国先进基层党组织称号。副院长黄梅玉1995年被评为海南省“十佳巾帼”，“全国法院模范”，市法院被省高院记集体二等功。1994年，最高人民法院副院长高昌礼为琼山市人民法院题词“法明风清为业兴”，人民群众赞扬市法院为“琼台福地护法神”。

琼山市烟草专卖局

局长（经理）：宋星焕

海南省琼山市烟草专卖局(公司)是1983年 12月成立，1984年1月业经琼山人民政府批准开始经营的卷烟企业。海南建省前隶属广东省烟草专卖局(公司)与琼县政府社双层领导，辖有海南琼山卷烟厂。1988年建省后属海南省烟草专卖局(公管辖。1994年7月经省烟草专卖局(公司)委员会批准，升格为副处级企业，下设公办公室、专卖管理科、人劳监察科、业务科、计财物价科。现有干部、员工105人中：党员40名)。固定资产618万元，流动资金178万元。1998年完成卷烟销售量8大箱，比1997年同期7148大箱，增加991大箱，增长13.86%，1998年完成销售4688.6万元，比1997年同期4054.3万元，增加634.3万元，增长15.65%毛利额达万元，1994年琼山市烟草专卖局被省局评为“二五”普法先进单位，1994年、1年、1997年被琼山市直属机关与企事业工委评为先进基层党支部，1992年至199这个局(公司)连续4年被琼山市委、市政府授予“十星级文明单位”称号。

机构名录：海南省琼山市烟草专卖局(公司)

单位地址：海南省琼山市府城镇城东大道9号

宋星焕：局长、经理(法人代表)

电话：(0898)5872992　5878566

电传：(0898)5872930　邮编：571100

琼山市烟草专卖局（公
综合办公大楼

琼海林业

——全省第一个国家级平原绿化达标市

琼海市土地总面积2509100亩，现有林业用地1186124亩，森林复盖率44.38%。全市共有森林面积1113732亩，按林业分类经营区划：生态公益林307440亩，商品林806292亩。自十一届三中全会以来，我市林业建设取得很大成就。1978年至1989年全市共营造人工林54.4亩；1989年成为全省第一个国家级平原绿化达标市；1995年被评为全省造林灭荒工作先进市；1998年被评为森林防火先进市；1997年做为省的试点，完成了沿海国家特殊保护林带划定工作；现又完成了林业分类经营——生态公益和商品林的划分工作；高速公路千里椰树长廊工程基本完成；采种育苗、森林防火、森林病虫害防治等工作也得到全面的发展。

琼海市林业办公室

昌江电业公司

团结务实的领导班子

现场吊装变压器

昌江电业公司下设六个职能部门，统辖七个所站和一个服务中心。现有干部职工320人，其中技术人员有26人，拥有固定资产1614万元。昌江电业公司自成立之日起，牢记“人民电业为人民”的宗旨，始终树立电力为地区工农业经济发展服务和人民群众生活服务。几年来积极注入大量资金对电网进行维护改造，将电网建设放在一切工作的首要位置，致力于提高供电可靠性和供电能力的开发。电网覆盖全县十二个乡镇。

1996年跨入了全省电力系统“先进单位”行列；1997年获得昌江县“十佳单位”和“十星级文明企业”称号；公司支部1997年同时被昌江县委和中共海南省企业工作委员会授予“先进党支部”、“先进基层党组织”。

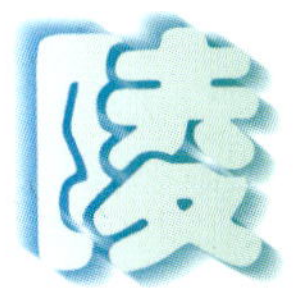

陵水县旅游局

陵水县位于海南岛的东南部，东北与万宁相连，北部与琼中县交界，西南与三亚市毗，西北与保亭县接壤，东南濒海。全境东西宽公里，南北长40公里，总面积1128平方公里，人口30万。

陵水县的地势西北高，东南低，吊罗山脉横南北。主峰三角山海拔1499米，这里层林叠古木参天，瀑布众多，风光秀丽，景色迷人。县依山傍水，旅游资源十分丰富，在境内公里长的海岸线上，具备现代海滨旅游五大的风景点多处。南湾猴岛自被列为省级重点区以来，每年接待国内外游客达20多万人香水湾、石贡新石器遗址，土福湾伊斯兰教墓群、陵水县苏维埃政府旧址等，不久前已被省级风景名胜区。目前，除了南湾猴岛、南波渡假村、吊罗山渡假村，牛岭观海长廊初开发外，香水湾、椰子岛、分界洲、双帆石、山瀑布、吊罗山森林公园万石河避暑山庄、湖渡假中心、大里民俗风情村、高峰温泉理复保健中心，南平热矿泉疗养渡假区、南霸园（清代一条街）等有待进一步的开发和利充分利用我县得天独厚的旅游资源，以旅游动相关产业的发展。

陵水县旅游局局长：
陵水县旅游总公司总经理：陈海强
TEL:(0899)3322680（办）
手机：1397611384

昂首阔步迈向新世纪

——中共文昌市委

文昌市委书记、市长：林诗銮

文昌市位于海南省东北部，三面临海，海岸线长206.7公里，陆地面积2403平方公里，总人口53万人，辖25个乡镇，海外乡亲120多万人，是全国著名的文化之乡、华侨之乡、椰子之乡、排球之乡、将军之乡、国母之乡。

文昌，历史悠久，源远流长。回眸文昌的历史，可追溯到公元前110年，即汉武帝元封元年设置紫贝县。尔后三易其名，到唐太宗贞观元年(公元627年)改名为文昌县。1995年撤县建市，改为文昌市，至今已有2109年的历史。

文昌，文化发达，人才济济。解放后，教育有了长足发展，每年高考进大学人数居全省榜首，为国家输送了大批人才。遍布世界各地的专家学者更是扬名于世。

文昌，华侨众多，风情淳朴。百余万海外侨胞和港澳台同胞分布在世界60多个国家与地区。爱国爱乡是华侨的优良传统，无论身居何地，不忘故土，资助公益，造福桑梓，为家乡添光增彩。

文昌，人杰地灵，名流辈出。在明朝，有与丘浚、海瑞齐名贤明廉洁、奉公守法的良吏邢宥；在现代，有影响中国近代史的宋氏三姐妹和行政院长宋子文，有中国人民解放军大将张云逸、中将符确坚，有国民党一级上将郑介民、郑庭烽和海军司令陈策上将等高级将领170多人；在海外，有饮誉泰国政界的前副总理兼财政部长黄闻波等各界蜚声中外的人物。

文昌，椰林如海，风光旖丽。“海南椰子冠全国，文昌椰子半海南”。椰子是文昌最为驰名的特产。文昌生产椰子系列产品20多种，有10多个品种被评为优质产品，产品远销国内外，深受客户的欢迎和赞誉。

文昌，资源丰富，前景迷人。全市可利用的土地有334.78万亩，目前尚有28万亩宜热作地和3.1万亩滩涂地待开发；海域面积4600平方海里，誉满海内外的文昌鸡海南四大名食之首；森林覆盖率达到39%，显示文昌农业巨大的发展潜力。文昌矿产储量丰富，现已发现有铁、铝、钛、石英砂、水晶等10多种，文昌旅游资源十分富饶，人文景观独特，趣闻传说出奇，是国内外享有盛名的以“阳光、海水、沙滩、绿色、空气”为主题，椰乡文化为特色的现代热带海滨旅游渡假胜地。全市共有旅游饭店35家，客房1850间，床位3238张，旅游服务行业168家，全市包括吃、住、行、游、购、娱在内的各类旅游定点单位18家。各旅游景区(点)水、电、通讯设施完善，为旅客营造“优雅、文明、整洁、和谐、安全、舒适”的旅游环境，旅游业成为文昌的支柱产业，发展前景广阔。

回顾过去，文昌市经济一直徘徊不前。解放初期，全市国内生产总值仅2274万元，财政收入511.8万元，农村人均收入41.1元。到1978年，全市国内生产总值7700万元，财政收入726万元；农村人均收入69.8元。从解放初期到1978年的25年间，全市国内生产总值、财政收入、农村人均收入年均分别增长5%、1.4%和2.1%。1998年全市国内生产总值29.42亿元，财政收入1.41亿元，农村人均收入2650元。从解放初期到1998年的近50年间，全市国内生产总值、财政收入、农村人均收入年均分别增长7.6%、9.3%和9.7%。特别是从1978年的改革开放以来，全市的经济建设和各项事业长足发展。全市国内生产总值、财政收入、农村人均收入年均分别增长14.9%、16%和20.5%。其中第一产业增加值年均增长13.2%；第二产业增加值年均增长19%；第三产业增加值年均增长13.2%，促使全市经济年年以两位数的增长速度走在全省的前列。

历史的紫贝，独领风骚；今天的文昌业绩辉煌，前景充满希望。我们将继续发挥优势，带领文昌市53万人民改旧鼎新，励精图治，再塑新形象，再创新辉煌，一定以矫健的步伐昂首阔步迈向新世纪。

文昌市文城镇人民政府

文城镇政府办公大楼

文城镇夜景

文昌市第二小学

地址：文昌市文岭里32号
校长：林诗联

我校现有33个教学班，学生2256人，全校教职工93人，任课教师84人，特级教师2人，小学高级教师35人。

我校已建立起一套比较完整的学校管理制度，形成了一个能集思广益、群力的整体。几年来，我校全面贯彻党的教育方针，全面推进素质教育、德、体全面发展。教学设备比较先进，有闭路电视，三机一幕进教室，有电脑语音室和自然室。老师们用先进的教学手段进行教学，使我校教学质量不高。我校先后获得市“文明单位”、省“儿童教育先进单位”、省“电化教范学校”、国家“群众体育先进单位”等称号。

生机勃勃的陵水热带高效农业

——陵水黎族自治县农业局

韩至中副省长1998年底参观指导陵水冬季瓜菜生产

无籽西瓜运销岛外情景

陵水黎族自治县地处海南省东南部沿海，光照充足，四季温暖如春，气候条件非常适宜农作物生长，尤其适合发展热带高效农业。冬高温少雨，天气晴朗。光温条件满足各种瓜菜的生长需要。陵水县是海南省冬种瓜菜历史最悠久，规模最大，效益较好的一个县。陵水瓜菜以其优良的品质和在全海南独具春节前后上市的“黄金季节”，在我国大陆及港澳地区一直占据广阔的市场，价格上也具有其它市县法比拟的优势。陵水县近几年热带作物发展迅速，海洋产业是陵水经济的支柱产业。陵水黎族自治县交通发达，通讯设备先进，水电供充足，基础设施完善，社会安定，投资软硬环境优良，是发展热带高效农业较理想的宝地。欢迎社会各界有识之士前来投资、开发。

澄迈：迅速崛起，走向辉煌！

县委书记：陆志远

县长：李贤忠

椰风饮料享誉海内外

种植面积达15万亩的冬季瓜菜

澄迈县位于海南岛北部，毗邻省会海口市，全土地总面积2067.6平方公里，总人口45万人。澄县有独特的区位优势和资源优势，中、西线高速公横贯其中，交通便利；经国务院批准的老城工业开区属海口市总体规划的一部分，是开发建设、兴办业的黄金地；全省最大的火力发电厂建于境内，能充足；37.8公里的海岸线上有港湾15处，浅海滩1526公顷，发展蓝色农业前景广阔，大有可为；蕴量5000多万吨的高品种石英矿、1000多万吨优质灰矿和上亿吨的石油等，形成了丰富的矿产资源；碧沙白、风光旖旎的盈滨半岛，独特神奇的济公山、乐宫温泉等展示了得天独厚的旅游资源优势。

海南省建省办经济特区，给澄迈注入了生机和力，使澄迈发生了日新月异、翻天覆地的变化，取了前所未有的骄人成绩。同时围绕农业办工业，先兴办了椰风饮料厂、羽绒制品厂、皮革制品厂、木切片厂、胶合板厂、饲料厂、咖啡粉及咖啡酒加工厂香蕉粉厂、螺旋藻加工厂和果蔬保鲜加工厂等10大副产品加工企业。被省政府定为“科技兴农示范县被国家有关部门列为“两高一优农业标准化示范区“畜牧兽医科技示范县”、“秸杆氨化养牛示范县”、“山育林示范县”和“全国百家财政支持农业科技成应用示范试点县”。工业生产由于积极实施名牌战略大力发展高新工业，使全县工业体系日趋完善，拥制糖、食品、建材、机械、纺织、医药、化工、机电冶金、船务等10多个门类，其中欣龙无纺布厂属国高新科技项目，水刺无纺布生产线填补了国内空白风工业城拥有23条具有90年代国际生产水平的制罐饮料生产线，是目前全国较大的天然果品饮料生产业；“天鹅牌”羽绒制品被授予“中国公认名牌产品香蕉粉厂和咖啡酒厂属全国第一家，被列为21世纪色食品的思迈牌螺旋藻深受广大消费者的青睐。一以高新技术为依托的现代工业县已初显雏形。旅游建设不断加快，亚珠庄园、红湖欢乐园、金江金寺已建成开业迎宾，可与亚龙湾媲美的盈滨旅游渡假正投入巨资抓紧建设，不久将成为琼北旅游渡假休新热点。

澄迈迅速崛起，澄迈人创造的业绩令人瞩目；望未来，澄迈不断加速发展，走向辉煌。全县45万民正在县委、县政府的领导下，高举邓小平理论的大旗帜，认真贯彻省委、省政府确定的“一省两地”济发展战略，按照“以农稳县，以工立县，以科技县，以旅游活县，以法治县”的发展路子，逐步将迈建成经济发展，科技先进，人民富裕，社会文明工业大县、农业强县和海南旅游渡假休闲新热点。

值此世纪之交，我们期待着“有朋自远方来”，诚欢迎八方宾客前来澄迈旅游观光，投资开发，携奔向辉煌灿烂的明天。

前进中的屯昌

郭泽云县长（右三）陪同省领导视察'98海南冬交会屯昌展览馆

屯昌1948年建县，是海南中部偏北的一个内陆山区县。全县土地总面积1231.5平方公里，辖12个乡镇，6个国营农场，1998年末全县总人口26.21万人。

由于历史和客观条件的制约，屯昌的经济和文化基础较差，但是，经过屯昌县广大干部群众50年的艰苦奋斗，屯昌的面貌发生了巨大的变化，特别是1988年海南建省后，屯昌县委、县政府抓住机遇，提出了屯昌新的经济发展战略，以改革开放促发展，充分利用特区政策优势，大力发展屯昌的经济，使屯昌在改革开放中不断前进。

建省以来，屯昌县多项工作走在全省的前列。先后被评为全国水利建设先进单位、全国造林绿化百佳县、全国造林绿化先进单位、全国民政工作先进县、全国双拥模范县、全国边疆文化长廊建设先进县、全国县城环境综合整治工作先进县，这一系列荣誉的取得，以及1997、1998年县公安局两度被评为全国优秀公安局，标志着屯昌各项社会建设事业齐头并进。力争到21世纪中叶把屯昌建设成经济发达，科技先进，人民富裕，政治民主，法制完备，社会文明的新屯昌。

潘孝平书记到荔枝生产基地了解情况

总建筑面积为3.5万平方米的屯昌中心市场

利用以工代赈资金修建的水利设施

发展中的三亚市

省委常委、市委书记：王富玉

市长：陈孙文

三亚市位于海南岛南端，东邻陵水县，北接保亭县，南毗乐东县，南临南海，是海南省南部政治、经济、文化中心和交通、通讯枢纽。陆地面积1919平方公里，管辖海域面积5000平方公里。人口44.06万人，辖2个区(县级)、1个办事处、13个乡镇，具有典型的热带滨海景观，自然景色优美，人文史迹众多，是闻名中外的热带滨海旅游城市。著名旅游景点有天涯海角，亚龙湾、南山寺、大东海、鹿回头、三亚湾、小洞天、落笔洞等其中亚龙湾是国家级旅游度假区。

解放50年，三亚市人民在党中央和地方政府的领导下，经过不懈的艰苦奋斗和努力，尤其是1978年改革开放和1988年三亚升格为地级市以后，发生了前所未有的巨大变化。50年间，三亚从一个贫穷落后的小渔村发展成为初具雏形的国际热带沿海城市，社会主义初级阶段的市场经济体制初步建立，国民经济以较快的速度健康发展，农业、工业、建筑业和以旅游为龙头带动起来的交通运输邮电业、商贸餐饮业、金融保险业、房地产业、旅游、社会服务业等第三产业迅速发展，城市综合经济实力显著增强，人民的生活水平日益提高，社会事业全面发展。

走向振兴腾飞的三亚凤凰国际机场

李云总经理在弦梯旁迎接到访的俄罗斯政府代表团

三亚凤凰国际机场位于祖国最南端的滨海旅游城市三亚市，距市中心15公里，是国内首家以股份制形式筹资建设并经营的大型民用机场。凤凰机场占地7383亩，一期设计年吞吐能力150万人次。飞行区按4E级标准建造，跑道长3400米，宽60米，可以起降波音747-400型等大型客机；机场主要飞行保障设备均从国外引进，具有国际先进水平；主降方向导航设备达到I类精密进近标准；候机楼2万平方米，由法国巴黎机场公司设计，建筑造型独特，宽敞明亮，环境优雅，与阳光、海水、椰树等热带风光融为一体，显得和谐温柔，格调雅致。

凤凰机场1994年7月1日通航，实行全日24小时对外开放。现已与国内外26家航空公司(其中外航5家)建立了地面业务代理、客货销售代理等合作关系，已开通国内外航线35条(其中国际地区航线15条)，与北京、上海、广州、深圳、沈阳、大连、哈尔滨、武汉、长沙、珠海、汕头、青岛、北海、湛江等国内20多个大中城市实现了定期通航。1993年，建设中的凤凰机场被国际民航组织确定为国际定期航班机场。1995年8月国家一次性批准了三亚至新加坡、曼谷、澳门等8条国际、地区航线。三亚至新加坡、马来西亚、日本、韩国、香港、澳门等10多个国家地区近20个城市有定期或不定期包机营运。

凤凰机场与 内地及东、南亚国家和地区建立了越来越密切的空中联系，已成为首批中国优秀旅游城市三亚市亮丽的空中交通窗口。

总经理：李云

地址：海南省三亚市　　邮编：572000

电话：0899-8289666 传真：8289044

三亚至新加坡、日本、北京航线首航仪式现场

凤凰机场客、货运输生产现场和停车场情景

三亚凤凰国际机场鸟瞰情景

三亚金陵渡假村
金陵渡假村座落在祖国最南端的滨海旅游城——海南省三亚市，她面向风光秀丽的大东海，背倚景色迷人的鹿回头，建筑面积15200平方米，造型色彩独具匠心，是一家集客房、餐饮、娱乐为一体的三星级涉外旅游饭店。
饭店现有各类海景套房、标准间138间，室内配有闭路电视、程控电话、中央空调以及全套豪华家俱和进口卫生洁具；设有中西餐厅、宴会厅、歌舞厅、会议室、商务中心、游娱室、商场和美容美发室等一整套国际三星级饭店必备的服务项目；同时提供况况换、航空售票、豪华巴士、健身、阳光浴、沙滩浴等综合性配套服务。
金陵渡假村热忱欢迎您的光临。
总 经 理：刘俸麟
地　　址：海南省三亚市鹿岭路
邮政编码：572021
电　　话：0899-8214081-45
传　　真：0899-8214088
客房
餐厅

三亚市金山假日饭店

金山假日饭店是一座具有国际水准的三星级饭店，位于三亚市繁华的新风路口，与著名风景点“鹿回头”遥遥相望，美丽的三亚湾尽收眼底，环境优美，交通便利，距机场仅15分钟车程。饭店占地2500平方米，拥有装饰典雅豪华的双人套间8间。豪华间8间，标准间70间和单人间2间，均配有中央空调、音响、国际国内直拨、卫生电视、迷你吧等现代服务设施、中西餐厅、宴会厅、夜总会、KTV包房、咖啡厅、商场、电子娱乐中心、美容美发中心、商务中心、健身房、桑拿中心及多功能会议室随时恭候阁下的光临，并竭诚为您提供储蓄汇兑、停车、医保、传真、打字、复印、代购车、船、机票等服务。

“宾客至上、服务一流”是金山假日饭店的宗旨。为使您下榻舒适，居停愉快，我们将竭诚奉献，在所不辞。

地址：兴冈路

电话：8277988

董事长：王成书

三亚市实验小学

争创一流　办出特色

团结奋进的校领导班子

三亚市实验小学是1992年三亚市委、市政府为民办实事而创办的一所学校，现有1-6年级22个班，1390名学生和59名教职工。

几年来，学校先后被评为市“教学常规管理优秀学校”、市“精神文明建设先进单位”、市“拥军优属模范单位”、市“知识分子工作先进单位”、市“绿化达标单位”；被评为省“校容校貌一等奖”、省“电化教学示范学校”、省“少先队工作示范学校”；被授予全国少先队“雏鹰大队”荣誉称号和被确认为“全国中小学校现代教育技术实验学校”。

校园一瞥

海南省儋州市电信局

儋州本地网是海南三大本地网之一，担负着儋州、洋浦、临高、东方、昌江、白沙等六市县的长途交换汇接。全局有职工222人(包括临时用工)设三部一室、班组20个、支局3个。有固定资产1.89亿元。

目前，儋州市内电话交换机容量已从建省前纵横制式的一千门，发展到目前的数字程控2.9万门。市话普及率从0.6%提高到10%；农村电话从1993年开始丢掉“摇把子”，发展到全市30个乡镇、农场、开发区全部用上了程控电话，实现全市乡镇电话程控化。

1996年1997年连续两年被儋州市评为精神文明建设先进单位，1997年被确定为全省精神文明建设现场会“文明大院”示范参观点。还被评为省卫生先进单位。企业经营成效显著，1997年电信业务总量完成5434万元，为年计划的104.3%，比1996年增长23.18%，业务收入3852万元，为年计划的107.01%，比1996年增长11.15%，各项通信质量考核指标均全面完成。1998年1-5月份，业务收入以380-400万元逐月增长。继续保持良好的发展势头。

局长：李昌博

发展中的儋州邮政

——儋州市邮政局概况简介

整洁、宽敞、舒适的储汇中心营业大厅

儋州市邮政局成立于1997年7月28日，现有职工384人，大中专毕业生53人，占职工总数的14%。全局共设5个部室，15个生产班组，34个农村支局所，固定资产原值8900万元。

儋州市邮政局成立后，围绕着“改革、发展、服务”这一中心工作，坚持以改革为动力，以服务为宗旨，以强化专业管理、专业经营、专业核算为手段，以增加效益、降低成本为核心，以扭亏为盈为目标，积极探索邮政商业化、多元化发展之路，取得了良好的经济效益。1998年累计完成业务1548万元，邮政储蓄余额达2.1亿元，位居全省邮政企业的前列。儋州邮政局除办好函件、包裹、汇兑和报刊发行等邮政基本业务外，积极开办邮政特快专递、邮政礼仪、邮政储蓄、集邮、报刊批零、邮购直运、电信代办等邮政新型业务，全市现已开办邮政储蓄网点23个，邮购业务网点14个。至4月底，邮政储蓄余额已达2.5亿元，1999年1--4月份，邮购业务销售额已达191万元，创业务收入36万元，促进了邮政业务的快速发展。在发展业务的同时，儋州市邮政局不断加大邮政科技含量，大力实施科技兴邮战略，全市较大的营业窗口均实现了营业电子化，储蓄网点全部实现前台微机作业，并有14个网点实现了全国联网。

1999年，儋州邮政的目标是：完成业务收入2000万元，邮政储蓄余额3亿元，实现收支差269万元，以优异成绩和新的姿态跨入21世纪。

邮政营业窗口的工作人员热情耐心为客户提供服务

邮政营业大厅一角

海南儋州电业公司

公司经理、临时党委书记李楚民（中）参加220KV洛基变电站交接仪式

公司文艺队参加省电力系统文艺汇演

线路工人检修220KV输电线路

变电检修工人在220KV鹅毛岭变电站检修设备

海南儋州电业公司现有职工676人，固定资产2.3亿元，所辖范围以鹅毛岭220KV变电站为中心，东自马村，西至大广坝，北连洋浦，南接三亚，输变电网络纵横交汇星罗棋布，总装机容量36万KVA，年供电量4亿多千瓦时，是我省西部输变电枢纽。

以李楚民同志为核心的公司领导班子坚强团结，开拓进取；职工队伍训练有素，勇于拼搏。几年来，除了确保琼西工业走廊安全可靠、连续供电外，还能承担220KV以下输变配电工程的勘测、设计、安装、检修和调试。在深化企业改革中，坚持“两个文明”建设一起抓，坚持“人民电业为人民”的宗旨，坚持搞好电网建设和改造，开拓电力市场，强化管理，端正行风，提高服务质量，树立良好企业形象，以优异成绩迎接新纪元。

经理：李楚民

地址：儋州市人民大道西

电话：0890-3320032

儋州市环境资源局

儋州市环境资源局是政府主管全市环境保护和地质矿产资源工作的职能部门。局内设行政秘书股、环保股、地质矿产股；所属单位：环境资源监理所、环境资源研究所、儋州市矿站等4个事业单位。现有专业技术人员15名(其中高级工程师3名、工程师2名、助理工程师7名、技术员3名)。专业技术力量比较雄厚、管理水平较高，具有环境质量影响评价乙级资格证书。1991年被国家环保局和人事部授予“全国环保系统先进单位”。1993年被地矿部评为“全国矿产执法先进单位”。1991年被国家环保授予“环境统计先进单位”，1998年被国家环保总局、农业部、国家统计局、财政部评为“全国乡镇工业污染源调查先进集体”，1995年被省爱委会授于“卫生先进单位”。曾被市委、市政府评为“文明单位”等荣誉称号。

局领导检查城市绿化美化工作（左一为朱挺峰局长）

儋州市土地管理局

局长：郑启标

该局是市政府的职能部门，下设行政秘书股、土地协调监察股、建设用地股、地籍股、基本农田保护股、财务股和市土地交易所、市地产评估所等。其主要职责是：

宣传贯彻和组织实施新的《中华人民共和国土地管理法》；依法保护耕地，对建设用地实行用途管制；依法办理土地征用和土地使用权出让、转让和土地登记等有关手续；查处违法使用土地案件，协调和处理土地纠纷。

1997年该局在市委、市政府的正确领导下，各项工作迈上了新的台阶。一是按时顺利完成西线高速公路第一期29公里征地3800亩任务，确保工程的顺利施工。二是按时保质保量完成全市基本农田划区定界保护工作任务，经省组织验收总分达102.8分，名列全省前茅。三是按时完成全市非农建设闲置土地清查工作任务，经省组织验收评为合格，受到省的表扬。四是完成地籍登记发证达2613宗，土地评估交易过户220宗。五是查处土地纠纷案件31宗，促进社会的稳定。六是多方筹资在光村镇兴建一座产虾苗1200万尾的“新龙对虾育苗场”，建成高标准高位池虾池30亩；种植高产甘蔗100亩，亩产达5吨。育苗场已育苗成功，初显经济效益；高位池已投放虾苗，成功在即，受到市委市政府的通报表彰，发给奖金人民币5000元。

取之于民　用之于民

——儋州市国家税务局

局长吴琼开在“儋州市国税系统工作会议”上讲话

中纪委孟部长（右二）一行在省、市局领导陪同下晚上八点到基层检查工作

▶ 省局孙利军局长（前中）、陈泽财副局长（前右一）在市局领导陪同下到基层检查工作

地址：儋州市那大农垦北路2号

电话：0890-3322349

在“儋州市国税系统工作会议”上获奖的单位

市委、市政府向纳税先进单位颁奖

儋州市那大第一小学

那大一小把小学生的德育工作视为至关重要的基础工程、中心工作。“从娃娃抓起”培养社会主义一代新人，小学生的精神文明教育，校园精神文明建设日益成为最基础最重要的领域。

那大一小少先队被评为全国先进大队、全国雏鹰大队、省教育系统巾帼建功先进单位、省少先队示范学校、省精神文明单位。曾接待了全国人大、全国政协、中组部、海南省各级领导的视察以及港澳同胞的参观，多次受到高度评价，联合国教科文组织的官员也给该校教学教育改革首肯。我们任重而道远，目前正向全省乃至全国第一流的学校迈进。

校长：丁启成

教学大楼

以法治税　强化管理　为国聚财

——儋州市地方税务局

朱玉娥局长陪同市委领导到我局办税服务厅参观指导工作

我局各业务股室研究税收征管工作

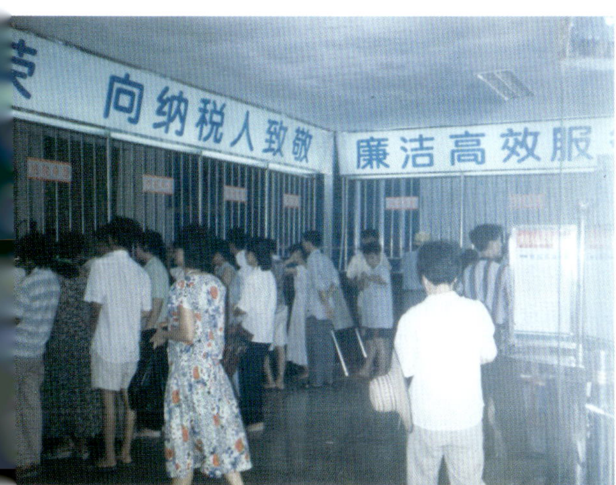

纳税人踊跃到我局办税服务厅申报缴纳税收

儋州市地方税务局于1995年4月正式设立。内设有稽查分局、农税分局、办公室、计财股、征管股、税政法规股、人事监察股、所得税股，一个办税服务厅，下辖一个直属税务所——国有企业税务所，二十七个基层税务所。负责儋州市范围内地方税收的征收管理工作。

本局自成立以来，坚持以邓小平理论和党的十五大精神为工作指针，始终围绕着组织税收收入这个中心，坚持“一个中心，两个转移”的工作思路，紧紧抓住普法教育、依法征收、依法管理三个环节，扎扎实实开展各项税收工作。

1995年共组织地方税收收入5976万元，1996年共组织地方税收收入6156万元，1997年共组织地方税收收入6168万元，1998年共组织地方税收收入9161万元，圆满完成了各项税收任务，为国家和地方的经济建设做出了贡献。

儋州市城市监察大队

1998年12月30日，陈德贤副市长（左二）在城建监察大队召开城建监察座谈会上讲话

1997年11月29日，市委书记、市长朱选成亲自率规划、建设、城监等单位领导上街检查“门前三包”工作

蒲敏大队长在联合拆除大行动前作总动员

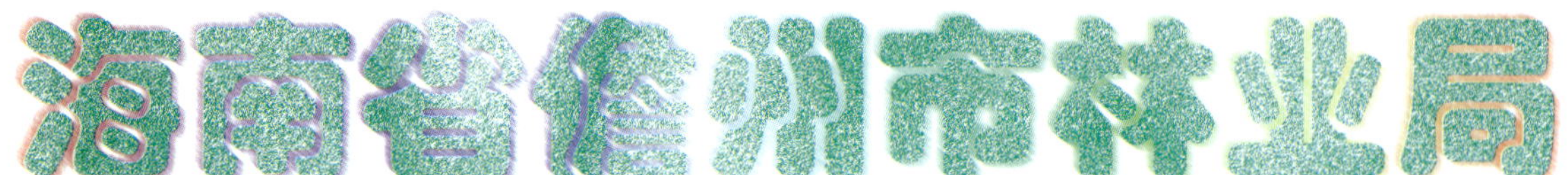

海南省儋州市林业局

图为已产脂的加勒比松林。加勒比松是我市工程林营造的主要树种之一，于1990年开始在本市大规模种植，现我市的加勒林松总面积达到3281公顷，且长势良好。

图为堆积如山，正待出口日本的桉木片，给洋浦经济开发区增添了无限生机。我市是全省桉木片出口量最大的市县之一。

图为刚果12号桉林。1986年，刚果12号桉首次在我市雅拉河苗圃、林科所、和庆油茶场等单位试种成功，而后又取得了无性系育苗成功的好成绩。目前，工程造林已达3705公顷。

儋州市林业局目前已拥有行政股、财务股、营林股和林政股四个内设机构及林业公安分局、鹿母湾林场、雅星林场、林业科学研究所、森林植物检疫站、森林消防队、兰洋林业工作站等共二十九个下属单位。

近年来，儋州市林业局加速植树造林，强化资源管理， 加大科技含量，取得显著成绩。全市现有林地11.2万公顷(其中：人工林4.5万公顷)，蓄积量200万立方米，森林覆盖率为42.2%。超额完成了《1989-2000年造林绿化规划》任务。1996年被国家林业部授予“全国平原绿化先进单位”的光荣称号。1998年撰写的《儋州市三万公顷工程林体系营建技术研究》荣获海南省1998年度科技进步三等奖。

地址：市委办公楼15层

电话：0890-3322418

儋州市那大中学

花园式校园

学术交流

丰富多彩的课外活动

儋州市那大二中

全国优秀教师、省特级教师、那大二中校长李盛华在看书学习

儋州市那大二中创办于1971年3月。校园总面积118亩，教学区使用面积72亩。现有51个教学班，学生3700名，教职工260多人。教师中省级特级教师1名，高级教师15名，中级教师51名。学校现有楼房建筑面积23287平方米。

那大二中在教育教学方面都上了新的高度。高考成绩1996年突破“百关”，1997年跃上150名，多次获市高考先进单位奖。师生参加市、省、国家级的各种论文、学科竞赛都屡获大奖。学校工会获国家总工会授予“送温暖工程先进单位”、学校获省委、省政府、海南军区授予“拥军模范单位”、获省“爱国卫生先进单位”、获省教育厅授予“勤工俭学先进单位”、获市授予“精神文明建设单位”等殊荣。

从去年以来，学校着力开创由应试教育向素质教育转变的新局面。奖励有理，惩罚有力，考评有章可依，操作有法可循，使学校步入规范化，科学化管理轨道，二中正在改革中发展进步。

地址：那大文化中路

电话：3322636

经济腾飞的临高县

县委书记黄良胜在全县经济工作会议上讲话

是多少心血和汗水才结出如此累累的硕果？图为欧阳顺林县长到果园进行调查

临高县历史悠久，文化灿烂。图为全省规模最大、保存最完整的临高孔庙（大成殿）

池塘养殖、网箱养殖、沉箱养殖和浮筏养殖在临高全面发展。图为网箱养殖基地

江泽民总书记题词的热血丰碑——解放海南纪念园在临高角落成

座落于临高中学校园内的中山纪念堂

全国独一无二的临高人偶戏

图为渔民在精晒鱼干

图为联合收割机在田洋收割水稻

经济腾飞的临高县

畅销国内外市场的临高乳猪

图为紧张建设中的武莲渔港

临高县交通四通八达，村村镇镇可通汽车，高速公路贯穿县境内32公里

临高县土壤肥沃，水利纵横，全县硬化防渗大小渠道180公里，大大改善了灌溉面积

临高县的冬季瓜菜年年获得大丰收

崛起的万宁

江泽民同志1990年4月在万宁视察热带水果生产基地

万宁市位于海南岛东南部沿海，处于海榆东线高速公路中部，地理位置优越。万宁市域总面积为4443.6平方公里。全市总人口54.1万人，行政辖区有12个镇6个乡、6个国营农场，万宁市人民政府设在万城镇。

万宁市工业建设迅速崛起，大力发展地方工业，现有地方国有工业企业、集体工业、乡镇工业和内联企业共9602家。1998年工业总产值12.35亿元。矿产资源丰富，有钛、锆、独居石、金红石、石英石等。万宁市山地广阔，土地肥沃，是我国不可多得的热带作物宜种区，高效农业开发区。1998年全市农业总产值14.2亿元。旅游业方兴未艾，万宁市委，市政府按照海南旅游的格局，把旅游业作为第三产业的支柱产业。1998年，全市接待国内外旅客122万人次，旅游收入达1.43亿元。

万宁市充分利用国家给予海南特区的优惠政策，努力开展对外经济合作，取得了令人瞩目的成就。崛起中的万宁正以崭新的面貌迎接21世纪的到来。

兴隆热带花园

海南第一山——东山岭

在困境中奋起　在市场中再生

——琼海市供销社

琼海市供销社党总支书、供销社主任冯增浩喜看冬季试植毛豆成功成果

党总支书、供销社主任冯增浩指导采摘冬季毛豆

琼海市供销系统管辖21个基层供销社，7个子公司。现有员工2203名，其中离退休人员812名，停薪保职自谋职业572人，在职819人。目前拥有经营网点384个，资产总额8520万元，其中：固定资产2434万元。

几十年来，市供销企业在当地党政的领导和农村广大干部群众的大力支持下，尽管风风雨雨，潮起潮落，然而，市供销联社班子成员和员工同舟共济，奋力拼搏，不但没在体制改革中消亡，反而在市场经济大潮中崛起，经济效益连续几年保持增长势头。1997年和1998年，全系统购销总额连续突破2亿元大关；比1996年减亏69万元，减幅22%，比1997年减亏195万元，减辐81%；独立核算单位28个，其中盈利企业15个，比上年增加11个；1997年和1998年分别上缴国家税金151万元和173万元(未包括承包门店)；预计1999年全系统将扭亏为盈。我们坚信琼海供销社的明天会更美好。

负责人：冯增浩　　　电话：2822658

开　源　节　流

——昌江县国家税务局

县局吴琼雄局长在作’98年工作总结报告

’98纳税先进单位合影

昌江县国税局公开选拔中层干部面试考场现场

局长：吴琼雄
电话：6622530

’98国税全体先进工作者合影

海南宏业毛纺有限公司

海南宏业毛纺有限公司系由海南省纺织工业总公司、海南省陵水县工业发展总公司、中国银行海南信托投资公司联营兴建的全民所有制全国大型一档工业企业，是海南省唯一的一家以生产高级拉舍尔经编毛毯为主的毛纺企业，是海南省重点扶贫项目。

公司总部设在海口市海南省纺织工业大厦六楼，工厂位于海南省陵水黎族自治县境内，邻万宁，交保亭，依琼中，通三亚，傍环岛东线高速公路，靠万里碧波大海，风景优雅，交通发达便利，通讯设施配套齐全。

公司占地面积307亩，其中建筑面积43000平方米，公司拥有三条直接制条生产线，12028枚毛纺线锭，14台经编机(其中国产8台)，2台(套)印染线和与之配套的整理设备和公用工程设备，形成了年产毛条5000吨，拉舍尔毛毯120万条的全流程、全配套，集纺、织、印、染整为一体的大型毛纺企业。到目前为止，公司总投资3.6亿元人民币，其中固定资产投资2.98亿元人民币；现拥有员工1008名，其中高级技术职务人员有2名，中级技术职务人员8名，各级各类专业技术人员近50名，经过几年的努力，企业已发展成为有一个坚强的、务实创新的和具有开拓精神的领导班子，各项管理工作也走上了正轨，具有严格的管理制度，创出了自己的品牌，“椰海”毛毯在国内市场除了西藏和内蒙古外的其他地区均有经销点，在国外市场已深入21个国家和地区，成为中国毛毯行业的“一枝独秀”。

总经理：陈星
电　话：(0898) 6769791
(0899) 3322391

公司地址：海口市海秀大道28号纺织大厦六楼
电话：(0898) 6767001
传真：(0898) 6769791

厂　址：海南省陵水县陵城镇
电话：(0899) 3322391
传真：(0899) 3323316
电挂：1688

立足山区　为国聚财

——通什市地税局成立4年工作实绩

通什市地税局局长：邓卫

通什市地税局纳税大厅

位于五指山脚下的通什市地方税务局成立于1994年9月，内设办公室、税收征管、税政法规、计划财务、所得税、人事教育监察等6个股室，下1个稽查分局、1个农税分局和11个税务所。现有在职人员143人(省下达人员编制数)，肩负着全市152个国有企事业单位、4家外资外商企业、10私营企业、802户个体工商户、105个临时摊位的地方税收的征收管理、税法宣传和税收政策指导等工作，每年组织地方税收收入约在1300万元左。1999年2月起，随着农税征管职能的划转，又肩负起全市1300户农业税收征管的任务。该局坚持以组织收入为中心，立足山区，为国聚财。取了可喜的成绩。1995年、1998年被市委、市政府评为“目标管理达标单位”、1996年被评为“目标管理达标先进单位”、1997年被评为“目标管理秀单位”连续4年被市委、市政府评为“人口与计划生育目标管理达标先进单位”、“社会治安综合治理达标良好单位”，1997、1998连续两年被评市“扶贫工作先进单位”和“双拥工作先进单位”。同时局党支部也连续被市委、市机关工委评为“先进党支部”。

地址：通什市爱民路　电话：6624747　邮编：572200

前进中的儋州市粮食局

局长：刘海温

1950年，儋州市人民政府设置粮食科，下辖新的仓库和那大仓库。1953年成立儋县粮食局，从此，儋州市粮食企业伴随着共和国成长的步伐，日益发展壮大。从50年代仅有的20多名干部职工和几间平房瓦面仓库，发展到现在拥有24个粮食管理所，一个国家粮食储备库，一个省粮食储备库，一个军供站，五间粮食加工厂，一个橡胶农场，一间商场(联营)，固定资产2388.05万元，仓库容量27450吨的国有企业。每年担负着11960吨粮食收购和8000吨粮食调入任务。

国家在发展，社会在进步。随着改革开放，社会主义市场经济的不断发展，儋州市粮食流通体制的改革也正在不断地向前推进。回顾过去，他们对未来粮食企业的前途充满信心。现在，粮 改后的儋州市粮食局，已摆脱了旧体制的羁伴，在社会主义市场经济的大道上，正阔步前进，豪情满怀地跨入21世纪。

建设中的儋州市洋浦国家粮食储备库

局长刘海温在基层检查指导工作

海南省汽车运输总公司

海南省汽车运输总公司是国有大型专
汽车运输企业，总资产六亿余元，营运汽
720台，职工7800多人，下设分公司20个，
车队22个，总公司在全省各市县都设有汽
站和各乡分站，营运线路覆盖全省城乡、并
广东、湖南、湖北、广西、四川、重庆、福
等，十个省(区)的省运班线，还创立了省汽
车新品牌，为旅客提供豪华、优质、安全的
走运输服务。在广大旅客中享有盛誉。当
这个公司正深化企业改革，加强内部管理，
极拓展市场，提高服务质量、发展多种经
提高企业的竞争力，使企业走上持续发展
道路。

地　址：海府路18

电　话：5342601

省汽车运输总公司办公大楼

省汽车运输总公司适应市场需求开创了“省汽快车”新品牌，图为整装待发的“沃尔沃”豪华空调大巴

三亚市第一百货公司

公司总经理：孙贻德

三亚市第一百货公司位于市跃进路058号，处于市中心繁华地带。是1960年创办的国有企业。属二级批发站，他前身是自治州百货批发站，海南建省撤州前经营八个县市的批发业务，主要经营：日用百货、文化用品、服装、五金交电。兼营烟酒、家俱等。

土地面积有8000多平方米，有一栋1200多平方米的办公大楼，正在兴建的综合大楼，计划1999年7月底竣工交付使用，这样公司就有2000多平方米的商场面积经营，公司发展前途壮观。

法人代表：孙贻德

电话：8273503

地址：三亚市跃进路058号

正在建筑中的第一百货公司大楼

儋州市第一人民医院

院长（法人代表）：李雪娟

该院前身是1926年美国基督教会在那大创办的福音医院，1952年属海南人民医院那大分院，1958年改为儋县第一人民医院，1993年随着儋州撤县设市成为儋州市第一人民医院，1995年先后通过国家爱婴医院、二级甲等医院评审。医院占地面积10公顷，编制床位300张，现有职工385人(其中高级职称9人，中级职称59人)，是海南西线地区医疗、急救的中心医院，海南省那大医疗急救站、海南省儿麻矫治中心、海南省中心血站儋州分站均设在该院。

该院设1个门诊部、17个临床科室、16个医技科室。主要医疗设备有：全身CT扫描机、彩色多普勒、体外震波碎石机、高压氧舱、多功能心电监护仪、全自动生化分析仪、尿十项分析仪、610血球计数仪、放射免疫r计数仪、脑电地形图机等。

该院外科系统已成功开展全胃切除术、心脏修补术、食道和贲门癌根治术、颅内肿瘤摘除术、颅骨成形术、断肢(指)离体再植术、带肌皮瓣移植术；妇产科能开展巨大子宫肌瘤和宫颈癌根治术、子宫脱垂曼氏改良术、动脉插管化疗，内儿科系统在急性心肌梗塞、脑栓塞、颅内出血及各类休克等急危重疾病的诊治方面，积累了丰富的临床经验。

该院曾先后荣获“全国五一劳动奖状”、“全国残疾人三项康复工作先进单位”、“海南省卫生先进单位”、“海南省环境优美十佳医院”、“海南省文明单位”等称号。妇产科主任医师李雪娟院长，先后荣获“海南省十佳巾帼”、“海南省有突出贡献的优秀专家”、“海南省三八红旗手”等荣誉称号。

地址：儋州市那大镇人民大道东49号

电话：(0890)3322459　　邮编：571700

抓扶贫树形象 抓改革促发展 抓管理上水平

——海南省第二人民医院(省民族医院)

海南省第二人民医院位于素有“翡翠城”之城的通什市，占地面积60亩，总建筑面积近4万M²，拥有规模床位500张，分门诊部、

住院部两个部分。设16个临床

技科室、8个职能科室，是我

研、康复为一体的规模最大、

严谨的综合性医院。

全院职工近330人，高级

人)，中级职称48人，卫生技

彩色多普勒、PCR、微生物分

震波碎石机、进口系列内窥

气分析、肺功能仪、经颅彩色

控电视X光机、动态血压仪、

压氧舱等万元以上设备近100

近年来，举院上下励精

保持协调，突出重点，走出低

程，以引进华西医科大学等四

技术为龙头(去年以来，引进

二级甲等医院

中华人民共和国卫生部

科室，1个消化中心，9个医

省中部一家集医疗、教学、科

设备先进、技术精良、管理

职称28人(其中正副教授17

术人员占78.43%。拥有CT、

析仪、平板运动系统、体外

镜、全自动生化分析仪、血

多普勒、脑反射治疗仪、摇

动态心电图、B型超声波、高

台(套)。

图治，提出了以“坚持发展，

谷”为发展思路的“10.16”工

所高等院校教授专家及高新

进口设备价值近600万元)，

以在省内率先推出医疗扶贫与便民服务十大举措为突破口，建立高效有序的科学管理运作机制。建立健全了院内医疗质量监控系统。全院的整体功能和综合院力明显增强。1996年以950.2 分的成绩通过国家卫生部二级甲等医院评审。以优良成绩进入国家爱婴医院行列。1998年初被评为通什市精神文明建设优秀单位。1998年4月份，被评为全省卫生系统创“四优”活动先进单位。并以97分的优异成绩

名列榜首。最近被评为全省

明单位、厅直先进党组织、省

结进步模范集体。

去年，经上级考核，批准

学医院、卫生部国际紧急救援

科大学第一、二附属医院辅导

全国人大副委员长吴阶

副部长孙隆椿先后为医院题

省委副书记、副省长王厚宏、

大副主任吴葵光、省政协副主

税厅、省计划厅、海南医学院

对医院的改革、管理与发展给

工，正满怀信心，以更加高昂

风，在全国推进本院建设和发

取全省“五佳”医院的最后胜

族地区的卫生事业做出新贡

爱婴医院

BABY FRIENDLY HOSPITAL

中华人民共和国卫生部 联合国儿童基金会 世界卫生组织

1996年9月 Sept.1996

“三下乡”先进单位、省直文

直先进党组织、全国民族团

先后成为海南医学院琼州教

网络医院。本院还是华西医

医院。

平、布赫、卫生部长陈敏章

词，卫生部副部长殷大奎及

全国人大常委王越丰、省人

席王家贤以及省卫生厅、财

领导先后来院检查指导。并

予充分肯定。当前，全院职

的敬业精神和务实的工作作

展的“10.16”工程以及为夺

利奋力冲刺，争取为我省民

献。

地址：海南省通什市

电话：6622337

邮编：572200

省第二人民医院全景

海南省热带病防治研究所

海南省热带病防治研究所是全省主要热带病的防治、研究、技术指导和人才培训中心。全所现有职工74人，专业技术人员54人，占73%，高、中级研究人员28人，占38%，博士1人，硕士4人。设办公室、疟疾室、蠕虫病、媒介昆虫室、中心实验室、健康教育与信息资料室及热带病防治咨询服务中心，在三亚、通什、琼中等10个市县设有现场研究基地。

本所全体职工将一如既往地大力开展热带病防治研究工作，为保障我省750多万人民群众的健康，改善经济建设和投资环境，促进大特区经济的腾飞和发展做出新的贡献。

单位地址：海口市海府路44号　　法人代表：王善青博士

电话：5339984、5337102　　传真：5339984　　邮政编码：570203

E-mail: hnitd @public hk.hi cn

建設部建築設計院海南分院

建设部建筑设计院海南分院设计的具有海南地方特色的生态建筑

联系电话：6781784

经济体制改革中的澄迈县工商行政管理局

澄迈县工商行政管理局黄泽恩局长

澄迈县工商局内设企业登记，个体私营，商标广告，经济合同，经济检查以及市场管理等十一个股室，下辖二十四个工商所，在全县已形成严密的工商行政管理组织机构体系，负责监督《公司法》、《商标法》、《广告法》、《经济合同法》、《反不正当竞争法》、《消费者权益保护法》等法律、法规在本地区的颁布施行，履行国家对商品生产经营者的市场经济活动进行监督管理，维护市场的经济秩序。澄迈县工商行政管理局全体干部职工正豪情满怀，充满信心，为澄迈的经济发展做出应有的贡献。

海南省机关第二幼儿园

为了解决海南省直机关干部、职工的孩子入园难问题，海南省妇联于1990年11月10日创办起了一所全日制幼儿园——海南省机关第二幼儿园。几年来，二幼儿园已发展成为初具规模的海南省一级幼儿园。

第二幼儿园，园院绿树成荫，花卉铺缀，环境幽雅、怡静、空气清新宜人。有良好的学习、生活和娱乐环境。全园占地面积4200M²，建筑面积10000M²。有结构合理、建筑水平较高的面积3570M²的教学楼外，还有宽阔的大礼堂和具齐全的教学活动室、幼儿舞蹈训练室、电子琴训练室、语音训练室、动物养室、医务保健室、厨房等一系列配套设施。此外，还有操场、球场、游泳等。园院里还安置一批大型新颖的玩具。第二幼儿园是一个把教育化、儿童、美化、绿化融为一体的海口市卫生达标、花园式单位。

地址：海口市龙舌坡430号　　电话：5339937　　邮编：570003

幼儿园全景

团结奋斗监管市场贡献大

——琼山市工商行政管理局

市局领导上街进行真假产品辨别宣传

工商人员对伪劣产品进行销毁

琼山市 3.15 投诉台

琼山市工商行政管理局位于府城城东大道，现有17个股室、34个工商所、站，干部职工604人。新中国成立以来，特别是党的十一届三中全会以来，该局全体干部职工团结奋斗，加大执法力度，优化投资环境，促进了该市文明建设和市场经济的发展，被评为海南省工商行政管理系统先进集体。

琼山市工商行政管理局的前身为1951年4月成立的工商行政管理科，经过几十年的发展，琼山市(县)工商行政管理系统的机构和队伍不断扩大，不断完善；执法力度不断加强；整体素质不断提高；管理手段不断优化。改革开放以来，琼山市工商行政管理局针对管理服务手段落后的状况，加大办公管理服务设施的投入，先后购置办公用车6辆，摩托车6辆，安装程控电话45台，微机电脑6台，大大优化了办公管理手段。为建设一支廉洁、高效、文明的行政执法队伍，通过加强政治思想教育、岗位培训、学历教育、知识更新、使队伍文化结构、专业知识、年龄结构、执法水平等有了明显改善，综合素质有了明显提高。

展望未来，琼山市工商行政管理局决心以体制改革为契机，充分发挥机能作用，为琼山经济腾飞作出更大的贡献。

儋州市公路分局

薛行方局长向省交通厅养路处领导汇报公路养护工作

薛行方局长陪同交通部公路检查组一行

该局负责管养的西线高速公路

建筑业企业总产值和房屋建筑面积
GROSS OUTPUT VALUE OF CONSTRUCTION AND FLOOR SPACE OF BUILDING

年份 Year	建筑业企业总产值(亿元) Gross Output Value of Construction Enterprises (100 million yuan)	#国有 State-owned	#城镇集体 Urban Collective Owned	房屋建筑面积(万平方米) Floor Space of Building Construction (10000 sq.m) 施工面积 Under Construction	竣工面积 Completed
1986	1.8	0.7	1.1	93.8	57.6
1987	2.2	0.8	1.3	115.4	64.6
1988	3.2	1.3	2.0	171.3	86.2
1989	5.2	2.4	2.8	190.4	94.4
1990	11.0	3.4	3.0	357.8	188.0
1991	15.3	4.4	3.2	539.7	210.7
1992	24.6	5.9	4.4	663.7	256.6
1993	50.7	10.8	7.4	1027.3	295.3
1994	58.0	14.1	8.3	1103.6	302.0
1995	39.5	9.6	8.4	874.9	241.5
1996	24.2	9.8	5.6	453.4	150.0
1997	24.7	7.8	5.4	406.1	167.1
1998	30.9	23.4	6.0	453.0	196.1

财政收支额
REVENUE AND EXPENDITURE

单位：亿元 (100million yuan)

年份 Year	地方财政收入 Local Revenue	#各项税收 Taxes	#工商税收 Industrial and Commercial	地方财政支出 Local Expenditure	#基本建设拨款 Capital Construction	#支持农业生产和事业 Suporting Agricultural Production	#文教科学卫生事业 Culture, Education Science & Health Care	#行政管理 Government Adminstration
1952	0.13	0.13	0.10	0.21	0.01		0.11	0.09
1953	0.44	0.43	0.31	0.25	0.01		0.13	0.11
1954	0.55	0.47	0.31	0.35	0.05		0.17	0.13
1955	0.41	0.36	0.23	0.30	0.05		0.14	0.11
1956	0.40	0.35	0.25	0.44	0.11		0.19	0.14
1957	0.50	0.45	0.29	0.46	0.12		0.20	0.14
1958	0.66	0.54	0.40	0.92	0.60		0.16	0.15
1959	0.72	0.54	0.37	0.93	0.55		0.22	0.15
1960	0.62	0.50	0.33	1.08	0.67		0.27	0.13
1961	0.53	0.54	0.32	0.71	0.30		0.25	0.14
1962	0.61	0.62	0.46	0.56	0.15		0.23	0.14
1963	0.64	0.58	0.43	0.63	0.17		0.25	0.14
1964	0.70	0.64	0.44	0.66	0.17		0.27	0.15
1965	0.85	0.77	0.56	0.63	0.06	0.09	0.25	0.14
1966	0.98	0.89	0.63	0.68	0.09	0.11	0.26	0.15
1967	1.08	1.05	0.67	0.68	0.09	0.05	0.28	0.13
1968	1.12	1.15	0.69	0.56	0.03	0.04	0.23	0.13
1969	1.38	1.04	0.64	0.82	0.13	0.11	0.24	0.19
1970	1.43	1.13	0.63	0.94	0.20	0.14	0.25	0.18
1971	1.35	1.07	0.66	0.98	0.18	0.12	0.29	0.18
1972	1.01	0.89	0.67	1.10	0.25	0.14	0.31	0.21
1973	1.26	1.08	0.78	1.27	0.25	0.17	0.38	0.23
1974	1.22	1.01	0.74	1.50	0.31	0.16	0.40	0.23
1975	1.41	1.21	0.92	1.47	0.31	0.18	0.42	0.21
1976	1.55	1.36	1.03	1.25	0.06	0.22	0.43	0.21
1977	1.54	1.44	1.11	1.32	0.05	0.25	0.46	0.24
1978	1.36	1.32	1.02	1.67	0.09	0.34	0.56	0.26
1979	1.33	1.34	1.02	1.82	0.05	0.38	0.64	0.30
1980	1.19	1.22	0.91	2.10	0.12	0.42	0.76	0.39
1981	1.14	1.19	0.92	2.42	0.14	0.37	0.84	0.43
1982	1.28	1.36	1.06	2.59	0.16	0.37	0.98	0.48
1983	1.62	1.65	1.26	3.18	0.15	0.42	1.14	0.63
1984	3.05	3.00	2.61	4.53	0.41	0.46	1.42	1.05
1985	3.16	4.08	3.29	5.90	1.36	0.53	1.69	0.71
1986	2.59	3.19	2.30	6.63	0.78	0.55	2.17	0.85
1987	2.96	3.51	2.67	6.72	0.47	0.57	2.23	0.97
1988	4.82	5.11	3.65	9.25	1.25	0.80	2.85	1.10
1989	6.25	6.15	3.65	13.81	2.47	1.42	3.61	1.44
1990	7.39	6.44	4.25	17.42	3.48	1.69	4.46	1.79
1991	9.31	8.44	4.38	19.39	3.61	1.85	4.86	2.17
1992	14.97	13.63	5.67	25.36	4.28	2.46	6.13	2.89
1993	23.03	18.96	15.10	38.52	8.07	3.11	7.83	4.35
1994	27.53	24.24	17.39	40.01	6.53	3.76	10.47	5.57
1995	28.53	24.81	18.50	42.39	6.08	3.94	11.35	6.13
1996	30.70	25.92	19.77	45.16	4.91	4.06	11.14	6.13
1997	31.65	25.05	19.86	48.48	5.18	3.51	11.34	5.90
1998	36.48	27.24	21.44	57.51	7.12	4.28	12.21	6.03

国家银行各项存款和各项贷款余额
DEPOSITS AND LOANS OF NATIONAL BANKING SYSTEM

单位：万元 (10000 yuan)

年份 Year	各项存款合计 Total Deposits	# 企业存款 Enterprise	各项贷款合计 Total Loans	# 工业企业 Industrial Enterprise	# 商业企业 Commercia Enterprise	# 农业贷款 Agricultural
1978	40055	13062	52702	8880	34182	6024
1979	47020	15681	58368	10804	36256	7139
1980	60780	22745	74272	13905	41796	10402
1981	73725	21074	83699	10264	44594	18886
1982	95605	32120	132767	11191	56815	32071
1983	109162	28821	145138	14261	62899	29514
1984	324838	159755	521945	61910	267033	77785
1985	282656	109907	407754	57571	185543	63869
1986	321041	131658	449549	67972	195854	69144
1987	359400	130243	563820	79593	254449	79614
1988	563336	250694	866436	113153	390469	89834
1989	640897	233873	978983	152637	438022	107971
1990	874018	311810	1197059	209368	502842	136548
1991	1152501	423322	1473822	290889	589888	165059
1992	2757083	1505461	2099504	448255	817021	211235
1993	3395772	1476733	3001753	629351	1065199	255892
1994	3693776	1614687	3621230	745051	913372	216457
1995	3838336	1441019	4186267	739494	1020169	218379
1996	4027788	1496342	4347817	792753	1102228	259894
1997	4427067	1560841	5040899	809654	1076139	281846
1998	5033659	1508549	5335232	784039	1083396	266203

教育基本情况
BASIC STATISTICS FOR EDUCATION

年份 Year	在校学生数（万人） Student Enrollment (10000 persons)				小学毕业生升学率(%) Percentage o Graduates of Primary Schools Entering Secondary	学龄儿童入学率（%） Percentage of School-Aged Children Enrolled	专任教师数（人） Number of Full-time Teachers (person)			
	普通高等学校 Institutions of Higher Education	中等学校 Secondar Schools	#普通中学 Regular Secondary Schools	小学 Primary Schools			普通高等学校 Institutions of Higher Education	中等学校 Secondary Schools	#普通中学 Regular Secondary Schools	小学 Primary Schools
1950	0.02	1.41	1.22	16.35			42	740	522	5267
1951	0.01	1.57	1.36	20.50			16	741	529	6552
1952	0.02	2.19	1.81	25.69			11	785	584	8956
1953		2.25	1.92	31.53				829	679	5789
1954		2.49	2.20	30.00				923	785	5885
1955		2.46	2.20	27.73				1018	872	9526
1956		4.71	4.27	31.87				1281	1087	9900
1957		4.52	4.10	34.90				1546	1322	11361
1958		8.65	7.99	40.82			57	2250	1978	12067
1959	0.10	7.59	6.72	40.63			129	3197	2724	13734
1960	0.17	7.67	6.53	44.37			229	3513	2847	12622
1961	0.18	6.40	5.55	44.60			276	3266	2645	14384
1962	0.13	5.76	5.31	45.62			181	3217	2867	17331
1963	0.13	5.15	4.87	44.49			201	3151	2820	16827
1964	0.10	5.36	5.06	54.38			188	3127	2784	18711
1965	0.10	5.74	5.04	51.19			190	2943	2511	17185
1966	0.10	5.90	5.34	54.98			200	2925	2528	19716
1967		4.70	4.28	51.92					2083	17836
1968		8.92	8.80	54.71					3209	18028
1969		13.53	13.53	52.79					4745	21590
1970		23.90	23.47	49.05				9302	9058	19298
1971		25.31	24.89	54.88				10094	9819	18298
1972		21.59	21.35	59.61				9429	8954	20258
1973	0.10	18.70	18.44	66.69			171	9081	8764	21754
1974	0.07	19.17	19.03	71.06			181	9102	8836	22231
1975	0.13	26.17	25.79	82.94			340	12255	11870	29753
1976	0.16	30.68	30.38	84.67			396	13503	13216	28610
1977	0.17	34.88	34.52	85.65			609	14886	14503	29347
1978	0.30	34.19	33.82	88.79			610	15078	14549	31504
1979	0.32	31.08	30.54	88.26			679	14901	14321	34824
1980	0.27	30.76	30.18	89.87			698	14686	14054	36610
1981	0.25	27.09	26.48	90.45			580	15094	14350	38749
1982	0.30	26.43	25.75	88.69		94.60	699	14632	13845	37039
1983	0.31	26.18	25.58	84.70		95.03	821	14531	13847	35769
1984	0.38	28.72	28.07	86.46		97.70	938	15015	14314	34637
1985	0.40	31.20	30.41	87.25	75.90		994	15255	14485	34015
1986	0.56	34.59	33.69	88.39	75.14		1043	17017	16144	35412
1987	0.61	33.30	32.57	89.04	72.26		1104	17964	16995	36624
1988	0.91	31.17	30.33	90.35	71.56		1222	18961	17868	37296
1989	0.95	27.42	26.42	91.89	72.78		1199	18853	17845	37451
1990	0.77	26.48	25.20	96.47	78.83		1215	19378	18034	39002
1991	0.76	26.16	24.76	101.05	80.70	98.80	1236	19378	17993	40656
1992	0.85	27.78	26.17	103.61	81.56	98.20	1146	19623	18209	41261
1993	1.02	29.28	24.71	106.73	81.60	99.00	1201	19390	17891	41682
1994	1.17	31.71	29.57	110.23	73.28	99.00	1280	19810	18125	42216
1995	1.20	34.16	31.71	111.75	74.13	99.00	1334	20674	18958	42583
1996	1.25	36.94	34.28	111.36	76.94	99.00	1379	22252	20294	43606
1997	1.28	39.65	36.75	109.08	79.31	99.39	1380	23635	21565	49470
1998	1.35	45.49	38.35	107.19	83.50	99.28	1362	27215	21970	49868

文化事业基本情况
BASIC STATISTICS FOR CULTURE

年份 Year	艺术表演团（个） Art Performance Places (unit)	文化馆（个） Cultural Centers (unit)	公共图书馆（个） Public Librarie (unit)	图书出版数（万册） Number of Books Published (100 million copies)	杂志出版数（万册） Number of Magazines Published (100 million copies)	报纸出版数（万份） Number of Newspapers Published (100 million copies)	广播人口覆盖率(%) Listener Rating (%)	电视人口覆盖率(%) Viewer Rating (%)
1952	20	17						
1957	23	21	2					
1962	24	19	5					
1965	25	20	7					
1970	21	3	2					
1971	21	7	3					
1972	21	14	4					
1973	21	19	4					
1975	21	18	10					
1980	24	21	15					
1981	23	21	17					
1982	24	21	17					
1983	25	21	18					
1984	26	21	19					
1985	25	19	19					88.1
1986	24	18	19					84.5
1987	23	18	18					86.6
1988	22	22	19					83.0
1989	22	20	19					83.0
1990	22	17	19	945.90	169.83	5565		83.0
1991	23	17	19	2001.75	103.38	8037	66.25	83.0
1992	23	17	19	2885.00	168.81	7841	63.54	83.0
1993	23	17	19	2136.90	254.46	10475	74.31	84.0
1994	23	17	19		241.78	12417		84.0
1995	23	17	19	2432.53	281.74	11398		85.0
1996	22	18	19	2971.96	257.63	10596	85.37	85.0
1997	23	18	19	3014.53	343.53	10675	85.96	87.0
1998	22	18	19	2908.42	410.87	10486	89.51	88.5

卫生事业基本情况
BASIC STATISTICS FOR HEALTH

年份 Year	卫生机构数（个） Number of Health Institutions	#医院、卫生院 Hospitals	卫生机构床位数（万张） Number of Beds in Health Institution	#医院、卫生院 Hospitals	卫生技术人员数（万人） Medical Technical Personnel	#医生 Doctors	每万人口 Per 10000 persons 床位数 Number of Beds	每万人口 Per 10000 persons 医生数 Number of Doctors
1950	15	14	680	680	1383	880	0.03	0.03
1951	28	23	634	634	1491	908	0.03	0.03
1952	95	26	1244	1134	1361	786	0.04	0.03
1953	185	28	1718	1306	1812	993	0.06	0.04
1954	254	28	1834	1347	3751	1220	0.07	0.04
1955	357	32	1904	1640	4157	1671	0.07	0.06
1956	411	31	2009	1729	4315	1893	0.07	0.07
1957	446	29	1938	1704	6854	2028	0.07	0.07
1958	2011	301	8778	4868	5096	1793	0.29	0.06
1959	2804	303	8168	4275	7814	1900	0.26	0.06
1960	2139	353	9927	4356	5640	1760	0.31	0.06
1961	1967	350	6737	5689	9497	2401	0.21	0.07
1962	2171	228	7540	6227	10027	3249	0.22	0.10
1963	1998	159	9236	6067	9819	3557	0.27	0.10
1964	2229	185	9792	6647	10364	4122	0.28	0.12
1965	2692	177	10026	6862	10990	3768	0.27	0.10
1966	2744	174	9814	6865	10694	3768	0.26	0.10
1972	3144	426	15720	15642	16178	4824	0.33	0.10
1973	3224	430	16511	16288	16372	4955	0.34	0.10
1974	3210	444	16624	16419	16410	5059	0.34	0.10
1975	3082	447	17108	16935	16753	5724	0.34	0.12
1976	3261	456	17657	17523	17738	5781	0.35	0.11
1977	3175	462	18420	18266	18885	5948	0.35	0.12
1978	3308	464	18687	18562	19733	6333	0.35	0.12
1979	3493	468	18855	18649	20722	7240	0.35	0.13
1980	3492	459	18885	18648	22327	7914	0.34	0.14
1981	3703	458	18688	18404	23593	7690	0.33	0.14
1982	3656	461	18589	18310	25134	7786	0.32	0.14
1983	3978	459	18587	18309	25783	8108	0.32	0.14
1984	3901	457	18582	18336	26552	8309	0.31	0.14
1985	3877	417	18997	18672	26923	8017	0.31	0.14
1986	3729	422	19313	18941	27230	7956	0.31	0.13
1987	3702	427	19860	19542	27963	8052	0.32	0.13
1988	3764	426	20643	20265	28222	10101	0.33	0.16
1989	2911	428	20833	20479	28129	10547	0.33	0.17
1990	3167	429	21620	21083	29225	11026	0.33	0.17
1991	3154	427	21402	20857	29743	10991	0.32	0.17
1992	2517	428	22397	21772	30387	11053	0.32	0.16
1993	1646	446	22830	22053	30535	10891	0.32	0.16
1994	1647	469	22658	21885	31109	11331	0.33	0.16
1995	1653	473	22383	21684	31318	11796	0.32	0.17
1996	2420	482	22283	21435	31870	12238	0.31	0.17
1997	2595	485	21704	20777	32458	12652	0.29	0.17
1998	2545	485	21480	20659	32155	12776	0.29	0.17

资　料
整理人：盛锦川

附录　部分单位概况

加强宏观调控　促进经济发展

海南省发展计划厅

海南省发展计划厅是海南省人民政府主管计划管理的职能机构。其基本职能是，在国家统一计划的指导下，根据海南的实际情况，编制全省国民经济和社会发展的年度计划和中长期规划，统筹安排全省经济建设、文化建设和社会事业的发展，搞好综合平衡，促进国民经济持续快速健康发展。

建省以来，海南省发展计划厅在省委、省政府的领导下，解放思想，积极探索，坚持改革开放，不断深化计划体制改革，积极推进职能转变，努力当好政府管理经济的参谋和助手，对海南经济建设和社会事业的发展做出了应有的贡献。

更新观念，转变职能，推进建立社会主义市场经济体制。建省以来，海南省发展计划厅按照建立社会主义市场经济体制和"小政府，大社会"的要求，更新观念，转变职能，改进计划管理方式，计划管理的重心从原来的直接分配资源、安排投资、组织建设、参与微观经济管理逐步转到研究经济和社会发展的趋势、制定经济发展战略和规划、研究确定海南的产业政策上来。加强对经济运行的监控、分析和信息的收集、反馈，搞好协调监督、提供咨询服务，提高计划的科学性，充分发挥计划的指导作用。并密切计划与财政、税收、银行等综合经济管理部门的联系，发挥各种经济杠杆的协调作用，建立科学有序的宏观计划调控体系，为海南社会主义市场经济体制的建立和促进海南经济的快速发展发挥了积极的作用。

研究发展战略，编制发展规划，加强宏观调控。建省以来，海南省发展计划厅先后研究编制了《海南省国民经济和社会发展"八五"计划和2000年远景目标纲要》、《海南省国民经济和社会发展"九五'计划和2010年远景目标纲要》、《海南省国土规划》、《海南省第三产业发展规划》等中长期发展规划，会同有关部门编制了《海南生态省建设规划纲要》、《海南信息智能岛建设规划纲要》等专项规划，对海南经济发展和产业结构调整起到了重要的导向作用。特别是《海南省国民经济和社会发展"九五"计划和2010年远景目标纲要》，提出了符合海南实际、具有海南特色的经济发展战略，明确了"一省两地"的产业发展方针，对于引导海南的产业结构调整，培育支柱产业，克服"八五"期间经济泡沫的影响，夯实产业发展基础，促进经济快速健康发展和经济素质的提高发挥了重要作用。1988年——1998年，全省国内生产总值增长了2.5倍，年均增长12.2%；人均国内生产总值达到6021元，年均增长10.4%。经济结构调整取得明显进展。三次产业的比例由1987年的50:19:30调整为1997年的37:21:42，改变了以农业为主的传统经济结构。产业内部结构也有了明显的改善，新的支柱产业不断发展壮大，为下个世纪的发展奠定了较好的基础。

拓宽融资渠道，筹措建设资金，支持开发建设。建省以来，海南省发展计划厅按照国家的产业政策和海南省发展规划的要求，管好用好财政性建设资金和国家预算内统筹安排的建设资金，千方百计扩展投资来源，固定资产投资已初步形成社会化、市场化和多元化的融资机制。同时，通过制定年度投资计划和投资政策，引导资金投向基础设施建设、促进产业结构优化升级和培育壮大支柱产业的领域，为经济建设提供了资金支持。1988年至1998年，全省固定资产投资累计完成1360.5亿元，是建省前37年总和的11.7倍，其中投入基础设施的基本建设投资达近300亿元。相继建成了大广坝、凤凰机场、美兰机场、环岛高速公路、洋浦电厂、南山电厂、米铺水厂二期、海口和琼山供水工程、海南通信系统工程等一批重大基础设施项目。海南基础设施落后的局面得到根本改观。粤海铁路通道经过各方面的努力，已于1998年全面动工建设，计划2001年建成，将从根本上改善海南与内地的交通条件。建首以来投入农业、能源、原材料工业交通运输邮电建设的投资逐年增加，为经济的后续发展、产业结构调整和优化升级创造了条件。投资资金多元化的机制已基本形成。建省以来，共利用国外贷款25亿美元，占同期全社会固定资产投资的15%以上，有利地支持了海南重大基础设施项目建设。

认真研究现实问题，精心编制"十五"计划，为跨世纪发展做好准备。1999年是实施"九五"计划的第四年。"九五”计划确定的“一省两地”的经济发展战略得到了较好地贯彻,新型的产业结构框架已初步形成,“九五”计划提出的经济和社会发展目标可望全面实现。目前海南省经济发展正处于一个重要的关头。下个世纪的最初几年,是全面提高海南综合经济竞争力、塑造海南新形象的关键时期。

海南省发展计划厅将认真总结建省以来经济发展的经验,根据变化了的情况调整和充实全省产业发展的战略重点。对当前经济生活中的国有企业亏损问题,企业职工下岗和再就业问题,城镇居民和农民收入增长缓慢问题,消费需求不足问题,小城镇建设问题,生态环境建设问题等现实问题进行深入研究。对如何加快实施第三步战略目标,推进特区建设步伐,加快建立社会主义市场体制进程,发挥经济特区的示范作用;在现代化建设中,如何把握和适应工业化、信息化、城市化、市场化和国际化的发展趋势;在国际、国内竞争中如何实施经济结构的战略性调整,推进经济增长方式的转变;在新的形势下,如何加快对外开放;在知识经济影响下,如何切实贯彻科教兴省战略;在长期发展中,如何正确处理人口增长、资源、环境、生态、区域等之间的关系,解决可持续发展问题,都需要及时、深入地加以研究。对未来几年经济发展环境的变化需要做出认真的预测和评估。在省委、省政府的领导下,动员和组织社会力量,精心编制“十五”计划和远景目标规划,对海南的经济发展提出战略性的筹划和部署,为跨世纪的发展做好充分准备。

厅长:刘琦　　地址:省政府九楼　　电话:5342467

海南卫生50年

建国50年,是海南卫生事业蓬勃发展的50年,是海南人民健康水平不断提高的50年。

50年来,海南的卫生事业,在省委、省政府的领导下,各级卫生部门全面贯彻卫生工作方针,深化卫生改革,突出以农村卫生、预防保健和中医药工作三大战略重点,切实加强卫生机构网络建设,全面实施初级卫生保健,引进和培养医疗卫生技术人才,海南卫生事业有了长足的发展。医疗卫生机构不断增加,医疗网点布局日趋合理,医疗卫生技术队伍不断壮大,医疗保健仪器设备不断充实更新,城乡卫生面貌逐步改善,广大人民群众的健康水平有了明显提高。人均期望寿命从解放初期的35岁提高到1998年的73.33岁。海南已从“瘴疠之地”变成了“长寿岛”。取得了举世瞩目的成绩。

一、医疗机构遍布城乡。1950年海南解放时,海南仅有15所设备简陋的公立、教会医院,而且这些医院都集中于海口市和沿海地区县城镇,广大农村特别是少数民族边远山区,除了一些个体开业医生和草医外,几乎没有任何医疗设施,缺医少药现象十分严重。解放后,特别是改革开放、海南建省后,实行多渠道办医,初步形成了以公办医疗机构为主体,集体和个人办医为补充的多种所有制办医格局,医疗机构遍布城乡,缺医少药的问题基本得到解决,医疗技术水平不断提高,海南人民实现了大病不出岛的愿望。1998年,全省卫生机构674个,比1950年增长40倍;床位数21480张,比1950年增长33倍;卫生技术人员32155人,比1950年增长23倍;平均每千人口拥有床位和医生分别为2.85张和1.77名,均高于全国平均水平。

二、预防保键成绩显著。解放前,海南人民生活十分贫困,医疗卫生条件很差,加上海南地处湿热带,各类传染病易于发生与流行,疟疾流行猖獗,鼠疫、霍乱、天花、麻风、结核等传染病时常流行,不知夺去了多少人的生命,是历史上有名的瘴疠之地,有“一去一万里,千之千不还;崖州在何处,生度鬼门关”的史料记载。解放后,党和政府非常关心人民的疾苦,认真贯彻“预防为主”的方针,建立健全各级卫生防疫防治机构,充实防疫保健队伍,大力加强传染病防治工作,医疗卫生条件不断改善。1998年,各省各级各类卫生防疫防治机构已发展到90个,乡镇卫生院防保组307个,各类卫生防疫防治人员3677人,比1950年增长了36倍,形成了较为健全的卫生防疫体系。经过长期的艰苦奋斗,全省分别实现以省、县(市)、乡镇为单位“四苗”接种率达到85%的目标,法定报告传染病总发病率从1987年的1950.29/10万(是全国平均水平的3倍)下降到1998年的245.10/10万(低于全国平均水平)。先后消灭了天花和鼠疫，基本消灭了丝虫病和麻风病，有效控制了疟疾、霍乱、登革热、白喉、脊髓灰质炎、乙脑和结核病。

三、农村卫生工作不断上台阶。解放前，海南农村卫生设施简陋，卫生人员匮乏，卫生条件极差，人民群众的基本医疗得不到保障，人民群众因病致贫现象十分突出。解放后，党和政府把农村卫生作为卫生发展战略重点来抓，加强农村医疗、预防、保健机构建设，加速农村卫生人才培养，加强农村卫生“三项建设”，形成了农村卫生三级网络，农村卫生条件明显改善，基本解决农村缺医少药的问题。1998 年，全省乡镇卫生院发展到 310 所，农村卫生站 2179 个，农村卫生人员 4307 人。全省已有 18 个市县达到初保合格或基本合格，占全省总市县总数的 94.7%，位居全国的前列。全省已有 555 个村委会、56 万农村人口参加农村合作医疗。仅建省以来，全省共投入“三项建设”经费 1.45 亿元，其中投入房屋建设 1.28 亿元，完成建筑面积 18.35 万平方米；投入设备经费 1380 万，添置必要的常用设备共 6072 件，投入人才培训经费 331.2 万元，培训农村卫生人员 6785 人次，农村卫生条件显著改善。

四、妇幼保健蓬勃发展。解放前，海南妇幼保健事业十分落后，海南只有海口设有妇幼保健机构，全省从事妇幼保健工作的卫生人员不足 100 人。解放后，党和政府十分重视妇女的作用和儿童的健康成长。妇幼保健成为我国社会主义卫生事业的一个重要组成部分。进一步健全城乡妇幼保健组织和机构，积极开展防治妇科病和儿童保健活动，海南逐步改变了妇幼保健的落后状况。1998 年，全省妇幼保健机构 22 个，专业技术人员 586 人，农村还有 2467 名接生员。大力开展创建爱婴医院活动，全省已创建爱婴医完 41 所、爱婴卫生院 55 所。婴儿死亡率从解放初期的 244‰下降到 1997 年的 40.38‰；孕产妇死亡率从解放初期的 1670/10 万下降到 1997 年的 41.20/10 万。

五、中医事业开创了新的局面。解放前，海南没有建立中医医院，中医绝大部分是个体开业，没有仪器设备，诊疗技术水平低。解放后，特别是海南建省办经济特区后，省委、省政府对中医工作十分重视，把发展中医事业做为卫生工作重点来抓。1998 年，省政府召开了第一次全省中医工作会议，制订了《1998 至 2000 年中医事业发展战略规划》，并认真组织实施。海南中医机构建设才得到较快的发展。1998 年全省中医机构发展到 17 家，比解放初期增加了 15 家；中医药从业人员 2362 人，比解放初期增加了 1688 人；中医机构病床发展到 990 张。全省中医医疗机构坚持中医特色的办院方针，同时积极引进现代科技成果和西医学的诊疗技术，以中医中药为主，西医西药为辅为人民群众提供医疗服务，并承担一定的预防保健、康复及社区服务，中医已成为海南卫生事业的重要组成部分。

六、爱国卫生运动广泛深入地开展。爱国卫生运动起源于抗美援朝反对美帝国主义细菌战，是建国后党和政府组织领导，旨在移风易俗，改善卫生条件，提高人民健康水平的群众性运动。建国以来，海南积极响应党中央，特别是 1952 年毛泽东主席发出的“动员起来，讲究卫生，减少疾病，提高健康水平，粉碎敌人的细菌战争”的号召，全岛建立了各级群众性卫生组织，开展以整治城乡环境卫生“脏乱差”、除四害、农村改水改厕、创建卫生城市、卫生城镇、卫生先进单位、健康教育为主要内容的群众性爱国卫生运动。对改善除害防病，城乡卫生面貌、卫生条件，美化、绿化、净化生活环境，提高全省人民卫生素质，促进两个文明建设起到了很大的作用。1998 年，海口、儋州市被评为全国卫生城市；三亚、通什、琼海市被评为“全省卫生城市”；海口市城区灭鼠、灭蟑通过全国爱卫会验收被命名为灭鼠、灭蟑先进城区；全省有 504 个单位被评为“海南省卫生先进单位”。全省有 96% 农村人口饮用卫生水，其中 44.15% 的农村人口饮用自来水。全省农村有 28.68% 的农户使用了卫生户厕。1998 年，省人大委员会审议通过了《海南省爱国卫生管理条例》，使海南爱国卫生运动走上经常化、制度化、规范化和科学化发展轨道。

七、医学教育和医学科研迅速发展。解放前，海南仅有 2 所医科学校，规模很小，师资力量薄弱，教学设备很简陋。解放后，随着社会经济的发展，人民群众的医疗卫生需求日益增强，医学教育迅速发展。1998 年，全省高中等医学院校发展到 16 所，教职员工 986 人，年毕业生 1600 多人。实施海南医学人才培养工程，多渠道培养各类卫生人员，整体提高了全省医疗卫生人员的素质。解放前，海南没有独立的的科研机构，没有专项科研经费，卫生科研人员较少，全省医疗卫生科技水平低。1998 年，全省医学科研机构发展到 4 个，从事医学科研人员 77 人。认真实施海南医药科技发展规划，成果喜人，仅建省以来，共获得省级以上科技奖励 114 项，多项科研成果达到国内国际水平。

八、药品监督管理日毅加强和医药企业迅速发展。解放前，海南没有专门的药政管理机构，解放后，党和政府十分重视药政管理工作，逐步建立健全药品监督管理卫生网络。1998 年，全省药品检验机构发展到 14 个，从事药品检验人员 131 人，药品监督员 145 人。解放前，海南药品生产十分薄弱，建省前，药品生产企业发展也缓慢。建省后，由于海南实行特区优惠政策，积极招商引资，大力发展医药企业。1998 年，全省医药企业发展到 81 家，产值近 20 亿元，成为海南八大支柱产业之一。（撰稿：陈少仕）

地址:海府路 42 号　电话:5340207　邮编:570203

海南防震减灾事业

——海南省地震局

在省委、省政府和中国地震局的正确领导下,全省防震减灾系统广大职工团结奋进,勇于开拓,锐意进取,在起点低、困难多、任务跨越大的情况下抓机遇,迎挑战,建立起能承担省一级防震减灾任务的新机制,使海南省防震减灾工作日益进展,在海南的防震减灾事业史上写下了新的一页。

一、海南省地震工作机构改革

1969 年 12 月海南岛东部海域发生 MS≥5 级地震以后,海南的地震工作在党政领导的重视和支持下陆续地开展进来了。

1976 年 10 月正式成立海南行政区地震办公室,设在海南行政科技局内,配备了五名专职干部,同时在海口市、琼山县、琼海县、定安县等 11 个市县成立地震办公室,没有成立地震办公室的县指定专人负责地震工作。

1978 年 8 月,成立了海南行政区地震局,1988 年 4 月,成立了海南省地震局,国家地震局下达给海南省地震局编制 120 人,并同意下设局机关机构。

1997 年经省政府批准成立了海南省抗震救灾指挥部,1998 年,省政府领导换届以后对省抗震救灾指挥部的成员及时作了调整。

1988 年,我国进入了本世纪第五个地震活跃期,海南的防震减灾工作日益加强,“八五”时期注重防震减灾基础建设大力抓了地震监测,大震速报,日常分析预报,地磁,地震数字化台网,水化学,通讯台网等项目建设上了新台阶。

1996 年国务院同意划定了全国 21 个地震重点监视防御区。海南岛东北地区被列为全国 21 个重点监视防御区之一,“九五”计划实施以后,全省防震减灾工作以《海南省防震减灾十年目标、实施纲要》总揽防震减灾工作全局,积极推进海南省防震减灾十年目标和“九五”计划的实施。在推进综合防震减灾工作进程中以省防震减灾指挥中心建设项目为龙头,总揽全省地震监测分析预报、震情、灾情和救灾决策指挥及其必须的信息网络系统。

二、防震减灾运行管理机制和队伍建设

海南省防震减灾工作在原海南行政区的防震减灾的工作基础上,接收原广东省地震局设在海南岛的专业监测站,并在全国地震系统调进一批专业技术骨干。省局机关设 6 个职能部门,系统下设事业单位 9 个,全省有 10 个市县建立了防震减灾专管机构,9 个市县和洋浦管理局明确了防震减灾兼管机构,对全省综合防震减灾工作实行统一管理,有效行使管理职能和社会管理职能,全面推进全省的防震减灾工作。

建国初期,海南省专业技术力量十分薄弱,且学科单一,为适应防震减灾的需要,从提高队伍整体素质出发,把长远发展和短期需要,数量与质量,需要与可能,速度与效益,重点专业和薄弱环节统一考虑。根据实际情况,为了使队伍建设更加适应海南经济特区社会发展,适应重点监视防御区工作要求,1996 年重新确定了政事分开、政企脱勾、分类管理、稳定一头、放开一片、总体设计、分类实施、逐步到位的基本思路,制定了《海南省地震局局系统总体改革方案》,该方案已经省政府和国家地震局批准。

三、防震减灾法制建设

省防震减灾第一个政府规章《海南省工程场地地震安全性评价管理办法》(省政府 98 号令)于 1996 年底颁布施行,对加强海南省抗震设防标准的管理工作起到了法规性的规范作用,抗震设防要求的管理工作已在琼山市取得突破性进展,该市把抗震设防要求的管理纳入基本建设管理程序,在全省推广了该市的经验,取得一定成效。海口市还对重点建筑物抗震性能进行了普查,为进一步做好抗震设防工作做好准备。1998 年 9 月 24 日省人大常委会第三次会议通过了《海南省防震减灾条例》,于 1998 年 10 月 1 日起施行,并已建立了防震减灾行政执法和行政执法督法队伍。

四、地震监测预报和地震应急工作。

在1949年10月1日至1999年2月28日,这50年时间内,从1969年的海南岛东部海域5级地震发生以后,全省就开始布设大规模的流动台对地震活动进行观测,这是全省地震工作开始阶段的前奏曲。几十年来,共观测到全省岛陆近海 $ML \geqslant 2.0$ 级地震1170次,其中3—3.9级206次,4—4.9级22次,5—5.9级7次,6—6.9级2次较好完成了1992年东方近海陆续8个多月的震群活动,1992年对北部湾地震作了一定程度的中期预测,1995年元旦前后北部湾两次6级地震1998年6月上旬东方3.8级有感震群和1999年1月下旬陵水东南海域4.0级地震的跟踪监测分析及处理工作,稳定了社会,安定了人心。

地震会商演播系统完成了部分硬软件建设,分别建立并开通市县(台站)—海口—北京—琼中—北京的短波通信网;海口—北京、琼中—北京的大震速报网和海府地区400兆对讲机通信网,使震情跟踪分析、大震速报和资料报送等工作得到较大的推进。全省的大震应急工作不断得到推进,1995年重新修订《海南省破坏性地震应急预案》。

五、防震减灾宣传工作

几十年来,全省防震减灾宣传工作从规模、广度、深度上都有较大推进,取得较好的社会效益。在开展防震减灾社会宣传工作中,按照循序渐进的方式,坚持"积极、慎重、科学、有效"的原则,采取形式多样的宣传方式,全省组织了8次较大的社会宣传活动,在各类报纸、电台、电视台发表文章、讲话、讲座202篇,举办大型图片展览36场次,出动宣传车69辆次,发送防震减灾宣传录相片360盒,发放宣传小册15.3万本,宣传资料48.3万份。

六、防震减灾科研工作和科技成果

据不完全统计,全省防震减灾系统广大科技工作者撰写学术论文308篇,其中一部份论文参加了全国和省级的学术交流,部分科技成果分别获得省部及省局级的科技进步奖。地震局科技人员参与完成《中国岩石圈动力学地图集》《地震综合预报实用化攻关》,分别获国家地震局科技进步一等奖。据统计,1988年至1998年完成科研项目24项,获省部级一等奖2项,二等奖3项,获省局级二等级4项,三等奖8项,四等奖4项。促进了地震科技成果转化,为海南特区经济建设作出了贡献。

海南省防震减灾工作任重而道远,基础设施建设还十分薄弱,监测能力较低,地震台网密度小,信息系统传递技术落后,资金严重短缺。要加快监测预报技术、应急、决策指挥、通信网络信息,灾害评估等系统的建设、方能适应防震减灾新形势新任务的要求。

负责人:周太平　　电话:5343841　　地　址:白龙南路42号万福大厦七楼

中国有色金属工业总公司
海南地质勘查局

1968年,国家有色地质队伍进驻海南岛,进行全岛的矿产勘查工作。

在地质找矿方面,30年来共投入6500万元勘查资金,完成了大量的地质勘查工作和地质研究工作,其中勘探矿区7处,详查矿区25处,普查矿点200多处,完成岩心钻探20余万米,坑探1.7万米,槽探25万立方米,航测及化探测量等共2万平方公里,同时完成了海南岛整个东海岸潮间带~浅海水下锆钛砂矿概查,共获得了2万个化学分析数据,探明近百种矿产,矿产总储量6亿多吨,潜在经济价值500亿元。其中向国家提交优质铁矿储量1.04亿吨,富铁矿储量1.25亿吨,富铜矿储量8.2万吨,黄金储量24吨,优质水泥灰岩储量1.5亿吨,水泥粘土储量800万吨,优质石英砂储量1亿吨,硅石储量662万吨,控制远景石英砂储量2.76亿吨等等,另外,在找水打井方面,共打出水井几百余口,有效地为众多的企事业单位、农村和广大居民解决了生产及生活用水的难题。由该局探明的许多矿产现已被开发利用,如石碌铁矿、石碌钴铜矿、抱板金矿、土外山金矿、芸红岭灰岩、抱板粘土矿、黎母岭瓷土矿、什运水泥灰岩等等，这些矿山的年产值共计已超过5亿元。

同时该局在地质科研方面也取得了丰硕的成果，其中《抱板地区金矿地质特征、成矿规律及找矿方向》研究等数十个项目获得部级科学进步奖。《海南保亭黎族苗族自治县毛感乡志轮岭石灰岩矿区勘查地质报告》等获得原全国矿产资源委员会颁发的矿产储量报告三等奖，“七五”黄金攻关课题《海南岛（北部）金矿成矿规律与勘查》等项目也取得了一系列的地质理论突破。

在工程地质勘察和建筑施工方面，随着海南建省，为了配合地方的建设，该局根据自身的条件和特长，将产业延伸到了工程地质勘察和建筑施工业等方面，并于1988年成立了“有色地质工程勘察院”及“海南南方建筑工程公司”，专门从事工程地质和建筑施工业的开发和管理，到1998年底止，共完成了近500项工程的施工，获得了多个奖项与荣誉，为海南的多项重点工程的建设做出了重大的贡献。其中1997年的省重点扶贫工程陵水小南平水库工程的施工是在极其恶劣的环境条件下进行的，在当时的环境条件下，根本无法进行正常的施工，就连设备都难以安放，普通的生产工艺与技术在这里毫无办法，为此，该局经多方的考察论证，通过引入新的生产工艺和技术设备，克服了重重困难，终于顺利完成了该项工程的施工任务，并受到了建设单位的高度赞扬与衷心的感谢。在1994年的重点工程美兰机场的建设施工中，为配合建设方赶速度、抢进度，该局职工顶着烈日、瀑雨，日夜奋战在工地，最后高质量、高标准地提前半个月完成了施工任务，这有力地支持了机场工程的建设，为海南的重点建设工程做出了贡献，并因此而赢得了“铁军”的称号，另外该局还积极参与了海南的高楼建设，为众多的高层建筑进行地质处理和基础施工，同时还参与了海口世纪大桥等众多地方重要工程的建设以及港口、码头建设及航道探测等，在海南的建设事业中做出了重大的成绩，为国家、为社会做出了应有的贡献。

地址：金地路一号　　电话：6779445

发展信息产业　建设信息智能岛

海南省人民政府信息化办公室

海南省委、省政府认真总结建省办经济特区以来的经验教训，经过冷静思索，深刻认识到信息技术的发展及其产业化为后进地区的快速发展既带来严峻挑战，也提供了难得机遇。因此从1993年开始就高度重视信息化和信息产业的发展，果断地提出在下世纪初叶把海南建成“信息智能岛”的宏传目标，并郑重地写进了省二届党代会、二届人大政府工作报告。

为发展信息产业、建设信息智能岛，省委、省政府在组织机构、优惠政策、投资环境、人才资金、宣传培训等方面，采取系列有力措施，极力推进。1997年10月22日，在全国率先成立主管全省信息化和信息产业的正厅级政府办事机构——海南省人民政府信息化办公室，加强信息化建设和信息产业的协调与管理。信息化办公室的主要职能是：（一）贯彻执行党和国家有关信息化工作的方针、政策和法律、法规；依法拟定全省信息化工作的政策、法规和发展规划、计划，经批准后组织实施。贯彻国家信息产业政策，负责全省信息行业管理。（二）协调全省信息化工作，协调跨部门、跨地区的重大信息工程项目，监督指导部门信息化工作。（三）负责组织协调全省信息资源开发，协调省级各部门、各市县之间的信息交换与共享。（四）负责收集和研究信息化理论、发展动态、技术成果资料，根据国家规定制定有关技术和应用标准，组织关键技术攻关。（五）会同有关部门对全省信息传输系统的规划、收费和资源进行监督管理。会同有关部门做好信息市场管理、收费标准制定和信息专业人员技术资格评审工作。（六）负责全省民用无线电资源的监督管理工作。（七）会同有关部门负责全省信息网络的安全、保密工作。（八）组织参与有关信息化的对外交流与合作活动。（九）完成省政府和上级业务部门交办的其他工作。

海南省人民政府信息化办公室的成立，加强了全省信息行业的管理，加快了全省信息化建设和信息产业发展的速度，标志着海南省信息化建设跃上一个新台阶。1998年2月5日发布政府第111号令，施行《海南经济特区公共信息网络管理规定》，创造公正、公平、安全的竞争环境，使信息化建设有法可依。1998年8月7日，出台《海南省人民政府关于推进信息产业和扶持高新技术信息企业发展的意见》26条优惠政策，极大地调动了社会推进信息化建设、企业投资信息产业的积极性。与此同时，花大力气加强机关作风建设，注重提高工作效率和工作质量，基本形成了“以人为本、求真务实”的机关作风，加强科学管理，初步建立起运转协调高效的工作机制。加强与国家信息化办公室和信息产业部的联系，主动赴各省市学习先进的信息化建设和发展信息产业经验，寻求多方面的支持和帮助。加强琼台信息产业合作，组团赴台湾考察信息产业，寻找合作的突破口，已取得初步成效。积极组织全省信息化基础情况调查，在调查研究的基础上，起草《信息智能岛建设总体规划》，在总规划指导下，组织编制17个专业规划，各业主单位正按照规划的要求，努力推进信息化。重点扶持骨干信息企业和项目，为信息企业提供行政优质服务。筹建“海大两院一园”(海大信息技术学院、海大信息技术研究院、海大信息产业园)，海大信息技术学院、海大信息技术研究院已挂牌运作，海大信息产业园正抓紧立项、招商、组建股份公司等。筹建海南省计算机职业技术学院，启动全民信息化教育工程，在《海南日报》设信息智能岛专栏，广泛宣传和教育，引导全省各族人民加深理解，更新观念，积极投入信息智能岛的建设热潮。以庆祝建省十周年为契机，组织政府资源上网，以此为良好开端，开发社会和公众信息资源。

在全省人民的共同努力下，经过几年发展，海南省信息化建设取得了突破性进展。完成了省内转输“三纵两横”、出岛双路由(海口—广州、海口—北海)的大容量、安全可靠，能满足未来全省国民经济信息化需要的基出传输网络建设，电脑网络、信息技术在经济建设、政府管理和社会服务领域得到广泛应用，用户可以享受到网络互连、网络电话、远程医疗、远程教育等方面服务。海南信息产业也得到了长足的发展，引进了世界最新科技的新一代非接触式IC卡、笔记本电脑等一批项目，出现了一批有实力的骨干信息企业。目前全省信息企业已发展到200余家，业务范围涉及信息设备制造、软件开发、系统集成、网络接入服务等。1998年信息产业增加值达13.27亿元，比1997年增长11.8%，已成为全省新的经济增长点。

海南发展信息产业具有得天独厚的自然环境优势和良好的社会经济基础。海南信息智能岛“九五”规划和2010年远景目标为我们描绘了一幅美好的图景：在下个世纪的初叶，我们要把海南建成高度信息化的社会，信息化水平跨进全国先进行列，信息产业成为全省国民经济的先导产业和支柱产业，信息产业增加值占国内生产总值的比重将达到30%以上。在全省范围内形成统一宽带、多媒体网络，实现通信网络的数字化、综合化、宽带化、智能化和个人化；全省中小学普遍开展信息化教育；全社会接受信息及计算机技术培训的人员达到40%；培养一批在国内外有影响的信息骨干企业；建设运转高效、服务完备的电子政府和电子社区，使信息技术成为社会经济发展的重要推动力量。

海南优良的投资环境和建设信息智能岛的远大前景吸引了海内外业内人士的广泛关注，她正以热情的姿态欢迎海内外客商来到这里投资、合作和发展。最近，中保连邦、北大青岛、清华紫光、天津环球磁卡、东大阿尔派、日本NEC、NTT，美国IBM、COMPAQ、微软等国内外知名企业相继进驻海南，开设分支机构和投资重大项目。

知识经济时代正向我们快步走来，海南一定会乘上信息化的高速列车，与时代并进。

令人神往的信息智能岛，那就是明天的海南！

十年磨利剑　建功大特区

中国人民武装警察部队海南总队

1988年6月，伴随着海南建省创办经济特区而诞生的武警海南总队，走过了10年风雨历程，在特区复杂的环境中经受了各种考验和战斗洗礼，成为一支维护特区社会稳定的威武、钢铁之师，为海南特区的两个文明建设作出了重要贡献。先后有27个单位受到中宣部、总政治部、国家民委、武警总部和海南省委、省政府的表彰，有7人荣立一等功、20人荣立二等功、1200余人次荣立三等功。

过去的10年，是他们按照江主席“五句话”总要求，艰苦创业，开拓进取，朝着革命化、现代化、正规化建设不断奋进的10年。春秋10度，在总队党委的带领下，一茬又一茬的官兵团结一致，努力拼搏，克服重重艰难险阻，使部队全面建设发生了可喜的巨大变化，昔日的“一间房支队”、“草棚中队”搬进了花园式营院，官兵住上了武警部队一流的营房；由组建之初的单一执勤分队发展成为多专业合成的机动作战力量，作战车辆一应俱全，快速反应能力和机动作战能力实现了新飞跃；建起了现代化信息指挥中心、作战指挥手段已走向自动化、电脑化；部队实现了从乱到治的根本变化，步入了依法治军的正规化轨道，官兵以更加严明的纪律、良好的作风、文明的举止展现在特区人民面前；开创了特区“南泥湾”，农副业生产形成较大规模，63%的中队达到了肉菜自给，官兵物质文化生活有了极大的改善。

10年铸警魂，永葆革命军队政治本色。海南总队党委时刻保持清醒的政治头脑，响亮地提出了“只有特区的部队，没有部队的特区”的口号，始终坚持把思想政治建设摆在部队各项建设的首位，用马列主义、毛泽东思想、邓小平理论和江主席的重要论述武装官兵头脑，大力开展以“做特区忠诚卫士”为主题的爱国奉献、革命人生观、艰苦奋斗和遵纪守法等一系列教育，高擎共产主义信念的“明灯”，点燃革命理论的“圣火”，全面实施铸造警魂的思想工程，构筑思想战线的“钢铁长城”，塑造起官兵拒腐防变的伟岸身躯，经受住了“酒绿灯红”的考验。1998年，总队党委受到武警总部的表扬，所属海口市支队党委先后4次被武警总部树为先进党委。涌现出了“特区模范党支部书记”褚绍见、“特区忠诚卫士”吴海军、“全国治安模范”王兴水、“全军优秀基层带兵干部”王永根等一大批英模人物。

10年磨利剑，恪尽职守立战功。他们坚持“一切为了特区社会稳定，一切为了特区经济发展”的指导思想，时刻忠实履行特区卫士的神圣职责，用青春和热血无私无畏的维护大特区的社会稳定。10年来，官兵们不辱使命，始终做到上一线、打头阵，充分发挥“尖刀”、“拳头”作用，确保了数十处固定目标的绝对安全，参加上千次大小战斗次次操胜券，处置重大突发事件100余起，官兵无一伤亡，参加“打团伙、破大案、追逃犯、缴黑枪”的“严打”斗争连战连捷，捣毁犯罪团伙100余个；派出巡逻官兵数十万人次，缴获一大批枪弹，凶器和赃款赃物；圆满完成了捕歼刘进荣犯罪团伙等重大战斗任务和海南国际椰子节、大型经贸活动的安全保卫任务以及洋浦开发区“封关”仪式和隔离网的警卫、守卫任务。为维护海南大特区的社会治安作出了突出贡献。

10年播新风，争当特区精神文明的“排头兵”。他们牢固树立“保卫特区，建设海南”的思想，把驻地当故乡，视人民为父母，大力开展拥政爱民活动，做到“驻守一地，建设一方，文明一片”。先后出动兵力30多万人次，出动车辆近万台次，参加了海口金盘工业区、疏港大道、万绿园、金牛岭森林公园等100多项重点工程和公益事业建设，出色地完成了灭蝗虫、抗台风、抢灾险、扑山火等各种急难险重任务。总队有50多个双拥共建点被评为全国或省市“双拥模范单位”和精神文明先进单位。所属海口市支队、三支队五中队被中宣部、总政治部评为警民共建社会主义精神文明先进单位，他们的共建经验在全军和武警部队推广。

1993年4月15日，中央军委主席江泽民亲临武警海南总队视察时，题词勉励广大官兵：“加强武警部队建设，做特区的忠诚卫士。”1998年11月22日，中央军委委员、解放军总政治部主任于永波视察武警海南总队时强调，大力加强思想政治建设，永葆部队的政治本色。对武警海南总队的工作给予了充分肯定。

功崇惟志，业广于勤。面对21世纪，他们又制定了新的目标：为创建一流总队迎接新世纪而拼搏奋斗。而今，广大官兵正以崭新的姿态，昂扬的精神，阔步前进迈向新世纪，书写特区忠诚卫士的新篇章，创造更加美好的明天。

海南经济广播电台简介

海南经济广播电台于1992年10月30日正式开播。它的诞生，标志着海南省广播事业在新形势下，迈出了新的步伐。

海南经济台是海南省广播战线及新闻媒体的一块改革试验田，播出形式、管理体制、用人制度等方面都采用全新的模式，它的改革体现在：

1、在全省广播界第一个实行事业单位、企业管理、独立核算、自负盈亏的管理体制。

2、在干部制度上彻底改变了过去的任命制，全省广播界第一次实行了领导干部聘任制、节目主持人、记者招聘制。

3、在分配制度方面，在全省广播界第一个打破了“大锅饭”，多劳多得，少劳少得，不劳不得。

4、在节目播出形式上，首家采用大板块直播、热线电话等形式，以主持人为中心，多种形式地让听众参与，拉近了广播与听众的距离。

海南经济台节目设置的特点：

1、经济台的自身价值是紧紧扣住经济宣传这一主题，服务于社会主义市场经济建设；

2、经济台服务对象是“党和政府的喉舌，生产者的顾问、经营者的参谋、消费者的知音”；

3、追求整体形象，节目突出“以新闻为龙头，主持人中心制”、“娱乐节目搭台、经济节目唱戏”；

4、首家设置周六、周日特别专题节目，侧重于休闲、娱乐为主题，丰富人们的假日生活。

主要版板及栏目：《新闻焦点》、《听众呼声热线》、《南海经济潮》、《午夜心河》、《飞越流行风》、《阳光地带》、《空中商业街》、《旅游世界》、《生活流行色》、《流行音乐排行榜》、《天涯书苑》、《小海马》、《点歌台》、《温柔夜色》、《今日话题》、《体坛旋风》等。

在经济台全体采编播工作人员的辛勤努力下，经济台的知名度越来越高，一批名主持人在社会上有较高的声望，一批名牌节目已是深入人心，家喻户晓。

中国市场调查所曾对海南经济台进行过一次大型的科学收听率调查，收听率达48.52%，满意率达82.9%。

一批主持人、记者先后获得国家各类奖三十多项，省内奖五十多项。其中有两名主持人获得全国广播、电视“金话筒奖”。

部室设置有：办公室、总编室、新闻部、专题部、文艺部、周日部、广告部。

频率：FM103.8、FM99

地址：海口市海秀大道一号

电话：6755735　6762919　6781884　6706581　6706582　6778606　6705643　6781613

海南省地方史志办公室

海南省地方史志办公室成立于海南建省之初，负责全省地方志编纂工作的规划、组织、指导和审批出版等任务。主任李养国，副主任潘在积（前任副主任胡茂松、麦世统）。下设秘书资料处、省志编审处、市县指导处3个处，主管海南省地方史志学会、丘海研究会、朱熹研究会等学术团体。

1990年1月，省委、省人大、省政府、省政协四套班子办公厅联合行文颁发了《海南省志》编纂方案。整部《海南省志》由83个分志组成，全面记述近代以来海南100多年的自然环境变迁与社会发展状况。全省19个市县和近百个省直机关企事业单位均设有专门的修志机构，共有100多名专职修志人员，其中获得副研究员（副高）职称以上的有12人，中级职称30人，初级职称80多人。包括兼职修志人员在内，参与修志的有上千人。人数之多，规模之大，史无前例。修志成果也较为显著，目前已完成《海南省志》55.4%的分志，其中公开出版的有《金融志》、《人口志》、《方言志》、《宗教志》、《民政志》、《外事志》、《邮电志》、《口岸志》、《海关志》、《商检志》、《报业志》、《农业志》、《农垦志》、《公安志》、《军事志》等16个分志。已定稿和完成修改稿的有30个分志，其余的分志正在紧锣密鼓地编写和总纂之中。19部市县志中已出版了《临高县志》、《白沙县志》、《万宁县志》、《琼海县志》、《琼中县志》、《儋县志》、《保亭县志》、《昌江县志》等8部，已定稿和完成修改稿的有《屯昌县志》、《琼山县志》等6部。

在已出版的志书中，《海南省志·金融志》荣获1993年全国新编地方志优秀成果一等奖，《临高县志》、《白沙县志》荣获二等奖。《海南省志·农垦志》荣获1997年第二届全国新编地方志优秀成果一等奖；同时在全省优秀志书评比中，省志《农恳志》和《万宁县志》荣获一等奖，省志《方言志》、《人口志》和《儋县志》荣获二等奖，省志《民政志》、

《农业志》、《海南志》和《琼中县志》、《琼海县志》荣获三等奖，省志《公安志》、《检察志》获荣誉奖。此外，全省各级修志部门还积极开展地情资料的收集和研究工作，出版了《海南自然资源》、《中国特区简志·海南特区》、《海南县情辑要》、《海南之最》、《我们的家园——海南》等地情书以及各级各类史志书籍60多种10万多册，为党政领导机关和社会各界提供了翔实可靠的省情、市情、县情资料，对促进海南省两个文明建设起了积极的作用。

做好彩票发行工作　兴办社会公益事业

海南省财政厅彩票管理中心主任　李家福

发行彩票募集资金，发展社会公益事业，在世界上已有上千年的历史。目前，发行彩票的国家已有一百多个，各国政府都把彩票集资作为兴办社会公益事业的重要资金来源。

1988年，海南建省成为全国最大的经济特区，其时财政缺乏。为筹集资金，改变海南公益事业落后的局面，省政府借鉴各国政府发行彩票的作法，于1989年起开始发行海南公共建设彩票。为使彩票发行向科学化、规范化、法制化的方向发展，1992年7月，海南省政府批准成立了"海南省财政税务厅彩票管理中心"，1993年4月4日，省政府第35号令又颁布实施了《海南省彩票管理办法》。该《办法》明确规定：发行彩票是人民政府集资兴办公益事业的一种手段，禁止任何单位和个人发行彩票。规定由省财政税务厅彩票管理中心负责本省彩票的印刷、发行、销售，并及时上缴公共建设基金。彩票管理中心成立以来，始终坚持彩票发行的政府性和公益性原则，依据《海南省彩票管理办法》，在省委、省政府的关心支持和省财政厅的直接领导下，履行职责，发挥职能，深入研究国内外彩票管理的成功经验，结合海南实际，不断提高管理水平，改进彩票发行方法，取得了明显成效，积累公共建设基金2.37亿元。1996年，全省相继发行了中国福利彩票和中国体育彩票（以下简称"两彩"），省彩票管理中心严格执行国家法律、法令、法规、政策，与省福利彩票管理办公室、省体育彩票管理办公室密切配合，积极探索，围绕市场，制定决策，两彩发行销售取得一定成绩，积累福利基金和体育公益金共7800万元。近十年来，海南公共建设彩票和"两彩"共积累公益资金3.15亿元，取得明显的社会效益和经济效益。

一、管理机构设置健全。省彩票管理中心根据业务发展的需要，强化组织机构建设，在全省19个市县设立了相应的彩票管理机构，具体负责所在市县的"两彩"发行工作。经过几年来的工作实践，全省已培养出一批较高素质的管理人员和较为稳定的彩票工作队伍，成为海南省彩票业发展的主力军。

二、彩票市场基本形成。（一）发行方式彩民喜闻乐见。彩票作为一种特殊的商品，在其市场的运行过程中，有其自身的规律。这个规律的本身，决定着我们发行销售的基本思路，那就是：按市场规律办事。我们根据海南彩民长期以来根深蒂固的购彩习惯，传统型彩票的发行采用自愿购码、选码不限的方式，完全体现彩民本人的选码意愿，迎合了彩民的心理而受到彩民的喜爱；在设奖方式上，坚持采用有效减少市场风险、公平体现奖金分配的"彩池分奖"形式，既保证了中奖彩民公平、合理参与奖金分配，又实现了彩票积累资金的稳定增加。在即开型彩票的发行过程中，根据即开型彩票"大场面、大宣传、大奖组"和突击销售的特点，我们狠抓舆论宣传，注重奖品设置和现场选址，形成较大的吸引力和规模效应，吸引了众多彩民的积极参与。大奖组销售成功，在社会上产生了巨大影响，提高了彩票的知名度和社会信任度，树立发行彩票良好的形象。（二）运行体制规范合理。彩票发行做为政府筹集资金的手段，既要体现政府行为的公正可靠，又要保证运行过程的规范操作。为切实做好各项工作，我们首先制订规章制度，强化内部管理，从彩票发行销售、售后统计、奖金分配到组织开奖都做出严格规定。组织开奖环节是整个程序的重中之重，为提高开奖的透明度，我们严格按国家有关规定，从彩球制作、仪器设备的选定到具体操作都做到精益求精，万无一失。开奖现场，除开奖人员、电视台、公证人员外，我们还邀请社会知名人士和部分彩民代表参加，让彩民亲自目睹每一个开奖细节，增加了开奖的透明度，消除了彩民的疑虑。发行方式的喜闻乐见，运行机制的科学合理，体现了彩票发行"公开、公平、公正、自愿"的原则，使广大彩民把购彩做为一种自觉的行动。既奉献爱心，又增强博彩的趣味性。彩民参与的广泛性和积极性，奠定了海南彩票销售的市场基础，目前，"两彩"销售网点达1000多个,星罗棋布,遍布全省市县、乡镇。彩票市场网络基本形成。

三、兴办公益初见成效。发行彩票集资兴办公益事业,取之于民,用之于民。省政府本着这一原则,已将公益资金由省财政部门分批赠送给各市县及省直有关单位,专款用于教育、卫生、文化、体育、环境保护等一大批社会公益项目。分别向教育赠款6900多万元,兴建教学楼、图书馆等250多个,进行中小学危房改造180多项;捐赠卫生事业5000多万元,兴建大型医院、疗养院24个,投资项目近40个;投入文化体育设施1500多万元,修建体育场、体育馆、电视差转站等项目;投入公共设施(公路、公共厕所)2000多万元,有力支持了全省公益事业的发展。彩票工程得到了各级政府的充分肯定和全省人民的称赞。

回顾过去,海南省财政厅彩票管理中心不畏艰辛,勇于开拓,积极进取,为发展海南的公益事业做出了应有的贡献。展望未来,虽有私彩困扰等多种因素影响,但我们坚信,随着我国法制建设的不断加强,保障彩票市场健康发展机制的不断完善,有省委、省政府的正确领导,有全省人民的关心、支持,有彩票工作者的团结奋斗,开拓进取,海南省彩票事业必将迎来更加辉煌的明天。

发展中的海南省建筑材料工业总公司

海南省建筑材料工业总公司是海南省政府直属企业。它成立于1979年,前身是海南行政区建筑材料工业公司,是海南建材行业的主管部门。1988年海南建省后,是省属一级公司。为便于行业管理,1990年改设"海南省建筑材料工业局",1994年底,海南搞"小政府、大社会"又撤销局编制,保留总公司体制,现是海南省政府三十家直属企业之一。

该公司在经济上独立核算,自主经营,享有进出口经营权,是具有全国报关权的全民所有制国有独资企业。公司现有下属企业十六家,骨干企业有海南省叉河水泥厂、海南琼林铝合金门窗厂、海南省建材实业开发公司、海南省建材进出口公司、海南省建材供销公司、海南城乡房地产开发公司、海南建福农业开发有限公司、海南建材物业管理公司等。公司现有资产2.6亿元,在职职工人数2190人,各种专业技术人员200多人。公司经营范围:建材、冶金、机械、矿产、电子、化工、高效农业开发、房地产开发及进出口贸易业务。

该公司成立以来,为海南的建设和发展做出了重要贡献:1958年建厂的海南省叉河水泥厂生产的普通硅酸盐水泥至八十年代末一直畅销海南市场;现年产80万吨硅酸盐水泥的海南昌江水泥厂由该公司1987年筹建;环岛高速公路、美兰国际机场、海南的房地产开发和各重点工程如三亚凤凰机场、世纪大桥、大广坝水电以及海口、三亚的高层酒店、商厦都有相当部分的建筑材料由该公司供应。该公司还在琼山市三门坡种植500亩优质荔枝,在海口市、文昌市清澜开发区、琼海市、澄迈县有约200多亩土地拟招商引资开发。该公司竭诚欢迎国内外有实力的公司前来洽谈合作,互惠互利,共图发展。

公司地址:海南省海口市机场东路14号　　电话:5358901、5350729

传真:5350164　　邮编:570203　　总经理(法人代表):林鸿号

海南省对外经济发展总公司概况

海南省对外经济发展总公司创建于1986年2月,是海南省直属最大的地方工贸公司之一,是一家实行自主经营、独立核算、自负盈亏,具有经济法人资格的全民所有制企业。

本公司创业十多年来，经受了种种的严峻考验，公司一直树立起坚定不移的决心和信念，秉承“高瞻内外，稳健进取”的经营服务精神，充分运用享有全国进口经营权和全国报关权，睿智地运用外贸经营策略，“重合同，守信誉”，取得业务发展迅速，自1988年—1993年六年间每年出口创汇都超过2千万美元以上，名列全省前矛，尤其在1990年达年创汇超4千万美元。1993年荣膺海南省“出口超千万美元创汇大户”殊荣，并被嘉奖为省商贸系统先进企业，在中外客户中树立了良好的企业形象。

公司始终贯彻“以贸易为基础，以实业为依托，发展多种经营”的服务方针，坚持以“大经贸”的战略眼光，进行整体运筹，随着我国经济体制改革的不断深入和社会主义市场经济体制的逐步建立，公司根据经济形势发展需要，在机构上和人员上进行了相应的调整和改革，以利于公司的生存和发展。

我们决心在国家改革开放方针的指引下，在海南省委、省政府的领导下，紧紧抓住“经济建设”这个中心，克服多方面的困难，积极参与竞争，努力工作，求生存，图发展，昂首迈向21世纪！

公司法人代表总经理：李开群

公司主要经营范围：

1、自营和代理进出口业务，主营土蓄产品、轻工纺织、五金矿产、医药化工、家用电器、仪器仪表、机构设备、建筑材料等。

2、兴办中外合资、合外和“三来一补”企业。

3、承办技术咨询、市场研究、提供信息等。

公司地址：中国海南省海口市国贸大道11号

邮　　编：570125　　电　　话：(0898)6773196　6797622

传　　真：(0898)6773141　　电　　挂：0053　　电　　传：B490023

海南省组织机构代码管理中心

海南省组织机构代码管理中心成立于1994年6月，是经费自筹的事业单位，隶属于海南省技术监督局。其主要职责是领导协调和管理全省建立全国统一代码标识制度；颁发和审核机关、企事业单位和社会团体代码证书；指导全省各市县颁发和审查组织机构代码证书；强化政府公共信息指引和社会公共信息指引的监督管理。

建立机关、企事业单位和社会团体统一代码标识制度，是国家发挥监督管理体系整体效能、强化管理的一项改革，为我们社会主义市场经济有序运行和政府有关部门对社会、经济进行有效管理和监督提供必要手段。代码证是政府质量技术监督部门给每个组织机构颁发的证明其具有法定代码的凭证，又称单位身份证。代码证为政府各有关职能部门的应用提供了代码数据信息。组织机构代码作为政府和社会最基础最重要的公共信息资源，它的发展反映了一个国家、一个地区、一个城市的文明和社会经济发展的程度。海南省组织机构代码管理中心自成立以来，得到全国组织机构代码管理中心和海南省政府、海南省技术监督局的大力支持，先后颁布施行了《海南省经济特区组织机构代码管理办法》(海南省政府令112号)和《关于在全省经济和社会管理领域中使用机关、企业、事业单位和社会团体代码标识证书的通知》(琼技监[1993]127号)等一系列政策法规，使海南省组织机构代码基础信息的管理走上正轨；加强了与代码应用部门的联系，与5个应用部门联合发文，强制性推行统一代码标识制度；组织机构代码已在海南省税务、工商、银行、统计、公安、人事劳动、社会保障、海关、外贸等部门得到广泛运用；建立起全省机关、企事业单位和社会团体基本信息数据库，对5万多个代码数据进行了清理，纠正了重错码，提高了数据库的质量。

1999年，海南省组织机构代码管理中心在新的领导班子管理下，制定了一系列规章制度，严格规范了管理和操作，实行严格岗位目标责任制和窗口服务监督岗，设立了监督举报信箱和电话。1999年3月23日中心迁至海口市白龙南路42号万福大厦9楼新址办公，办公环境宽敞优雅，面貌焕然一新。从此，海南省组织机构代码工作，翻开了崭新一页，在海南省组织机构代码管理中心的历史上树起了一块新的里程碑。中心卓有成效的工作，得到全国组织机构代码管理中心领导的充分肯定和赞扬。

为了加强海南省组织机构代码基础信息管理系统的建设，海南省政府对此系统十分关注，在王厚宏常务副省长的多次指示和海南省政府信息化办公室的指导下，海南省组织机构代码管理中心利用第三批日本政府贷款开发和建设了海南省组织机构代码基础信息管理系统。该系统以全省乃至全国所有机关、企事业单位和社会团体的基本情况作为基础信息，将运用最新信息科学技术，实现网络化、数字化，形成管理系统的现代化采集、存储、检索、管理体系，通过网络化多媒体等多种方式为政府和社会各界提供方便的检索、管理和其他信息服务，并且具备与全国各省市、全省各市县应用部门互连的信息查询服务，大大提高代码基础信息的利用率，将向全社会提供全国的组织机构代码基础信息咨询服务。

海南省组织机构代码管理中心将从高起点出发，以高水准严要求，高标准的优质服务，为向全社会提供全国的组织机构代码基础信息服务打下坚实基础；也将为实现海南省信息产业化和建成海南"信息智能岛"起到最基础最重要的作用；同时为海南科技发展、经济腾飞和社会进步插上腾飞的翅膀作出应有的贡献。

主　任：周耀桀　　地　址：海口市白龙南路42号万福大厦(省安全厅对面)9楼
邮　编：570203　　电　话：0898—5338117　　计算机房：0898—5331607　　传　真：0898—5330667

"三结合"塑造形象
琼台胜境——五公祠焕发风彩

中国首批优秀旅游城市，海口榜上有名。五公祠别具"瀛海人文"之壮观，素负"琼台胜境"之盛誉，是海口市的重要旅游景区，在市委、市政府的重视和关怀下，树立了形象，焕发了风采，受到广大游客的普遍赞许和社会各界的一致好评，得到"国检"验收工作组的充分肯定，被评为海南省优秀旅游区、海南省文明风景区、海口市"创建"工作先进单位。在"创建"工作实践中，我们的主要体会是做到了"三结合"：

一、利用特殊条件，发挥独有优势，把文物与旅游有机地结合起来。

"公道千秋垂定论"，五公祠是瞻仰先贤的古迹；"此地能开眼界"，五公祠又是旅游观光的名胜。既有其深远的历史渊源和丰富的文化内涵，又有其得天独厚的地理位置和自然景观。五公祠，又名海南第一楼，为纪念唐代宰相李德裕、宋代宋相李纲和赵鼎、宋代大学士李光和胡铨等五位历史名臣而建，"乾坤有正气在此楼中"。海南第一楼及两侧的学圃堂、观稼堂、东斋、四斋与苏公祠、两伏波祠、洞酌亭、粟泉亭、洗心轩并浮粟泉、琼园相连，形成一组文物古迹群，既有各自独特的风貌，又蔚为一个协调的整体，习惯上统称五公祠，素负"琼台胜境"之盛誉。1996年落成开放的五公祠陈列馆，规模壮观，气势宏伟，内容充实，格调高雅，为"五公英烈气"再壮声威，为"瀛海人文"平添风采。因此，我们把落实文物工作的"有效保护，合理利用，加强管理"的原则与旅游景区的"优美环境、优良秩序、优质服务，让游客满意"的要求有机地结合起来，做到"古今融合"，发挥了文物旅游点的功能，吸引了众多的中外游客。

二、把设施建设与队伍建设紧密地结合起来。

如果说硬件是载体，那么软件就是灵魂。我们在改善设施的同时健全规章制度，加强了管理；在优化、美化、亮化环境的同时讲学习、抓培训，提高了服务质量。通过"软硬兼施"，做到景观悦目赏心，从业人员爱岗敬业。

三、把"创建"工作与精神文明建设协调地结合起来。

创建优秀城市与创建文明城市，是互促互补、相辅相成的。五公祠既是旅游景区，又是精神文明建设的窗口；既要让游客流连忘返，又要对游客潜移默化。因此，我们"双管齐下"，让游客在欣赏优美景观的同时，得到高尚的熏陶。

由于我们做了“三结合”的文章，所以塑造形象的工作初见成效。然而，从高标准、严要求来衡量，总有“盛名之下其实难副”之感。我们决心再接再励，在市委“变旅游通道为旅游基地”指导思想的指引下，为实施市委“两地一中心”的发展战略，竭尽微薄的力量，再作点滴的贡献。

欢迎诸君光临，领略“先其所忧后其所乐”的豪情壮怀。

馆长：邱达民（副研究员）　馆址：海口市海府大道 169 号　电话：(0898)5875353；5353047　邮编：571100

海口教育50年

建国 50 年来，海口从一个落后的边陲小城发展成为一个繁华的特区省会城市。经济和社会的全面发展，有力地促进了教育事业的快速发展。目前，全市有中小学 143 所，幼儿园 182 所，中小学在校生 9 万多人，在园儿童 2 万多名。建省十年来是海口教育发展最快的时期。建省前的海口，一些学校还设在庙宇里，教育明显落后于全国平均水平。如今一幢幢现代化教学大楼拔地而起，一批批现代化教学设施和教学手段相继进入教室，一所所展现大特区风貌的示范性骨干学校相继建成，初步形成了从学前教育到高等教育、从学校教育到社会教育全面发展的新格局。

党的十一届三中全会以后，特别是海南建省办大特区后，海口市委、市政府高度重视教育，切实落实教育优先发展的战略地位。1988 年以来，全市财政性教育经费支出年均增长 40%以上，高于经济和财政支出增长水平，同建省前相比占财政支出比例提高 6 个百分点；1996 年财政性教育经费达 2.16 亿元，人均教育总经费达 400 元，居全国各省会市前列；仅“八五”期间，市财政用于中小学基建投资达 4.77 亿元，占全市财政性基建投资的 30%。建省以来，全市新建、扩建和改造中小学、幼儿园上百所，面积达 28.1 万平方米，占现有校舍的 59.3%。

兴业先重教，重教先尊师。市委、市政府通过采取评选“十佳教师”“十佳教育工作者”“十佳班主任”“十佳教坛新秀”“师德标兵”等形式，大力宣传和奖励教师。市九小韩玉玲同志被评为“中国十大女杰”、“全国侨界十杰”，1997 年当选为党的十五大代表，并光荣出席了大会。市二十七小傅映柏同志被评为全国“爱国拥军模范”，全国教育系统劳动模范，被誉为“小学校长的榜样”。一大批科研型的中青年教学骨干教师迅速成长。建省以来，全市共新建教职工住房 22 万平方米，占现有教职工住房面积的 70.2%，动工兴建 6 个教师村，已有 5 个竣工交付使用。全市教职工家庭人均居住面积 14 平方米，住房成套率达 86%。目前，全市有中小学特级教师 15 名，中学高级教师 308 名，中小学专任教师学历合格率小学、初中、高中分别为 95%、94%、74%，比建省前分别提高 14、33、23 个百分点，跨入全国先进行列。

教育质量稳步提高，学校之间差距日趋缩小。全市中小学教育教学质量稳步提高，高中毕业会考的合格率、优秀率、优良率均居全省第一；高考入围率名列全省前茅。一批薄弱学校的教学质量明显提高，有的已经跨入全市先进行列。各中小学普遍建立了德育工作领导小组和例会制度，市二十七小被评为全国德育先进学校，海口旅职校、市二十七小、九小、一中、侨中先后被评为省、市文明单位。音、体、美等教育得到迅速发展，在全国、全省的各项比赛中屡屡获奖。实施素质教育，已经成为海口教育迈向新世纪的“重头戏”。

海口作为全国城市教育综合改革试点市，所辖新华区、振东区、秀英区分别于 1994、1995、1996 年实现了“两基”，基础教育、职业教育、成人教育、地方高等教育得到协调发展，中等职业教育招生占高中阶段的比例达到 58.05%，海口旅游职业学校采取联合办学等途径，创办三年就跨入全国首批重点职业高中行列。海口市连续被国家评为“全国儿童少年工作先进市”、“托幼工作先进市”、“全国幼儿教育先进单位”、“全国幼儿教育先进市”。市教育局被国家五个部委评为“全国学生体质与健康调查先进单位”，市教育局纪检监察室被国家教委评为“全国教育系统纪检监察工作先进集体”，市教育局督导室被教育部评为“全国教育督导工作先进单位”，市高招办被评为“全国普通高等学校招生工作先进集体”。创办《椰城教育》,设立椰城教育杂志社,进一步加大海口市教育的宣传力度。近年来,全国有二十多家新闻单位相继报导我市教育改革和发展所取得的成绩。

前进中的海口卫生事业

海口市是海南省的省会市、全市总面积244.55平方公里,建城区面积40平方公里;分设3个县级区,14个街道办事处,8个乡(镇);常住人口58.67万人,据统计,1952年,全市共有医疗卫生机构19个,卫生技术人员420人,病床484张,1998年,全市共有各级医疗卫生机构151个,卫生技术人员6210人,病床4463张,全市平均每千人拥有卫生技术人员9.13人,病床6.56张,大大高于全国平均水平。

半个世纪以来,海口市的建设发生了巨大的变化,海口市卫生事业也在改革开放的大潮中不断前进。

由于受地理、历史等种种原因影响,改革开放和建省以前,海口市经济基础薄弱、建设步子缓慢,卫生投入不足,医疗预防保健条件和城市环境卫生状况较差,卫生事业的发展,大大落后于内地的其他城市,改革开放以后,尤其是1988年建省以来,市委、市政府充分认识到卫生事业在经济和社会发展中的重要地位和作用,在大力发展经济的同时,把发展卫生事业放在重要位置,采取了一系列强有力的措施,深化卫生改革,加大卫生投入,促进了卫生事业的蓬勃发展,取得了显著的成绩。

基础设施建设有了长足的发展。改革开放20年来,海口市共完成医疗卫生基建工程8万多平方米,建成职工宿舍4万多平方米,购置了一批高精尖设备,尤其海口市人民医院,由建国初期仅占地几亩,病床40张,设备简陋的小医院,发展成一家占地280亩,病床500张,设备先进的大型综合医院,该院环境优美,病房整洁,绿化面积达40%,被誉为“花园式医院”拥有一大批全省乃至全国一流的医疗设备,10万元以上设备有近100台,其中有东南亚第一台德国西门子全身彩色CT,西门子1.0核磁共振、美国GE1250mA双C臂血管数字减影系统,美国贝克曼CX—5全自动生化分析仪,乳腺机、彩色B超,远程心电监护系统等,全院每张病床平均设备投入达到16万元,“八五”期间,海口市委、市政府对该院基础设施的投入逾亿元。

卫生防疫工作取得了显著成绩。加强对霍乱、麻疹、流感、痢疾、病毒性肝炎、肠炎、登革热等常见传染病的监测和防治。有效控制传染病的暴发流行,传染病发病率连续下降,1998年法定报告传染病发病率为264.54/10万。儿童计划免疫工作落到实处,城市“四苗”及乙肝接种率均达95%以上,农村实现了以乡(镇)为单位接种率85%的目标,“五大卫生”监督监测工作的各项指标均达到或超过卫生部和省卫生厅规定要求。

妇幼保健工作得到进一步的加强。全市孕产妇死亡率和婴儿死亡率从1950年的167/10万和16.5‰分别下降到13.19/10万和5.94‰,达到全国先进水平。

医疗机构改革不断深化,医疗技术水平不断提高。经过不断的改革和发展,海口市基本形成了以国家、集体办医为主,社会办医为辅的多形式、多层次、多渠道办医的格局,全市共开设26个社区卫生服务站,初步形成一个完整的社区卫生服务网络体系。各医疗机构加强专科特色建设和医德医风建设,海口市人民医院神经外科,影像诊断中心、急救中心、保键中心达到省内一流水平,市妇幼保健院产科、市中医院的中西医结合骨伤科都创出了特色。

农村卫生工作成绩斐然。1995年海口市农村初级卫生保健的各项指标通过省评估验收,达到国家规定要求,农村改水改厕工作实现国家规定的达标要求,1999年,农村合作医疗试点工作超额完成省下达的指标,检查评比名列全省前茅。

医学教育和科研成果丰硕。解放前海口市医学教育及科研工作几乎是个空白,建国后,特别是改革开放及海南建省后,全市卫生工作者积极开展医学教育和医学科研工作,取得了累累硕果,现全市共有海南医学院、省卫生学校、省农垦卫生学校、市中医药学校等4所医学院校,在校学生3968名,教职工2669名。1998年,海口市卫生系统共举办各类在职卫生培训班141个,受训人数1126人次,还选送一大批年青专业骨干到国内外各医院专科进修、培训,全年仅海口市卫生局属医疗卫生单位共撰写医学科研论文260篇,其中在国家级刊物上发表有32篇;申报国家、省、市科研项目33次，获卫生部默沙生基金立项2项，获省级立项12项，获市级立项15项，取得科研成果并通过鉴定22项，其中一项获省科技进步三等奖。

抚今追昔，历史上瘴疠横行、缺医少药的海口市，经过全市人民半个世纪的努力，彻底改变了医疗卫生落后的面貌，取得了巨大的成绩。展望未来，我们坚信，海口市卫生事业的明天将会更美好。

地址：海口市广场路　　电话：6221874

海口市二轻工业情况简介

一、概述

海口市二轻工业系统，现拥有四十二家小型集体企业（其中工业企业三十四家），职工八千多人。二轻企业大多是从50年代走合作化道路，通过小手工业者集资合作，因地制宜，因陋就简地自我发展起来的小型集体企业。特别是改革开放以来，贯彻"团结、合作、开拓、进取"的八字方针，结合实际采取"退二进三、二三并举"的灵活措施，现已发展成以服装、工艺、塑料、包装、五金为主体的行业，为海口市的经济建设和发展，做出了不少贡献，是海口市集体经济的重要组成部分。

二、工业行业

美术工艺业：主要产品有椰雕、贝雕、角雕、拼木画以及用贝壳、椰壳、藤器等天然材料制成的各种具有海南特色的集锦，计150多个品种。产品主要销往岛内外，椰雕、角雕产品还销往马来西亚、美国等国家和地区。主要企业有海口市椰雕工艺厂，该厂目前正着手制作迎接澳门回归祖国的巨型（高1.999米，直径0.7米）椰雕嵌贝花瓶"椰树传情庆回归"，为海南省人民政府赠送给澳门特别行政区的精美纪念礼物。

服装工业：主要以来料加工为主，产品有男女衬衣、西装、法装、童装、校服、工作服等。其中衬衣服装销往智利、西班牙等国家和地区。主要企业有服装总厂、被服一厂。

塑料工业：主要产品有护卡膜、热熔胶、无油生料带和中空制品等，其中护卡膜为公安部定点生产产品，拥有护卡膜生产线七条，年生产能力达1200吨，产品主要销往云南、贵州、四川、广东等省（区）。主要企业有塑料工业公司等。

包装工业：主要产品有纸箱、纸盒、纸管等。产品主要销往岛内，部分销往岛外。主要企业有包装总厂、纸盒印刷厂。

五金工业：主要产品有厨房成套设备、公文柜、保险柜、油罐等，产品主要销往岛内外，其中，合作企业海南胜利工业公司生产的胜利牌厨房成套设备，在海南市场占有率达60%左右。主要企业有：海南胜利工业公司、海口市制锁厂、海口市前进铁工厂等。

三、第三产业

海口市二轻系统，拥有约700亩土地使用权，均位于市区主要交通要道（其中工业开发区用地300亩，位于港澳开发区旁），市内约400亩土地，位于繁华的黄金地带，是开展商贸、服务活动的首选用地，具有发展潜力大，保值增值的优势，欢迎国内外客商开展联营合作。

四、招商引资

根据《海口市开放搞活国有小型企业暂行办法》的精神，我们提出了《海口市二轻集体企业改制工作的意见》并已正式上报市政府，拟采取：企业整体拍卖、股份合作、托管经营、租赁经营、兼并改组、产权转让等形式，搞活二轻企业，欢迎国内外优势企业和客商开展联营合作。

负责人：甘春科　　地　址：海口市解放西23号　　电　话：6223485

改革20年海口市乡镇企业管理局的变化

海口市乡镇企业管理局成立于1979年,是海口市人民政府主管全市乡镇企业的职能部门。主要职责是对全市乡镇企业履行“规划、协调、监督和服务”。

改革20年来,特别是1988年海南建省办经济特区后,海口乡镇企业在党的政策指引和在市委、市政府的正确领导以及各部门的支持下,得到迅速发展。1998年,全市乡镇企业总产值达51337万元,比去年增长8.5%;其中工业产值12702万元,比去年增长8.5%;税利3748万元,比去年增长5.8%;实现连续10年总产值、工业产值、税利同步增长。

海口市乡镇企业在发展过程中,形成了门类齐全的行业结构。根据市场需求、大力发展第二、三产业,不断调整和完善行业结构,目前已拥有建材、运输、机电、五金、化工、港口、服务、家俱、食品、建筑、房地产、旅游、商业、饮食服务和种养业等多种行业。

海口乡镇企业具有很强的发展潜力和美好的发展前景。海口乡镇企业管理局决心认真学习邓小平关于发展乡镇企业的理论,学习《中共中央关于加强农业和农村工作的若干问题的决定》,学习江泽民总书记在江苏考察乡镇企业时的重要讲话,从战略高度重视乡镇企业发展。通过调整产业结构和产品结构,提高综合经济效益,使全市乡镇企业持续、快速、健康发展。

地址:海口市和平南路27号　　电话:5339847　　传真:(0898)5333906　　邮编:570203

该局于1954年正式成立,是海口市粮食行业行政主管部门,现辖有18个直属企业,其中粮食商业企业9家,工业企业3家,粮食收储企业3家,粮食建筑、粮油运输、粮食网点开发建设企业各1家,全系统职工总人数1459人。

多年来,在海口市历届党委、政府的关心和支持下,该局经历了计划经济时期“四统一”(即统一征购、统一销售、统一调拨、统一库存)的管理分配型,到1993年6月1日开始经营和价格放开后的市场调节型的改革,从原来几十年一贯制经营米、面、油“老三样”转到现在的“一业为主(粮食经营)多业为辅”的粮食经济多种成份、多条渠道发展模式的重大转变。特别是1998年以来,该局全面贯彻党中央、国务院关于进一步加强粮食流通体制改革的一系列文件精神,不断加快粮食企业的自身改革,进一步转换粮食企业经营机制,加大企业改制力度,加强和完善了粮食收储企业管理,成立粮食储备公司。同时按《公司法》要求,根据海口市区行政区域划分,该局相应成立了振东粮油供应有限公司、新华粮油供应有限公司和秀英粮油供应有限公司。该局对中、小企业采取改制方式,盘活存量资产,建立了海口市粮油批发市场,使全系统机构设置日趋合理,管理手段日趋先进,粮食市场交易日趋规范,为海口市粮食行业管理走向规范化创造良好的条件。全市粮食系统已开始形成生产、经营、贸易一体化,粮食贸易、运输、娱乐餐饮、网点开发多业发展,并形成大粮食、大市场、大商业发展的新格局。粮食企业正在以全新的面貌走向市场。

地　址:海口市海甸二西路　　电　话:6252791　　邮　编:570208

海南省中医院

海南省中医院建院于1954年5月，位于海口市和平北路47号。是集医疗、教学、科研、预防保健为一体的省级综合性三级甲等中医医院，是广州中医药大学和本省各医学院校的临床教学医院，是卫生部中药临床药理研究基地。近几年来，先后获得全国卫生系统先进集体、全省卫生系统优秀政研会、全省环境优美十佳医院、爱婴医院等殊荣。

该院拥有雄厚的中医、中药、中西医结合的卫生技术力量，是本省名老中医和西医学习中医人才较集中的医院。现有职工523人，病床360张。在430名卫生技术人员中有副主任医师、副教授以上高级职称44人，主治医师、讲师等中级职称129人。有7人是国家特贴专家、省优秀专家、20余人是国家及地方医学杂志主编、副主编、编委职务。

该院占地面积12723.79平方米，建筑面积31705.03平方米。全院的医疗、教学和科研方面的现代化仪器设备有200多台(件)，总价值人民币1063万元，其中万元以上设备有美国GE8800CT机、碎石机、以色列的彩色经颅多普勒血流分析仪、日本东芝500毫安X光机、中央监护系统等78台(件)。

该院科室设置齐全，有急诊科、海南省中医男科治疗研究中心、中西医结合骨伤治疗研究所、中风治疗康复中心、老年关怀中心、肺脾胃科、内科、妇产科、儿科、外科、皮肤科、眼科、口腔科、耳鼻喉科、肛肠科、针灸科、推拿按摩和理疗科，以及社区卫生服务科等临床一级科室14个、二级科室8个和6个门诊部，担负着向本省各县市等地区提供高水平的中医专科医疗服务，并承担一定的预防、保健、康复社区服务和高等教学、科研等任务以及邻近省市疑难病人和港澳台同胞、外宾的就医会诊与转诊抢救工作。海南省中医男性病治疗研究中心、中西医结合骨伤治疗研究所是全省优秀专科，中风康复治疗中心是该院的重点中医专科，声誉名扬国内外，充分发挥了男科、骨伤科在国内医林中的学科作用。在教学上该院是广州中医药大学教学医院，承担临床教学科研任务，近三年投入教育经费74.36万元，科研金额18.23万元。承担国家和省级科研项目8项，获国家级和省级科研成果奖4项；在国家级和省级的医学杂志或刊物上发表论文143篇、出版专著11部。有2名专家获全国百名优秀中青年中医奖。

该院是海南经济特区城镇从业人员医疗保险医疗服务定点医院。由该院主要领导、省优秀专家林天东教授主持的男性病治疗研究中心，运用中医药治疗男性不育症和性功能障碍等60余种男科疾病，在国内外享有盛誉，被中国中医药学会男科学会指定为性功能障碍委员会的唯一挂靠单位。中西医结合骨伤治疗研究所在副院长、国家特贴专家姚树源主任医师的指导下，采用中医传统疗法和中西医结合治疗骨折、脊椎疾患和骨髓炎等疾病有显著疗效，在治疗股骨头无菌性坏死和胫骨缺损性骨不连方面，治疗效果达到国际先进水平。住院病区宽敞明亮，环境舒适安静，是病人治疗、康复较理想的场所。特诊科实行星级宾馆加医院病区双重式全优质服务。设有家庭病床、一日病房、传呼医疗服务科，对有困难不能前来就诊的患者，开展呼之即来，送医送药登门服务。该院为满足社会各界需要，拓宽服务范围，增设专家门诊、业余门诊和32个专科专病门诊，由医院安排36位专家和25位有丰富经验的专科专病高年资主治医师，定时定点轮流到门诊应诊，配以先进的医疗设备，给患者以全优质服务。

医院始终奉行"病人至上、质量第一"的办院宗旨，倡导"求实、奉献、拼搏、高效"的医院精神，加强精神文明建设，规范全院职工的医疗行为，实行热心周到、合理检查、合理用药、降低成本、确保疗效、廉洁行医、文明服务，争做大特区人健康的忠诚卫士。

地　　址:海口市和平北路47号　　邮　　编:570203

院办电话:6222705　　急诊科电话:6224205　　传呼科电话6218263

海南省血液中心

海南省血液中心是海南省唯一的采供血机构，也是全省采供血工作的业务、教学和科研中心，为省卫生厅直属正处级事业单位。其主要职能是负责采集、制备和供应全省各级医疗机构的临床用血；推广成份输血和开展输血研究，指导各医院血库的业务；配合省政府有关部门开展无偿献血的宣传、组织和实施工作。1998 年供血量约为 8 吨，其中成份血分离率为 19%，成份血使用率为 39%。

在省卫生厅的直接领导下，海南省血液中心积极创造条件，在缺少财政投入的情况下，逐步建立和完善具有海南特色的三级采供血网络，基本覆盖了全省各医疗机构，满足了全省临床用血的需要，对保障全省人民的身体健康发挥了积极作用。

"团结、奋进、求实、高效"是海南省血液中心倡导的工作作风。为了确保血液质量，海南省血液中心在不断强化质量管理的基础上，不断引进先进技术，到 1998 年底，已实现全省采供血网络的计算机全程管理，并自主开发了联接整个网络的计算机管理软件、基本实现了血液质量管理的数据化、标准化、科学化的目标。1999 年初，又率先在全国启动了采供血管理的"ISO9000 质量论证"工程，力争使海南的血液工作达到全国先进行列，向世界先进水平看齐。

《献血法》实施以来，开展无偿献血已成为海南省血液中心的一项重要工作内容。1998 年 10 月 1 日始，海南省已彻底停止了个体采血，无偿献血制度已在全省范围内广泛推行。海南省血液中心为此先后筹建了三亚、儋州、海府三个无偿献血站，并投入资金购置了流动采血车，深入城乡基层，大力开展无偿献血活动。1998 年全省无偿献血人数首次突破万人大关，无偿献血量占临床用血的比例由《献血法》实施前的 10%上升到 70%以上，基本扭转了海南省无偿献血工作的被动落后局面。

电话：8651336　　8663432　地址：先烈路 34 号　　邮编：570311

海口市卫生防疫站发展概述

海口市卫生防疫站座落在椰城美丽的东湖畔。该站创建于 1953 年 4 月。建站初期，办公条件极为简陋，全站仅有工作人员 15 人，内设行政管理、防疫、卫生、检查四个组。经过近半个世纪的风风雨雨，该站不断发展壮大，党的十一届三中全会以后，特别是海南建省办大特区以来，该站得到了迅速发展。人员从 10 多人增加到 120 多人，人员的素质也不断提高，仪器设备从无到有，由落后到先进，技术力量也日益雄厚。1990 年建成一幢 9 层、建筑面积达 2000 平方米的综合办公大楼后，使站容站貌得到了很大的改观，办公条件，尤其是实验室的工作条件有了很大的改善。目前该站有在职干部职工 124 人，其中专业技术人员 99 人，高级职称 7 人，中级职称 42 人，初级职称 50 人，大专以上学历 66 人，占专业技术人员的 66.7%。按卫生防疫工作的性质、任务和特点，共设置业务办、行政办、人秘科、防疫科、计划免疫科、虫媒消杀科、传染病监测门诊、食品卫生科、公共卫生科、学校卫生科、宣教科、微生物检验科、理化检测科等 13 个科室。全站占地面积 2888 平方米，办公场所面积 2200 平方米，现有原子吸收分光光度计、气相色谱仪、高效液相色谱仪、紫外分光光度计、荧光显微镜、电子分析天平、厌氧箱、高速离心机、PCR、X 光机等一大批较为先进的仪器设备。此外全站还配有电脑 15 部、卫生监督车 6 部。

海口市卫生防疫站担负着全市繁重的卫生防疫监督、监测、宣教、培训和科研任务，具体包括国家法定的 35 种传染病防治与管理、儿童计划免疫、虫媒消杀、食品卫生、公共场所卫生、饮用水卫生、学校卫生等。改革开放以来，该站在市委市政府的正确领导下，坚持以邓小平理论为指导，认真贯彻“预防为主”的方针，不断深化卫生防疫改革，积极投身于卫生防疫事业，为海口市的两个文明建设作出了较大的贡献，取得了显著的成绩，先后被评为“海口市卫生系统先进单位”、“海口市卫生系统‘白求恩流动杯’夺标单位”、“海口市精神文明先进单位”、“海口市文明单位”、“海南省卫生防疫防治先进集体”、“海南省计量认证合格单位”、“海南省医药科技工作先进单位”、“全国卫生防疫防治先进集体”、“全国卫生系统先进集体”、“全国‘二五’普法先进单位”等。主要工作成绩概括如下：

——传染病的防治工作成绩显著。传染病发病率呈逐年下降趋势。建省 10 年，下降将近 0%，使海口市由传染病高发地区变为低发地区。贯发的传染病得到了有效控制。霍乱病由常年流行控制为以散发为主，登革热已连续 12 年没有病例发生，丝虫病自 1986 年提前两年达到基本消灭标准后，目前自评又达到国家规定的完全消灭的标准。

——“四苗”接种率已连续 8 年保持在 95%以上，继 1987 年提前 3 年实现第二个 85%达标后，1996 年又以所有考核指标满分的成绩，通过了卫生部组织的第三个 85%的评审，由于预防措施落实，“四苗”相应的六种传染病发病率控制在国家规定的范围内，其中白喉已连续 14 年、百日咳已连续 7 年、小儿麻痹已连续 6 年没有病例发生。

——强化卫生监督、监测，加大卫生执法力度，为海口市创建国家卫生城市、中国优秀旅游城市做出积极贡献。近几年来，卫生监督、监测覆盖率、发证率、建档率、“五病”调离率均为 100%，从业人员体检率、培训率达 95%以上，水质监测合格率 100%，食品、食具抽检合格率保持在 85%以上，食物中毒事件逐年减少，均达到国家规定的标准。

——大兴科研之风，抓好科技兴站工作，让科研工作为卫生防疫工作的实际需要服务，以促进卫生防疫工作水平的提高。据统计，近 10 年来该站共有 200 多篇论文在各种刊物上发表或参加各种学术会议交流，共有 14 项科研成果获省、市、厅级科研成果奖，其中获省级科研成果奖 3 项。

——狠抓规范化、标准化、科学化管理，不断加强软硬件建设。1997 年该站以较高的得分通过了卫生部组织的地市级一等卫生防疫站的评审，成为目前海南省唯一一家通过等级评审的卫生防疫站。

“雄关漫步真如铁，而今迈步从头越”。在即将迈进 21 世纪之际，该站将紧紧抓住卫生改革的机遇，在改革中求创新，在创新中求发展，进一步做好卫生防疫的服务工作，为把该站建成全省一流的疾病预防监测中心而努力奋斗！

站长：邢小芬　　地址：海口市湖边路 1 号　　电话：6228340　　邮编：570101

中国人民银行海口中心支行简介

【中国人民银行海口中心支行】是中国人民银行的派出机构，直接受跨省级行政区域设立的中国人民银行广州分行领导，管辖海南省除三亚、洋浦两地以外的其他市县的金融工作。成立于 1999 年 1 月 1 日，是中国人民银行管理体制改革后，撤销原中国人民银行海南省分行和海口市分行的基础上组建的，是全国二十个省会城市中心支行之一。

海口中心支行管辖区域是中国较为发达和创新活跃、竞争激烈的金融区域之一，基本形成一个具有自身特点的金融体系。这些特点是：1、在中央银行监管下，以商业银行为主体，多种金融成份、多种金融机构并存的金融组织体系。在海口中心支行辖区里，既有国家独资商业银行——中国工商银行、中国农业银行、中国建设银行、中国银行在海南设立的分支机构，股份制商业银行——交通银行、深圳发展银行、中国光大银行的分支机构，也有外资银行——香港南洋商业银行、标准渣打(麦加利)银行在海口设立的分行和日本住友银行在洋浦设立的分行，及国家政策性银行——中国农业发展银行和国家开发银行在海南设立的分支行。其他金融机构包括多样化的保险公司，农村信用社、信托投资公司、金融租赁公司、财务公司、证券公司和证券营业机构、典当行及邮政储蓄机构等。2、金融机构行为市场化导向明显，较少受到行政干预和约束。海口辖区的各金融机构得益于市场之先，较早地按市场机制运作，因而金融市场较为发达。外汇调剂市场是全国最早设立的外汇市场之一，其市场交易量曾居全国各省市前列;资金拆借市场辐射全国,同全国29个省市及地区、30多个资金市场与银行建立和保持了融资业务关系。证券交易市场活跃,并可同深圳证券交易所和上海证券交易所实行同步交易。3、金融业务扩张迅速、创新活跃、竞争激烈。率先推出了房地产投资券和投资基金,建立了第一个跨行使用的银行IC卡结算网络,发行了全省跨行使用的银行IC卡。截至1998年底止,海南共有金融机构包括营业网点1799家,其中政策性银行1家,国有独资和股份制商业银行7家,外资银行3家,保险公司5家(其中外资保险公司2家),城市信用社1家,农村信用社313家,信托投资公司8家,租赁公司1家,典当行123家,外资财务公司1家;全省金融机构人民币存款余额772.23亿元,比年初增加25.17亿元,增长3.36%;各项贷款余额799.89亿元,比年初增加44.55亿元,增长5.89%;外汇存款余额6.57亿美元,外汇贷款余额17.25亿美元;结售汇23.33亿美元,其中结汇5.67亿美元,售汇17.66亿美元。

中国人民银行海口中心支行履行原海南省分行对17个市县支行的领导和管理职能,并承担对三亚市中心支行和洋浦区中心支行在国库经理、支付清算、现金发行、金融统计等服务业务和外汇管理中的管理职能和汇总工作。

海口中心支行的职责主要是:(1)在金融监管方面,负责辖区内省级金融机构的现场检查和非现场检查,负责对在本市注册的金融机构法人风险、现场和非现场检查,负责辖区内城乡信用社法人风险、现场和非现场检查;管理全省的外汇、外资外债和国际收支工作;引导辖区金融机构信贷投向;依法查处辖区金融违法违纪案件和对所辖支行进行内审;依法取缔非法金融机构和非法金融业务,维护辖区金融秩序;指导属地金融机构的法人机构自律和行业自律。(2)在货币政策方面,具体管理本地金融机构的存款准备金帐户,经广州分行批准后,办理本地金融机构的再贴现和再贷款,并对有支付风险的金融机构进行救助;负责汇总全省各项经济金融统计数据和进行统计性分析;承担全省经济金融形势分析工作,为省、市两级政府和金融机构提供经济金融信息咨询服务。(3)在金融服务方面,负责人民银行总行有关金融服务和外汇管理政策法规的贯彻落实和业务处理,统一调度和配备人力、物力,保证金融服务功能高效运行;管理省级发行分库和省内各级分库业务,管理国家金库省级分库和省内各级分库;管理本地电子联行及电子结算中心业务,承担原省、市分行营业部业务。

海口中心支行下辖支行有17个,即琼山、文昌、屯昌、定安、临高、澄迈、儋州、东方、昌江、白沙、琼中、通什、乐东、陵水、万宁、琼海、保亭;内设17个职能处室,即办公室、人事教育处、内审处、银行监管处、非银行处、货币信贷处、统计处、货币金银处、国库处、支付科技处、保卫处、外汇管理处、国际收支处、会计财务处、合作金融处、营业部、离退休干部处。同时还设立金融系统监察室和系统工会,负责辖区的纪检监察和工会工作。

国家外汇管理局海口分局与海口中心支行合署办公,由中心支行行长兼任局长,管辖海南全省的外汇业务。

创业者的足迹

——记中国热带农业科学院、华南热带农业大学

陈　忠(两院党委宣传部)

中国热带农业科学院、华南热带农业大学至今已走过了40多年的光辉历程,取得的成就是令人欣慰的,而那些创业者们的足迹更是令人振奋不已。

一、满腔的爱国热情,空前的创业精神,感天动地,得到了江泽民总书记的赞扬

热科院、热农大的前身是华南热带作物科学研究院和华南热带作物学院(故人们习惯称"两院"。下文为了表达方便,也权称"两院"),1954年创建于广州。50年代初,美帝国主义对我国实行战略物资禁运,特别是天然橡胶不让我国从别国进口。没有天然橡胶,不亚于扼住我国的脖子。在此严峻时刻,国家政务院于1952年果断地作出了在我国发展天然橡胶的决定。于是,于1954年国家从全国各农业院校、科研院所抽调了一批出类拔萃的骨干分子,荟集羊城,秘密成立了一个"特种林研究所",悄悄地开始了天然橡胶的科研工作。从此掀开了我国天然橡胶科

研的第一页。

为了与生产紧密结合，科研所于1958年，响应党中央的号召，从繁华的广州搬迁至现址。从此，这批无私无畏的中国知识分子，在琼崖大地上开始了可歌可泣的创业篇章。他们从原来连天然橡胶的名字都没听过，到开始初步认识了橡胶树，如今又从大城市搬到满目荒原，蛇蝎肆虐，恶瘴盛行的地方。这批创业者们怀着对祖国的满腔热情，怀着对祖国新兴事业的执著追求，他们在周总理"儋州立业，宝岛生根"题词的鼓舞下，信心十足，迎难而上。没有房子，自己动手盖草房，在草房里居住，在草房中上课，在草房中搞科研；粮食不足自己开荒种番薯、木薯，"茅房大学"、"木薯大学"因此而得名。至今在两院展览馆中展出的一幅当时师生在草房中上课的照片，师生那种虔诚执著的神情，无不令人动容。1990年5月，江泽民总书记视察两院时，听了两院创业元老刘松泉老教授回忆当时的创业情景，感慨不已，激动地说，这种艰苦创业精神，正是我们革命取胜，事业成功的保证，是我们的传家宝，应永远成为我们前进道路上的主旋律。

二、从植胶空白到跃居世界第五产胶大国，矗立着科技工作者的一座丰碑

正是由于有这种坚韧不拔、无坚不摧的精神，令中国的天然橡胶从"舶来品"变成扎根于中国土地上的主业！

以往，橡胶树是在没有风、寒害的地区生长的，所以国际橡胶权威专家认为，在南纬、北纬15度以上是不能种植橡胶的。而我国最南端的"天涯海角"是北纬18度，中国的天然橡胶业就是从国际权威划定的"禁区"内发展起来的。在艰苦的探索过程中，在严酷现实面前，这些孜孜不倦的创业者们，从失败的教训中，总结出经验：中国要植胶成功，必须有适合我国种植的抗寒、抗风的品种。因此，他们又千方百计通过多种渠道从国外陆续引进了389个橡胶新品种，从中筛选、培育出了一批适合在我国生长的品种；加上做好环境类型区划分等技术措施，终于攻克了天然橡胶的生存关和产量关，使之在中国土地上深深地扎根，枝繁叶茂，流出不亚于传统植胶国家的产量胶乳来，使我国的植胶业从原来几乎是空白，到现在植胶面积和产量达到900多万亩和44万吨，跃居世界第五产胶大国的行列。

1981年，原两院院长黄宗道教授赴北京，从国家领导人的手中接过在我国北纬18—24度大面积种植橡胶成功的一等奖发明证书，这正是向世人宣告，中国的天然橡胶已成功地屹立于世界东方！这正是两院知识分子和广大热作垦区同志们的智慧和汗水的结晶，更是科技工作者的一座丰碑。1997年，黄宗道又是因为多年来致力于天然橡胶研究，为我国的天然橡胶事业作出了突出的贡献，被授予中国工程院院士称号，成为海南省的第一位院士。

随着社会的发展，产业间的激烈竞争，橡胶业也面临着新的挑战。沿续半个多世纪的割胶制度，不仅耗皮量大，发病率高，而且用工多，成本高。对此，科技工作者，以两院牵头，会同各有关垦区一道，展开了一系列科学研究和大型开发性试验，从原来的2天割一刀到4—5天割一刀，工人割株由人均370株提高到712株，全国每年节省胶工8万多人，企业节支1.2亿元，使中国的橡胶业逐步走向良性发展的轨道。

橡胶木加工已在海南省形成一项新兴产业，橡胶木成为时尚的高级家具木料。但如没有两院解决橡胶防腐和改性技术难题，更新后的橡胶木只能作为薪炭柴，化为灰烬。据统计，现每年全国更新橡胶树5—7万亩，生产板方材8—14万m^3，故仅此一项成功的技术就每年为社会创造产值超亿元。

以上所说的几项成果，仅是两院40多年来获得国家级和部级奖励成果200多项中的一个缩影，由此可以看出两院多年来为国家所作出的巨大贡献。

三、为热带农业发挥出越来越重要的作用，体现了两院的巨大潜力

由于国家的特殊需要，两院在八十年代以前一直都是以橡胶等热作物为主要的科教对象。从八十年代中期以来，随着国家产业政策的调整，两院的科教方向也随着转上了整个热带农业，服务面也从原来的单纯为农垦到同时为"三农"服务，特别是九十年代以来，集中优势力量，对热带高效农业开展攻关，直接介入地方的开发性农业，使一些高效农业产生了显著的经济效益。

配合地方发展热带农业需要的产前、产中、产后配套研究，现已成为两院科教的主攻方向，并已崭露头角，越来越得到地方各级政府的认同。

此外，两院除了加强实用技术的研究推广外，还注意加强具有前瞻性、跟踪国际前沿水平的基础研究。如生物技术研究，经过短短几年的努力攻关，在抗病毒基因和影响作物产量基因的克隆和转移方面，已取得可喜的成绩，为筛选和培养优良品种，提高作物的抗病虫害能力，提高热带农业的产量和质量，打下了良好的基础。两院在热带农业主战场上具有很强的实力和潜力，将越来越发挥着重要的作用。

四、热带农业的人才摇篮，回报社会，服务人民

与科学院并驾齐驱的华南热带农业大学，在40余年的发展中，其作用和影响并不亚于科研成果。

现在除了设有20多个富有热带农业特色的本、专科专业外，还设有具有前瞻性学科的硕士、博士专业，是海南省唯一具有博士点和博士后流动站的单位。现有在校学生4000人，至今已培养大学毕业生一万多人，培训各类短训班学员近10万人次。许多毕业生已成为各行各业的领导、骨干、知名学者。如北京大学副校长、世界知名生物学家陈章良教授，就是本校1982年的毕业生。他留校任教后，学校选送他到美国攻读学位。在留美学习期间，在生物技术研究方面取得了举世瞩目的成就。回国后，28岁便成为北京大学教授，也是当时我国最年轻的教授，30岁时以出色的生物技术成果荣膺青年科学家国际大奖——"贾乌德·侯赛因青年科学家奖"，后来多次受到江泽民、李鹏等中央领导的接见。因此，年轻学者的陈章良很快在国内外负有盛名，母校也因之名声大增。

随着两院影响的不断加强，海南省委、省政府更加注重发挥两院的作用。从1988年开始，先后从两院选派了20多名科技副县长。这些科技副县长起到了桥梁和纽带作用，源源不断地把两院的科技成果和科教力量，引到了农业生产急需的第一线，在科教兴农和科技扶贫方面起到了重要的作用，多次得到各级领导和群众的称赞。这几年，这一成功的做法，引起了其他省的关注。广东省湛江市和四川省攀枝花市也到两院"招贤"，又有20多名到这两个市担任科技副县(市)长和科技副乡(镇)长。两院先进的科技成果又开始在异省开花结果。

五、乘二次创业东风，为发展海南热带高效农业做出更大贡献

两院一次创业经过40年的艰苦努力，为创建我国战略物资基地——天然橡胶事业，为创立我国其他热带作物、热带农业科教事业及其产业等，取得了卓著的成就，多次得到中央领导及上级主管部门领导的肯定和赞扬，正如今年6月中旬省委书记杜青林考察两院时说的那样"做出了历史性贡献"。现在，两院新一届党委又根据新形势的要求，提出了二次创业的宏伟目标，决心在一次创业的基础上，进一步解放思想，更新观念，加大科教改革的力度，为我国的热带地区尤其为发展海南的热带高效农业，做出更大贡献，争取在今后一段时间，在加强为海南服务方面，做几件卓有成效的工作。

1、根据海南经济建设发展的需要，及时跟踪服务，解决热带农业发展的各种技术难题，加强海南热带农业全面发展的战略性课题的研究。

2、充分发挥两院设备的优势。设备条件和科教工作充分向省内开放，资源共享，互利合作，与省内高校、省农科院联合办学，协作攻关，优势互补，共同为省经济发展服务。

3、主动承担省下达的人才培养任务(包括博士、硕士研究生、本专科生、函授生、成人教育等)。建立高等职业技术学院，负责省的农业技术、农业机械和管理等方面的高等技术培训；积极与省有关部门、市县和企业联合办学，按需培养各类人才。

4、加强省急需的专业建设，尤其是博士、硕士研究生专业，两院将在办好现有专业的同时，进一步扩大范围，力争一个以上学科进入国家"211"工程，部分学科成为省、部重点学科。

生机勃勃的海南华侨中学

海南华侨中学(以下简称"侨中")校址在海南省海口市，创建于1938年，是我国最早的国立华侨中学。其校名几经更换，建国前曾名为国立第一华侨中学、国立第二华侨中学、国立第一侨民中学；1950年更名为广东海南华侨中学，1988年海南建省，校名定为海南华侨中学。其校址几经搬迁，1942年由云南省保山县迁往贵州省清镇县，1944年再迁四川省江津县，1946年搬迁到现址。

侨中占地面积235.8亩，校园里绿草如茵，椰树挺拔，古树葱茏，被誉为花园式学校。现有初高中学生2156人，其中高中生1257人，住校生1600人。现有教职工205人，其中专任教师164人，中高级职称教师占教师人数的71.3%。

侨中积极推进教育改革,改革管理体制,建立激励机制,实施素质教育,学校发生深刻变化,取得举世瞩目成绩。侨中被评为海南省文明单位,海口市文明单位,海口市花园式单位,海南省侨务系统精神文明建设先进集体,全国先进体育传统项目学校,全国群众性体育先进单位,全国中小学勤工俭学先进集体,全国青少年科技活动先进集体。

侨中的中考总成绩连续多年名列海口市第一,自1996年起连续三年名列全省第一。高中毕业会考合格率于海南省实行会考8年来有7年在全省重点中学名列第一,自1996年起还连续三年获得会考优良率全省第一,优秀率全省第二。高考入围率从1978年的5.3%,直线上升到1996年的91.44%,1997年的91.95%,1998的88.9%(含各种照顾生、择校生;均不含保送生)。自1996年起,侨中的高考入围率连续三年居海口市第一名,全省第二名。侨中的教师在省级以上的比赛中多次获奖,1996年获得全省和全国音乐、历史、生物课教学录像比赛一等奖,获得第二届全国中学物理青年教师教学大赛二等奖,1998年侨中有12位教师获得全国性奖励,其中青年语文教师课堂教学大赛和历史教学论文评比获一等奖;有11位教师获得省级奖励,其中物理、体育、初中历史、地理科优质课调教和体育论文、教师美术作品评比获一等奖。在全省的数理化学科奥林匹克竞赛、物理、化学实验操作竞赛和劳技课自制作品比赛中,侨中的许多学生获得一、二、三等奖。在1990年和1992年的全国中学生运动会上,侨中运动员夺得男子标枪金牌。侨中1994年获得全国中小学歌咏(录像)比赛一等奖,1995年获全国中学生校园歌手大赛初中组一等奖,高中组优胜奖。侨中舞蹈队1995年应邀参加澳大利亚达尔文市叶花节庆祝活动,演出非常成功,轰动整个北澳,受到有关部门的大力表彰。1998年侨中获全国中学生舞蹈录像比赛三等奖,高中组合唱录像比赛三等奖。

侨中发展校园经济,现拥有商住楼总面积26100平方米,沿路铺面总面积7192平方米,椰子170株,槟榔489株,人心果50株,荔枝35株、菠萝密50株。校园经济创收可观,用于改善教学设备,改善教职工福利待遇。侨中被评为海南省校园经济示范学校。

建国50年来,侨中推进教育改革,谱写辉煌篇章。如今,在知识经济扑面而来的世纪之交,侨中现任校长林天麟表示,全校教职工团结一致,进一步解放思想,全面深化教育教学改革,以创新教育为核心,大力推行素质教育,再创侨中的辉煌。

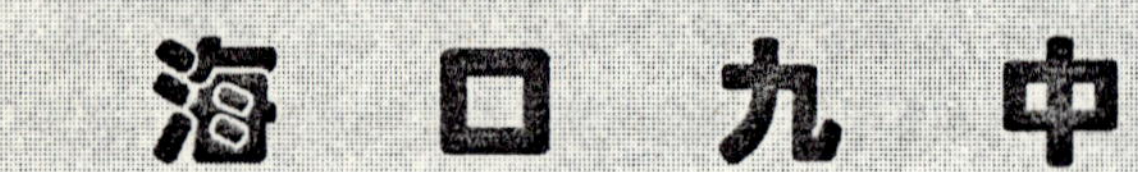

海口九中

海口九中创建于1968年,座落于海口市最亮丽的海秀东路。校内高楼耸立,校园环境优美,校舍建筑面积22000平方米,学校拥有现代化的教学大楼、办公楼、实验楼,配备有电脑室、语音室、图书馆、电教室、各类实验室以及闭路电视系统,教学设备先进、齐全。校园里,绿树成荫,花木相映,随处可见的名言、警句,营造了良好的育人氛围。

学校全面贯彻党的教育方针,坚持育人为本,培养德、智、体、美等全面发展的“四有”新人。坚持以常规为本,以教研兴校”的教学管理新思路,教育教学质量年年上台阶。

学校现有教职工146人,其中中学高级教师18人,中学一级教师49人,大学本科毕业的55人,专科以上学历的134人。教师爱岗敬业,教学水平高,多位教师在省、市调教中获一等奖。几年来,在调教论文比赛中获奖的教师达60多人次。目前,学校正在启动“名师工程”,一支骨干教师队伍正在形成。

学校现有38个教学班,学生2200多人。学生守纪律,讲文明,有礼貌,肯学习,良好的校风得到上级领导的充分肯定,得到了社会较大范围的认可。近年来,学生在各类学科竞赛、征文比赛中均获得好名次,学校展览馆中展示有大量学生的获奖作品。学校教学质量逐年提高,近几年高、中考升学率一直居海口市普通中学前列。1998年,初中毕业会考成绩合格率97.8%,省市重点中学、中师、中专入围率为89.2%。

近几年,学校先后获得“教育教学质量优秀奖”、“校风建设先进单位”、市精神文明建设三等奖、“健康教育先进单位”、“安全保卫先进单位”、“卫生达标单位”等称号。1997 年,被市教育局确定为素质教育试点学校,在推行素质教育方面取得了一定成绩,其经验在海口市素质教育总结表彰会议上介绍推广。1998 年,学校还通过省、市两级办学水平定级评估,确认为海南省一级学校,成为海南省第一所获得此项殊荣的初级中学。

上海市人民政府驻海南办事处

上海市人民政府驻海南办事处,是上海市人民政府的派出机构,成立于 1993 年 4 月 6 日,下设秘书处、业务处。其职责:加强与驻地间的政务联络,促进横向经济联合与协作,沟通信息交流,并负责对上海派驻海南省内的各类行政机构、企事业单位及其人员的联系、组织、服务、协调工作,处理其与驻地发生的有关事项。为保障工作生动活泼、扎实有效地开展,在建办的同时,相继建立了中共上海市驻琼企事业委员会和上海驻琼企事业联谊会等组织,负责驻琼企事业单位的党组织工作和上海驻琼企事业间相互沟通联络。

办事处建立以来,始终坚持上海市委领导提出的“优势互补、互惠互利、联动发展、共同繁荣”的方针和“团结、开拓、廉洁、求实”的办风,以开发经济功能为重点,积极主动地与驻地省市政府及有关部门保持联系,及时组织信息交流和协调服务,使沪琼两地的横向经济联合和协作蓬勃发展,并取得了显著的成效。如海口海华轮胎有限公司,它是由该办牵线搭桥和协调,经资产重组后,为上海轮胎橡胶(集团)股份有限公司的全资子公司。其成立当年,利税即名列海口市前茅,并被海口市人民政府评为内联企业“先进单位”。1998 底,朱镕基总理来海南考察时,专程赴该公司进行了视察,给予了充分的肯定。又如经该办协调,建立的沪琼两地菜蓝子工程,既丰富了上海市人民的“菜蓝子”,又使海南瓜菜在上海建立了销售市场,赢得两地政府的好评。另外,在该办关心和与有关单位的努力下,“海口世纪大桥”、“马村电厂”等海口市重点工程项目建设进展顺利,驻地各级领导经常亲临现场视察,并给予高度的评价。因此,使办事处多次被两地政府评为“国内协作先进单位”、“文明办事处”、“先进党组织”。

回忆过去,办事处为沪琼两地经济合作与发展取得的可喜成绩,使我们受到了极大的鼓舞和鞭策;而憧景未来,又使我们信心倍增,决心以更大的努力,为沪琼两地的经济合作,再创新的成绩。

办事处主任:龙启虎　　秘书处长:支爱强　　业务处长:汪国梁

地　址:海口海甸四东路颐和花园 9 幢 111 房

电　话:6255055　6265680　6252524　传　真:6254981　邮　编:570208

海南省水产研究所

海南省水产研究所原为海南行政区水产研究所,始建于 1958 年,1988 年升格为海南省水产研究所,是海南唯一的省级水产科学研究机构。

研究所现有科技人员 38 人,其中研究员、高级工程师 5 人(国家突贡专家 1 人,国家特贴专家 2 人,省优专家 2 人),工程师 9 人。助理工程师 8 人,所内部机构设有海水养殖研究室、淡水养殖研究室、捕捞资源研究室、水产加工研究室、办公室及三个试验站,拥有一批先进的仪器设备和配套的生物技术实验室、化验室、标本室及图书文献资料。1996 年全国 111 个水产科研院所综合实力调查排名,列 12 位。

该所承担着海南水产养殖、捕捞、水产加工、资源调查、渔法渔具等科学技术的研究和应用技术的推广工作。建省以来主要从事海淡水鱼虾贝藻类的养殖、苗种繁殖、养殖饲料、病害防治、渔业资源调查和水产品加工等应用技术的开发研究,先后承担农业部、省级重点科研项目14项,获得部、省、厅级科研成果8项。有4项重要成果得到极好的转化并形成产业化,多项研究成果直接推广和应用于生产,为海南的水产业的发展做出了重要的贡献。如该所承担的国家重点科研项目《斑节对虾人工繁殖及养殖技术研究》,其成果被转化和推广应用,使海南省的对虾养殖从无到有,在短短的几年时间内遍布全省沿海各县市,并取得突飞猛进的发展,仅对虾养殖每年就为海南省创造近10亿元的经济效益。

为适应新形势的需要,结合海南岛得天独厚的热带自然优势,面向21世纪的海洋世界,该所在省东部海岸正加紧建设一个大型的现代化的水产综合研究基地,更使研究手段和能力上新台阶。该所立足海南,面向全国,有能力对热带水产开展各种研究课题和更深层的科研活动。依靠现有的设施设备能向社会提供大量海淡水鱼、虾、贝、藻类名特优养殖苗种,并能提供海淡水鱼虾贝藻类养殖新技术、苗种繁育技术、营养饲料、病害防治技术、水产项目策划、养殖场设计、水质环境监测、水产品加工技术、渔业资源调查、海淡水捕捞渔法渔具方案设计、人才培训和技术咨询等服务。

所长、法人代表:许志坚　　地址:海南省海口市海秀大道2号　　电话:(0898)6773463　6792653　　传真:6775921　　电挂:3637　　邮编:570206

中国市政工程中南设计研究院海南分院

中国市政工程中南设计研究院是建设部直属市政工程综合甲级设计院,具有市政工程、建筑工程、工程勘察甲级证书,城市规划乙级证书,工程总承包、工程监理、工程咨询资格证书。该院主要从事城市给水排水、防洪、垃圾处理、燃气、热力、道路桥梁、工业与民用建筑、城市规划、厂站自动化等工程设计,以及工程勘察、监理、总承包等业务,多次获国家级和省部级优秀设计奖及科研成果奖。

海南分院成立于1988年。建院10年来,分院以总院为后盾,保持一支由专业配套、业务熟练的高中级技术人员组成的精干设计队伍,广泛采用现代化设计手段,在工程中积极推广应用先进的科学技术,累计完成工程设计项目100余项,取得良好的社会效益和经济效益。

该院设计的大中型市政工程中,海口市米铺水厂(一期)、海口市金融贸易区市政工程、琼山龙塘水源工程、三亚市机场路和解放路等已建成投入使用,海口市滨海高层区、金贸区北区市政工程和琼山市儒俊净水厂等即将完成。其中琼山龙塘供水工程日供水量36万立方米,是海南省目前规模最大的城市供水项目,获得海南省优秀工程设计三等奖。

该院始终坚持"质量第一、优质服务"的宗旨,与各建设单位密切配合,建立了良好的合作关系;并愿与省内各界同仁广泛合作,充分发挥在基础设施建设方面的技术优势,为实现海南跨世纪战略目标共同努力。

院长:李志龙　　地址:海口市花园新村B栋306室　　电话:(0898)6775813　6777043

海南省建设项目规划设计研究院

海南省建设项目规划设计研究院是海南省委、省政府根据建省后海南经济发展的需要批准成立的归口海南省发展计划厅领导的副厅级事业单位。其主要职能是:依据国家和本省产业政策,调查了解本省经济资源及基础条件,分析预测国内外市场动态,提出建设项目建议,建立备选项目库;负责组织编制大中型建设项目建议书和可行性研究报告,搞好项目前期准备工作;指导帮助各市、县、各部门、各行业组织项目规划;提供项目咨询等。

该院下设四部一室,现有专业技术人员近50人,客座专家近百名,技术力量雄厚,已获得国家发展计划委员会颁发的甲级工程咨询资格,并成为国际咨询工程师联合会(FIDIC)会员协会会员,是为省政府和计划部门及中外企业投资决策提供科学依据的重要机构之一。

近几年来,该院先后承担和参与了省发展计划厅下达的对外招商项目、海南热带农业高新技术产业示范区入园项目、海南信息产业园以及全省百万亩椰林工程等重大项目策划、规划和可行性研究工程。同时受项目业主委托,完成了三亚国际客运港扩建工程、三亚市六道湾渔港、海口市公路主枢纽客运西站工程,洋浦日处理1200吨小麦厂、电码电话防伪系统工程、椰风集团羊胎素补液工程、海南新大洲工业配套工程、保亭红毛丹生产基地、海南燕兴绿色产业工程、海南果蔬食品配送中心、海口市菜蓝子工程、省林业椰林工程、康乐园国际高尔夫球俱乐部、五指山索道工程、海南省农副产品中心交易市场、海南省体育基地、海南省鹿回头渡假村、海南省消防培训中心等200多个建设项目的总体规划、可行性研究和工程设计等项业务,其内容和深度均达到国家、省有关规定和要求,在海南经济建设中发挥了重要的作用。

目前,经海南省发展计划厅批准,由该院负责建设的海南省投资项目信息系统(项目库),依托海南省公共信息网提供的信息交换平台与因特网(Internet)互联,担负着为中外投资者提供投资项目咨询服务,开展经常性招商引资的工作。

院长:郑华川　　副院长:赵维江、赵复华　　地址:海口市机场路90号汇隆大厦C座二楼

电话:5361660、5365615　　邮编:570203　　传真:(0898)5361660

海南华北市政工程设计院

海南华北市政工程设计院是中国市政工程华北设计研究院派驻海南的常设机构。华北市政院是建设部直属的最大的综合市政甲级和建筑甲级设计院,在全国和世界均享有较高的知名度。

海南华北市政院建于1989年,已有十年的历史,1984年以来连续五年被评为海南综合实力三十强设计单位,先后完成了海口市米铺水厂二期扩建,海口市中心区污水处理厂、海口市管道煤气和三亚市污水处理厂等几十项城市基础设施的设计。为海南岛的建设与发展做出了突出成绩引得了社会的良好信誉。

海南华北市政院技术力量雄厚,设计装备先进,服务质量良好,具有承接大型工程设计的能力。朱总理在海南视察时,对该院设计的海口污水处理厂工程,给予很高评价。该院还协助政府对全岛各市县现有的燃气工程设施进行了全面审查,也对各市县将来的燃气发展做出了战略性规划,该院主要领导还作为一些项目和城市的顾问,经常献计献策,为城市建设发挥积极作用。

海南华北市政院的宗旨是:精心设计、优良服务、造福社会、面向未来。

地址:海口市国贸大道锦绣花园8单元100室　　电话:6710596

北京市市政工程设计研究总院海南分院简介

北京市市政工程设计研究总院海南分院成立于1988年5月,现有职工40人,其中专业设计人员32人,包括高级工程师12人(其中教授级高工2人),工程师14人,助理工程师6人,设计专业范围包括道路、桥梁、给排水、建筑工程、城市防洪、垃圾处理等。

分院技术力量雄厚,设计水平先进,现有计算机16台,大型工程复印机1台,电脑绘图仪1台,固定资产760万元。分院有严格的规章管理制度和健全的质量保证体系,11年来竭诚为海南特区的发展和建设服务,以其优质的

设计和一流的服务赢得海南省人民的信任。

海南分院成立 11 年来,完成省内的主要工程设计项目有:

1. 东西湖大同沟治理工程
2. 海口市中心市区排水规划
3. 海府路扩建工程
4. 滨海大道及滨海大道西延线工程
5. 海甸岛东部开发区市政配套工程
6. 美舍河开发区市政配套工程
7. 桂林洋开发区市政配套工程
8. 新埠岛市政配套工程
9. 海口市滨海大道污水干线工程
10. 琼海龙头开发区市政配套工程
11. 三亚青田水厂工程
12. 万宁龙保大桥工程
13. 琼山新市区海瑞大桥工程
14. 龙昆沟污水工程
15. 海口市美舍河综合整治工程
16. 海口、琼山、琼海、陵水四县市城市防洪规划
17. 琼山龙昆南路、凤翔路道路改建工程
18. 海口钟楼人行天桥、府城灵山人行天桥
19. 海口市疏港泵站工程

分院获奖情况:

1.1992 年 8 月获海南省人民政府颁发的"海南省先进驻琼企业"称号;
2.1994、1995、1996、1997 连续四年被省建设厅授予"综合实力三十强单位";
3.1994、1995、1996、1997 连续四年被海口市工商行政管理局授予"重合同守信用企业"称号;
4.1995 年 1 月滨海大道西延线工程被评为省 1994 年度优秀工程设计三等奖;
5.1996 年 3 月三亚青田水厂被评为省 1995 年度优秀设计二等奖;
6.1997 年 3 月海口市龙昆沟污水工程荣获海口市优秀设计奖;
7.1999 年 2 月海口市中心市区排水规划修编获 1998 年省优秀规划设计三等奖。

分院决心继续与海南人民共同努力,为建设一个环境优美、基础设施完善、繁荣富强的海南省贡献自己的力量。

负责人:施晓明　　地　址:海口市滨海大道花园新村 2 幢 201　　电　话:6775963　　邮　编:570105

中国铁道建筑总公司海南分公司

具有国家壹级工程总承包资质的国有企业

工程负责人简介

吕黔生:毕业于武汉工业大学工业与民用建筑系,从事建筑工程施工管理工作近 20 多年。曾任:助理工程师、工程师、项目经理、建筑工区主任、高级工程师、北京中铁、建筑工程公司付总经理、中铁海南公司、总经理等职务。

先后主持了北京西单商业区华威大厦购物中心(7 万 m^2)、华南大厦(8 万 M^2)、商业综合楼、中铁总医院(7 万 M^2)、全国人大住宅(4 万 M^2)、国家经贸部久凌大厦(5 万 M^2)、北京市万明寺住宅小区(15 万 M^2)、中外合资卡特彼勒维修中心等各种结构类型工业与民用建筑共计 30 多万 M^2,以及宁扬一级公路(K33 + 017 ~ K39 + 594)、广东西部沿海高速公路第一合同段、海南西环铁路、美兰国际机场功能区土石方等工程项目的施工。持有全国统考的一级项目经理证书,具有主持大型工程项目施工的经验和能力。

中国铁道建筑总公司海南分公司于 1994 年 5 月在琼注册成立。它是北京铁道部中国铁道建筑总公司的直属大公司,具有国家壹级工程总承包资质,有较强的科研、设计、施工管理等技术力量和施工能力。下属琼海工程公司、第一工程处、第二工程处和广州路桥工程公司、中国联合营造公司、广州艺生装饰公司、北京宏达装饰有限责任公司等 10 多个单位。现有正式职工 2550 人,其中有各类专业技术人员 503 人。拥有各种机械设备 254 台。

中铁海南分公司主要承担铁路、公路、桥梁、隧道与地下工程、水利、电力、机场、港口、矿山、市政、工业与民用建筑等工程的设计、施工、设备安装、工程监理和技术咨询;物资采购和储运,新建铁路运输,机械设备和建安器材的租赁;生产应力混凝土桥梁、轨枕、水泥、铁路施工机械、养路机械,开展商贸、房地产等多种经营。

近几年来,先后承建了海口美兰国际机场、琼山儒俊水厂、海南西部环岛铁路等一大批国家重点工程和北京西单购物中心华威大厦、华南大厦、北京建行总部、海南新华社分社办公楼等房建工程。以科学严密的组织管理、高难度有新技术新工艺、评比全优的工程质量和忠实严谨的信誉获得了社会的广泛称赞和业主的青睐。

海南分公司目前正在按照现代企业的特点和要求,强化技术、质量、安全目标管理,向集约化和集团型方向迈进,真诚希望与各界进行更加密切的合作。

海南航达工程建设监理公司简介

工程建设监理制是我国大力发展市场经济的必然产物。海南航达工程建设监理公司是在大特区较早从事建设监理的专业化、社会化监理公司之一,并随着大特区的发展而成长壮大起来,是海南省第一批经国家建设部认定的国家甲级监理公司。

航达监理公司主要从事各类工程建设项目的监理和工程咨询,可进行从项目可行性研究、规划、设计、投标、施工等阶段的全过程监理,为业主提供可靠、公正、科学的工程项目管理服务,以确保业主在技术、经济等方面获得最佳效益。

该公司技术力量雄厚,现有技术、组织管理人员 60 余名,其中高、中级技术职称人员占 80% 以上,工程技术人员占全体员工的 90%。公司总经理和各主要专业负责人为国家注册监理工程师,且专业配套,拥有规划、建筑、结构、给排水、电(强、弱电)设备安装、暖通、测量、路桥、计算机等各类专业人员,在工程技术、管理、经济等领域具有丰富的理论知识和监理经验。公司绝大多数专理队伍。公司还配备了先进的检测仪器和设备,采用计算机辅助监理手段,并制定了严格的监理制度和监理程序,保证了监理工作的科学化、规范化。

公司的宗旨是:严格监理,热情服务,诚实守信,公正合理。近年来公司在激烈的竞争中不断发展壮大,本着"监督、管理、协调、服务"的方针,全心全意为业主服务,并公正维护建设各方权益。公司先后在工业、民用、交通、能源等领域承担了 20 余项工程建设项目的监理工作,其中多项为国家和省市的重点建设项目,项目投资总额超过 100 亿元人民币,建筑面积近 50 万平方米。该公司监理的主要工程有美兰国际机场、海口保税区、南山电厂天然气输气管道工程和海口江峰大厦、海都酒店、海南商检局综合楼、海口火电股份有限公司综合楼、海南航空食品有限公司二期工程及海南省目前最高建筑 56 层全钢结构的中青大厦等工程。针对工程特点,编制详细的监理规划和监理实施细则,把临理重点放在事前控制,并采取"全过程、全方位、全天侯"三全式旁站监理,使所监理的工程项目在工程质量、工程投资、工程进度三大目标控制上取得了令人满意的成绩,公司临理的三亚凤凰国际机场海关联检楼被评为 1995 年度海南省优质样板工程,受到了省市质检站和业主的一致好评。在南山电厂工程建设中,仅用

183天就实现了第一台机组并网发电,海南省审计厅在审计评议书中写到:"该工程质量好,且造价不超过概算还有节余,这在我省重点工程中实属罕见"。在保税区建设监理中,仅1994年度就为业主节约资金1000余万元。公司监理的南山电厂三亚市生活区住宅楼工程经三亚市城建局、质监站等各方的联合验收,被评为优良工程,并给予很高的评价。

正是由于该公司取得了较大的成绩,受到了党和国家领导的赞扬和肯定,原全国人大常委会副委员长陈慕华为该公司题词:"科学组织、严格管理、热情服务",原国家审计署总审计长于明涛为该公司题词为:"发展监理事业大有可为",给全公司员工极大地鼓舞。1996年,该公司被海南省建筑厅授予"全省先进建设监理单位",公司总经理龚承宗先生和总监理工程师胡坤被授予"全省先进建设监理工作者"的光荣称号。现在,该公司全体员工在公司领导下,一如既往,不断开拓进取,继续为业主提供更优质的服务,热诚欢迎国内外各界朋友前来洽淡有关业务。

公司地址:海口市南宝路35号五楼　　法人代表:龚承宗(国家注册监理工程师)
电　　话:(0898)6716365　6716361　传　　真:(0898)　6716355　邮　　编:570206

中铁二局海南三亚公司
(原铁道部第二工程局海南三亚公司)

中铁二局集团有限公司由铁道部第二工程局改制组建,具有国家建筑工程总承包一级资质,曾两度登上中国500家最大经营规模建筑工业企业榜首,五夺中国建筑工程最高奖——鲁班金像奖,多次荣获国家科技进步奖,国家发明奖和国家优质工程奖。

海南三亚公司是中铁二局集团在海南的重点直属企业。公司1994年进入海南市场,现有员工2500余人,各种先进的机械设备200余台,固定资产5000余万元。公司秉承"以实力铸辉煌,以信誉交朋友"的经营理念,先后承建东线高速大茅隧道,一期扩建Ⅳ标段,西线高速海口至洋浦Ⅳ标段,青岭隧道右线等工程。两度荣获海南公路建设最高荣誉"金光大道奖",被省长汪啸风誉为"攻坚必胜之师"。

目前公司承建的工程还有:西线高速路青岭隧道(右线),洋浦至八所Ⅵ标段,东线高速路二期扩建Ⅳ标段,粤海铁路南渡河特大桥和粤海铁路Ⅴ(1)标段等工程。

海南海华高技术工程实业公司是经海南省政府批准并在海南省工商局注册的合法的一级法人企业,是集技、工、贸于一体的实业型公司。公司创办于1988年海南省建省之时。公司主要由原电子工业部和中国科学院一批高级专家组成。公司创始人徐本祺先生当年受部领导之命率队从北京入驻海南,在当地政府领导下,十年来历经苍桑,几起几落,终于扎根于海南。公司由创办初期的注册资金贰拾贰万伍仟元的规模逐步发展到注册资金为壹亿元的规模。从1999年开始,海华公司将进入第二个十年,也是大发展的十年。

公司董事长兼总裁徐本祺先生,是我国有影响的微电子工程专家;第一总工程师刘忠立先生,是我国有影响的微电子技术专家,他们在国际上均有一定的影响力。公司领导层基本上是由国家级高级专家或专家组成,大部分成员在60岁以上,即海华公司的领导层是成熟而稳健的。公司总部还有一批受过良好而系统教育的、素质较好的中、青年专家,他(她)们将是本公司的中坚力量。本公司连续八年被工商局评定为"重合同守信用"企业。

公司主要经营范围:微电子、光电子工程、信息技术工程、超洁净技术工程、能源工程生物工程和石油化工等产品的制造与加工，兼营建材、矿产品、五金工具、日用百货、工艺美术品等进出口业务。

公司的宗旨：用国家优惠政策，用我们自己的智慧，用外国人的资金，在中国的领土上，建设现代化一流的制造财富的产业。

公司的精神：勤奋、刻苦、务实、守信。

公司对职员的三项要求：做一个合格的公民；务实；要有北京人的风度和中国人的国格。

公司总部主要组成：董事会下设总裁和总经理部。主要下属企业（或控股、参股企业）有：海南海华炼油有限公司、海南海华微电子厂，海南海华光电子工厂，海南（儋州）海华物资有限公司，海南海华建筑工程有限公司，海口海华室内装璜公司，美国海华国际工贸有限公司，欧洲海华石华股份有限公司。

正在预研和预备投入的项目有：广东台山海华石化总厂、埃及海华电子工厂、南京活塞环工厂、山东烟台建材工厂、北戴河铁道电子工厂及海华学校等。

公司总部已经决定，将在 1999 年底开始组建"海华集团"，"海华"将以全新的面貌，以跨国公司的姿态进入 21 世纪。

公司总部主要成员简介：

（1）徐本祺——公司董事长、总裁兼法人代表。

1939 年出生，1964 年毕业于北京工业学院（现北京理工大学）微电子专业，历任中国电子工程设计研究院助理技术员、技术员、工艺负责人、工程师、高级工程师、院总设计师等职。从事或主持过数十项国家重点工程项目建设的技术工作，从事过国家"六五"、"七五"发展规划电子部分的起草工作，参加过中国《无线电技术大辞典》半导体部分的修编审定工作，参加过我国第一条半导体半自动化生产线的设计工作，参加过我国第一条集成电路半自动化生产线的设计工作，主持编辑并出版发行了我国第一部《集成电路专用设备手册》工作，曾在国务院两办一部的规划办公室工作，并负责长江三角洲计算机及微电子发展规划文件起草和组织协调工作，曾多次参加 IC 技术的国内国际会议。曾参加 1988 年海南省海口市、三亚市发展规划的审定会议，曾任海南省政府国家自然科学进步奖评审专家组电子组组长，曾历任中国国家科协咨询部顾问，北京、上海、天津等地的专业方面的顾问，曾任国家级刊物"LSI 测试与制造"编委副主任，曾数十次率团赴外或参团赴外进行技术考察和谈判，是中国电子学会会员，中国物理学会会员。

（2）刘忠立——公司董事，第一总工程师。

1940 年出生，1965 年清华大学微电子专业毕业，历任中国科学院半导体研究所的助理研究员、课题组组长、研究员、教授、国家开放实验室（第七实验室）副主任，曾多次以学者身份赴外考察，曾任香港某大学客座教授，是中国电子学会会员，中国物理学会会员。

（3）王华丽——公司董事，执行总经理。

1959 年出生，1984 年四川大学经济管理专业毕业，历任重庆地区供销系统的财务办公室职员、公司业务主管、公司副经理、公司党总支书记、公司纪委主任等职，1990 年调入本公司，历任总办主任、副总经理、常务副总、执行总经理。曾多次赴新加坡、日本、美国及香港地区考察和谈判。

（4）沙本家——公司总部第二总工程师、常务副总经理。

1936 年出生，1958 年北京无线电学校毕业，1962 年清华大学函大毕业，在中国电子工业部系统工作四十年，历任实习技术员、技术员、工程师、高级工程师。参加和组织过二十余项国家重点建设工程项目的技术工作；曾从事和主持过援助越南等四个国家的六个工厂建设项目的技术工作；参加过国家第三、第四个五年发展计划电子工业部分的制订工作；曾任某工厂生产计划科长、技术科长、厂办主任、总工程师、第一副厂长兼总工程师等职，是中国电子学会会员，是我国高级电子工程专家。

（5）刘德烈——公司总部第三总工程师

1939 出生，1964 年毕业于北京石油学院炼油专业，在原石油部和中石化系统工作，历任助理技术员、技术员、工程师、室主任、高级工程师和洛阳炼油总厂副厂长兼总工程师，是国内外有一定影响的我国高级石化工程专家。

海华公司热忱欢迎国内外仁人志士的精诚合作！

构筑一片产业　开拓一个市场　带动一方脱贫

——海南恒泰芒果产业股份有限公司以农业产业化推进光彩事业的报告

1987年底，几位来自高等院校的青年经济学者、高级知识分子经过周密筹划，怀揣建设海南的蓝图，踏上海南建省、建大特区前的这片热土，一头扎进了热带雨林覆盖的莽莽荒原，在漫山荆棘与灌木丛生中劈开了一条发展热带农业产业的艰辛路程，创建了海南恒泰芒果产业股份有限公司（其前身为海南恒泰集团海口恒泰实业有限公司）。十二个年头下来，最早的拓荒者已经两鬓染霜，接踵而来的中青年知识分子队伍滚雪球般的扩大，他们以热带水果产业作为首期规划目标，目前，这一产业已遍及海南、广西百色、云南西双版纳等少数民族地区和贫困地区，从基地化，扩展到区域化，进而发展成产业化，走进大市场的角逐，形成了从热带水果种植——水果保鲜——水果加工——鲜果及果制品、饮料营销的产业系统工程；与此同时，依靠这一产业强大的拉动效应，以及市场化机制的内在冲动，形成了一个庞大的扶贫开发系统工程，带动了三省热作产区的脱贫。这一产业的创始人、带头人李长盛由此被当选为中国光彩事业促进会的理事、常务理事并获得光彩事业奖章；该产业也被列为全国光彩事业重点项目、全国扶贫开发重点项目、全国贸工农一体化重点项目、海南省农业综合开发重点项目、海南省农副产品加工龙头企业。也正是因为这一产业的巨大社会影响，中国首家以民营经济为主体的（约占80%）、经营热带农业产业的海南恒泰芒果产业股份有限公司于1997年6月被批准发行股票、公开上市。在热带农业产业化的进程中，恒泰公司闯出了一条扶贫攻坚的新路子。

一、产业化的拉动效应

12年来，恒泰公司将热带水果产业深深植根于贫困乡村的土地上，形成资产约8亿元，其中，分布在海南、广西等贫困地区的资产占65%；直接用于扶贫开发建设项目的原始投资达3亿余元，占全部原始投资的50%；形成了自有2万亩芒果西番莲种植基地并控制着60—80万亩芒果西番莲资源、3万吨水果保鲜处理能力、5万吨原浆生产能力、12万吨果汁饮料加工能力、近3亿元产值的包装生产能力以及遍布全国的营销网络这一完整的产业链。这一产业链对贫困地区经济发展所产生的拉动作用表现在以下方面。

首先，是对种植业的拉动。公司现有5万吨原浆生产能力，芒果和西番莲分别按50%、30%的出浆率计，需消耗鲜果大约在10万吨以上，再按农民果园的平均亩产水平（300公斤）计，将足以吸纳消化30万亩以上的芒果西番莲资源；再加上公司所拥有的鲜果保鲜体系和销售网络以及个体农户所不具备的长途运输（目前大部分靠空运）能力，可鲜销5万亩以上的鲜果资源，所余部分则由农户进行地头销售和短途运销。这样，将使近50万亩果园的农户不因“卖果难”而困扰，可带动约8万农户、近40万人口脱贫（注：平均按6亩/户，2500元/亩销售收入，600元/亩生产成本计）。

其次，是对包装业的拉动。从鲜果，到原浆，到饮料及果制品，其包装成本约占全部销售收入的50%以上，按公司目前已实现过的营销能力（5亿元）和已达到的生产、营销能力（12亿元）计，分别可拉动包装业的生产总值为2.5亿元、6亿元，而其中，包装物品的40%以上可由当地县镇投资就近组织生产供应（目前，公司投资在贫困地区的包装物生产线已达产值1亿元）。

再次，是对运输业及农药化肥业的拉动。在公司的整个销售收入中，运输费用约占6%强，其中0.5%—1%应为贫困地区可以承担的短途运输、装卸费用；在公司所拉动的50万亩种植业当中，年均每亩投入的农药化肥约200元，共计投入量应为1亿元以上。

最后，是对就业人口增长的拉动。目前，在公司的整个产业链中，长年性岗位的就业人口为1700余人，其中30%为贫困地区的劳动力；季节性用工为500余人，基本为贫困地区的劳动力；所推动的种植业、包装业、运输业、农药化肥业等间接就业人口估计为10万人左右，其中绝大部分为贫困地区的劳动力。据专家预测，到2000年初叶，我国农村剩余劳动力将达2亿左右。那么，恒泰的实践也告诉我们，具有劳动密集型特征的农业产业化将是解决这一问题的最现实的途径。

二、规模化的示范效应

1988年，当恒泰公司选址“万亩芒果基地”之时，当年的昌江县委书记、科技副县长和恒泰公司领导带队的考察人员踏遍山山水水，除了在丛山丘岭中偶而可见一些野生的百年芒果老树之外，只是在昌江县的一个水库附近发现了一处200余亩的芒果种植园。经过科学论证，恒泰在昌江最贫穷的七差乡毅然摆开战场，推土机震醒了沉睡多年的荒山野岭，种下了2千亩、3千亩、直到5千亩芒果，农民在好奇地观望。3年后，当恒泰芒果园结出了累累硕果，周边的农民心动了，向恒泰要来了果苗。可是，几年过去了，七差乡重合村种的800亩果树就是不挂果，愤努的农民将果树砍光了，只剩下支部书记的13亩。这位黎族同胞请来了恒泰的技术员。第二年，13亩芒果就获得了大丰收，收入1万多元。示范效应又重新燃起了农民的希望，从1994年到现在，仅七差乡就种下了20400亩芒果，昌江全县芒果种植面积突破了100000亩，并在1996年与恒泰公司签订了十万亩芒果总体技术改造服务协议。昌江县如今已成为饮誉全国的“芒果之乡”。

农民是最现实的。农业产业化的规模效应只有通过比较利益才能体现出强大的示范作用。在恒泰的自有芒果基地上，建场之初，公司除承担全部基础设施的建设和种苗、农药、化肥的供给外，每个劳动力发给每月工资150元；果树挂果后，公司实行统分结合的管理办法，对农民分方块进行生产承包，收入分成；1998年，承包户农民的劳均收入达到了3924元，其中收入达1万元—2万元的38户（其中一个劳力的有22户，户均收入11666元；二个劳力的有16户，户均收入17472元），收入达2万元以上的21户（其中一个劳力的有5户，户均收入28427元；二个劳力的有15户，户均收入23365元；三个劳力的1户，收入37498元），收入最高的农户为41910元（二个劳力）。他们的示范作用，使周边地区农民种植热带水果的热潮大为高涨。昌江七差乡在没有种植芒果之前的1988年人均收入200多元，到1997年翻了2番，达800多元，脱离了绝对贫困线。

“万亩西番莲基地”的示范效应也是如此。在海南松涛水库流域的白沙、儋州两地，乡村农户于1989年开始种植西番莲，曾经达到过三千亩的规模。1993—— 1995年，农民送果无门、卖果无路，数度毁园。1996年，在恒泰大规模的果园效益带动下，加之恒泰对农民的垫资建设、保护价收购，使周边农民的西番莲果园迅速恢复，并扩展到近万亩。

规模化的示范效应还体现在营销规模示范上。1994年开始，恒泰利用自己强大的营销网络和保鲜体系，对自产的和周边农民所产的鲜果进行远距离运销，及至北京、上海、重庆、沈阳等二十余个大型城市，带动周边农民走出了山林，进入了海口、广州等近距离城市，再不满足于田头地边路旁的堆卖了。昌江县政府也由此跑到北京组织“芒果之乡”新闻发布会。昌江县的一个现任副县长说，在恒泰的带动下，昌江县抓住芒果这个龙头，1998年的挂果面积就达68800亩，产量2万余吨，产值达8000多万元，占农业产值的30%，税收的80%。

三、市场化的驱动效应

在市场经济的今天，所谓开发式扶贫也好，农业产业化的推进也好，市场才是关键之所在。对于直接以人们饮食为终端消费的农产品和农副加工品，更是如此。1978年，我国人均占有水果6.9公斤，到1997年，我国人均占有水果达49公斤；1997年，德国、奥地利、美国等国家人均消费果汁饮料分别达41.4升、34.3升、30升，发达国家平均消费果汁饮料达25升/人·年以上，我国人均消费果汁饮料仅0.85升；而芒果、西番莲又是资源稀缺的世界公认的珍奇热带水果。正是这一巨大的市场空间和潜力所驱动，恒泰才构筑起这一片热带水果产业并和扶贫攻坚壮举紧密联系在一起，也正是为了满足人们饮食结构变化这一终端消费的需要，形成强大的市场竞争能力，恒泰在近两年花了1.6亿元来树立“园之梦”鲜果、饮料、果制品的品牌形象和建设自己的市场营销网络，使自己的六大农产品被命名为优质产品，从鲜果、原浆到饮料均获得了国家颁发的绿色食品证书，在饮料行业首家通过了ISO9002国际质量认证，成为国家商检局批准的出口商品基地，还荣膺“人民大会堂指定产品”、“国宴饮料”的称号。为适应不同消费通道、不同消费群体、不同消费层次的需要，恒泰开发出优质鲜果品种18个，优质饮料品种42个，形成了门类齐全、结构合理的产品体系。

人们常说，农业产业化要以农户为基础，龙头企业为中心。但这个“龙头老大”绝不是自封的，也不是政府指定的。它必须具有把千千万万的农户环绕在自己的周围，并帮助农民、带动农民、驱动农民从自给自足的封闭生产田头走向市场的能力，才具备龙头企业的作用。也只有在市场化的驱动下，把小农经济纳入大市场的运作，才谈得上使贫困乡村走上脱贫之路。如前所述，恒泰公司运用自己的营销网络，保护价收购，每年为农民运销、加工了数万吨鲜果,解决了“卖难”的问题,起到了工业反哺农业的作用,使得海南的芒果、西番莲种植蓬蓬勃勃地发展起来。当这一市场化的驱动效应很快传到广西百色地区以后,行署专员书记带队,亲赴海南,与恒泰洽商合作事宜,以解决百色30多万亩芒果的出路问题、市场问题。1996年,百色行署与恒泰的合作协议达成,恒泰出资3000多万元,相继在百色建成了1.5万吨的保鲜生产线,3万吨的原浆生产线、1万吨的高浓度果汁(相当于5万吨饮料)生产线,和注入配套流动资金,并派出了大批业务骨干,将产业扶贫的大旗插到了百色贫困老区的土地上。现在,百色芒果产业的发展已引起了江泽民总书记的关注。

市场化的驱动效应,医治了农民“政府叫种什么,千万不能种什么”的历史创伤。他们说,市场上需要什么,龙头企业引导生产什么,我们就种什么,这样较少出差错。

恒泰走过的路子,已经雄辩地证明农业产业化在扶贫攻坚中的根本作用。同时,它还告诉人们,所谓农业产业化,决不是简单地在农区开垦一个种植园或建成几个农副产品加工厂就是产业化了。农业产业化经营,其实质内容就是延伸农业的产业链,从田头到市场,把第一、二、三产业有机结合起来,以适应市场经济的要求,提高农业的比较利益。只有这种意义上的农业产业化,才能成为扶贫攻坚的主旋律。

海口食品有限公司肉类联合加工厂简介

海口食品有限公司肉类联合加工厂是利用丹麦政府贷款,引进丹麦先进屠宰加工技术与设备兴办的海南省第一个现代化猪、鸡屠宰加工生产线项目,是海口市“菜蓝子”工程重点配套项目和海口市政府指定的唯一定点屠宰厂。

肉联厂1998年1月试产,占地面积3.3公顷,总投资9640万元,生产区主要由以下五部分组成:

①每小时屠宰生猪200头的屠宰生产线和班产10吨的分割肉生产线;

②每小时屠宰1000只鸡(或450只乳猪)的屠宰加工生产线;

③总容量1200吨的冷库;

④日处理量1000米^{3}的污水处理场;

⑤存栏2000头生猪的生猪交易市场。

肉联厂生猪屠宰生产线引进丹麦设备,采用PLC电脑自动程序控制系统,自动控制生产线流速以及烫毛水温、水量,并有故障自动报警、自动停机、自动保护功能。该生产线采用国际上通行的同步卫检工艺,即猪的胴体解剖及检验与猪内脏检验相互对应,同速同步进行,一旦检出病变即可找出相对的内脏或胴体,保证病猪及其内脏不会流入市场。屠宰过程排出的污水进入污水处理场,污水处理工艺采用生物活性污泥法,处理后的污水达到排放标准后排入市政污水管网。

肉联厂兴建的生猪交易市场于1998年4月1日正式使用,按照市政府规定,海口市的生猪交易集中于该场进行,肉贩在生意成交后,直接委托肉联厂代宰和运送猪肉。肉联厂设有专门的运肉车队,负责将业户的猪肉配送到各个市场。

肉联厂还拥有一批技术过硬的生产骨干和具有丰富实践经验的机械、电气、制冷、卫检等专业技术人员,生产工人经严格考核和技术培训,掌握了屠宰加工及设备操作技术。目前,工厂拥有各类管理和专业技术人员33人,职工总人数226人。

海口食品有限公司肉联厂将为海口市贯彻落实国务院《生猪屠宰管理条例》,执行“定点屠宰、集中检疫、统一纳税、分散经营”的十六字方针,确保海口市人民吃上“放心肉”“卫生肉”奠定坚实的基础。

地　址:海口市疏港大道118号　　负责人:范平岳　　电　话:8660839　　8660835

海口康乐卫生巾厂

海口康乐卫生巾厂是1992年8月创办的,当时只有一条生产线,共有10人,几年来该厂始终把产品质量视为本厂生存和发展的生命线,因此,该厂系列产品的质量和知名度是逐年提高,产品遍及省内各市县。该厂的规模也不断发展壮大,几年来,吸纳了数拾名下岗工人就业。

厂 长:杨全位　　地 址:海南农垦农局建材厂内　　电 话:8911650　　邮 编:570226

海口浙南管道设备有限公司

公司主要经营各种高中压阀门

*产品按照GB、JB、ANSI、API、JIS等标准生产的闸阀、截止阀、止回阀、球阀、电站阀门、硬密封蝶阀、安全阀、减压阀、旋塞阀、隔膜阀、疏水阀、针形阀、紧急切断阀、手摇油泵、气泵、液化气压缩机、浮子液位计、气相液相胶管、充气枪、耐震压力表、波纹膨胀器、法兰片等管道配件。

*以上阀门有手动、电动、气动、液动、蜗轮转动。

*产品材料有铸件、碳钢、不锈钢、合金钢、铬钼钢等。

*主要使用单位:燃气、电站、化工、化肥、制药、炼油、造纸、轻工、糖厂等行业。

*公司已为全省五十多家气站、库提供优质阀门及配件,得到客户一致认可。借此机会向广大用户表示诚挚的谢意。

公司宗旨:以质量求生存、信誉服顾客、合作求发展的经营原则,竭诚向广大用户提供优质产品。欢迎各界人士光顾垂询、洽谈业务。

地址:海口市海秀路152号之44—45(海口西站右侧100米)

电话:0898—8669726　　传真:0898—8661908　　手机:1397587730　　邮编:570311

业务联系人:杨林　　朱玉彬

寰岛泰得大酒店简介

寰岛泰得大酒店是海南首家五星级酒店。由中国寰岛(集团)公司、海南寰岛实业股份有限公司、加拿大京龙国际地产有限公司投资6亿元巨资,按照国家五星级标准设计、建造、装修。由香港泰得国际饭店管理集团经营管理。酒店位于海口市,毗临海滨浴场,往返机场交通便捷。酒店建筑置身于绿荫花园之中,凝聚欧美设计时尚,荟尽热带滨海风情,是现代与自然两种风格相结合的典范。酒店有包括总统套房、空中花园套房在内的各式客房408间(套);有多个风格各异、环境高雅,荟萃中西佳肴的餐厅;酒店的商务及娱乐设施齐备;国际会议厅配备有先进的红外线六种语言的同声传译系统和各种现代化会议设备,大型综合性娱乐场馆内配备有英国斯诺克台球及麦迪斯国际标准十六道保龄球。酒店内还设有金融机构、航空售票处、商业街等各种配套服务设施。

酒店一直奉行“宾客至上，服务第一，尽善尽美，创新创誉”的经营理念，为在海南省创造出国际一流的酒店环境，为中外贵宾提供温馨惬意的服务而尽心尽力。开业几年来，酒店的营业总收入、经营利润、平均房价、上缴税费等经济指标一直名列海南同行业的榜首，并多次受到上级领导的表彰和奖励，酒店1995、1996连续两年被国家评为“全国最佳星级酒店”，荣获美国优质服务科学协会颁发的国际服务业顶级荣誉“五星钻石奖”及欧洲酒店国际协会最高荣誉奖——“金龙奖”，并获得“全国用户满意服务单位”、“全国五一劳动奖状”、“海南省旅游样板单位”、“海南省贵宾接待先进单位”等诸多荣誉。酒店还先后完成了李鹏、朱镕基、李瑞环、胡锦涛等国家领导人下榻酒店的接待任务，接待了挪威首相、孟加拉总理、乌克兰总统等多个外国元首和政府首脑，均受到贵宾们一致的赞扬和好评。科学的管理和优质的服务为酒店树立了良好的信誉和声誉，创造了良好的经济效益。泰得国际饭店管理集团寰岛泰得大酒店为基础组建的集城市商务酒店、温泉渡假酒店、滨海休闲观光酒店、海底观光景点、国际旅行社、航空售票为一体的系列化、一体化的海南寰岛旅游酒店连锁网体系，成为具有推广价值的区域性发展旅游业的成功典范；同时还将成功的酒店管理经验输出到山东、河北、云南等省，将海南酒店的管理与服务推向了岛外，使海南酒店管理业发生了历史性的转折——即由从国内外引进管理到向岛外成功输出管理。

寰岛泰得大酒店以豪华完善的设备与殷勤周到的服务为宾客提供超值享受，成为来海南商务、会议和旅游客人下榻的必然首选。

地址：海南省海口市和平大道18号　　邮编编码(P.C.)：570208

Add：No.18 Peace Avc. Haikou City, Hainan Province

电话(Tel)：(0898) 6268888　　传真(Fax)：(0898) 6265588

英特网址(Web site)：http://www. Huandaotide. com

电子信箱(E—mail)：hotel @ huandaotide.com

海南金海浆纸厂简介

海南金海浆纸厂项目是印尼金光(SINAR MAS)集团亚洲浆纸业股份有限公司(APP)在海南投资的超大型浆纸生产厂。APP是世界浆纸林工业中最具潜力及成长最快速的公司，也是亚洲市场中最大的浆纸林一贯作业生产者，及世界上制浆成本最低之公司。目前年营业额超过20亿美元，资产总额超过140亿美元，在全世界150家大型制浆造纸企业中排名第37位。

海南金海浆纸厂投资总额达106亿元人民币，被列为海南省重点工程项目。其设计生产能力为①、浆厂年产全漂白木浆60万吨(其中：桉木浆54万吨/年、松木浆6万吨/年)。②、正在申报中的纸厂生产能力为102.8万吨/年(其中：涂布纸52.8万吨、文化用纸及纸制品44万吨、生活用纸6万吨)。1998年12月21日朱总理来琼视察时，曾专门到洋浦开发区本项目开工现场参观指导并给予高度评价。

国家计委委托中国国际工程咨询公司对本项目的评估表明，本项目的建成投产，将对洋浦及周边地区乃到全省的经济发展产生巨大而深远的影响。具体表现在：

一、带动相关行业的发展

60万吨浆厂的投产每年将消耗原木246.19万吨，煤19.24万吨，重油3.3万吨，芒硝2.1万吨，石灰石5.1万吨，工业盐7.6万吨，硫磺0.35万吨，水2916万吨。以上消耗品都由省内、国内提供，故60万吨浆厂的投产将直接带动这些相关行业的发展。

二、改善环境、增加就业机会

为保证本项目的原料供给，APP与省林业局成立了金华林业公司，共同营造350万亩速生丰产林基地，该基地的建设不仅可为浆厂提供100%的木材原料，而且可以提高全省的森林覆盖率，增进森林的间接功能，改变区域性的微气候，增加降水，改良土壤物理结构，涵养更多水源，有效防止水旱灾的发生。为发展地方经济厚植实力，为当地劳动力提供更多的就业机会。也为地方与国家财政增加收入。

三、改变我国木浆、高级文化用纸长期依赖进口的局面

据中国轻工总会最近预测，到公元2000年，中国木浆缺口将达到1000万吨，以一吨木浆进口价500美元计算，每年即需耗用国家外汇50亿美元，而且把国内的木片外销国外，再从国外进口木浆回来，这是极不合理的现象。本项目的建成将有效地改善这一局面。

四、带动海南建筑市场的发展

浆纸厂一期用地面积为4,800亩，最终用地面积为20,000亩，其中浆厂建筑面积为194,407m^2，纸厂建筑面积为639,119m^2，合计833,526m^2。海南目前的建筑市场是僧多粥少，本项目的上马在一定的程度上缓解了这一状况，将带动建筑、建材市场的发展。

五、增加地方财政收入

本项目总投资额为106亿元人民币，全部由金光集团自筹资金。预计投产后：①、浆厂年销售收入265,412万元，销售利润79,136万元，销售税金18,934万元，②、纸厂年销售收入993,189万元，销售利润213,300万元，销售税金200,837万元。两项合计创造利税219,771万元/年。

六、环保方面

金光集团极其注重环保及生态平衡。本项目的"三废"治理指标经国家环保局确认均达到并远低于国家一级排放标准。排放的废水品质甚至可百分之百用于养殖水产鱼类。详情如下：

1、废水：

指标		国家一级排放标准 GB3544—92	废水治理后排放标准	对比情况
吨浆排放总量	化学需氧量（CODcr）	24kg	4kg	减少20kg
	生化需氧量（BOD_5）	7.2kg	1.2kg	减少6kg
	悬浮物（SS）	16.8kg	2.8kg	减少14kg
	可吸附有机卤化物（Aox）	1.5kg	0.8kg	减少0.7kg
	酸碱值（PH）	6—9	6—9	0

2、废气：烟尘排放量13.9g/s，SO_2排放量81.2g/s。

3、废渣：本项目的废渣主要为热电站产生的灰渣，经综合利用后可用于制造水泥、砖等。

4、噪音：对主要噪音源采用隔离措施，符合国家噪音污染标准。

综上所述，本项目的经济效益、社会效益非常良好，故此项目的上马得到了中央和地方各级政府以及社会各界的大力支持。

负责人：金元龙　　地　址：海口市白龙北路8—1号华海大厦　　电　话：5364370—122　　邮　编：570203

琼山财政从1953年建立县一级总预算后，至1980年前，根本上没有摆脱统收统支的框架，县地方没有多少实

际的财政资金支配权，地方每年的收入，按照“以收定支”的办法确定，县地方财政收入只有相对的比例，没有绝对的数额，心中无数，实际上等于没有固定的收入来源，县地方财政不能根据实际情况因地制宜地安排财政资金。在此期间，县地方财政从无到有，从少到多，经历了许多艰难曲折。1953 年县预算收入 413 万元，1980 年收入 1499 万元，虽然收入有所增长，但远远不能满足各项事业发展的需求，不能不靠上级财政补贴过日子。

1981 年开始，该县实行财政大包干体制后，打破了过去那种统收统支或统收不统支的的“吃大锅饭”局面，地方财政多收可以多支，少收就要少支，自求收支平衡，使责、权、利结合起来，调动了地方理财的积极性，县地方财政状况得到了根本好转，收入逐年递增。至 1988 年海南建省时，其收入达到 4432 万元，比 1980 年增收 2933 万元，增加了 2 倍。1990 年，经过全市干部群众和财税部门的共同努力，全市财政实现了平衡，结束了长期吃国家财政补贴的历史，财政收入连续稳步增长，一年一个新台阶。1992 年实现了新的飞跃，突破了亿元大关，从此跨入了全国亿元县行列。

1994 年实行分税制的财政体制后，进一步调动了理财积极性，市委市政府大力扶植地方税源，千方百计支持骨干产业，促进了地方经济的持续发展，使财政建立在一个稳固平稳的基础之上。1996 年收入 4.5 亿元，预计 1999 年收入可达 5.2 亿元。

地方财力的稳步增长，为琼山的改革开放，各项事业的兴办发展以及人民生活的改善提供了必要的保障。同时，对国家做出应有的贡献。据统计，从 1992 年开始到 1998 年止，琼山财政为中央、省财政上缴资金共达 4.7 亿元。

1988 年琼山市在海南率先实行乡镇收支包干的管理体制，并在实践过程中不断加以完善和充实，形成了“划分收支范围，确定收支基数，超收分成，结余另用、超支不补”的新的财政管理体制。由于利益跟乡镇直接挂钩，从而极大地调动了乡镇在发展生产、狠抓收入、当家理财的积极性。近几年来，来自乡镇的市财政收入逐年递增，每年平均约占市全部财政收入的四成。1998 年全市 26 个乡镇的财政收入共达 1.2 亿元，占市财政收入的 26.7%，有 21 个乡镇收入超百万。其中府城镇财政收入超过 6000 万元。由于财政改革的路子正确，有利于调动市和乡镇两个积极性，促进生产的发展和经济效益的提高，使琼山市国民经济走上了良性循环的轨道。

财政的出路在于经济的发展。琼山市在促产培财，增加收入中，重点培植四大支柱财源：一是抓好农业的综合开发，促进农村经济增长方式的根本转变。二是巩固一批重点骨干企业，确保财政收入相对稳定。三是改善投资环境，扩大外引内联，开辟新财源，增强财政稳定发展后劲。

投资琼山　前程灿烂

——记琼山市经济合作局

琼山市毗邻省城海口市，幅员面积 2068KM²，因其优越的地理位置、便捷的交通条件、完善的基础设施、卓越的人文环境以及良好的人才素质，素有“琼台福地”的美称。

改革开放 20 年来，尤其是海南建省办大特区以来，琼山市凭借自身的有利条件吸引了众多的国内外客商前来观光考察、投资兴办实业，据不完全统计，至 1998 年底，已有新加坡、马来西亚、泰国、日本、美国、加拿大、英国等 17 个国家和港澳台地区以及国内 29 个省市获准举办外引内联企业（项目）1374 个，协议投资 751.6 亿元人民币（下同），现已实际投资 66.54 亿元，其中外商投资 34.75 亿元，外省投资 31.79 亿元。这些企业在为琼山经济和社会作出贡献的同时，自身也获得了较快的发展。琼山市的经济、社会、人文等各种资源要素和外引内联企业（项目）的要素有机地组合，在海南省内形成了不可多得的投资优势。

区位优势：与省城海口市连成一片，承担省会城市的部分功能，与海口的社会、经济、文化诸方面形成很强的相互配套能力。特别是境内的美兰国际机场建成通航，给机场周边的东部地区带来了无数商机。

资源优势:耕地5.5万公顷,天然牧草1.9万公倾,林地3万公倾,港湾7个,海岸线101公里,对发展热带农业和海洋捕捞养殖业提供了有利的条件;除储量丰富的煤、铝、高岭土、矿泉水外,旅游资源丰富而奇特:世界上保存最完整的火山口遗址——马鞍岭火山奇观、国际A级自然保护区——东寨港红树林、我国历史上唯一的陆陷成海的地震废墟——海底村庄等景观在国内外绝无仅有。五公祠、琼台书院、洗太夫人庙、府城古楼、丘浚和海瑞故居等构成了琼山市独特的人文景观,还有60多处有待开发的旅游景点又将成为投资者的乐园。

交通优势:琼山市既是琼北地区的交通枢纽,又是全省的空中门户。三条国道干线、三条高速公路穿越境内15个乡镇,与全市26个乡镇的144条地方公路构成四通八达的地面交通网;美兰机场、琼北海港与陆上通道构成了亮丽的海陆空立体交通网络。

产业优势:以府城及周边地区为主的工贸经济带、沿公路干线乡镇为主的热带高效农业带、沿滨海乡镇为主的海洋产业带、以名胜古迹为主的特色旅游产业带,具有明显的经济聚集效应和辐射效能。

政策优势:在改革开放和办大特区过程中,琼山市委、市政府相继出台了许多优惠政策,包括投资项目均享受地价、税收等方面的优惠,鼓励投资高科技项目、农产品市场开发和经营项目等。这不仅有效地保护了投资者的利益,更给投资者带来了广阔的发展空间,体现了市场经济条件下更加开放的核心价值。

服务优势:全体公务员秉承"投资有限、服务无限"的投资服务理念,在实践中形成了成熟的"高质、高效、全程、全面"的投资服务体系,备受投资者青睐。

在2068平方公里的琼山大地上,既有适于农作物生长的良好土质气候条件,又有适于发展工业的丰富地下资源;既有开发养殖业的广袤海域,又有可供发展旅游业的绝佳海滩;既有旖旎秀丽的热带风光可供游览观光,又有自然天成的火山口可资欣赏探趣…在充满生机和希望的21世纪到来之际,勤劳和朴实的琼山人民,将以更加博大的情怀喜迎八方游客,以更加宽松的环境善待投资者。琼山充满了动感和希望。

地　址:琼山市府城镇市委办公大楼　　电　话:5882690　　5884152

琼山教育50年业绩辉煌

记琼山市教育局

琼山是革命老区,是"琼崖人民一面旗帜,23年红旗不倒"——冯白驹的故乡。

新中国成立后,党和政府很重视教育,对旧的教育制度进行了彻底的改革。创立了人民教育制度,制定了党的教育方针,教育事业取得了巨大成就。琼山市也和全国各地一样,各级党委和政府十分重视教育,贯彻党的教育方针,实施"科教兴国"战略,发动社会各方面力量,采取多种形式办学,50年来,教育事业取得了引人瞩目的辉煌业绩。

琼山市各级政府坚持把"普九"作为教育的"重中之重"。人民群众办教育的积极性得到充分发挥,全社会尊师重教、关心支持教育蔚然成风,把基础教育推向迅速发展的快车道。到1998年,全市共有中小学572所,完全中学7所,初级中学17所,在校学生32130人,完全小学249所,初级小学140所,在校学生82744人,适龄儿童入学率达99.6%,适龄少年入学率达95.3%。该市的基础教育的普及程度、师资水平、办学条件、教育经费的投入、教育质量的提高等五个方面均达到国家规定的指标。1996年,被国家教委授予"普及九年义务教育与扫除青壮年文盲市"的光荣称号,跨入了全国"普九"先进市县行列。

为了改善办学条件,优化育人环境,该市发挥侨乡优势,做好"侨"字文章,发动爱国华侨、社会集团、各界人士捐资助学,集资办学。几年来,该市多渠道集资3.91亿元,用于教学设施和校容校貌建设。到1998年,全市已有31所中小学被评为全省校容校貌先进单位。如今,从城镇到乡村,最好的楼房是校舍,最美的环境是校园,最令人羡慕的职业是教师。学校不仅成为培养学生才智的学园,发展学生兴趣爱好的乐园,陶冶学生思想情操的花园,而且还成为当地传播科学文化知识的中心,精神文明建设的"窗口"。

琼山市粮食局

建国50年来,琼山市粮食部门担负着全市粮食征购、储藏和销售任务,发挥了国有粮食主渠道作用。全市年总收购量为21635吨(原粮),其中公粮5693吨;年平均销售量为20000吨粮食,全市建有仓库136座,总仓容量44465吨;月平均库存量为14176吨。市粮食局下辖42个企业,共有职工1340人。其中15个粮食收储企业负责全市粮食征购,储备和销售,27个附营企业的经营范围包括粮食加工、粮油、饲料和农副产品销售等。

改革开放20年来,琼山市粮食部门经历了1993年粮食经营放开和1998年流通体制改革两次大变革,将粮食企业全面推向市场。特别是去年,该局坚决贯彻落实国务院《关于进一步深化粮食流通体制改革的决定》,坚持"四分开、一完善"的粮改原则,着重落实"三项政策,一项改革"的粮改政策,顺利完成粮食流通体制改革任务。

改革开放20年来,该局始终坚持以邓小平理论为指导,坚持改革开放,推进粮食体制改革,开创精神文明建设,取得可喜成绩。

充分发挥粮食主渠道作用,积极主动配合市政府做好粮食征购工作,确保完成任务。1995年和1996年超额完成了全年粮食征购任务,被国家储备局评为"征购先进单位"。

抓好仓储工作,实行科学保粮,确保粮食安全,连续15年保持"一符四无"粮食市县,曾被评为"全国清仓查库先进单位"。

积极销售粮食,争创利润,在创造经济效益的同时,兼顾社会效益。曾被省粮局评为"两个效益活动完成利润奖"和"两个效益活动三等奖"。

在抓好粮食企业的同时,积极开展多种经营,在给企业带来经济效益的同时,还解决部份职工就业问题。

始终坚持两个文明一起抓,积极开创精神文明建设,连续5年被市评为"精神文明单位"。

在改革开放中,充分发挥党支部的战斗保垒作用和党员的先锋模范作用。涌现出一批优秀党务工作者和优秀党员。党委书记蔡向胜同志多次被评为优秀党务工作者。共产党员王昌和、周植炎、吴坤河、陈建成和吴元学同志先后被国家内贸部和国家粮食储备局评为先进工作者。市粮食局机关党支部连续7年被评为"先进基层党组织"。

琼山市旧州镇简介

旧州镇位于琼山市南部,南渡江从镇西边流过。地处北纬19°46′,东经110°24′。东连琼山市红旗镇、谭文镇;南接琼山市新民乡;西南与定安交界;北和琼山市云龙镇毗邻;西部隔江与琼山市新坡镇、美仁坡乡相望。镇政府设在旧州墟,处于琼定公路干线上,距府城39公里,美兰国际机场26公里,地理位置优越。

旧州镇是琼山市区域面积最大、人口较多的乡镇之一。全镇总面积为126.3平方公里,折合18.93万亩。现有耕地面积58079亩,其中水旱田31693亩,旱地26389亩。总人口24426人,其中男13052人,女11374人,农业人口22770人,非农业人口1656人,另外,还有少量侨胞居住在6个国家和地区。

旧州镇历史悠久,土地辽阔肥沃,自然气候适宜。唐朝贞观五年(631年),海南设置琼州,州府设在今旧州村。当时已临江修城。后因交通不便就迁往今府城镇,故此地有琼州府之称。后来人们在旧州村附近设墟,因其与旧州村近邻就沿用旧州之称。一直至今。全镇的土壤分为三种类型:红土区、沙土区和石砾土区,是发展多种经济作物的良好条件。肥沃而集中,便于耕种,水系分布广,河水丰富,南渡江两支支流鸭程溪和三十六曲溪均经本镇境内注入南渡江,全镇有大中型水库6宗、山塘15口、人工挖鱼塘30口,水面面积4100亩,水源充足。气候宜人。雨量充足,气温偏高,阳光充足,是发展经济的良好地域,是投资高效农业项目的最佳选择。

旧州镇是一个以农业为主的乡镇。水田面积大,大田洋有林肚、典弄肚、麻盆肚、岭子肚、新克洋、九公里田洋、十公里田洋等,以种植水稻为主,是琼山市的主粮区之一,1998 年稻谷总产量达 13471 吨。同时也是琼山市的主林地之一,造林面积占土地总面积的 18.65%,1998 年林业总产值达 406.88 万元。热带经济作物富有特色,旧州的东石龙眼核小、粒大、汁多、味美,富有名气,是全市乃至全省有名的水果。

旧州墟是镇委、镇政府的所在地,是全镇政治、经济、文化的活动中心,是琼山市军民共建的文明窗口。墟上驻有部队二个团级、一个营级单位,即某部高、低炮团和工兵营。

改革开放 20 年,旧州旧貌变新颜。全镇社会稳定,政治清明,经济繁荣,文化发达,各行各业蓬勃发展,人民群众安居乐业。全镇经济持续增长,1998 年全镇工农业总产值达 6079 万元,粮食总产量达 15346 吨,农民人均纯收入达 2680 元。境内乡村道路四通八达,饮水、供电、道路等老区建设取得了大大改善。农业基础设施配套齐备,科教、文化、卫生事业蓬勃发展,社会治安状况良好,安全文明小区建设范围不断扩大。招商引资发展经济有新的突破,1998 年有十二家大型农业投资开发项目在旧州镇安家落户。文明创建活动有新的成效,文明片区、文明村庄、文明家庭、文明村民层出不穷。过去"乱不过旧州",今天"稳不如旧州",旧州不再旧,旧州展新貌。

旧州镇地理位置优越,自然资源丰富,土地辽阔肥沃,道路畅通便利,基础设施齐备,人民善良勤劳,为全镇社会、经济、文化发展奠定良好的基础,发展前景广阔,明天更为光明。

蓬勃发展的琼海土地资源环保事业

琼海市国土资源环保局成立于 1998 年 7 月,系政府机构调整撤销原土地管理局、环境资源局组建而成,内设办公室、耕地保护组、地用地籍组、执法监察组、环境管理组、地矿管理组,下属 4 个事业单位,即土地评估所、环境监理所、环境监测站、矿务管理站。该局现有干部职工 54 人,各类专业技术人员占总数的 35%,其中中级职称以上人员 7 人。

琼海市国土资源环保局的主要职责是:负责全市土地、矿产等自然资源的规划、管理,保护与合理利用,环境监测与保护。该局先后被国家部(局)授予"全国建设用地管理先进单位"、"全国地矿管理先进市县"、"全国土地详查成果三等奖"、"全国基准地价评估成果三等奖"、"县级土地利用现状调查应用科学技术成果三等奖",先后被省厅(局)授予"全省土地管理系统先进集体"、"全省建设土地系统精神文明建设先进单位"、"全省建设土地系统精神文明建设示范单位"、"全省文明管地示范定点单位"、"全省环境资源工作先进单位"等十五项荣誉,此外,2 人被国家土地局授予"全国土地管理系统先进个人"称号,1 人被矿产部授予"全国地矿管理系统先进个人"称号,4 人荣获"全国土地定级估价应用科学技术三等奖",5 人荣获"全国土地利用现状调查应用科学技术三等奖"。

——全面推进土地管理,落实土地基本国策。一是加强地籍基础业务建设,对土地实行动态管理。1992 年,全面完成琼海市土地利用现状调查工作,取得图件、数据和调查报告等成果;1998 年,全面完成琼海市土地统计与变更调查工作,掌握了土地利用的现状;1991—1998 年完成土地登记发证 13667 宗;1996—1997 年,投入 57 万元完成加积城区与两个乡镇 17.3 平方公里地籍测量;1998 年吸收日资低息贷款 25 万元购置设备组建微机工作站,建立琼海市土地管理信息系统。二是贯彻落实中共中央、国务院《关于加强土地管理切实保护耕地的通知》精神,坚决执行"冻结"措施,全面清查非农建设用地,整顿管地用地秩序。大张旗鼓,采用多种形式宣传中央《通知》与新《土地管理法》,增强全民依法、集约用地观念。科学编制市与乡镇两级土地利用总体规划与海岸带综合利用规划,实行土地用途管制;同时,严格划定基本农田保护区,加大执法监察力度,建立起市、乡镇、村三级基本农田保护网络,巩固基本农田保护成果;做好土地后备资源的开发复垦,增加耕地,实现全市耕地总量动态平衡。对 1991 年以来非农建设用地进行全面清查、处理,调整使用原有建设用地 432 公顷,收回闲置超期土地 255.4744 公顷,组织群众进行农业生产复耕156.7公顷，使控制增量、盘活存量、内涵挖潜、集约用地有了一个良好的开端。三是深化土地使用制度改革，合理利用土地，增加土地收益，盘活建设资金。严格执行1990年国务院55号令，实行国有土地所有权与使用权分离，变无偿、无流动、无限期的使用制度为有偿、有流动、有限期的使用制度。据统计，1991—1996年，全市共出让国有土地1985.72公顷，收取土地出让金1.56亿元，为全市开发建设提供了雄厚的资金。办理土地抵押登记310宗，核准抵押总值2.44亿元。

——严格执法，加强矿产资源管理。一是实行依法开采登记制度。1989—1998年共依法办理采矿许可证1270个，开采点从原先13个增加到216个，办证率从原来6%增加到98%。二是整顿矿业秩序，维护国家利益。10年来，对无证开采、越界开采、不按时缴交矿产资源补偿费的开采点进行整顿，共炸封采金洞36个，捣毁非法氰化池16个，烧掉工棚23间，还扣押和没收一大批生产工具，没收黄金矿品50多克，石墨矿110吨，钛铁矿(毛)276吨，水银金162克，花岗岩产品(石柱)500多条，补收矿产资源补偿费118万元。三是严格执行采矿登记换证制度。1990年以来共换发采矿许可证515个，取缔44个不具备换证条件的开采点。四是坚持有偿开采，依法征收矿产资源补偿费。1992年来，共征收资源补偿费460万元。

——加强环境保护，维护生态平衡，实施可持续发展战略。琼海市地处万泉河畔，举世闻名的红色娘子军故乡。1992年撤县设市以来，该市确定“以旅游为龙头，兴建海滨旅游城市”的发展思路。为妥善处理发展经济与环境保护这一矛盾，该局立足本职，依法行政，积极服务，保护自然资源，保护良好的生态环境。一是广泛深入开展资源与环境法律法规宣传活动，使资源与环境法律法规家喻户晓。从1995年开始每年“6.5”世界环境日举办环保知识演讲比赛、环保知识竞赛等形式多样活动，还在10所中小学校开展环境与资源试点学校教育工作，将环境与资源教育列入课程之中，派出有关人中在各试点学校巡回定期讲授环保知识，约有5000名中小学生接受环境与资源教育，初步形成“环境保护从娃娃抓起”的局面。二是深入贯彻落实国务院《决定》和《海南省人民政府关于加强环境保护工作的决定》。严格建设项目环境报批，对新上马项目布局选址和环境保护执行标准上进行严格把关。三是加强对全市特别是万泉河两岸排污企业与生态环境的管理，合理规划、严格执行“三同时”制度和环境影响评估制度，促进新旧污染源治理，使“万泉河水清又清”的美名远扬，净化了该市发展旅游业的环境。据统计，1998年全市大中小型项目环境保护“三同时”执行率达95%以上。四是严肃查处虾塘开发污染水源引发环境纠纷案件，责成当事人限期整改和治理，同时，责成虾塘建设造成海防林带缺口的单位落实补植措施。

展望未来，该局满怀信心。为履行好职责，该局下步工作的指导思想和主要任务是：高举邓小平理论伟大旗帜，立足市情，紧紧围绕和服务于市委市政府确定的经济增长目标，坚定不移地实施可持续发展战略，坚持依法行政，规范执法行为，强化执法力度，依靠科技进步，提高人员素质，夯实基础工作，加强国土环境资源的调查、评价、规划和管理，积极促进两个根本转变，发挥市场对资源配置的基础性作用，加大国土资源环境保护力度，提高国土环境资源合理开发和利用水平，维护其所有者和使用者权益，充分发挥国土环境资源的经济、生态和社会效益，为促进该市经济可持续发展和社会全面进行做出重要贡献。今后5年，要努力实现六大目标：一是加强土地管理特别是耕地保护，实现耕地总量动态平衡；二是加强土地资源的调查评价和科学规划，规范管理，为国民经济发展作出贡献；三是合理开发矿产资源，大力发展矿业经济；四是深化改革，建立适应社会主义市场经济的国土环境资源管理新体制、新机制；五是坚持依法行政，规范国土环境资源管理秩序；六是建设生态市，增创新优势，促进国民经济建设与环境保护可持续发展。

撰稿人：李创　　电话：2822440

在改革开放中开拓前进的琼海市民政局

琼海市民政局是琼海市政府管理社会事务的职能部门，担负着社会行政管理、基层民主政治建设，为部队和国防建设服务、维护和保障困难群众的基本生活权益等工作任务。全局设11个股(室)，下辖一院、一所、一个中心

(市光荣院、军休所、老区服务中心),现有干部职工34人,其中党员21名。改革开放20年来,琼海市民政人民面对民政经济底子薄、社会福利基础设施差等不利因素,发扬红色娘子军敢于斗争、敢于胜利的革命精神,抓住机遇,锐意改革,奋力开拓,务实创新,促使全市民政事业快速发展,尤其近几年取得了令人瞩目的成绩:1992年来,连续三次获得全国"双拥模范城"荣誉称号,1997年荣获全国"拥军优属先进单位"称号;连续多年荣获"全省民政工作先进单位"称号,并三次获得"全国民政工作先进单位"称号。救灾救济、双拥优抚、社团管理、革命老区建设、基层政权建设等工作多次受到省民政厅表彰,其经验在全省推广,受到上级民政部门、市委市政府和干部群众的好评。

民政工作"上为政府分忧,下为百姓解愁"。在改革开放的新形势下,琼海市民政人始终不忘自己的神圣职责,忠于职守,爱岗敬业,大力倡导"孺子牛"精神,艰苦奋斗、求实务实、勤政廉政的工作作风和优质、高效的服务,多年来,在人民群众的心中树立起"廉洁、勤奋、务实、高效"的良好形象。该局塑造"形象工程"一抓提高素质。以"建一流队伍,创一流业绩,做人民公仆"为目标,加强对干部职工的政治思想教育、业务培训、知识更新。经过努力,该局已建起一支热爱本职工作、依法行政、懂业务、会管理、观念新的新时期民政干部队伍,目前有大中专学历的人员70%以上,45岁以下的公务员全面接受了电脑培训。在此同时,努力建设一个"团结、务实、廉政、高效"的领导班子,领导决策能力、凝聚力、战斗力显著增强。二抓健全机制。坚持以制治政,用制度管人,向制度要效益。该局结合实际,先后建立起内部管理《十项制度》、《干部岗位目标责任制》、《执法责任制》、《党风廉政建设目标责任制》、《政务公开实施方案》等一系列规章制度,规范干部职工的行为,并引入激励机制,把工作实绩与年终奖励挂钩,在干部职工中开展"创先争优"活动,造成一个人人争先的局面,促进了各项工作任务的完成。三抓优化环境,优质服务。该局视两者为外衣,,认真制订方案,组织干部职工开展创"优美环境、优良秩序、优化管理、优质服务"活动和争当"优秀社会公仆"活动,定期检查评比,把群众满意不满意,作为评价工作优劣的标准。同时加大投入,优化办公环境和设备,加强规范化管理,大大提高了工作效率,增强了"两个效益"。局多次被评为市直机关"文明单位"、"先进党支部"。局长陈徽娥被评为"全国三八红旗手"、"全国巾帼建功标兵""全省百名优秀公务员"。

20年民政事业的改革与发展,倾注着琼海市民政人的艰辛和执着。历届局领导班子始终如一,把"发展民政事业,造福琼海人民"作为工作的动力,在新时期以"三个有利于"作为民政工作改革的标准,解放思想,更新观念,大胆改革计划经济体制下民政工作传统的思维方法和工作方式,不断改革完善民政工作管理体制和运行机制,努力探索新时期民政工作新路子,取得了一个个可喜的成绩;救灾救济工作,实行"分级管理,分级负担"的救灾工作新体制,明确了市、乡、村三级工作职责,增强了救灾工作实力;实行救济和扶贫相结合,变"输血型"为"造血型",充分发挥了救灾款的"两个效益";实行乡镇统筹资金,保障了全市1228名五保老人生活供养,体现了社会主义制度的优越;走救灾救济工作社会化路子,广泛发动社会各界和港、澳、台同胞以及海外侨胞捐赠救灾扶贫资金,把救灾救济工作搞得更活更扎实;建立城乡居民最低生活保障线制度,保障了城乡1396名特困户最基本的生活权益。双拥优抚工作,抓住创建"双拥模范城"的契机,深入开展国防教育,发动行业和全民参与双拥工作,广泛开展拥军优属活动,全市出现了"拥军热"、"优属热";实行义务兵优待金统筹制度,全面落实党的优抚政策,全市义务兵优待面、在乡"三属"优待面和城镇退伍兵安置率均达到100%;在全省率先创办"部队周末文化学校",培育军地两用人才,被授予"全国培养与开发使用军地两用人才先进单位"称号,受到广州军区和省军区的表彰;军民共建活动结硕果,全市22个军民共建单位,90%被评为省市精神文明建设先进单位。社会行政管理方面,建立执法责任制,实行依法办事效果和奖惩挂钩,促进了社会事务依法管理。加强对各类社团组织的管理和监督,发挥其在两个文明建设中的作用;依法做好婚姻登记,城镇和农村婚姻登记率、合格率分别达到100%和95%以上;加强地名工作管理,完成了市区和各乡镇的门牌、路标设置安装任务,并完成了农村、农场的试点工作,完成了国道、省道两侧路标设置和部分市县的勘界任务,使琼海市的行政区和地名管理工作逐步走上规范化、标准化轨道。基层政权建设工作,在全市普遍开展依法治村、村民自治活动,100%的村委会达到自我管理、自我教育、自我服务的要求;建立村务公开制度,对农村政务、事务、财务实施民主监督,对化解农村各种矛盾,密切干群关系,推进廉政建设发挥了重要的作用;依法"直接、公开、差额"选举村干部,给农村基层政权建设注入了新的生机和活力,推动了农村基层民主政治建设。社会福利事业方面,发挥民政自身政策优势,重点抓好福利企业、老区开发经济、民政生产有偿服务三大项目,建立起慈善、社会福利、拥军优属三个基金会,社会福利事业从无到有、从小到大,目前,拥有三家企业、两个生产基地,年创利30万元。各类基金会每年发动社会筹集资金近100多万元。市级社会福利事业基础设施建筑面积1.3万平方米。全市21所乡镇敬老院发展院经济,年收入8.6万元。

回顾改革开放20年，琼海市的民政事业硕果累累，琼海民政人感到由衷的欣慰；展望新世纪更加信心百倍。世纪之交，民政事业肩负的责任重大，工作任务繁重而艰巨。琼海民政人决心高举邓小平理论伟大旗帜，在市委市政府的领导下，振奋精神，深化改革，拼搏进取，扎实工作，出色完成1999年工作任务，以优异成绩迎接建国50周年，把一个充满生机和活力的民政事业带入21世纪。

琼海市邮政局

琼海市邮政局1997年10月3日从琼海市邮电局分营出来，挂牌正式投入运作。现有员工251人，其中管理干部26人。设置3部1室、10个生产班组、26个邮电支局和2个邮政支局。

琼海市邮政局自邮电分营以来，以党的十五大会议精神和邓小平理论为指针，认真贯彻落实省局邮政通信工作部署，以市场经济为导向，灵活经营，强化管理，深化企业内部改革，优质服务，大力发展邮政通信业务，取得较好的成绩。目前，城乡自办汽车邮路4条共448公里，覆盖全市城乡。城乡投递邮路摩托化，46条共1386公里。琼海市邮件交换站建筑面积2000平方米。邮政储蓄网点分布城乡达20个，全部实现营业前台电子化，其中，13个邮政储蓄点进入全国邮政储蓄电脑联网，占全局邮政储蓄网点的65%，邮政储蓄存款余额达到20027万元。邮政业务除传统业务和新轻型业务外，还新开办邮政邮购业务。

1998年邮政业务总量完成750万元，完成年计划的128.1%，比上年增长50%；邮政业务收入完成1090万元，完成年计划的104.8%，比上年增长22%。全员劳动生产率人均5.7万元。

琼海市邮政局坚持“两手抓、两手都硬”，坚持“人民邮电为人民”的服务宗旨，倡导职业道德和职业文明，抓好企业精神文明建设取得可喜成果。荣获1997年度全省精神文明单位，1998年度琼海市先进工作单位，全省党报党刊发行先进单位，全省报刊发行先进单位，《海南日报》发行先进单位。

局长：吴泽春　　电话：2830823

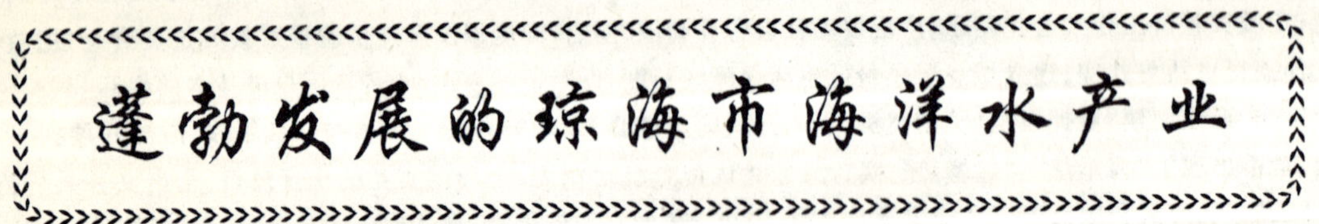

琼海市有着连绵辽阔的海岸线，总长42千米，沿岸有龙湾港、潭门港、青葛港、卜敖港、珠塘湾，港湾条件优越。内陆山塘水库星罗棋布，河流源长，闻名的万泉河贯穿本市境内，为发展淡水养殖业提供了丰富的淡水资源。多年来，琼海市充分发挥渔业资源优势，大力发展水产业。初步形成了以海淡水养殖、热带海洋观光、海洋捕捞、水产品加工相结合的渔业经济带。1998年琼海渔业总产量36310吨，总产值29260万元。水产业连续保持高速发展。

开发东南西中沙（简称“四沙”）渔业资源，是琼海渔民特有的本领和传统作业。自1985年以来，本市率先组织沿海渔船赴南沙生产，恢复和发展了南沙渔业，为捍卫祖国南海主权做出了贡献。开发“四沙”外海渔业，实现了海洋捕捞业由近海向远海的战略性转移，推进了本市海捕业的稳妥健康发展。同时，造就了一大批敢闯远海的生产技术能手，掌握了大量有关远海的渔业经验，为今后大规模开发远海远洋渔业奠定了良好的基础。目前，全市渔船624艘，10377吨，25835千瓦，1998年全市海捕产量19779吨，产值9401万元，比1997年同期增长15%和31.5%。

水产养殖业发展迅猛，成为农村新的主导产业。高位池养虾、万泉河网箱养鱼，浅海麒麟菜和鲍鱼养殖、养鳖业、养鳗业的兴起，水产养殖业朝规模化、产业化建设迈进，形成了跨区域、跨行业大兴投资水产养殖的产业格局。1998年全市水产养殖面积41950亩，水产养殖产量14882吨，产值18869万元，养殖产值所占渔业比重从1993年的

44.1%升跃到71.9%,成为一大支柱产业。

琼海市海产品加工运销对海洋渔业的发展起积极作用。目前,全市从来海产品加工企业达40多家,年加工产值达3000多万元。海产品运销活动十分活跃,建立了省内省外广阔的水产品营销网络。海南大众凌伟海洋产业公司是改制后的大型水产养殖加工股份制企业,拥有全国最大的卡拉胶加工基地和全国唯一的琼枝麒麟菜养殖基地。该公司致力于开拓海洋养殖和加工以及海洋观光,企业经营朝产业化、规模化、效益化进程推进。

渔港建设为本市渔业生产发展提供良好的后勤服务。潭门港是目前本省开发南沙渔业后勤补给基地,港区码头供油、供水、冷藏加工、渔需品供给等服务设施初具规模。龙湾港是本市得天独厚的天然深水良港,目前正按万吨级多用途港口规模建设,龙湾港的建成将为本市经济建设服务扮演十分重要的角色。

琼海市海洋水产局发挥行业指导、行政管理的职能作用。拥有一支政治素质高、业务水平精、办事效率高的渔政、渔监、海洋执法队伍和渔业技术骨干队伍。本着"高效、廉洁"、"拼搏、奉献"的精神,这支队伍在维护近海生态资源环境、渔业生产秩序方面无懈努力,树立公正严明廉洁的执法形象。琼海渔政管理站、渔港监督、海洋管理工作多次被南海区局、省局授予先进单位予表彰。同时,本局通过创办"对虾病害防治示范中心"、"淡水名优养殖中心"基地,发挥其示范、引导和带动作用;坚持多渠道多形式开展技术咨询、技术培训等渔业科技活动,不断提高渔业科技在农村经济发展中的贡献率。并大力引进渔业新技术、新品种,优化和调整产业结构,拉动了本市农村渔业经济的蓬勃发展,渔业经济在农村经济中的地位与作用不断增强。

为加快琼海海洋水产业的发展,琼海市委市政府出台了《1999—2002年琼海市海洋渔业发展规划》和《关于进一步加快发展海洋渔业的若干意见》,确定了该市海洋水产业今后三年的发展目标和任务,明确了渔业发展思路,展示了水产业再造辉煌的广阔前景。

发展中的琼海市粮食局

琼海市粮食局是具有法人资格的粮食行政主管部门,下属12个粮食管理所,6个粮站、1个粮油总公司、22个粮油公司、1个冷冻厂、1个渔用饲料厂和4家宾馆。在市委、市政府的正确领导以及上级业务主管部门的指导帮助下,我们认真贯彻执行国务院和省、市政府关于"粮改"的方针、政策,并以此为契机,团结拼搏,扎实工作,克服困难,扭转了粮食工作的被动局面,巨额亏损的势头得到遏制,收储企业已做到顺价销售,不发生新的亏损挂帐,是"粮改"后全省同行业第一个全系统(收)储企业实现利润的市县,目前机构稳定,人员思想稳定,各项业务工作有条不紊地开展。1999年进一步深化粮食系统体制改革,迎接21世纪的到来。

琼海市房地产管理办公室

琼海市房地产管理办公室是代表琼海市人民政府行驶管理本市及乡镇房产的职能部门。房产服务大厅是琼海市房地产管理办公室集中全办各种对外业务于大厅统一办公,实行窗口服务运作的综合系统。在房产服务大厅内,各项办事制度、办事程序、收费标准等一目了然,办理房屋产权证、房地产转让、房地产评估。房屋租赁等实行一条龙服务,减少了办事环节和办事程序,增加了办事透明度,大大方便了群众。

电　话:2824310　　2822532

琼海市中医院

琼海市中医院是全民所有制副局级事业单位，1986年1月经琼海县人民政府批准成立琼海县中医院，随着撤县设市，后改为琼海市中医院。1996年率先获全省县(市)级中医院"爱婴医院"殊荣，如今已成为全省县级中医院分级管理试点单位。

建院之初，设备简陋，科室残缺不全，服务功能低下，医院脏、乱、差随处可见。

建院后，特别是改革开放以来，院领导抓住发展机遇，不断完善和发展，使医院面貌发生了翻天覆地的变化：医院占地面积6213平方米，建筑面积10113平方米，业务房面积8753平方米，医疗设备总值近200万元，现有职工199人，其中：专业技术人员184人，占总人数的92%；卫生技术人员178人，占总人数的89%。现有高级职称6人，中级职称32人，病床开放120张，日均门诊量400多人次，年平均住院人数约2000多人次，年经济收入近800万元。

医院下设办公室、医务科、护理部、质控办、爱婴医院办公室、工青妇办公室、人保科、财务科、总务科、中医基层指导科、电脑室、病案室；临床医技科室有内科、外科、妇产科、儿科、五官科、保健科、骨伤科、针灸理疗科、肛肠科、中、西药剂科、检验科、放射科、高血压病治疗中心、体外震波碎石中心、B超室、A超心脑电图室、胃肠镜室、放免室、细菌培养室、供应室等科室；住院部设内科、外科、妇产科、儿科四个病区，附设第二门诊部。

医院拥有德国西门子B超仪、日产14导脑电图仪、日产全自动尿液分析仪、全自动血球计数仪、德国欧林巴斯纤维胃镜、结肠镜、PCR扩晶仪、胎儿监护仪、蓝光箱、200mAX光机以及各种激光机等近200万元的医疗设备。现有日产全自动100千瓦发电机一部、各种空调机十五部、大型洗衣机、烘干机、甩干机、日产丰田汽车、电梯、传真机等各种设备和一整套污水处理设备。

在党的路线、方针、政策的指引下，经过院领导班子的调整，全院职工本着"团结奉献、务实进取"的精神，坚持"以病人为中心，创优质、高效服务"的办院宗旨，坚持"中西结合，以中为主"的办院方向，积极引进和培养人才、开展专科专病建设。在原开设的骨伤、高血压病、针灸理疗、肛肠的基础上，聘用外来专家，增设乙肝、风湿、哮喘、体外震波碎石、皮肤性病专科专病。医院设备完善，服务功能齐全，是一所集医疗、教学、科研、康复、保健为一体的二级中医院，医院的明天将充满希望与活力。

目前一座六层面积3200平方米的新门诊大楼已全面启动使用，住院部大楼各楼层已全面进行装修，宽敞、明亮、优雅的就医环境及得天独厚的地理位置，为医院发展迈上新台阶提供了新的契机。这里人杰地灵，气候宜人，有华侨之乡、文明之乡的美称；这里经济发达，资源丰富，四季如春，风景这边独好。欢迎省内外兄弟单位合作、投资办医，为振兴我国的中医药事业共同奋斗。

院长：潘德侨　　电话：(0898)2822767　　传真：(0898)2834011　　BP机：127—0236235　　邮编：571400

前进中的琼海市妇幼保健院

琼海市妇幼保健院的前身为"琼海县妇幼保健所"，成立于1956年，当时设在县人民医院内，1984年迁至琼海市加积镇人民路89号。1997年7月，顺应医疗改革新形势的要求，更名为"琼海市妇幼保健院"，并升格为副局级单位，重新组建了院领导班子。新的班子成员，坚持集体领导下的分工负责制，对院内部结构重新进行合理设置，全院分五个职能科室，即妇产科、儿科、医技科、保健科和办公室，各科室明确职责，各司其职，密切配合，1998年被评为海南省妇幼卫生工作先进单位。

长期以来,由于种种原因,该院的妇幼保健用房简陋破败。院领导曾为此殚精竭虑,费尽心机。至1998年该院在市政府的大力支持下,终于完成了旧院的改造和附属楼的扩建,建筑面积达1130平方米,为全市妇女儿童创造了一个温馨、舒适、宽敞、优美的保健环境。该院以“一级甲等”保健院为标准,建立健全各项规章制度,明确岗位职责,重新制定一套切合实际,便于操作的考核方法,使保健院真正纳入制度化、规范化、科学化的管理轨道,为保健需求者提供高效优质服务,一楼为门诊部,内设儿科、妇产科、注射观察室、中西药房、检验科、B超室和候诊大厅;二楼为妇产科住院部,内设床位20张,开展各项妇、产科服务;三楼为保健部,由妇女保健科、儿童保健科、婚前保健科、健康教育信息科和孕妇学校组成,它为全市妇女儿童提供各项医疗保健服务;四楼为行政后勤办公室。院内还安装了闭路电视,采用先进的科技手段对全院进行全方位的监控和管理。

优美、舒适的环境必须配以精良干练的工作人员和先进的医疗设备。目前,该院工作人员26人,其中专业技术人员23人,大专以上学历6人,占全院职工的23%,中专学历16人,占62%;其中,副主任医师1人,中级职称3人,初级职称12人。医疗设备方面,该院目前主要有乳房冷强光透照仪、多功能电离子手术治疗机、B超、儿童IQ测智仪、儿童电脑营养分析仪、波姆光治疗机等,1998年12月份,该院已争取到世行贷款卫生IX项目妇幼子项目,今年项目工作正式启动,由项目下拨的各项医疗保健设备将进一步填补该院的空缺。

近年来,由于妇幼工作者的不懈努力,《母婴保健法》的有效实施,琼海市委、市政府已把妇幼卫生工作纳入两个文明建设和社会发展规划,无偿拨土地20亩给该院建业务用房,承诺卫生IX项目配套资金等等,这些都给该院的今后发展展现了美好的前景。

该院将坚持“以保健为中心,保健与临床相结合,面向基层,面向群体”的妇幼卫生工作方针,以公园式环境、宾馆式服务和精湛的业务水准为琼海市妇女儿童提供一流的保健服务。

地　址:琼海市人民路89号　　电　话:2822485

生财聚财理财一起抓不断
开创财税工作新局面

——文昌市财政局

文昌市从建省前的1987年财政收入1431万元,年年上新的台阶,1993年突破5000万元;1995年突破亿元大关;1998年达14100万元,年均增长26%,并且,1996年止消灭了历时15年的财政赤字,真正实现完全的财政收支平衡。

一、以建省办特区为契机,理顺思路,转变职能,树立新的理财观念。特别是1994年以后,在理财思想、方式和管理体制上作了全面调整,强化市级财政宏观调控和规范服务功能,推行“分灶吃饭,分级管理,自求平衡”的行政管理方法,发挥市乡(镇)两级政府增收节支的积极性。

二、大力支持经济建设,促进经济和各项社会事业的蓬勃发展。建省后该市财政在发展生产方面共投入资金17563.2万元,建成工农业生产项目330个。同时多方引资,积极参与加强城市基础设施建设。

三、以组织收入为中心,狠抓征收管理。主要是大力宣传税法,坚持以法治税;内部实行责任目标管理;依靠和争取市委市政府的决策和全力支持;切实加强征管制度建设;抓好各项费类收入,充实财政力理。

四、锐意改革,规范财政支出管理。注意处理“吃饭和建设”的关系,为文昌社会经济的稳定和发展做出了贡献。

五、加强国有资产管理,确保国有资产的保值增值。

六、加强队伍及内部管理制度建设,用制度管人,用好的精神激励人,使好制度也有好的精神激励人去执行,去遵守。

地　址:清澜开发区　　电　话:3326198

文昌市地方税务局概况

文昌市地方税务局成立于1994年8月,1999年1月独立分设运行。现下设6个机关股室,2个分局,一个征税服务大厅及28个基层税务所,现有干部职工323人。

文昌市地方税务局成立以来,相继进行了征税中心的组建,电脑征税大厅的建立及地税机构的改革等工作。同时不断地建立健全各项规章制度,狠抓队伍建设,整顿机关作风,大力组织税收收入,创造性地开展各项税收工作,培养和造成了一支政治坚定、纪律严明、业务过硬、作风正派、廉洁高效的地税队伍,实现了年年完成和超额完成地方税收收入任务,为文昌市社会经济的稳定与发展作出了积极的贡献。

经过四年多的努力,文昌市地税局基本上在市区实现了以纳税申报和优化服务为基础,以计算机网络为依托,集中征收,重点稽查的税收征管模式。坚持实施"两个转移",全力以赴抓收入,地方税收收入保持稳定增长。1998年,共组织地方税收收入6734.3万元,比1994年征收3836.5万元,增收2897.8万元,增长76%。

1997年,文昌市地税局被海南省地方税务局评为全省先进地税局。

电话:3326221

建国后在党和人民政府的重视下,文昌市设立了专门机构,加强了公路建设和交通管理,全市公共通车里程1521.6公里,其中公路沥青路面发展到183.3公里,水泥路面7.4公里,共有桥梁52座,实现了100%的乡镇通了汽车,98%的村委会通了汽车,97%的自然村通了汽车。在水路交通运输方面,铺前港口货物吞量达4.9万吨,清澜港口达14.2万吨,为文昌市经济的发展做出了巨大的贡献。

地　址:文城镇　　　电　话:3222296

文昌市文城镇

文城镇地处文昌市中部,位于文昌江畔,是文昌市政治、经济、文化、交通中心。全镇现有10个村委会,1个居委会,121个自然村,总人口5万人,农业人口1.28万人;拥有土地面积42.6平方公里,城区规划面积8.85平方公里,耕地面积945公顷。

近两年来,镇委、镇政府一班人,团结务实,开拓进取,脚踏实地,真抓实干,带领广大干部群众为建设新文城谱写了辉煌篇章。1998年,全镇国内生产总值达3.29亿元,农业总产值达0.35亿元,乡镇企业总产值达3.11亿元,财政收入908万元,该镇先后荣获全国农业普查先进单位,全省基本单位普查先进单位,全省信访先进单位,全省"两基"及"普实"达标镇,全省农村集体资产清产核资先行点,全省计划生育先进集体,全省1997—1998年社会治安综合治理先进集体,第二轮土地承包工作被评为全市唯一的特等先进单位,在1997年和1998年度荣膺全市两个文明建设总分第一名,1998 年被评为全市的尊师重教示范镇和市级文明单位。文城这颗乡镇明星,在市委常委、镇委书记吕诗强,镇长符和德带领下,加快新城区的开发,充分发挥地理优势,加大文清西延线公路的建设和发展,使一个文明昌盛、繁荣美丽的新文城昂头阔步走向新世纪。

澄迈县社会保障局概况

1984 年 12 月,成立澄迈县社会劳动保险公司(劳动部门主管的事业单位),管理本县企业、机关、事业单位合同制工人的社会保险业务。1987 年 7 月,实行全民所有制单位退休基金统筹。为全面实施新的社会保障制度,1992 年 2 月,该公司改名为澄迈县社会保障局。从 1992 年 1 月 1 日起实施海南省政府发布的海南省职工养老、工伤、失业、医疗保险 4 个暂行规定,该县社会保险实施范围由原来主要在全民所有制企业中实行扩大到城镇集体所有制企业、外商投资企业、内联企业和私营企业,社会保险参保单位比原来增加一倍多,参保人数比原来翻一番。从 1994 年 1 月 1 日起实施省人大常委会颁布海南经济特区城镇从业人员养老、失业、工伤保险条例,社会保险的覆盖面从企业进一步扩大到机关,事业单位,社会团体即包含全体城镇从业人员,社会保险实现法制化、一体化的管理制度。

1998 年,全县参加社会保险的单位 325 个,其中国有企业 293 个,城镇集体单位 26 个,其他单位 9 个,参保人员 24875 人,其中离退休人员 4276 人,征收社会保险基金 2289.52 万元,支付离退休费 2355.29 万元,社会保险基金滚存结余 532.54 万元。目前,澄迈县医疗保险制度改革尚未实施到位。

昌江中学基本情况

昌江中学是昌江黎族自治县重点中学,创办于 1958 年,40 年来,昌江中学共培养初、高中毕业生 1100 多人,为各级各类高等中专学校培养输送合格新生 1000 多人。昌中现有正式教职工 132 人,专职教师 101 人。

目前,学校有教学班 35 个,学生 2110 人.高中 16 个班 893 人,初中 19 个班 1217 人。近几年,该校高考升学率均在 36%左右、中招升学率均在 76%左右。

学校校园面积 88578 平方米,建筑面积 22168 平方米、占地面积 19056 平方米。设有化学实验室 2 个,演示室 1 个,物理实验室 3 个,生物实验室 3 个,有电教室、电脑室、语言室各一个和 8 个仪器蓄藏室等。有建筑面积 896 平方米的图书馆,内有图书室、阅览室 7 间。现存图书 21560 册。一个 24000 平方米的运动场正在建设之中。此外,学校还有一个面积约 3 亩的校内植物园和一个约 26 亩的校外芒果园。3 个约 7 亩的鱼塘分布在两个园内。园内各种动、植物可供学生学农和劳动技术教学之用。学校生活设施基本齐全.花草芳香、空气清鲜、环境舒适优美。

昌江中学是一个正在发展中的学校,它正朝着高质量的“示范性重点中学”的目标前进,正以崭新的姿态阔步走向 21 世纪。

三 亚 教 育 的 发 展

——三亚市教育局

三亚市原来是个县级市,地处少数民族聚居的边陲,少数民族人口占总人口的 46%。当时由于经济落后,教育基础很差,升格为地级市前全市仅有中学 18 间(含初级中学 13 间),在校中学生 14000 多人,有小学 142 间和分散的教学点52处，在校小学生41577人；农职中一所，在校生369人；幼儿园1所，幼儿676人。小学教师1792人，学历达标率为24.3%，中学教师557人，初中教师学历达标率为16.9%，高中达标率为28.3%。校舍面积164256M^2，其中危房校舍占44.6%，办学条件极差，教育教学质量处于低水平状态。

海南建省，三亚升格为地级市后，市委市政府高度重视教育事业的发展，狠抓城市基础设施的同时，确立教育优先发展的战略地位，建立以政府投入为主，多渠道筹集资金投资体制，加快城乡教育综合改革，依法推进普及九年义务教育和扫除青壮年文盲，使该市教育事业取得了突飞猛进的发展。目前，全市有普通中学25所，其中完中6所，初中19所；职业中学3所，教师进修学校1所，小学151所，教学点75个，行政村文化技术学校123间，全日制私立学校6所，公立幼儿园2所，私立幼儿园29所，全市应有学生72220人，现入学71543人，入学率98.8%。

加大教育经费的投入，改善办学条件，提高适龄儿童少年的入学率。该市从1990年起全面实施"分级办学、分级管理"的教育管理体制。1992年，该局初步编制《三亚市九年义务教育规划》，1993年开始实施，1995年作部分调整，确定该市于1997年全市基本实现"两基"（基本普及九年义务教育和基本扫除青壮年文盲）。此10年间，市委市政府把改善办学条件当作滨海旅游城市开放建设的重要任务。教育事业费投资逐年增长，1990年至1998年教育事业费分别是：1053.9万元、1580.3万元、2081.2万元、3309.5万元、5404.6万元、5667.8万元、5458.5万元、5716.3万元、5519万元。投入巨资先后在市区创办了实验小学、市七小、渔港小学、市五中、广播电视大学；在羊栏、天涯、崖城、田独、育才等乡镇创办妙联中学、过岭中学、回新逸夫学校、崖城初中、逸夫中学、满地可希望小学、龙塔希望小学等7所中小学，增招了近200个初中教学班，学校在校生由1993年的54040人增加到现在的71543人。1991年以来，全市共筹集资金4000多万元，增建改造危房校舍39280平方米。共投入教仪设备1187万元，1998年新添教学仪器械82.6万元，购买微机30台，新建标准实验室和电化教室2间，语言实验室1间，配备电视机20台，录像机5台，收录机18台，投影仪160台，银幕160个。如今，全市校舍总面积已达319781平方米，危房校舍下降至3%以下，小学和初中生生均校舍分别达4.7平方米和5.8平方米。全市中小学校已基本实现钢筋水泥平顶化，基本实现"一无两有"（无危房校舍、班班有教室，人人有课桌椅），正向教仪、图书、文体设备、校门、围墙、厕所"六配套"方面发展。1993年，该市被省评为集资改危的先进单位。1995年经评估验收在全省率先普及电化实验教学，被授予"普及实验教学市"称号，该市实验小学被授予"海南省电化教育示范小学"称号，被国家教育部命名为"全国现代教育技术实验学校"。全市已有53间中小学获省校容校貌评比一、二、三等奖。大毛小学、实验小学花园式的校园风貌被摄入国家"奠基工程"录相片。今年将有10间学校参加全省的校容校貌评选。

充实、优化、稳定教师队伍，提高师资水平。1994年，市政府发文要求财政部门保证按时足额发放教师工资。全年的套改工资550万元优先补发；设立130万元的教育基金，取其利息奖励优管优教的教师；大力解决教职工住房问题，市区采取以地换房，，教师集资，上级补助等方式建房。乡镇通过集资，配套拨款方式建房。1994年兴建第一教师村96套9009平方米，对教师购买公房给予比规定价格降低5%至10%的优惠。1994至1995年城镇教职工住房建筑面积已由1993年的43370平方米增加到114936平方米，增长41.2%，人均居住面积由1993年的4.5平方米上升到1996年的8平方米，1998年又兴建第二个教师村，面积6289.44平方米。在抓紧改善教师"安居工程"建设的同时，市委市政府重视教师素质的提高，严格把好新增师资学历合格质量关，使得该市教师学历达标程度逐年提高。1998年，全市小学生专任教师2273人，学历达标率由建省前的24.3%提高到90.1%，初中教师1005人，学历达标率由16.9%提高到88.1%，中小学校长和成人教育专干100%接受岗位培训。

由于办学条件的改善，师资水平的提高。1997年，该市按规划实现"两基"，全市适龄儿童少年入学率分别达99.7%和98.4%，全市青壮年人口非文盲率为99.9%。

强化教育教学管理，向管理、教研、教改要质量。近几年来，该市注重推进素质教育，加大常规教学的督导评估力度，狠抓班级工作。开齐开足课程课时，进行形式多样的思想教育和道德教育，教育教学质量逐年提高。其中，1997至1998学年度全市中小学生的操行合格率为100%，优秀率为65%；小学毕业率为99.5%，初中毕业率96.3%；中小学生的体育锻炼达标率分别为92.7%和91.9%。中招、高招考试成绩逐年提高，初中录取中师分数由1996年的320分提高到1997年的470分，1998年为530分。96届、97届、98届、99届全市高中会考合格率分别为36.78%、40.39%、45.81%、58.15%，其中市一中98届会考合格率74.65%，比前届提高12个百分点，在全省排名由上届第25名跃居第11名，而99届的会考合格率为82.78%，一跃在全省排名第6名，取得了可喜的成绩。1996届全市高考录取率为39.8%、97届为73.5%、98届为39.16%。尤其是97届市一中整体入围率为75%，录取清华大学、北京大学人数仅次于海南中学，被省教育厅充分肯定并指示要把市一中办成琼南的示范中学。据统计，10年来，该市各级中专学校向社会源源输送毕业生共计2386人（含进修学校）。

教研活动成绩显著：10年来，该市共评选国家级先进教师（劳模等）共10人，省级先进教师18人；各学科青年教师参加全国、全省优质课"调教"评比，获全国奖4人，省级奖50人；中小学教师参加全国、全省教学论文评比，共有12人获全国奖，127人获省级奖。其中，市一中韦迪兴教师撰写的教学论文《生物教学中渗透环境教育探索》获省生物教学优秀论文一等奖，其指导的生物实验小组完成的《卫生搭载番茄种子实验报告》和《卫生搭载白菜种子对比种植实验报告》两个项目代表省参加全国评比均获国家级一等奖；局教研员罗金凤老师所撰写的《把握教材要求，改革教学方法》入选《全国中小学素质教育优秀论文评选活动》一书；孙令明老师撰写的《扎根天涯育桃李》收入报告文学集《一代风华》中，《开拓者的足迹》收入《中国社会主义精神文明建设宝典》和《中国改革战略研究文汇》中，《多管齐下，齐头并进》收入纪实文集《中华群英谱》之中等等。

素质教育硕果累累：10年来，全市后进生由5%下降到0.5%，学生先进率由1%升到5%。每年中小学生参加做好事的有5万多人次。市一小少先队被国家教委授予"雏鹰大队"光荣称号，被省评为"省少先队工作示范"学校，市一幼被评为省级幼儿园。中小学生参加全国、全省、全市学艺竞赛，共有169人获得省级以上奖励；中学生参加全国、全省青少年科学论文与发明创造项目竞赛，2人获全国科学论文奖，1人获全国发明创造项目，21人获省科学论文奖，13人获省发明创造类作品奖；该市中小学生参加全国、全省小学数学、初中物理、化学、数学奥林匹克竞赛中成绩辉煌，共54人获奖；在全国少年儿童游泳比赛中，夺得3金5银1铜；在全省参加少年田径比赛中获6金13银15铜，破省二项青少年甲组纪录，获团体第七名；市少儿艺术团节目上京表演获"群星奖"。

地　址：沙东一路　　电　话：8272505

三亚市第一中学

三亚市一中座落在我国著名的热带滨海旅游城-——三亚市河东区。她创建于1926年，是一所校园宽阔，环境优美，校风良好，教学设备先进，师资力量雄厚，办学条件好，教学质量高的规模较大的完全中学。她在琼南享有很高声誉，在全国也有一定的影响，是中国名校之一。近年来，学校先后被评为"省文明卫生先进单位"、"省双拥模范单位"、"省精神文明先进单位"、"省优秀学校"、"全国先进家长学校"。

三亚市一中现有42个教学班，学生2520多人，教职工190余人，其中教师130余人（特级教师3人，省优专家1人，高级教师28人）。学校占地78000平方米，建筑面积40000多平方米，校园由教学区、生活区和运动区三个部分组成，有教学大楼2座，科学馆、大礼堂、图书馆、年级组办公楼各一座，生物园、地理园各一个，教师住宅楼7幢，计150套，学生宿舍楼4幢。运动区有一个环形标准跑道和一个足球场，4个篮球场，2个排球场，一个崭新的灯光球场，一个器械区。科学馆内有物理、化学、生物、地理10个实验室和仪器室，还有语音室、电教室、艺术室、电脑室及三间多媒体多功能教室等。图书馆已具规模，藏书4万余册，有供300多名学生同时使用的阅览室2个。

三亚市一中的治校精神"从严、务实、开拓"；培养目标是"为高一级学校培养全面发展的高素质的毕业生"；办学的指导思想是"全面育人，打好基础，培养能力，发挥特长，提高素质"。根据上述精神，学校注重德育工作，培养"四有"新人，狠抓课堂教学，通过开展教改活动，充分利用各种现代化教学手段，努力提高课堂教学效果。同时，加强学生的课外活动，注重个性，特长的培养，在各年级广泛开展学科、科技、文艺和体育等小组活动，大力推进素质教育，形成"严教、勤学、求实、上进"的优良校风，教学质量逐年提高。建校70多年，功勋硕硕，这里走出了我国著名科学家、发明地震公式法的郑联达教授，台湾历史学家苏云峰教授以及国际名人邢福义教授等一批著名的科学家、教授、企业家、教育家和政治家。海南建省以来，三亚市一中已为高校输送了2875名新生，近年来，学校培养的学生在各级各类竞赛中取得了显著的成绩，据不完全统计，国家级比赛获奖100多人次，省级比赛获奖达400余人次。同时，一批教师获全国劳模、全国教育系统劳模、特级教师、省优专家、省先进工作者、省精神文明建设先进工作者、省十佳班主任等殊荣。

三亚市一中注重对外交流，建省以来，先后有法国、澳大利亚、德国、日本等国家政府官员和友好人士来校参观考察。学校先后同国内的北京、上海、广州等城市的10多所重点中学建立了友好学校关系，并经常互访，增加相互了解，增进友谊，促进双边学术等方面的交流。

近年来，该校得到党政领导的亲切关怀和大力支持，1998年4月，中共中央政治局常委、国务院副总理李岚清在省委书记杜青林、副书记、省长汪啸风和省委常委王富玉等领导的陪同下视察该校，并赞扬说该校的环境是一流的，管理也是一流的。全国人大副委员长雷洁琼、原国家教委副主任柳斌、黄明达、省委副书记、副省长王厚宏等有关领导人先后到该校视察，对学校各项工作给予高度的评价。

三亚市一中将随着祖国腾飞的步伐前进，满怀信心走向一个更加美好的新世纪。

电　话:8273556

海南省三亚新世纪学校

海南省三亚新世纪学校是1996年三亚市教育局批准、海南省教育厅备案，由中国人才研究会21世纪人才与教育工作委员会育才集团、海南三和房地产、华波公司及滕州市一中等单位联合投资创办的一所新体制、新模式、高起点、高追求的全日制寄宿学校。

一、学校环境

学校地处三亚市风景旖旎的三亚湾海坡渡假村，南毗(100米)烟波浩渺的大海，北邻(1000米)凤凰国际机场，西靠旅游胜地天涯海角，宽阔明丽的机场路和滨海大道交通其间，黄瓦椰影，儒雅静谧，是一个极佳的修心读书的去处。学校原规划占地200亩，总建筑面积50000平方米，现已建成6000平方米，教学楼，生活服务楼、别墅式宿舍、体育场、图书室、电脑室、音乐厅已初具规模。

二、办学目标

坚持“面向现代化，面向世界，面向新世纪”的人才与人才素质方向，坚持以教育科学研究为先导，以教育效益为基础，以个性愿望同社会需要相结合为目标。文明、科学、发展、执着、高质量，高追求是该校刻意追求的学子精神与风格。

三、学校规模

原计划设立从学前班、小学、到初中、高中共13个班，在校学生600人，现已有学前班、小学1—6年级，初中1—3年级10个班，在校学生190人，今年暑假再新增160人，使在校生超过300人。

四、师质队伍：

3年来，学校已初步形成了一支政治、业务素质较高，结构合理，相对稳定的优秀教师队伍，从小学一年级到初三9个班配备的18名教师，全部是从山东、湖北等全国招聘来的具有大学毕业学历，而又有教学经验的中高级教师，任教时，不仅看文化水平，更重视教学水平和教学责任心，所以先试教，后正式聘用。同时重视教师队伍的政治思想建设，树立为海南三亚地区培养新世纪建设人才而贡献的革命精神。

五、教育教学管理：

该校坚持以改革促管理，靠管理出效益，一手抓精神文明建设促进学风校纪有更大的改观，一手抓教学管理，健全和完善各种规章制度并强化落实，加强了素质教育，实行了全员管理，优化了教学过程，教学质量不断提高。小学各年级期末平均考试成绩达到80分到90分，中学各年级平均70到80分。一些从其它学校转来的差生，逐步转化，由坏复好。

以上是该校简况，现在该校全体教职工正满怀信心，总结经验，克服缺点，努力实现新世纪学校的办学目标，把学校办的更好。

地　址:三亚市海坡开发区　　电话:(0899)8331018

三亚人民广播电台

三亚人民广播电台建于1990年5月9日,对外呼号"三亚人民广播电台",调频104.6兆赫。节目覆盖三亚全部及陵水、保亭、通什、乐东等市县的部分地区,覆盖人口约200万。

三亚人民广播电台现有职工42人,自办一套节目,每天播音13小时。开设《三亚新闻》、《生活立交桥》、《农村天地》、《天涯卫士》、《天涯风》、《校园内外》、《点歌台》及《综艺节目》、《曲艺园地》、《琼剧欣赏》、《天涯音乐风》、《娱乐大转盘》等。生活立交桥为听众报道生活信息,热点话题。点歌台为听众构架沟通情感的立交桥。同时,转播中央人民广播电台第一套节目和海南人民广播电台节目。

肩负重任　再创辉煌

——共青团三亚市委员会

共青团三亚市委员会,原共青团崖县委员会。1988年随三亚升格更名为共青团三亚市委员会,现任书记吴开成,副书记李开文、陈正光。全单位有15个编制,设有团队工作部、宣传教育部、社会活动部、市直机关团委、办公室五个部室。

目前三亚的国家级"青年文明号"3个,省级25个,市级38个。团市委动员社会各界捐资助学,共筹集资金300多万元,建造了2所希望小学,建起了16个希望书库,帮助了1789名贫困地区失学儿童重返校园,不仅促进了贫困地区基础教育的,而且弘扬了扶贫济困、互助友爱的新风。团市委大力推进"跨世纪中国少年雏鹰行动",三亚已有86所学校、830名辅导员、16450名少先队员结成队子。交友通信达3万多封,建立了18个"手拉手"书屋,市一小和高峰乡小学还被评为全国优秀"手拉手"学校。

电话:8272911

三亚市妇女联合会

三亚市妇联成立于1950年10月,在市委、市政府和省妇联的直接领导和指导下为促进三亚改革开放和经济发展做出了积极的贡献,向社会展示了巾帼风采,妇女的政治、经济和社会地位得到了提高,赢得了社会的广泛尊重和赞誉。

一、妇女的整体素质明显提高。

二、妇女参与国家和社会事务决策及管理能力不断提高。

三、妇女就业结构和参与经济建设条件不断改善。

四、妇女参与精神文明建设能力大大加强。

五、妇女劳动权益进一步得到保障,健康水平,生活质量得到提高。

地　址:三亚市委大楼　　电　话:8272883

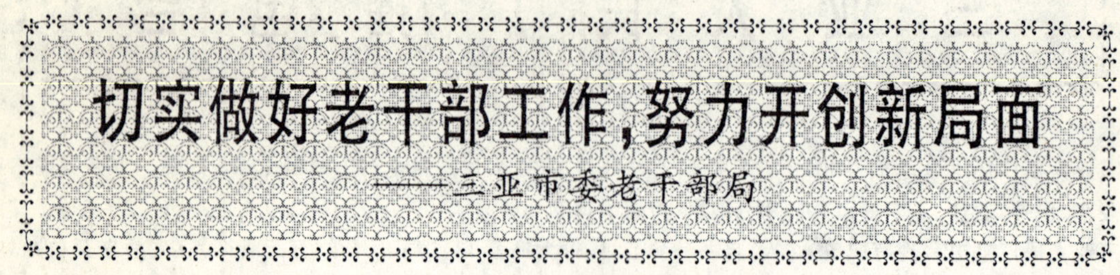

近两年来,三亚市老干局在市委、市政府的领导下,坚持以邓小平特色理论为指导,始终不渝地贯彻执行老干部有关政策,紧紧围绕着党的中心工作,不断探讨和总结经验,全面开展老干部各项工作,落实好老干部"两个待遇"使老干部老有所养、老有所医、老有所学、老有所为、老有所乐、受到市委、市政府和老干部的好评。较好地完成各项工作任务,老干部工作一年比一年上新的台阶,为三亚市两个文明建设,为稳定老干部队伍做出了贡献。

电话:8276235

三 亚 市 卫 生 局

以病人为中心和全心全意为人民服务的卫生服务宗旨是全市广大卫生工作的共同意愿,并在实际工作中得到了充分的体现,市人民医院、市妇幼保健院和荔枝沟卫生院先后被省卫生厅授予"爱婴医院"、市人民医院、农垦三亚医院多次被评为全市精神文明先进单位,全市各医疗单位就医环境良好,服务热情、规范。卫生防疫和卫生执法人员尽心尽职、秉公执法。我们相信,在市委、市政府的领导下,在全市卫生工作者的辛勤努力下,三亚市卫生事业将取得更大的成就,为造福三亚人民做出自己的贡献。

辉 煌 的 十 年

——发展中的三亚邮政

1988年建省时,三亚市邮政服务网点仅有18个,服务人口34万人,局房面积19084平方米,网点平均服务面积104.85平方公里,平均服务人口1.8万人,共有职工百多人,多数职工只有高小,初中文化水平;邮政汽车一辆,邮路一条长62公里。1988年全年邮政业务总量完成196万元,邮政业务收入138万元,邮政储蓄余额37万元,全市人均使用邮政费率4.05元。主要经营函件、包件、汇兑、报刊发行等传统业务。通信能力薄弱,处于手工作业,局房破旧,劳动生产率低的落后状况。

海南建省,三亚升格10年来,随着改革开放的不断深入,三亚经济发展日新月异,人口剧增,三亚邮政服务人口达45万人,邮政通信市场日益旺盛,为三亚邮政的发展创造了良好的机遇。在省邮电管理局和市委、市政府的正确领导下,三亚邮政通信能力实现了高速度、超常规的发展。至1999年全市邮政服务网点达到33个(其中自办25个,代办8个),比建省时增加15个,局房面积达到68602平方米,是建省时的6倍,网点平均服务面积62.91平方公里,平均服务人口1.6万人,邮政汽车从建省时一辆增加到现在13辆,自办汽车邮路从一条增加到4条,邮路长度从62公里增加到224公里,特快专递和大户投递实现了汽车专投,乡邮投递路线从34条增加到35条,单程长度534公里,其中20条实现了摩托车投递;邮政储蓄网点从建省时2个增加到17个,有6个绿卡网点实现全国联网,通存通兑,储蓄余额从建省时37万元增加到1.5亿元;特快专递建成了全国联网跟踪查询站点,报刊发行要数处理实现了全省微机联网,营业前台电子化、计算机、电子称、自动过戳机、自动登单机、点钞机、包裹捆扎机等设备在各个管理环节和生产环节得以应用,邮政通信生产自动化水平日益提高。

邮政业务迅速发展。邮政业务总量从建省时196万元增加到1068万元,增长5.3倍;邮政业务收入从建省时138万元增加到2459万元,增长17.8倍;集邮业务收入从建省时28万元增加到1100万元。全员劳动生产率达到11万元。

三亚市交通运输局

三亚市位于海南省最南端,是新兴的国际热带滨海旅游城市,海南省南部经济、旅游中心,南部水、陆、空交通网络的枢纽。

三亚市交通运输局是三亚市政府分管交通运输、港湾管理的职能部门,下设机关科室7个,辖属事业单位5个,全局共169人,主要负责全市的乡村公路建设、港湾管理、公路、水路客货运输业、运输服务业、车船维修业和驾驶员培训业的管理工作。

三亚升格为地级市10年来,交通运输事业得到了超前的发展。海榆东、中、西三条国道在此汇合,环岛高速公路贯通全市,全市585个自然村村村通公路;铁路通往昌江石碌;全市港口泊位17个;千吨级以上泊位7个。三亚凤凰国际机场已开通国内航线16条、地区国际航线12条。全市拥有机动车22000多辆,营运汽车3000辆;运输船舶453艘,其中各类旅游船艇358艘。三亚已形成了公、水、铁、航协调发展的立体交通运输网络。

现任局长丁广强携全体干部职工把为业主服务、为投资者服务、为旅游服务放在第一位,热情服务,文明执法,勤奋工作,加快建设,努力创造一个更加优越的交通运输环境,欢迎海内外人士到三亚旅游渡假和投资创业。

三 亚 市 爱 卫 会

1990年以来,三亚市的爱国卫生工作历届市委市政府都极为重视,把之纳入经济发展和社会发展规划,列入党委和政府的工作议程,确定了“解放思想,扩大开放,加快发展,把生机勃勃的国际热带滨海旅游城市带入21世纪”的发展战略,提出了要在1999年前把三亚建成国家卫生城市、全国优秀旅游城市、全国园林城市、全国环境综合整治优秀城市、全国环保模范城市的目标,几年来,爱国卫生工作在市委、市政府的直接领导下,在城市以创建国家卫生城市为目标,在农村以改厕改水为重点,制定了“政府组织,部门负责,全民参与,群策群力”的工作原则,加强了硬件和软件建设取得了显著成绩,环境卫生总体水平逐年上台阶,为创“五城”打下了坚实基础,1998年该市实现了国家优秀旅游城、全国环境综合整治优秀城,通过全国园林城市的国家验收。农村改厕改水工作连续两年超额完成省政府下达的任务,并两次获得省政府的表彰。

三亚市残疾人劳动服务公司

法　人:梁　慧　　　联系人:周　志

地　址:市政府第二办公楼　　　电　话:(0899)8251733　8262549

三亚市残联开设电脑打字、财务会计、盲人按摩、电工、裁缝五门培训专业,多渠道,多层次安排残疾人就业。

三亚市人事劳动局

地址:三亚市沙东1路市政府第1办公楼

电话:0899—8272982

三亚市计划生育委员会

地址:三亚市政府第2办公楼

电话:8272714

三亚渡假村有限公司

三亚渡假村是中国冶金矿业总公司和海南钢铁公司投资兴建的热带园林式滨海饭店。1994年6月经国家旅游局审核批准为三星级饭店。

三亚渡假村位于宽阔的滨海大道旁,东距鹿回头,大东海6公里,西到天涯海角旅游风景区8公里、南山文化旅游区20公里,北邻凤凰国际机场5公里,交通十分便利。

三亚渡假村自1989年2月开业以来,多次被省、市有关部门授予"卫生先进单位"、"庭院花园式单位"、"十佳饭店"、"治安先进单位"等称号。1997年该店被三亚市委评为"精神文明建设先进单位",被三亚市旅游局评为"服务质量十佳饭店"、旅游服务"十佳企业"。开业10年来,先后成功地接待了冶金部、公安部、财政部、卫生部、煤炭部等省、部级会议60多个,共接待中外宾客80多万人次,在国内外享有一定的知名度。近两年来,在旅游形势严峻、经济困难的形势下,渡假村仍能取得1997年接待中外游客9.6万人次;1998年接待中外游客10万人次的成绩。1998年4月和10月,成功地接待了"三亚市第三次党代会"及"海南省精神文明建设工作会议";1996年至1998年连续三年圆满地完成了“海南省高等院校招生录取”的接待工作;1999 年 3 月成功地接待了“三亚市第三次政协会议”,得到了省、市有关领导的表扬和来自各界的赞誉。

三亚渡假村将以更新更美的形象迎接社会各界朋友。

通什市财政局

通什市位于海南省中南部五指山腹地,是个山清水秀的好地方。10 多年来,通什市财政局勇于实践,不断探索,拓宽财源,壮大财力,使全市财政状况发生了深刻的变化。

1987 年,通什市地方财政收入仅为 655 万元。10 多年来,财政部门积极开辟财源,加强财政管理,财政收入逐年增加。至 1998 年,全市地方财政收入增至 2909 万元,翻了近五番。

确保财政收支平衡,保持财政运转的良性循环。通什市财政局积极采取各种增收节支措施,不断挖掘财源,减少与控制支出,下大力气解决收支方面的突出矛盾。因此,自 1989 年来连续 10 年保持财政收支平衡。

努力发展生产,增加财政收入。10 多年来,市财政积极筹措资金 6776 万元用于支援工农业生产发展。1998 年,全市工业总产值比 1987 年翻了一番,农业总产值比 1987 年增加 5.3 倍。工农业的长足发展,增强了经济的活力,巩固了财政的基础地位。

加强财政支出管理,支持各项事业发展。在 1993 年实行乡镇财政包干的基础上,1994 年又在全市推行市级行政事业单位经费包干,有效地控制了“条子预算”,从而节约了部分资金用于改善投资环境和市政设施的建设。自 1994 年起,财政先后筹资 3000 多万元用于扩建 6.8 公里海榆中线商贸街建设,使市区拓宽了近一倍;安排了 2497 万元用于城市的维修、美化建设工程,使市区面貌焕然一新。

不断加强精神文明建设,培养一支精干高效的财政干部队伍。多年来,财政局在精神文明建设上狠下工夫,努力纠正机关不正之风,保持机关的廉洁高效,促进各项工作的健康发展。同时,通过调整、充实和培训等措施,努力提高财政干部队伍的素质。10 多年来,财政干部队伍都保持在 25 人左右,是全省各市县中最精干的队伍之一。至 1998 年底,通什市财政局的干部中具有大专以上学历的占职工总数 60%,干部队伍整体素质较过去大大提高。

通什电业公司

通什电业公司是海南电力公司下属分公司,担负通什市、保亭县、琼中县的供电任务。该公司目前有职工 134 人,管辖通什 110KV 变电站、保亭 110KV 变电站和毛阳 35KV 变电站;负责检修高压线路 100 多公里,配电线路近百公里,年售电量 2000 万千瓦小时。

长期以来,公司坚持“人民电业为人民”的服务宗旨,团结一致,真抓实干,重视职工队伍建设,安全生产和经常管理均稳步前进。近几年来,公司积极筹集资金,加快通什市区的城网建设,极大改善了投资环境,保障了居民的正常生活用电。1999 年来,在通什市委市政府的大力支持下,在省电力公司的直接领导下,认真开展农村电网的改造与建设工作,已完成了省电力公司审批的第一批农网改造与建设项目。

公司 1996 年被省电力局授予“海南省电力系统宣传贯彻《电力法》先进单位”;1997 年被通什市委、市政府授予“扶贫济困”先进单位。

地址:通什市解放路　　电话:6622228　　邮编:572200

抓改革 促发展

——通什市粮食局

通什市粮食局共有下属企业18家,其中:收储企业7家,附营企业11家。通什市粮食局认真贯彻执行党和国家有关粮食流通工作的方针政策,促进生产,指导消费,保障供给等方面发挥了重大的职能作用。

通什市成立之初,粮食部门只有粮油经营门店18间,仓库51座,陈旧的大米加工厂3间和面粉加工厂1间,而企业从业人员多达422人。经营单一,只从事简单的收购——储藏——加工——销售;企业结构不合理,仅10万多人口的城市,从事收购的企业就多达9个。加工厂设备陈旧,面粉厂的加工设备仍是50年代初期产品,又地处山区,造成多加工就多亏损,不加工也亏损的局面;冗员过多,费用过大,导致人浮于事,效率低下,粮食企业长期亏损。

针对存在的种种问题,通什市粮食局在市委、市政府的领导下,全体干部职工团结一致,坚定信心,不畏困难,艰苦奋斗,深化粮食流通体制改革。一是因地制宜,利用山区的地理优势,大力发展种、养业。开辟毛阳、番阳、红山等经济作物基地3个共48亩;番阳、红山小型养殖场3个,养猪、牛、羊共存栏195头;二是进行产业结构调整。利用旧仓库、宿舍楼等旧设施,装修、改装成一批门店,经装修、改装后,共有粮油经营门店41间百货杂店15间,招待所4间,饮食店5间。将长期亏损的通什市面粉厂更改为通什市粮油扶贫发展公司,转变经营项目;三是实行粮食收储企业与附营企业分开,减员增效。将原从事粮食收购的粮所由9个减少到5个,减幅44%,设1个军供企业,1个调拨企业,共定员60人;另设11个附营企业,定员36人.收储和附营企业共定员96人,比原减少77%,达到减员增效目的。富余人员分流承包种、养殖场和门店,再就业率达71%。

通什市粮食部门经过积极稳妥的改革,近5年来,粮食征购逐年增长2%,粮食销售量和销售额分别年均增长4.5%和2.8%,年均减亏达15%。目前,已有收储企业实现盈利,粮食实现顺价销售,扭转困扰企业多年的粮食购销价格倒挂现象,通什市粮食局一步一个脚印,辛勤工作,不断进取,工作逐年上新的台阶。多次获市委、市政府授予先进单位、先进党支部、文明单位等荣誉。在此期间,连续四年荣获《粮食购销情况卡片》填报全国先进单位,海南省"粮食杯"知识竞赛第一名。

通什市粮食部门所取得的成绩来之不易,在21世纪来临之际,将认真总结经验,吸取教训,坚定信心知难而进,团结拼搏,扎实工作,为实现通什市粮食经济上新台阶而努力奋斗!

通什市农业局

通什市农业局是市政府主管全市农业工作的职能部门,建市以来农业局以认真贯彻执行党和国家有关农业工作的方针、政策,在市委市政府的正确领导下,在省业务主管部门大力支持下,积极实施"兴农富民强市"工程,不断强化农业基础地位,大力调整优化农业经济结构,实施科技兴农工程和可持续发展战略以增加农民收入为目标,加大扶贫功坚力度,紧紧围绕发展"两高一优",农业这一中心,全体干部职工振奋精神,艰苦创业,勇于开拓使全市农业生产和农村工作年年上新台阶。1998年全市农林牧副渔总产值达10669万元,比建市初期1988年的2088万元增加5倍多,提前实现翻两番的目标;粮食总产量达35139吨,比1988年的18589吨增加2倍,粮食生产自给有余;农民人均收入大幅度增加,达1388元,比1988年的396元增加992元。自1992年起农业局党支部年年被评为通什市“先进党支部”,农业局年年被评为市“精神文明单位”,市社会治安综合治理先进单位,市扶贫先进单位等;连续七年被评为市目标考核全面优秀单位;1998 年被省委授予“包村先进部门”,被省委宣传部评为”文化三下乡”先进单位,被省妇联评为“双学双比”协调先进单位。

通什市林业局

通什市林业局位于素有“翡翠山城”誉称的通什市市区南圣河畔。全局现有干部、职工 70 多人,管辖 8 个乡镇林业工作站,4 个木材检查站。通什市林业局自 1988 年成立以来,在市委、市政府的直接领导下,通过“管、封、造”等措施,真抓实干,勇于开拓创新,加快了通什林业建设的步伐,取得了显著的成绩。

——1995 年。经国家林业部和全国绿化委员会的检查验收,全市实现了消灭宜林荒山荒地的奋斗目标。

——全市现有林面积 80305.5 公顷,其中天然林 67479.1 公顷,人工造林 12826.4 公顷,森林覆盖率 71.1%,居全省前列,其有林面积、人工造林面积比建市的初期分别增长了 33.7%和 51.3%,森林覆盖率提高了 20.7%。

——全市森林资源建市以来连续保持持续增长,森林生长量大于消耗量,目前全市封山护林面积达到了 20 万亩,封山育林面积达到了 45 万亩,森林活立木蓄积量达到了 9334954 立方米,与建市前相比增长了 22.9%,居全省前列。

——森林防火工作连续四年处于全省领先地位,连续四年被海南省森林防火指挥部评为“全省森林防火先进单位”。目前,全市八个乡镇成立了 8 个森林防火指挥部和 8 支森林防火扑救队,在全市最大的人工造林基地--20000 亩世行林基地和阿岭封山育林区建造 2 座全省一流的森林木火了望台。

——注重林业站建设,充分发挥基层林业站的职能作用,目前已按国家的有关规定建成了 8 个标准林业工作站。全部配套了交通、通讯等工具。

——调整产业结构,充分发挥林业的经济效益,帮助山区农民脱贫致富。共创办了高产、优质的竹林基地 1000 亩和在世行林基地办起了饲养业。

——加强干部职工的培训,努力提高林业执法队伍的政治思想和业务素质,成功创办了第一届农广校林业专业班。

通什市林业局地址:通什市沿河东路 2 号　　电话:(0899)6622196　6623519(局长办)

局　长:黄泽斌　　邮编:572200

ISBN 7-5037-3043-9/D·00

定价:200.00